ABY M. WARBURG

AUSGEWÄHLTE SCHRIFTEN
UND WÜRDIGUNGEN

Herausgegeben von

Dieter Wuttke

in Verbindung mit Carl Georg Heise

VERLAG VALENTIN KOERNER · BADEN-BADEN

CIP-Kurztitelaufnahme der Deutschen Bibliothek

Warburg, Aby M.:
[Sammlung]
Ausgewählte Schriften und Würdigungen / Aby M.
Warburg. Hrsg. von Dieter Wuttke in Verbindung
mit Carl Georg Heise. – Baden-Baden: Koerner,
1979.
   (Saecvla [Saecula] spiritalia; Bd. 1)
   ISBN 3-87320-401-0
   ISSN 0343-2009

Übersetzungen aus dem Englischen von Elfriede R. Knauer unter Mitarbeit von Dieter Wuttke

Einbandgestaltung von Gerhard Christof ©, Kitzingen, unter Verwendung des Exlibris der Kulturwissenschaftlichen Bibliothek Warburg; Gestaltung des Reihensignets durch Jürgen Schulze, Göttingen, nach dem Verlegerzeichen des Christoph Plantin, Antwerpen. Gesamtherstellung Hain-Druck KG, Meisenheim/Glan.

Gedruckt mit Unterstützung der Hamburgischen Wissenschaftlichen Stiftung

Aby M. Warburg 1925
Photo: The Warburg Institute, London

INHALT

III. Aby M. Warburg-Bibliographie – Editorischer Bericht – Nachwort

AUSGEWÄHLTE SCHRIFTEN

SANDRO BOTTICELLIS

„GEBURT DER VENUS"

UND

„FRÜHLING."

EINE UNTERSUCHUNG
ÜBER DIE VORSTELLUNGEN VON DER ANTIKE IN DER
ITALIENISCHEN FRÜHRENAISSANCE.

VON

A. WARBURG
DR. PHIL.

MIT 8 ABBILDUNGEN.

HAMBURG UND LEIPZIG.
VERLAG VON LEOPOLD VOSS.
1893.

Abb. SANDRO BOTTICELLI, GEBURT DER VENUS, FLORENZ, UFFIZI.

Nach einer Photographie von Ad. Braun & Co., Braun Clément & Co., Nachfr. in Dornach i. Els. und Paris.

VORBEMERKUNG.

In der vorliegenden Arbeit wird der Versuch gemacht, zum Vergleiche mit den bekannten mythologischen Bildern des Sandro Botticelli, der „Geburt der Venus"[1]) und dem „Frühling"[2]) die entsprechenden Vorstellungen der gleichzeitigen kunsttheoretischen und poetischen Litteratur heranzuziehen um auf diese Weise das, was die Künstler des Quattrocento an der Antike „interessirte", klarzulegen.

Es lässt sich nämlich hierbei Schritt für Schritt verfolgen, wie die Künstler und deren Berather in „der Antike" ein gesteigerte äussere Bewegung verlangendes Vorbild sahen und sich an antike Vorbilder anlehnten, wenn es sich um Darstellung äusserlich bewegten Beiwerks — der Gewandung und der Haare — handelte.

Nebenbei sei bemerkt, dass dieser Nachweis für die psychologische Aesthetik deshalb bemerkenswerth ist, weil man hier in den Kreisen der schaffenden Künstler den Sinn für den ästhetischen Akt der „Einfühlung" in seinem Werden als stilbildende Macht beobachten kann.[3])

---

[1]) Florenz, Uffizi, Sala di Lorenzo Monaco No. 39, vgl. Abb. 1. *Klassischer Bilderschatz* III, p. VIII No. 307.

[2]) Ebend. Akademie, Sala Quinta, No. 26. *Kl. B.* I, p. X No. 140.

[3]) Vgl. R. Vischer, Das Optische Formgefühl, 1873, dazu F. Th. Vischer Das Symbol, in d. *Philos. Aufs. f. Zeller 1887*, v. p. 153 ab.

INHALT.

ERSTER ABSCHNITT.

„DIE GEBURT DER VENUS.“

Die „Geburt der Venus“, das kleinere der beiden Gemälde sah Vasari[1]) zusammen mit dem „Frühling“ in des Herzogs Cosimo Villa Castello: „Per la città, in diverse case fece tondi di sua mano, e femmine ignude assai; delle quale oggi aucora a Castello, villa del Duca Cosimo sono due quadri figurati l'uno Venere che nasce, e quelli aure e venti che la fanno venire in terra con gli amori; e così un'altra Venere, che le Grazie la fioriscono, dinotando la Primavera; le quali da lui con grazie si veggono espresse.“

Der italienische Catalog der Uffizi giebt folgende Beschreibung: „La nascità di Venere. La Dea sta uscendo da una conchiglia nel mezzo del mare. A sinistra sono figurati due Venti che volando sulle onde spingono la Dea presso la riva; a destra è una giovane che rappresenta la Primavera. T. grand nat.“[2])

Zwei verschiedene Dichtungen sind in der neuesten kritischen Litteratur zum Vergleiche herangezogen worden; Jul. Meyer in dem Text zum Berliner Galleriewerk[3]) verweist auf den *Homerischen Hymnus:*

> „Es ist sehr wahrscheinlich, dass Botticelli die antike Schilderung der
> Geburt der Venus im zweiten Homerischen Hymnus auf Aphrodite
> gekannt und seiner Darstellung zu Grunde gelegt hat. Schon im
> Jahre 1488[4]) wurden die Homerischen Hymnen aus einer Floren-
> tiner Handschrift durch den Druck veröffentlicht, und es ist daher
> anzunehmen, dass ihr Inhalt schon einige Zeit vorher in den
> Florentiner Humanistenkreisen und speziell dem klassisch gebil-
> deten Lorenzo bekannt war.“

---

[1]) Vasari Milanesi III, 312.

[2]) 1881, p. 121; genauere Maassangabe fehlt; auch im Text zum klassischen Bilderschatz sind keine Maasse angegeben.

[3]) „Die Florentinische Schule des XV. Jahrhunderts,“ Berlin, 1890, p. 50 Anm. Auch Woermann, Sandro Botticelli p. 50 bei Dohme, Kunst und Künstler, 1878, II. XLIX. hatte ihn als Analogie angeführt.

[4]) Die Vorrede abgedruckt bei Ber. Botfield, Praefationes et Epistolae editionibus Principibus praepositae, Cambridge, 1861, p. 180.

Andrerseits bemerkt Gaspary in seiner Italienischen Litteraturgeschichte,[1]) dass die Beschreibung eines Reliefs in *Angelo Polizianos Giostra,* die „Geburt der Venus" vorstellend,[2]) mit Botticellis Bild Ähnlichkeit habe.

Beide Hinweise geben einen Fingerzeig nach derselben Richtung, da Polizian sich in der angeführten Beschreibung an den Homerischen Hymnus auf Aphrodite anlehnte.

Die naheliegende Vermuthung, dass eben Polizian, der gelehrte Freund des Lorenzo de' Medici — für den Botticelli ja auch nach dem Zeugnis des Vasari eine Pallas malte[3]) — dem Botticelli das Concetto übermittelte, wird durch die in Folgendem nachzuweisende Thatsache zur Gewissheit, dass der Maler in denselben Dingen wie der Dichter vom Homerischen Hymnus abweicht.

Polizian denkt sich eine Reihe von Reliefs, als Meisterwerke von Vulcans eigener Hand in zwei Reihen an den Thorpfeilern des Venuspalastes angebracht, das Ganze von einem Randornament von Akanthusblättern, Blumen und Vögeln eingerahmt. Während die ersten Reliefreihen kosmogonische Allegorien[4]) zum Gegenstand haben, welche in der Geburt der Venus ihren Abschluss finden, war auf der zweiten Folge die Macht der Venus[5]) an etwa 12 klassischen Beispielen veranschaulicht. Die Geburt der Venus, ihr Empfang auf der Erde und im Olymp werden in den Stanzen 99—103 geschildert:

> 99 „Nel tempestoso Ejeo in grembo a Teti
> Si vede il fusto genitale accolto
> Sotto diverso volger di pianeti
> Errar per l'onde in bianca schiuma avvolto;
> E dentro nata in atti vaghi e lieti
> Una donzella non con uman volto,
> Da' zefiri lascivi spinta a proda
> Gir sopra un nicchio, e par ch'el ciel ne goda.

---

[1]) Berlin 1888, II, 232. Die *Giostra* ist jenes Festgedicht auf das Turnier Giulianos, welches im Jahre 1476 stattfand; die Dichtung wurde zwischen 1476 und 1478 geschrieben und blieb, wegen der 1478 erfolgten Ermordung Giulianos unvollendet. In dem ersten Buch wird das Reich der Venus geschildert, im zweiten (u. letzten) die Erscheinung der Nymphe, welche nach dem Willen der Venus den rauhen Jäger Giuliano zur Liebe bekehren soll. Vgl. Gaspary, l. c. 228—232. G. Carduccis Ausgabe: *Le Stanze, L'orfeo e le Rime di M. A. A. Poliziano,* Florenz, Barbèra 1863, (nach der hier citirt wird) unterstützte mit ihrem ausgedehnten quellenkritischen Apparat die vorl. Arbeit wesentlich.

[2]) Buch I, Stanze 99—103, Vgl. dazu Carducci l. c. p. 56.

[3]) Vgl. Vas. Mil., p. 312, dazu Ulmann, Eine verschollene Athena des Sandro Botticelli. *Bonner Studien f. Kekulé.* Lpzg. 1890, p. 203/213.

[4]) 1) Die Entmannung Saturns. 2) Die Geburt d. Nymphen und Giganten. 3) Die Geburt d. Venus. 4) Der Empfang d. Venus auf d. Erde. 5) Der Empfang d. Venus im Olymp. 6) Vulcan selbst.

[5]) 1) Die Entführung d. Europa. 2) Jupiter als Schwan, Goldregen, Schlange und Adler. 3) Neptun als Widder und Stier. 4) Saturn als Ross. 5) Apoll, Daphne verfolgend. 6) Die verlassene Ariadne. 7) Die Ankunft d. Bacchus, und 8) seines Gefolges. 9) Der Raub der Proserpina. 10) Heracles als Weib. 11) Polifemos und 12) Galathea.

100 Vera la schiuma e vero il mar diresti,
　　　E vero il nicchio, ver soffiar di venti:
　　　La dea negli occhi folgorar vedresti,
　　　E'l ciel ridergli a torno e gli elementi:
　　　L'Ore premer l'arena in bianche vesti;
　　　L'aura incresparle e' crin distesi e lenti:
　　　Non una non diversa esser lor faccia,
　　　Come par che a sorelle ben confaccia.

101 Giurar potresti che dell'onde uscisse
　　　La Dea premendo con la destra il crino,
　　　Con l'altra il dolce pomo ricoprisse;
　　　E, stampata dal piè sacro e divino,
　　　D'erbe e di fior la rena si vestisse:
　　　Poi con sembiante lieto e peregrino
　　　Dalle tre ninfe in grembo fusse accolta,
　　　E di stellato vestimento in volta.

102 Questa con ambe man le tien sospesa
　　　Sopra l'umide trecce una ghirlanda
　　　D'oro e di gemme orientali accesa:
　　　Questa una perla agli orecchi accomanda:
　　　L'altra al bel petto e bianchi omeri intesa
　　　Par che ricchi monili intorno spanda,
　　　De' quai solean cerchiar lor propre gole
　　　Quando nel ciel guidavon le carole.

103 Indi paion levate in ver le spere
　　　Seder sopra una nuvola d'argento:
　　　L'aer tremante ti parria vedere
　　　Nel duro sasso, e tutto 'l ciel contento;
　　　Tutti li dei di sua beltà godere
　　　E del felice letto aver talento;
　　　Ciascun sembrar nel volto meraviglia,
　　　Con fronte crespa e rilevate ciglia."

Daneben halte man die Schilderung des Homerischen Hymnus:[1]

„Aphrodite die schöne, die züchtige will ich besingen,
Sie mit dem goldenen Kranz, die der meerumflossenen Kypros
Zinnen beherrscht, wohin sie des Zephyros schwellender Windhauch
Sanft hintrug auf der Woge des vielaufrauschenden Meeres
Im weichflockigen Schaum; und die Horen mit Golddiademen
Nahmen mit Freuden sie auf, und thaten ihr göttliche Kleider
An, und setzten ihr ferner den schön aus Golde gemachten
Kranz aufs heilige Haupt, und hängten ihr dann in die Ohren
Blumengeschmeide aus Erz und gepriesenem Golde verfertigt.

---

[1] In der Uebersetzung von Schwenck. Frankfurt, 1825.

Aber den zierlichen Hals und den schneeweiss strahlenden Busen
Schmückten mit goldener Ketten Geschmeide sie, welche die Horen
Selber geschmückt, die mit Gold umkränzeten wenn zu der Götter
Anmuthseeligem Reihn und dem Vaterpalaste sie gingen."

Die Handlung in dem italienischen Gedicht ist, wie man sieht, im
Ganzen durchaus vom homerischen Hymnus bestimmt; hier wie dort wird
die aus dem Meere aufsteigende Venus vom Zephyrwind an das Land
getrieben, wo sie die Göttinnen der Jahreszeiten empfangen.

Die eigenen Zuthaten Polizians beziehen sich fast nur auf die Ausmalung der Einzelheiten und des Beiwerks, bei deren genauen Angabe
der Dichter verweilt, um durch die Fiction einer bis ins Kleinste gehenden,
treuen Wiedergabe die überraschende Naturwahrheit der geschilderten
Kunstwerke glaubhaft zu machen. Diese Zusätze sind etwa folgende:

Mehrere Winde, deren Blasen man sieht („vero il soffiar di venti"),
treiben die Venus, welche in einer Muschel steht („vero il nicchio") an
das Ufer, wo sie die drei Horen empfangen und sie (ausser mit den Ketten
und Halsbändern, von denen auch der homerische Hymnus erzählt) mit
einem „Sternenmantel" bekleiden. Der Wind spielt in den weissen
Gewändern der Horen und kräuselt ihr herabwallendes, loses Haar.
(I. 100, 4—5.) Gerade dieses durch den Wind bewegte Beiwerk bewundert
der Dichter als täuschende Leistung einer virtuosen Kunstübung:

100, 2 . . . . „e ver soffiar di venti"
100, 3 . . . . . „vedresti"
100, 4 „L'Ore premer l'arena in bianche vesti
L'aura incresparle e'crin disteri e lenti"
103, 3 „L'aer tremante ti parria vedere
Nel duro sasso . . . ."

Ebenso wie in dem Gedicht geht die Handlung auch auf dem Gemälde vor sich, nur dass, abweichend von der Dichtung, auf dem Bilde
Botticellis die auf der Muschel stehende Venus[1]) mit der R. (anstatt mit
der L.) die Brust bedeckt, mit der L. ihr langes Haupthaar an sich haltend,
und dass, statt der drei Horen im weissen Gewande, die Venus nur eine
weibliche Gestalt im bunten, blumenbedeckten, von einem Rosenzweig
umgürteten Gewande empfängt. Dagegen kehrt jene Polizianische eingehende Ausmalung des bewegten Beiwerks mit solcher Uebereinstimmung wieder, dass ein Zusammenhang zwischen den beiden Kunstwerken sicher anzunehmen ist.

Da sind auf dem Bilde nicht nur die zwei pausbackigen „Zefiri",
„deren Blasen man sieht", sondern auch die Gewandung und das Haar der

---

[1]) Ueber deren Beziehung zur Medicäischen Venus sind zu vergleichen: Michaelis,
Arch. Ztg. 1880, p. 13 ff. und *Kunstchronik* 1890, Sp. 297/301, ferner Müntz, Hist. de
l'Art pend. la Ren. (1889) 224/225. Dazu müsste man noch eine Illustration aus dem
Ms. Plut. XLI, cod. 33 der Laurenziana zu einem Gedicht des Lorenzo de' Medici f. 31 heranziehen. Vgl. Vas. Milanesi III, 330. Zu den Epigrammen des Polizian
über die „Geburt der Venus" vgl. del Lungo, Prose volgari inedite e Poesie latine e
greche edite e inedite di A. A. Poliziano. Florenz, Barbèra 1867, p. 219.

am Ufer stehenden Göttin weht im Winde und auch das Haar der Venus flattert,[1]) wie der Mantel, mit dem sie bekleidet werden soll, im Winde. Beide Kunstwerke sind eine Paraphrase des homerischen Hymnus; aber in der Dichtung Polizians finden sich noch die drei Horen, welche auf dem Bilde in eine zusammengezogen sind.

Damit ist die Dichtung als die zeitlich vorausgehende, dem Vorbilde näher stehende Verarbeitung gekennzeichnet, das Gemälde als die spätere, freiere Fassung. Ist ein direktes Abhängigkeits-Verhältnis anzunehmen, so war demnach der Dichter der Geber und der Maler der Empfänger.[2]) In Polizian dén Berather Botticellis zu sehen, passt auch zu der Ueber-lieferung, die Polizian als Inspirator Raffaels und Michelangelos gelten lässt.[3])

Die auffallende, im Gedicht und im Gemälde gleichermaassen hervor-tretende Bestrebung, die transitorischen Bewegungen in Haar und Gewand festzuhalten, entspricht einer seit dem ersten Drittel des XV. Jahrhunderts in Oberitalienischen Künstlerkreisen herrschenden Strömung, die in *Albertis liber de pictura* ihren prägnantesten Ausdruck findet.[4])

Schon Springer verwies auf diese Stelle,[5]) gerade im Hinblick auf die Windgötter Botticellis bei der Geburt der Venus, und auch Robert Vischer hat sie in seinem Luca Signorelli,[6]) herangezogen. Sie lautet: „Dilettano nei capelli, nei crini, ne' rami frondi et vesti vedere qualche movimento. Quanto certo ad me piace nei capelli vedere quale io dissi sette movimenti· volgansi in uno giro quasi volendo anodarsi et ondeggino in aria simile alle fiamme, parte quasi come serpe si tessano fra li altri, parte crescendo in quà et parte in là. Così i rami ora in alto si torcano, ora in giù, ora in fuori, ora in dentro, parte si contorcano come funi. A medesimo ancora le pieghe facciano; et nascano le pieghe come al troncho dell' albero i suo' rami. In queste adunque si seguano tutti i movimenti [tale che parte niuna del panno sia senza vacuo movimento. Ma siano, quanto spesso ricordo i movimenti moderati et dolci], piu tosto quali porgano gratia ad chi miri, che maraviglia di faticha alcuna. Ma dove così vogliamo ed i panni suoi sendo i panni di natura gravi et continuo cadendo a terra, per questo starà bene in la pictura porvi la faccia del vento Zeffiro o Austro che soffi fra le nuvole onde i panni ventoleggino. Et quinci verrà ad quella gratia, che i corpi da questa parte percessi dal vento sotto i panni in buona parte mostreranno il nudo, dall' altra parte

---

[1]) Ganz ähnlich auf der Venus Botticellis in Berlin (Catal. 1883, No. 1124) Abb. bei Meyer l. c. p. 49. Das Haar weht nach links, auf der Schulter liegen zwei kleine Flechten.

[2]) Gaspary l. c. II, p. 232 scheint an ein umgekehrtes Verhältnis zu denken.

[3]) Vas. Mil. VII, 143. Lud. Dolce Aretino p. 80. *Quellenschr. f. Kg.* II. vgl. R. Springer, Raffael und Michelangelo. 2. Aufl. 1883, II, p. 58. R. Foerster, Farnesina-Studien 1880, p. 58. E. Müntz, Précurs. de la R. 1882, p. 207/208 schliesst eine ausführliche Analyse der Giostra mit den Worten: „en cherchant bien on découvrirait certainement que Raphael n'est pas le seul artiste qui s'en soit inspiré." Ueber die Beziehungen, in die Müller-Walde, Leonardo 1889, Leonardo zur Giostra bringt, vgl. unten

[4]) ed. Janitschek, *Quellenschr. f. Kg.*, Wien 1877, XI, p. 129 ff.

[5]) Lützow *Zfbk.* XIV (1879) p. 61.

[6]) 1879, p. 157.

i panni gettati dolce voleranno per aria, et in questo ventoleggiare guardi il pictore non ispiegare alcuno panno contro il vento."

An dieser Malerregel des Alberti haben Phantasie und Reflexion gleichen Antheil. Einerseits freut es ihn, Haar und Gewandung in starker Bewegung zu sehen: er lässt dann seiner Phantasie Spielraum, die dem willenlosen Beiwerk organisches Leben unterlegt; in solchen Augenblicken sieht er Schlangen, die sich in einander verstricken, Flammen, die empor-züngeln, oder das Geäst eines Baumes. Andrerseits aber verlangt Alberti von dem Maler nachdrücklich, dass er bei der Wiedergabe solcher Motive genug vergleichende Besonnenheit besitze, um sich nicht zu widernatür-licher Häufung verleiten zu lassen und dem Beiwerk nur da Bewegung mittheile, wo der Wind dieselbe wirklich verursacht haben könne. Ohne ein Zugeständnis an die Phantasie geht es freilich nicht ab: die blasenden Jünglingsköpfe, die der Maler anbringen soll, um die Bewegung in Haar und Gewandung zu „begründen", sind ein rechtes Compromissproduct zwischen anthropomorphistischer Phantasie und vergleichender Reflexion.

Alberti hatte sein, dem Brunellesco gewidmetes, libro della pittura 1435 abgeschlossen.[1])

Bald darauf, schon um die Mitte des 15. Jahrhunderts giebt *Agostino di Duccio* den Figuren der allegorischen Reliefs in dem Tempio Malatesta zu Rimini eine bis zum Manierismus gesteigerte Bewegtheit in Haar und Gewandung. [2]) Nach *Valturis* Bemerkungen [3]) über das Verhältnis des Sismondo Malatesta zu den Kunstwerken in seiner Kapelle, sind Inhalt und Form derselben als Produkte gelehrter Ueberlegungen anzusehen:

„ . . . . . amplissimis praesertim parietibus, permultisque altissimis arcubus peregrino marmore aedificatis, quibus lapideae tabulae vestiuntur, quibus pulcherrime sculptae inspiciuntur, unaque sanctorum patrum, virtutum quattuor, ac coelestis Zodiaci signorum, errantiumque siderum, sibillarum deinde, musarumque, et aliarum permultarum nobilium rerum imagines, quae nedum praeclaro lapicidae ac sculptoris artificio, sed etiam cogni-tione formarum, liniamentis abs te acutissimo et sine ulla dubitatione clarissmio hujus saeculi Principe ex abditis philosophiae penetralibus sumptis, intuentes litterarum peritos, et a vulgo fere penitus alienos maxime possint allicere."

Alberti war der Architekt der Kirche, deren Bau er bis ins einzelne überwachte;[4]) der Annahme, dass er der Inspirator dieser in seinem Sinne bewegten Gestalten war, steht nichts im Wege. Für eine der weiblichen

---

[1]) Vgl. Janitschek l. c. p. III.

[2]) Besonders bei den Welten des Thierkreises und der Planeten hervortretend. Einzelne Abbildungen bei Ch. Yriarte, Rimini, Paris, 1882. Vgl. z. B. d. Mercur (Abb. 105) p. 216 u. Mars (Abb. 107) p. 217 Ueber d. Darstellungen hat neuerdings Burmeister. Der bildnerische Schmuck des Tempio Malatestiano zu Rimini, gehandelt. Breslau, Inaug. Diss. 1891.

[3]) In de re militari (1472 zuerst gedruckt). Die Stelle ist von Janitschek, Die Gesellschaft der Renaissance, Stuttgart 1879, p. 108 beigebracht.

[4]) Vgl. den Brief, den er 1454 an seinen Bauführer Matteo di Pasti richtet. Abgedr. Guhl-Rosenberg, Künstlerbriefe p. 33.

Figuren auf den Reliefs des Agostino di Duccio an der Façade von S. Bernardino in Perugia hat Fr. Winter[1]) gerade für die bewegten Gewandmotive bei einer weiblichen Figur auf dem obersten Relief der Façade links auf ein antikes Vorbild — einer vom Rücken gesehenen Hore — hingewiesen, die sich auf dem bekannten Krater zu Pisa[2]) abgebildet findet. Von eben jener Vase hatte auch Niccolo Pisano auf den Kanzelreliefs des Baptisteriums zu Pisa den Dionysos entlehnt.[3]) Auch Donatello hat sich durch dieselbe Figur bei der Ausführung eines der Apostel auf der Erzthüre von St. Lorenzo anregen lassen.[4]) Ob Donatello nicht auch in der den Kopf etwas senkenden Hore des Pisaner Kraters das Vorbild für seine kappadokische Prinzessin auf dem Relief unter der Statue des St. Georg an Orsan Michele gefunden hatte?[5])

Für Agostino di Duccio sind noch weitere Hinweise auf andere antike Kunstwerke zulässig:

Winter[6]) findet, dass die Darstellungen aus der Geschichte des heil. Bernhard in Perugia an die Compositionen römischer Sarkophage erinnern.

Jahn[7]) giebt in einer Abhandlung über die Medeasarkophage eine Abbildung aus dem *Codex Pighianus*[8]) in Berlin, auf dem die Medea vor dem Baume mit dem Drachen steht; über ihrem Kopf sieht man ein kugelförmig geschwelltes Gewand. Dasselbe, in dieser Form seltene Motiv, kehrt bei der Frau, die am Ufer vor St. Bernhard hinter zwei Frauen mit einem Kinde steht, wieder; wohl möglich, dass dieser Sarkophag schon damals vor „S. Cosma e Damiano" stand und dort gezeichnet wurde.

Auch für den Engel auf dem Relief des Agostino di Duccio in der Brera[9]) war eine Mänade das Vorbild.[10]) Wie nun Agostino als Bildhauer unter den plastischen Kunstwerken der Antike nach Vorbildern für Bewegungsmotive in Haar und Gewandung sucht, so achtet *Polizian* in den Werken der antiken Dichter besonders auf Schilderungen von Bewegungsmotiven, die er dann in seinen Dichtungen getreu nachbildet.

Polizian mag immerhin durch Albertis Hinweis dazu angeregt oder darin bestärkt worden sein, die Wiedergabe des bewegten Beiwerks als künstlerisches Problem ins Auge zu fassen — wie auch eine damals schon vorhandene Ideenrichtung in den Florentiner Künstlerkreisen es ihm nahe gelegt haben konnte, die Figuren auf seinen Reliefs mit Bewegung in

---

[1]) Ueber ein Vorbild neu-attischer Reliefs. Berl. Winckelmannsprogr. 1890, S. 94—125.

[2]) Vgl. Hauser, Die Neu-Attischen Reliefs. Stuttg. 1889, p. 15, No. 17.

[3]) Vgl. u. a. E. Müntz, Précurseurs p. 9.

[4]) Abg. b. Müntz l. c. p. 68. Rel. auf dem 2. Relief des linken Thürflügels.

[5]) Schon Semper, Donatellos Leben und Werke, 1887, p. 38 denkt an ein Vorbild in „der Art des Skopas".

[6]) l. c. p. 123.

[7]) *Arch. Ztg.* 1866, Taf. 216 u. Robert, Die antiken Sarkophag-Reliefs, 1890, II, LXI, 190. Ob nicht auch die beiden anderen Frauen den Frauen mit dem Kind auf dem Sarkophag, wenn auch frei, nachgebildet sind? Vgl. Phot. Al. 18077.

[8]) 211. Fol. 251. Vgl. Jahn, *Sächs. Ber.* 1868, p. 224.

[9]) Abb. Yriarte l. c. (Abb. 112) p. 222.

[10]) Etwa Hausers Typus 32.

Haar und Gewandung[1]) erscheinen zu lassen — sicherlich giebt Polizian dieser Stimmung bewusst und selbständig dadurch einen neuen Rückhalt, dass er die Worte, um dieses bewegte Beiwerk zu schildern, den Worten, die er in antiken Dichtern — *Ovid* und *Claudian* — gesucht hatte, getreu nachbildete.

Auf dem ersten Relief der zweiten Reihe an den Thorpfeilern des Venuspalastes sah man den Raub der Europa:

> 105 „Nell' altra in un formoso e bianco tauro
> Si vede Giove per amor converso
> Portarne il dolce suo ricco tesauro
> E lei volgere il viso al lito perso
> In atto paventoso: e i be'crin d'auro
> Scherzon nel petto per lo vento avverso.
> La veste ondeggia, e in drieto fa ritorno.
> L'una man tien al dorso, e l'altra al corno.“

Nicht nur, dass die genaue Schilderung der Beweglichkeit in Haar und Gewandung, soweit sie Ovid selbst bei der Erzählung des Raubes der Europa in den *Metamorphosen* (II, 873) und in den *Fasten*[2]) (V, 607 ff.) giebt, reproduzirt ist, es ist auch eine ähnliche Stelle aus den Met. (II, 527) herangeholt.

Stellt man die letzten 5 italienischen Verse mit ihren lateinischen Vorbildern zusammen, so steht man vor der kunstgeschichtlich selten nachweisbaren Thatsache eines sorgfältigen Eclecticismus, verbunden mit der Fähigkeit, die nahgelegten Dinge mit eigener künstlerischer Kraft zu verarbeiten:

E lei volgere il viso al lito perso

Met. II, 873: . . . . „litusque ablata relictum respicit.“

In atto paventoso: e i be'crin d'auro

Met. II, 873: „Pavet haec.“ Fast. V, 609: „Flavos movet aura capillos.“

Scherzon nel petto per lo vento avverso

Met. I, 528: „Obviaque adversas vibrabant flamine vestes et levis inpulsos retro dabat aura capillos.“

La veste ondeggia, e in drieto fa ritorna

Met. II, 875: „Tremulae sinuantur flamine vestes“
Fast. V, 609: „Aura sinus inplet.“

L'una man tien al dorso, e l'altra al corno

Met. II, 874: . . . . „dextra cornum tenet, altera dorso imposita est.“

St. 106.

Le ignude piante a sè ristrette accoglie

Fast. V, 611: Saepe puellares subducit ab aequore plantas.

Quasi temendo il mar che lei non bagne

ibid. 612: et metuit tactus assilientis aquae.“

---

[1]) Giostra: vgl. Geburt der Venus (I, 100, 2), deren Empfang auf der Erde (I, 100, 5—6) und im Olymp (I, 103, 3—4). Der Raub der Europa (I, 105. 5—7). Der Raub der Proserpina (I, 113, 3—4). Bacchus und Ariadne (I, 110, 5).

[2]) In de Fasten nach Moschos Vorbild, vgl. Haupt, Anm. zu d. Met. II, 837.

Bei der Beschreibung des Skulpturwerkes, den *Raub der Proserpina* darstellend (St. 113), musste ausser Ovid selbst, auch noch Claudians[1]) hyperovidianische Detailmalerei aushelfen:

    1. „Quasi in un tratto vista amata e tolta
       Dal fero Pluto Proserpina pare
       Sopra un gran carro, e la sua chioma sciolta
       A'zefiri amorosi ventilare."

Für den 3. Vers citirt Carducci,[2]) ohne nähere Angabe:

    . . . „volucri fertur Proserpina curru
       Caesariem diffusa noto" . . . .

Man sollte denken, dass wenigstens die „Zefiri amorosi" Erfindungen Polizians im Sinne seiner Muster seien; doch auch hierfür findet sich bei Claudian l. c. v. 30:[3])

       „levibus projecerat auris
    indociles errare comas"

Die Zusammenstellung zeigt also auch hier dasselbe Bild:

       Quasi in un tratto amata e tolta

Met. V, 395: „*Paene simul visa est dilectaque*
       Dale fero Pluto Proserpina pare
           raptaque Diti"

       Sopra un gran carro, e la sua chioma sciolta

Claud. II, 248: „*volucri fertur Proserpina curru*
ibid. 249:   *Caesariem diffusa noto*"

       A Zefiri amorosi ventilare

ibid. II, 30: . . . „*levibus projecerat auris*
       indociles errare comas."

Im wirklichen Verlauf des in den Stanzen Polizians geschilderten Liebesabenteuers finden sich noch zwei hierher gehörige Stellen:

    I. St. 567—8 sieht Giuliano der „Nymphe" nach, im Zweifel, ob er ihr folgen solle:

       „Fra se lodando il dolce[4]) andar celeste
       E'l ventillar dell' angelica veste."

Ohne die folgenden Verse *Ovids* (Ars. Am. III, 299/301) als direktes Vorbild anzunehmen, kann man dieselben doch wegen der Aehnlichkeit in der Stimmung der Beobachtung hier anführen:

Ars. Am. III, 299. „*Est et in incessu pars non temnenda decoris*
       Allicit ignotos ille, fugatque viros
       Haec movet arte latus, tunicis fluentibus auras
       Excipit."

---

[1]) Wie Claudians Epithalamien im Ganzen das bevorzugte Vorbild Polizians sind. Vgl. Gaspary l. c. p. 229.

[2]) Die Stelle ist aus Claudian, De raptu Proserpinae, II, 248.

[3]) Es ist von Apoll die Rede.

[4]) Vgl. Alberti oben p. 6: „dolce voleranno".

Weiterhin wird, bei der Beschreibung des Reiches der Venus [1]) (von I, St. 69 ab) die dort herrschende Frühlingsgöttin folgendermaassen (St. 72, 4—8) veranschaulicht:

„Jvi non volgon gli anni il lor quaderno,
Ma lieta Primavera mai non manca
Ch'e' suoi crin biondi e crespi all' aura spiega
E mille fiori in ghirlandetta lega."

Hier wie bei der Hervorhebung des bewegten Beiwerks in der Tracht der Zeitgöttinnen, welche die Venus [2]) empfangen, lässt sich ein direktes Vorbild nicht nachweisen. Man darf aber annehmen, dass der Dichter sich dem Geiste der antiken Dichter so recht nahe fühlte, indem er sich in dieser Ovidianisch-claudianischen Ausmalung der Beweglichkeiten erging.

Mit Polizians Schilderung der Horen, mitsammt jener Ausmalung des bewegten Beiwerks, zeigt die Frauengestalt, welche die Venus auf dem Bilde *Botticellis* begrüsst, eine auffällige Uebereinstimmung. Sie steht (in strengem Profil nach links gerichtet) am Uferrand und hält der herantreibenden Venus den vom Winde geschwellten Mantel entgegen, dessen Rand sie oben mit der weit vorgestreckten Rechten, unten mit der Linken gefasst hält; sie wird in der kritischen Litteratur fast durchgängig als Frühlingsgöttin bezeichnet. [3]) Ihr mit Kornblumen durchwirktes Obergewand legt sich eng an den Körper an und lässt die Umrisse der Beine scharf heraustreten; von der linken Kniekehle ab geht in flachem Bogen ein Faltenzug nach rechts, der unten in fächerförmig gespreizten Falten verflattert; die engen, an den Schultern gepufften Aermeln, legen sich über ein weisses Untergewand aus weichem Stoff. Der grössere Theil ihres blonden Haares weht von den Schläfen aus in langen Wellen nach hinten, aus einem kleineren Theil ist ein starker Zopf gemacht, der in einem Büschel loser Haare endigt. Sie ist die „Frühlingshore", wie sie Polizians Phantasie entspricht:

Sie steht am Ufer, um die Venus zu empfangen; der Wind spielt in ihrem Kleid und kräuselt ihr „blondes Lockenhaar, das sie dem Wind entgegenbreitet." Die Frühlingsgöttin trägt einen Rosenzweig als Gürtel; es ist das ein zu ungewöhnliches Kleidungsstück, als dass er nicht im Sinne der Renaissance-Gelehrten „etwas zu bedeuten" haben sollte.

Geben wir einen Augenblick der naheliegenden Vermuthung Raum, dass Polizian nicht allein durch seine „Giostra", sondern persönlich als gelehrter Berather Botticellis vor die Aufgabe gestellt war, für den „Früh-

---

[1]) Fast ganz nach Claudian, De Nuptiis Honor. et Mar. Vgl. Carducci zu den cit. Versen.

[2]) Für die Venus mit ihrem Haarschmuck sei an Ovids Verse erinnert: (Amor. XIV, 31 ff.)

„Formosae periere comae: quas vellet Apollo,
Quas vellet capiti Bachus inesse suo.
Illis contulerim, quos quondam nuda Dione
Pingitur humenti sustinuisse manu."

[3]) u. a. Meyer l. c. p. 50 u. Text zum Kl. B. III. l. c.

ling" ein klares aber „antikes" Attribut zu finden und zu diesem Zwecke zu seinem Lieblingsdichter Ovid gegriffen hatte. Da las er dann: Met. II, 27 ff. von dem „Frühling" am Throne des Apoll:

„Verque novum stabat cinctum florente corona" [1])

während es andrerseits in d. Fasten V, 217 heisst:

„Conveniunt pictis incinctae vestibus Horae."

Wollte Polizian dieses „cinctum" [2]) als „gegürtet" auffassen, so hatte er damit zugleich eine nähere Angabe zu der Art wie „die Hore im bunten gegürteten Gewande" gegürtet war.

Die folgende Stelle aus *Vincenzo Cartari, Le Imagini dei Dei,*[3]) beweist, dass sich auch andere Renaissance-Gelehrte den Blumengürtel als Abzeichen der Frühlingsgöttin dachten:

„Le hore, lequali dicono essere i quattro tempi dell'anno, aprire e servare le porte del Cielo, sono date talhora al Sole, e tale altra a Cerere, e perciò portano *due ceste, l'una di fiori, per la quale si mostra la Primavera,* l'altra piena di spiche, che significa la està. Et Ovidio pari mente dice nei fasti[4]) che queste stanno in compagnia di Jano [Apollo] alla guardia delle porte del Cielo, e quando poi racconta di Flora, in potere della quale sono i fioriti prati, dice che le hore vestite di sottilissimi veli vengono in questi talhora à raccogliere diuersi fiori da farsene belle ghirlande."

Aus dieser verworrenen Gelehrsamkeit geht doch soviel hervor, dass die beiden citirten Stellen aus Ovid auch hier die Hauptquellen sind.

Auch eine Frühlingsfigur aus venezianischem Gelehrtenkreise gehört hierher:

In der *Hypnerotomachia Poliphili,*[5]) dem archäologischen Roman der Frührenaissance, sieht Poliphilus unter vielen anderen Kunstwerken beim Triumphe des Vertumnus und der Pomona [6]) eine „sacra ara quadrangula" mit den Personificationen der vier Jahreszeiten „in candido et luculeo marmoro."

„In qualunque fronte della quale uno incredibile expresso duna elegante imagine promineva, quasi exacta. La prima era una pulcherrima

---

[1]) Ebenso Ep. ex Ponto III, 1, 111: „Tu neque ver sentis cinctum florente corona."

[2]) Während es richtiger ist, das „cinctum florente corona" als bekränzt (sc. auf dem Kopfe) aufzufassen. Die Fasten Ovids waren auch ein Hauptgegenstand der öffentlichen Vorlesungen Polizians: vgl. Gaspary l. c. II p. 667. Ueber sein Gedicht in der Art der Fasten vgl. Mencken, Vita Poliziani (Lpzg. 1736) p. 609.

[3]) Erste Ausg. v. 1556 p. CXIX.

[4]) Verwechslung mit Met. II.

[5]) Der Verfasser der Hypnerotomachia ist der Dominicaner Francesco Colonna (gest. 1527, 2. Oct., in Venedig). Nach der Vorrede, die Leonardo Crasso, Herausgeber des Buches, der ersten Ausgabe von 1499 (bei Aldus in Venedig) mitgab, war das Buch 1467 in Treviso verfasst. Vgl. A. Ilg, Der kunsthistorische Werth der Hypnerotomachia Poliphili, Wien, 1872, dazu Lippmann, *IbPrKss.* IV (1884) p. 198. Neuerdings sind die Holzschnitte von J. W. Appel, London, 1888, in Reproductionen herausgegeben.

[6]) Fol. M. IIII v.

Dea cum volante trecce cincte[1]) de rose et altri fiori, cum tenuissimo supparo[2]) aemulante gli venustissimi membri subjecti, cum la dextra sopra uno sacrificulo de uno antiquario Chyrotropode[3]) flammula prosiliente. Fiori et rose divotamente spargeva, et nel altra teniva un

FLORIDO VERI .S.

Abb. 2. Aus der Hypnerotomachia Poliphili:
„Der Frühling".

ramulo di olente et baccato[4]) Myrtho. Par a lei uno alifero et specio-sissimo puerulo cum gli vulnerabondi insignii ridente extava, et due columbine similme(n)te, sotto gli pedi della quale figura era inscripta:

Florido veri S."

---

[1]) Hier also ist die citirte Stelle des Ovid (cinctum — bekränzt) richtig verstanden.
[2]) Subucula, Untergrund.
[3]) Chyrotropus, Kohlenbecken. Vulg. Interpr. Levit. 11, 35.
[4]) buccatus.

Der entsprechende Holzschnitt zeigt eine ruhig stehende Frau im Profil n. r., die mit der L. Blumen in den „antiquario Chyrotropode" wirft und in der R. den Myrthenzweig hält. Ein mächtiger Haarschopf flattert nach l. Vor ihrer r. Seite steht der nackte, geflügelte Amor mit Pfeil und Bogen. In der Luft fliegen drei Tauben.[1]) Aus einer ganzen Reihe von Illustrationen und deren Beschreibungen in der Hypnerotomachia geht es auch sonst klar hervor, dass auch für einen venezianischen Gelehrten, wenn es galt, die antike Kunst in ihren bezeichnendsten Leistungen wieder erstehen zu lassen, die äussere Beweglichkeit der Gestalten als eine charakteristische Zuthat galt.[2])

Noch im sechszehnten Jahrhundert heisst es bei *Luigi Alamanni* (1494—1556) von der Flora:[3])

> v. 13. „Questa dovunque il piè leggiadro muove,
> Empie di frondi e fior la terra intorno,
> Che Primavera è seco, e verno altrove
> Le spiega all' aure i crin, fa invidia al giorno."

Es sei jetzt noch eine Zeichnung herangezogen, die mit der „Geburt der Venus" in Verbindung gebracht wird; aus ihr geht endgültig hervor, dass es zwar einseitig, aber nicht unberechtigt ist, die Behandlung des bewegten Beiwerkes zum Kriterium des „Einflusses der Antike" zu machen.

Es ist eine *Federzeichnung aus dem Besitz des Herzogs von Aumale*, die 1879 in Paris ausgestellt war und von Braun photographirt ist, in dessen Catalog (1887) sie folgendermaassen beschrieben wird:

p. 376. „N° 20. Etude pour une composition de Venus sortant de l'onde pour le tableau aux Uffizii."

Die Zeichnung[4]) rührt schwerlich von Botticelli selbst her — dafür sind die Details zu roh behandelt (z. B. Hände und Brust der nackten Frauenfigur) — sondern ist wohl von einer routinirten Künstlerhand aus dem Schülerkreise Botticellis gegen Ende des XV. Jahrh. gezeichnet.

Ebensowenig ist ein Entwurf für die „Geburt der Venus" darin zu erkennen, da die nackte Frauenfigur nur eine ganz ungefähre Aehnlichkeit in der Stellung mit Botticellis Venus hat.

Auf dem Blatte sind fünf Figuren abgebildet: Links der Oberkörper einer vom Rücken gesehenen Frau, die ein Tuch um den Rücken genommen hat, das vorne zusammengehalten wird. Der Kopf ist nach r. zum Beschauer herausgewendet. Ihr Haar, von dem sie einen Theil als Kranz auf dem Kopfe trägt, fällt in einer dicken Flechte auf die nackten Schultern herab. Der r. Arm ist erhoben.

---

[1]) Vergl. Abb. 2.

[2]) Man vgl., um nur das Wichtigste hervorzuheben, die Beschreibung der „Nymphe" auf dem Obelisken und deren Abbildung Appel No. 5, ausserdem Appel No. 9, 10, 22, 76/78.

[3]) Flora in Campagna, ed. Raffaelli, 1859, p. 4.

[4]) In Chantilly vgl. Abb. 3. Vgl. Ph. de Chennevières, *GdbA.* 1879, p. 514: „Notons encore la Vénus sortant de l'onde du même Botticelli, première pensée du tableau des Offices de Florence et provenant de la collection Reiset."

Die nackte Frauenfigur neben ihr — ungefähr in der Pose der Medicaeischen Venus, hält den r. Arm rechtwinklig vor die Brust (ohne dieselbe zu verhüllen), mit dem l. Arm den Unterkörper bedeckend. Die

Abb. 3. Zeichnung Botticellis (?) in Chantilly.
Nach einer Photographie von Ad. Braun & Co., Braun, Clément & Cie., Nachfr. in Dornach i. Els. und Paris.

Beine sind kreuzweise verschränkt und die Füsse stehen in rechtem Winkel zu einander, eine Stellung, die nicht fest genug erscheint, um den etwas zurückgebogenen Oberkörper zu tragen.

Ihr Haar ist in der Mitte gescheitelt, dann zusammengenommen und als Flechte um den Hinterkopf gelegt, in einen frei flatternden Schopf auslaufend. Dieselbe „brise imaginaire" verursacht auch die Schwellung eines shawlartigen Gewandstückes, das auf der l. Schulter aufliegt.

Die anderen drei Gestalten scheinen einer antiken friesartigen Composition entnommen. Eine Frau mit Leyer in der L. im Chiton und aussen
gegürteten Ueberschlag, daneben der behelmte Kopf eines Jünglings und
als Abschluss ein Jüngling in starker Schrittstellung nach R., den Kopf
im Profil zurückgewendet.

Es ergab sich, dass diese drei Figuren in der That einer *Sarkophag-
Darstellung des „Achill auf Skyros"* entnommen sind; die Frau mit der
Leyer ist eine der Töchter des Lykomedes und der stark ausschreitende
Jüngling der entfliehende Achilles.[1]

Abb. 4. Darstellung aus der Achilleis.
Nach Robert, die antiken Sarkophag-Reliefs. (Grote.)

Da die Verstümmelungen auf der Zeichnung nicht willkürlich ergänzt
sind, so lässt sich das vorbildliche Exemplar genau bestimmen: Es ist
der heute in *Woburn-Abbey* aufbewahrte *Sarkophag,* welcher sich ursprünglich unter den Reliefs befand, die seit der Mitte des 14. Jahrh. an der
Treppe von St. Maria Araceli in Rom eingemauert waren.[2]

Michaelis[3] beschreibt ihn folgendermaassen: „To the l. of Achilleus
are visible four daughters of Lykomedes: one in chiton and a chlamys

---

[1] Statius, Achilleis, v. 835 ff.:
„Nec servare vices nec brachia jungere curat
Tunc molles gressus, tunc aspernatur amictus
Plus solito rumpitque choros et plurima turbat."

[2] Vgl. Beschreibung Roms, III, I, p. 349, u. Dessau, *Sitzungsber. d.
Berl. Akad.,* 1883, II, p. 1075 ff.

[3] Ancient Marbles in Great Britain, p. 735.

draped like a shawl, and in a position similar to that of Odysseus, is holding a cithara (restored at the top), another dressed in the same way is hurrying l. (her forearms and flute have been added by the restorer), of the two other sisters only the heads are visible in the back ground." Ferner seien Achills rechter Arm und die Lanze ergänzt. Aus der Zeichnung Eichlers[1]) geht ferner hervor, dass auch der Unterarm der weibl. Figur mit der Leyer ergänzt ist.

Da sich sämmtliche Fragmentirungen ebenso auf der Zeichnung finden, so ist dieselbe nach eben diesem Sarkophag gemacht, als er noch an der Treppe von St. Maria Araceli in Rom eingemauert war.

Die beiden Modellstudien nebenan zeigen, wie ein Künstler des XV. J. sich aus einem Originalwerk des Alterthums das heraussucht, was ihn „interessirt". In diesem Fall nichts weiter, als einerseits das o v a l g e s c h w e l l t e G e w a n d s t ü c k, das er als Shawl (dessen Ende von der l. Schulter zur r. Hüfte herabgeht) ergänzte, um sich das Motiv verständlich zu machen, und andererseits der H a a r p u t z der Frauenfigur, den er mit frei flatterndem Schopf (von dem auf dem Vorbild nichts zu sehen ist) versah, sicherlich in der Meinung, recht „antikisch" zu sein.

Noch auf *Pirro Ligorio* (gest. 1583) machen die „tanzenden Nymphen" auf diesem Sarkophag einen besonderen Eindruck:[2])

„16. (Achill auf Skyros.) Di Achille et di Ulysse. Veramente non è di far poca stima d' un altro monumento, di un pilo che è ancora quivi presso al sudetto, per esser copioso di figure, di huomini armati et di donne lascivamente restite .... (Lücke in Dessaus Publication) N e l p i l o s o n o s e i d o n n e s c u l p i t e c o m e v a g h e N y m p h e, d i s o t t i l i s s i m i v e l i v e s t i t e, a l c u n e d i e s s e d e m o s t r a n o b a l l a r e e f a r b a l z a n d o s i a t t i c o n u n v e l o, c o n l i p a n n i t a n t i s o t t i l i e t t r a s p a r e n t i, c h e q u a s i g n u d e s i d e m o s t r a n o, l' una delle guali suona una lyra, et l' altra havendo lasciato il ballo sono come che corse a pigliar Achille."

Es lässt sich noch aus einem anderen Gebiet ein gleichartiges Beispiel dafür vorbringen, dass man damals derartigen weiblichen Figuren mit bewegter Gewandung eine besondere vorgefasste Meinung entgegenbrachte:

Filarete berichtet nach *Plinius* von Kunstwerken, die sich in Rom befanden:[3]) „Eragli ancora quattro satiri dipinti, i quali ancora per la loro bellezza furono portati a Roma, i quali l'uno portaua Baccho insù la spalla; l'altro la copriua, un altro gli era che pareua che piangesse come uno fanciullo; il quarto beuena in una cratera del compagnio. Eragli ancora due n i n p h e con panni sottili suolazzanti."

Von „ninphe" weiss Plinius[4]) nichts; dort heisst es: „d u a e q u e a u r a e v e l i f i c a n t e s s u a v e s t e."

Dass nicht allein für Filarete die „aurae" Nymphen waren, zeigt nichts besser als die Thatsache, dass die frühesten Herausgeber des Plinius-

---

[1]) Bei Robert, Die antiken Sarkophag-Reliefs, II, Taf. XIX, 34. Darnach Abb. 4.
[2]) D e s s a u l. c., p. 1093.
[3]) Vgl. ed. O e t t i n g e n, p. 733.
[4]) 36, 5, 29.

textes die aurae, deren Bedeutung ihnen nicht ganz klar sein mochte, im Text einfach durch „nymphae" ersetzten.

In der Princeps editio v. *1469*[1]) des *Joh. Spira* heisst es noch:

„duaeque aurae uelificantes sua veste."

Dagegen steht in der Ausgabe der *Sweynheym und Pannartz* von *1473*:[2])

„Dueque nymphe velificantes sua veste."

Und ebenso in der Ausgabe von *Parma* vom Jahre *1481*:[3])

„Duaeque nymphae velificantes sua veste."

Auch in der Pliniusversion des *Cristoforo Landino* liest man:[4])

„Item due nimphe che fanno vele delle proprie veste."

Damit seien die Excursionen, soweit sie Botticellis Geburt der Venus zum Ausgangspunkt haben, abgeschlossen. Bei einer Reihe dem Gegenstande nach einander nahestehender Kunstwerke: in dem Gemälde Botticellis, der Dichtung Polizians, dem archäologischen Roman des Francesco Colonna, der Zeichnung aus dem Kreise Botticellis und in der Kunstbeschreibung des Filarete, trat die auf Grund des damaligen Wissens von der Antike ausgebildete Neigung zu Tage, auf die Kunstwerke des Alterthums zurückzugreifen, sobald es sich um die Verkörperung äusserlich bewegten Lebens handelte.

---

[1]) Hain, Rep. 13087.
[2]) Hain, Rep. 13090.
[3]) Hain, Rep. 13094.
[4]) Nach der Ausg. v. 1534, p. DCCLXVII.

ANHANG.

„DIE VERSCHOLLENE PALLAS.“

Die Verknüpfung einer historischen Nachricht bei *Vasari* mit anderen Zeugnissen lässt auch noch den Nachweis einer den frühen Kunsthistorikern indirekt bekannten Beziehung zwischen Polizian und Botticelli zu. Die methodische Wichtigkeit dieser Belege macht eine kurze Unterbrechung der rein ikonographischen Ausführungen erforderlich.

Ulmanns[1]) Ausführungen ist mit Sicherheit zu entnehmen, dass eine von ihm publizirte *Zeichnung Botticellis* aus der Sammlung der Uffizi der Entwurf zu einer Athena auf dem von Müntz publizirten[2]) Teppich ist und dass ferner eine Stelle im Inventar der Medici[3]) über ein Bild des Botticelli in der „camera di Piero“ (nach Ulmanns Conjectur) auf das Bild einer Pallas zu deuten ist. Ulmann versuchte nun diese Pallas mit derjenigen in Zusammenhang zu bringen, die Vasari[4]) folgendermaassen beschreibt: „In casa Medici, a Lorenzo vecchio lavorò molte cose: e massimamente una Pallade su una impresa di bronconi che buttavano fuoco; grande quanto il vivo.“

Einen Zusammenhang zwischen dieser Pallas und jener auf dem Teppich anzunehmen ist jedoch unnöthig, weil sich durch Verknüpfung einer Stelle bei *Paolo Giovio*, eines Epigramms von *Polizian*, einer *Zeichnung Botticellis* und einer *Holzschnitt-Illustration* zur *Giostra* Polizians von dieser „Pallade su una impresa di bronconi“ ein fester umrissenes Bild gewinnen lässt. Bei *Paolo Giovio*[5]) wird nämlich eine derartige „impresa“ als Wappen des Piero di Lorenzo erwähnt, die auf Polizians Erfindung zurückgehe: „Usò il magnifico Pietro, figliuolo, come giovane ed imamorato, i tronconi verdi incavalcati i quali mostravano fiamme, e vampi di fuoco in-

---

[1]) Vgl. oben p. 2.
[2]) Hist. de la Ren. I, als Farbendruck.
[3]) E. Müntz, Les Collections des Médicis au XVme siècle, Paris, 1888, p. 86: „Nella camera di Piero. Uno panno in uno intavolata messo d'oro alto bra. 4 in circha e largo bra. 2: entrovi una fighura di Pa [llade] et con uno schudo d'andresse (*sic*) e uno lancia d'archo di mano di Sandro da Botticello, f. 10.“
[4]) III, 312.
[5]) Abgedr. in d. Biblioteca Rara von C. Téoli, p. 32. Auch Del Lungo l. c., p. 164, verweist zum Epigramm CIV: „Pro Pietro Medice“ „In viridi teneras exurit flamma medullas“ auf Giovio.

trinseco, per significare che il suo ardor d'amore era incomparabile, poi ch'egli abbrucciava le legna verdi, e fu questa invenzione del dottissimo uomo M. Angelo Poliziano, il quale gli fece ancor questo motto d'un verso latino: „In viridi teneras exurit flamma medullas." [1])

Da das im Inventar erwähnte Bild in der „Camera di Piero" hing, so wird der Zusammenhang klar und es fragt sich nur, wie wir uns diese „übereinander gelegten Scheite brennenden Holzes" vorzustellen haben.

Abb. 5. Holzschnitt zur Giostra-Ausgabe v. 1513.
Nach G e i g e r, Renaissance und Humanismus. (Grote.)

Das Bild war etwa 2,44 m lang und 1,22 breit,[2]) so dass, wenn die Athena lebensgross dargestellt war, unten oder oben noch etwa ein Drittel der Fläche freiblieb. Für das, was in dem unteren Drittel abgebildet war, gewährt nun ein *Holzschnitt,* der das Schlussbild zur *Giostra-Ausgabe* von *1513* bildet, einen Anhalt.[3]) Man erblickt Giuliano, knieend mit erhobenen Händen eine Göttin anflehend, die in einer Nische steht; die Göttin stützt

---

[1]) V a s a r i giebt in den Ragionamenti die Bronconi dem älteren Giuliano als Liebeswappen: „Dicono che questa impresa portò Giuliano nella sua giostra sopra l'elmo, dinotando per quella, che, ancora che la speranza fusse dello amor suo tronca, sempre era verde, e sempre ardea, ne mai si consumava." V a s. Mil. VIII, p. 118. Noch 1513 führt der Sohn Pieros Lorenzo den „Broncone" als Abzeichen seiner Camerals-gesellschaft. V a s. Mil. VI, p. 251.

[2]) Das geht aus Folgendem hervor: In dem I n v e n t a r d e s L o r e n z o wird p. 85 angeführt: „Una storietta di bronzo di br. 1 per ogni verso, entrovi uno Christo crucifixo inmezzo di ladroni dua con otto fighure in piè, f. 10." Dieses quadratische Bronzerelief ist zweifellos identisch mit der Kreuzigung im Bargello in Florenz, das M. S e m r a u, Donatello's Kanzeln in S. Lorenzo, 1891, p. 206/209, als Werk des Bertoldo di Giovanni nachgewiesen hat. Nach Mittheilung Semraus ist das Relief 61 cm hoch und breit. Danach ergeben sich für Botticellis Bild die oben erwähnten Maasse.

[3]) Expl. im Berl. Kupferstchn. (2998a). Der betr. Holzschnitt ist mit Text repro-duzirt bei G e i g e r, Renaissance und Humanismus, zu p. 198. Danach Abb. 5.

Abb. 6. Botticelli, Zeichnung in Mailand.
Nach einer Photographie von Ad. Braun & Co., Braun, Clément & Cie., Nachfr. in Dornach i. Els. und Paris.

sich mit der R. auf einen Speer, vor ihr steht ein rechteckiger Altar, der auf der breiten Vorderseite die Inschrift „Citarea“ trägt. In der Mitte liegen brennende Scheite. Das Bild illustrirt den Anruf des Giuliano an Pallas und an Venus vor dem Aufruf zum Turnier. Die Statue wird wohl die Pallas vorstellen, während der Altar mit dem brennenden jungen Holze der Venus gewidmet ist. Der Text des Gedichtes giebt zur Darstellung der „Bronconi“ keinen unmittelbaren Anlass.[1])

Durch den Holzschnitt wird *Botticellis Zeichnung in Mailand* erklärt.

Soweit es sich aus der Photographie von Braun[2]) ersehen lässt, sind auf einem Blatte zwei Figuren zusammengestellt. Unten kniet ein bart-loser Jüngling, der die Hände flehend erhebt; sein langer Mantel bildet auf dem Boden ausstrahlende Falten. Ueber seinem Kopfe ist in einem segmentartigen Ausschnitt die Figur einer Frau eingefügt, die auf einem antikisirenden vasenartigen Untersatze steht; in der R. hält sie einen Streitkolben, mit der L. fasst sie den oberen Rand eines Schildes mit einem Gorgoneion in der Mitte.

Ein Blick auf den Holzschnitt ermöglicht die Correctur der Zusammen-fügung und Erkenntniss des Bildinhaltes.

Die Göttin müsste weiter rechts vor dem knieendem Jüngling stehen, unter ihr der Altar mit den brennenden Scheiten. Denn trotz einzelner Abweichungen (in der Gewandung des Knieenden und in dem verein-fachten Faltenwurf und der veränderten Bewaffnung der Pallas) kann man annehmen, dass man in der Mailänder Zeichnung einen Entwurf zur Illustration der Schlussscene der Giostra[3]) zu sehen hat.

Auf dem verlorenen Bild Botticellis kann nun (des Formates wegen) der knieende Giuliano schwerlich mit dargestellt sein, so dass wir die Zeichnung nicht als Entwurf für das Bild ansehen können; immerhin kann man sich nach dem Vorhergehenden eine begründete Vorstellung von dem Gemälde machen; im Zimmer des Piero di Lorenzo[4]) hing eine Athena mit einem Speer in der Rechten und einem Schilde vor sich, unter ihr, etwa ein Drittel der Fläche einnehmend, ein Altar mit einem brennenden Scheit Holz.

Auch bei der Untersuchung des „Frühlings“ soll zunächst der Gesichtspunkt beibehalten werden, bei der Darstellung des bewegten Beiwerkes nach dem „Einfluss“ antiker Vorbilder zu suchen, ebenso wie bei der Frage nach dem Inspirator des Concettos und dessen Auftraggeber zuerst an Polizian und die Medici zu denken sein wird.

---

[1]) St. II, 41 ff.

[2]) Braun, 257/258. Danach Abb. 6.

[3]) Dieses Ergebnis würde zur Vermuthung L i p p m a n n s (*IbPrKss.* 82, p. 187 ff.) passen, der die Entstehung der einzelnen Holzschnitte der Giostra in die Jahre 1490/1500 setzt und auch in den Illustrationen zu den Rappresentazioni „die Kunstrichtung Botticellis deutlich ausgeprägt“ findet.

[4]) Neuerdings ist auch versucht worden, das Bildnis des sog. „Pico della Miran-dula“ in den Uffizi als ein von Botticelli zw. 1492/1494 gemaltes Portrait des Piero di Lorenzo nachzuweisen. Vgl. *Archivio storico dell' Arte* I, 290 u. p. 465.

ZWEITER ABSCHNITT.

„DER FRÜHLING."

„. . . . . What mystery here is read
Of homage or of hope? But how command
Dead Springs to answer? And how question here
These nummers of that wind-whithered New Year?"

Dante Gabriel Rossetti, For Spring
by Sandro Botticelli.

Vasari erwähnt den sogenannten „Frühling" zusammen mit der „Geburt der Venus".[1]

„. . . . . oggi ancora a Castello, villa del Duca Cosimo, sono due quadri figurati, l' uno, Venere che nasce, e quelle aure e venti che la fanno venire in terra con gli amori; e così un altra Venere, che le Grazie la fioriscono, dinotando la Primavera."

Vasari nennt also für beide Bilder, in deutlicher Betonung der Correspondenz, die Venus als Mittelpunkt: l' u n o, Venere che nasce . . . . e c o s ì u n a l t r a Venere che le Grazie fioriscono . . . .

Trotzdem wird das Bild in der kritischen Litteratur fast durchweg einfach als „Allegorie auf den Frühling" bezeichnet, eine Auffassung, die die Verschiedenheit der Grösse der Bilder[2] und der getrennte Aufbewahrungsort begünstigen.[3]

Im Text zum klassischen Bilderschatz hat B a y e r s d o r f e r letzthin eine ausführliche Deutung gegeben.

„Allegorie auf den Frühling. In der Mitte steht Venus, über deren Haupt der schwebende Amor glühende Pfeile nach den links tanzenden Grazien verschiesst. Neben diesen Merkur, welcher mit dem Caduceus die Nebel in den Baumwipfeln zerstreut. Auf der rechten Hälfte geht

---

[1] Vgl. oben p. 7.

[2] Der „Frühling" befindet sich heute in der Akademie in Florenz. Nach der Angabe im „K l a s s i s c h e n B i l d e r s c h a t z" auf Holz 203:314 cm. Bd. I (1889) p. X. Abb. No. 140.

[3] G. K i n k e l, Mosaik zur Kunstgeschichte, 1876, p. 398, hat dagegen deutlich darauf hingewiesen, dass die beiden Bilder Gegenstücke seien.

Flora [1]) rosenstreuend durchs Gefilde, während der fliehenden Erdnymphe bei der Berührung Zephyrs Blumen aus dem Munde entspriessen. Für Cosimos Villa Careggi[2]) gemalt, gegenwärtig in der Akademie zu Florenz." Die Benennungen, die sich im Laufe der vorliegenden Arbeit ergeben hatten, stimmen mit dieser Deutung überein, nur dass die „Erdnymphe" wohl „Flora" zu benennen wäre und das rosenstreuende Mädchen nicht als „Flora" sondern als Frühlingsgöttin zu bezeichnen ist.

Auf beide Punkte soll noch an den einschlägigen Stellen zurückgekommen werden. Der Versuch, zur Erklärung der Ausgestaltung des Bildes analoge Vorstellungen der gleichzeitigen kritischen Litteratur und Kunst, der redenden wie der bildenden, heranzuziehen, erweist sich bereits bei der naheliegenden Lektüre des Alberti[3]) als fruchtbar.

Die *drei tanzenden Grazien* werden dort als Gegenstand eines Bildes empfohlen, nachdem vorher die „Verleumdung des Apelles" (die ja Botticelli ebenfalls illustrirte[4]) als besonders glückliche Invention den Malern ans Herz gelegt worden war:

„Piacerebbe ancora vedere quelle tre sorelle, a quali si pose nome Eglie, Heufronesis et Thalia, quali si dipignievano prese fra loro l'una e'altra per mano, ridendo, con la vesta scinta et ben monda; per quali volea s'intendesse la liberalità, chè una di queste sorelle dà, l'altra riceve, la terza rendi il beneficio, quali gradi debbano in ogni perfetta liberalità essere."

Wie Alberti die Beschreibung der „Verleumdung des Apelles" mit der Bemerkung geschlossen:[5])

„Quale istoria, se mentre che si recita, piace, pensa quanto avesse gratia et amenità dipinta di mano d'Apelle", so knüpft er auch an das zweite Concetto, in dem stolzen Gefühl des glücklichen Entdeckers, die Worte: „Adunque si vede quanti lodi porgano simile inventioni al artefice. Pertanto consiglio, ciascuno pictore molto si faccia familiare ad i poeti, rhetorici et ad li altri simili dotti di lettera, sia che costoro doneranno nuove inventioni o certo ajuteranno ad bello componere sua storia, per quali certo adquisteranno in sua pictura molte lode et nome."

Dass Botticelli gerade diese Musterbeispiele des Alberti verkörperte giebt einen weiteren Beleg dafür, wie sehr er oder sein gelehrter Rathgeber von dem Ideenkreis des Alberti „beeinflusst" wurde.

---

[1]) Vgl. Bayer, „Aus Italien," 1885, p. 269, „Frau Venus in der Renaissance": „. . . . . ist es der Zephyr, welcher die Nymphe der Waldflur umweht und umfängt? Rosenknospen quellen aus ihrem Mund und gleiten auf das Gewand der Nachbarin herab: diese ist wohl Flora selbst."

[2]) In dem Text zum dritten Band des Klassischen Bilderschatzes (1891), p. VIII, ist dagegen Castello als Bestimmungsort, Vasari entsprechend, angegeben; innerlich wahrscheinlich wäre freilich Careggi, der Versammlungsort der platonisirenden Gesellschaft.

[3]) Lib. de pict., ed. Janitschek, p. 147.

[4]) Vgl. Rich. Foerster, Die Verleumdung des Apelles in der Renaissance. *IbPrKss.* VIII (1887), p. 27 ff.

[5]) L. c., p. 147.

Janitschek weist in Anmerkg. 62 darauf hin, dass diese Allegorien aus *Seneca* de benef. I c. 3 nach Chrysippos entlehnt sei. Die Stelle lautet: „quare tres Gratiae et quare sorores sint et quare manibus inplexis et quare ridentes juvenes et virgines solutaque ac perlucida veste. Alii quidem videri volunt unam esse quae det beneficium, alteram quae accipiat, tertiam quae reddat. Alii beneficiorum tria genera, promerentium, reddentium, simul et accipientium reddentiumque."

Zum Schluss bemerkt Seneca:

„Ergo et Mercurius una stat, non quia beneficia ratio commendat vel oratio, sed quia pictori ita visum est."

Dass das gürtellose und durchsichtige Gewand dem Maler als unumgängliches Characteristicum galt, geht aus der Gewandung der Grazie, die am weitesten links steht, hervor: trotzdem die Faltenmotive über dem r. Oberschenkel nur durch Schnürung entstanden sein können, ist von dem Gürtel nichts zu sehen, so dass, dem Motiv zu Liebe, für die Lage des Gewandes eine sichtbare Begründung fehlt.

Im *Codex Pighianus*,[1] jenem bekannten Bande mit Zeichnungen nach Antiken aus der Mitte des 16. Jahrh., ist auch eine Abbildung nach einem Relief mit drei tanzenden langbekleideten Frauen, welches sich heute in Florenz in der Sammlung der Uffizi befindet.[2] Darunter hat der Zeichner die Worte gesetzt:

„Gratiae Horatii Saltantes".

Jahn dachte, dass sie sich auf *Carm.* I, 4, 6/7 bezögen:

„junctaeque Nymphis Gratiae decentes alterno terram quatiunt pede."

Sollte Pighius nicht eher an die Schilderung in *Carm.* I, XXX:

„Fervidus tecum puer et solutis Gratiae zonis"

gedacht haben, welche jener Vorstellung der Grazien des Alberti (bezw. Seneca) als Frauen in gelöstem und ungegürtetem Gewande entsprechen würden?

Im Louvre befindet sich ein *Frescofragment,* das aus der nahe der Villa Careggi liegenden *Villa Lemmi* stammt und *Botticelli* zugeschrieben wird.[3] Es stellt die drei Grazien dar, wie sie sich der Giovanna d'Albizzi am Tage ihrer Hochzeit mit Giovanni Tornabuoni (1486) unter der Führung der Venus mit Geschenken nahen.

---

[1] Berlin, Kgl. Bibl., A. 61. vgl. oben p. 7.

[2] No. 49, fol. 320. Vgl. Jahn, *Sächs. Ber.* 1868, p. 186. Abgeb. Winckelmann, M. J. 147. Bespr. Dütschke, Ant. Bw. III, p. 235. Hauser, Neu-Attische Reliefs, p. 49, No. 63, u. dazu p. 147.

[3] Phot. Brogi. Vgl. Cos. Conti, *L'Art,* 1881 (IV, 86/87) u. 1882 (I, 59/60): „Découverte de deux fragments de Sandro Botticelli"; danach Ch. Ephrussi, *GdbA.* 1882, p. 442, 447; ebend. dort auch Abb. der Bruchstücke. Neuerdings auch zu vgl. A. Heiss, Les Médailleurs de la Ren., Florence et les Florentins, Paris, 1891, p. 56 ff. Ueber Giovanna Tornabuoni vgl. ferner: F. Sitwell, Types of beauty, *Art Journal* 1889, p. 1. Ebend. Abb. ihres Portraits v. 1488, d. Ghirlandajo zugeschrieben, und Enrico Ridolfi, Giovanna Tornabuoni e Ginevra dei Benci sul coro di Santa Maria Novella in Firenze. Firenze, 1890. (Nach dem Auszug in *Arch. Stor. dell' Arte,* 1891, p. 68/69.)

Die drei hintereinander herschreitenden Grazien haben dasselbe ungegürtete Idealcostüm wie auf dem „Frühling", nur dass die beiden letzten (v. l. aus) ausser ihrem hemdartigen Gewand noch einen Mantel haben, dessen oberer Rand bei der am weitesten hinten stehenden Grazie wulstförmig von der r. Schulter herabwallt und von dem unteren Theil des Oberkörpers — gerade wie bei der Grazie auf dem „Frühling" einen vorhängenden Bausch bildet, ohne dass die Art der Befestigung desselben klar wäre.

Ob die Fresken das eigenhändige Werk Botticellis sind, wie Cos. Conti will, oder zum Theil wenigstens von Gehilfen ausgeführt wurden, wie Ephrussi meint, lässt sich allein nach den Abbildungen schwer entscheiden. Manche Härten in der Zeichnung sprechen für die letztere Auffassung.[1]

Cosimo Conti hatte *zwei Medaillen*[2] zum Nachweis der Identität der Dame in Zeittracht mit der Giovanna Tornabuoni herangezogen, die beide auf der Vorderseite den Portraitkopf derselben zeigen; auf der Rückseite sind zwei verschiedene mythologische Scenen abgebildet, deren formale Behandlung wiederum ikonographisch bemerkenswerth ist.

Die *Rückseite* der einen Medaille (l. c. 13) zeigt *die drei Grazien* nackt, in der bekannten Verschlingung; sie sind — wie auch eine Beschreibung eines Gemäldes in der Ruhmeshalle für Künstler bei *Filarete* im XIX. Buch (ed. Oettingen, p. 735) — eines jener Beispiele dafür, dass den damaligen Künstlern die drei Göttinnen auch in dieser Gruppierung geläufig waren.[3] Als Umschrift haben sie: „Castitas. Pul[chr]itudo. Amor."

---

[1] Bei Vasari, Mil. III, 269, wird erwähnt, dass Ghirlandajo für die Tornabuoni in Chiasso Macerelli (das ist eben die heutige Villa Lemmi) eine Capelle al fresco ausmalte. Ein Künstler, stylistisch zwischen Botticelli und Ghirlandajo stehend, könnte wohl jene Fresken gemacht haben; doch lässt sich diese Frage für den Verf. erst nach Autopsie der Fresken behandeln.

[2] Sammlung d. Uffizi, Florenz. Abg. bei Friedlaender, Die italienischen Schaumünzen des fünfzehnten Jahrhunderts. *IbPrKss.*, II, Taf. 28, 13 u. 14, p. 243 als Werke d. Niccolo Fiorentino bezeichnet.

[3] Schon seit der 1. H. d. XV. Jahrh. sind sie nachzuweisen: 1. Im Skb. d. Jac. Bellini, Bl. 31; vgl. Gaye, *Schorns Kunstblatt*, 1840. 2. Auf dem Relief des Agost. di Duccio in Rimini, den Apollo darstellend, als Verzierung des Leyerknaufes; vgl. Cartari, Imagini l. c., p. 121, unter Berufung auf Macrobio [wohl I. 17, 13]; Phot. Alin. 1003. 3. Auf dem Fresco des Triumphes d. Venus im Pal. Schifanoja; Phot. Alin. 10724. 4. In einem Initial zu einer Horazhandschrift (Berlin, Kpstcbn. Ham. Ms. 334), die für Ferdinand von Neapel (1458—1494) geschrieben wurde. 5. Auf einem Holzschnitt des Meisters J. B., der sich nach E. Galichon, *GdbA.* IV (1859), p. 256—274, in der Hamburger Kunsthalle befand (dorten nicht mehr aufzufinden). Nach der Beschreibg. standen sie unter einem Tempel. Ueber die Statuen d. Grazien in Siena und deren Nachbildungen vgl. Schmarsow, Raphael und Pinturicchio, 1880, p. 6. Auf einer Münze des Leone Leoni, abg. E. Plon, Leone Leoni et Pompeo Leoni, Paris, 1887, pl. XXXI, 4 (aus d. 1. H. d. XVI. Jahrh.), sind die Grazien zusammen mit zwei Putten (r. u. l.) abgebildet, die von ihnen Früchte oder Blumen empfangen, so, wie sie auf antiken Sarcophagreliefs vorkommen. Vgl. Bartoli, Admiranda, 2. Aufl., Taf. 68: „In Aedibus Mattheiorum". Schon bei Aldovrandi, Le statue antiche di Roma, wird ein Relief mit den drei nackten Grazien im Hause des Carlo da Fano erwähnt; ed. 1562, p. 144.

Zeigte uns die Rückseite der ersten Schaumünze die antiken Göttinnen, so wie wir sie seit Winckelmann[1]) „im Geiste der Antike" zu sehen gewohnt sind, nämlich: nackt und in ruhiger Stellung, so weist der Revers der zweiten Medaille[2]) eine Frauenfigur auf, welche wiederum jene unbegründete starke Bewegtheit in Haar und Gewandung zur Schau trägt.

Sie steht auf Wolken, den Kopf, dessen Haare nach beiden Seiten flattern, etwas nach r. gewendet; ihr Kleid ist aufgeschürzt und bildet einen aussen gegürteten Bausch; der Saum ihres Gewandes und eines darüber hängenden Thierfelles flattern im Winde. Der Pfeil, den sie in der erhobenen Rechten hält, der Bogen in der gesenkten Linken, der Köcher mit Pfeilen, der über ihrer r. Hüfte heraussieht, und die Halbstiefel charakterisiren sie als Jägerin. Die Umschrift, ein Vers aus *Virgils Aeneis* (I, 315), erklärt sie:

> „Virginis os habitumque gerens et Virginis arma."

Die folgenden Verse beschreiben die Verkleidung, in der die Venus dem Aeneas und seinem Begleiter erscheint, noch genauer:

> „Cui mater media sese tulit obvia silva,
> Virginis os habitumque ferens et Virginis arma
> Spartanae vel qualis equos Threissa fatigat
> Harpalyce volucremque fuga praevertitur·Eurum.
> Namque umeris de more habilem suspenderat arcum
> Venatrix, dederatque comam diffundere ventis,
> Nuda genu nodoque sinus collecta fluentis."

Die letzten beiden Verse geben den getreu befolgten Hinweis für die Behandlung des bewegten Beiwerks, das also auch hier als Merkmal „antikisirender" Formengebung aufzufassen ist.

Auf einer der zwei Langseiten einer *italienischen Brauttruhe*,[3]) etwa aus der Mitte des XV. Jahrh., ist dieselbe Scene der Aeneis illustrirt. L. erscheint Venus dem Aeneas und seinem Begleiter auf dem Lande, etwas weiter r. sieht man, wie sie vor deren Augen in die Lüfte entschwindet.

Sie steht — wie auf der Münze — auf Wolken und trägt Flügelhelm, Halbstiefel und Köcher an der l. Seite und den Bogen auf der l. Schulter; ihr ringförmig aufgeschürztes Gewand hat rothe Farbe und ist mit plastischen Goldmustern verziert; das lose Haar flattert im Wind.

Die anderen Figuren tragen Zeittracht.

---

[1]) Vgl. C. Justi, Winckelmann, II, 287: „Götter und Helden sind wie an heiligen Orten stehend, wo die Stille wohnt, und nicht als Spiel der Winde oder im Fahnenschwenken vorgestellt."

[2]) L. c., 28, 14.

[3]) Im Kestner-Mus. zu Hannover. Hr. Dr. Voege machte mich darauf aufmerksam. Die Figuren zeigen die Besonderheiten, die man neuerdings auf Vittore Pisano zurückzuführen pflegt: kurze Mäntel mit weiten Aermeln, anliegende Hosen mit verschiedenfarbigen Beinlingen und Hüte mit mehreren Stockwerken.

40

Auf der anderen Cassonewand ist die Jagd des Aeneas und der Dido zu sehen, die mit dem gelegentlichen Unwetter ihren Abschluss fand.

Auch hier hat der Wunsch, Antikisches abzubilden, seine Früchte getragen: oben r. blasen die Halbfiguren von drei negerhaften Windgöttern,[1]) deren kugelförmiges Haar[2]) sich in verschiedenen Wulsten um den Kopf legt, aus geschwungenen Hörnern den „nigrantem comixta grandine nimbum"[3]) heraus.

Musste man bei den drei Grazien etwas weiter ausgreifen, um auf die hier zu analysirende künstlerische Stimmung zu treffen, so lässt eine andere Gruppe auf dem „Frühling" eine geschlossenere Darstellung und den unmittelbaren Hinweis auf *Polizian* zu.

Als Abschluss nach r. erblickt man eine *erotische Verfolgungsscene.*

Zwischen den unter einem Lufthauch sich neigenden Orangebäumen, die den Hain flankiren, wird der Oberkörper eines geflügelten Jünglings sichtbar. Im raschen Fluge — Haar und Mantel flattern im Wind — hat er ein (n. l.) fliehendes Mädchen ereilt, dessen Rücken er bereits mit den Händen berührt, in dessen Nacken er — mit zusammengezogenen Augenbrauen und aufgeblasenen Backen — einen mächtigen Windstrahl entsendet. Das Mädchen wendet im Laufe, wie Hülfe flehend, den Kopf zu ihrem Verfolger zurück, auch Hände und Arme machen eine abwehrende Bewegung; in ihrem losen Haar spielt der Wind, der auch ihr durchsichtiges, weisses Gewand bald wellenförmig fliessen lässt, bald fächerartig spreizt.[4]) Aus dem r. Mundwinkel des Mädchens entspringt ein Strahl verschiedener Blumen: Rosen, Kornblumen u. a.

In den *Fasten* des O v i d[5]) erzählt Flora, wie sie von Zephyr ereilt und besiegt worden sei; als Hochzeitsgeschenk habe sie dann die Fähigkeit empfangen, was sie berühre, in Blumen zu verwandeln:

---

[1]) Ob veranlasst durch Aen. IV, 168: „summoque ululurunt vertice nymphae"?

[2]) Zu der Frisur vgl. den Windgott in den Miniaturen des L i b e r a l e d a V e r o n a, abg. *l'Art*, 1882. IV, p. 227. Es ist nicht ausgeschlossen, dass der Maler eine spätantike Vergil-Illustration im Gedächtniss oder vor Augen hatte; vgl. z. B. die Iris und die Windgöttin des Vatic. Ms. 3867 (fol. 74 u. 77) bei A g i n c o u r t, H. d. b. Arts, Taf. LXIII, dazu P. de N o l h a c, *Mélanges d'Arch. et d'Hist.*, IV, p. 321 u. 371. Polizian benutzte das Ms. zu Collationen; vgl. ebend., p. 317.

Letzthin findet man bei *Heiss* l. c. p. 65 ff., den grössten Theil der hier zum Fresko der Villa Lemmi herangezogenen Kunstwerke abgebildet. Dazu giebt er auch noch die Abbildungen des *Theseus und der Ariadne* nach dem Stich des Baldini (p. 70) und der *Judith* aus d. Uffizi (p. 71) mit folgendem Vermerk: „Dans la V é n u s chasseresse surtout, on retrouve l'allure très distinguée, mais très tourmentée, la profusion d'ornements et les draperies flottantes, si caractéristiques du style de Botticelli. Nous reproduisons ici de ce maître, deux dessins dont les costumes et la façon dont ils sont traités ont une grande analogie avec les types des vers auxquels nous venons de faire allusion."

[3]) Ibd. IV, 120.

[4]) Derartige Faltenmotive finden sich schon bei Botticellis Lehrer Fra Filippo Lippi; z. B. auf dem Fresco mit dem Tanz der Herodias in der Kathedrale zu Prato. Vgl. U l m a n n, Fra Filippo und Fra Diamante als Lehrer Sandro Botticellis. Dissert. Breslau, 1890, p. 14.

[5]) F a s t. V, 193 ff.

„Sic ego, sic nostris respondit diva rogatis.
　　Dum loquitur, vernas efflat ab ore rosas.
Chloris eram, quae Flora vocor. Corrupta Latino
　　Nominis est nostri littera Graeca sono.
Chloris eram, Nymphe campi felicis, ubi audis
　　Rem fortunatis ante fuisse viris.
Quae fuerit mihi forma, grave est narrare modestae.
　　Sed generum matri reperit illa deum.

Ver erat, errabam. Zephyrus conspexit; abibam.
　　Insequitur, fugio. Fortior ille fuit.
Et dederat fratri Boreas jus omne rapinae,
　　Ausus Erechthea praemia ferre domo.
Vim tamen emendat dando mihi nomina nuptae:
　　Inque meo non est ulla querela toro.
Veri fruor semper; semper nitidissimus annus.
　　Arbor habet frondes, pabula semper humus.
Est mihi fecundus dotalibus hortus in agris
　　Aura fovet; liquidae fonti rigatur aquae.
Hunc meus implevit generoso flore maritus:
　　Atque ait, Arbitrium tu, dea, floris habe.
Saepe ego digestos volui numerare colores
　　Nec potui: Numero copia major erat." u. s. w.

In dieser Schilderung ist die Composition im Kern gegeben und man würde das bewegte Beiwerk als eigene Zuthat des Botticelli auffassen, wenn nicht seine Vorliebe, Beweglichkeiten der Tracht nach bewährten Mustern zu schildern, schon mehrfach zu Tage getreten wäre.

In der That ergab es sich, dass die Gruppe in genauer Anlehnung an Ovids Schilderung der Flucht der Daphne vor Apollo entstanden ist:[1]

Die Zusammenstellung der einschlägigen Verse macht es ohne weiteres klar:[2]

„Spectat inornatos collo pendere capillos
　et quid, si comantur? ait.[3]

---

[1] Met. I, 497 ff.

[2] Dementsprechend sind die Haare der Flora auf dem Bilde ungeflochten und schmucklos; selbst jene Binde: v. 477 „vitta coercebat positos sine lege capillos" fehlt.

[3] In der Prosaversion der Metamorphosen des Giovanni di Bonsignore (ca. 1370 verfasst, 1497 bei Aldus in Venedig mit Holzschnitten gedruckt) besitzt man ein authentisches Zeugnis für die Sorgfalt, mit der die Italiener die von Ovid gegebene Detailmalerei beibehielten; vgl. z. B. zu v. 477 ff.: „Cap. XXXIIII. ... fugia con gli capelli sparti e scapigliate legati senza alcuna acima (?) dura." Zu v. 497 ff.: „Cap. XXXV. Phebo desiderava cozōsersi con daphne per matrimonio la donna fugēdo lo negava. Poiche era levato lo giorno vedeva gli disordinati capegli di daphne pendere per lo collo e dicea: che seria costei se la pettinasse e conzassese con maestrevole mano." Zu v. 527: „percio che fugendo lei lo vento che traevano di ricōtro gli scopriano

v. 527. „Nudabant corpora venti,
    obviaque adversas vibrabant flamine vestes
    Et levis inpulsos retro dabat aura capillos.“

v. 540. „Qui tamen insequitur, pennis adjutus amoris
    ocior est requiemque negat tergoque fugacis
    imminet et crinem sparsum cervicibus adflat.“

und v. 553. „hanc quoque Phœbus amat positaque in stirpite dextra
    Sentis adhuc trepidare novo sub cortice pectus.“

Bringt man sich in Erinnerung, dass Polizian gerade diese Stelle aus Ovid herausgegriffen und zur Beschreibung der Beweglichkeiten in Haar und Gewandung auf dem fingirten Relief mit dem Raube der Europa verwerthete, so würde dies allein hinreichen um auch für dieses Bild die Inspiration Polizians anzunehmen. [1]

Es kommt hinzu, dass *Polizian* in seinem *Orfeo,* der „ersten italienischen Tragödie“, [2] dem Aristeo, der die Eurydike verfolgt, dieselben Worte in den Mund legt, die Apollo bei Ovid der Daphne sagt: [3]

„Non mi fuggir, Donzella
    ch’i’ ti son tanto amico,
    E che più t’ama che la vita e’l core.

Ascolta, o ninfa bella
    ascolta quel ch’ io dico:
    Non fuggir, ninfa; ch’ io ti porto amore.

Non son qui lupo o orso ;
    Ma son tuo amatore:
    Dunque raffrena il tuo volante corso.

Poi che ’l pregar non vale
    Et tu via ti dilegui
    El convien ch’ io ti segui.

Porgimi, Amor, porgimi or le tue ale.“

Noch bezeichnender ist, dass sich Polizian die Verfolgung der Daphne als Gegenstand eines der plastischen Kunstwerke in jener Reliefreihe am Thore des Reiches der Venus dachte und hierbei ebenfalls die Worte Ovids im Gedächtniss hatte: [4]

---

alquanto gli pani e mandaregli gli capelli doppo le spalle.“ Zu v. 540 ff.: „sẽza alcuno riposso sempre gli andava quasi allato alle spalle: tanto chel suo fiato gli suẽtilana gli capegli . . .“

[1] Vgl. oben, p. 14.

[2] Wohl 1472 zuerst in Mantua aufgeführt. Vgl. Carducci l. c., p. LIX ff.; Gaspary l. c., p. 213 ff.; dazu neuerdings: A. D’Ancona, Origini del Teatro Italiano, 2. Aufl., Torino, 1891, Appendice II: „Il Teatro Mantovano nel secolo XVI,“ p. 349 ff.

[3] Card. l. c., p. 102.

[4] Giostra I, 109, l. c., p. 62.

„Poi segue, e'n sembianza si lagna
Come dicesse: O ninfa non ten gire:
Ferma il piè, ninfa, sovra la campagna
Ch' io non ti seguo per farti morire.
Così cerva leon, così lupo agna,
Ciascuna il suo nemico suol fuggire
Me perchè fuggi, o donna del mio core,
Cui di seguirti è sol cagione amore?"[1])

Da nun die Fasten des Ovid ebenfalls ein Hauptgegenstand der Thätigkeit Polizians als öffentlicher Lehrer in Florenz (seit 1481) waren,[2]) so spricht dies alles zusammen dafür, dass Polizian der gelehrte Rathgeber Botticellis gewesen ist.

Schon vor Polizian hatte *Boccaccio* in seinem *„Ninfale Fiesolano"* der Phantasie Ovids eine Verfolgungsscene nachgebildet: Affrico ruft der davoneilenden Mensola zu:[3])

vers C. „Per Dio, bella fanciulla, non fuggire
Colui, che t'ama sopra ogni altra cosa:
Io son colui, che per te gran martire
Sento dì e notte senza aver mai posa:
Io non ti seguo per farti morire[4])
Ne' farti cosa che ti sia gravosa
Ma solo amor mi ti fa seguitare
Non nimistà, o mal ch'io voglia fare."

v. CIX malt Boccaccio die durch die Kleidung beschwerte Flucht bis ins Kleinste aus:

---

[1]) Vgl. Met. I, 504:

„Nympha, precor, Penei mane! non insequor hostis;
nympha mane! sic agna lupum, sic cerva leonem,
sic aquilam penna fugiunt trepidante columbae,
hostes quaeque suos: amor est mihi causa sequendi
me miserum! ne prona cadas indignave laedi
crura notent sentes et sum tibi causa doloris,
aspera, qua properas, loca sunt; moderatius oro,
curre fugamque inhibe; moderatius insequar ipse."

[2]) Vgl. Gaspary l. c. II, p. 667. Aus einer Stelle in einem Briefe des Michael Verrinus († 1483, vgl. Epigr. des Polizian ed. del Lungo LXXX, p. 153) an Piero dei Medici lässt sich (nach Menckens Vorgang) sogar schliessen, dass ein poetischer Commentar zu den Fasten des Ovid, den Polizian in der Sprache und Art des latein. Gedichtes verfasst hatte, in seinem Freundskreise cursirte. Der Brief, abgedruckt b. Mencken, ... Historia Vitae Angeli Poliziani, Lpzg., 1736, p. 609: „Non sine magna voluptate, vel potius admiratione, Poliziani tui poema, alterum Nasonis opus, legi. Dum enim fastos, qui est illius divini vatis liber pulcherrimus, interpretatur, alterum nobis paene effinxit, carmen carmine expressit, tanta diligentia, ut si titulum non legissem, Ovidii etiam putassem." Vgl. oben p. 11.

[3]) Citirt nach der Italienischen Duodezausgabe v. 1851. Vgl. dazu Zumbini, Una Storia d'amore e morte, *Nuova Antologia* XLIV, 1884, 5.

[4]) Poliz., Giostr. I, 109, 4: „Ch'io non ti seguo per farti morire."

„Correa la Ninfa si velocemente,
Che parea che volasse, e i panni alzati
S'avea dinanzi per più prestamente
Poter fuggire, e aveali attaccati
Alla cintura, si che apertamente
Di sopra alli calzar, ch'avea portati
Mostra le gambe, e'l ginocchio vezzoso,
Che ognun ne saria stato disioso." [1])

Auch *Lorenzo dei Medici*, „il Magnifico", der mächtige Freund des
Polizian und dessen gleichgestimmter „Bruder in Apoll", lässt es in seinem
Idyll „Ambra" [2]) bei einer Verfolgungsscene ganz ähnlich zugehen: Die
Nymphe Ambra flieht: [3])

„Siccome pesce, allor che in canto cuopra
Il pescator con rara e sottil maglia
Fugge la rete qual sente di sopra
Lasciando per fuggir alcuna scaglia;
Così la ninfa quando par si scuopra,
Fugge lo dio che addosso se le scaglia
Ne' fu sì presta, anzi fu si presto elli,
Che in man lusciolli alcun de' suoi capelli".

Der Flussgott Ombrone greift in seinem Eifer unsanft zu; mit
Schmerzen betrachtet er bald nachher den der Jungfrau entrissenen Hauptschmuck: [4])

. . .; e queste trecce bionde,
„Quali in man porto con dolore acerbo."

In *Polizians Orfeo*, jenem ersten Versuch, der italienischen Gesellschaft Gestalten der antiken Vorzeit leibhaftig vorzuführen, gebraucht der
Hirt Aristeo im Verfolgen der fliehenden Eurydice jene Worte, die Ovid
dem Apollo in den Mund legt, als er Daphne vergeblich zu erreichen
sucht. Aber nicht allein in diesem Stücke konnten die Künstler derartige erotische Verfolgungsscenen auf dem Theater sehen; es muss dafür

---

[1]) Vgl. dazu ibid. v. LXIV.
[2]) Vgl. Gasp. l. c. II, p. 244 ff.
[3]) Poesie di Lorenzo de' Medici, ed. Barbèra, Bianchi Co. 1859, p. 270.
[4]) Ibid. p. 273. Als weitere Zeichen dafür, dass die Künstler jener Zeit das Thema
interessirte, seien einige frühe Verkörperungen der bildenden Kunst aufgeführt: No. 1,
Die früheste neuere Darstellung (Anfg. XVI) wäre wohl die Miniatur in einer Hs.
des British Museums (Christine de Pise), Harl. 4431, F. 136 b. Vgl. Gray-Birch,
Early Drawings, London 1879, p. 92. No. 2, Holzschnitt des Meisters J. B. Berlin
Kpfstcbn. No. 3, Dürers Holzschnitt zu Celtes libri amorum (1502). No. 4, Caradosso,
Plakette, abg. b. Bode-Tschudi, Die Bildwerke d. christl. Epoche, Taf. XXXVIII, No. 785,
dazu ebend. Taf. XXXV, 785. Von den direkt illustrirenden Bildern im Text zu Ovid
(vgl. d. Ausgabe in Venedig v. 1497 ab bis in die Mitte des XVI. Jahrh. hinein) ist
dabei abgesehen.

eine besondere Vorliebe vorhanden gewesen sein, da sich derartige erotische Verfolgungsscenen mehrfach selbst in den wenigen erhaltenen Beispielen früher mythologischer Schauspiele nachweisen lassen.

In der „*Fabula di Caephalo*" des *Niccolo da Correggio*, die den
21. Jan. 1486 in Ferrara aufgeführt wurde,[1]) flieht Procris vor Cefalo;
ein alter Hirt sucht sie mit den Worten aufzuhalten:

> „Deh non fuggir donzella
> Colui che per te muore."

Mit der Mantuaner Handschrift des Orfeo ist auch eine andere mythologische Rappresentazione erhalten, die bald „*di Phebo et Phetonte*", bald
„*Phebo et Cupido*" oder „*Dafne*" betitelt ist. Soweit man aus d'A n c o n a s
Analyse[2]) ersehen kann, schliesst sich das Stück durchaus an Ovids Metamorphosen an. Die Verfolgungsscene kam auch vor: „Dopo di che,
Apollo va pei boschi cercando Dafne, che resiste ai lamenti amorosi di
lui, esposti in un lungo ternale."

Das dritte Zwischenspiel in der *Rappresentazione der S. Uliva* (1580
zuerst gedruckt) wird gleichfalls von einer Verfolgungsscene eingeleitet.[3])
. . . . „e in questo mezzo esca in scena una Ninfa adornata quanta
sia possibile, e vada vestita di bianco con arco in mano, e vada per la
scena. Dopo lei esca un giovane pur di bianco vestito con arco, e ornato
leggiadramente senza arme, il quale giovane, audando per la scena, sia
dalla sopradetta ninfa seguito con grande istanza senza parlare, ma con
segni e gesti, mostri di raccomandarsi e pregarlo; egli a suo potere la
fugga e sprezzi, ora ridendosi di lei e or seco adirandosi, tanto ch'ella
finalemente fuori di ogni speranza rimossa, resti di seguirlo" . . . . .

Sucht man nach direkten Nachbildungen solcher Theaterscenen, so
wird die Aufmerksamkeit wieder auf den *Orfeo* gelenkt: z. B. schliessen
sich die Darstellungen aus der Orpheussage auf jener Tellerreihe in dem
Museo Correo in Venedig, die dem *Timoteo Viti* zugeschrieben werden,
genau an Polizians Dichtung an.[4])

Es sei auch noch andeutungsweise bemerkt, dass eine Reihe von
Kunstwerken, die Maenaden in antikisirender Nymphentracht darstellen,
wie sie in gewaltsamer Bewegung zum tötlichen Schlage gegen den am
Boden liegenden Orpheus ausholen — es sind dies eine *Zeichnung* aus der
Schule Mantegnas, ein *anonymer Kupferstich* in der Hamburger Kunsthalle
und eine *Zeichnung Dürers* nach demselben — sehr wohl mittelbar oder
unmittelbar der Schlussscene des Orfeo nachgebildet sein können.[5])

So würde sich auch die Mischung von Idealcostüm und Zeittracht
erklären.

---

[1]) d'A n c o n a l. c., p. 5.
[2]) L. c. II, 350.
[3]) Vgl. d'A n c o n a, Sacre Rappresentazioni III, p. 268/269.
[4]) Abbildung der Verfolgungsscene bei M ü n t z, H. d. l'A. p. l. R. II (1891) p. 165.
[5]) Die angeführten Kunstwerke findet man zusammen abgebildet und besprochen
bei Ephrussi *GdbA.* (1878) I, p. 444/458.

Darf man annehmen, dass das Festwesen dem Künstler jene Figuren körperlich vor Augen führte, als Glieder wirklich bewegten Lebens, so erscheint der künstlerisch gestaltende Prozess naheliegend. Das Programm des gelehrten Rathgebers verliert alsdann den pedantischen Beigeschmack; der Inspirator legte nicht den Gegenstand der Nachahmung nahe, sondern erleichterte nur dessen Aussprache.

Man erkennt hier, was Jacob Burckhard, auch hier unfehlbar im Gesammturtheil vorgreifend, gesagt hat:

„Das italienische Festwesen in seiner höhern Cultur ist ein wahrer Uebergang aus dem Leben in die Kunst." [1])

Es bleiben noch drei andere Einzelfiguren des Bildes zu benennen und an die richtige Stelle zu reihen.

Das auf den Beschauer zuschreitende *rosenstreuende Mädchen* ist — trotz einzelner Abweichungen von der entsprechenden Figur auf der „Geburt der Venus" — die Frühlingsgöttin. Wie jene trägt sie den Rosenzweig als Gürtel ihres blumengemusterten Kleides. Dagegen hat der Blätterkranz am Halse unterdessen Blumen aller Art hervorgetrieben, auf dem Kopfe trägt sie ebenfalls einen Blüthenkranz, ja selbst die Kornblumen (?) auf dem Gewande haben sich voller entwickelt. Die Rosen, die sie streut, bringen Zephyr und Flora hervor, denen sie voranschreitet. [2]) Das Gewand legt sich an das in Schrittstellung vorgesetzte linke Bein eng an und flattert von der Kniekehle in flachem Bogen abwärts, um mit dem unteren Saume fächerförmig gespreizt zu verflattern.

Der Gedanke für die Gewandmotive der Frühlingsgöttin nach einem Analogon in der antiken Formenwelt zu suchen, legt auch hier ein bestimmtes Monument nahe, wenngleich eine persönliche Beziehung Botticellis zu demselben nur wahrscheinlich gemacht, nicht aber wie in den vorhergehenden Fällen mit einiger Sicherheit behauptet werden kann.

In der Sammlung der Uffizi befindet sich die Gestalt einer *Flora,* [3]) die nach *Dütschkes* Angaben von *Vasari* bereits in der zweiten Hälfte des XVI. Jahrhunderts im Palazzo Pitti gesehen wurde. Er beschreibt sie mit besonderem Hinweis auf die Gewandung:

Una femmina con certi panni sottili, con un grembo pieno di varj frutti, la quale è fatta per una Pomona." [4])

Ebenso wurde sie von Bocchi [5]) schon im Jahre 1591 mit den Ergänzungen, die sie heute hat, in den Uffizi gesehen:

---

[1]) C. d. R. (1885)II, 132.

[2]) E. Foerster, Gesch. d. ital. Mal., Lpzg. 1872, III, p. 306/307, hielt die beiden Windgötter auf der „Geburt der Venus" für Zephyr und Flora, eine Vermuthung, die sich in den vorliegenden Zusammenhang gut einfügen würde, der aber schon allein die Thatsache, dass Beide als blasende Windgötter charakterisirt sind, widerspricht.

[3]) Phot. Alin. 11637; Cat. d. Uffizi, No. 74; Ant. Bw. III, p. 74, No. 121, vgl. Abb. 8.

[4]) Vgl. Vasari, Vite, ed. Livorno (1772) VII, p. 471 f. Neuerdings ist dieses Verzeichnis der 26 Anticaglie in der Sala des Palazzo Pitti in den *Röm. Mitth. d. Arch. Inst.* VII (1892), p. 817, von L. Bloch wieder abgedruckt.

[5]) Bocchi, Bellezze di Firenze, ed. Cinelli 1591, p. 102.

„A man destra poscia si vede una Dea Pomona, velata di panni sottilissimi; da bellissima grazia, con frutte in mano, con ghirlandetta in testa, ammirata dagli artefici sommamente."

Abb. 8. Marmorstatue der Uffizi.
Nach einer Photographie von Alinari in Florenz.

Eine gewisse Aehnlichkeit in der Behandlung der Gewandpartie, die sich bei der Statue wie auf der Figur im Bilde an das vorgestellte l. Bein eng anlegt und von der Kniekehle aus nach unten geht, ist unbestreitbar vorhanden und eine Anlegung an dieses (oder ein derartiges) Vorbild ist um so eher denkbar, als auch der Gegenstand derselbe ist: die Gestalt eines blumenbekränzten Mädchens, das im Schooss des Gewandes Blumen und Früchte trägt, aufgefasst als persönliches Sinnbild der wiederkehrenden Jahreszeit.[1]

Für den Hermes bietet sich als ungefähres Analogon die Rückseite einer Medaille des Niccolo Fiorentino für Lorenzo Tornabuoni,[2] dem Schüler Polizians, zu dessen Hochzeit ja auch das oben erwähnte Fresco aus der Villa Lemmi gemalt wurde. Der Hermes ist auch hier wohl als Führer der Grazien gedacht, die auf dem Gegenstück, der Medaille für Giovanna Pomabuoni, abgebildet sind.[3]

Die äusseren Aehnlichkeiten der Tracht des Hermes — die Chlamys, das Krummschwert, die Halbstiefel-Flügelschuhes, sind nicht so sehr bemerkenswerth, als die Thatsache, dass auch diese Figur sich auf den Schaumünzen des Niccolo findet, dessen Schöpfungen besonders für den von Polizian[4] beeinflussten Theil der

---

[1] Der Kopf der Statue ist nach Dütschke modern und „eine gute Renaissancearbeit." Bemerkenswerth ist, dass auch der Kopf der Frühlingshore Botticellis von seinem üblichen Frauentypus etwas abweicht: das Gesichtsoval ist länglicher, die Nase gerade, ohne jene starke aufgeworfene Nasenkuppe und der Mund etwas breiter. Abg. z. B. Müntz, H. de l'A. p. l. R. I, p. 41.

[2] In Florenz, Uffizi; vgl. Heiss l. c., Tab. VII, 3; Friedlaender, IbPrKss. II, 243: „Ohne Umschrift. Schreitender Merkur, rechtshin, bekleidet, ein krummes Schwert an der Seite, im rechten Arm den Schlangenstab.

[3] Vgl. del Lungo l. c., p. 72.

[4] Niccolo verfertigte eine Medaille mit dem Bilde Polizians (Heiss l. c. VI, 1 u. 2) und auch von dessen Schwester Maria (l. c. VI, 3).

kunstverständigen Gesellschaft des damaligen Florenz bestimmt gewesen zu sein scheinen.[1]

Die Frühlingsgöttin steht an der l. Seite ihrer Herrin, der Venus, die den Mittelpunkt des Bildes bildet; doch ehe sie uns als Herrscherin des Ganzen vor Augen treten mag, sei noch der letzte ihrer Gefolgschaft, der *Hermes,* welcher das Bild nach l. abschliesst, nach seiner Herkunft befragt.

Als antiker Götterbote ist er durch die Flügel charakterisirt, die er an seinem Stiefel trägt; was er mit seinem Drachenstab, den er in der erhobenen Rechten hält, thut, ist nicht mehr klar zu sehen.

Auf dem Buntdruck der Arundel-Society[2] verscheucht er damit einen Zug Wolken, wie ihn ja auch Bayersdorfer im Text zum *kl. B.* schildert.[3] Worauf sich diese Reconstruction stützt, ist ohne weiteres nicht zu ersehen, jedenfalls kann man mit derselben eher „einen Sinn" verbinden, als mit dem öfter ausgesprochenen Gedanken, dass der Hermes sich mit den Früchten der Bäume zu schaffen mache.[4]

Es ist dem Verfasser nicht recht gelungen für den Hermes ähnliche Gestaltungen der zeitgenössischen Phantasie beizubringen.

Es geht ihm, wie es Seneca ging, als vor dem allegorischen Bilde der Grazien das historische Wissen nicht mehr reichte:

„Ergo et Mercurius una stat, non quia beneficia ratio commendat vel oratio sed quia pictori ita visum est."

Oder ob nicht eben dieser Zusatz zu der für das Programm des Bildes so wichtigen Stelle des Seneca die Einbeziehung des Hermes irgendwie nahe legte oder erleichterte?[5]

---

[1] Die drei Grazien auf der Rückseite der Medaille des Niccolo für Pico della Mirandula, vgl. Litta, Fam. Celebr. Ital. weisen auf Beziehungen zur platonisirend-allegorischen Auffassung der Venus. Ebenso könnte die „Venus Virgo" des Niccolo (vgl. oben p. 24) Ideen, wie sie sich in Cristoforo Landinos Disputat. Camaldulenses über die symbolische Auffassung der Aeneis finden, entspringen. Ueber die Beziehung derartiger Kunstwerke zur gleichzeitigen platonisirenden Dichtung und Philosophie darf man demnächst von berufener Seite Aufklärung erwarten.

[2] Will man für die an spätrömische Gewandfiguren erinnernde Stellung und Tracht der Venus ein Analogon, so sei z. B. auf das Elfenbeinrelief in Liverpool, die Hygieia darstellend (Westwood, Fict. Ivor., p. 54) verwiesen; es gehörte zu der schon Ende des XV. Jahrh. vorhandenen Sammlung Gaddi in Florenz. Vgl. Molinier, Plaquettes I, 42.

[3] Vgl. oben p. 22; E. Foerster l. c., p. 306/301: „bricht Blüthen vom Baum."

[4] G. Kinkel, Mosaik zur Kgsch. 1876, p. 398: „schlägt Frucht von einem Baum." W. Lübcke, Gesch. d. ital. Mal. 1878, I, p. 355: „ritterlicher Jüngling, im Begriff, von einem der Lorbeerbäume einen Zweig abzubrechen." C. v. Lützow, Die Kunstschätze Italiens 1884, p. 254: „schlägt die Frucht vom Baume."

[5] Zufällig ist es selbst für die archäologische Forschung schwierig, einen Hermes, der sich mit der Venus zusammen auf einer kleinen rothfigurigen Kanne aus Athen abgebildet findet (Berlin. Mus. No. 2660), ikonographisch genau zu bestimmen. Die Worte, mit denen Kalkmann dabei die Unzulänglichkeit der Methode gegenüber den complicirtesten Kunstschöpfungen beklagt, passen auch genau für Botticellis Bild. Vgl. *Archäol. Jahrb.* 1886, p. (231 ff.) 253: „Selten freilich gestattet eine auf sonnigen Pfaden wandelnde Kunst, die ihren glücklichsten Schöpfungen zu Grunde liegenden Gedanken ganz auszudenken und auf viele Fragen giebt sie nur andeutende Antworten."

Nach den bisherigen Ergebnissen ist es eigentlich nicht anzunehmen, dass sich der Hermes auf dem Bilde fände, ohne, nach Meinung des Rathgebers Botticellis, irgendwie vorbildlich gewährleistet zu sein. Eine ähnliche Zusammenstellung von göttlichen Wesen mit der Cyprischen Venus als Mittelpunkt, bietet z. B. eine Ode des *Horaz:*[1]

> „O Venus, regina Cnidi Paphique
> Sperne dilectam Cypron et vocantis
> Ture te multo Glycerae decorem
> Transfer in ædem.
>
> Fervidus tecum puer et solutis
> Gratiae zonis[2] properentque Nymphae
> Et parum comis sine te Juventas
> Mercuriusque."

Nehmen wir an, dass anstatt der Juventas die Frühlingsgöttin eingesetzt ist und dass das: „properentque Nymphae" durch die Verfolgung Floras durch Zephyr weiter ausgemalt und durch ein klassisches Beispiel illustrirt werden sollte, so haben wir dasselbe Gefolge wie auf dem Bilde Botticellis. Dass eine derartige freie Nachbildung Horazischer Oden in dem Gedankenkreise Polizians und seiner Freunde lag, beweist eine Ode des *Zanobio Acciajuoli,*[3] „Veris descriptio" betitelt.[4]

Sie ist sogar in demselben Versmaass wie die citirte Ode des Horaz gehalten; Flora und die Grazien huldigen der Venus:

> „Chloris augustam Charitesque matrem
> Sedulo circum refovent honore
> Veris ubertim gravido ferentes
> Munera cornu."

In der Mitte des Bildes steht Frau Venus als „„liebe Frau"" des Gartenhains, umgeben von den Grazien und Nymphen des toskanischen Frühlings".[5]

Wie die Venus des *Lucrez,* ist sie „als Sinnbild des alljährlich sich erneuernden Naturlebens"[6] aufgefasst:

> „Te, dea, te fugiunt venti, te nubila coeli
> adventumque tuum, tibi suavis daedala tellus
> summittit flores, tibi rident aequora ponti
> placatumque nitet diffuso lumine coelum" etc.[7]

---

[1] Od. I, XXX.
[2] Vgl. oben p. 24.
[3] Der Freund und Schüler Polizians, der 1495 dessen griechische Epigramme herausgab. Vgl. del Lungo l. c. p. 171.
[4] Ms. Marucell. Flor. A. 82, abgedr. b. Roscoe, Leo X, ed. Hencke III, p. 596.
[5] J. Bayer l. c., p. 271.
[6] Kalkmann l. c., p. 252.
[7] Lucrez, De rer. nat. I, v. 6 ff. Poggio hatte das Manuscript entdeckt. Vgl. Roscoe, Life of Lorenzo I, 29, Heidelbg. 1825; vgl. Julia Cartwright, Portfolio 1882, p. 74: „The Subject of the picture ... is said (von wem?) to have been suggested to him by a passage of Lucretius: „It Ver et Venus etc.""

Ebendort (V, 735 ff.) wird die Ankunft der Venus mit ihrem Gefolge geschildert:

> „It Ver et Venus et veris praenuntius ante
> Pennatus graditur Zephyrus, vestigia propter
> Flora quibus mater praespargens ante viai
> cuncta coloribus egregiis et odoribus opplet.“

Aus einer Stelle in *Polizians Rusticus,*[1]) (einem lateinischen bucolischen Gedicht in Hexametern, das er 1483 gedichtet hatte) ersieht man, dass Polizian diese Stelle des Lucrez nicht allein kannte, sondern sie fast mit denselben Figuren erweiterte, die sich auf den Bildern Botticellis finden. Diese Thatsache allein würde schon für den Beweis genügen, dass Polizian auch für das zweite Bild der Rathgeber Botticellis gewesen ist. Polizian beschreibt die Götterversammlung zur Frühlingszeit:[2])

> „Auricomae, jubare exorto, de nubibus adsunt
> Horae, quae coeli portas atque atria servant,
> Quas Jove plena Themis nitido pulcherrima parta
> Edidit, Ireneque Diceque et mixta parenti
> Eunomie, carpuntque recenteis Pollice foetus:
> Quas inter, stygio remeans Proserpina[3]) regno,
> Comptior ad matrem properat: comes alma sorori
> Et Venus, et Venerem parvi comitantur Amores:
> Floraque lascivo parat oscula grata marito:
> In mediis, resoluta comas nudata papillas
> Ludit et alterno terram pede Gratia[4]) pulsat
> Uda choros agitat nais“, u. s. w.

Will man für den „Frühling“ des Botticelli die Bezeichnung dem zeitgenössischen Ideenkreise entnehmen, so müsste man das Bild: Il regno di Venere“, „das Reich der Venus“ nennen.

Den Anhalt dafür geben wiederum *Polizian* und *Lorenzo*: Polizian, Giostra I, St. 68—70:[5])

> „Ma fatta Amor la sua bella vendetta
> Mossesi lieto pel negro aere a volo;
> E ginne al regno di sua madre in fretta
> Ov’ è de’ picciol suo’ fratei lo stuolo

---

[1]) Vgl. Gaspary l. c. II, p. 221.
[2]) Vgl. ed. del Lungo, p. 315, v. 210—220.
[3]) Wie die Frühlingsgöttin auf dem Bilde.
[4]) Vgl. (nach del Lungo) Horaz, Od. I, 4:
> „ . . . Gratiae decentes
> Alterno terram quatiunt pede.“

Da wäre also auch die für das Concetto des Bildes vorauszusetzende Combination von Lucrez und Horaz!

[5]) Ed. Carducci, p. 39. Vgl. dazu Ovid, Fast. IV, 92: „illa (sc. Venus) tenet nullo regna minora deo.“

> Al regno ove Grazia si diletta,
> Ove Beltà di fiori al crin fra brolo,
> Ove tutto lascivo drieto a Flora
> Zefiro vola e la verde erba infiora.“

St. 69:

> „O canta meco un po’ del dolce regno
> Erato bella che ’l nome hai d’amore“ etc.

Mit St. 70 folgt dann die Beschreibung des Reiches der Venus im engen Anschluss an Claudian:[1])

> „Vagheggia Cipri un dilettoso monte
> Che del gran Nilo i sette corni vede etc.“

Ein Sonett *Lorenzos* (l. c. XXVII.) p. 97 klingt wie eine freie Nachbildung der vorhin citirten Ode des Horaz:

> „Lascia l’isola tua tanto diletta
> Lascia il tuo regno delicato e bello,
> Ciprigna dea; e vien sopra il ruscello
> Che bagna la minuta e verde erbetta.
>
> Vieni a quest’ ombra ed alla dolce auretta
> Che fa mormoreggiar ogni arbuscello,
> A’ canti dolci d’amoroso augello.
> Questa da te per patria sia eletta.
>
> E se tu vien tra queste chiare linfe,
> Sia teco il tuo amato e caro figlio;
> Che qui non si conosce il valore.
>
> Togli Diana le sue caste ninfe;
> Che sciolte or vanno senz’ alcun periglio
> Poco prezzando la virtù d’Amore.“

Doch auch für Lorenzo gehören Zephyr und Flora dazu: Aus den *Silve d’Amore* sei angeführt:[2])

> „Vedrai ne’ regni suoi non più veduta
> Gir Flora errando con le ninfe sue
> Il caro amante in braccia l’ ha tenuta,
> Zefiro; e insieme scherzan tutti e due.“

Ebenso heisst es in der „*Ambra*“:[3])

> „Zeffiro s’ e fuggito in Cipri, e balla
> Co’ fiori ozioso per l’ erbetta lieta.“

Damit vergleiche man Son. XV:[4])

> „Qui non Zeffiro, qui non balla Flora.“

---

[1]) Ueber die Nachahmung Claudians vgl. oben p. 9. Eben diese Stelle ist schon von Boccaccio, Genealogia Deorum X. IV, ed. Basel 1532, p. 272, verarbeitet.
[2]) L. c., p. 186.
[3]) L. c., p. 264.
[4]) L. c., p. 80.

Es kann nicht mehr zweifelhaft sein, dass die Geburt der Venus und der Frühling einander ergänzen:

Die Geburt der Venus stellte das Werden der Venus dar, wie sie aus dem Meere aufsteigend von den Zephyrwinden an das cyprische Ufer getrieben wird, der sogenannte „Frühling" den darauffolgenden Augenblick: Venus in königlichem Schmuck in ihrem Reiche erscheinend; über ihrem Haupte in den Kronen der Bäume und auf dem Boden unter ihren Füssen breitet sich das neue Gewand der Erde in unübersehbarer Blüthenpracht aus und um sie herum, als treue Helfer ihrer Herrin, die über alles, was der Blüthezeit gehört, gebietet, sind versammelt: Hermes, der die Wolken scheucht, die Grazien, die Sinnbilder der Jugendschönheit, Amor, die Göttin des Frühlings und der Westwind, durch dessen Liebe Flora zur Blumenspenderin wird.

—•⟫⟪•—

DRITTER ABSCHNITT.

DIE ÄUSSERE VERANLASSUNG DER BILDER.

BOTTICELLI UND LEONARDO.

Die Abfassung der Giostra Polizians kann, wenn man den umsichtigsten Erwägungen Rechnung trägt, nicht vor dem 28. Januar 1475 (wo das erste Turnier des Giuliano dei Medici stattfand) und nicht nach dem 26. April 1478 (dem Todestage des Giuliano) fallen. Das zweite Buch des Gedichtes, das mit dem Gelöbniss des Giuliano schliesst, muss nach dem 26. April 1476 fallen, da in diesem der Tod der „Nymphe" Simonetta erwähnt wird (II, 10, 8), denn der Nymphe *Simonetta* entsprach in Wirklichkeit die aus Genua gebürtige schöne Frau des Florentiners Marco Vespucci, Simonetta Cattaneo, die am 26. April, dreiundzwanzigjährig, von der Schwindsucht hinweggerafft wurde. [1] Dass die beiden antikisirend-allegorischen Bilder Botticellis ungefähr um dieselbe Zeit, wie das Gedicht, entstanden seien, ist eine um so näher liegende Annahme, als auch nach Jul. Meyers stylkritischen Erwägungen die Bilder etwa dieser Zeit angehören würden.

Dafür sprechen auch folgende Erwägungen: Die Frühlingsgöttin ist — abweichend von dem Gedicht, in welchem sie sich nur andeutungsweise findet — auf beiden Gemälden zum unentbehrlichen Gliede des Ganzen ausgestaltet. Freilich ist deutlich ersichtlich, dass Polizian in dem Gedicht bereits alle Darstellungsmittel verwendete und Bilder, die zur Ausgestaltung der Frühlingsgöttin, wie er sie Botticelli nahelegte, gehörten. Es wurde oben ausgeführt, wie die Frühlingsgöttin auf Botticellis „Geburt der Venus", in Tracht und Stellung den drei Horen gleicht, die auf dem fingirten Kunstwerk des italienischen Dichters die Liebesgöttin empfangen. Gerade so entspricht die „Frühlingsgöttin" auf dem „Reich der Venus" der „Nymphe Simonetta".

Nimmt man an, dass von Polizian verlangt wurde, Botticelli die Wege zu zeigen, in einem Sinnbild das Andenken der Simonetta fest-

---

[1] Vgl. A. Neri, La Simonetta. *Giorn. Stor. Ital.* V (1885), p. 130 ff. Dort sind auch die Klagegedichte des Bernardo Pulci und des Francesco Nursio Timideo da Verona abgedruckt.

zuhalten, so war Polizian gezwungen, auf die besonderen Darstellungsmittel der Malerei Rücksicht zu nehmen. Das veranlasste ihn, die in
seiner Phantasie bereit liegenden Einzelzüge auf bestimmte Gestalten der
heidnischen Sage zu übertragen, um so die fester umrissene und deshalb
für die Malerei leichter zu verkörpernde Gestalt der Frühlingsgöttin,
welche die Venus begleitet, dem Maler als Idee nahezulegen.

Dass Botticelli die Simonetta gekannt hat, geht aus einer Stelle des
Vasari [1]) hervor, welcher deren Profilbild, von Botticelli gemalt, im Besitz
des Duca Cosimo sah:

„Nella guardaroba del signor Duca Cosimo sono di sua mano due
teste di femmina in profilo, bellissime. Una delle quale si dice fu l'inn-
amorata di Giuliano de' Medici, fratello di Lorenzo."

In der Giostra wird geschildert, wie Giuliano sie überrascht. „Sie
sitzt auf dem Grase, indem sie einen Kranz windet, und, als sie den
Jüngling erblickt, erhebt sie sich furchtsam, und ergreift mit anmuthiger
Bewegung den Saum des Kleides, dessen Schooss voll ist von den ge-
pflückten Blumen." [2])

Goldene Locken umrahmen ihre Stirn, [3]) ihr Gewand ist über und
über mit Blumen bedeckt, [4]) und wie sie hinwegschreitet und unter ihren
Füssen Blumen hervorspriessen: [5])

„Ma l'erba verde sotto i dolci passi
Bianca gialla, vermiglia azzurra fassi."

schaut ihr Giuliano nach:

„Fra se lodando il dolce andar celeste
E'l ventillar dell'angelica veste". [6])

Sollte nun die Frühlingshore auf dem Gemälde nicht allein, wie man
sieht, der Simonetta des Gedichtes Zug um Zug gleichen, sondern auch
wie jene das verklärte Bild der Simonetta Vespucci sein? *Zwei Gemälde*
können mit dieser Nachricht des Vasari zusammengebracht werden, das
eine befindet sich im kgl. Museum in *Berlin,* [7]) das andere in der Sammlung
des Städelschen Instituts in *Frankfurt a. M.* [8])

Beide zeigen einen Frauenkopf im Profil; auf einem langen Halse
setzt, fast in einem rechten Winkel das flachgewölbten Kinn an. Der
Mund ist geschlossen, nur die Unterlippe hängt ein wenig nach unten.
Die Nase setzt wiederum fast rechtwinklig an die steile Oberlippe an.

---

[1]) Vas. Mil. III, 322.

[2]) Gaspary l. c. II, p. 230, St. I, 47 u. 48.

[3]) I, 43.

[4]) I, 43 u. 47.

[5]) I, 55.

[6]) I, 56.

[7]) Kgl. Mus. No. 106 A. Vgl. dazu J. Meyer l. c., p. 39: „Ob (das Bild) es
wirklich die Geliebte Giulianos, die schöne Simonetta darstellte . . . . . kann nur als
Vermuthung gelten. Ebend. p. 40, Abbildung (Radirung von P. Halm). Die Abb.
b. Müntz, H. d. l'A. p. l. R. II, p. 641, ist ungenau.

[8]) Staedel, Ital. Saal, No. 11. Abb. b. Müntz, H. d. l'A. p. l. R. II, p. 8. Auch von
Braun photogr.

Die Nasenkuppe ist etwas aufgeworfen, die Nasenflügel scharf durchge-
zogen; hierdurch und durch die überhängende Unterlippe bekommt das
Gesicht einen resignirten Ausdruck. Die hohe Stirn, an die sich ein
langer Hinterkopf ansetzt, giebt dem ganzen Kopf ein quadratisches
Aussehen.

Beide Frauen haben eine phantastische „Nymphenhaartracht"; die in
der Mitte gescheitelte Haarmasse ist zum Theil in perlenbesetzte Zöpfe
geflochten, zum Theil fällt sie frei an den Schläfen und im Nacken
herab.

Ein frei flatternder Schopf wallt, ohne durch die Körperbewegung
begründet zu sein, nach hinten.

Schon 1473 hatte *Polizian* in einer Elegie[1]) die jung verstorbene
Albiera d'Albizzi mit einer Nymphe der Diana verglichen; das tertium
comparationis waren auch hier die Haare:[2])

> „Solverat effusos quoties sine lege capillos
> Infesta est trepidis visa Diana feris"

und ebend. v. 79 ff.:[3])

> „Emicat ante alias vultu pulcherrima nymphas
> Albiera, et tremulum spargit ab ore jubar.
> Aura quatit fusos in candida terga capillos
> Irradiant dulci lumina nigra face."

Polizian muss für den Hauptschmuck der Frauen eine besondere
Vorliebe gehabt haben; man lese nur von seiner Ode „in puellam
suam" v. 13, 25:

> „Puella, cujus non comas
> Lyaeus aequaret puer,
> Non pastor ille amphrysius
> Amore mercennarius,
> Comas decenter pendulas
> Utroque frontis margine,
> Nodis decenter aureis
> Nexas, decenter pinnulis
> Ludentium Cupidinum
> Subventilantibus vagas,
> Quas mille crispant annuli,
> Quas ros odorque myrrheus
> Commendat atque recreat."

Dem Frankfurter Bild (welches schon äusserlich durch die Gemme
mit der Bestrafung des Marsyas[4]) auf eine Beziehung der Dargestellten
zu den Medici hinweist) liegen dieselben Züge, wie dem Berliner Bild zu
Grunde, nur dass in Folge der äusserlichen Vergrösserung des Kopfes
(er ist überlebensgross) die Züge leerer erscheinen.

---

[1]) del Lungo l. c., p. 38.
[2]) L. c., p. 240, v. 33 ff.
[3]) L. c., p. 242.
[4]) Vgl. Müntz, Préc. d. l. R., Taf. zu p. 91. Dazu Bode, *IbPrKss.* XII (1891), p. 167.

56

Es macht den Eindruck, als sei dieses Bild später als das Berliner Bild der Simonetta in der Werkstatt Botticellis, etwa wie eine Reproduction eines beliebten Idealkopfes angefertigt.

Oben auf dem Haar trägt sie eine Agraffe mit Federn; solche „Nymphen" mit Federn im losen Haar, Bogen und Pfeilen sah man schon im Juni 1466 bei einer Giostra in Padua[1]) einherschreiten; sie gingen einem Wagen voraus, auf dem der Parnass mit Merkur auf der Spitze zu sehen war; am Fusse des Berges sassen um den castalischen Quell die Musen. In einem Bericht eines Augenzeugen heisst es:

„Vedeansi poscia venire dieci Ninfe in bianca veste colle chiome sparse sul collo, con pennacchi d'oro in capo, armate d'arco e faretra, a foggia di cacciatrici."

Vergleicht man das Profilbild der Frühlingsgöttin auf der „Geburt der Venus" mit den beiden genannten Bildern der Simonetta, so steht dem Gedanken nichts entgegen, dass wir auch auf dem Gemälde nicht nur die zur Nymphe idealisirte Simonetta vor uns haben, sondern auch das Abbild ihrer Gesichtszüge.

Wie auf den Portraits setzt auf einem langen Halse der quadratische Kopf an mit der symmetrischen Dreitheilung der Profillinie durch Stirn, Nase und Mund mit Kinn. Der Mund ist geschlossen, die Unterlippe hängt etwas vor.

Die Identität mit der auf dem Berliner Bild dargestellten Frau würde noch sicherer festzustellen sein, wenn die Frühlingsgöttin den Kopf nicht etwas erhoben hätte und wenn andererseits der Kopf auf dem Berliner Bilde in strengerem Profil gehalten wäre: der Mund würde dann kleiner, die Augenbraue höher geschwungen erscheinen und der Augapfel wäre dann nicht mehr in voller Rundung sichtbar.

Ein Profilbild mit der Unterschrift „Simonetta Januensis Vespuccia" im Besitze des Herzogs von Aumale[2]) müsste als Ausgangspunkt für die Vergleichung dienen, wenn das Bild nicht dem Piero di Cosimo[3]) zuzuschreiben wäre, welcher 1462 geboren wurde, so dass das Bild nicht nach dem Original angefertigt sein kann. Sie ist als Kleopatra dargestellt, wie sie der tödtliche Biss der Schlange trifft.

Selbst aus der schlechten Nachbildung im *l'Art* (1887, p. 60) kann man erkennen, dass es sich auch in diesem Falle um denselben Typus

---

[1]) Vgl. Giov. Visco, Descrizione della Giostra seguita in Padua nel Giugno 1466, p. 16. Per nozze Gasparini-Brusoni, Padova 1852. Man sieht hier wieder, wie das damalige antikisirende Festwesen mit dem formalen Einfluss der Antike zusammenhängt. Ueber die „Nymphen" vgl. besonders oben p. 16 f. Schon 1454 sah man sie bei einer Procession am Geburtsfest Johannes d. T.; vgl. Cambiagi, Memorie istoriche per la Nativita di S. Gio. Battista, 1766, p. 65 ff., p. 67 (nach Matteo Palmieri): „Ventesimo [carro] Cavalleria di tre Re, Reine e Damigelle, e Ninfe, con cani, e altre appartenenze al vivo."

[2]) Chantilly, Abb. *l'Art*, 1887, p. 60.

[3]) Vgl. Frizzoni (zu Vas. Mil. IV, 144), *Arch. Stor. Ital.* 1879, p. 256/57, und Bode, Berl. Cat., p. 58. Schon Georges Lafenestre, *GdbA.* 1880, II, p. 376, Abb. p. 482, p. 482, stellte dies Portrait mit der Simonetta in der Giostra zusammen.

handelt, nur ist alles weicher wiedergegeben; der Haarputz, der weiter hinten am Kopfe ansetzt, ist ebenfalls „phantastisch" mit Perlen verziert, aber ohne flatternde Enden.

Dass die ihr Gesicht dem Beschauer voll zuwendende Frühlingsgöttin im „Reich der Venus" gleichfalls die — wenn auch idealisirten — Züge der Simonetta trägt, ist allein schon wegen der von dem üblichen Typus Botticellis abweichenden Formen wahrscheinlich, doch lässt sich der zwingende Beweis erst durch eine Untersuchung der Proportionen erbringen. [1]

Vier Sonette [2] *Lorenzos* legen ein beredtes Zeugniss für den tiefen Eindruck ab, den der Tod der Simonetta machte. Lorenzo hielt dieses Erlebniss und den poetischen Ausdruck, den er dafür gefunden hatte, für bedeutsam genug, um die Sonette nach Art der Vita Nova Dantes, mit einem Commentar zu begleiten, in dem er die Stimmung, der jedes einzelne Gedicht sein Entstehen verdankte, ausführlich beschreibt.

In dem ersten Sonett glaubt Lorenzo Simonetta in einem glänzenden Stern wieder zu erblicken, den er des Nachts, als er ihrer trauernd gedenkt, am Himmel erblickt. In dem zweiten Sonett vergleicht er sie mit der Blume Clizia, die nun vergeblich auf den wiederkehrenden Anblick der Sonne, der ihr neues Leben giebt, hoffe. In dem dritten Sonett beklagt er ihren Tod, der ihm alle Freude geraubt habe, Musen und Grazien sollen ihm klagen helfen. Das *vierte* Sonett ist der Ausdruck seines tiefsten Schmerzes. Er sieht keinen anderen Ausweg, dem zerstörenden Gram zu entfliehen, als den Tod.

Wenn man sich denkt, dass das „Reich der Venus" seine Veranlassung in einem ernsten Erlebniss hat, so lässt sich auch Haltung und Stellung der Venus eher verstehen; sie blickt den Beschauer ernst an, den Kopf beugt sie etwas nach ihrer rechten Hand hin, die sie mahnend erhebt.

Ganz ähnlich hat *Botticelli* die Worte illustrirt, die *Dante* der Mathilde in den Mund legt, als sie ihn auf das Herannahen der Beatrice aufmerksam macht.

„Quando la donna tutta a me si torse,
Dicendo: Guarda frate mio ed ascolta." [3]

Ebenso mag die Venus mit Lorenzos Worten, [4] inmitten der ewig jungen Geschöpfe ihres Reiches, auf den vergänglichen irdischen Abglanz ihrer Macht weisen:

„Quant è bella giovinezza
Che si fugge tuttavia
Che vuol esser lieto, sia
Di doman non c' è certezza."

[1] Vgl. unten p. 47.

[2] Ed. Barbèra, p. 35—63.

[3] Vgl. Botticellis Zeichnungen im Berl. Kpfstchcb. Purgatorio, Canto XXIX, 14/15. Die rechte Hand ist fast rechtwinklig zum Arm erhoben und mit der Fläche nach aussen gekehrt; der Kopf nach l. zu Dante gewendet und ebenso beide Augensterne. Die l. Hand liegt über dem l. Oberschenkel; da sie hier aber keinen Mantel zu halten hat, so scheint die Bewegung ohne Zweck.

[4] Lorenzo, Trionfo di Bacco ed Arianna l. c., p. 423.

Aus einer ähnlichen Stimmung heraus ruft Bernardo Pulci in seinem Klagegedicht den Olympiern zu, sie sollten doch der Erde die „Nymphe" Simonetta, die jetzt unter ihnen weile, wieder zurücksenden:[1]

v. 1. „Venite, sacre e gloriose dive,
Venite, Grazie lagrimose e meste
Accompagnar quel che piangendo scrive.

v. 10. Nymphe se ivi sentite i versi miei
Venite presto et convocate Amore
Prima che terra sia facta costei.

v. 145. Ciprigna, se tu hai potenza in cielo,
Perchè non hai col figliuol difesa
Costei, de' regni tuoi delizia e zelo?

v. 166. Forse le membra caste e peregrine
Solute ha Giove, e le nasconde in terra,
Per mostrar lei fra mille altre divine

v. 169. Poi ripor la vorrà più bella in terra,
Sì che del nostro pianto il ciel si vide
Et vede el creder nostro quanto egli erra.

v. 191. Nympha, che in terra un freddo saxo copre
Benigna Stella hor sa nel ciel gradita
Quando la luce tua vie si scopre
Toma a veder la tua patria smarrita."[2]

In dem Bilde der Frühlingsgöttin, die die Venus begleitet und damit die Erde zu neuem Leben wiedererweckt, dem tröstlichen Symbol des sich erneuernden Lebens, mögen — das sei hier hypothetisch ausgesprochen — Lorenzo und seine Freunde die Erinnerung an die „Bella Simonetta" bewahrt haben.

P. Müller-Walde[3] giebt in dem ersten Theil seines Leonardo Andeutungen, die darauf schliessen lassen, dass er sich das Milieu, dem einige Zeichnungen Leonardos ihren Ursprung verdanken, ähnlich vorstellt, wie es in der vorliegenden Arbeit für Botticelli darzustellen versucht wurde. Nur dass er die Anregungen von dem Anblick des Turnieres selbst und nicht hauptsächlich von dem Gedichte Polizians ausgehen lässt. Und doch lassen sich gerade die Windsorzeichnungen (b. M. W. Abb. 38—39) durch die in Polizians Festgedicht vorkommenden Gestalten ausreichend erklären, während „das gepanzerte Mädchen", „der Jüngling mit

---

[1] Vgl. A. Neri l. c., p. 141—146.
[2] Zu der Idee der Wiederkehr der Simonetta als Göttin vgl. Polizian, Giostra III, 34, 4:
„Poi vedea lieta in forma di Fortuna
Sorger sua ninfa, e rabbellirsi el mondo
E prender lei di sua vita governo
E lui con seco far per fama eterno."
[3] Leonardo da Vinci, Lebensskizze und Forschungen über sein Verhältnis zur Florentiner Kunst und zu Rafael, München 1889, p. 74 ff.

dem Speere" oder die „Beatrice" nur schwer in Zusammenhang mit der Giostra selbst gebracht werden können.

Der „Jüngling mit dem Speere" [1]) ist eben der Giuliano der „Giostra" Polizians, in dem Augenblicke dargestellt, wie er als Jäger, mit Hifthorn und Speer zur „Nymphe", die er verfolgt, hinblickt und sie sich zu ihm zurückwendet. Die „Simonetta" aber stellt doch wohl jene Frauenfigur vor, die M. W. „Beatrice" [2]) nennt. Sie hat ihr Kleid im Schreiten aufgenommen — Haar und Gewand der „Nymphe" flattern noch im Winde — und wendet nun den Kopf zu Giuliano zurück, um ihm auf Florenz hindeutend zu sagen: [3])

> „Io non son qual tua mente in vano augeria
> Non d'altar degna non di pura vittima
> Ma là sovr' Arno nella vostra Etruria
> Ho soggiogata alla teda legittima."

„Das gepanzerte Mädchen" könnte dann das Bild der Simonetta, Giuliano im Traume erscheinend, sein: [4])

> „Par gli veder feroce la sua donna
> Tutta nel volto rigida e proterva . . . . . .
> Armata sopra alla candida gonna
> Che 'l casto petto col Gorgon conserva."

Der reitende Jüngling (Abb. 38) wäre dann Giuliano zum Turnier ausziehend und bei dieser Zeichnung kann sehr wohl — wie M. W. will — die Erinnerung an das Turnier selbst zur Ausgestaltung der Einzelheiten beigetragen haben.

Das eng anliegende Gewand mit den flatternden Enden, welches Simonetta („Beatrice") trägt, entspricht nicht allein der Schilderung Polizians, sondern ist auch für Leonardo so recht das Kennzeichen einer antiken Nymphe.

Es geht das aus einer Stelle seines Trattato hervor: [5])

. . . „ma solo farai scoprire la quasi uera grossezza delle membra à una ninfa, o' uno angello, li quali si figurino vestiti di sotili vestimenti, sospinti o' inpressi da soffiare de venti; a questi tali et simili si potra benissimo far scoprire la forma delle membra loro.""

---

[1]) Abb. 36. Sein Kopf ist idealisirt.

[2]) Abb. 39. Dann freilich ohne jeden bildnisartigen Zug.

[3]) Giostra I, 51, 1 ff.

[4]) Giostra II, 28. Auch Müller-W. sieht in ihr die Simonetta; „die verschiedenen Umstände", die ihn auf diesen Gedanken bringen, mögen ähnliche wie die hier angeführten sein, wie denn der Verf. gerne M.-W. für Manches als Zeugen und Gewährsmann angeführt hätte; die Belege sind aber, in Folge der eigenthümlichen Anlage des Werkes, den Behauptungen — es liegen jetzt schon drei Jahre dazwischen — noch nicht nachgefolgt.

[5]) Ed. Ludwig (Wien 1888) I, p. 528, No. 539. *Quellenschr. f. Kgsch.* XV. Zu derselben Stelle bringt auch J. R. Richter, Leonardo, 1883, p. 200, diese Zeichnung bei.

Noch deutlicher stellt Leonardo an anderer Stelle die Antike als das maassgebende Vorbild für Bewegungsmotive hin :[1])

... „et imita, quanto puoi, li greci e latini co'l modo del scoprire le membra, quando il uento apoggia sopra di loro li panni."

Als Ergebniss dieser kunst-theoretischen Würdigung der Antike kann man die wild bewegte weibliche Figur auf dem *Stuckrelief*[2]) im *Kensington-Museum* ansehen, deren Vorbild in einer antiken Maenade (etwa Hausers Typ. 26) zu suchen ist. Dass Leonardo ein derartiges neu-attisches Relief bekannt war, geht auch aus einer *Röthelzeichnung* in der *Ambrosiana* hervor, auf welcher ein Satyr mit einem Löwen dargestellt ist (etwa Hausers Typ. 22 entsprechend).[3])

Der Nachweis, wie die verschiedenen Simonettabilder zusammenhängen, kann jedoch erst durch eine eingehende Untersuchung über den Einfluss der Antike auf die Proportionen — ein Gegenstück zur vorliegenden Arbeit — geführt werden. Den Ausgangspunkt für diesen zweiten Versuch giebt wiederum Botticelli (in dem Frankfurter Bild der Simonetta); doch wird im Laufe der Darstellung Leonardo als der eigentliche Bearbeiter des Problems in den Vordergrund treten müssen.

Nur noch an einer einzigen anderen Stelle nämlich beruft sich Leonardo auf die Antike: auf Vitruv in Betreff der Proportionen des menschlichen Körpers.[4])

Gelänge es, den Einfluss der Antike auf die Gedanken der Frührenaissance über die Proportionen klarzulegen, so hätte man dafür Rückhalt in den Worten jenes Künstlers, der einen unübertroffenen Sinn für das Einzelne und Besondere mit einer ebenso starken Fähigkeit, das Gemeinsame und Gesetzmässige zu schauen, verband, deshalb sicherlich — weil er nur auf sich zurückzugreifen gewohnt war — die Antike nur da gelten liess, wo sie ihm als achtunggebietendes Vorbild erschien, das für ihn und seine Zeitgenossen noch eine lebendige Macht war.

---

[1]) L. c., p. 523. Leonardo war gerade in den Jahren, wo man anzunehmen hat, dass Botticelli an seinen Venusallegorien arbeitete (also etwa 1476—1478) in der Werkstatt Verrocchios. Vgl. Bode, *IbPrKss.* III (1882), p. 288.

[2]) Von Müller-W. Leonardo zugeschrieben und als Abb. 81 publizirt.

[3]) Vgl. die Zeichnung des *San Gallo*, abg. Müntz, H. d. l'A. p. l. R. I, p. 238 dazu Hauser l. c., p. 17, No. 20.

[4]) Vgl. J. P. Richter I, p. 182. Ebend. Abb.

Sandro Botticelli besitzt für jedes scharf umgrenzte Object im ruhigen Zustand das aufmerksame Auge des Florentinischen „Goldschmied-Malers"; das macht sich bei der Wiedergabe des Beiwerks in der liebevollen Genauigkeit geltend, mit der jede Einzelheit beobachtet und wiedergegeben wird.

Wie sehr das klare Detail das Grundelement seiner künstlerischen Auffassung ist, geht daraus hervor, dass er dem „Stimmungsvollen" der Landschaft keinen künstlerischen Werth beimaass.

Leonardo berichtet nämlich von ihm, dass er zu sagen pflegte, „Landschaftsmalen hätte keinen Sinn; man brauche ja nur einen mit verschiedenen Farben getränkten Schwamm an die Wand zu werfen und man könne sodann in dem Flecken die schönste Landschaft sehen". [1]

Leonardo, der Botticelli wegen dieses mangelnden Sinnes für die Landschaft den Charakter eines „pittore universale" abspricht, fügt hinzu: — „e queste tal pittore fece tristissimi paesi."

Während Botticelli die aufmerksame Detailbeobachtung mit den meisten seiner künstlerischen Zeitgenossen gemeinsam hat, führte ihn eine besondere Vorliebe für ruhige Seelenstimmung dazu, bei der Wiedergabe menschlicher Gestalten den Köpfen jene träumerische, passive Schönheit zu verleihen, die heute noch als das besondere Merkmal seiner Schöpfungen bewundert wird. [2]

Von manchen Frauen und Jünglingen Botticellis möchte man sagen, sie seien eben erst aus einem Traume zum Bewusstsein der Aussenwelt erwacht, und, obgleich sie sich der Aussenwelt wieder thätig zuwenden, durchklängen noch die Traumbilder ihr Bewusstsein.

Es ist klar, dass Botticellis künstlerisches Temperament, das von dieser Vorliebe für ruhige Schönheit [3] getragen wird, eines äusseren Anstosses bedarf, um Scenen leidenschaftlicher Erregung als Vorwurf zu wählen und Botticelli ist um so bereitwilliger, die Ideen Anderer zu illustriren, als ihm dabei die zweite Seite seines Charakters, der Sinn für detaillirte Schilderung, vortrefflich zu Statten kommt. Aber nicht allein deshalb fanden Polizians Inventionen bei Botticelli ein geneigtes Ohr und eine willige Hand; die äussere Beweglichkeit des willenlosen Beiwerks, der Gewandung und der Haare, die ihm Polizian als Characteristicum antikischer Kunstwerke nahelegte, war ein leicht zu handhabendes, äusseres Kennzeichen, das überall da angehängt werden konnte, wo es galt, den Schein gesteigerten Lebens zu erwecken, und Botticelli machte von dieser

---

[1] Vgl. H. Ludwig l. c. I, p. 116, No. 60: „... come disse il nostro boticella, che tale studio era uano, perche col solo gittare d'una spunga piena di diuersi colori in un muro esse lasciana in esso muro una machia, dove si uedeua un bel paese."

[2] Die folgenden Bemerkungen können nur als ergänzende Zusätze zu Jul. Meyers ausführlicher und erschöpfender Analyse gelten.

[3] Der Dualismus zwischen Betheiligtsein und Abgewendetsein wird Botticellis Gesichtern physiognomisch auch dadurch gegeben, dass das Glanzlicht im Auge nicht punktförmig in der Pupille, sondern in der Iris sitzt, die manchmal auch kreisförmig aufgehellt ist. Dadurch erscheint das Auge den Gegenständen der Aussenwelt zwar zugewendet, aber nicht scharf auf diese eingestellt.

Erleichterung der bildlichen Wiedergabe erregter oder auch nur innerlich bewegter Menschen gerne Gebrauch.

Im XV. Jahrhundert verlangt „die Antike" von den Künstlern nicht unbedingt das Zurücktreten der durch eigene Beobachtung selbst errungenen Ausdrucksformen — wie es das XVI. Jahrhundert bei der Verkörperung antiker Stoffe auf antike Art verlangt — sondern lenkt nur die Aufmerksamkeit auf das schwierigste Problem für die bildende Kunst, auf das Festhalten der Bilder des bewegten Lebens.

Wie sehr die Florentiner Künstler des Quattrocento von dem Gefühl durchdrungen waren, dem Alterthum gleich zu sein, zeigt sich in einer Reihe von energischen Versuchen, in dem eigenen Leben ähnliche Formen zu finden und auf Grund eigener Arbeit auszugestalten. Führte dabei der „Einfluss der Antike" zu gedankenloser Wiederholung äusserlich gesteigerter Bewegungsmotive, so liegt das nicht an „der Antike", aus deren Gestaltenwelt man ja auch — seit Winckelmann — mit der gleichen Ueberzeugung für das Gegentheil, der „stillen Grösse", die Vorbilder nachgewiesen hat, sondern an dem Mangel künstlerischer Besonnenheit der bildenden Künstler.

Botticelli war schon einer von denen, die allzu biegsam waren.

„Je mehr es aber gelingt, einem Meister wirklich nahe zu kommen, sagt Justi,[1] und ihn durch unermüdliches Fragen zum Sprechen zu bringen, desto strenger erscheint er in seinen Werken wie in eine eigene Welt eingeschlossen. Um mich scholastisch auszudrücken, jenes Allgemeine von Stamm, Schule und Zeit, das er von Andern hat, mit Andern theilt und auf Andere vererbt, ist nur sekundäres Wesen (δευτέρα οὐσία), das Individuelle, Idiosynkrasische, seine erste Substanz (πρώτη οὐσία). Das Merkmal des Genius ist also die Initiative."

Darzustellen, wie sich Sandro Botticelli mit den Anschauungen seiner Zeit über die Antike, wie mit einer Widerstand oder Unterwerfung fordernden Macht auseinandersetzte und was davon seine „zweite Substanz" wurde, war das Ziel der vorliegenden Untersuchung.

---

[1] Diego Velazquez, Bonn 1888, I, p. 123.

SANDRO BOTTICELLI, FRÜHLING.

FLORENZ. AKADEMIE.

BILDNISKUNST

UND

FLORENTINISCHES BÜRGERTUM

VON

A. WARBURG

I.

DOMENICO GHIRLANDAJO IN SANTA TRINITA
DIE BILDNISSE DES LORENZO DE' MEDICI
UND SEINER ANGEHÖRIGEN

MIT FÜNF LICHTDRUCKEN UND SECHS TEXTBILDERN

VERLAG VON HERMANN SEEMANN NACHFOLGER IN LEIPZIG

[1902]

MEINER FRAU

ZUGEEIGNET.

VORBEMERKUNG.

Als vorbildlicher Pfadfinder hat Jakob Burckhardt der Wissenschaft das Gebiet der italienischen Kultur der Renaissance erschlossen und genial beherrscht; aber es lag ihm fern,
das neuentdeckte Land selbstherrlich auszunutzen; im Gegenteil erfüllte ihn wissenschaftliche
Selbstverleugnung so sehr, dass er das kulturgeschichtliche Problem, anstatt es in seiner
ganzen künstlerisch lockenden Einheitlichkeit anzupacken, in mehrere äusserlich unzusammenhängende Teile zerlegte, um jeden für sich mit souveräner Gelassenheit zu erforschen und
darzustellen. So gab er in seiner „Kultur der Renaissance"[1] einerseits die Psychologie des
socialen Individuums ohne Hinblick auf die bildende Kunst, wie er andrerseits in seinem
„Cicerone"[2] nur „eine Anleitung zum Genuss der Kunstwerke" bieten wollte. Er erfüllte einfach die nächstliegende Pflicht, zuerst den Renaissancemenschen im höchstentwickelten Typus
und die Kunst in ihren schönsten Erzeugnissen in aller Ruhe gesondert zu betrachten, unbekümmert darum, ob ihm selbst die zusammenfassende Darstellung der ganzen Kultur noch
vergönnt sein würde; wenn ihn nur keiner im Säen störte, dann mochte ernten, wer da wollte.
Und selbst nach seinem Tode tritt uns dieser geniale Kenner und Gelehrte noch als unermüdlicher Sucher entgegen; in seinen hinterlassenen „Beiträgen zur Kunstgeschichte von
Italien"[3] hat er, um dem grossen Ziel einer synthetischen Kulturgeschichte näher zu kommen,
noch einen dritten empirischen Weg angebahnt: er scheute die Mühe nicht, dem einzelnen
Kunstwerke in seinem direkten Zusammenhange mit dem zeitgenössischen Hintergrunde
nachzuforschen, um die idealen oder praktischen Anforderungen des wirklichen Lebens als
„Kausalitäten" zu erfassen.

Dass wir uns der überlegenen Persönlichkeit Jakob Burckhardts bewusst sind, darf uns
nicht hindern, auf der von ihm gewiesenen Bahn weiterzuschreiten. Ein langjähriger Aufenthalt in Florenz, Studien im dortigen Archiv, die Fortschritte der Photographie und die
lokale und zeitliche Begrenzung des Gegenstandes ermutigen mich, in der vorliegenden
Schrift einen Nachtrag zu Burckhardts Aufsatz über „das Portrait" in seinen obengenannten

---

[1] Letzte (7.) Aufl. besorgt von Geiger 1899.

[2] Letzte Aufl. besorgt von Bode 1900. Dazu seine „Geschichte der [Architektur der] Renaissance". 3. Aufl.
Bes. v. Holtzinger 1891.

[3] Darin: Das Altarbild — Das Porträt in der Malerei — Die Sammler, herausgeg. v. H. Trog 1898.

„Beiträgen zur Kunstgeschichte von Italien" zu veröffentlichen. Weitere derartige Studien über den stilistischen Zusammenhang zwischen bürgerlicher und künstlerischer Kultur im Kreise des Lorenzo de' Medici — über Francesco Sassetti als Mensch und Kunstfreund, über Giovanni Tornabuoni und den Chor von Santa Maria Novella, über mediceisches Festwesen und bildende Kunst u. a. — sollen, so hoffe ich, in absehbarer Zeit folgen.

Den ratenden Freunden und treuen Kollegen florentinischer Arbeitsjahre mögen diese Publikationen willkommen sein als Aeusserung derselben Gesinnung, wie sie Heinrich Brockhaus und Robert Davidsohn durch ihr Leben bethätigen, das dem unablässigen gründlichen Quellenstudium florentinischer Kultur gewidmet ist.

Hamburg, im November 1901.

Dr. A. Warburg.

Die entwickelnden Kräfte einer lebendigen Porträtkunst sind nicht ausschliesslich im Künstler zu suchen; man muss sich vor Augen halten, dass zwischen Bildner und Abgebildetem eine intime Berührung stattfindet, die in jeder Epoche höherer Geschmacksbildung eine Sphäre wechselseitiger hemmender oder fördernder Beziehung zwischen beiden entstehen lässt. Denn der Auftraggeber kann, je nachdem er entweder dem massgebenden herrschenden Typus im äusseren Auftreten zu gleichen wünscht, oder im Gegenteil ihm selbst gerade das besondere seiner Persönlichkeit abbildungswert erscheint, die Richtung der Bildniskunst auf das Typische oder Individuelle mitbestimmen.

Es ist eine der Grundthatsachen der Kultur der florentinischen Frührenaissance, dass Kunstwerke dem gemeinschaftlichen verständnisvollen Zusammenwirken zwischen Auftraggebern und Künstlern ihre Entstehung verdanken, also von vornherein gewissermassen als Ausgleichserzeugnisse zwischen Besteller und ausführendem Meister anzusehen sind. Nichts scheint demnach natürlicher und naheliegender als der Versuch, die oben aufgeworfene Frage nach dem „Verhältnis zwischen Bildner und Abgebildetem" einmal durch ausgewählte Fälle aus der florentinischen Kunstgeschichte exakt zu veranschaulichen, um das Allgemeingiltige in Sinn und Handlungsweise hervorragender Gestalten der Vergangenheit an Einzelthaten ihrer wirklichen Existenz zu begreifen. Ein derartiger Versuch ist freilich leichter gewünscht und gewagt, als ausgeführt, denn der Kunstgeschichte liegt für die vergleichende Betrachtung des Verhältnisses zwischen Auftraggeber und Künstler nur einseitig das endgültige Resultat des kunstbildenden Prozesses im Werke selbst vor; von dem Gefühlsaustausch oder Meinungsausgleich zwischen Besteller und ausführendem Künstler dringt nur selten etwas in die Aussenwelt und das undefinierbare überraschend Wahre teilt sich ja auch dem Bildwerke als Geschenk eines unvorhergesehenen glücklichen Augenblicks mit und entzieht sich dadurch meistens dem persönlichen und geschichtlichen Bewusstsein. Man muss daher schon versuchen, da Aussagen von Augenzeugen so schwer zu beschaffen sind, das Publikum gleichsam durch einen Indizienbeweis der Mitarbeit zu überführen.

Florenz, die Geburtsstätte moderner selbstbewusster städtisch-kaufmännischer Kultur, hat uns nicht nur die Bilder längst Verstorbener in einziger Fülle und packender Lebendigkeit erhalten; in hunderten gelesener und in den tausenden ungelesener Urkunden des Archivs leben auch die Stimmen der Abgeschiedenen noch, und historische Pietät vermag den unhörbaren Stimmen wieder Klangfarbe zu verleihen, wenn sie die Mühe nicht scheut, die natürliche Zusammengehörigkeit von Wort und Bild wieder herzustellen. Florenz beantwortet alle kulturhistorischen Fragen, wenn man nur des Fragens nicht müde wird und sich in der Fragestellung auf einen engeren Umfang beschränkt. So erhält die oben aufgeworfene abstrakte Frage nach der Einwirkung der Umwelt auf den Künstler eine konkrete Antwort durch Vergleichung zweier Fresken, von denen das eine zwar·nach dem Vorbild des früheren denselben Gegenstand verkörpert, aber gerade als abweichende Zusätze augenfällige Schaustücke der Bildniskunst von Personen aufweist, die sich als Zugehörige eines ganz persönlichen Kreises bekennen müssen. Richtet man die ganze, auch mit allen Hilfsmitteln archivalischer und litterarischer Forschung arbeitende Aufmerksamkeit auf ein Fresko des Domenico Ghirlandajo in der Kapelle von Santa Trinità in Florenz, so sieht man den zeitgenössischen Hintergrund als einwirkende Macht unmittelbar in ganz persönlichem Umriss vor sich.

Dem einfach geniessenden Kunstfreund, der grundsätzlich vergleichende Intellektualität als Versuch mit untauglichen Mitteln ansieht, steht es frei, sich bei der Lektüre der folgenden Studie durch die unmittelbare Freude zu entschädigen, die eine Betrachtung der bei dieser Gelegenheit auftauchenden Meisterstücke italienischer Bildniskunst gewährt, unter ihnen wohl die frühesten, bisher gänzlich unbeachteten, Kinderporträts der florentinischen Frührenaissance.

In der Kirche Santa Croce in Florenz hat Giotto[1] die Kapelle der Bardi bald nach 1317 mit Darstellungen aus der Legende des heiligen Franziskus ausgeschmückt. Eins dieser Fresken, ein Lünettenbild, schildert jenen für das Wirken des Heiligen denkwürdigen Augenblick, in dem er aus der Hand des zwischen seinen Kardinälen thronenden Papstes die bestätigte Ordensregel inmitten seiner elf Ordensbrüder kniend empfing. Durch die summarische Andeutung einer zweischiffigen Basilika, die im Giebelfeld das Bild des Apostel Petrus zeigt, ist die römische Kirche als Hintergrund fühlbar; sonst stört kein Beiwerk. Die Haupthandlung erfüllt im klaren Umriss die Bildfläche und nimmt die ganze Aufmerksamkeit des Zuschauers in Anspruch; nur je zwei ältere bärtige Männer, schwere Mantelfiguren, wohnen in den beiden Seitenschiffen der heiligen Handlung bei als Andeutung der gläubigen Aussenwelt.

Etwa 160 Jahre später (zwischen 1480—86) gab ein florentinischer Kaufmann Francesco Sassetti dem Maler Domenico Ghirlandajo und seiner Werkstatt ebenfalls den Auftrag, die Legende des heiligen Franziskus in seiner Familien-Grabkapelle in der Kirche Santa Trinità in 6 Fresken zu schildern; ohne Zweifel wollte er damit in erster Linie die seinem Namensheiligen und Schutzpatron gebührende religiöse Verehrung bezeugen, wie er denn auch der Kirche sein altes Familienhaus als Eigentum zu dem ausdrücklichen Zwecke überwiesen hatte, dass an allen höheren Festtagen dem heiligen Franziskus zu Ehren eine feierliche Messe gelesen werden sollte.[2]

Aber während Giotto die menschliche Körperlichkeit abbildet, weil durch die niedere Leibeshülle die Seele zu sprechen vermag, ist für Ghirlandajo ganz im Gegensatz der geist-

---

[1] Vgl. H. Thode, Giotto S. 128. Vgl. hier Abb. 1.
[2] A. St. F. (Florentinisches Staatsarchiv) Protokolle des Andrea di Angiolo di Terranova A. 381 S. 269 fg. 1487 Zusatzschenkung an die Kapelle mit ausdrücklicher und eingehender Vorschrift der Messe zu Ehren des hl. Franziskus.

ABB. I. GIOTTOS FRESKO: DIE BESTAETIGUNG DER ORDENSREGEL.

liche Gegenstand ein willkommener Vorwand, um den schönen Schein stattlich einherwandelnder Zeitlichkeit wiederzuspiegeln, als ob er, noch ein Goldschmiedlehrling im väterlichen Laden, Prachtgefässe und Prunkstücke am St. Johannisfeste vor den Augen schaulustiger Käufer auszustellen hätte. Das bescheidene Privilegium des Stifters, sich devot in einer Ecke des Bildes aufzuhalten, erweitern Ghirlandajo und sein Auftraggeber unbedenklich zu einem Recht auf freien Eintritt ihres leibhaftigen Abbildes in die heilige Erzählung selbst als Zuschauer oder gar als handelnde Personen der Legende.

Wie radikal die kirchlichen Verkehrsformen seit den Tagen Giottos sich verweltlicht hatten, offenbart ein Vergleich beider Fresken.

So stark ist der Wandel der offiziellen kirchlichen Formensprache, dass selbst ein kunsthistorisch allgemein gebildeter Zuschauer unvorbereitet in Domenicos Fresko zunächst alles eher suchen würde als eine Scene aus der heiligen Legende; er würde etwa denken, dass eine kirchliche Festlichkeit abgemalt sei, die sich auf der Piazza della Signoria zutrug und durch die Anwesenheit des Papstes selbst die besonders denkwürdige Weihe erhalten hatte; denn dass die Piazza von Florenz dargestellt sei, muss man zunächst annehmen, da im Hintergrunde der Palazzo Vecchio[1]) und die gegenüberliegende Loggia de' Lanzi deutlich abgebildet sind. Mit Zuhilfenahme der Photographie[2]) erkennt man dann freilich, dass die kirchliche Staatsaktion in einer durch Pilaster und Bogen angedeuteten Renaissancehalle vor sich geht, womit offenbar aus einem Rest religiöshistorischen Taktgefühles heraus eine unbedingte Verschmelzung mit dem wirklichen florentinischen Hintergrunde vermieden werden sollte. Aber weder die Halle, noch auch das Chorgestühl, noch endlich das hinter den Sitzen des Kardinalkollegiums aufgerichtete Geländer schützen den Papst und den heiligen Franziskus wirksam vor dem Eindringen der Stifterfamilie und ihrer Freunde. Dass der Stifter sich selbst, an seiner Seite seinen jungen Sohn Federigo[3]), seinen älteren Bruder Bartolomeo[4]) und gegenüber seine drei erwachsenen Söhne Teodoro I., Cosimo und Galeazzo abbilden liess, kann man, weil sie sich immerhin bescheiden am Rande der Darstellung aufhalten, noch als zulässig hingehen lassen; dass aber zwischen Francesco und Bartolomeo nun gar Lorenzo de' Medici in eigener Person aufgepflanzt ist, wirkt zunächst als unmotiviertes Eindringen des weltlichen Elementes; indessen beabsichtigte Francesco Sassetti in diesem Porträt nicht etwa nur ein Kompliment an den mächtigsten Mann von Florenz, denn Lorenzo gehörte wirklich dadurch zur nächsten Gemeinschaft der Sassetti, dass Francesco Geschäftsteilhaber der Mediceischen Firma in Lyon war und auch später mit der schwierigen Aufgabe betraut wurde, die zerrütteten Verhältnisse der Mediceischen Bank in Lyon zu ordnen.

Die formelle Eintrittsberechtigung der „Consorteria" Sassetti ändert aber an der barocken Thatsache nichts, dass, wo Giotto in fast ekstatischer Ergriffenheit, lapidar einfach, die unfreiwillige Erhöhung weltflüchtiger Mönche zu getreuen Vasallen der streitenden Kirche als hauptsächlichen Daseinsgrund des Bildes mitteilt, Ghirlandajo hingegen mit der ganzen selbstbespiegelnden Bildung des Kulturmenschen der Renaissance die Verkörperung der Legende der „ewig Armen" in ein Ausstattungsstück der besitzenden florentinischen Kaufmannsaristokratie verwandelt.

Giottos Gestalten wagten sich als irdische Geschöpfe nur unter dem Schutze des Heiligen an die Oberfläche, Ghirlandajos selbstbewusste Figuren patronisieren die Personen der Legende. Aber nicht aus stupider Selbstüberhebung; sie sind lebensfreudige Kirchgänger, die die Geistlichkeit gewähren lassen muss, weil sie sich nicht mehr in demutsvoller Zerknirschtheit halten lassen; und der Künstler und sein Auftraggeber wahren ja auch die guten Formen; sie überschreiten die Grenze nicht wie eine kriegerische Patrouille, sondern bringen ihr Konterfei in die Kapelle „alla buona", wie das bizarre Volk der Drôlerien den Rand des mittelalterlichen Gebetbuches als sein gutes Unrecht occupiert, oder mehr noch in der er-

---

[1]) Noch mit der hohen „Ringhiera".

[2]) Vgl. Taf. I.

[3]) Geb. 1472, für die geistliche Laufbahn bestimmt und damals schon Prior von San Michele Berteldi. Teodoro I. geb. 1461, gest. vor 1479, Galeazzo geb. 1462, Cosimo geb. 1463. Bartolomeo geb. 1413, Francesco selbst geb. 1421; über Francesco Sassetti und seine Familie Ausführlicheres in der demnächst folgenden zweiten Abhandlung dieser Serie.

[4]) Dass sein schon 1421 verstorbener Vater Tommaso dargestellt sei, ist nicht wahrscheinlich.

baulichen Stimmung des Fürbittenden, der sein wächsernes Abbild als Votivgeschenk dankbar oder hoffend an ein wunderthätiges Bild heftet. In dem Weihgeschenke an heilige Bilder hatte die katholische Kirche, in weltdurchschauender Erkenntnis, den bekehrten Heiden eine legitime Entladungsform für den unausrottbaren religiösen Urtrieb belassen, dem Göttlichen in der fassbaren Form des menschlichen Abbildes sich in eigener Person oder im Abbilde annähern zu können. Die Florentiner, Nachkommen der heidnisch abergläubischen Etrusker, haben nun diesen Bildzauber in krassester Form gepflegt und bis ins 17. Jahrhundert kultiviert, wofür hier das bezeichnendste Beispiel (im kunstgeschichtlichen Zusammenhange noch nicht gewürdigt) in einiger Ausführlichkeit geschildert sei.

Die Kirche Santissima Annunziata verlieh an die Mächtigen der Stadt und an vornehme Fremde das eifrig nachgesuchte Privilegium, zu Lebzeiten die eigene Figur in getreuer lebensgrosser Nachbildung in Wachs und angethan mit den eigenen Kleidern in der Kirche selbst aufstellen zu dürfen.[1]) Zur Zeit des Lorenzo de' Medici war die Fabrikation solcher Wachsfiguren (Voti) ein ausgebildeter hochstehender Kunstzweig und in den Händen der Benintendi, Schüler des Andrea Verrocchio, die Generationen lang eine ausgedehnte Votifabrik zum Nutzen der Kirche leiteten und deshalb den Namen „Fallimagini" führten. Lorenzo selbst liess, nachdem er 1478 glücklich den Dolchen der Pazzi entronnen, seine lebensgrosse Wachsfigur, von Orsino Benintendi angefertigt, dreimal in florentinischen Kirchen in verschiedenem Kostüm aufhängen. In denselben Kleidern, die er am Tage der Ermordung seines Bruders Giuliano trug, als er sich gerettet, aber selbst verwundet, dem Volke am Fenster zeigte, hing seine Figur in einer Kirche der Via San Gallo; im florentinischen Bürgerstaatsgewand, im Lucco, erblickte man ihn dann noch über einer Thür in der Annunziata, und eine dritte derartige Porträtwachsfigur schickte Lorenzo als Dankesvoto nach der Kirche Maria degli Angeli in Assisi.[2]) Die Menge dieser Voti schwoll schon gegen Anfang des 16. Jahrhunderts derartig an, dass in der Kirche selbst Platzmangel eintrat und die Figuren der Stifter an Stricken oben am Gebälk aufgehängt und deswegen die Mauern durch Ketten verstärkt werden mussten, und erst als durch das öftere Herabfallen eines Voto Andächtige erheblich gestört wurden, verbannte man das Wachsfiguren-Kabinet in einen seitlichen Hof, wo Reste des Panoptikums noch bis Ende des 18. Jahrhunderts zu sehen waren.

Erst ein Vergleich mit dieser feierlichen, zu Recht bestehenden und noch so lange fortdauernden barbarischen Sitte der in der Kirche selbst zur Schau gestellten Wachsfigur in ihrer herausfordernden, moderigen Schneiderpracht lässt die Porträtähnlichkeit der legendären Personen im kirchlichen Fresko im richtigen, milderen Lichte erscheinen: als im Vergleich zum fetischistischen Wachsbildzauber verhältnismässig diskreter Annäherungsversuch an die Gottheit im nur gemalten Scheinbilde. Es sind eben noch dieselben romanischen

---

[1]) Ueber die Voti vgl. Anhang Nr. I; über die Voti des Lorenzo vgl. Vasari III S. 373.

[2]) Vielleicht ist die bemalte Stuckbüste des Lorenzo im Berliner Museum die Nachbildung eines solchen Voto-Fabrikats; die handwerksmässige Bemalung und die derbe Aehnlichkeit ohne feinere Ausführung würde dafür sprechen; Abb. bei Bode, Ital. Porträtskulpturen des fünfzehnten Jahrh. (1883) S. 31.

Heiden, die es fertig gebracht hatten, Dantes poetisches Traumgesicht der Hölle als sinnfälliges Erlebnis aufzufassen und jene höllischen Künste, deren der unheimliche Mann fähig sein musste, wie der Herzog Visconti von Mailand, als praktische Zaubermacht zu verwerten trachteten; denn als dieser den Papst Johann XXII. durch Bildzauber vermittelst geheimnisvoller Beräucherung seiner silbernen Statuette schädigen wollte, war der erste, an den er sich mit dem, freilich unerfüllt gebliebenen, Wunsche wendet, diese Beschwörung zu exekutieren — Dante Alighieri.[1]

Gegensätze der Lebensanschauung, wenn sie, die einzelnen Mitglieder der Gesellschaft mit einseitiger Leidenschaft erfüllend, zum Kampfe auf Leben und Tod anstacheln, sind die Ursache des unaufhaltsamen gesellschaftlichen Verfalls und doch zugleich die zur höchsten Kulturblüte treibenden Kräfte, wenn ebendieselben Gegensätze innerhalb eines Individuums sich abschwächen, ausgleichen und, anstatt sich gegenseitig zu vernichten, sich wechselseitig befruchten und damit den ganzen Umfang der Persönlichkeit zu erweitern lernen. Auf diesem Grunde erwächst die Kulturblüte der florentinischen Frührenaissance.

Die ganz heterogenen Eigenschaften des mittelalterlich christlichen, ritterlich romantischen oder klassisch platonisierenden Idealisten und des weltzugewandten etruskisch-heidnisch praktischen Kaufmanns durchdringen und vereinigen sich im Mediceischen Florentiner zu einem rätselhaften Organismus von elementarer und doch harmonischer Lebensenergie, die sich darin offenbart, dass er jedwede seelische Schwingung als Erweiterung seines geistigen Umfanges freudig an sich entdeckt, und ruhig ausbildet und verwertet. Er verneint die hemmende Pedanterie des „entweder — oder" auf allen Gebieten, nicht etwa, weil er die Gegensätze nicht in ihrer Schärfe spürt, sondern weil er sie für vereinbar hält; darum entströmt gerade den künstlerischen Ausgleichserzeugnissen zwischen Kirche und Welt, antiker Vergangenheit und christlicher Gegenwart die enthusiastische und doch gesammelte Kraft des frisch gewagten Versuches.

Francesco Sassetti ist solch ein Typus des verständnisvollen aufrechten Bürgers in Zeiten des Ueberganges, der ohne jede heroische Pose dem Neuen gerecht wird und doch das Alte nicht preisgiebt; die Porträts an seiner Kapellenwand sind der Niederschlag seines unbeirrten Daseinswillens, dem die Malerhand gehorcht, dem menschlichen Auge das Wunder des um seiner selbst willen festgebannten vergänglichen Menschenantlitzes enthüllend.[2]

Diese wundervollen Porträtköpfe Domenico Ghirlandajos sind bisher weder als einzig dastehende kulturhistorische Urkunden gebührend und eingehend gewürdigt, noch auch kunsthistorisch als unübertroffene Incunabeln italienischer Bildnismalerei. Nicht einmal das lebensgrosse Bildnis des Lorenzo Magnifico selbst, obgleich es das einzige, authentische, datierbare, zeitgenössische Porträt im monumentalen Freskostil von einem Meister ersten Ranges ist, das sich erhalten hat. Dabei ist dieses Porträt der Kunstgeschichte offiziell

---

[1] Vgl. Eubel, Ueber Zauberwesen und Aberglauben. Hist. Jb. (Görres) XVIII, 1897, S. 608—31; dazu Grauert ebend. S. 72.

[2] Vgl. Taf. II. Die auf Taf. II—V publizierten Detailaufnahmen haben Gebr. Alinari auf meine Veranlassung zum ersten Male angefertigt. Abb. 1 und 5 nach bereits vorhandenen Photographien der Gebr. Alinari.

längst bekannt[1]), aber die nächstliegende einfache Pflicht, eine grössere Detailaufnahme anfertigen zu lassen, oder das Bild wenigstens einer eingehenden Betrachtung zu unterziehen, ist bisher trotzdem nicht erfüllt, was nur dadurch einigermassen erklärlich wird, dass das Fresko sehr hoch angebracht, selten gut beleuchtet und selbst dann nur schwer im Detail erkennbar ist. Und doch knüpft sich gerade an Lorenzos Erscheinung ein ganz allgemeines tiefes menschliches Interesse; es ist nicht nur die historisch begründete Neugier, dass wir etwa wissen wollen, wie Lorenzo aussah, die uns treiben sollte, eine getreue Vorstellung seines äusseren Menschen zu erringen, sondern die Rätselhaftigkeit jenes durch ihn verkörperten Phänomens, dass einer der hässlichsten Menschen der geistige Mittelpunkt höchster künstlerischer Kultur und der bestrickendste, Willen und Herzen der Menschen nach seinem Gutdünken leitende Gewaltherrscher gewesen ist.

ABB. 2.   LORENZO DE' MEDICI.

Zeitgenössische Schriftsteller[2]) schildern übereinstimmend die grotesken Mängel seiner äusseren Persönlichkeit: kurzsichtige Augen, eine eingedrückte, an der Kuppe plump überhängende Nase, die trotz ihrer Auffälligkeit nicht einmal mit Geruchsinn begabt war; ungewöhnlich grosser Mund, eingefallene Wangen und fahle Hautfarbe; die uns sonst bekannten Lorenzo-Porträts in Plastik und Malerei zeigen meistens eine abstossende verkniffene Verbrecherphysiognomie, oder die eingefallenen Gesichtszüge des Leidenden. Von dem überlegenen Reiz würdevoller Humanität, der von Lorenzo ausging, ist nichts zu spüren; erst Ghirlandajo lässt uns in diesem Freskobilde die Vergeistigung ahnen, durch die ein Gesicht von so dämonischer Verzerrtheit unwiderstehlich anziehend wirken konnte. Augenbrauen und Augen sind nicht (wie z. B. auf den Medaillen der Pollajuolo und Spinelli[3]) zu einem trotzigen Vorgebirge zusammengeballt, sondern fest und ruhig abwartend sieht unter einer sanften Braue das Auge in die Ferne, nicht ohne wohlwollende fürstliche Herablassung. Die Oberlippe ist nicht in Unheil brütender Verschlossenheit auf die Unterlippe gepresst, sondern ruht auf

---

[1]) Vgl. Crowe und Cavalcaselle. Ital. Ausg. VII, 178 fg. Ueber Lorenzo-Porträts vgl. von Kenner, Jahrb. d. allerh. Kaiserh. XVIII (1897), und Müntz, Le musée de Paul Jove, Paris 1900, S. 78; eine Terracottabüste des Pollajuolo (?) abgebildet bei Armstrong, Lorenzo de' Medici and Florence in the fifteenth century 1896. Bildnismaterial zur Geschichte der Medici reproduciert bei Heyck, Die Mediceer, 1897; für Lorenzo immer noch grundlegend A. v. Reumont, Lorenzo de' Medici il Magnifico, 1883.

[2]) Vgl. Anhang Nr. II und III. Charakterisierung des Bartolomeo Cerretani und des Niccolo Valori.

[3]) Vgl. Abb. 2. Medaille des Spinelli (nach Friedlaender, Ital. Schaumünzen, ebenso Abb. 3 u. 6).

ihr in überlegener Gelassenheit, und nur um die Mundwinkel zuckt kampfbereit schlagfertige Ironie, die durch die behagliche Backenfalte ins fast Humorvolle gemildert wird. Die ganze Persönlichkeit getragen von dem Gefühl selbstverständlicher Ueberlegenheit, Entfernung oder Annäherung im eigenen Umkreise mit intuitiver Sicherheit selbst bestimmend. Die rechte Hand hält das scharlachfarbene Gewand auf der Brust zusammen, der linke Unterarm ist vorgestreckt und die Hand halb staunend, halb abwehrend erhoben.

Auch Francesco Sassetti macht eine derartige momentane Handbewegung, er weist mit dem Zeigefinger geradeaus, offenbar auf seine drei Söhne hin, die auf der anderen Seite stehen, um diese als ihm zugehörige Familienmitglieder zu kennzeichnen.

Lorenzo hat für seine staunend abwehrende Handbewegung eine ähnliche, äusserlich freilich sehr viel überraschendere Veranlassung, denn vor seinen Füssen thut sich plötzlich der harte Steinboden der Piazza della Signoria auf, und auf einer Treppe steigen zu ihm drei Männer und drei Kinder empor. Offenbar eine Begrüssungsdeputation, deren Mitglieder (obwohl nur Köpfe und Schultern angegeben sind), mit der ganzen Verve eines florentinischen Improvisators charakterisiert sind, jeder mit seiner ganz persönlichen mimischen Nuance der ergebenen Annäherung an den Herrn und Gebieter Lorenzo. So sprechend ist das stumme Spiel zwischen Lorenzo und dieser Gruppe, dass man die „Begrüssungsdeputation auf der Treppe" bei genauer Betrachtung bald als den künstlerischen und seelischen Mittel- und Schwerpunkt der ganzen Komposition empfindet und der Wunsch sich regt, so viel stummer Lebendigkeit zur Aussprache verhelfen zu dürfen. Es gilt also den Versuch, jene Personen an deren Erscheinen Francesco Sassetti so viel liegt, dass er ihnen auf so merkwürdige Weise den Vordergrund des Bildes einräumt, zum Sprechen zu bringen. Und sie lassen sich auch gern befragen, sie wollen durchaus nicht vergessen sein, und wenn man nur Hilfsmittel aller Art, Schriftstücke, Medaillen, Bilder und Skulpturen heranzuziehen sich bemüht, dann beginnen sie zu erzählen und berichten uns allerlei Intimes, Liebenswürdiges und Bizarres aus dem Familienkreis des Lorenzo Magnifico und lassen Francesco Sassetti selbst und die Seinigen zunächst ganz in den Hintergrund treten. Der führende Mann mit dem scharfen Profil verliert sofort seine Anonymität, wenn man ihm sein Medaillenbildnis an die Seite setzt: es ist Messer Angelo Poliziano[1]), der gelehrte Freund und Dichterkollege des Lorenzo; unverkennbar an seiner vielverspotteten stattlichen Hakennase mit der überhängenden epikureischen Kuppe, der kurzen Oberlippe und dem vollen Mund mit feinschmeckerisch aufgeworfenen Lippen.[2]) Ihm hatte Lorenzo die Erziehung seiner Kinder anvertraut, nicht ohne zeitweilig erfolgreichen Widerspruch seiner Frau Madonna Clarice, die in dem rein ästhetischen heidnischen Idealismus des Renaissance-Gelehrten in frauenhaft sicherem Instinkt den festen sittlichen Halt vermisste; nach 1481 war Poliziano aber wieder in hohen Gnaden. Allen voran, mit der Kappe in der Hand, in der Haltung des unbedingt und herzlich ergebenen

---

[1]) Vgl. Taf. II und Abb. 3.

[2]) Die Medaille des Spinelli zeigt ihn in späteren Jahren; er war (geb. 1454) zur Zeit des Wandbildes in S. Trinità etwa 29 Jahre alt; Ghirlandajo hat ihn ebendort — wie mir scheint — auf dem Fresko der Klage um den Tod des hl. Franziskus, links von der Bahre, noch einmal ganz im Profil abgebildet; später wiederum im Chore von Santa Maria Novella auf der Verkündigung an Zacharias.

Dieners bewegt er sich zu Lorenzo empor und wagt im Vertrauen auf seines Gebieters gnädige Gesinnung die unvermutete Störung, denn was er ihm zuführt, ist der Stolz der Familie Medici und seiner pädagogischen Kunst, sind die eigenen Söhne Lorenzos: Piero, Giovanni und Giuliano.

Man sieht von den Kindern nur Köpfe und Schultern, aber so ganz allgemeine Ausdrucksmittel, wie die Stellung des Kopfes zum Oberkörper, Blickrichtung und Mienenspiel, werden unter Ghirlandajos Händen zum feinsten Instrument, um die verschieden nüancierten Entwicklungsstufen der Prinzenerziehung, vom unbefangenen Kinde zum repräsentierenden Herrscher, festzuhalten.   Der kleine Giuliano[1]), den als Jüngsten der Lehrer noch nicht von der Seite lassen darf, sieht sich mit seinen braunen Kinderaugen, während sein gestrenger Angelo in Devotion erstirbt, einen Augenblick schnell und neugierig nach dem Publikum um, er weiss, dass er das Köpfchen doch gleich

wieder artig geradeaus richten muss.   Piero[2]), der Aelteste, der den beiden folgt, blickt gleichfalls heraus, aber selbstbewusst mit dem dünkelhaften Gleichmut des künftigen Gewaltherrschers.   Das mütterliche stolze, römische Ritterblut der Orsini beginnt bereits im verhängnisvollen Trotz gegen das klüglich ausgleichende florentinische Kaufmannstemperament aufzuwallen.   Er wollte später nur als Ritter im Harnisch gemalt sein; ein Wunsch, charakteristisch für die verderbenbringende, rein äusserliche Lebensanschauung jenes Mannes, der, wo zur Rettung seiner Herrschaft ein guter Feldherr nötig gewesen wäre, kaum mehr als ein dekorativer   ABB. 3.   ANGELO POLIZIANO.
Turnierfechter war.   Giovannis[3]), des späteren Papstes Leo X., knolligen Zügen verleiht die kleine Stumpfnase zwar noch einen kindlichen Ausdruck; in dem schwammigen Untergesicht aber mit der vorspringenden Unterlippe ist schon die stattlich thronende Fülle Leo des Zehnten im Keime vorhanden.[4])   Giovanni trägt hier noch nicht die geistliche Tonsur, die er am 1. Juni 1483 empfing; da nun dieses für Lorenzo so überaus ersehnte Abzeichen seiner geistlichen Würde, der sichtbarste Erfolg der römischen Politik des Lorenzo, anzubringen sicherlich nicht vergessen worden wäre, so erhält man für die Datierung des Freskos als spätestes Datum seiner Vollendung etwa die Mitte des Jahres 1483.   Wir hätten dann anzunehmen, dass Piero damals etwa 12 Jahre, Giovanni 7$^{1}/_{2}$ und der kleine Giuliano 4$^{1}/_{2}$ Jahre alt wären, was recht wohl dem Aussehen der Kinder entspricht.

Schwieriger gestaltet sich die Bestimmung der beiden Männerköpfe, die den Zug be-

---

[1]) Geb. 12. Aug. 1478. Sein Kindergesicht findet man unschwer in dem bärtigen Manne wieder, wie ihn später Bronzino porträtiert hat. (Heyck a. O. Abb. 133.) Seltsame Ironie des Schicksals: Giuliano, der in die Kunst an der Hand Ghirlandajos als fröhliches Kind hineinspaziert, verlässt die florentinische Bilderwelt als Idealtypus früh zerronnener Lebenskraft: als Duca di Nemours auf dem Grabmale des Michelangelo in S. Lorenzo.

[2]) Geb. 15. Febr. 1471. Vgl. Abb. bei Müntz a. O. S. 80.

[3]) Geb. 11. Dezbr. 1475. Vgl. Abb. nach Giovio bei Müntz a. O. S. 80 und Bild des Bronzino in den Uffizi.

[4]) Vgl. Abb. 4. Gipsabguss nach einer Bleimedaille des Museo Nazionale, Florenz.

schliessen, unübertrefflicher Bildnisstücke, in denen sich die besonderen und höchsten Eigenschaften des flandrischen Tafelbildes und des italienischen Freskos vereinigt zu haben scheinen, um seelisches Innenleben im monumentalen Stile wiederzuspiegeln.

Wenn auch den ersten der Köpfe durch direkte Aehnlichkeit mit einem anderen gleichzeitigen Porträt zu identifizieren nicht möglich ist, so glaube ich doch aus inneren Gründen in diesem markanten Männerkopf mit den klugen, scharfblickenden, aber gutmütigen Augen, den spöttisch hochgezogenen Nasenflügeln, dem sarkastischen, zum schnellen Wortgefecht bereiten Mund, unter dem das Kinn rücksichtslos vorspringt, mit Bestimmtheit Matteo Franco zu erkennen, den Vertrauten Lorenzos, den Elementarlehrer seiner Kinder, den besten Freund Polizians.

In dem Schreiben, das Polizian an Piero 1492 richtet, um ihm dazu Glück zu wünschen, dass er Matteo Franco zum Domherrn ernannt habe, bezeichnet Polizian sich und Matteo als wohlbekanntes Freundespaar.[1]) Poliziano weiss in diesem Brief die Verdienste Matteos um die Familie des Lorenzo nicht genug zu rühmen, die thatsächlich in ihrer Vielseitigkeit kaum überschätzt werden konnten. Im Beruf und in seiner Stellung als Elementarlehrer der Kinder und als Geistlicher der Kollege Polizianos, war der treue und aufopferungsfähige Matteo seinem Charakter nach das Gegenteil des kühlen, hochgebildeten und geschmackvollen Litteraten. Seine einzigen litterarischen Erzeugnisse sind die berüchtigten Schimpfsonette gegen Luigi Pulci, heute noch im italienischen Volksmund lebendig, in denen die urwüchsige Genialität des toskanischen Mannes aus dem Volke pulsiert, für den ein Schimpfwort Berührung mit dem Erdboden bedeutet. Und diesen rücksichtslos pritschenden Hofnarren nennt nun Lorenzo „einen der ersten und liebsten Mitglieder seines Hauses" und giebt ihn seiner Lieblingstochter Magdalena als Begleiter mit, um bei der jungen, an den Papstsohn Cybò aus politischen Geschäftsrücksichten vergebenen Frau einen väterlichen Freund zu wissen; er hätte keinen bessern finden können, denn Matteo ist im Dienst der Magdalena „Mann für alles"; er besorgt den Haushalt, überwacht bis ins Detail die Gesundheit der leidenden Frau, der er sogar als aufmerksamer Krankenpfleger Suppen kocht, oder ihr die Langeweile durch florentinische Schnurren vertreibt, wenn sie den spät heimkehrenden Gatten ungeduldig erwartet; ja wenn es sein muss, spielt er auch für sie Verwalter eines Badehotels in Stigliano, dessen Einkünfte eine der kärglichen Revenuen des Franceschetto Cybò bildeten; um eben diese seine Dienste als „Sklave und Märtyrer der Cybò"[2]) zu belohnen, erhält er — jene florentinische Domherrnstelle; schliesslich brachte ihm

ABB. 4.   LEO X.

---

[1]) Opera, Ausg. Basel 1553, vgl. Anhang Nr. IV. Ueber Matteo Franco, geb. 1447, vgl. vor allem Del Lungo, Florentia, Uomini e cose del Quattrocento, Florenz 1897, S. 446: „Un cappellano mediceo." Dazu die vorzügliche Studie von Guglielmo Volpi im Giornale storico della Letteratura italiana, vol. XVII (1891): „Un cortigiano di Lorenzo il Magnifico (Matteo Franco) ed alcune sue lettere."

[2]) Vgl. Brief bei Del Lungo a. O. S. 441.

seine unersättliche Pfründenjägerei auch noch die Stelle eines Spitalmeisters in Pisa ein, die er wenigstens nicht als Sinekure angesehen hat; denn pflichtgetreu, während einer Epidemie seine Kranken pflegend, ist er 1494 gestorben.

Diesen urwüchsigen Hausgeist und Hausgeistlichen der Mediceischen Familie hier zu suchen, giebt uns ein Brief von Matteo selbst noch die innere Berechtigung; Ghirlandajo steht in seinen monumentalen und doch intimen Porträts als Entdecker und Schilderer der Kinderwelt völlig vereinzelt da. Matteo tritt ihm mit derselben Feinfühligkeit für das unbefangene, humorvolle und liebenswürdige der erwachenden Kinderseele ebenbürtig an die Seite in einer brieflichen Beschreibung, wie die Kinder Lorenzos ihrer Mutter Clarice begegneten, als sie von einer Badereise nach Florenz zurückkehrte; Matteo, der sich als Haushofmeister im Gefolge der Clarice befand, schreibt seinem Freunde Bibbiena, dem Sekretär des Lorenzo, am 5. Mai 1485:

„Bei der Certosa kamen ihr die Söhne entgegen: oder vielmehr wir begegneten dem Paradiese mit allen Engeln des Jubels in der Freude, nämlich Messer Giovanni, Piero, Giuliano und Giulio dicht zusammen mit ihrem Hofstaat.

„Sobald sie nun der Mutter ansichtig wurden, sprangen sie vom Pferde, allein oder mit Hilfe anderer, und alle liefen und warfen sich der Madonna Clarice in die Arme mit soviel Fröhlichkeit und Jubel und Küssen, dass ich's auch selbst in hundert Briefen nicht beschreiben könnte. Ich konnte mich selbst kaum halten, dass ich nicht auch vom Pferde stieg; ehe sie wieder aufstiegen, umarmte ich sie alle und gab jedem zwei Küsse, einen für mich und einen für Lorenzo. „O, o, o, o, rief der liebenswürdige Giuliano mit einem langgezogenen O, wo ist Lorenzo?" Als wir ihm sagten: „Er ist nach dem Poggio gegangen, um dich zu treffen", weinte er beinahe und rief: „Ach nein, wirklich." Etwas Rührenderes kann man sich nicht vorstellen. Er und Piero, der der allerschönste Junge geworden ist, das Hübscheste, was Ihr bei Gott jemals sehen werdet; etwas gewachsen, mit einer gewissen Profillinie, die ihn wie ein Engel erscheinen lässt; die Haare ein wenig entfalteter und eher länger als früher, die reine Anmut. Und Giuliano munter und frisch wie eine Rose, fein und rein und appetitlich wie ein Spiegel, lustig und nachdenklich zugleich mit jenen (einzigen) Augen.

„Messer Giovanni hat auch ein gutes Aussehen, zwar nicht sehr frisch in der Farbe, aber munter und natürlich; und Giulio einen bräunlichen gesunden Teint.

„Alle, um zum Schluss zu kommen, sind die Fröhlichkeit selbst. Und so zogen wir voller Freude und Jubel alle zusammen durch Via Maggio, Santa Trinità, San Michele Berteldi, Santa Maria Maggiore, Canto alla Paglia, Via de' Martegli, und kamen zu Hause an, „per infinita asecula aseculorum eselibera nòs a malo amen".[1])

Obgleich der Brief zwei Jahre später geschrieben ist, als man für die Datierung des Freskos anzunehmen hätte[2]), entspricht die Charakterisierung der einzelnen Kinder erstaunlich genau Ghirlandajos Köpfen.

[1]) Vgl. Anhang Nr. V. Giulio, der Sohn des ermordeten Giuliano, ist der spätere Papst Clemens VII.

[2]) Das Datum 1483 möchte ich auch nicht zu sehr urgieren; die jetzige offenbar falsch restaurierte Inschrift giebt 1486 anstatt 1485 als Datum der Vollendung; darüber Näheres im zweiten Teil; urkundlich steht fest, dass die Kapelle schon Anfang 1486 gerüstfrei war, da man vom 1. Januar 1486 ab mit der regelmässigen Messe beginnt. A. St. F. S. Trinità 65, S. 53.

Auch der letzte Charakter-
kopf gehört (wie hier vermutungsweise ausgesprochen sei) einer bekannten Figur des Mediceischen
Kreises an, die man hier, wenn sie
nicht vorhanden wäre, geradezu
vermissen würde: Luigi Pulci.[1] Ein
hageres, blasses freudloses Gesicht,
das Auge vertrauensvoll melancho-
lisch zu Lorenzo emporgerichtet, eine
vorspringende Nase mit schweren
Nasenflügeln, schmale Oberlippe,
die verbittert auf der vorgewölbten
Unterlippe ruht. Zum Vergleich
bietet sich das Porträt des Pulci
auf dem Fresko des Filippino in
der Kirche S. Maria del Carmine
in Florenz[2]); der Vergleich wirkt
auf den ersten Blick nicht überzeugend, es ist aber zu bedenken,
dass das Freskoporträt des Filippino später, und wahrscheinlich
nach dem Tode des Pulci (gestorben 1484) und dazu noch nach einer
Totenmaske angefertigt wurde; dafür spricht die inmitten der übrigen
so lebendig wirkenden Köpfe besonders auffallende maskenhafte
Unlebendigkeit des Ausdrucks, die
trotz des aufgesetzten halboffenen
Auges leer wirkende Augenhöhle,
das fehlende Haar und der unorga-
nisch angesetzte Hals. Die ganze

ABB. 5. LUIGI PULCI, NACH EINEM FRESKO DES FILIPPINO.   untere Hälfte des Gesichts in der

Lagerung von Nase, Lippe und Kinn zueinander mit dem ganz persönlichen Ausdruck re-
signierter Müdigkeit ist dagegen auf beiden Köpfen völlig übereinstimmend. Hätten wir das

[1]) Geb. 1432. Vgl. über die Litteratur des Quattrocento im allgemeinen die neueste instruktive Darstellung
bei Ph. Monnier, le Quattrocento, Essai sur l'histoire littéraire du XV. siècle italien 1901. Briefe des Luigi Pulci, publiziert v. Bonghi 1886.
[2]) Vgl. Abb. Nr. 5. Von den Köpfen der Begrüssungsdeputation erkannte ich an der Aehnlichkeit zuerst
Poliziano, sodann aber Pulci durch Erinnerung an eben jenes Fresko des Filippino.

Porträt des Filippino nicht, so würde aus inneren Gründen der Hinweis auf Pulci ohne weiteres einleuchten. Pulci gehörte zu den Intimen des Lorenzo, war dessen politischer Vertrauter und der berühmte Sänger jenes volkstümlichen humoristischen Ritterpoems: des „Morgante", dessen Gesänge an der Tafel des Mediceischen Hauses (zur besonderen Freude der Mutter Lucrezia) vorgetragen wurden. Nichts aber hat ihn bis auf den heutigen Tag im italienischen Volke so lebendig in der Erinnerung erhalten, wie der oben erwähnte dichterische Zweikampf mit Matteo Franco. Beider Sonette sind Perlen jener höfischen Schimpfpoesie, an der sich Lorenzo so sehr belustigte, dass sogar Piero sie als kleiner Junge, in dem Alter etwa wie ihn das Fresko zeigt, zum Gaudium der Erwachsenen deklamieren musste.

Bis gewichtigere Zeugnisse oder bessere Hypothesen das Gegenteil beweisen, darf man also wohl an dem Concetto festhalten, dass die beiden intimen Feinde sich hier in dem einzigen zusammenfinden, was sie innerlich verband: in dem Wunsche, Lorenzo ihre Verehrung zu bezeugen.

Ob aber Lorenzo selbst diese Huldigungsprocession seiner Kinder mit ihren „Circumferenze" in diesem Augenblick gelegen kommt, könnte man bezweifeln; indessen wird der gewandte Poliziano schon wissen, was er wagen darf, besonders da Lorenzo ihm gelegentlich in früheren Jahren deutlich klar gemacht hatte, dass er erst in zweiter Linie Familienvater sei und vor allem Herrscher und Staatslenker, für den Krankheiten seiner Kinder nicht im Vordergrund des Interesses stehen dürfen. Im April 1477 entspann sich folgender Briefwechsel[1]) zwischen beiden, als Polizian ihm die Mitteilung von der Erkrankung seiner Kinder auf schonende Weise indirekt hatte zugehen lassen wollen:

Lorenzo de' Medici an Angelo Poliziano:

„Durch den Brief, den du Michelozzo geschickt hast, bin ich unterrichtet, dass unsere jungen Söhne von Krankheit heimgesucht werden; wie es bei einem gütigen Vater natürlich ist, hat mich das mit Sorge und Schmerz erfüllt. In richtiger Voraussicht dieser Empfindungen hast du mit so vielen Worten und Gründen uns Kraft zu geben versucht, dass wir annehmen müssen, dass du von unserer Widerstandskraft eine geringe Meinung gehabt hast. Obwohl ich sicher bin, dass du aus Liebe zu uns so gehandelt hast, so habe ich das doch schmerzlicher empfunden als die Mitteilung von der Krankheit der Kinder. Denn wiewohl es heisst, dass die Kinder ein Teil des Vaters sind, so geht doch die Krankheit der Seele über die Krankheit der Kinder; denn wer heil und gesund an Geist ist, der findet auch die Gesundheit in allen anderen Dingen, wer das aber nicht ist, für den giebt es auf der Welt keinen Hafen, der vor den Wellen der Fortuna geschützt ist, kein so windstilles Wasser, keine so ruhige Stimmung, dass sie nicht durch Erregungen bewegt werden könnten. Hältst du mich für so schwach von Natur, dass ich durch solche Kleinigkeit beunruhigt würde? Und selbst wenn ich von Natur dazu neigte, leicht von Gemütsbewegungen hin- und herbewegt zu werden, so hat sicher die Erfahrung in mannigfachen Verhältnissen meinen Geist gestärkt und ihn gelehrt, Widerstand zu leisten. Ich habe nicht nur Krankheit an meinen Kindern, sondern sogar den Tod kennen gelernt. Als ich 21 Jahr alt war, hat mich der vorzeitige

---

[1]) Vgl. Anhang Nr. VI.

Tod meines Vaters so hart den Stössen der Fortuna ausgesetzt, dass ich gelegentlich mein eigenes Leben verwünschte. Deshalb magst du glauben, dass, wenn die Natur mir Tapferkeit versagte, die Erfahrung des Lebens sie mich gelehrt hat . . ."

Poliziano antwortet:

„. . . Nicht weil ich Zweifel in deine Weisheit und Seelenruhe setzte, habe ich lieber an Michelozzi als an dich über das Befinden deiner Kinder geschrieben, sondern aus Furcht, unbedacht zu erscheinen, wenn dir von mir zu ungelegener Zeit eine ernste Nachricht gebracht würde. Denn der Bote überbringt die Briefe oft zu falscher Zeit und an falschem Ort, während der Sekretär alle Nüancen der Zeitumstände wahrnehmen kann . . ."

Aber der Uebereifer, mit dem der damals 28 jährige Lorenzo seine stoische Lebensauffassung respektirt zu sehen wünscht, zeigt indirekt, dass Polizians Rücksichtsnahme auf Lorenzo einem menschlich berechtigten, wenn auch höfisch unzulässigen Taktgefühl entsprang. In späteren Jahren würde Lorenzo in sicherer Selbsterkenntnis schwerlich so sorgfältig darauf bedacht gewesen sein, die Grenzen äusserlich würdiger Gelassenheit zu wahren, weil er, wie keiner seiner Zeit, die Gabe der Besonnenheit als unzerstörbare innerliche Eigenschaft besass; sie war sein stärkstes Machtinstrument, durch sie war der florentinische Staat die allseitig nachgesuchte Macht und Lorenzo der erste unübertroffene Virtuose der Gleichgewichtspolitik.

In Lorenzo dem „Grossmächtigen"[1]) hat sich aus dem städtischen Kaufmann ein dem königlichen Feudalherrn ebenbürtiger politischer Herrschertypus zum erstenmal zu entwickeln begonnen. Mochten immerhin übermütige Condottieri mit antikem Gestus ihr Schwert in die Wagschale werfen, ein kluger Kaufmann hatte die Wage in den Händen und hielt sie im Gleichgewicht „e pari la bilancia ben tenere".[2]) Freilich war Lorenzo nicht mehr vergönnt, als durch seine ins grandiose gesteigerte Kaufmannspolitik Italien lange im Frieden zu erhalten und vor dem Einbruch begehrlicher kriegewohnter Nachbarn zu schützen.

Macchiavelli[3]) zählt zu den wenigen Charakterfehlern des Lorenzo Mangel an Selbstachtung, der sich in seinen allzu ausgedehnten Liebesaffairen, in seiner Vorliebe für witzige und bissige Leute in nächster Umgebung und darin gezeigt habe, dass er mit seinen Kindern, selbst wie ein Kind, herumspielen konnte. Der virtuose Menschenkenner, dem sonst nichts Menschliches fremd ist, sieht sich hier (man glaubt ihn kopfschüttelnd die Begrüssungsdeputation auf der Treppe betrachten zu sehen) vor einer rätselhaften Unvereinbarkeit: „Wenn man sein leichtsinniges und ernsthaftes Leben nebeneinander betrachtet, so sieht man, wie in ihm zwei ganz verschiedene Personen in einer eigentlich ganz unmöglichen[4]) Verbindung verbunden sind".

---

[1]) „Magnifico" als reiner Titel (vgl. Reumont, Hist. Jb. [Görres] 1884, S. 146); doch besser mit „Grossmächtig" zu übersetzen, als durch das zu adjektivistische „der Prächtige".

[2]) Eigene Worte des Lorenzo in der „Rappresentazione di S. Giovanni e Paolo" ed. Carducci, S. 375, vgl. dazu Karl Hillebrand, La Politique dans le Mystère in den Etudes italiennes, 1868, S. 204 fg.

[3]) Am Schluss der Istorie Fiorentine: „Tanto che a considerare in quello e la vita leggera e la grave, si vedeva in lui essere due persone diverse quasi con impossibile congiunzione congiunte."

[4]) „Unorganischen" würde man heute sagen. Ich fand diese Stelle des Macchiavelli erst, als ich die Begrüssungsdeputation auf der Treppe schon beschrieben und die Psychologie des Volkstümlichen in Lorenzo bereits fixiert hatte.

Eine derartige Verständnislosigkeit für das unkonventionell lebhafte Element in Lorenzos Charakter kennzeichnet die Wetterscheide zwischen Quattrocento und Cinquecento. Hier hat dem klugen Geschichtsschreiber vielleicht sein am Livius geschultes Gefühl für stilistische Würde, vor allem aber sein so gänzlich abweichender politischer Idealtypus, wie er ihn als Nothelfer herbeiwünschte, den sonst so erschreckend unbefangenen Blick getrübt.

Das Kindlich-volkstümliche und Romantisch-künstlerische musste freilich Macchiavelli, der in Zeiten tiefster Ohnmacht Italiens fanatisch den nationalen Uebermenschen mit der zupackenden kriegerischen Faust ersehnte, als unbegreiflich störende Schwäche ansehen; während doch gerade die geniale Uebermacht des Lorenzo Magnifico darin bodenständig wurzelt, dass sein seelischer Umfang durch die Schwingungsweite und vor allem durch die Intensität der Schwingungen das Durchschnittsmass phänomenal überschreitet. Er ist im stande, mit gleicher Lebenskraft sich der Vergangenheit pietätvoll zu erinnern, den flüchtigen Augenblick zu geniessen und der Zukunft berechnend ins Auge zu sehn: durch Erziehung ein gelehrter Wiedererwecker der antiken Vergangenheit, von Temperament ein volkstümlich lebhafter Dichter[1]), durch Willen und Notwendigkeit ein besonnen vorausblickender Staatsmann. Seiner absolut überlegenen intellektuellen Humanität jenen steten Strom sich erneuernder fortreissender Energie zuführen zu können, verdankt aber Lorenzo nicht zum wenigsten der — Bethätigung seines künstlerischen Temperamentes. Seine unbefangene freudige Anteilnahme am zeitgenössischen festlich bewegten Leben, als Mitwirkender, als Dichter und als Zuschauer gewährt ihm zunächst die unmittelbare Erholung durch körperliche Entspannung, wie er sich auch andrerseits durch seine dichterischen Schöpfungen (er hat in seinen volkstümlichen Liedern der italienischen Sprache die Gleichberechtigung mit der lateinischen wiedererstritten) die höhere Stufe rein geistiger Selbstbefreiung durch künstlerische Gestaltung verschafft.

Dass Lorenzo nicht auch noch zu gewaltsam ausgreifender, heroisch stilisierter Angriffspolitik befähigt war, war nicht nur ein Mangel seiner natürlichen Begabung, sondern lag auch daran, dass Lorenzo der Natur der staatlichen Entwicklung nach kein Eroberer, sondern ein besonnener Verwalter des reichen Erbes der Vergangenheit sein musste.

Das Zeitalter des Lorenzo besitzt Dantes hoheitsvollen Ernst und dessen monumental gesammelte Kraft nicht mehr, aber˙dennoch bedeutete Kunstinteresse für das Florenz des Magnifico etwas ganz anderes als die Aufraffung ermüdeter Kulturmenschen zum Rundgange durch einen Kunstbazar, durch dessen überreiche Fülle passive Aufmerksamkeit zur Kauflust gereizt oder gar zum Ankauf hingerissen werden soll. Kunstschaffen und Kunstgeniessen waren nur verschiedene Stadien in einem und demselben organischen Kreislauf, der mit stets sich erneuernder Spannkraft die Florentiner der Frührenaissance immer wieder zu dem Versuche trieb, alle menschlichen Qualitäten als einheitliches Werkzeug dehnungsfreudiger Lebenskunst anzusehen und zu gebrauchen.

Matteo Franco und Luigi Pulci sind keine Hofzwerge, an deren grotesken Spässen sich eine stupide Serenität ergötzt, sie sind persönliche Freunde des Fürsten, Männer aus

---

[1]) Vgl. Cerretani im Anhang Nr. II, S. 21: „Faceva molti gesti colla sua persona.“

dem Volke, die vergröbernd wiederhallen dürfen, was laut zu sagen, dem Herrn selbst nicht immer ansteht. Lorenzo hatte die Lust zum Fabulieren offenbar von seiner Mutter Lucrezia Tornabuoni[1]) geerbt; sie war selbst Dichterin „alla casalinga", verfasste poetische Hausmanns- kost für ihre Kinder, indem sie etwas derb, aber überaus anschaulich „das Leben des heiligen Johannes", die Geschichte von „Tobias mit dem Engel", von „Esther", von der „keuschen Susanne" in Reime brachte, als ob die biblischen Wesen im Baptisterium von San Giovanni getauft wären. Sie veranlasste auch Luigi Pulci, die Thaten der karolingischen Helden in ver- feinerter Tonart, aber in der Manier der öffentlichen Bänkelsänger im häuslichen Kreise der Medici vorzutragen, und dieser Anregung verdankt eben der „Morgante", berühmt als erstes italienisches Ritterpoem, seine Entstehung. Luigi Pulci und sein Bruder Luca mussten ihre poetische Begabung auch unmittelbar in den Dienst der Ritterthaten der Medici selbst stellen; das Gedicht auf die „Giostra" von 1469, jenem Turnier, in dem Lorenzo als preis- gekrönter Vorkämpfer mitwirkte, ist höchst wahrscheinlich von Luigi Pulci[2]) in Reime ge- bracht und giebt uns durch eingehende Schilderung der einzelnen Personen und ihrer Aus- stattung ein ausführliches Bild der kaufmännisch ritterlichen Allüren. Luigi Pulci schliesst seine Beschreibung der „Giostra" mit den Worten „Jetzt aber sei der Schluss gemacht, denn der Gevatter mit der Geige erwartet Dich". Diesen „Gevatter mit der Geige" sehen wir auf einem Holzschnitt, der die Schlussvignette einer Ausgabe des Morgante von 1500 bildet[3]), in seiner Berufsthätigkeit abgebildet, die darin bestand, auf einem öffentlichen Platze vor einer andächtig lauschenden Menge als Bänkelsänger zur Begleitung der Geige gereimte ritterliche Heldenthaten vorzutragen. Dieser „Compare della viola" hiess wahrschein- lich Bartolomeo dell' Avveduto, der ausser „Cantastorie" noch fliegender Buchhändler für die Druckerei von Ripoli war.[4]) Auch Polizian, trotz seiner Eigenschaft als Professor des Griechischen und klassischer Philologe wurzelt im volkstümlichen Erdreich als Dichter lebendig sprudelnder italienischer Tanz- und Liebeslieder und musste auch selbst, gerade wie Pulci, als höfischer Gelegenheitsdichter einen späteren Augenblick persönlicher Anteilnahme der Medici am festlich ritterlichen Leben besingen in seiner „Giostra", dem vielgepriesenen Gedicht auf das Turnier des Giuliano zu Ehren der Simonetta Vespucci 1475. Mit unmittel- barer Grazie und Frische verkörpert hierin Polizian die Motive flüchtiger Beweglichkeit nach dem Vorbilde lateinischer Klassiker und jener wunderbar feinen Wechselwirkung zwischen volkstümlichem Sinn und antikisierender Grazie entspringt die später zum allgemeingültigen ornamentalen Typus der bewegten Frau gewordene Idealgestalt der „Nymphe"[5]), wie sie gleichzeitig Botticelli als scheue Reigentänzerin, oder männerfliehende Jungfrau in seinem „Frühling" malerisch verkörpert. Aber der Dichter Polizian ist noch durch viel derbere Fäden mit dem alltäglichen Leben von Florenz verwoben; im Mai 1490 schildert er die übergrossen Ansprüche, mit denen die florentinische gute Gesellschaft ihn überhäuft, höchst

---

[1]) Vgl. Levantoni-Pieroni, Lucrezia Tornabuoni. Florenz 1893.
[2]) Die Frage zuletzt behandelt von G. Carocci, La giostra di Lorenzo de' Medici. Bologna 1899.
[3]) Vgl. Kristeller, Early Florentine Woodcuts, 1897, Abb. 150.
[4]) Vgl. Anhang Nr. VII.
[5]) Vgl. A. Warburg, Sandro Botticellis „Geburt der Venus" und Frühling, 1893, S. 42 fg.

drastisch.[1]) „Wenn irgend jemand einen kurzen Spruch auf sein Schwertstichblatt oder einen Sinnspruch in seinem Ring haben möchte, oder wenn einer einen Vers als Inschrift an seinem Bett in seinem Schlafzimmer, ein anderer eine Impresa (Motto), ich sage nicht für sein Silberzeug, sondern für Thongeschirr wünscht, stracks läuft er zu Polizian, und alle Zimmerwände sind schon von der Tünche meiner Einfälle und Inschriften überzogen. Da will von mir einer lustige Einfälle für den Carneval, ein zweiter fromme Erbauungsreden für Conventikel, der dritte die klagenden Töne eines Trauerliedes, ein vierter hingegen schlüpfrige Gesänge für ein Ständchen; ein Einfaltspinsel erzählt mir (dem noch grösseren) seine Liebesaffären und möchte einen rätselhaften Sinnspruch, der nur seiner Geliebten verständlich sei, Uneingeweihte dagegen zu fruchtlosen Vermutungen reize" . . .

Auch das erste italienische Drama, der „Orfeo", das Werk Polizians, ist der Entstehung nach eine fast improvisierte Gelegenheitspoesie für den Hof von Ferrara. Dass die florentinische Frührenaissance ihrem Ursprung nach in Dichtung und bildender Kunst Gelegenheitskunst ist, giebt ihr eben die stets sich verjüngende Kraft durch unerschöpfliches Säftesteigen aus den im Erdboden des täglichen Lebens ruhenden Wurzeln. Denn es ist andrerseits nach derselben Richtung charakteristisch für Florenz, dass die grossen florentinischen Maler sich in der Goldschmiedwerkstatt entwickeln. Das bürgerliche Publikum um 1470 sah zum Künstler wie zu einem technischen Kunststückmacher empor, der, unter dem Zeichen des Planeten Mercurius geboren[2]), alles kann und hat; der hinten in seiner Werkstatt malt und bildhauert, in seinem Laden vorne aber alles zu verkaufen hat, was man braucht: Gürtelschnallen, bemalte Hochzeitstruhen, Kirchengeräthe, Wachsvoti und Kupferstiche. Man ging nicht zum abstrakten Künstler ins Atelier, um unter einfallendem Nordlicht die Dissonanzgefühle des ermüdeten Kulturmenschen in verständnisinniger ästhetischer Pose mitzuempfinden, sondern holte sich seinen Goldschmiedmaler auch überall aus der Werkstatt heraus in die Wirklichkeit des Tages hinein, wo es galt, das Leben selbst an irgend einer Stelle seines Kreislaufes umzugestalten, zum Bau, zum Schmuck, Geräth, oder festlich gegliedertem Aufzug.

Die Gestalten im Bilde schwächerer Künstler lassen daher auch zu deutlich verspüren, dass sie aus ihrem wirklichen Zusammenhange ausgelöste Glieder sind; sie behalten einen beinahe provinziellen Beigeschmack, tragen etwas steif spiessbürgerlich stoffliches, oder gar eine erzwungene stilisierte Beweglichkeit zur Schau, die den Dunstkreis des Tuchhändlers und Theater-Schneiderateliers verbreitet. Es ist das Ziel und die That der grossen Bildner, diese bürgerliche Zufälligkeit nur noch als feinen lokalen Oberton mitklingen zu lassen.

Ghirlandajo entstammte dieser Goldschmiedssphäre; er war der Sohn eines Goldwarenmaklers; sein Vater Tommaso Bigordi soll, nach Vasari, seinen Beinamen Ghirlandajo daher bekommen haben, dass er, wie kein anderer verstand, Metallblumenkränze als Kopfschmuck für die Florentiner Damenwelt selbst anzufertigen oder fabrizieren zu lassen, und er soll auch selbst als Goldschmied gearbeitet haben, und zwar verfertigte er silberne Lampen für

---

[1]) Vgl. Anhang Nr. VIII und Rossi, Il Quattrocento, S. 258.
[2]) Vgl. den Kupferstich des sog. Baccio Baldini, den Planeten Mercurius vorstellend.

den Altar und silberne Voti[1]) für die SS. Annunziata, wenn man Vasari Glauben schenken kann. Nachdem Domenico sich dann in der Lehre des Malers Alessio Baldovinetti die Routine schneller, guttreffender Porträtkunst erworben hatte, war er um 1480 zum beliebtesten Bildnislieferanten der guten Florentiner Gesellschaft geworden. Vor Ausführung seiner Wandbilder in der Kirche zu Santa Trinità (vollendet Ende 1485), selbst in den sixtinischen Fresken in Rom, behält er seiner Herkunft, seiner Schulung und seinem Wesen nach etwas von der neutralen Beflissenheit[2]) eines vielgesuchten Kunsthandwerkers, der sich bewusst ist, dass kein Konkurrent die Ansprüche der florentinischen guten Gesellschaft schneller, solider und geschmackvoller befriedigen kann, als seine Werkstatt, deren Beliebtheit selbst darunter nicht leidet, dass seine sehr viel weniger begabten Brüder David und Benedetto, sowie sein Schwager Mainardi als Mitarbeiter in den Betrieb miteingestellt werden, und Domenico selbst sich sehr viel auf Reisen befindet. Domenico besass wohl die feinsten Organe, um mit scharfem Auge alles zu sehen und mit schneller Hand alles festzuhalten, was seine unbefangen eindringende Aufmerksamkeit fesselte; es bedurfte jedoch eines äusseren starken Druckes, um ihn aus dem üblichen Geleise herauszurütteln, oder vielmehr eines persönlichen Reizes, um ihn von der banausisch gleichmässigen Aufmerksamkeit auf Körper, Gewand und Hintergrund abzuziehen zu Gunsten einer mehr das Geistige in der äusseren Erscheinung hervorhebenden Betonung.

Francesco Sassetti und seine Söhne stehen in lebensgrosser Leibhaftigkeit im Vordergrunde, zeigen jedoch dadurch, dass sie abseits vom Papst und Kardinalkollegium nur am Rande der Darstellung auftreten, dass sie sich ihrer bescheideneren Stellung als Laienpublikum augenscheinlich bewusst sind. Aber unter den gravitätischen Mantelfalten und den ehrwürdig verwitterten Gesichtszügen des Francesco birgt sich ein couragierter Sinn für das Neue. Derselbe Sassetti, der sich das Recht zur Darstellung der Legende seines Namensheiligen energisch erstritt[3]), errichtete sich damals zu Lebzeiten in eben dieser Kapelle unter den Fresken der Legende zwei Grabmäler für sich und seine Frau, in durchaus heidnisch-römischem Stil unter sorgfältiger, nach gelehrtem Beirat ausgeführter Nachahmung antiker Bildwerke und Inschriften. Klar und sicher die zunächst liegende Aufgabe erkennend, erleichterte er wohl Domenico die Abkehr vom Conventionellen; aber der künstlerisch belebende persönliche Zauber geht doch nicht von ihm, sondern von Lorenzo de' Medici aus, zu dem empor die Begrüssungsdeputation auf der Treppe aus dem Boden aufsteigt, wie Erdgeister die ihren Herrn und Meister wittern. Wehrt Lorenzo ihnen ab, oder giebt er ihnen nicht vielmehr ein Zeichen, dass auch sie heraufkommen dürfen? Er steht da wie ein Dichterregisseur, der auf einer kirchlichen Mysterienbühne ein modernes dramatisches Ausstattungsstück, etwa „Florenz im Schatten des Lorbeers" („Lauri sub umbra")[4]) zu improvisieren im

---

[1]) Nach dem Kataster v. 1480 wäre Tommaso nur ein „sensale" gewesen; jedenfalls führt Domenico z. B. schon 1486 offiziell den Namen „del Grillandaio", was doch darauf schliessen lässt, dass Tommaso in unmittelbarer Beziehung zur Schmuckfabrikation stand. Vgl. A. St. F. S. Trinità 15, S. 27, dazu Vas. ed. Milanesi III, 280 und 264, 270, 277.

[2]) Vgl. die Anekdote bei Vasari III, 270.

[3]) Ueber seinen Zwist mit den Mönchen von S. Maria Novella vgl. die demnächst folgende zweite Abhandlung dieser Serie.

[4]) Lauro im Wortspiel für Lorenzo; vgl. Abb. 6. Rückseite der Medaille von Abb. 2 mit der Umschrift: „Tutela Patriae".

Begriff ist; der Augenblick der scenischen Verwandlung ist gekommen: schon ist der moderne Hintergrund, bemalt mit dem Palazzo Vecchio und der Loggia de' Lanzi, heruntergelassen, die Schauspielertruppe des Sassetti wartet in der Koulisse auf das Stichwort und nun tauchen aus der Versenkung drei kleine Prinzen und ihr heidnisch gelehrter Professor, der heimliche Tanzmeister toskanischer Nymphen, ein lustiger Hauskaplan und der höfische Bänkelsänger aus der Versenkung auf; sie wollen das einleitende Intermezzo agieren, um, wenn sie oben sind, auch den noch übrig gebliebenen engen Raum, auf dem der heilige Franziskus, Papst und Consistorium zusammengedrängt sind, als Tummelplatz der Weltlichkeit endgültig einzunehmen.

Ghirlandajo und sein Auftraggeber haben schwerlich einen solch tragischen Zusammenstoss von vornherein beabsichtigt; die Begrüssungsdeputation auf der Treppe scheint sogar vom Maler erst nachträglich hinzugefügt; so allein erklärt sich einerseits die durch spätere Uebermalung auf der rechten Seite vorgenommene Verkürzung des Geländers, um dem aufsteigenden Polizian Platz zu schaffen, wie andrerseits die ganze Treppenanlage überhaupt, wodurch es der Gruppe erst ermöglicht wird, in den Bildraum einzutreten, ohne die vorhandene Darstellung zu verdecken. Domenico Ghirlandajo, nun vor die schwierige Aufgabe gestellt, auf begrenzter Fläche eine Fülle urwüchsigen Lebens wiederzuspiegeln, verzichtet auf alle ornamentalen Ausstattungskünste der menschlichen Figur und spricht, wunderbar eindrucksvoll, nur durch das Mienenspiel seiner Köpfe. Und noch eins: aus dem gesammelten Selbstbewusstsein dieser Gestalten, die, von eigenstem Leben erfüllt, wie selbständige Einzelbildnisse vom kirchlichen Hintergrunde sich abzulösen beginnen, weht uns ein Hauch nordischer Interieurkunst entgegen und diese Beziehungen flandrischer Tafelmalerei zur künstlerischen Kultur im Kreise des Lorenzo de' Medici im einzelnen zu veranschaulichen, soll an andrer Stelle versucht werden.

ABB. 6. FLORENTIA UNTER LORENZOS SCHUTZ.

ANHANG.

ANHANG.

I. VOTIVSTATUEN AUS WACHS.

Im Folgenden gebe ich einige Daten über die Wachs-Voti in Florenz in chronologischer Anordnung und füge einiges unbekannte urkundliche Material hinzu, das mir beim weiteren Nachsuchen in die Hände kam, indem ich die Hinweise bei Andreucci[1]) verfolgte und die hinterlassene Notizensammlung des verdienstvollen Lokalforschers Palagi[2]) verwertete. Schon Francesco Sacchetti in seiner Novelle 109[3]) verspottete die Voti-Figuren als heidnische Unsitte: „Di questi boti di simili ogni di' si fanno, li quali son piùtosto una idolatria che fede christiana. E io scrittore vidi già uno ch' avea perduto una gatta, botarsi, se la ritrovasse, mandarla di cera a nostra Donna d' Orto San Michele, e cosi fece."

Anfang des 15. Jahrhunderts scheinen die Voti-Figuren derart überhand genommen zu haben, dass die Signoria sich genötigt sah, am 1. Januar 1401 einen Beschluss zu erlassen, nur ein für die oberen Zünfte amtsfähiger Bürger solle das Recht zur Aufstellung einer Voti-Figur haben.[4]) Im Jahre 1447 wurde dann eine geordnete Aufstellung der Figuren im Mittelschiff rechts und links von der Tribuna vorgenommen. Natürlich verdeckten die lebensgrossen Figuren, auf Podien gestellt, zum Teil sogar noch zu Pferde, den Inhabern der Seitenkapelle die Aussicht, was die mächtige Familie der Falconieri zu erfolgreichen Protesten veranlasste, so dass die berittenen Stifter auf die entgegengesetzte Seite des Mittelschiffes gebracht werden mussten. Aus dem bei Andreucci citierten Manuskript[5]) teile ich die betreffende Stelle im Original mit:

„1447. In questo tenpo si comincia[va] a fare in chiesa e' palchi per mettervi l' immagini. M° Tano di Bart° e M° Franc° furno e maestri che gli feciono e M° Chimenti[6])

---

[1]) Andreucci, Il fiorentino istruito nella Chiesa della Nunziata (1858), der viele wertvolle Verweise auf handschriftliches Material enthält.

[2]) Bibl. Naz. Ms. II. I. 454: „Notizie dei Ceraioli e lavoratori d' immagini di Cera in Firenze."

[3]) Vgl. Novelle Ausg. Gigli (1888) S. 264.

[4]) Andreucci a. O. S. 86: „non poteva alcuno mettere voto in figura che non fosse uomo di Repubblica ed abile alle arti maggiori."

[5]) A. St. F. SS. Annunziata Nr. 59. „Notizie delle cose memorabili del convento e chiesa della Nunziata", Bl. 11.

[6]) Chimenti di Piero (?).

dipintore fu quello gli dipinse, insieme con quegli di S° Bastiano, e questo fu fatto per la multitudine de' voti e imagini che erono offerte e per acrescer la devotione a quegli che venivano a questa S^{ma} Nuntiata, perche 'l veder tanti miracoli per sua intercessione da N. Signor' Idio fatti, faceva che ne' loro bisogni a lei ricorrevano: Onde in questi tempi medesimi furno fatti palchi per tenervi sopra homini ill^{mi} a cavallo tutti devoti di questa gran' madre. Erono dua palchi uno alla destra, l' altro alla sinistra avanti alla tribuna. Ma nuovamente havendo uno fatto un poco di frontispitio d' orpello avanti la cappella de' Falconieri, non gli parendo fussi veduto a suo modo, persuase alcuni padri che gl' era buono levar quel palco, e metter que' cavalli tutti dall' altra parte; cosi rimase quella parte spogliata, e senza proportione dell' altra. Idio gli perdoni."

Vom Jahre 1481 fand ich einen Vertrag[1]) zwischen dem Vicar Antonio da Bologna und dem Meister Archangelo, der den handwerksmässigen Betrieb und die Verteilung der Arbeit in dieser kirchlichen Industrie höchst anschaulich zeigt:

„Richordo chome in questo di 13 de zugno 1481 M° Archangelo ciraiolo di Zoane d' Antonio da Fiorenze promette a me M° Antonio da Bologna vicario del convento del Anuntiata de Fiorenze tute le volte che io voro fare ymagine de cera grande al naturale nel modo e forma che in questo ricordo se contiene. In prima chel deto M° Archangeleo debia fare l' imagine in quello modo e forma e habito secondo che piacerà al deto vicario o qualuncha altri che fusse in luogo del priore overo priore. Item che le debia fare forte d' armadure e ben legate. Item che le dette ymagine le debia depignere e cholorire a sue spexe e de suo cholori e sue chapigliare e barbe e tute l' altre chosse che apartengono al depintore salvo che lavorare di brocato. E debia el deto M° Archangelo fare qualoncha immagine in termine de X dì lavorie[2]) overo in termine di XII. e facendo queste tute chosse promette el dito M° Ant° Vicario in nome del convento al deto M° Arcan^{lo} ff. dui larghi per qualoncha ymagine provedendo el convento di cera e di tute l' altre chosse che achaderano salvo che di chollori e chapigliare. E chossi se obligo el dito M° Archangelo observare a la pena di 25 ducati presente Mariano di Francesco di Bardino e Zanobio de Domenico del Iocundo ect. Io Archangiolo di Giuliano d' Ant° ceraiuolo sono contento a quanto in detto ricordo si contiene e perciò mi sono soscrito di mia mano questo di sopra."

Im Jahre 1488, am 9. April, empfängt Pagolo di Zanobi Benintendi unter anderem für Voti, die oben an der Kuppel aufgehängt worden waren, eine Bezahlung. Schon damals also sammelten sich die Voti gefahrdrohend über den Häuptern der Gläubigen.[3])

Aus dem Jahre 1496 findet sich dann im florentinischen Staatsarchiv ein ausführliches Verzeichnis[4]) der silbernen Weihgeschenke (von Personen oder menschlichen Gliedmassen), genau dem Gewichte nach und der Art nach specificirt, die die Kirche damals, um eine neue Steuer entrichten zu können, einschmelzen lassen musste; dieses Inventar ist ein kultur- und kunsthistorisch höchst interessantes anatomisches Museum, das eingehend zu

---

[1]) A. St. F. SS. Annunziata Nr. 48. Ricordanze 1439—1484, S. 131 ff.

[2]) 10 Arbeitstage im Termin von 12 Kalendertagen.

[3]) Vgl. Ms. Palagi. Ein Herunterfallen galt als ein den Stiftern unheilkündendes Vorzeichen.

[4]) A. St. F. SS. Annunziata No. 50. Ricordanze 1494—1504, Bl. 18 fg. Aehnliches bei Andreucci a. O. S. 250.

schildern hier aber zu weit führen würde. Lampen, die der Vater des Domenico Ghirlandajo angefertigt haben könnte, werden übrigens damals nicht erwähnt.

Das Innere der Kirche muss demnach wie ein Wachsfigurenkabinett ausgesehen haben; auf der einen Seite standen die Florentiner (unter ihnen die oben erwähnte Figur des Lorenzo Magnifico und hervorragende Condottieri zu Pferde in ihrer Rüstung) und daneben die Päpste (Leo X., Alexander VI., Clemens VII.)[1]); mit besonderem Stolz aber wurden die Fremden gezeigt, die aus Verehrung für die Santissima Annunziata ihre lebensgrosse Visitenkarte abgegeben hatten, z. B. König Christian von Dänemark, als er 1471 durch Florenz kam, und als ganz besondere Merkwürdigkeit sogar die Figur eines mohammedanischen Türkenpaschas, der trotz seines Unglaubens seine Votofigur der Madonna weihte, um sich einer glücklichen Rückkehr zu versichern.[2]) Auch Porträtvoti berühmter Frauen waren dort zu sehen: z. B. die Marchesa (Isabella) von Mantua; sie wird im Jahre 1529 zusammen mit dem Papst Alexander als reparaturbedürftig erwähnt.[3])

Die Hofkirche in Innsbruck mit dem Grabmale Kaiser Maximilians und der Doppelreihe der im Mittelschiff aufgestellten Bronzeporträts seiner Vorfahren giebt vielleicht, mutatis mutandis, einen ähnlichen Eindruck von Verquickung, oder vom Nachleben heidnischer Bildniskunst in christlichen Kirchen, nur dass bei Kaiser Maximilian und seinem Rat Peutinger bewusste Reproduktion des römischen Ahnenkultus war[4]), was in Florenz als unbedenklich wiederholter Gebrauch kirchlich legitimierten volkstümlichen Heidentums ausgeübt wurde. Das Atelier des Verrocchio, von dem eine künstlerischere Gestaltung der Votivfiguren ausgegangen zu sein scheint, pflegte auch als eigentümlichen künstlerischen Industriezweig die Herstellung von Totenmasken aus Gips und Stuck, die überall in florentinischen Häusern, wie Vasari berichtet[5]), als getreue Abbilder der Vorfahren dekorativ angebracht waren und denen die florentinische Malerei so oft die Möglichkeit verdankte, die Porträts Verstorbener getreu wiedergeben zu können. Die Werkstatt des Verrocchio erscheint wie ein überlebendes Organ uralter heidnisch-römischer Kultusbildnerei, „Fallimagini" und „ceraiuoli", die „imagines" und „cerae"[6]) produzieren.

Noch im Jahre 1630 waren in der Kirche 600 lebensgrosse Figuren zu sehen, 22000 Voti aus Papiermaché und 3600 Bilder mit Wundern der SS. Annunziata.[7])

1665 wurden dann die Wachsfiguren „cagione di continua trepidanza per i devoti" in den kleinen Klosterhof überführt, was Del Migliore[8]) mit folgenden charakteristischen Worten bedauert:

---

[1]) Andreucci a. O. S. 86.

[2]) Vgl. Del Migliore, Firenze città nobilissima illustrata (1684) S. 286 fg., der noch eine Reihe anderer historischer Persönlichkeiten namhaft macht.

[3]) „1529 rifatto l' armagine (sic) di papa Alessandro e la marchesa di Mantova . . ." Ms. Palagi.

[4]) Vgl. Justi, Michelangelo S. 231, Anm. 3. Auf eine gotische Votivstatue aus demselben Kreise, wenn auch früherer Zeit, verweist sehr instruktiv Stiassny, Beilage zur Allg. Ztg. 1898 Nr. 289 u. 290.

[5]) III, S. 373 und VIII, S. 87.

[6]) Vgl. Benndorf, Antike Gesichtshelme und Sepulcralmasken (1878) S. 70 fg. u. Marquardt, Das Privatleben der Römer (1886) I S. 242 fg.

[7]) Andreucci a. a. O. S. 249.

[8]) a. O. S. 287.

„non sapemmo il concetto nè qual fosse l' animo di que' Padri, in spogliar la Chiesa d' un arredo tanto ricco di Voti, a risico di diminuirvi, e rendervi fiacca la devozione, che s' aumenta e mirabilmente s' ingagliardisce per si fatto modo, ci giova credere che il Popol sagace similmente non intentendo i lor fini modesti, alla gagliarda ne mormorasse e massimi i maligni che anno come s' usa dir' a Firenze, tutto il cervello nella lingua: e in vero apprò loro sussisto un' articolo di ragione vivissimo, perchè, non potendo l' intelletto nostro arrivare così facilmente a conoscere le cause alla produzione degli effetti, d' un efficacissimo mezzo son' le cose apparenti di Voti, di Pitture ed altre materie simili esteriori sufficienti ad ogn' idiota per concepirne maggior aumento di spirito, di speranza e di fede più viva alla intercessione de' Santi; onde non è gran fatto, che'l Popolo se ne dolesse e stimasse privata la Chiesa d' una bellissima memoria . . .“

II. BARTOLOMEO CERRETANI, STORIA FINO ALL' ANNO 1513.

CHARAKTERISTIK DES LORENZO DE' MEDICI.[1]

„. . . il quale fu di grande ingegnio maximo in juditio, eloquentissimo, haveva professione universale optima nel ministrare le cose publiche, achutissimo, et sollecito, et savio: fortunato quanto huomo de' suoi tempi, animoso, modesto, affabile con tutti; piacevole, co' motti destrissimi et acuti[2]); per uno amicho no' dubitava mettere[3]) tempo danari et insino a lo stato, onesto, cupido del' onore et fama, liberale, onorevole; . . . parlava pocho, grave nell' andar; amava e' valenti et gl' unichi in ogni arte; fu solo notato che era alquanto vendichativo et inviidioso: fu religioso e nel governare molto era volto agl' huomini popolani piutosto che agl' huomini di famiglia. Era grande bella persona, brutto viso, la vista corta, le charne nere, cosi e chapelli, le ghote stiacciate, la boccha grande fuori dell' ordine e nel parlare faceva molti gesti chola persona; bella andatura grave; vestiva richamente, dilectavasi far versi volgari et facevagli benissimo; fu suo preceptore messere Gentile[4]) (p. 166 v) charidenssi (Caridensis) huomo doctissimo il quale dapoi fe' veschovo d' Arezo perche fu d' optimi costumi e quali tutti da detto suo preceptore comprese et messe in atto; ebbe per donna la figlola del Conte Orso dell antica casa de gl' Orssini romani delaquale n' ebbe tre figloli maschi l' uno fu Piero, l' altro messere Giovanni cardinale di S. Ma. in Domnicha, l' ultimo fu Giuliano: Usava dire che haueua un figlolo armigero (questo era Piero) uno buono (questo era il chardinale), un savio (questo era Giuliano) et come presagiente dixe più volte che dubitava che Piero un di non fussi la rovina di casa loro il che come savio chonobbe et predixe.“

---

[1]) Noch immer ungedruckt. Bibl. Nazion. Ms. II. III. 74. S. 165. Reumont (a. O. II. 420) scheint keine gute Hso. benutzt zu haben.

[2]) Vom Abschreiber hinzugefügt.

[3]) Scil.: a rischio.

[4]) Gentile de' Bechi.

III. NICCOLO VALORI, LA VITA DEL MAGNIFICO LORENZO.[1]

CHARAKTERISTIK DES LORENZO DE' MEDICI.

„Fu Lórenzo di grandezza piu che mediocre, nelle spalle largho, di corpo solido et robusto, et di tanta agilità che in questo ad alcuno non era secondo, et benchè nell' altre esteriori doti del corpo la natura gli fusse matrigna, nondimeno quanto all' interiori qualità madre benigna gli si dimostrò veramente, fu oltre a questo di colore uliuigno, et la faccia ancor' che in quella non fusse venustà, era nondimeno piena di tal degnità che a' riguardanti induceva riuerenza: fu di vista debole, haueua il naso depresso, et al tutto dell' odorato priuato, ilche non solamente non gli fu molesto, ma usaua dire in questo proposito, esser molto obligato alla natura, conciosiachè molto più siano le cose che all' odorato s' offeriscano, le quali offendono il senso, che quelle che lo dilettano; ma tutti questi difetti et mancamenti, se cosi chiamar si possono, con le doti dell' animo ricoperse, le quali con continoue esercitationi, et assidua cura ornò sopra modo, di che fecero testimonio molti giudizij di quello.“

IV. BRIEF DES ANGELO POLIZIANO AN PIERO DE' MEDICI.[2]

ANGELUS POLITIANUS PETRO MEDICI SUO S. D.

„Facere non possum, quin tibi agam gratias, mi Petre, quòd autoritate operaque tua curaueris, ut in collegium nostrum Matthaeus Francus, homo (ut scis) mihi amicissimus, cooptaretur. Est autem non modò isto (licet inuidi quidam rumpantur) sed quouis honore dignissimus. Prima illi commendatio contigit apud patrem tuum, sapientissimum uirum, iocorum & urbanitatis, cùm faceta illa scriberet carmina patrio sermone, quae nunc Italia tota celebrantur. Quin idem parens tuus, penè infantem adhuc te, quaedam ex his facetiora ridiculi gratia docebat, quae tu deinde inter adductos amicos balbutiebas, & eleganti quodam gestu, qui quidem illam deceret aetatulam, commendabas. Nec tamen insuauior Francus in sermonibus, usuque domestico, siue tu dicteria, siue fabulamenta, siue id genus oblectamenta alia requiras, in queis non eius ingenium magis eminet, quàm prudentia. Nihil enim unquam scurriliter, nihil immodestè, nihil non suo loco, nihil extrarem, nihil incautè, nihil sine delectu. Quare siue rusticaretur animi causa, siue balneis operam daret Laurentius parens tuus (quod te memìnisse non dubito) Francum sibi adducebat comitem, cuius lepôre quasi recrearetur. Adhibuit eum deinde consiliarium Magdalenae sorori tuae Romam proficiscenti ad uirum, uidelicet ut rudis adhuc quella, quae nunquam de materno sinu se prompserat, paternum aliquem circa se haberet amicum, ad quem de re dubia referret. Hic se Francus (ut homo est eximia patienta, sed et dexteritate) sic nescio quo pacto diuersis ignotisque moribus

---

[1] La Vita del Magnifico Lorenzo de' Medici il vecchio scritta da Niccolo Valori Patrizio Fiorentino, nuovamente posta in luce. Giunti 1568, a. III r.

[2] Angeli Politiani, Opera. Basel 1553. Epist. lib. X S. 144.

acommodauit, ut et uniuersorum beneuolentiam collegerit, et sorori ipsi tuae facilè unus omnia paternae domus solatia repraesentet. Gratus esse Innocentio quoque pontifici mirè dicitur, gratus aliquot è purpuratis patribus: tui certè illum ciues, qui Romae negotiantur, in oculis gestant. Quid quòd breui causarum forique Romani sic peritus euasit, ut iam non inter postremos habeatur? Est autem omnino ingenio uersatili Francus noster, et quod rebus ac personis omnibus congruat. Caeterùm dispensatione domestica nemini cesserit, quippe gnarus omnium quae postulat usus, non tam praescribere familiae potest ac solet, quid quisque agat, quàm quomodo, et quatenus agat. Addam unum adhuc illius insigne, nemo diligentius amicos parat, nemo fidelius retinet. Meus certè in ipsum, contraque ipsius in me sic amor innotuit, ut quod gratissimum est, et nos inter rara admodum paria numeremur. Itaque bis me esse canonicum puto abs te factum, quando illum quoque nunc, id est alterum me, nostro coetui aggregasti. Non enim minus in eo mihi, quàm in meipso uideor honestatus. Vale."

V. BRIEF DES MATTEO FRANCO AN PIERO BIBBIENA VOM 12. MAI 1485.

„Dipoi intorno a Certosa riscontramo il paradiso pieno d' agnoli di festa e di letizia, cioè messer Giovanni, Piero, Giuliano e Giulio in groppa, con loro circumferenze. E subito come viddero la mamma si gittorono a terra del cavallo, chi da sè e chi per le man d' altri; e tutti corsono e furono messi in collo a madonna Clarice, con tanta allegrezza e baci e gloria che non ve lo poterei dire con cento lettere. Ancora io non mi potetti tenere, che io non scavalcassi; e prima che ricavalcassino loro, tutti gli abracciai e due volte per uno gli baciai; una per me, e una per Lorenzo. Disse el gentile Giuliano, con uno O lungo: „O, o, o, o, dove è Lorenzo." Dicemo: „Egli è ito al Poggio a trovarti." Disse: „Eh mai non." E quasi piagnendo. Non vedesti mai la più tenera cosa. Egli è Piero che è fatto el più bello garzone, la più graziosa cosa che, per Dio, voi vedessi mai; alquanto cresciuto; con certo profilo di viso, che pare un agnolo; con certi capegli un poco lunghi e alquanto più distesi che prima, che pare una grazia. E Giuliano viuolino e freschellino com' una rosa; gentile pulito e nettolino come uno specchio; lieto et tutto contemplativo con quegli occhi. Messer Giovanni ancora ha un buon viso, non di molto colore ma sannoza e naturale; e Julio una cera brunaza e sana. Tutti, per concludere, sono la letizia al naturale. E cosi con gran contento e festa, tutti di bella brigata, ce n' andammo per Via Maggio, Ponte a santa Trinità, san Michele Berteldi, santa Maria Maggiore, Canto alla Paglia, Via de' Martegli; e ce n' entrammo in casa, *per infinita asecula aseculorum eselibera nos a malo amen.*"[1])

VI. BRIEFWECHSEL ZWISCHEN POLIZIANO UND LORENZO VOM JAHRE 1477.[2])

LAVRENTIVS MEDICES ANGELO POLITIANO S. D.

„Ex literis, quas ad Michelotium dedisti, factus sum certior filiolos nostros aduersa ualetudine uexari. Id ut humanum parentem decet, grauiter, molesteque tuli. Quam profectò

---

[1]) Publiziert von Del Lungo, Un viaggio di Clarice Orsini nel 1485, Bologna (1868) und später Florentia, S. 424 fg.
[2]) Opera a. O. S. 141.

molestiam tu praeuidens, ita multis uerbis ac rationibus animum nostrum confirmare conatus es, ut in maximam de nostra constantia dubitationem incidisse uideare. Quod tametsi ab amore in nos tuo proficisci certus sum, multo tamen maiori molestia nos affecit, quam fignificatio ulla aduersae ualetudinis liberorum. Quamuis enim parentis substantia liberi esse dicantur, multo tamen magis propria est animi aegritudo, quam filiorum. Quibus enim integer ac sospes est animus, caeterarum facilè rerum incolumitatem consequuntur; quibus uerò infirmus, nullus unquam portus est à fortunae fluctibus tutus, nullum est tam placatum aequor, tam quieta malacia, quin perturbatione uexentur. Existimas'ne me adeò natura imbecillum, ut tam parua re mouear? Si uerò eiusmodi nostra natura est, ut facilé huc atque illuc per-turbationibus agatur: multarum rerum experientia confirmatus animus sibi constare iam didicit. Ego filiorum non ualetudinem tantum, sed fatum quandoque expertus sum. Pater immatura morte praereptus, cum annum agerem primum et uigesimum, ita me fortunae ictibus exposuit, ut quandoque uitae poeniteret meae. Quapropter existimare debes, quam nobis uirtutem natura negauit, experientiam attulisse. Verum cum tu in epistola ad Michelotium imbecillitati animi nostri diffidere non parum uidearis, atque in tuis ad nos literis summopere uirtutem atque ingenii nostri dotes extollas, haecque simul pugnáre uideantur, aut alterum falsum est, aut non ea es animi magnitudine, quam in me desiderare uideris, cum ea in tuis ad nos literis silentio praetereas, quae scripta ad Michelotium sunt, tanquam non tua à me accipienda sint: utpote qui existimas multo magis nuncium, quàm liberorum ualetudinem, mihi molestiam alla-turum. Sed nolo esse in paruis longior, ut non idem incurram uitium, quod in te uitupero, neque in iisdem literis et parua spernere, et prolixioribus uerbis prosequi uidear. Si quid est in epistola quod te mordeat, id totum condones amori nostro, atque exercitationi, cui, ut puto, abundantius materiam suppeditant, si in quenquam inuehimur, quàm si laudamus, multoque latior campus est in unoquoque uituperationis, quàm laudis. Gaudeo mirum in moduu, Iulianum nostrum se totum literis tradidisse, illi gratulor, tibique gratias ago, quòd eum ad haec prosequenda studia excitaueris. Tu uerò fac ut hominem ad literas inflammasti, ita sedulò cures, stimulosque adiicias, ut perseueret. Ego propediem uos reuisam, comitemque uobis in hoc felici Musarum itinere me adiungam. Bene uale, Pisis pridie Calend. Aprilis, M.CCCCLXXVII."

ANGELVS POLITIANVS LAVRENTIO MEDICI SVO S. D.

„Non quòd tuae constantiae sapientiaeque diffiderem, propterea literas dedi ad Michelo-tium potius, quàm ad te de liberûm tuorum ualetudine: sed quoniam sum ueritus, ne fortè inconsultior uiderer, si grauior tibi à me nuncius alieno tempore obiiceretur. Tabellarius enim saepe literas non aptè, non loco reddit: scriba uerò temporum captat omneis articulos. Reue-ritus igitur iure sum Laurentium Medicem; Cui malè si palpere, recalcitrat undique tutus: Nec uerò ista repugnant, quòd hic te reuereor, ibi laudo. Non enim ob aliud reuereor, quàm quòd omni laude puto dignissimum. Molles uerò illae tuae morsiunculae, tantum abest ut me laedant, ut ipsas quoque nescio quo pacto penè mihi magis blanditias commendent. Iulianus tuus uerè frater, hoc est, ut docti putant, ferè alter, ipse sibi in studiis est non modò iam mirificus hortator, sed et praeceptor. Nihilque nobis ad summan uoluptatem deest, nisi quòd abes. Vale."

95

VII. LUIGI PULCI UND DER „COMPARE DELLA VIOLA".

Luigi Pulci[1]) schliesst die „Giostra di Lorenzo de' Medici": Jetzt sei ein Ende gemacht, es ziemt sich, aufzuhören, weil der Gevatter, während ich schreibe, wartet und seine Fiedel schon angesetzt hat. Und jetzt, Gevatter, lass sie nur erklingen:

> „Hor sia già fine che pur convien posarsi
> Perche il compar, mentre ch'io scriuo, aspetta,
> Et ha gia impunto la sua violetta,
> Hor fa compar che tu la scarabelli."[2]) . . .

Dass dieser Gevatter mit der Geige keine mythische Persönlichkeit war, sondern einer jener wirklichen florentinischen Bänkelsänger, die unter freiem Himmel vor andächtig lauschender Menge volkstümliche Historien unter Violinbegleitung vorzutragen pflegten, ersehen wir schon deutlich aus einem Holzschnitt, der der Ausgabe des „Morgante" des Luigi Pulci als Schluss-Vignette dient[3]); sie erscheint wie gemacht, um gerade die Schlussworte der Giostra zu illustrieren: Auf einem Podium sitzt der geigende „Compare" und zu seinen Füssen lauschend die auf freiem Platze [San Martino?] gespannt zuhörende Menge. Dass ein „Compare della viola" eine eben unter diesem Spitznamen offiziell bekannte Persönlichkeit war, ersehen wir daraus, dass er unter diesem Namen im nächsten Gefolge des Lorenzo[4]), wie später seines Sohnes Piero[5]) aufgeführt wird. Ich glaube auch den wirklichen Vornamen des „Gevatters mit der Geige" gefunden zu haben. Ein gewisser „Compare Bartolomeo" wird 1477 als Bänkelsänger in dem Journal der Druckerei von Ripoli[6]) erwähnt, deren Legenden und Historien er, wie es damals üblich war[7]), öffentlich vortrug und sie dann in Einzeldrucken verkaufte. Luigi Pulci selbst richtet nun an einen Bartolomeo dell' Avveduto ein Sonett, das mit den Worten beginnt:

> „Poich' io partij da voi Bartolomeo[8])
> Di vostri buon precetti ammaestrato" . . .

---

[1]) Vgl. Carocci, Là giostra di Lorenzo de' Medici messa in rima da Luigi Pulci.

[2]) Giostra di Lorenzo im Anhange zum Ciriffo Calvaneo in der Ausg. von Giunti 1572, S. 91.

[3]) Abgeb. bei Kristeller, Early Florentine Woodcuts (1897) Abb. 150.

[4]) Vgl. die Liste des Gefolges bei Del Lungo, Un viaggio di Clarice Orsini de' Medici nel 1485 descritto da Ser Matteo Franco. Bologna, Romanogli 1868 (Nr. XCVIII der Scelta di Curiosità letterarie S. 7: „. . . 2 cantori. El compare. Bertoldo scultore."

[5]) A. St. F. Filza Medic. avanti Princip. Nr. 104 S. 85 f. 1492 im Gefolge des Piero auf seiner Reise nach Rom u. a.: „Matteo Franco, il chonpare della viola, il chardiere della viola" (vgl. Reumont a. O. II, 353).

[6]) Ueber das (kulturgeschichtlich noch gar nicht genügend gewürdigte) Journal dieser frühesten florentinischen Druckerei vgl. Fineschi, Notizie storiche sopra la stamperia di Ripoli, Firenze 1781. Roediger, Diario della stamperia di Ripoli, Bibliofilo VIII (1887), IX u. X, leider nicht abgeschlossen. P. Bologna, La stamperia fiorentina del Monasterio di S. Jacopo di Ripoli e le sue edizioni. Giorn. stor. d. Letter. Ital. 1892 (XX) S. 349 f., 1893 (XXI) S. 49 f. Im Journal liest man „1477. Entrata: a dì 3 di giugnio soldi cinquanta sono per una legenda, ci vendè el compar Bartolomeo . . ." Vgl. Roediger, Bibliofilo VIII S. 92.

[7]) Vgl. Flamini, La Lirica toscana del Rinascimento anteriore ai tempi del Magnifico (1891) und Ph. Monnier, Le Quatrocento (1901) S. 28 fg.

[8]) Son. CXLVI Ausg. v. 1759 „Luigi Pulci a Bartolomeo dell' Avveduto".

Diese Worte lassen im allgemeinen darauf schliessen, dass zwischen den beiden ein kollegiales Verhältnis bestand, bei dem Bartolomeo der Gebende war; was er aber gegeben hat, ist klar genug in seinem Beinamen dell' Avveduto ausgedrückt: Er gab Luca oder Luigi Pulci jenen volkstümlichen Kern zu ihrem Poem „Ciriffo Calvaneo", dem nachweislich gerade ein bisher als anonym geltendes Dichtwerk der „Libro del Povero Avveduto" als Vorbild diente.[1]) Damit belebt sich die Namenskette sehr einfach zu einer interessanten, bisher unbeachteten Persönlichkeit und wir können die Gleichung wagen, dass der „Compare", der die „Violetta" schon angesetzt hat, identisch ist:

1. mit dem „Compare Bartolomeo", der als Bänkelsänger und fliegender Buchhändler für die Druckerei von Ripoli wirkte,

2. identisch ist mit dem „Compare della viola" im Gefolge der Medici und

3. identisch mit dem Bartolomeo[2]) dell' Avveduto, den Luigi als Kollegen andichtet, womit wir zugleich den, der für die Pulci Uebermittler und Verbreiter volkstümlicher Ritterdichtung war, persönlich vor uns sehen und wodurch zugleich alle Schwierigkeiten auf das natürlichste sich erledigen, die der „Compare" in der „Giostra" bisher der litterarhistorischen Kritik machte.[3])

VIII. BRIEF DES POLIZIAN AN HIERONYMUS DONATUS.[4])

ANGELUS POLITIANUS HIERONYMO DONATO SUO S. D.

„... Nam si quis breue dictum, quod in gladii capulo, uel in anuli legatur emblemate: si quis uersum lecto, aut cubiculo, si quis insigne aliquod non argento dixerim, sed fictilibus omnino suis desiderat, ilicò ad Politianum cursitat, omnesque iam parietes à me quasi à limace uideas oblitos argumentis uariis, et titulis. Ecce alius Bacchanalibus Fescenninorum argutias, alius conciliabulis sanctas sermocinationes, alius citharae miserabiles naenias, alius peruigilio licentiosas cantilenas efflagitat. Ille mihi proprios amores stultus stultiori narrat. Ille symbolum poscit, quod suae tantum pateat, caeterorum frustra coniecturas exerceat. Mitto scholasticorum garritus intempestiuos, uersificatorum nugas, seque, et sua de more admirantium, quae quotidię cuncta demissis auriculis perpetior. Quid plebeculam dicam, uel urbanam, uel agrestem, quae me tota urbe ad suum negotium, quasi naso bubalum trahit? Ergo dum proteruè instantibus negare nihil audeo, cogor et amicos uexare caeteros, et (quod molestissimum est) ipsius in primis Laurentii mei Medicis abuti facilitate ...".

---

[1]) Darüber zuletzt: Laura Mattioli, Luigi Pulci e il Ciriffo Calvaneo (1900) S. 9 vgl. Ms. Laurenz. Plut. 44, Cod. 30.

[2]) Ob dieser Bartolomeo identisch ist mit jenem „Bartolomeo da Pisa detto Baldaccio", der an anderer Stelle als bücherverkaufender „cermatore" genannt wird? Vgl. Roediger a. O. S. 134. Er empfängt am 24. November 1477 tausend „orationi" kommissionsweise zum Verkauf. Ob unser Bartolomeo nicht auch die „Materia del Morgante" überlieferte?

[3]) Vgl. Carocci a. O. S. 35.

[4]) Opera a. O. S. 26. Cal. Maias MCCCCLXXXX.

FLORENZ, SANTA TRINITA.

DOMENICO GHIRLANDAJO.
LORENZO DE' MEDICI ZWISCHEN DEN SASSETTI.

DOMENICO GHIRLANDAJO.
ANGELO POLIZIANO UND GIULIANO DE' MEDICI.

100

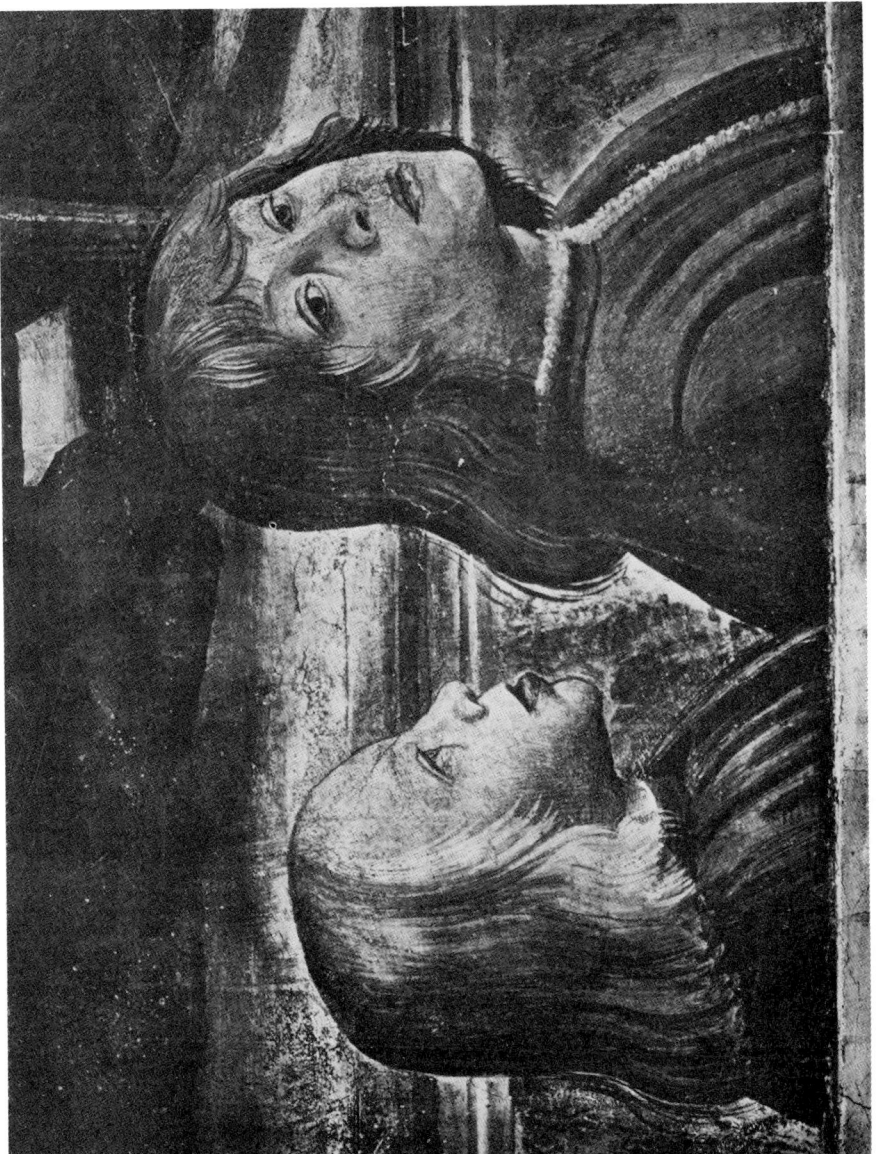

FLORENZ, SANTA TRINITA.

DOMENICO GHIRLANDAJO.
PIERO UND GIOVANNI DE' MEDICI.

ALINARI PHOT.

FLORENZ, SANTA TRINITA.

DOMENICO GHIRLANDAJO.
VERMUTLICH:
MATTEO FRANCO UND LUIGI PULCI.

102

[1902]

FLANDRISCHE KUNST UND FLORENTINISCHE FRÜHRENAISSANCE
STUDIEN

VON A. WARBURG

I.

Die auffällige Liebhaberei italienischer Kunstfreunde der Frührenaissance für nordische Erzeugnisse[1]) entsprang in den ersten Anfängen nicht nur dem Verständnis für das innerliche Wesen der flandrischen Tafelmalerei. Im Gegenteil gewann sie sich zunächst durch ihre äußerlichsten Vorzüge einen Kreis schaulustiger Gönner, die sich mit Kennerblick an den gelungenen Illusionen, an der täuschenden farbigen Spiegelung von Menschen, Tieren und landschaftlicher Umgebung um so mehr erfreuten, als sie sich der grofsen Geste der monumentalen kirchlichen Wandmalerei und Plastik nicht stets gewachsen fühlten. Dieser Stimmung entsprach es auch, dafs in der ersten Hälfte des XV. Jahrhunderts vor allem der »Arazzo«, der flandrische oder französische Teppich, auf dem heroische Thaten der Bibel, des Altertums und der Ritterzeit eingewirkt waren, von prunkvoll gekleideten Figuren in burgundischer Hoftracht ausgeführt, ein so gesuchtes und kostspieliges Objekt war, dafs man in Mailand, Mantua, Ferrara, Florenz, Urbino, Siena, Perugia und Rom kunstfertige französische und flandrische Weber heimisch zu machen versuchte.[2])

Schon Giovanni de' Medici, der zweite früh verstorbene Sohn des Cosimo, richtete auf die Erlangung von Teppichen denselben persönlich auswählenden Sammeleifer,[3]) den er auf die Erwerbung antiker Handschriften und Münzen verwandte;[4]) so liefs er in Brügge auf den Rat seiner dortigen Agenten nach einem Karton, den ein Italiener gezeichnet hatte, Teppiche mit der Darstellung der Triumphe des Todes und des Ruhmes nach Petrarcas Dichtung anfertigen. Den figürlichen Stil derartiger jetzt verlorener Teppiche kann man sich meines Erachtens etwa wie den der Trionfi auf jenen

---

[1]) Vergl. Jac. Burckhardt, Beitr. z. Kunstgesch. von Italien (1898) p. 313 ff.

[2]) Müntz, Les Primitifs (1889) p. 716 ff.

[3]) Vergl. Gaye, Carteggio I p. 158, Brief des Fruoxino [de' Pazzi?] an Giovanni, und Müntz, Les Précurseurs (1882), wo ein Brief des Tommaso Portinari von etwa 1460 auszugsweise mitgeteilt wird. Der Name des Kartonzeichners ist nicht angegeben. Vittore Ghiberti und Neri di Bicci zeichneten 1454 Kartons für die Ringhiera der Signori, die wahrscheinlich Lievin aus Brügge in Florenz ausführte. Vasari, Mil. II p. 86.

[4]) Vergl. Rossi, L' indole e gli studj di Gio. di Cosimo de' Medici in Rendiconti Accad. Lincei, Roma 1893 p. 38 und p. 129 ff.

anonymen Kupferstichen der Albertina [1]) vorstellen, mit der gleichen barocken Mischung von zeitgenössischer burgundischer Stutzertracht und antikisierendem Faltenwurf, florentinischer Goldschmiedsphantastik und drastischem flandrischen Wirklichkeitssinn, gleichsam ein »missing link« zwischen den Burgundertapeten in Bern und jener von Oberitalien ausgehenden monumentalen Genremalerei der Gentile da Fabriano, Pisanello und Domenico Veneziano, deren gefällig novellistische Formensprache sich schliefslich in den in einsamer Gröfse aufragenden Fresken des Piero della Francesca in Arezzo zu klassischer Epik abklärt und erhebt.

Auch die zahlreichen Truhenmaler und Geburtsteller-Fabrikanten,[2]) Miniaturisten und Kupferstecher, deren Opera jetzt mit Eifer gesammelt und pompös reproduziert werden,[3]) waren zum weitaus gröfsten Teil Talente zweiten Ranges, die durch eine geschickte dekorative Verwässerung jener oberitalienischen Modemalerei den breiten Kundenkreis zahlungsfähiger Nachzügler für die »moderne Richtung« zu gewinnen verstanden.[4]) Was nun dieser Ausstattungskunst doch eine starke Anziehungskraft verleiht, ist also nicht der Kunstwert an sich, auch nicht das »romantische« Stoffgebiet, vielmehr im Gegenteil die energisch ausströmende Freude an der eigenen festlich bewegten und prunkenden Existenz, die antike Schlachten und dichterische Triumphe als Stichwort zum Auftreten ungeduldig erwartet, wie denn auch gerade ganz bestimmte Gelegenheitsfestlichkeiten, Turniere, Aufzüge, Rappresentazioni (bisher meist unerkannt) auf den Hochzeitstruhenbildern bis ins einzelne historisch getreu geschildert sind. Begünstigen somit die Truhenkunst und der Teppichstil die Schilderung selbstgefälligen gesellschaftlichen Lebens, das sich mit all seinen reizvollen Einzelheiten im Plauderton höfischer Bänkelsänger ausbreitet — erst in Mantegnas Triumph des Cäsar hat diese ephemere Lebhaftigkeit an der Antike gelernt, sich im gesammelten heroischen Rhythmus vorzutragen [5]) —, so unterstützt Flandern doch auch andererseits die Arbeit italienischer Maler zu Gunsten einer tiefer eindringenden Erfassung der menschlichen Erscheinung von seiten der eigentlichen Malerei her: durch den Einflufs seiner selbständigen und meisterhaften Portraitkunst. Schon seit der Mitte des XV. Jahrhunderts hatte die erstaunliche technische Fertigkeit Jan van Eycks das raffinierte Auge Alfonsos von Neapel ergötzt und Rogier von der Weyden bei seinem Aufenthalt in Ferrara (1449) die höfische Gesellschaft zum bewundernden Verständnis für die ernsthafte Seelenmalerei seiner Andachtsbilder gewonnen;[6]) damit war für den besitzenden Kunstliebhaber, der nicht mehr von kirchlicher Fernkunst in Distanz gehalten sein wollte, das eigentliche Sammelobjekt geschaffen; denn das aus dem kirchlichen Zusammenhange gelöste Tafelbild beförderte nicht nur den bescheiden knienden Stifter zum verfügenden Herrn, dem nun-

---

[1]) Essling-Müntz, Pétrarque (1902) Abb. zu p. 168 und 170.

[2]) Vergl. Kinkel, Mosaik zur Kunstgesch. (1876) p. 368 und Müntz, Les plateaux d'accouchées (1894) in den Monuments der Fondation Piot.

[3]) Vergl. S. Colvin, A florentine Picture-Chronicle (1898) und Weisbach, Francesco Pesellino und die Romantik der Renaissance (1901) und Essling-Müntz a. a. O.

[4]) Demnächst denke ich das Lieferbuch einer Cassone-Werkstatt in extenso zu publizieren, das in einer Abschrift des Carlo Strozzi (B. N. Flor.) erhalten ist, auf die mich Herr Prof. Brockhaus aufmerksam machte; es werden darin 150 Hochzeitspaare der »besten« florentinischen Gesellschaft aufgezählt, für die zwei bisher fast unbekannte Maler, Marco del Buono und Apollonio, bemalte Hochzeitstruhen oder deschi da parto in den Jahren 1445—1465 anfertigten.

[5]) Kristeller, Mantegna (1902) p. 281 ff.

[6]) Burckhardt, a. a. O. p. 319.

mehr in handlichem Format die farbenreiche Welt und das Mienenspiel fühlender Menschen zur Mitempfindung zu Gebote stand, wo und wie er wollte, sondern ihm konnte vor allem die gesuchteste persönliche Aufmerksamkeit dadurch erwiesen werden, daſs der Besteller selbst im harmonischen Zusammenklang mit seinem eigenen Lebenshintergrunde zum liebevoll geschilderten Mittelpunkte wurde.

Abb. 1. Memling
Jüngstes Gericht, Gruppe der Auferstandenen
Danzig, Marienkirche

Ein derartiges in seiner Intensität völlig vereinzelt dastehendes Erzeugnis dieser Bildniskunst entsteht in Brügge durch das persönliche Zusammentreffen zwischen einem fahrenden lucchesischen Kaufherrn und einem nordischen Maler, die beide dem Hofe des burgundischen Herzogs nahestehen, ehrenvoll ausgezeichnete Glieder seiner persönlichen Umgebung. Zwei so ganz entgegengesetzte Typen des Berufes und der Nationalität brachte der luxuriöse Kunstsinn des burgundischen Fürsten dadurch miteinander in Berührung, daſs der eine die stoffliche Pracht Monseigneurs beschaffte, die der andere ihm zu Ehren wiederspiegelte, und worin Tuchhändler und Maler sich nun auch innerlich zusammenfanden, das war die überlegene Sachlichkeit, mit welcher der eine den Austausch irdischer Pracht über weite Fernen hinaus vermittelt, der andere das üppige Farbenspiel dieser Welt kühl beobachtet und zurückgiebt. Giovanni Arnolfini[1] aus Lucca und Jan van Eyck mögen so zueinander und zum Herzog Philipp gestanden haben, als im Jahre 1434 van Eyck den Arnolfini mit seiner flandrischen Frau abmalte, wie sie sich beide in ihrer eigenen Häuslichkeit zu Brügge präsentierten.

Dieses rücksichtslos objektive Wunderwerk ist kein auf den Verkauf im Ausland berechneter, dem Geschmack eines etwas verweichlichten Sammlers sich liebenswürdig insinuierender Kunstartikel, sondern wird erzeugt als naturnotwendiger Niederschlag einer Mischung von menschlichen Elementen, die sich durch ihren Gegensatz anziehen; es steht, gleichsam ein Naturprodukt, jenseits von schön und häſslich.

»Jan de Eyck fuit hic« lautet die eigenhändige Inschrift,[2] nicht »fecit«; Jan van Eyck ist hier in diesem Raume gewesen; als ob der Maler damit sagen wollte: »Ich habe euch gemalt, so gut als ich nur kann, weil ich der Augenzeuge eurer intimen Häuslichkeit sein durfte.« Arnolfini muſs von van Eycks sachlicher Auffassung offenbar durchaus befriedigt gewesen sein, denn er lieſs sich in späteren Jahren noch einmal von ihm portraitieren.

Etwa 40 Jahre später bewies wiederum ein italienischer Finanzmann am burgundischen Hofe den gleichen Sinn für potenzierte flandrische Eigenart: Hugo van der Goes schuf für Tommaso Portinari die »Anbetung der Hirten«, jenes staunenerregende Werk, in dem das nordische Tafelbild wie von einem gewaltsamen Wachstumsprozeſs ergriffen erscheint; und nimmt auch das Ganze nicht in demselben Maſse an einheitlicher Tiefe zu wie an flächenhafter Ausdehnung, so steigert sich doch die menschenschildernde Kraft des Hugo van der Goes, ohne an intimer beseelender Ausdrucksfähigkeit zu verlieren, zu unvergleichlicher monumentaler Vortragsweise. Zwischen van Eyck und Hugo van der Goes fügt sich nun auch noch Memling als ebenbürtiger Interpret der florentinischen Gesellschaft zu Brügge ein und ihm, den man bisher nach dieser Richtung nicht entsprechend gewürdigt hat, möchte ich in folgendem zu seinem Rechte verhelfen.

Nicht nur hat man in einer Anzahl von Stifterbildnissen Angehörige der Familie Portinari zu erkennen, es läſst sich vor allem auch der Nachweis führen, daſs der ältere Vertreter des Hauses Medici in Brügge, Angelo Tani, der Stifter eines Altar-

---

[1] Arnolfini (nach Crollalanza, Dizionario storico-blasonico, von deutscher Abstammung) in Brügge seit 1420 mit seiner Frau Jeanne de Chenany nachweisbar; chevalier und membre du conseil des Herzogs, gestorben 1472; vergl. J. Weale, Notes sur Jean van Eyck (1861), p. 22 ff. Aus seinem kaufmännischen Wirken nur einige Daten: 1423 verschafft er als herzogliches Geschenk Papst Martin V. sechs flandrische Teppiche mit Geschichten aus dem Leben Mariä, vergl. Müntz, Les arts à la cour des Papes (1878), p. 28, und Delaborde, Les ducs de Bourgogne (1849) I, p. 196; andererseits führt er den Goldstoff ein, um Nôtre dame de Tournay zu bekleiden (Delab. a. a. O. I p. 209 und 211) oder auch Purpur 1416 als Ehrenkleid für den Herzog von Gloucester (a. a. O. p. 135) oder Sammet für die Stühle des Herzogs und dessen eigene Houppelande (a. a. O. p. 145). Über die ausschlieſslich italienische Herkunft dieser kostbaren Stoffe vergl. Jan Kalf, Bijdrage tot de Geschiedenis der middeleuwschen Kunstweverij in Nederland (1901), Utrecht.

[2] Vergl. Weale a. a. O. p. 27.

gemäldes ist, das die nordische Schule als echtesten Ausdruck ihrer Weltanschauung mit Recht feiert: des Jüngsten Gerichtes von Memling in der Marienkirche zu Danzig.[1]

»»Der Professor und Offizier unter den Freiwilligen, Herr von Groote aus Köln, ist von mir beauftragt, alle von den Franzosen in Deutschland geraubten Kunstwerke zurückzunehmen; meine untergebenen Befehlshaber werden ihn nötigenfalls mit der Gewalt der Waffen unterstützen; übrigens bin ich für alles verantwortlich, was gedachter Freiwillige von Groote thut oder unterläfst. Blücher.««

»Das war das rechte Freibillet zu dem Pariser Museum; die Nationalgarde wollte den Einlafs zwar wehren, als der General Ziethen aber ein Bataillon pommersche Landwehr anrücken liefs, ward der Weg frei, die Thüren geöffnet, und das Jüngste Gericht war das erste Bild, was den Saal verliefs.«

Mit diesen Worten heller Freude an selbst miterlebter patriotischer That begleitete Friedrich Förster eine Reihe von Umrifsstichen nach dem »Jüngsten Gerichte«, die der »Sängerfahrt«[2] beigegeben waren, um die für deutsche Kunst erwachte Begeisterung der Romantiker in weite Kreise zu tragen; denn gerade dieses Bild sollte als Hauptstück eines zu gründenden deutschen Nationalmuseums für Berlin erhalten bleiben.

Die Danziger aber liefsen sich weder von den Berliner Romantikern, noch gar von pommerschen Grenadieren, die doch dieses Mal ihre Knochen zu rein künstlerischen Zwecken riskiert hatten, durch idealen Kunstsinn übertrumpfen. Catonisch wiesen sie jede lockende Versuchung zurück und verlangten nur ihr Recht, das sie durch Intervention des Königs erhielten.[3] Als augenfälliges Zeichen ihrer Dankbarkeit liefsen sie dann die heute noch unter dem Mittelbild prangende Inschrifttafel anbringen mit folgendem Distichon:

»Als das ew'ge Gericht des Kleinods Räuber ergriffen,
Gab der gerechte Monarch uns das erkämpfte zurück.«

Hätten die Danziger damals schon gewufst, wie sie zu dem Gemälde gekommen waren, so würden sie vielleicht ihrer Besitzesfreude mit nicht ganz so scharfer Spitze gegen »des Kleinods Räuber« dichterischen Ausdruck verliehen haben.

Wenn nämlich nicht der verwegene hansische Kapitän Paul Benecke im Jahre 1473 eine Galeide, die von Brügge nach London segelte, als gute Prise weggenommen, und sodann seinen Danziger Rhedern Sidinghusen, Valandt und Niderhoff, als Anteil der Beute eben das »Jüngste Gericht« ausgeliefert hätte, das »Kleinod des Seeräubers« hinge jetzt nicht in Danzig, sondern in einer florentinischen Kirche. Ein

---

[1]) Die beigegebenen Abbildungen sind nach neuen Aufnahmen angefertigt, die in der dunklen Kirche trotz grofser Schwierigkeiten gemacht werden konnten.

[2]) »Die Sängerfahrt. Eine Neujahrsgabe für Freunde der Dichtkunst und Mahlerey,« 1818, S. III. Vergl. dazu: James Taft Hatfield, Wilh. Müllers unveröffentlichtes Tagebuch und seine ungedruckten Briefe, Deutsche Rundschau (1902) CX p. 366 ff.

[3]) Vergl. Hirsch, Die Ober-Pfarrkirche von St. Marien in Danzig (1843), p. 421 ff., und Hirsch-Vofsberg, Caspar Weinreichs Danziger Chronik (1855), p. 13 ff. und p. 92; danach Zusammenstellung bei Hinz-Ohl, Das Jüngste Gericht in der St. Marien-Ober-Pfarrkirche zu Danzig (1893). Einen lehrreichen Einblick in die wirtschaftlichen gleichzeitigen Verhältnisse im besonderen Zusammenhang mit der »Gàleide« gewährt von der Ropp, Zur Geschichte des Alaunhandels im XV. Jahrhundert, Hansische Geschichtsblätter (1900), p. 117 ff.; ebenda auch über den Verlauf des Rechtsstreites, der erst 1496 prinzipiell zu Gunsten Portinaris entschieden wurde; vergl. auch Remus, Die Hanse und das Kontor zu Brügge am Ende des XV. Jahrhunderts, Zeitschr. Westpr. G. V. XXX, p. 1 ff.

Teil der Ladung des Schiffes war zwar nach England bestimmt[1]) und wäre damit, nach damaligem Rechte der Hanse, die ja im Kriege mit England lag, als Kriegskontrebande gute Beute für hansische Schiffe gewesen; aber die Galeide St. Thomas fuhr unter dem ausdrücklichen Schutze der neutralen burgundischen Flagge, wozu ihr Eigentümer Tommaso Portinari, als Rat des Herzogs von Burgund, das unbestrittene, nunmehr flagrant verletzte Recht hatte. Zunächst freilich schien es denn auch, als ob Karl der Kühne und Papst Sixtus IV. sofort zu vernichtender Rache gegen die Missethäter ausholen wollten; aber Karl der Kühne wurde auf dem Schlachtfelde von Nancy 1477 erschlagen, ohne Genugthuung erhalten zu haben, und auch der Papst, der noch 1474 vergeblich eine drohende Bulle entsandt hatte, in der die Danziger im allgemeinen und der geliebte Sohn, der Pirat Paul Benecke, im besonderen ermahnt wurden, den Schaden, den sie zugefügt,[2]) zu ersetzen, liefs von der Unterstützung der Florentiner gänzlich ab, nachdem durch die Verschwörung der Pazzi 1478 ein unheilvoller kriegerischer Konflikt zwischen Florenz und dem Papst sich entsponnen hatte.

Das knieende Stifterpaar[3]) auf dem Aufsenflügel des Jüngsten Gerichtes in dem Kreise dieser florentinischen Kaufleute in Brügge

Abb. 2. Memling
Tommaso Portinari
Paris, Privatbesitz

[1]) Nach England konsigniert: gesponnenes Gold, Brokate, Seide, Sammete und Pfeffer, vermutlich nach Italien: 2 Tonnen Mützen, Federbetten, Handtücher, Teppiche und Tuche, Felle und zwei Altarbilder; vergl. von der Ropp a. a. O.

[2]) Vergl. Reumont, Di alcune relazioni dei Fiorentini colla città di Danzica in Archivio Storico Vieusseux (1861), p. 37 ff. Es werden von den Florentinern namentlich als besonders Geschädigte aufgeführt: Lorenzo und Giuliano de' Medici, Antonio Martelli, Francesco Sassetti, Francesco Carnesecchi und (der Kapitän) Francesco Sermattei. Vergl. auch Schäfer, Hanse-Rezesse I, p. 70, und Gottlob, Aus der Camera Apostolica (1889), p. 278 ff.

[3]) Vergl. die beigegebenen Tafeln.

zu suchen, liegt so nahe, dafs man bisher gar nicht daran gedacht hat; dabei lohnt es sich um so mehr, in diesem von vornherein abgegrenzten Gebiete mit einiger Energie nachzuforschen, als die beiden deutlichen Wappen[1]) der Stifter geradezu zur Identifikation herausfordern und unzweideutigen Erfolg versprechen.

Das Wappen der Frau (Löwe, Querbalken mit drei Zangen) liefs nur die Wahl zwischen den Familiennamen der Tazzi oder Tanagli.[2]) Das Wappen des Mannes (Löwe mit einfachem Querbalken) kommt dagegen zu häufig vor, um sofort eine eindeutige Bestimmung zuzulassen; es war mir aber bei dem Versuch, die florentinische Kolonie in Brügge zu rekonstruieren, bereits der Name eines Angelo Tani deshalb aufgefallen, weil er schon vor und neben Portinari der angesehene Leiter der Mediceischen Filiale war.[3]) Da sein Wappen dem des Stifters auf dem Danziger Bilde entsprach, konnte ich von den unerschöpflichen speziellen Hilfsmitteln, die Florenz dem Studium der Kulturgeschichte bietet, Gebrauch machen: es sind nämlich, wenn auch leider nur in Abschriften, die Namenslisten derer erhalten, die im XV. Jahrhundert in Florenz Heiratskontraktsteuer bezahlten, wo-

Abb. 3. Memling
Maria Portinari
Paris, Privatbesitz

[1]) Vergl. bei Hirsch-Vofsberg die Lithographie der Wappen und Beschreibung: »Wappen des Mannes: In einem goldenen Schilde, überdeckt von einem schräglinken blauen Balken ein rechtsgewendeter schwarzer Löwe mit roter Zunge, Augen, Krallen und weifsem Gebifs. Wappen der Frau: In einem roten Schilde, überdeckt von einem schräglinken blauen Balken mit drei Zangen, ein goldener Löwe mit roter Zunge und weifsen Krallen; im rechten oberen Schildteile ein Zirkel mit flatterndem weifsen Bande mit dem Wahlspruch: Pour non failir.«

[2]) Ein von den Wappen ausgehendes Nachschlagewerk giebt es für Florenz nicht; ich benutzte zur schnellen Orientierung das kleine nach Namen geordnete Wappenbuch des Del Migliore in der Bibl. Naz. in Florenz.

[3]) Vergl. weiter unten.

durch sich meine Hypothese genau nachprüfen liefs; war sie richtig, so mufste eben Angelo di Jacopo Tani als Ehemann einer Tazzi oder Tanagli aufgeführt werden; thatsächlich ist das der Fall, denn in dem »Zibaldone« des Del Migliore[1]) steht zu lesen, dafs 1466 Angelo di Jacopo Tani die Catarina, Tochter des Guglielmo Tanagli, heiratete. Andere urkundlich gesicherte Daten lassen wenigstens den äufseren Lebensgang Tanis in der typischen Laufbahn des florentinischen Kaufmanns im Auslande übersehen. 1446 findet man ihn[2]) dreifsigjährig als Buchhalter und Korrespondent in der Londoner Filiale der Medici angestellt. 1450 hat er in Brügge zusammen mit Rinieri

Abb. 4. Memling
Tommaso Portinari (?)
Turin, Pinakothek

Ricasoli schon einen verantwortlicheren Posten inne, da an sie eine Zahlung des Herzogs von Burgund geleistet wurde.[3]) 1455 wird mit ihm ein ausführlicher Geschäftskontrakt abgeschlossen als offiziellem Kompagnon und Agenten der Firma Piero und Giovanni de' Medici. 1460 kommt in den burgundischen Hofrechnungen neben ihm Tommaso Portinari vor.[4]) Nachdem er noch 1465 an erster Stelle bei der Erneuerung des Geschäftsvertrages aufgeführt wurde, scheint 1469 die eigentliche Leitung auf Tommaso Portinari übergegangen zu sein und 1471 wird Tani offiziell erst an zweiter Stelle genannt. Im Jahre 1480 war er dann, wie aus seiner Selbsteinschätzung[5]) hervorgeht, mit seiner Frau und seinen drei Töchtern wieder in Florenz ansässig. Wahrscheinlich von einer epidemischen Krankheit dahin gerafft, sterben im April 1492 kurz nacheinander Angelo, seine Frau und eine Tochter.[6]) Im Jahre 1467 hatte Angelo noch in Florenz sein Testament gemacht,[7]) in dem er seine Frau

[1]) Del Migliore, ein Polyhistor des XVII. Jahrhunderts, hat bekanntlich in seinen Zibaldoni wertvolles Material zur Lokalgeschichte bewahrt. Die Auszüge der Gabella de' Contratti in Ms. Cl. XXVI, 140—146 der Magliab. Bibl. Naz.; ebenda Hs. 146 p. 115 nach dem verlorenen Gabellenbuche D. 117 p. 47: »1466 Angelus Jacobi Tani Caterina Francesci Guglielmi Tanagli«.

[2]) Vergl. L. Einstein, The Italian Renaissance in England (1902), der einen sehr interessanten Auszug eines Geschäftsvertrages giebt, wie sich ähnliche im florentinischen Staatsarchiv (av. Princ. Fa. 94) und auch aus späteren Jahren finden. Auf einige, Portinari speziell betreffende, machte Herr Dr. Lichtenstein bei einer Zusammenkunft im kunsthistorischen Institut im Frühjahr 1901 aufmerksam; ich denke sie an anderer Stelle im Wortlaut abzudrucken. Geschäftskontrakte sind vorhanden aus den Jahren 1455 (Fa. 84 c. 31 a), 1465 (ebenda c. 27) 1469 (Fa. 8 c. 32 IIa) 1471 (Fa. 84 c. 29) 1480 (Fa. 84 c. 84).

[3]) Delaborde a. a. O. Nr. 1435 und 1436.

[4]) Delaborde a. a. O. Nr. 1845.

[5]) A. St. F. Portata del Catasto 1480 S. Gio. Leon d' oro.

[6]) A. St. F. Libro dei morti della Grascia und Totenbuch der Medici e Speziali.

[7]) A. St. F. Prot. Gio. di Taddeo da Colle.

als Universalerbin einsetzte. Auf dem »Jüngsten Gericht« trägt nun ein Grabstein, auf dem eine händeringende Frau sitzt, eine Inschrift, die wohl zu lesen ist: »1467 Hic jacet«. Ob dieses Jahr, in welchem sie nach Brügge zurückkamen, im Leben der beiden Besteller ernstere Bedeutung hatte?

Der Wahlspruch »pour non failir«, der, soweit ich sehe, nicht ständig zum Wappen der Tanagli gehört, scheint auf Ähnliches hinzuweisen, und auch die Auswahl des Gegenstandes mutet an wie Darbringung eines Votobildes nach glücklich überstandener schreckensvoller Gefahr; der Erzengel Michael war freilich schon als Namenspatron des Angelo der gegebene Mittelpunkt für ein zu stiftendes Bild und kehrt auch wohl deshalb auf dem Aufsenflügel über dem Haupte der Catarina wieder, während Maria mit dem Kinde als Patronin des Mannes erscheint, wahrscheinlich weil einer ihrer Kirchen in Florenz (S. Maria Nuova?) das Gemälde gewidmet werden sollte.

Briefe oder Tagebücher des Tani, die diese trockenen Nachrichten belebend verknüpfen könnten, ist mir bisher aufzufinden nicht gelungen, so dafs das Material, das uns durch die Künste historischer Detektivarbeit beschert wird, als dokumentarische Masse zunächst leblos vor uns liegt; mit aller Anstrengung scheint nichts bei den Ausgrabungen zu Tage gefördert, als Meilensteine längst verlassener Strafsen mit halbverwischten Zahlen. Bei der Umschau nach indirekten Wiederbelebungsmitteln kommt aber der historische Nominalismus schliefslich doch zu seinem Rechte, denn ein so äufserliches Faktum wie die Kenntnis des Frauennamens läfst Catarina als leibhafte Persönlichkeit auferstehen, eingefügt in den Rusticabau florentinischen Familienlebens, wo mit den kleinen Mitteln bürgerlicher Haustugenden der grofse Kampf gegen Not, widriges Schicksal, ungerechte Steuer und Pestilenz an jedem Tage von neuem tapfer und erfolgreich bestanden ward. Madonna Catarina Tani, deren Bild jetzt in einer Kirche des rauhen Nordens hängt, und die so resigniert unter dem Engel des Jüngsten Gerichtes dem älteren Manne gegenüber kniet, mit dem sie nach Flandern zog, schien als 18 jähriges Mädchen

Abb. 5. Memling
Maria Portinari (?)
Turin, Pinakothek

für einen anderen Gatten erwählt, der später zu den mächtigen Zeitgenossen des Lorenzo Magnifico gehörte: für Filippo Strozzi. Seine Mutter Alessandra erzählt selbst in ihren Briefen[1]) von ihren resoluten vergeblichen Bemühungen, Catarina als Ehefrau für ihren Sohn zu gewinnen, der als Verbannter die Auswahl nicht selbst treffen konnte, in der packend natürlichen Mundart einer echten Hausfrau der Renaissance, die

---

[1] Diese frühen und in ihrer Art klassischen »Dokumente der Frau« sollten, seitdem sie Ces. Guasti 1877 in einer wohlfeilen Ausgabe publiziert hat, jedem gründlich bekannt sein, der sich als Historiker oder Laie an die Kultur der Renaissance wagt. Der Titel lautet: Alessandra Macinghi negli Strozzi. Lettere di una gentildonna fiorentina del secolo XV ai figliuoli esuli pubblicate da Cesare Guasti. Firenze 1877, Sansoni.

in ihrer unbewußt heroischen Schlichtheit auch Mutter der Gracchen blieb, wenn sie die nächstliegenden Pflichten einer alleinstehenden Witwe unverzagt erfüllte.

Da die heiratsfähigen Mädchen damals in äußerster Zurückgezogenheit lebten, so war die einzige Gelegenheit, Familientöchter mit eigenen Augen sehen zu können, die Frühmesse. Mona Alessandra berichtet selbst von einer solchen Brautschau in ihrem Brief vom 17. August 1465 an ihren Sohn Filippo.[1]

»Ich will Dir noch berichten, daß, als ich Sonntag morgen zum Avemaria nach S. Riparata in die Frühmesse ging, wie ich schon an mehreren Feiertagen gethan habe, um jene Tochter der Adimari zu sehen, die zu besagter Messe zu kommen pflegt, ich dorten statt ihrer die Tanagli fand. Und ohne zuerst zu wissen, wer sie war, setzte ich mich ihr zur Seite und gab auf das Mädchen acht, welche mir von schöner Figur und gut gebaut schien. Sie ist so groß wie die Catarina[2] oder noch größer, hat gesunde Farben, gehört nicht zu den bleichsüchtigen, ist vielmehr gut zuwege;[3] sie hat ein längliches Gesicht, keine sehr zarten Züge, aber auch keine bäuerischen, und mir scheint, nach ihrem Gang und ihrem Aussehen zu urteilen, daß sie auch nicht verschlafen ist; kurz und gut, ich glaube, wenn uns alles andere ebenso gut gefällt, daß an ihr nichts ist, was den Handel verdirbt; sie würde eine sehr ehrenvolle Partie[4] sein. Ich ging nach der Kirche hinter ihr her, und da sah ich erst, daß sie zu den Tanagli gehörte, so daß ich über sie schon etwas näher Bescheid weiß. Die Adimari habe ich dagegen gar nicht gefunden, was mir eine wichtige Thatsache scheint, weil ich doch extra zu diesem Zweck hingegangen bin und sie nicht, wie sonst, erschienen ist; und während ich nun alle Gedanken auf diese gerichtet hatte, kam mir jene andere in den Weg, die sonst nicht zu kommen pflegt. Ich glaube geradezu, daß Gott sie vor mich hingesetzt hat, damit ich sie sehen solle, da ich doch gar nicht daran dachte, sie jetzt zu sehen.«

An keine der verschiedenen in Aussicht genommenen Schwiegertöchter hatte Alessandra schließlich so ihr Herz gehängt, wie an diese älteste Tochter[5] des Francesco Tanagli, und ihr Schwiegersohn Marco Parenti hatte sich auch schon mit dem Vater Francesco diesbezüglich ziemlich weit angefreundet. Filippo aber ließ sich von seiner trefflichen Mutter doch nicht zureden; er zögerte, verdarb es dadurch mit den Tanagli, und nach 1466 ist von dem Projekt in den Briefen nicht mehr die Rede. Wir wissen jetzt, warum: Catarinas Hand war inzwischen anderweitig an Angelo Tani, den Geschäftsführer der einflußreichen Medici in Brügge, vergeben worden.

Kritische Beobachter, denen vor jedem »Jüngsten Gericht« Michelangelos absolute Überlegenheit einzufallen pflegt, müssen der Hauptfigur des Mittelbildes, dem Erzengel Michael, ihre kunstrichterliche Zustimmung versagen; denn da, wo Michelangelo die neue Welt räumlicher Tiefe sich aufthun heißt, um posaunenblasende Dämonen in titanisch zusammengeballten Scharen zu entsenden, spiegelt sich in dem blanken Brustharnisch des langaufgeschossenen und ungelenk dastehenden Erzengels die Szenerie des Weltgerichts als peinlich ausgeführtes Miniaturbildchen wieder.

---

[1] Ces. Guasti a. a. O. p. 458.
[2] Ihre Tochter, an Marco Parenti verheiratet.
[3] »È di buon essere.«
[4] »Che sarà orrevole.«
[5] Der Vorname der Tanagli wird in den Briefen nicht genannt; daß sie aber mit der Catarina identisch ist, wird bewiesen durch die Original-Portata des Francesco Tanagli (A. St. F. 1447, S. Gio. Chiavi), wo die »Catarina figliuola« mit Namen als erstes Kind, 2 Monate alt, angeführt wird.

Aber weder diese über das ganze Bild verbreitete kleinkünstelnde Sorgfalt, noch auch die geringe Variation in der Typenbildung giebt uns das Recht, die elementare Ausdrucksfähigkeit zu verkennen, die sich in dem Mienenspiel der Verdammten und in ihrer Gruppierung offenbart; und auch der Ausdruck stiller Ergebenheit, der auf den Gesichtern der Seligen liegt, verschleiert durchsichtig ganz individuell gebildete Köpfe. In der Gruppe der Auferstandenen findet man einzelne Gesichter, die den feinsten Einzel-bildnissen Memlings gleichstehen und auch zweifellos wirkliche Portraits sind und ich glaube, daſs man z. B. in dem in der rechten Wagschale knieenden Mann[1]) eine ganz bestimmte Persönlichkeit wiederzuerkennen habe, die auch, aus rein historischem Grunde, hier zu finden nichts Überraschendes hat: Tommaso Portinari, das Haupt der florentinischen Kolonie in Brügge.

Mit Portinaris Namen wird bekanntlich aus sammlungsgeschichtlichen Gründen schon Memlings Passion in Turin verknüpft, die mit jenem Bilde identisch sein soll, das, wie Vasari zu berichten weiſs, Memling für Portinari gemalt hatte und das später aus der Sammlung des Spitales von S. Maria nuova in den Besitz des Groſsherzogs überging.[2]) Diese nicht unbestritten gebliebene Vermutung[3]) erhält jetzt durch zwei Portraits von Memling, die aus florentinischem Privatbesitz aufgetaucht sind und ohne Zweifel Tommaso und seine Frau darstellen,[4]) eine sichere Grundlage, da durch sie der Identitätsnachweis zwischen den Turiner, Pariser und Florentiner Stiftern[5]) auf Grund äuſserer Ähnlichkeit erbracht werden kann. — Es ergiebt sich, daſs die Turiner Bildnisse an den Anfang, die Pariser in die Mitte und die florentinischen an das Ende der Reihe gehören. Den festen Ausgangspunkt zur positiven Datierung geben auſser-dem wiederum standesamtliche Daten: Tommaso (damals 38 jährig) hat die 14 jährige Maria Baroncelli 1470 geheiratet;[6]) da das Triptychon des Hugo van der Goes, wie ich an anderer Stelle[7]) ausgeführt habe, wahrscheinlich um 1476 herum ausgeführt worden ist, so erhalten wir zur Einordnung einen klar abgegrenzten Spielraum von sechs Jahren; von den drei Bildnissen der Madonna Portinari sind nun die aufeinanderfolgen-den Phasen eines Frauenlebens in unerbittlicher, fast symbolischer Klarheit abzulesen.

Auf dem Turiner Bilde hat Maria die Verlegenheit der ganz jungen Frau, die sich mit ihrem Kindergesicht unter der schweren burgundischen Spitzhaube mit

[1]) Vergl. Abb. 1.

[2]) Kaemmerer a. a. O. und Bock, Memling p. 22, der die Identität der Turiner und Florentiner Stifter bemerkte, nur ist die Reihenfolge der Bilder umgekehrt; vergl. Abb. 4 und 5.

[3]) Vergl. Weale, Remarks on Memling, Repertorium (1901) p. 134.

[4]) Dr. Friedlaender identifizierte sie und wies mich im November 1901 darauf hin; vergl. Abb. 2 und 3. Katalog der Brügger Ausstellung 1902 Nr. 57 und 58, jetzt im Besitz von M. Léopold Goldschmidt, Paris.

[5]) Vergl. Abb. 6 und 7.

[6]) Migl. Zib. 145 nach dem verlorenen Gabellenbuche D. 121, p. 165, zum Jahre 1470.

[7]) Vergl. Sitzungsbericht der Kunstgeschichtlichen Gesellschaft 1901, p. 43. Die vor-handenen Kinder Antonio und Pigello, die mit ihrem Vater unter dem Schutze der Heiligen Antonius und Thomas (durch die Lanze charakterisiert wie auch z. B. auf der Grisailleskulptur des Triptychons von Rogier van der Weyden in Frankfurt) knien, geben den chronologischen Ausgangspunkt, da sie 1472 bezw. 1474 geboren sind, der 1476 geborene Guido aber noch fehlt, welcher sicher, auch als ganz kleines Kind, schon mit untergebracht worden wäre. Da die Ausführung des Bildes lange Zeit erforderte, so kann man, um den weitesten Spielraum zu lassen, die Jahre 1474 und 1477 als Grenzpunkte festsetzen. Über die Familie Portinari sind durch den Canonico Folco Portinari 1706 wertvolle Mitteilungen gesammelt. Vergl. Flor. Bibl. Riccardiana Ms. 2009.

Abb. 6. Hugo van der Goes
Tommaso Portinari
Florenz, Uffizi

dem langen Schleier unbehaglich fühlt, noch nicht ganz überwunden. Auf dem Pariser Gemälde dagegen trägt sie die Haube schon als selbstverständliches Abzeichen ihrer Frauenwürde und hat überdies auch gelernt, ihrer sozialen Stellung gemäfs einen prunkenden Halsschmuck, fünfblättrige Blumen aus massigen Edelsteinen auf goldenem Geflechte aufgereiht, mit dem leisen Lächeln der sicheren Weltdame zur Schau zu tragen, zu der die betende Haltung der Hände nicht recht passen will.   Das dritte Bildnis zeugt von noch gesteigerterem Luxus, denn auch der »hennin« ist jetzt mit Perlen übersät;[1] die Prachtentfaltung ruft jedoch kein freudiges Selbstgefühl mehr hervor; Maria kniet mit resigniertem Blick unter dem Schutze der Heiligen Margarethe und Maria Magdalena und der standesgemäfse Putz gehört nur äufserlich zur Madonna Portinari als unerläfsliche Tracht vornehmer Kirchgängerinnen am burgundischen Hofe.   Die hageren Formen der Maria auf dem Triptychon der Uffizi spiegeln sich, durch das herbe Temperament des Hugo van der Goes gesehen, wohl etwas übertrieben eckig wieder, aber dieser »Reibungsverlust« erklärt doch nicht allein jene gründliche Veränderung in den Zügen der

[1] Die Buchstaben M(aria) und T(ommasi) bilden das Muster dieser Perlenstickerei.

Maria; die Jahre 1470—1477, in denen sie ihren Kindern Maria, Antonio, Pigello und vielleicht auch schon der Margherita [1]) das Leben geschenkt hatte, waren nicht spurlos an ihr vorübergegangen.

[1]) Die neben Maria Portinari knieende Tochter ist die älteste: Maria, deren genaues Alter im Kataster von 1480 nicht angegeben wird, ebensowenig wie das ihrer Schwester Margherita. Doch geht aus der Reihenfolge der Aufzählung hervor, daß Maria die ältere war und, da sie auf dem Triptychon auch sicher älter ist als der 1472 geborene Antonio, so ist ihre Geburt 1471 anzusetzen. Wäre Margherita schon zur Zeit, als das Bild in Auftrag gegeben wurde, am Leben gewesen, so wäre sie sicherlich mit dabei, weil gerade ihre Schutzpatronin abgebildet ist; diese war auch die besonders verehrte Heilige in Kindesnöten, vergl. Luther, Werke (1899) VII, p. 64; vielleicht erblickte Margherita gerade das Licht der Welt, als van der Goes an dem Bilde arbeitete; übrigens wohnten die Portinari in Florenz im Kirchsprengel der Kirche S. Margherita, wo sie eine Kapelle besaßen. Die Kinder der Portinari waren: 1. Maria 1471—? wird 1482 Nonne; 2. Antonio 1472—?; 3. Pigello 1474—?; 4. Guido 1476—nach 1554; 5. Margherita 1475 (?) —? heiratet 1495 (?) Lorenzo Martelli; 6. Dianora 1479—? heiratet Cornelio Altoviti; 7. Francesco, Geistlicher, geb. vor 1487, gest. nach 1556; 8. Giovanni Batista; 9. (?) Gherardo; 10. (?) Folco; die letzten beiden nach nicht zu verifizierenden Angaben erwähnt im Ms. 2009.

Abb. 7. Hugo van der Goes
Maria Portinari
Florenz, Uffizi

Die drei entsprechenden Portraits des Tommaso sind als Gegenstücke in ihrer
Reihenfolge bestimmt, und das vierte Bildnis in der Wagschale des Jüngsten Gerichts
steht zeitlich wohl dem Pariser Bild am nächsten.[1]) Allen gemeinsam ist als charakteristisches und ganz persönliches Merkmal eine strichartig dünne Oberlippe, die fest auf
die kurze und volle Unterlippe geprefst ist, eine längliche, schmale Nase und nahe
zusammensitzende kleine Augen, die unter schwachen, gerade gezeichneten und an der
Nasenwurzel am stärksten ausgeprägten Augenbrauen klug abwartend hervorschauen.
Die chronologische Gruppierung wäre demnach die folgende: etwa 1471 das Turiner,
vor 1473 das Bildnis in Danzig und die Pariser Portraits und etwa 1476 die Stifter-
bildnisse des florentinischen Triptychons. Das kantigere Gepräge, das Hugo van der Goes
dem Kopfe Portinaris verleiht, kann dennoch keinen Zweifel an der Identität mit den
anderen Portraits aufkommen lassen, wie denn das diplomatisch verschlossene Gesicht
des älteren Mannes durch van der Goes wahrscheinlich schärfer aufgefafst und lebens-
wahrer wiedergegeben ist, als von Memling, der dazu neigt, zu scharfe Umrisse durch
einen Zusatz liebenswürdiger Träumerei zu mildern. Tommasos Wesen erschöpfte sich
auch nicht in der Stellung des betenden Stifters: er stand tageswach mitten in einem
Getriebe des realen Lebens und besafs wohl die intellektuellen Eigenschaften, um selbst
in Zeiten der gewaltsamen politischen und wirtschaftlichen Veränderungen eine leitende
Stellung grofsen Stils zu behaupten, und hinter den äufserlich disziplinierten Gesichtszügen des diplomatischen Finanzmannes verbarg sich das waghalsige Temperament
eines ehrgeizigen Kondottiere, der seine kapitalistische Existenz nur allzugern mit dem
unsicheren Schicksal seiner kriegführenden gekrönten Schuldner verknüpfte. Schon
Piero de Medici hatte mit sicherem Instinkt Tommaso durchschaut und deshalb im Geschäftskontrakte 1469[2]) die Linie Mediceischer Geschäftspolitik genau festzulegen versucht. Piero will das Geldverleihen an fürstliche Persönlichkeiten und Hofleute möglichst eingeschränkt wissen, weil dabei sehr viel mehr Gefahr als Nutzen sei und überhaupt nur insoweit gestatten, dafs man sich die Freundschaft der fürstlichen Herren
erhalte; denn sein Haus wünsche das Geschäft zu betreiben, um sein Vermögen,
seinen Kredit und seine Ehre zu erhalten, nicht aber um sich auf riskante Weise zu
bereichern. Aus diesen Gründen verlange er auch die sofortige Liquidierung selbständiger Schiffahrtsunternehmungen und verbiete Tommaso ausdrücklich jede eigene
Spekulation in Alaun, indem er ihn für jeden daraus erwachsenden Schaden persönlich
haftbar erkläre; in gleichem Sinne wird Tommaso auch noch im Jahre 1471 von Lorenzo
instruiert[3]) und ermahnt, im Kreditgeben an fürstliche Persönlichkeiten auf der Hut zu
sein, damit es ihnen nicht ebenso fatal ergehe wie Gherardo Canigiani mit dem
König von England.[4]) Mit dem Verlust der Galeide 1473 beginnt nun die Reihe jener
finanziellen Mifserfolge,[5]) welche schliefslich Lorenzo veranlafsten, sich 1480 energisch
von Tommaso zu scheiden,[6]) der nun bald darauf seine Zahlungen einstellen und das

---

[1]) Ob nicht die im Vordergrunde auferstehende, erst halb aufgerichtete Frau, die sich
erschreckt an den Kopf greift, Maria Portinari vorstellt?

[2]) A. a. O. Ich gebe hier nur einen Auszug, weil die kaufmännischen Akten zur Geschichte der Medici eine besondere Publikation erfordern.

[3]) A. a. O.

[4]) Vergl. Kervyn de Lettenhove, Lettres et négociations de Philippe de Commines I, p. 66:
»Gerard Quanvese (sic)« und Pagnini, Della decima II, p. 71.

[5]) Vergl. Ehrenberg, Die Fugger I, S. 276 und von der Ropp a. a. O. p. 136. Dazu
kommt die Entziehung der päpstlichen Einnehmerschaft, vergl. Gottlob a. a. O.

[6]) Vergl. den »staglio« von 1480 im Florentiner Staatsarchiv a. a. O.

stattliche Haus in der Rue des Aiguilles, das Piero de' Medici gekauft und auch für kaufmännische Zwecke umgebaut hatte,[1]) verlassen musste.[2]) Er und seine Familie waren in den Jahren 1480—1487 nur dadurch vor peinlicher Not geschützt, dafs ihm Maximilian die Zolleinnahme von Gravelingen weiter verpachtete.[3]) 1490 finden Tommasos diplomatische Fähigkeiten wieder Verwendung im florentinischen Staate, in dessen Auftrage er zusammen mit Cristofano di Giovanni Spini in London einen für Englands Wirtschaftspolitik epochemachenden Handelsvertrag abschliefst.[4]) Tommaso und seine Frau sind dann wahrscheinlich um 1497 nach Florenz zurückgekehrt, doch scheint er kaufmännisch zurückzutreten, da er die Vertretung seiner eigenen Interessen in Florenz 1498 seinem Sohne Antonio überläfst, der in erbittertem Tone damals immer noch unausgeglichene Forderungen gegen die Medici einklagte.[5])

Abb. 8. Memling
Benedetto Portinari
Florenz, Uffizi

[1]) Vergl. Vertrag von 1469, wo vor weiteren Unkosten gewarnt wird; 1465 wird das Haus noch nicht erwähnt; die Devise Pieros ist heute noch in bemalter Schnitzerei am Gebälk des grofsen Saales zu sehen; ebenso findet sich Lorenzos Devise, Ring mit drei Federn, wiederholt, die sogar noch deutlich im Rande der zwei übertünchten Stuckmedaillons angebracht sind, die, bisher unerkannt, meines Erachtens Mitglieder der Familie Medici darstellen. Stilistisch erinnern sie an die Terrakottaköpfe der Portinari-Bank in Mailand (vergl. Meyer, Oberitalienische Frührenaissance (1897) I, Abbildung 62).

[2]) Vergl. Weale, Bruges et ses environs, p. 245 und Verschelde, Les anciens architectes de Bruges (1871) p. 17 ff.

[3]) Gefällige mündliche Mitteilung von Herrn Gilliodts van Severen in Brügge, der demnächst eine Studie über die Portinari und den Tonlieu von Gravelingen veröffentlichen wird.

[4]) Vergl. Pagnini a. a. O. II, p. 288 und Pöhlmann, Die Wirtschaftspolitik der Florentiner Renaissance (1878) und Doren, Studien aus der Florentiner Wirtschaftsgeschichte (1901) I, p. 435. 1473 fiel Tommaso die schwierige Aufgabe zu, den Zorn Karls des Kühnen zu beschwichtigen; vergl. Buser, Die Beziehungen der Mediceer zu Frankreich (1879) S. 164 und 448. 1478 überbrachte er der Herzogin von Mailand wichtige Briefe; vergl. Kervyn a. a. O. I, p. 227.

[5]) Die Hauptforderungen gründen sich einerseits auf Alaunspekulationen zum Schaden des Tommaso und andererseits auf eine unrechtmäfsigerweise bestrittene Auszahlung an Guillaume de Biches, die Portinari geleistet hatte. Vergl. A. St. Flor. Fa. 84, c. 54 und 85.

Von Tommaso hört man noch im April 1499, als er persönlich den Salviati die »riche fleur di lyz« übergiebt, jene berühmte, mit Reliquien besetzte und mit Edel-

Abb. 9.   Unbekannter flandrischer Meister
Pierantonio Baroncelli
Florenz, Uffizi

steinen überladene Lilie von Burgund, die seine Neffen Folco und Benedetto Portinari, die die Firma in Brügge übernommen hatten, als Faustpfand besessen hatten und die sie nun an die Salviati zugunsten der Frescobaldi in Brügge gegen eine Zahlung von 9000 Dukaten aushändigen liefsen.[1]) Von den Söhnen Tommasos blieb Antonio in Florenz; Francesco, der Geistliche, der im Testament des Tommaso von 1501 als Universalerbe eingesetzt wurde,[2]) ging später auf längere Zeit nach England,[3]) während Guido als Festungsingenieur sogar ganz in den Dienst Heinrichs VIII. trat und eine Engländerin heiratete.[4])

Memling überliefert uns in einem wundervollen Portrait die Gesichtszüge auch eines dieser jüngeren Portinari, denn in dem Bildnis eines Jünglings in den Uffizi (vergl. Abb. 8), das die Jahreszahl 1487 trägt,

[1]) Vergl. Pagnini a. a. O. II, p. 291, und Ehrenberg, Fugger a. a. O. nach Obigem im einzelnen zu berichtigen.

[2]) Vergl. Prot. des Ser Giovanni di Ser Marco da Romena am 3. Februar 1500 (1501), A. St. Flor. Tommaso ist am 15. Februar 1501 gestorben, seine Frau überlebte ihn.

[3]) Ehrenberg a. a. O., auch sein Testament vom 18. Mai 1556 ist erhalten (vergl. Ms. 2009). 1524 überreicht er Heinrich VIII. ein ausführliches Memorial über das von seinem Ahnen Folco gegründete Spital von S. Maria Nuova, vergl. Passerini, Storia degli stabilimenti di benificenza (1853), p. 304.

[4]) Vergl. die bei Ehrenberg zitierten Stellen des Calendar of State Papers.

hat man, wie ich vermute, Benedetto zu erkennen; eine direkte Namensinschrift findet sich zwar nicht, jedoch spricht der Schutzpatron, der auf dem Gegenstück des Dip-

tychons durch die Aufschrift als St. Benediktus bezeichnet ist, eben dadurch auch den Namen des Stifters aus. Da nun Benedetto, geb. 1466, damals 21 Jahre alt war, und da ferner das Gemälde aus dem Besitz des Spitales von S. Maria Nuova stammt, dem Sammelpunkt flandrischer Tafelbilder, insofern sie dem Kreise der Portinari ihre Entstehung verdanken, so trifft alles zusammen, um ihn als Benedetto Portinari rekognoszieren zu können. Die schwierigen Verhältnisse, in die er als 21 jähriger Mensch hineingeraten war, haben ihm wohl vor der Zeit jenen Ausdruck illusionsloser Versonnenheit verliehen, die Memling ohne jede Sentimentalität sympathisch fühlbar macht.

Auf der Rückseite des Bildes hat Benedetto seine Devise anbringen lassen, einen Eichenstumpf, der neue Zweige treibt (?), mit dem Spruch: De Bono in Melius. Von zwei anderen zusammengehörigen flandrischen Portraits der Uffizi vom Anfange des XVI. Jahrhunderts, Männer im Alter von 20—40 Jahren darstellend,[1])

Abb. 10. Unbekannter flandrischer Meister
Maria Baroncelli
Florenz, Uffizi

[1]) Unbekannter Flandrer Ende XV. Jahrhunderts, Nr. 801bis u. 801. Die französische Fassung ist wohl die vorbildliche; so war auch die Devise des Heroldes am burgundischen Hofe Chatelvillain: »De bien en mieuls«. Das von Firmenich-Richartz (Zeitschr. f. chr. K. 1897, p. 374) nach Bode, Liechtenstein-Galerie p. 115, erwähnte Bildnis eines jungen Portinari könnte Folco, den drei Jahre älteren Bruder des Benedetto, darstellen. Das Portrait Nr. 779 der Uffizi ist wohl auch

trägt das eine auf der Rückseite in französischer Sprache dieselbe Devise, weshalb sie wohl gleichfalls als Angehörige der Familie Portinari anzusehen sind.

Ein anderes florentinisches Ehepaar aus diesem Kreise hat sich in Brügge so echt flandrisch aufnehmen lassen,[1]) dafs man in ihnen ohne den besonderen Hinweis, den das eindeutig bestimmbare Wappen auf dem Bilde des Mannes[2]) giebt, nicht Pierantonio Bandini Baroncelli und seine Frau Maria, geb. Bonciani, die er im Jahre 1489 heiratete,[3]) vermuten würde (Abb. 9 u. 10). Aus den von Ammirato[4]) überlieferten Nachrichten geht jedoch hervor, dafs er der einzige seiner Familie war, der zu jener Zeit eine bedeutende Stellung in Brügge einnahm; früher Agent der Pazzi, hatte er seit 1480 nach dem Rücktritt des Tommaso die Leitung der Mediceischen Filiale übernommen; auch er mufs für den diplomatischen Dienst hervorragende Begabung besessen haben, denn Maria von Burgund ernannte ihn 1478 zu ihrem »Valet de chambre«, und Herzog Franz von Bretagne, für den er handelspolitische Verträge geschickt abgeschlossen hatte, zu seinem »Maistre d'Ostel«. Er wird auch in »Piro Bonndin« zu erkennen sein, bei dem Maximilians »Harnasch und etlich guldein Geschirr« für einen Betrag von 12000 Gulden im Jahre 1489 versetzt sind.[5]) Pierantonio stirbt als militärischer Bevoll-mächtigter seiner Vaterstadt bei der Belagerung von Pisa 1499. Fiele nicht die Ehren-kette mit dem perlenbesetzten Kleinod als Abzeichen höfischer Ehrenstellung auf, man würde in ihm und seiner Frau etwa kleinbürgerliche Brügger Eheleute vermuten, die sich, ziemlich gelangweilt, darin fügen, mit ihren besten Sachen angethan dem Maler zu sitzen. Unter den Seligen auf dem Jüngsten Gericht bemerkt man neben dem Mohrenkopf einen Mann, der Pierantonios etwas ins Jugendliche gemilderte Züge trägt (vergl. Abb. 1), Da die Pazzi und Portinari damals noch befreundet waren, so lag kein Grund vor, ihn nicht auch unter die bevorzugten Aspiranten der florentinischen Kolonie aufzunehmen.

Der italienische Staat hat seit einigen Jahren die Ehrenpflicht erfüllt, die Bilder-sammlung von S. Maria Nuova zu erwerben, und das Triptychon des Hugo van der Goes, die Portraits der Portinari und des Pierantonio Baroncelli hängen jetzt zusammen mit anderen älteren Meisterwerken der nordischen Schule in éinem Saale der Uffizi. Fügt man das Jüngste Gericht in Danzig dieser Gruppe von Gemälden hinzu, die die Florentiner in Brügge dem weltberühmten Hospital ihrer Vaterstadt (von Folco[6]) Portinari 1289 gegründet) weihten, so erhält man trotz der verhältnismäfsig geringen Anzahl einen starken und überraschend einheitlichen Eindruck von dem unbefangenen Kunstverständnis, das jene Italiener nordischer Art entgegenbrachten.

---

ein junger Florentiner in Brügge. Die Identifikation derartiger Bildnisse ist durch die Un-kenntnis der Provenienz sehr erschwert, die ja leider oft absichtlich verschleiert wird. Darum wäre ich für jede Angabe von Bildnissen dieser Zeit, insofern sie durch Wappen oder Her-kunft bestimmbar wären, sehr dankbar.

[1]) Vergl. Abb. 9 und 10, dem Petrus Cristus zugeschrieben, was schon wegen der nach 1489 anzusetzenden Anfertigung unwahrscheinlich ist, eher: Schule des Hugo van der Goes.

[2]) Drei rote schräglinke Balken im weifsen Felde (vergl. das Wappen auf den Gräbern des Bandini Baroncelli in S. Croce).

[3]) Vergl. Migl., Zib. 141, p. 376 nach D. 140, p. 16: 1489 Pierant.s Guasparrj Pieri Bandinj Gardellis (sic) Maria Simonis Gagliardi de Boncianis.

[4]) An entlegener Stelle in den Delizie degli Eruditi Toscani, vol. XVII, p. 200 f. Er gehört dem anderen Bandini-Zweige der Familie Baroncelli an.

[5]) Jahrb. d. kunsthist. Samml. d. Allerh. Kaiserh. I (1883), p. XXV.

[6]) Auch Tommaso hat dem Spital 1472 und 1488 Zuwendungen gemacht (vergl. Ms. Ricc. 2009).

Auf dem Danziger Triptychon sammeln sich unter dem Schutze des Erzengels jene Mitglieder [1]) der florentinischen Kolonie als demütig hoffende nackte Sünder, die ungefähr um dieselbe Zeit, da Karl der Kühne Margarete von York heiratete, in roten und schwarzen kostbaren Seidengewändern einherstolziert waren; sechzig Fackelträger in blauer Livree und vier berittene Pagen in Silberbrokat gekleidet zogen ihnen voraus, hinter denen in der vornehmen Tracht eines Rates des Herzogs von Burgund Tommaso Portinari erschien, der Konsul der Florentiner, den Zug der einundzwanzig paarweise schreitenden Kaufleute seiner Nation anführend; vierundzwanzig »Varlets«, hoch zu Rofs, beschlossen die Prozession.[2]) Wenige Jahre später erlag auf dem Schlachtfelde zu Nancy Karl der Kühne den Schweizer Bauern, bedeckt von jener sinnlosen, edelstein-strotzenden Pracht,[3]) die seine italienischen Geldgeber und Stofflieferanten ihm beschafft hatten und deren Reste sie sich später als nicht einmal vollständig ausreichendes Faust-pfand seiner entschwundenen Herrlichkeit zu sichern verstanden. Wer von so routinierter Hantierung mit irdischen Schätzen lebt, scheint seiner Natur und seinem Berufe nach nicht dazu gestimmt, als armer Büfser in der Seelenwage zu figurieren. Die Frage liegt nahe, wie denn gerade jene Italiener, die Erreger und Vermittler luxuriösen internationalen Getriebes und geborene virtuose Mimiker des festlich bewegten Lebens und stofflicher Schaustellung,[4]) zu ihrem wirklich inneren Verständnis für die eigenartige Physiognomik nordischer Andachtsbilder kamen.

Neigte sie etwa ein überfeines ästhetisches Formgefühl, ihre skeptische Weltlich-keit in dem angemesseneren Stil frommer flandrischer Einfalt auftreten zu lassen? Das indirekte Vergnügen an derartiger selbstgefälliger Bespiegelung mag sich gelegentlich als unwesentliches Begleitgefühl eingestellt haben, ein mit ursprünglicher Kraft treiben-des Motiv war es für den florentinischen Auftraggeber nicht, der noch »primitiv« genug war, um vom Stifterportrait vor allem unverkennbare Ähnlichkeit zu fordern; denn nur durch unzweifelhafte persönliche Erkennbarkeit erfüllte das Donatorenbildnis nächst-liegenden Zweck, die Weihegabe, wie ein Siegel, zu beglaubigen. Es kam hinzu, dafs gerade die Florentiner noch jene eigentümliche heidnische Sitte der Wachsvotiv-figuren hegten, die eben durch die deutlichste und handgreiflichste Nachbildung der äufseren Erscheinung jene geheimnisvoll wirkende Identität zwischen Stifter und Eben-bild herstellen sollte. Diese eigenartige Praxis wirkte noch verstärkend auf die augen-fällige Ähnlichkeit anstrebende Geschmacksrichtung florentinischer Auftraggeber ein, denn die Votofigur mufste selbst aus weiter Ferne mit der zähen Selbstverständlich-keit eingewurzelten Aberglaubens funktionieren; auch in Brügge vergafs man nicht, sich der heimatlichen SS. Annunziata im wächsernen Faksimile weihen zu lassen,[5])

---

[1]) Die nächste Umgebung der Medici-Filiale bildeten damals aufser Angelo Tani und Tommaso Portinari: Rinieri Ricasoli und dessen Bruder Lorenzo, Cristofano di Giovanni Spini als juristischer Beirat und Tommaso Guidetti; aufserdem hatten die de Rabatta, Frescobaldi, Salviati, Strozzi, Martelli, Gualterotti, Carnesecchi, Pazzi u. a. m. in Brügge ihre Vertreter, deren Namen ich anführe, um die Identifikation bisher unbekannter Portraits an Wappen oder Devisen zu erleichtern (vergl. auch die Namensliste des Dei bei Pagnini a. a. O. II, p. 303).

[2]) Vergl. Olivier de la Marche, Mémoires Beaune und d'Arbaumont, III, p.113 und IV, p.104.

[3]) »»Or, dit Martial d'Auvergne, on s'harnachoit d'orfèvrerie«, expression heureuse pour rendre cette surcharge excessive et ridicule.«« (Delaborde, a. a. O. p. XXI.)

[4]) Die Florentiner nannte schon Papst Bonifaz VIII.: »das fünfte Element«. Als »festaiuoli« waren sie weltberühmt.

[5]) Alessandra Strozzi weiht das Wachsbildnis ihres Sohnes Lorenzo der Annunziata, als er sich 1452 in Brügge bei dem ihm so oft verbotenen Ballspiel nur »Arm gebrochen hatte;

und wenn die Florentiner in Brügge sich zusammen auf Memlings Jüngstem Gericht im Portrait anbringen liefsen, so brachten sie sich eben, ähnlichen Regungen trieb-mäfsig folgend, dem schützenden Erzengel im gemalten Votivbildnisse dar.

Der flandrische Stil bot durch seine eigenartige geschickte Mischung von innerer Andacht und äufserer Lebenswahrheit das praktische Ideal eines Stifterbildnisses. Da-bei begannen die Menschen im Bilde doch schon, sich als individuelle Geschöpfe vom kirchlichen Hintergrunde zu lösen, aber ohne umstürzlerische Manieren, einfach durch einen natürlichen, von innen heraus kommenden Wachstumsprozefs, weil »der Mensch noch mit der Welt auf einem Stamm geimpft blühte«;[1]) während die Hände des Stifters noch das übliche Gebärdenspiel des Selbstvergessenen, schutzflehend auf-wärts Blickenden bewahren, richtet sich der Blick schon träumerisch oder beobachtend in irdische Fernen. Die weltzugewandte Persönlichkeit klingt gleichsam übertönig mit, und aus der Mimik des religiös ergriffenen Beters entwickelt sich von selbst die typische Physiognomik des selbstbewufsten Zuschauers. Dämmert in Memlings Bildnissen das Gefühl des eigenen selbständigen Wesens auch nur erst als träumerische Versonnenheit auf, so läfst bei der Goes Tommaso so sachlich und klar in die reale Wirklich-keit herausblicken, dafs zu der inneren Anspannung die unthätig gefalteten Hände stilistisch nicht recht passen wollen. So klingt in der feinen Nuance gesteigerten Selbstgefühls nur als vage persönliche Stimmung des portraitierten Italieners heraus, was die porträtierenden flandrischen Künstler eben als beherrschende, unmittelbar schöpferisch gestaltende Grundkraft ihrer Weltanschauung erfüllte: intensiv eindringende beobachtende Aufmerksamkeit. Die drei staunenden Hirten auf dem Triptychon des Hugo van der Goes sind bekanntlich zum überlegenen Vorbild für die drei italienischen Hirten auf jener Anbetung geworden, die Domenico Ghirlandajo 1485 für die Kapelle des Francesco Lassetti malte, nicht nur, weil der nordische Realismus das Wirkliche und Einzelne überzeugender vortäuschte, sondern weil das Abbild dieser ganz im Schauen aufgehenden Menschen in unbewufster Symbolik jene selbstvergessen beob-achtende Unbefangenheit verkörperte, in der die Flandrer den antikisch gebildeten und rhetorisch veranlagten Italienern innerlich überlegen waren.

Die von den Bildern, welche die Vertreter der Medici in Brügge in ihre Heimat entsandten, ausgehende künstlerische Eigenart mufste daher so lange vertiefend auf die italienische Malerei einwirken, wie die allgemeine Kunstentwickelung eine verstärkte rezeptive Aufmerksamkeit und schärfere Einzelbeobachtung verlangte und vertrug, bis die italienischen »Adler«[2]) ihren Flug wagten, um sich zur höheren Welt der idealen Formen aufzuschwingen.

Die kunstverständigen Florentiner in Brügge wufsten aber auch die Ausdrucks-fähigkeit nordischer Kunst nach einer anderen, dem ernsthaften Andachtsbild und Portrait ganz entgegengesetzten Richtung zu schätzen, denn flandrische Leinwandbilder, Szenen der eleganten Gesellschaft oder des drastisch volkstümlichen Treibens vor-stellend, Vorläufer der niederländischen Genre- und Stilllebenmalerei, hatten sich als billiger Ersatz für den kostspieligen höfischen Arazzo schon seit der Mitte des XV. Jahr-hunderts in florentinischen Wohnungen eingebürgert. Woher diese panni fiandreschi stammen, wie man sie sich vorzustellen hat und wo sie angebracht zu werden pflegten, soll in der nächsten Studie zu veranschaulichen versucht werden.

---

ebenso läfst sie 1459 die Votofigur ihres in Neapel verstorbenen Sohnes Matteo anfertigen (vergl. Lettere a. a. O. p. 129 und p. 197; vergl. auch Warburg, Bildniskunst und florentinisches Bürgertum, 1902, I, p. 29 über die Voti der SS. Annunziata in Florenz).

[1]) Aus Jean Pauls Vorschule der Ästhetik.

[2]) Vergl. die Michelangelo zugeschriebenen Worte über flandrische Malerei bei Francisco de Hollanda ed. Joaquim de Vasconcellos, 1899, p. 29—35.

MEMLING

BILDNIS DES JACOPO TANI

VOM DANZIGER ALTARBILDE

Dr. A. Warburg
Dürer und die italienische Antike.

Die Hamburgische Kunsthalle bewahrt in ihrem Schatze alter
Handzeichnungen und Kupferstiche zwei berühmte Darstellungen
vom „Tod des Orpheus": eine Handzeichnung Albrecht Dürers aus
dem Jahre 1494 und dazu den bisher nur in diesem einzigen
Exemplare bekannten, aus dem Kreise Mantegnas stammenden
anonymen Kupferstich, welcher Dürer als Vorlage gedient hat.
Die zufällige Tatsache dieses hamburgischen Besitzes allein würde
mich indessen nicht veranlaßt haben, diese beiden Blätter, die ich
auch im Auftrage des Ortskomitees in Nachbildungen überreichen
darf[1]), hier zum Ausgangspunkte eines Vortrages zu machen; zu
diesem bestimmt mich vielmehr die Überzeugung, daß diese beiden
Blätter als Aktenstücke zur Geschichte des Wiedereintritts der
Antike in die moderne Kultur noch nicht erschöpfend interpretiert
sind, insoweit sie einen bisher unbeachteten doppelseitigen Einfluß
der Antike auf die Stilentwickelung der Frührenaissance offenbaren.

Durch die immer noch nachwirkende einseitig klassizistische
Doktrin von der „stillen Größe" des Altertums von einer gründ-
licheren Betrachtung des Materials abgelenkt, hat man nämlich
bisher nicht genügend hervorgehoben, wie deutlich der Kupferstich
und die Zeichnung darauf hinweisen, daß schon in der zweiten
Hälfte des 15. Jahrhunderts die italienischen Künstler in dem
wiederentdeckten Formenschatz der Antike ebenso eifrig nach Vorbildern für pathetisch gesteigerte Mimik wie für klassisch ideali-
sierende Ruhe suchten. Um dieses erweiternden Ausblicks willen
schien mir ein kunsthistorischer Kommentar zum „Tod des Orpheus"
der Mitteilung wert vor einer Versammlung von Philologen und
Schulmännern, für die ja die Frage nach dem „Einfluß der Antike"
seit den Tagen der Renaissance nichts von ihrer besonderen schwer-
wiegenden Bedeutung verloren hat.

Zur Veranschaulichung dieser pathetischen Strömung im Einfluß der wiedererwachenden Antike gibt nun der „Tod des Orpheus"
nach verschiedenen Richtungen hin einen festen Ausgangspunkt.
Zunächst läßt sich, was bisher übersehen wurde, nachweisen, daß

---

1) Der „Tod des Orpheus". Bilder zu dem Vortrag über Dürer
und die italienische Antike. Den Mitgliedern der archäologischen
Sektion . . . . . . überreicht von A. Warburg. 3 Tafeln in Großfolio.
Exemplare stehen Fachgenossen auf Wunsch noch zur Verfügung.
Der Vortrag soll erweitert einem später erscheinenden Buche über
die Anfänge selbständiger weltlicher Malerei im Quattrocento angehören.

der Tod des Orpheus, wie er auf dem italienischen Kupferstiche erscheint, in der Tat als von echt antikem Geiste erfüllt anzusehen ist, denn die Komposition geht, wie der Vergleich mit griechischen Vasenbildern (vgl. Tafel I Fig. 1, 2 und 3 cf. Roscher, M. L., Orpheus, Abb. 10, 11) lehrt, unzweifelhaft auf ein verloren gegangenes antikes Werk zurück, das den Tod des Orpheus oder etwa den Tod des Pentheus darstellte. Die typische pathetische Gebärdensprache der antiken Kunst, wie sie Griechenland für dieselbe tragische Szene ausgeprägt hatte, greift mithin hier unmittelbar stilbildend ein.

Derselbe Vorgang läßt sich auf einer Zeichnung aus dem Kreise der Pollajuoli in Turin beobachten, worauf mich Prof. Robert hinwies: Ein Mann, der dem hingesunkenen Feind den Fuß auf die Schulter setzt und ihn am Arme packt, ist offenbar der Agave nachgebildet, wie sie auf dem Sarkophag in Pisa in dionysischem Wahnsinn Pentheus, ihren Sohn, zerreißt. Auch andere, ganz verschiedenartige Kunstwerke mit Bildern vom Tode des Orpheus, wie z. B. das oberitalienische Skizzenbuch (im Besitz von Lord Roseberry), die Orpheus-Teller der Sammlung Correr, eine Plakette im Berliner Museum und eine Zeichnung (Giulio Romano [?]) im Louvre zeigen fast völlig übereinstimmend, wie lebenskräftig sich dieselbe archäologisch getreue Pathosformel, auf eine Orpheus- oder Pentheusdarstellung zurückgehend, in Künstlerkreisen eingebürgert hatte; vor allem beweist dies aber der Holzschnitt zur Venezianischen Ovidausgabe von 1497, der Ovids dramatische Erzählung vom tragischen Ende des Sängers begleitet, da diese Illustration gleichfalls, vielleicht in unmittelbarem Anschluß an den oberitalienischen Kupferstich, auf dasselbe antike Original zurückgeht, das sogar in seiner vollständigeren Fassung — vgl. die von vorn gesehene Maenade — vorgelegen zu haben scheint. Hier ertönt zum Bild die echt antike, der Renaissance vertraute Stimme, denn daß der Tod des Orpheus nicht nur ein rein formal interessantes Ateliermotiv, sondern ein wirklich im Geiste und nach den Worten der heidnischen Vorzeit leidenschaftlich und verständnisvoll nachgefühltes Erlebnis aus dem dunkeln Mysterienspiel der Dionysischen Sage war, beweist das früheste italienische Drama Polizians, sein in ovidianischen Weisen sprechender „Orfeo“, der 1472 in Mantua zuerst aufgeführt wurde. Dadurch empfängt der „Tod des Orpheus“ seinen nachdrücklichen Akzent, denn in diesem tragischen Tanzspiel, dem Erstlingswerk des berühmten florentinischen Gelehrten, trat das Leiden des Orpheus unmittelbar dramatisch verkörpert und im Wohlklang der eigenen italienischen Sprache eindringlich redend

vor die Sinne der Renaissancegesellschaft in Mantua, der eben
jener anonyme Kupferstecher den „Tod des Orpheus" im Bilde
vor Augen geführt hatte. Mantua und Florenz treffen hier in
ihrem Versuche zusammen, die echt antiken Formeln gesteigerten
körperlichen oder seelischen Ausdrucks in den Renaissancestil bewegter Lebensschilderung einzugliedern. Die Florentiner unter Polizians Einfluß gelangen hierbei, wie Botticellis Werke und vor
allem einige Hochzeitstruhen des Jacopo del Sellaio (Taf. I Fig. 4)
die Legende von Orpheus nach Polizian schildernd beweisen, zu
einem unausgeglichenen Mischstil zwischen realistischer Natur-
beobachtung und idealisierender Anlehnung an berühmte antike

Der Tod des Orpheus.
Verkleinerter Holzschnitt nach Ovids Metamorphosen, 1497.

Muster in Kunst und Dichtung. Antonio Pollajuolo dagegen schafft
sich im Geiste Donatellos einen einheitlicheren antikisierenden Stil
durch seine überlebendige Muskelrhetorik, die im bewegten nackten
Körper sich verkündet. Zwischen Polizians zierlichen Beweglichkeiten und Pollajuolos vehementem Manierismus steht das heroische
theatralische Pathos, mit dem sich Mantegnas antike Gestalten
vortragen.

Mantegna und Pollajuolo sind aber nun zu gleicher Zeit wie
der „Tod des Orpheus" ebenfalls vorbildlich an Dürer herangetreten:
er kopierte 1494 Mantegnas Bacchanal mit dem Silen und den
sog. Tritonenkampf, und zeichnete 1495 auch zwei frauenraubende
nackte Männer, die ohne Zweifel auf eine verlorene Vorlage Antonio

Pollajuolos zurückgehen. Für Dürers Auffassung vom heidnischen
Altertum gewinnen diese vier Pathosblätter aus den Jahren
1494 und 1495 deshalb eine prinzipielle Bedeutung, weil Dürer
nach diesen Vorlagen jene Figuren bis ins einzelne ausführte, die
auf einem seiner frühesten mythologischen Kupferstiche (B. 73),
den man fälschlich Herkules nennt, erscheinen. Wahrscheinlich
liegt eine humanistische Version der Legende von Zeus und Antiope
zugrunde; am zutreffendsten aber ist die alte Bezeichnung von
Bartsch: „Die Eifersucht", denn Dürer wollte eben vor allem ein
antikisches Temperamentsbild geben und hierbei in Übereinstimmung mit den Italienern, der Antike das gebührende stilbildende Privilegium in der Darstellung mimisch gesteigerten
Lebens einräumen. Daher kam auch jene affektierte Lebendigkeit
in einem der frühesten mythologischen Holzschnitte Dürers, der den
Zorn des „Ercules" darstellt (B. 127). Seitdem 1460 die Pollajuoli
die Taten des Herkules auf großen Leinwandbildern in den Palast
der Mediceer als Wandschmuck eingefügt hatten, war Herkules zum
idealisierten Symbol entfesselter Übermenschlichkeit geworden, und
deshalb findet auch 1506 ein Herkules des Pollajuolo als Vorbild
seinen Weg in Dürers Leinwandbild „Herkules und die Harpyien"
in Nürnberg.

Obgleich also auf dem Kupferstich „Die Eifersucht" keine Figur
die Originalerfindung Dürers ist, bleibt der Stich in einem höheren
Sinne doch Eigentum Dürers; denn wenn auch Dürer die moderne
Ästhetenangst um die Selbständigkeit des eigenen Individuums
fern lag und ihn kein Artistendünkel hinderte, das Erbe der
Vergangenheit durch Neuerwerb zu seinem eigensten Besitz zu
machen, so setzte er doch der paganen südlichen Lebhaftigkeit den
instinktiven Widerstand seiner bodenständigen Nürnbergischen Gelassenheit entgegen, die sich seinen antikisch gestikulierenden Figuren
wie ein Oberton ruhiger Widerstandskraft mitteilt.

Aber das Altertum kam ihm ja auch durch Italiens Vermittelung
nicht nur dionysisch anstachelnd, sondern auch apollinisch abklärend
zu Hilfe: Der Apollo von Belvedere schwebte ihm vor Augen, als
er nach dem Idealmaß des männlichen Körpers suchte, und an
Vitruvs Proportionen verglich er die wirkliche Natur. Dieses
faustische Grübeln über das Maß hat Dürer mit steigender Intensität zeit seines Lebens in Bann gehalten; dagegen hat er bald
an jenem barocken antikischen Bewegungsmanierismus keinen Gefallen mehr gefunden. Die Italiener fanden 1506, als er in
Venedig war, sein Werk nicht „antikisch Art, und darum sei es
nit gut"; daß den jüngeren Venezianern in demselben Jahre, wo

Lionardo und Michelangelo in ihren Reiterschlachten das heroische
Kämpferpathos kanonisierten, etwa eine Figur wie Dürers „Großes
Glück" als nüchterner Versuch, dem Geiste ihrer Antike wesens-
fremd, vorkommen mußte, erscheint uns selbstverständlicher, als es
Dürer erscheinen mußte, der gerade diese Figur nicht nur nach
Vitruvischem Maß konstruiert hatte, sondern auch — eine er-
staunliche durch Giehlow[1]) entdeckte Tatsache — durch die Ge-
stalt der Nemesis ein lateinisches Gedicht Polizians bis in alle
Einzelheiten illustrierte.

Was aber die Italiener vermißten, das dekorative Pathos, das
wollte Dürer selbst damals ganz bewußt nicht mehr; so erklärt sich
wohl auch jene Stelle in demselben Briefe Dürers: „Und das Ding,
das mir vor eilf Johren so wol hat gefallen, das gefällt mir itzt
nüt mehr. Und wenn ichs nit selbs säch, so hätte ichs keim Anderen
geglaubt." Das Ding vor 11 Jahren war eben, meiner Meinung
nach, die ich später noch ausführlicher begründen werde, jene
Reihe gestochener italienischer Pathosblätter, die er 1494/95 in
dem Glauben kopieren mochte, daß dies die echte antikische Manier
der großen heidnischen Kunst sei.

Dürer gehörte füglich zu den Kämpfern gegen jene barocke
Gebärdensprache, zu der die italienische Kunst schon seit der
Mitte des 15. Jahrhunderts hindrängte; denn ganz fälschlich
sieht man in der Ausgrabung des Laokoon im Jahre 1506 eine
Ursache des beginnenden römischen Barockstils der großen Geste.
Die Entdeckung des Laokoon ist gleichsam nur das äußere
Symptom eines innerlich bedingten stilgeschichtlichen Prozesses
und steht im Zenit, nicht am Anfang der „barocken Entartung".
Man fand nur, was man längst in der Antike gesucht und deshalb
gefunden hatte: die in erhabener Tragik stilisierte Form für Grenz-
werte mimischen und physiognomischen Ausdrucks. So hatte z. B.
— um nur ein unbekanntes überraschendes Beispiel herauszugreifen —
Antonio Pollajuolo für die erregte Gestalt eines David (bemalter Leder-
schild in Locko Park) ein echt antikes Bildwerk, den Pädagogen der
Niobiden bis auf Einzelheiten des bewegten Beiwerks zum Vorbild
genommen, und als 1488 eine kleine Nachbildung der Laokoongruppe
bei nächtlichen Ausgrabungen in Rom gefunden wurde[2]), da bewunderten die Entdecker, ohne vom mythologischen Inhalt Notiz zu
nehmen, in heller künstlerischer Begeisterung den packenden Ausdruck der leidenden Gestalten und „gewisse wunderbare Gesten"

---

1) Mitteilungen d. Gesellschaft f. vervielfältig. Kunst (1902) S. 25.
2) Vgl. Jak. Burckhardt, Beiträge S. 351.

(certi gesti mirabili); es war das Volkslatein der pathetischen Gebärdensprache, das man international und überall da mit dem Herzen verstand, wo es galt, mittelalterliche Ausdrucksfesseln zu sprengen.

Die „Bilder zum Tode des Orpheus" sind somit wie ein vorläufiger Fundbericht über die ersten ausgegrabenen Stationen jener Etappenstraße anzusehen, auf der die wandernden antiken Superlative der Gebärdensprache von Athen über Rom, Mantua und Florenz nach Nürnberg kamen, wo sie in Albrecht Dürers Seele Einlaß fanden; Dürer hat diesen eingewanderten antikischen Rhetorikern zu verschiedenen Zeiten verschiedenes Recht zugestanden. Keinesfalls darf man im Geiste der älteren kriegspolitischen Geschichtsauffassung diese stilpsychologische Frage mit einem: „entweder Sieger oder Besiegter" bedrängen.   Durch eine derartige gröblich befriedigende Schlußformel mag sich immerhin heroenverehrender Dilettantismus lästigen Einzelstudien über Abhängigkeiten der großen Individuen entziehen; es entgeht ihm freilich damit das weittragende stilgeschichtliche, bisher allerdings kaum formulierte, Problem vom Austausch künstlerischer Kultur zwischen Vergangenheit und Gegenwart, zwischen Norden und Süden im 15. Jahrhundert; dieser Vorgang läßt nicht nur die Frührenaissance als Gesamtgebiet europäischer Kulturgeschichte klarer begreifen, er enthüllt auch bisher ungewürdigte Erscheinungen zu allgemeinerer Erklärung der Kreislaufvorgänge im Wechsel künstlerischer Ausdrucksformen.

Der TOD des ORPHEUS

Bilder zu dem Vortrag über

DÜRER

und die

Italienische ANTIKE.

Den Mitgliedern
der
archaeologischen Sektion der
48. Versammlung Deutscher
Philologen und Schulmänner
zu Hamburg im Oktober 1905

überreicht von

A. Warburg.

VERZEICHNIS DER TAFELN:

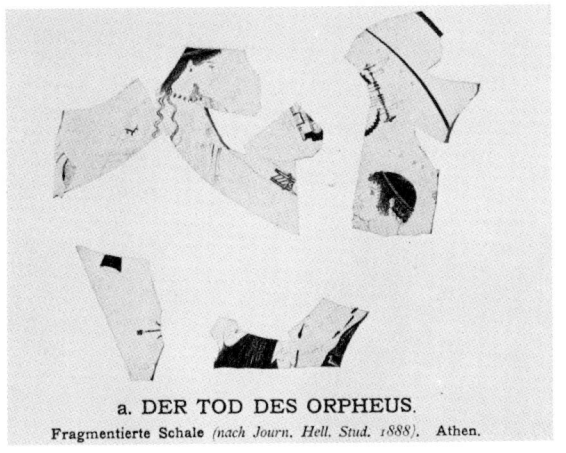

a. DER TOD DES ORPHEUS.
Fragmentierte Schale *(nach Journ. Hell. Stud. 1888)*. Athen.

b. DER TOD DES ORPHEUS.
Vase aus Nola. Louvre, Paris.

c. DER TOD DES ORPHEUS.
Vase aus Chiusi *(nach Annali 1871. Tav. d'agg. K.)*.

d. ORPHEUS UND EURYDIKE.
Truhe gemalt von Jacopo del Sellaio. Privatbesitz, England.

TAFEL I.

Warburg, Bilder zum Tod des Orpheus

Der Tod des Orpheus
Oberitalienischer Kupferstich
Hamburg, Kunsthalle

TAFEL II.

Der Tod des Orpheus
Albrecht Dürer, Handzeichnung
Hamburg Kunsthalle

TAFEL III.

FRANCESCO SASSETTIS LETZTWILLIGE VERFÜGUNG

VON ABY WARBURG

Im Jahre 1600 stellte Francesco di Giovambattista Sassetti seine Notizie über die Geschichte seiner Familie zusammen; seiner Vorfahren Aufzeichnungen, die bis in die Mitte des 13. Jahrhunderts zurückreichten, lagen ihm vor, sowie ein Stammbaum, den schon ein Vetter seines Urgroßvaters, Paolo d'Alessandro (gest. 1400) angelegt hatte.[1] Die „antichità e nobiltà" seiner vermögenden Vorfahren mußte den verarmten und einflußlosen Nachkommen zwiespältig berühren: bedrückend durch den Gegensatz von Einst und Jetzt, und doch zugleich ermutigend durch die seit zehn Generationen erprobte Lebenstüchtigkeit seines patrizischen Geschlechtes, das sich der launischen Fortuna des fahrenden Kaufmanns unverzagt anzuvertrauen gewohnt war. „Non son' atto da disperarmi",[2] schrieb sein Bruder Filippo 1582 aus Cochin, als er endlich nach siebenmonatlicher gefahrvoller Reise angekommen war. Dort gelang es ihm, als königlich portugiesischer Pfefferagent ein stattliches Vermögen zu erwerben und dazu das höhere Gut neuer, mit staunenswerter Unbefangenheit verarbeiteter Eindrücke zu gewinnen. Seine Briefe aus Indien, ein unvergängliches Erbe des florentinischen Geistes, erwiesen sich dauerhafter, als die erworbenen Reichtümer, die er bei seinem Tode 1588 seiner florentinischen Familie hinterließ; nur der zehnte Teil kam in die Hände seines unpraktischen Bruders Francesco, dem aber auch eine größere Summe schwerlich zu wirtschaftlichem Aufschwung verholfen hätte. Er mußte weiter „von Träumen leben",[3] indem er sich, alte Schriften durchblätternd und excerpierend, an der vergangenen Größe seiner Vorfahren aufrichtete. Am imposantesten stand die Gestalt seines Urgroßvaters Francesco di Tommaso (1421—1490), vor seinen Augen wieder auf, dessen eigene Erinnerungen, ergänzt durch zeitgenössische Urkunden, der Urenkel pietätvoll bewahrte und studierte.

Durch dessen Angaben geführt, gelang es mir nach und nach, einige jener Urkunden und Aufzeichnungen wieder aufzufinden, von denen ich heute die bisher unbekannte letztwillige Verfügung des Francesco Sassetti veröffentlichen werde, die er 1488 seinen Söhnen hinterließ, als er eine Reise nach Lyon antreten mußte.

Dieses Dokument gewinnt eine für die Psychologie des gebildeten Laien der florentinischen Frührenaissance aufklärende Bedeutung, wenn man zunächst aus den darin enthaltenen kunsthistorischen Angaben Francesco seelisch zu begreifen versucht. Die Notizie geben dabei durch ihre Fülle unverwerteter zuverlässiger Einzeltatsachen den ersten sicheren Rückhalt; ich schicke deshalb des Urenkels Biographie voraus,[4] die uns zugleich die Gesamtpersönlichkeit deutlich vor Augen stellt, wenn auch mit mehr Sinn für das kostbare Material dieses Lebensaufbaues, als für dessen feine innere Architektur:

„Francesco, il minore figliolo di Tommaso di Federigo, dal quale io discendo, nacque a' 9 di marzo 1420.[5] Fu uomo di gran virtù e valore in sua gioventù, e su circa il 1440 andò in Avignone nelle faccende di Cosimo de' Medici, che fù chiamato Padre della Patria, dove si portò di maniera, che in capo a poco tempo lo messano compagno, e poco appresso gli dettano il nome con uno de' Rampini, e poi con Amerigo Benci. Morto Cosimo, successe Piero suo figliolo, con il quale continuò nel medesimo servizio. Poi, morto ancora Piero, successe il Magnifico Lorenzo suo figliolo, con il

137

quale il nostro Francesco ebbe tanta familiarità, che li confidò tutto lo stato suo interamente, di maniera che, quanto a'negozi, non si faceva se non quanto disponeva e voleva Francesco. Et essendo occorso che li negozi che si facevano in Avignone, si trasferirno a Lione sul Rodano, qui ancora si condussano quelli de' Medici, e di molti anni cantorono in Lorenzo de' Medici e Francesco Sassetti, e al governo assoluto di Francesco, il quale l'anno 57 o 58 sopra il 1400 se ne tornò a Fiorenza, lasciando li medesimi negozi e nomi. E non solamente si negoziava a Lione, ma qui in Fiorenza e a Roma e a Milano e a Bruggia in Fiandra si negoziava con li medesimi nomi, al governo di vari ministri, li quali tutti, d'ordine e volontà del Magnifico Lorenzo, riconoscevano Francesco nostro per principale, e a lui davano conto e ragguaglio del tutto: e con questi tanti maneggi et occasioni aveva fatto grandissime facultà; di maniera che in quei tempi la sua si contava per una delle prime ricchezze di Fiorenza.[6] Ma perchè nulla in questo mondo è stabile, quella fortuna che per spazio di 40 o più anni l'aveva sempre favorito e prosperato, non solo l'abbandonò, ma ancora se li mostrò contraria, essendo a Lione et in Fiandra, per colpa de' ministri,[7] seguito di molti disordini e danni gravissimi, con avere messo lo stato istesso de' Medici in grandissimo pericolo: di maniera che il povero Francesco, l'anno 1488, di sua età 68, fu necessitato, per riparare a tanto disordine, andare a Lione quasi che in posta, dove il rimedio non potette essere senza scapitare grossamente delle facultà per avanti guadagnate. Tornato in Fiorenza di Lione, poco sopravvisse, chè morì l'anno 1491.[8] Fu uomo molto conosciuto e stimato et amato generalmente da ogni sorte di persone, così in Fiorenza come in altre parte dove li occorse farsi conoscere; e con il Marchese di Monferrato[9] tenne stretta familiarità e amicizia, e tale che volse battezzarli il suo primo figliolo, che dal suo nome fu chiamato Teodoro. Con molti gentiluomini bolognesi ebbe familiarità e grand' amicizia, li quali generalmente nel passare che facevano per Fiorenza, sempre da lui erano accarezzati, alloggiati in casa sua, e magnificamente trattenuti e pasteggiati. Nè questo faceva con uno o due amici particolari, ma generalmente con tutti: per il che vi era in universale tanto amato, che l'anno 1484, a' 9 di giugno, per publico decreto di quel Senato lo crearono loro cittadino, lui e suoi descendenti in perpetuo, abilitandolo a tutti gli onori e dignità della loro città, come cittadino originario di essa, e gliene mandorono il decreto in amplissima forma sino in Fiorenza; il quale si conserva in casa mia, in carta pecora, in una conserva di stagno. Tornato in Fiorenza l'anno 1468 per ripatriare, tolse moglie madonna Nera de' Corsi[10] della quale ebbe X figlioli, cioè 5 masti e 5 femmine: cioè Vaggia che fu moglie d'Antonio Carnesecchi; Lisabetta moglie di Gio. Batista de' Nerli, e poi d'Antonio Gualterotti; Sibilla moglie d'Antonio Pucci, che fu madre del cardinale Pucci; Violante moglie di Neri Capponi; Lena moglie di messer Luca Corsini. Li masti si addomandarono Teodoro [1460—1479], Galeazzo [1462—1513], Federigo [1472—1490], Cosimo [1463—1527], Teodoro[11]; e d'un'altra donna n'ebbe un naturale, il quale chiamò Ventura. Fu il detto Francesco uomo splendido, onorevole, e liberale. Tornato in Fiorenza, non intermettendo la cura de' negozi attese alla cura particolare della sua casa e famiglia, cercando di lasciarla in quel buon grado che debbe fare ogni onorato e buon padre di famiglia. Ne' governi pubblici fu assai adoperato, e, dal Gonfaloniere di Giustizia in poi, ebbe tutti li supremi onori e magistrati della città; e nella borsa del Gonfaloniere era imborsato, ma non uscì mai, come lui stesso testifica in un suo ricordo che fa del corso di sua vita, che appresso di me si conserva.[12] Fece di belli acquisti di beni stabili. Al canto de' Pazzi comprò una bella e co-

Nera Sassetti.
Aus d. Fresko von Domenico Ghirlandajo.
Florenz, S. Trinita. Phot. Alinari.

Francesco Sassetti.
Aus d. Fresko von Domenico Ghirlandajo.
Florenz, S. Trinita. Phot. Alinari.

moda casa, dove egli abitò gran tempo; e credo che sia quella che oggi è di messer Lorenzo Niccolini. Poi ne comperò un'altra più comoda nella via larga da' legnaioli di S. Trinita, che è quella che oggi è de' figlioli di Simone Corsi; e in processo di tempo comperò quasi tutte l'altre case quivi intorno verso li Tornaquinci sino a quelle della Vigna; e dalla banda di dietro comperò il sito dell' osteria dell' Inferno, con altre case quivi all' intorno; e dalli ufiziali della Torre comperò quella viuzza senza riuscita che, uscendo di sotto le vôlte di S. Trinita, si dà all' uscio di dietro della sua casa, che oggi è de' Corsi, e si chiamava il Chiasso de' Sassetti. E ancora nel ceppo delle case antiche de' Sassetti fra' ferravechi,[13] fece qualche acquisto, rimettendo in casa alcuni membri di detti casamenti, che per avanti n'erano usciti. Oggi di tutti questi acquisti non resta ne' suoi descendenti altro che una casa in Parioncino; di rimpetto alle vôlte di S. Trinita, e due stanze nel ceppo delle case antiche fra' ferravecchi, che sono de' descendenti de Galeazzo suo figliolo: l'altre tutto sono uscite di casa o per vendita o per dote o per altri accidenti, come occorre. Costavano tutte queste case, salvo quella del canto de' Pazzi, che la rivendè il medesimo Francesco in vita sua, come si trova per alcuni suoi ricordi, circa fiorini ottomila. Oltre a dette case, si vede avere speso altri tredici o sedicimila fiorini in altri beni stabili in diversi luoghi, come a Montui, Nuovoli, Gonfienti e Val di Bisenzio;[14] de' quali beni oggi ne resta in casa la minor parte. E perchè era persona magnifica et onorevole, stava in casa splendidamente, e fornito di masserizie et altri abbigliamenti, forse più di quanto comportava lo stato e grado suo: a tal che si trova (per un calculo che fece dello stato suo l'anno 1472, registrato a un suo quadernuccio[15] coperto di cartapecora) che in quell' anno si trovava tra la casa di Fiorenza e quella di villa, masserizie per il valore fiorini 3550: panni per il vestire suo e della moglie e de' figlioli, per fiorini 1100: argenti in vasella per uso di casa per fiorini 1600: gioie et orerie di più sorte per uso suo e della moglie e figliole, per fiorini 1750. E se bene non fu uomo di lettere, si dilettò con tutto ciò di tener pratica di persone letterate. Per il che tenne amicizia e pratica con Marsilio Ficino, Bartolomeo Fonzio[16] et altri litterati di quelli tempi; et aveva condotto in casa sua una libreria de' più stimati libri latini e volgari che in quelli tempi andassino in volta, e la maggior parte scritti in penna, che, come si vede per suoi ricordi,[17] li costavano meglio di fiorini 800. Murò in Francia e a Ginevra sul ponte del Rodano un Oratorio in onore di Nostra Donna, dove spese fiorini duemila; che oggi s'intende essere rovinato dalla rabbia e furore degli eretici.[18] Tornato in Fiorenza, fece edificare il palazzo di Montui, con spesa di fiorini dodicimila o di passo: fabbrica tanto bella e magnifica, che è reputata fra le belle di questo Stato; la quale ancor oggi ne serba il nome de' Sassetti, e della quale facendo menzione Ugolino Verini nel secondo libro del suo trattato De illustratione Urbis Florentiae, ne dice in questo modo:

Montuguas Saxetti si videris **aedes,**
Regis opus credes.[19]

Oggi è posseduto detto palazzo dal sig. Francesco Capponi, per compra fattane da Piero suo padre sino l'anno 1545. Di più, nella badia di Fiesole edificò e dotò una cappella, con figure bellissime di terretta.[20] E avendo disegnato di restaurare et abbellire l'altare e cappella maggiore di S. Ma. Novella, che era di giurisdizione di casa nostra, come è fatta menzione a dietro in questo al cap. 14; et avendone convenuto con li frati di detto convento per pubblico notaro, nominato ser Baldovini, sotto di 22 di febb. 1469, dando principio a mettere ad effetto detta sua intenzione, vi fece paramenti di broccato ricchissimi, con spesa di fiorini 300, come lui medesimo testifica in un suo ricordo: li quali paramenti sino a oggi sono conservati da' detti frati con gran diligenza, e messi in opera 4 o 5 volte l'anno nelle maggiori solennità. Venuto poi detto Francesco in disparere con li frati per conto di quello si doveva dipignere nella cappella, li detti frati non volsano mantenerli quello avevano convenuto, et allogorono il medesimo sito di capella a 'Tornabuoni; e Francesco nostro si gettò in S. Trinita, dove fece edificare la capella che vi è ora, e la fece dipignere a Domenico del Grillandaio; e da ogni banda dell' altare fece il ritratto suo e di madonna Nera sua donna. E per lui e per lei fece fare due cassoni di pietra di paragone, bellissimi; et in uno di esse fu sotterrato l'anno 1491, che si mori, e che a Dio piaccia aver ricevuto l'anima sua nella sua santa gloria."

Francescos Magnificenza in Besitz, Bildung und Stellung verspürte der Urenkel in ehrenvollen, materiell freilich allzu unwirksamen Nachklängen; in den pergamentenen Ehrendiplomen, die er in ihren Blechkapseln so sorgfältig hütete, konservierte er allerdings nur längst entwertete Anweisungen auf zeitgenössische Hochachtung; aber Sassettis berühmte Handschriftensammlung, die durch dessen Sohn Cosimo in die Bibliothek Laurenziana gekommen,[21] ehrte, ein achtunggebietendes Zeugnis erlesener humanistischer Sammlerbildung, auch noch den Nachkommen. Vor allem jedoch lebte die Figur seines Urgroßvaters, von Ghirlandajos Meisterhand im Bilde festgehalten, auf den Fresken der Kapelle in S. Trinita fort; als Typus eines führenden Mannes im

Zeitalter der Mediceischen Republik prägte sich Francesco der Nachwelt deutlich genug ein: neben ihm erscheint der mächtigste Mann seines Zeitalters, Lorenzo Magnifico selbst, der zusammen mit seinen Kindern dem durch drei Generationen bewährten Freund und Kompagnon des Mediceischen Hauses noch über den Tod hinaus die Zusammengehörigkeit der Sassetti und Medici feierlich bestätigt.[22]

Die in den Notizie enthaltenen Nachrichten über das Patronatsverhältnis Francescos zu dieser Kapelle sind nun trotz ihrer urkundlich begründeten Deutlichkeit bisher nach keiner Richtung genügend gewürdigt worden. Die Tatsache, daß Francesco seine Grabkammer in S. Trinita erst errichtete, nachdem er in einem Konflikt mit den Mönchen von S. Maria Novella seinen Kunstgeschmack nicht hatte durchsetzen können, erscheint allerdings mehr kirchenrechtlich als kunstgeschichtlich interessant. Indessen wird Francescos Streitbarkeit in dieser Ausschmückungsangelegenheit zu einer er- klärungsbedürftigen Äußerung ungewöhnlich charaktervollen Kunstsinnes, wenn man sich vergegenwärtigt, welche schwer empfundenen Opfer geistiger und materieller Art Sassetti der Durchführung seiner individuellen Kunstanschauung bringen mußte.

Abgesehen davon, daß er seine altangestammte Familiengrabstätte in S. Maria Novella aufgeben mußte, wo nunmehr dem bereits fertigen Grabmal seines Vaters Tommaso kein Platz mehr gewährt wurde, verlor er mit dem so eifrig und opferwillig erstrebten und dann feierlich zugebilligten[23] Ausschmückungsrecht des Chores zugleich das an- gestammte ehrwürdige Patronatsrecht am Hochaltarbilde, das Baro Sassetti, Domini- kanerbruder im Kloster von S. Maria Novella „confessor idoneus et magnus praedicator"[24] gestiftet; mit den zweifach an der Predella angebrachten Wappen der Sassetti hatte das Bild, von Ugolino da Siena[25] gemalt, von der feierlichsten Stelle der Kirche aus das Ansehen der Familie Sassetti verkündet.

Wie bitter der Urenkel, der es nicht einmal mehr verhindern konnte, daß das Altar- bild sogar aus der Cappella de' Spagnuoli auf immer verschwand, seine Ohnmacht fühlte, bezeugen die Worte, mit denen er, die Ausführlichkeit seiner Nachrichten in dieser Angelegenheit begründend die Wiederaufrichtung dieses Symbols der „onore e reputazione" seines Hauses den Nachkommen ans Herz legt: „Per memoria e chiarezza de' nostri posteri acciochè concedendoci Iddio che venissimo in miglior fortuna e più comodo stato, abbino pensiero di farla tornare a luce, ricordando loro, che oggi sono in Fiorenza facilmente poche case che possino mostrare un antichità di casa loro di 300 e più anni come questa." Die energische Tonart, in der diese ideelle Genugtuung gefordert wird, entsprang nicht nur gereizter Epigoneneitelkeit, die keine realeren Mittel besitzt, um pratrizisches Ansehen wiederzugewinnen; denn die Worte Francescos in seiner dem Nachkommen vertrauten letztwilligen Verfügung beweisen, daß schon der Urahne mit demselben leidenschaftlichen Nachdruck ja, fast mit denselben Worten, die Wiederaufrichtung des Altarbildes den Söhnen als Familienrachepflicht auferlegt hatte: ... „wie Ihr wißt, haben die Mönche uns den Schimpf angetan, unser Wappen vom Hochaltar wegzunehmen und die Altartafel; ich ermahne Euch, das nicht auf die leichte Schulter zu nehmen, weil sie der Ruhm unseres Hauses ist und das Wahr- zeichen unseres Altertums und solltet Ihr wieder zu Ansehen und Stellung kommen, so bringt alles wieder zurecht und an seine Stelle zurück"[26] ...

Der Kunststreit mit den Mönchen von S. Maria Novella, der in seinen Folgen die Erregtheit gekränkten irdischen Selbstgefühls selbst noch in Francescos letztwilligen Ge- dankenkreis hineintragen durfte, gehörte ebenso seinem Ursprunge nach derselben Region unkünstlerisch-stofflichen Patronatsinteresses an, wenn auch einer viel höheren

Schicht dieser Sphäre; denn Francesco wollte durch den strittigen Stoff der malerischen Ausschmückung nicht sowohl menschliche Patronatsrechte entfalten, als vielmehr religiösen Patronatspflichten unbehindert genügen können. Das verkündet, die allgemeine Angabe des Urenkels ergänzend, indirekt, aber klar genug, die jetzige Ausschmückung der Grabkapelle in der duldsameren Kirche von S. Trinita, die dem Stifter erlaubte, die Wände mit der von ihm so standhaft verteidigten Darstellung zu schmücken: der Legende des heiligen Franciscus, seines Namensheiligen und Schutzpatrons, unter dessen besonderer Fürsprache er im Leben wie im Tode stehen wollte.[27] Durch Patronatsloyalität erklärt sich aber auch, warum ihrerseits die Dominikanermönche von S. Maria Novella nicht gerade an dem feierlichsten Platze ihrer Kirche einen anderen Ordensheiligen verherrlichen wollten, so daß der Streit zwischen Francesco und den Dominikanern im Grunde auf einer charaktervollen Gegensätzlichkeit innerhalb althergebrachter kirchlicher Gesinnung beruht, die, unerwarteter Weise, das Einvernehmen zwischen gut gesinntem Stifter und ebenso bereitwillig entgegenkommender Kirche in unversöhnliche Feindschaft verwandeln konnte.

Diese bisher von mir nur mündlich vorgetragene Zusammenhangshypothese[28] erhielt vor einigen Monaten ihre Bestätigung durch die Nachrichten des Fra Modesto Biliotti, dessen Chronik (die mir im Jahre 1900 unzugänglich war) unterdessen von Dr. Geisenheimer[29] studiert werden konnte; ich verdanke ihm die Mitteilung des betreffenden Abschnittes:

„Confirmatum itaque fuit maius altare ipsi Francisco anno 1468 confectaque de eo fuit scriptura, quam scripsit Balduccius Baldovinius florentinus notarius, quae sane scriptura permanet hodie, id est anno 1586, paenes Franciscum ed Filippum, Joannis Baptistae Saxetti filios, consobrinos meos, quam lata scriptam membrana notariique subscriptione ac signo notatam, ego saepius vidi et legi et multis fratrum ostendi: ex ea collegimus haec quae in praesentiarum scripturae mandamus. Receptum ergo altare exornavit Franciscus pulcherrimo ac ditissimo pallio ex aurea braccato confecto, ex quo etiam eodem planetam et utramque fecit dalmaticam, et singulis his sua adiecit insignia. Cur vero altare illud processo temporis a Saxettis migrarit ad Tornabuonos, qui illud et geminata tabula, palliis sacratisque vestibus adornatum hodie possident, nunquam ego certam innueni causam. Tantum a maioribus natu accepi, quod Franciscus ille quasdam divi Francisci historias in eo sacello pingere cupiebat. Cuius cupiditatem quamquam bonam, ubi patres nostri etsi D. Francisco affecti, divi tamen Dominici filii cognoverunt, eam (tamquam quae parum nostrae ecclesiae et eius praecipuo loco conveniret) haudquaquam probarunt. Ea propter indignatus (ut aiunt) ad sanctissimae Trinitatis aedem, quam divi Joannes Gualberti monachi tenent, secessit, ubi .... sacellum quod maioribus suis olim vendiderant fratelli, qui et alio nomine Petriboni[30] dicebantur, multa restauravit impensa et divi Francisci pro voto exornavit historiis, quas more suo multa accuratione et diligentia pinxit Domenicus Grillandarius ....“

Biliottis auf Urkundenkenntnis und gute mündliche Überlieferung zurückgehende Darstellung erlaubt, die Worte: „pro voto exornavit“ als zuverlässige nähere Angabe zu verwerten. Der unscheinbare Zusatz „pro voto“ läßt nämlich den Naturalismus Ghirlandajos, dessen Bildniskunst, an Giottos unabgelenkter Dramatik gemessen, anscheinend so profanierend in die Franziskanerlegende eindringt, vielmehr als angemessenes Ausdrucksmittel persönlicher Stifterdankbarkeit erscheinen. Glaubte sich Francesco nicht nur durch allgemeines religiöses Loyalitätsgefühl, sondern sogar durch eine ganz persönliche Erfahrung gelöbnismäßig verpflichtet, seinem „avvocato particolare"[31] durch die Malereien der Grabkapelle demonstrative Dankbarkeit zu bezeugen, so versteht man, warum die Bildnisse der Consorteria Sassetti sich so auffällig und zahlreich z. B. in die Ordensbestätigung und in das Wiederbelebungswunder[32] einfügen: um sich dem Schutze des Heiligen in einem Akte sinnfälliger Devotion zu empfehlen, der rein künstlerischem Renaissanceempfinden kraß erscheinen mag, bei den Florentinern jener Zeit aber, die das Gedränge lebensgroßer, international gestifteter Wachsbildnisse in Zeittracht in der SS. Annunziata[33] andächtig zu bewundern gewohnt waren, entfernt nicht den Gedanken profanierender Grenzüberschreitung erwecken konnte.

Marsilio Ficinos unbestreitbare Autorität gibt uns überdies die willkommene Bürgschaft dafür, daß man Francesco Sassettis Stifterfrömmigkeit mit den Augen seiner eignen Zeit als seinen wesentlichen Charakterzug ansieht. Ficinos Brief[34] an Sassetti klingt wie eine vielleicht von dem sachverständigen Moralphilosophen erbetene Auskunft über das Wesen menschlicher Glückseligkeit und auf diese wahre, d. h. religiöse Glückseligkeit scheint ihm nun Francesco einen doppelt begründeten Anspruch zu haben: als Besitzer zweier Kapellen in seinem glänzenden Hause: „.... Ut autem ita res existimare possumus ideoque feliciter vivere, sola nobis potest praestare religio. Praestabit autem id tibi quandoque plus duplo, quam caeteris, mi Francisce, si tantum ipse religione alios superabis, quantum haec tuae aedes amplissimae alias superant. Duplo tibi Saxette, religiosior domus est, quam caeteris, aliae certe sacellum vix unum habent, tua vero gemina et illa quidem speziosissima continet. Vive religiosior duplo, quam ceteri, mi Francisce, vale duplo felicior."

Die unerbittliche Konsequenz des nachgewiesenen persönlichen Zusammenhanges mit seiner Grabkapelle zieht Francesco in der ersten Verfügung seiner letztwilligen Aufzeichnung: in autorativem Befehlston (vi comando et ordino), den er sonst nur noch an einer anderen Stelle anschlägt, verlangt er von seinen Söhnen, daß, wo auch immer Gott und die Natur seinem Leben ein Ziel setzen würden, sein Körper nach Florenz gebracht und in S. Trinita beigesetzt werden solle.

Francescos eigene Worte verleihen somit der stummen Donatorenandacht im Fresko Ghirlandajos die angemessene Stimme, die uns von der feinen und festen mittelalterlichen Wurzelechtheit des Stifters glaubwürdig erzählt; aber auch die andere Seite dieses Florentiners aus der Übergangsepoche zwischen Mittelalter und Neuzeit, seine weltzugewandte Intelligenz, welche die Renaissancebüste im Bargello so imperatorisch vorträgt[35], gewinnt ihre eigene authentische Sprache durch seine letztwillige Verfügung wieder, weil deren besonderer Anlaß von Francesco spontane Deutlichkeit in seiner Stellungnahme zu den Gütern dieser Welt verlangte; er mußte, ehe er eine Geschäftsreise antrat, von der er die Wiederherstellung der erschütterten finanziellen Machtstellung der Medici durch sein persönliches Eingreifen erhoffte, in dieser kritischsten Situation seines Lebens für den Fall seines Todes seinen Söhnen einen klaren Vertheidigungsplan ihres bedrohten irdischen Besitzes hinterlassen. Das Original dieses letztwilligen „Ricordo", den er in sein Geheimbuch eintrug, ist nicht mehr erhalten; indessen fand ich nach langem Suchen eine gleichzeitige Kopie,[36] die durch eine Aufschrift (wahrscheinlich sogar von Francescos eigner Hand), die Gleichzeitigkeit der Abschrift beweisend, außerdem noch vermerkt, daß Sassetti diese seine Willensäußerung genau so weiter bestehen ließ, nachdem er glücklich von Lyon zurückgekehrt war. Das Dokument lautet:

† 1488

Qui disotto farò memoria della mia ultima volontà.

Ricordo fo io Francesco di Thomaso Saxetti questo venerdi santo adì 4 d'aprile 1488 in Firenze sendo per partire per transferirmi in Francia cioè alla città di Lione in sul Rodano per i facti nostri di maggiore importanza che cosa che mi advenisse mai in questo mondo poi ch'io nacqui. Rispecto ai pessimi et straccurati ghoverni di chi ministrò la ragione vecchia di decto luogho di Lione, che disse in Lorenzo de' Medici et Francesco Saxetti cioè di Lionetto de' Rossi col danno et pericolo gravissimo, che sapete voi Ghaleazo et Cosimo miei figliuoli maggiori, dove Iddio mi conduca a salvamento et riduca et mi dia gratia di fare quel fructo ch'io desidero et che sia la salute nostra.

Truovomi come sapete nella età di 68 anni incircha et sono oramai mortale ogni giorno. Quando Iddio et la natura ponessin fine alla mia vita, voglio che dovunche io manchassi, el mio corpo sia portato et soppellito in Santa Trinita nella nostra cappella et sepoltura nuova et così vi comando et ordino.

Come sapete non ho fatto testamento nè voglio fare, et se io lo feci già fa più di 40 anni, lo disfeci et anichilai dipoi ch'io tornai im Badia di Firenze, presente Neri Capponi mio genero et più altri frati, rogato Ser Andrea da Terranuova, come troverrete per ricordo ai libri miei et al luogho suo, si che restate sciolti et in vostra libertà fate della mia redità a vostro modo con pari ragione l'uno verso l'altro et dovere così al picholo et al prete[37] come a voi medesimi immodo non possiate aver carico nè biasimo perchè in voi rimetto tutto sanza imporvi alcuno altro obbligho ne leghame; trovandovi in buono stato fate quel bene che vi pare per memoria di me e per salute della anima mia, stando pacifici et uniti et portando amore et riverenza l'uno all'altro immodo che tra voi sia ogni concordia, imitando le virtù et i buoni costumi della vita, fuggiendo et dilunghandovi da tucti i vitii come miei veri et legiptimi figliuoli, parendomi esser vivuto immodo non habbiate da vergognarvi chi sia vostro padre et voi conosciuti miei figliuoli aprovati et commendati.

Non so dove la fortuna ci aproderà che vedete nelle conversione et pericoli che noi ci troviamo (a Dio piaccia concederci gratia di pigliare porto di salute) et come ella si vada in qualunque modo dove mi capiti, vi comando et richiegho per quanto voi disiderate ch'io ne vada contento che la mia redità non rifiutate per nessuna cagione, quando bene vi lasciassi più debito che mobile, voglio che viviate et moiate in quella medesima fortuna, parendomi che così si richiegha al debito vostro. Difendetevi et aiutatevi valentemente et con buono animo immodo non siate giunti al sonno ne giudicati imbecilli o da poco, et habbiendovi a dividere fatelo segretamente et d'accordo con l'aiuto di cognati et parenti vostri bisognando, vivendo in amore et carità et vivere insieme, maxime habbiendo cura de' minori di voi et della loro parte come di voi medesimi acciò che per alcuno tempo nessuno possa dolere con cagione ne habbia cagione giustificata di discordarsi o alienarsi dalla riverentia et ordine di voi maggiori, et io sopra questa parte non vi darò altro precepto ne altra leggie.

A Messer Federigo et a Teodoro et a Madonna Nera et anche in alcuno di voi ho facto carta et contracti d'alcuno de' nostri beni quando si sono comperati et prima et poi secondo ch'è accaduto come troverrete pe' libri miei al luogo suo,[38] voglio non dimancho che ogni cosa sia comune tra voi, ciascuno per la rata sua, come se e' decti contracti non fussino facti et che nessuno vantaggio sia dall'uno all'altro, come è ragionevole. Così seguite interamente et unitamente come giusti e buoni figliuoli et frategli immodo apparisca et si dimostri la vostra carità et benivolenza fraternale, maxime sappiendo decti contracti essersi fatti a altro fine cioè per salvare i vostri beni et non per fare vantaggio l'uno dall' altro.

Avete a raguagliarvi insieme quando vi dividessi di fiorini mille prestati a voi Ghaleazo et Coximo et tirare a voi tanto mancho come è ragionevole cioè il capitale et non quello havessi guadagnato o perduto, lo quale ha a esser vostro o quello più o mancho che in quel tempo restassi a dare acciocchè nessuno si possa con ragione dolere, così seguite.

Come sapete ho ridotto in casa nella stalla di drieto quella capella d'altare o vero sepultura di marmo per Thomaso vostro avolo et nostro padre, la quale come v'è noto avevo disegnato in Santa Maria Novella drieto alla sepoltura nostra anticha,[39] dipoi[40] per la aspreza et straneza de' frati di decto luogho che come sapete ci anno facto villania et levate via l'arme nostre dell'altare maggiore et la tavola, amoniscovi di non ve lo gittare drieto alle spalle et di tenerlo a mente perchè è l'onore di casa nostra et il segno della nostra antichità et se mai voi tornate in altorità et in buono stato, fate corriggiere et riporre tutto al luogo suo et non essendo voi d'accordo con decti frati di Santa Maria Novella mi contento, quando harete il modo, facciate porre decto edificio di cappella et altare et sepultura in Santa Trinita dirimpetto a l'uscio della sagrestia, dove è al presente uno uscio rimurato coll' arme di decti Scali nel cardinale ed a piè della capella di decti Scali, che credo ve ne daranno licentia. Così facciendo o seguendo mu'ate le lettere dello epitaffio che sono scripte nel vaso della sepultura, in modo vengano approposito non esservi drento l'ossa di nostro padre, come parrà al Fontio o a qualche huomo docto intendente di simili cose.

La quale capella et sepultura voglio sia dotata di messa ogni giorno di festa almancho et consegnarle quella bottegha nostra di chiavaiuolo ch'è in sul canto tra Ferravechi[41] che va dalle case nostre antiche, maxime verrebbe approposito et starebbe bene se mai Messer Federigho fussi abate di decto luogho di Santa Trinita, come habbiamo pratichato. Credo che di decta bottegha sie carta in decto Messer Federigho come tucto troverrete ne miei ricordi et scripture.

El palagio di Montughi come sapete ha dato gran fama et reputatione al nome mio et alla famiglia nostra et è molto celebrato per Italia et altrove non inmerito, perchè come sapete è bello e costa danari assai, per questo vorrei faciessi ciò che potessi di mantenerlo sotto il nome et titolo di Messer Federigho in cui è cartoreggiato et fattogliene donazione come troverrete ne' miei ricordi, tuca volta quando la fortuna vi perseguitassi vi bisognierà restare contenti alienarlo et lasciarlo andare per non fare peggio, maxime per essere di molta burbanza et di poca rendita et luogho da richi che lo possono mantenere perchè come sapete si tira drieto grande spesa et grande invidia, parmi lo lasciate in decto nome di Messer Federigho perchè con la cherica lo saprà et potrà meglio difendere, in quanto il tempo vi dimostri così essere il meglio.

Credo sappiate che havete un 'altro fratello ma d'un altra donna che vostra madre, portandosi bene tractatelo bene secondo che merita un suo pari, se non fatene come se fussi figliuolo d'uno vostro lavoratore Sogliono i simili nelle case e nelle famiglie grande alle volte esser buoni a qualche cosa, a voi la rimetto.

A Madonna Nera vostra madre portate quella reverentia che a me proprio s'io fussi vivo perchè come sapete è donna venerabile degna d'ogni laude et a me stata dolcissima et suavissima compagnia, simile l'o amata et tenuta cara quanto la mia propria vita, fatele honore contentandola d'ogni sua voglia et lasciatela godere quella parte de'nostri beni ch'io le ho disegnato così tucto il resto mentre vive, perchè così è la mia ultima volontà et a Dio vi raccommando.[42]

Et noi suoi figliuoli maggiori come obbedienti et riverenti a nostro padre promettiamo observare in ogni parte la sua volontà vivo et morto, preghando Iddio che lungha tempo ce lo mantengha et perciò io Ghaleazo maggiore et primogenito mi soscrivo qui da piè decto giorno.

Questo medesimo fo io Coximo perciò mi sottoscrivo decto dì.

Simile io Federigho prete et priore di Santo Michele Berteldi et nel medesimo modo dicto giorno.

Francescos eigene Worte enthüllen auch in dem lebenzugewandten Hauptinhalt seiner letzwilligen Verfügung den „Mann der neuen Zeit" nicht ohne weiteres; im Gegenteil scheint das „Mittelalter" — wenn man darunter eine dem antikisch drapierten egozentrischen Übermenschentum der Renaissance entgegengesetzte altmodische Rücksichtigkeit versteht, — nicht nur in den religiösen Gefühlsgewohnheiten seiner „vita contemplativa" weiterzuleben, sondern sogar auch den Stil seiner „vita activa" entscheidend zu beeinflussen. Schon aus der äußern Form des Ricordo geht hervor, wie wesentlich mittelalterliche Loyalitätskultur Francescos Charakter präformierte; denn seine letztwillige Verfügung soll ganz ausdrücklich kein formales Testament, sondern nur ein moralisches Vermächtnis sein, dessen Befolgung dem Testator eben sicherer durch seinen rein gefühlsmäßig verpflichtenden Appell an Treu und Glauben verbürgt erschien, als durch eine juristisch beglaubigte Urkunde; nur so rechtfertigt sich denn auch seine besitzrechtliche Hauptbestimmung; denn allein das Bewußtsein, sich in einem mit triebhafter Sicherheit einsetzenden Ehrgefühl mit seinen Nachkommen vereinigt zu wissen, erklärt die feierlich auferlegte Verpflichtung des unbedingten Erbschaftsantritts: er bürdete dadurch den Nachkommen um der Namensehre willen für Generationen eine Last auf, die das friedlich feinfühlige[43] Familienleben, dessen Aufrechterhaltung Francesco so sehr am Herzen lag, in seiner Grundlage bedrohen mußte und tatsächlich erschüttert hat. Allerdings versucht Francesco als erfahrener praktischer Kaufmann einen Teil des Familienbesitzes durch Immobilisierung der drohenden Haftbarkeit für die Medici-Sassetti zu entziehen, aber er rät doch selbst in richtiger Vorahnung der Erfolglosigkeit dieser kleinen Mittel, lieber das der Klerisei so klüglich verschriebene stolze Montughi fahren zu lassen[44], als es aus leerer Prahlsucht gegen den Willen der feindselig verfolgenden Fortuna zu halten. Um der ritterlichen Ehre willen scheut indessen Francesco auch den Kampf mit der heidnischen Göttin nicht, ja, in demselben Augenblicke, wo sie als Verkörperung der feindlichen Welt, wie ein unheimlicher Winddämon, der sein Lebensschifflein packen und stranden lassen kann, greifbar vor ihm steht, feuert er seine Söhne zum äußersten Widerstand an: „Wo uns die Fortuna landen lassen wird, weiß ich nicht, angesichts der Umwälzungen und Gefahren, in denen wir uns befinden und aus denen uns Gott den Hafen des Heils zu erreichen gewähren möge. Wohin es aber auch mit mir gehen und was auch immer mir zustoßen mag, ich befehle und fordere, wenn anders ihr wollt, daß ich zufrieden von dannen gehe, daß ihr meine Erbschaft anzutreten aus keinem Grunde verweigert und, selbst wenn ich euch mehr Schulden als Vermögen hinterlassen sollte, will ich, daß ihr unter derselben Fortuna (scil: Vermögenslage) lebt und sterbt, weil mir dies eure Schuldigkeit zu sein scheint. Verteidigt euch tapfer und guten Mutes, damit ihr nicht für Schlafmützen[45] geltet oder für minderwertige Dummköpfe" ....

In dieser kritischsten Lebenslage, welche die unbedingte Anspannung aller Energien erheischt, projiziert also Francesco unwillkürlich nebeneinander die beiden entgegengesetzten Bildungsmächte seiner Wehrhaftigkeit; dem ghibellinischen[46] Familienhäuptling, dessen Mannhaftigkeit triebhaft in den idealistischen Selbsterhaltungstugenden der mittelalterlichen Cons o rteria, in ritterlichem Standesgefühl und Familiensinn wurzelt, kommt der bewußte Wagemut der humanistisch gebildeten Individualität zu Hilfe; dem Ritter, der seinen Clan zu äußerster Verteidigung um das Familienbanner schart, verleiht der florentinische Renaissancekaufmann gleichsam als Fahnenbild eben jene Windgöttin Fortuna, die ihm als lenkende Schicksalsmacht so leibhaftig vor Augen steht.

Fortuna
Wappenrelief
Florenz, Pal. Rucellai

Warum gerade im Symbole dieser wiedererweckten heidnischen Göttin die Renaissance ihren Anteil an der Stilbildung weltzugewandter Energie fordert und erhält, erklärt sich nun durch ihre bedeutsame Stellung innerhalb der Impresakunst.

In dieser bisher nicht genügend gewürdigten Kunstgattung der angewandten Sinnbildnerei hatte die höfische Kultur ein Mittelglied zwischen Zeichen und Bild hervorgebracht, um das persönliche Seelenleben symbolisch zu illustrieren. Dabei griff die Frührenaissance charakteristisch ein durch die in Wort und Bild wiedererweckte Antike, der nun die neue Aufgabe zufiel, die individuelle Stellung des Einzelnen im Kampfe mit der Welt im heroischen Stil des heidnischen Altertums auszudrücken. Untersuchen wir jetzt, wie diese Fortuna als antikisierendes Energiesymbol der persönlichen Gedankenwelt eines Zeitgenossen Sassettis, des Giovanni Rucellai, entsprang, so gibt uns die heidnische Göttin mittelbar den Anhaltspunkt, ebenso Francesco Sassettis Verhältnis zur Antike (der ja auch in dem paganen Schmuck seiner Grabkammer eine so auffällige Rolle zufällt) als natürlichen Gegenpol seiner mittelalterlichen Gesinnung zu begreifen. Denn in der sinnbildlichen Verwendung antiker Gebilde offenbaren sowohl Sassetti wie Rucellai, wie sie in jener Übergangsepoche des subjektiven Empfindens einen neuen energetischen Gleichgewichtszustand anstreben, indem sie in noch ungestörter Vereinbarkeit von christlich-asketischem und antikisierend-heroischem Erinnerungskultus der Welt ein gesteigertes Selbstvertrauen entgegensetzen, obwohl sie sich des Konfliktes zwischen der Kraft der Einzelpersönlichkeit und rätselhaft zufälliger Schicksalsmacht klar bewußt sind. Den Hintergrund so bewußt abwägender Reflektion enthüllt uns der Zibaldone[47], das „gemischte Hausbuch" Giovanni Rucellais, als Ursprungsregion jener anscheinend so „naiv ornamentalen" Figur, der „Fortuna mit dem Segel", die er sich als Helmzier seines Wappens erdacht hatte: eine nackte Frau, als Mast im Schiffe stehend, mit der erhobenen Linken die Raa, mit der Rechten das untere Ende des vom Wind geschwellten Segels haltend. Der unbekannte Künstler des Wappens war der geschickte Stilist der von Rucellai in dieser Impresa formulierten Antwort auf die inhaltsschwere Frage, die er sich selbst vorlegte,

„ob denn menschliche Vernunft und praktische Klugheit etwas gegen die Zufälle des Schicksals, der Fortuna, vermöge?" Da ihn die eigene Befragung antiker und italienischer Schriftsteller[48] (Aristoteles, Boetius, Seneca, Epictet,. Dante, St. Bernhard) offenbar noch nicht genügte, erbat und erhielt er von Marsilio Ficino einen langen Brief,[49] in dem er ihm auf seine Anfrage, wie der Mensch den zukünftigen Dingen, besonders den sogenannten zufälligen, entgegenwirken oder vorbeugen könne, ein Gutachten gibt, das, dem geheimen und göttlichen Geiste Platos entsprechend, in der folgenden Instruktion für den Kampf mit der Fortuna gipfelt: „Gut ist es, die Fortuna mit den Waffen der Vorsicht, Geduld und Hochsinnigkeit zu bekämpfen, besser, sich zurückzuziehen und solchen Krieg zu fliehen, in dem nur die Allerwenigsten siegen, und diese Wenigen (nur) mit geistiger Anstrengung und äußerster Mühe; am besten ist es, mit ihr Frieden und Waffenstillstand zu schließen, unsern Willen dem ihrigen anpassend, und gern dorthinzugehen, wohin sie weist, damit sie nicht mit Gewalt (uns dorthin) ziehe. Dies alles werden wir vollbringen, wenn sich in uns Kraft, Weisheit und Willen vereinigt. Finis, Amen."

Giovanni Rucellais berufliche Lebenserfahrungen erleichterten es ihm, in natürlicher Symbolik auszusprechen, daß auch er den dritten Fall Marsilio Ficinos, die Anpassung an die Fortuna, für die beste Parole im Kampf ums Dasein hielt; denn das lateinische Wort Fortuna[50] bedeutete damals, wie heute noch, im italienischen Sprachgebrauch nicht nur „Zufall" und „Vermögen", sondern auch „Sturmwind." So bezeichneten für den überseeischen Kaufmann diese drei getrennten Begriffe vielmehr nur verschiedene Eigenschaften der einen Sturmfortuna, deren unheimlich unfaßbare Wandlungsfähigkeit vom Vernichtungsdämon bis zur güterspendenden Reichtumsgöttin die Restitution ihrer ursprünglich einheitlichen mythischen Persönlichkeit elementar hervorrief unter der Einwirkung altererbter anthropomorphisierender Denkweise. Kam jetzt noch der Wappenbildhauer hinzu mit seinem im Geiste Albertis geweckten Sinn für das antikisch Graziöse des bewegten äußern Beiwerks[51], so erkennen wir in der Schöpfung der „rein dekorativen" Helmzier einen innerlich typischen Entwicklungsvorgang der Frührenaissancekultur: es vereinigen sich volkstümlich paganes Empfinden, antikisierende künstlerische Phantasie und theologischer Humanismus, um die in Vorstellung und Gestalt echt heidnische Gottheit der heute noch lebendigen: „Fortuna Audax"[52] aus dreifacher begrifflicher Umhüllung zu entschälen.

Ungestörte christliche Gefühlsgewohnheit, sich fromm in Gottes unerforschlichen Ratschluß zu ergeben, erlaubte Rucellai, ohne Konfliktbewußtsein das Segel der Heidengöttin als Stifteremblem an der von ihm erbauten Fassade von S. Maria Novella anzubringen; empfand er, „percosso dalla fortuna", ihren Zorn, wenn ihm z. B. Seeräuber empfindliche Verluste zufügten, so sah er sie eben als gerechtes sündenstrafendes Werkzeug Gottes an.[53] Dennoch schmückte dasselbe Fortunasegel in sinnreicher Zusammenstellung mit den Impresen der Medici ebenso stilgerecht an seiner Palastfassade dieses klassizierende Monument weltfreudiger Dankbarkeit; denn die Verbindung mit den Medici sah er mit Recht als ein Hauptgeschenk seiner „buona fortuna" an: zur guten Stunde war er schließlich doch, indem er seinen Sohn Bernardo mit Pieros Tochter Nannina verheiratete,[54] zu den Medici in „ihres Glückes Schiff gestiegen." Darauf scheint mir in geistreicher Verwertung der Impresa ein bisher unbeachteter gleichzeitiger Kupferstich[55] deutlich (vgl. Abb.) anzuspielen: Bernardo läßt sich als segelhaltender Mast im Schiffe von den blasenden Windgöttern treiben, denen die modisch geschmückte Nannina, als Herrin am Steuer, gebietet; auch der Spruch deckt sich mit der Lebensweisheit Giovannis und seines Ratgebers vollkommen:

J[O] MJ · LAS[CI]O · PORTARE · ALLA · FORTVNA · SPERANDO
ALFIN · DAVER · BVONA · VENTURA

Auf diesem Gratulationsblatt, in
den zufriedenen Festtagen erfüllter
Wünsche und gemehrten Besitzes
als „Impresa amorosa" entstanden,
verhüllt die Fortuna liebenswürdig
ihren eigentlichen Charakter der
„Impresa militare"; denn obwohl
sie im zweifelnden Gemüte Rucellais in schweren Zeiten Gestalt gewonnen hatte, anstachelnd und
hemmend zugleich, so war doch
der eigentliche Grundton dieses
Energiesymbols Ermutigung zu unverzagt ausgreifender Tapferkeit;
auch die Fortuna mit dem Segel
auf dem Wappenrelief trägt ja,
wie die Fortuna Occasio[56] die flatternde Glückslocke zur Schau, doch
ist nicht hier, wenn wir den Inhalt
der Impresa ruhig durchdenken, der
Angriffspunkt für den Kaufmann;
mochte der Condottiere die Fortuna am Schopfe als leichte Beute
seiner prahlerisch zupackenden
Faust zu ergreifen wähnen, die
Kaufmannshand hatte das Steuer zu
erfassen. Den Kampf ums Dasein
wagen hieß für Rucellai im Schiffe
den Platz am Steuer einnehmen;
so überwand er zu seiner eigenen
demütigen Verwunderung die Zeiten der aversità, indem er navigava
„molto apunto e senza errore."[57]

Fortuna
Baccio Baldini (?), Kupferstich
Florenz, Bibl. Naz.

Wir fühlen jetzt, warum bei Francesco Sassetti in der Krisis von 1488 die Windgöttin Fortuna symptomatisch als Gradmesser seiner höchsten energetischen Anspannung über die Schwelle seines Bewußtseins tritt: sie funktioniert bei Rucellai wie bei
Sassetti in gleichem Sinne als plastische Ausgleichsformel zwischen „mittelalterlichem"
Gottvertrauen und dem Selbstvertrauen des Renaissancemenschen. Innerlich und äußerlich noch zu jener älteren Generation der Medici gehörig, die ihre überseeischen
Geschäftskontrakte mit der Formel: „Col nome di Dio e di Buonaventura"[58] beginnen
konnten, strebten sie in noch ungestörter Ausgleichshoffnung instinktiv und bewußt
einen neuen mittleren Zustand der Selbstbehauptung an, gleich weit entfernt von
mönchisch-weltflüchtiger Askese, wie von weltbejahender Renommage.

Nachdem uns Sassettis Wortgebrauch dazu geführt, an Rucellais Impresa eine antike
anscheinend rein dekorative Figur als persönliches Ausdrucksmittel energetisch gesteigerten Innenlebens zu erkennen, gibt uns nunmehr Francesco Sassettis eigenste
Impresa zur Psychologie dieses eigentümlichen Schwingungszustandes den abschließend

Francesco Sassettis Grabmal
Giuliano da Sangallo
Phot. Brogi.

aufklärenden Rückhalt, da er sich gleichfalls eine antike Elementargottheit zur sinnbildlichen Ausschmückung seines Familienwappens erkoren hat: den Kentaur.

Auf dem Höhepunkte und am Endziele seines Lebens erwählte sich Sassetti den steinschleudernden Kentaur zum Sinnbilde seiner Selbstempfindung: auf dem Ex-libris[59] (vgl. Tafel) seiner Handschriftensammlung, der mit so viel Eifer und Verständnis zusammengetragenen Rüstkammer antikisierender Aufklärung, verkündet der Kentaur den Ruhm des gebildeten Mäcenas in der Fülle beherrschten Reichtums, und denselben Kentaur hat sich Francesco auch dort zum Schildhalter bestellt, wo er noch heute die sterblichen Überreste seines Herrn bewacht: in den Randskulpturen, welche die Grabnische mit seinem Sarkophag in S. Trinita umziehen. Daß auch diesem Naturdämon, wie der Fortuna, gerade um der antiken Nuance seiner energetischen Ausdrucksfähigkeit willen das Wort gegeben wird, beweist seine Hantierung mit der Davidsschleuder; schon seit dem 14. Jahrhundert eine Impresa der Familie,[60] war sie im 15. Jahrhundert endgültig zum heraldischen Begleitstück des Familienwappens (blauer goldgeränderter linker Querbalken auf silbernem Grunde) geworden, wie denn auch das offizielle Familienwappen auf dem Relief über dem Portal der Grabkapelle von zwei Schleudern flankiert wird. So lebendig empfand aber Francesco diese Waffe noch als Organ der göttlich begnadeten Tatkraft des biblischen Hirten, daß er auf dem Pfeiler desselben Portals, das oben die zum heraldischen Beiwerk verkümmerte Schleuder

Adlocutio
Gordianus.

schmückt, den David selbst mit seiner Schleuder gleichsam als offiziellen Portalwächter und Wappenhalter von Ghirlandajo hatte darstellen lassen mit dem lateinischen Vers darunter: „Tutanti puero patriam Deus arma ministrat"[61] wie uns der Urenkel Filippo berichtet.

Damit setzte Francesco den Geist des alten Testaments unmisverständlich zum Mithüter der Stätte seiner ewigen Ruhe ein. Auf dem Ex-libris dagegen paßt sich die Schleuder, ihre biblische Herkunft verbergend, stilvoll der neuen Zeit an; der David ist ersetzt durch Kentauren und Putten und der Spruch kindlichen Gottvertrauens durch das Motto: „A mon pouvoir". So vereinigt sich die im kaufmännischen Berufe wahrscheinlich von Francesco in Frankreich selbst gewonnene Maxime praktischer Lebensklugheit mit den Geschöpfen heidnischer Vorzeit zum Sinnbilde bewußter Energieentfaltung. Es ist bezeichnend, daß die Handschrift, in der sich dieses weltzugewandte Exlibris findet, die Nicomachische Ethik des Aristoteles ist, übersetzt von Johannes Argyropulos;[61] in diesen Blättern steckte eben jene wirklich wieder lebendig gewordene antike Lebensweisheit, die Argyropulos selbst, der vertriebene Grieche, nach Florenz gerettet, wo er für das kostbare Gut echt griechischer Bildung unter den Florentinern enthusiastische Jünger zu erwecken[62] verstand, zu eben jener Zeit, als Francesco (1458) wieder in die Heimat zurückkehrte. Die Sittenlehre des Aristoteles verstärkte, ethische Glückseligkeit mit tugendhafter Energie gleichsetzend, den individuellen Lebensmut des Frührenaissancemenschen; zugleich aber gaben die Worte des Argyropulos auch den konservativeren Gemütern, die jene feine Scheu vor individualistischer Vermessenheit beseelte, durch das aufgestellte Tugendideal des „Mittelmaßes" Gelegenheit, im Namen des Aristoteles — wie Rucellai und Ficino im Sinne Platos — „pace e triegua", eine mittlere Linie zwischen antiker und christlicher Ethik anzustreben.

In auffallender und doch seinem Charakter so natürlich entsprechender Übereinstimmung mit dieser Aristotelischen Scheu vor dem Übermaß lautet Francescos zweiter Wahlspruch, der sich ebenfalls und weit öfter noch als das französische Motto in seinen Handschriften eingezeichnet findet: „Mitia Fata mihi" oder „Sors placida mihi". Der Krösus, Solons Warnung eingedenk, dämpft gleichsam selbst den leisen hyperbolischen Akzent der französischen Devise durch diese übelabwehrende Formel. Immerhin geht aus der gelegentlichen gleichzeitigen Verwendung dieser beiden Wahlsprüche — sogar in der Ethik des Argyropulos war das „Mitia Fata mihi" früher zu lesen[63] — eins klar hervor: Sassetti empfand sein schwingendes, einen neuen ethischen Gleichgewichtszustand erstrebendes Selbstgefühl so bewußt, daß er eben zwei antithetische Sinnsprüche zur sinnbildlichen Selbstcharakterisierung erwählte; der Passivität des lateinischen Stoßgebets stellt er den französischen Wahlspruch gegenüber, dessen Aktionslust durch das Temperamentsvorzeichen des Kentauren antikisch gesteigert wird.

Dieser Kentaur darf seine auf dem Buchzeichen — innerlich durch Gegenspruch und äußerlich durch Wappenhalterpflichten — noch im Zaum gehaltene dämonische Unbändigkeit erst in der christlichen Grabkapelle von S. Trinita in ungehemmter echt antiker Geberdensprache entfesseln. In Giuliano da Sangallos[64] Randskulpturen (vgl. Abb.) der beiden Grabnischen versieht er sechsmal das Amt des Schildhalters, aber seine zeremonielle Tätigkeit verhindert ihn hier nicht, die Schleuder leidenschaftlich zu schwingen mit ungeberdig stampfenden Hufen und wild flatterndem Schweife;

außerdem erscheint er, ekstatisch die Schleuder im Augenblick der Entladung über seinem Haupte schwingend in dem Rundmedaillon, das die ornamentale Einfassung des oberen Nischenrandes unterbricht. Während auf dem Grabmal der Nera die Kentauren für sich abgesondert in den umrahmten Eckquadraten stehen, sind sie auf dem Grabmal Francescos in die Bildfläche einbezogen; sie assistieren als erwählte Herolde sowol den freudig bewegten Szenen der Puttenspiele, wie dem tragischen Schauspiel der Leichenfeier. Woher diese Geschöpfe ihre packende Sprache des bewegten Lebens empfingen, ist nicht mehr zweifelhaft. Die römischen Heidensärge, ein Putten- und ein Meleagersarkophag, von deren Reliefs die fröhlichen Genien ihre kriegerischen Kinderspiele und die Trauernden um den Leichnam Sassettis den verpönten Orgiasmus entfesselter Totenklage lernten, sind heute noch in Florenz[65] vorhanden. Bei den Kentauren ist sogar die indirekte griechische Abstammung nicht ausgeschlossen, denn vom Theseion und Parthenon hatten sie durch die Zeichnungen des Cyriacus von Ancona schon längst ihren Weg nach Florenz gefunden, und welchen Eindruck sie auf die Künstlerphantasie der Renaissance machten, beweist, daß uns gerade durch Giuliano da Sangallo eben jene Parthenonskizze des Cyriacus erhalten ist.[66] Hier nun, an dieser Einbruchsstelle ungezügelter paganer Ausdrucksfreudigkeit muß unsere Ausgleichspsychologie die Probe bestehen; denn da Francesco sich seine Kapelle bei Lebzeiten und in erster Linie zur Ehrung seines Namensheiligen errichtet hat, so ist es unmöglich, daß dieser charaktervolle Mann etwa aus purer ästhetischer Freude am rein Formalen dem wilden Heer der Heidenseelen erlaubte, seine christliche Ruhestätte zu umschwärmen. Wenn er sich, über seinem Haupte im Fresko die christlich andächtige Trauer um seinen seelig dahingeschiedenen Heiligen, und unter sich im Relief die verzweifelte pagane Leichenklage um den zornigen Jäger, zur ewigen Ruhe bettete, so kann die Frage historischer Pietät nur lauten: Wie versuchte denn hier Francesco Sassetti das Pathos der Sarkophagdämonen mit althergebrachter mittelalterlicher Weltanschauung in Einklang zu bringen?

Die Antwort, wenn einmal die innere Aufmerksamkeit auf dies im Grunde so natürliche Problem jenes Übergangszeitalters gerichtet ist, wird uns zunächst, einfach genug, vom Altarbild der Kapelle, von Ghirlandajos **berühmter** Anbetung der Hirten erteilt.

Ein antiker Marmorsarkophag[67] selbst muß die Überwindung des Heidentums durch die christliche Kirche demonstrativ verkünden: dem Christkind zur Wiege dienend und Ochs und Esel zur Krippe, verkündigt er durch seine lateinische Inschrift die Weissagung eines römischen Augurs: mein Sarkophag wird dereinst der Welt eine Gottheit schenken.

So **wird vom** Hauptkultort der Kapelle, vom Andachtsbild aus, noch dazu mit dem ganzen Nachdruck der neuen historisch-archäologischen Bildung, der **antichità** ihre typologisch festgefügte Stellung in der Vorhalle des christlichen Weltgebäudes zugewiesen.

Zu diesem weihnachtsfeierlichen Programm des Bilderkreises — die Kapelle wurde wahrscheinlich Weihnacht 1485 eingeweiht — stimmen auch die vier Sibyllen in den Gewölbekappen und vor allem das mächtige Präludium draußen über dem Eingangsportal, das Fresko mit der Weissagung von Christi Geburt an den Kaiser Octavian durch die Tiburtinische Sibylle.[68] Ein zweites Wunder, das der Mirabilienglaube an diese Prophezeihung knüpfte, führt uns zum Tafelbild zurück: denn die beiden antiken Pfeiler, die so unmotiviert das verfallene Hüttendach tragen, scheinen mir die Reste jenes Templum Pacis (der Constantinsbasilika) vorzustellen, das in der Christnacht das Ende der stolzen Heidenwelt durch seinen Einsturz verkündend, im damaligen florentinischen Festwesen als ein volkstümlich bekanntes Requisit der damaligen Weihnachtsspiele figurierte. Nachdem Ghirlandajo die rechtgläubige Gesinnung des Stifters so unmißverständlich dem paganen Bewegungsenthusiasmus gegenüber durch den David, den Weihnachtszyklus mit den Sibyllen und die Franziskuslegende illustriert hatte, durfte er nun in der Kapelle auch die weltliche Impresakunst Sassettis im echten antik-pathetischen Stile ausprägen. Im schattenhaften Zwischenreiche, noch unter dem Heiligen und doch wiederum über den entfesselten Naturdämonen tauchen in den Zwickeln über beiden Grabnischen in Graumalerei Szenen aus dem kriegerischen Leben römischer Imperatoren auf, getreu nach römischen Kaisermünzen kopiert: zwei Feldherrn im Zwiegespräch und eine Adlocutio (vergl. Abb.) über Francescos Grab, gegenüber eine Decursio und ein Triumph in der Quadriga.[69] Die ikonologische Stellung dieser Grisaillefiguren ist nach den bisherigen Ausführungen klar; sie gehören dem Kreise jener energetischen Ausgleichssymbole an, ohne daß ihnen, die schattenhaft unter dem Heiligen verweilen müssen, zugleich schon das Privilegium zugestanden wäre, durch die gebärdensprachliche Eloquenz ihrer römischen Virtus direkt stilumbildend in Ghirlandajos ruhigen Realismus einzugreifen. Das scheint mir für die retardierende Funktion der Sassettikultur in der Stilwandlung vom Mittelalter zur Hochrenaissance symbolisch; denn schon wenige Jahre später vollzog sich bei Ghirlandajo die Wandlung: In der Tornabuonikapelle taucht in Grisaillemalerei dieselbe Adlocutio neben einem Schlachtenrelief auf dem Triumphbogen im Hintergrunde des „Kindermordes" auf, und betrachtet man nun hier die leidenschaftliche Dramatik der kämpfenden Weiber und Soldaten genauer, so demaskiert sich ihre anscheinend so elementar ausbrechende Gebärdensprache als römisches, den Trajanreliefs vom Konstantinsbogen nachgesprochenes Kämpferpathos. Ghirlandajo besaß bekanntlich, wie Giuliano da Sangallo, ein archäologisches Skizzenbuch, durch dessen Pathosformeln[70] er der Tornabuoniprosa den höheren Stil idealisch-antiker Beweglichkeit einzuflößen suchte, da sich eben um diese Zeit die Freigelassenen der antiken pathetischen Mimik nicht mehr in andachtsvoller Distanz halten ließen. Wir verstehen jetzt, was der Triumphbogen im Hintergrunde der Anbetung, durch den das antikisch bewegte Gefolge der heiligen drei Könige zieht, symptomatisch andeutet: die Gegenäußerung rein künstlerischer Renaissancefreude an der bewegten Form dem mittelalterlich religiös illustrierenden Kunstinteresse „pro voto" gegenüber, das hier sogar das wiedererweckte Altertum geradezu zum Zeugen seiner eigenen Vergänglichkeit angesichts des neugeborenen Weltherrschers der Christenheit aufruft.

Francesco Sassetti durfte also auf diesem Bilde vor den römischen Mirabilien in gutem Glauben seine christliche Andacht zur Schau tragen, nicht weil er wie ein naiver Hirte, verständnislos für das fremdartige Gestein ringsumher, sein Gebet verrichtete, sondern weil er die unheimlich lebendigen Geister gleichsam durch ihre Eingliederung in die festgefügte christlich-mittelalterliche Gedankenarchitektur gebannt zu haben glaubte. Daß dieser optimistische Unterordnungsversuch tatsächlich eine kritische Belastungsprobe bedeutete, konnte er — vor Savonarola — nicht ahnen.

So können wir die anscheinend unvereinbaren und bizarren Gegensätze zwischen der flandrischen Hirtentracht und der Imperatorengewandung, zwischen Gott und der Fortuna, dem David mit der Schleuder und dem Kentauren, dem „mitia fata mihi" und dem „à mon pouvoir" dem Sterben des Heiligen und Meleagers Tod zusammensehn und als organische Polarität der weiten Schwingungsfähigkeit eines gebildeten Frührenaissancemenschen begreifen, der im Zeitalter der Metamorphose des energetischen Selbstbewußtseins charaktervollen Ausgleich anstrebte.

Die entscheidenden Widerstandsmomente organischer Stilentwicklung werden uns erst durch die historisch-analytische Behandlung solcher Ausgleichsversuche klar; sie sind bisher unbeachtet geblieben, weil der moderne Ästhetizismus in der Renaissancekultur entweder primitive Naivität oder den heroischen Gestus der vollzogenen Revolution zu genießen wünscht. Die Möglichkeit, aus der letztwilligen Verfügung Francesco Sassettis nicht nur den imponierenden Menschen sondern auch den natürlichen Erklärer des inhaltlich so sinnvoll mit ihm selbst übereinstimmenden Bilderkreises seiner Grabkapelle zu erwecken, schien mir deshalb den gewiß problematischen Versuch einer Synopsis von Lebensgefühl und Kunststil zu erfordern und, mögen nun auch meine allgemeinen psychologischen Ideen nur als Hilfsvorstellungen Wert haben, so hoffe ich doch gezeigt zu haben, daß sich aus dem unerschöpflichen Reichtum des florentinischen Archivs der Humanität der Hintergrund der Zeit deutlich genug wiederherstellen läßt, um einseitig ästhetische Betrachtung historisch zu regulieren.

Anmerkungen

1 Die Notizie publizierte Ettore Marcucci 1855 in der Einleitung zu seiner vergriffenen Ausgabe der Lettere des Filippo Sassetti nach dem damals im Besitze von Francesco Cambiagi befindlichen Manuscript, das ich bisher nicht wieder auffinden konnte; der Stammbaum ist leider nur fragmentarisch abgedruckt.

2 Lettere S. 256.

3 . . . „e non vivete di sogni come voi solete fare" . . schreibt Filippo der Schwester Maria Bartoli ebend. 258.

4 Notizie S. XXXV—XXXVIII.

5 Eine Notiz von 1587 (Inserto Bagni) gibt abweichend an: „nacque il detto Francesco 1420 ab incarnatione [st. com.: 1421] a di primo di Marzo a ore 10 . . ."

6 Vgl. Machiavelli, Storie Fior. VII, 7.

7 Lionetto de' Rossi und Tommaso Portinari; vgl. H. Sieveking, die Handlungsbücher der Medici in den Sitzungsber. d. Kais. Akad. d. Wissensch. Wien, Philos. Philol. Cl. 151 (1905).

8 Er wurde, wie aus dem Totenbuch der Medici e Speziali im Flor. St. A. (247 S. 3a) hervorgeht, am 2. April 1490, nicht 1491, in S. Trinita beigesetzt.

9 Wahrscheinlich identisch mit dem Cardinallegat Teodoro Paleologo (1484 gest.; vgl. Litta).

10 1458 (nicht 1468) wie Francesco d. J. vorher selbst richtig erzählt; das Heiratsdatum findet sich in der Copie der Gabellaliste (A. 110—1459—129) bei Del Migliore in der Bibl. Naz. Florenz.

11 Teodoro II (1479—1546), in dem man, damaliger Sitte entsprechend, den in Lyon 1479 verstorbenen ältesten Sohn Teodoro gleichsam wiederaufleben ließ; ein noch merkwürdigeres Beispiel dafür bei Nicolo Bartolini Salimbeni (Delizie XXIV, 287) der die verstorbene Tochter Margherita und zugleich die durch einen Unglücksfall heiratsunfähig gewordene Tochter Cilia in seinem achten Kind „Margherita Cilia" wiederherstellte: „efu cosi chiamata: ,per rifare un altra Margherita chessi morì chome appare in questo e pel sechondo nome si pose Cilia per cagione di unaltra fanciulla chiò che anome Cilia ed è inferma chi' nolla credo maritare." Teodoro II. erblickt man als eleganten Schuljungen zusammen mit seinem Vater auf dem Porträt Ghirlandajos bei Mr. Benson in London. — Daten über die einzelnen Nachkommen in den Notizie a. a. O. S. XIX fg.

12 Diese Selbstbiographie, deren Spur sich bis zum Eintritt in ein schwer zugängliches Privatarchiv verfolgen läßt, müßte, wie manche andere vorläufig nicht auffindbare familiengeschichtliche Urkunde einer wirklich erschöpfenden Biographie Francescos zugrunde gelegt werden können. Vermutlich

bildete sie den Schluß in dem unvollständigen heute noch vorhandenen Quadernuccio, von dem Francesco d. J. weiter unten spricht, der übrigens die Biographie schon damals herausgetrennt als „4 fogli cuciti insieme" (Not. S. XX) besessen haben müßte.

13 heute: Via Sassetti, wo der Palazzo und der Turm der Sassetti stand; vgl. Carocci, Studi storici sul Centro di Firenze (1889) S. 37.

14 Über diese Hauskäufe findet man nähere Angaben in den Steuererklärungen Francescos im Flor. St. A. 1470 u. 1480 (S. M. Novella, Leone Bianco). Uber die Villa Montughi (heute: Martini Bernardi-Moniuszko) vgl. Carocci, I dintorni di Firenze (1906) S. 138; über Nuvoli ebend. 330. Die Villa in Val di Bisenzio identifiziert Rossi, Un Letterato e Mercante Fiorentino del Secolo XVI Filippo Sassetti (1900) S. 8 mit der Villa del Mulinaccio; Die Besitzungen bei San Martino a Gonfienti werden 1480 genau aufgeführt.

15 Das Quadernuccio fand ich im Flor. St. A. wieder in den Carte Strozziane, Seconda Serie Nr. 20. Es ist im Jahre 1462 begonnen und enthält häusliche und geschäftliche Aufzeichnungen. Die angegebenen Zahlen stimmen im wesentlichen mit den Notizie überein.

16 Über Fonzio und Francesco Sassetti vgl. C. Marchesi, Bartolomeo della Fonte (1900) S. 131.

17 Auf Fol. 3a bis 5 des Quadernuccio sind etwa 60 seiner Manusripte mit Titel und Wertangabe aufgezählt; seine Bedeutung als Entdecker und Besitzer antiker Handschriften würdigt R. Sabbadini, Le scoperte dei Codici Latini e Greci ne' secoli XIV. e XV. (1905) S. 165.

18 Wie mir Herr Vulliéty in Genf vor 6 Jahren mitzuteilen die Güte hatte, wird allerdings 1482 in den Registern du Conseil S. 91 eine „Chapelle du Pont du Rhone" am 23. Februar 1482 erwähnt, aber ohne den Namen Sassettis. Im Quadernuccio liest man (c. 71) unter d. 8. Nov. 1466: „E con la cappella overo edifizio di nostra donna di Ginevra stima circha schudi 500 — f. 600.

19 Vgl. De Illustratione Urbis Florentiae I (1790) S. 140; die Beziehungen Verinos zu Sassetti erwähnt Lazzari, Ugolino e Michele Verino (1897) S. 45.

20 Über diese Figuren fand ich bisher keine weiteren Nachrichten. Das Quadernuccio (c. 71) verzeichnet unter dem 8. Novbr. 1466: „È ragionò avere debito per la cappella della Badia fiorini — 200."

21 Nach den Notizie (S. XXXIX) kam die Bibliothek kurz vor Cosimos Tode (1527) zunächst in den Besitz von Papst Clemens VII.

22 Vgl. Warburg, Bildniskunst und Florentinisches Bürgertum I. (Domenico Ghirlandajo in Santa Trinita. Die Bildnisse des Lorenzo de' Medici und seiner Angehörigen) S. 10; der ältere Mann, der auf der anderen Seite Lorenzos steht scheint mir jetzt — worauf mich auch Dr. Schäffer hinwies — mit Antonio Pucci, dem mächtigen Parteigänger der Medici identisch, den ich auf dem Cassone der Botticelli-Werkstatt für die Hochzeit Pucci-Bini (1483) mit den Darstellungen aus der Legende des Nastagio degli Onesti zweimal als Bräutigamsvater zu erkennen glaube. Antonio Pucci war seit 1483 als Schwiegervater der Sibilla, der Tochter Francescos, mit den Sassetti verwandt.

23 Das von Baro Sassetti herstammende Patronatsrecht am Hochaltarbilde wurde von Frondina Sassetti Adimari (vgl. Testament vom 11. Jan. 1429 [1430]) in den Urkunden von S. Maria Novella im Flor. St. A. aufgenommen; sie hinterließ eine Summe mit der Bestimmung ein neues schönes Hochaltarbild zu malen; diese unausgeführte Bestimmung zu verwirklichen versprach 1468 Francesco Sassetti, dem gegen Erfüllung eines testamentarisch bedingten Terrainkaufes in feierlicher Kapitelsitzung am 22. Febr. 1469 das Recht am Altar bestätigt und zugleich auf ein Recht der Ausschmückung des Chores ausdrücklich erweitert wurde, — es wird ihm geschenkt: „dictum hedificium dicti altaris cum juribus et pertinentiis ejusdem, cum potestate ornandi ipsum hedificium et faciendi ea quae de jure permittuntur patronibus similium altarium"; vgl. die Protokolle des in den Notizie erwähnten Baldovini im Flor. St. A. B. 397, Fol. 380; B. 398, Fol. 18; B. 398, Fol. 153.

24 Notizie S. XXIX.

25 Der Urenkel hatte es vor 1591 noch gesehen und beschreibt es aus der Erinnerung als eine „Madonna vestita alla greca" mit dem Kind auf dem Arm zwischen Heiligen. (Notizie S. XXX). Das Bild ist nicht wieder aufgetaucht; vgl. Venturi, Storia dell'Arte Ital. V (1907) S. 589.

26 Vergl. den italienischen Text, dessen Übereinstimmung in Einzelheiten mit den Wendungen der Notizie schon allein deren äußere Abhängigkeit von der Verfügung verraten würde.

27 Durch die Zusatzschenkung an seine Grabkapelle 1487 (vergl. Bildniskunst S. 8) wird die Kirche von S. Trinita zu einer jährlichen feierlichen Messe zu Ehren des hl. Franciscus ausdrücklich verpflichtet.

28 In einem Vortragszyklus der Oberschulbehörde in Hamburg 1901.

29 Vgl. Geisenheimer, Fra Modesto Biliotti, Cronista di S. Maria Novella in Rosario (Memorie Domenicane) 1905 fasc. IV; die zitierte Stelle auf Bl. 12 und 13 der Chronik.

30 Diese Angabe, welche Biliottis eingehende Kenntnis auch nebensächlicherer Daten beweist, wird bestätigt durch eine Notiz in einem Kirchenbuche von S. Trinita (Flor. St. A. S. Trinita A), wo unter dem 1. Februar 1479 vermerkt wird: „Al Castagno Beccamorto . . . . . soldi 3 sono per tramutare un corpo fracido nella sepultura comune perchè Francesco Sassetti voleva cominciare acconciare la cappella de' Petribonsi trasferita a Francesco Sassetti 1479 . . . ." daraus ist zu schließen, daß erst damals der Konflikt definitiv zu Ungunsten Sassettis entschieden war.

31 Vgl. Francesco di Giovambattista (Notizie S. XV).

32 Ob nicht (womit ich nur besseren Vermutungen Anderer die Richtung geben möchte) das Wunder der Wiedererweckung mit der durch die Geburt Teodoro II. erfüllten Wiedererstehung des in Lyon gestorbenen Teodoro I. zusammenhängt, dessen Tod die Familie so schmerzlich betrauerte? Vgl. Bartol. Fontio Somnium Teodori Saxetti in Saxettus (gedr. Frankfurt 1631) S. 393.

33 Vgl. Bildniskunst S. 11; diese Stelle aus Biliotti wäre mir damals, wo ich nur auf Grund allgemeinerer kulturhistorische Erwägungen die Votikunst zur objektiven Würdigung des Naturalismus vorbrachte, sehr erwünscht gewesen.

34 Vgl. Opera I (1576) S. 799. Ueber diese Hauskapellen (eine Beziehung auf Francescos Kirchen-. kapellen läßt der Ausdruck: continet nicht zu) habe ich bisher nur noch eine Andeutung im Saxettus a. a. O. S. 382 gefunden.

35 Die Marmorbüste (Taf. V u. Va) früher dem Antonio Rosselino selbst zugeschrieben, ist wohl als gute Arbeit seiner Werkstatt anzusehen, da sie in der Behandlung des Haares und der Haut (vgl. z. B. die Büste G. A. di San Miniato, Museum X 129) den Stil seiner Porträtbüsten deutlich zeigt. Francesco mag etwa im Alter von 45 Jahren, etwa 20 Jahre früher als auf dem 1485 gemalten Fresko, dargestellt sein; um dieselbe Zeit 1466 verzeichnet er in seinem Quadernuccio (Fol. 70b) eine Summe von 94 fior. zugunsten eines „M[aestr]o Antonio intaglatore"; das würde sogar darauf hindeuten, daß Rossellino einen größeren Auftrag (jenes Grabmal für Tommaso Sassetti? vgl. Anm. 39) für ihn ausführte.

36 Im Winter 1900 suchte ich, einer Angabe Carlo Strozzis folgend, zunächst vergeblich in dessen dem Flor. St. A. hinterlassenen Urkundenschatz; schließlich fand ich den Ricordo, durch einen freundlich-kollegialen Hinweis von Jodoco del Badia auf die richtige Fährte gebracht, in einem damaligen Neuerwerb (Bagni Nr. 25) wieder, dessen Studium mir die Direktion des Staatsarchivs bereitwillig gestattete. Der Ricordo ist von einer gleichzeitigen Hand auf ein Doppelblatt (285 × 220 mm) geschrieben; auf der Außenseite der früheren fünfteiligen Fältelung steht von anderer Hand:

† 1490.

Copia del Ricordo fatto Fran
ciescho scripto di sua
Mano a [i]l libro segreto
quando vienne chosti
che dipoi tornato non vi
a arroto ne levato

Auf der ersten Seite steht in der oberen linken Ecke: No. 1, in der oberen rechten 1944 (von der Hand Carlo Strozzis) und die Zahl 106 (von anderer Hand). Mein Freund Alceste Giorgetti, Archivar am Florentinischen Staatsarchiv hatte die Güte, die vor sechs Jahren angefertigte Abschrift zu collationieren. Unmißverständliche Abkürzungen sind im Text aufgelöst. Auch die Feststellung der Identität der Aufschrift mit der Handschrift des Francesco Sassetti verdanke ich Herrn Giorgetti. — Dass Quadernuccio und das Ausgabenbuch Sassettis im Flor. St. A. (vgl. Anm. 12 und 15) „libro segreto" identisch sind wird dadurch bestätigt, daß das Ausgabenbuch, nach Francescos eigenhändiger Vorbemerkung bestimmt war zur Aufzeichnung von: „cose di valuta et segrete". — Carlo Strozzis Angaben sind unterdessen auch von J. Wood Brown, The Dominican Church of Santa Maria (Novella 1902) summarisch verwertet.

37 Teodoro II und Federigo.

38 In Sassettis Steuererklärung von 1480 werden mehrere Grundstücke als derartig auf Galeazzo, Nera, Cosimo und Teodoro übertragen aufgeführt.

39 Den Sassetti gehörten — wie mir Prof. Brockhaus (nach dem Sepultuario des Rosselli) freundlichst mitteilte, zwei Grabstätten in S. M. Novella; die eine im Cimitero, der sog. Cassone di Azzo Sassetti, wo auch der letzte Sassetti, Federigo di Carlo 1651 begraben wurde. Die andere Grabstätte befand sich seit 1363 unter dem Hauptaltar in Capelle del Pellegrino „in testa delle sette

volte sotto l'altare maggiore"; da die Capelle heute vermauert ist, ließ sich weiteres über das Grabmal nicht feststellen, von dem ich auch sonst bisher keine Spur gefunden habe.

40 Nach dipoi scheint mir etwa: „è stata respinta" zu fehlen.

41 Das Haus wurde im Jahre 1471 gekauft und wird schon im Kataster 1480 erwähnt: „per dotare una cappella in Santa Trinita"; vgl. Anm. 27.

42 Hieran schloß sich im Original die eigenhändige Unterzeichnung der Söhne.

43 die Familienfürsorge erstreckte sich getreulich bis auf jenen Ventura, der, einer Notiz Strozzis zufolge, die ich allerdings nicht kontrolliert habe, Küchenmeister von Papst Clemens VII wurde, wohl durch Verwendung seines Bruders Cosimo.

44 Obwohl Messer Federigo schon 1491 (21. Dez.) starb und damit die Villa den Schutz des geistlichen Besitzers verlor, gelang es den Nachkommen, sie bis 1545 zu halten, dann aber erzwang ihre Notlage den Verkauf an die Capponi. Die Verkaufsurkunde im Flor. St. A. (Inserto Dei) enthält — ein Zeichen für die pekuniäre Bedrängnis — die Zustimmung des z. Z. im Schuldgefängnis befindlichen Filippo di Galeazzo.

45 Gleichgestimmt lobt Alessandra Macinghi (Lettere S. 459) an der Caterina Tanagli: „e mi parve nell' andare suo e nella vista sua, ch'ella non è addormentata.

46 Francesco d. Ä leitete Namen und Herkunft seiner Familie von einem Schlosse Sassetta in Maremma di Pisa her, wo seine Vorfahren als ghibellinische Adlige gesessen hätten. Vgl. Notizie S. XX., daß die Sassetti im XIII. Jahrhundert zu den hervorragenden ghibellinischen Familien in Florenz gehörten, ist sicher. 1319, als Geiseln im kaiserlichen Lager festgehalten, sind sie allerdings sehr wider Willen und Interesse Ghibellinen. Vgl. Davidsohn, Forschungen III (1901) S. 139. Der Urenkel Francesco, wohl in Verquickung mit der phantastischen Abstammungssage bei Ugolino Verino (Notizie S. XXI), weiß auf Grund vager mündlicher Überlieferung von der germanischen Abstammung seiner Familie zu erzählen.

47 Marcotti hat das Verdienst, den Kodex genau beschrieben und einzelne Teile daraus publiziert zu haben. Ich verdanke seinem kollegialen Entgegenkommen die vollständige Abschrift jenes von ihm nur bruchstückweise abgedruckten Briefes an Marsilio Ficino. Der Zibaldone selbst, Eigentum von Mr. Temple Leader, bezw. von dessen Erben, war mir leider bisher unzugänglich. Vgl. Marcotti, Un Mercante Fiorentino e la sua famiglia (1881) und Il Giubileo dell' anno 1450 secondo una relazione di Giovanni Rucellai in Arch. Soc. Rom. Stor. Patr. IV (1881) S. 563.

Das meisterhaft ausgeführte Wappenrelief ist in der Mitte des Hofes über den Bögen der Loggia angebracht, wodurch eine genauere stilistische Untersuchung erschwert wird. Für die mir 1898 gewährte Erlaubnis zur photographischen Aufnahme bin ich dem inzwischen verstorbenen Marchese Rucellai zu aufrichtigem Dank verpflichtet. Vgl. auch die Abbildungen der Rucellaiwappen bei Passerini, Genealogia della famiglia Rucellai (1861).

48 Rucellais Verhältnis zu den antiken Quellen, die bei Marcotti nur summarisch erwähnt werden, kann erst durch das Studium des Zibaldone selbst ergründet werden. Ein Kodex der Bibl. Naz. (Cl. XXV, 63. 6. 7.) gab vorläufigen Anhalt.

49 Den Brief des Marsilio Ficino drucke ich vollständig ab, weil auch die allgemeinen Erwägungen über Vorsehung und Fatum seine so einflußreiche Ausgleichsphilosophie typisch charakterisieren:

„Pistola di Marsilio Ficino a Giovanni Rucellai viro clarissimo.

Tu mi domandi se l'uomo può rimuovere o in altro modo remediare alle cose future e maxime a quelle che si chiamano fortuite. E certamente in questa materia l'animo mio è quasi in diverse sentenzie diviso imperochè quando considero la confusa vita del misero volgo truovo ch'a' futuri casi non pensano gli stolti e se pensano non proveggono ripari, o pure se si sforzano di porre rimedii nulla o poco giovano; si che in questa la natura muove quello che in noi è naturale, il principio della natura muove quello che in noi è vitale e intellectuale e boniforme.

Da due fundamenti adunque dipende la prudenzia dell' uomo: dalla natura corporea in uso come da instrumento, e da principio divino in radice come da primo agente. Di qui si comprende che colui che è principio delli effetti presenti preteriti e futuri, lui medesimo è quello che è principio della moderazione nelle cose presenti, della moderazione nelle cose preterite, della prudenzia nelle cose future. Adunque l'uomo prudente ha potestà contro alla fortuna, ma non quella chiosa, che gli dette quello sapiente: „Non haberes homo potestatem nisi data esset desuper." (Christus im Ev. Joh. 19, 11.) Onde ora chi mi demandasse che cosa sia fortuna, che riparo sia contra di lei:

Alla prima questione rispondo che fortuna è uno avvenimento di cosa la quale benchè avvenga fuori dell' ordine che communemente da noi si conosce e desidera nondimeno è secondo ordine conosciuto e veduto da chi sopra nostra natura muove e vuole; si che quello che per rispetto di noi si chiama fortuna e caso si può chiamare fatto (scil. fato) rispetto della natura universale e prudentia per rispetto del principio intellettuale e regola per rispetto del sommo bene.

Alla seconda questione rispondo che se 'l modo di governarsi bene nelle cose che avvengano per l'ordine fortuito fatale e legale è insegnato da quel medesimo ch'è principio di tale ordine e tale sapere è ancora iu queste ordine insegnato si chè non impedisce nè rimuove ma seguita e finisce l'universale governo. Tenendo queste cose di sopra trattate, ci accosteremo alla segreta e divina mente di Platone nostro, principe de' filosof e finiremo la pistola in questa morale sentenzia: che buono è combattere colla fortuna coll' arme della prudenzia, pazienza e magnanimità. Meglio è ritrarsi e fuggire tal guerra della quale pochissimi hanno vittoria e quelli pochi con intellettuale fatica ed estremo sudore. Ottimo è fare con lei pace e triegua conformando la volontà nostra colla sua e andare volontieri dov' ella accenna aciò ch'ella per forza non tiri. Tutto questo faremo se s'accorda in noi pazienza sapienza e volontà. Finis. Amen."

50 Über die Fortuna-Wind in romanischen Sprachen (auch im Altfranzösischen) vgl. die bek. Wörterbücher und Corazzini, Vocabulario Nautico. Das älteste mir erreichbare Beispiel aus spätlateinischem Gebrauch (vergl. Ducange) von 1242 in den Annales Januenses. Charakteristisch die altdeutsche Übertragung: „Ungebyter" (Ungewitter) im Jahre 1429. Vgl. Brenner, Ein altes italienisch-deutsches Sprachbuch (1895) S. 2. Rucellai selbst hat jenen verheerenden Wirbelsturm von 1456 als „mirabil fortuna" mit bewunderungswürdiger Anschaulichkeit beschrieben. Vgl. Marcotti in Att. R. Accad. Lincei Ser. III Transunti V. S. 252.

51 Vgl. Botticellis Geburt der Venus und Frühling (1892) S. 5.

52 Die Renaissance empfand noch bei Cartari, Le Imagini (1556) S. 98 die damals (wie auch heute noch) überall verbreitete Fortuna mit dem Segel als Neubildung. — Der Vorstellung nach ist sie schon durch Cicero (De offic 2, 6) bei Lactanz (Instit. Div. III [1841] p. 167) dem Mittelalter gegenwärtig. — Unmittelbar künstlerisch vorbildlich könnte (außer etwa einer Venus auf d. Delphin) vor allem die Isis Pharia (vgl. z. B. Fröhner, Les Médaillons S. XIII) eingewirkt haben, worauf mich Dr. Regling freundlichst hinwies. — „Fortuna Audax" heißt sie z. B. als erste führende Fortuna im Liber Fortunae (1568) ed Lalanne 1883.

53 Rucellai bezeichnet sich als „percosso della fortuna" in seiner Steuererklärung 1480 (S. M. N. Leone Rosso), worauf mich Dr. Doren hinwies. — Er schreibt an seine Mutter, Gott habe ihm einen Teil seiner Güter weggenommen: „in correzione di mie mancanze, che di tutto sia grandemente benedetto e ringraziato meritando assai peggio." Vgl. Mancini, Vita di L. B. Alberti (1882), S. 465.

54 Rucellai war als Schwiegersohn des Palla Strozzi und Schwiegervater einer Pitti den Medici verdächtig und deshalb politisch machtlos bis er 1461 seinen damals 13jährigen Sohn mit der nur ein halbes Jahr jüngeren Nannina verlobte; 1466 fand dann die Hochzeit statt. Später bekennt dann Giovanni dankbar, durch die Verwandschaft mit den Medici sei er „onorato, stimato e riguardato, e la loro felicità e prosperità me l'ho goduto e godo insieme con loro, di che preso grandissimo contentamento. Mancini, a. a. O. S. 465.

55 Die Reproduktion giebt den Kupferstich in halber Originalgröße wieder nach dem Exemplar der Bibl. Naz. in Florenz, früher eingeklebt im Manuskript II. III. 197; er gehört zu den dem sog. Baccio Baldini allzu summarisch zugeschriebenen Imprese amorose, deren Verwendung zur Verzierung galanter Geschenkdosen im Medici-Kreise sich nachgewiesen habe. Vgl. Delle Imprese Amorose, Rivista d'arte Juli—August 1905. Die Zugehörigkeit zu derartiger „aktuell-galanter" Kunstart beweisen schon rein äußerlich der auf unserm Exemplar nicht mehr ganz sichtbare fackeltragende (?) Amor rechts oben sowie die in den Wappenfarben gold, rot, grün angemalten Segelbahnen. Kurze Beschreibung des Stiches bei Kolloff in Meyers Künstlerlexikon No. 147. Auch auf den Petrarcastichen derselben Serie (vgl. Müntz.Essling, Pétrarque, S. 140) kommt die Fortuna vor, im Meere auf einem Delphin stehend. Auch der Hosenkampfstich aus dem Rucellai-Medicikreise an, wie das Fortunasegel auf dem Ärmel der einen Frau andeutet. Vgl. „Über den Austausch künstlerischer Kultur zwischen Norden und Süden" in den Berichten der Berliner Kunsthist. Ges. 17. Febr. 1905. Ebenso der jugendliche Ascanius im Florentine Picture Chronicle (ed. Colvin 1898) Tafel 76. Vgl. dazu meine Nachweise Beil. Allg. Ztg. 1899 No. 2. Durch die ungewöhnliche Jugend des Bräutigams und das (damaliger Ansicht nach) hohe Alter der Braut forderte die Heirat nicht nur familienpolitisch die Aufmerksamkeit heraus. Da die Nannina schon den Frauenkopfschmuck (die corna alla franzese) trägt, ist der Stich, übereinstimmend mit seinem stilistischen Charakter, um 1466 anzusetzen.

56 Eine rohe Federzeichnung ín der Bibl. Naz. in Florenz im Codex II. II. 83 S. 240 (Mitte des 15. Jahrh.) zeigt die Ventura mit gewaltiger Glückslocke im Anschluß an das Sonnett des Frescobaldi (14. Jahrh.) „Ventura son' che al tutto il mondo impero, Dirieto calva e cal ciuffetto in alto", vgl. Trucchi, Poesie Ital. (1846) II S. 76. Über die Glücksschopf-Fortuna im Triumph des Alfonso von Neapel 1445 vgl. Burckhardt, Kultur der Renaissance (1899) II S. 140. Ebenso erscheint Ludovico il Moro selbst als „Ventura con i capelli e panni e mani inanzi" im Festzuge nach einer Notiz bei Leonardo. Vgl. Richter, Leonardo I S. 350 und Zeichnung b. Müller-Walde, Leonardo (1880) Abb. 41. Eine genaue Illustration der Occasio-Kairos nach d. Epigramm des Ausonius sehe ich in dem Fresko in Mantua (Antonio da Pavia); vgl. Kristeller, Mantegna S. 419 (Phot. Anderson.) Ich halte sogar eine Anlehnung an das bekannte Kairosrelief in Torcello für sehr möglich. In Bologna erscheint die Fortuna auf der Kugel mit geschwelltem Segel und Glückslocke im Festzuge 1490. Vgl. A. Medin, In: Propugnatore N. L. II, S. 130.

57 Vgl. Mancini a. a. O. S. 465; der ausführliche Text in dem von Temple-Leader per Nozze Leoni-Arnaldi (1872?) veröffentlichten Bruchstück S. 7.

58 Vgl. Geschäftskontrakte Flor. St. A. Fa. 84 (25. Juli 1455) Fol. 31 und Fol. 27 (6. August 1455). — Wie verpönt noch Anfang des 15. Jahrh. die heidnischen Schicksalsgottheiten (bes. die Fortuna) waren, zeigt die Kontroverse Salutato-Dominici; vgl. Rössler, Cardinal Joh. Dominici (1903) S. 90.

59 Nach Notizie S. XXX verwendet schon 1360 Niccolo Sasseti auf einem Briefe aus Lissabon die Schleuder als Impresa und, wenn die reproduzierte Abbildung S. XIX genau ist, auch schon als heraldischen Begleitschmuck des Wappens. Die Erwählung des „Sasso" in der Schleuder zur Impresa beruht wohl auf seiner wortspielerischen Beziehung zum Familiennamen der Sassetti.

60 „Sarà forse poco dicevole che io faccià qui menrzione della impresa della famiglia mia; ma lo avere di lei, piu che di niuna altra, contezza, fa che io di quella ragioni. È adunque l'impresa nostra una frombola col motto franzese: „A mon pouvoir", che importa: a mio potere. Fu la frombola quell' arme con la quale il giovanetto David ammazzò il gigante Golia; onde quegli che fece in S. Trinita dipignere la cappella nostra, da quella parte di fuori sopra un pilastro, fece immaginare quel giovanetto armato di questa arme con un motto tale: Tutanti puero patriam Deus arma ministrat. Donde, s'io non sono errato, si cava il concetto dell' impresa nostra, quasi dicesse chi la fece: A mio potere m'adoperò io; e Dio farà il restante; si come egli prestò aiuti a David contro il nimico." Der antikische Zusatz des Kentauren, der den Akzent so charakteristisch verschiebt, war dem Urenkel eben nicht mehr gegenwärtig. Das Zitat ist der heute noch ungedruckten Lezione sulle Imprese (z. B. Cod. Riccardianus 2435 Fol. 66a) entnommen. Vgl. dazu Rossi a. a. O. S. 107 fg. über Filippos Stellung innerhalb der Impresaliteratur. Der David mit der Schleuder wurde neuerdings wieder an der Außenseite der Kapelle zusammen mit dem weiter unten besprochenen Fresko mit der Sibylle freigelegt; vgl. Crowe und Cavalcaselle ital. Ausg. VII (1896) S. 294.

61 Vgl. Bibl. Laurenziana. Cl. 79, 1 Bandini Catal. III S. 171. Die Miniatur befindet sich auf der Innenseite des ersten unpaginierten Blattes; Blattgröße: 325×225 mm. Größe der Miniatur: 260×165 mm. Der Direktion der R. Biblioteca Laurenziana, insbesondere Herrn Prof. Rostagno, bin ich für die Erlaubnis zur photographischen Aufnahme zu aufrichtigem Danke verpflichtet. — Über Argyropulos vgl. Voigt, die Wiederbelebung d. kl. Altert. I (1893) S. 367.

62 Die beiden einschlägigen Hauptstellen des Aristoteles trug Argyropulos am 14. Febr. 1457 (wohl 1458) folgendermaßen übersetzt vor: „. . . . summum esse hominis bonum operationem animi secundum virtutes et in vita perfecta", und weiterhin: Virtus est habitus electivus in mediocritate consistens". Vgl. die ganze Praefatio bei Müllner, Reden und Briefe italienischer Humanisten S. 25 u. 26.

63 Bandini bemerkt a. a. O. ausdrücklich: „In fine vero legebantur verba: Mitia fata mihi, Francisci Sassetti Thomae filii civis florentini, quae litura postea deleta fuerunt." Davon ist jetzt aber, wie Herr Dr. Posse freundlichst noch einmal für mich feststellte, nichts mehr zu sehn. Beide Devisen zusammen sonst noch z. B. Cl. 68, 14 und Cl. 49, 28. Nach meiner vorläufigen Zusammenstellung kommen „Mitia fata mihi" und „Sors placida mihi" zusammen neunzehn Mal vor, dagegen „A mon pouvoir" nur viermal. Wappen, Schleuder und Putten erscheinen vereinzelt auch sonst einigemale; die Kentauren aber fand ich bisher nur in der Argyropuloshandschrift. Eine gründlichere Durcharbeitung der Sassettihandschriften behalte ich mir noch vor.

64 Eine urkundliche Bestätigung der Autorschaft des Giuliano da Sangallo fehlt; vgl. Fabriczy, Jahrb.

Pr. Kss. (1902) S. 3; Detailabbildungen vom Grabmal Sassettis bei Burger, Das florentinische Grabmal bis Michelangelo (1904).

65 Den Meleagersarkophag habe ich schon 1901 (Vorlesungen f. d. Hmbg. Oberschulbehörde) als Vorbild des Giuliano da Sangallo nachgewiesen, zusammen mit dem Alkestissarkophag, der Verrocchios Relief mit dem Tod der Tornabuoni beeinflußte. Unabhängig davon hat Frieda Schottmüller dieselben Zusammenhänge erkannt und im Repertorium 1902 (S. 401) publiziert. Prof. Robert war mir in bekannter Freundlichkeit bei der Feststellung des vorbildlichen Exemplares (Montalvo Florenz) behilflich. Ihm verdankt auch Burger neues Material für weitere Entlehnungen Giulianos aus der Sarkophagkunst, von denen besonders die Identifikation der Puttenspiele wertvoll und überzeugend ist.

66 Vgl. Fabriczy, Die Handzeichnungen des Giuliano da Sangallo 1902 S. 42. — Die Kentauren vom Theseion sind in den Kopien des Hartmann Schedel nach Cyriacus publiziert v. Rubensohn. Mitth. Kais. Arch. Inst. Ath. Abth. 1900. — Über Gulianos Kentaurengruppen im Sieneser Skizzenbuch vgl. Fabriczy a. a. O. S. 80.

67 Den Sinn der Inschrift hat zuerst Jordan in der deutschen Ausgabe von Crowe u. Cavalcaselle festgestellt; sie lautet: ENSE · CADENS · SOLYMO · POMPEI · FVLV[IVS]

AVGVR

NVMEN · AIT · QUAE · ME · CONT[E]G[IT]

VRNA · DABIT

Antike Grundlagen ließen sich trotz bereitwilligst erteilter Auskünfte von autoritativen Seiten bisher nicht feststellen; auch in der Renaissancegelehrsamkeit habe ich mich bisher vergeblich umgesehen; meine naheliegende Hoffnung, in den Schriften des Bartolomeo Fonzio, dem gelehrten Freund und Beirat Sassettis (den er ja auch gerade in seinem Testament als Sachverständigen für die Abfassung der Inschrift des väterlichen Grabmals empfiehlt) Anhaltspunkte zu finden, war bis jetzt vergeblich. — Im April 1485, dem Einweihungsjahre der Kapelle, die zu Weihnachten (vergl. Anm. 69) fertig war, erlebte Rom das Sarkophagwunder der wohlerhaltenen römischen Mädchenleiche; Sassetti erhält darüber eben von Fonzio Bericht; vgl. Pastor, Gesch. d. Päpste III (1895) S. 239.

68 Die Sagengeschichte bei Graf, Roma nella memoria . . . . del Medio Evo (1882). S. 308 fg. — Die Konstantinsbasilika im Erhaltungszustande abgebildet bei Hülsen, Forum S. 187. Wie lebendig die Sage noch bei den Gebildetsten war, beweist deren Erwähnung in Rucellais Rombeschreibung 1450. Vgl. Michaelis, Bullet. Imp. Ist. arch. germ. 1888 S. 267. — Über die Rappresentazione, schon 1465 in Florenz aufgeführt, (vgl. D'Ancona, Origini del teatro I (1891) S. 270) u. Graf a. a. O. S. 323. — Die Beschreibung der Edifici mit den lebenden Bildern bei Colvin, Florentine Picture Chronicle, S. 6 und d'Ancona a. a. O. S. 228: „undecimo: Templum Pacis, con l'edifizio della natività per fare la sua Rappresentazione." — Letzte Zweifel beseitigte der architektonische Hintergrund in der Neapolitanischen Weihnachtskrippe. Man braucht nur Abb. 4 bei Hager, Die Weihnachtskrippe (1902), anzusehen, um das aus der Festspieldekoration nachlebende Templum Pacis zu erkennen. Jetzt läßt sich auch das Datum der heute verkehrt ergänzten Inschrift unter den Donatoren richtig conjizieren: anstatt XV Decembris ist (übereinstimmend mit den epigraphischen Feststellungen von Herrn Prof. Brockhaus) zu lesen: XXV Decembris ˙ MCCCCLXXXV (nicht VI); nun stimmt alles harmonisch: Sassetti hat seine Grabkammer zugleich als Weihnachtskapelle gestiftet und eingeweiht. — Das Altarbild ist jetzt bekanntlich in der Akademie.

69 Die Grisaillen, die den unverkennbaren Stil der Ghirlandajoschule zeigen, entzogen sich bisher der Identifikation. Mir fiel durch Gori, Mus. Fior. LXIX zuerst die Adlocutio der Gordiansmünze (vgl. Abb.) auf, die bis auf die Armhaltung des Feldherrn, mit der Adlocutio rechts über Francescos Grabmal übereinstimmt. Vgl. auch Fröhner, Les Médaillons Romains. (1878) S. 187. Dort (S. 13) auch die Decursio des Nero (Vorbild für die rechte Grisaille über Neras Grab) — Titus und Domitian links über Francesco wies mir dann freundlichst Dr. Regling nach als Rückseite eine Vespasiansbronze, sowie den Imperator in der Quadriga als triumphierenden Germanicus (links über Nera).

70 Über „Pathosformeln" siehe: „Dürer und die italienische Antike" in Verhandlgn. d. 48. Philol. Vers. Hamburg S. 55. — Ghirlandajo und die Antike denke ich später ausführlich zu behandeln. Vgl. zunächst Egger: Codex Escurialensis Wien (1905).

FRANCESCO SASSETTI
Marmorbüste der Frührenaissance
Florenz, Museo Nazionale
Phot. Alinari

FRANCESCO SASSETTI

Marmorbüste der Frührenaissance

Florenz, Museo Nazionale

Phot. Mannelli

Ex-libris des Francesco Sassetti.
Aus: Argyropulos, Ethik des Aristoteles. R. B. Laurenziana, Florenz.

ARBEITENDE BAUERN AUF BURGUNDISCHEN TEPPICHEN

VON A. WARBURG

AUS dem neuen Musée des arts décoratifs in Paris publizierte Maurice Demaison[1]) einige Bildteppiche, die fast alle als besonders hervorragende Typen jenes monumentalen und gleichzeitig so praktischen Wandschmuckes anzusehen sind, der schon seit dem 14. Jahrhundert den stolzesten Besitz der Kunstsammler des späten Mittelalters bildete.

Indessen besaß der gewebte Teppich, den man heute nur noch als aristokratisches Fossil in Schausammlungen bewundert, seinem ursprünglichen Charakter nach demokratischere Züge; denn das Wesen des gewebten Teppichs, des Arazzo, beruhte nicht auf einmaliger origineller Schöpfung, da der Weber als anonymer Bildervermittler denselben Gegenstand technisch so oft wiederholen konnte, wie der Besteller es verlangte; ferner war der Teppich nicht wie das Fresko dauernd an die Wand gefesselt, sondern ein bewegliches Bildervehikel; dadurch wurde er in der Entwickelung der reproduzierenden Bildverbreiter gleichsam der Ahne der Druckkunst, deren wohlfeileres Erzeugnis, die bedruckte Papiertapete, die Stellung des Wandteppichs folgerichtig im bürgerlichen Hause völlig usurpiert hat. In diesen beweglichen, wenn auch noch recht kostbaren, textilen Fahrzeugen überschritten lebensgroße nordische Figuren die Grenzen Frankreichs und Flanderns, um die Märchen antiker oder ritterlicher Vergangenheit im Gewande der neuesten Mode »alla franzese« prunkvoll zu verbreiten; daher muß selbst an italienischen Fürstenhöfen bis in die späte Frührenaissance hinein der neue Stil »all' antica« mit den privilegierten Höflingen »alla franzese« um das Recht kämpfen, die wiedererweckten Gestalten der Antike zu verkörpern[2]). Konnte man auch in jenen barocken Höflingsgestalten in Zeittracht nur mit Hilfe der beigefügten Inschriften die Helden heidnischer Vorzeit — Herkules, Alexander, Trajan — erkennen, so appellierte dafür der stoffliche Reiz schimmernder Nebendinge nicht lange mit Erfolg an den Materialsinn des schatzsammelnden Kunstfreundes.

Im Gegensatz zu diesen Erzeugnissen höfischen Schmucktriebes zeigen nun unsere drei burgundischen Teppiche im Gegenstand und in der Auffassung die derb zupackende Beobachtungskraft flandrischen Wirklichkeitssinnes; sie variieren das gleiche volkstümliche Genrekunst: Holzhacker bei ihrer Arbeit; zwei dieser Bildteppiche, ein größerer und ein kleinerer (Abb. 1 u. Abb. 2), gehören, der erstere sicher, der zweite wahrscheinlich noch dem 15. Jahrhundert an, der dritte (Abb. 3) dürfte, wie mir aus Einzelheiten der Tracht und aus der Komposition hervorzugehen

scheint, erst um die Wende des 16. Jahrhunderts entstanden sein.

Auf dem ältesten Teppich sind acht mühselig arbeitende Holzhacker im Eichwald von einem vortrefflich beobachtenden Künstlerauge lebensgroß erfaßt und festgehalten. In der Mitte des Bildes bringt ein Arbeiter den Baum, den er über der Wurzel angeschlagen hat, zu Fall; neben ihm hackt ein zweiter die größeren Zweige eines Stammes ab; zwei andere im Vordergrund zerkleinern die gefallenen Stämme mit der Axt oder einem sichelförmigen Hackmesser, während zwei handfeste Holzknechte das Zersägen besorgen. Die zerschlagenen Scheite werden sodann von einem Mann mit turbanartiger Kopfbedeckung auf einen Haufen geschichtet, während sein Nachbar, der einzig Untätige, sich für sein anstrengendes Handwerk durch einen kräftigen Schluck aus einer geräumigen Flasche stärkt.

Die Einzelfigur überrascht in Stellung und Ausdruck, trotzdem die belebenden Mitteltöne im Gesicht verblichen sind, durch ihre Naturtreue; dagegen fehlt noch der höhere Sinn für perspektivische Zusammenfassung: die Figuren, die hintereinander erscheinen sollten, sind übereinander aufgebaut, und der horror vacui, der Fülltrieb des Webers, zerstört den Luftraum durch Blattwerk und Tiergewimmel aller Art; Affen, Hirsche, Rehe, Fasanen, Kaninchen, sogar wilde Tiere: ein Löwe, ein Wolf, ein Leopard, haben sich im Walde zu dekorativen Zwecken zusammengefunden, und selbst die große Jagddogge im Vordergrund scheint nicht willens, das Tierparadies ernstlich zu stören. Dieser Hund trägt auf seinem Halsband ein eingewebtes Wappen: drei nach links gewandte Schlüssel[1]); dasselbe eingewebte Wappen wird oben in der Mitte über der Hand des baumumlegenden Holzhackers sichtbar; da diese drei Schlüssel auch auf dem Wappen der bekannten burgundischen Familie der Rolin[2]) vorkommen, suchte ich in dieser Richtung nach weiteren Beziehungen, wobei ich mich erinnerte, in dem Buche von Soil[3]) über die Teppiche von Tournai von »bucherons« gelesen zu haben; die trockene heraldische Identifikation gewann nunmehr Leben; denn

---

1) »Les Arts«, 1905, Nr. 48.
2) Vgl. »Delle imprese amorose nelle più antiche-incisioni fiorentine« in der Rivista d'Arte 1905, Nr. 7—8.

---

1) Weiße Schlüssel auf blauem Grunde, wie mir zuerst Herr K. E. Schmidt in Paris freundlichst mitteilte; er machte mich auch erst auf das Wappen des Hundehalsbandes aufmerksam, das auf der Abbildung in »Les Arts« nicht deutlich zu erkennen war; auf unserer mit gütiger Erlaubnis von Herrn Metman gemachten Neuaufnahme ist letzteres sichtbar.
2) Vergl. die Abbildungen in der »Gazette des beaux Arts« 35 (1906) S. 23 u. S. 25. Die Schlüssel sind bei Rolin nach (heraldisch) links gewandt, bei seiner Frau nach (heraldisch) rechts.
3) E. Soil, Les Tapisseries de Tournai (1892).

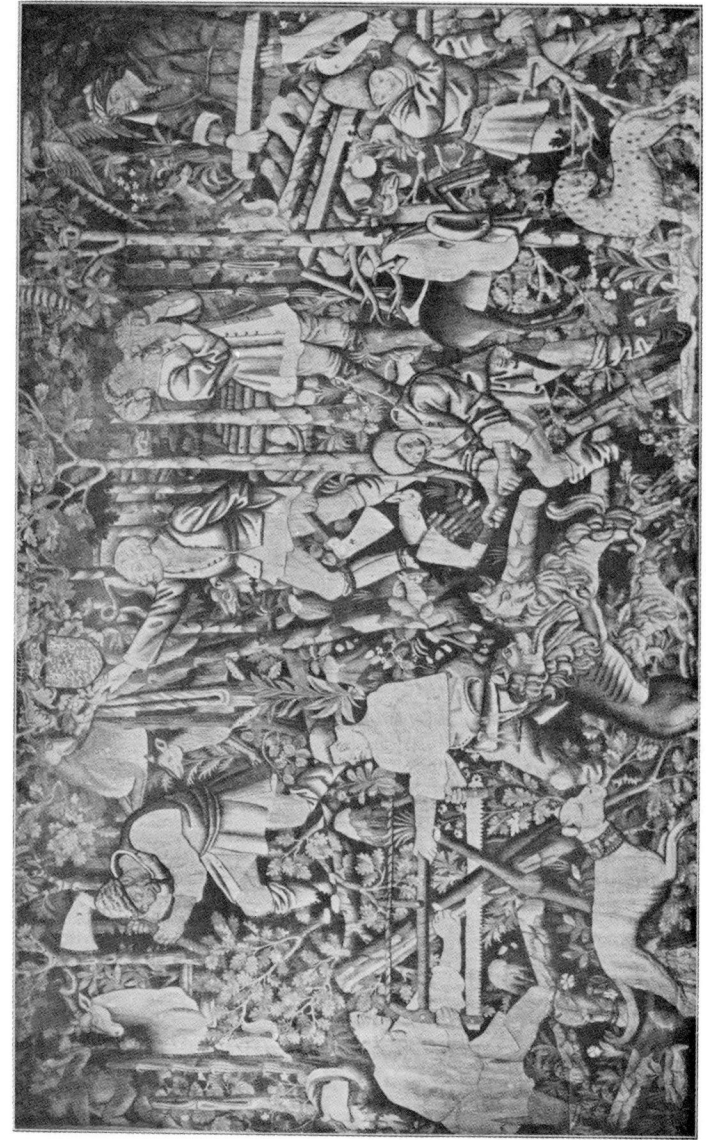

ABB. 1. HOLZHACKER IM EICHWALD. TEPPICH, UM 1460 (3,20 m × 5,10 m). PARIS, MUSÉE DES ARTS DÉCORATIFS

ABB. 2. HOLZHACKER. TEPPICHBRUCHSTÜCK, ENDE DES 15. JAHRH. (1,72 m × 2,45 m). PARIS, MUSÉES DES ARTS DÉCORATIFS

167

ABB. 3. HOLZHACKER. TEPPICH, ANFANG DES 16. JAHRH. (3,30 m × 5,20 m). PARIS, MUSÉE DES ARTS DÉCORATIFS

die Urkunden beweisen, daß eben diese »bocherons« zu dem typischen Bilderkreis des damals sehr berühmten Ateliers von Pasquier Grenier gehörten. Dreimal — in den Jahren 1461, 1466 und 1505 — werden Holzhacker als ausschließlicher Gegenstand ganzer Teppichzyklen erwähnt; der früheste Auftraggeber aber war der Herr des Landes selbst, Herzog Philipp der Gute.

Der erste Auftrag von 1461 lautete: »Eine Teppichkammer von Leinen und Seide gearbeitet, enthaltend 9 Stücke, 6 Kissen und eine Bankdecke, nämlich: eine Bettdecke für das große Bett, ein Himmel, (dazu) ein Rücklaken, eine Bettdecke für das Kleinbett und (dazu) ein Rücklaken, und 4 Wandstücke ganz mit Busch- und Blattwerk bedeckt, und besagte Stücke sollen mehrere große Personen zur Schau tragen, wie Bauern und Holzhacker, die so tun, als ob sie in besagtem Gehölz auf verschiedene Weise schafften und arbeiteten« [1]). Man kann nicht eindeutiger, noch dazu in einem so kurzen Programm, den Gegenstand unserer Teppichfolge bezeichnen. Chronologisch wäre es also sehr wohl möglich, daß diese eine derartige »Chambre« für Nicolas Rolin angefertigt wurde; nur ist es nicht allzu wahrscheinlich, daß sie gerade mit der damals von Philipp dem Guten bestellten identisch war, da sich Rolin 1461 in Ungnade befand [2]). Jedenfalls hat Philipp der Gute an diesen »bocherons« sein besonderes Gefallen gefunden; er wiederholt nicht nur 1466 diese Bestellung für ein Geschenk an seine Nichte, die Herzogin von Geldern, sondern läßt auch gleichzeitig für die Herzogin von Bourbon, seine Schwester, eine »Kammer« fabrizieren, die wohl dasselbe Thema der Baumarbeit variiert: es sollen »orangiers« dargestellt werden. An Szenen aus der kunstmäßigen Orangenzucht wird hierbei schwerlich zu denken sein, da es damals im Norden noch keine derartigen Kulturen gab; wohl aber war die Orange durch Erinnerungsbilder an den Süden, wie eine Orangenbaumgruppe auf dem Triptychon des van Eyck [3]) beweist, den Flandrern bekannt, und so mag es die herzogliche Herrenlaune gelockt haben, seine Bauern das geheimnisvolle Gewächs der Hesperiden resolut bearbeiten zu sehen; stammt aus diesem so späteren Teppichfragment diese Folge? [4]) Jedenfalls gehört dieses kleinere Teppichbild

zum Zyklus von arbeitenden Holzbauern, und falls die sinnlos wirkende Verkleinerung des Teppichs nicht tatsächlich erst in jüngster Zeit vorgenommen wäre, könnte man sogar in ihm das Rücklaken eines Bettumhanges sehen, wie denn auch die Leitung des Musée des Arts décoratifs in richtigem Gefühl den Teppich als innere Wandbekleidung einer gotischen Bettstelle wirken läßt [1]).

1505 wird eine »Chambre des personnages de bucherons« wiederum in den Urkunden von Tournai erwähnt, und zwar gehört sie zu den drei berühmten Teppichfolgen, die Philipp der Schöne von Jean Grenier, dem Sohne des Pasquier, kaufte und zusammen mit einer »Chambre à personnages de vignerons« nach Spanien mitnahm [2]). Auch die Weinbauern hatten sich also jene ihnen gebührende Rolle [3]) im Bilderdrama vom Leben des arbeitenden Bauern verschafft.

In dem zweiten größeren Holzhacker-Teppich (Abb. 3) sehe ich jene erwähnte Teppichkammer des Jean Grenier, der bei der Verarbeitung der ererbten Kartons seines Vaters unverkennbar dieselben drastisch beobachteten Einzelmotive beim Sägen, Sammeln und Aufpacken des Holzes anbringt; hier ist schon der Versuch einer einheitlicheren perspektivischen Raumauffassung gewagt, und die Personen geben sich nicht mehr »naiv«, gewissermaßen ohne Besorgnis um ihr Aussehen, der derben Tätigkeit hin. Aus dem Kopfe des Aufsehers, der dem redenden Besitzer zuhört, spricht bereits das Spiegelbewußtsein einer zierlichen Persönlichkeit, die fast schon zu gebildet erscheint, um an dem groben Wesen der Holzbauern

---

eine spätere Wiederholung der Chambre des Orangiers fand, auf der dieselben Arbeiter und wirkliche Orangenbäume dargestellt sind; allerdings ist das Arbeitsmotiv nicht der ausschließliche Gegenstand der teilweise romantischen Darstellung.

1) Ich führe die Maße der »Chambre des orangiers« (Soil, S. 379) im einzelnen an, um anderen die Teppichstudien zu erleichtern; dabei rechne ich die Elle von Tournai, einer gütigen Angabe von Herrn Hocquet folgend, zu 0,74125=0,75 m;

Teile der Teppichkammer	Höhe		Breite	
Couverture du lit	(6^1/$_3$)	4,75 m	(7^1/$_3$)	5,50 m
chiel	(5)	3,75 m	(6)	4,50 m
gouttières	(^{3}/$_4$)	0,56 m	(4^1/$_4$)	3,19 m
(Fallen, die den oberen Betthimmelrand umziehen)				
Couverture de couchette . .	(3)	2,25 m	(4)	3,00 m
Tappis de Muraille	(5^1/$_4$)	3,93 m	(9)	6,75 m (doppelt)
„ „ „	(5^1/$_4$)	3,93 m	(8^1/$_4$)	6,18 m
„ „ „	(5^1/$_4$)	3,93 m	(7)	5,25 m
bancquier	(1^1/$_2$)	1,12 m	(8)	6,00 m

2) Soil l. c. 249.
3) Teppiche mit Boscherons und Vignerons werden erwähnt als alte englische (?) Tapisserien im Mobilier de la couronne sous Louis XIV ed. Guiffrey (1885) I, S. 347. Zwei Teppiche des 15. Jahrhunderts, der eine im Musée des Arts décoratifs (Nr. 761), der andere in der Collection Gaillard gehören höchstwahrscheinlich zu jener »Chambre des Vignerons«.

---

1) »... plusieurs grans personnaiges come gens paysans et bocherons lesquels font manière de ouvrer et labourer au dit bois par diverses façons.« Soil l. c. 378.
2) Daß der Dogge so auffällig das Wappen trägt, könnte mit dem ihm als hervorragende Auszeichnung verliehenen Privilegium zusammenhängen, auf alle Tiere jagen zu dürfen; vergl. Perier, N. Rolin (1904) S. 317. Indessen war auch der Sohn des Kanzlers, Antoine Rolin, Grand-Véneur, ein Wappen führen (vergl. de Raadt, Scéaux Armoriés [1900] III, S. 264) zeigt die drei Schlüssel, ganz wie auf dem Teppich, nach rechts (heraldisch) gewandt, allerdings darin abweichend, daß das Wappen von einem Dornenschnittrand eingefaßt (engleriert) ist.
3) Vergl. Rosen, Die Natur in der Kunst (1903) Abs. 30.
4) Diese Vermutung, ich für ursprünglich für gewagt hielt, weil von Orangen selbst nichts zu sehen ist, erhielt ihre Bestätigung dadurch, daß ich vor kurzem in Paris

169

den rechten Spaß zu haben. Die wiederholten Be-
stellungen des guten Herzogs Philipp dagegen lassen
vermuten, daß er und seine Hofgesellschaft, deren
unbändiges Temperament lastender Prunk und höfisches Zeremoniell nur äußerlich zivilisierte, an dem
grotesken Treiben ihrer Holzbauern ihr »bon plaisir«
fanden, auch wenn der Bilderbogen vom braven
paysan et bocheron sich über ganze 135 Quadrat-
meter der »Kammer« hindehnte.

Das Reich der Natur, nach dem sich zu allen
Zeiten eine hyperzivilisierte Gesellschaftsschicht zu-
rücksehnt, war im Norden eben nicht von antikischen
Satyrn, sondern von den unfreiwilligen Komikern
schwerfälliger körperlicher Arbeit bevölkert.

Läßt man sich durch das einflußreiche Grenzwächtertum in unserer heutigen Kunstgeschichtsschreibung nicht davon ablenken, in dieser »niedrigeren«
Region der angewandten nordischen Kunst monumentale Bildkraft am Werke zu spüren, so hat die
Einreihung unserer burgundischen Genrekunst in
die allgemeine stilgeschichtliche Entwickelung keine
historischen Schwierigkeiten mehr. Szenen aus dem
Leben des gemeinen Mannes lassen sich schon seit
dem Anfang des 15. Jahrhundert aus den wenigen
uns erhaltenen Teppichinventaren häufig genug nachweisen, um sie als typischen Bestandteil im Bilderzyklus
höfischer Teppichkunst zu erkennen; dafür nur einige
Stichproben: Valentine d'Orléans besitzt 1407 eine
»chambre semée de bucherons et de bergers«[1]. Papst
Felix V.[2]) führt in seiner Teppichausrüstung, die er
1440 nach Basel mitnahm, einen »magnum tapissium
grossarum gentium«, mit sich, und ebenso besitzt
Paul II.[3]) 1457 einen alten flandrischen Teppich »cum
hominibus ed mulieribus rusticalibus«. Das neue Element liegt demnach weniger im genrehaften Gegenstand, als in der überraschenden Fähigkeit des Pasquier
Grenier oder seines Zeichners, lebensgroße Gestalten
in dem packenden Ausdruck momentaner Tätigkeit zu erfassen. Aber auch hierin war ein größerer aus demselben Tournai schon vorangegangen; unter der trüben-
den Schicht handwerksmäßiger Webekunst sind uns
wahrscheinlich auf den Berner Teppichen jene verlorenen
Gerechtigkeitsbilder Rogier van der Weydens erhalten,
der glorreiche Besitz des Stadthauses in Brüssel.
Carel van Mander[4]) rühmt diese Schöpfungen mit
folgenden Worten: »Denn er hat unsere Kunst sehr
verbessert, indem er durch seine Erfindung und Behandlung seinen Arbeiten ein vollkommeneres Aussehen verlieh, sowohl was den Bewegungsinhalt der
Figuren betrifft, als auch in der Komposition und in
der Charakterisierung der seelischen Erregungen, wie
Betrübnis, Zorn oder Freude, je nachdem der Vorwurf
es verlangte. Zu seinem ewigen Gedächtnis sind
auf dem Rathaus zu Brüssel sehr berühmte Bilder
von ihm zu sehen, nämlich vier auf die Justiz bezüg-
liche Szenen. An erster Stelle steht da das ausge-

zeichnete und bemerkenswerte Bild, da der alte Vater
krank im Bett liegt und seinem verbrecherischen
Sohne den Hals abschneidet.«

In diesem Lobe liegt zugleich die richtige Beschränkung; gewiß spricht jene gepriesene Mienen-
spiegelkunst mit einer bis zur Grimasse gehenden
Deutlichkeit aus den Köpfen des Herkinbaldteppichs[1]);
die Körper aber, von dem schweren überladenen zeitgenössischem Kostüm mumifiziert, lähmen trotz der
zappelnden Extremitäten das einheitliche Zusammenwirken von Mienenspiel und Gebärdensprache. Die
Holzbauern dagegen, von keiner Modetracht bedrückt,
können sich im natürlichsten drastischen Zusammen-
spiel von Mimik und Physiognomik im echten Stile
ihrer Prosa ungehemmt vortragen.

Der Name Rolin ist der Kunstgeschichte bisher nur
aus der höheren Region der kirchlichen Kunst bekannt:
der Kanzler Rolin kniet als Donator vor der Madonna auf dem Bilde des Jan van Eyck im Louvre,
und gleichfalls mit seiner Frau als Stifter auf den
Außenflügeln des mächtigen Altarwerkes vom Jüngsten
Gericht in seinem Hospital in Beaune. Die persön-
lichste Beziehung Rolins zu diesen beiden Meister-
stücken niederländischer Andachtskunst war wohl
vereinbar mit verständnisvoller Freude an dem drastischen Holzbauernteppich; denn gerade diese primitive
»compatibility«, die Verträglichkeit zwischen kirchlichem und weltlichem Kunstinteresse kennzeichnete
in jener Übergangszeit den Geschmack des Privat-
sammlers, der sich erst nach und nach aus dem
Schatzbewahrer der spätmittelalterlich höfischen Zivi-
lisation zum museumbildenden Kunstfreund der
Renaissancekultur entwickelte. Dem Verständnis für
das rein Künstlerische stand eben jener raffinierte
Materialsinn entgegen, der durch die äußerlich schwierigen und doch lebhaften Handelsbeziehungen in
Westeuropa herausgebildet, wohl aufs feinste abzu-
schätzen, aber auch wahllos zu häufen wußte.

Wider Erwarten erhält man aus dem gleichzeitigen
Italien — wo unser modernes unkritisches Renaissanceempfinden nur Offenbarungen bodenständiger Selbstherrlichkeit anzutreffen liebt — für dieselbe Kompa-
tibilität die unzweideutigsten Zeugnisse; die Könige
von Neapel, die Herzöge von Ferrara und die Medici
in Florenz schätzten ihre von flandrischen Meistern
nach ihren eigenen Wünschen gewebten weltlichen
Bildteppiche als ihren kostbarsten Besitz neben aller
andachtsvollen Seelenstücken auf Holz oder Leinwand,
wie sie Rogier van der Weyden selbst in Italien eingebürgert hatte[2]); aber nicht nur dem gewebten Feier-
kleid für die häusliche Wand, sondern auch seinem
billigeren Surrogat, dem auf Leinwand gemalten Genre-
bild, räumten die Medici sogar die Ehrenplätze der
sopraporti in ihren Festsälen auf der Villa Careggi[3])

---

1) Recueil d'anciens Inventaires (1896) S. 226.
2) Vergl. Müntz, Hist. Gén. d. l. Tap. S. 12.
3) Vergl.   „   Les Arts à la cour des Papes II, S. 282.
4) Das Leben der niederländischen Maler, übers. von
Hanns Floerke I (1906) S. 75.

1) Vergl. die Abb. bei Jubinal und danach bei Müntz,
La Tapisserie (Kl. Ausg.) S. 151.
2) Vergl. »Flandrische Kunst und Florentinische Frührenaissance« im Jahrb. d. Preuß. Kunsts. 1902, S. 207 und
»Der Austausch künstlerischer Kultur zwischen Norden
und Süden« in den Ber. der Kunstg. Ges. 1905.
3) Vergl. »Flandrische und Florentinische Kunst im

und im Stadtpalaste ein, zur selben Zeit (etwa 1460) wo doch schon im Palast der via larga Antonio und Piero Pollajuolo auf ihren Leinwandbildern mit den Herkulestaten den neuen idealistischen Stil des bewegten Lebens verkündeten, bereits das Banner der neuen welterobernden Pathosformel »all' antica«[1]) entfaltet hatten.

Die monumentale Genrekunst dieser burgundischen Bildteppiche war gleichsam das Quellgebiet jenes nordischen Verismus, der seinen lebenspiegelnden Humor als eine unverächtliche Gegenkraft dem dio-

Kreise des Lorenzo dei Medici« in den Ber. d. Kunstg. Ges. 1901.

[1]) Vergl. »Dürer u. die italienische Antike« in den Verhandlungen der 48. Versammlung deutscher Philologen und Schulmänner.

nysischen Pathos im Kampfe um den Stil des bewegten Lebens entgegensetzen konnte, bis die klassizierende Hochrenaissance Italiens im antiken Satyr ihr eigenes und ihrer humanistischen Gesellschaft angemesseneres Temperamentsventil wiederentdeckte. Vor dem elementaren echten Orgiasmus des heidnischen Satyrn, dem noch dazu der nackte Körper das ungehemmte Doppelspiel von Miene und Körper verlieh, zog sich der grimassierende nordische Spaßvogel zurück, bis auch der Satyr im abschleifenden Tauschverkehr der Formen Wert und Prägungsfrische eingebüßt und nun Breughel seinen Bauern im Reiche der Sammlerkunst neu gewann, was sie eigentlich von altersher besessen: das Hofnarrenprivilegium spätmittelalterlicher höfischer Kultur.

[1912 / 1922]

A. WARBURG.

ITALIENISCHE KUNST UND INTERNAZIONALE ASTROLOGIE IM PALAZZO SCHIFANOJA ZU FERRARA. * [1]

Die römische Formenwelt der italienischen Hochrenaissance verkündet uns Kunsthistorikern den endlich geglückten Befreiungsversuch des künstlerischen Genies von mittelalterlicher illustrativer Dienstbarkeit; daher bedarf es eigentlich einer Rechtfertigung, wenn ich jetzt hier in Rom an dieser Stelle und vor diesem kunstverständigen Publikum von *Astrologie*, der gefährlichen Feindin freien Kunstschaffens und von ihrer Bedeutung für die Stilentwicklung der italienischen Malerei zu sprechen unternehme.

Ich hoffe, dass eine solche Rechtfertigung im Laufe des Vortrages von dem Probleme selbst übernommen werden wird, das mich durch seine eigentümlich komplizierte Natur — zunächst durchaus gegen meine, anfänglich auf schönere Dinge gerichtete Neigung — in die halbdunkeln Regionen des Gestirnaberglaubens abkommandierte.

Dieses Problem heisst: Was bedeutet der Einfluss der Antike für die künstlerische Kultur der Frührenaissance ?

Vor etwa 24 Jahren war es mir in Florenz aufgegangen, dass der Einfluss der Antike auf die weltliche Malerei des Quattrocento — besonders bei Botticelli und Filippino Lippi — heraustrat in einer Umstilierung der Menschenerscheinung durch gesteigerte Beweglichkeit des Körpers und der Gewandung nach Vorbildern der antiken bildenden Kunst und der Poesie. Später sah ich, dass echt antike Superlative der Gebärdensprache ebenso Pollaiuolos Muskelrhetorik stilisierten, und vor allem, dass selbst die heidnische Fabelwelt des jungen Dürer (vom " Tod des Orpheus " bis zur " grossen Eifersucht ") die dramatische Wucht ihres Ausdrucks solchen nachlebenden, im Grunde echt griechischen " Pathosformeln " verdankt, die ihm Ober-Italien vermittelte. [2]

Das Eindringen dieses italienischen antikisierenden Bewegungsstiles in die nördliche Kunst war nun nicht etwa die Folge ihrer mangelnden eigenen Erfahrungen auf heidnisch-antikem Stoffgebiet; im Gegenteil: es wurde mir durch Inventarstudien über die weltliche Kunst um die Mitte des 15. Jahrhunderts klar, dass z. B. auf flandrischen Teppichen und Tuchbildern Figuren im zeitgenössischen Trachtenrealismus " alla franzese " selbst in den italienischen Palästen die Gestalten des heidnischen Altertums verkörpern durften.

Bei genauerem Studium des paganen Bilderkreises im Gebiete der nordischen Buchkunst liess sich weiterhin durch Vergleich von Text und Bild erkennen, dass die uns so irritierende unklassische äussere Erscheinung den Blick der Zeitgenossen nicht von der Hauptsache ablenken konnte: dem ernsten, nur allzu stofflich getreuen Willen zu echter Veranschaulichung des Altertums.

So tief wurzelte im nordischen Mittelalter dieses eigentümliche Interesse für klassische Bildung, dass wir schon im frühesten Mittelalter eine Art illustrierter Handbücher der Mythologie für jene beiden Gruppen des Publikums, die ihrer am meisten bedurften, vorfinden: für *Maler* und für *Astrologen*.

---

* Abb. 2-12 s. auf Taf. XXXVII-XLVII.

(1) Der folgende Vortrag gibt nur die vorläufige Skizze einer ausführlichen Abhandlung wieder, die demnächst erscheinen und eine ikonologische Quellenuntersuchung des Freskenzyklus im Palazzo Schifanoja enthalten soll.

(2) Cfr. Botticellis Geburt der Venus und Frühling (1893) und Dürer und die italienische Antike in Verhandl. der 48. Versammlung deutscher Philol. in Hamburg 1905; vgl. auch Jahrbuch der preuss. Kunstslgn. 1902, p. 247 ff.

Im Norden entstanden ist z. B. jener lateinische Haupt-Traktat für Göttermaler, der " de deorum imaginibus libellus " der einem englischen Mönche, Albericus, [1] welcher schon im 12. Jahrhundert gelebt haben muss, zugeschrieben wird. Seine illustrierte Mythologie mit Bildbeschreibungen von 23 berühmten Heidengöttern hat auf die spätere mythographische Literatur einen bisher gänzlich übersehenen Einfluss ausgeübt, besonders in Frankreich, wo poetische französische Ovid-Bearbeitungen und lateinische moralisierende Kommentare zu Ovid schon um die Wende des 13. und 14. Jahrh. den heidnischen Emigranten eine Freistätte gewährten.

In Süddeutschland taucht sogar schon im 12. Jahrhundert eine Olympier-Versammlung im Stile des Albericus auf, [2] dessen Mythenlehre — wie ich 1909 vor dem Kamin in Landshut zeigte — noch 1541 die illustrative Auffassung von sieben Heidengöttern bestimmte.

Es sind natürlich die sieben Planeten, die in Landshut überleben, d. h. jene Griechengötter, die unter orientalischem Einfluss später die Regentschaft der nach ihnen genannten Wandelsterne übernehmen. Diese sieben besassen deswegen die grösste Vitalität unter den Olympiern, weil sie ihre Auslese keiner Gelehrtenerinnerung, sondern ihrer eigenen, noch ungestört fortdauernden, astral-religiösen Anziehungskraft verdankten.

Man glaubte ja, dass die sieben Planeten zu allen Zeitabschnitten des Sonnenjahres Monate, Tage, Stunden des Menschenschicksals nach pseudomathematischen Gesetzen beherrschten. Die handlichste dieser Doktrinen, die Lehre von der Monatsregentschaft, eröffnete nun den Göttern im Exil eine sichere Zufluchtsstätte in der mittelalterlichen Buchkunst der *Kalendarien,* die im Anfang des 15. Jahrhunderts von süddeutschen Künstlern ausgemalt worden sind.

Sie bringen, der hellenistisch-arabischen Auffassung folgend, typisch sieben Planetenbilder, die, obwohl sie die Lebensgeschichte der heidnischen Götterwelt wie eine harmlose Zusammenstellung zeitgenössischer Genrezenen präsentieren, dennoch auf den astrologisch Gläubigen wie Schicksalshieroglyphen eines Orakelbuches wirkten.

Es ist klar, dass von dieser Art der Götterüberlieferung, in der die griechischen Sagenfiguren zugleich die unheimliche Macht astraler Dämonen gewonnen hatten, ein Hauptstrom ausgehen musste, mit dem die nordisch kostümierten Heiden sich im XV. Jahrhundert umso leichter international verbreiteten, als ihnen die neuen beweglicheren Bilderfahrzeuge der im Norden entdeckten Druckkunst zur Verfügung standen. Daher bringen gleich die allerfrühesten Erzeugnisse des Bilddruckes, die Blockbücher, in Wort und Bild die sieben Planeten und ihre Kinder, die durch ihre überlieferungsgetreue Stofflichkeit auf ihre Weise zur italienischen Renaissance der Antike beitrugen.

Schon seit längerer Zeit war es mir klar, dass eine eingehende ikonologische Analyse der Fresken im Palazzo Schifanoja die zweifache mittelalterliche Ueberlieferung der antiken Götterbilderwelt aufdecken müsste.

Hier können wir sowohl die Einwirkung der systematischen *olympischen* Götterlehre, wie sie jene gelehrten mittelalterlichen Mythographen von Westeuropa überlieferten, als auch den Einfluss *astraler* Götterlehre, wie sie sich in Wort und Bild der astrologischen Praktik ungestört erhielt, bis ins einzelne quellenmässig klarlegen.

Die Wandbilderreihe im Palazzo Schifanoja zu Ferrara stellte die zwölf Monatsbilder dar, von denen uns seit ihrer Wiederaufdeckung unter der Tünche (1840) sieben zurückgewonnen sind. Jedes Monatsbild besteht aus drei parallel übereinander angeordneten Bildflächen mit selbstständigem Bildraum und etwa halblebensgrossen Figuren. Auf der obersten Fläche ziehen die olympischen Götter auf

---

(1) Cfr. jetzt R. RASCHKE, *De Alberico Mythologo*, Breslau 1913.   (2) Cfr. p. 188.

Triumphwagen einher, unten wird das irdische Treiben am Hofe des Herzogs Borso erzählt; man erblickt ihn, wie er sich in Staatsgeschäften betätigt oder zu fröhlicher Jagd auszieht; der mittlere Streifen gehört der astralen Götterwelt; darauf deutet schon das Tierkreiszeichen, das von je drei rätselhaften Gestalten umgeben, in der Mitte der Fläche erscheint. Die komplizierte und phantastische Symbolik dieser Figuren hat bisher jedem Erklärungsversuch widerstanden; ich werde sie durch Erweiterung des Beobachtungsfeldes nach dem Orient als Bestandteile nachlebender astraler Vorstellungen der griechischen Götterwelt nachweisen. Sie sind tatsächlich nichts anderes als Fixsternsymbole, die allerdings die Klarheit ihres griechischen Umrisses auf jahrhundertelanger Wanderung von Griechenland durch Kleinasien, Aegypten, Mesopotamien, Arabien und Spanien gründlich eingebüsst haben.

Da es unmöglich ist, in dem mir hier zugemessenen Zeitraum die ganze Freskenreihe durchzuinterpretieren, werde ich mich auf drei Monatsbilder beschränken und auch hier im Wesentlichen nur die beiden oberen Götterregionen ikonologisch analysieren.

Ich will mit dem ersten Monatsbilde, dem März (der den Jahreszyklus nach altitalienischer Chronologie eröffnet) den von den Göttern die Pallas, und von den Tierkreiszeichen der Widder beherrscht, beginnen, mich darauf dem zweiten Monatsbilde, dem des April, zuwenden, der von der Venus und dem Stier regiert wird, und schliesslich die Darstellung des Julimonats herausgreifen, weil dort eine weniger widerstandsfähige Künstlerpersönlichkeit das gelehrte Programm am greifbarsten durchscheinen lässt. Danach soll versucht werden, durch einen Ausblick auf Botticelli die antike Götterwelt in Ferrara stilgeschichtlich als Uebergangstypus vom internationalen Mittelalter zur italienischen Renaissance zu begreifen. Aber ehe ich zur Analyse des Erinnerungsvermögens an die heidnische Götterwelt im Palazzo Schifanoja schreite, muss ich noch versuchen, im groben Umriss Instrumentarium und Technik der antiken Astrologie zu skizzieren.

Das Hauptwerkzeug der Sterndeuterei sind die *Sternbildernamen*, die sich auf die beiden durch ihre scheinbare Bewegung verschiedenen Gruppen von Sternen beziehen: auf die Wandelsterne mit ihrem ungleichmässigen Lauf und die zueinander stets gleich gelagert erscheinenden Fixsterne, deren Bilder je nach dem Sonnenstande beim Aufgang oder Untergang sichtbar werden.

Von diesen Sichtbarkeitsverhältnissen und von der Stellung der Gestirne zueinander machte die wirklich beobachtende Astrologie den Einfluss der Sternenwelt auf das Menschenleben abhängig. Im späteren Mittelalter wich die reale Beobachtung jedoch zurück zu Gunsten eines primitiven Sternnamenkultes.

Astrologie ist im Grunde eben nichts anderes als auf die Zukunft projizierter Namensfetischismus: Wen z.B. bei seiner Geburt im April Venus beschien, der werde, den Venusqualitäten der Göttermythe entsprechend, der Liebe und den leichten Freuden des Daseins leben; und wer etwa unter dem Zodiakalzeichen des Widders zur Welt kam, dem stände bevor — das sagenberühmte wollige Fell des Widders verbürge es — ein Weber zu werden. Dieser Monat wäre denn auch besonders günstig zum Abschluss von Wollgeschäften.

Durch solche pseudomathematische Trugschlüssigkeit wurden die Menschen jahrhundertelang im Banne gehalten bis auf den heutigen Tag.

Mit der fortschreitenden Mechanisierung der zukunftsforschenden Astrologie entwickelte sich nun — den praktischen Bedürfnissen entsprechend — ein illustriertes Handbuch der Astrologie für jeden Tag. Die Planeten, die für 360 Tage — so rechnete man das Jahr — nicht genügend Abwechslung boten, traten dabei schliesslich ganz zurück zu Gunsten einer erweiterten Fixsternastrologie.

Arats (342-305) Fixsternhimmel ist auch heute noch das primäre Hilfsmittel der Astronomie, nachdem es strenger griechischer Naturwissenschaft gelungen ist, die aufgeregten Geschöpfe religiöser Phantasie zu dienstuenden mathematischen Punkten zu vergeistigen. Der hellenistischen Astrologie freilich bot dieses uns schon überreich erscheinende Gewimmel von Menschen, Tieren und Fabelwesen nicht genug

Vorrat an Schicksalshieroglyphen für ihre Tagesweissagungen; dadurch entstand eine rückläufige Tendenz zu eigentlich polytheistischen Neubildungen, die schon in den ersten Jahrhunderten unserer Zeitrechnung zu einer wahrscheinlich in Kleinasien von einem gewissen Teukros verfassten " Sphaera barbarica " führte; sie ist nichts anderes als eine durch ägyptische, babylonische und kleinasiatische Gestirnnamen bereicherte Fixsternhimmelbeschreibung, die den Gestirnkatalog des Arat fast um das Dreifache übertrifft. *Franz Boll* hat sie in seiner *Sphaera* (1903) mit genialem Scharfsinn rekonstruiert, und — was für die moderne Kunstwissenschaft von grösster Bedeutung ist — die Hauptetappen ihrer märchenhaft anmutenden Wanderung nach dem Orient und zurück nach Europa nachgewiesen, z.B. bis in ein kleines mit Holzschnitten illustriertes Buch hinein, das uns tatsächlich noch einen solchen kleinasiatischen astrologischen Tageskalender bewahrt hat: das von dem deutschen Gelehrten Engel herausgegebene und zuerst von Ratdolt in Augsburg 1488 gedruckte *Astrolabium Magnum:* [1] der Verfasser aber ist ein weltbekannter Italiener, Pietro d'Abano, der paduanische Faust des Trecento, der Zeitgenosse Dantes und Giottos.

Die Sphaera barbarica des Teukros lebte noch in einer anderen, dem erhaltenen griechischen Text entsprechenden, Einteilung nach Dekanen fort, d. h. nach Monatsdritteln, die je 10 Grade des Tierkreiszeichens umfassen und dieser Typus wurde dem abendländischen Mittelalter durch die Sternkataloge und Steinbücher der Araber überliefert. So enthält die " grosse Einleitung " des Abû Ma'schar (gest. 886), der die Hauptautorität der mittelalterlichen Astrologie war, eine dreifache Synopsis von anscheinend ganz eigenartigen, verschiedenen Nationalitäten angehörigen Fixsternhimmelsbildern, die aber genauerer wissenschaftlicher Betrachtung verraten, dass sie sich nur aus dem Bestande jener barbarisch erweiterten griechischen Sphaera des Teukros zusammensetzen und ihre Reiseabenteuer lassen sich gerade bei diesem Werke des Abû Ma'schar wiederum bis zu Pietro d'Abano verfolgen: von Kleinasien über Aegypten nach Indien gelangt, geriet die Sphaera, wahrscheinlich über Persien, in jenes Introductorium majus des Abû Ma'schar, das dann in Spanien ein spanischer Jude Aben Esra (gest. 1167) ins Hebräische übersetzte. Diese hebräische Uebersetzung wurde dann 1272 von dem jüdischen Gelehrten Hagins in Mecheln für den Engländer Hugo Bates ins Französische übersetzt, und diese französische Uebersetzung lag endlich einer 1293 angefertigten lateinischen Version unseres Pietro d'Abano zugrunde; sie ist mehrfach, z.B. 1507 in Venedig gedruckt. Auch die *Steinbücher* die den magischen Einfluss der Dekangestirngruppen auf bestimmte Steinsorten lehren, sind auf derselben Wanderstrasse: Indien-Arabien nach Spanien gekommen. Am Hofe des Königs Alfonso el Sabio zu Toledo erlebte ja um 1260 die hellenistische Naturphilosophie eine eigenartige Wiedergeburt: in spanischen Bilderhandschriften erstanden aus arabischer Uebersetzung die griechischen Autoren wieder, die die hermetisch-heilende oder orakelnde Astrologie Alexandriens zum fatalen Gemeingut Europas machen sollten.

Pietro d'Abanos Astrolabium ist allerdings in seiner monumentalsten Ausgabe noch nicht von Boll in den Kreis seiner Studien einbezogen worden. Die Wände des *Salone in Padua* sind gleichsam Grossfolioseiten aus einem astrologischen Wahrsagekalender für jeden Tag, von Abano im Geiste der Sphaera barbarica inspiriert. Die kunstwissenschaftliche Erklärung dieses einzigartigen Monumentes [2] einer späteren Abhandlung vorbehaltend, will ich hier nur auf eine Seite aus dem Astrolabium hinweisen, die uns endlich zu den Fresken von Ferrara selbst führt (Abb. 1).

Man erblickt auf der unteren Hälfte unten zwei kleine Figuren eingepasst in ein horoskopisches Schema: ein Mann mit einer Sichel und einer Armbrust; er soll erscheinen beim ersten Grade des Widders; es ist niemand anders als der tatsächlich zugleich mit dem Widder aufgehende Perseus, dessen Harpe

---

(1) Andere Ausgaben 1494 und 1502 (Venedig).
(2) Bei dem vorbildlich regen Eifer der italienischen Photographie ist es unverständlich, dass erst nur ganz wenige Wandbilder des Salone photographiert sind; ein unüberwindliches Hindernis für das bisher verabsäumte vergleichende Studium!

sich in die Sichel verwandelt hat. Darüber steht lateinisch zu lesen: "Im ersten Grade des Widders steigt ein Mann auf, der in der rechten Hand eine Sichel hält und in der linken eine Armbrust." Und darunter als Weissagung für den unter diesem Zeichen Geborenen: "Er arbeitet manchmal und manchmal zieht

Aries

1—2

Abb. 1. Aries-Dekane aus dem Astrolabium Magnum des Petro d'Abano ed. Engel 1488.

er in den Krieg." Also nichts als platter auf die Zukunft bezogener Namensfetischismus! Darüber stehen drei Figuren, die in der Astrologensprache "Dekane" [1] heissen; sie verteilen sich zu je drei, im Ganzen also 36, auf die Tierkreiszeichen. Diese Einteilung ist dem System nach urägyptisch, wenn auch die äussere Form der Dekansymbole deutlich verrät, dass hinter dem Mann mit der Mütze und dem Krumm-

---

(1) Cfr. ausser Boll l. c. das grundlegende Buch von Bouché-Leclercq, *L'Astrologie grecque* (1899).

schwert eben wieder der Perseus steckt, der hier als *prima facies* nicht nur den ersten Grad, sondern die ganzen ersten zehn Grade des Widders beherrscht.

Ein Blick auf den echt antiken Perseus in der Germanicus-Handschrift in Leyden (Abb. 2) beweist ohne weiters, dass Krummschwert und Turban des ersten Dekans die Harpe und die phrygische Mütze des Perseus getreulich konserviert haben. [1] Auf einer astrologischen Marmortafel der römischen Kaiserzeit, dem bekannten Planisphärium Bianchini, das 1705 auf dem Aventin in Rom gefunden und der französischen Akademie von Francesco Bianchini (1669-1729) geschenkt wurde (heute im Louvre. 58 cm im Geviert, genau zwei röm. Fuss) treten aber die ägyptischen Dekane noch in echt ägyptischer Stilisierung auf: der erste Dekan trägt ein Doppelbeil (Abb. 3).

Mittelalterliche Loyalität hat uns sogar *diese* Version des Dekans mit dem Doppelbeil getreulich bewahrt; das Steinbuch für Alfonso el Sabio von Castilien zeigt als erstes Dekansymbol des Widders einen dunkelfarbigen Mann im gegürteten Opferschurz, der wirklich ein Doppelbeil trägt. [2]

Aber erst eine dritte Version der Dekanreihen und zwar die jenes Arabers Abû Maʿschar führt uns endlich unmittelbar zu den rätselhaften Figuren der mittleren Reihe im Palazzo Schifanoja.

Abû Maʿschar gibt in dem für uns in Betracht kommenden Kapitel seiner " Grossen Einleitung " eine Synopsis von drei verschiedenen Fixsternsystemen : dem landläufigen arabischen, dem ptolomäischen und schliesslich dem indischen.

In dieser Reihe der indischen Dekane glaubt man sich zunächst von Ausgeburten echtester orientalischer Phantasie umgeben (wie denn überhaupt die Entschälung des griechischen Urbildes bei dieser kritischen Ikonologie ein fortwährendes Wegräumen unberechenbarer Schichten nicht verständlicher Zutaten verlangt). So ergibt eine Nachprüfung der " indischen " Dekane das nicht mehr überraschende Resultat, dass wirklich indisches Beiwerk ursprünglich echt griechische Gestirnsymbole überwuchert hat.

Denn der Inder Varahamihira (7. Jahrh.), Abû Maʿschar's ungenannter Gewährsmann, verzeichnet in seinem Brhajjâtaka als ersten Dekan des Widders ganz richtig einen Mann, der ein Doppelbeil trägt. Er sagt : " Zum ersten Dekan des Widders erscheint ein um die Lenden mit einem weissen Tuche gegürteter, schwarzer gleichsam zum Beschützen fähiger furchtbarer rotäugiger Mann, er hält ein Beil aufrecht. Dies ist ein Mann-*Dreskâna* (Dekan) bewaffnet und von Mars (Bhauma) abhängig. " [3]

Und bei Abû Maʿschar heisst es : " Die Inder sagen, dass in diesem Dekan ein Mann aufsteigt mit roten Augen, von grosser Statur, starkem Mute und grosser Gesinnung; er trägt ein grosses weisses Kleid, das er in der Mitte mit einem Strick zusammengebunden hat ; er ist zornig, steht aufrecht da und bewacht und beobachtet. " Die Figuren stimmen also überein mit der Ueberlieferung bis auf eine Nüance : beim Araber hat der Dekan sein Beil verloren und nur das mit einem Strick gegürtete Gewand behalten.

Als ich vor vier Jahren den arabischen Text des Abû Maʿschar in der deutschen Uebersetzung las, die Dyroff dem Buche von Boll in überaus dankenswerter Weise beigegeben hat, [4] fielen mir plötzlich die so oft und seit vielen Jahren vergeblich befragten Rätselfiguren von Ferrara ein, und siehe da : eine nach der anderen [5] enthüllte sich als *indischer Deḳan* des Abû Maʿschar. Die erste Figur der mittleren Region auf dem Märzfresko musste sich demaskieren: hier steht der schwarze zornige beobachtende aufrechte Mann in seinem gegürteten Gewand, dessen Strickgürtel er demonstrativ erfasst hat (Abb. 4 u. 5).

---

(1) Dieselben Nachweise werde ich für die anderen Dekane erbringen; so z. B. ist die sitzende lautenspielende Frau die Kassiopeia, vgl. Abb. bei Thiele, *Antike Himmelsbilder* (1898) S. 104.

(2) Cfr. die Abb. im *Lapidario del Rey Alfonso X* (1881) und bei Boll p. 433.

(3) Ich kam durch Thibaut, Grundriss der Indo-Arischen Philologie III, 9, S. 66 auf die engl. Uebersetzung des Chidambaram Jyer

(1884), die sich dann im Nachlass Opperts an die Hamburger Stadtbibliothek fand ; die deutsche Uebersetzung verdanke ich Dr. Wilhelm Printz.

(4) p. 482-539. Eine vollständige Textausgabe der Werke Abû Maʿschars mit Uebersetzung gehört zu den dringlichsten Erfordernissen der Kulturgeschichte.

(5) Darüber eingehenderes in der späteren Abhandlung.

Damit lässt sich nun das ganze astrale System des mittleren Streifens eindeutig analysieren : Ueber die unterste Schicht des griechischen Fixsternhimmels hatte sich zunächst das ägyptisierende Schema des Dekankultes gelagert. Auf dieses setzte sich die Schicht indischer mythologischer Umformung ab, die sodann — wahrscheinlich durch persische Vermittlung — das arabische Milieu zu passieren hatte. Nachdem weiter durch die hebräische Uebersetzung eine abermalige trübende Ablagerung stattgefunden hatte, mündete, durch französische Vermittlung in Pietro d'Abanos lateinische Uebersetzung des Abû Ma'schar, der griechische Fixsternhimmel schliesslich in die monumentale Kosmologie der italienischen Frührenaissance ein, in der Gestalt eben jener 36 rätselhaften Figuren des mittleren Streifens aus den Fresken von Ferrara.

Wenden wir uns jetzt der oberen Region zu, wo die Götterprozession stattfindet.

Mehrere und sehr ungleichmässige Künstler haben an der ganzen Freskenfolge mitgearbeitet. Fritz Harck [1] und Adolfo Venturi [2] haben die schwierige stilkritische Pionierarbeit geleistet, und Venturi verdanken wir auch die einzige Urkunde, die Francesco Cossa als Schöpfer der ersten drei Monatsbilder (März, April, Mai) festlegt, nämlich einen eigenhändigen inhaltsreichen und fesselnden Brief Francesco Cossas vom 25. März 1470. Oben (Abb. 4) erblicken wir auf einem von Einhornen gezogenen Festwagen, dessen Behang im Winde flattert — zwar zerstört, aber deutlich erkennbar — Pallas mit der Gorgo auf der Brust und der Lanze in der Hand.

Links sieht man die Gruppe der Jünger der Athena, Aerzte, Dichter, Juristen (die eindringendere Forschung vielleicht einmal mit Personen der damaligen Universität zu Ferrara identifizieren könnte), rechts dagegen sehen wir in ein ferraresisches Handarbeitskränzchen hinein : im Vordergrunde drei stickende Frauen, dahinter drei Weberinnen am Webstuhl, von einer Schaar eleganter Zuschauerinnen umgeben. Diese anscheinend so harmlos dasitzende Damengesellschaft gab den astrologisch Gläubigen die antike Weissagung für die Widder-Kinder : Wer im März unter dem Zeichen des Widders geboren ist, der wird eben ein besonderes Geschick für kunstreiche Hantierung mit Wolle entwickeln.

So besingt *Manilius* in seinem astrologischen Lehrgedicht — dem einzigen gross durchdachten Denkmal astrognostischer Poesie, das die lateinische Dichtkunst des kaiserlichen Rom hervorbrachte — den psychischen und beruflichen Charakter der unter dem Widder Geborenen folgendermasssen :

« et mille per artes
uellera diuersos ex se parientia quaestus:
nunc glomerare rudis, nunc rursus soluere lanas,
nunc tenuare leui filo, nunc ducere telas,
nunc emere et uarias in quaestum uendere uestes. [3]

Die Uebereinstimmung mit der Dichtung des Manilius ist, was der bisherigen Forschung völlig entgangen, keine zufällige : Manilius' Sterngedicht gehörte seit 1416 zu den von gelehrten italienischen Humanisten neu entdeckten und mit liebevollem Enthusiasmus wiedererweckten Klassikern [4] ; er führt ja an einer berühmtem Stelle die Schutzgötter der Monate in folgender Weise auf :

« lanigerum Pallas, taurum Cytherea tuetur,
formosos Phoebus geminos ; Cyllenie, cancrum,
Iupiter et cum matre deum regis ipse leonem,
spicifera est uirgo Cereris, fabricataque libra
Vulcani, pugnax Mauorti scorpios haeret ;
uenantem Diana uirum, sed partis equinae,
atque angusta fouet capricorni sidera Uesta,
et Iouis aduerso Iunonis aquarius astrum est,
agnoscitque suos Neptunus in aequore pisces ». [5]

(1) *Jahrb. d. Preuss. Ksmlg.* V (1884) 99 ff.
(2) *Atti e Mem. Stor. Patr. d. Romagna* (1885) p. 381 fl.
(3) Ed. Breiter (1908) IV, 128-136.
(4) SABBADINI, *Le scoperte dei codici latini e greci ne' secoli XIV*

e XV (1905) p. 80 u. R. SOLDATI, *La poesia astrologica nel Quattrocento* (1906).
(5) L. c. II, 439-447.

179

Absolut wörtlich entsprechen nun die sieben vorhandenen Göttertrionfi — wie wir noch an einem andern Beispiel genauer sehen werden — dieser Reihenfolge, die ja sonst auch durch keinen andern Schriftsteller bezeugt ist. Pallas beschützt März, den Widdermonat, Venus den Stier und April, Apollo die Zwillinge und den Mai, Mercur den, Krebs und seinen Junimonat; Jupiter und Kybele zusammen — eine ganz charakteristische und sonst nicht nachweisbare Allianz — das Zeichen des Löwen und den Monat Juli, Ceres die Jungfrau und den Monat August und der Vulcan die Wage, die zum September gehört. Es kann also nicht mehr fraglich sein, welche literarischen Quellen für den gedanklichen Grundriss des ganzen Bilderzyklus in Betracht kommen. Unten im halbdunkeln Zwischenreich herrschen in internationaler mittelalterlicher Verkleidung hellenistische Sterndämonen; oben hilft der lateinische Dichter den Heidengöttern bei dem Versuche, die angestammte höhere Atmosphäre des griechischen Olympos wieder zu gewinnen.

Wenden wir uns jetzt dem April zu, den der Stier und die Venus regieren (Abb. 6). Frau Venus, die in ihrem von Schwänen gezogenen Fahrzeug, dessen Behang so lustig im Winde flattert, durch den Strom gleitet, verrät äusserlich keinen griechischen Stil. Sie scheint sich zunächst nur durch ihr Kostüm, die offenen Haare und den Rosenkranz von der Bevölkerung der beiden Liebesgärten zu unterscheiden, die recht weltlich rechts und links ihr Wesen treibt.

Ja wenn man die Gruppe von Mars und Venus auf ihrem Wagen allein betrachtet, so erweckt der von Schwänen gezogene kettenumschnürte Troubadour, der so schmachtend vor seiner Herrin kniet, eine nordische Lohengrinstimmung, wie sie etwa aus der niederländischen Miniatur spricht, die die sagenhafte Geschichte des Hauses Cleve illustriert (vgl. den Chevalier au Cygne in der Hs. Gall. 19 der Hof-und Staatsbibl. zu München); bei dem ausgesprochenen Interesse des ferraresischen Hofes für französisierende ritterliche Kultur wäre ein Verständnis für solche aus dem Norden importierte Seelenmode durchaus vorauszusetzen.

Trotzdem hat Francesco Cossa die Venus nach dem strengen Programm gelehrter lateinischer Mythographie dargestellt:

Der vorhin genannte Albericus schreibt in seinem Göttermalerbuch folgende Gestaltung der Venus vor, die ich Ihnen als aus einer illustrierten italienischen Handschrift, zeigen kann. [1] Der lateinische Text lautet in der Uebersetzung etwa so: " Die Venus hat unter den Planeten den 5. Platz. Darum wurde sie an fünfter Stelle dargestellt. Die Venus wurde gemalt als allerschönste Jungfrau, nackt und im Meere schwimmend, mit einem Kranz aus weissen und roten Rosen war ihr Kopf geschmückt und von Tauben, die sie umflatterten, war sie begleitet. Vulcan, der Feuergott, roh und scheusslich, war ihr ange- traut und stand zu ihrer Rechten. Vor ihr aber standen drei kleine nackte Jungfräulein, die die drei Grazien genannt wurden, und von denen zwei ihr Gesicht uns zugewandt hatten, die dritte aber sich vom Rücken zeigte; auch ihr Sohn Cupido, geflügelt und blind, stand dabei, der mit Pfeil und Bogen auf Apollo schoss, worauf er sich in den Schoss der Mutter flüchtete, die ihm ihre Linke hinreichte. " (Abb. 7).

Sehen wir uns nun wieder Cossas Aphrodite an: Der Kranz von roten und weissen Rosen, die Tauben, welche die auf dem Wasser fahrende Göttin umflattern, Amor, der auf dem Gürtel seiner Mutter dargestellt ist, wie er mit Pfeil und Bogen ein Liebespaar bedroht, und vor allem die drei Grazien, die sogar sicher nach antikem künstlerischem Vorbild geschaffen sind, beweisen, dass hier der Wille zu echt antiker Rekonstruktion bestand.

Es gehört nur etwas Abstraktionsfähigkeit dazu, um in dieser französischen Miniatur vom Ende des 14. Jahrh. (Abb. 8) die Anadyomene des Albericus auf ihrer Reise durch das mittelalterliche Frankreich

---

(1) Rom Vat. Reg. lat. 1290, in Oberitalien um 1400 geschrieben.

wiederzuerkennen. So steigt sie in dem " Ovide moralizé " aus dem Meere auf. [1] Die Situation und die Attribute sind klar; Amor hat sich zwar zu einem geflügelten thronenden König entwickelt und die Schaumgeborene scheint in ihrem Teiche eine Ente statt der Muschel erfasst zu haben; aber sonst sind ganz eindeutige mythische Rudimente auffällig: weisse und rote Rosen schwimmen im Wasser, drei Tauben flattern, und eine von den drei Grazien versucht sogar die vorschriftsmässige Stellung von rückwärts einzunehmen.

Bis in die französische Buchillustration des 15. und 16. Jahrh. hält sich dieser Albericus-Olymp und ebenso in dem sog. Mantegna-Tarockkarten Spiel das um 1465 in Oberitalien in Kupfer gestochen wurde.

Wenden wir uns jetzt zu den Olympiern als Astral-Dämonen, wie sie in jenen Planetenkalendarien fortdauern. Man betrachte z. B. das Schicksalsblatt der " Venuskinder " auf einer burgundischen (aber wohl auf deutsche Vorbilder zurückgehenden) Blockbuchseite von ca. 1460. [2] Sehr unheimlich dämonisch geht es hier nicht zu; die schaumgeborene Herrin von Cypern ist zur Besitzerin einer vergnügten Gartenwirtschaft umgewertet: Liebespärchen baden oder scherzen bei Musik auf blumiger Au; schwebte nicht eine nackte Frauengestalt auf Wolken, einen Spiegel in der Rechten und Blumen in der Linken, zwischen ihren Tierkreiszeichen oben in der Luft, man würde die unten auf der Erde nicht für das halten, was sie sind: astrologisch brauchbare Bilderscholien zu den mythischen Eigenschaften der kosmischen Venus, die in Natur und Menschen alljährlich die Lebensfreude wiedererweckt.

Die Planetenastrologie tritt in Ferrara, da die Zwölfgötter des Manilius die Wandelsternregion einnehmen, zugunsten der Dekan-Astrologie zurück. Trotzdem wird man sich der Einsicht nicht verschliessen können, dass der Liebesgarten und die Musizierenden auf dem Fresko Cossas angeregt sind von den traditionellen " Venuskindern. " Freilich Cossas packender Wirklichkeitssinn (von dem die Galleria Vaticana ein so unvergleichliches Zeugnis bewahrt in der Predella mit Szenen aus dem Leben des hl. Hyazinth) überwindet das unkünstlerische Element des literarischen Einschlags, der hingegen um so klarer bei den Monatsbildern im Palazzo Schifanoja hervortritt, wo die schwächere künstlerische Persönlichkeit das trockene Programm nicht durch Belebung zu überwinden vermag.

Eine solche Persönlichkeit ist der Maler des Juli-Freskos (Abb. 9). Nach Manilius gehört der Monat dem Götterpaar Jupiter-Kybele. Nach der spätantiken Planetentheorie dagegen wäre Sol-Apollo der Regent des Juli und des Tierkreiszeichens des Löwen.

Nun sieht man auf dem Fresko (Abb. 9) oben in der Ecke rechts betende Mönche, die in einer Kapelle vor einem Altarbilde knien; diese Vorstellung ist aus dem Planetenkinder-Zyklus des Sol-Apollo in die hier sonst massgebende Zwölfgötterreihe des Manilius hineingeraten. Schon seit 1445 sind in Süddeutschland diese frommen Beter als typischer Bestandteil der " Sonnenkinder " nachgewiesen. [3] Der deutsche Vers aus einem Planetenblockbuch lautet dazu: " Vor myttem tag sie dynen gote vil, dornoch sie leben wy man wil. "

Abgesehen von diesem Einsprengsel aus dem Sol-Planetenkreise regieren aber nach Manilius das Götterpaar Jupiter und Kybele mit der Mauerkrone den Löwenmonat Juli; sie teilen sich friedlich in den Thronsitz auf ihrem Triumphwagen.

Wie ernst es mit der getreuen Wiederbelebung der antiken Sage gemeint ist, zeigen die Gruppen rechts: im Hintergrunde liegt, der barbarischen Sage entsprechend, Attis. Und dass die in christliche

(1) Das Gedicht wurde von einem unbekannten franzoesischen Geistlichen (vor 1307) verfasst; cf. GASTON PARIS, La littérature française au moyen-âge. 4 Aufl. (1909) p. 84. Die Abb. entstammt der Hs. 6986 der Bibl. Nat. zu Paris.

(2) Cf. LIPPMANN, Die sieben Planeten (1895) Taf. C. V.
(3) KAUTZSCH, Planetendarstellungen aus dem Jahre 1445 im Repertorium für Kunstwissenschaft 1897 p. 32.

Priestergewandung gehüllten, mit Becken, Cymbeln und Trommeln beschäftigten Geistlichen tatsächlich als " Galli " gedacht sind, und ferner die gewappneten Jünglinge im Hintergrunde als schwertschwingende Korybanten, das beweisen, in diesem Zusammenhang, die drei leeren Stühle, die wir im Vordergrunde sehen: ein leerer Armstuhl steht links, zwei dreibeinige Hocker rechts. Es kann kein Zweifel sein, dass diese Sitzgelegenheiten im zeitgenössischen Stil als echt urantike kultische Geheimsymbole so auffällig in den Vordergrund placiert sind: es sollen die leeren Götterthrone der Kybele sein, die ja noch Augustinus unter ausdrücklicher Berufung auf Varro erwähnt. [1]

Die Kybele-Sage, wenn auch ohne diese hypergelehrte gemalte Anmerkung über Götterthrone, findet sich mit all ihren barbarischen Einzelheiten nicht allein bei Albericus; sie wird uns bereits auf jenem vereinzelten Blatt aus einer Regensburger Handschrift des 12. Jahrh. zusammen mit sehr merkwürdigen anderen paganen Figuren vorgestellt. Hinter der Kybele auf ihrem Wagen, der von Löwen gezogen wird, bemerkt man zwei Korybanten mit gezückten Schwertern. [2] Dem sogenannten Mittelalter fehlte es hier wahrlich nicht an dem Willen zu stofflich getreuer Archäologie.

Der Maler des Iulifreskos, dessen Gestaltungskraft nicht wie Cossas lebensvolle Figurenwelt den illustrativen Hintergrund vergessen lässt, ist ein Ausläufer mittelalterlicher Kunstanschauung, die zum Absterben reif ist. Die Hochzeitsszene links soll die Heirat der Bianca d'Este, einer Schwester Borsos, mit Giangaleazzo della Mirandola vorstellen. Ein Bruder dieses Giangaleazzo war Pico della Mirandola, der tapfere Vorkämpfer gegen astrologischen Aberglauben, der sich überdies in einem besonderen Kapitel gegen die unsinnige arabische Doktrin von den Dekanen ereiferte. Man begreift, dass ein Renaissance-Mensch, in dessen engsten Kreis hinein diese astrologischen Dämone spukten — auch der astrologiefeindliche Savonarola war in Ferrara geboren — sich gegen solche barbarische Schicksalsgötzen zur Wehr setzte. Wie stark musste aber die antike Götterwelt am Hofe der Este noch mit spätantik-mittelalterlichen Vorstellungen und Praktiken verflochten sein, dass noch 1470 von einer durchgreifenden künstlerischen Restitution des Olymps sich nur die ersten Symptome finden, die wir eben in dem Etsatz der Planetengötter durch die Zwölfgötterreihe des Manilius erblicken.

Wer könnte nun der gelehrte Inspirator gewesen sein? Am Hofe der Este spielte die Astrologie eine grosse Rolle: von Leonello d'Este wird z. B. berichtet. dass er, wie die alten ssabischen Magier, an den sieben Wochentagen Gewänder in den betreffenden Planetenfarben trug; [3] Pietro Bono Avogaro, einer der Hofastrologen, schrieb Prognostica für jedes Jahr und ein gewisser Carlo da Sangiorgio befragte sogar durch Punktierkunst, der letzten entarteten Ausläuferin antik-astrologischer Divination, die Zukunft. [4] Nicht jener Avogaro, wohl aber der andere Professor der Astronomie an der Universität Ferrara ist der übergelehrte Inspirator der Monatsbilder im Palazzo Schifanoja gewesen: *Pellegrino Prisciani*, der Bibliothekar und zugleich Hofhistoriograph der Este war. Wir können dies durch einen quellenkritischen Indizienbeweis feststellen. Gewiss, auch Avogaro zitiert wiederholt in seinen Prognostiken Abû Maʿschar. Jener Pellegrino Prisciani [5] aber, (dessen Porträt uns das Titelblatt seiner Orthopasca in der Bibliothek zu Modena bewahrt), zitiert in einer astrologischen Auskunft gerade denjenigen eigentümlichen Gelehrtendreibund als seine Autoritäten, die wir eben als die Haupt-Vorstellungsquellen unserer

---

(1) De Cjv. Dei VII, 24 " quod sedes finguntur circa eam, cum omnia moveantur, ipsam non movere. "
(2) SWARZENSKI, *Die Regensburger Buchmalerei des X. und XI. Iahrhunderts* (1901) p. 172 beschrieb das höchst interessante Blatt der Hs. *Mon. Lat.* 14271 worauf mich Dr. Fritz Saxl hinwies; ich denke das Blatt in der Abhandlung abzubilden und zu besprechen.
(3) GARDNER, *Dukes and Poets in Ferrara* (1904) p. 46 verweist auf Decembrio, *Politiae Litterariae* (1540) fol. I: "Nam in veste

non decorem et opulentiam solum, qua caeteri principes honestari solent, sed suis cum dixeris pro ratione planetarum, et dierum ordine, colorum quoque coaptationem excogitauit. "
(4) Cf. seinen Bericht vom Jahre 1469 bei A. CAPPELLI, *La congiura contro il duca Borso d'Este* in " Atti e Memorie d. R. Dep. Stor. Patr. p. l. provincie Modenesi e Parmensi ", 2 (1864) p. 377 ss.
(5) Ueber ihn BERTONI, *La Biblioteca Estense* (1903) und MASSÈRA, *Archivio Muratoriano*, 1911.

Fresken nachwiesen: Manilius, Abû Ma´schar und Pietro d'Abano. Ich verdanke die Abschrift dieses bisher unbekannten, für mich so bedeutsamen, Dokuments der Güte des Archivars von Modena, Herrn Dallari. [1]

Leanora von Aragon, die Gemahlin des Herzogs Ercole, hatte ihn, den astrologischen Vertrauensmann der Familie, um Angabe der besten Stern-Konstellation gebeten, bei der unbedingt in Erfüllung gehe, was man sich wünsche. Er stellt mit Freude fest, dass diese Konstellation gerade jetzt vorhanden sei: Jupiter mit dem Drachenkopf in Konjunktion bei günstigem Stand des Mondes unter dem Zeichen des Steinbocks, und er beruft sich bei seinem gelehrten Gutachten, das ich im Anhange publiziere, auf Abû Ma´schar's Aphorismen und auf den Konziliator des Pietro d'Abano. Den autoritativen Schlussakkord aber lässt er Manilius singen: (IV. 570-571) " quod si quem sanctumque velis castumque probumque hic sibi nascetur, cum primus aquarius exit ". Dieser Indizienbeweis darf, wie mir scheint, durch ein zweites urkundliches Zeugnis als endgültig abgeschlossen gelten; der vorhin erwähnte Brief des Francesco Cossa [2] ist eine Beschwerde über schlechte Behandlung abseiten des herzoglichen Kunstintendanten, über dessen Kopf weg er seine Klage über schlechte Behandlung und Bezahlung an den Herzog Borso persönlich richtet. Der Kunstinspektor im Palazzo Schifanoja war aber unser Pellegrino Prisciani. Francesco sagt zwar nur, dass er sich an den Fürsten selbst wende, weil er Pellegrino Prisciani nicht belästigen wolle: " ... non voglio esser quello il quale et a pellegrino de prisciano et a altri venga a fastidio," doch geht aus dem Zusammenhange deutlich hervor, dass er den gelehrten Mann vermied, weil dieser ihn auf dieselbe Stufe der Bezahlung stellen wollte, wie die andern Monatsbildermaler, die Francesco Cossa — wir begreifen heute seine berechtigte vergebliche Empörung — als " i piu tristi garzoni di Ferrara " bezeichnet.

Ich glaube dem Andenken des Pellegrino nicht zu nahe zu treten mit der Annahme, dass er die andern Maler schon deshalb mindestens so hoch schätzte wie Francesco Cossa, weil jene die Finessen des Gelehrtenprogramms so schön deutlich verkörperten.

Wir dürfen jedoch nicht vergessen, dass das Programm des Prisciani — mochte es immerhin in der malerischen Ausführung durch Überladung mit Einzelheiten zu unkünstlerischer Zersplitterung führen — in der Grundanlage einen Gedankenarchitekten verrät, der mit den tiefsinnig harmonischen Elementen griechischer Kosmologie taktvoll umzugehen weiss. Sehen wir uns daraufhin vermittelst einer flüchtigen Skizze die Rückübersetzung des ganzen Bilderzyklus von Ferrara ins Sphärische an, so springt es in die Augen, dass der dreifache Bilderstreifen im Palazzo Schifanoja eigentlich ein auf die Ebene übertragenes Sphärensystem ist, in dessen Anlage sich der Sphärentypus des Manilius mit dem der Bianchinitafel vermischt (Abb. 10).

Den innersten Kern der Erdsphäre symbolisiert der illustrierte Hof- und Staatskalender des Duca Borso; in der obersten Reihe schweben dann — dem Glauben des Manilius entsprechend — die zwölf olympischen Götter als Beschützer der Monate; von ihnen sind in Ferrara noch vorhanden: Pallas, Venus, Apollo, Mercur, Jupiter-Kybele, Ceres und Vulcan.

Manilius hat die 12 Götter an Stelle der Planeten zu Regenten der 12 Monate eingesetzt und verehrt. In Ferrara ist diese kosmologische Theorie in der Grundidee beibehalten; es liessen sich nur an einzelnen Stellen versprengte Stücke aus der älteren mittelalterlichen Planeten-Astrologie aufzeigen, während die gelehrt beschreibende Mythographie — vor allem Albericus — überreichlich zu kleinlicher Ausmalung des Hintergrundes beisteuerte.

---

(1) R. Archivio di Stato in Modena - Cancelleria Ducale - Archivi per materie: Letterati - Prisciani Pellegrino.

(2) VENTURI, l. c., p. 384-385.

Die Tierkreissphäre ist dem Manilius, dem Planisphärium Bianchini und dem Monatszyklus im Palazzo Schifanoja gemeinsam. Durch die Ausgestaltung des Dekansystems aber, das auf der Bianchinitafel sich als besondere Region zwischen Fixsterne und Planeten einschiebt, ist die Sphära des Prisciani dem Kosmos auf der Bianchinitafel blutsverwandt; denn die indischen Dekane des Abû Maᶜschar, die die mittlere Region im Palazzo Schifanoja beherrschen, verrieten — allerdings erst bei exakter Auskultation — dass unter dem siebenfachen Reisemantel der vielgeprüften Wanderer durch Zeiten, Völker und Menschen ein griechisches Herz schlägt.

* * *

Turas Gemälde in der Bibliothek des Pico della Mirandola sind uns leider nur noch in Beschreibungen erhalten; sie würden uns vielleicht schon in der gleichzeitigen ferraresischen Malerei selbst zeigen, wie sich das stilistische Hauptereignis, das die Wende der Frührenaissance zur Hochrenaissance symbolisiert, anbahnt: die Restitution eines höheren antikisierenden Idealstils für die grossen Gestalten der alten Sage und Geschichte.

Zu diesem antikisierenden Idealstil höherer Humanität scheint allerdings vom Palazzo Schifanoja keine Brücke zu führen. Wir sahen, dass 1470 die Kybelesage in der Prosa eines Strassenaufzuges die Pflicht mittelalterlich-illustrativer Dienstbarkeit erfüllt — denn noch hatte Mantegna nicht gelehrt, wie man die Göttermutter im Triumphalschritt des römischen Triumphbogens festlich einherträgt — und auch die Venus Cossas schickt sich noch nicht an, aus der niederen Region des Trachtenrealismus " alla franzese " zum lichten Aether der " Venere aviatica " in der Villa Farnesina aufzufahren.

Trotzdem besteht eine Uebergangssphäre zwischen Cossa und Raffael: Botticelli. Denn auch Alessandro Botticelli hat seine Schönheitsgöttin erst befreien müssen aus mittelalterlichem Realismus banaler Genrekunst " alla franzese ", illustrativer Hörigkeit und astrologischer Praktik.

Ich habe vor Jahren [1] schon den Nachweis zu führen versucht, dass die Kupferstiche des sogenannten Baldini-Kalenders ein Jugendwerk Botticellis sind und jedenfalls charakterisieren sie s e i n e Vorstellungswelt von der Antike. Der Kalender hat in unserem Zusammenhang ein doppeltes Interesse: durch seinen Text und durch die Darstellung. Der Text ist eine direkte Gebrauchsanweisung für Planetengläubige; eine eingehendere Betrachtung wird ihn als ein richtiges Kompendium hellenistischer angewandter Kosmologie — und zwar ebenfalls durch Abû Maᶜschar vermittelt — nachweisen.

An die Darstellung knüpft sich nun durch den scheinbar nebensächlichen Umstand, dass wir auch eine spätere Auflage desselben Kalenders besitzen, eine stilgeschichtlich wertvolle Einsicht; wir können durch eine Nüance der äusseren Gestaltung das neue Stilprinzip antikisch idealisierender Beweglichkeit *in statu nascendi* beobachten. Die erste, etwa 1465 anzusetzende Auflage (Abb. 11) dieses Kalenders, schliesst sich — im Typus genau an jene nordischen Planetenblätter an. In der Mitte der Venusgesellschaft steht ein steifes weibliches Tanzfigürchen: eine Frau in burgundischer Tracht, die den unverkennbaren französischen Hennin mit der Guimpe auf dem Kopfe trägt; sie beweist dadurch schon äusserlich, dass Baldini-Botticelli sich an eine burgundische Version des nordischen Vorbilds gehalten haben muss. Tendenz und Wesen der Stilumformung der florentinischen Frührenaissance enthüllt nun die zweite, wenige Jahre später anzusetzende, Auflage dieses Stiches (Abb. 12).

Aus der engumsponnenen burgundischen Raupe entpuppt sich der florentinische Schmetterling, die " Nynfa " mit dem Flügelkopfputz und der flatternden Gewandung der griechischen Mänade oder römischen Victoria.

In unserem Zusammenhange wird es jetzt deutlich, dass Botticellis Venusbilder, " Die Geburt der

---

(1) Delle imprese amorose nelle più antiche incisioni fiorentine in *Rivista d'Arte* 1905 Luglio.

Venus " und der sogenannte " Frühling " der vom Mittelalter zweifach, mythographisch und astrologisch, gefesselten Göttin die olympische Freiheit wiedererringen wollen. Rosenumflattert erscheint Venus, eine entschälte Anadyomene, auf dem Wasser in der Muschel; ihre Begleiterinnen, die drei Grazien, verbleiben in ihrem Gefolge auf dem andern Venusbilde, das ich vor Jahren das " Reich der Venus " nannte. Heute möchte ich wohl eine etwas andere Nüance derselben Erklärung vorschlagen, die das Wesen der Schönheitsgöttin und der Herrin der wiedererwachenden Natur zugleich dem astrologisch gebildeten Beschauer des Quattrocento ohne Weiteres erschloss: " *Venere Pianeta*, " die Planetengöttin Venus in dem von ihr regierten Aprilmonat erscheinend.

Simonetta Vespucci, zu deren Erinnerungskult beide Bilder m. E. gehören, — starb ja auch am 26. April 1476.

Botticelli empfing also von der bisherigen Ueberlieferung die stofflichen Elemente, aber zu eigenster idealischer Menschenschöpfung, deren neuen Stil ihm die wiedererweckte griechische und lateinische Antike, der homerische Hymnus, Lucrez und Ovid (den ihm Polizian, kein moralisierender Mönch, deutete) prägen half, und, vor allem, weil die antike Plastik selbst ihn schauen liess, wie die griechische Götterwelt nach Platons Weise in höheren Sphären ihren Reigen tanzt.

*   *   *

Kommilitonen! Die Auflösung eines Bilderrätsels — noch dazu wenn man nicht einmal ruhig beleuchten, sondern nur kinematographisch scheinwerfen kann — war selbstverständlich nicht Selbstzweck meines Vortrages.

Mit diesem hier gewagten vorläufigen Einzelversuch wollte ich mir ein Plaidoyer erlauben zu Gunsten einer methodischen Grenzerweiterung unserer Kunstwissenschaft in stofflicher und räumlicher Beziehung.

Die Kunstgeschichte wird durch unzulängliche allgemeine Entwicklungs-Kategorien bisher daran gehindert, ihr Material der allerdings noch ungeschriebenen " historischen Psychologie des menschlichen Ausdrucks " zur Verfügung zu stellen. Unsere junge Disziplin versperrt sich durch allzu materialistische oder allzu mystische Grundstimmung den weltgeschichtlichen Rundblick. Tastend sucht sie zwischen den Schematismen der politischen Geschichte und den Doktrinen vom Genie ihre eigene Entwicklungslehre zu finden. Ich hoffe, durch die Methode meines Erklärungsversuches der Fresken im Palazzo Schifanoja zu Ferrara gezeigt zu haben, dass eine ikonologische Analyse, die sich durch grenzpolizeiliche Befangenheit weder davon abschrecken lässt, Antike, Mittelalter und Neuzeit als zusammenhängende Epoche anzusehen, noch davon, die Werke freiester und angewandtester Kunst als gleichberechtigte Dokumente des Ausdrucks zu befragen, dass diese Methode, indem sie sorgfältig sich um die Aufhellung einer einzelnen Dunkelheit bemüht, die grossen allgemeinen Entwicklungsvorgänge in ihrem Zusammenhange beleuchtet. Mir war es weniger zu tun um die glatte Lösung, als um die Heraushebung eines neuen Problems, das ich so formulieren möchte: " In wieweit ist der Eintritt des stilistischen Umschwunges in der Darstellung menschlicher Erscheinung in der italienischen Kunst als international bedingter Auseinandersetzungs-Prozess mit den nachlebenden bildlichen Vorstellungen der heidnischen Kultur der östlichen Mittelmeervölker anzusehen? "

Das enthusiastische Staunen vor dem unbegreiflichen Ereignis künstlerischer Genialität kann nur an Gefühlsstärke zunehmen, wenn wir erkennen, dass das Genie Gnade ist und zugleich bewusste Auseinandersetzungsenergie. Der neue grosse Stil, den uns das künstlerische Genie Italiens beschert hat, wurzelte in dem sozialen Willen zur Entschälung griechischer Humanität aus mittelalterlicher, orientalisch-lateinischer " Praktik. " Mit diesem Willen zur Restitution der Antike begann " der gute Europäer " seinen Kampf um Aufklärung in jenem Zeitalter internationaler Bilderwanderung, das wir — etwas allzu mystisch — die Epoche der Renaissance nennen.

ANHANG.

Brief [1] des *Pellegrino de' Prisciani* aus Mantua vom 26. Oktober 1487 an die Herzogin [Leanora] von Ferrara.

Illustrissima Madama Mia! Racordandomi spesse fiate del ragionamento hebbi adi passati cum vostra Excellentia per quello debbo fare ala mia ritornata a casa: etc. Et mettendossi hora a puncto: cossa molto notabile et maravelgiosa: et grandemente al proposito de V. S^{ia} se bene mi renda certo da qualche altro lato: sij stato porta a quella non dimeno per ogni mia debita demonstratione: non ho dubitato hora per mio messo a posta scriverli: et aprirli il tuto: non tacendo che forsi la oltra ancora: poteria per qualche una esser preso qualche pocho di errore come anche si faceva in questa terra da le brigate.

Nel tempo qua di sopto annotato: corre quella constellatione de cui non tanto li doctori moderni: ma li antiqui ancora: fano festa: et la qual da mi da molti anni in qua: come credo ancora da molti altri: è stato cum grandissimo desiderio expectata. Et è quella de la qual scrive uno notabilissimo doctore chiamato *Almansore* [2] neli soi aphorismi al 110: et dice.

Si quis postulaverit aliquid a Deo: Capite existente in medio c$e$li cum Jove: et luna eunte ad eum non praeteribit qum adipiscatur breviter qu$e$situm: Et quella ancora di cui parla il *Conciliatore* [3] et prima a la dif.^{a} 113 dove scrive queste parole.

Quo etiam modo quis potest fortunari aut infortunari ad bona fortun$e$: honores: Scientiam: etc. unde invocationem ad Deum per me factam: percepi ad Scientiam conferre: capite cum Jove in medio celi existente: et luna eunte ad ipsum: Quod et Reges grecorum cum volebant suis petitionibus exaudiri observabant: *albu. in Sadan*. Et ancora ala dif.^{a} 154 dicendo in questo modo

Praeterea similiter et astronomi$e$ oratione placantur: et in subsidium concitantur nostrum ut orationum epilogus insinuat planetarum: unde *albumasar in Sadam*: Reges graecorum cum volebant obsecrare deum propter aliquod negotium: ponebant caput Draconis in medio celi cum Jove aut aspectum ab eo figura amicabili. et lunam conjunctam Jovi: aut recedentem ab ipso et conjunctionem cum domino ascendentis petentem: adhuc autem et cum capite amicabili figura: Tunc qui dicebant ipsorum petitionem audiri unde *almansor in aphorismis*: Si quid (sic) postulaverit aliquod a deo etc. Et ego quidem in huius Orbis revolutione quam configuratione scientiam petrus a prime visus sum in illa proficere. [4]

Et perche Jll^{ma} Madama mia alcuni qualche volte soleno in questo tempo fare sculpire in argento on alcuno metallo la situatione del cielo in quello tempo: per non mi parere necessario: piu presto ho ordinato certe parole molto al proposito previe ala Oratione: le quale pari modo mando ad V. Excel^{ia} la qual se dignara narrare il tuto allo mio Jll^{mo} Sig^{re} suo consorte: et monstrarli ogni cossa dicendoli: che non mi ha parso scrivere a Sua Celsitudine: a cio le lettere non vadano per li banchi dela Cancelleria: et la Cossa transcora per bocha de molti quali come homini grossi de tal mirabile facto lo biasemariano piu presto:

Vostra Jll^{ma} Sig^{ia} adonche: a dui de novembre proximo futuro che sera de Venere di: la sira sonate le vintiquatro hore et tri quarti posta in sua bona devotione et loco apto: ingenochiata incomenciara la Oratione sua dicendo:

---

(1) R. Archivio di Stato in Modena – Cancelleria Ducale – Archivi per materia Letterati. Ich wurde durch BERTONI, l. c. p. 172 auf die Spur des Briefes geführt.

Pellegrino Prisciani erteilte eine ganz ähnliche Weissagung noch 1509 der Isabella Este-Gonzaga; cf. LUZIO-RENIER, *Coltura e relazioni letterarie d'Isabella d'Este*, 222 ff.

(2) Almansoris Propositio 108 (Ausg. Basil. 1533, p. 95).

(3) Conciliator Petri Aponensis medici ac philosophi celeberrimi Liber Conciliator differentiarum philosophorum precipueque medicorum appellatus etc. In der Ausg. von 1509 tragen die betr. Differentiae die Nrn. 113 und 156 p. 158 v.° und 201 v.°

(4) Ueber Sadan cf. *Boll* S. 421; die Stelle geht auf den Conciliator l. c. zurück.

Omnipotens et Eterne Deus qui de nihilo cuncta visibilia et invisibilia creasti: et celos ipsos tam miro ordine collocatis: errantibus et fixis stellis sic mirabiliter decorasti: radios insuper: lumina: motus: potestatem: et vim eam illis tribuens: quam tibi libuit: et quos intelligentijs separatis et angelis sanctis tuis animasti: Quique nos homines ad imaginem tuam (licet de limo terrae) plasmasti: ut et ex celis ipsis plurimos etiam fructus: commoditates et beneficia (pietate tua intercedente) consequeremur: Te supplex adeo: devoteque sempiternam maiestatem tuam deprecor: et si non ea qua debeo: saltem qua possum animi contritione ad immensam misericordiam et miram benignitatem tuam humiliter confugiens: Ut postpositis delictis inscipientie et pravitatis mee: pietate tua exaudire me digneris: Et sicut mirabili stella illa praevia et ductrice: Guaspar: Melchior: et Baldasar: ab oriente discendentes ad optatum praesepe Domini nostri Jhesu christi filij tui pervenerunt: Ita nunc Stella Jovis cum capite draconis in medio celi existente et luna ad eum accedente: ministris quidem tuis cum sanctis angelis suis mihi auxiliantibus et ducibus. Oratio haec mea ad te pervenire possit: Et mihi concedere: et largiri digneris etc et quivi dica la S. V. la gratia che la desidera da epso a trino Dio: Et stagi cusi reiterando la Oratione insino chel sonera una hora di nocte: Et tenga per fermo che non passaran troppo giorni vedera per effecto haver consequito la adimandata gratia. Et habbi certo che questa Constellatione non venira in tanta bontate ad grandissimo tempo: perche si fa in lo signo de aquario; El quale è proprio signo de tal sanctitate: et in tanto che quando uno homo nasce e vene in questo mondo ascendendo epso signo de aquario quellui è homo sancto e tuto da bene: Dove Marco Manilio non dubito scrivere in questo modo Quod si quem sanctum esse velis: castumque probumque. Hic tibi nascitur: cum primus Aquarius exit. Et sic valeat et exaudiatur Jll.ᵐᵃ D. tua ali pedi di la quale per mille volte me racomando — Mantue die 26 octobris 1487.

    Eiusdem Ducalis Dominationis Vestrae

                                Fidelis et devotus Servitor: Peregrinus Priscianus.

Ala Mia Illustrissima Madama
    Madama la Ducessa de Ferrara
                Ferrarie
    Subito

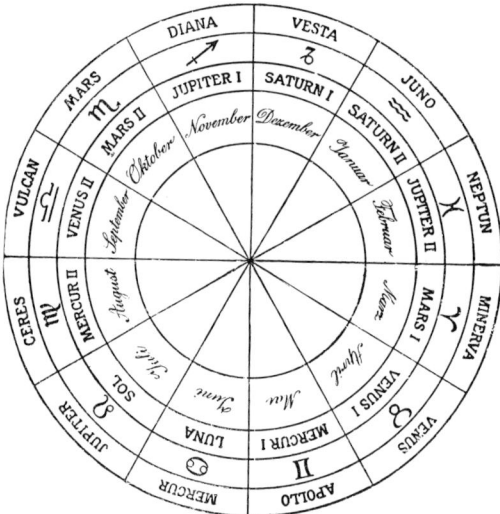

Abb. 1 bis. – Synoptische Sphaera mit den Monatsregenten nach Manilius
und nach den griechischen Astrologen.

Abb. 2. – Perseus aus der Germanicus-Landschrift in Leyden.

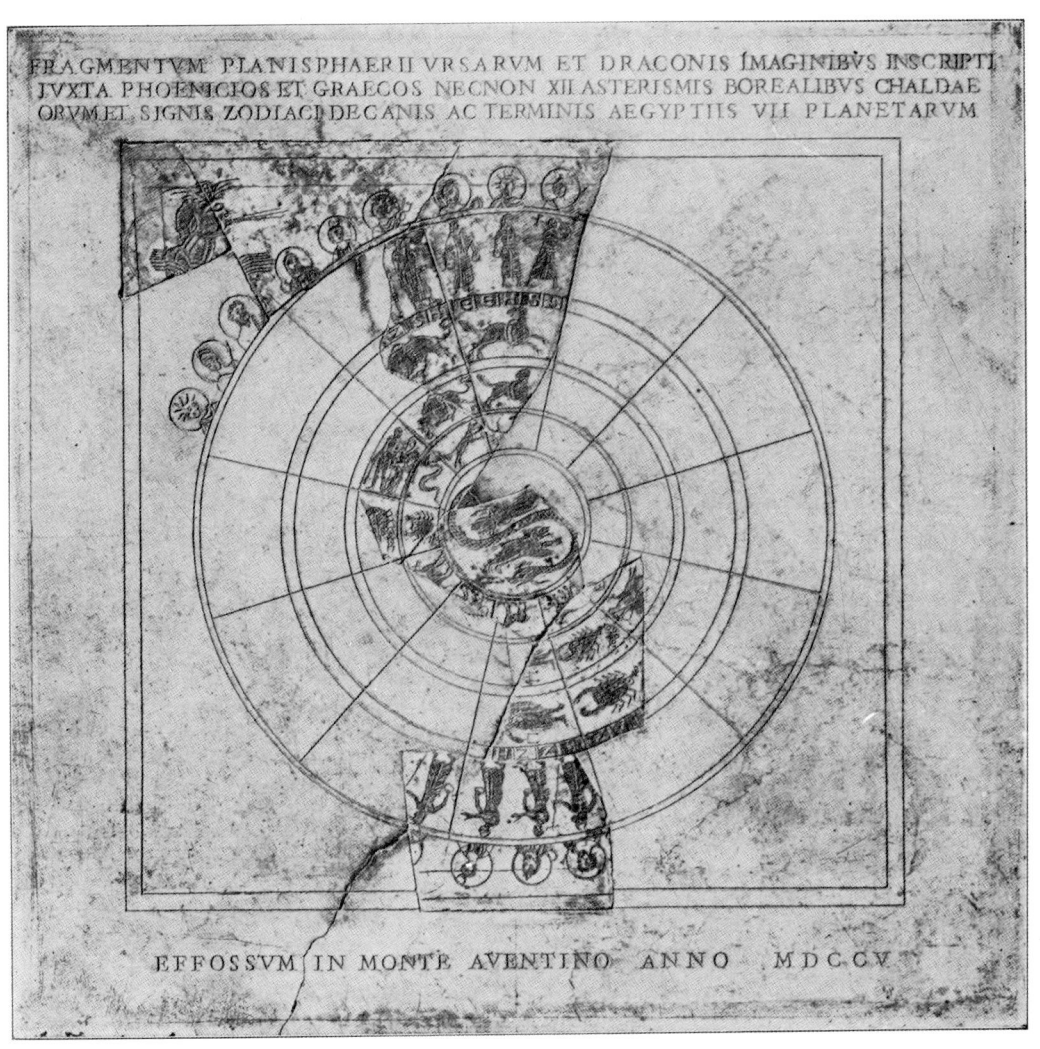

Abb. 3. – Planisphaerium Bianchini – Paris, Louvre.

Abb. 4. – März-Fresko (Pallas) – Ferrara, Pal. Schifanoja.

Abb. 5. – Erster Dekan des Stieres (März-Fresko) – Ferrara, Pal. Schifanoja.

Abb. 6. – April-Fresko (Venus) – Ferrara, Pal. Schifanoja.

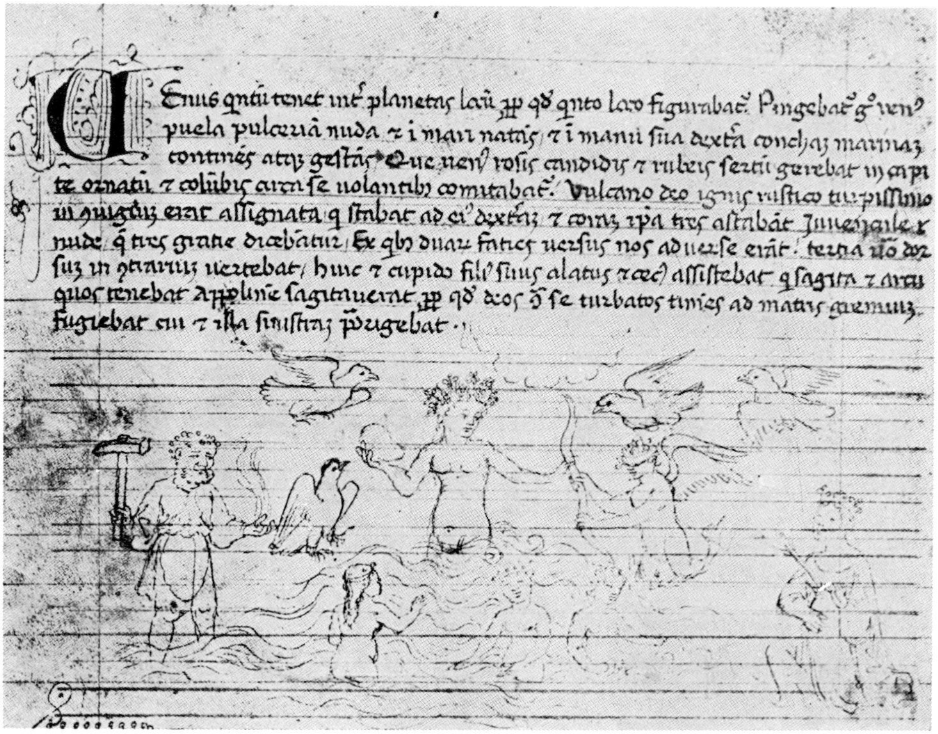

Venus qntū tenet inſ planetas laū ꝓ q̊ qnto loꝛ figurabaꞇ Pingebaꞇ g̊ ven⁹ puela pulceꝛuā nuda ᴢ i mari natꝭ ᴢ i manu ſua dexta conchaꝫ marinaꝫ continens atꝙ geſtas Que ueꝛ⁹ roſis cādidis ᴢ rubeis ſextū gerebat iꞇ cꝛpt tꝫ oꝛnatū ᴢ colūbis cirꞇ ſe uolantibꝫ comitabaꞇ. Vulcano deo igniſ ruſtico turpiſſimo iꞇ ꝗuꝗbꝫ eꝛat aſſignata q ſtabat ad ei⁹ dextꝛ ᴢ coꝛū iꝓa tꝛes aſtabāt Iuuencule x nude ꝗ tꝛes gꝛatie dicebatuꝛ Ex qbꝫ duaꝛ faties ueꝛſus nos aduerſe eꝛāt teꝛia ꝶo doꝛ ſuꝫ iꞇ ꝗꝛaꞇiꝫ ueꝛtebat hinc ᴢ cupido fil⁹ ſui⁹ alatus ᴣcꝯ aſſiſtebat q ſagita ᴢ aꝛcū quos tenebat Appolline ſagittauerat ꝓ q̊ deoſ ꝗ ſe tuꝛbatos times ad matꝛis gꝛemiū fugiebat eū ᴢ illa ſiniſtꝛaꝫ ꝓꞇegebat .

Abb. 7. – Venus-Darstellung aus Albericus – Rom, Bibl. Vat. Regin. lat. 1290.

193

Abb. 8. – Venus-Darstellung aus dem Ovide moralizé – Paris, Bibl. Nat., Cod. 6986.

Abb. 9. – Juli-Fresko (Jupiter-Kybele) – Ferrara, Pal. Schifanoja – (Fot. Alinari).

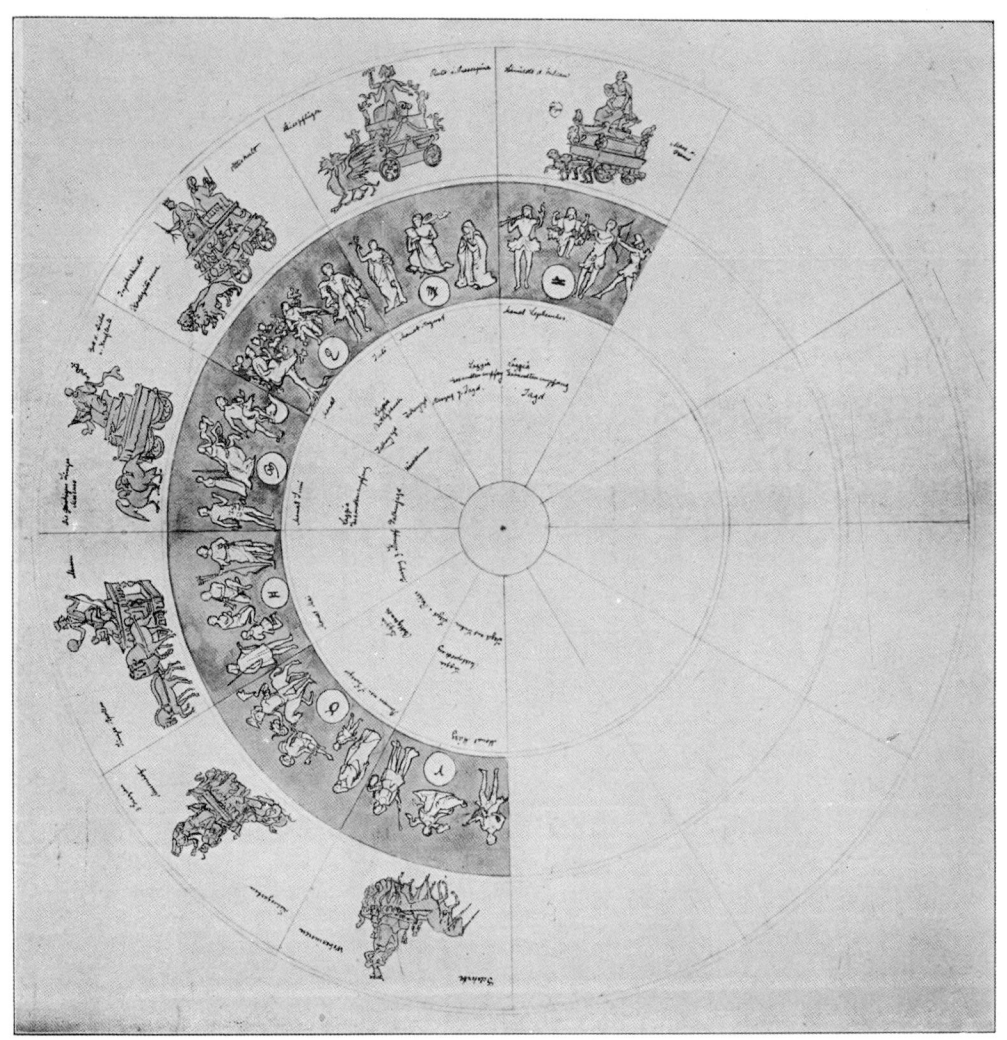

Abb. 10. – Schema der Fresken-Anordnung im Pal. Schifanoja zu Ferrara.

Abb. 11. – Venus-Blatt aus dem Baldini-Kalender. Erste Auflage.

Abb. 12. – Venus-Blatt aus dem Baldini-Kalender. Zweite Auflage.

Sitzungsberichte
der Heidelberger Akademie der Wissenschaften
Stiftung Heinrich Lanz
Philosophisch - historische Klasse
Jahrgang 1919. 26. Abhandlung

Heidnisch-antike Weissagung in Wort und Bild zu Luthers Zeiten

Von

A. WARBURG
in Hamburg

Eingegangen 25. Oktober 1919

Vorgelegt von F. BOLL

Mit 30 Textabbildungen und 5 Tafeln.

Heidelberg 1920
Carl Winters Universitätsbuchhandlung

199

Vorbemerkung.

Auf Veranlassung seines Freundes Boll hat der seit Ende Oktober 1918 schwer erkrankte Verfasser in die Drucklegung des vorliegenden Fragmentes eingewilligt, obgleich es ihm nicht möglich war, nötige Verbesserungen, geschweige — wie er es sich vorgenommen hatte — wesentliche Erweiterungen aus einer unbekannten Fülle früher durchgearbeiteten und vorbereiteten Materials beizubringen. Er ließ aber dieses Bruchstück doch hinausgehen, weil er sich einerseits vorhielt, daß dieser Versuch einem Spurenfolger später doch helfen könne, und daß andererseits die Möglichkeit, ausländisch lagernde Fäden einzuspinnen — mochte der bisherige Weber gut oder schlecht sein —, technisch unserem forschenden Deutschland für lange geraubt ist. Er bittet deshalb die Freunde und Kollegen, die ihm jahrelang unermüdlich halfen, allen voran Franz Boll, diese Zustimmung zur Veröffentlichung einer Unzulänglichkeit als Dankesäußerung aufzufassen. Ohne die weitgehende jahrelange Hilfe der Bibliotheken und Archive —sie alle zu nennen, ist dem Verfasser zurzeit unmöglich — erwähnt seien nur vor allem Berlin, Dresden, Göttingen, Hamburg, Königsberg, Leipzig, München, Wolfenbüttel, Zwickau und Madrid, Oxford, Paris, Rom — wären seine Studien unausführbar geblieben. Weit über die nächste Amtspflicht hinaus halfen dem Verfasser, außer seinem verstorbenen Freund Robert Münzel, Prof. Paul Flemming in Pforta, Prof. Ernst Kroker in Leipzig, Dr. Georg Leidinger in München, P. Franz Ehrle (früher in Rom), Prof. Richard Salomon in Hamburg und Prof. Gustav Milchsack † in Wolfenbüttel. Wilhelm Printz und Fritz Saxl, die ihm jahrelang bis zuletzt treulich beigestanden haben, gebührt an dieser Stelle sein herzlicher Dank. Den Mitgliedern der Religionswissenschaftlichen Vereinigung zu Berlin konnte er leider das Referat in der versprochenen Form nicht mehr liefern. Sie mögen dennoch diese Schrift als Zeichen seines aufrichtigen und steten Dankes für die Sitzung vom 23. April 1918 ansehen.

Meiner lieben Frau sei diese Schrift zur Erinnerung an den Winter 1888 in Florenz zugeeignet.

Hamburg, 26. Januar 1920.

A. Warburg.

200

I. Reformation, Magie und Astrologie.

Es ist ein altes Buch zu blättern:
Vom Harz bis Hellas immer Vettern.
Faust II.

Dem fehlenden Handbuch „Von der Unfreiheit des aber-
gläubigen modernen Menschen" müßte eine gleichfalls noch un-
geschriebene wissenschaftliche Untersuchung vorausgehen über:
„Die Renaissance der dämonischen Antike im Zeitalter der deutschen Reformation". Als ganz vorläufiger Beitrag zu diesen Fragen
sollte ein Vortrag dienen, den der Verfasser in der Religionswissenschaftlichen Vereinigung in Berlin über „Heidnisch-antike Weissagung zu Luthers Zeiten in Wort und Bild" gehalten hat[1]. Dieser
Vortrag liegt dem vorliegenden Versuch zugrunde. Die dabei unter-
suchten Bilder gehören im weitesten Sinne wohl zum Beobachtungsgebiet der Kunstgeschichte (soweit nämlich alles Bildschaffen in
ihr Studiengebiet einbegriffen ist), aber sie entstammen (bis auf
das Bildnis Carions[2], Taf. V) dem Kreise der Buchkunst oder der
druckenden Kunst und sind deshalb ohne das zugehörige Wort
— es mag nun dabeistehen oder nicht — für die rein formale
Betrachtung der heutigen Kunsthistorie um so weniger ein nahe-
liegendes Objekt, als sie neben ihrer seltsamen inhaltlich illustrativen Gebundenheit ästhetisch nicht anziehend sind. Aus dem
Kuriosum den geistesgeschichtlichen Erkenntniswert herauszuholen,
liegt aber Religionswissenschaftlern von vornherein näher als den
Kunsthistorikern. Und doch gehört die Einbeziehung dieser Gebilde
aus der halbdunklen Region geistespolitischer Tendenzliteratur in
gründliche historische Betrachtung zu den eigentlichen Aufgaben
der Kunstgeschichte; denn eine der Hauptfragen der stilerforschenden Kulturwissenschaft — die Frage nach dem Einfluß der Antike
auf die europäische Gesamtkultur der Renaissancezeit — kann nur
so in ihrem ganzen Umfange begriffen und zu beantworten versucht werden. Erst wenn wir uns entschließen, die Gestalten der
heidnischen Götterwelt, wie sie in der Frührenaissance im Norden

---

[1] Vgl. Prof. PAUL HILDEBRANDT in der Voss. Ztg. 306 vom 18. Juni 1918.
[2] Siehe unten S. 66 Anm. 126.

und Süden wiederauferstehen, nicht nur als künstlerische Erscheinungen, sondern auch als religiöse Wesen aufzufassen und zu
untersuchen, lernen wir allmählich begreifen, welche Schicksalsmacht der Fatalismus der hellenistischen Kosmologie auch für
Deutschland war, selbst noch im Zeitalter der Reformation; der
heidnische Augur, der noch dazu unter dem Deckmantel der
naturwissenschaftlichen Gelehrsamkeit auftrat, war schwer zu
bekämpfen, geschweige zu besiegen.

Die klassisch-veredelte, antike Götterwelt ist uns seit Winckelmann freilich so sehr als Symbol der Antike überhaupt eingeprägt,
daß wir ganz vergessen, daß sie eine Neuschöpfung der gelehrten
humanistischen Kultur ist; diese „olympische" Seite der Antike
mußte ja erst der althergebrachten „dämonischen" abgerungen
werden; denn als kosmische Dämonen gehörten die antiken Götter
ununterbrochen seit dem Ausgange des Altertums zu den religiösen Mächten des christlichen Europa und bedingten dessen
praktische Lebensgestaltung so einschneidend, daß man ein von
der christlichen Kirche stillschweigend geduldetes Nebenregiment
der heidnischen Kosmologie, insbesondere der Astrologie, nicht
leugnen kann. Durch getreue Überlieferung auf der Wanderstraße
vom Hellenismus her über Arabien, Spanien und Italien nach
Deutschland hinein (wo sie schon von 1470 ab in der neuen Druckkunst in Augsburg, Nürnberg und Leipzig in Wort und Bild eine
wanderlustige Renaissance vollführen) waren die Gestirngötter in
Bild und Sprache lebendige Zeitgottheiten geblieben, die jeden
Zeitabschnitt im Jahreslauf, das ganze Jahr, den Monat, die
Woche, den Tag, die Stunde, Minute und Sekunde, mathematisch
bezeichneten, zugleich aber mythisch-persönlich beherrschten. Sie
waren dämonische Wesen von unheimlich entgegengesetzter Doppel-
macht: als Sternzeichen waren sie Raumerweiterer, Richtpunkte
beim Fluge der Seele durch das Weltall, als Sternbilder Götzen
zugleich, mit denen sich die arme Kreatur nach Kindermenschenart
durch ehrfürchtige Handlungen mystisch zu vereinigen strebte.
Der Sternkundige der Reformationszeit durchmißt eben diese dem
heutigen Naturwissenschaftler unvereinbar erscheinenden Gegen-
pole zwischen mathematischer Abstraktion und kultlich verehrender
Verknüpfung wie Umkehrpunkte einer einheitlichen weitschwin-
genden urtümlichen Seelenverfassung. Logik, die den Denkraum — zwischen Mensch und Objekt — durch begrifflich son-
dernde Bezeichnung schafft und Magie, die eben diesen

Denkraum durch abergläubisch zusammenziehende — ideelle
oder praktische — Verknüpfung von Mensch und Objekt wieder
zerstört, beobachten wir im weissagenden Denken der Astrologie
noch als einheitlich primitives Gerät, mit dem der Astrologe messen
und zugleich zaubern kann. Die Epoche, wo Logik und Magie wie
Tropus und Metapher (nach den Worten Jean Pauls[3]) „auf einem
Stamme geimpfet blühten", ist eigentlich zeitlos, und in der kulturwissenschaftlichen Darstellung solcher Polarität liegen bisher un-
gehobene Erkenntniswerte zu einer vertieften positiven Kritik
einer Geschichtsschreibung, deren Entwicklungslehre rein zeit-
begrifflich bedingt ist.

Die Astrologen des Mittelalters trugen das hellenistische Erbe
von Bagdad über Toledo und Padua nach Norden; so gehörten
in Augsburg die Werke der arabischen und italienischen Astrologen
zu den ersten illustrierten Erzeugnissen der Buchdruckerpresse.

Daher stehen sich um die Wende des 15. Jahrhunderts sowohl
in Italien wie in Deutschland zwei Auffassungen der Antike gegenüber: die uralte praktisch-religiöse und die neue künstlerisch-
ästhetische. Während die letztere in Italien zunächst zu siegen
scheint und auch in Deutschland Anhänger findet, erfährt die
astrologische Antike eine höchst eigentümliche, bisher noch gar
nicht genügend beachtete Renaissance in Deutschland dadurch,
daß die in der Weissagungsliteratur fortlebenden Gestirnsymbole
— vor allem die menschengestaltigen sieben Planeten — aus der
kampfdurchtobten sozialen und politischen Gegenwart eine Blut-
erneuerung erfahren, die sie gewissermaßen zu politischen Augenblicksgöttern macht. Neben diesen menschenförmigen Schicksals-

---

³   „Doppelzweig des bildlichen Witzes.
Der bildliche Witz kann entweder den Körper beseelen, oder den Geist
verkörpern.
Ursprünglich, wo der Mensch noch mit der Welt auf Einem Stamme
geimpft blühte, war dieser Doppel-Tropus noch keiner; jener verglich nicht
Unähnlichkeiten, sondern verkündigte Gleichheit; die Metaphern waren, wie
bei Kindern, nur abgedrungene Synonymen des Leibes und Geistes. Wie im
Schreiben Bilderschrift früher war als Buchstabenschrift, so war im Sprechen
die Metapher, insofern sie Verhältnisse und nicht Gegenstände bezeichnet,
das frühere Wort, welches sich erst allmählich zum eigentlichen Ausdruck
entfärben mußte. Das tropische Beseelen und Beleiben fiel noch in Eins
zusammen, weil noch Ich und Welt verschmolz. Daher ist jede Sprache in
Rücksicht geistiger Beziehungen ein Wörterbuch erblaßter Metaphern." (Vor
schule der Ästhetik § 50.)

lenkern, die als Gestirnsymbole der methodischen Sterndeutekunst der „künstlichen" (d. h. wissenschaftlichen) Weissagung unterliegen, muß man auch die irdischen Monstra als Schicksalskünder der „wunderlichen" Weissagung in die Betrachtung einbeziehen. Diese Scheidung zwischen „künstlicher" und „wunderlicher" Weissagung[4] müssen wir begreifen und uns deshalb besonders vor Augen halten, weil sich hier — wie gezeigt werden wird — die Wege von Luther und Melanchthon trennen. Als Ausgangspunkt soll hierbei ein bisher unbekannter Brief Melanchthons an den Astrologen und Historiker JOHANN CARION aus Bietigheim dienen, der am kurbrandenburgischen Hofe eine einflußreiche Stellung einnahm.

II. Heidnisch-antike Elemente in der kosmologischen und politischen Weltauffassung der Reformationszeit: Astrologie und Teratologie im Umkreise Luthers.

1. Der Brief Melanchthons an Carion über den Kometen von 1531.

Auf der Suche nach Carions Briefen verwies mich die Sammlung von JOHANNES VOIGT[5] auf das Staatsarchiv zu Königsberg und diesem verdankte ich die Möglichkeit, eine Reihe von seinen Briefen in der Hamburgischen Stadtbibliothek studieren zu können. Dabei fand sich als Beilage ein lateinisches Schreiben, das Melanchthon am 17. August 1531 an ihn richtete. Dank der Freundlichkeit von Prof. FLEMMING in Pforta konnte ich den lateinischen Text (s. Beilage A. I.) unter Benutzung der Textverbesserungen von NIKOLAUS MÜLLER † sicherstellen. Ich gebe hier den ganzen Inhalt in freier Übersetzung wieder, weil uns jede Einzelheit Melanchthon überaus anschaulich in seinem für Deutschland so schicksalbestimmenden Zwiespalt zwischen humanistischer Intellektualität und theologisch-politischem Reformationswillen zeigt.

Aufschrift: Dem hochgelehrten Herrn Johann Carion, dem Philosophen, seinem Freund und lieben Landsmann „zu eigen handen".

---

[4] Die Kernfrage, inwieweit im Kreis der reformatorischen Humanisten eine unmittelbare Kenntnis oder bewußte Abwandlung der antiken, stoischen Theorie von den zwei Arten der Mantik (artificialis und naturalis; τεχνική und ἄτεχνος bei den griechischen Stoikern) vorliegt, kann hier nicht eingehend behandelt werden. Vgl. dazu Caspar Peucer (Melanchthons Schwiegersohn) Comm. de praecip. generibus divinationum (Ausg. Wittenberg 1580), Bl. 6.

[5] Briefwechsel der berühmtesten Gelehrten des Zeitalters der Reformation mit Herzog Albrecht von Preußen. (Königsberg 1841.)

„. . . . Ich habe versucht, [den Text] mit den angesehensten
Zitaten auszustatten. Was ich erreicht habe, mögen andere be-
urteilen. Der Spruch des Elias kommt nicht in der Bibel vor,
sondern bei den Rabbinen und ist sehr berühmt. Burgensis
(Paulus)[6] zitiert ihn und verficht unter Berufung auf ihn gegen die
Juden (die Ansicht), daß der Messias schon erschienen sei. Den
Hebräern ist dieser Ausspruch sehr geläufig und von mir an den
Anfang Deiner Historia [*Carions Chronica*] gesetzt, um allgemeiner
bekannt zu werden und Deinem Werke Empfehlung zu verschaffen.
Solche Zitate werde ich später noch viele hinzusetzen. Du siehst
(aber), wie die prophetische Stimme vorausweist; so zutreffend
(concinna; harmonisch?) ist die Verteilung der Zeitalter.

Die Historia werden wir diesen Winter, wie ich hoffe, voll-
enden, denn bis jetzt wurde ich durch die Überarbeitung meiner
Apologie, die ich an einzelnen Stellen verbesserte, daran verhindert.
Du glaubst kaum, wie schwach meine Gesundheit ist; ich werde
auch durch Sorge und Arbeit aufgerieben.

Meine Frau genas mit Gottes Hülfe einer Tochter, deren
Geburtszeit (Thema) ich Dir schicke, nicht etwa, um Dir Mühe
zu machen. Ich sehe nämlich, daß sie Nonne werden wird[7].

Seit mehr als acht Tagen sehen wir einen Kometen. Wie
urteilst Du darüber? Er scheint über dem Krebs zu stehen, da er
gleich nach der Sonne untergeht und kurz vor Sonnenaufgang
aufgeht. Wenn er eine rote Farbe hätte, würde er mich mehr
erschrecken. Ohne Zweifel bedeutet er den Tod von Fürsten, er
scheint aber den Schweif nach Polen zu wenden. Aber ich erwarte
Dein Urteil. Ich wäre Dir von ganzem Herzen dankbar, wenn Du
mir mitteiltest, was Du meinst.

Nun komme ich zu den heutigen Mitteilungen. Wenn ich
etwas über die Versuche unserer Gegner wüßte, so würde ich Dir
alles schreiben, was daran wäre, denn wir brauchen die Pläne
unserer Gegner nicht zu verbergen; für uns ist im Gegenteil nützlicher, sie zu enthüllen.

Ich habe nämlich schon lange nichts Sicheres über irgendwelche Vorbereitungen gehört, außer Befürchtungen, die die Unsrigen
hegen wegen jener [nicht?] kleinen Anzahl von Fußsoldaten, die in

---

[6] Scrutinium scripturarum. Vgl. Beil. A. I. Anm. 135.

[7] Vgl. Melanchthon an Camerarius 26. Juli 1531 (Corpus Reformatorum
= CR. II. 516). Peucer, der diese Tochter (Margarethe) heiratete, hat die
Weissagung ad absurdum geführt.

Friesland sind. Vielleicht denken sie daran, unter dem Vorwand des dänischen Krieges auch über uns herzufallen. Aber der Pfälzer und der Mainzer verhandeln mit den Unsrigen schon über friedliche Beilegung, obwohl ich keine Friedenshoffnung habe. Ich werde nämlich nicht allein durch astrologische Voraussagen beeindruckt, sondern auch durch Weissagungen. Haßfurt sagte dem König Christian eine ehrenvolle Rückkehr voraus. Schepperus leugnet, daß er zurückkommen würde. Auf mich macht Schepperus keinen Eindruck. Er täuscht sich oft. Haßfurt sagte auch dem Landgrafen die größten Siege voraus und ein Bürger in Schmalkalden, der mir bekannt ist, hatte ein Wundergesicht über diese (politischen) Unruhen, eine Weissagung, auf die ich den größten Wert lege. Sie enthält die Voraussage auf eine glimpflich verlaufende Katastrophe, deutet dabei aber doch an, daß unsere Gegner, von Schrecken gepackt, jenem Löwen [*dem hessischen Landgrafen*] weichen. Ein Weib in Kitzingen hat Schreckliches über Ferdinand vorausgesagt. Er werde Krieg gegen uns führen, der für ihn aber unglücklich verlaufen werde. In Belgien hat eine Jungfrau dem Kaiser auch geweissagt, was ich aber noch nicht genügend nachgeprüft habe. Im ganzen meine ich, daß irgend eine Bewegung auftreten wird und ich flehe zu Gott, daß er sie zu gutem Ende lenkt und ihr einen der Kirche und dem Staate günstigen Ausgang verleiht. Ich arbeitete schon vor Jahresfrist eifrig daran, daß sie mit uns Frieden machten. Hätten sie es getan, dann würde es weniger Aufruhr in Schwaben geben, das (jetzt) zum großen Teil der Schweizer Theologie und Vermessenheit (licentia) anhängt. Aber Campeggi will den Kaiser in einen deutschen Krieg hineinreißen und verstricken, um seine Macht zu erschüttern, und die Ratschläge des Campeggi billigen einige aus persönlichem Haß gegen die Unsrigen. Gottes Auge aber ist gerecht. Wir haben sicherlich nichts Schlechtes gelehrt und befreiten viele fromme Seelen von vielen verderblichen Irrlehren. Sabinus schickt dir meine Vorrede über das Lob der Astronomie und Astrologie, über die ich Dein Urteil erwarte. Lebe wohl. Am Donnerstag nach Mariae Himmelfahrt 1531. Ich schicke Dir die Briefe zurück.....
Φίλιππος".

In diesem Briefe sieht man Melanchthon in einem kritischen Augenblick seines Lebens über die Schulter; wir finden ihn dreifach schriftstellerisch beschäftigt, als Humanisten, Theologen und astropolitischen Journalisten. Zunächst bestimmt er durch den

sogenannten Spruch aus dem Hause des Elias, durch den der welt-
geschichtliche Verlauf in drei Perioden zu 2000 Jahren eingeteilt
wird, den Aufbau des erst durch seine Mitwirkung für die deutsche
Geschichtsauffassung so einflußreichen, frühesten deutschen weltgeschichtlichen Handbuches, Carions Chronica[8]. Das muß er in
einer Zeit tun, wo ihn die Überarbeitung der Augsburgischen Konfession mit der schwersten Verantwortung belastet; denn seit
dem 30. April ist das kaiserliche Ultimatum an die Protestanten
abgelaufen, und nun droht, was Melanchthon mit aller Macht zu
verhindern bestrebt war, bewaffneter Zusammenstoß zwischen
schmalkaldischem Bund und Karl V. Hierüber wünscht offenbar
Carion, der ja der diplomatische Agent der Brandenburger war,
genauer unterrichtet zu werden, und Melanchthon behandelt ihn
dabei schon — das ist bemerkenswert — durchaus als Parteigänger der schmalkaldischen Seite. Aber Melanchthon ist hier
nicht ein trockener politischer Chronist; die quälende Sorge um
die Erhaltung des Friedens ruft bei ihm einen akuten Anfall seiner
kosmologischen Wundergläubigkeit hervor: hierbei ist er Carion
gegenüber nicht mehr der überlegene, raterteilende Gelehrte; er
naht sich dem biederen[9] Carion wie ein trostsuchender Patient,
und konsultiert ihn als sachverständigen Magus in astrologisch-
prophetischen Dingen. So schickt er ihm die Genesis seiner eben
geborenen Tochter doch gewiß nicht ohne den Wunsch, daß er sie
begutachten möge, und verlangt, wie er ausdrücklich in seinem
Brief sagt, ein Urteil über seine (Melanchthons) Gedanken über
Astronomie und Astrologie, wie er sie z. B. soeben in der Einleitung zu Sacrobosco[10] veröffentlicht hatte. Vor allem aber soll
er ihn über den Kometen beruhigen, der im August erschien — es
war der Halleysche —, der ganz Deutschland und Melanchthon
noch ganz besonders erschreckte, weil es der erste war, den er je
gesehen hatte. Dafür teilte er ihm auch mit, was andere berühmte
Astrologen seiner Zeit zur allgemeinen Lage prophezeiten. Johann
Virdung aus Haßfurt, den er nennt, überschattet Melanchthons
Leben ja schon seit seiner Geburt mit seinen Warnungen; denn
er hatte ihm damals auf Wunsch des Vaters gleich die Nativität
gestellt, die z. -B. die Warnung vor dem Norden und der Ostsee

---

[8] Siehe Beil. A. I. Anm. 135.

[9] 24. (?) Juni 1531: candidus et Suevicae simplicitatis plurimum referens
(CR. II. 505).

[10] CR. II. 530 ff., geschrieben im August 1531.

enthielt, die Melanchthon tatsächlich verhinderte, wie er 1560 gestand, nach Dänemark zu reisen[11]. Es sind aber nicht allein die wissenschaftlichen Voraussagen, sondern, wie Melanchthon ja ausdrücklich hervorhebt, die Vaticinia, die unmittelbar inspirierten, 'unwissenschaftlichen' Weissagungen, die ihn am meisten erregten. Da ist der Mann von Schmalkalden und das Weib von Kitzingen. Von diesen hören wir schon sehr viel früher. Schon Ende März hatte Melanchthon sowohl an Cordatus wie an Baumgärtner über letztere geschrieben, sie weissage innerhalb von sechs Monaten einen großen Krieg gegen die Evangelischen mit Unterstützung Frankreichs[12]. Über den Kaiser wußte sie weniger Schlechtes als über den König Ferdinand. Auch das furchtbare Gesicht des Bürgers von Schmalkalden erwähnt Melanchthon schon am 11. April in einem Briefe an Camerarius[13]. So steht der geistliche Führer des evangelischen Deutschlands gerade in einem Augenblick, wo nur ein unerschütterlicher Wille zur inneren Abkehr von den gewissenbedrückenden Mächten dieser Zeitlichkeit die Lage retten konnte, wie ein heidnischer Zeichendeuter da, der durch Himmelszeichen und Menschenstimmen von unbedingt wehrhafter Entschlußfreudigkeit abgelenkt wird. Wenigstens ließen ihm die Prophetenstimmen noch einige Siegeshoffnung auf den Leo, den hessischen Löwen.

Melanchthon konnte freilich den inneren Widerspruch seines kritisch-philologischen Tatsachensinnes dadurch beschwichtigen, daß für ihn in der astrologischen Methode jene harmonisierende Weltanschauung der Alten praktisch fortlebte, die eben die wesentliche Grundlage seines kosmologisch gerichteten Humanismus war[14].

2. Gestirnbeobachtende Weissagung. — Luthers und Melanchthons gegensätzliche Stellung zur antiken Astrologie.

Die italienische Kultur der Renaissance hatte im Süden und Norden Typen der heidnisch-antiken Weissagung bewahrt und wiederbelebt, deren Wesen in einer so lebenskräftigen Mischung

---

[11] 30. Juli 1557 an Joh. Matthesius (CR. IX, 189), dazu Brevis narratio ed. NIKOLAUS MÜLLER (in: Ph. Melancnthons letzte Lebenstage usw., Leipzig 1910), S. 2.

[12] CR. II, 490 und 491.

[13] CR. II, 495.

[14] Vgl. z. B. CR. XI, 263, dazu KARL HARTFELDER, Der Aberglaube Ph. Melanchthons (Histor. Taschenbuch, 6. Folge, 8. Jahrg., 1889), S. 237f.

heterogener Elemente, von Rationalismus und Mythologik, von rechnendem Mathematiker und prophezeiendem Augur bestand, daß sich selbst die Hochburg des mit Rom um die innere Befreiung ringenden christlichen Deutschland, der Wittenberger Kulturkreis, mit ihnen auseinandersetzen mußte. Selbst hier, wo man christliches Heidentum zu Rom so leidenschaftlich bekämpfte, fanden dennoch der babylonisch-hellenistische Sterndeuter wie der römische Augur Einlaß und eigentümlich bedingte Zustimmung. Luther und Melanchthon enthüllen hierbei den Grund dieser für geradlinig denkende Geschichtsauffassung so paradoxen Anteilnahme an den fortlebenden mysteriösen Praktiken heidnischer Religiosität, weil sie sich mit diesem zukunfterforschenden Aberglauben auf ganz verschiedene Weise auseinanderzusetzen versuchten.

Luther beschränkte sich durchaus auf die Billigung des mystisch-transzendentalen Kernes des naturwunderlichen kosmologischen Ereignisses, das die Allmacht des christlichen Gottes souverän und unberechenbar als vorbedeutende Mahnung aussendet, während Melanchthon die antike Astrologie als intellektuelle Schutzmaßnahme gegen das kosmisch bedingte irdische Fatum handhabe und von seinem Sternglauben so erfüllt war, daß er hier den sonst so gern vermiedenen Widerspruch seines mächtigeren Freundes andauernd herausforderte; denn selbst als ein italienischer Astrologe — Lucas Gauricus — persönlich und sachlich bis in das eigenste Gebiet des Reformators vorstieß, indem er willkürlich dessen Nativität durch erfundene Geburtstagsdaten „rektifizierte", fand er hierbei Verständnis und Rückhalt bei Melanchthon, Carion und anderen sternkundigen Wittenberger Gelehrten, obwohl die zugrundeliegende astrologische Politik sich ohne Zweifel gegen Luther wendete und dieser sich auf das schärfste zur Wehr setzte gegen jenen zweiten, mythisch-astrologischen Geburtstag: den 22. Oktober 1484.

Luther im Kampf mit italienischen und deutschen Nativitätspolitikern. — Melanchthons Stellung zu Lucas Gauricus.

Von Italien her, besonders von Padua, wo in dem Riesensaal des Salone sich die Sterndeuter noch bis auf den heutigen Tag einen Kultplatz für Sternfürchtige erhalten haben, strömte durch das studierende Deutschland immer von neuem astrologische

Praktik und Lehre nach dem Norden. Und die Italiener kamen gelegentlich wohl selbst über die Alpen. So wurde gerade 1531, im Jahre des Melanchthon-Briefes an Carion, der berühmte süditalienische Astrologe Lucas Gauricus vom Kurfürsten Joachim I. nach Berlin berufen[15] und reiste von da aus nach Wittenberg, wo er vier Tage verweilte und von Melanchthon, wie aus dessen Briefen an Camerarius hervorgeht, freudig begrüßt und verehrt wurde. Das wird im April 1532 gewesen sein, denn im Mai fertigte Melanchthon bereits ein Empfehlungsschreiben für den abgereisten Gauricus an Camerarius in Nürnberg aus[16]. Schon Anfang März hatte er der „Norica" seines Freundes Camerarius[17] (einer Schrift über die Bedeutung der Wunderzeichen) einen Widmungsbrief an Lucas Gauricus mitgegeben, in dem er ihm in ganz überschwenglicher Weise, als dem „Fürsten der gesamten Philosophie", seine Verehrung bezeugt und sich dabei besonders dafür bedankt, daß er seinen Briefen Horoskope beigegeben habe, die ihm, Melanchthon, für seine Studien unbedingt erforderlich gewesen seien[18]. Welche unmittelbare Bedeutung diese Horoskope für die Politik hatten, erkennt man aus einem Brief Melanchthons aus demselben Jahre 1532 vom 29. Juni[19] an Camerarius, dem er auf seinen Wunsch die Nativitäten Kaiser Karls und König Ferdinands übersendet. Dabei erfährt man, daß er Nativitätensammlungen des Gauricus mit denen Carions und de Scheppers zum Vergleich heranzog. Solche Sammlungen haben sich z. B. in München und Leipzig[20] erhalten. Beide Sammlungen zeigen, wenn man sie genauer durch-

---

[15] Hierzu vgl. Georg Schuster und Friedrich Wagner, Die Jugend und Erziehung der Kurfürsten von Brandenburg und Könige von Preußen (Monum. Germ. Paedag. 34, Berlin 1906), S. 496. Seine handschriftlichen Horoskope brandenburgischer Fürstlichkeiten bewahrt das preuß. Staatsarchiv. Nach Luther ließ Joachim Gauricus kommen, um ihn als Teufelsbanner zu konsultieren. Vgl. Tischreden (Weim. Ausg.) III. S. 515 und Anm. ebda.

[16] CR. II, 585 (2. Mai) und 587 f. (18. Mai).

[17] Eine Monographie über diesen führenden Geist unter den frühen deutschen Philologen steht leider noch aus.

[18] CR. II, 570 (Anfang März 1532): Extat enim carmen quoddam tuum, in quo insunt vaticinia de futuris Europae motibus, quae ita comprobavit eventus, ut non solum προγνωστικόν, sed etiam historiam harum rerum multo ante scripsisse videaris. .... quodque literis addidisti themata, quorum mihi cognitio pernecessaria est...

[19] Vgl. Beilage A. II.

[20] Cod. Monac. lat. 27003 und Leipzig, Stadtbibl. Cod. DCCCCXXXV.

arbeitet, wie Gauricus durch Horoskope, die nur z. T. in der Ausgabe Venedig 1552 abgedruckt sind, den Grundstock lieferte. Das ist bedeutsam, da die Leipziger Handschrift, die Reinhold, Professor der Mathematik an der Universität Wittenberg etwa 1540 bis 1550 anlegte, wie E. KROKER sehr einleuchtend im einzelnen

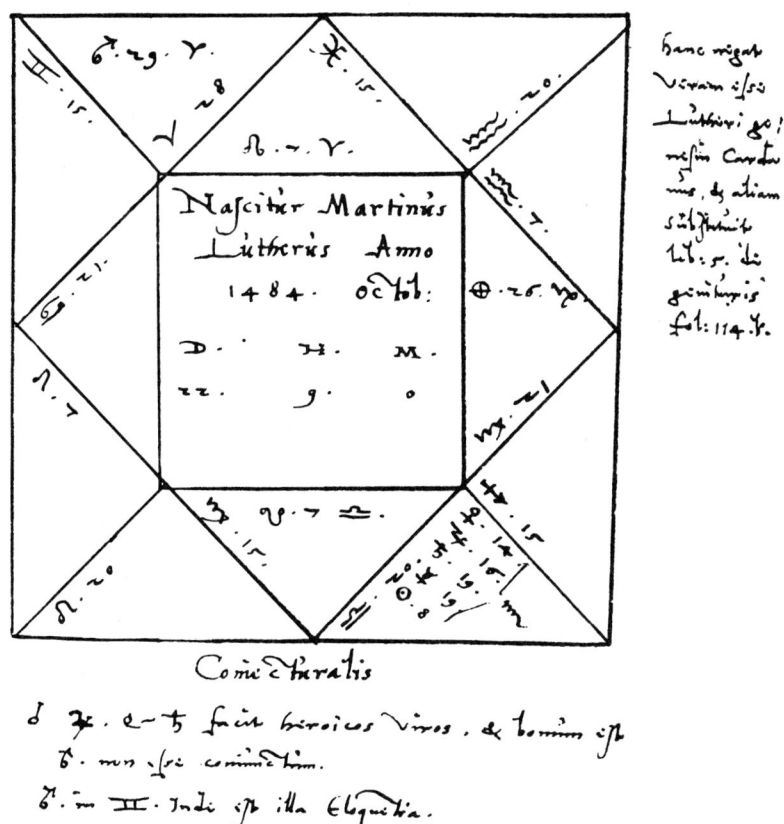

Abb. 1. Erasmus Reinhold, Nativität Luthers (Hs. der Stadtbibliothek Leipzig).

nachgewiesen hat[21], mitten in den Kreis der Reformatoren hineinführt, und zwar zu Luther selbst. Denn hier gründet sich die einzige Nativität Luthers, die Reinhold mitteilt[22] (vgl. Abb. 1), nicht auf den 10. November 1483, sondern auf jenen 22. Oktober

---

[21] Nativitäten und Konstellationen aus der Reformationszeit (in: Schriften des Vereins für die Geschichte Leipzigs, 6. Bd., 1900).

[22] Leipzig, Stadtbibl. Cod. DCCCCXXXV, Bl. 158. Vgl. E. KROKER, a. a. O. S. 31.

1484, wie Gauricus wollte. Der heidnisch-astrologische Geburtstag darf also, trotz vollen Bewußtseins seiner nur vermutungsweisen

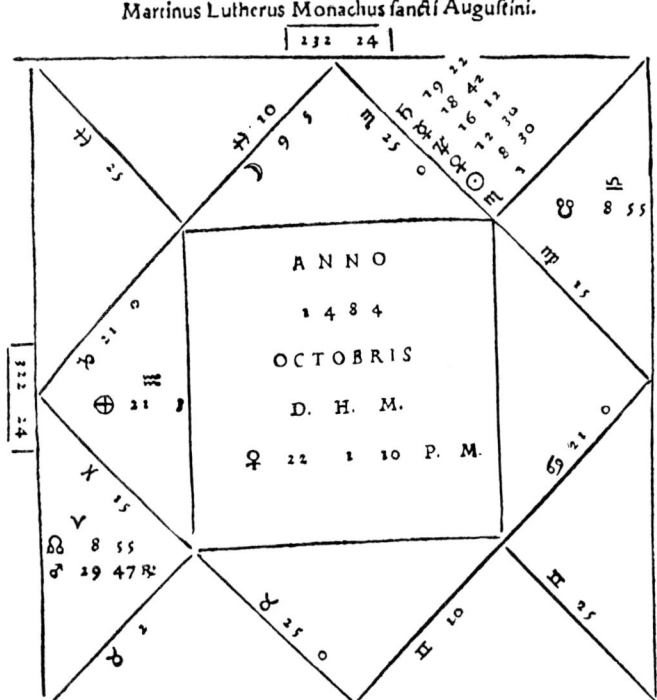

TRACTATVS

Martinus Lutherus Monachus fancti Augustini.

M artinus fuit imprimis Monachus per multos annos, demum expoliauit habitum monialem, duxit cp in vxorem Abbatiffam altæ ftaturę Vittimbergenfem & ab illa fufcepit duos liberos. Hęc mira fatifcp horrenda.s. Planetarū coitio fub Scorpij afterifmo in nona cœli ftatione quā Arabes religioni deputabant, effecit ipfum facrilegum hereticum, Chriftianę religionis hoftem acerrimum, arcp prophanum. Ex horofcopi directione ad Martis coitum irreligiofifsimus obijt. Eius Anima fceleftifsima ad Inferos nauigauit; ab Allecto, Tefiphone, & Megera flagellis igneis cruciata perenniter.

Abb. 2. Lucas Gauricus, Nativität Luthers, Ausgabe Venedig 1552.

Berechtigung—wie Reinholds Unterschrift „Coniecturalis" beweist—, das kalendarisch-wirkliche Datum verdrängen und ersetzen.

In der Ausgabe der Gauricus-Nativität von 1552 (Abb. 2) ist das Horoskop Luthers noch dazu von einem maßlos-haßerfüllten

gegenreformatorischen Text begleitet[23]. Und wenn wir auch anzunehmen haben, daß Gauricus bei seinem Wittenbergischen Besuche
diese Tonart der späten, fanatischen, kirchenpolitischen Stimmung —
auch abgesehen vom bösartigen Hinweis auf Luthers Sterben — nicht
anwenden konnte, so wird man doch nicht daran zweifeln, daß
seine Astrologie Luther auch zu jener Zeit als ein jedenfalls gefährliches Element auffaßte. Denn 1525 hat er — worauf man bisher
kaum geachtet hat — dem Papst Clemens VII. den Untergang
Luthers als Ketzer prophezeit[24] und darum wendet sich sicher die
Äußerung Luthers vom 23. März 1524 in seiner Auskunft über
seine Nativität an Spalatin schon gegen Gauricus[25]: Genesin istam
meam jam ante videram ex Italia huc missam, sed cum sic sint
hoc anno hallucinati astrologi [*in bezug auf die gefürchtete Sündflut* s. u.], nihil mirum, si sit, qui et hoc nugari ausus sit. Und
wahrscheinlich auch jene andere in einem Brief Luthers an Veit
Dietrich vom 27. Februar 1532[26]: Sed ...... astr ... quam ominoso
Mathem⟨atico⟩ quem toties falsum convici, convincam adhuc
saepius falsum.

　　Diese Stellungnahme gegen Gauricus beruht auf der in Luthers
Religiosität tief begründeten Ablehnung der gesamten Astrologie,
die ihn notwendig ganz besonders zu scharfem Widerspruch gegen
seinen Freund Melanchthon führen mußte. Im August 1540 sagt
er: „Nemo mihi persuadebit nec Paulus nec Angelus de coelo
nedum Philippus, ut credam astrologiae divinationibus, quae toties
fallunt, ut nihil sit incertius. Nam si etiam bis aut ter recte divinant,
ea notant; si fallunt, ea dissimulant"[27]. Im selben Jahre sagt er,

---

[23] Gauricus, Tractatus astrologicus Venetiis 1552, Bl. 69ᵛ: „Martinus
fuit imprimis Monachus per multos annos, demum expoliauit habitum monialem, duxitque in vxorem Abbatissam altae staturae Vittimbergensem, et ab
illa suscepit duos liberos. Haec mira satisque horrenda. 5. Planetarum coitio
sub Scorpij asterismo in nona coeli statione quam Arabes religioni deputabant,
effecit ipsum sacrilegium hereticum, Christianae religionis hostem acerr mum,
atque prophanum. Ex horoscopi directione ad Martis coitum irreligiosissimus
obijt. Eius Anima scelestissima ad Inferos nauigauit, ab Allecto, Tesiphone, et
Megera flagellis igneis cruciata perenniter."

[24] Vgl. Carlo Piancastelli, Pronostici ed almanacchi (Roma 1913)
S. 43. Gauricus an Papst Clemens VII: „Lutheri perfidiam pessumdabis".

[25] Briefwechsel (Enders) IV. 309.

[26] Briefwechsel (Enders) IX. 155. Die lückenhafte Stelle ist etwa so
zu ergänzen: sed ⟨non admodum mihi terrorem mouet ista coniunctio⟩ astr
⟨orum⟩

[27] Tischreden (Weimar) IV. 668.

daß Melanchthon ihm hätte zugeben müssen, daß es eine sichere Sterndeutekunst nicht gäbe; deshalb läßt er ihn ruhig damit spielen. „Es ist ein dreck mit irer kunst"[28]. — Versuchte Magister Philippus aber doch einmal, z. B. wenn ihm das Reisen bei Neumond allzugefährlich schien, den Doktor Martinus astrologisch zu betreuen (1537), so gedenkt Luther noch später ärgerlich eines solchen Einmischungsversuches, der „heilosen und schebichten Astrologie"[29].

Wie war es unter diesen Umständen möglich, daß sich die Freunde Luthers überhaupt mit dieser übergrifflichen Datumsverschiebung abfinden, geschweige denn für sie eintreten konnten?

Denn aus einer Mitteilung Luthers bei Heydenreich geht hervor, daß selbst Melanchthon zur Partei der Geburtstags-Mythologiker gehörte, sie enthüllt aber auch zugleich den Grund, warum die astrologisch Gläubigen mit gutem Gewissen so verfahren konnten. Heydenreich berichtet von einem Gespräch folgendermaßen[30]: „Domine Doctor, multi astrologi in vestra genitura consentiunt, constellationes vestrae nativitatis ostendere, vos mutationem magnam allaturum." Tum Doctor: 'Nullus est certus de nativitatis tempore, denn Philippus et ego sein der sachen umb ein jar nicht eins. Pro secundo, putatis hanc causam et meum negotium positum esse sub vestra arte incerta? O nein, es ist ein ander ding! Das ist allein Gottes werck. Dazu solt ir mich niemermer bereden!'

Hier sieht man, daß die Astrologie von einem Jahr, über das sich Luther und Melanchthon uneins sind, die kirchlich-revolutionäre Sendung abhängig machen wollte, was Luther aufs schärfste bestritt. Diese Differenz 'umb ein jar' aber gilt eben dem Jahre 1484, für das Melanchthon — an Stelle von 1483 — nach Gauricus' Vorgang eintritt. Denn dieses war ein Jahr des großen Zusammentreffens der Planeten, von dem seit Generationen im voraus berechnet, eine neue Epoche in der abendländischen religiösen Entwicklung eintreten sollte[31].

---

[28] Ebda. S. 613.

[29] Luthers Tischreden d. Math. Sammlung, herausg. von E. KROKER (Leipzig 1903) S. 177 Mathesius Nr. 292.

[30] Ebda. S. 320. Heydenreich 1543 Nr. 625.

[31] Näheres darüber im folgenden Abschnitt.

Die Reinholdsche Gestirnstellung aber steht, was bisher der Forschung entgangen ist, in engstem Zusammenhang mit astrologischen Kompromißversuchen Melanchthons aus jener Periode, wo er, nach dem Heydenreichschen Bericht, noch im Kampf mit Luther um das Geburtsjahr stand. Später hat Melanchthon freilich in der Biographie und im Dekanatsbuch der Universität Wittenberg das Jahr 1483 als das offizielle Geburtsdatum Luthers festgelegt[32], trotzdem sehen wir ihn noch im Jahre 1539 in einem Briefe an Osiander im Schwanken. Er schreibt: „Über Luthers Geburtszeit sind wir im Zweifel. Der Tag ist zwar sicher, auch beinahe die Stunde, Mitternacht, wie ich selbst aus dem Munde seiner Mutter gehört habe. 1484 meine ich, war das Jahr. Aber wir haben mehrere Horoskope gestellt. Gauricus billigte das Thema von 1484."[33] Er hatte also die Mutter Luthers selbst befragt. Dadurch stand der Tag für ihn fest, auch die Stunde — um Mitternacht, wenn auch mit der Einschränkung: beinahe — er entscheidet sich aber damals noch für das Jahr 1484, ganz unwiderleglich unter dem Einfluß des Gauricus.

Das Bruchstück der Abschrift eines bisher unbekannten Briefes Melanchthons an Schoner in jener Münchner Handschrift (Cod. lat. 27003, vgl. Taf. II)[34] — der Brief wird wohl ungefähr in die Zeit des Besuches von Gauricus in Wittenberg zu datieren sein — zeigt Melanchthon nur noch viel deutlicher zu einschneidendem astrologischen Eingriff in der Geburtstagsfrage geneigt und zwar unter dem Einfluß Carions. Die Briefstelle lautet: Philippus ad Schonerum Genesim Lutheri quam Philo[35] inquisiuit transtulit Carion in horam 9. Mater enim dicit Lutherum natum esse ante dimidium noctis (sed puto eam fefelli [!]) Ego alteram figuram praefero et praefert ipse Carion Etsi quoque haec est mirrifica [!] est propter locum $\odot\rightarrow$ [*Martis*] et σ [*coniunctionem*] in domos [!] 5° quae habet coniunctionem magnam cum ascendente Caeterum quacunque hora natus est hac [!] mira σ [*coniunctio*] in ♏ [*scorpione*] non potuit non efficere uirum acerrimum. Daß

---

[32] Darüber vgl. J. K. F. KNAAKE, Stoffsichtung z. krit. Behandlung des Lebens Luthers. 1. Luthers Geburtsjahr (Ztschr. f. d. ges. luth. Theol. und Kirche XXXIII, 1872, S. 96f.).

[33] CR. IV. 1053.

[34] Fol. 16.

[35] Philo ist der Arzt Joh. Pfeyl (1496—1541) — ein Nachweis, den ich der steten Hilfsbereitschaft Prof. FLEMMINGS verdanke.

Carion bei Ausprägung dieser vermittelnden aber im Grunde heidnisch-italienischen Willkür die Vermittlerrolle spielte, stimmt damit überein, daß er u r s p r ü n g l i c h Luther gegenüber eine abweisend-nichtgläubige Stellung eingenommen hat. Luther selbst bezeugt ja, daß er ihm einmal früher, als er noch sein Feind war, Tag und Stunde seiner Verbrennung als Ketzer prophezeite[36]. Carion dachte also über Luther zu einer früheren Zeit im Sinne des Gauricus. Wie der Brief zeigt, war Carion der Hauptgewährsmann Melanchthons für die Geburtstagsverschiebung und Carion stützte sich dabei seinerseits wiederum auf den Arzt Johann Pfeyl[37], der lange in Italien war — b e i d e i n d e u t l i c h s t e m A n s c h l u ß a n L u c a s G a u r i c u s. Carion und Pfeyl schlagen Abweichungen nur in bezug auf die Geburtsstunde vor — Carion ist für 9 Uhr, Pfeyl für 3 Uhr 22 entgegen Gauricus, der 1 Uhr 10 vorschlägt —, lassen aber im Horoskop den 22. Oktober 1484 als T a g e s datum bestehen.

Philo behält noch die Planeten-Konjunktion des Gauricus im wesentlichen bei (im neunten Haus), Carion kommt dagegen durch seine Verschiebung auf die neunte Stunde zu wesentlich einschneidenderer Änderung. Die fatale Planeten-Konjunktion kommt aus dem neunten Haus in das fünfte, und der Mars ist nicht mehr im ersten Haus sondern im zehnten. So wurde Luthers Geburt das Odium der dämonischen Sendung genommen, ohne dem Hinweis auf seine Eigenschaft als religiöser Umgestalter etwas an Nachdruck zu nehmen.

Melanchthon b i l l i g t e also Carions Nativitätsstellung, so daß wir anzunehmen haben, daß er eine Zeitlang geneigt war, auch dieses zweite hypothetische, astrologische Geburts-T a g e s - Datum durchaus in ernsthafte Erwägung zu ziehen.

Stand Melanchthon dieser Geburtstagsverschiebung schließlich, wohl wegen Luthers Gegnerschaft, ablehnend gegenüber, so offenbart uns die Stellungnahme R e i n h o l d s, des offiziellen Wittenberger Mathematikers, die ganze Stärke einer noch andauernden Parteinahme für jenes falsche Gauricusdatum im Horoskop des Carion, das, wie ein genauer Vergleich mit der Münchener Handschrift ergibt —was hier nur angedeutet werden kann —, Reinhold einfach bis ins Kleinste in der Redaktion von Carion und Pfeyl

---

[36] Tischreden (Weimar) II, 445, Anfang Januar 1532.

[37] Vgl. Pfeyls Nativität Luthers im Monac. lat. 27003 fol. 17, die bis auf die Stunde (3 Uhr 22 statt 1 Uhr 10) mit der des Gauricus identisch ist.

übernahm (Abb. 1)[38]. Das Wesentliche dieser verbesserten Willkür, das wir oben bei Carion schon angedeutet haben, geht nun
aus den Zusätzen bei Reinhold am deutlichsten hervor: Er weiß
zwar, wie die Unterschrift „Coniecturalis" beweist, daß dieses
Horoskop nur vermutungsweise besteht, aber er führt es ein, weil
darin die große Planeten-Konjunktion, an die er glaubt, für
Luther günstiger erscheint als bei Gauricus. Jupiter und Saturn
stehen so im Scorpion zusammen, daß sie „heroische Männer hervorbringen" und der abgesonderte Mars ruft unschädlich im günstigen elften Haus der Zwillinge die Beredsamkeit hervor[39].

Der augenscheinlichste Beweis für die nachdrückliche, selbstverständliche Lebenskraft dieses ursprünglich italienischen Horoskopes ist, daß noch Garcaeus[40], der endlich den richtigen Geburtstag Luthers bringt, den 10. November 1483, doch als Gestirn-
stellungs-Thema einfach das von Reinhold-Carion umstilisierte
Gauricus-Horoskop beibehält[41].

Dafür, daß von der Gauricus-Nativität zur Zeit seines Wittenberger Besuches und später eine mildere Redaktion in Umlauf war,
entweder von Gauricus selbst oder — was wahrscheinlicher ist —
in der hier nachgewiesenen reformierten Fassung von Carion-
Reinhold, spricht auch der Text der Luther-Nativität des italienischen Astrologen Cardanus, der das auf Gauricus zurückgehende Datum in bezug auf das Jahr — 1483 anstatt 1484 —
abändert und in dem Text zum Horoskop, das nun er Luther stellt,
ausdrücklich den Mangel an äußerster gegenreformatorischer
Schärfe in der geläufigen Nativität des Jahres 1484 feststellt[42].

---

[38] Bl. 158 der Leipziger Handschrift.

[39] ♃ [*Jupiter*] et ♄ [*Saturnus*] facit heroicos Viros. et bonum est ♂ [*Martem*]
non esse coniunctum. ♂. [*Mars*] in ♊ [*geminis*]. Jnde est illa Eloquentia.

[40] Johannis Garcaei Astrologiae methodus, Basileae 1574.

[41] Wissenschaftlich erledigt wurde von protestantischer Seite bei der
ersten Centenarfeier 1617 die Angelegenheit durch eine gelehrte Abhandlung des Isaac Malleolus, Professors in Straßburg, der unter Benutzung
des ganzen Apparats astrologischer Gelehrsamkeit mit dem falschen italienischen Datum aufräumte. Seine Abhandlung wurde wieder abgedruckt in
der 200 jährigen Jubiläumsschrift von Em. Sal. Cyprian, Hilaria Evangelica,
Gotha 1719. (So lebhaft war der Streit damals noch „aktuell"; vgl. auch
Bayle, Dict. crit., Art. „Luther".) Über die ganze Frage unterrichtet immer
noch sehr gut J. K. F. Knaake a. a. O. — Eine Synopsis der Luther-
Nativitäten hatte der Verf. vorbereitet.

[42] Liber de exemplis geniturarum (in: Hieronymi Cardani medici Medio-
lanensis libelli dvo. Vnus, de Supplemento Almanach. Alter, de Restitutione

Deshalb verteilt er die Planeten-Konjunktion aus dem Hause des Skorpions auf andere Häuser, unter anderem das der religionbeherrschenden Jungfrau. Jedenfalls ist also anzunehmen, daß der haßerfüllte Text des Gauricus in der Ausgabe von 1552 eine spätere, unter dem Druck der Gegenreformation erfolgte Redaktion ist.

Auch diese kirchenpolitisch so feindselige Nativität des Cardanus war Luther persönlich bekannt, er verurteilte sie natürlich unbedingt. 1543 legt ihm ein Tischgenosse seine Nativität, zugleich mit der Ciceros und anderer zu Nürnberg gedruckt (vgl. Beil. B III. 3); es muß die von Cardanus[43] gewesen sein) vor: „Ich halte nichts davon, eigne ihnen gar nichts zu, aber gerne wollt ich, daß sie mir dieß Argument solvireten: Esau und Jacob sind von einem Vater und einer Mutter, auf eine Zeit, und unter gleichem Gestirn geborn, und doch gar widerwärtiger Natur, Art und Sinn. Summa, was von Gott geschicht, und sein Werk ist, das soll man dem Gestirn nicht zuschreiben. Ah, der Himmel fraget nach dem nicht, wie auch unser Herr Gott nach dem Himmel nicht fraget. Die rechte christliche Religion confutirt und widerlegt solche Mährlin und Fabelwerk allzumal."

Wir stehen also vor der Tatsache, daß italienische Astrologen, Gauricus und Cardanus, das Geburtstagsdatum willkürlich verändern, um damit mehr oder weniger feindselige Politik zu betreiben; daß also bei Lebzeiten Luthers zwei Geburtsdaten nebeneinander herliefen und es für Luthers Biographen gleichsam zwei kalendarische „Wahrheiten" — eine historische und eine mythische — gab und ebenso zwei Arten von Geburtstagsschirmherrn: einen deutsch-christlichen Heiligen, den hl. Martin, und ein Paar heidnischer Planetendämonen, Saturn und Jupiter[44].

---

temporum & motuum coelestium. Item Geniturae LXVII. insignes casibus & fortuna, cum expositione. Norimbergae 1543). Der Begleittext zur Nativität ist in Beil. B. III. 3. abgedruckt.

[43] Die Luther vorgelegte Nativität kann deshalb nur aus jenem Werk des Cardanus von den 67 Geniturae gewesen sein, da dieses im Gesprächsjahr 1543 in Nürnberg erschien und gerade neben der Nativität Ciceros (fol. N III v⁰) diejenige Luthers (fol. N IV r⁰) abdruckt.

[44] Krankheit verhinderte den Verfasser, diese Janusköpfigkeit historischen Empfindens als erstaunliche Selbstverständlichkeit tragischer Polarität in der Entwicklung des modernen „Homo non — sapiens" darzustellen; Luthers korrigierter Geburtstag zeigt uns nur einen unwiderleglich sprechenden Fall: den Durchbruch urtümlichen totemistischen Verknüpfungszwanges

Und fast noch merkwürdiger ist die Tatsache, daß sogar
Melanchthon und seine Freunde sich für diese Datumverschiebung
auf das Konstellationsjahr 1484, gegen das sich Luther selbst mit
solcher Entschiedenheit wendet, eingesetzt haben.
Das Phänomen dieses zähen Festhaltens heidnisch-astrolo-
gischer Praktik im nächsten Umkreis der Freunde des sterndeuter-
feindlichen Reformators verliert etwas an Unbegreiflichkeit, wenn
man — auf den hier geführten Nachweis der Carion-Reinhold-
Nativität als reformierenden astrologischen Vermittlungs-
versuches gestützt — auch alle jene ähnlichen Bemühungen der
Luther befreundeten Gelehrten als persönliche, sehr ernsthafte
Bestrebungen ansieht, die durch die Italiener feindselig stilisierte,
nach Wittenberg getragene Geburtskonstellation dadurch zu ent-
kräften, daß man durch willkürliche Geburtszeitenverschiebung eine
Milderung des kosmologischen Dekretes, das ja auch jenen deutschen Astrologen durch eine große Planeten-Konjunktion verhängt
erschien, zu erzielen trachtete. Als Wahrzeichen des unbestreit-
baren Überlebens und Eingreifens paganer Kultur bleibt dabei
um so unwiderleglicher bestehen, daß diese Wittenberger Astrologen — völlig in dem spätmittelalterlichen Sternglauben eines
Gauricus wurzelnd — durch solche Zeitverschiebung mehr oder
weniger radikaler Art einen Willkürakt begehen, bei dem sie die
objektive Feststellungspflicht historischer Forschung der mytho-
logisierenden Verursachung als relatives Element unterordnen
müssen. Die kosmologisch bedingte, echt hellenistische, spät-
mittelalterliche Geschichtsauffassung war eben in ihrer Epochen-
lehre so entscheidend an das Auftreten von gewissen Planeten-
Konjunktionen in bestimmten Zeiträumen geknüpft[45], daß ein
neuer Prophet erst durch das Zusammentreffen von oberen Planeten, vor allem von Saturn und Jupiter, seine kosmologische Weihe
erhielt: wie plastisch-gläubig solche Saturnkindschaft gefühlt war,
wie aber Luther sich diesen Saturn auch nicht als patronisierende
Einzelgottheit aufdrängen ließ, zeigt eine Äußerung zwischen dem
26. und 31. Mai 1532, also gerade aus jenen Tagen, die sich an die
Gegenwart des Gauricus in Wittenberg anschlossen. Luther sagt:

(in der Form heidnischen Geburtstagskultes) bei den Führern im Ringen um
den Denkraum klaren historischen Bewußtseins, noch dazu zur selben Zeit
und am selben Ort, wo gerade der Entscheidungskampf um das freie deutsche
Denk-Gewissen entfacht war und loderte.
[45] S. u. S. 29 ff.

„Ego Martinus Luther sum infelicissimis astris natus, fortassis sub Saturno. Was man mir thun vnd machen soll, kan nimermehr fertig werden; schneider, schuster, buchpinder, mein weib ver- zihen mich auffs lengste."[46] Aus diesem Spott über saturninische

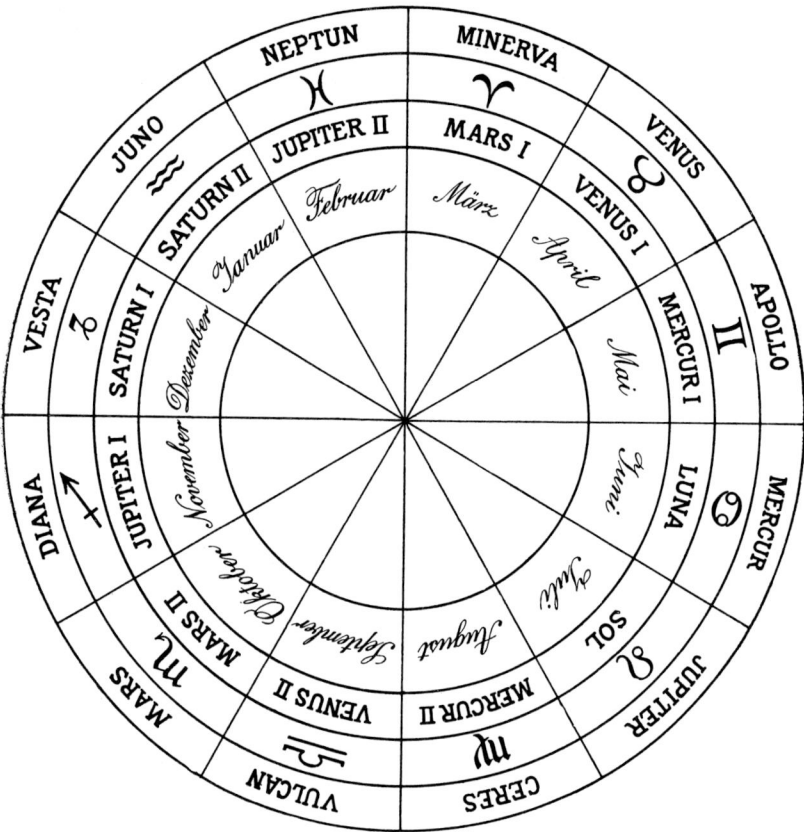

Abb. 3. Sphärischer Kosmos (Der äußerste Kreis enthält die Namen des Zwölf-Götter- Zyklus entsprechend dem System im Pal. Schifanoja in Ferrara).

Einflüsse durch seine Geburtskonstellation erfährt man, wie Luther sich damals auch im guten Humor gegen jenen Versuch zu wehren hatte, den er so grundsätzlich und leidenschaftlich zurückwies, ihn zu einem Planetenkinde zu machen. Um zu verstehen, was ein Widerspruch gegen den damaligen Planetenglauben und besonders gegen die Saturnfürchtigkeit bedeutet, muß man, von Bildern unterstützt, sich zunächst zu vergegenwärtigen suchen, worauf die Machtstellung der Planetengötter im System der spätmittelalter-

---

[46] Tischreden III (Weimar 1914), S. 193.

lichen Weltvorstellung beruhte, die bis zu jener Lehre führte, die
— noch im Zeitalter der Reformation — dem historischen Gewissen
und Wahrheitssinn durch das „Als ob" der astrologischen Fiktion
eine doppelte Wahrheit chronologischer Feststellung entgegensetzen durfte.

Die Lehre von den Planeten-Konjunktionen als Kern-
stück astrologischer Weissagung im Spiegel der illustrativen deutschen Kunst. — Saturnfürchtigkeit in Wort
und Bild. — Ausblick auf Italien.

In der Astrologie haben sich in unwiderleglicher Tatsächlich-
keit zwei ganz heterogene Geistesmächte, die logischerweise einander nur befehden müßten, zu einer „Methode" zusammengetan
(vgl. Abb. 3): Mathematik, das feinste Werkzeug abstrahieren-
der Denkkraft, mit Dämonenfurcht, der primitivsten Form
religiöser Verursachung. Während der Astrologe das Weltall einerseits im nüchternen Liniensystem klar und harmonisch erfaßt und
die Stellungen der Fixsterne und Planeten zur Erde und zueinander
genau und im Voraus zu berechnen versteht, beseelt ihn vor
seinen mathematischen Tafeln doch eine atavistische abergläu-
bische Scheu vor diesen Sternnamen, mit denen er zwar wie mit
Zahlzeichen umgeht, und die doch eigentlich Dämonen sind, die
er zu fürchten hat.

Man muß versuchen, sich durch einige Abbildungen jene
mathematisch-linearen und mythisch-bildhaften Elemente der
Weltanschauung im Kopfe eines mittelalterlichen Astrologen klar
zu machen: Nach welcher Verfassung regieren sie die Welt und
wie sehen sie aus? Planeten können einzeln oder zusammen
regieren; als Einzelbeherrscher beschützen sie nach einem von
den antiken Sterndeutern wohl ausgeklügelten Teilungsprinzip
wechselweise die einzelnen Monate mit den in diesen erscheinenden
Tierkreiszeichen. Alle diese Planeten, bis auf Sonne und Mond,
erhalten die Schirmherrschaft über zwei Monate; der Saturn
z. B. den Dezember mit dem Steinbock und den Januar mit
dem Wassermann — und den Saturn wollen wir uns bei
dieser Wanderung durch das Labyrinth der astrischen Dämonen
zum Leitstern wählen, weil eben die Saturnfürchtigkeit auch im
Reformationszeitalter im Mittelpunkte des Sternglaubens steht.
Jeder Planet beherrscht weiterhin, tabellarisch wohl verzeichnet,

bestimmte Tage und Stunden — und die Woche und ihre Tage tragen
ja heute noch das antike Sklavenhalsband: Sonnabend — Saterdag,
Saturday — untersteht, wie der Name zeigt, dem Einflusse des
Saturn. — Von
diesem nicht ma-
thematischen,
dem mythisch-
bildlichen Wesen
der Planeten, wie
sie die Astrologen
anfochten, geben
uns nun die mit-
telalterlichen il-
lustrierten Plane-
tenkalender ein
deutliches Bild.

Unser zu
früh verstorbe-
ner Freund H a u -
b e r[47] hat in sei-
nem Buch über
Planetenkinder-
bilder vortreff-
lich dargestellt,
wie sich in Wort
und Bild im Mit-
telalter die alte
antike Kalender-
illustration er-
hielt und ent-
wickelte. Eine

Abb. 4. Saturnkinderbild aus der Tübinger Hs. M. d. 2 nach
A. Hauber, Planetenkinderbilder, Straßburg 1916.

Seite (Abb. 4) aus einer deutschen Tübinger Handschrift zeigt den
Saturn als Monatsbeherrscher; der griechische Zeitgott und der römische Saatendämon haben sich hier zu einem Bauernunhold verdichtet,
der mit Karst, Schaufel und Sichel hantiert; seine irdischen Schütz-
linge müssen, seiner erdigen Natur entsprechend, alle mühselige

---

[47] A. HAUBER († 9. Juni 1917), Planetenkinderbilder und Sternbilder.
Zur Geschichte des menschlichen Glaubens und Irrens. (Studien zur deutschen
Kunstgeschichte 194, Straßburg 1916.) Vgl. dazu FRITZ SAXL, Probleme der
Planetenkinderbilder, in: Kunstchronik LIV. (N. F. XXX), S. 1013—1021.

Arbeit verrichten, die mit der Erde zusammenhängt: pflügen,
hacken, graben und das Brotkorn verarbeiten. Diese schwäbische,
etwas ruppige Bauernfamilie scheint zunächst weder mit klassischem noch mit dämonischem Altertum etwas zu tun zu haben.
Indessen ist die Sternherrscherqualität des Saturn doch echt antik
schon dadurch angegeben, daß er sich zwischen seinen beiden
Tierkreiszeichen, dem Steinbock und dem Wassermann, befindet.

Abb. 5. Dezember (Saturnalienspieler)
nach J. Strzygowski, Die Kalenderbilder
des Chronographen vom Jahre 354,
Berlin 1888.

Abb. 6. Saturnus aus: Nyger Kalender
des Steffen Arndes, Lübeck 1519.

Den Steinbock erblicken wir deutlich rechts; der Wassermann
verbirgt allerdings sein allegorisches Wesen etwas unter praktischer
Hilfeleistung: er gießt dem Bäcker das nötige Wasser in seinen
Zuber. In der linken Hand hält er aber drei Würfel: es ist über-
raschenderweise, ganz wie es das altrömische Saturnalienfest verlangt, der Würfelspieler der Saturnalienfeier, wenn auch in etwas
epigonaler Entartung. Das wird dadurch bewiesen, daß uns ein
echter Saturnalienspieler zufällig in dem antiken Kalender von 354
(Abb. 5) als Symbol des Dezember erhalten ist; er steht vor
dem Tisch mit den Würfeln. Mit dieser Einzelheit läßt sich an
einem anschaulichen Beispiel dartun, mit welcher Beständigkeit
der antiken Überlieferung wir auch im bildlich anscheinend so
„naiven‟ mittelalterlichen Volkskalender zu rechnen haben.

In einem Kalender, den der Hamburger Arndes zu Lübeck 1519, also in der Zeit von Luthers erstem Wirken, druckte, hat der Saturn (Abb. 6) schon ein etwas echteres Aussehen. Er hält die Zeitdrachenschlange im Arm in Erinnerung seiner Eigenschaft als griechischer Chronos, und ist damit beschäftigt, wie es die Sage von dem Urvater der Heidengötter verlangt, sein Kind zu verschlingen. Der plattdeutsche Vers darunter faßt zusammen, welch unfreudiges Leben und widerwärtiges Temperament die Dezember- und Januarkinder zu erwarten haben.

Abb. 7. Saturn, oberitalienischer Kupferstich (Hamburg, Kunsthalle).

Seine antikischeren Manieren verdankt dieser Saturn übrigens Italien: ein oberitalienischer Kupferstich (Abb. 7) war das Vorbild, das (über Burgkmaier in Augsburg) nicht nur diesen niederdeutschen Kalender, sondern auch die monumentalere Kunst der deutschen Renaissance weitgehend beeinflußte. So finden wir diese italienischen Planetendämonen etwa 1529 lebensgroß an den Wänden der Rathaushalle in Lüneburg, 1526 am Brusttuch-Haus in Goslar, in Hildesheim, in Braunschweig, am Junkerhause in Göttingen[48]. Das allzu deutsche oder allzu italienische Auftreten darf uns eben nicht darüber hinwegtäuschen, daß die wesentlichen Züge des unheimlichen alten Dämons im Bilde lebendig fortdauern, und daß sie dadurch verstärkt worden waren, daß sein Name auf jenen Planeten übertragen worden war, der durch seine größte Erdferne, das matte Licht und die langsame Bewegung den Menschen am rätselhaftesten erschien. Von diesem Stern erhielt er rückwirkend noch einen Zusatz von schwerer Trägheit; die christliche Todsünde der Acedia verknüpft sich deshalb mit ihm. Hamlet ist

---

[48] Vgl. Jahresbericht der Gesellschaft der Bücherfreunde zu Hamburg 1908 bis 1909, S. 48.

auch Saturnkind[49]. Zu Luthers spöttischer Bemerkung vom Jahre
1532 erhalten wir so den bildlichen Hintergrund „volkstümlich"
gewordener hellenistischer Antike.

Hatten die Planeten schon in regelmäßiger, gemeinschaftlicher
Jahresregentschaft, aber gleichsam mit wechselndem Präsidium
einen starken Einfluß, so wurden sie geradezu zu „aktuellen"
Weltbeherrschern und Augenblicksgöttern, wenn sie als gleichzeitig und zusammenwirkend beobachtet oder verrechnet wurden,
d. h. wenn sie in Konjunktion standen. Nur in großen Zeitumläufen,
die man Revolutionen nannte, waren solche Konjunktionen zu
erwarten. Man unterschied in sorgfältig ausgeklügeltem System

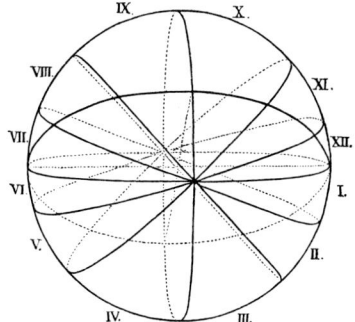 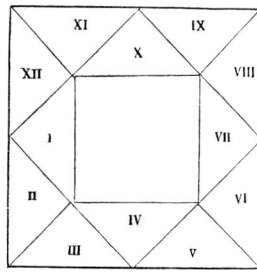

Abb. 8. Astrologischer Kosmos und Nativitätsschema nach: Ad. Drechsler, Astrologische
Vorträge, Dresden 1855.

große und größte Konjunktionen; die letzteren waren durch das
Zusammentreffen der oberen Planeten Saturn, Jupiter und Mars
die gefährlichsten, ereigneten sich aber auch nur in langen Zwischen-
räumen. Je mehr Planetenkonjunktionen dann zusammentrafen,
desto erschrecklicher war es, wenn auch der Planet vom besseren
Charakter den schlechteren günstig beeinflussen konnte. Diese
segensreiche Einwirkung fiel z. B. dem Jupiter, den man sich ungefähr wie einen gütigen gelehrten geistlichen Herrn dachte, dem
Saturn gegenüber zu. Entscheidend für die Wirkung der Konjunktion war ferner der Himmelsort. Man zerschnitt die ganze
Himmelskugel mathematisch in 12 Abteilungen, die man als Häuser
bezeichnete. Diesen 12 Bezirken entspricht auf dem üblichen
Nativitätsschema je ein Dreieck[50] (vgl. Abb. 8).

---

[49] Vgl. ROCHUS VON LILIENCRON, Die siebente Todsünde, 1903, S. 158.

[50] Wer sich über Grundbegriff und Wesen der Astrologie genau unterrichten will, dem kommt das Büchlein von F. BOLL, Sternglaube und Sterndeutung (Aus Natur und Geisteswelt, Nr. 638 2. Aufl. 1919) meisterhaft zu
Hilfe.

Diese Häuser wurden, wie man auf einem Nativitätskalender des Leonhard Reymann (Abb. 9) von 1515[51] am deutlichsten sieht, aufgeteilt unter die verschiedenen Bezirke des Menschenschicksals: das erste Haus gehörte z. B. dem Leben, das zweite dem Geschäft, das dritte den Brüdern, die folgenden den Eltern, den Kindern, der Gesundheit, dem Ehestand, dem Tod, der Religion, der Regierung, der Wohltätigkeit, dem Gefängnis[52]. Die Aufteilung des Weltalls unter die Sternenhierarchie ist zugleich veranschaulicht.

*   *   *

In der deutschen Zeitschrift für Geschichtswissenschaft (VIII. 1892) hat Friedrich von Bezold in einem Aufsatz über „Astrologische Geschichtskonstruktion im Mittelalter"[53] uns in mustergültiger Wissenschaftlichkeit belehrt, wie ernsthaft und durch die christliche Kirche unterstützt, der Glaube an die Wirksamkeit solcher Planetenkonstellation die internationale europäische Geschichtsauffassung im Mittelalter bestimmte. Schon vorher hatte JOH. FRIEDRICH in einer Schrift „Astrologie und Reformation"[54]

Abb. 9. Titelholzschnitt von Erhard Schön zu Leonhard Reymanns Nativität-Kalender, nach: A. Hagelstange, Zeitschr. f. Bücherfreunde 9. Jahrg.

zum erstenmal den schwierigen aber höchst dankenswerten Versuch gemacht, sich durch die unendlich weit verstreute und schwerverständliche lateinische und deutsche Wahrsagungsliteratur durchzu-

[51] REYMANN, LEONH., Natiuitet-Kalender Nürnberg, Fried. Peypus 1515.

[52] Vita lucrum fratres genitor nati valetudo
    Uxor mors pietas regnum benefactaque carcer.

[53] Jetzt wieder abgedruckt in: Aus Mittelalter und Renaissance. Kulturgeschichtliche Studien von FRIEDRICH VON BEZOLD (München 1918).

[54] JOHANN FRIEDRICH, Astrologie und Reformation Oder Die Astrologen als Prediger der Ref. und Urheber des Bauernkrieges. München 1864.

arbeiten, in der er geradezu die Ursachen der sozialen und
kirchlichen Unruhen zu finden glaubte, die zur Reformation

Abb. 10. Titel zu Leonhard Reymanns Practica für 1524 (Hs. Stuttgart L. B. Math. Q. 3).

und zum Bauernkrieg führten. Ergänzt werden diese Studien neuerdings in willkommener Weise durch G. Hellmann, der uns in
seinem Aufsatz „Aus der Blütezeit der Astrometeorologie"[55]

---

[55] In seinen „Beiträgen zur Geschichte der Meteorologie", Nr. 1—5
(Veröffentl. d. Kgl. Preuß. Meteorol. Instituts, Nr. 273), Berlin 1914. Nach

einen scharfen und genauen Einblick in jene Massenliteratur schenkt, die die Sündflutpanik von 1524 hervorrief. Sie wurzelte eben in krasser Planetenfürchtigkeit, denn man glaubte schon Jahre vorher, daß 20 Konjunktionen, davon 16 im wässerigen Zeichen der Fische, im Februar 1524 eine Weltüberschwemmungskatastrophe bewirken müßten. Die gelehrtesten astrologischen Naturwissenschaftler der Zeit stimmten mit pathetischer Gewißheit zu oder widersprachen ebenso nachdrucksvoll, um im Auftrage der höchsten weltlichen und geistlichen Obrigkeiten die aufgeregte Menschheit zu besänftigen, indem sie offiziöse Beruhigungsschriften erließen.

Abb. 11. Titel zu Georg Tannstetter, Libellus consolatorius, Wien 1523, nach: G. Hellmann, Beiträge zur Geschichte der Meteorologie, Berlin 1914.

Derselbe Reymann, der den Nativitätskalender von 1515 verfaßte, gehört zu den

einem kurzen, aber ausgezeichneten Überblick über die griechisch-arabische Herkunft der planetarischen Geschichtsphilosophie gibt er ein Verzeichnis der ihm bekannt gewordenen Unmenge von illustrierten Druckschriften (56 Autoren in 133 Druckschriften), die schon seit dem Anfange des 16. Jahrhunderts, von Stoefflers Kalender ausgehend, Grauen und Furcht vor dieser Sündflut durch ganz Europa trugen.

Weherufern auf das Jahr 1524[56]. Die Illustration zu seiner
Practica (Abb. 10) zeigt einen Riesenfisch mit einem bestirnten
Bauch (das sind die in Konjunktion befindlichen Planeten)
und aus diesem Bauch strömt der vernichtende Orkan her-
nieder auf eine durch Bauwerke angedeutete Stadt. Unter dem
Eindruck des elementaren Ereignisses haben sich rechts der
Kaiser und der Papst versammelt; von links kommen die
Bauern, Hans mit der Karst, geführt von einem Fahnenträger mit
Stelzbein und Sense: der alte Saatengott war wie geschaffen zum
Sinnbild seiner aufrührerischen Kinder.

Zur offiziellen Beschwichtigungsliteratur dagegen gehört die
dem Erzherzog Ferdinand gewidmete Widerlegung des kaiserlichen Astrologen Georg Tannstetter[57]. Die sieben Planeten, die
aus der Regenwolke wie aus einer Theaterloge auf die Bauern
unten herabsehen, werden durch die göttliche Hand, die oben aus
den Wolken kommt, im Zaume gehalten (Abb. 11).

Auch unser Johann Carion, der Hofmathematikus der
Brandenburger, trat schon 1521 in seiner „Prognosticatio vnd
erklerung der großen wesserung", obwohl er allerhand Unheil zu
prophezeien hatte, doch als Beruhiger auf[58]. Auf dem Titelblatt
der ersten Ausgabe dieser Schrift[59], die zu den Schätzen der Berliner
Bibliothek gehört, befindet sich ein Holzschnitt, der drei getrennte
Darstellungen zeigt (Taf. I): links sehen wir das drohende Unwetter,
rechts einen Kometen, der eine Stadt bescheint mit der Jahreszahl 1521, darunter fünf Figuren in Zeittracht in anscheinend
kriegerischem Konflikt, ein in die Knie gesunkener Papst wird
von einem Ritter mit gezücktem Schwert bedroht, dem sich ein
anderer barhäuptiger Mann mit erhobenem Schwert zugesellt;
ein Kardinal erhebt wehklagend die Arme, der Kaiser mit Zepter
und Krone bedeckt bestürzt das Gesicht mit der Hand. Ohne

---

[56] Vgl. GEORG STUHLFAUTH, Neues zum Werke des Pseudo-Beham
(Erhard Schön?), Amtl. Berichte aus den preuß. Kunstsammlungen, 40. Jg.,
Nr. 11 (Aug. 1919), Sp. 251—260, Abb. 131.

[57] Libellus consolatorius, Wien 1523. Vgl. Hellmann a. a. O.

[58] „wirt es [Regen und Wasser] doch langsam sich begeben". Wie sich
das mit der Notiz bei Haftiz und Gronau (vgl. HELLMANN a. a. O. S. 20)
zusammenreimt, daß er im Juli 1525 den Kurfürsten Joachim zur Flucht auf
den Tempelhofer Berg veranlaßte, ist mir noch unklar.

[59] Leipzig (Wolfgang Stoeckel?) Diese erste Ausgabe wurde durch
Dr. RUDOLF HOECKER unter den Dubletten der Preuß. Staatsbibliothek
wieder ausfindig gemacht.

den Text im Buche würde man etwa denken, daß hier bereits die Plünderung Roms durch die deutschen Landsknechte dargestellt sei; sieht man aber genauer zu, so entdeckt man neben dem Kaiser das Planetenzeichen für die Sonne, auf dem Mantel des Papstes das Jupiterzeichen und hinter dem Ritter das Symbol des Mars. Tatsächlich sind diese Figuren, wie aus dem im Text abgedruckten allegorischen Gedicht: „Reymen der Planeten" unwiderleglich hervorgeht, Illustrationen der Planetenkonstellation, unter der 1521 jener Komet erschien. Dabei werden — hierin liegt augenfällig beweisende Deutlichkeit — die Planetenfiguren in bezug auf die politische Weissagung tatsächlich mit den Typen der gleichzeitigen politischen und einander bekämpfenden Mächte identifiziert: Sol ist der Kaiser, Jupiter der Papst, Mars der Ritterstand und in dem Mann mit dem Schwert haben wir einen mißverstandenen Saturn, den Bauern, zu erkennen.

Carion gibt uns in dieser Schrift auch eine pressegeschichtlich höchst bemerkenswerte Notiz: er wendet sich gegen die illustrierte Sensationspresse, wie sie auf dem Reichstage zu Worms durch die Sündflut-Stimmungsmache eines Seytz[60] zu wirken suchte. Man fühlt, wie die Holzschnittillustration als mächtiges neues Agitationsmittel für die Bearbeitung der Ungelehrten eingriff.

Würde der Historiker nicht durch unwiderlegliche Zeugnisse gezwungen, solche Ansammlungen banaler Trachtentypen religionswissenschaftlich ernst zu nehmen, so würde er eine derartige Illustration überlegen lächelnd bald aus der Hand legen — um sich damit, wie so häufig, das Kuriosum als tiefstreichendste Quelle völkerpsychologischer Einsicht zu verschütten. Denn diese Sterndämonen wurden als wirkliche Gewalten empfunden und offenbarten sich eben deswegen anthropomorph. Es klingt eben nur paradox, wenn man sagt, daß dieser Götterversammlung eine stärkere göttliche Augenblicksgewalt innewohnte, als den Olympiern an der Decke der Villa Farnesina, die ungefähr um diese Zeit Raphael erscheinen ließ. Freilich stellt die italienische Renaissance die Götterfiguren ihres Altertums in so freier selbstverständlicher Schönheit vor unsere Augen hin, daß jeder Kunsthistoriker

---

[60] „Alexander Seytz von Marpach der löblichen Fürsten von Beyrn Phisic". In den neueren Biographien (PAGEL und BOLTE ADB. 33. 653/55 und G. LINDER, Zs. f. allg. Gesch., 1886, 224/32) dieses vielseitigen Arztes klafft für die Jahre 1516—25 eine Lücke, die durch Carions bislang übersehene Erwähnung teilweise ausgefüllt wird.

dem leisesten Versuch, in den Gestalten Raphaels nur noch eine
Spur realer heidnischer Göttlichkeit zu suchen, wohl als einer
antiquarischen philologischen Abwegigkeit verständnislos gegen-
überstehen würde; er sollte sich aber erinnern, daß ihn ein Schritt
in jenen Nebensaal der Farnesina führt, wo Agostino Chigi zu
gleicher Zeit als Gegenstück die ganze Decke von Peruzzi mit
heidnischen Gestirngottheiten bemalen ließ, Planeten und Fix-
sternen, in verschiedenen Stellungen zueinander, die nicht etwa
künstlerisch bedingt sind; sie sollen den Stand der Gestirne am Geburtstage Chigis verkünden, der sich unter dem Schutze seines günstigen Horoskopes, das ihm — betrügerisch — ein langes Leben verhieß,
auch in den Stunden seiner ländlichen Erholung wissen wollte.
Und noch über seinen Tod hinaus ist Agostino ein Mäzenas astrologischer Kunst geblieben; aus der lichten Kuppel, die sein Grab
in S. Maria del Popolo überwölbt, schauen ja, nach einem Entwurf
Raphaels, heute noch die sieben antiken Planetengötter herab,
deren heidnisches Temperament freilich gebändigt wird durch
christliche Erzengel, die ihnen unter der Oberleitung Gottvaters
zur Seite gestellt sind.

Die formale Schönheit der Göttergestalten und der geschmack-
volle Ausgleich zwischen christlichem und heidnischem Glauben
darf uns eben doch nicht darüber hinwegtäuschen, daß selbst in
Italien etwa 1520, also zur Zeit des freiesten, schöpferischsten
Künstlertums die Antike gleichsam in einer Doppelherme verehrt
wurde, die ein dämonisch-finsteres Antlitz trug, das abergläubischen Kult erheischte, und ein olympisch-heiteres, das ästhetische
Verehrung forderte.

Luther und die Lehre von den Konjunktionen: Die Sündflutpanik von 1524. — Luther und Johann Lichtenbergers Weissagung auf den „kleinen Propheten" für die
Konjunktion von 1484.

Luther hat diese Sündflutpanik seelisch mit durchlebt. Seine
Stellung war unbedingt ablehnend, soweit wissenschaftliche Astrologie in Betracht kam. Aus späteren Jahren besitzen wir darüber
eine humorvolle, sehr abfällige Äußerung[61]: D. M. L. sagte von der
Narrheit der Mathematicorum und Astrologorum, der Sternkücker, „die von einer Sündfluth oder großem Gewässer hätten

---

[61] Erlanger Ausg. Bd. 62, S. 327.

gesagt, so Anno 1524 kommen sollte, das doch nicht geschach; sondern das folgende 25. Jahr stunden die Bauren auf, und wurden aufrührerisch. Davon sagte kein Astrologus nicht ein Wort." Er redete aber vom Bürgermeister Hohndorf: „derselbe ließ ihm ein Viertel Bier in sein Haus hinauf ziehen, wollte da warten auf die Sindfluth, gleich als würde er nicht zu trinken haben, wenn sie käme. Aber zur Zeit des Zorns war ein Conjunctio, die hieß Sünde und Gottes Zorn, das war ein ander Conjunction, denn die im 24. Jahre." Zur Zeit der Sündflutpanik selbst war er daher nicht geneigt, an eine astrologisch bedingte Sündflut zu glauben, wohl aber meinte er doch, daß das Zusammentreffen der vielen Gestirne das Eintreten des jüngsten Tages bedeuten könnte, und wenn Luther auch nie die Sternkunde als Wissenschaft hat gelten lassen, so richtete sich sein Widerstand grundsätzlich eben gegen das intellektuelle, nicht so sehr eigentlich gegen das mystische Element der Astrologie (vgl. Tischreden, Erl. Ausg., a. a. O. S.320): „. . . . Denn die Heiden waren nicht so närrisch, daß sie sich vor Sonn und Monden gefurcht hätten, sondern fur den Wunder-zeichen und ungeheuren Gesichten, Portenten und Monstris, dafur furchten sie sich, und ehreten sie. Zudem, so ist Astrologia keine Kunst[62], denn sie hat keine principia und demonstrationes, darauf man gewiß, unwankend fußen und gründen könnte[63]. . . . . ."

Die Furcht vor den wahrsagenden Naturwundern am Himmel und auf Erden, die ganz Europa teilte, wurde durch die Tages-presse in ihren Dienst genommen: War schon durch den Druck mit beweglichen Lettern der gelehrte Gedanke aviatisch ge-worden, so gewann jetzt durch die Bilderdruckkunst auch die bildliche Vorstellung, deren Sprache noch dazu international ver-ständlich war, Schwingen und zwischen Norden und Süden jagten nun diese aufregenden ominösen Sturmvögel hin und her, während jede Partei versuchte, diese „Schlagbilder" (wie man sagen könnte) der kosmologischen Sensation in den Dienst ihrer Sache zu stellen.

---

[62] Wir würden sagen: „keine sichere Technik". Dazu vgl. WIDMANN, Georg Rudolff, Warhafftige Historien . . So D. Johannes Faustus . . hat getrieben, Hamburg 1599: Streit zwischen Henr. Moller und Joh. Gartz (Garcaeus), ob Astrologie eine Ars oder nur Scientia sei, gewisse Kunst oder bloße Wissenschaft; Melanchthon dazu: sive Astrologia sit ars sive scientia; est certe pulchra Phantasia. I. Cap. 28, S. 222f.

[63] Vgl. Beil. B. I und V. Man muß diese Äußerung im Gedächtnis behalten, wenn man Luthers Verhältnis zu den kosmischen Wundern richtig verstehen will.

Es scheint nun, als ob auf protestantischer Seite Spalatin, der Vertrauensmann Luthers und des Kurfürsten Friedrich des Weisen, diese Pressepolitik durch astrologische oder monstrologische Warnungsbilder ausdrücklich förderte als „künstliche" oder „wunderliche" Weissagung. Schon daß er sich bereits 1519 ein Gutachten über die große Konstellation von 1484 kommen ließ[64], sowie ferner, daß er von Luther selbst jene Auskunft über seine italienische Nativität verlangte[65], weist darauf hin, daß Spalatin sich in dem Ideenkreise bewegte, dem jene Weissagungsflugschrift von Johann Lichtenberger angehört, die Luther mit einer eigenen Vorrede herausgegeben hat. Sie erschien, von Stephan Roth aus dem Lateinischen übersetzt, mit Holzschnitten von Lemberger bei Hans Lufft zu Wittenberg 1527[66].

In dieser Vorrede[67] wird der unzweifelhaft astrologische Charakter ausdrücklich in den Hintergrund geschoben. Die 43 Bilder sollen eigentlich nur als selbständiges Warnungszeichen für schlechte Christen gelten, um vor allem die Pfaffen aufzurütteln, die, seitdem nun auch der Bauernkrieg 1525 an ihnen glücklich vorbeigegangen sei, sich vor den Strafandrohungen nicht mehr ängstigen. — Die Geistlichen und ebenso die Fürsten, alle die „großen Hansen", hatten allerdings Grund, dieses Buch zu fürchten, da es die Ideen der Reformation in Kirche und Staat in einem wunderlichen Gemisch von dunklen Rätselbildern und klar ausgesprochenen Drohungen und Forderungen vortrug. Seit etwa 1490 ist diese Schrift, die zuerst lateinisch erschien, unzählige Male, auch in Übersetzungen, wieder aufgelegt und ernsthaft als Orakel in schwierigen Zeitläuften befragt worden. Noch 1806 nach der Schlacht bei Jena hat man dieses sibyllinische Buch befragt[68].

Diese Prophezeiung wurzelt tief in astrologischem Erdreich; fanatischer Sternglaube knüpft an eine ganz bestimmte

---

[64] JOH. ERH. KAPP, Kleine Nachlese einiger ... zur Erläuterung der Reformations-Geschichte nützlicher Urkunden (Leipzig 1727) II. 511.

[65] Vgl. S. 16 und Anm. 25.

[66] Die weissagunge Johannis Lichtenbergers deudsch/zugericht mit vleys Sampt einer nutzlichen vorrede vnd vnterricht D. Martini Luthers / Wie man die selbige vnd dergleichen weissagunge vernemen sol. Wittemberg, Hans Lufft. 1527.

[67] Siehe den vollständigen Textabdruck in Beil. C. Die Vorrede ist in der Weimarer Ausg. Bd. 23, S. 1—12 enthalten.

[68] Vgl. EBERT, Bücherlexikon. Bemerkung zu Nr. 11972 (einer holl. Lichtenberger-Ausg. von 1810).

Planetenkonjunktion von Jupiter und Saturn im Zeichen des Skorpions, die für den 23. November 1484 vorausgesagt war, die Erwartung des Auftretens eines Geistlichen an, der eine kirchliche Revolution hervorrufen würde. Im 15. Jahrhundert hatte nach dem Zeugnis Pico della Mirandolas[69] in Italien diese Prophezeiung Jahrzehntelang vorher ähnlich die Gemüter bedrückt

tuaɀ particulam amplecti vellem: ſcio ꝑfec: oǫ meum tenue deficeret ingeniũ. cũ tot tanteꝗ ſint ǫ angelicam potius ǫ̃ ʒu manã oʒatione requirant ꝓticenda ergo ʒ ſilentio poti⁹ ꝓmen da arbitroʒ. cũ amplitudini tue paʒe oʒatioeʒ pʒeſtare nõ poſſimus. dubito eni ne tantã audientib⁹ illaʒ videri faciã: quantã ipſe verbis referre queã. cũ in veritate longe ſit maioʒ. occula⁹ mus ergo ʒ ſilentio pʒmam⁹. Ad te ergo redeo dux uiuictiſ ſime diue Maximiliane cũ in te virtutũ omniũ reluceat exem plar: perge vt cepiſti era bono ꝓpoſito: deſiſtere noli. doctis faue. ſtudioſos adiuua. debiles inſtenta. aſtrologos obſerua. ſoli eñ ſunt inter moʒtales: qui te ſtatũꝗ tuũ incolumé pʒeſer uare pñt. volut nanꝗ benigniſſim⁹ et idem optim⁹ ac ſapientiſſim⁹ deus: bonitatis et ſapientie ſue diſpoſitioné in reb⁹: p ſecundaʒ cauſaʒ motus atꝗ influx⁹ ita oſtendere: vt ſolis ipſis aſtrologia deoꝗ delictis innotefceret. Q̃ ue cũ ita ſint dux clariſſime quia in tuo pectoʒe ipſe liberales artes: ipſa vera ſa pientia: ipſa demũ caritas inʒabitant: a te pʒncipe muniſicen⁹ tiſſimo: diiſ ʒ hominib⁹ gratiſſimo: munus hoc peto ſuauiſſi⁹ mũ: vt me quanꝗ in Ytalia reſidenté: intuoʒ numero ſideliſ⁹ ſimoʒ ſeruitoʒ collocare digneris. ʒ me excellentie tue dediti ſſimũ: meaꝗ ſcʒpta Cquanꝗ rudia ʒ inculta Ꝺlibenti animo ſu ſcipias. Q̃ uod ſi a te min⁹ hoc gratiſſimũ impetraſſe me ſen⁹ ſero: tuam incredibilem humanitaté: inaudiramꝗ clementiã: pʒedicare non deſinam: Ꝟale.

Editum per Ꝑaulum de Middelburgo Zelandie bonarum artium ʒ medicine docto rem illuſtriſſimi ducis Vʒbini phiſicũ Ꝛn mar curiali oppido antwerpienſi impʒeſſum. Ꝑer me Gherardum leeu Anno ſalutis. M.cccc. lxxxiiij. quarto kalendas Octobʒis.

Abb. 12. Titel und letzte Seite der „Prognostica" Pauls von Middelburg, Antwerpen 1484, nach K. Sudhoff.

und aufgeregt, wie die Sündflutprophezeiung von 1524. Als dieser geistliche Prophet nun damals ebensowenig erschien wie die Sündflut, trat, wie Pico bezeugt, zunächst eine Entspannung ein, aber Astrologen sind unblamierbar; es fand sich in Padua ein Professor der Astrologie, Paulus von Middelburg ein (vgl. Abb. 12), von Herkunft ein holländischer Geistlicher, der den Einfluß der Konstellation von 1484 einfach auf 20 Jahre „streckte" und sie auf alle Bezirke des menschlichen Lebens, nicht etwa nur auf den erscheinenden Mönch, ausdehnte[70]. Die Erscheinung dieses revolutionären „kleinen Propheten" wird unter stellenweiser sklavischer

---

[69] De astrologia disputationum l. V. cap. 1.   Op. omnia Basil. 1572 I. 551.

[70] Paulus von Middelburg, Prognostica ad viginti annos duratura. Hain 11141 f.

Benutzung des Arabers Abū Ma'šar[71] (gest. 886) deutlich vorausgesagt. So soll er z. B. 19 Jahre nach 1484, d. h. 1503 geboren
werden, 19 Jahre lang wirken und sein Vaterland — weil doch die
Bibel sagt, daß ein Prophet in seinem Vaterlande nichts gelte —
verlassen müssen.

Für die Geschichte der Weissagungsliteratur ist es psychologisch und philolo-
gisch gleichermaßen
aufklärend, daß Lich-
tenberger, worauf man
bisher nie geachtet
hat, wiederum seine
Prophezeiung dem
Paulus von Midaelburg
wörtlich entlehnt hat.
Sein geheimnisvoller
Bau ruht also auf
einem gestohlenen
Grundstein. Paulus
von Middelburg hat
dies selbst 1492 in der
Invectiva[72], die wohl
eine der frühesten ge-
druckten Streitschrif-
ten wegen Plagiats ist,
zornig festgestellt und
Lichtenberger, von
dessen Persönlichkeit
man überhaupt wenig
Sicheres weiß[73], scheint
nicht geantwortet zu
haben. Das Schreck-

Jupiter.   Saturnus.

Das ist eine namhafftige Constellation fast wol zu
mercken vnd zu betrachten / der schwerwichtigen
grossen planeten des Saturni vnd Jupiters / wilcher Coniunction vnd zusammen lauffung / erschrecklich ding drewet / vnd verkündiget vns viel zukünfftigs
vnglücke / Vnd ist volkomen gewesen / nach Christ gepurt ym
iare / M. cccc. lxxxiiij. am fünff vnd zwantzigsten tage Nouembris / des Weinmondes / vmb die sechste stunde / vier Minut nach mittage / wie wol der krebs eins grads hoch auff stey-
ge vber den horizontem.

Der selbigen zweyen planeten Coniunction vnd zusamme
lauffung geschicht seer selten / vnd nicht ehe / denn nach verlauffung einer langen zeit / vnd wenn viel gestirn herumb komen sind / vnd derhalben bringet sie auch einen sterckern ein-
flus.

Abb. 13. Saturn und Jupiter, aus: Die weissagunge
Joh. Lichtenbergers, Wittenberg 1527.

---

[71] Über Abū-Ma'šars Bedeutung vgl. F. BOLL, Sphaera (1903) und Sternglaube (1919), ebendort meinen Nachweis zu den Fresken in Ferrara S. 77.
Vgl. Albumasar de magnis coniunctionibus, Aug. Vind., Ratdolt 1489 Tract. I.
Speziell: Differentia tercia in scientia coniunctionum significantium natiuitates
prophetarum .. et signa prophetie eorum et quando apparebunt et vbi et
quantitates annorum eorum- und diff. IV.

[72] Ausg. Lübeck 1492, Antwerpen 1492. Invectiva in superstitiosum
quendam astrologum.

[73] J. FRANCK, ADB. 18, 538—42.

gespenst der großen Konjunktion zwischen Saturn und Jupiter (Abb. 13), ebenso wie die Figur des „kleinen Propheten", gehörten also zum ganz alten Bestande der vorreformatorischen Zeit. Trotzdem mußten sie zu Luthers Zeiten aus den verschiedensten Gründen mit erneuter Kraft wirken. In der Zeit des Konfliktes zwischen Obrigkeit und Bauern wirkte der Saturn und der Jupiter, wenn sie nebeneinander auftraten, wie Augenblicksaufnahmen aus der Zeit des Bauernkrieges, und der astrologische Text klang auch seltsam menschlich mit, wenn er von den Bewegungen der glänzenden kosmischen Körper wie von streitenden Menschen erzählte. Die dämonische Antike empfing hier von dem leidenschaftlich pulsierenden Leben der Reformation selbst eine ganz spontane, unheimlich wirkliche Wiederbelebung, die in den Zeiten der eigentlichen kirchlichen Revolution vor allem auch das Lichtenbergerische Bild vom Mönchspropheten erfuhr (Abb. 14).

Abb. 14.   Die beiden Mönche, aus der gleichen Ausgabe Lichtenbergers.

Mochte immerhin weder die Geburtsstunde noch das Auswandern aus der Heimat stimmen, noch die Male und Flecken an bestimmten Körperteilen, die schon im Handbuch des Abū Ma'šar zu lesen sind, die Hauptsache stimmte doch mit Luthers Erscheinung: ein Mönch war aufgestanden und den Geistlichen zu Leibe gegangen. Luther selbst kannte sehr wohl die Gefahr, daß die Abbildungen des Weissagungsbuches auf ihn bezogen werden

könnten; dem ist wenigstens an e i n e r Stelle dadurch vorgebeugt,
daß dem Bilde eines falschen Propheten bei Lichtenberger ausdrücklich die Unterschrift verliehen wird: „Dieser Prophet sihet dem
Thomas Muntzer gleich"[74]. Um so weniger haben sich Freund und

Abb. 15.   Die beiden Mönche aus der Ausgabe Lichtenbergers Mainz 1492
(Exemplar aus der Stadtbibliothek Hamburg).

Feind die Beziehung der Mönchsbilder auf Luther und Melanchthon
entgehen lassen[75].

Die Hamburger Stadtbibliothek besitzt die alte lateinische
Mainzer Ausgabe von 1492 (Abb. 15). Den beiden Figuren —
einem großen Mönch, dessen Kapuzenzipfel bis auf den Erdboden reicht, sitzt ein Teufel auf der Schulter[76], neben ihm steht

---

[74] Holzschnitt zu Cap. XXIX.

[75] Holzschnitt zu Cap. XXXIII.

[76] Ich möchte nicht daran zweifeln, daß hinter dem Mönch mit dem
Teufel im Nacken und dem schlangenartig bis auf den Boden verlängerten
Kapuzenzipfel zwei Sternbildererinnerungen stecken: der Asklepios-Schlangen-
träger und der Skorpion, die ja beide im Oktober-November paranatellontisch
zueinander gehören. Das fiktive Geburtsdatum Luthers fällt also in eine Zeit,

ein kleiner Mönch, von vorn gesehen — ist von alter Hand, die wohl noch aus dem 16. Jahrhundert stammt, plattdeutsch hinzugefügt: „Dyth is Martinus Luther" und „Philippus Melanton". Ohne kulturwissenschaftliche Zusammenhangskunde würde man in diesen Beischriften zu einem vom Teufel besessenen Mönch nichts als die haßerfüllte Äußerung eines abgesagten Gegners Luthers sehen. Das stimmt nicht ganz. Auch die Freunde konnten, auf

---

wo die Fixsterne für eine Heilbringerkonstellation der Planeten wie geschaffen sind. Wie weit hier hellenistisch-arabische Tradition einwirkt, bleibt zu untersuchen; Picatrix (vgl. SAXL, Beiträge usw. Islam III [1912], S. 172[1]) schreibt z. B. dem Jupiter-Verehrer ein weißes Mönchsgewand mit Kapuze vor. Für die unmittelbare, eigentliche, antikisierende Fixsternbild-Überlieferung sei hier nur darauf hingewiesen, daß Lichtenberger von dem Propheten sagt: „Vnd wie ein Scorpion / der des Martis haus ist ynn dieser Coniunction vnd finsternis / wird er die gifft / so er ym schwantz hat / offt ausgießen"(Wittemberg 1527, fol. P[v]). In der Ausgabe von Modena (Maufer 1492, Berlin Staatsbibl.) hat der Kapuzenzipfel ein auffällig stachelartiges Ende. Ergänzend sei darauf hingewiesen, daß eine astrologische Bilderhandschrift aus dem Kreise des Königs Alfonso, deren Entdeckung im Jahre 1911 in der Vaticana zu Rom (Reg. 1283) der Verf. der steten Hilfsbereitschaft von Pater EHRLE und BARTOLOMEO NOGARA verdankt, die Brücke zwischen deutschen spätmittelalterlichen Vorstellungen und dem arabisierenden, antikischen Gelehrtenkreis zu Toledo schlägt. In dieser Handschrift ist unter anderem ein wahrsagender Monatskalender (vgl. Taf. III) enthalten, der in Kreisform, auf 30 Grade radial verteilt, Figuren mit Wahrsagesprüchen enthält, die, obgleich bis zur Unkenntlichkeit realistisch mittelalterlich auftretend, Nachläufer der Sphaera des Teukros sind, also aus echt antiker, astraler oder kultlicher Götterverehrung stammen. So ist, was ich nur streiflichtweise im Zusammenhang mit dem Asklepios-Luther erwähnen will, auf Bl. 7 der Scorpio als Beherrscher seiner 30 Grade aufgefaßt. Hier finden sich in den einzelnen Abteilungen, aus dem Asklepioskult unbewußt überlebend, aber deutlich erkennbar, die Schlange, die Kuchen, der Brunnen, der Tempelschlaf und der Kopf des Asklepios selbst. Diese Schicksalshieroglyphen für jeden Tag des Monats münden nun über Pietro d'Abano, den Inspirator des Salone zu Padua, in das Astrolabium planum, das Johann Engel zuerst bei Ratdolt in Augsburg 1488, später in Venedig herausgab, ein (Joh. Angelus: Astrolabium planum in tabulis ascendens, Augsburg, Erhard Ratdolt, 1488; Venedig, Johann Emerich de Spira 1494; vgl. dazu die Bilderhandschrift des Leovitius für Ottheinrich in der Bibliothek von Heidelberg Palat. germ. 833 Bl. 65[v]). Der Mann mit dem Scorpion in der Hand findet sich z. B. (vgl. Taf. IV) beim 11. Grad, der mit der Schlange beim 13. identisch im Astrolabium unter Grad 11 und 12. Es darf also die Wanderstraße solcher heidnischer, kosmologischer Orakel als ganz gesichert gelten für den, der das Problem der „dämonologischen Bilderwanderung von Osten nach Westen und vom Süden nach Norden" in den Grundzügen — was der Verf. hier nur noch flüchtig zu skizzieren vermag — erfassen will.

Luther selbst gestützt[77], das Bild zugunsten des Reformators interpretieren, wenn es auch bekannt ist, daß die papistischen Streiter
wider Luther zu allen Zeiten den Teufel bis zum Ekel mit Luther
in höchst persönliche Verbindung gebracht haben; er sollte ja
sogar als Incubus sein leiblicher Vater gewesen sein. So besitzen
wir von dem streitbarsten Antilutheraner Cochlaeus eine giftige
Verquickung von Luther mit diesem Lichtenbergischen Mönch.
Schon 1534 flucht er in seinen neuen „Schwärmereien" folgendermaßen: „Hoff auch / er [*Luther*] sols auf XX. Jahr nicht bringen /
Sonder im XIX. jar (wie Lichtenberger von jm schreybt) sol er zu
boden gehen / der vnselig Mûnch / der den Teuffel auf der achseln
tregt / in Liechtenbergers Practica".[78] Cochlaeus wendet also Bild
und Inhalt auf Luther an wie in einer ganz geläufigen Anspielung,
die sich sogar anhört, als ob er einer anderen, Luther günstigen
Auslegung entgegenwirken wolle.

Ein Jahr später hat der Kardinal Vergerio den gefährlichen
und gebannten Mönch in Wittenberg aufgesucht und seinen Eindruck mit folgenden Worten beschrieben. Er schreibt an Rical-
cati am 13. November 1535: „. . . et veramente che quanto più
penso a quel che ho veduto et sentito in quel monstro et alla gran
forza delle sue maladette operationi, et coniungendo quello che
io so della sua natività et di tutta la passata vita da persone che
li erano intimi amici sino a quel tempo che se fece frate, tanto
più mi lascio vincere a credere che egli habbia qualche demonio
adosso!"[79]

Die Beschreibung Vergerios wirkt schon rein äußerlich wie
eine verblüffend getreue Unterschrift zum Mönchspropheten bei
Lichtenberger; Vergerio selbst aber gibt noch einen weiteren
Beweis dafür, daß er auch den Text Lichtenbergers gleichzeitig
im Kopfe hatte. Er hat, wie er schreibt, über die „natività" allerlei
Verdächtiges gehört. Mit „Geburt" ist das m. E. nicht richtig
übersetzt; es bedeutet hier vielmehr die Nativität, d. h. die
Geburtskonstellation Luthers. Diese aber wurde ja gerade damals
in Wittenberg, noch dazu von einem italienischen Astrologen, in

---

[77] Siehe weiter unten S. 44 f.

[78] Johañ Cocleus, Von newen Schwermereyen sechs Capitel. Leiptzig,
Michael Blum 1534 Bl. dij.[vo].

[79] Nuntiaturberichte aus Deutschland . . herausgeg. durch d. k. preuß.
hist. Inst. in Rom, I. Abt., 1. Bd. WALTER FRIEDENSBURG, Nuntiaturen des
Vergerio 1533—1536 (Gotha 1892), S. 541.

Verbindung gebracht mit jener Lichtenbergerschen Mönchsprophe-
zeiung und eben deshalb setzte wohl Lucas Gauricus, als er
1532 Wittenberg besuchte, das Geburtsdatum auf den 22. Oktober
1484 an (vgl. Abb. 16). Vergerio wird bei Umfragen um so leichter
davon gehört haben, als hinter dieser Datierung (s. o. S. 15 f.) von
vornherein antireformatorische Tendenzpolitik steckte, die sich bei
Gauricus freilich
erst in der Ausgabe
von 1552 zu jenem
haßerfüllten Be-
gleittext zur Lu-
ther-Nativität stei-
gerte.

Dieser Zusam-
menhang zwischen
Lichtenberger und
Gauricus läßt sich
auch im einzelnen
feststellen. Denn
wenn man, was hier
nur angedeutet
werden kann, das
Wesentliche des
Gauricus-Horosko-
pes genauer unter-
sucht, so erkennt
man, daß hier eine
unzweifelhafte
Übereinstimmung
mit den astrologi-
schen Angaben vor-
liegt, die sich in der

Abb. 16. Die beiden Mönche, aus: Prophecеien und Weis-
sagen ... Doctoris Paracelsi / Johan Lichtenbergers / M. Joseph
Grünpeck / Joan. Carionis / Der Sibyllen und anderer ..
Augsburg 1549.

Prophezeiung des Lichtenberger finden. Diese Übereinstimmung
ist möglicherweise so zu erklären, daß hier ein Zurückgehen auf
eine gemeinsame Quelle vorliegt, die gleichfalls nordischen Ursprungs ist. Denn jener Paulus von Middelburg, die verheimlichte
Vorlage des Lichtenberger (s. o.), lebte in Italien und stand in
persönlichster Beziehung zu Lucas Gauricus, da er ebenso wie
dieser von Papst Leo X. beauftragt war, den julianischen Kalender

240

zu reformieren[80]. Wir wissen auch, daß Gauricus die Werke
des Paul von Middelburg gekannt und hochgeschätzt hat. Denn
er zitiert ihn in seinem Encomion astrologiae als eine der
Leuchten dieser Wissenschaft[81].

Die Grundidee der Prophezeiung ist bei Gauricus einfach um-
gebogen zuungunsten Luthers, indem bei ihm nicht nur zwei
Planeten, wie bei Lichtenberger, sondern alle Planeten mit Ausnahme des Mars im Hause des Skorpions zusammentreffen. Auch
darin wirken die Vorstellungen von der Prophetenkonstellation bei
Gauricus nach, als Mars und Saturn sich im neunten Haus — der
Religion — versammeln und der schädliche Mars in seinem „königlichen Hause" steht, dem Widder, wie Lichtenberger es ausdrücklich verlangt. Hinzu kommt bei Gauricus die Ansammlung der
übrigen Planeten im neunten Hause. Ob die Erzielung dieser
Anhäufung oder eine besondere astronomische Berechnung der
Grund dafür gewesen ist, daß er das Datum Lichtenbergers vom
25. (oder 20.) November nicht übernimmt, sondern statt dessen
den 22. Oktober einsetzt, bedarf weiterer Untersuchung[82].

Luther über Weissagen des „bösen Feindes" bei Johann Lichtenberger.

Um der Astrologie willen hätte also Luther gewiß eine Beziehung zwischen sich und dem Mönchsbilde abgelehnt, wie er denn

---

[80] Ben. Soldati, La poesia astrologica nel quattrocento (Bibl. stor. del rin.
III). Firenze 1906, p. 115.

[81] E. PÈRCOPO, Pomp. Gauricus (Estr. Atti dell'Accad. di archeol. lett. e
belle arti di Napoli). Napoli 1894, p. 136.

[82] Die Konstellation von Jupiter und Saturn im Skorpion wird von
Lichtenberger in der von Luther mit einer Vorrede versehenen deutschen
Ausgabe von 1527 gesetzt auf den 25. Tag Novembris „des Weinmondes" 1484;
damit sind hier zwei Monatsdaten gegeben, da der Weinmonat der Oktober
ist. Eine weitere Verschiedenheit findet sich in der Ausgabe von 1549 Bl. 28,
wo statt des 25. November vielmehr der 20. genannt wird. Für Gauricus
wird man indessen (wenn ihm überhaupt Lichtenberger und nicht etwa Paul
von Middelburg als Quelle gedient hat) sicher nicht die Benutzung eines
deutschen Textes anzunehmen haben — es sei denn, durch Vermittlung seiner
deutschen Freunde — sondern vielmehr eines lateinischen oder italienischen;
in diesen steht, soviele uns bisher zugänglich waren, überall das Datum des
25. November. Aus Lichtenberger wird sich also die Verschiebung des
Datums auf den 22. Oktober, die Gauricus hat, schwerlich erklären lassen,
wenn nicht noch eine uns unbekannte Ausgabe existiert, die dieses Datum
bringt.

ja auch in der Vorrede ganz ausdrücklich die Unzulänglichkeit der Sternwissenschaft betont, und, das sollte man denken, erst recht wegen des Teufelchens, das er im Nacken trägt (Abb. 16). Eine Nachricht, die Herberger[83] zwar erst am Anfang des 17. Jahrhunderts mitgeteilt hat, die aber offenbar auf gute Quellen, die er ausdrücklich nennt, zurückgeht, besagt etwas ganz anderes:

Von S. Martini vnd D. Martini Feinden.

S. Martino haben die bösen Geister viel schalckheit angeleget / wenn sie jhm in mancherley form vnd gestalt sind erschienen. Vornemlich hat er geklaget / daß Mercurius vnter dem hauffen der schlimmeste sey. Jederman hat seine plage / wie es Christus selbst muß erfahren / Matth. 4. Zur zeit kam S. Martino der Teufel entgegen / da er wolte sein Ampt verrichten / vnd sprach: Alle Welt wird dir gram werden: Da antwortet Martinus eben wie Ritter Gordius: Dominus mecum, non timebo mala, ist Gott mit vns / wer wil wider vns: Also hat der Teufel auch D. Martino viel schalckheit durch seine Werckzeug angeleget / Vornemlich die Mercurialischen geschwinden Köpffe vnd Sophisten haben jhn greulich geplaget.

Hier muß ich etwas denckwirdiges erzehlen. Herr Johan Lichtenberger hat geweissagt / es würde ein Münch kommen / der würde die Religion scheuren vnd pantzerfegen / demselben Münch hat er einen Teufel auff den nacken gemalt / nu macht sich Lutherus ein mal vber Lichtenbergers Buch / vnd wil es verdeutschen / D. Iustus Ionas kömpt dazu / vnd fragt was er vorhabe: D. Luther sagets. Da spricht D. Ionas: Warumb wolt jhr jhn deutschen / ist er doch wider euch. Lutherus fraget vrsach. D. Ionas sagt: Lichtenberger sagt / jhr habt den Teuffel / nu habt jhr ja keinen Teuffel. Da lächelt der Herr Lutherus, vnnd spricht: Ey Herr Doctor / sehet nur das Bild ein wenig besser an / wo sitzt der Teuffel? Er sitzt nicht dem Münche im hertzen / sondern auff dem nacken / ey wie fein hat ers troffen / Jm hertzen da wohnet mein HErr JESVS / da sol mir der Teufel nu vnnd nimmermehr hinein kommen / aber ich meyne er sitzt mir auff dem nacken / durch Bapst / Keyser vnd grosse Potentaten / vnd alles was in der Welt wil klug seyn. Kan er nicht mehr / so macht er mir im Kopff ein abschewlichs sausen. Wie Gott wil / er mag mich eusserlich plagen / es ist / Gott lob vnnd danck / nur ein außgestossener außgeworffener Teuffel / wie Christus redet / der Fürst dieser Welt werde jetzt außgestoßen / Ioh. 12.

Diese wort hat D. Iusti Ionae Diener / welcher hernach ein berühmbter Prediger worden / ad notam genommen vnd offt erzehlet. Es ist war / der Teufel gehet herumb von aussen / 1. Pet. 5. Laß jhn prüllen wie er wil / im hertzen gleubiger Christen hat er nichts zu schaffen /

---

[83] Valerius Herberger, Gloria Lutheri (Leipzig 1612), S. 41—45.

vnser Hertz ist Christi Königlicher eigner Sitz / da wil er Regent vnd
Platzmeister bleiben.

Diese Überlieferung klingt sehr echt. Wir haben von Luther
ganz ähnliche Äußerungen über den Kampf mit dem Kopfwehteufel,
der für ihn ein höchst persönliches Wesen war[84]. Die humorvolle
Tönung bei Herberger kann das nicht verschleiern; denn so scharf
Luther auch die menschenartigen Sterndämonen ablehnte, so bildhaft fest umrissen und unanzweifelbar lebte für ihn der böse Feind.
Er gestand ihm sogar in der Vorrede zu Lichtenberger[85] gelegent-
liche Treffsicherheit in Weissagungen zu, wenn auch nur soweit,
als weltliche Zustände in Betracht kamen. Gerade über Lichtenbergers Verhältnis zum Teufel besitzen wir noch eine sehr willkommen ergänzende Äußerung Luthers. Er wurde gefragt, ob
Lichtenberger einen guten oder bösen Geist gehabt hätte. „Fuit
spiritus fanaticus et tamen multa praedixit; denn das kan der
Teufel woll thun, quod novit corda eorum quos possidet. Praeterea
novit conditionem mundi, er siehet wie es gehe"[86]. Er hielt also
den besessenen, verteufelten Charakter Lichtenbergers für durchaus vereinbar mit zutreffender Wahrsagergabe in irdischen Dingen.
Ganz entsprechend heißt es in der Vorrede: „Denn Gotts zeichen
vnd der Engel warnunge / sind gemenget mit des Satans eingeben
vnd zeichen / wie die wellt denn werd ist / das es wust vnternander
gehe vnd nichts vnterschiedlich erkennen kan." So konnte das
Teufelsbild von den Freunden Luthers in dem Bilderpressefeldzug

---

[84] Goethe schenkt uns in der Geschichte der Farbenlehre eine eigentümliche Polaritätspsychologie dieser Teufelsfürchtigkeit Luthers: „Wie viel
falsche Formeln zur Erklärung wahrer und unleugbarer Phänomene finden
sich nicht durch alle Jahrhunderte bis zu uns herauf. Die Schriften Luthers
enthalten, wenn man will, viel mehr Aberglauben als die unseres englischen
Mönchs (Bacon). Wie bequem macht sichs nicht Luther durch seinen Teufel,
den er überall bei der Hand hat, die wichtigsten Phänomene der allgemeinen
und besonders der menschlichen Natur auf eine oberflächliche und barbarische
Weise zu erklären und zu beseitigen; und doch ist und bleibt er, der er war,
außerordentlich für seine und für künftige Zeiten. Bei ihm kam es auf Tat an;
er fühlte den Konflikt, in dem er sich befand, nur allzu lästig, und indem
er sich das ihm Widerstrebende recht häßlich, mit Hörnern, Schwanz und
Klauen dachte, so wurde sein heroisches Gemüt nur desto lebhafter aufgeregt,
dem Feindseligen zu begegnen und das Gehaßte zu vertilgen." Werke,
Cotta Jub.-Ausg., Bd. 40, S. 165/66.

[85] Vgl. unten S. 85.

[86] Gg. Loesche, Analecta Lutherana et Melanthoniana (Gotha 1892),
S. 301, Nr. 493.

ruhig verwertet werden, da Luther den Lichtenberger in jener Zeit leidenschaftlicher Schlagbilderpolitik — freilich nur als Künder naturwunderlicher Vorzeichen — gelten ließ.

3. Wunderdeutende Weissagung: Antik-Teratologisches in der lutherischen Pressepolitik.

Das Bildnis Luthers in der „Wunderlichen Weissagung" des Joachim von Hans Sachs und das leoninische Orakel. — Luthers und Melanchthons politische Monstra: Papstesel und Mönchskalb.

Auf diesem Gebiete arbeiteten allerdings Luther und seine Freunde mit noch ganz anderen Darstellungen, deren parteimäßige Leidenschaft nur die Notwendigkeit der literarischen Gegenoffensive entschuldigt.

Spalatin ist auch hier im Hintergrunde als Förderer bemerkbar. So interessiert er sich 1521[87] besonders für das „Passional Christi und Antichristi", das damals, mit Illustrationen von Lucas Cranach, erschien und den Papst als Antichrist anzugreifen wagte. Und im nächsten Jahre hört er auch schon[88] von dem italienischen Vorbild der „wunderlichen Weissagung", die Osiander und Hans Sachs erst 1527 zu Nürnberg herausgaben, unter Benutzung

Abb. 17. „Luther" mit Sichel und Rose aus: Osiander und Hans Sachs' wunderliche Weissagung, Nürnberg 1527.

---

[87] Luthers Briefwechsel (ENDERS) III, 107. Brief Luthers an Spalatin vom 7. März 1521.

[88] Vgl. Melanchthon an Spalatin und Michael Hummelberger 4. bezw. 12. März 1522 (CR. I, 565).

eines italienischen Druckes, der auf einen zu Wahrsagungszwecken
erfundenen pseudo-joachimitischen Papstkatalog zurückging. Die
Erscheinung Luthers bei Hans Sachs mit der Sichel in der Rechten
und der Rose in der Linken (Abb. 17) hat Luther selbst sehr gefallen.
Er schreibt am 19. Mai 1527 an Wenceslaus Link in Nürnberg:
„. . . . libellus vester imaginarius de Papatu, in quo imaginem
meam cum falce valde probo, ut qui mordax et acerbus tot annis
ante praedictus sum futurus, sed rosam pro meo signo interpretari
dubito, magis ad officium etiam pertinere putarim"[89].

Das italienische Buch mit Holzschnitten (Bologna 1515), das als
Vorlage gedient hat (Abb. 18), befindet sich noch mit den Versen des

Hans Sachs, von Osi-
anders Hand geschrie-
ben, in der Bibliothek
zu   Wolfenbüttel[90].
Auf Einzelheiten ein-
zugehen, muß leider
unterbleiben. Es sei
nur auf das Men-
schenbein hingewie-
sen, das ja auch bei
Luther   erscheint.
Hier ist in unserem
historischen Papst-
katalog das sprechen-
de Wappen für den
Papst Johann XXIII.
(Coscia), der Schen-
kel, übriggeblieben.
Man hat bisher noch
nicht bemerkt, daß
dieses Bild wiederum
einem byzantinischen
Kaiserbildnis aus den
bekannten Leonini-
schen Orakeln des

Abb. 18. Dieselbe Darstellung aus: Vaticina Joachimi,
   Bononiae 1515 (Bibliothek Wolfenbüttel).

[89] Briefwechsel (ENDERS) VI, 52.
[90] Sign. 127—19 Th. 4. Vgl. GENÉE, RUD. Hans Sachs u. s. Zeit.
(Lpzg. 1894) S. 485.

12. Jahrhunderts nachgebildet ist (Abb. 20)[91]. Bei dem astrologischen Charakter dieser Weissagungen ist es nicht ausgeschlossen, daß eine Saturnvorstellung irgendwie noch dahintersteckt[92].

Luthers und Melanchthons Weissagungspolitik hat bekanntlich im Jahre 1523 einen gemeinsamen Ausdruck gefunden in den Flugschriften vom Papstesel von Melanchthon und dem Mönchskalb von Luther. Der Fundbericht über eine scheusälige Chimäre, die der Tiber 1495 ans Ufer geworfen haben soll (Abb. 21) und über die Mißgeburt einer deutschen Kuh 1523 in Sachsen (Abb. 22) wird durch politische Ausdeutung zu einer Angriffswaffe von ungehemmter Derbheit[93].

Abb. 19. Jupiter, Saturn, Sol (?) aus dem gleichen Buch.

---

[91] ed. Lambecius, Paris 1655 in: Georgii Codini . . . excerpta de antiquitatibus Constantinopolitanis pag. 251 (vgl. KRUMBACHER, Geschichte d. byz. Lit.², S. 628). Die anderen Orakelbilder benützt die Bologneser Ausgabe ebenfalls.

[92] Ob nicht die mit der Beischrift „Lutherus" versehene Götzenstatuette mit Sichel (Abb. 19) Saturn (zwischen Jupiter und Sol?) ist?

[93] Vgl. Jul. Köstlin, Martin Luther 5. Aufl. ed. GUST. KAWERAU (Berlin 1903) I. S. 646.

III. Die Weissagung durch angewandte hellenistische Kosmologie im Zeitalter Luthers im Zusammenhang mit der Wiederbelebung der Antike im deutschen Humanismus: orientalische Vermittler und Quellen.

Luther im teratologischen und astrologischen Ideenkreise der Gelehrten und Künstler aus der Umgebung Maximilian I.: Weissagende Monstra von Sebastian Brant bis Dürer. — Babylonische Praktiken.

Abb. 20. Oraculum V. aus: Leonis Oracula
ed. Lambecius, Paris 1655.

Solche fliegende Blätter oder Einzelschriften über Monstra sind gleichsam herausgerissene Blätter aus der großen, im Geiste echt antiken, annalistischen Prodigien-Sammlung[94], wie sie im 16. Jahrhundert der gelehrte Lycosthenes[95], der ja auch der Herausgeber des illustrierten Julius Obsequens[96] war, gesammelt hat. Hier finden sich wirklich sowohl der Papstesel wie auch das Mönchskalb[97] wieder; aber neben

[94] So bewertet Luther auch das Erscheinen eines gestrandeten Wals zu Haarlem im Brief an Speratus vom 13. Juni 1522 (Enders III, 397): „Hoc monstrum habent ex antiquis exemplis (*also ausdrückliche Berufung auf die Antike*) pro certo irae signo" (vgl. Grisar, Luther II, 120). — Vgl. weiters den Brief vom 23. Mai 1525 an Joh. Rühel (Erlanger Ausg. 53. Bd., S. 304, vgl. Enders V, 178): „Das Zeichen seines [*des Kurfürsten Friedrichs des Weisen*] Todes war ein Regenbogen, den wir, Philips und ich, sahen ... und ein Kind allhie zu Wittemberg ohne Häupt geboren, und noch eins mit umbgekehrten Füßen."

[95] Lycosthenes, Conrad (eig. Wolffhardt aus Ruffach im Oberelsaß, 1518 bis 1561), Prodigiorum ac ostentorum chronicon, Basileae 1557.

[96] Julius Obsequens, Prodigiorum Liber, nunc demum per Conr. Lycosthenem restitutus Basileae 1552.

[97] a. a. O. S. CCCCLX bezw. CCCCLXXIIJ.

dem Papstesel — das ist quellengeschichtlich weithin aufklärend — noch andere Monstra zur Epoche Maximilians, wie
sie dementsprechend tatsächlich in zeitgenössischen Bildern und
Texten aus dem nächsten geistigen Umkreise des Kaisers z. B:
durch Brant, Mennel[98], Grünpeck und Dürer erhalten sind. Daß
aber Luther eben diese Monstra und zwar in ihrer historischen

Abb. 21. 22. Papstesel und Mönchskalb (nach Joh. Wolf, Lectiones memorabiles, Lauingen 1608.

Zusammengehörigkeit unter dem Einfluß der deutschen Frührenaissance der dämonischen Antike wohl als antikischer
Augur auffaßt, sie zugleich jedoch christlich-eschatologisch um-
deutet im Anschluß an jenen Spruch des Hauses Elia, zeigt
uns überraschend deutlich eine Stelle aus seiner „Chronica
deudsch"[99]. Zur Periode 1500—1510 (5460—5470 „von anfang

[98] Der Hofhistoriker Jakob Mennel (vgl. Cod. Vind. Palat. 4417*)
stellte eine derartige Wundersammlung als Begleiterscheinung des weltgeschichtlichen Ablaufs schon im Jahre 1503 für den Kaiser zusammen. Hier
öffnet sich der Weg, der zu Wolfs Lectiones memorabiles führt (s. u.).
[99] Zit. nach der Ausgabe Witteberg. Hans Lufft. 1559.

der welt") heißt es: „Eine newe kranckheit / die Frantzosen /
von etlichen aber / die Hispanische seuche genant / komet auff /
vnd wie man sagt / sie ist aus den newgefundenen Jnsulen in
Occidente / in Europam gebracht. Ist eins von den großen
Zeichen vor dem Jůngsten tage Vnd vnter diesem Maximiliano
sind im himel wunderbarliche zeichen / vnd derselben viel /
geschehen / dazu auch auff erden / vnd in wassern / von welchen
Christus sagt / Es werden grosse zeichen sein etc. Also / das von
keiner zeit gelesen wird / darin mehr vnd grőßere zugleich geschehen
weren / Die vns gewisse hoffnung geben / das der selige tag hart
fur der thůre sey."

Ein Blatt wie das von Grünpeck[100], auf dem sich eine Gruppe
von Monstrositäten aus der Zeit Maximilians (der — bildnisgetreu
dargestellt — als Zuschauer dabeisteht) vereinigt vorfinden, kŏnnte
Luther dabei unmittelbar als Grundlage gedient haben.

Freilich blieben die auf die Welt gerichteten Divinationskünste
der Menschen bei Luther trotz allem doch nur ein untergeordnetes
Hilfsmittel, der höchsten Weissagungsform gegenüber, dem von
innen berufenen und religiös erlebten Prophetentum, wie er es
seinen Feinden in Augenblicken höchster Gefahr entgegensetzte:
„weil jch der Deudschen Prophet bin (Denn solchen hoffertigen
namen mus jch mir hinfurt selbs zu messen, meinen Papisten und
Eseln zur lust und gefallen)." So sprach er 1531 in der „Warnung
an seine lieben Deutschen", als er den Zaghaften Mut zum Widerstand gegen die kaiserliche Übergrifflichkeit einflößen mußte.

Die spätere protestantische Geschichtsschreibung war in den
Lectiones memorabiles des Johannes Wolf[101] freilich doch noch so
tief und heidnisch in die abergläubisch verehrende Bewertung der
Monstra versunken, daß sie die Weltgeschichte gleichsam auf
Schienen ablaufen läßt, an denen die Weltmirakel wie Wärter-
häuschen stehen.

Im Zeitalter des deutschen Humanismus führte nun von dieser
weissagenden Bilderpraktik, die man höchstens als ein religions-

---

[100] In einem Codex von 1502 der Innsbrucker Univ.-Bibl. Vgl. Beschr.
Verz. d. ill. Handschr. in Österr., herausgeg. von FR. WICKHOFF. I. Bd.:
HERM. JUL. HERMANN, Die ill. Handschr. in Tirol (Leipzig 1905), Nr. 314.
Abb. ebda. S. 194.

[101] Lectiones memorabiles, Lauingen 1600. I. Bd. 1012 Seiten; II. Bd.,
der sich auf das 16. Jahrh. bezieht, 1074 Seiten — die umfangreichste und
kirchengeschichtlich wertvollste Universalhistorie dieser Art.

Abb. 23. Weissagung des Ulsenius, Nürnberger Einblattdruck 1496, mit Holzschnitt
von Dürer, nach K. Sudhoff.

wissenschaftlich oder volkskundlich bemerkenswertes Überlebsel
anzusehen gewohnt ist, das zwar mit Bildern hantiert, aber mit
Kunst nichts zu tun hat, doch ein Weg zum Kunstwerk und zur
großen Kunst eines Albrecht Dürer. Seine Schöpfungen wurzeln

teilweise so tief in diesem Urmutterboden heidnisch-kosmologischer Gläubigkeit, daß uns ohne deren Kenntnis z. B. der innere Zugang zum Kupferstich der „Melencolia. I", die man als die reifste, geheimnisvolle Frucht der maximilianeischen kosmologischen Kultur bezeichnen kann, verschlossen bleibt.

Daher führen uns auch die Maximilians-Wunder, wie sie

Abb. 24. Dürer, Sau von Landser, Kupferstich.

Luther geschichtlich später verwertet hat, schon zu den Früh-werken Dürers, die zugleich einen Beitrag für seine Vertrautheit mit der „modernen", wiedererweckten antiken Weissagungs-praktik liefern.

Der Typus eines Mannes, der an der Franzosen-Krankheit litt, von Dürer zu einer medizinischen Weissagung des Ulsenius aus dem Jahre 1496 für den Holzschnitt gezeichnet, gehört ganz in den Bannkreis ebensosehr monstrologisch wie astrologisch-fürchtender Weissagung: Wir sind zugleich in der Sphaere der großen Konjunktion Lichtenbergers vom Jahre 1484 (Abb. 23).

An den groſmechtigſten aller durchlichtigſten herren

Abb. 25. Wundersau von Landser, nach: Flugblätter des Sebastian Brant, Straßburg 1915.

Das obere Drittel des Raumes nimmt eine Himmelssphäre ein, in der man die Zahl 1484 erblickt. Sieht man sich nun den Skorpion im Zodiakus genauer an, so sind auf ihm die gefährlichen Planeten versammelt: wir sind wieder in der unheimlichen Sphäre

der großen Konjunktion von 1484, wie sie Paul von Middelburg
sternwissenschaftlich in der Prognostica bearbeitete, denn der Inhalt
des Buches deckt sich — ich verweise auf SUDHOFF[102], der dies
zuerst festgestellt hat — mit dem Kapitel der Prognostica, das sich
mit den medizinischen Folgen der großen Konjunktion befaßt.

Auch die zunächst sehr wenig politisch oder ominös aussehende
Mißgeburt einer Sau (Abb. 24) zeigt, wie Dürer zur selben Zeit
auch in der Region der wahrsagenden Monstra zu Hause war. Der
Kupferstich stellt die Wunder-Sau von Landser dar, die 1496 im
Sundgau geworfen wurde[103]. Nur einen Kopf hatte das Scheusal,
aber zwei Leiber und acht Füße. Man hat nachgewiesen, daß
Dürer als Vorlage ein fliegendes Blatt benutzte (Abb. 25), das
Sebastian Brant[104], der gelehrte Frühhumanist 1496 lateinisch und
deutsch veröffentlichte. Es ist, wie noch andere ähnliche Blätter,
Kaiser Maximilian I. gewidmet und unterstützt dessen Politik
durch Weissagungen. Im Texte tritt Brant — das ist für den hier
entwickelten Ideengang bedeutsam — ganz bewußt als antiker
Augur auf, er stellt seine politische Ausdeutung unter den Schutz
der vergilischen, dem Aeneas geweissagten Wundersau:

> Was wil diß suw vns bringen doch
> Gdacht in mir eygentlich das noch
> Das man durch Suw in der geschicht
> Lißt / kunfftiger ding syn bericht
> Als die Su die Eneas fandt
> Mit jungen an des Tybers sandt . . . . .

Es ist wirklich ein „Naturgreuel-Extrablatt" im Dienste der Tages-
politik. Sebastian Brant hätte sich für seine Künste auf noch viel
ältere und ehrwürdigere Ahnen berufen können; sein „aktuelles"
Greuelblatt war ebenso schon in Keilschrift auf assyrischen Ton-
tafeln zu lesen. Wir wissen, daß etwa um die Mitte des 7. Jahrhunderts v. Chr. dem König Asarhaddon der Wahrsagepriester
Nergal-eṭir von der Mißgeburt eines Schweines mit acht Füßen

---

[102] Stud. z. Gesch. d. Med. Heft 9 (Leipzig 1912) und: Graphische und
typographische Erstlinge (Alte Meister der Med. u. Naturkunde 4, München
1912).

[103] E. MAJOR, Dürers Kupferstich „Die wunderbare Sau von Landser" im
Elsaß, Monatshefte für Kunstwissenschaft VI. (1913), S. 327—330, Taf. 81.
Sie ist auch auf Grünpecks Sammelblatt zu sehen. Siehe o. S. 52.

[104] Flugblätter des Sebastian Brant, hrsgeg. v. PAUL HEITZ (Jahresgaben
d. Ges. f. elsäß. Lit. III), Straßburg 1915, Blatt 10.

und zwei Schwänzen berichtet; er prophezeite daraus, daß der
Fürst das Königtum und die Herrschaftsmacht ergreifen wird und

Abb. 26. Dürer, „Melencolia. I“.

fügt hinzu, der Schlachter Uddanu habe das Tier eingesalzen, wohl
um es für das Archiv des königlichen Hauses aufzubewahren[105].

---

[105] BRUNO MEISSNER, Babylonische Prodigienbücher (in: Festschrift zur
Jahrhundertfeier der kgl. Univ. zu Breslau, Mitt. d. Schl. Ges. f. Volkskunde,

Es ist wissenschaftlich längst festgestellt, daß die römischen Wahrsagekünste durch Etrurien unmittelbar mit der babylonischen Wahrsagetechnik zusammenhängen. Daß aber die Verbindung von Asarhaddon zu Kaiser Maximilian über 2000 Jahre sich so lebendig hielt, liegt neben der Sorgfalt der gelehrten Antiquare vor allem an dem inneren urmenschlichen Zwang zu mythologischer Verursachung. Indessen ist die Überwindung des babylonischen Geisteszustandes auf Dürers Stich doch eigentlich schon vollzogen: Die Inschrift fehlt, Nergal-etir = Brant finden keinen Raum mehr für ihre Weissagungsdeutung. Das naturwissenschaftliche Interesse an der Erscheinung führt den Stichel.

Das arabische astrologische Handbuch „Picatrix" und der Planetenglauben bei Albrecht Dürer: Saturn und Jupiter in der „Melencolia. I", in Lichtenbergers Prophezeiung und bei Luther.

Wir verdanken es der entsagenden Gelehrsamkeit meines zu früh verstorbenen Freundes CARL GIEHLOW[106], wenn wir eine hellenistisch-astrologische, durch die Araber vermittelte Idee als einen gemeinsamen Grundgedanken zwischen Dürers Melancholie (Abb. 26) und Lichtenbergers Practica aufdecken können. Saturn und Jupiter in ihrer Gegenwirkung geben das verbindende Glied.

Zunächst ein nur äußerer Anhaltspunkt der Zusammengehörigkeit: Maximilian war mit dem Geist Lichtenbergers schon dadurch vertraut, daß dessen Quelle, jene Prognostica des Paul von Middelburg ihm gewidmet war. Und zu der Frage der Heilung der saturninischen Melancholie Stellung zu nehmen, gab ihm auch rein äußerlich die Frage nach dem Wesen seines mythischen Vorfahren, des ägyptischen Hercules, über den Peutinger ihm ein Gutachten im Anschluß an die Problemata des Aristoteles erstattete,

---

hrsg. von TH. SIEBS, Bd. XIII/XIV, Breslau 1911), S. 256. — MORRIS JASTROW jr., Babylonian-Assyrian Birth-Omens and their cultural significance (Religionsgesch. Versuche und Vorarbeiten XIV, 5, Gießen 1914), S. 10; ebendort S. 73 ff. über Lycosthenes.

[106] Dürers Stich „Melencolia. I" und der maximilianische Humanistenkreis, in: Mitteilungen d. Ges. f. vervielfält. Kunst 1903, S. 29/41; 1904, S. 6/18, 57/78. Der Neudruck dieser Studie wird hoffentlich — wie versprochen — erfolgen.

Veranlassung, in späteren Jahren[107] aber mußte ihn eine bedrohliche, ungünstige Saturnstellung[108], an der er, wie Tannstätter, der behandelnde Arzt meint, auch wirklich starb[109], beschäftigen. Aber ganz abgesehen von diesen Voraussetzungen unmittelbarer, persönlichster Beziehungen, hat Giehlow den Nachweis geführt, worauf denn zur Zeit Maximilians sich die Heilmedizin gegen die saturninische Melancholie gründete.

Es gab nach der Lehre der antiken Ärzte zwei Formen, eine schwere und eine leichte Form der Melancholie; die schwere war auf die schwarze Galle zurückzuführen, sie erzeugte maniakalische Zustände — das aber war der Fall des rasenden Hercules. Der florentinische Philosoph und Arzt MARSIGLIO FICINO schlug gegen sie ein gemischtes Verfahren von seelischer, wissenschaftlich-medizinischer und von magischer Behandlung vor[110]: Seine Mittel sind innere geistige Konzentration auf der einen Seite; durch diese kann der Melancholische seinen unfruchtbaren Trübsinn umgestalten zum menschlichen Genie. Andererseits ist, abgesehen von rein medizinischen Maßregeln gegen die Verschleimung, den „Pfnüsell", zu dieser Gallenumwandlung erforderlich, daß der gütige Planet Jupiter dem gefährlichen Saturn entgegenwirkt. Fehlt dieser in der wirklichen Konstellation, so kann man sich doch diese günstigere Konjunktion durch das magische Bild des Jupiter aneignen, für das nach der Lehre Agrippas auch dessen Zahlenquadrat eintreten kann. Deshalb erblicken wir bei Dürer in die Wand eingelassen das Zahlenquadrat des Jupiter (s. u.).

Giehlow, der auf so scharfsichtige und einfache Weise den Gedanken der planetarischen Konjunktions-Heilmethode wider die Melancholie bei den abendländischen Okkultisten der Renaissance aufwies, scheute schließlich doch davor zurück, die letzte Folgerung aus seiner Entdeckung zu ziehen. Er will die Zahlentafel des

---

[107] Sicher seit 1518, wahrscheinlich schon früher. Vgl. EDMUND WEISS, Albrecht Dürers geogr. und astron. Tafeln (Jahrb. d. allerh. Kaiserhauses VII, 1888, S. 220) und dazu GIEHLOW a. a. O. V, S. 59.

[108] Über die feindliche Rolle des Saturn im Horoskop Maximilians vgl. Melanchthons Brief an Camerarius, 13. Jan. 1532 (CR. II, 563): „Meus frater amisit suum filium, puerum elegantissimum . . . . Habet pater in quinto loco Saturnum, quem eodem loco habuit Maximilianus, cuius quae fuerit domestica fortuna, non ignoras."

[109] Vgl. GIEHLOW a. a. O. V, S. 59[5].

[110] Zusammengefaßt in „De vita triplici", Florenz 1489 u. ö.

Jupiter bei Dürer trotz Ficino und Agrippa weniger als anti-
saturninisches Amulett, sondern „in erster Linie" als Symbol der
genialen Erfindungskraft des saturninischen Menschen gelten lassen.

Giehlow konnte die letzte, recht eigentlich aufklärende Folgerung aus seiner eigenen Entdeckung nicht ziehen, weil ihm ein
wesentlichstes Dokument der Vorgeschichte dieser Ideen, das gleich
zu besprechende Buch „Picatrix" als typischer Vertreter der arabischen Überlieferung spätantiker, astrologisch-magischer Praktik in
seiner überwältigenden Bedeutung für die gesamte europäische
Geheimwissenschaft, wie sie Ficino und Agrippa betrieben, unbekannt war. In Ergänzung von GIEHLOWS Forschungen konnte der
Verf., unterstützt von PRINTZ, GRÄFE † und SAXL[111] den Nachweis
führen, daß dieses lateinisch geschriebene Hauptwerk spätmittelalterlichen, kosmologischen Okkultismus, das unter dem Namen
„Picatrix" geht, die Übersetzung eines Werkes ist, das ein Araber
in Spanien im 10. Jahrhundert schrieb und dem nur dieser pseud-
epigraphische Titel (mißverstanden aus Hippokrates) vorgesetzt
wurde: Es ist die Ġāyat-al-ḥakīm des Abū' l-Ḳāsim Maslama b.
Aḥmad al-Maġrīṭī[112].

Von dem Werke besaß auch Maximilian in seiner Bibliothek
zwei Handschriften, darunter eine illustrierte Prachthandschrift,
von deren Wesen uns eine Handschrift in Krakau[113] eine Vorstellung
zu machen gestattet. Ficino verweist selbst in seinem Kapitel
über die magischen Bilder auf jene arabischen Vermittler helle-
nistisch-hermetischer Heilmagie durch astrologische Amulette, wie
sie die Steinbücher das ganze Mittelalter hindurch als ganz wesentlichen Teil der Iatro-Astrologie lebendig erhielten. Zu diesen
gehört aber vor allem der „Picatrix"[114], der Ficino die Bildbeschreibungen der heilkräftigen Planetenfiguren geliefert hat. In einer

---

[111] Vgl. F. SAXL, Beiträge zu einer Geschichte der Planetendarstellungen
im Orient und im Okzident, in: Der Islam, 3. Jg. (1912), S. 151—177, und
ders.: Verz. astrol. . . . Handschr. (Sitzungsber. d. Heidelb. Akad. d. W.,
Philos.-hist. Kl. 1915, Abhdlg. 6—7), Heidelberg 1915, S. XIIIf.

[112] Aus Cordova, gest. 398 A. H. (1007/8 n. C.). Vgl. HEINR. SUTER, Die
Mathematiker und Astronomen der Araber und ihre Werke, Abhdlgn. z. Gesch.
d. math. Wiss., X. Heft (Leipzig 1900), S. 76.

[113] Cod. 793 DD III. 36. Eine Abb. daraus bei SAXL, Verz. S. XIII.

[114] Ihn und den sogenannten ʽUṭārid (s. RUSKA, Griechische Planeten-
darstellungen in arabischen Steinbüchern, S. 24f. und STEINSCHNEIDER,
Arabische Lapidarien, Zeitschr. d. D. M. G., Bd. 49, S. 267f., und ders.,
Zur Pseudepigraphischen Literatur, Nr. 3 der ersten Sammlung der Wissen-

Handschrift in Rom, ergänzt durch die Manuskripte in Wien, Wolfenbüttel und Krakau[115], die auf „Picatrix" zurückgehen, finden sich nun neben diesen entarteten, im Kern jedoch deutlich antiken Figuren-Bildern eben jene Zahlentafeln mit genauer Anweisung des Gebrauchs als direkt zusammengehörig. Ficinos Bildermagie und Agrippas Zahlenquadrate gehören also als späte Ausläufer uralter, heidnischer Praktik wesentlich zusammen, da sie eben in der durch die Araber vermittelten hermetischen Heilmagie einheitlich wurzeln.

Weiterhin wäre gegen GIEHLOWS Zurückhaltung einzuwenden, daß, wenn der saturninische Mensch diese Zahlentafel mit ihren eigentümlichen mathematischen Rythmen gleichsam nur als Symbol seines Erfinder-Genies zur Schau stellen sollte, er doch die Zahlentafel des Saturn zeigen müßte und nicht die des Jupiter. Denn diese erhält jedenfalls erst durch den Gedankenkreis der Iatro-Astrologie ihren eigentlichen Sinn an dieser Stelle.

Der recht eigentlich schöpferische Akt, der Dürers „Melencolia. I" zum humanistischen Trostblatt wider Saturnfürchtigkeit macht, kann erst begriffen werden, wenn man diese magische Mythologik als eigentliches Objekt der künstlerisch-vergeistigenden Umformung erkennt. Aus dem kinderfressenden, finsteren Planetendämon, von dessen Kampf im Kosmos mit einem anderen Planetenregenten das Schicksal der beschienenen Kreatur abhängt, wird bei Dürer durch humanisierende Metamorphose die plastische Verkörperung des denkenden Arbeitsmenschen.

Daß wir mit dieser Analyse der „Melencolia. I" aus dem Geist der Zeitgenossen heraus sprechen, dafür findet der Verfasser nachträglich eine Bestätigung bei Melanchthon, der Dürers Genie als erhabenste Form der durch günstige Gestirnstellung vergeistigten, eigentlich trübsinnigen Melancholie auffaßt. Melanchthon sagt: De Melancholicis ante dictum est, horum est mirifica uarietas. Primum illa heroica Scipionis, uel Augusti, uel Pomponij Attici, aut Dureri generosissima est, et uirtutibus excellit omnis generis,

---

schaftlichen Blätter aus der Veitel Heine Ephraimschen Lehranstalt, Berlin 1862, S. 31, 47, 83) zitiert Alfonso ausdrücklich als Gewährsmann in dem oben (S. 41 Anm. 76) genannten Libro de los Ymagines (Reg. 1283) und im Lapidario.

[115] Reg. 1283, Codex Vind. 5239 und Codex Guelferbit. 17. 8. Aug. 4°. Im Text zum Jupiterquadrat heißt es im Vind. Bl. 147^v: Et si quis portauerit eam qui sit infortunatus fortunabitur de bono in melius Eficiet.

regitur enim crasi temperata, et oritur a fausto positu syderum[116]. Diese Auffassung von Dürers künstlerischem Genie könnte schlechthin als Unterschrift unter die „Melencolia. I" gesetzt werden. Denn wir erfahren aus einer zweiten Stelle von Melanchthon selbst, welchen Gestirnkräften er jene umwandelnde Macht zuschrieb. Als Ursache der erhaberenen Melancholie des Augustus bezeichnet er dort das Zusammentreffen von Saturn und Jupiter in der Wage: Multo generosior est melancholia, si coniunctione Saturni et Iouis in libra temperetur, qualis uidetur Augusti melancholia fuisse[117].

Prophecеien

etglichen reck ich mein gefalten hend zu dir/mit forcht bit-
tende/du wöllest mit deiner gewaltigen hülff deiner stern
eygenschafft vn vrteyl/ir besteige einfluß/offenbarn deinem
knecht Ruth/sein vernunfft mit dem glantz deiner ewigen
klarheyt erleuchten/vn richten in den weg der warheyt/er-
weck mein vernunfft vnd verstendenuß/bewege mein vernunfft vnnd verstendenuß/bewege meine jung/vnd erzeyg
mir die recht form warzusagen zůkünfftig ding/Amen.

Abb. 27.   Saturn und Jupiter, aus Joh. Lichtenberger
nach derselben Ausgabe wie Abb. 16.

Wir blicken jetzt in das Wesen des Erneuerungsprozesses, den wir Renaissance nennen, hinein. Die klassische Antike beginnt sich wieder gegen die hellenistisch-arabische aufzurichten. Die mumifizierte Acedia des Mittelalters wird wiederbelebt durch die erneuerte Kenntnis der antiken Schriftsteller. Denn des Aristoteles Problemata waren die Grundlage des Gedankenganges bei Ficino ebensowohl wie bei Melanchthon.

*   *   *

Die Geschichte des Einflusses der Antike, betrachtet in dem Wandel ihrer überlieferten, verschollenen und wiederentdeckten Götterbilder, enthält unaufgeschlossene Erkenntniswerte zu einer Geschichte der Bedeutung der anthropomorphistischen Denkweise.

---

[116] De anima fol. 82 r⁰. Die Stelle findet sich nur in den Ausgaben vor 1553, in den späteren Ausgaben — die dem Verf. zugänglich waren — fehlt sie. Das obige Zitat nach der Ausg. Vitebergae 1548.
[117] Ebda. fol. 76 v⁰.

In dem Übergangs-Zeitalter der Frührenaissance empfing die kosmologisch-heidnische Kausalität ihre Ausprägung in antikisierenden Göttersymbolen, von deren Sättigung mit Menschenhaftigkeit die Art der Auseinandersetzung abhängt, die vom religiösen Dämonenkult zur rein künstlerisch-vergeistigten Umgestaltung führte.

Lichtenberger, Dürer und Luther zeigen drei Phasen des Deutschen im Kampf wider heidnisch-kosmologischen Fatalismus. Bei Lichtenberger (Abb. 27) erblicken wir zwei entartete, häßliche Sterndämonen im Kampf um die Oberherrschaft der menschlichen Schicksalslenkung; ihr Objekt aber, der Mensch selbst, fehlt. Bei Dürer dagegen werden sie umgeformt durch Wiedergeburt im Sinne einer klassischen Formensprache[118], behalten jedoch aus ihrer hellenistisch-arabischen Wanderschaft die Zeichen der schicksalhaften Gebundenheit.

Der kosmische Konflikt klingt als Vorgang im Innern des Menschen selbst wieder. Die fratzenhaften Dämonen sind verschwunden, der finstere Trübsinn des Saturn ist humanistisch vergeistigt in menschliche Nachdenklichkeit. Die tief in sich versunkene geflügelte Melancholia sitzt, den Kopf auf die Linke gestützt, einen Zirkel in der Rechten, inmitten technischer und mathematischer Geräte und Symbole; vor ihr liegt eine Kugel. Zirkel und Kreis (und also auch die Kugel) sind nach der alten Übersetzung des Ficino[119] das Denksymbol der Melancholie: „Aber

---

[118] Es sei hervorgehoben, daß in der „Melencolia. I" auch rein „formal" antike Überlieferung nachklingt. Das zeigt das Sternsymbol eines Dekāns zu den Fischen im Steinbuch des Alfonso (Lapidario del rey D. Alfonso X., Madrid 1883, Bl. 99ᵛ). Dieses Dekangestirnbild ist in Form und Inhalt die transponierte Figur eines liegenden Flußgottes mit aufgestütztem Kopf, der eben als „Eridanos" (vgl. Abū Maʿšar bei BOLL, Sphaera S. 537) als mitaufgehender Stern zum Zeichen der saturnbeherrschten, wässerigen Fische gehört. Eine ganz ähnliche Stellung weist nun die männliche antike Zwickelfigur auf, die — mit einer weiblichen zusammen — Dürer auf einem frühen Holzschnitt in einem Torbogen angebracht hat (Die heil. Familie, Holzschnitt B. 100. Abb. bei VAL. SCHERER, Dürer. Klass. d. Kunst Bd. IV, S. 189).

So darf man die „Melencolia" in Stoff und Form als Symbol der humanistischen Renaissance ansprechen. Sie wiederbeseelt eine antike Flußgott-Pose in hellenistischem Geiste, hinter dem aber das neue Ideal der befreienden, bewußten Energie des modernen Arbeitsmenschen aufdämmert.

[119] Von MÜLICH, abgedruckt bei GIEHLOW a. a. O. 1903, S. 36.

die natürlich ursach ist, das zu erfolgung und erlangung der weiß-
heit und der lere, besunder der schweren Kunst, ist not das das
gemüt gezogen werd von den äussern dingen zu dem innern zu
gleicher weiß als von dem umblauff des zirkels hinzu zu dem
mittelpuncten, centrum genannt, und sich selbs dar zu fügen und
schicken." Sinnt sie auf ein Mittel gegen das Unheil, das der
Komet im Hintergrunde über dem Wasser droht?[120] Oder spielt
schon die Sintflutangst hinein?

Bei Dürer wird also der Saturndämon unschädlich gemacht
durch denkende Eigentätigkeit der angestrahlten Kreatur; das
Planetenkind versucht sich durch eigene kontemplierende Tätigkeit
dem mit der 'unedelst complex'[121] drohenden Fluch des dämonischen
Gestirns zu entziehen. Der Zirkel des Genies, kein niedriges Grab-
scheit (siehe Abb. 4: die Saturnkinder), ist in der Hand der Melancholie. Der magisch angerufene Jupiter kommt durch seine gütige
und besänftigende Wirkung auf den Saturn zu Hilfe. Die Er-
rettung des Menschen durch diesen Gegenschein des Jupiter ist
auf dem Bilde gewissermaßen schon erfolgt, der Akt des dämonischen Zweikampfes, wie er bei Lichtenberger vor Augen steht, ist
vorüber und die magische Zahlentafel hängt an der Wand wie ein
Ex-Voto zum Dank für Dienste des gütigen, siegreichen Stern-
genius.

Demgegenüber ist Luther in seiner Ablehnung dieses mythologischen Fatalismus ebenso ein Befreier wie er gegen die feindliche Nativitätsstellerei vorgeht, und die Anerkennung des An-
spruches auf die dämonische Übermenschlichkeit der Gestirne wird
von ihm als sündhafter heidnischer Götzendienst zurückgewiesen.

Luther und Dürer treffen also bis zu einem gewissen Punkte
in ihrem Kampfe gegen die Mythologik der großen Konjunktion
zusammen. Wir stehen mit ihnen schon im Streite um die innere
intellektuelle und religiöse Befreiung des modernen Menschen,
freilich erst am Anfang: denn wie Luther noch die kosmischen
Monstra fürchtet (und die antiken Lamien dazu), so weiß sich auch
die ,,Melencolia" noch nicht völlig frei von antiker Dämonenfurcht.
Ihr Haupt ziert nicht der Lorbeer, sondern das Teukrion, die

---

[120] Ein sonst unbekannter Komet wird bei der Geburt Maximilians als
ausnahmsweise glückbringend erklärt. Vgl. Giehlow a. a. O. V. S. 60.

[121] Nach der Bezeichnung im ,,regimen sanitatis" Cod. Vind. 5486. Vgl.
Giehlow a. a. O. I. S. 33.

klassische Heilpflanze gegen die Melancholie[122] und sie schützt sich im Sinne Ficinos durch jenes magische Zahlenquadrat vor dem bösartigen Einfluß des Saturn.

Wie eine späte Bilderscholie zur Ode des Horaz an Maecenas[123] mutet uns diese echt antike astrologische Idee an

te Jovis impio
tutela Saturno refulgens
eripuit volucrisque Fati
tardavit alas . . . . .

Carion und Zebel. — Melanchthon und Alkindi.

Bei unserem Versuch, die verschollene Wanderstraße der antiken astralen Götterwelt freizulegen, fanden wir ein weiteres Kapitel aus jenen Handbüchern angewandter Kosmologie, deren enzyklopädischer Zusammenhalt in der Kultur des Hellenismus zu suchen ist. Wie der „Picatrix" zu Maximilian und Dürer führt, so leitet das Weissagungsbuch des Arabers Zebel zu Carion und Joachim I. Eine deutsche Übersetzung ist uns in einer Pracht-handschrift erhalten (Berlin, Preuß. Staatsbibl., Lat. 4°. 322). In richtiger Würdigung ihrer künstlerischen Kostbarkeit gab 1914 der Verein der Freunde der Berliner Bibliothek eine Seite davon in Farbendruck heraus[124]. Es ist ein Vorzeichenbuch, zurückgehend auf Abū ʽOtmān Sahl b. Bišr b. Ḥabīb b. Hānī[125], der um die Mitte des 9. Jahrhunderts in Bagdad lebte; latinisiert wird er Zebel der Araber genannt. Die Bilder (vgl. Abb. 28) sind Illustrationen zu 42 Omina, die für jeden Monat anders ausgelegt werden, z. B.: „Wenn ein Hahn kräht, so bedeutet das keine guten neuen Nach-richten, Aufstand im Volk und Furcht" oder: „Wenn das Auge zwizzert und vipert, dann gibt es gute und angenehme Nachrichten". — Diese Prachthandschrift war nun für den Brandenburgischen Kurfürsten Joachim I. geschrieben, wie die Wappen beweisen,

---

[122] Bittersüßer Nachtschatten (Solanum dulcamara). Vgl. PAUL WEBER, Beitr. zu Dürers Weltanschauung (Stud. z. deutsch. Kunstgesch., Heft 23) Straßburg 1900, S. 83 und FERD. COHN, Die Pflanzen in der bild. Kunst (Deutsche Rundschau 25 [1898], 1, 64).

[123] II. 17. 22 ff. Zuletzt behandelt von F. BOLL, Sternenfreundschaft. Ein Horatianum in „Sokrates" V (1917), S. 1—10 u. 458.

[124] Jahresgabe f. d. Ver. d. Freunde d. Kgl. Bibl., 1914. Das Rankenwerk und die Figuren, die den Text einrahmen, sind wahrscheinlich von Schäuffelein.

[125] Vgl. SUTER a. a. O. S. 15.

Er ist auch wohl als Kurfürst, wenn auch nicht portraitähnlich, auf einer Seite abgebildet (Abb. 29). Das Buch erschien mehrfach mit Kupferstichen Ende des 16. Jahrhunderts. In einer Ausgabe (Prag 1592) wird ausdrücklich gesagt, daß unser Carion eigenhändig ein Exemplar für den Kurfürsten geschrieben habe, das nachher weiter verschenkt worden sei. Das ist bei seiner vielseitigen Stellung als Magier und Hofastrolog Joachims — seit 1521, wie aus der Prognosticacio ersichtlich — durchaus wahrscheinlich.

Abb. 28. Aries, aus: Zebelis liber de interpretatione diversorum eventuum secundum lunam in 12 signis zodiaci (Berlin St. B. Lat. Qu. 322).

Johann Carion ist bisher durchaus nicht nach Gebühr gewürdigt. Nicht einmal sein Bildnis aus der Cranachschule war beachtet, obgleich es sich in der Preuß. Staatsbibliothek befindet[126] (Taf. V). Der Verfasser verdankt den Hinweis darauf schon seit langem Prof. EMIL JACOBS (jetzt in Freiburg i. Br.), der ihn auch zuerst auf den Zebel aufmerksam machte. So sah also

---

[126] Vgl. jetzt über ein anderes Carion-Bild. MAX FRIEDEBERG. Das Bildnis des Philosophen Johannes Carion von Crispin Herranth, Hofmaler des Herzogs Albrecht von Preußen; Zs. f. bild. Kunst, 54. Jahrg., Heft 12 (Sept. 1919), S. 309—316.

der biedere Schwabe aus, dessen Leibesfülle Luther ja in einem Briefe sehr humorvoll als „Überfracht für den Nachen Charons" bespöttelte. Prof. Otto Tschirch[127] hat 1906 die Vermutung ausgesprochen, daß Carion ein gräzisierter Joh. Nägelein gewesen wäre, der 1514 an der Universität von Tübingen immatrikuliert war. Diese Vermutung findet ihre unzweideutige Bestätigung durch das Wappen, auf dem drei Nelken (Nägelein = Cariophyllon) „sprechend" angegeben sind. — Aus dem ernsthaften männlichen Gesicht und besonders aus dem Auge Carions spricht kluge Beobachtungskraft; und man begreift, daß die Hohenzollern und die Reformatoren ihn gleichermaßen als diplomatischen Vermittler schätzten.

Luther hat ihn nach seinem Tode als Magier bezeichnet[128] und auch Reinhold[129]

Abb. 29. Kurfürst, aus derselben Handschrift wie Abb. 28.

nennt ihn ausdrücklich „insignis necromanticus". Aber dieser Verdacht der Magie hatte ja auch Melanchthon, wie aus seinem erwähnten

---

[127] Johannes Carion, Kurbrandenburgischer Hofastrolog, in: 36./37. Jahresbericht des Histor. Vereins zu Brandenburg a. d. H. (1906), S. 54—62.

[128] Brief an Jonas u. andere vom 26. Februar 1540. Briefwechsel (Enders) XIII, 4.

[129] In der S. 13 Anm. 20 zit. Leipziger Handschr., fol. 109.

Briefe an Camerarius[130] hervorgeht, nicht verhindert, ihn astrologisch zu befragen, wie denn auch Camerarius 1536 das Urteil
des historischen Dr. Faustus über die politische Lage wissen
will, obgleich dieser in Wittenberg bei Luther und Melanchthon
als nekromantischer Schwindler in Verruf war. Camerarius
mußte ja sogar in Konkurrenz mit Dr. Faustus den Welsern
ein Horoskop für die Expedition nach Venezuela stellen, was
Dr. Faust besser gemacht zu haben scheint als Camerarius[131].
In unserem Zusammenhange gewinnt auch die von Kilian Leib[132]
bezeugte Äußerung des Dr. Faust aus dem Jahre 1528 besondere
Bedeutung, daß eine bestimmte Planetenkonjunktion (in diesem
Falle Sonne und Jupiter) mit dem Auftreten von Propheten im
engsten Zusammenhange stände.

Melanchthon, Carion, Camerarius, Gauricus, Faust und Sebastian Brant könnten zu einem geheimen Augurenbund „Nergal-
eṭir" gehört haben. Denn auch in der Kometenlehre sind die
Araber, die in dem hellenistischen Erbe doch sicher babylonisches
Ureigentum überliefern, die Vermittler. Melanchthon fragt bei
seinem Camerarius angstvoll an[133], ob der Komet auch nicht zur
schwertförmigen Klasse gehöre, wie Plinius sie aufstellte. Für das
Verhältnis der Araber zur Antike und zum Abendland ist es charakteristisch, daß noch im Text zu einer französischen Schwertkometen-
Illustration (nach Plinius) von 1587 (vgl. Abb. 30) der Araber
Alkindi ausdrücklich als Quelle genannt wird.

Den Brief an Camerarius schrieb Melanchthon am 18. August,
einen Tag später als den an Carion, und am selben Tage teilte auch
Luther dem Wenceslaus Link die Erscheinung des Kometen mit.
Er schreibt ihm Näheres über die Richtung des Schweifes

---

[130] Vgl. Beil. A. II.

[131] Vgl. Friedrich Kluge, Bunte Blätter (Freiburg 1908), S. 7—10.

[132] Vgl. Karl Schottenloher in der Riezler-Festschrift (Gotha 1913),
S. 92 f., und Leyßs „Gründtliche Anzeygung" (1557) Bl. 140 selbst, die über
Lichtenbergers Persönlichkeit und astrologische Weltanschauung höchst
Bemerkenswertes enthält.

[133] Brief an Camerarius vom 18. 8. 1531 (CR II. 518 f.): Vidimus cometen,
qui per dies amplius decem iam se ostendit in occasu Solstitiali. Mihi quidem
videtur minari his nostris regionibus.. Quidam affirmant esse ex illo genere,
quos vocat Plinius ξιφίας.. Quaeso te ut mihi scribas, an apud vos etiam
conspectus sit. . si tamen conspectus est, describe diligenter, et quid iudicet
Schonerus, significato.

und zweifelt auch nicht daran, daß er Unglück bedeutet[134].
— So versuchte Melanchthon durch eine zweifache Vermenschlichung die Himmelserscheinung in Umfang und Richtung

Abb. 30. Schwertförmiger Komet aus einer franz. Hs. um 1587
(Bibliothek A. Warburg, Hamburg).

zu erfassen. Der drohende Umfang löst die Erinnerung an ein
gefährliches Menschengerät, an das Schwert, aus und dem Schweif
gibt er als Zielrichtung das irdische Landgebiet seiner Partei. So

[134] Briefwechsel (ENDERS) IX, 61: „Apud nos cometa ad occidentem in
angulo apparet (ut mea fert astronomia) tropici cancri et coluri aequinoctiorum,
cujus cauda pertingit ad medium usque inter tropicum et ursae caudam.
Nihil boni significat." — Noch viel deutlicher in einem Brief an Spalatin
vom 10. Okt. 1531 (a. a. O. IX, 108): „Cometa mihi cogitationes facit, tam
Caesari, quam Ferdinando impendere mala, eo quod primo caudam torsit
ad aquilonem, deinde ad meridiem mutavit, quasi utrinque fratrem (?)
significans."

kommt es, daß Melanchthon durch seine mythenbildende Furcht-
samkeit das Schwert am Himmel fürchtet, gerade als er dem
Schwert der Reformation, dem Landgrafen, hätte vertrauen sollen.

Apian, der Astronom, hat freilich schon um diese Zeit dem
Kometenumfang das Dämonische genommen, indem er den Schweif
in Beziehung zur Sonne setzte. Aber erst Halley, indem er die
Gesetzmäßigkeit der Kometenerscheinung feststellte, entzog sie
anthropozentrischer Beschränktheit.

Schlußwort.

Damit führt die exegetische Rundreise wieder an den Ausgangspunkt, den Kometenbrief Melanchthons, zurück und zugleich
zu einem Curiosum des heidnisch-antiken Aberglaubens, aus dem
der Erkenntniswert für die Geschichtsauffassung der Reformationszeit herauszuholen versucht wurde. Wie die Himmelserscheinungen
menschlich umfaßt wurden, um ihre dämonische Macht wenigstens
bildhaft zu begrenzen, so wurde ein dämonischer Mensch wie Luther
verstirnt (und zwar, wie wir sahen, schon bei Lebzeiten durch eine
fast totemistische Verknüpfung seiner Geburt mit einem Planeten-
paar), um für seine sonst unbegreifliche, übermenschlich erscheinende Macht eine höhere, kosmische, götterhaft benannte Größe
als Ursache bildhaft zu verstehen.

Die Wiederbelebung der dämonischen Antike vollzieht sich
dabei, wie wir sahen, durch eine Art polarer Funktion des ein-
fühlenden Bildgedächtnisses. Wir sind im Zeitalter des Faust, wo
sich der moderne Wissenschaftler — zwischen magischer Praktik
und kosmologischer Mathematik — den Denkraum der Besonnenheit zwischen sich und dem Objekt zu erringen versuchte.
Athen will eben immer wieder neu aus Alexandrien zurückerobert sein.

Unter diesem Gesichtspunkte sind die hier behandelten Bilder
und Worte — nur ein Bruchteil von dem, was zur Verfügung
hätte stehen können — etwa als bisher ungelesene Urkunden zur
tragischen Geschichte der Denkfreiheit des modernen Europäers
aufzufassen; es sollte zugleich an einer positiven Untersuchung
aufgezeigt werden, wie sich bei einer Verknüpfung von Kunstgeschichte und Religionswissenschaft die kulturwissenschaftliche Methode verbessern läßt.

Die Unzulänglichkeiten dieses Vorversuches kannte der Verfasser selbst nur zu genau. Aber er meinte, daß das Andenken Useners und Dieterichs von uns fordert, dem Problem, das uns kommandiert (wie den Verfasser die Frage nach dem Einfluß der Antike) auch dann zu gehorchen, wenn es uns in Gebiete schickt, die noch nicht urbar gemacht sind. Mögen sich Kunstgeschichte und Religionswissenschaft, zwischen denen noch phraseologisch überwuchertes Ödland liegt, in klaren und gelehrten Köpfen, denen mehr zu leisten vergönnt sein möge, als dem Verfasser, im Laboratorium kulturwissenschaftlicher Bildgeschichte an einem gemeinsamen Arbeitstisch zusammenfinden.

„Ein großer Teil dessen, was man gewöhnlich Aberglauben nennt, ist aus einer falschen Anwendung der Mathematik entstanden; deswegen ja auch der Name eines Mathematikers mit dem eines Wahnkünstlers und Astrologen gleich galt. Man erinnere sich der Signatur der Dinge, der Chiromantie, der Punktierkunst, selbst des Höllenzwangs; alles dieses Unwesen nimmt seinen wüsten Schein von der klarsten aller Wissenschaften, seine Verworrenheit von der exaktesten. Man hat daher nichts für verderblicher zu halten, als daß man, wie in der neueren Zeit abermals geschieht, die Mathematik aus der Vernunft- und Verstandesregion, wo ihr Sitz ist, in die Region der Phantasie und Sinnlichkeit freventlich herüberzieht.

Dunklen Zeiten sind solche Mißgriffe nachzusehen; sie gehören mit zum Charakter. Denn eigentlich ergreift der Aberglaube nur falsche Mittel, um ein wahres Bedürfnis zu befriedigen, und ist deswegen weder so scheltenswert, als er gehalten wird, noch so selten in den sogenannten aufgeklärten Jahrhunderten und bei aufgeklärten Menschen.

Denn wer kann sagen, daß er seine unerläßlichen Bedürfnisse immer auf eine reine, richtige, wahre, untadelhafte und vollständige Weise befriedige; daß er sich nicht neben dem ernstesten Tun und Leisten, wie mit Glauben und Hoffnung, so auch mit Unglauben und Wahn, Leichtsinn und Vorurteil hinhalte?“ (Goethe, Materialien zur Geschichte der Farbenlehre, Roger Bacon. Cottasche Jub.-Ausg. Bd. 40. S. 165).

BEILAGE A.

Melanchthon und die Astrologie.

I. Der Brief Melanchthons an Carion über den Kometen von 1531.

Adresse auf der Außenseite, fol. 2vo: Viro doctissimo D. / Johanni Carioni / philosopho, amico / et conterraneo suo / Carissimo. / Zu eigen handen /

fol. 1ro   .... ª ornare honestissimis laudibus conatus sum. Quid / assecutus sim aliorum sit iudicium. /

Dictum Heliae extat non in Biblijs. sed apud / Rabinos, et est cele-berrimum. Burgensis[135] / allegat, et disputat ex eo contra Judeos / quod

---

[135] Die Stelle findet sich bei Paulus de s. Maria gen. Burgensis in seinem 1434 vollendeten Scrutinium Scripturarum (Hain 10762ff.) in der Dist. III Cap. IIII. Die Distinctio trägt die Überschrift: Distinctio tertia de scrutinio scripturarum circa tempus aduentus christi an sit preteritum vel futurum et continet quatuor capitula. — Das Kapitel: Capitulum . iiij. in quo osten-ditur quod secundum omnes magistros seu doctores et expositores famosiores iudeorum qui de tempore primi aduentus Christi determinando locuti sunt idem aduentus iam transijt in preteritum.

Der Text selbst lautet: Fuit alius vt ibidem habetur qui dicitur de domo Helie prophete qui posuit ibidem expresse scilicet in libro de ordine mundi quod per sex milia annorum debebat mundus durare. quiquidem anni erant per tres partes diuidendi isto modo . quia per duo milia annorum prima mundus erat quasi sub vacuo . per hoc designans tempus ante legisdationem quod vocat vacuum. quia non erat aliquis populus sub lege diuina . duo milia vero annorum sequentia vocat tempus legis . asserens quod hoc tempus debebat fluere a datione legis usque ad messiam . duo vero milia tercia seu vltima asserit esse sub Messia. quia secundum eum ab aduentu Messię vsque ad finem mundi debebant fluere duo milia annorum . Constat autem quod iuxta computationem hebreorum quę in hijs regionibus hyspanię et vbique terrarum communiter tenetur a creatione mundi vsque ad presentem annum domini . M.cccc.xxxij . fluxerunt quinque milia et centum et nonaginta et duo anni. ¶ Vnde secundum predictum doctorem tempus aduentus Christi a mille .c.xcij.annis transijt in praeteritum. Et sic habes tres principales de numero eorum qui dicuntur thanayn.

Dem entsprechend heißt es in der „Chronica" Carions (zit. nach der Ausg. von Wittenberg, Georg Ehaw s. a. Bl. B vo. f.): Der spruch des hauses Elia . Sechs tausent jar ist die welt / vnd darnach wird sie zubrechen. Zwey tausent oed. Zwey tausent / das gesetz. Zwey tausent / die zeit Christi. Vnd so die zeit nicht gantz erfüllet wird / wird es feilen vmb vnser sunde willen / wilche gros sind.

Das ist / zwey tausent jar sol die welt stehen oed / das ist one ein gefasset regiment durch Gottes wort / Dar nach sol die beschneidung vnd das gesetz komen / vnd ein regiment vnd Gottes dienst / durch Gottes wort von new geordnet werden / das sol auch zwey tausent jar weren / Darnach sol Christus

Messias apparuerit. Receptissima apud / Ebreos sentencia est, et a me posita / in principio tuae historiae [*Carions Chronica*], vt[b] omnibus / fieret notissima et afferret commendationem / tuo operi. Tales locos multos[c] dein / ceps admiscebo. vides autem prorsus esse / propheticam vocem. Tam concinna temporum / distributio est. /

Historiam, vt spero, hac hyeme absoluemus / Nam hactenus fui

---

komen / vnd die zeit des Euangelij sol auch bey zwey tausent jaren haben / doch werden etliche jar daran abgehen / Denn Gott wird eilen zum ende / wie Christus spricht / Matthei .xxiiij. Wo diese zeit nicht verkůrtzet wůrde / wůrde niemands selig.

In der lateinischen Ausgabe der Chronica, die durch Melanchthon erfolgte (s. u.), heißt es dann ausführlicher (zit. nach der Ausgabe: Chronicon Absolvtissimum... Jn quo non Carionis solum opus continetur, verum etiam alia multa... Philippo Melanthone Avtore s. l. 1560, p. 24 sq.): TRADITIO DOMVS ELIAE . SEx millia annorum mundus, et deinde conflagratio. Duo millia inane. Duo millia Lex. Duo millia dies Messię. Et propter peccata nostra, quae multa et magna sunt, deerunt anni, qui deerunt.

Hoc modo Elias de duratione generis humani vaticinatus est, et praecipuas mutationes distinxit. Duos primos millenarios nominat Inane, quod simplicissime sic interpretor: nondum homines procul dissitas regiones occupasse ante conditam Babylonem. Alij dicunt nominari Inane, quia nondum certa politia Ecclesię constituta fuit, et nondum segregata fuit Ecclesia a caeteris gentibus. Nondum etiam erant Imperia, qualia postea in Monarchiis fuerunt. Sed quaecunque causa est, quare sic dixerit Elias, hoc non dubium est, primam aetatem fuisse florentissimam, quia natura hominum minus languida fuit, quod ostendit longaeuitas. Et fuit excellens decus, quod sapientissimi Senes, pleni diuinae lucis, simul vixerunt, et de Deo, de creatione, de edita promissione testes fuerunt, et multi artes inuenerunt et illustrarunt. Secundum tempus a Circumcisione numeratur, vsque ad natum Messiam ex virgine, quod non multo minus duobus millenariis continet. De tertio tempore significat fore, vt non compleantur duo millenarij, quia nimium crescet impietas, propter quam citius delebitur totum genus humanum: et Christus se palam ostendet in iudicio, vt inquit: Propter electos dies illi breuiores erunt.

Distribuemus igitur Historiam in tres libros, iuxta dictum Eliae.

Über Quelle und Herkunft des Spruches des Elias aus der talmudischen Literatur und dessen grundlegenden Einfluß auf die eschatologische Periodenlehre auch bei Luther (in der Supputatio annorum mundi, wo er den Burgensis ausdrücklich zitiert) siehe Köstlin-Kawerau, Martin Luther II.[5] S. 589 und S. 690; ferner J. Köstlin, Ein Beitrag zur Eschatologie der Reformatoren in: Theol. Studien und Krit. Bd. LI (1878), S. 125—135. — Daß Melanchthon sogar die hebräische Quelle des Spruches eigenhändig aufzeichnete, entdeckte O. Albrecht ebda. Bd. LXXX (1907) S. 567 f., der ferner nachweist (ebda. Bd. LXX. 1897, S. 797 f.), daß Melanchthon — den Spruch des Elias mit der Weissagung des Mönches Johannes Hilten verknüpfend — diesen in unmittelbare Verknüpfung bringt mit dem Versuch, die neue Zeit der Reformation als prophezeite Periode festzustellen.

impeditus recognitione / meae Apologiae[136], quam in certis locis / feci
meliorem. Sed vix credas quam / tenui valetudine vtar, consumor enim /
curis, et laboribus. /

 Mea vxor, dei beneficio filiam enixa est, / cuius Thema tibi mitto,
non vt faciam / tibi negocium, video enim monacham fore |

fol. 1vo .... a Cometen vidimus diebus plus octod. Tu / quid iudicas. videtur
supra cancrum / constitisse occidit enim statim post solem, / et paulo
ante solem exoritur.e / Quod si ruberet, magis / me terreret. Haud dubie
principum / fmortem significat. Sed videtur / caudam vertere versusg
poloniam. / Sed expecto tuum iudicium. Amabo te / significa mihi
quid sencias. /

 Nunc venio ad hodiernas literas. Si / scirem aliquid de nostrorum
aduersariorum / conatibus,h totum tibi scriberem, / quidquid illud esset.
Nihil enim opus / est nosi celare aduersariorum[137] consilia, / magis pro-
dest nobis ea traducere. /

 Nihil itaque certi audiui diu iam de / vllo apparatu, preter suspi-
ciones quas / concipiunt nostri propter illum exiguum numerum / pedi-
tum qui sunt in Frisia. Fortasse / pretextu belli Danici, nos quoque
fol. 2ro adoriri /k cogitant. At Palatinus et Moguntinus | iam agunt de pacifica-
tione cuml nostris, etsi / ego spem pacis nullam habeo, moueor enim
non / solum astrologicis predictionibus sed etiam vaticiniism. / Hasfurd
predixit Regi christierno[138] reditum hone / stum, Schepperus negat redi-
turum esse. Sed / me non mouet Schepperus. Sepe enim fallitur. / predixit item Hasfurd Landgrauio maximas vi / ctorias. Et quidam ciuis
Smalcaldensis / mihi notus habuit mirabile visum, den / his motibus
quod vaticinium plurimi / facio. Catastrophen satis mollem habet. / Sed
tamen significat perculsos terrore / aduersarios nostros illi Leoni cedere.
Quaedam / mulier in Kizingen de Ferdinando / horribilia predixit,o quo-
modop bellum / contra nos moturus sit, sed ipsi infoelix / In Belgico quae-
damq virgo Caesari / eciam vaticinata est, quae tamen non satis / habeo
explorata. Omnino puto motum / aliquem fore. Et deum oro, vt ipse
guber / net, et det bonum exitum vtilem Ecclesiae / et reipublicae. Ego

---

 Zur allgemeinen, bedeutsamen Frage der Mitarbeit Melanchthons an
Carions Chronica, die er ja auch später lateinisch als „Chronicon Carionis"
(s. o.) ausgestaltete, siehe außer H. Bretschneider, Melanchthon als Historiker (Progr. Insterburg 1880) S. 12ff. auch E. Menke-Glückert, Die Ge-
schichtschreibung der Reformation und Gegenreformation (Leipzig 1912),
S. 23ff.

 [136] CR. 28, S. 39.
 [137] Carion wird eben zur Partei der Reformatoren gerechnet.
 [138] Haßfurt wurde nach Günther (vgl. ADB. XL. 9) zu König Christian
berufen.

ante annum laborabam / diligenter vt nobiscum pacem facerent. Quod. / si fecissent, minus esset turbarum in Sue / uia, quae magna ex parte iam amplectitur / Helueticam theologiam et licentiam. Sed Campegius | cupit inuoluere et implicare Caesarem germanico / bello, vt vires eius fol. 2vo labefactent, et Campegij / consilium probant nonnulli odio nostri priuato. / Sed deus habet iustum oculum. Nos enim certe / nihil mali docuimus. et^r libera / uimus multas bonas mentes a multis / perniciosis erroribus. Sabinus mittit tibi prefaci / onem[139] meam de laudibus astronomiae et Astro / logiae. de qua expecto quid sencias. Bene vale / donerstag post Assumptionem b. Marię 1531 / Remitto tibi literas (*hierauf folgen 2 bis 3 ausgestrichene Wörter*^{s}). Φίλιππος. /

*Die mit * versehenen Noten-enthalten von Melanchthons Hand gestrichene Worte und Wortanfange des Textes.* a Der obere Blattrand ist beschnitten, daher fehlt der Anfang   b ai*   c su*   d 'plus octo' beschnitten, daher in der Lesung nicht ganz sicher   e zuerst Hoc / mihi, dann Na*   f inte* g orien*   h plan*   i ces*   k no*   l nostri*   m dazu setzte eine andere Hand „tuis"   n victoria*   o sed*   p nos*   q mulier* r multos per*   s Vielleicht bezogen sich diese Worte auf Sabinus, da eine andere Hand fast darunter schrieb: Sabini tuas.

Original, 2 Folioblätter mit erhaltener Siegelabdruckstelle[140]. Bei dem ersten Blatt fehlt das oberste Stück mit etwa 4—5 Zeilen auf jeder Seite.

Königsberg, Herzogliches Briefarchiv A. Z. 3. 35. 125 (II).

II. Melanchthon über Gauricus und Carion an Camerarius.

Melanchthon, Opera. Vol. II. Sp. 600—602.

Nr. 1064.   Ioach. Camerario.   Epist. ed. Camerar. p. 190.   29. Iun. 1532.

Viro optimo Ioachimo Camerario Bambergensi, amico suo summo, S. D. Tuas literas accepi hodie, in quibus Genesin Regiam petis. Quod autem de Gaurico significas, quale sit, non plane potui intelligere. Aberat enim epistola illa, nescio cuius amici tui, quam te mittere ais de illius sermonibus[141]. Id eo scribo, ut scias eam periisse, nisi consulto retinuisti. Quicquid autem est, non valde moror, novimus enim totius illius gentis ingenia et voluntates erga nos. . . .

Mitto tibi geneses eorum, quorum petiisti, ac alterius quidem[142] et altera circumfertur, sed Gauricus affirmabat hanc veram esse, si

---

[139] Zu Joh. de Sacro Busto? vgl. CR. II. 530; geschr. Aug. 1531.

[140] Siegel selbst nicht mehr vorhanden.

[141] Gespräche in Nürnberg, wo Gauricus war?

[142] Ferdinandi C. W. Nach gütiger Mitteilurg von Prof. FLEMMING lautet jedoch die Stelle im Original des Briefes (nach der Kollation von NIK. MÜLLER) folgendermaßen: Mitto tibi geneses Caroli et Fernandi ac Fernandi quidem et altera circumfertur, sed . . .

recte memini. Mars erat in fovea, in eo catalogo, quem Cornelius Scep-
perus habebat. Neque hic multo aliter se habet.

Carion habet τοῦ χρονίωνος[143] quae paululum ab hac differt, in qua
Saturnus et Mars sunt in Quinta, sed exemplum non habeo; misissem
enim alioqui. Postremo, ut etiam laeti aliquid scribam, vidi carmen
cuiusdam Itali, quem Gauricus dicebat fuisse Pontani praeceptorem[144], in
quo planetarum motus mirifice describuntur. In fine addıt vaticinium
de coniunctione quadam magna, in qua de his ecclesiasticis discordiis
satis clementer vaticinatur, caetera quo pertineant, μαντικῆς ἔργον ...

 Pontani praeceptor Laurentius Miniatensis.
At quoque quae nostris iam iam ventura sub annis
Est melior, nostrae legis vix pauca refringet.
Aspera quae nimium sacris et dura ferendis,
Et genus omne mali tollet, pompasque sacrorum,
Ac regem dabit innocuum, qui terminet orbem.
Hic reget Imperio populos, gentemque rebellem
Imperio subdet, toti et dominabitur orbi.

           Philippus.

BEILAGE B.

Luther und die künstliche und natürliche Weissagung.

I. Luther gegen die „Wissenschaft" der Astrologie.

Dr. Martin Luthers sämtliche Werke; E. A. Bd. 62, S. 322.

Da einer D. M. L. eine Nativität (wie mans nennet,) zeigete, sprach
er: „Es ist eine feine lustige Phantasei, und gefällt der Vernunft wohl,
denn man gehet immer fein ordentlich von einer Linien zu andern.
·Darumb ist die Art und Weise, Nativitäten zu machen und auszurech-
nen und dergleichen, dem Papstthum gleich, da die äusserlichen Cere-
monien, Gepränge und Ordnung, der Vernunft wohl gefällt, als, das
geweihete Wasser, Kerzen, Orgeln, Zimbeln, Singen, Läuten und Deuten.
Es ist aber gar keine rechte Wissenschaft und gewisse Erkenntniss, und
diejenigen irren gar sehr, die aus diesem Dinge eine gewisse Kunst[145] und
Erkenntniss machen wollen, da doch keine nicht ist; denn es gehet
nicht aus der Natur der Astronomei, die eine Kunst ist; diess ist Men-
schensatzung.

----

[143] τὴν Caroli (FLEMMING).

[144] Bonincontri, De rebus coelestibus ed. Lucas Gauricus Ven. 1526.

[145] Siehe oben S. 35 und Beil. B. V.

Luthers Tischreden in der Mathesischen Sammlung. Hrsg. Ernst Kroker. S. 164 Nr. 259. Ut sint in signa. 2.—7. August 1540.

'Deus intelligit certa signa, ut sunt eclipses solis et lunae, non illa incerta. Praeterea, signa heist nicht, ut ex iis divinemus. Hoc est humanum inventum.'

II. Luther gegen Melanchthons Sternglauben.

Luthers Tischreden in der Mathesischen Sammlung. Hrsg. Ernst Kroker. S. 164 Nr. 258. Astrologia. 2. bis 7. August 1540.

'Nemo mihi persuadebit nec Paulus nec Angelus de caelo nedum Philippus, ut credam astrologiae divinationibus quae toties fallunt, ut nihil sit incertius. Nam si etiam bis aut ter recte divinant, ea notant; si fallunt, ea dissimulant.

Tum quidam: „Domine Doctor, quomodo est solvendum hoc argumentum: Divinatio est in medicina, ergo etiam est in astrologia?" „Medici, inquit, habent certa signa ex elementis et experientia et saepe tangunt rem, etiamsi aliquando fallunt; sed astrologi saepissime fallunt, raro veri sunt."

Ebda. S. 124 Nr. 156. 21. Mai bis 11. Juni 1540.

Ego dixi: „Foris nihil habent argumenti pro astrologia nisi autoritatem Philippi". — Tum Doctor: ‚Ego saepe confutavi Philippum ita evidenter, ut diceret: „Haec quidem vis est!" Et confessit esse scientiam, sed quam ipsi non teneant. Quare ego sum contentus, si non tenent eam artem; so laß ich in damit spilen. Mihi nemo persuadebit, nam ego facile possum evertere ipsorum experientiam incertissimam. Saltem observant, quae consentiunt; quae fallunt, praetereunt. Es mag einer so lang werffen, er wirfft auch ein Venerem[146], sed casu fit. Es ist ein dreck mit irer kunst. Seine[147] kinder haben alle lunam combustam![148]'

Ebda S. 177. Nr. 292. Astrologia. 7.—24. August 1540.

'Dominus Philippus, inquit Doctor, der hielt mich zu Schmalkalden[149] ein tag auf mit seiner heilosen und schebichten astrologia, quia erat novilunium[150]. Sic etiam wolt er ein mahl nicht uber die Elb faren in novilunio. Et tamen nos sumus domini stellarum.'

[146] Venus, im Würfelspiel der glücklichste Wurf, bei dem alle Würfe verschiedne Zahlen zeigen.

[147] Melanchthons.

[148] Combustus dicitur planeta, cum a sole plus minutis 16. distat, minus vero medietate sui orbis. J. Garcaeus, Astrologiae methodus 399.

[149] 1537, als Luther wegen seiner schweren Krankheit abreisen wollte.

[150] Irrt sich Luther hier? Es war wohl eine andere Konstellation, die Melanchthons Bedenken erregte. Luther reiste am 26. Februar 1537 von Schmalkalden ab, der Neumond aber war auf den 14. Februar gefallen. Doch

III. Luthers Nativität.

1. Seine Geburtsplaneten.

Sol.

Luthers Tischreden in der Mathesischen Sammlung. Hrsg. Ernst Kroker.
S. 303. Nr. 599. Magna molestia regere.   Winter von 1542 auf 43.
'Im haus ist nur ein knecht der herr . . . . So hats das ansehen mit den regenten auch. Es scheint, als wer es was köstlichs;
wenn mans aber ansehet, so sihet man, was es ist. Ich regire nicht
gern. Es giebts meine natur nicht.'
    Tum Dominus Philippus: „Ir habt [solem in nativitate][151]". Doctor:
'Ei, ich frag nicht nach euer astrologia! Ich kenne mein natur und erfar
es. Staupitzius solebat hanc sententiam cant. 8: „Vinea mea coram
me est", sic interpretari: „Gott hats regiment zu sich genumen, das
nicht iderman stoltzirn möcht. . . .'

Saturn.

D. Martin Luthers Werke, W. A. Tischreden, Bd. III, S. 193.
Nr. 3148   26. bis 31. Mai 1532.
    Ego Martinus Luther sum infelicissimis astris natus, fortassis
sub Saturno. Was man mir thun vnd machen soll, kan nimermehr
fertig werden; schneider, schuster, buchpinder, mein weib verzihen mich
auffs lengste.

2. Luther und die Nativitätspolitik im Anschluß an Johann Lichtenbergers Prophezeiung.

Luthers Tischreden in der Mathesischen Sammlung. Hrsg. Ernst Kroker
S. 320, Nr. 625.   Heydenreich, Frühjahr 1543.
    Tum quidam: „Domine Doctor, multi astrologi in vestra genitura
consentiunt, constellationes vestrae nativitatis ostendere, vos mutationem magnam allaturum." Tum Doctor: 'Nullus est certus de nativitatis tempore, denn Philippus et ego sein der sachen umb ein jar nicht
eins. Pro secundo, putatis hanc causam et meum negotium positum
esse sub vestra arte incerta? O nein, es ist ein ander ding! Das ist allein
Gottes werck. Dazu solt ir mich niemer mer bereden!'

---

scheinen auch Bugenhagen und Myconius vom Neumond = 25. Februar
gesprochen zu haben. Vgl. Keil, Luthers merkwürdige Lebens-Umstände
(Leipzig 1764) 3, 101.
    [151] Text: solemnitatem; Math. N.: solennitatem, was Lösche in solen-
nium korrigiert, mir nicht recht verständlich; FB.: „solem inne". Die Überlieferung scheint mir auf ein solem in natiuitate der Vorlage hinzuweisen
(Kroker). — Diese Konjektur Krokers wird aufs einleuchtendste bestätigt
durch die Lehre von der Planeten-Kindschaft, da eben die Sonne die Regenten
hervorbringt und beherrscht. Vgl. Hauber a. a. O. S. 131ff.

Valerius Herberger, Gloria Lutheri, Leipzig 1612 (S. 94).

Vmbs Jahr Christi 1483. hat Johan Hilden zu seinen Můnchen gesaget: Mercket das Jahr 1516. da wird einer kommen / der mich vnd alle die / welchen jhr habt vnrecht gethan / wird rechnen. Eben vmb dieselbe zeit hat auch gelebet Johan Lichtenberger / welcher den Herrn Lutherum vnnd ein klein Månnlein hinter jhm / welchs jhm zu seinem vorhaben sehr dienstlich seyn solte (das ist Philippus Melanchthon gewesen) gemahlet hat / wie droben concione prima gedacht worden.

3. Luther und Cardanus.

Der Begleittext der Cardanus-Nativität.

Cardanus, Hieronymus. Libelli dvo . . . item geniturae LXVII. (Nürnberg 1543), fol. N IV^{vo}.

HAnc ueram genituram Lutheri, non eam quae sub anno 1484 publicè circumfertur[152], esse scito. Nec tanto negotio minor genitura debetur, aut tali geniturae minor euentus. Existimo autem non intelligentes huius artis fundamenta eam corrupisse: nam nec illa robore huic aequalis est, nec si damnare uelis, deest hic quid possis accusare. Nam Mars, Venus, Iupiterque, iuxta uirginis spicam coëunt ad coeli imum ad unguem, ut ex horum conspiratione regia quaedam potestas decernatur, sine sceptro: sunt enim erraticae sub terra. Porrò quòd ad religionem pertineat, iam saepius adeò dictum est, propter spicam uirginis[153], ut repetere pigeat. Incredibile igitur quantum augmenti breui tempore habuerit hoc dogma: nam Germaniae maximam partem adegit, Angliam totam, multas'que alias regiones, cum adhuc uiuat, nec ulla est prouincia ab huius sectatoribus immunis, praeter Hispanias. Feruet mundus huius schismate, quod, quia Martem admixtum habet & caudam, soluitur in seipso, infinita'que reddit capita, ut si nihil aliud errorem conuincat, multitudo ipsa opinionum ostendere tum possit, cum ueritas una tantum sit, plurimos necessariò aberrare. Porrò firmitatem dogmatis Sol & Saturnus cum lance meridionali[154], in loco futurae coniunctionis magnae ostendunt, cum diu trigonus ille iam dominaretur. At Luna iuxta ascendens, longitudinem decernit uitae: uerum cum Soli Saturnus adiungatur, pro tanto rerum motu, nullam dignitatem decernit.

---

[152] Handschriftlich verbreitete des Gauricus, dessen Tractatus erst 1552 gedruckt wurde.

[153] Nach Abū Ma'šar.

[154] Lanx meridiọnalis, d. h. die südliche Krone ('Bettlerschüssel', bei den Arabern), zunächst dem Skorpion.

Luther gegen Cardanus.

Dr. Martin Luthers sämtliche Werke (1543); E. A. Bd. 62, S. 321.

D. M. L. ward seine Nativität, Ciceronis und vieler Andern zu Nürnberg gedruckt bracht[155]; da sagt er: „Ich halte nichts davon, eigene ihnen gar nichts zu, aber gerne wollt ich, daß sie mir dieß Argument solvireten: Esau und Jacob sind von einem Vater und einer Mutter, auf eine Zeit, und unter gleichem Gestirn geborn, und doch gar widerwärtiger Natur, Art und Sinn. Summa, was von Gott geschicht, und sein Werk ist, das soll man dem Gestirn nicht zuschreiben. Ah, der Himmel fraget nach dem nicht, wie auch unser Herr Gott nach dem Himmel nicht fraget. Die rechte christliche Religion confutirt und widerlegt solche Mährlin und Fabelwerk allzumal.

IV. Die Sündflut-Panik von 1524.

Dr. Martin Luthers Werke E. A. Bd. 62. S. 327 f.:

D. M. L. sagte von der Narrheit der Mathematicorum und Astrologorum, der Sternkücker, „die von einer Sündfluth oder grossem Gewässer hätten gesagt, so Anno 1524 kommen sollte, das doch nicht geschach; sondern das folgende 25. Jahr stunden die Bauren auf, und wurden aufrührerisch. Davon sagte kein Astrologus nicht ein Wort." Er redete aber vom Bürgermeister Hohndorf: „derselbe liess ihm ein Viertel Bier in sein Haus hinauf ziehen, wollte da warten auf die Sindfluth, gleich als würde er nicht zu trinken haben, wenn sie käme. Aber zur Zeit des Zorns war ein Conjunctio, die hieß Sünde und Gottes Zorn, das war ein ander Conjunction, denn die im 24. Jahre."

V. Luther über die Weissagung aus Naturwundern.

Dr. Martin Luthers Werke E. A. Bd. 62, S. 327:

. . . . denn Gott hat sie geschaffen und an das Firmament gesetzet und geheftet, daß sie das Erdreich erleuchten, das ist, fröhlich sollen machen, und gute Zeichen sein der Jahre und Zeiten . . . . . Sie aber, die Sternkücker, und die aus dem Gestirn wollen wahrsagen und verkündigen, wie es einem gehen soll, erdichten, dass sie die Erde verfinstern und betrüben und schädlich sein. Denn alle Creaturen Gottes sind gut, und von Gott geschaffen, nur zum guten Brauch. Aber der Mensch machet sie böse mit seinem Mißbrauchen. Und es sind Zeichen, nicht Monstra, Ungeheuer. Die Finsternisse sind Ungeheuer und Monstra, gleichwie Mißgeburten."

Dr. Martin Luthers Werke E. A. Bd. 62, S. 319 f.:

Am 8. Decembris 1542 hatte einer von Minkwitz eine Declamation offentlich in der Schule, darinnen er lobete die Astronomiam und Stern-

---

[155] Vgl. Anm. 43 S. 21.

kunst. Da nun Doctor Martin Luthern solches angezeiget ward, wie
er diesen Spruch Jeremiä am zehenten widerlegt hätte: Ihr sollt euch
nicht fürchten für den Zeichen des Himmels u., gleich als wäre dieser
Spruch nicht wider die Astrologiam, sondern redte nur von den Bildern
der Heiden; sprach der D.: „Sprüche kann man wohl confutiren, wider-
legen, aber nicht erlegen und niederlegen. Dieser Spruch redet von allen
Zeichen am Himmel, auf Erden und im Meer, wie auch Moses thut. Denn
die Heiden waren nicht so närrisch, daß sie sich vor Sonn und Monden
gefurcht hätten, sondern fur den Wunderzeichen und ungeheuren
Gesichten, Portenten und Monstris, dafur furchten sie sich, und ehreten
sie. Zudem, so ist Astrologia keine Kunst, denn sie hat keine principia
und demonstrationes, darauf man gewiß, unwankend fußen und gründen könnte; . . .

BEILAGE C.

Vorreden und Textproben aus: Die weissagunge Johannis Lichtenbergers

deudsch / zugericht mit vleys. Sampt einer nutzlichen vorrede vnd
vnterricht D. Martini Luthers / Wie man die selbige vnd der gleichen
weissagunge vernemen sol. Wittemberg. M.D.xxvij.

Am Ende: Verdeutscht durch Stephanum Rodt. Getruckt zu Wittemberg durch Hans Lufft. M.D.xxvij. —

**Vorrhede Martini Luthers. auff die weissagung des Johannis
Lichtenbergers.**

WEil dis buch des Johannis Lichtenbergers mit seinen weissagungen / nicht alleine ist weit auskomen / beyde ynn latinischer vnd
deudscher sprache / sondern auch bey vielen gros gehalten / bey etlichen
auch veracht ist / Sonderlich aber die geistlichen sich itzt des hoch
trosten vnd frewen. Nach dem aus diesem buch ein fast gemeine rede
ist entstanden gewest / Es wurde ein mal vber die pfaffen gehen / vnd
darnach widder gut werden / Vnd meinen / es sey nu geschehen / sie
seyen hindurch / das yhr verfolgung durch der bauren auffrur vnd des
Luthers lere sey von diesem Lichtenberger gemeinet. Vmb des alles
willen bin ich bewogen / mit dieser vorrhede den selbigen Lichtenberger
noch eins aus zu lassen / mein vrteil druber zu geben / zu vnterricht
aller / die des begeren / Ausgenomen die geistlichen / wilchen sey ver-
boten / sampt yhrem anhang / das sie mir ia nichts gleuben / Denn die
mir gleuben sollen / werden sich doch on sie wol finden.

Erstlich sind etliche Propheten / wilche alleine aus dem heiligen
geiste weissagen / wie Zacharia. 7. spricht. die wort die der HERR Zebaoth
durch seinen geist sandte ynn den Propheten / Wie auch Petrus zeuget
. 2. Pet. 1. Die weissagung der schrifft / kumpt nicht aus eigener aus-

legunge / denn es ist noch nie keine weissagung aus menschen willen
erfurbracht / Sondern / die heiligen menschen Gottes haben geredt /
getrieben vom heiligen geist. Diese weissagung ist gericht vnd gehet
darauff / das die gottlosen gestrafft / die frumen erloset werden / vnd
[A ij] treibt ymer dar / auff den glauben an Gott vnd die gewissen zu
sichern vnd auffzurichten / Vnd wenn not vnd trubsal da ist odder
komen sol / trostet sie die frumen / Vnd gehet auch die frumen alleine
an / mit den gottlosen hat sie nichts zu thun / denn das sie yhn drewet
vnd sie straffet / Nicht aber trostet noch verheist. Widder diese weissagung hat der Satan auch seine weissagunge / das sind die falschen
Propheten / rotten / secten vnd ketzer / durch wilche er den glauben
an Gott verderbet / die gewissen zustöret vnd verfuret / mit lugen trostet / mit falscheit drewet / Vnd ficht also on vnterlas widder die reyne
weissagunge vnd lere Gottes.

Dieser art ist der Lichtenberger keiner / denn er berůmbt noch
berufft sich nicht auff den heiligen geist / wie die rechten vnd falschen
Propheten thun / sondern grundet seine weissagung ynn des hymels
lauff vnd naturliche kunst der gestirne mit yhren einflussen vnd wirckunge.
Auch so nympt er sich widder des glaubens noch der gewissen an / widder
leret noch verfuret / widder trostet noch straffet / Redet aber schlecht
daher von zukunfftigen dingen / es treffe gottlosen odder frumen / wie
es yhm seine kunst ym gestirne gibt. Er redet wol auch von der Christlichen kirchen / aber nicht anders / denn wie sie eusserlich stehet ynn
leiblichen geberden vnd gütern vnd hirschafften / Gar nichts / wie sie ym
glauben vnd trost des heiligen geistes stehet / Das ist / er redet nichts
von der rechten Christlichen kirchen / Sondern gleich wie die selbige
Sternkunst von allen andern heidnischen hirschafften vnd königreichen
pflegt zu reden. Darumb er auch der Hussiten / als feinde der kirchen
gedenckt / Vnd des geschlechts Dan / daraus der Endechrist komen
solle. Vnd stehet seine reformation darynn / das man die langen har
verschneyte / die schnebel an den schuchen abthut vnd bretspiel ver-
brennet / das sind seine Christen / Also das gar eine leibliche weisagung
ist / von eitel leiblichen dingen.

Summa / seine weissagung ist nicht eine geistliche offinba [Aij vo]
runge / denn die selbige geschicht on die sternkunst / vnd ist auch der
sternkunst nicht vnterworfen / Sondern es ist eine heidnische alte kunst /
die bey den Römern vnd auch zuuor bey den Chaldeern fast herlich vnd
gemein war / Aber sie kundten dem könige zu Babilon seine trewme
nicht sagen noch deuten / Daniel muste es thun durch den geist / So
feileten die Römer auch gar offte. Darumb ist zu sehen / ob die selbige
kunst auch etwas vermůge vnd könne zutreffen / denn ich selbs diesen
Lichtenberger nicht weis an allen orten zuuerachten / Hat auch etliche
ding eben troffen / sonderlich mit den bilden vnd figuren nahe hin zu
geschossen / schier mehr denn mit den worten.

Hie ist zu mercken / das Gott der alleine alles gemacht hat / auch selbs alles regiret / auch alleine zukunfftigs weis vnd sagen kan / Hat er doch zu sich genomen / beyde seine Engel vnd vns menschen / durch wilche er wil regiren / das wir mit yhm / vnd er mit vns wircke / Denn wie wol er kundte / weib vnd kind / haus vnd hof / on vns regiren / neeren vnd beschirmen / so wil ers doch durch vns thun / vnd setzet ein den vater odder hausherrn vnd spricht / Sey vater vnd mutter gehorsam. Vnd zum vater / Zeuch vnd lere deine kinder. Jtem also kundt er auch wol on könige / fursten / herrn vnd richter / weltlich regiren / fride halten vnd die bösen straffen / Er wil aber nicht / sondern teilet das schwerd aus vnd spricht / straffe die bösen / schutze die frumen vnd handthabe den friden. Wie wol ers doch selbs durch vns thut / vnd wir nur seine laruen sind / vnter wilcher er sich verbirget vnd alles ynn allen wirckt / wie wir Christen das wol wissen. Gleich wie er auch ym geistlichen regiment seiner Christen / selbs alles thut / leret / trostet / straffet / vnd doch den Aposteln das wort / ampt vnd dienst eusserlich befilhet das sie es thun sollen. Also braucht er vns menschen / beyde ynn leiblichem vnd geistlichem regiment / die wellt vnd alles was drynnen ist / zu regiren.

Eben so braucht er auch der Engel / wie wol wir nicht wissen [A iij] wie dasselbige zugehet / denn er befilhet yhn nicht das schwerd / wie der weltlichen öbirkeit / noch das eusserliche wort / wie den predigern / noch das brod vnd kleid / vihe vnd haus / wie den haushaltern vnd eltern. Denn wir sehen noch hören der keines von den Engeln / wie wirs von den menschen sehen vnd hören. Dennoch sagt die schrifft an viel orten / das er die wellt durch die Engel regire / Eym yglichen keyser / könige / fursten / herrn / ia eym yglichen menschen seinen Engel zuuerordent / der sein bestes bey yhm thu / vnd fodder yhn ynn seim regiment vnd hirschafft / Wie Danielis .x. der Juden Engel klagt / das der Persen engel yhm widderstanden habe / Aber der Kriechen Engel kome yhm zu hulffe. Wie aber die lieben Engel hieruber eins bleyben fur Gott / vnd doch widdernander sind fur den menschen / gleich wie die konige yhn befolhen / widdernander sind / las ich hie dis mal anstehen vmb der satsamen geister willen / wilche ynn einem augenblick können lernen / alles was Christus vnd alle nötige artikel des glaubens foddern / vnd darnach auff fragen fallen / sich bekümmern / was Gott fur der wellt gemacht habe / vnd der gleichen / auff das sie hie auch yhren furwitz zu bussen haben mit den lieben Engeln / Sondern wollen das fur nemen das aller leichteste / wilchs sie auch so bald sie es hören / kostlich wol verstehen.

Nemlich das / Weil Gott die gottlosen ynn welltlicher öbirkeit durch sich vnd seine Engel regirt (wie gesagt ist) allermeist vmb seines worts willen / das es muge gepredigt werden / wilchs nicht kondte geschehen / wo nicht fride ynn landen were / So nympt er sich auch desselbigen mit ernst an / Vnd lest sie zu weylen durch seine Engele furen vnd gluck

haben / zu weylen auch wunderbarlich dem vngluck entgehen / wie denn
alle Heiden selbs bekennen / das streit vnd sieg stehe schlechts nicht ynn
menschen krafft noch witze / sondern ym gluck / Wilchs also zu gehet /
das die lieben Engel da sind vnd durch ynnwendige anregen plotzlich
einen rad odder synn eingeben / odder eusser[A iij^{vo}]lich ein zeichen vnd
anstos ynn weg legen / damit der mensch gewarnet odder gewendet wird
dieses zu thun / das zu lassen / diesen weg zu zihen / diesen zu meyden /
auch offt widder den ersten fursatz. Denn / weil sie mit worten nicht
reden zu vns / thun sie das mit synn eingeben / odder eusserliche vrsache
plotzlichen furlegen / gleich wie wir pferde vnd ochsen anschreyen /
odder holtz vnd steyn ynn weg legen / das sie nicht ynn graben fallen.
Solche eusserliche zeichen odder vrsache / nennen die Heiden Omina /
das ist / böse anzeigung odder warnunge / Dauon yhr bucher vol sind /
denn sie sehen wol / das es geschicht / sie wissen aber nicht / wer es thut /
Dauon were wol viel zu schreiben vnd exempel anzuzeigen.

Solchs thun die Engel auff erden / Vber das thut Gott ym hymel
auch seine zeichen / wenn sie ein vngluck treffen sol / vnd lest schwantz-
sterne entstehen / odder Sonn vnd Mond schein verlieren / odder sonst
ein vngewönliche gestalt erscheinen. Jtem auff erden grewliche wunder
geborn werden / beyde an menschen vnd thieren / Wilchs alles die Engel
nicht machen / sondern Gott selbs alleine / Mit solchen zeichen drewet
er den gottlosen / vnd zeigt an zukunfftig vnfal vber herrn vnd lande /
sie zu warnen. Vmb der frumen willen geschicht solchs nichts / denn
sie durffens nicht / drumb wird yhn auch gesagt. Sie sollen sich fur des
hymels zeichen nicht furchten / als Jeremias spricht / denn es gilt yhn
nicht / sondern den gottlosen.

Hiraus ist nu komen die sternkunst / vnd warsager kunst / denn weil
es war ist / das solchs geschicht / vnd die erfarung beweiset / das vngluck
odder gluck bedeut / Sind sie zu gefaren / vnd habens wollen fassen
vnd ein gewisse kunst draus machen / da sind sie gen hymel gefaren
vnd habens ynn die sterne geschrieben / Vnd weil sie feine gedancken
gehabt / das sichs mit der sternen art reymet / mussens nu die sterne
vnd natur thun / das Gott vnd die Engel thun / Gleich wie die ketzer zu
[A IV] erst yhre gedancken finden / darnach die selbigen ynn die schrifft
tragen / vnd mus denn schrifft heissen / was yhn trewmet. Da ist denn
der teuffel zu geschlagen / hat sich drein gemenget / vnd wie er ein herr
der wellt ist widder Gotts herschafft / hat er auch des gleichen zeichen
viel angericht auff erden / die sie Omina heissen / Vnd hat an manchen
orten warsager erweckt / als zu Delphis vnd Hammon / die solche zeichen
gedeutet / vnd kunfftige ding haben gesagt. Nu er denn der wellt furst
ist vnd aller gottlosen könig vnd herrn sampt yhren lendern / synn vnd
wesen fur yhm hat / dazu alle erfarung von anfang der wellt gesehen / hat
er leichtlich können sehen / wo er mit yhn hinaus wolle. Aber weil er
nicht gewis ist (denn Gott bricht yhm offt die schantz vnd lest yhn

nicht ymer treffen) gibt er seine weissagung mit solchen wanckenden
worten eraus / das / so es geschehe odder nicht / er dennoch war habe /
Als da der konig Pyrrhus fragt / ob er die Rômer schlahen wurde /
Antwort er / Dico Pyrrhum Romanos vincere posse / als wenn ich auff
deudsch spreche / Jch sage Hansen Petern schlahen muge / Es schlahe
nu Hans odder Peter / so ists beydes durch die wort verstanden. Vnd
der gleichen hat er viel gethan durch Gotts verhengnis vnd thuts auch
noch / Vnd trifft offt / das geschicht / aber Gott lessts nicht allewege
treffen / darumb ist die kunst vngewis / vnd behelffen sich damit / fey-
lets an einem ort / so trifft doch am andern / Widderferets nicht diesem /
so widderferets doch yhenem.

Was sagen wir denn zum Lichtenberger vnd des gleichen ? das sage
ich. Erstlich / Den grund seiner sternkunst halt ich fur recht / aber
die kunst vngewis / das ist / Die zeichen am hymel vnd auff erden feylen
gewislich nicht / Es sind Gotts vnd der Engel werck / warnen vnd
drewen den gottlosen herren vnd lendern / bedeuten auch ettwas / Aber
kunst darauff zu machen ist nichts / vnd ynn die sterne solchs zu fassen.
Zum andern / es mag dennoch wol daneben sein / das yhn Gott odder
sein En [A IV^{vo}]gel bewegt habe / viel stůcke / wilche gleich zutreffen /
zu schreiben / wie wol yhn dunckt / die sterne gebens yhm / Aber nichts
deste weniger / auff das Gott sehen ließe / das die kunst vngewisse sey /
hatt er yhn lassen feylen etliche mal.

Vnd ist das summa summarum dauon / Christen sollen nichts nach
solcher weissagunge fragen / denn sie haben sich Gott ergeben / durffen
solchs drewens vnd warnens nicht. Weil aber der Lichtenberger die
zeichen des hymels anzeucht / so sollen sich die gottlosen herren vnd
lender fur allen solchen weissagungen furchten / vnd nicht anders
dencken / denn es gelte yhn / Nicht vmb yhrer kunst willen / die offt
feylen kan vnd mus / sondern vmb der zeichen vnd warnunge willen / so
von Gott vnd Engeln geschicht / darauff sie yhre kunst wôllen grunden /
denn die selbigen feylen nicht / des sollen sie gewis sein / Als zu vnsern
zeiten haben wir viel sonnen / regenbogen vnd der gleichen am hymel
gesehen. Hie ist kein sternkundiger / der gewis hette kônnen odder
noch kônnen sagen / es gellte diesem odder dem konige / dennoch sehen
wir / was dem konige zu Franckreich / Denemarck / Hungern gewislich
widderfahren ist / Vnd wird noch andern konigen vnd fursten auch gehen
gewislich.

Derhalben schencke ich den Lichtenberger vnd des gleichen / den
grossen hansen vnd lendern / das sie wissen sollen / es gellte yhn / vnd
wo er trifft / das solchs geschicht aus den zeichen vnd warnunge Gotts /
darauff er sich grundet / als die da gewislich den grossen hansen gelten /
odder durch verhengnis Gottes aus des Satans eingeben. Wo er aber
feylet / das solchs aus seiner kunst vnd anfechtung des Satans geschicht /
Denn Gotts zeichen vnd der Engel warnunge / sind gemenget mit des

Satans eingeben vnd zeichen / wie die wellt denn werd ist / das es wust
vnternander gehe vnd nichts vnterschiedlich erkennen kan. Das sey
mein vrteil vnd vnterricht / die Christen verstehen wol / das [B] so recht
ist / Was die andern gleuben / da liegt mir nichts an / Denn sie mussens
erfaren / wie man den narren die kolben lauset.

Das nu meine vngnedige herrn die geistlichen sich frewen / als seyen
sie hinûber / vnd solle yhn nu hinfurt wol gehen / da wûndsch ich yhn
glûck zu / sie dûrffens wol / Aber weil sie yhr gottlose lere vnd leben
nicht bessern / sondern auch stercken vnd mehren / wil ich auch geweissagt haben / das / wo es kumpt vber ein kleine zeit / das solch yhr freude
zu schanden wird / wil ich gar freundlich bitten / sie wolten mein gedencken / vnd bekennen / das der Luther hab es besser troffen / denn
beide der Lichtenberger vnd yhre selbs gedancken Wo nicht / so wil ich
yhn hie mit ernstlich gepotten haben / das sie es bekennen mussen on
yhren danck / vnd all vnglûck dazu haben / da für sie doch

Gott behuete / so ferne sie sich bekeren / Da

gebe Gott seine gnade zu /

A M E N.

[*Lichtenbergers*]
Vorrede vber das folgend Buchlin.

WJe wol Gott der Herr zeit vnd stunde yhm allein ynn seiner gewalt
furbehalten hat / Wie Christus die ewige warheit selbs bezeuget / Er
auch alleine zukunfftige ding weis / Vnd niemand ist ynn dieser welt /
der den morgenden tag / odder was daran geschehen sol / wûste vorhin
zu verkûndigen / Nichts deste weniger / hat der selbige gûtige Gott /
aus seiner milden vberflûssigen gûete vnd barmhertzickeit / mancherley
gaben yn seine Creaturen gegossen / damit er yhnen etliche ding / die
noch ferne vnd zukûnfftig sind / zuuerstehen vnd zu wissen vergûnnet
hat / doch nicht gantz klar / [B^{vo}] sondern aus etlichen gleichnissen / vmb-
stenden / zeichen vnd abnemung der geschehen ding / gegen die / so noch
zukunfftig ergehen sollen. Also verkûndigen die Vôgel ym gesange vnd
mit yhrem fliegen / des gleichen auch andere thiere / ynn mancherley
weise / die zeit vnd verenderung odder geschicklickeit der zeit / auch der
gleichen mehr dings / wie es damit zukunfftig sol ergehen. Also bedeut
abendrôte / das der zukunfftige morgen werde schôn werden / vnd morgen-
rôte bedeut / das es auff den abend regenen werde. Solche ding sehen wir
alle so natûrlich geschehen / durch schickung vnd ordenung der natur / yhr
von Gott eingegeben / Wie solchs die natûrlichen meister die man Philo-
sophos / Mathematicos vnd Astrologos nennet) volkômlich beschrieben
haben.

Es lasse sich hierynne niemand yrren / diesen spruch Aristotelis da
er also sagt / Von den zukunfftigen / zufelligen dingen / hat man keine

gewisse warheit. Denn der selbige Aristoteless spricht auch / Alles was da zukunfftig ergehen sol / das mus von not wegen komen / Kompt es nu not halben odder sonst anderswo her / so mus es yhe eine vorgehende vrsache haben / wie Plato gesagt hat / Solche vorgehende sache / eigentlich vnd volkömlich / weis alleine Gott / der schepffer aller dinge. Er hat aber dem menschen gegeben / vernunfft / verstentnis vnd krafft allerley hyn vnd widder zu betrachten / damit er aus den vorgangnen dingen zukunfftige abnemen vnd ermessen künde / Der selbige Gott hat dem menschen auch verliehen kunst vnd erkentnis der sterne am hymel / daraus man mancherley geschicht / dazu einen das gestirn zeucht / zukünfftig vorhyn sagen mag.

Auff das man aber den grund dieser dinge eigentlich abnemen müge / ist zu mercken / das Gott ynn dreyerley weise dem menschen geben hat zukünfftige ding zu wissen / die ein iglicher der vleis ankeren wil / alle / odder yhe etliche erforschen vnd begreiffen mag.   Zum ersten (wilchs auch vnter allen die [Bij] gemeinste weise ist) So der mensch lange zeit lebet / mag er durch lange erfarunge sehen vnd hören / vnd also viel dinge durch gleichnis vnd vernünfftliche prüfung zukunfftig sagen / wie denn alte leute das zeugen vnd beweisen.

Die ander weise ist aus den sternen vnd aus der kunst der Astronomey / wie Ptolomeus spricht / Wer die vrsachen der yrdischen dinge erfaren wil / der mus erstlich vnd vor allen dingen acht haben auff die hymelischen cörper / Denn / als Aristoteles sagt / so rüret vnd henget diese vnterste welt an der obersten / so genaw vnd eben / das auch alle yhre krafft von den hymlischen vnd öbersten corpern regirt werde. Auch spricht Ptolomeus / das die menschen yn sitten vnd tugenden durch die sterne vnterweiset vnd geendert werden / Denn die sterne geben etliche neygung den menschlichen cörpern / aber sie nötigen doch gantz vnd gar niemand.

Zum dritten / wird dem menschen gegeben / zukunfftige ding zu wissen / durch offenbarung / Denn / wie wol der Vater ynn ewickeit yhm alleine ynn seine gewalt gesatzt hat / zukunfftige ding zu wissen / hat er doch etlichen sonderlichen menschen solche ding offenbaret / entweder ym geiste / odder ynn einem gesichte / vnd als in einem tunckeln vnd verborgenem retzlein / odder auch durch offentliche gesandte Engel / vnd vormittelst mehr andern heimlichen weisen / das sie künnen zu kunfftige ding warhafftiglich sagen / vnd zuuor / ehe sie geschehen / verkündigen / Wie wir das eigentlich vnd klerlich bey den Heiden von der Sibylla lesen / wilche den Römern viel zukunfftiges dinges / on lügen vnd betrueg / warhafftig geweissaget vnd verkündiget hat. Vnd gleich die selbige Sibylla / hat auch den Römern / langest zuuor ehe es geschach / gesagt / Das der Tempel der ewickeit / nicht ehe zerfallen solt / bis das eine iungfraw einen son gepüre. Vnd viel ander ding mehr / hat sie yhnen gesagt / das sich mit der zeit alles hat begeben / Wilchs sie doch

nicht hette thun können / wenn sie nicht ein geist / yhr von Got [Bij ᵛᵒ]
gegeben / gehabt hette. Also haben auch die Propheten ym alten Testament zukunfftig ding geweissaget / Des sind nu viel exempel. Vnd zu
letzt auch zu vnsern zeiten / ym newen Testament sind dem heiligen
Johanne / da er dem Herrn auff der brust lag / die heimlickeiten Gottes /
so am ende der welt erfur kummen solten / offenbart worden. Der andern
wil ich schweigen / alleine der einigen Brigiden wil ich gedencken /
wilcher offinbarung hie ynn diesem büchlein werden vnterweilen zum
marckte komen. Zu der selbigen wollen wir auch einen rechnen / der
heist Reinhard Lolhard / wie es sich alles hernach finden wird an seinen·
orten.

Die itzt ertzelten drey wege vnd weise / zukunfftige dinge zu wissen /
wird der Meister dis büchleins / der sich wil vngenant haben / fur sich
nemen / vnd wird viel dinges / das da ynn kunfftigen iaren geschehen
sol / mit glaubwirdigen vrsachen vnd bewegnissen anzeigen / warlich
nicht freuelich vnd vnbesunnen / auch nicht mit einem stoltzen vnd
auffgeblasenem mut / sondern als eine trewliche warnung vnd ver-
manung / damit er warnet vnd ermanet höchlich vnd mit ernst alle
menschen / vnd sonderlich Fursten vnd Oberkeit / das sie hülffe vnd rad
suchen wolten / damit man dem zukunfftigen vnglück begegnen / vnd
viel arges verhüten künde. Denn versehen geschütz thut wenigern
schaden. Derhalben mügen sie sich hüten vnd fursehen / so viel sie
mügen / vnd wolten yhe nicht einem iglichen geiste glewben / Denn glaub
vnd trew ist nu zur zeit ein seltzamer vogel ynn der welt. Wo aber nu
kein glaub noch trew ist / da kan kein guter rad sein / vnd wir keinen
rad auff erden finden künnen / so ist keine andere zuflucht / denn das wir /
bey Gott dem aller höchsten / rad hülff vnd beystand suchen.

Derwegen so last vns alle anruffen vnd andechtiglich bitten / den
selbigen gütigen vnd barmhertzigen Gott / vnd vnsern Herrn Jhesum
Christum / das er vns durch seine gnade [B iij] wolle verzeihen vnsere
missethat / wolle vns bekeren zum guten / vns ynn einem rugigen fride
erhalten / vnd seinen zorn von vns abwenden / Er wolle fur vns stehen /
so wird vns niemand künnen schaden. Jtzt wollen wir nu zu diesem
büchlein greiffen / vnd höret mit vleis zu.

*   *   *

[*Das erste Capitel*]

[Bl. D] Hie stehet ein alter gebuckter bertichter / hinckender man /
der helt sich an einen stab mit der lincken hand / vnd hat eine sichel in
der rechten / vnd ligt auff einem manne der hat einen ochsen bey den
hörnern ynn der rechten hand / gleich als er yhn erwürgen wolt / Vnd

zwischen den zweyen stehet das zeichen Scorpion. *Darauf folgt* [*Bl. D^{vo}*] *der in Abb. 13 wiedergegebene Holzschnitt*[156] *mit nachstehendem Text:*

DAs ist eine namhafftige Constellation fast wol zu mercken vnd zu betrachten / der schwerwichtigen grossen Planeten des Saturni vnd Jupiters / wilcher Coniunction vnd zusammen lauffung / erschrecklich ding drewet / vnd verkündiget vns viel zukunfftigs vnglücke / Vnd ist volkomen gewesen / nach Christ gepurt ym iare / M.cccc.lxxxiiij. am funff vnd zwentzigsten tage Nouembris / des Weinmondes / vmb die sechste stunde / vier Minut nach mittage / wie wol der krebs eins grads hoch auffsteyge vber den Horizontem.

Der selbigen zweyen planeten Coniunction vnd zusamme lauffung geschicht seer selten / vnd nicht ehe / denn nach verlauffung einer langen zeit / vnd wenn viel gestirn herumb komen sind / vnd derhalben bringet sie auch einen sterckern ein [D ij] flus. Zu wilcher erschrecklichen Coniunction / ist das greßliche vnd scheußliche haus des aller vnglückhafftigen zeichens des Scorpion / geeigent vnd verordenet / ynn dem .23. grad vnd .43. minut / darynne sich frewet der stern des falschen Martis / Vnd das am aller ergsten ist / vnd ein vrsach werden wird alles vnglücks / der störrige vnd boshafftiger Saturnus hat mit seiner erhöhung gegen mitternacht den gutigen vnd freuntlichen Jupiter vntergedruckt / Auch ist Mars[1] ein herr dieser Coniunction / vnd der mitten vom hymel gresslich vnd vol drewens herunter sihet / yn seinem eigen königlichem haus auch königlichem zeichen sitzend vnd erhaben / Derhalben er yhm auch alle ordenung vnd regierung dieser Coniunction zuschreibet vnd zueignet. Vnd darumb die weil der freundliche Jupiter also von Saturno vnd Marte gefasset / vnd von yhrem bösen glentzen vntergedruckt ist / kan er yhrer macht vnd gewalt nicht widderstehen / mag auch derhalben seine heilsame vnd gewönliche hülffe durch seine freuntlickeit den menschen nicht mit teilen.

Dieweil aber solcher grausamer / wie wol langsamer Coniunction bedeutung sich auff viel iare erstrecket / dåncket mich nicht vnnütze sein / etliche andere Constellation / so zwischen dieser zeit mit einfallen / alhie auch mit anzuzeigen / auff das man von den selbigen / so sie allenthalben wol bewogen vnd billiche vrsachen yhrer vereinigung furgebracht wurden / aus allen / wie wol vngleichen vrsachen / doch eine gleiche form vnd werck herausser ziehe.

Es hat sich auch begeben ym iare / M.cccc.lxxxv. ein erschreckliche vnd fast ein gresslich Eclypsis vnd finsternis der Sonne / wilchs wird der grossen Coniunction obgemelt / yhre bedeutung / yhre krafft vnd böse wercke / die sie pflegt zu bringen / noch viel böser machen / des gleichen auch die Coniunction der zweyer bösen stern Saturni vnd Martis / die da gewesen ist / am letzten tage Nouembris / ym neunden

---

[156] Vgl. die Illustration bei Paulus von Middelburg (Abb. 12).

grad des Scorpions / zu der vuuolkomenen[!] stunde / der verbrennung
des [D ij ^{vo}] Mondes[157] / Jn wilcher coniunction / der boshafftige Saturnus /
mit seiner erhebung den Martem yn seinem eigen hause vnterdrŭcket /
vnd viel zeugnis zukunfftiges vnglŭcks bringet / auch mechtiglich seer die
grausamkeit obverzelten Constellation mehret vnd bestetiget. Aber die
andere freuntliche Coniunction des gŭtigen Jupiters vnd des grausamen
odder zornigen Martis / wilche newlich ym .18. grad des Scorpions / zusammen gelauffen sind / mit Jupiters glŭck / ynn dem das er sich vber
den Martem erhaben hat / wird ein wenig messigen das vnglŭck / oben-
angezeigter bôser Constellationen. Drumb duncket michs auch gut sein /
alhie zu erzelen / etliche grosse Coniunctiones / vnd zusammen lauffung
der Planeten / so sich ynn vergangner zeit begeben haben / wilcher bedeutung nach etlicher meinung / bis auff diese zeit sol wehren.

Der grosse vmblauff des hymels / der den namen hat von der Coniunction die fur der sindflut war / ist von grad zu grad / vnd fuss fur fuss zu
dem .15. grad des lewens des .12. minuts / langsam vnd fewlichen komen /
Des selbigen vmblaufffts Regiment vnd gubernation ist von recht zu erteilt
dem Mond vnd hat seine macht angenommen / vnd der grad der direction
ist gefurt vnd komen zu dem funfften teil der Wage / vnd besitzet die
selbige / vnd der selbigen teil zeucht yhm der Monde zu. Aber vmb die
grossen Coniunctiones / die da bedeut haben / als man sagt / die zukunfft
vnsers heilandes vnd seligmachers Christi / ist es also gethan gewesen /
das der fortgang odder folgung des auffsteigenden zeichens des selbigen
iares gekomen sey / bis zu dem .13. grad der Wage / Aber die folgung
des orts / da die Coniunction ynne gewesen ist / ist gebracht ynn den.
.91. grad des Widders / vnd wird alda auffgenommen / Vnd der grad
der direction ist von dem Ascendente bis zu dem .12. grad / des Scorpions
gekomen / wilchen Venus zurteilet.

*   *   *

[Bl. Oiij] Bald hernach odder schier vmb die selbige zeit / wird ein
ander Prophet erstehen / nemlich / als ein geistlich man / der grosse
wunderliche heilickeit wird furgeben. (*Dazu Holzschnitt: Prophet mit
Rosenkranz.*)

Das Ein vnd dreissigste Capitel.

D Jese wunderliche Constellation vnd zusammenlauffung der sterne
zeiget an / das da sol geporn werden noch ein ander kleiner Prophet / der
sol trefflich sein mit wunderlicher auslegung der schrifft / vnd sol auch
antwort von sich geben mit einem grossen ansehen der gotheit / der da
wird die seelen der menschen / so zur erden gefallen sind / seinem gepiet
vnd herrschafft vnterwerffen. Denn die Sternseher pflegen kleine Pro-

---

[157] S. o. Anm. 148.

pheten die zu nennen / die da yrgend eine verenderung yn den gesetzen machen / oder bringen neweCeremonien auff / die auch dieGôtlichen kûnste vnd [Oiij^{vo}] sprûche / mit vleissiger deutung auslegen / wilcher meinung vnd wôrter / die leute als fur Gôtliche vrteil vnd lere / annemen / Aber es geschicht / das vnter den selbigen etliche falsch sind / als der Mahumet / Etliche reden auch war / als da sind gewesen der heilige Franciscus vnd der heilige Dominicus. Was aber das wird fur einer sein / wird hernach kund vnd offenbar werden. Vnd wiewol ich diesen beschlus halte fur warhafftig zu bekennen von allen Sternsehern / vnd die dieser kunst erfaren sind / Doch das es môge deste klerer angesehen werden / so wil ich zu einer erhaltung vnd warmachung des selbigen ein wenig ein auslauff machen / vnd ertzelen etliche namhafftige Coniunctiones vnd zusammelauffunge der verwandelten triplicitet / so ynn langen vnd viel iaren daher sind geschehen. Vnter wilchen eine ynn der wesserichten triplicitet / ym iare M.ccc.lxv. ym achten grad des Scorpions / ist vollenkomen worden / Aber die zwo so vor der sind geschehen / vnd aber zwo die der selbigen nachfolgen ynn der lufftigen triplicitet / sind ynn den Zwillingen vnd ym Wasserman geschehen. Die dritte aber nach der selbigen / wilche ist gewesen ym iare M.cccc.xxv. ist widderumb komen zu der wesserichten triplicitet ym. xiij. grad des Scorpions / vnd ist bis auff den heutigen tag ynn der selbigen triplicitet geblieben. Also halt ichs nu da fur / das es offenbar genug sey / das man warten sol / auff eine gepurt eines newen Propheten.

[Bl. O IV] Die gepurt eines newen Propheten. *Folgt ein Holzschnitt, die Geburt darstellend. Dazu:*

Das zwey vnd dreissigst Capitel.

ICh sage / das ym lande dem Scorpion vnterworffen / ein Prophet wird geporn werden / so das man zuuor etliche wunderzeichen vnd seltzame ding wird am hymel sehen / Aber an wilchem ende der welt / ob es gegen Mitternacht odder Mittag geschehen sol / sind so viel vnd mancherley meinung der gelarten leute / vnd so widdersynnische vrteil vnd anzeigungen / das sie gerad widdereinander stimmen. Albumazar helts dafur / das die wasserichten zeichen / die landart gegen Mittag bedeuten. Doch der gemeine hauff der Sternseher wil / das sie die landart gen Mitternacht anzeigen. Es sej gleichwol was es wolle / so sagt Messahala / das er sol geporn werden ynn eim lande / das da mittelmessig ist / der hitze vnd feuchtickeit halben / Jnn wilchem lande die [OIV^{vo}] subtile mittelmas der lufft / mit vermischter temperierung der hitz vnd kelde / alle einwoner mit heilsamer zunemung enthelt. Der selbige Prophet wird aus seinem eigen vaterlande gehen / vnd wird zeichen thun yn den landen / so dem Lewen vnd Wasserman sind vnterworffen. Denn wie Albumazar sagt / so wird er seine wunderzeichen

offenbaren ynn den landen / die durch den vierden Aspect bedeutet
sind / Wilchs auch mit aller Stern seher bewilligung ist bestetiget. Das
bezeuget auch diser spruch vnsers Seligmachers / Kein Prophet ist
angenem ynn seinem vaterlande. Aber die weil diese Coniunction ym
ascendent des iares / vnd ynn eim stetten festen zeichen erst wird volkomen sein / so wird man auff diese namhafftige gepurt nicht ehe
warten durffen / denn nach erfullung der reuolution der einigen proiection.
Darumb so sage ich / das vmb das neunzehende iar von der Coniunction /
dieser Prophet erstlich wird auff diese welt komen. Aber die zeit
seines predigens wird wehren neunzehen iar / nach den kleinen iaren
der Sonne. Wollen wir aber seiner kleidung vnd tracht halben dem
Albumazar folgen / so werden sie rốtlich sein vnd glintzern / so das
man des eine anzeigung neme von dem Marte ym zehenden / vnd von
der Sonne seines herrns. Aber denen nach zu folgen / die da wollen
haben / man sol die gestalt vnd figur der Coniunction ansehen / so das
man die anzeigung herneme von dem Jupiter / Mond / vnd vom heubte
des Drachens / so werden seine kleder weiserficht sein / wie der Mûnche
kleidung / vnd er wird eine newe geistlikeit anrichten.

Da stehet ein Munch ynn einer weissen kappen / vnd der Teuffel
sitzt yhm auff sein achseln / hat ein langen zepplier bis auff die erden /
mit weitten ermeln / vnd hat ein iungen Mûnchen bey yhm stehend.
Folgt Bl. P der hier beschriebene Holzschnitt. Vgl. Abb. 12.

Das xxxiij Capitel.

DJs sind vnd werden die zeichen sein / da bey man yhn wird erkennen / Er wird schwartze fleckichen haben am leibe / vnd wird einen
heslichen leib haben von brawnfleckichten manchferbichten mackeln ynn
der rechten seyten / beym schos vnd an der huffe / Er stehet am teil des
glûcks / zurrechten hand des hymels / vnd ym zehenden vom Horoscopo /
doch / das der ascendent der beider deste weibischer sey / vnd werden sich
auff das hinderste teil des leibes am meisten neygen. Er wird auch noch
ein ander zeichen an der brust haben / aus dem teil des zeichens / wilchs
ym sechsten grade des Lewens erfunden ist. Dieser Prophet (wie das
selbige Firmicus[158] bezeuget) wird erschrecklich sein den Gốtten vnd den
Teuffeln / er wird viel zeichen vnd wunderwerck thun / Seine zukunfft
werden auch die bösen geiste fliehen / vnd [P^{vo}] die menschen / so mit dem

---

[158] Die lat. Drucke haben: Formico. Gemeint ist schwerlich Firmicus
Maternus (die Stellen im Wortregister der neuen Ausgabe s. v. propheta
ergeben nichts) vielleicht Firminus Bellovallensis. Vgl. Cod. Amplon. fol. 386
Bl. 59 v—60 r Pronosticatio Firmini super magna coniunctione Saturni et Jovis
(et Martis, a. 1345 facta). Dasselbe Werk nach HOUZEAU-LANCASTER, Bibl.
gén. de l'astron. Brüssel 1887 Nr. 4180 in einem MS. der Bibl. nat. in Paris.

Teuffel besessen sind / wird er nicht aus krafft der worter / sondern allein das er sich sehen lesst erretten. Aber aus dem teil des reichs yn dem eilfften dieser Coniunction / wie da sagt Antonius de monte Vlmo[159] wird er nicht allzeit thun was er andern zu thun wird radten. Denn er wird ein trefflichen verstand haben / vnd vieler dinge kunst / vnd eine seer grosse weisheit / doch wird er ynn heucheley offt lůgen reden / vnd er wird ein gebrand gewissen haben / Vnd wie ein Scorpion / der des Martis haus ist ynn dieser Coniunction vnd finsternis / wird er die gifft / so er ym schwantz hat / offt ausgiessen. Vnd er wird auch ein vrsach sein grosses blutuergiessens. Vnd die weil Mars sein anzeiger ist / so lest sichs ansehen / das er wolle der Chaldeer glauben bestetigen / wie es Messahala bezeuget.

Wiewol nu dieser Prophet viel zeichen vnd wunderwerck geben wird / doch nach der heilsamen lere Christi / sol man yhm mit nichte anhangen / Ja er wird fur der einer angesehen werden / von wilchen Christus verkundiget / das sie zukunfftig sein wurden / wie man das findet yn der heiligen schrifft von Christo vnserm seligmacher selbs angezeiget Matthei .xxiiij. da er also saget / So denn yemand zu euch wird sagen / Sihe / hie ist Christus / odder da / so solt yhrs nicht glewben / Denn es werden falsche Christi vnd falsche Propheten auff-stehen / vnd grosse zeichen vnd wunder thun / das verfuret werden yn den yrthum / wo es muglich were / auch die auserwelten / Sihe ich habs euch zuuor gesagt. Darumb wenn sie zu euch sagen werden / Sihe / er ist ynn der wusten / so gehet nicht hynaus / Sihe / er ist ynn der kamer / so gleubet nicht. Das ist vnser Herr Jhesus Christus.

---

[159] Nach Mazzetti, Seraf. Repert. di tutti i prof. ant. della . . univ. di Bologna (Bol. 1847) S. 185 von 1384—90 in Bologna. Von seinen Werken gedruckt ein libellus de astrol. iudic. als Anhang zu Lucas Gauricus, Tract. astrol. iudiciariae de nativit. viror. et mul. Nürnberg 1540.

Verzeichnis der Textabbildungen.

Verzeichnis der Tafeln.

Verzeichnis
der aus Werken Luthers und Melanchthons zitierten Stellen:

II. Melanchthon.

Werke:

Oratio de dignitate astrologiae 1535 CR XI. 263 . . 11[14]
De anima (Viteb. 1548) fol. 76 v[0] und 82 r[0] . . . . 61 f.
Chronicon Carionis (s. l. 1560) p. 24 f. . . . . 73[135]

Briefe an:

Baumgärtner, Hier.	Ende März 1531	CR II. 491 11
Camerarius, Joachim	11. IV. 1531	CR II. 495 . . . . 11[13]
,, ,,	24. VI. (?) 1531	CR II. 505 . . . . 10[9]
,, ,,	26. VII. 1531	CR II. 516 . . . . 8[7]
,, ,,	18. VIII. 1531	CR II. 518 f. . . . 68
,, ,,	13. I. 1532	CR II. 563 . . . . 59[108]
,, ,,	2. V. 1532	CR II. 585 . . . . 13[16]
,, ,,	18. V. 1532	CR II. 587 f. . . . 13[16]
,, ,,	29. VI. 1532	CR II. 600 ff. 13, 68, 75 f.
Carion, Joh.	17. VIII. 1531	— 7 ff., 70, 72 ff.
Cordatus, Konrad	Ende März 1531	CR II. 490 11
Gauricus, Lucas	Anf. März 1532	CR II. 570 . . . . 13[18]
Gryneus, Simon	August 1531	CR II. 530 . . . . 75[139]
Hummelberger, Michael	12. VIII. 1522	CR I. 565 . . . . 47[88]
Matthesius, Joh.	30. VII. 1557	CR IX. 189 . . . 11[11]
Osiander, Andreas	30. I. 1539	CR IV. 1053 . . . 18[33]
Schoner, Johann	—	— 18
Spalatin, Georg	4. III. 1522	CR I. 565 . . . . 47[88]

Register.

Prognosticatio und er=

klerung der grossen wesserung / Auch anderer erschrockenlichenn
würckungen. So sich begeßen nach Christi unsers lieben hern
geburt / Funfftzehen hundert vñ rriiij. Jar. Durch mich
Magistrū Johānem Carion võ Buetikaym / Chur
fürstlicher gnaden zu Brandenburg Astrono
mū / mit fleyssiger arbeit zusamē gebracht.
Gantz erbermlich zulesen / in nutz vñ
warnung aller Christglaubi=
gen menschen rc.

Titel zu Johann Carion, Prognosticatio vnd erklerung der großen wesserung, 1521,
(Leipzig, Wolfgang Stoeckel?)

300

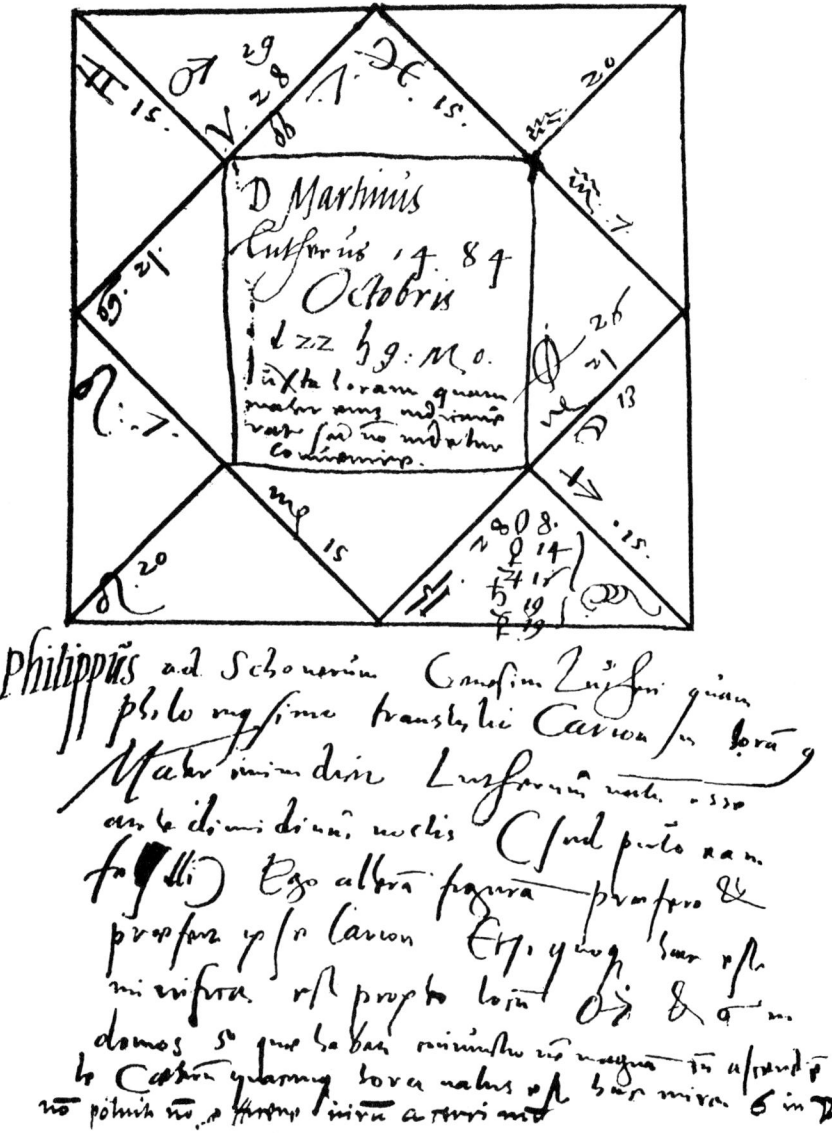

Nativität Luthers in der anonymen Nativitätensammlung des Cod. Monac. lat. 27003.

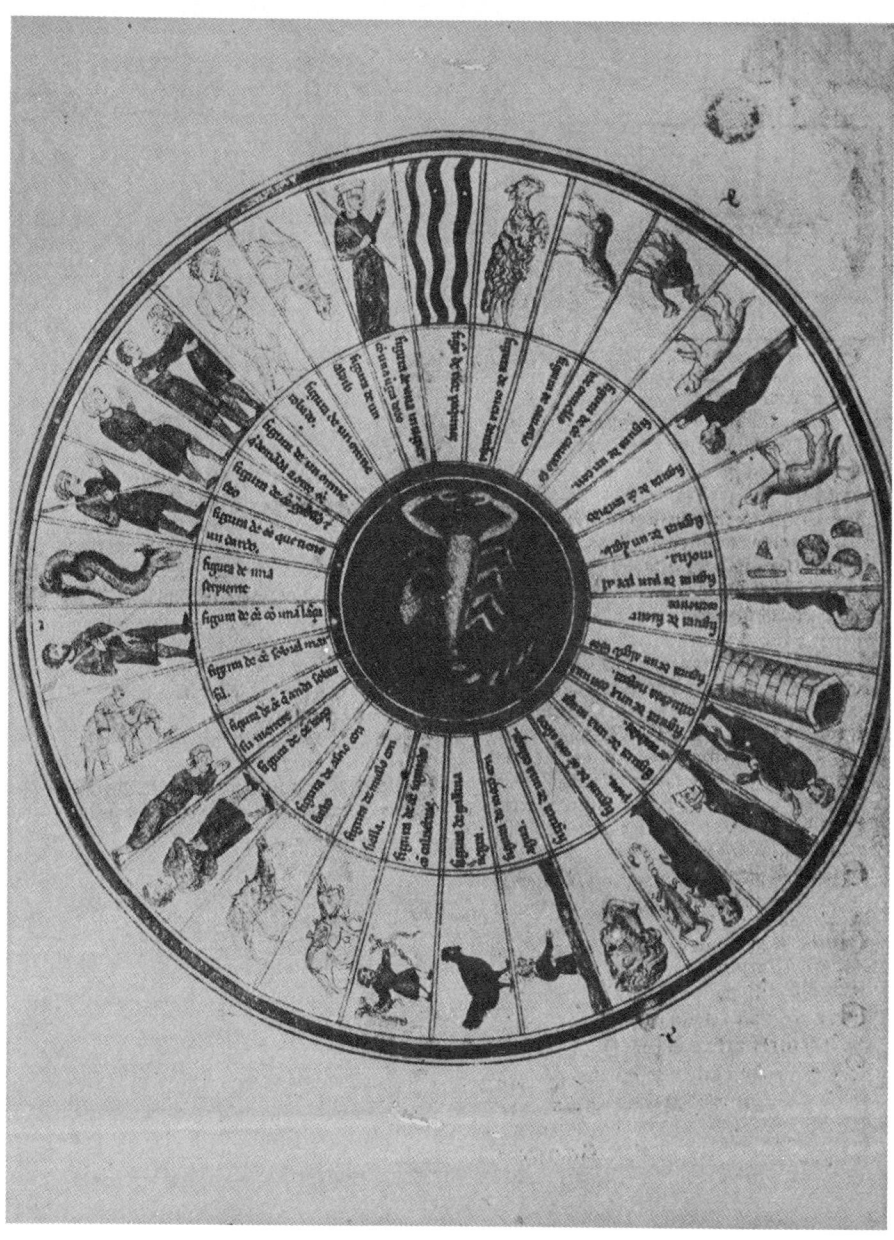

Scorpio-Wahrsagekalender aus einer spanischen Handschrift (Cod. Reg. 1283).

302

Uir ſcorpionē tenēs cũ collo.   Serpentē magnũ muſce pugentes.

℣Domo inuidus erit.   ℣Domo prudēs erit ſed malus.

Turris pulchra ac fortis.   Puteus ex quo manat aqua.

℣Fortis laborator erit.   ℣Domo inſtabilis erit ſcuiu.

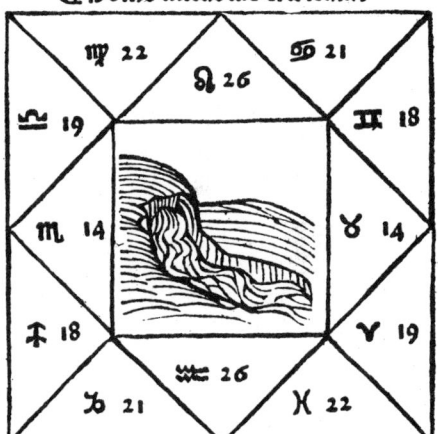

Scorpio
11–14

Scorpio-Wahrsagebilder 11—14° aus Joh. Engel. Astrolabium planum Augsburg 1488.

303

Schule des Lucas Cranach, Bildnis Johann Carions (Berlin, Preuß. Staatsbibliothek).

Kommunale Pflichten und allgemeine Geistespolitik [*]

[1909]

Der bürgerschaftliche Ausschuß zur Prüfung der Neuforderung der Oberschulbehörde, weitere Professorenberufungen betreffend, befindet sich in einer schwierigen und verantwortungsvollen Situation. Die schönen Zeiten allgemein hoffnungsvoll angeregter Unbestimmtheit sind vorbei; man muß sich eben die bereits im voraus allseitig und staunend geleistete Quittung auf Hamburgs geistige Zahlungsfähigkeit durch planvoll im einzelnen ausgestaltete Solidität nunmehr wirklich verdienen. Berechtigte Hausvatersorgen tauchen dabei auf: Ob denn die Mittel zur höchsten Form geistiger Werkstatt, einer forschenden und lehrenden Hochschule, ausreichen. Es wäre bedenklich, wenn dieser Gesichtspunkt zur Ablehnung einer Forderung der Oberschulbehörde führen würde, die die akademischste zu sein scheint, in Wirklichkeit die praktisch notwendigste ist: die Forderung eines Archäologen, der zugleich die Verwaltung der Gipsabgußsammlung zu übernehmen hätte. Es wäre kein Symptom geistiger Großstaatspolitik, sondern nur die endliche Sühnung einer pädagogischen Unterlassungssünde elementarster Art, wenn Hamburg sich auf die Pietät eines gebildeten Menschen gegenüber den höchsten Schöpfungen der Kunst der antiken Plastik besänne. Es wird wohl kaum eine Stadt in Deutschland geben, die den antiken Göttern vor aller Augen ein so miserables Asyl bietet, wie Hamburg. Im Halbdunkel zusammengepfercht, führen Götter und Heroen, die hoch im freien Licht die Verehrer grüßen sollten, in der hamburgischen Kunsthalle ein Dasein wie Auswanderer im Zwischendeck; und Hamburg sollte diesen Importartikel nicht nur des äußeren Eindrucks wegen besser behandeln. Die Stadtväter, deren Jungen sich über die › Trockenheit ‹ der Gymnasialbildung beklagen, sollten sich vielmehr klarmachen, daß man der höheren Schule nur gibt, was die Volksschule in den Naturwissenschaften längst besitzt, wenn man zum klassichen Wort durch eine Antikensammlung das sinnfällige klassische Bildwerk hinzutreten läßt. Es ist für unsere sprunghaft fortschreitende Übergangszeit charakteristisch, daß die Gymnasialbildung die visuelle Wiederbelebung des Gedächtnisstoffes hier in Hamburg bisher nicht ungestümer forderte. Denn durch die eigentlich so selbstverständliche Vereinigung von Wort und Bild bekommt die höhere Schule ja erst die Waffen in die Hand, um ihre Berechtigung, die jetzt so leidenschaftlich bestrittene, zu erkämpfen. Die antiken Schriftsteller ohne antike Kunstwerke bleiben freilich eine tückische Fehlerfalle, die › präpariert ‹, nicht erlebt wird. Ein Mann, der ganz in den plastischen Wundern der heidnischen Vorzeit lebt, kann und muß für Hamburgs Kultur aber auch noch ganz anderes leisten als diese allerdings sehr notwendige Wiedererweckung des gymnasialen Altertums. Durch ihn sollen Mächte reden, die dem Niveauschwund und der Maßstablosigkeit eines tagedienerischen Geschmacks entgegenwirken.

[* Hamburg verfügte bereits vor Gründung der Universität im Jahre 1919 über ein wissenschaftliches Vorlesungswesen. In den Jahren 1909/10 stand u. a. die Frage an, ob die Professorenschaft um einen Archäologen ergänzt werden sollte. Aby M. Warburg war einer der eifrigsten Befürworter der Einrichtung einer archäologischen Professur. Der vorliegende Essay gibt Einblick in seine bildungspolitischen Argumente. Vgl. Bibliographie Abt. A Nr. 127a und 135, Abt. B, London, The Warburg Institute, Warburg-Zimmer Nr. 72.]

Kulturwissenschaftliche Bibliothek Warburg

Hamburg, den 21. August 1929.

Vor dem Kuratorium.[*]

Meine Herren!
Ehe wir in die Beratung von Einzelheiten eintreten, scheint mir der Versuch geboten, den seelischen Ort zu präzisieren, an dem sich innerhalb der forschenden Welt die Kulturwissenschaftliche Bibliothek Warburg befindet.

Sie bedeutet in dem noch ungeschriebenen Handbuch der Selbsterziehung des Menschengeschlechtes ein Kapitel, das den Titel haben könnte: »Von der mythisch-fürchtenden zur wissenschaftlich-errechnenden Orientierung des Menschen sich selbst und dem Kosmos gegenüber.«

Die methodische Eigenart der Kulturwissenschaftlichen Bibliothek Warburg würde dabei nach zwei Richtungen hin zu Tage treten:

1) dadurch, daß dies Kapitel *illustriert* ist, d. h. daß dieser Pendelgang zwischen mythischer und wissenschaftlicher Auffassung im Spiegel der künstlerischen Gestaltung − vom Fetisch bis zum Drama − durch etwa drei Jahrtausende hindurch systematisch-historisch verfolgt und in einer ausgewählten Reihe von Reproduktionen wiedergegeben wird. Dazu eben soll der vielerwähnte Atlas von der bildmateriellen Seite her helfen.[**]

2) dadurch, daß diese seelische Pendelschwingung realgeographisch als Mittelmeerbecken-Vorgang aufgefaßt wird, indem die betrachteten Ausdruckswerte in Sprache, Bildwerk oder Drama, auf ihre zentrale oder periphere Bezogenheit zu jenen schöpferischen Kraftfeldern, die wir Babylon, Athen, Alexandrien, Jerusalem, Rom, nennen, untersucht, Einblick gewähren in das Urprägewerk europäischer Mentalität.

Kann man einen solchen Auffangsapparat überhaupt konstruieren? Gleichsam einen internationalen Seismographen für geistigen Erbgutsverkehr von Osten nach Westen, von Norden nach Süden, der anzeigen soll, durch welche selektive Tendenz die gedächtnismäßige Gestaltung dieser Erbmasse in den verschiedenen Epochen charakterisiert wird? Die Antwort muß lauten: man darf diesen Versuch − über dessen Risiko nachzudenken ich im Laufe meiner 43jährigen Dienstzeit ausreichend Gelegenheit hatte − wagen, wenn man dabei einerseits durch *einen* Leitgedanken zur Konzentration gezwungen, auf der anderen Seite zugleich durch ein Kollegium begeisterter Mitarbeiter in diesem Pionierwerk einer historisch-psychologischen Ausdruckskunde unterstützt wird.

Dieser Leitgedanke trat auffordernd an mich schon seit meiner Schulzeit heran in der Frage nach der Bedeutung des Einflusses der heidnischen Antike auf die europäische Geistesgestaltung.[+] Und diese Frage ist bis heute der Ariadnefaden geblieben, an dem wir uns durchzufinden versuchen durch das Labyrinth aller Gestaltung, die Auseinandersetzung mit der gedächtnismäßig überlieferten Vorprägung bedeutet. Diese Vereinigung der Grundsätze: Beschränkung im Ziel und Steigerung der Leistung durch kollegiale Energie, hat sich nun bewährt gegen große Widerstände und Zweifel (hauptsächlich in mir selbst) als tragende methodologische Maxime, und die Kulturwissenschaftliche Bibliothek Warburg ist eben das Instrument, das vielleicht letzten Endes dazu beitragen wird, die Funktion des persönlichen und sozialen Gedächtnisses zu ergründen.

In den Anlagen unseres Berichtes finden Sie ziffernmäßige Angaben, gleichsam ein Register dessen, was die Treuhänder der Erbgutmasse an Vorträgen und Studien[*] geleistet und gedruckt haben.

Die Organisation dieser Vorträge und Studien verdankt die Bibliothek Professor Fritz Saxl, der während der Erkrankung des jetzigen Leiters unterstützt von Professor Cassirer und Fräulein Dr. Bing eine korporative Fortsetzung und Erweiterung jenes Problems veranlaßte, das leitend die Forschungen bestimmte: die Frage nach Sinn und Bedeutung der antiken Heidengötterwelt für die Anschauung des modernen Menschen. Es ist vorauszuschicken, daß Professor Saxl, mit dem mich eine überpersönlich verankerte Freundschaft seit 20 Jahren verbindet, der Bibliothek die unvergleichliche Sicherung wissenschaftlichen Bemühens dadurch verschaffte und verschafft, daß er in den Bibliotheken Europas jene aus dem Altertum stammenden Handschriften nachzuweisen, zu beschreiben und in den Dienst unseres Problems zu stellen versucht und fertiggebracht hat, die das Nachleben der Heidengötterwelt vom Untergang des Altertums bis zum Anbruch der Renaissance illustrieren.[**] In dieser Arbeit setzt sich das Werk unseres verstorbenen Freundes Franz Boll fort, der für ein möglichst vollständiges Verzeichnis dieser Urzeugnisse der wandernden Antike fürsprechend die praktische Beihilfe der Heidelberger Akademie gewann, die heute noch im Verein mit der Notgemeinschaft es uns ermöglicht, Professor Saxls Hauptaufgabe: die Fertigstellung dieses Kataloges zu erfüllen! Erst durch diese seine helfenden Entdeckungen wird der Bilderatlas widerspruchslose Evidenz erringen können.

Für den Nicht-Wissenschaftler ist es, vom Budget aus gesehen, vielleicht am schwierigsten zu begreifen, daß man bei Konstruktion eines Observatoriums noch an den Fundamenten arbeiten kann und muß, während der Aufbau doch schon in Stockwerken dasteht, und daß eben erst durch diese Differenzierung der Arbeit die ganze Tektonik des Gebäudes nicht leidet, sondern im Gegenteil wachstumgemäß fortschreitet. Die Geisteswissenschaften haben eben andere Strukturgesetze, als die Technik.

[+] Lessings Laokoon in Oberprima im Unterricht des trefflichen Prof. Merschberger die causa movens.

[* Vorträge der Bibliothek Warburg, herausgegeben von Fritz Saxl, 1921 bis 1929 acht Bände (von insgesamt neun); Studien der Bibliothek, herausgegeben von Fritz Saxl, 1922 bis 1929 zwölf Bände (von insgesamt einundzwanzig). Vgl. University of London. The Warburg Institute, London 1978, S. 16f. (kostenlos erhältliche Informationsbroschüre).]

[** Fritz Saxl: Verzeichnis astrologischer und mythologischer illustrierter Handschriften des lateinischen Mittelalters, Bd. 1, Heidelberg 1915, Bd. 2, Heidelberg 1927.]

Es muß aber vor allem jenes Mannes wiederum und ausdrücklich gedacht werden, ohne den die Drehung unseres Scheinwerfers nach Osten eine Unmöglichkeit gewesen wäre. Die Bibliothek verdankt es einzig meinem Freunde Boll, daß wir das Beobachtungsgebiet für die wandernde Heidengötterwelt in der Koordinate Ost-West, die jetzt von Spanien nach Indien reicht, bearbeiten können. Die Koordinate Süd-Nord (Rom, Perugia, Florenz, Padua, Augsburg, Nürnberg, Erfurt, Goslar, Lüneburg, Hamburg, Lübeck) war schon angelegt, ehe ich 1907 die *Sphaera* von Boll kennenlernte.

Neunundvierzig bewiesene Gelehrte, darunter auch deutschsprechende Ausländer – Mesnil, Henkel, Farinelli – haben uns in etwa 70 Vorträgen oder durch Studien, wie sie heute vorliegen, bis jetzt geholfen, unser Observatorium nicht nur zu erhalten, sondern ihm auch ein inneres Anrecht auf organisches weiteres Wachstum in der ganzen wissenschaftlichen Welt zu sichern. Freilich, in diesem Raum geschieht eben nur, was man als *normal* bezeichnen könnte, wenn nicht eben die Normalität leider zu einer luxuriösen Ausnahme geworden wäre; d.h. daß das weiter ausgreifende Wachstum, die vertiefte und verbesserte Organisation bei jedem ihrer Schritte kaum mit Beifall und Gold von der ergriffenen Menge überschüttet würde. Wenn es nun auch an der Zustimmung der bewiesenen Sachverständigen nie gefehlt hat, und dieses Unternehmen sogar im Ganzen von sich sagen darf, daß es als Unikum in seiner besonderen Funktion in diesen kurzen Jahren von 1922–1929 zu einem Ansehen gekommen ist, das weit über unsere Erwartungen ging und uns erst die ganz notwendige Ermutigung, auf unserem windigen Posten auszuharren, gab, so würde uns doch keine staatliche Institution die Mittel zur Verfügung stellen, die wir privat aufbringen müssen, da sie in der Tat an den Bedürfnissen des sonstigen realen Lebens gemessen, exorbitant erscheinen müssen. Demgegenüber möchte ich bitten, beim Endspurt nicht Vertrauen und Atem zu verlieren; wenn man mir und meinem Stab von ausgesuchten vertrauenswürdigen Mitarbeitern weiterhin Kredit gewährt, der nicht einmal blanko zu sein braucht, so kann ich bei aller schwerlastenden, fast erdrückenden Verantwortlichkeit, die bei dieser Mitteilung auf meinen Schultern liegt, in Aussicht stellen, daß die Kulturwissenschaftliche Bibliothek Warburg in wenigen Jahren als ein universelles Beobachtungsinstrumentarium anerkannt sein wird, um das uns in der ganzen Welt jene Gruppen von Wissenschaftlern beneiden werden, für die das Erbgut des Mittelmeerbeckens, sei es Belastung oder Förderung, jedenfalls aber eine Mitgift bedeutet beim Marsche der sonnenwendigen Wahrheitssucher.

Ich möchte nun noch Herrn Dr. Wind bitten, über eine bevorstehende englische Übersetzung von meiner »Heidnisch-antike Weissagung zu Luthers Zeiten« zu referieren.[*]

[* Die Übersetzung ist bisher nicht erschienen. Das Manuskript ist im Warburg-Nachlaß des Warburg-Institutes erhalten, vgl. Bibliographie Abt. B, London, The Warburg Institute, Warburg-Zimmer Nr. 89.]

AUSGEWÄHLTE WÜRDIGUNGEN

Warburgs Mnemosyne-Atlas

von Fritz Saxl
[1930]

Der Atlas, dem Warburg den Titel »Mnemosyne. Bilderreihe zur Untersuchung der Funktion vorgeprägter antiker Ausdruckswerte bei der Darstellung bewegten Lebens in der Kunst der europäischen Renaissance« gegeben hat, ist ein grundlegender Versuch, philosophische und bildgeschichtliche Betrachtungsweise zu verbinden.

Warburg hat sich im Wesentlichen mit der Kunstgeschichte der italienischen Renaissance beschäftigt und zwar auf einem viel weiteren Felde als dasjenige ist, das seine bisher gedruckten Publikationen umfassen. In dem Atlas gelingt es Warburg, die Fülle seiner wissenschaftlichen Arbeit und ihre Resultate einheitlich der Forschung vorzulegen.

So steht im Zentrum der Arbeit die Kunst des florentinischen Quattrocento nach den führenden Künstlerpersönlichkeiten, Botticelli, Ghirlandajo, Pilippino Lippi, Mantegna usw. deutlich gegliedert. Dennoch ist dieser Atlas etwas ganz anderes als ein Bilderatlas zur Kunstgeschichte der italienischen Renaissance, denn die Künstler-Persönlichkeiten sind von einer zentralen Fragestellung aus (nach ihrem Wesen) betrachtet: was bedeutet in ihrem Werk der Einfluß der Antike?

Warburg hat einen doppelten Weg eingeschlagen, um diese Frage zu beantworten. Er hat einmal den Künstler mit dem, was man gewöhnlich seine kulturelle Umgebung nennt, zusammengesehen. Auf den Tafeln zur Geschichte Botticellis erscheint daher auch das Bildnis des Lorenzo Medici und in den Erläuterungen werden jene Gedichte, die Lucretia Tornabuoni, die Mutter des Lorenzo, für ihre Kinder gereimt hat und die noch unpubliziert sind, abgedruckt, denn diese Gedichte behandeln eben jene Themen, die die Kunst des Lorenzo-Kreises in verwandter Weise dargestellt hat, sie geben den Schlüssel zu deren Verständnis.

Auf der Ghirlandajo-Tafel erscheint Francesco Sassetti, der Auftraggeber, und in den Erläuterungen wird das Testament des Sassetti veröffentlicht, das diesen Mann im Wort lebendig zu uns sprechen läßt.

Diese Gestaltung der Geschichte durch das Mittel, das historische Individuum der Renaissance in Wort und Bild gleich lebendig vor uns hinzustellen, ist der eine Weg Warburgs zur Beantwortung seiner Frage. Denn so werden die Menschen, die jene Rezeption der Antike vollzogen haben, uns verständlich.

Das zweite Element, das Warburg auf den Tafeln darstellt (das noch darzustellen versucht wurde) sind jene Mächte, mit denen sich die Antike bei ihrem Wiederauftauchen auseinanderzusetzen hatte.

Warburg hat diese Frage mit denkbar größter Akribie zu beantworten gesucht. Er erkannte als die eine feindliche Hauptmacht jenen Einfluß, den der Norden auf das Florenz der Medici ausgeübt hat. Man hatte bis zu Warburgs berühmt gewordenen Studien über die italienischen Besteller der großen niederländischen Altäre des Hugo van der Goes und Memling diesen Einfluß des Nordens nur wenig beachtet. Seit dem Erscheinen von Warburgs Schrift im Jahrbuch der Preußischen Kunstsammlungen im Jahre 1902 werden die von ihm entdeckten Tatsachen wohl immer wieder zitiert – sie wurden eben Gemeingut der Kunstgeschichte — aber den eigentlichen dynamischen Sinn dieser Tatsache hat die Kunstgeschichte bisher kaum zu erfassen versucht.

Nun stellt Warburg in den Tafeln des Atlas die ganzen nordischen Motive zusammen, die nachweislich nach Florenz gedrungen sind und diese Tafeln sind so suggestiv, daß wir ein Bild von der Stärke der Auseinandersetzungskräfte erhalten, die den Kampf zwischen Nordischem und Antikem im 15. Jahrhundert geführt haben. Wogegen die Antike zu kämpfen hatte, das war die nordische Vorliebe für die Schönheit des durch Kleidermassen verhüllten Körpers usw.

Gegen diese das Nordische zusammenfassenden Tafeln stehen nun zwei Gruppen anderer Tafeln. Die erste vereinigt nach Gesichtspunkten, über die ich gleich sprechen werde, jene antiken Vorbilder, die nachweislich in der Renaissance benutzt wurden. Diese Tafeln geben also dem Beschauer jenen Ausschnitt aus der Antike, der den Frührenaissancemenschen in seinem Kampf gegen das Nordische als Ideal und sein Helfer vor Augen steht.

Die zweite Gruppe der Tafeln umfaßt die Renaissancebildwerke, die antike Motive verarbeiten. Diese Gruppe bildet den Hauptteil des Atlas.

Warburg hat begriffsgeschichtlich untersucht, welche von der Antike künstlerisch vorgeprägten Erlebnisformeln in der Kunst der Renaissance wieder aufleben. Die Ergebnisse dieser durch Jahrzehnte hindurch geführten, ein großes Material umfassenden Untersuchungen werden von ihm bisher nur in kleinen Aufsätzen angedeutet. In dem Atlas sind sie in breiter Form ad oculos demonstriert. Es sind die Pathosgestalten der Antike — wie die Mänade, der von den Frauen zerrissene Orpheus, der von den Weibern beklagte Tote, die einem Verfolger entfliehen wollende oder geraubte Frau –, die in den Kunstwerken der Frührenaissance-künstler bald verkleidet, oft in völlig antikischer Weise uns begegnen.

Von dem Beginn dieser Rezeption im 15. Jahrhundert führt ein direkter Weg zu ihrer Vollendung in der Hochrenaissance bei Raffael und Michelangelo, und Warburgs Ausschnitte aus dem Werk dieser Künstler, die ihr Verhältnis zum Rezeptionsproblem charakterisieren, führen notwendig zu einer neuen Erfassung ihres Wesens.

Warburg gilt der Kunstgeschichte längst als Autorität für die Deutung schwieriger Themen, besonders astrologischer. Die Astrologie der Frührenaissance spielt in der Tat in den Tafeln des Atlas auch eine wesentliche Rolle. Aber nicht etwa als Kulturkuriosum, denn Warburg hat sich nie, wie z. B. Kemmerich, dafür interessiert, ob Prophezeiungen der Astrologie in der Geschichte eingetroffen sind oder nicht. Die Astrologie ist für ihn historisches und philosophisches Problem gewesen, ein Problem, dessen Bearbeitung ihm scheinwerferartig die geistigen Zusammenhänge erhellt hat, deren Bearbeitung der Atlas dient.

Auf mehreren Tafeln zeigt Warburg die Ent-Olympisierung der Olympier als Sterndämonen im spätantiken hellenisierten und arabischen Osten und führt uns die Wanderstraße, die Zeus von Athen nach Alexandria und Indien und von dort rückwandernd über Persien und das moslimische Spanien nach dem mittelalterlichen Europa gegangen ist. Im Italien der Frührenaissance begegnen diese Mächte der orientalisierten Antike aufs Neue den echten Nachkommen von Jupiter und Venus.

Rezeption der Antike, das eben hat Warburg zeigen wollen, bedeutet nicht nur jenen früher geschilderten Kampf gegen nordische mittelalterliche Frömmigkeit, sie bedeutet nicht nur den Kampf gegen jene Antike alla franzese, in der Gestalten des Ovid und des Trojanischen Krieges als Ritter und Damen begegnen, die Rezeption der antiken Pathosformel bedeutet zugleich die Restitution der Olympier aus ihrer orientalisch-astrologischen Verhüllung.

Der Widerstreit, der hier geschildert wird, erschien Warburg nur als ein Beispiel jener in der Geschichte ständig sich wiederholenden Pendelbewegung, in der die Polarität des menschlichen Denkens überhaupt sich auswirkt.

Kepler, der an die Stelle des Kreises die geometrische Ellipse gesetzt und damit die Marsbahn bestimmt hat, ist Warburg eine symbolische Gestalt jener Kräfte, die den Denkraum schaffen. Auf eine der eindrucksvollsten Tafeln seines Atlas hat er zuerst das Bild des Mars der Astrologen aus einer mittelalterlichen Hs. gesetzt, wo der Planeten-Dämon als wilder Krieger, seine Kinder als Räuber und Bäcker erscheinen, daneben das »Mysterium Cosmographicum« des frühen Kepler, in dem dieser noch versucht, nach *alter Weise* die Planetenbahnen darzustellen und endlich die rein elliptische Lösung der Kepler'schen Marsbahn.

Das Problem der Rezeption der Antike ist als allgemein menschliches Problem ewig, aber auch als historisches nicht bloß in dem Renaissance-Problem. Daher hat Warburg gerade in den letzten Jahren die Rezeption der Antike in der Nach-Renaissancekunst Europas untersucht. In einer Reihe von Tafeln, die zu den eindrucksvollsten des Atlas gehören, wird die Gestalt Rembrandts behandelt, am Beispiel seiner Illustration zu Tacitus der Kampf von Rembrandts Antikenauffassung gegen die der »art officiel« seiner Zeit geschildert, am »Déjeuner sur l'herbe« von Manet, das durch Raffaels Vermittlung auf einen antiken Sarkophag zurückgeht, die immer gleichbleibende Stärke dieses Kampfes mit der Kunst seiner Zeit deutlich gemacht.

Für die neuere Kunstgeschichte werden diese, von Warburg noch in keiner Publikation auch nur angedeuteten Abschnitte des Atlas gleiche Wichtigkeit haben, wie die von ihm in früheren Jahren veröffentlichten Arbeiten zur Kunstgeschichte der Frührenaissance, die seinen Namen zu einem Programm machten und der Bibliothek den weiten Kreis ihrer Mitarbeiter gaben.

Warburgs Besuch in Neu-Mexico

von Fritz Saxl
[Winter 1929/30–1957]

Aby Warburg, der Gründer des Warburg Instituts, war, als er am 26. Oktober 1929 starb, mitten in den Vorbereitungen für den 24. Kongreß für Amerikanische Anthropologie. Er hatte sich von diesem Kongreß viel erwartet und gehofft, eine alte Schuld dadurch abtragen zu können, daß er den Teilnehmern seine Bibliothek als Tagungsort anbot. Seit seiner Rückkehr von einer USA-Reise im Jahre 1896, die eine entscheidende Rolle in seinem Leben spielte, hatte er sich nämlich den amerikanischen Ethnologen zutiefst verpflichtet gefühlt (Abb. 1).

Es ist nicht ohne weiteres verständlich, wieso es dazu gekommen war. Schon ein flüchtiger Besuch der Bibliothek macht deutlich, daß sich dort kaum Bücher mit anthropologischen Themen finden, auch gibt es nur wenige einschlägige Fotos in der Sammlung. Mit ihrer vierfachen Unterteilung in [1.] Kunstgeschichte, [2.] Religionsgeschichte und Geschichte der Naturwissenschaft und Philosophie, [3.] Geschichte von Sprache und Literatur sowie [4.] politische und Sozial-Geschichte sieht es so aus, als sei die Bibliothek ganz auf die Erforschung der allgemeinen Kulturgeschichte ausgerichtet. Doch wäre sie schon für diesen Zweck notwendigerweise unzureichend. Dem Erforscher primitiver Kulturen gar muß sie als ein gänzlich unzulängliches Handwerkzeug erscheinen. Dennoch dient sie eher speziellen als allgemeinen Problemen, und Vollständigkeit strebt sie nur da an, wo es um solche speziellen Probleme geht. Ein Problem — unser Hauptproblem nämlich — ist die Frage, auf welche Weise die Antike die mittelalterlichen und modernen Kulturen des Mittelmeerraumes beeinflußt hat. Es scheint daher, als befasse sich das Institut ausschließlich mit Europa. Was hatte da die Anthropologie Amerikas zu suchen, und wieso hielt es der Gründer der Bibliothek sogar für unbedingt nötig, diese zu berücksichtigen? Ich glaube, dies am besten dadurch erklären zu können, daß ich Warburgs eigene Entwicklung beschreibe. Es handelt sich nämlich nicht allein um eine Angelegenheit der Biographie, da das Wachstum der Bibliothek Hand in Hand mit dem Wachstum der Persönlichkeit Warburgs und ihrer Ideen geht, und wenn wir jüngeren Forscher überhaupt hoffen dürfen, das Institut in dem Geiste zu erhalten, in dem er es geplant hatte, dann nur, weil er uns gelehrt hat, daß unsere Probleme letztlich beide Welten betreffen, die alte und die neue. Ich sagte ›letztlich‹, weil ich Sie zunächst von den Indianern weg nach Europa zurückführen muß. Denn Warburg verdankte es Amerika, daß er lernte, die europäische Geschichte mit den Augen eines Anthropologen zu sehen.

Nicht etwa, daß er seine Studien mit den amerikanischen Indianern begonnen hätte; im Gegenteil, er fing an mit dem Studium der Kunstgeschichte von Florenz. Aber was ihn an Florenz reizte, unterschied sich völlig von dem, was den Durchschnittskunsthistoriker anzieht. Sein Ziel war nicht, die Individualität eines Künstlers oder das Werden seines Stils zu erfassen. Er hat sich nie damit abgegeben, diesem oder jenem Meister bestimmte Bilder zuzuweisen oder sich mit Meinungsverschiedenheiten über die Baugeschichte des florentiner Domes auseinanderzusetzen. Seine Arbeit beruhte weitgehend auf Benutzung der Archive für kunstgeschichtliche Zwecke, aber er durchstöberte diese Archive nicht nur, um nach neuen Dokumenten zu suchen. Kaum je hat ihn die Geschichte der Florentiner Kunst als ganze beschäftigt. Sein Interesse beschränkte sich auf eine einzige, relativ kurze Zeitspanne, die ihm jedoch eine der bedeutendsten Epochen der Menschheitsgeschichte zu sein schien: die letzten Jahrzehnte des 15. Jahrhunderts, die Hochblüte der sog. Frührenaissance, die Zeit der Botticelli, Pollaiuolo und Ghirlandaio. Diese Periode erlebte die Wiederbelebung der klassischen Antike auf europäischem Boden, aber in ihrer Behandlung der Klassiker unterschied sie sich beispielsweise völlig vom 18. Jahrhundert. (Abb. 2). Im 15. Jahrhundert bedeutete der Terminus »klassisch« nicht »edle Einfalt und stille Größe«,[1]: das war Warburgs grundlegende Beobachtung. Was das 18. Jahrhundert als »ideale« klassische Manier bezeichnet hätte, wäre der Frührenaissance keineswegs in demselben Lichte erschienen. Was aber bedeutete dann die »Antike« für diese Periode? Die ersten florentiner Jahre Warburgs waren der Sichtung und Ordnung von Material gewidmet, das diese Frage klären sollte. Daß er dafür bei der amerikanischen Anthropologie Hilfe suchte, erscheint mir nicht als das geringste seiner Verdienste.

Das Jahr 1895/96 verbrachte Warburg in den USA. Es war eine Reise zu den Archetypen. Die Frührenaissance hatte ihre Vorbilder in der heidnischen Antike gefunden: um Einblick in das antike Heidentum zu gewinnen, kann der Historiker nichts besseres tun, als sich in ein heidnisches Land zu begeben. Warburg war ja nicht nur Schüler der Kunsthistoriker Justi und Janitschek, sondern auch Useners, d. h. der Richtung der deutschen Religionsgeschichtsforschung, die — wie Frazer in England — versuchte, die antiken Texte und den Ursprung der griechischen und römischen Religion mit Hilfe noch existenten Heidentums zu begreifen. Er ging also als ein Usener-Schüler nach Santa Fè, nach Albuquerque und in das Gebiet der Mesa Verde. Die Fachkenner der Smithonian Institution erwiesen sich äußerst willig, ihn zu beraten und zu unterstützen, und er hat ihnen lebenslange Dankbarkeit bewahrt. Zwei Erfahrungen im Indianergebiet beeindruckten ihn vor allem tief. Und unter ihrem Eindruck begann er seine europäischen Probleme zu verstehen. Einerseits lernte er die Rituale der indianischen Feste kennen, Tänze, die ganz offensichtlich Ausdruck religiöser Gefühle waren, andererseits beobachtete er die Prägung und Weitergabe von Symbolen.

Seine besondere Aufmerksamkeit galt der Schlange als einem Blitz-Symbol (Abb. 3).[*] Warum wird der Blitz als Schlange dargestellt und wie vollzieht sich die Prägung einer solchen symbolischen Form? Dies war seine erste Frage; die zweite lautete: Wie lebenskräftig ist das Bild »Schlange«, hat es erst einmal Form gewonnen? Ist es auch dort noch lebendig, wo bereits europäischer Einfluß überwiegt?

Warburg begann zu verstehen, daß die Schaffung eines Symbols, wie »Schlange« für Blitz, als ein Aufklärungsakt begriffen werden muß. Von Furcht ergriffen sucht sich der Indianer die flüchtige Erscheinung eines Blitzes verständlich zu machen, indem er ihn mit einer Schlange vergleicht, der er physisch habhaft zu werden vermag. Oder besser: die beiden verschmelzen zu einem Ding — dabei ist bezeichnend, daß in seinen Überlegungen das »Wie«, das die beiden verglichenen Gegenstände auseinanderhält, ausgelassen wird: für ihn ist der Blitz die Schlange. Er hat dieselbe Zackenform wie die davongleitende Schlange; er ist sein Todfeind genau wie die Schlange. Indem er sie einander gleichsetzt, wird es ihm möglich, das Ungreifbare zu ergreifen. Mit anderen Worten: ein Symbol dient zur Umschreibung eines formlosen Schreckens. Es entsteht

---

[1] J. J. Winckelmann: Gedanken über die Nachahmung der griechischen Werke in der Malerei und Bildhauerkunst (1755), § 88, in: Sämtliche Werke, ed. Eiselein, Donaueschingen 1825, Bd. 1, S. 34.

[*Vgl. den am Schluß genannten Vortrag.]

aus Gefühlen der Angst und der Gefahr und wird zum Abwehrmittel des Menschen gegenüber dem Unbekannten. Zwar kann der Blitz nicht unter Kontrolle gebracht, doch der Schlange, obwohl sie Furcht einflößt, kann man Herr werden, – Sie wissen, daß die Walpi-Schlangentänzer, während sie tanzen, die Schlangen im Munde halten –, sie kann als Bote, der Regen heischt, unter die Erde geschickt werden.

Warburg veranstaltete ein Experiment, um zu prüfen, welche Macht noch heute in einem solchen Symbol lebt. Er bat einen englisch-sprechenden Lehrer in Keam's Cañon, seinen indianischen Schülern eine Gewittergeschichte zu erzählen, die Geschichte von »Hans-guck-in-die-Luft«. Die Kinder sollten die Geschichte illustrieren, und die Frage war, ob irgendeines dieser amerikanisierten Indianerkinder den Blitz in seiner symbolischen Schlangenform darstellen würde. Die lebendigen Zeichnungen, die sie machten, befinden sich heute in der Sammlung des Hamburger Völkerkunde Museums.[*] Wie zu erwarten, stellten die meisten Kinder den Blitz in seiner schematisierten Form dar; aber zwei von den vierzehn Schülern zeichneten noch das unzerstörbare Symbol der pfeilköpfigen Schlange, genau so wie ihre Vorfahren den Blitz in ihren Sandmalereien in dem unterirdischen Heiligtum der Kiwa darzustellen gewohnt waren (Abb. 7/8).

Durch Jacob Burckhardt, dessen »Kultur der Renaissance in Italien« er seit seiner Studienzeit liebte, bewunderte und immer wieder las, war Warburg mit den sich heidnisch gebenden Festen der Florentiner Renaissance vertraut. Nach seiner Rückkehr aus Amerika, sah Warburg diese mit anderen Augen an. Die Maskenzüge mit ihren Wagen, Lorenzo de'Medicis »Canti Carnascialeschi« schienen ihm Abkömmlinge der Tänze zu sein, die er in der Mesa Verde gesehen hatte. Er begriff, daß die Bedeutung dieser heidnischen Spiele der Renaissance in ihrer letztlich religiösen Grundstimmung liegt. Er begann zu verstehen, warum die klassische Antike für die Frührenaissance ein lebhafteres Empfinden von Bewegung bedeutete und warum Leben nach klassischem Vorbild sich in der übermütigen Atmosphäre festlicher Schaustellung ausdrückte. Denn die nachlebenden Spuren der alten Welt enthalten die Relikte stärkster Gefühlserfahrungen der primitiven Menschheit. Die orgiastischen Zeremonien der Zuñi stehen heimlich hinter den »Canti Carnascialeschi« (Abb. 4). Die Wiedererweckung der Antike in der Frührenaissance, die sich in einer gesteigerten Gestik im Leben und in der Kunst ausdrückte, bedeutete eine Erneuerung jener hochgradig aufgeladenen Ausdrucksformen, die ihren Ursprung in sehr tiefen Gefühlen und Wünschen des Menschen haben.

Auf Warburgs im Indianergebiet gesammelten Erfahrungen, wo ihm die Bedeutung des Schlangensymbols und seine Überlebenskraft aufgegangen war, geht es zum Teil auch zurück, daß er zum Historiker jener historischen Bilder geworden ist, die die alte Welt geschaffen hatte und die im modernen Europa fortleben. Eine der typischsten Gestalten der Frührenaissance ist Judith mit dem Haupt des Holofernes, die »Kopfjägerin«, wie Warburg sie nannte (Abb. 5). Ihr heidnisches Vorbild erkannte er in den rasenden Mänaden des Dionysos (Abb. 6). Hier wird fast überdeutlich, wie eng benachbart die amerikanischen und die europäischen Phänomene sind, und man versteht, wie Warburgs Interpretation von Kunst aus seinen Erfahrungen mit den Indianern erwuchs. Symbolische Formen werden in der Tiefe menschlicher Erfahrungen geprägt: die Schlange ist Blitzsymbol, die Kopfträgerin Symbol des rasenden Weibes in seinem Triumphe über den Mann. Diese Symbole haben die Kraft, Furcht

[* Inzwischen sind jedoch erhebliche Verluste eingetreten. Vgl. die Bibliographie, Abb. B, unter »Hamburg«.]

und Angst gestalthaft zu verdichten. Und weil sie aus der Tiefe aufsteigen und gleichzeitig die Tiefe zum Ausdruck bringen, überleben Symbole in jenem seltsamen Medium, das Warburg und andere kollektives Gedächtnis genannt haben.[2]

Die Blitz-Schlange lebt noch in den amerikanisierten Indianerkindern weiter; die Mänade erscheint noch im Florenz der Frührenaissance als christianisierte Gestalt, als aus der klassischen Antike übernommene Formel für heftigste innere Erregung.

Gewiß bedeutet Tradition in Amerika etwas anderes als in den Mittelmeerkulturen. Dort mag sie immer Bestand gehabt haben, während wir hier von einer Wiedergeburt der Antike sprechen, wenn sie sich nach einer Epoche entwickelt, in der die Antike eine kleinere oder jedenfalls eine andere Rolle gespielt hatte. Die Florentiner Künstler des 15. Jahrhunderts, die die Ausdrucksarmut im Werk ihrer unmittelbaren Vorgänger erlebten, bedienten sich der Bildformeln der heidnischen Vergangenheit, um ihre eigenen Kräfte anzureichern. Um eine Parallele aus der Sprachentwicklung zu benutzen: sie schufen sich sozusagen Superlative, indem sie von einer fremden Wurzel borgten.[3] Auf welche Art und Weise auch immer diese feststehenden Ausdrucksformen in verschiedenen Kulturen weitergegeben werden, der Vorgang des Prägens und Übernehmens ist in Amerika und in Europa gleich. Von diesem — und allein von diesem — Gesichtswinkel aus begreifen wir schließlich, warum »Antike« im Florenz des 15. Jahrhunderts ein höheres Lebensgefühl und größere künstlerische Ausdruckskraft bedeutete.

Warburgs spätere Untersuchungen erstreckten sich über das kunsthistorische Gebiet hinaus auf das der heidnischen Weissagung in der Renaissance. Er untersuchte die Wiederbelebung der antiken Vorstellungen über die Verbindung zwischen Individuum und Kosmos und den Einfluß von Gestirngeistern und Dämonen, die das ganze Universum bewohnen, auf den Menschen. In ihrer Wiederbelebung in Astrologie und Magie erkannte er eine Parallele zur Wiederbelebung jener Urbilder von Leidenschaften, die auch schon von den Griechen und später von den Römern geschaffen worden waren. Auch hier treffen wir auf Probleme, die über den europäischen Bezugsrahmen hinausführen und dem Amerikanisten ebenso vertraut sind wie dem Historiker der italienischen Renaissance. In jenen späteren Jahren aber befaßte sich Warburg nicht mehr mit der Psychologie primitiver Völkerschaften. Er versuchte vielmehr als Historiker, die Bedeutung der antiken Gedankenwelt im 15. Jahrhundert und ihren Einfluß auf bestimmte Persönlichkeiten zu klären; außerdem bemühte er sich, die Stationen des Weges festzulegen, über die die Gedankenwelt der Spätantike in das mittelalterliche Spanien und die italienische Renaissance Einlaß fand. Er verfolgte diese Ideen auf ihrer Reise nach Norden in den Kreis um Luther.

Von den Ergebnissen, die seine Untersuchungen zutage förderten, möchte ich nur eines nennen — vielleicht das überraschendste und erhellendste Beispiel von allen. Martin Luther wurde am 10. November 1483 geboren. Luther selbst hatte nicht den geringsten Zweifel daran. Seine Mutter starb erst 1531, und jeder hätte sich von ihr

---

[2] E. Hering: Über das Gedächtnis als eine allgemeine Funktion der organisierten Materie, 1870, wiederabgedruckt in: E. H., Fünf Reden, Leipzig 1921. R. Semon: Die Mneme als erhaltendes Prinzip im Wechsel des organischen Geschehens, Leipzig 1908. S. Butler: Life and habit (1877) und Unconscious Memory (1880, enthaltend eine [englische] Übersetzung von Herings Aufsatz). Vgl. auch Vernon Lee's Einleitung zur englischen Übersetzung von Semon: Mnemic Psychology, London 1923, und M. Hartogs Einleitung zum Wiederabdruck von Butler: Unconscious Memory, London 1924.

[3] H. Osthoff: Vom Suppletivwesen der indogermanischen Sprachen, Heidelberg 1899.

dieses Datum bestätigen lassen können. Dennoch gibt es eine ausgedehnte Kontroverse über das genaue Datum der Geburt Luthers. Für den Amerikanisten dürfte eine solche Einstellung zur Wirklichkeit weniger befremdlich sein als für den Reformationshistoriker; denn die sog. Primitiven betrachten Erfahrungstatsachen häufig als nur zweitrangig wichtig. Es gab Leute, die glaubten, Luther wäre 1484 geboren, andere nannten das zutreffende Datum 1483; einige nannten diese, andere jene Stunde des Tages als seine Geburtsstunde. Diese Abweichungen haben folgenden Grund: im Februar 1484 ergab sich am Himmel eine besondere Konstellation. Die Planeten Jupiter und Saturn trafen im Zeichen des Skorpion zusammen (Abb. 9). Unter dieser Konstellation müsse, nach Meinung gelehrter Astrologen, ein Prophet geboren werden. So betrachteten also die Freunde Luther als den Reformer, die Feinde aber als den Zerstörer der geistlichen Ordnung, dessen Erscheinen die Sterne vorausgesagt hatten. Sogar sein Freund Melanchthon, der Luthers Mutter über das genaue Geburtsdatum befragt hatte, sah es als eine feststehende Tatsache an, daß Luther der Prophet von 1484 sein müßte; und seine katholischen Gegner taten desgleichen.

Auch hier wird deutlich, wieviel Belehrung Warburg, der Erforscher der europäischen Geschichte, von Amerika empfangen hatte. Seine dortigen Erfahrungen setzten ihn in den Stand, die Existenz einer solchen doppelten Wahrheit zu erkennen und zu verstehen, daß für den Menschen der Renaissance nicht weniger als für den Indianer zwei gewissermaßen unabhängige Reiche von Fakten bestehen: die Welt der rationalen Erfahrung und die der Magie. Wo sie in Konflikt geraten, kann die magische Wahrheit die faktische sogar im Europa des 16. Jahrhunderts unterdrücken.

Es scheint fast natürlich, daß dieses Thema, Amerika und Europa, auch im 1. Band unserer Studien [*] behandelt wird: In seinem Buch »Begriffsform im mythischen Denken« beschreibt Cassirer das typische Phänomen assoziativen Denkens. Die Zuñi ordnen dem Norden Krieg und Zerstörung, dem Süden Ehe und Heilkunst, dem Osten Magie und Religion zu[4]. Das ist dieselbe Struktur, die in der Beiordnung den Platz begrifflichen Denkens einnimmt, wenn Astrologie einen Stern zu einer Gottheit in Beziehung setzt, ihm bestimmte Eigenschaften und Wirkungen zuschreibt, wie Hitze oder Feuchtigkeit, und ihn schließlich mit gewissen Metallen, Krankheiten, Berufen und Zeitaltern verbindet. Warburg versuchte als Historiker und Psychologe zu verstehen, was Cassirer in der Sprache der Philosophie zu beschreiben trachtete. Warburg hatte das Leben und die Kunst der Renaissance im Lichte seiner amerikanischen Erfahrungen zu sehen gelernt; Cassirer benutzte anthropologisches Material, um das präempirische Denken Europas in der vor-gallileischen Zeit zu erklären.

In einem seiner bewegendsten Vorträge hat Warburg einmal den Versuch unternommen, diese Verwandtschaft zwischen der indianischen und der europäischen Geisteshaltung aufzuzeigen.[**] Er ging dem Schlangensymbol von den Zuñis über Laokoon bis zur biblischen Geschichte von der ehernen Schlange nach, die als Symbol

---

[* Studien der Bibliothek Warburg, hrsg. von Fritz Saxl, Bd. 1: Ernst Cassirer: Die Begriffsform im mythischen Denken, Leipzig 1922.]

[4] F.H. Cushing: Outlines of Zuñi Creation Myths, in: 13th Report of the Bureau of American Ethnology, 1891–92, und Ders.: Zuñi Breadstuff, New York 1920. E. Cassirer: Die Begriffsform im mythischen Denken, Leipzig 1922, S. 22 ff. und 57 ff.

[**Der am 25. April 1923 gehaltene Vortrag liegt in englischer Übersetzung gedruckt vor unter dem Titel »A lecture on serpent ritual«, in: Journal of the Warburg Institute 2 (1939) S. 277–292.]

für Christi Opfertod galt (Abb. 10). Nachdem er über das Blitzsymbol in der Ornamentik der Puebloindianer und vom Humiscachina-Tanz gesprochen hatte, zeigte er den berühmten Schlangentanz, bei dem die Indianer während der Kulthandlung lebendige Schlangen in den Mund halten. Die Schlangen werden hier nicht geopfert. Aber durch Weihung und durch die wirkkräftige Mimikry des Tanzes werden sie in Boten verwandelt, die, zu den Totenseelen ausgesandt, in Blitzform den Gewittersturm am Himmel erregen.

Hamburg, Kulturwissenschaftliche Bibliothek Warburg, Winter 1929/30

1. Warburg mit einem Pueblo-Indianer.

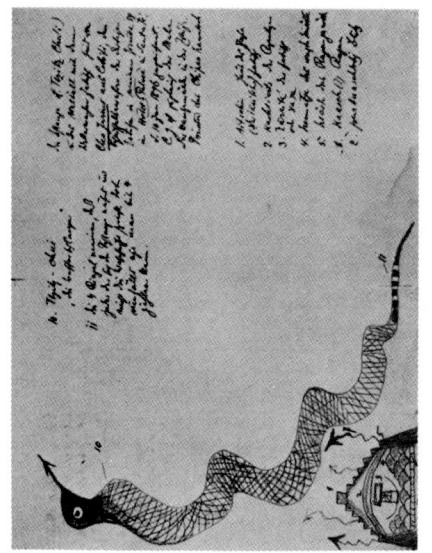

3. Cleo Jurino: Kosmologische Zeichnung. Santa Fé, 1896.

4. Quaeresima. Florentinischer Kupferstich, um 1475/90, Florenz, Uffizien.

2. Filippino Lippi: Drei Nymphen. Oxford, Christ Church.

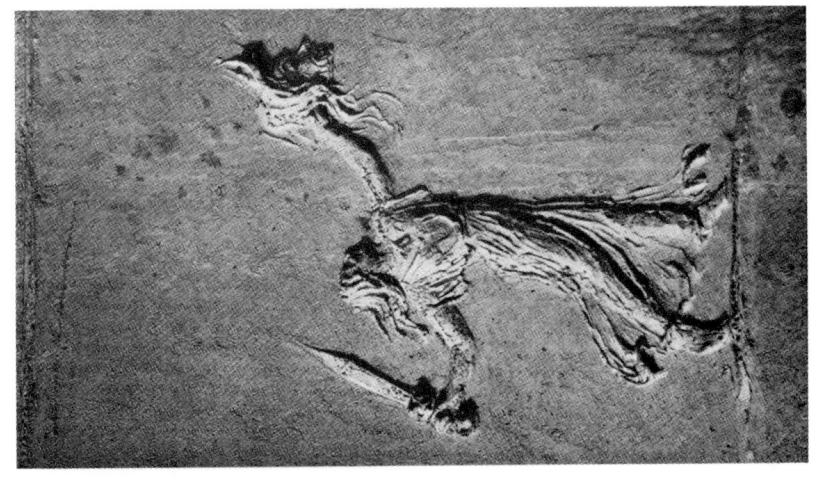
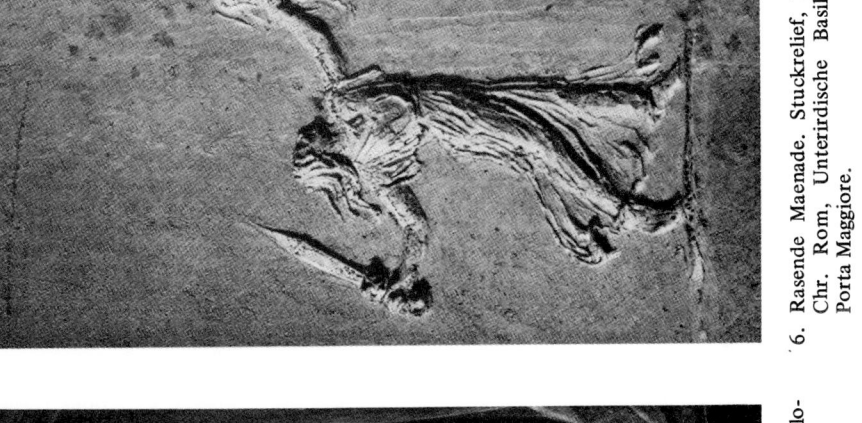
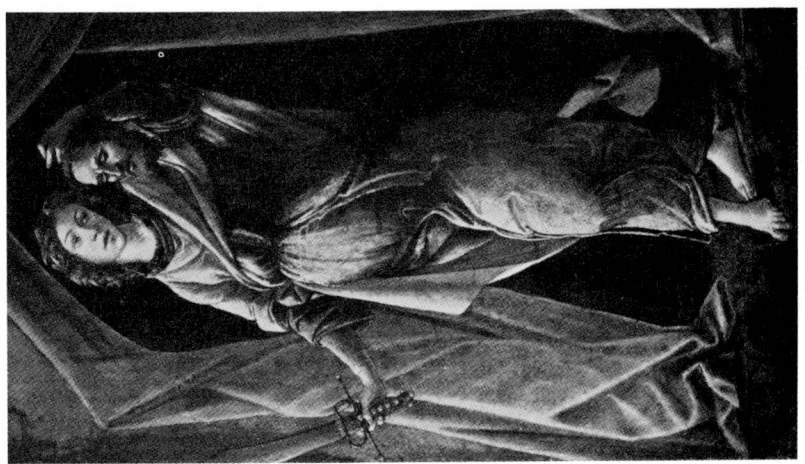

5. Botticelli: Judith mit dem Haupt des Holofernes. Amsterdam, Rijksmuseum.

6. Rasende Maenade. Stuckrelief, 1. Jahrh. n.
Chr. Rom, Unterirdische Basilika an der
Porta Maggiore.

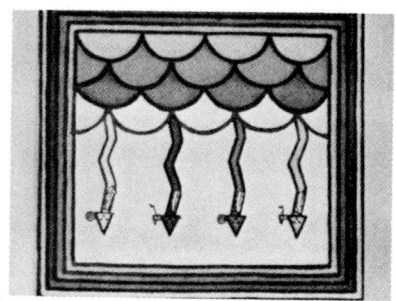

7. Blitze in Schlangengestalt. Zeichnung eines Indianer-Schuljungen.

8. Wolken und Blitze. Moki Sandmosaik.

9. Jupiter und Saturn im Sternbild des Skorpion. Holzschnitt aus Johannes Lichtenberger: Weissagung, Wittenberg 1527.

10. Moses und die eherne Schlange. Buchzeichnung in der Biblia Pauperum von 1340–50, Weimar, Cod. max. 4 fol.6ᵛ.

Die Bildersammlung zur Geschichte von Sternglaube und Sternkunde[*]

von Fritz Saxl

[1930]

Diese Sammlung ist das Werk von Professor Warburg, der während der Arbeit daran im Oktober 1929 gestorben ist.

Professor Warburg hat der Erforschung der Geschichte von Sternglaube und Sternkunde Jahrzehnte gewidmet. Die Resultate seiner Lebensarbeit wollte er in dieser Bildersammlung allgemein zugänglich machen. Sie ist eine notwendige Ergänzung zu den Erkenntnissen, die das Zeiss'sche Instrument vermittelt.

Das Instrument führt uns diejenigen Himmelserscheinungen vor, die dauernde Beobachtung des Sternhimmels mit freiem Auge erkennen läßt. Es zeigt die *scheinbare Himmelsbewegung*, lehrt aber nichts über deren Ursachen und Zusammenhänge, nichts über jene Vorstellung vom Weltall, die durch die moderne Astronomie mehr errechnet und erschlossen als beobachtet wird. Es ist also im Wesentlichen eine geniale Vorrichtung, jene Tatsachen zusammengefaßt und anschaulich vorzuführen, die die Menschen seit Jahrtausenden zur Betrachtung gezwungen haben. Aber während die Menschen früherer Zeiten bei der Beobachtung dieser Erscheinungen ihre ganze seelische Kraft dafür einsetzten, nach dem Warum der Dinge und deren Beziehung zu ihnen selbst zu fragen, während sie sich, in Furcht und Glauben befangen, mit den Sterndämonen und Göttern ihrer Phantasie auseinandersetzen mußten, begnügen wir uns leicht damit, uns das flimmernde Lichtspiel vor Augen führen zu lassen und die Bilder und Namen der Weltkörper dabei zu erlernen.

Und doch hat unsere Zeit diese erstaunliche Vorführungsmaschine nur daher erfinden können, weil auch in uns dasselbe Streben nach Erkenntnis der Himmelsrätsel lebendig ist, das die Menschen vor uns beseelt hat. So ist auch ihre Verwendung erst dann sinnvoll, wenn sie uns an die Fragen nach der Bedeutung des Vorgeführten heranführt.

Und dazu soll nach Warburgs Wunsch seine Bildersammlung dienen; sie soll — im Zusammenhang mit dem Zeissinstrument, das das Himmelszelt so vorführt, wie es sich dem menschlichen Auge darbietet — in historischer Rückschau aufweisen, wie die Menschheit die Gestirne und ihre geheimnisvolle Bewegung bis heute zu deuten und zu erklären versucht hat.

An den Anfang der Sammlung ist ein Bild gestellt, das in seiner rechten Hälfte den Menschen, von den planetarischen Sterndämonen bedrängt zeigt, in seiner linken die Bahnen der Planeten nach heutiger astronomischer Anschauung. Dieses Bild soll den Weg bezeichnen, den die Menschheit bei ihren Versuchen, jene Erscheinungen am Himmel zu deuten, gegangen ist. Von der mythischen Deutung, die die Gestirne als menschenartig sich bewegende und handelnde Wesen erfaßt, geht der Weg zur heutigen Anschauung, die in ihnen unbeseelte, in *mathematisch* berechenbaren Bahnen sich bewegende Körper erblickt.

[* 1930 im Hamburger Planetarium der Öffentlichkeit übergeben. Seit 1968 dort wieder zugänglich, vgl. Arthur Beer: Vom Sternglauben zur Sternkunde. Wanderweg durch die Warburg-Ausstellung des Hamburger Planetariums, Hamburg 1968.]

Zwischen diesen beiden Extremen liegt die Fülle der Formen, in denen menschliches Denken die Himmelserscheinungen zu begreifen versucht hat. Der *primitive* Mensch faßt die Lichter am Firmament zu Sternbildern zusammen und schafft für sich eine Ordnung unter ihnen, indem er ihre Gestalten mit Namen aus seiner Umwelt benennt. Die *Babylonier* kennen eine genaue und auch nach unseren Vorstellungen noch gültige Beobachtung, deren Ergebnisse sie der Zukunftsbedeutung nutzbar machen. Der Gestirnkult der *Aegypter* bringt Leben und Vergehen des Individuums mit dem kosmischen Geschehen in Verbindung. *Griechen* und *Römer* versetzen ihre Götter an den Himmel und schaffen zugleich die Vorstellung der kugelförmigen Sphäre, an der jeder Stern seinen genau errechneten und beobachteten Platz hat. Die *Spätantike* verarbeitet in dem Reichtum ihrer religiösen Kulte orientalischen Dämonenglauben und griechische Wissenschaft zu einem krausen Gemisch, bei dem nach und nach die exakte Himmelsbeobachtung einen immer geringeren, die Bevölkerung des Himmels mit Ungeheuern einen immer größeren Raum einnimmt. In dieser Zeit entsteht jene Verbindung von Rechnung, Dämonenfurcht und Magie, deren Nachwirken wir noch in der heutigen Astrologie wiederfinden können. Die Himmelsbilder sind zu vielgestaltigen Ungeheuern geworden, die eine Wanderung durch ganz Vorder- und Mittelasien bis nach Indien antreten. Die Araber bringen sie, durch orientalischen Einfluß bereichert und verändert, ins Abendland zurück, retten aber in ihnen zugleich griechische Sterntafeln und -kataloge aus ihrer Verquickung mit Los und Weissagung. Die *christliche Kirche*, die in ihren Anfängen menschliche Schicksalsgläubigkeit von den Gestirnen auf den einen göttlichen Erlöser übertragen hatte, nimmt im Mittelalter die heidnischen Lehren in ihrer arabisierten Form auf und bewahrt sie in mancherlei Gestalt bis in die Zeit der Renaissance hinein. Dann treten sie mit den aus den neuentdeckten echt antiken Quellen und Dokumenten gewonnenen Erkenntnissen in einen Auseinandersetzungsprozeß ein, der, zuerst zwischen gläubig-furchtsamer Unterwerfung unter den Schicksalsspruch der Sternenmächte und freier, besonnener Betrachtung der Erscheinungen schwankend, schließlich zu der Form selbstbewußter Beherrschung des Sternhimmels durch Rechnung führt, die das Merkmal der modernen Astronomie seit *Kepler* ist.

Eine Entwicklungsgeschichte dieser Astronomie, insofern als sie die langsame Verbesserung von Instrumenten, Meßwerkzeugen, Rechentafeln bedeutet, darf der Besucher der Ausstellung also nicht erwarten. In Bildern, Modellen und Gipsabgüssen sind vielmehr die *Denkformen* veranschaulicht, in denen die Menschheit ihre ewige Frage nach dem Sinn an das Himmelsgewölbe gerichtet hat, sind die Bilder und symbolischen Zeichen dargestellt, durch die sie sich diese Frage zu beantworten versucht hat. Und auch in der kleinen Abteilung zur Veranschaulichung der modernen Astronomie sollen weniger ihre Ergebnisse dargelegt, als die Formen erhellt werden, in denen das moderne Denken sich bewegt.

Vier wesentliche Erkenntnisrichtungen werden hier dargestellt. Die Gruppe »*Räume*« zeigt die Erweiterung des Raumbegriffes seit den ersten Messungen von Sternentfernungen und Sternbewegungen. Sie verbildlicht auch das Eintreten der Astrophysik in das Raumproblem und die dadurch erzielte Vermillionenfachung der uns zugänglichen Raumtiefen. — Die Wand »*Kräfte*« bringt das kosmische Grundgesetz der allgemeinen Massenanziehung und seine theoretischen und praktischen Auswirkungen, wie Ebbe und Flut, Mondbewegung, bestätigte Voraussagen der Existenz noch unbekannter Himmelskörper. — Die Folge »*Entwicklung*« veranschaulicht Weltentwicklungsbilder von Kant-Laplace bis Eddington. — Die letzte

Bildgruppe »*Forschungswege*« entwickelt das Einmünden der Nachbarwissenschaften und der Technik in den modernen astronomischen Forschungsweg.

So soll der Weg vom Menschengleichnis am Himmel zur mathematisch-physikalischen Erfassung der Gestirne durch die Sammlung veranschaulicht werden. Es ist selbstverständlich, daß eine solche Bildersammlung nicht in der gleichen Weise besehen werden kann, wie die Bilder einer Kunsthalle. Das Stadtkind weiß so gut wie nichts von den Tatsachen des gestirnten Himmels, wieviel weniger von dem Ringen der Menschheit um deren Erkenntnis. Die Bilder, die die Geschichte der Himmelskunde illustrieren, bleiben jedem Besucher unverständlich, der nicht bereit ist, *ausführliche Erklärungen* dazu entgegenzunehmen. Dasselbe gilt erst recht für die Erkenntnis der Grundrichtungen der Astronomie von heute. So sind jeder Bildertafel, jedem Modell und jeder einzelnen Abbildung Erklärungen beigefügt, die lesen muß, wer aus der Sammlung Belehrung überhaupt empfangen will. Demselben Zweck der Orientierung durch Selbstarbeit soll die kleine *Büchersammlung* dienen, die in einem Nebenraum der Ausstellung angegliedert ist. Eine Auswahl der wichtigsten Werke zur Geschichte der Kosmologie und zur modernen Astronomie soll dem ersten Bemühen des Benutzers um ihr Verständnis entgegenkommen. Ein vollständiger Katalog der umfassenderen Sammlung der Bibliothek Warburg und der Hinweis auf die in der Hamburger Staatsbibliothek befindlichen Werke sollen ihm die Möglichkeit zu eingehendem Studium erschließen.

[1930]

DIE KULTURWISSENSCHAFTLICHE BIBLIOTHEK WARBURG IN HAMBURG

Von

Professor Dr. FRITZ SAXL

Privatdozent an der Hamburgischen Universität

DIE Bibliothek Warburg ist sowohl Bibliothek wie Forschungsinstitut. Sie dient der Bearbeitung *eines* Problems, und zwar so, daß sie erstens durch Auswahl, Sammlung und Anordnung des Bücher- und Bildmaterials das Problem, das sie fördern will, *darstellt* und zweitens die Resultate der Forschungen, die sich auf dieses Problem beziehen, *veröffentlicht*.

Das Problem ist das vom Nachleben der Antike. Die europäischen wie die vorderasiatischen Kulturen der christlichen Zeit haben das Erbe an geprägten Formen, das die Antike hinterließ, übernommen, und zwar auf allen Gebieten, sei es in der Kunst, sei es in den Naturwissenschaften oder auf dem Gebiet der religiösen und literarischen Formen. Unsere Aufgabe ist einmal, die geschichtlichen Tatsachen der Überlieferung zu untersuchen, die Wanderstraßen der Tradition aufzuzeigen, und zwar so allseitig als möglich, dann aber aus solcher Erkenntnis allgemeine Schlüsse auf die Funktion des sozialen Gedächtnisses der Menschheit zu ziehen: Welcher Art sind die von der Antike geprägten Formen, *daß* sie nachleben? Warum kommt es in bestimmten Zeiten zu der Erscheinung einer „Renaissance" der Antike, während andere Epochen, denen dasselbe Bildungserbe eignet, es nicht zu ihrem lebendigen Besitz machen?

Solche Betrachtungsweise der nachklassischen Perioden führt einerseits an das zentrale Problem der Kulturgeschichte des Mittelmeerbeckens und des westlichen Europas heran, andererseits an das allgemeine geschichtsphilosophische Problem der Prägung von gesteigerten und daher nachwirkungsfähigen Ausdrucksformen durch die klassische Antike sowie des zeitweiligen Auftauchens und Wiederverschwindens dieser Formen im Mittelalter und Neuzeit bis zu unsern Tagen. Eine Bibliothek, die sämtliche Bücher zur Bearbeitung dieses Problems besäße, müßte den Umfang des British-Museums haben. Denn fast jedes Werk eines mittelalterlichen Autors, eines Juristen des 19. Jahrhunderts oder naturwissenschaftlichen Schriftstellers der Renaissance läßt sich nutzvoll daraufhin betrachten, welche antiken Elemente darin verarbeitet sind und wie deren Verarbeitung erfolgt. Immer wird solche Untersuchung gleiches Licht auf die Wege der klassischen Tradition wie auf das Neue werfen, zu dessen Erhellung überlieferte Formeln verwendet werden.

Aber nicht alle Epochen werden sich dieser Betrachtungsweise als gleich ergiebig erweisen, da das von ihr in den Blickpunkt gerückte Problem für einige von ihnen ein zentrales Problem darstellt, für andere ein bloß peripheres. Schon daher kann es die Aufgabe der Bibliothek Warburg nicht sein, mit den universellen Bibliotheken in der Vollständigkeit der Bücherbestände zu wetteifern. In der Bevorzugung derjenigen Zeiten und Gebiete, in denen das Nachleben der Antike besondere kulturgeschichtliche Bedeutung gewinnt, in der entsprechenden Benachteiligung derjenigen Epochen, in denen diese Bedeutung zurücktritt, wird sie die durch die Wahl ihres Problems ihr auferlegte Schranke erkennen müssen. Die Philosophie der Hochscholastik muß in ihr wesentlich schlechter vertreten sein als die des

Florentiner Platonismus der Frührenaissance, die Geschichte der Entstehung der christlichen Theologie aus dem späten Heidentum besser als die der Zeit Gregors des Grossen usw.

Muß gemäß dieser Proportion, die durch das Problem selbst vorgezeichnet ist, das Streben nach überall gleichmäßiger Vollständigkeit der Gebiete von vornherein aufgegeben werden, so tritt dafür die Reichhaltigkeit der Problemstellung auf jedem einzelnen Gebiete ein. Um ein Beispiel zu geben: Der Forscher, der über Bildungsgeschichte des Mittelalters arbeitet, findet hier als Abteilungen neben den üblichen — Geschichte der Universitäten und Schulen — auch die „Geschichte der Bildungsstoffe und -formen": Diese umfaßt ebenso Geschichte der antiken Götterlehre im Mittelalter — im allgemeinen und im speziellen (etwa „Nachleben der Ovidianischen Metamorphosen") — Geschichte der Satire, des Dialoges, des Briefes, wie auch die des Konversationslexikons, von der spätantiken Enzyklopädie des Isidorus bis zu der des Vincenz von Beauvais.

Die Bibliothek Warburg ist also in gewissem Sinne mehr als *Problemsammlung,* denn als Bücherreservoir für die Erforschung des Nachlebens der Antike angelegt, und dieser Charakter soll ihr in Zukunft gewahrt bleiben, wenn auch die gleichmäßige Fortsetzung der Sammeltätigkeit durch die Jahrzehnte hindurch notwendig zu steter Verbreiterung der Bestände führt.

*

Auch insofern soll die Bibliothek keinen gleichmäßigen Charakter haben, als in ihr nicht nur einzelne Epochen stärker berücksichtigt sind als andere, sondern auch darin, daß in ihr das *bildhafte Element* immer einen besonderen Platz einnimmt. Dies ergibt sich aus dem spezifischen Charakter ihrer Problemstellung. Wer das Nachleben von der Antike geprägter Formeln verfolgt, wird hierfür naturnotwendig in erster Linie auf die Formeln der bildenden Künste gewiesen. Die Gestalten der Mänade, des Apollon, eines Triumphbogens, des Laokoon usw. kommen dem heutigen Menschen wohl zuerst in den Sinn, spricht man vom Nachleben antiker Form im Gedächtnis der nachantiken Menschheit. Warburgs eigene Forschungen gingen daher auch vom Bildhaften aus, und zwar von der Malerei jener Epoche, der das Wiedererwachen antiker Formen das charakteristische Gepräge gegeben hat, von der Malerei der Florentiner Renaissance.

Wie aber Warburg selbst durch das Studium der Florentiner Kulturgeschichte auf die astrologischen Bildquellen als einen der wichtigsten Träger des antiken Erbgutes geführt wurde, so sammelt auch die Bibliothek die Bild- und Textdokumente der Astrologie als Material für das Studium der Wandlung antiker Mythologeme. Dadurch erfährt der Begriff der Bildgeschichte eine Erweiterung, indem das über seinen künstlerischen Gehalt hinaus zur religions- und wissenschaftsgeschichtlichen Quelle wird.

Das notwendige Korrelat zu der Sammlung der Bücher bildet daher die Sammlung der *Photographien.* Diese umfaßt:
1. Allgemeines Material, das nach ähnlichen Kategorien geordnet ist, wie die Büchersammlung, z. B. „Antike im Festwesen der Renaissance und des Barock", „Darstellung der Sibyllen", „Illustrationen zum Ovid in der gedruckten Buchkunst" und dgl. Diese Sammlung erstrebt ebenfalls nicht Vollständigkeit;
2. eine Sammlung von Photographien sämtlicher mythologischer und astrologischer Darstellungen aus den Handschriften des Mittelalters. Diese Abteilung

der Bibliothek ist vor mehr als 15 Jahren in Verbindung mit der Heidelberger Akademie der Wissenschaften begonnen worden und umfaßt bereits den Besitz der meisten großen europäischen Bibliotheken, Rom, Wien, London, Paris usw. In wenigen Jahren wird es möglich sein, hier jede Darstellung eines antiken Mythologems oder einer zum Sterndämon gewordenen antiken Gottheit aus den mittelalterlichen Handschriften in öffentlichem Besitz in Photographie zu finden.

*

Diese in Büchern und Bildern gesammelten Materialien der Forschung verarbeitet zugänglich zu machen und zu weiterer Forschung anzuregen, dienen die *Veröffentlichungen der Bibliothek.* Sie zerfallen in zwei Reihen, „Vorträge" und „Studien", die seit 1922 erscheinen.

Seit 1921 werden in der Bibliothek von Gelehrten verschiedener Disziplinen während der Universitätssemester allmonatlich Vorträge gehalten, die entweder während eines Jahres ein Gesamtproblem behandeln, z. B. das Problem der Himmelreise der Seele oder einzelne Probleme aus dem Gesamtkreis. Die Vorträge erscheinen jährlich in einem Band gesammelt, zumeist in erweiterter Form, mit wissenschaftlichem Apparat und reichem Abbildungsmaterial versehen.

Neben dieser Serie besteht die der „Studien", die größere Arbeiten umfaßt. Bisher erschienen:

E. CASSIRER: Die Begriffsform im mythischen Denken. Leipzig 1922.

E. PANOFSKY u. F. SAXL: Dürers „Melencolia I". Eine quellen- und typengeschichtliche Untersuchung. Leipzig 1923.

E. NORDEN: Die Geburt des Kindes. Geschichte einer religiösen Idee. Leipzig 1924.

H. LIEBESCHÜTZ: Fulgentius Metaforalis. Ein Beitrag zur Geschichte der antiken Mythologie im Mittelalter. Leipzig 1926.

E. PANOFSKY: Idea. Ein Beitrag zur Begriffsgeschichte der älteren Kunstgeschichte. Leipzig 1924.

E. CASSIRER: Sprache und Mythos. Ein Beitrag zum Problem der Götternamen. Leipzig 1925.

R. REITZENSTEIN u. H. H. SCHAEDER: Studien zum antiken Synkretismus. Leipzig 1926.

F. SAXL: Antike Götter in der Spätrenaissance. Ein Freskenzyklus und ein „Discorso" des Giacopo Zucchi. Leipzig 1927.

R. SCHMIDT-DEGENER: Rembrandt und der holländische Barock. Leipzig 1928.

E. CASSIRER: Individuum und Kosmos in der Philosophie der Renaissance. Leipzig 1928.

P. LEHMANN: Pseudo-antike Literatur des Mittelalters. Leipzig 1927.

P. E. SCHRAMM: Kaiser, Rom und Renovatio. Studien und Texte zur Geschichte des römischen Erneuerungsgedankens vom Ende des Karolingischen Reiches bis zum Investiturstreit. Leipzig 1929.

H. LIEBESCHÜTZ: Das allegorische Weltbild der heiligen Hildegard von Bingen. Leipzig 1930.

E. PANOFSKY: Hercules am Scheidewege und andere antike Bildstoffe in der neueren Kunst. Leipzig 1930.

In den nächsten Jahren werden sowohl Publikationen größerer unedierter Texte erscheinen, so die des kosmologischen Hauptwerkes des 13. Jahrhunderts, des liber introductorius des MICHAEL SCOTUS, wie eine Reihe von Abhandlungen über bildungsgeschichtliche, religions- und kunstgeschichtliche Themen.

Außerdem gibt die Bibliothek Warburg in den nächsten Jahren den umfangreichen Nachlaß von Professor WARBURG heraus, der die wissenschaftliche Grundlage ihrer Tätigkeit bildet.

Durch diese Vortrags- und Publikationsreihen versucht die Bibliothek, die Fühlung mit der Gelehrtenwelt Deutschlands und Außerdeutschlands zu gewinnen und so reichere Hilfe für ihre Aufgaben zu finden.

Um jüngere Mitarbeiter zu fördern und heranzuziehen, ihnen die Möglichkeit zu Reisen, Herbeischaffung von Photographienmaterial usw. zu erleichtern, stehen ihr außerdem kleinere Stipendien zur Verfügung.

Die Bibliothek umfaßt etwa 60 000 Bände und 25 000 Photographien, hat ein eigenes Haus mit Lesesaal für etwa 25 Leser, der zugleich als Vortragssaal für 200 Hörer dient. Sie verfügt über ein gut eingerichtetes photographisches Atelier und eigene Buchbinderei. Ihr Lesesaal ist täglich von 9—2 und 4—9 Uhr geöffnet.

*

Die Bibliothek ist das Werk von Professor WARBURG, der vor mehr als 30 Jahren mit ihrer Aufstellung begonnen hat. WARBURG ging dabei von dem Gedanken aus, daß in Deutschland ein Institut, welches — ohne Rücksicht auf die Wissenschaftsgrenzen — das Material zur Geistesgeschichte der nachklassischen Zeit unter einem einheitlichen historischen Gesichtspunkt sammelte, fehlt und vom Staat auch nicht geschaffen würde, da dieser in erster Linie die Einzelinstitute förderte. Dieses Institut zu schaffen, betrachtete er als seine Aufgabe. Er selbst hat einmal „den seelischen Ort, an dem sich innerhalb der forschenden Welt die Kulturwissenschaftliche Bibliothek Warburg befindet", mit folgenden Worten präzisiert:

„Sie bedeutet in dem noch ungeschriebenen Handbuch der Selbsterziehung des Menschengeschlechts ein Kapitel, das den Titel haben könnte: ‚Von der mythisch-fürchtenden zur wissenschaftlich-errechnenden Orientierung des Menschen sich selbst und dem Kosmos gegenüber'.

Die methodische Eigenart der Kulturwissenschaftlichen Bibliothek Warburg würde dabei nach zwei Richtungen hin zutage treten:

1. dadurch, daß dies Kapitel illustriert ist, d. h. daß dieser Pendelgang zwischen mythischer und wissenschaftlicher Auffassung im Spiegel der künstlerischen Gestaltung — vom Fetisch bis zum Drama — durch etwa drei Jahrtausende hindurch systematisch-historisch verfolgt und in einer ausgewählten Reihe von Reproduktionen wiedergegeben wird.

2. dadurch, daß diese seelische Pendelschwingung realgeographisch als Mittelmeerbecken-Vorgang aufgefaßt wird, indem die betrachteten Ausdruckswerte in Sprache, Bildwerk oder Drama auf ihre zentrale oder periphere Bezogenheit zu jenen schöpferischen Kraftfeldern, die wir Babylon, Athen, Alexandrien, Jerusalem, Rom nennen, untersucht, Einblick gewähren in das Urprägewerk europäischer Mentalität."

Die Bibliothek spiegelt in allem WARBURGs universellen Geist, das „Problemgebäude" ist in allen seinen Stockwerken und Gemächern von ihm errichtet. Aufgabe der Zukunft ist es, dieses Gebäude nicht nur zu erhalten, sondern dauernd zu bereichern und auszubauen.

Die Geschichte der Bibliothek Aby Warburgs (1886–1944)

von Fritz Saxl
[1943/44]
mit einem Epilog und Anmerkungen von E. H. Gombrich[1]
[1970]

Aby Warburg begann 1886 im Alter von zwanzig Jahren damit, regelmäßig über seine Neuanschaffungen Buch zu führen. Seine Mittel waren damals recht begrenzt, aber die Tatsache, daß er systematisch Buch führte, beweist, wie ›bibliotheksbewußt‹ er bereits war. Später pflegte Warburg seinen Freunden von dem Ereignis zu erzählen, bei dem ihm klar geworden war, daß er mit seinen Anschaffungen über seinen persönlichen Bedarf hinausgegangen sei und damit bewußt begonnen habe, Bücher für Schüler und Nachfolger zu erwerben. Er beabsichtigte, zwei teure Reihenwerke zu kaufen, die Veröffentlichungen der Graphischen Gesellschaft und das luxuriös ausgestattete kunsthistorische Jahrbuch der kaiserlichen Sammlungen in Wien.[2] Er bat seinen Bruder um die nötigen Summen und erklärte ihm, daß diese Anschaffung mehr bedeute als den Kauf zweier großer Zeitschriften, es würden damit vielmehr die Grundlagen einer Bibliothek für kommende Generationen gelegt. Seiner Bitte wurde entsprochen, und mit der finanziellen Hilfe seiner Familie begann Warburg, systematisch Bücher zu sammeln. Das war im Jahr 1901/02. 1904 war die Bibliothek bereits so groß und hatte ein so eigenes Gesicht gewonnen, daß Warburg für den Fall seines Todes Vorkehrungen zur Eingliederung in eine öffentliche Institution traf, mit der Auflage, daß sie gesondert aufgestellt werden müsse.[3] Entweder sollte sie an die Hamburger Staatsbibliothek oder an das deutsche Kunsthistorische Institut in Florenz fallen, zwei Institutionen, denen Warburg in jenen frühen Jahren eng verbunden war und denen er sich lebenslang verpflichtet fühlte.

Eine Erfahrung seiner Studienjahre bewog ihn, das Experiment einer Bibliotheksgründung zu wagen. Als er an der Universität Straßburg über das Thema der beiden mythologischen Meisterwerke Botticellis arbeitete, wurde ihm nämlich deutlich, daß jede Bemühung, die Gedanken eines Renaissancemalers zu verstehen, vergeblich wäre, versuchte man, die Frage nur von der formalen Seite her anzugehen. Damals bestand das Seminargebäude in Straßburg aus einer Reihe eigener Abteilungen mit Spezialbibliotheken; zu allen hatte der Student Zutritt. Warburg, der glühend wünschte, das Rätsel dieser geheimnisvollen Bilder zu lösen, benützte eine dieser Bibliotheken nach der anderen und verfolgte Spuren, die von der Kunst zur Religion, von der Religion zur Literatur, von der Literatur zur Philosophie führten. Damals reifte sein Entschluß, dem Studenten eine Bibliothek an die Hand zu geben, die all die verschiedenen Gebiete der menschlichen Kulturgeschichte umfaßte und in der man unbehindert von Regal zu

---

[1] Saxls Aufzeichnungen sind ungefähr 1943 entstanden, aber offenbar nie abgeschlossen oder in Umlauf gebracht worden, da die letzten Abschnitte nur als Bleistiftnotizen existieren. Ich habe den Text an einer Stelle aus Saxls unvollendetem Entwurf zu einer Warburg-Biographie ergänzt, der 1944 niedergeschrieben wurde.

[2] Für dieses frühe Stadium vgl. die bei E. H. Gombrich: Aby Warburg. An Intellectual Biography, London 1970, S. 45 f. und S. 129 f. zitierten Briefe Warburgs.

[3] Tagebuch, 23. März 1904.

Regal wandern könnte. Er vermutete, daß sich die Regierung niemals zur Schaffung eines solchen Instruments bereit finden würde. Die Initiative müßte daher aus dem privaten Sektor kommen, und so überredete er seine Familie, die finanzielle Verantwortung für dies neuartige und kostspielige Projekt zu übernehmen. Derartiges war höchst ungewöhnlich im damaligen Deutschland, wo im Normalfall die Regierung Mittel für wissenschaftliche Einrichtungen zur Verfügung stellte.

Warburgs Plan war in der Tat außerordentlich; er paßte nicht in das offizielle Schema, das nur zwei Arten kannte: die kleine Spezialbibliothek und die große, magazinierte, allumfassende Bibliothek. Warburg war in England und in den USA gewesen, wo zwei seiner Brüder wohnten, und hatte in diesen Ländern die Arbeitsweise von Privatunternehmen auf wissenschaftlichem Gebiet erlebt. In Hamburg, das so stark von England beeinflußt war, bestand eine Chance für das Gelingen eines so ungewöhnlichen Planes. Hamburg war Handelsstadt ohne eine Universität mit standesbewußten Professoren, aber mit einer alten Gelehrtentradition. Das war der richtige Boden für eine private Gründung.

Gewiß — Hamburg lag weit ab von bedeutenden wissenschaftlichen Zentren. Kilometermäßig ist die Entfernung nach Berlin nicht groß, aber eine Welt von Geschichte, Gebräuchen und Denkart trennte die beiden Städte. Und wie anders war Hamburg als jede einzelne der berühmten kleineren Universitätsstädte wie Göttingen, Heidelberg oder Jena. Hamburgs Interessen lagen in Übersee, die Verwaltung arbeitete nach örtlichen hanseatischen Richtlinien. Zu Beginn dieses Jahrhunderts jedoch war Hamburgs Schulwesen fortschrittlich, die Erwachsenenbildung hochentwickelt, die öffentlichen Sammlungen blühten — alles in merklichem Gegensatz zum übrigen Deutschland. Hamburg schaute nach vorn, blieb aber isoliert, sowohl in seiner fortschrittlichen wie in seiner ganz stark traditionsgebundenen Haltung. Auch Warburgs Gründung blieb isoliert, und das junge Unternehmen konnte sich ungestört vom Lärm eines alteingesessenen Universitätsbetriebs entwickeln.

Als ich 1911 die Bibliothek zum ersten Mal betrat, war deutlich, daß Warburg mehrere Jahre in Italien gelebt hatte. Obwohl umfassend angelegt, enthielt sie vor allem Deutsches und Italienisches. Sie besaß damals etwa 15 000 Bände, und jeder jüngere Student, wie ich, muß sich bei dem Anblick verwirrt gefühlt haben. Einerseits traf er auf eine ausgezeichnete Sammlung von Bibliographien, die meisten davon für ihn unbekannt, aber sehr nützlich zur Arbeitsersparnis; andererseits auf sehr spezielle Sammlungen, z. B. für das Gebiet der Astrologie, mit dem er kaum vertraut war. Auch die Aufstellung der Bücher verwirrte, und ein Student mußte sie als höchst sonderbar empfinden — vielleicht wurde Warburg nicht müde, sie immer wieder umzustellen. Jeder Fortschritt in Warburgs geistigem System, jeder neue Gedanke zum Zusammenhang von Fakten veranlaßte ihn, die einschlägigen Bücher neu zu ordnen. Die Bibliothek änderte sich mit jedem Wechsel seiner Forschungsmethoden und seiner Interessen. Klein wie die Sammlung war, war sie doch ungeheuer lebendig, und Warburg hörte nie auf, sie umzuformen, damit sie seine Vorstellungen von der Geschichte des Menschen so gut wie möglich ausdrückte.

In jenen Jahrzehnten wurde in vielen kleinen und großen Bibliotheken die alte systematische Aufstellung aufgegeben, weil die alten Einteilungsschemata den Bedürfnissen einer neuen Zeit nicht mehr entsprachen. Man strebte eine ›praktischere‹ Aufstellung an und begünstigte Vereinheitlichung und alphabetische und arithmetische Einteilungsschemata. So wurden die Schubkästen des systematischen Katalogs zu Hauptführern des Studenten, der Zugang zu den Regalen und den Büchern selbst dagegen wurde selten. Die meisten Bibliotheken, sogar die, zu denen der Student offenen Zugang hatte (wie z. B. die Universitätsbibliothek in Cambridge), mußten Zugeständnisse an das Maschinenzeitalter und seine ständig steigende Buchproduktion machen und sich zur Aufgabe der systematischen Aufstellung von Büchern entschließen. Der Buchtitel im Katalog ersetzte jetzt in den meisten Fällen die andere und dem Gelehrten so viel angemessenere Vertrautheit mit dem Buch, die beim Durchblättern entsteht.

Warburg erkannte diese Gefahr. Er sprach vom ›Gesetz der guten Nachbarschaft‹. Ein Buch, das man kannte, war meist nicht das, was man brauchte. Der unbekannte Nachbar auf dem Regal aber enthielt die wichtige Information, obwohl man das aus dem Titel nicht ohne weiteres erschlossen hätte. Der Gedanke dahinter war natürlich, daß die Bücher zusammen — jedes mit seinem größeren oder kleineren Beitrag an Wissenswertem und ergänzt durch das benachbarte Buch — durch ihre Titel den Studenten zur Erkenntnis der wesentlichen Triebkräfte des menschlichen Geistes und seiner Geschichte führen sollten. Bücher waren für Warburg mehr als reine Forschungsinstrumente. Versammelt und gruppiert veranschaulichten sie die Gedanken der Menschheit in ihrer Beständigkeit und in ihrem Wechsel.

Bis 1908 hatte Warburg weder ausgebildete Hilfskräfte noch ein Haus mit genügend Stellraum für eine große Sammlung zur Verfügung. Im August 1908 machte er Dr. P. Hübner zu seinem Assistenten, und im April 1909 erwarb er das Haus Heilwigstraße 114, in dem er bis zu seinem Lebensende gewohnt hat. Dr. Hübner war Spezialist auf dem Gebiet der Renaissance-Sammlungen antiker Skulptur und daher für den Posten gut geeignet. Aber seinen Anlagen nach war er mehr Verwaltungsmann als Forscher — später hat er in der Verwaltung der deutschen Museen hohe Posten eingenommen — und daher trennten sich die Männer schon nach einem Jahr. Die Ernennung Hübners und das neue Gebäude machten jedoch deutlich, daß die Entwicklung in ein anderes Stadium getreten war. Hübners Nachfolger war Dr. Waetzoldt, ein Wissenschaftler, der sich sowohl für allgemeine Ästhetik wie für historische Fragen interessierte, der aber auch ein fähiger Lehrer und Verwaltungsmann war. Als er 1911 wegging, um die Bibliothek der Berliner Museen zu übernehmen, fühlte sich Warburg ganz vereinsamt. Es zeigt, welche Geltung die Warburgbibliothek damals hatte, daß die staatliche Verwaltung bei der Einstellung Waetzoldt die dort verbrachten Jahre so anrechnete, als hätte er im öffentlichen Dienst gestanden. 1912 wurde Dr. W. Printz, ein junger Orientalist und der zukünftige Bibliothekar der Deutschen Morgenländischen Gesellschaft, zum Assistenten ernannt und im Oktober 1913 als sein Kollege, der Verfasser dieser Skizze.[4]

Warburg hatte also jetzt zwei Assistenten, einen für die Bibliothek, den anderen für die Forschung, beide hatten Anleitung nötig. Abend für Abend, wenn die Tagesarbeit geleistet war, verbrachte Warburg über Antiquariatskatalogen, und je weiter sich seine Interessen spannten, desto schwieriger wurde es zu entscheiden, was wirklich angeschafft werden sollte. Weder die Räume noch die Mittel gestatteten unbegrenzte Ankäufe. Warburgs Gedächtnis für Buchtitel war nicht besonders gut — er hatte nichts vom Gelehrten, in dessen Gehirn sich, säuberlich geordnet, eine Enzyklopädie der wissenschaftlichen Literatur befindet — und bibliographische Listen wurden beim

---

[4] Die nächsten beiden Absätze stammen aus Saxls Entwurf zu einer Warburg-Biographie, die hier seinen Aufsatz ergänzen. Zu diesem und den folgenden Zusammenhängen vgl. auch Gertrud Bing: Fritz Saxl (1890−1948). A Memoir, in: Fritz Saxl 1890−1948. A Volume of Memorial Essays from his Friends in England, ed. by D. J. Gordon, London 1953, S. 1−46.

Aufbau der Bibliothek kaum benützt. Seit Beginn seiner Forschungsarbeit hatte er jeden Buchtitel, der ihn interessierte, auf eine eigene Karte notiert. Diese Karten wurden in ein System eingeordnet, das in dem Maße wie die Zahl der Kästen wuchs, immer komplizierter wurde. Die Kastenzahl stieg von zwanzig über vierzig auf sechzig, und, als er starb, waren mehr als achtzig vorhanden.[*] Natürlich veralteten im Laufe der Zeit viele Eintragungen, und oft war es einfacher, in wenigen Minuten eine dem neuesten Stand entsprechende Bibliographie zu einem Thema aus modernen systematischen Bibliographien anzufertigen als aus Warburgs Karten. Aber ganz abgesehen davon, daß er soviel ungewöhnliches Material enthielt, das kaum je in den üblichen Katalogen auftaucht, hatte dieser Zettelkatalog einen besonderen Vorzug: die aufgeführten Titel hatten irgendwann Warburgs wissenschaftliche Neugier beim Verfolgen eines Problems erweckt. Sie waren alle in einer persönlichen Weise miteinander verbunden als eine Art bibliographische Gesamtsumme seiner eigenen Tätigkeit. So kam es, daß diese Karteikarten ihn in seiner Bibliothekarstätigkeit leiteten; nicht, daß er sie jedes Mal konsultiert hätte, wenn er Verlagsankündigungen oder Antiquariatskataloge durcharbeitete; aber sie waren doch Teil seines Systems und seiner Gelehrtenexistenz geworden. So erklärt sich, wie ein Mann, dessen Ankäufe so stark von seinen momentanen Interessen diktiert waren, schließlich doch eine Bibliothek zusammenbrachte, die neben den Standardbüchern zu jedem gegebenen Thema eine außerordentlich große Zahl oft sehr seltener und höchst interessanter Publikationen enthielt. Oft sah man Warburg müde und bekümmert über seine Karteikästen gebeugt, einen Stoß Stichwortkarten in der Hand und bemüht, für jede den bestmöglichen Platz innerhalb des Systems zu finden; es schien eine solche Kraftverschwendung, und man bedauerte das. Gab es doch bessere Bibliographien als alles, was er je hoffen konnte, selbst zusammenzustellen. Es brauchte einige Zeit, bis man begriffen hatte, daß sein Ziel gar nicht bibliographischer Natur war. Er bestimmte auf diese seine Weise die Grenzen und den Inhalt seiner Forschungswelt, und die hier gewonnene Erfahrung trug entscheidend zur Auswahl von Büchern für die Bibliothek bei. Seine Freunde pflegten seinen ›Instinkt‹ für interessante und wertvolle Bücher zu bewundern, die Schnelligkeit, mit der er entschied, was wichtig oder unwichtig war. In Warburgs Wertesystem dagegen rangierte der Instinkt nicht sehr hoch; er schätzte die Erfahrung mehr, die aus dem harten und mühevollen Notizenmachen erwuchs, und aus der Aufgabe, diese Notizen in ein System zu bringen.

Warburgs großartiges Desinteresse am Technischen des Bibliothekswesens wuchs sich nachgerade zu einer rechten Last für ihn aus. Er hatte nur altmodische hölzerne Bücherregale; katalogisiert wurde nicht nach feststehenden Regeln; der Umgang mit Buchhändlern war nicht praktisch organisiert — alles hatte den Charakter einer Privatbibliothek, in der der Hausherr selbst dafür sorgte, daß die Rechnungen zur Zeit bezahlt wurden, daß der Buchbinder das richtige Material auswählte und daß weder er noch der Tischler, der ein neues Regal ablieferte, übervorteilt wurde. Die Aufgaben eines patriarchalischen Bibliothekars mit denen eines Gelehrten zu verbinden, wie es Warburg tat, war wirklich keine Kleinigkeit.

[* Vgl. das maschinenschriftliche Inventar zu diesen Kästen, das die Bibliographie, Abt. B, unter London verzeichnet.]

1. Warburgs Arbeitszimmer in seinem Privathaus

2. Der elipsenförmige Lesesaal im Bibliotheksneubau von 1926

An einem makellosen florentiner Frühlingstag des Jahres 1914 nach Wochen harter Arbeit, die mit einem glänzenden Vortrag zu Ende gebracht worden waren, gingen Warburg und ich zu Masaccios Fresken in die Carmine. Unterwegs besprachen wir zum ersten Mal Mittel und Wege, wie die Bibliothek in ein Institut umzuwandeln sei. Warburg hatte Gelehrten und Laien immer Zugang zu seinen Büchern und Notizen gestattet, auch zu der Photosammlung, die langsam anwuchs; und natürlich hatte er ergebene Schüler und Anhänger. Aber Hamburg war kein Zentrum humanistischer Gelehrsamkeit, und daher gab es nicht den normalen studentischen Nachwuchs. Der städtische Senat hatte die Gründung einer Universität abgelehnt und stattdessen ein Institut für Kolonialforschung geschaffen. An jenem Morgen des 21. April 1914 waren wir uns einig, daß nur mit der Einrichtung von Stipendien an der Bibliothek eine Reihe von Forschern aus Deutschland und dem Ausland gewonnen werden könnte und daß von jetzt an ein Teil der zur Verfügung stehenden Mittel dafür abgezweigt werden müßte. Die Bibliothek sollte Warburg helfen, junge Wissenschaftler in seiner Methode auszubilden und bei ihren Forschungen anzuleiten. Wenige Monate später brach der Krieg aus, die Pläne mußten ad acta gelegt werden; Warburgs Forschungsarbeit aber ging weiter und damit die Anschaffung neuer Bücher.

1920 war die Lage gänzlich verändert. Der geistige Hunger der Nachkriegsjahre und die allgemeine Begeisterung für Friedenswerke inspirierten die republikanisch gesonnenen Stadtväter: sie beschlossen die Gründung der Hamburger Universität. Diese neuen Umstände hätten die Stellung von Warburg und seiner Bibliothek automatisch verändert, wäre Warburg nicht gerade in diesem Augenblick ernstlich erkrankt. Er mußte sein Haus verlassen, und es war ungewiß, ob er je würde zurückkehren können. Bis zur letzten Stunde vor der Abreise saß er an der Arbeit, überzeugt davon, daß er nie wieder heimkommen werde. Er ließ sein Werk in der Obhut des Verfassers dieser Zeilen zurück.

Die Verantwortung lastete schwer. Die Bibliothek war allein durch Warburgs schöpferische Kraft zu dem geworden, was sie darstellte; jedes Buch hatte er ausgewählt, von ihm stammte die systematische Anordnung, er hielt zu einem großen Kreise von Gelehrten Kontakt. Eingegliedert in den Rahmen des neuen Hamburger Erziehungswesens mußte nun das Erbe des abwesenden Meisters und Freundes gepflegt und ohne seine Hilfe zu etwas Neuem weiterentwickelt werden. Die Familie stellte großzügig Mittel für dieses Unternehmen zur Verfügung.

Das Jahr 1920 war daher für den Fortgang entscheidend. Bislang hatte Warburg keine Notwendigkeit gesehen, die Ziele der Bibliothek vor einem größeren Publikum zu definieren, und der Schwerpunkt ließ sich ständig auf andere Teile der Sammlung verschieben, so wie es seine Interessen und Bedürfnisse eben nötig machten. Je länger er abwesend war, desto deutlicher wurde, daß Wahrung des Bestandes nicht ausreichte und daß diese ungemein persönliche Schöpfung in eine öffentliche Einrichtung umgewandelt werden mußte. Dabei war von Anfang an klar, wieviel durch einen solchen Schritt verloren gehen würde. Überall in der Bibliothek gab es kleine Büchergruppen, die eine bestimmte Denkrichtung anzeigten – so sehr gerade dieser außerordentliche Ideenreichtum den Gelehrten erfreute, er erschwerte es ihm gleichzeitig, sich in der Bibliothek zurechtzufinden. Als der Philosoph Ernst Cassirer die Bibliothek zum ersten Mal benützte, beschloß er, ihr entweder gänzlich fern zu bleiben – was er eine Zeitlang durchgehalten hat – oder sich dort für Jahre in Gefangenschaft zu begeben – das hat er später öfter mit Freuden getan. Warburgs Neuanschaffungen hatten natürlich immer eine innere Kohärenz, es gab aber auch viele ›Versuchsballons‹ und persönliche Arabesken, die in einer für ein größeres Publikum bestimmten Institution weniger erwünscht erschienen.

Die erste und dringendste Stabilisierungsarbeit in der Bibliothek mußte folglich darin bestehen, Warburgs System, auf dem Stand, den es 1920 erreicht hatte, zu normalisieren, d. h., es hier zu erweitern, dort zurückzuschneiden. Kein verfügbares Klassifikationssystem ließ sich anwenden, da diese Bibliothek dem Studium der Kulturgeschichte — und zwar aus einem ganz bestimmten Blickwinkel — gewidmet war. Sie sollte das wesentliche Material enthalten und es in Unterteilungen darbieten, die den Studenten zu Büchern und Ideen hinleiteten, mit denen er noch nicht vertraut war. Es schien bedenklich, dies in zu starrer Form zu tun. In gemeinsamer Arbeit mit Gertrud Bing, der neuen Assistentin, wurde eine Form gewählt, die so flexibel war, daß sich das System ohne Schwierigkeit jeden Augenblick ändern ließ, jedenfalls für kleinere Themengruppen. Daher wird es nie so einfach sein, in der Warburgbibliothek ein Buch zu finden wie in einer Sammlung, die nach Alphabet und Nummern aufgestellt ist; man zahlt einen hohen Preis dafür — aber die Bücher bleiben eine Einheit lebendigen Denkens, so wie Warburg es geplant hatte.

Die zweite Aufgabe war die Normalisierung des Bibliotheksbestandes. Kenntnisse und Interessen keiner Einzelperson — und sei es selbst eines Warburg — können je so weit gespannt sein wie die einer Gruppe anonymer Benützer einer Sammlung, deren Wünsche gewiß ebenso berechtigt sind. Im Jahre 1920 umfaßte die Bibliothek etwa 20 000 Bände; bestimmte Teile waren fast ganz ausgebaut, andere gerade erst begonnen. Dank der Tatsache, daß die Mittel zum Teil von Familienmitgliedern stammten, die in den USA lebten, auch wegen der Inflation in Deutschland, waren wir imstande, den Ankauf von Büchern fortzusetzen und Lücken zu füllen. Ein öffentliches Institut muß einfach gewisse Standardwerke und Zeitschriften besitzen, die ein Privatgelehrter sich leicht von einer öffentlichen Bibliothek ausleihen kann. Nach und nach entwickelte sich die Hamburger Universität, und dementsprechend wuchs die Zahl jüngerer Studenten, die zum Arbeiten in die Bibliothek kamen. Auch deren Bedürfnisse mußten berücksichtigt werden. Das hatte mit Takt zu geschehen, damit der ursprüngliche Charakter der Sammlung als Forschungsinstrument nicht zerstört würde.

Aber noch schwieriger als die Umwandlung der Bibliothek war es, die wissenschaftlichen Aufgaben ohne Warburgs Hilfe fortsetzen zu müssen. Der alte Gedanke von 1914, die Bibliothek in ein Institut umzuwandeln, schien sich als geeignete Lösung anzubieten. Da Hamburg jetzt eine Universität besaß, war die Einrichtung von Stipendien nicht mehr nötig. Einige der neuernannten Universitätslehrer waren natürlicherweise an einer Zusammenarbeit sehr interessiert. Obwohl sie sich mit sehr verschiedenen Gebieten beschäftigten, fanden sie in der Bibliothek doch wissenschaftliche Kontakte und eine gemeinsame Basis.

Ernst Cassierer (Philosophie), Gustav Pauli und Erwin Panofsky (Kunstgeschichte), Karl Reinhardt (Klassische Philologie), Richard Salomon (Byzantinische Geschichte), Hellmut Ritter (Orientalische Sprachen) und andere wurden Mitglieder des Kreises. Die kleine Gruppe vergrößerte sich bald durch andere deutsche und ausländische Forscher, Belgier, Italiener, Holländer und Engländer. Ähnlich wie bei der Bibliothek, ließ es sich auch in diesem Bereich kaum vermeiden, Warburgs Vorstellungen zu vereinfachen, um den Gang der Institutsaktivitäten zu erleichtern. So fiel manches fort, das wichtig war und das wiederzugewinnen schwierig sein wird, aber die Hauptaufgabe wurde gelöst. Warburgs Schöpfung lebte weiter, vor allem gestützt durch Jüngere, die von seiner Persönlichkeit und seinem Werk angefeuert wurden, während er selbst der Welt entzogen war. Während seiner Krankheit verwandelte sich die Privatbibliothek in eine öffentliche Institution. Zwei Publikationsreihen enthielten die Forschungsergebnisse des Instituts: das Jahrbuch mit *Vorträgen* und die *Studien*, die ganz bestimmte Themen behandelten. Bedingung war, daß nicht nur die *Studien* sondern auch die *Vorträge* neue Forschungsergebnisse enthalten sollten. Bei der Atmosphäre, die in den zwanziger Jahren in Hamburg herrschte, bestand auch keine Gefahr, daß diese Vorträge nicht gut besucht werden würden. Durch diese Veröffentlichungen sind Warburgs Gedanken besser bekannt geworden, und es bildete sich eine Tradition heraus.

Bald zeigte sich, daß das 1909 gekaufte Haus nicht genügend Raum für die neuen Aufgaben bot. Es fehlten ein Hör- und ein Lesesaal für die wachsende Zahl der Benutzer, und selbst der einfallsreichste Tischler hätte kein System zur Schaffung von mehr Stellfläche ersinnen können. Vom Boden bis zur Decke standen die Wände voller Bücher, die Speisekammer war Magazin, schwere Regale hingen gefährlich über Türen, das Billardzimmer hatte in einen Büroraum umgewandelt werden müssen, in der Eingangshalle, auf den Treppenabsätzen, im Familienwohnzimmer — überall Bücher, Bücher, Bücher; und jeden Tag kamen neue Bücher ins Haus. Irgendetwas mußte geschehen. Damals wurden in Universitätsnähe passende Räumlichkeiten zum Kauf angeboten, und vieles sprach dafür, die Sammlung aus einem reinen Wohnviertel wegzuverlegen. Das hätte allerdings den persönlichen Charakter der Bibliothek zerstört und die Gefahr mit sich gebracht, daß sie nur eines von vielen Seminargebäuden der Hamburger Universität geworden wäre. Viele Studenten, die nicht wirklich an Forschung interessiert waren, hätten sie dann einfach aus Bequemlichkeit benutzt. Aus pädagogischen Gründen war Warburg stets dagegen gewesen, Dinge technisch zu einfach für Studenten zu machen. Als seine Gesundheit sich 1923 zu festigen begann und man zu diesem Thema seine Meinung einholte, war er ganz und gar nicht geneigt, einer grundsätzlichen Änderung zuzustimmen.

Seine Rückkehr nach Hamburg im Jahre 1924 brachte jedoch die Entscheidung. Das Nachbargrundstück war schon 1909 gekauft worden für den Fall, daß die Bibliothek eines Tages zu groß für das alte Haus werden sollte. Zur Unterbringung einer Bibliothek hätte es sich wohl geeignet, nicht aber — da es lang und schmal geschnitten war — für die Bedürfnisse eines im Aufbau begriffenen Institutes. Aber Warburg zögerte nicht. Der Gedanke an ein großes öffentliches Gebäude im Stadtzentrum verlockte ihn überhaupt nicht. Die Bibliothek sollte ihren privaten und persönlichen Charakter trotz ihrer öffentlichen Funktionen behalten, und sofort wurden Pläne in Angriff genommen, die trotz großer technischer Schwierigkeiten eine Lösung bieten sollten. Am wichtigsten war, durch die Anlage des Magazins das Einteilungssystem der Bibliothek klar erkennen zu lassen. Beide Häuser zusammen sollten Raum für die Aufstellung von ca. 120 000 Bänden schaffen, der Lesesaal mit seiner Empore sollte mit den nötigen Handbüchern und Nachschlagewerken ausgestattet sein und Stellfläche für ältere und neuere Zeitschriften bieten. Außerdem mußte die Akustik gut sein, damit der Lesesaal abends als Hörsaal dienen könnte. Auch waren Räume für die Mitarbeiter und die photographische Abteilung nötig, ein Gastzimmer mit Bad, eine Photowerkstatt und im Untergeschoß die üblichen Wohnräume. Es war sogar ein Sonnendach geplant für die Leser mit Blick über die Gärten und den kleinen, von

Weiden umstandenen Fluß. Am 25. August 1925 wurde der Grundstein gelegt, am 1. Mai 1926 das Gebäude eröffnet.[*]

Nur wenige Leute erkannten die Bücher auf den Regalen als dieselben wieder, die im alten Gebäude gestanden hatten (Abb. 1/2). Vieles, was vorher wunderlich und unzusammengehörig wirkte, paßte sich nun richtig ein. Vierzig Jahre lang hatte Warburg Bücher angeschafft, aber nicht wie ein Bibliothekar völlig neutral für ihm unbekannte Leser. Warburg kaufte stets in der Absicht, Neues und Wichtiges für seine Arbeit kennenzulernen, und sein Denken war so folgerichtig, daß er am Ende seines Lebens dem Publikum eine Bibliothek übergeben konnte, die ein voll ausgebildetes System und klar gegliederte Unterabteilungen aufwies. Die Bücher waren auf vier Stockwerken untergebracht. Im ersten standen Werke über allgemeine Ausdrucksprobleme und das Wesen von Symbolen. Dann folgten Anthropologie und Religion, Philosophie und Geschichte der Naturwissenschaften. Der zweite Stock beherbergte Bücher über künstlerische Ausdrucksformen, ihre Theorie und Geschichte. Der dritte war Sprache und Literatur vorbehalten und der vierte den sozialen Erscheinungsformen des menschlichen Lebens — Geschichte, Recht, Volkskunde usw. Warburgs lebenslanger, oft chaotischer und verzweifelter Kampf, die Ausdrucksformen des Geistes, ihr Wesen, ihre Geschichte und ihre Zusammenhänge zu verstehen, hatte ein Bibliothekssystem geschaffen, das so natürlich wirkte, als sei es nicht das Ergebnis, sondern der Ausgangspunkt von Warburgs Anstrengungen gewesen. Was es von jedem vorgefertigten Bibliothekssystem unterschied, war der Ideenreichtum in den Unterteilungen. Nur durch ständige tiefschürfende Forschungsarbeit hatte eine solche Menge interessanter und oft längst vergessener Bücher aufgespürt und zusammengebracht werden können. Bei seiner Arbeit leitete der Forscher stets den Bibliothekar, und was dieser empfangen hatte, das zahlte er dem Forscher zurück.

Das neue Haus, platzsparend gebaut wie ein Schiff und mit allem technischen Gerät ausgestattet, das eine moderne Bibliothek braucht, bewährte sich als geeigneter Rahmen für die schnelle Entwicklung des Instituts. Was in den Jahren von Warburgs Abwesenheit als Versuch begonnen worden war, wurde nun unter seiner Anleitung und mit seiner Hilfe fortgeführt. Er hatte einen, später zwei Mitarbeiter, die gleichzeitig Universitätslehrer waren. Seminare wurden am Institut abgehalten und Studenten in die Benutzung der Bibliothek eingewiesen; es gab Forschungs- und Reisestipendien. Der Mitarbeiterstab — Wissenschaftler und Sekretäre — wurde vergrößert und sachdienlich eingeteilt. Während der Ferien arbeiteten dort manche bedeutende Gelehrte. Es wurden mehr Bücher gekauft als je zuvor, und die bislang etwas stiefmütterlich behandelte Fotoabteilung wurde ausgebaut. Die Vorlesungen, die in den ersten Jahren, je nach dem Interesse der Vortragenden viele, sehr verschiedenartige Themen behandelt hatten, konzentrierten sich seit 1927 auf je eines der Hauptforschungsgebiete des Instituts. 1929 lagen bereits zwölf Bände der *Studien* gedruckt vor, weitere befanden sich im Druck. 1928/29 blieb Warburg fast für ein Jahr

---

[* Architekt BDA Gerhard Langmaack, Hamburg. Der Lese- und Vortragssaal hatte die bedeutungsvolle Form einer Ellipse. Vgl. G. Langmaack, Architekt BDA: Arbeiten 1922—1929. Hamburg 1930, hier S. 30—33 »Die Kulturwissenschaftliche Bibliothek Warburg, Hamburg, Heilwigstraße (1925—1926)« mit fünf Abbildungen und drei Architekturzeichnungen. Hochinteressant auch das Photoalbum zum Neubau, das das Warburg Institute, London, aufbewahrt. Das Haus hat den zweiten Weltkrieg überstanden, wird jedoch leider nicht mehr seiner ursprünglichen Bestimmung entsprechend genutzt.]

in Italien, und die Beziehungen zwischen italienischen und deutschen Gelehrten in Italien waren so eng, daß die Frage, ob das Institut nicht besser nach Rom verlegt werden sollte, ernsthaft diskutiert wurde.

Mit Warburgs Tod im Jahre 1929 ging die Periode fieberhafter Tätigkeit, die mit Warburgs Rückkehr 1924 angefangen hatte, zuende. »Warburg redux« steht als Unterschrift unter einem seiner Briefe. Er hatte das Gefühl und flößte es auch anderen ein, daß er ein nach siegreicher Schlacht heimgekehrter Soldat sei, heimgekehrt aus einer Entscheidungsschlacht mit den Mächten der Finsternis und der Hölle. Fast furchterregende Kräfte gingen von ihm aus; er lebte und arbeitete in der Überzeugung, daß ein Forscher seinen Beruf nicht wählt, sondern daß er in allem, was er tut, einem höheren Befehl gehorcht. Niemand, der in jenen Jahren mit ihm lebte und arbeitete, konnte sich dieser bezwingenden Atmosphäre entziehen. Wer immer das Institut betrat, spürte etwas von diesem Geist, empfand etwas von der Magie dieses Mannes, für den das normale Leben nicht mehr zu existieren schien, der in einer Welt von Ideen lebte, die vom Höchsten bis zu den kleinsten Details historischer Forschung reichten. Warburg erzog seine Schüler und Nachfolger zu einer vollständigen und bedingungslosen Unterwerfung ihrer ganzen Existenz unter die Forderungen der Wissenschaft.

Nach Warburgs Tod ging das Institutsleben äußerlich ohne große Veränderungen weiter. Die Familie, die ihn so viele Jahre unterstützt hatte, erklärte feierlich ihre Bereitwilligkeit, seine Schöpfung auch in Zukunft mitzutragen. Aber bald machten sich üble Vorzeichen des kommenden Sturmes bemerkbar. Zuerst die internationale Währungskrise und mit ihr eine beträchtliche Verringerung des Budgets. Auch die deutschen Universitäten bekamen die Wirtschaftskrise zu spüren. Als Folge der Arbeitslosigkeit gab es bald viel zu viele Studenten, manche waren einfach schlecht. Der Lesesaal des Instituts war besuchter denn je, aber mehr von Studenten als von Gelehrten. Wir sehnten uns nach den Zeiten zurück, als es das neue Haus noch nicht gab und nur wenige Leute in der Bibliothek gearbeitet hatten. Das Institut entbehrte Warburgs Weisheit und Energie; es geriet in jenen unproduktiven Jahren, den letzten Jahren des alten Deutschland, in eine Krise. Aber ein Institut hat seine eigene Schwungkraft; die Forschung ging also weiter, neue Veröffentlichungen kamen heraus, und es wurden Vorträge gehalten. Die Vorlesungsreihe »England und die Antike« bestritten englische und deutsche Wissenschaftler. Sie führte zu den ersten politischen Schwierigkeiten bei unserer Arbeit. Ein Vortrag über »Das römische und das britische Weltreich« schloß mit der Behauptung, daß sich das Ende des britischen Weltreiches abzeichne, und wir weigerten uns, derartige politische Meinungen abzudrucken. 1931 fand sich eine Gruppe von etwa vierzig Mitarbeitern bereit, jährlich eine kritische *Bibliographie zum Nachleben der Antike* zusammenzustellen. Sie war als bibliographische Grundlage für die Arbeit des Instituts und als Hilfe für und Bindeglied zu anderen, in diesem Felde tätigen Forschern gedacht. Nie zuvor hatte das Institut versucht, eine derart weitgespannte internationale Organisation aufzubauen. Daß die Aufforderung auf so fruchtbaren Boden fiel, zeigt, welches Ansehen es damals bereits genoß.

Im Frühjahr 1933 zeigte sich deutlich, daß unsere Arbeit in Deutschland ihrem Ende entgegenging.[5] Noch behelligte man uns nicht; die Politiker waren viel zu beschäftigt,

---

[5] Vgl. auch Gertrud Bing: A Memoir, a.a.O., und Eric Warburg: The Transfer of the Warburg Institute to England in 1933, in: The Warburg Institute Annual Report 1952−53, S. 13−16.

als daß sie sich um solche Dinge wie private Forschungsinstitute hätten kümmern können. Unabhängige und privat organisierte Forschung auf dem Gebiet der Geisteswissenschaften hätte sich in einem nationalsozialistischen Deutschland jedoch niemals halten können — ganz abgesehen von der rassischen Benachteiligung, die in der Zeit vor den Nürnberger Gesetzen noch nicht so offenkundig und bedrohlich war wie später. Rieten uns auch viele Freunde, einstweilen an Ort und Stelle zu bleiben — nur ein Jahr später mußte jeder begreifen, daß das unmöglich gewesen wäre. Als 1934 der erste Band der *Bibliographie* herauskam — ein Unternehmen, das trockener und unpolitischer auch von keinem anderen geisteswissenschaftlichen Institut hätte zusammengestellt werden können — erschien im *Völkischen Beobachter* [vom 5. Januar 1935] eine ganzseitige Besprechung, deren Ignoranz ihrer Unverschämtheit entsprach. Wären wir damals noch in Deutschland und von der Zusammenarbeit mit unseren alten Freunden abhängig gewesen, wäre die Lage kritisch geworden. Manche von ihnen hätten rasch jede Verbindung zu uns abgebrochen, während andere, treuere tapfer versucht hätten fortzufahren, bis auch sie, durch Gesetze und schlimme Erfahrungen gezwungen, sich — gegen ihr Gewissen — hätten fügen müssen.

Ein unvergeßliches Erlebnis war damals der Besuch eines jungen aktiven Freundes des Instituts, Dr. R. Klibansky. Voller Entsetzen über das, was er sich an der Universität Heidelberg abspielen sah, deren Lehrkörper er angehörte, war ihm der Gedanke gekommen, ein Forschungszentrum außerhalb von Deutschland aufzubauen, in das die alte deutsche humanistische Tradition hinübergerettet werden sollte. Wir beschlossen, gemeinsam zu handeln. Die Institutsmitglieder — ohne Rücksicht auf ihre Rasse — und die Familie Warburg vereinbarten die Emigration. Aber wohin? Freunde an der Universität Leiden boten uns kostenlos eine ausgezeichnete Unterkunft und jede Möglichkeit zur Arbeit, Mittel aber standen in Holland nicht zur Verfügung; hatten wir Deutschland erst einmal verlassen, wäre unsere finanzielle Lage völlig ungesichert gewesen. Es lag auf der Hand, daß wir nicht mit der Überweisung von Geldmitteln aus Deutschland rechnen konnten.

Im Frühsommer [1933] ging Dr. Wind, der dem Institut seit 1928 angehörte, zu Verhandlungen nach England. Er hatte dort schon früher viele Freunde gewonnen, als er über das englische 18. Jahrhundert arbeitete. Einige Gelehrte in diesem Lande beobachteten voller Besorgnis und Mitgefühl, was sich an den deutschen Universitäten abspielte. Ein Komitee zur Information der Öffentlichkeit war gebildet worden, das auch ›akademischen Beistand‹ leisten sollte. Zwei Mitglieder des Academic Assistance Council, Professor W. G. Constable und Professor C. S. Gibson der Universität London, fuhren nach Hamburg, um sich an Ort und Stelle über die Lage des Warburg Instituts zu unterrichten. Aber noch fehlte es an finanzieller Unterstützung, und die Lage in Deutschland verschlechterte sich von Monat zu Monat. Da kam als dritter Besucher Sir Denison Ross nach Hamburg. Mit dem scharfen Instinkt des weitgereisten Mannes war er stets darauf aus, neue wissenschaftliche Erfahrungen zu sammeln. Vor allem aber war er begeisterungsfähig. Wenige Wochen nach seiner Rückkehr nach London kam ein Telegramm mit guten Nachrichten und einer Einladung zu Besprechungen. Ein Geldgeber, der anonym zu bleiben wünschte, versprach, etwas zu den reduzierten Zuschüssen der Familie Warburg beizusteuern, und Lord Lee of Fareham hatte sich bereitgefunden, für ihn zu handeln.

Die Verpflanzung des Warburg Instituts von Hamburg nach London war kein gewöhnliches Ereignis. Eines Tages lief ein Schiff in die Themse ein, mit 600 Bücherkisten an Bord, eisernen Regalen, Büchertischen, Buchbindermaschinen, photographischen Ausrüstungen, etc., etc. Zehntausend Quadratfuß waren für die

Unterbringung der Bibliothek nötig. Die Umstände schienen günstig; Lord Lee of Fareham hatte Räume in Thames House, einem großen Geschäftsbau in Millbank gemietet, der 1933 noch nicht ganz bezogen war. Mr. Samuel Courtauld und der amerikanische Zweig der Familie Warburg versprachen, die nötigen Mittel aufzubringen.

Aber wie sollten sich die sechs Leute, die von Hamburg mit den Büchern hinübergekommen waren, an die Arbeit machen? Die Sprache, in der sie schrieben — auch wenn sie englische Worte benutzten — war ihnen fremd, denn ihre Denkgewohnheiten waren unenglisch; und wen konnte man überhaupt aus dieser wunderlichen Erdgeschoß-Bibliothek in einem riesigen Geschäftshaus erreichen? Wer sollte das lesen, was diese unbekannten Ausländer vorlegen würden? Es war schon ein sonderbares Abenteuer, mit etwa 60 000 Büchern im Herzen von London zu landen und gesagt zu bekommen: »Sucht Euch Freunde und macht sie mit Euren Problemen bekannt«.

Die Ankunft des Instituts fiel mit dem wachsenden Interesse des britischen Erziehungswesens an der Erforschung sichtbarer Dokumente der Vergangenheit zusammen. Das Warburg Institut wurde von dieser Woge getragen, seine Methoden, Kunstwerke als Ausdruck eines Zeitalters zu untersuchen, fand bei einigen jüngeren Gelehrten Anklang. Eine Anzahl deutscher Flüchtlinge, die nicht zum ursprünglichen Stab gehört hatten, wurden Mitarbeiter und trugen zu weiteren Kontakten mit englischen Gelehrten bei.

1936 hatte es die University of London unternommen, das Institut bis 1943 unterzubringen, dem Zeitpunkt, an dem alle Geldmittel erschöpft sein würden. Was danach geschehen sollte, war — und das gab zu Hoffnungen Anlaß — noch nicht entschieden worden. Als der Krieg ausbrach, wurden die Bücher ausgelagert. Ein Mitglied des ursprünglichen Stabes kam bei einem Luftangriff um[*]; das Veröffentlichen wurde immer schwieriger. Würde irgendjemand im Jahr 1943 sich bereitfinden, die Unterstützung dieses Skeletts zu übernehmen?

Epilog

Fritz Saxl hätte wohl kaum beabsichtigt, seine Aufzeichnungen mit dieser rhetorischen Frage abzuschließen, wenn er damals nicht schon gewußt hätte, daß sich eine Antwort abzuzeichnen begann: Der großzügigste aller Brotherren war willens, die Gesamtverantwortung für Warburgs Erbe zu übernehmen – der britische Steuerzahler. Unter den Fakten, die zu dieser Wendung der Dinge führten, war ein Stichprobenvergleich zwischen der Institutsbibliothek und der des British Museum entscheidend. Er ergab, daß mehr als 30 % der Buch- und Zeitschriftentitel, die von Hamburg herübergebracht worden waren, in diesem großen Bücherschatzhaus fehlten. Am 28. November 1944 wurde das Warburg Institut der University of London eingegliedert. Die weitere Entwicklung läßt sich an den Jahresberichten des Instituts ablesen.[**]

[* Der Bibliothekar und Trithemius-Forscher Dr. Hans Meier, vgl. The Warburg Institute, Annual Report 1940/41, London o. J., sowie den Nachruf im Journal of the Warburg and Courtauld Institutes 4 (1940/41) auf ungezählter Seite nach dem Titelblatt.]
[** The Warburg Institute. Annual Report 1944/45–1977/78, London o.J. 1945–1978. Für die Londoner Jahre 1934 – 1943 gab es offenbar keine durchlaufende Folge der »Reports«. Es sind lediglich Berichte zu den Jahren 1934/35, 1939/40 und 1940/41 erhalten.]

[1922]

RINASCIMENTO DELL' ANTICHITÀ.

STUDIEN ZU DEN ARBEITEN A. WARBURGS.

VON

FRITZ SAXL.

Die Forschungen Warburgs, die den Ausgangspunkt und den wesentlichen Inhalt dieser Studien bilden, sind Beiträge zum Renaissanceproblem. Der Mensch der Frührenaissance als Typus steht im Mittelpunkt von Warburgs Denken. Zu erfassen, was für dessen Erleben das Rinascimento dell' Antichità bedeutet, um dadurch zur Erkenntnis des Wesens dieses Menschheitstypus zu gelangen, ist das leidenschaftlich und unbeirrbar verfolgte Ziel seiner Lebensarbeit.

I. DIE ANTIKE ALS BEWEGUNGSSTEIGERNDES ELEMENT IN DER KULTUR DER FRÜHRENAISSANCE.

1. ANTIKEN ALS VORBILDER FÜR DIE DARSTELLUNG KÖRPERLICHER BEWEGUNG.

Warburg ist bei seinen Untersuchungen von Botticelli ausgegangen; in Botticellis Kunst fesselt ihn nicht das Ruhende sondern das Bewegte. Er untersucht die Rolle des neuen Gewandstiles bei Botticelli und findet, daß dieser gerade da antike Formeln benutzt, wo er an die Wiedergabe des Bewegten herangeht. Das wird an solchen Kopien antiker Plastik deutlich, deren Vorbilder uns noch erhalten sind. Im Museum von Chantilly wird eine Zeichnung der Botticellischule

Abb. 1. Zeichnung eines Botticelli-Schülers im   Sarkophag, ehemals bei Sta. Maria in Araceli in
          Museum von Chantilly.   Rom (jetzt·Woburn-Abbey).

nach einem antiken Relief aufbewahrt, das ehemals an der Treppe von St. Maria in Araceli eingemauert war (Abb. 1). Da sind die drei rechten Figuren ziemlich genaue Kopien des Vorbildes, die beiden linken dagegen freier erfunden. Gerade die kopierten Figuren lassen uns deutlich werden, was ein Künstler des 15. Jahrhunderts sich aus einem Originalwerk des Altertums heraussucht, was ihn daran interessiert; »in diesem Falle nichts weiter, als einerseits das oval geschwellte Gewandstück ... und andererseits der Haarputz der Frauenfigur, den er mit frei flatterndem Schopf — von dem auf dem Vorbild nichts zu sehen ist — versah, sicherlich in der Meinung, recht ‚antikisch‘ zu sein«.

Damit ist es Warburg gelungen, einen wesentlichen Teil dessen, was die Antike überhaupt für die Kunst der Renaissance bedeutet hat, zu kennzeichnen: das Vorbild für den Ausdruck von Bewegung.

348

Am stärksten haben klassische Bewegungsvorbilder vielleicht auf die Kunst der Pollaiuoli eingewirkt. Der steinschleudernde David von Locko Park geht auf den Niobiden-Pädagogen zurück, die wilden Herakles-Darstellungen auf bekannte antike statuarische Vorbilder. Ja auch die Fresken in Arcetri, die Tanzszenen zeigen, wiederholen — nur mehr oder weniger frei — antike Vorlagen (Abb. 2). Also gerade hier, wo der Renaissancekünstler den schwungvoll bewegten Körper schildert, lehnt er sich an Griechisch-Römisches an.

In späteren Jahren hat es Warburg versucht, an der Hand eines Leitmotives den Eintritt dieses antikisierenden Bewegungsstiles in die Malerei der Frührenaissance

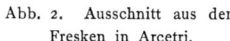

darzulegen: an Hand der Darstellungen der Kreuzeslegende. Seinen Ausgangspunkt bilden die Fresken des Piero della Francesca in Arezzo, die noch vor diesem Idealstil liegen. Wesentlich für ihren Stil ist erstens: das Fehlen jedes »superlativischen Manierismus« auch in bewegtesten Szenen, wie der Schlacht zwischen Heraclius und Khosrô und zweitens: der starke Realismus, der sich auch darin manifestiert, daß Piero in Heraclius und dessen Gefolge, wie Warburg gezeigt

Abb. 2. Ausschnitt aus den Fresken in Arcetri.

Hellenist. Bronze. Paris, Cab. des Medailles.

hat, große Gestalten seiner Zeit darstellt, den Griechenkaiser Paläologus und die Würdenträger, die 1439 zum Florentiner Konzil kamen — wie auch unter den Zuschauern von Khosrôs Enthauptung (nach Vasari) Mitglieder der Familie Bacci auftreten. »In der innigen Durchdringung von zeitgenössischem Leben und Gefühl für den religiösen Gehalt der mittelalterlichen Legende, verbunden mit jener Unterordnung des Einzelnen unter die Disziplin des einheitlichen Gesamtraumes entspringt in Arezzo ein Historienstil, dessen heroische Monumentalität den illustrativ gebundenen Realismus verklärt, nicht beseitigt.« Hier, wo für Piero die Anlehnung an antike Schlachtreliefs zur Darstellung der Bewegtheit des Kampfes schon rein sachlich gegeben gewesen wäre, ist er diesen Vorbildern im allgemeinen nicht gefolgt; wo er sich aber in einem Einzelfall an die Antike anlehnt, wie bei der Figur des gestürzten Kriegers im Vordergrund des großen Kampfbildes, deutet er das stark bewegte Vorbild ins weniger Bewegte um.

In der Malerei ist es erst die Richtung des Botticelli, des späteren Ghirlandajo und der Pollajuoli, die die antiken Bewegungsformeln entdeckt und im weiteren Umfang benützt; Ghirlandajo, obwohl keine Kreuzeslegende darstellend, bringt in den Fresken von St. Maria Novella, in den beiden Grisaille-Reliefs, die auf dem

Schlußbild der Fresken der Capella Tornabuoni — dem Opfer des Zacharias — die Altarwand des Tempels wie eine Art Attika schmücken, getreue Kopien nach Skulpturen des Konstantinsbogens an, und Gestalten seines Bethlehemitischen Kindermords gehen auf das Vorbild des Trajans-Sieges zurück, dem Relief auf der Innenseite des Konstantinsbogens. Hier also tritt die antike Plastik mit ihren Bewegungsformeln stilbildend ein. Als nun — nach 1500 — die Raphael Schule vor das Problem der Konstantinsschlacht gestellt war, läßt sie die eigentlich tragische Hauptszene genau von den Akteuren des trajanischen Reliefs am Konstantinsbogen spielen. Die Geschichte der Wiedererweckung der Konstantin-Reliefs ist die Geschichte der Wiedererweckung der antiken Ausdrucksformeln für das bewegte Leben.

Wie in einem Symbol tritt uns diese antike Beweglichkeit — in der Sphäre des erotischen Lebens und in der Kunst — in der Gestalt der Frührenaissance-Ninfa entgegen. Eine Ninfa im Sinne der Frührenaissance ist jene bekannte Figur der Dienerin in der Geburtszene der Ghirlandajo-Fresken in Sta. Maria Novella. »Ihr Gewand ist gegürtet, und flattert bewegt, und wenn ihre sandalengeschmückten Füße auf dem Erdboden verweilen müssen, so verleiht ihr doch das segelförmige, im Winde geschwellte Gewand, das von ihren Schultern ausgeht, einen allerdings nur ornamentalen irdischen Ersatz für die olympischen Flugwerkzeuge jener antiken Siegesgöttin, der sie nachgebildet ist.« Die leicht beschwingte Ninfa feiern die Dichter; gegen sie wendet sich — das ist historisch von gleicher Bedeutung — voll tiefen Zornes Savonarola[1]), der besonders gegen jenen Schleier eifert, der der Gestalt Ghirlandajos eben das Bewegungssteigernde gibt.

Den letzten Beweis endlich dafür, daß die Künstler der Frührenaissance in der Antike gerade die Vorbilder für die Darstellung gesteigerter Bewegung suchten und fanden, hat dann Warburg aus der Literatur im allgemeinen und speziell aus der kunsttheoretischen Literatur erbracht.

Aus Ovid wählt z. B. Polizian, Botticellis Berater, die Vorbilder für seine Schilderung des Raubes der Europa:

e i be' crin d'auro

Scherzon nel petto per lo vento avverso

La veste ondeggia, e in drieto fa ritorno

heißt es in der »Giostra« (Vers 109 ff.) Die Vorbilder dieser Schilderung stammen aus Ovid: »Flavos movet aura capillos ...« sagt er in den Fasten und

»obviaque adversas vibrabant flamine vestes«

»et levis inpulsos retro dabat aura capillos«

in den Metamorphosen[2]).

Als Kronzeuge führt dann Warburg Leonardo an, der an zwei Stellen von den antikischen Bewegungsmotiven spricht: ma solo farai scoprire la quasi uera grossezza delle membra à una ninfa, o' uno angello, li quali si figurino uestiti di sotili uestimenti, sospinti o' inpressi da soffiare de venti[3]).

Das flatternde, eng anliegende Gewand ist also für Leonardo das Kennzeichen einer antiken Nympha. Noch deutlicher stellt er dann an einer zweiten Stelle die Antike als das maßgebende Vorbild für Bewegungsmotive hin: et imita, quanto puoi, li greci e latini co'l modo del scoprire le membra, quando il uento apoggia sopro di loro li panni[4]).

*   *   *

2. ANTIKEN ALS VORBILDER FÜR DIE DARSTELLUNG SEELISCHER BEWEGUNG.

In einem der schönsten ober-italienischen Kupferstiche: der Grablegung Mantegnas, hat der Künstler eine in ihrer Bedeutung für den Historiker noch

| Abb. 3. Antike Maske (nach Daremberg-Saglio). | Ausschnitt aus Mantegnas »Grablegung«. | Antike Maske (nach Daremberg-Saglio). |

kaum gesehene und gewürdigte Entlehnung aus der Antike vorgenommen. Er schildert da eine Klagende. Entsetzlich verstört ist ihr Antlitz; hoch hinauf gezogen sind die Brauen. Es ist unschwer zu sehen, daß diesem Kopf keine unmittelbare Naturstudie zu Grunde liegt, sondern daß eine antike tragische Maske sein Vorbild war (Abb. 3). Hier gibt also die Antike der Renaissance die Formel für den Ausdruck innerer Bewegtheit.

Denn das ist Warburgs weitere Erkenntnis: die Antike hat der Frührenaissance nicht nur die Formel für die Darstellung des bewegten Körpers im allgemeinen gegeben: sie gibt ihr auch im besonderen die Ausdrucksform für pathetisches Temperament, die Pathosformel. Urheidnisches Pathos dringt bei Donatello ebenso in die Schmerzenswelt der Grablegung, wie in die Welt jener gewaltigen, dialogisierenden Kirchenväter an den Türen der Sakristei von S. Lorenzo in Florenz. Nirgends aber offenbart sich diese wiedererwachte heidnische Pathetik stärker als in jenem Drama des Orfeo, das der junge Polizian, durchglüht von Leidenschaft für die Antike, in wenigen Tagen niederschrieb und in den bildlichen Darstellungen der Renaissance vom Ende des thrazischen Sängers.

351

Die Gestalt des Orpheus hat die christliche Kunst in deren Anfängen beschäftigt, aber sie schildert in dem Wunder, das Orpheus wirkt, das geistliche Wunder der Bezwingung der Herzen. Es ist im wesentlichen das alte Bildschema, das da abgehandelt wird: Orpheus zwischen den Tieren sitzend.

Erst als im 14. Jahrhundert im Westen zugleich mit der neuen Kunst das neue Interesse an den alten Fabeln erwacht, werden auch andere Szenen der Orpheusmythe illustriert. Erst da die tragische Hauptszene von der Tötung des Orpheus durch die Weiber. Es ist nun wichtig, zu sehen, wie wenig die Illustratoren des Ovide Moralisé (Abb. 4), in dem sich schon diese Szene dargestellt findet, den Ausdruck für deren erotische Pathetik zu finden vermochten, zu erkennen, daß sie solche Ausdrucksform ebensowenig suchten wie der Dichter der Moralisation, dem die Fabel ein Substrat für die Auseinandersetzung über christliche Ethik war[5]).

Abb. 4.   Der Tod des Orpheus nach Ouide, Métam. moral. Brügge, Colard Mansion 1484 (Hain 12164).

Erst 1471 findet Polizian für sie den neuen, seit der Antike verlorenen Darstellungsstil: Er prägt die Form für das heidnisch wilde Erleben des Renaissancemenschen:

Ecco quel che l'amor nostro dispreza!
O o sorelle! o o! diamogli morte.
Tu scaglia il tirso; e tu quel ramo speza;
Tu piglia un sasso o fuoco, e getta forte;
Tu corri, e quella pianta là scaveza.
O o! facciam che pena il tristo porte.
O o! caviamgli el cor del petto fora.
Mora lo scellerato, mora mora![6])

In Polizians Epoche dringen nun auch die antiken Pathosformeln in die Darstellung der Szene vom Tode des Orpheus in die bildende Kunst ein. Denn Warburg hat gezeigt, daß der oberitalienische Kupferstich »Der Tod des Orpheus« auf antike Vorbilder zurückgeht (Abb. 5).

»Die typische pathetische Geberdensprache der antiken Kunst, wie sie Griechenland für dieselbe tragische Szene ausgebildet hatte, greift mithin hier unmittelbar stilbildend ein.«

Die Ausdrucksform für gesteigerte körperliche und seelische Bewegtheit, die Ausdrucksform für stärkstes erotisches Erleben wie für wildes Leiden sucht und findet also der Frührenaissance-Künstler in der Antike. Den Schlußpunkt der Wiedererweckung des pathetischen Menschen bildet gleichsam der Fund der Laokoongruppe. Als der Miniator des Riccardianischen Vergil die Szene vom Tod des Laokoon darstellte[7]), da lehnte er sich etwa an den Illustrationsstil einer

Abb. 5. Ober-italienischer Kupferstich »Tod des Orpheus«. — Antikes Vasenbild aus Chiusi mit derselben Darstellung.

spätantiken Vorlage an, aber er setzte sie ins Leidenschaftslose um. In der zweiten Hälfte des Jahrhunderts ist der Sinn für die Darstellung tiefsten körperlichen Schmerzes erweckt. In einer Zeichnung voll grauenhafter Lebendigkeit gestaltet Filippino Lippi dieselbe Szene im Sinne der Antike (Abb. 6), doch noch ohne Kenntnis der rhodischen Gruppe; von der Erlösung, die diesen Künstlern der Fund gebracht hat, der sie die echte antike Pathosformel lehrte, sprechen deutlich die Berichte:

»Pare il giubileo . . . . .

schrieb man an Sabadino de li Arienti über dieses ganz Rom bewegende Ereignis[8]).

[Abb. 6. Filippino Lippi, Laokoon (Florenz, Uffizien).

3. DIE ANTIKE ASTROLOGIE ALS DÄMONISCH-BEWEGENDE MACHT IN DER
KULTUR DER FRÜHRENAISSANCE.

Um diese kunsthistorischen Erkenntnisse, die Warburg im wesentlichen
bereits in seinen ersten Schriften niedergelegt hatte, zu vertiefen, mußte er dem
Kunsthistoriker ganz neue, ferne Gebiete erschließen, jene Gebiete, in denen die
antiken Götter nicht in ihrer klassischen Ruhe uns entgegentreten sondern als
wild bewegte Götzen der primitiven Menschenseele: Magie und Astrologie.

Seit Burckhardt wissen wir, daß diese primitiven Religionen, wenn man so
sagen darf, in der Gesellschaft der Renaissance weiteste Verehrung genossen.
Warburg hat sie im Zusamenhang mit seinen kunsthistorischen Forschungen
unter einem ganz neuen Gesichtswinkel betrachtet. In Astrologie und Magie
haben die großen Götter der Heiden für den Renaissance-Menschen unheimliche
Augenblicksgewalt bekommen. Der schlimme Saturn, den Marsilio Ficino als
seinen Dämon verehrt[9]), hat wieder Gewalt über die Seele erhalten, ihn schaut
man als unklassisch erregenden Götzen.

Warburg dringt in diese fremde Gedankenwelt ein und gewinnt so auch
religionsgeschichtlich Klarheit über das Verhältnis der Frührenaissance zur

Antike. Nicht, als könnte er dadurch begründen, warum eine so durchaus unastrale Gestalt wie die Ninfa Eingang in das florentinische Quattrocento hat finden können, sondern um uns durch allgemeine geistesgeschichtliche Parallelen jene, durch die noch andauernde Herrschaft der Gedanken Winckelmanns, fast unverständliche Tatsache verständlich werden zu lassen, daß die Antike dem Frührenaissance-Menschen nicht nur das klassische Vorbild der Ruhe, sondern vielleicht noch mehr der Bewegtheit wurde. In dem Wiederaufleben der hellenistischen Astrologie, dieser dämonisch bewegenden Macht, im Zeitalter der Frührenaissance sieht Warburg die P a r a l l e l e zu jener Wiedergeburt der antiken Ausdrucksformeln für die körperliche und seelische Erregung.

Die Polemik der Kirche gegen die Astrologie war so erfolgreich, daß im Abendland der astrale Charakter, den die großen antiken Gottheiten in ihrer spätantiken Ausprägung angenommen hatten, aus dem Zentrum des Interesses verschwand, selbst da, wo intensives Interesse für das Heidentum überhaupt vorhanden war. Für das erste Jahrtausend abendländischer Geschichte, das auf das Ende der antiken Kultur folgte, hatte das Christentum das Wunder gewirkt, die Menschen vom Gebot der Sterne zu befreien. Wissenschaftlich-ästhetisches Interesse war es, das z. B. einen Mann des 12. Jahrhunderts, wie den Engländer Albricus, von dem später noch ausführlich zu sprechen ist, über die Bilder der Heidengötter nachdenken ließ. Daß sie für ihn eine religiöse Macht bedeuten und sein innerstes Leben ergreifen könnten, war völlig ausgeschlossen. Der Orient war es, der diese spätantike Wissenschaft der Astrologie, die zugleich Glaube war, dem Okzident bewahrt hat. Durch die Araber in Süditalien und Spanien erhält das Abendland seine alte Lehre wieder. Im Reiche des Alfonso el Sabio von Kastilien (†1284) kommt es zum Wiederaufleben der Astrologie, die von da an eine Rolle von immer steigender Wichtigkeit im europäischen Geistesleben spielt, um im Zeitalter der Frührenaissance zu außerordentlicher Verbreitung zu gelangen.

In weitausgreifenden, noch nicht abgeschlossenen Forschungen hat Warburg versucht, das Nachleben der Heidengötter als Sternbeherrscher und im speziellen ihre Darstellung in der Kunst der Renaissance klarzulegen.

Ein von ihm »entdecktes« Dokument, dessen vollständige Edition erst jetzt erfolgen soll, konnte er seinen Forschungen zugrundelegen: Ein Kompendium hellenistisch-orientalischer Zauberpraktik aus dem Kreise jenes großen »Heiden« Alfonso el Sabio.

Dieses Fundstück, in den Handschriften »Picatrix« genannt, ein Name, der nur eine Verballhornung aus »Hippokrates« sein kann [19]), ist ein magisches Handbuch, wenn nicht d a s magische Handbuch des späteren Mittelalters. Wir verdanken es den religionsgeschichtlichen Forschungen der letzten Jahrzehnte, wenn wir ein solches Zauberbuch nicht mehr als bloßes Kulturkuriosum anzusehen gelernt haben, sondern als religiöse Urkunde. Der Zweck eines solchen Zauberbuches ist, Kenntnisse zu vermitteln über die innerste Natur des Kosmos, die dem Menschen, dem Mikrokosmos es gestatten, sich in den Makrokosmos so einzufügen, daß er dessen Kräfte sich nutzbar machen kann. Der Picatrix besteht daher einmal aus ernsthafter theoretischer Kosmologie und dann aus deren Anwendungen, die wir praktische Magie nennen.

Ein integrierender Bestandteil dieser Magie ist das Bild. Bilder in Stein graviert und getragen oder an bestimmten Orten angebracht, haben geheime Kräfte. Das Bild zwingt die Kraft Gottes herbei, vorausgesetzt, daß es in bezug auf den Makrokosmos richtig angefertigt ist, d. h., daß das Material, aus dem es angefertigt wurde, der Tag und Stunde seiner Erzeugung zum Wesen des Gottes passen, dessen Abbild gemacht wird. Es handelt sich vor allem um die Bilder der Κοσμοκράτορες τοῦ σκότους τούτου, der sieben Planeten [11]).

Das alles scheint höchstens folkloristisch von Interesse, kunstgeschichtlich aber uninteressant. Betrachten wir jedoch die Bildbeschreibungen, die uns der Picatrix erhalten hat, genauer, so entdecken wir da auch kunstgeschichtlich bekannte Bildtypen; vom Jupiter heißt es z. B.: Man graviert für ihn auf einen weißen Korundstein das Bild eines Mannes mit einer Krone auf dem Haupt, der sich auf einem Thron mit vier Beinen befindet, deren jedes auf dem Nacken eines Mannes steht, die Männer haben Flügel, er aber erhebt betend seine Hand.

Welches Bild sich dahinter verbirgt, ist unschwer zu erraten. Bei Pausanias wird der Zeus von Olympia folgendermaßen beschrieben [12]): Es sitzt aber der Gott auf dem Thron aus Gold und Elfenbein; ein Kranz liegt auf seinem Haupt. . . In der Rechten hält er eine Nike . . in der Linken ein Szepter. . . Der Thron aber ist bunt. . . Vier Niken sind an jedem seiner Füße usw.

Ein anderes Bild des Jupiter soll so angefertigt werden: Nach dem Buche »Nutzen der Steine« hat er (Jupiter) die Gestalt eines Mannes, der mit einem Mantel angetan ist, reitend auf einem Adler, in der Hand eine Lanze oder einen Stab.

Auch dieser Typus des Jupiter auf dem Adler ist in der antiken Kunst nicht selten, so kommt er auf den Münzen römischer Kaiser vor [13]). Um die Beispiele nicht zu häufen, nur noch die Bildbeschreibung des Mars. Nach dem Buche vom Nutzen der Steine des ʿUṭārid hat er die Gestalt eines nackten Mannes, rechts von ihm ist das Bild einer Jungfrau, das ist Venus, welche steht und das Haar nach hinten zusammengebunden hat, und Mars legt die Hand auf ihren Nacken und seine Linke ist auf ihrer Brust, und er sieht ihr ins Gesicht.

Das ist die genaue Beschreibung der bekannten Gruppe von Mars und Venus. Warburg, der diese Einzelheiten noch kaum bearbeitet hatte, hat hier also zweifellos richtig gesehen: Der Bilderkreis des Picatrix ist die Etappe einer zweiten Linie des Nachlebens der antiken Plastik, einer Linie, deren Bedeutsamkeit ein-

leuchtet. Denn hier sind die Bilder der Götter nicht bloß Objekte wissenschaftlich-
ästhetischen Interesses, hier sind sie tragende Glieder der Praktik einer geschlossenen Weltanschauungstheorie; zu diesen Dämonen betet man, an ihre Bedeutung
für das eigene Leben glaubt man. Echt heidnisch ist ein solches Gebet zum
Saturn aus dem Picatrix:

»O Herr, dessen Name erhaben und dessen Macht groß ist, erhabener Geist, o, Herr
Saturn, du, der Kalte, der Trockene, der Düstere und Verderbliche, du, dessen Liebe auf-

Abb. 7. Jupiter-Darstellung aus der   Assyrische Glocke (nach Bruno
Krakauer Picatrix-Handschrift Cod.   Meißner, Bab. u. Ass. Abb. 142).
793 D D III. 36 Bl. 379.

richtig und dessen Wort getreu ist, du, der Kluge und Einsame, der Unergründ-
liche, der sein Versprechen hält, der du kraftlos und müde bist, der du mehr
Kummer und Traurigkeit hast, als irgend ein anderer, der du weder Freude noch
Vergnügen kennst, du schlauer Greis, der du alle Kunstgriffe weißt, der du be-
trügerisch, klug und weise bist, der Gedeihen oder Verderben bringt und den
Menschen glücklich oder unglücklich machst! Ich beschwöre dich, o höchster
Vater, bei deinem großen Wohlwollen und deiner edlen Güte, tue für mich dieses
und jenes«.

Es sei nur ein griechisches Astrologen-Gebet an Kronos zum Vergleich hierher gesetzt:

»Herr unser Gott, der Große und Höchste, der geschaffen hat und gebildet den
Menschen, bei dessen Anblick die Hölle erzitterte und die Lebenden starben. Bei Deinem
Namen und bei Deiner großen Macht beschwöre ich Dich, Kronos, bei der Höhe des

Himmels und bei der Tiefe des Meeres, daß Du in nichts mir Gehör verweigerst. Ich beschwöre Dich, Kronos, bei Deinem Alter und Deiner höchsten Stellung. Ich beschwöre Dich, Kronos, bei Deiner Schrecklichkeit (?), der Du die Macht hast zu allen Schäden und Schätze zu geben, und unterwirf alles geziemend. Wiederum beschwöre ich Dich, bei diesen Deinen Namen Ὀρφῶν, Ὀχπή, Τομῶν, Οὐλιόβ, Βερίμ, Οὐγράν, Σαρόμ, Ὀδήλ, Σιέτ, Σατάδ. Kraft dieser Namen (beschwöre ich Dich), daß Du mir zuneigest Deine Gnade und Deine Kraft, zu der Handlung, die ich in dieser Stunde vollbringen will, damit sie gültig und echt befunden wird.«

Daß hier im Griechischen sowohl wie im Picatrix ungriechische Elemente in diese Gebete hineingeflossen sind, braucht weiter keine besondere Erörterung. Ist doch die Verehrung der Sterngötter an sich schon dem Griechentum und dem Römertum fremd, importiert aus Babylonien. So sind denn auch die Eigenschaften, die dem Kronos-Saturn in diesem Gebete beigelegt werden, aus griechisch-römischer Mythologie allein nicht zu erklären; wie auch die Bilder des Picatrix in einzelnen Stücken deutlich orientalisches Gut erkennen lassen. Da ist z. B. Jupiter geschildert mit Löwenkopf und Hahnenfüßen, wie unsere Abbildung (Abb. 7) zeigt, eine echt orientalische Mischung[14]).

Das 13. Jahrhundert war sich über den übernationalen Charakter dieser Gottheiten, die es mit den lateinischen Namen belegte, durchaus nicht so unklar, wie wir etwa glauben würden. Als seine Quellen betrachtet z. B. der Reg. 1283 — eine Handschrift, die Warburg entdeckte und die ebenfalls dem Alfonsokreis angehört — nicht nur die Griechen sondern auch die Babylonier und einen Inder Kancaf[15]). Aber für die weitere Entwicklung bleibt es entscheidend, daß der Name, und in überwiegendem Maße die Bildform, aus der griechisch-römischen Antike genommen wurde. Es hat vielleicht einen Augenblick gegeben, wo das Fremdartige, Ungriechische so stark war, und die Tatsache, daß die Weisheit von Arabern geliefert wurde, so im Vordergrund stand, daß es schien, als sollte die Erinnerung daran ausgelöscht werden, daß es der Hellenismus war, der die Kraft hatte, alle diese verschiedenen Elemente in ein Gedankensystem zu bringen. Ich meine jene Zeit, als man antik mit sarrazin gleichsetzte[16]). Aber die formende Kraft des griechischen Denkens war so mächtig, daß es auch hier siegreich blieb, so daß man die ungriechischen Gestirngötter mit ihrem griechisch-römischen Namen benannte und die Form ihrer Betrachtung der späten griechischen Philosophie entlehnte.

Es ist hier nicht der Raum um zu zeigen, welches die Schicksale dieser magischen und astrologischen Antike von da ab bis zur Mitte des 15. Jahrhunderts gewesen sind, darzustellen, wie sie in Roger Bacon einen begeisterten Verehrer fand, wie Cecco d'Ascoli seinen Glauben an sie mit dem Leben bezahlte und auf welchen Wegen sie von Spanien aus sich über ganz Europa verbreitet hat. Eines ihrer Hauptvehikel war die medizinische Wissenschaft; denn da der Körper der

Mikrokosmos ist, muß man die Kräfte des Makrokosmos erkennen, um jene kosmischen Einflüsse wirksam werden zu lassen, die krankhafte Zustände in gesunde verändern.

So finden wir denn in dem medizinischen Werk eines der größten florentinischen Renaissance-Gelehrten noch die Lehren unseres Picatrix in wenig geänderter Form wieder, in der Abhandlung *De Vita triplici* des M a r s i g l i o F i c i n o. Darin[17]) werden Bilder der Sterngötter besprochen, Amulette, die fast genau mit denen aus den spanischen Zauberbüchern übereinstimmen und, was wesentlich ist: Marsiglio gibt nicht blos seine Rezepte für Heil-Amulette, sondern auch die ganze natur-philosophische Begründung für deren Heilkraft. Es müssen die wunderbaren Kräfte der Strahlen der Sterne sein, die den Bildern, die der Weise in die Steine schneidet, magische Wirksamkeit verleiht. In einer umfassenden und höchst lesenswerten Abhandlung[18]) setzt sich Marsiglio mit dem Problem auseinander, ob es denn möglich sei, daß eine irdische Handlung übernatürliche Wirkung hervorrufen könne. Die Steine sind ein Teil des Alls, wenn sie dem Kranken Heilung bringen, ist das daher kein Wunder. Aber wenn das Metall oder der Stein skulpiert wird, dann sieht man nicht, daß er eine neue qualitas annimmt, daher zweifeln die meisten, daß die Bilder wirklich heimliche Kräfte haben. Marsiglio aber fährt an dieser Stelle fort: Er könne das doch nicht leugnen, denn omnis antiquitas und alle Astrologen haben an deren wunderbaren Kräfte geglaubt[19]). — Deutlicher vielleicht als irgendwo tritt hier die antiquitas als Quelle magischer Erkenntnisse und als Kronzeuge für deren Wirksamkeit hervor. Marsiglio erscheint als der unmittelbare Fortsetzer der spanischen Renaissance des Hellenismus im 13. Jahrhundert.

Und doch bedeutet dieses Buch Marsiglios etwas Neues. »Daß du glücklich lebest und handelst, erkenne zuerst deinen Geist, Stern, Genius und den Ort, der ihm angemessen ist« lautet die Überschrift des 23. Kapitels. »Wie die Litterati ihr Genie erkennen und ein Leben führen, das ihrem Geist angepaßt ist«, die des 24[20]). Die alten astrologischen Erkenntnisse werden also zu einer Lebenskunde für die Oberschicht des neuen Renaissance-Menschen genützt: die Schicht der Litterati. Den Gestirn-gemäßen Weg zu einer — unkirchlichen — Vita contemplativa will Ficino in diesem Buch »De vita coelitus comparanda« die Menschen erkennen lehren. Saturn ist das Gestirn, unter dessen Herrschaft alle, bei welchem Studium immer, voll Fleißes sind, und zum tiefsten Wissen gehört nicht nur die Hilfe des Merkur sondern vor allem die des Saturn, des großen strengen Gottes der Weisheit, der am bittersten sich an jenen rächt, die die Vita contemplativa heucheln und nicht führen[21]).

Durch Giehlow[22]) wissen wir, welchen außerordentlichen Erfolg Ficinos Schrift hatte und daß sie es war, die auf die Konzeption von Dürers »Melencolia. I« entscheidend eingewirkt hat. Durch Warburgs Forschungen sehen wir jetzt die ganze Linie, die von jener spanischen wiedererweckten Antike bis zu Dürer führt. Die

Melencolia ist die Darstellung der Vita contemplativa im Zeichen des Saturn, jenes Gottes der Weisen, zu dem der Gläubige im Picatrix sein Gebet empor schickt; ein Zauberamulett wie wir es ebenfalls im Picatrixkreis finden, das magische Quadrat, soll ihn vor den schädlichen Einflüssen, die a u c h vom Saturn kommen können, schützen, indem sie dagegen die wohltätige Kraft des Jupiter herberuft. Selbst in ihrer Pose geht die Melancholie auf hellenische Tradition zurück, die Spanien dem abendländischen Mittelalter aus arabischen Quellen vermittelte: in einem spanischen Schach-Zabelbuch jenes Königs Alfons heißt es: Saturn wird dargestellt als bekümmerter Mann, der sein Kinn in die Hand stützt[23]). Und in dem Charakter des Saturninischen liegt zweifellos auch etwas von dem Schmerzlichen begründet, das die Gestalt ausdrückt, sie gehorcht dem Dekret ihres Gestirnes: sie sinnt lange und schmerzlich über verborgene Weisheit.

Enthält so die »Melencolia« die alten hellenistischen astrologischen Elemente, so sind sie doch, wie Warburg gezeigt hat, in einem neuen Sinn geformt. Dürer hat in der »Melencolia«, wie es Warburg dokumentarisch nachzuweisen gelang, ein Abbild seines eigenen Denkens geschildert. Hier ist also die dämonische Antike an Dürer eng herangetreten, die Welt der Talismane und Amulette, der ehrfürchtigen Gebete an die Götzen der Sterne. Dürer stellt die »Melencolia« nicht im klassischen Gewand dar, sie so gleichsam ästhetisch entzaubernd, bei ihm ist kein Bruch mit der Bild-Tradition, er entwickelt sie nur weiter in ein neues Reich: in das Reich des Humanistischen. »Aus dem kinderfressenden, finsteren Planeten-dämon, von dessen Kampf im Kosmos mit einem anderen Planeten-Regenten das Schicksal der beschienenen Kreatur abhängt, wird bei Dürer durch humanisierende Metamorphose die plastische Verkörperung des denkenden Arbeitsmenschen.«

Zu Dürer also führt e i n e Linie von der hellenistisch-spanischen Astrologie; eine zweite führt nach Ferrara, nach dem Palazzo Schifanoja. Man ist der Deutung seiner Fresken bis auf Warburg ratlos gegenüber gestanden.

Erst Warburg hat dargelegt, daß sie nach einem genau ausgedachten, zum Teil uralten System aufgebaut sind. Die drei Streifen übereinander (Abb. 8) sind ein auf die Ebene übertragenes Sphärensystem: den innersten Kern der Erdsphäre bezeichnet der untere Streifen, mit den Bildern aus dem Leben des Herzogs Borso, der illustrierte Haus- Hof- und Staatskalender.

Im mittleren Streifen sind die Bilder des Tierkreises und seiner Beherrscher.

Im obersten endlich schweben dann die 12 olympischen Götter als Beschützer der Monate.

Die Darstellungen der Olympier sollen uns noch später in anderem Zusammenhang beschäftigen. Hier müssen wir uns den sonderbaren Dämonengestalten des mittleren Streifens zuwenden, weil sie uns erkennen lassen, in welchem Maße diese ferrarische Hofgesellschaft und ihre Maler mit Astrologie vertraut waren.

Abb. 8. Aus den Fresken des Pal. Schifanoja in Ferrara von Cossa: Venus und ihre »Kinder«. Stier und Dekane. Höfisches Leben im Monat April.

Bilder der Dekan-Figuren hat Warburg in ihnen erkannt, d. h. die Darstellung der Beherrscher von je 10 der 30 Grade, die jedem Tierkreiszeichen zukommen, deren Sphäre dieser zweite Streifen bildet und die dort ebenfalls dargestellt sind u. zw. in der Reihenfolge, die den Monatsgöttern darüber entsprechen. Zum März gehört der Widder, zum April der Stier usw. Als erster Dekan des Widders ist nun z. B. ein schwarzer, zornig beobachtender, aufrechter Mann dargestellt, in

Abb. 9. Aus den Fresken des Pal. Schifanoja in Ferrara: Apollo und seine Kinder. Gemini und Dekane.

einem gegürteten Gewand; als dritter Dekan der Zwillinge ein Mann mit Pfeil, Bogen und Köcher.

In den Schriften des größten Astrologen, den der mittelalterliche Orient hervorgebracht hat, des Abû Maʿšar, dessen Angaben die direkte oder zumindest die indirekte Quelle für das Programm der ferraresischen Fresken gebildet haben, wird die Reihe dieser Dekane als indisch bezeichnet und Warburg hat tatsächlich nachweisen können, daß dem Abû Maʿšar ein indischer Text vorgelegen hat. Aber, und das ist das Wichtige: diese indische Weisheit war ihrerseits gar nicht rein indisch, sondern verwertete jene griechischen Quellen aus dem Zeitalter des Hellenismus, denen es gelungen war, die Wissenschaft Vorderasiens und Ägyptens in die Form zu bringen, die Jahrhunderten dann Gesetz wurde. So ist der zornige Mann, der als erster der »indischen« Dekane beim Widder dargestellt ist, ägyptischer Herkunft. In Ägypten trug dieser Dekan als Attribut das Doppelbeil. Warburg konnte nachweisen, daß in der indischen Quelle des Abû Maʿšar, tatsächlich gesagt wird, er hält ein Beil aufrecht. Und wie dieser Dekan aus ägyptischer Astrologie, so stammen andere aus griechischer: Der Mann mit Pfeil und Bogen bei den Zwillingen (Abb. 9) ist niemand anderer als Apollon, der auf seiner Wanderung von Griechenland nach Indien und von da wieder über Spanien nach Italien zum furchterweckenden »indischen« Sterndämon geworden ist[24]). Daß aber diese indischen Dekane vielleicht bloß durch ihre Sonderbarkeit anziehende, ganz unverstandene Bilder waren, das zu glauben, verbietet die Erkenntnis des Gesamtaufbaues der Freskenreihe in Ferrara; bilden sie doch darin tragende Glieder des im Grunde echt hellenistischen Systems der Kosmologie, das Borso hier an den Wänden seines Palastes hat darstellen lassen. In den Gestalten der Astrologie, die vom Gläubigen der Renaissance als Erbe der Antike angesehen werden, vermitteln die Araber dem Abendland ein Dämonentum, das seine Wurzeln im Orientalischen ebenso sehr hat wie im Hellenischen. Von »edler Einfalt und stiller Größe« ist in dieser Götzenwelt nicht die Rede.

Wenn irgendwo, so wird hier im Palazzo Schifanoja deutlich, wie entsetzlich lebendig, wie unklassisch erregend die antiken Dämonen für den Frührenaissance-Menschen sein konnten. Hier wie beim Orfeo ist ihm die Antike, wenn auch in anderer Weise, Führerin zur Darstellung des Pathos.

*   *   *

II. DIE AUSEINANDERSETZUNG ZWISCHEN DEM FRANZÖSISCH-BURGUN-DISCHEN REALISMUS UND DER ITALIENISCHEN RENAISSANCE.

Das Antik-Dämonische und Dionysische dringt nicht kampflos in den Stil der Frührenaissance ein. Es hat den Widerstand zu überwinden, den ihm der herrschende Realismus einerseits bietet, das immer stärker werdende Verständnis und die Vorliebe für die olympische Antike andrerseits.

Neben antiker Bewegtheit und Pathetik steht in der Kunst der Frührenaissance die antikische Ruhe und stille Größe, neben den astrologischen und magischen Dämonen die olympische Götterwelt. Zur gleichen Zeit fast als Francesco Cossa an den Wänden des Palazzo Schifanoja Venus als Gestirnherrscherin für die sterngläubigen Este verherrlicht, verherrlicht Botticelli die Geburt der olympischen Aphrodite für Giuliano de' Medici.

Der Colleoni wie der Gattamelata, beide gehen im letzten Grunde auf die Antike zurück, aber der Gattamelata unterscheidet sich wesentlich dadurch von dem späteren Werk, daß sein Schöpfer die hohe Gravitas des antiken Vorbildes sich zum Muster nahm, nicht die Bewegtheit. Derselbe Donatello schafft zur gleichen Zeit die von heidnischem Pathos durchströmten Reliefs der Kanzel von S. Lorenzo und die von olympischen Ruhe erfüllten Reliefs im Hof des Palazzo Riccardi, nachdem er schon vorher im David den Typus lässiger, apollinischer Schönheit verherrlicht hat.

Dieses olympische Element, dessen Macht Warburg deutlich erkennt, in seinem Werden zu verfolgen, hatte er weder objektiv noch subjektiv Veranlassung, denn gerade dieses Element ist ja seit Winckelmanns Tagen immer und immer wieder betont worden.

Alles Antike aber, Dionysisches und Appollinisches — da wo es den Späteren die Formeln für den Ausdruck des Pathetischen gibt und für die Darstellung olympischer Ruhe — bildet eine innere Einheit dem gegenüber, was in der Epoche der »Wiedererweckung« das formende Denken der Künstler des Westens beherrscht: gegenüber dem spätgotischen Realismus; und dennoch sind, wie Warburg gezeigt hat, dieselben italienischen Künstler, die begierig die Antike aufnehmen, oft zugleich auf das stärkste abhängig vom westlichen Stil. Hier liegt das

Abb. 10. Raub der Helena, Zeichnung aus dem »Florentine picture chronicle«.

Zentralproblem der Psychologie des Frührenaissance-Künstlers, der flandrischen Naturalismus und antiken Idealismus in seiner Kunst vereinigen konnte. Um hier schärfer zu sehen, macht Warburg zuerst den Versuch, sich geschichtlich darüber klar zu werden, wie das Eindringen der antiken Formeln in den vom Westen beeinflußten Stil der Frührenaissance erfolgt ist.

In mehreren Untersuchungen hat Warburg zuerst das Urkundenmaterial für die Geschichte des Einflusses der Flandrer auf das medicäische Florenz gesammelt und bearbeitet. Er konnte zeigen, mit welcher Vorliebe die in Flandern ansässig gewordenen Vertreter der großen Florentiner Geschäftshäuser sich von den berühmten nordischen Malern darstellen ließen. Nicht nur — was ja längst bekannt, wenn auch nicht in seiner Bedeutung erkannt war — der Arnolfini von Jan van Eyck, Tommaso Portinari von Hugo van der Goes, sondern auch Angelo Tani von Memling usw. Warburg konnte zeigen, daß auch der Stifter des Jüngsten Gerichts von Memling in Danzig, ebenfalls einer der in den Niederlanden ansässigen italienischen Geschäftsleute gewesen ist. Vor allem aber konnte er den Nachweis erbringen, daß die Medici selbst den Import flandrischer Kunst begierig verlangten, ja daß ihr Palast mit flandrischen Kunstwerken, den »tele fiandresche« gefüllt war. Ein Blatt, wie der Raub der Helena (Abb. 10), aus dem »Florentine Picture Chronicle«[25]) zeigt uns das Klassisch-Antike in Kampf und Frieden mit dem Flandrischen: oben der antike Fries, unten das Paar »alla franzese«. Derselbe Kampf zwischen Trachtenrealismus und antikem Bewegungsidealismus spielt sich nun fast allerorten in der Florentinischen Kunst ab: bei Ghirlandajo ebenso wie bei dem sogenannten Maso da Finiguerra, bei Botticelli wie bei den Cassoni-Malern. Die Geschichte dieses Zwiespaltes zu erforschen, historisch gültige Antwort auf die bedrängende Frage zu finden, wie es geschah, daß zwei so verschiedene Elemente eine doch so eminent einheitliche Kunst hervorbringen wie die der Frührenaissance, war die Aufgabe Warburgs.

Als Leitmotiv für diese Untersuchungen über die historische Auseinandersetzung zwischen Westeuropa und Italien wählt Warburg die Darstellung der olympischen Götter seit der Renaissance des 12. Jahrhunderts. Sein Hauptfundstück ist der *Libellus de imaginibus Deorum* eines gewissen A l b r i c u s[26]). In ihm entdeckt er das mythologische Handbuch des hohen Mittelalters und der Frührenaissance[27]).

Über den Autor dieses Libellus, dessen bisher bekannte Handschriften nicht über das 14. Jahrhundert hinaufreichen, sichere Daten zu ermitteln, ist noch nicht gelungen. Albricus soll in London gelebt haben und 1217 gestorben sein. Da 1217 das Todesjahr eines andern sehr bekannten Antiken-Kenners ist, der ebenfalls in London lebte, und da in einigen Handschriften dieser auch als Autor des dem Albricus ebenfalls zugeschriebenen »Mythographus III« genannt wird, wird anzunehmen sein, daß jener sonst scheinbar ganz unbekannte Albricus überhaupt nur einem handschriftlichen Mißverständnis seine Existenz verdankt und daß der 1217 wirklich verstorbene »Humanist« Alexander de Sto. Albano, genannt Alexander Neckam, der wahre Autor sei. Doch sind wir hier, solange eingehendere philologische Untersuchungen fehlen, auf diese recht unsicheren Vermutungen angewiesen.

Von vornherein ist es denkbar, daß ein Mann des 12. Jahrhunderts eine Abhandlung über die Götterbilder der Heiden verfaßt habe. Um einen Malertraktat kann es sich hierbei allerdings nicht gehandelt haben; für welche Maler sollte er denn verfaßt sein? Zweifellos dürfen wir aber starke antiquarische Interessen im 12. Jahrhundert voraussetzen. Das große naturwissenschaftliche Werk jenes Alexander Neckam ist z. B. voller Reminiscenzen aus der Antike, ebenso wie die Schriften des Joh. von Salesbury. Die Lieder der Goliarden, aus denen soviel Verständnis für antik-heidnisches spricht, entstanden in dieser Zeit. Es ist das Jahrhundert stärksten byzantinischen Einflusses in der bildenden Kunst, das Jahrhundert der toscanischen Proto-Renaissance-Bauten. Hildebert von Lavardine, ein Zeitgenosse des »Albricus«, schrieb damals die schönsten mittelalterlichen Verse über Rom und die Plastik der Alten:

Nichts wiegt, Roma, dich auf, ob auch du beinah' in Ruinen;
Wie gewaltig du warst, lassen die Trümmer noch sehn.
Alter zerstörte die Pracht und die stolzen Bogen der Kaiser,
Götter und Tempelgepräng liegen begraben im Sumpf.
All die errungene Macht stürzt, die der grimme Araxes
Fürchtete, da sie stand, da sie gesunken, beklagt;
Welche der Könige Schwert, des Senates sorgliche Weisheit,
Welche die höchste Gewalt selber zum Haupte ersehn;
Welche lieber allein, mit Verbrechen beladen sich wählte
Cäsar, als daß er sie fromm hätte mit andern geteilt.
Alles beuget sein Stolz ins Joch, Freund, Feinde, Verbrechen,
Zwingt mit Gesetzen das Recht, kauft sich mit Geldern das Volk,
Alles förderte einst der Weltmacht Werden, der Ahnen
Sorge, das gastliche Recht, Freundschaft und Wasser und Land.
Steine und Kräfte zum Bau, Geld sandte der Nord und der Süden,
Und zur gewaltigen Burg dehnten die Hügel sich aus.
Schätze spendeten dann die Fürsten und Segen das Schicksal,
Künstler beharrlichen Fleiß, einige Hilfe der Welt.
Dennoch fiel die Stadt: was läßt sich Würdiges sagen
Als nur das eine von ihr: Rom war — das einzige — Rom!
Nicht die Länge der Zeit indes, nicht Flamme, nicht Eisen
Konnte raffen dahin alle die schimmernde Pracht.
Menschlicher Kunst gelang's, so groß dies Rom zu gestalten,
Daß zu zerstören es ganz nimmer den Göttern gelang.
Möchten vereinen sich auch zum Neubau Marmor und Schätze,
Neue fürstliche Gunst, trefflicher Künstler Geschick,
Nimmer zur Mauer empor wird rücken doch die Maschine,
Noch aus den Trümmern heraus wieder sich heben der Bau.
So viel bleibt noch bestehn, so viel sinkt, daß nie das Neue
Würdig das Alte ersetzt noch das Zerstörte ergänzt.
Götter bewundern hier selbst die hehren Göttergestalten,
Und dem erdichteten Bild möchten sie gleichen gar gern;

Nimmer vermochte Natur den Göttern ein Antlitz zu formen,
Wie es menschliche Kunst strahlend von Schönheit erschuf.
Was zu Göttern sie macht, das ist ihr Antlitz; Verehrung
Finden sie nicht durch sich, nur durch die Wunder der Kunst[28]).

Daß der Libellus im 12. Jahrhundert entstanden sei, wäre also nicht ausgeschlossen. Das antiquarische Interesse war damals sicherlich so stark, daß die Bedingungen für seine Entstehung gegeben waren.

Es ist wichtig zu sehen, aus welchen Quellen »Albricus« geschöpft hat. Maass, der erste Philologe, der auf ihn hinwies[29]), hat gemeint, Albricus beschreibe wirklich von ihm gesehene Bilder antiker Götter. Spätere Untersuchungen haben etwas ganz anderes erkennen gelehrt[30]). Die Resultate dieser philologischen Untersuchungen sind so wichtig, daß hier etwas näher auf sie eingegangen werden soll.

Albricus scheint gar keine antiken Bildwerke oder antiken Handschriften mit Götterbildern für sein Werk verwendet zu haben. Die lebhaften Beschreibungen, die er von den Bildern der Heidengötter liefert, sind seine eigene Erfindung[31]). Die Elemente dazu hat er aber aus der Literatur erhalten. Um nur einige Beispiele zu geben; von Jupiter heißt es, er wird dargestellt: in sua maiestatis sede sedens. Dazu ist zu vergleichen die Bildbeschreibung bei Porphyrios: Κάθηται δέ, τὸ ἑδραῖον τῆς δυνάμεως αἰνιττόμενος[32]). Sceptrum Regium in manu tenens heißt es weiter. Die griechische Quelle dazu ist beim Cornutus erhalten: τὸ δὲ σκῆπτρον, βασιλικὸν φόρημα ὑπάρχον, ebenso für das weitere: ex altera scilicet dextra fulmina ad inferos mittens τὸ δὲ κράτος (i. e. fulmen) ὃ ἐν τῇ δεξιᾷ χειρὶ κατέχει[33]).

Nun hat Albricus ja sicher nicht die griechischen Quellen selbst benutzt und wir wissen auch in den meisten Fällen, welche lateinischen Bearbeitungen ihm als Quelle gedient haben, aber der Nachweis der griechischen Quellen ist deswegen wichtig, weil er allein uns ermöglicht, die geistesgeschtlichen Zusammenhänge klar werden zu lassen. Denn beide, Porphyrios wie Cornutus schreiben keine Malertraktate sondern philosophische Abhandlungen über die Götterbilder. Beide geben deren Allegorese um die alten Idole dem spätantiken Denken wieder lebendig zu machen[34]).

Aus dieser griechischen Literatur, die die Formprobleme nicht kennt, sondern nur den Bildinhalt berücksichtigt, kann ein mittelalterlicher Autor schöpfen[35]), aber er verwendet die alten Elemente zu etwas Neuem. Er verbindet die Stücke zu einer neuen Einheit. Wie Albricus sich ein antikes Venusbild vorstellt, sei als Beispiel hier hergesetzt:

»Venus nimmt den fünften Platz unter den Planeten ein, darum wird sie an fünfter Stelle dargestellt. Es wurde also Venus als schönes Mädchen gemalt; nackt schwimmt sie im Meer, hält in der Rechten eine Muschel empor; ein Kranz weißer und roter Rosen schmückt das Haupt dieser Venus, und Tauben, die sie umflattern, begleiten sie. Dem Vulkan, dem rohen, scheußlichen Gott des Feuers war sie zur Ehe bestimmt. Er steht zu ihrer Rechten, vor ihr aber sind drei nackte Jungfräulein, die man die Grazien nannte. Von ihnen kehren zwei uns ihr Antlitz zu, die dritte aber kehrte den Rücken. Neben ihr steht auch Cupido, ihr Sohn, geflügelt und blind, der mit Pfeil und Bogen, die er hält, nach Apollon geschossen hatte; darum fürchtete er den Zorn der Götter und floh in der Mutter Schoß [36]).«

Dieser Albricus ist nun einer der Hauptvermittler, deren sich die antike Götterwelt bedient, um wieder zur Herrschaft zu gelangen. Über Frankreich und

Abb. 11. Mars-Darstellung aus der Ovide-moral.-Handschrift. Cod. Vat. Reg. 1480 Bl. 263 r.

Burgund wandert er nach Italien, nach der Lombardei und Ferrara, über drei Jahrhunderte braucht er zu seiner Wanderung. Immer von neuem werden seine munteren Bilder illustriert. Die Geschichte der Albricus-Illustration benutzt Warburg als Erkenntnisobjekt der Auseinandersetzung zwischen Westen und Süden am Ausgang des Mittelalters und am Beginn der Renaissance. An der Geschichte der Albricus-Illustrationen wird sich historisch darstellen lassen, wie westlicher spätgotischer Realismus und italienischer, antischer Idealstil zur Einheit der Frührenaissance-Kunst wurden.

In einem Lieblingsbuch des späteren Mittelalters fand Warburg den Albricus zunächst wieder: in der lateinischen Ausgabe des moralisierten Ovid. Dem großen Werk ist eine Einleitung »de formis et figuris deorum« vorgesetzt, und diese ist nichts anderes als eine Auslegung unseres Libellus. Moralisch werden hier die Götterbilder jenes Albricus ausgedeutet. Es ist nicht unmöglich, daß auch schon bei Albricus allegorisierende Auslegungen versucht waren; so wie sie in der Einleitung zum moralisierten Ovid vorliegen, waren* sie jedenfalls im 14. Jahrhundert sehr beliebt. Ein intensives Interesse für die Antike ist erweckt. Noch greift man nicht zurück auf neue Funde, noch gräbt man nicht nach den Statuen, man sucht — und findet — die Eingliederung der alten, neu-entdeckten Welt in das eigene Denken. Die Gestalten der antiken Götter sind noch nicht plastisch, sie sind Symbole, Erscheinungsformen der eigenen Weltanschauung, Naturphilosophie und Ethik.

Abb. 12. Mars mit Romulus und Remus, Wolf, Pavor, Pallor und Insidiae; ferner Mercurius. Aus Cod. Monac. lat. 14271.

»Antike« darzustellen wird im 14. Jahrhundert eins der beliebtesten Themen der Handschriften-Illustratoren im Westen. Prachtvolle Ovid- und Terenzausgaben und Handschriften des Valerius Maximus entstehen. Man schildert das römische Leben, römische Feste werden dargestellt, geheimnisvolle Kulte der Alten beschäftigen das 14. Jahrhundert. Warburg hat immer wieder darauf verwiesen, wie stark das Streben dieser Epoche nach Wiedergabe echt antiker Stofflichkeit gewesen ist. Sie hat nun auch die Bildtypen für den Albricus geschaffen. Sache einer Spezialuntersuchung wird es sein, ihren Ursprungsort und ihre Ursprungszeit genau festzustellen. Die frühesten bisher bekannten Ovidhandschriften mit Albricus-Illustrationen, der Paris. 6986 und der Vat. Reg. 1480, können ihrem Stil nach erst um 1370 entstanden sein [37]). Doch darf wohl angenommen werden, daß die Vorbilder dafür schon in der ersten Hälfte des Jahrhunderts angefertigt wurden.

Es hat sich eine feste Tradition für diese Darstellungen herausgebildet, die bis
in die Druckkunst hinein geht, die dann zu Ende des 15. Jahrhunderts die alten Minia-
turentypen in den neuen Holzschnittstil überträgt.

Charakterisiert sind die Darstellungen in den Ovid-Handschriften und -Drucken
dadurch, daß sie den Reichtum der Albricus-Bildbeschreibungen auf wenige bild-

Abb. 13.   Taddeo di Bartolo, Jupiter und Mars.   Ausschnitt aus dem Fresko im Pal. Pubblico in Siena.

mäßig wirksame Gestalten reduzieren.   Aus dem Apollo-Mythus, wie ihn Albricus
schildert, werden z. B. die Musen weggelassen, bei der Venus-Schilderung Vulkan,
bei Saturn Ops.   Durch diese Vereinfachung des Bildinhaltes wird ein straffer
Kompositionsaufbau ermöglicht, wie ihn der herrschende französisch-giotteske Stil verlangte.   Schon ein Vergleich des Marsbildes (Abb. 11) mit einer früheren mittelalterlichen Marsdarstellung (Abb. 12) aus Cod. Monac. lat. 14. 271 [38]), einer Illustration zum
Remigius [39]), mit Romulus und Remus, dem Wolf und außerdem noch Pavor, Pallor und

Insidae — lehrt deutlich erkennen, daß es diese künstlerischen Gründe waren, die die Verringerung des Bildinhaltes verlangten. Dieser Illustrator setzt in einer Art Bilderschrift die einzelnen Teile der Darstellung nebeneinander, wohl der Beschreibung entsprechend, die sein Text enthielt. Der französische Miniator dagegen faßt die Teile zu einer einheitlichen Raumkomposition zusammen. Daß es italienische, speziell giotteske Einflüsse waren, die die Illustrationsfreude beschränkten, zeigt deutlich der Vergleich mit italienischen Darstellungen aus dem Albricuskreis.

Abb. 14. Venus-Darstellung aus der Planeten-Serie des Dresdner Kupferstich-Kabinetts.

Taddeo di Bartolo hat in Siena die Roma mit vier ihrer Hauptgötter dargestellt. Diese Götterbilder sind nicht in genauem Anschluß an Albricus; gerade der Mars (Abb. 13) aber auf seinem Streitwagen, die Geißel schwingend, unter ihm der Wolf zeigt, daß indirekte Zusammenhänge unbedingt vorliegen. Das Wesentliche ist nun, daß zwar auch der italienische Künstler durchaus nicht auf antikplastische Vorbilder unmittelbar zurückgreift, aber dennoch aus dem Geist der giottesken Kunst die alten mittelalterlichen Linien-Schemen in neue plastische Formen umgießt. Unter dem Einfluß dieser giottesken Illustratoren hat dann offenbar der französische Illustrator seine Reduktion des Bildinhaltes bei Albricus vorgenommen.

Man sieht hier, wie ungemein kompliziert die Einflüsse sind, die bald vom Norden nach dem Süden, bald vom Süden nach dem Norden gehen. Der Westen schafft das klassische Götterbilderbuch und er zuerst illustriert es. Aber die Form, in der er es zuerst illustriert, ist intensiv vom plastisch denkenden Süden beeinflußt. Andrerseits sehen wir deutlich, wie der Süden seine Göttergestalten in nordischem Gewand erhält.

Petrarca übersetzt dieselben Bildbeschreibungen des Albricus in den hohen pathetischen Stil[40]), die die Chaucer und Lydgate[41]) in die Volkssprache übertragen, und wir wissen weiter, daß Petrarca es war, durch den Bersuire, der Verfasser des moralischen Ovid, den Albricus kennen lernte[42]).

Um 1420 können wir feststellen, daß die Antiken-Darstellungen, speziell die

Albricus-Illustrationen in ein neues Stadium eintreten. Das lehrt eine Serie von Planeten-Darstellungen im Dresdner Kupferstich-Kabinett[43]), die ihrem Inhalt nach in den Albricus-Kreis gehört, und die um 1420 entstanden ist. Die Blätter (Abb. 14) zeigen gegenüber den Ovid-Illustrationen einen neuen Stil. Die alten architektonisch strengen giottesken Kompositionstypen sind durch den neuen Naturalismus aufgelöst und die einzelnen Gestalten erhalten einen völlig veränderten Ausdruck. An die Stelle der alten Göttertypen treten individuelle Erscheinungen. Eine ungemeine Lust am Fabulieren erfüllt die Blätter. Eine Freude an den Mythen, die die Zeit vorher nicht gekannt hat. Charakteristisch ist, daß Figuren hinzu erfunden werden,

Abb. 15. Venus-Darstellungen   b) dem Guariento-Fresko in   c) der Modenes. Hs. Cod. DCXCVII,
a) aus Cod. Monac. germ. 398.   den Eremitani, Padua.   Bl. XI.

von denen der Text garnicht spricht. So die Dame mit der Harfe, gegen die Amor seinen Pfeil schießt. Dazu kommt noch eine Tatsache, die sehr merkwürdig ist: eine ganze Anzahl von Damen und Herren sind nackt geschildert; Venus als Venus pudica, wenn auch eine der Grazien ihr das Tuch vorhalten muß. Hier liegen also schon erste Ansätze zu einer antikischen Gestaltung vor, die aber noch kaum formal sind. Keine antike Statue hat dieser Venus unmittelbar als Vorlage gedient, sondern die Gestalten des neuen Realismus vom Typus der Eva aus den Heures des Duc de Berry. So bahnt sich durch den Einfluß des neuen Naturalismus die Säkularisierung der antiken Mythologie an.

Den Vollzug dieses Umschwungs in Italien zeigt folgendes Beispiel, das sich zwar ebenfalls auf Planetendarstellungen, aber nicht auf solche aus dem Albricuskreis bezieht. Schon längst ist auf die enge Verwandtschaft der Fresken des Guariento in Padua mit den Miniaturen einer modensischen Handschrift hingewiesen worden. Adolfo Venturi wollte es sogar für möglich halten, daß die Handschrift

dem Freskomaler als direkte Vorlage gedient habe [44]). Bei genauerem Hinsehen enthüllt uns der Vergleich (Abb. 15) wichtige Entwicklungsphänomene. Das Venus-Fresko
zeigt die Göttin die sitzend sich einen Spiegel vorhält. Es ist nicht unklar woher
der Typus dieser Darstellung kommt, letzten Endes aus der französischen Kathe-
dral-Plastik. Die Filiation läßt sich unschwer zeigen. Im Buchdeckel einer Münchner
deutschen Handschrift [45]) finden wir eine italienische Venus-Darstellung von demselben Typus, die ganz deutlich im Typus der Luxuria von Notre Dame in Paris [46]) gebildet ist. Gerade diese Herleitung läßt den echt mittelalterlichen symbolischen
Charakter des Guarientobildes scharf erfassen, der sich in der giottesk-französischen
Stilisierung unserem Gefühl auch so deutlich mitteilt.

Und nun die Darstellung der modenesischen Handschrift von ca. 1420. Ein
nettes nacktes Mädchen mit roten Wangen, zarter Brust und schönem langen
Haar hält da in der Rechten ihren Spiegel, in der Linken, nach antikischer Art,
das Cingulum. Nichts mehr von Anklängen an geistliche Symbolik begegnet hier
— ein echtes Weltkind steht in dieser Venus vor uns. Ihrem Wesen nach scheint
sie eine echte Schwester des Mädchens mit Spiegel und Kamm zu sein, als die
jenes Dresdner Blatt die Venus schildert. Die Säkularisierung bis ins einzelne
zu studieren und zwar im Bilderkreis des Albricus selbst, erlaubt uns nun eines
der schönsten Fundstücke Warburgs: der Codex Reginensis 1290.

Er enthält den Text jener Götterbilder des Albricus [47]) mit ausführlichen Illustrationen die ihrem Stil nach zweifellos in Oberitalien um 1420 entstanden sein
müssen, möglicherweise im Kreis der lombardischen Kunst, denn dafür spricht
folgende Beobachtung Warburgs:

Der Codex ist zum Teil reskript; Warburg konnte nun durch Lesung der
wichtigsten in der ursprünglichen Handschrift vorkommenden Namen erkennen,
daß das Pergament zuerst zur Aufzeichnung Pavesischer Urkunden gedient hat [48]).
Wir haben hier also ein Dokument vor uns, das seinem Stil nach sicher in Ober-
Italien, vielleicht in Pavia, einem der Umschlagplätze zwischen dem Westen
und dem Süden, entstanden ist. Ein Dokument, an dem wir einerseits
untersuchen können, wie das Französische umgebildet wird ins Italienische und
andererseits, wie das Italienische ins Französische. Damit haben wir einen
der wichtigsten Punkte der Etappenstraße, auf der die antiken Götterbilder ge-
wandert sind, festgelegt.

Das erste für uns Bedeutsame ist, daß uns in der römischen Handschrift der Text des Albricus in einer anderen Gestalt begegnet, als er
bisher im Westen sich hat nachweisen lassen. Im Westen haben wir die
Götterbilder-Texte nur als Einleitung zum Ovide moralisé in Begleitung ihrer
Moralisationen angetroffen. Es ist aufschlußreich, daß sie in Oberitalien ohne
diese erscheinen. Der weltliche Charakter des Bildzyklus tritt darin noch schärfer
hervor als in den Dresdner Zeichnungen. Wie in Dresden fehlt den Zeichnungen

jeder einengende architektonische Rahmen. Frei und reich entwickelt der Illustrator seine lustigen Bilder. Ein inniges Vergnügen hat ihn beseelt, als er diese Bilder der Heidengötter malen durfte, als er darstellen konnte, wie die kleinen Musenmädchen lustig unter dem Baum hüpfen, wie die Tiere herbei gelaufen kommen, um dem Gesang des Orpheus zu lauschen und sogar die Bäume sich zu ihm hinneigen, wie er den Beutelschneider beim Merkur schildert u. s. w. Das ästhetische Interesse überwiegt bei ihm das Stoffliche: die Merkurbeschreibung [49] ließ sich nicht gut komponieren, die linke Seite wäre zu leer geblieben, so führt

Abb. 16. Mercur-Darstellung aus Cod. Reg. 1290 Bl. 2 r.

er eine neue Figur ein: ein Merkurkind, das Flöte bläst, wie sein Gott es ihm gelehrt hat (Abb. 16).

Diese Zeichnungen des Reg. 1290 hängen nun — soviel wir bisher sehen können — mit westlichen Vorbildern, etwa mit den französischen Ovid-Illustrationen oder den Dresdner Zeichnungen, formal n i c h t zusammen. Auch das ist wichtig. Ein im Westen entstandener Götterbildertext wird am Beginn des 15. Jahrhunderts in Oberitalien im Sinne des Naturalismus der Illustratoren des Duc de Berry neu illustriert, aber ohne, daß hierbei die bereits vorhandenen westlichen Vorbilder unmittelbar benützt würden.

Neben diesem westlichen Element steht in unserer Handschrift ebenso stark das italienische. Deutlich tritt es hervor in der Darstellung der Minerva (Abb. 17), die im Westen schlechthin undenkbar ist. Bei allem zeitgemäßen Naturalismus stecken eben Erinnerungen an die antike Verbindung von Plastik und Architektur hinter einer solchen

Darstellung, die damals wohl nur ein Italiener haben konnte. Aber das Italienische
liegt nicht bloß in 'einem solchen Detail; die Kompositionen sind von größter
Einfachheit des Aufbaus. In der Mitte steht immer die Gestalt des Gottes, rechts
und links sind symmetrisch angeordnet die Nebenszenen, von denen der Text
spricht. Die Typen weichen von denen des Westens ab, sie sind diesen gegen-

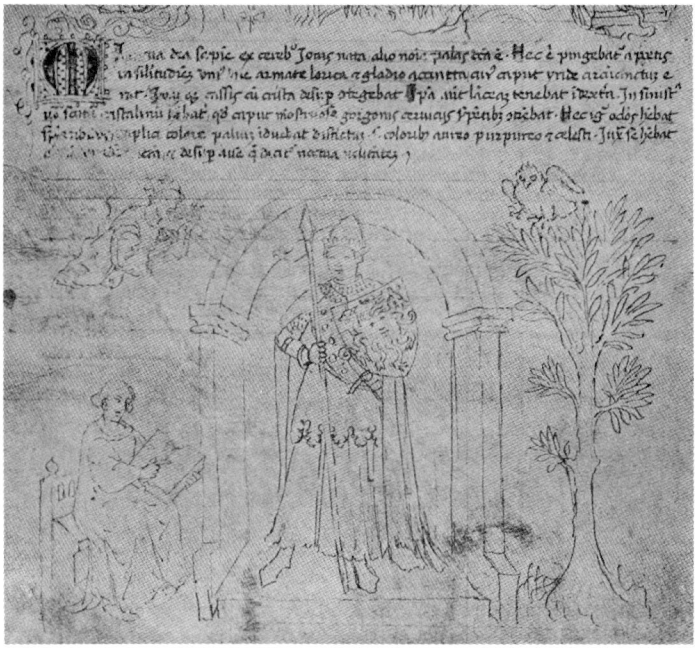

Abb. 17. Minerva-Darstellung aus Cod. Reg. 1290 Bl. 2 v.

über durch größere Klarheit gekennzeichnet. Und was von den Typen gilt, gilt
ebenso vom Umriß der Einzelgestalt.

Der Reg. 1290 ist also eine erste Synthese aus Westlichem und Italienischem,
eine Synthese, die fast ganz auf dem Boden des spätgotischen Naturalismus steht.
Nur schwer erkennen wir jene Elemente, die zum Eindringen des Formalantiken
führen können. Ebenso schwer wie wir sie in den Zeichnungen Pisanellos entdecken würden, kennten wir nicht auch seine Medaillen. Dennoch haben — ihrem
ganzen Geist nach — diese französisch-oberitalienischen Bilder doch schon etwas
Renaissancemäßiges: Ein Anfang der Freude über die Heidengötter, über die
Schönheit des Nichtkirchlichen gibt sich in ihnen kund. Das unverkennbar

arkadische Element, das darin steckt, war das Neue. Der Westen hat die Kräfte des neuen Naturalismus dem erwachenden Interesse an der heidnischen Götterwelt zur Verfügung gestellt. Das große geschichtliche Ereignis ist, daß die oberitalienische Kunst diese Errungenschaften aufnimmt und sie in den Dienst des von den Dichtern erweckten Gefühls für das Nationale dieses Pantheons stellt. Damit aber mußte ihr Stil einer Umwandlung unterworfen werden. Denn ihre Art zu schildern war der Schlußpunkt in der mittelalterlichen Erfassung des antiken Götterbildes. Sie war unmodern. Schon hatte ja Petrarca[50] dieselben Götterbilder in klassischen Versen geschildert:

> Proximus imberbi specie crinitus Appollo:
> Hic puer, hic juvenis, nec longo tempora tractu
> Albus erat sacer; ante pedes rabidusque fremensque
> Stabat equus, quatiensque solum mandebat habenas.
> At juxta monstrum ignotum immensumque trifauci
> Assidet ore sibi; placidum blandumque tuenti
> Dextra canem, sed laeva lupum fert atra rapacem:
> Parte leo media est, simul haec serpente refixo
> Junguntur capita, et fugientia tempora signant.
> Necnon et citharae species augusta canorae
> Icta videbatur sonitum perducere ad aures,
> Et pharetra atque arcus volucresque in terga sagittae,
> Cirrhaeoque ingens Python resupinus in antro.
> Hic etiam Graiis Italisque optanda poetis
> Dulcis odoriferae lauri viridantis in auro
> Umbra novem placido refovebat tegmine Musas.
> Illas carminibus varioque manentia cantu
> Sidera mulcentes alterna voce putares.

*   *   *

Etwas Neues tritt uns in jenen Albricus-Darstellungen entgegen, die auf oberitalienischem Boden um 1460 im Kreis der echten Söhne der Frührenaissance entstanden sind: im Mantegnakreis und im Kreis des Duca Borso. Denn daß die berühmten S p i e l k a r t e n mit Mantegna zusammenhängen, daß ihr Stil ohne dessen Kunst vollkommen unerklärlich bliebe, wird nicht geleugnet werden können, welcher Herkunft auch immer die Stecher gewesen sein mögen, die die beiden Serien ausgeführt haben[51]). Uns beschäftigen aus diesem Kartenspiel hier nur die Bilder der fünf Planeten: Saturn, Jupiter, Mars, Venus und Merkur, von denen Warburg zuerst nachgewiesen hat, daß ihre Darstellungen in den Bilderkreis des Albricus gehören.

In unserem Zusammenhang liegt es nahe, zu fragen, ob ähnlich wie das bei

dem pavesischen Kodex der Fall war, vom Künstler der Text des Albricus neu
illustriert wurde, oder ob irgendeine Bildtradition vorlag. Das Jupiterbild (Abb. 18) lehrt
deutlich, daß der Künstler die französischen Ovid-Illustrationen gekannt haben
muß; es ist ausgeschlossen, daß er unabhängig von seinem Vorgänger auf die Idee
gekommen sein sollte, den Götterkönig auf einen Regenbogen zu setzen, von
dem im Albricustext nicht die Rede ist. Auch auf den Dresdener Zeichnungen
findet sich ja dieser Bogen. Hat man daran einmal die Zusammenhänge erkannt,

Abb. 18. Jupiter-Darstellungen aus der Ovide moral.-Handschrift Cod. Paris 6986 und den »Mantegna-
Spielkarten«.

dann wird weiter deutlich, daß auch noch dem Venusblatt (Abb. 19) das alte Kompositions-
schema zugrunde liegt, links Amor, rechts die Grazien und dazwischen Venus,
wobei auch hier die Abhängigkeit des Italieners von dem nordischen Vorbild
darin deutlich wird, daß dieselben Szenen dargestellt, respektive dieselben Züge
der Albricusbeschreibung nicht zur Darstellung gebracht sind, wie bei den Illustratoren des Ovid.

Aber die westlichen Bildformen sind so umgewandelt, daß man bisher diese
Zusammenhänge ganz übersehen konnte. Den Ausgangspunkt für eine genauere
Betrachtung dieser Stiche im Hinblick auf die Frage nach der Auseinandersetzung
zwischen Westen und Italien nehmen wir am besten von dem Venusbild und
betrachten die Gruppe der drei Grazien. Genau wie es Albricus nach Servius[52])

vorschreibt, sind zwei von uns abgewendet, eine uns zugewendet. Wie im Westen liegt hier textgetreue Illustration vor, nicht Anknüpfung an plastische Vorbilder.

Im Ovid moralisé waren die drei Damen schamhaft bekleidet zusammengestellt; in den Dresdener Zeichnungen bieten sie einen neuen Anblick (Abb. 14). Die einheitliche Gruppe ist zerrissen; herausgelöst, in ihrer Erscheinung eine geringere Schwester der Eva vom Genter Altar, steht groß die vorderste da, ein nach der Natur gesehener Akt. Und nun die Spielkarten: Da sind wie im Ovid die drei Figuren zu einer geschlossenen Gruppe zusammengefügt — die alten Errungenschaften des giottesk-französischen Stils werden wieder auf-

Abb. 19. Venus-Darstellungen   b) der Ovide moral.-Hs. Cod. Paris 6986.   c) Serie E der »Spielkarten«.
a) aus Serie S der »Mantegna-
          Spielkarten«.

genommen, doch die Gestalten im einzelnen im Anschluß an die Kunst des Nordens geschildert. In der Figur der vordersten Grazie — besonders auf dem Venus-Blatt der S-Serie (Abb. 19a) — lebt noch deutlich das burgundische, zierlich geschwungene Schönheitsideal nach, ebenso wie in der Figur des Amor. Und doch beginnt sich, wie in der Komposition so auch in der Wiedergabe des einzelnen Körpers, ein neues Gefühl für plastische Werte zu offenbaren, das im Gegensatz steht zu deren Wiedergabe im Reg. 1290 oder in den Dresdener Zeichnungen. Langsam nähern sich die Götter ihrer marmornen Gestalt. Aufs Deutlichste erkennen wir hier, wie der Westen Italien Stoff und Form für die Darstellung des römischen Pantheons liefert, wie der Süden die naturalistische Darstellungsform langsam in einen plastisch-antikischen Stil übersetzt. Eine echte Synthese des Westlichen und Südlichen beginnt sich hier zu vollziehen.

Den Fortgang dieser Entwicklung zum Plastischen und damit zum Antikischen sehen wir dann bei dem andern Stecher der Spielkarten (Abb. 19 c); denn bei ihm ist die Schwingung der Figur schon gemäßigt und die Verhältnisse gehen mehr ins Breite, Antikische. Es wirkt nunmehr nicht überraschend, wenn in den Albricus-Bildern des Palazzo Schifanoja, von denen im folgenden noch zu handeln sein wird, im Venusbild an die Stelle dieser naturalistischen Formeln die Wiedergabe der berühmten antiken, statuarischen Gruppe tritt (Abb. 20). Hier ist ein Schluß-

punkt der Entwicklung erreicht. Italienisches antikisches Stilgefühl hat sich mit dem westlich-spätgotischen zu einer neuen Einheit verbunden.

Wir brauchen aber gar nicht über den Bilderkreis der Mantegna-karten hinaus zu gehen, um das Eindringen der antiken Plastik in die naturalistischen Formeln beobachten zu können. Man hat nur bisher ganz übersehen, daß der Merkur der Planetendarstellungen die genaue Wiedergabe einer der berühmtesten Antiken des 15. Jahrhunderts ist [53]) (Abb. 21). Eine genauere historische Untersuchung gerade dieser Entlehnung läßt uns die außerformalen Gründe des Eindringens solcher antiker Vorbilder in den Stil

Abb. 20. Ausschnitt aus dem Venus-Fresko von Francesco Cossa im Pal. Schifanoja in Ferrara.

der Frührenaissance erkennen, läßt uns die Kluft ahnen, die zwischen dem »alla »franzese und dem ,-all' antica« bestand, die der Renaissancemensch dennoch zu überbrücken vermochte.

Als Cyriacus von Ancona von einer seiner griechischen Reisen nach Italien zurückkehrte, da brachte er das wahre Bild eines Hermes nach Hause mit. Es muß ein griechischer Stein des 5. Jahrhunderts gewesen sein, denn wir kennen aus neueren Funden [54]) genau jenen archaischen Typus des Hermes σφηνοπόγων. Für ihn hatte dieses Bild eine besondere Bedeutung, verehrte er doch Hermes als seinen wahren Schutzgott. Bekannt ist das Gebet [55]), das er vor einer Ausfahrt an den Gott gerichtet hat:

ΑΓΑΘΗΙ · ΤΥΧΗΙ ·

Artium mentis ingenii facundiaeque pater alme Mercuri, viarum intinerumque optime dux, qui tuo s. s. numine nostram iamdiu mentem animumque fovisti, quique nostrum iucundissimum iter undique per Latium, Illiriam, Greciam, Asiam

a

b

c

d

Abb. 21. Mercur-Darstellungen aus a) »Mantegna-Spielkarten« Serie S, b) ebenda Serie E, c) Relief von Panticapée, d) den Schedel-Collectaneen nach Ciriacus Cod. Monac. lat. 716.

380

et Egiptum terra marique tutum abileque fecisti, ita nunc, inclyte Geni, nunc et nostrum omic. proximum ingenio menti facundiaeque opitulare nostrae. Nec non hodie III iduum Aprilis fausto fel. Kyriacoque iucundissimo die e sacra olim et Phoebigena Delo per Aegeum ad ipsam in conspectu Miconem Tinonque una generoso cum viro Francisco Nanni has nobiles Cycladum insulas pro Venetis quaestoria potestate curante et praetoria sua bis septem munita remigibus navi honorifice altoque aequore Nympharum Nereidumque choro comitante: hoc nostrum omne deinceps per orbem iter tutum felix faustum atque beatum dirigere, fovitare atque comitare velis.

Seine Freunde, an die er dieses Bild des Gottes schickte, dankten hocherfreut für die Gabe, als zweiten Hermes feierten sie ihn [56]).

Wenn man die Stellung, die Cyriacus in den Humanistenkreisen einnahm, in Betracht zieht, wird es begreiflich, daß dieser Hermes d a s Vorbild, kann man fast sagen, abgab für die Hermesbilder des 15. Jahrhunderts. In einer ganzen Anzahl von Fällen, wo in dieser Zeit Merkur dargestellt wurde, auf Cassoni, in Holzschnitten, in den Miniaturen wird immer wieder dieser Merkur des Cyriacus wiederholt, ja sogar nach dem Norden dringt seine Berühmtheit: Selbst Dürer hat ihn bekanntlich verwendet [57]). So taucht er denn auch in unseren Kupferstichen auf.

Es wird so von der inhaltlichen Seite her erklärlich, warum gerade an diesem Punkt das antike Vorbild in die Albricus-Illustrationen eindringen konnte. Jener berühmte Merkur des Cyriacus, ein Symbol des neuen heidnisch-religiösen Erlebnisses, mußte die alten westlichen Erscheinungsformen verdrängen, mochte es auch nicht möglich sein, diesem Merkur nun alle Attribute zu geben, die Albricus vorschrieb. Wir sind Zeugen des Vorganges, wie solche antike Plastik das mittelalterliche Götterbild — trotz dessen getreuerer Wiedergabe des Stofflichen — zerstört und an seine Stelle ein neues, heilig empfundenes, stofflich u n d formal antikes Bild des heidnischen Gottes setzt.

Hier sind wir Zeugen des Kampfes zwischen dem Südlichen und dem Westlichen: an diesem Punkt ist keine Synthese aus beiden eingetreten sondern eine Verdrängung des Westlichen, da hier das echt antike Vorbild jede Auseinandersetzung unmöglich machte.

Eine etwas andere Einstellung zum Westen und zur Antike haben die Künstler des Kreises um Franzesco Cossa, die die Bildbeschreibungen des Albricus im Palazzo Schifanoja in Ferrara illustriert haben. Schon die Auswahl der 12 Götter, die im oberen Streifen dargestellt sind, ist wie Warburg gezeigt hat, in Anlehnung an einen der neu entdeckten, römischen Schriftsteller erfolgt, an den seit 1416 wieder gefundenen Manilius, den größten astrologischen Dichter des römischen Altertums.

Die Schilderung der einzelnen Götter, die ja bei Manilius nicht zu finden war, schließt sich dagegen an andere Quellen an: zum guten Teil eben an unseren Albricus. Deutlich ist das beim Apollo (Abb. 9), der zwischen Bergen sitzend dargestellt ist; auf dem Haupt trägt er eine Krone. Unter seinen Füßen liegt der Drachen, in der einen Hand hat er Pfeil und Bogen, in der anderen — außer der Sonnenscheibe — ein Musikinstrument, links von ihm ist der Dreifuß, der Lorbeer(?) und der Rabe, rechts sind die Musen und der kastalische Quell, ganz wie es Albricus schildert:

»Apollo ist der vierte Gott, weil Sol, der Apollo genannt wird, unter den Planeten den vierten Kreis am Himmel einnimmt; er also wurde als bartloser Jüngling gemalt. . . . Über seinem Haupt trug er den goldenen D r e i f u ß in der Rechten hatte er P f e i l , B o g e n und K ö c h e r , in der Linken aber hielt er die Z i t h e r ; unter seinen Füßen war ein furchtbares U n g e t ü m mit dem Körper einer Schlange gemalt; drei Köpfe hatte es: den Kopf eines Hundes, eines Wolfes und eines Löwen, die dennoch in einen Körper zusammengingen, einen Schwanz bloß, den Schlangenschwanz, hatten. Eine Krone von 12 Edelsteinen führt der Apoll auf seinem Haupte, neben ihm war ein grüner L o r b e e r gemalt und ein schwarzer R a b e , der darüber flog, der Vogel des Gottes. Unter dem Lorbeer aber tanzen die M u s e n einen Reigen . . . In der Ferne war eine riesige Schlange, Python, dargestellt, die Apollo mit einem Pfeil mitten durchgeschossen hatte. Und es saß Apollo zwischen zwei Jochen des Berges Parnaß, von dem auch der K a s t a l i s c h e Q u e l l entsprang [58].«

Beim Merkurbild ist die Argusszene im Hintergrund dargestellt, wie sie Albricus schildert, bei der Venus nicht nur die Grazien (Abb. 8): die Göttin hält auch getreu nach Albricus eine Muschel, Rosen trägt sie im Haar und Tauben umflattern sie. Also hier schon ein deutlicher Ausgleich zwischen Mittelalterlich-westlichem (Albricus) und Humanistisch-antikem (Manilius).

Während aber bei den Spielkarten die Bildtradition, die zum Ovide moralisé führte, wenigstens an einzelnen Stellen vollkommen klar wird, suchen wir hier vergebens nach solchen alten Bildelementen. In neuem Wesen treten die Götter uns entgegen. Auf carri trionfali fahren sie einher, deren Ursprung zweifellos im Festwesen der Zeit zu suchen ist [59].

Warburg hat in mühsamer Arbeit das Material zu einer Geschichte des Festwesens der Renaissance gesammelt, leider ohne es bisher zu veröffentlichen; denn er erkannte die schon von Burckhardt [60] skizzierte Bedeutung, die dem Festwesen für die Kultur und speziell für die Kunst der Renaissance zukommt. Der Begriff des Trionfo gehört, sei es nun, daß damit eine heidnische Götterprozession gemeint ist oder ein politischer Triumphus, einerseits in das Gebiet des Erzhumanistischen; andrerseits aber steht gerade das Festwesen als höfisches Element unter dem stärksten westlichen Einfluß — jene Giostren der Medici sind ja nur antikisch verbrämte Kampfesspiele einer die Chevalerie nachahmenden, politisch mächtig gewordenen Kaufmanschaft.

Diese carri im Palazzo Schifanoja sollen aber ein echt antikisches Requisit bilden. Sie werden mit antiken Profilen und antikisierender Ornamentik geschmückt, ja, beim Wagen des Apollo (Abb. 9), der nach der mythologischen Vorschrift von Pferden gezogen wird, sind auch diese echt antik: Kopien der Rosse von San Marco. Daß auch die Grazien auf dem Venusbild (Abb. 20) sich an das Vorbild antiker Plastik anschließen, wurde schon oben bemerkt.

So klar nun auch solche einzelnen Entlehnungen [61]) aus der antiken Plastik sind, gerade sie lassen um so deutlicher das Unantike des Darstellungsstils hervortreten. Zweifellos mit Recht hat Warburg von einer nordischen Lohengrin-Stimmung gesprochen, die in der Gruppe von Mars und Venus lebt, und zum Vergleich damit eine Miniatur aus dem Chevalier au cygne [62]) herangezogen. Die Antike war wieder erweckt, auf den Straßen wurde sie »im Triumph« gezeigt, ihre Darstellung im Leben war der Ausdruck des erhöhten eigenen Lebensgefühls und sie wurde, eben weil man sie so durchaus lebendig empfand, unantik dargestellt in Anlehnung an den Stil des westlichen Realismus.

Sehr wiederspruchsvolle Elemente treten hier also zu einer Einheit zusammen: Nachahmungen der großen Spiele des französischen Rittertums stehen im Zeichen des Wiederauflebens urheidnischer Götterprozessionen und Triumphe. Antikische carri werden verwendet und Spolien antiker Plastik herangezogen, aber über dem Ganzen liegt ein Hauch nordischer Stimmung. Die Götterszenen des Palazzo Schifanoja sind lebendige Schilderungen scheinbar sehr unreligiöser ferraresischer Straßenaufzüge. Und doch glaubt man unbedingt an die Herrschaft dieser Götter als Sterndämonen und läßt sich selbst gern in ihrem Reich sogar porträthaft darstellen. An den Fresken des Palazzo Schifanoja wird das Phänomen, das den Ausgangspunkt der Untersuchung gebildet hat, am klarsten: das Nebeneinander zweier Welten im Lebensstil der Frührenaissance.

So weit hat Warburg die Nachwirkung des kleinen Götterbilder-Traktats auf dem Boden Italiens verfolgt; in voller Klarheit überblicken wir durch seine Forschung nun die Wanderstraße der Götterwelt von der späten Antike bis zum Ende der Frührenaissance und damit den Prozeß der Auseinandersetzung zwischen dem Französisch-Burgundischen und dem Italienisch-Antiken.

Albricus, wahrscheinlich ein Zeitgenosse der großen gotischen Plastiker und der Goliarden, ein Landsmann des Johann von Salisbury, entwirft, im letzten Grunde zurückgreifend auf die Beschreibungen von Götterbildern, die in philosophischen und mythographischen Schriften der Antike und des frühen Mittelalters enthalten waren, Bilder des römisch-griechischen Pantheons. Die bedeutende Tat dieses Mannes war es, daß er von Liebe für die Heidenwelt erfüllt, die entseelten Stücke der Überlieferung zu neuen lebendigen Gliedern zusammenschloß und damit einen festen weltlichen

Bilderzyklus geschaffen hat, dessen Inhalt so gewichtige Menschheitswerte enthielt und in dessen beschriebene Formen so bedeutende Überreste echt antiken Kunstgutes einströmte, daß daran eine Jahrhunderte während Entwicklung sich anschließen konnte. Der französisch-giotteske Stil, in dem uns heute zuerst die Albricusbilder begegnen, hat ihnen etwas von plastischer Monumentalität gegeben. Wir stehen vor der erstaunlichen Tatsache, daß der italienische Früh-Humanismus, vertreten durch Petrarca, die Götterbilder dieser heidnischen Vorfahren nicht nach den erhaltenen Resten der Plastik wieder herstellt, sondern französisch-giotteske Formeln dafür übernimmt. Dieser französische Stil mußte den Reichtum der Bilder seinem innersten Prinzip gemäß reduzieren; erst der neue Naturalismus bringt die Befreiung. Aus der Repräsentation wird Erzählung. Während nun Petrarca in der Poesie diese Götterbilder schon um die Mitte des 14. Jahrhunderts auch rein formal klassisch umzubilden versucht, folgt die bildende Kunst Italiens noch weiter der Entwicklung des Westens. In dem oberitalienischen Codex des Albricus ist bisher nichts von unmittelbarer formaler Anlehnung an die Antike festzustellen. Erst im Palazzo Schifanoja und in den Spielkarten des Mantegna, also erst nach der Mitte des Quattrocento tritt uns das Einströmen der echt antiken Vorbilder in die alten Schemen entgegen. Die Frührenaissancekünstler, die diese Zyklen geschaffen haben, sind Repräsentanten eines Übergangsgeschlechts, in dessen Stil Westliches und Antikisch-Italienisches im Kampf miteinander liegt und sich vereinigt.

*   *   *

III. DIE VEREINIGUNG DER GEGENSÄTZE IN DER POLARITÄTS-PHÄNOMENOLOGIE DES FRÜHRENAISSANCE-MENSCHEN.

Warburg hat es nun nicht nur historisch, sondern auch phänomenologisch versucht, diese Doppelheit des Renaissancemenschen zu analysieren. Er hat es versucht, sich klar zu werden, wie es möglich war, daß zwei so verschiedene Elemente grundlegende Einheiten der Seele des Frührenaissancemenschen bilden konnten; und er hat dabei bald erkannt, daß solche Polarität nicht bloß auf den einen Gegensatz zwischen »realistisch« und »idealistisch« beschränkt ist. In einer Schrift über das Testament des Francesco Sassetti, die auf einer früheren rein historischen Arbeit über »Bildniskunst und Florentinisches Bürgertum« aufbaut, hat er versucht, solche Polaritätsphänomologie des Menschen der Frührenaissence zu geben [63].

In dieser Schrift über Bildniskunst, die die Bildnisse der Sassetti sowie des Lorenzo de'Medici und seiner Angehörigen in einem Fresko von Domenico Ghirlandajo in Sta. Trinità behandelt, hat Warburg in der kirchlichen Kunst dasselbe Phänomen aufgezeigt, das wir auch in den Fresken des Schifanoja wahrgenommen haben: das Eintreten der Renaissancegesellschaft in das religiöse Bild. Durch den Vergleich mit beglaubigten Bildnissen konnte er nämlich die uns befremd-

liche Tatsache nachweisen, daß auf dem Fresko der Bestätigung der Franziskaner-
Regel (Abb. 22) nicht nur der Stifter Francesco Sassetti sich selbst mit seinen Söhnen
gleich im Vordergrund hat darstellen lassen, sondern daß auch dort Lorenzo de'Medici,
dem Polizian seine Kinder zuführt, die Personen der Legende gleichsam patroni-
siert. Daß darin sich ein Zug offenbart, der für die Erkenntnis eines Frührenaissancemenschen wesentlich ist, zeigt Warburg an dem Vergleich des Ghirlandajo
Freskos, das die Bestätigung der Franziskaner-Regel darstellt mit der Darstellung

Abb. 22. »Bestätigung der Franziskanerregel« Fresko von Domenico Ghirlandajo in Sta. Trinità, Florenz.

derselben Ordensbestätigung von Giotto. Dieser Vergleich ist in unserem Zusammenhang so wichtig, daß er hierher gesetzt werden soll:

    »... während Giotto die menschliche Körperlichkeit abbildet, weil durch die
niedere Leibeshülle die Seele zu sprechen vermag, ist für Ghirlandajo ganz im
Gegensatz der geistliche Gegenstand ein willkommener Vorwand, um den schönen
Schein stattlich einherwandelnder Zeitlichkeit wiederzuspiegeln, als ob er, noch
ein Goldschmiedlehrling im väterlichen Laden, Prachtgefäße und Prunkstücke am
St. Johannisfeste vor den Augen schaulustiger Käufer auszustellen hätte. Das bescheidene Privilegium des Stifters, sich devot in einer Ecke des Bildes aufzuhalten,
erweitern Ghirlandajo und sein Auftraggeber unbedenklich zu einem Recht auf

freien Eintritt ihres leibhaftigen Abbildes in die heilige Erzählung selbst als Zuschauer oder gar als handelnde Personen der Legende.

So stark ist der Wandel der offiziellen kirchlichen Formensprache, daß selbst ein kunsthistorisch allgemein gebildeter Zuschauer unvorbereitet in Domenicos Fresco zunächst alles eher suchen würde als eine Szene aus der heiligen Legende; er würde etwa denken, daß eine kirchliche Festlichkeit abgemalt sei, die sich auf der Piazza della Signoria zutrug und durch die Anwesenheit des Papstes selbst die besonders denkwürdige Weihe erhalten hatte; denn daß die Piazza von Florenz dargestellt sei, muß man zunächst annehmen, da im Hintergrunde der Palazzo Vecchio und die gegenüberliegende Loggia de' Lanzi deutlich abgebildet sind. Mit Zuhilfenahme der Photographie erkennt man dann freilich, daß die kirchliche Staatsaktion in einer durch Pilaster und Bogen angedeuteten Renaissancehalle vor sich geht, womit offenbar aus einem Rest religiöshistorischen Taktgefühls heraus eine unbedingte Verschmelzung mit dem wirklichen florentinischen Hintergrunde vermieden werden sollte. Aber weder die Halle, noch auch das Chorgestühl, noch endlich das hinter den Sitzen des Kardinalkollegiums aufgerichtete Geländer schützen den Papst und den heiligen Franziskus wirksam vor dem Eindringen der Stifterfamilie und ihrer Freunde. ... Die formelle Eintrittsberechtigung der »Consorteria« Sassetti ändert an der barocken Tatsache nichts, daß, wo Giotto in fast ekstatischer Ergriffenheit, lapidar einfach die unfreiwillige Erhöhung weltflüchtiger Mönche zu getreuen Vasallen der streitenden Kirche als hauptsächlichen Daseinsgrund des Bildes mitteilt, Ghirlandajo hingegen mit der ganzen selbstbespiegelnden Bildung des Kulturmenschen der Renaissance die Verkörperung der Legende der »ewig Armen« in ein Ausstattungsstück der besitzenden florentinischen Kaufmannsaristokratie verwandelt.

Giottos Gestalten wagten sich als irdische Geschöpfe nur unter dem Schutze des Heiligen an die Oberfläche, Ghirlandajos selbstbewußte Figuren patronisieren die Personen der Legende...«

Die gleiche Kluft, die ihn hier vom Menschen des 14. Jahrhunderts scheidet, trennt einen Italiener des späten 15. Jahrhunderts auch von seinen Zeitgenossen im Westen. In einer Genter Handschrift des Albricuskreises vom Ende des 15. Jahrhunderts [64]) ist in das Diana-Bild eine »Profan«-Figur eingefügt (Abb. 23). Aber hier ist sie nicht wie im Palazzo Schifanoja — wo die Herren und Damen der ferraresischen Gesellschaft groß im Vordergrund stehen und sich im Bereich der Götterwelt durchaus heimisch fühlen — mit der Gottheit gleichberechtigt dargestellt, sondern knieend, in tiefer Devotion, gleichsam als fromm-ergebener Stifter. Scharf tritt hier wieder eine sonderbare Doppelheit im Wesen des Frührenaissancemenschen hervor, daß er im heidnisch-antiken Bild ebenso gut seine Stelle einzunehmen weiß, wie im kirchlichen. An der Erscheinung Francesco Sassettis des Stifters jener christlichen Fresken in der Kapelle von Sta. Trinità, dessen Grab-

mal voll heidnischer Reminiszenzen von der Hand San Gallos sich in eben derselben Kapelle befindet, hat nun Warburg das Polaritätsproblem in seinem ganzen
Umfang zu behandeln versucht.

Wir kennen die Erscheinung Sassettis aus einer Büste im Bargello (Abb. 24), die
einen ganz eindeutigen Eindruck vom Wesen dieses Mannes zu geben scheint. Weltliche Selbstsicherheit trägt sie imperatorisch vor[65]. Wir glauben, in Sassetti den
Typus des heidnisch-denkenden Frührenaissancemenschen vor uns zu haben und
möchten jenes profanisierende Eindringen der Consorteria Sassetti in das Fresko von
Sta. Trinità als Ausdruck kirchenverachtender Gesinnung ansehen. Hören wir nun, was

Abb. 23.   Diana-Darstellung aus einer Handschrift in der Bibl. der Kathedrale von Gent.

die Urkunden über Sassetti berichten, was aus der komplizierten Geschichte seines
Grabmals und seinem Testament über das Wesen dieses Mannes sich erschließen läßt.

Sassetti wollte ursprünglich in Santa Maria Novella sein Grabmal errichten,
und die Dominikaner waren damit sehr einverstanden. Da entsteht plötzlich ein
Streit zwischen ihm und den Mönchen. Sassetti will das Leben seines Avvocato
particolare, des hl. Franziskus, unter dessen besonderer Fürsprache er im Leben
wie im Tode stehen wollte, an den Wänden seiner Grabkapelle darstellen lassen.
Da die Dominikaner ihm das nicht gestatten, verwandelt sich das Einvernehmen
zwischen gut gesinntem Stifter und ebenso bereitwillig entgegenkommender Kirche
in unversöhnliche Feindschaft. Den Grund für solches Verhalten von vornherein
in weltlicher Rechthaberei zu suchen, wäre sicher oberflächlich, denn Francesco

wollte offenbar durch den strittigen Stoff der malerischen Ausschmückung nicht sowohl m e n s c h l i c h e Patronats r e c h t e entfalten sondern vielmehr r e l i g i ö s e n Patronats p f l i c h t e n unbehindert genügen können. Wir erfahren denn auch tatsächlich aus den Urkunden, daß Sassetti damit ein Gelübde erfüllte, als er — später

Abb. 24. Porträt-Büste des Francesco Sassetti (Florenz, Bargello) aus der Werkstatt des Ant. Rossellino.

das alte Familienheiligtum in Santa Trinità zu seiner Ruhestätte bestimmend — dieses mit den Franziskus-Fresken schmückte:

sacellum quod maioribus suis olim vendiderant fratelli . . . divi Francisci p r o v o t o exornavit historiis.

Überraschend deutlich sprechen also die Urkunden von der feinen und festen mittelalterlichen Wurzelechtheit des Stifters, und das profanisierende Eindringen der Consorteria Sassetti, der auch Lorenzo de'Medici angehört, könnte nun bloß als angemessenes Ausdrucksmittel persönlicher Stifterdankbarkeit erscheinen. Und

doch wäre, das lehrt schon allein Sassettis Bildnisbüste, solche nur r e l i g i ö s - kirchliche Interpretation ebenso einseitig, wie die bloß w e l t l i c h e, zu der die Erscheinung der Büste verleiten könnte. Hier offenbart sich eben dieselbe Doppelheit
im Wesen des Renaissancemenschen, von deren einem Symptom wir ausgegangen
sind: dem gleich sicheren Auftreten im geistlichen, wie im weltlichen Kreis, in
den Fresken von Sta. Trinità und in Ferrara.

Ein außerordentlicher Dokumentenfund gestattete es Warburg, die Polarität
im Wesen des Renaissancemenschen daran bis ins letzte klarzulegen: Er fand die
letztwillige Verfügung, die Francesco Sassetti 1488 seinen Söhnen hinterließ, als er
eine Reise nach Lyon antreten mußte. Auch sie enthüllt in dem dem Leben
zugewandten Hauptinhalt den »Mann der neuen Zeit« nicht ohne weiteres; im
Gegenteil scheint der Konflikt zwischen »Mittelalter« und Neuzeit nicht nur in
den religiösen Gefühlsgewohnheiten seiner »vita contemplativa« weiter zu leben,
sondern sogar auch den Stil seiner »vita activa« entscheidend zu beeinflussen.
Als ghibellinischen Familienhäuptling lernen wir hier Sassetti kennen, der um
der ritterlichen Ehre willen den Kampf mit dem Schicksal aufnimmt. Aber plötzlich taucht in seinem Denken eine echt antike Gestalt auf — die Figur der
Fortuna:

»Wo uns die Fortuna landen lassen wird, weiß ich nicht angesichts der Umwälzungen und Gefahren, in denen wir uns befinden, und aus denen uns Gott den
Hafen des Heils zu erreichen gewähren möge. Wohin es aber auch mit mir gehen,
und was immer mir zustoßen mag, ich befehle und fordere . . ., daß ihr meine
Erbschaft anzutreten aus keinem Grunde verweigert und selbst wenn ich auch
mehr Schulden als Vermögen zurücklassen sollte, will ich, daß ihr unter derselben
Fortuna (Vermögenslage) · lebt und sterbt, weil mir dies eure Schuldigkeit zu
sein scheint [66].«

Der mittelalterliche Ritter Sassetti, der seinen Clan zu äußerster Verteidigung
um das Familienbanner schart, ist doch zugleich der florentinische Renaissancekaufmann, der sich als Fahnenbild eben jene Windgöttin Fortuna verleiht, die ihm
als lenkende Schicksalsmacht lebendig vor Augen steht.

Die Analyse dieser humanistischen Fortuna gibt nun die schärfsten Einblicke
in das Doppelwesen des Renaissancemenschen. Ist ihre Vorstellung ihm doch
ein Mittel zum Ausgleich zwischen Heidnischem und Christlichem. Sie nimmt
im. Denken der Frührenaissance eine bedeutsame Stellung ein: so ist sie das antikisierende Energiesymbol der Gedankenwelt eines der bedeutensten Zeitgenossen
Sassettis, des Giovanni Rucellai. Als kirchlicher Donator läßt Rucellai an der von
ihm gestifteten Fassade von Sta. Maria Novella das heidnische Emblem der Fortuna anbringen; und ungestörte christliche Gefühlsgewohnheit, sich fromm in Gottes
unerforschlichen Ratschluß zu ergeben, erlaubt ihm dennoch, sich im Sinne heidnischer Philosophie die Frage vorzulegen, ob denn menschliche Vernunft und

praktische Klugheit etwas gegen die Zufälle des Schicksals, der Fortuna, vermögen und sich von Marsilio Ficino, dem geheimen und göttlichen Geiste Platos entsprechend, eine durchaus weltliche Instruktion für den Kampf mit der Fortuna erteilen zu lassen [67]).

Wie für Cyriacus die Gestalt jenes Hermes eine tiefe Bedeutung gewinnt, so für Rucelli die Fortuna. Zufall, Vermögen und Sturmwind bedeutet im Italienischen das Wort Fortuna. Für den überseeischen Kaufmann bedeuten diese drei getrennten Begriffe nur verschiedene Eigenschaften der e i n e n Sturm-Fortuna, deren unheimlich unfaßbare Wandlungsfähigkeit vom Vernichtungsdämon bis zur güterspendenden Reichtumsgöttin die Restitution ihrer ursprünglich einheitlichen mythologischen Persönlichkeit elementar hervorrief — unter der Einwirkung altererbter anthropomorphisierender Denkweise.

Wir fühlen jetzt, warum bei Francesco Sassetti in der Krisis von 1488 die Vorstellung der Windgöttin Fortuna lebendig wird: sie funktioniert bei Rucellai wie bei Sassetti in gleichem Maße als p l a s t i s c h e A u s g l e i c h s f o r m e l zwischen »mittelalterlichem« Gottvertrauen und dem Selbstvertrauen des Renaissancemenschen.

Die Analyse des Bilderschmuckes jenes Grabmals, um dessen willen Sassetti den Kampf mit den Mönchen von Sta. Maria Novella aufgenommen hat, bringt nun in anschaulicher Form dieselbe Polarität zum Ausdruck, die sich eben im Literarischen dargestellt hat. Eine Fülle gegensetzlich gerichteter Momente deckt Warburg an ihm auf.

An den Skulpturen hat San Gallo heidnische Motive gehäuft. Der Kentaur, die Putten und die Totenklage sind im engsten Anschluß an antike Vorbilder entworfen. Der römische Sarkophag mit der Darstellung der Klage um Meleager, von dem die um den Leichnam Sassettis Trauernden den verpönten Orgiasmus entfesselter Totenklage lernten, ist heute noch in Florenz vorhanden. Darüber aber im Fresko ist die christlich-andächtige Trauer um Sassettis selig dahingeschiedenen Heiligen, S. Francesco, dargestellt.

In den Zwickeln der beiden Grabnischen sind in Graumalerei Kopien antiker Münzen, die Szenen aus dem kriegerischen Leben römischer Imperatoren darstellen, in den Gewölbekappen darüber jedoch die 4 Sybillen, über dem Eingangsportal die Weissagung von Christi Geburt an Kaiser Oktavian, am Altar die Anbetung der Hirten, alles Illustrationen eines weihnachtsfeierlichen Programms.

Auch die Betrachtung der Einzelheiten lehrt solche scheinbare Widersprüche erkennen. Die Kentauren, Sassettis Impresa, die vielleicht sogar auf die Vorbilder vom Theseion oder vom Parthenon zurückgehen, schwingen ekstatisch eine Schleuder. Historische Analyse hat gelehrt, daß das die Schleuder des biblischen David ist, den ja Sassetti ebenfalls am Eingangsbogen seiner Grabkapelle gleichsam als offiziellen Torwächter von Ghirlandajo hat darstellen lassen.

Auf dem Altarbild knien flandrische Hirten — ihre Darstellung geht auf Vorbilder des Hugo van der Goes zurück — neben dem antiken Sarkophag, durch einen antiken Triumphbogen kommt der Zug der heiligen Könige, antike Pfeiler tragen das Dach der Hütte von Bethlehem.

Und doch durfte Francesco Sassetti vor den römischen Mirabilien auf diesem Bilde in gutem Glauben seine christliche Andacht zur Schau tragen. Nicht weil er wie ein naiver Hirte, verständnislos für das fremdartige Gestein ringsumher, sein Gebet verrichtete, sondern weil er die unheimlich lebendigen Geister gleichsam durch ihre Eingliederung in die festgefügte christlich-mittelalterliche Gedankenarchitektur gebannt hatte.

Denn das Antikische zerstörte in nichts den christlich-religiösen Grundgedanken des Werkes; durch seine Inschrift wird der antike Sarkophag selbst ein Monument der Überwindung des Heidentums durch die Kirche: dem Christkind zur Wiege dienend und Ochs und Esel zur Krippe, verkündigt er durch seine lateinische Inschrift die Weissagung eines römischen Augurs: »Mein Sarkophag wird dereinst der Welt eine Gottheit schenken«. Und die beiden antiken Pfeiler sind als die Überreste jenes Templum Pacis zu deuten, das in der Christnacht das Ende der stolzen Heidenwelt durch seinen Einsturz anzeigte.

Damit schließt sich der Ring der Betrachtung. Deutlich erkennen wir, daß es eben das Wesen des Frührenaissance-Menschen ausmacht, daß er diese Vielheit in sich aufnehmen kann. Die anscheinend unvereinbaren und bizarren Gegensätze zwischen Kirchlichem und Heidnischem, dem Glauben an die hohen Olympier und die Sterndämonen, zwischen Westlich-Naturalistischem und Antikisch-Idealistischem, zwischen Gott und der Fortuna, dem David mit der Schleuder und dem Kentauren, dem Sterben des Heiligen und Meleagers Tod, den flandrischen Hirten und dem Imperator, dem gleich sicheren Auftreten im christlichen wie im heidnischen Götterbild können wir zusammen sehen und als »organische Polarität der weiten Schwingungsfähigkeit eines gebildeten Frührenaissance-Menschen begreifen, der im Zeitalter der Metamorphose des energetischen Selbstbewußtseins charaktervollen Ausgleich anstrebte«.

ANMERKUNGEN.

Die Studien versuchen die Resultate von WARBURGS bisherigen Arbeiten systematisch darzustellen. Ein solcher systematisierender Versuch stößt selbstverständlich auf Widerstand, da ja die in
einem Zwischenraum von mehr als 20 Jahren entstandenen Schriften eines Verfassers wohl ein einheitliches
Denkziel haben können — in unserem Fall zweifellos auch haben —, jedoch keineswegs immer nach systematischen Gesichtspunkten gearbeitet und geordnet sind. Es war daher an manchen Stellen dieser Arbeit
notwendig, neues Material einzufügen, um das Material WARBURGS abzurunden, an anderen Stellen wieder
mußten historische Zusammenhänge klargelegt werden, die in dieser Weise WARBURG noch nicht gezeigt
hatte.

Im wesentlichen aber beschränken sich die Studien auf die Inhaltsangabe der Schriften WARBURGS.
Es liegen zugrunde

dem Abschnitt I, 1: die Nr. 2, 5 und 24,

    ,,   ,,   I, 2: die Nr. 14,

    ,,   ,,   I, 3: die Nr. 22 und 25,

    ,,   ,,   II: die Nr. 7, 9, 12, 13, 17, 22,

    ,,   ,,   III: die Nr. 8 und 15 der folgenden Liste von WARBURGS Arbeiten, die Herr Dr. PRINTZ
die Freundlichkeit hatte, zusammenzustellen.

1. 1893: Ein italienischer Kaufmannssohn vor 500 Jahren. In: Hamburger Cholerabuch.

2. 1893: Sandro Botticellis »Geburt der Venus« und »Frühling«. Eine Untersuchung über die Vorstellungen von der Antike in der italienischen Frührenaissance. Hamburg und Leipzig 1893 (VI, 50 S., 8 Abb.).

3. 1895: I Costumi Teatrali per gli Intermezzi del 1589. I Disegni di Bernardo Buontalenti e il Libro
di Conti di Emilio de' Cavalieri. In: Atti dell' Accademia del R. Instituto Musicale di Firenze (1895). Commemorazione della Riforma Melodrammatica.

4. 1897: Amerikanische Chap-books. In: Pan, 2. Jahrg., 4. Heft (April 1897), S. 345—348, 8 Abb.

5. 1898: Sandro Botticelli. In: Das Museum (Berlin und Stuttgart, W. Spemann), 3. Jahrg., 10. Heft,
S. 37—40. 2 Taf.

6. 1899: Die Bilderchronik eines florentinischen Goldschmieds (rez.: A Florentine Picture Chronicle . . .
by Maso Finiguerra with . . . a critical and descriptive Text by Sidney Colvin . . ., London 1898). In: Beilage zur Allgemeinen Zeitung Nr. 2 (3. Januar 1899).

7. 1899: Andrea Castagno. In: Beilage zur Allgemeinen Zeitung Nr. 138.

8. 1902: Bildniskunst und florentinisches Bürgertum. I. Domenico Ghirlandajo in Santa Trinità:
Die Bildnisse des Lorenzo de' Medici und seiner Angehörigen. Mit 5 Lichtdrucktafeln und 6 Textbildern
Leipzig 1902 (38 S. 4º).

9. 1902: Flandrische Kunst und florentinische Frührenaissance. Studien in: Jahrbuch der Kgl. Preuß.
Kunstsammlungen 1902, S. 247—266, 10 Abb., 2 Taf.

10. 1903: Die Grablegung Rogers (van der Weyden) in den Uffizien. Ref. in: Kunstgeschichtliche
Gesellschaft. Berlin. Sitzungsberichte II. 1905. Ordentliche Sitzung am Freitag, den 17. Februar 1905.
S. 7—12.

11. 1904: Per un quadro fiorentino che manca all' esposizione dei primitivi francesi. In: Rivista d'Arte
(Firenze), Anno II, Nr. 5, S. 85—86, 1 Taf.

12. 1905: Austausch künstlerischer Kultur zwischen Norden und Süden im 15. Jahrhundert. Ref.
in: Kunstgeschichtliche Gesellschaft. Berlin. Sitzungsberichte II. 1905. Ordentliche Sitzung am Freitag,
den 17. Februar 1905. S. 7—12.

13. 1905: Delle »Imprese Amorose« nelle piu antiche incisioni fiorentine. In: Rivista d'Arte (Firenze),
Anno III. Luglio-Agosto 1905. Suppl. (15 S., 3 Abb.).

14. 1905: Dürer und die italienische Antike. In: Verhandlungen der 48. Versammlung deutscher
Philologen und Schulmänner in Hamburg vom 3. bis 6. Oktober 1905. Leipzig 1906. S. 55—60. (Hierzu
in kleiner Auflage:) Der »Tod des Orpheus«. Bilder zu dem Vortrag (3 Taf., Fol.).

15. 1907: Francesco Sassettis letztwillige Verfügung. In: Kunstwissenschaftliche Beiträge. August
Schmarsow zum 50. Semester seiner akademischen Lehrtätigkeit. 1. Beiheft der Kunstgeschichtlichen Monographien. Leipzig 1907. 4º, S. 129—152 (6 Abb., 3 Taf.)

16. 1907: Arbeitende Bauern auf burgundischen Teppichen. In: Zeitschrift für bildende Kunst. N. F. 18. Jahrg. (1907), S. 41—47, 3 Abb.

17. 1908: Über Planetengötterbilder im niederdeutschen Kalender von 1519 (Vortrag am 17. Dezember 1908). Ref. in: Jahresbericht der Gesellschaft der Bücherfreunde zu Hamburg 1908—1909, S. 45—57, 3 Abb.

18. Der Baubeginn des Palazzo Medici. Ref. in: Mitteilungen des Kunsthistorischen Instituts in Florenz (I. Band), 2. Heft. Frühjahr 1909. S. 85—87, 1 Abb. (Vortrag im November 1908.)

19. 1910: Die Wandbilderreihe im Hamburgischen Rathaussaale. In: Kunst und Künstler, 8. Jahrg. 8. Heft (Mai 1910), S. 427—429.

20. 1911: Zwei Szenen aus König Maximilians Brügger Gefangenschaft auf einem Skizzenblatt des sogenannten »Hausbuchmeisters«. In: Jahrbuch der Kgl. Preuß. Kunstsammlungen 1911, S. 180—184, 2 Taf.

21. 1911: Eine astronomische Himmelsdarstellung in der alten Sakristei von S. Lorenzo in Florenz (Vortrag März 1911). Ref. in: Mitteilungen des Kunsthistorischen Instituts in Florenz, 2. Band, 1. Heft. Frühjahr 1912, S. 34—36, 1 Abb.

22. 1912: Italienische Kunst und internationale Astrologie im Palazzo Schifanoja zu Ferrara. In: Atti del X. Congresso internazionale per la storia dell' arte (Vortrag in Rom Oktober 1912, erscheint jetzt im Druck).

23. 1913: Luftschiff und Tauchboot in der mittelalterlichen Vorstellungswelt (burgundische Teppiche mit Darstellungen der Alexandersage im Palazzo Doria in Rom). In: Hamburger Fremdenblatt, Illustrierte Rundschau Nr. 52. Sonntag, 2. März 1913. 2 Abb.

24. Der Eintritt des antikisierenden Idealstils in die Malerei der Frührenaissance (Vortrag im Kunsthistorischen Institut in Florenz, April 1914). Ref. von W. R. B(iehl) in: Kunstchronik, N. F., 25. Jahrg. Nr. 33 (8. Mai 1914), S. 491.

25. Heidnisch-antike Weissagung in Wort und Bild zu Luthers Zeiten (Sitzungsber. d. Heidelb. Akad. d. Wiss., Philos.-hist. Kl., Jahrg. 1920, 26. Abh.).

---

[1]) Ed. Ven. 1539, p. 175 r. Il sabb. doppo la, 2. Do di 4⁰ »guarda che usanza ha Firenze: come le donne fiorentine hanno maritate le lore fanciulle: le menano a mostra: et acco(n)ciale la che paiono nymphe« und P. VILLARI — E. CASANOVA, Scelta di prediche e scritti di fra Gir. Savonarola. (Fir. 1898), p. 210f. Pred. XII detta il 28. febbr. 1495/96 »Donne, fate che le vostre fanciulle non siano vache. . . Fategli posare queste veliere«.

[2]) Fast. V 609, Met. I 528.

[3]) Lionardo ed. Ludwig (Quellenschr. d. Kunstgesch. XV), I. p. 528.

[4]) a. a. O. p. 522.

[5]) Der Verfasser bedauert es sehr, hier nicht den ganzen umfangreichen und noch nicht veröffentlichten Orpheus-Text des Ovide mor. zum Abdruck bringen zu können. Allein schon die Gegenüberstellung des hier mit gütiger Erlaubnis des Herausgebers der ersten 12 Bücher des Ovide mor., Herrn Prof. DE BOER in Amsterdam, wiedergegebenen Stückes mit seinem lateinischen Vorbild läßt die anti-dramatische Tendenz des französischen Dichters erkennen; dagegen ließe der Vergleich des lateinischen Ovid-Textes mit Polizian, dessen dramatisch steigernde Absichten deutlich werden.

Ovide mor.:	Ovid, Metam.:
Tandis com li deuins chantoit	Carmine dum tali silvas animosque ferarum
A telz chans et touz enchantoit.	Threicius vates et saxa sequentia ducit
Es vous les bruz de ciconie,	ecce nurus Ciconum, tectae lymphata ferinis
Plaines dongresse felonnie,	pectora velleribus, tumuli de vertice cernunt
Qui les piz forsenez auoient,	Orphea percussis sociantem carmina nervis.
Couuert de cuir sauuage et voient.	
Le poete qui en chantant	
Aloit les turbes enchantant.	

Et attraiant a sa doctrine.
Sur lui courent par aattine.
Si s'escrient a haulte voiz.
Et dist l'une a l'autre: or voiz, voiz!
Nostre aduersier, nostre contraire,
Le traitour, le deputaire
Qui vait les turbes amusant
Nous et nos euures accusant,
Si nous desprise et tient pour vils!
Se souffrez longues quil soit vifs,
Toutes sommes avillenies,
Et confondues et honnies,
Jamais ne serons riens prisees,
Maiz a tous vils et desprisees.
Lors li a l'une un dart lancie,
Maiz ne la malmis ne blecie.
Cil a la hante recueillie.
Qui par son douls son fu fueillie.
L'autre li a en lieu de dart
Une roche ruee en dart.
Car pour la doulce melodie
De son chant chut toute esbahie
Aussi com pour humilier
La roche et pour mercy crier
Devant les piez du harpeour,
Du poete, du chanteour.
Lors doubla la grant desuerie,
La rage et la forsenerie.
Des foles femmes plaines dire
Quant pour la doulceur de sa lire.
Virent les roches resortir.
Pour la melodie amortir,
Pour faire que riens ne loist,
Qui pas esmouuoir sen poist.
Font entre elles tel crierie,
Tel tempeste et tel braierie,
Tant vont leur buisines sonnant,
Qu'en n'y oist pas dieu tonnant.
Si li getent espessement
Roches qui lors premierement
Du sanc du poete rougirent.
Car puis que son douls chant n'oirent
De riens deporter ne le sorent.
Ains li firent du pis qu'il porent.
Si com celles les embrenoient
Qu. les cuers plains d'enuie auoient.
Oiseaulx serpens et sauugine.
Ot le poete a sa doctrine
Enuiron soy grant cerne attrait.
Tout l'ont raui tout l'ont soubtrait,
Tuit laissent leus maistre estrahy.
Puis le vont celles enuay

e quibus una, leves iactato crine per auras
'en', ait 'en, hic est nostri contemptor!'

                                      et hastam
vatis Apollinei vocalia misit in ora,
quae foliis praesuta notam sine vulnere fecit;

alterius telum lapis est, qui missus in ipso
aere concentu victus vocisque lyraque est
ac veluti supplex pro tam furialibus ausis
ante pedes iacuit.

                            sed enim temeraria crescunt
bella modusque abiit, insanaque regnat Erinys.
cunctaque tela forent cantu mollita,

                                        sed ingens
clamor et infracto Berecyntia tibia cornu
tympanaque et plausus et Bacchei ululatus
obstrepuere sono citharae: tum denique saxa
non exauditi rubuerunt sanguine vatis.

Ac primum attonitas etiamnum voce canentis
innumeras volucres anguesque agmenque ferarum
Maenades Orphei titulum rapuere theatri.
inde cruentatis vertuntur in Orphea dextris

394

Sanz mercy felonnessement.
Pour le laidir yilainement.
Et de lui laidir ne se faignent.
Si l'avironnent si l'ataignet   et coeunt ut aves, si quando luce vagantem
Si com li oisel la noctue   noctis avem cernunt, structoque utrimque theatro
Qui de iours s'est entre eulz ferue,
Si la deplument et depellent,
Si la batont et tire pellent.
Aussi fu li diuins batuz,
Et si come cers abatuz.   ceu matutina cervus periturus harena
Entre chiens qui pres est de mort   praeda canum est, vatemque petunt et fronde virentes
Que l'uns detire et l'autre mort.   coniciunt thyrsos non haec in munera factos.
Aussi celles le detiroient   hae glaebes, illae direptos arbore ramos,
O fust o bastons, et feroient   pars torquent silices;
O roches et o glesces dures,
Et mult li font d'autres laidures.

6) Ed. Carducci (Firenze 1863) v. 354—361.

7) Abb. der Miniatur bei Paul Schubring, Cassoni (Leipzig 1915). T, LI. 227.

8) Vgl. Ad. Venturi, Raffaello, Rom 1920, p. 45.

9) M. Ficini Florentini ... Opera, Basel 1576, I. p. 731 (verdruckt). Epistolarum liber III. An Giov. Cavalcanti ». . . Ego autem his temporibus, quid velim quodammodo nescio. Forte et quod scio nolim et quod nescio volo. Verumtamen opinor tibi nunc Jovis tui in piscibus directi benignitate constare, quae mihi Saturni mei his diebus in leone retrogradi malignitate non constant. . .«

10) Diese Feststellung wird Dr. Printz, Frankfurt, verdankt, der zusammen mit Prof. Ritter, Hamburg, eine kritische Edition des »Picatrix« vorbereitet.

11) Vgl. Franz Cumont, Mithra ou Serapis ΚΟΣΜΟΚΡΑΤΩΡ (Extr. des Comptes rendus des séances de l'Acad. des Inscr. et Belles lettres, Paris 1919), p. 12.

12) J. Overbeck, Schriftquellen (Leipzig 1868) Nr. 696, S. 126.

13) Vgl. J. Overbeck, Griech. Kunstmythologie, 2. Band, besonderer Teil; 1. Band, 1. Buch: Zeus (Leipzig 1871), S. 263f. und 602 Münztafel III Nr. 30.

14) Das hier vorgelegte Material über die Steinbilder des Picatrix und die Gebete an Saturn hat Warburg noch nicht herangezogen. Das Gebet an den Saturn ist nach der Ghâya, der arabischen Quelle des Picatrix zitiert. Vgl. Dozy - de Goeje, Nouveaux documents pour l'étude de la religion des Harraniens (Actes du six. congr. int. des Orientalistes tenue en 1883 à Leide, deuz. Partie Sect. 1), Leide 1885, p. 351. Das Gebet an Κρόνος ist aus Cod. Paris graec. 2419 publiziert von Em. Ruelle im Cat. Codd. astrol. graec. Tome VIII, 2 (Brux. 1911), p. 172: ⟨Εὐχή⟩. Κύριε, ὁ θεὸς ἡμῶν, ὁ μέγας καὶ ὕψιστος, ὁ ποιήσας καὶ πλάσας τὸν ἄνθρωπον, ὃν ἡ ἄβυσσος εἶδε καὶ ἐτρόμαζεν καὶ οἱ ζῶντες ἀπενεκρώθησαν. ἐν τῷ ὀνόματι αὐτοῦ καὶ εἰς τὴν δύναμιν αὐτοῦ τὴν μεγάλην, ὁρκίζω σε, Κρόνε, εἰς τὸ ὕψος τοῦ οὐρανοῦ καὶ εἰς τὸ βάθος τῆς θαλάσσης, ἵνα μηδέν με παρακούσῃς. ὁρκίζω σε, Κρόνε, εἰς τὴν ἀρχαιότητάν σου καὶ εἰς τὴν πρωτείαν σου. ὁρκίζω σε, Κρόνε, εἰς τὸ φριγιόν σου, ὅπερ ἔχεις ἐξουσίαν εἰς πάσας βλάβας καὶ θησαυροὺς διδόναι, καὶ τὰ πάντα καλῶς ὑποκλίνων. πάλιν ὁρκίζω σε εἰς τὰ ὀνόματά σου ταῦτα· Ὀρφῶν, Ὀκπῆ, Τομῶν, Οὐλιόβ, Βερίμ, Οὐγράν, Σαρόμ, Ὀδήλ, Σιέτ, Σατάδ. διὰ τούτων τῶν ὀνομάτων, νά με ὑποκλίνῃς τὴν χάριν σου καὶ τὴν ἐνέργειάν σου, εἰς τὸ πρᾶγμαν, ὁ μέλλω πρᾶξαι τὴν ὥραν τούτην, νὰ εὑρεθῇ δόκιμον καὶ ἀληθινόν.

15) Cod. Reg. 1283 Bl. 14 r. u. b.

16) Vgl. z. B. die bekannte Aufschrift der Zeichnung nach einem antiken Grabmal im Album des Villard de Honnecourt (ed. J. B. A. Lassus — Alfred Darcel, Paris 1858), Fol. 6 r.: De tel maniere fu li sepouture dun sàrrazin que io ui une fois. — Zur Geschichte der Astrologie im Mittelalter vgl. das bekannte Büchlein von Franz Boll, Sternglaube und Sterndeutung. Die Geschichte und das Wesen der Astrologie (Aus Natur und Geisteswelt Nr. 638, 2. Aufl. Leipzig-Berlin 1920).

17) Lib. III, Cap. XVIII.

18) Vgl. Lib. III, Cap. XV u. XVI.

19) Ego quoque ambigo saepius: Ac nisi et omnis antiquitas, et omnes astrologi uim mirabilem

habere putarent; habere negarem. a. a. O. Lib. III, Cap. XV.

[20]) MARSILIO FICINO a. a. O. Lib. III, Cap. 23: Vt prospere uiuas agasque: in primis cognosce ingenium: sidus: genium tuum: et locum eisdem conuenientem: Hic habita: Professionem sequere naturalem: und ebenda Lib. III, Cap. 24: Qua ratione litterati cognoscant ingenium suum: sequanturque uictum spiritui consentaneum.
[21]) z. B. Lib. I, Cap. IV. Ut autem litterati sint melancholici, tres potissimum causarum species faciunt. Prima coelestis... Coelestis, quoniam Mercurius,qui ut doctrinas inuestigemus inuitat, et Saturnus qui efficit ut in doctrinis inuestigandis perseueremus inuentasque seruemus..., ferner ebenda Lib. III, Cap. 22: Nullis uero Saturnus est infensior: quam hominibus contemplatiuam uitam simulantibus quidem nec agentibus.

[22]) Siehe vorläufig dessen Aufsätze: Dürers Stich »Melencolia I« und der maximilianische Humanistenkreis in den »Mitteilungen der Ges. f. vervielfält. Kunst« 1903 s. 29/41, 1904 s. 6/18, 57/78. Dr. Panofsky und der Verf. bereiten die Herausgabe des Buches vor, das Giehlow über dieses Thema unvollendet hinterlassen hat.

[23]) Das span Schachzabelbuch des Königs Alfons des Weisen vom Jahre 1283 herausgegeben von JOHN. G. WHITE (Leipzig 1913) II. Taf. CXC (Bl. 95 v). De la figura de saturno Saturno es el primero que esta mas alto de tedoz et fizieron le a figura de omne uieio et magro que anda coruo et desnudo todo si no pannos menores et enbuelto en una manta negra sobre la cabesa et que es triste de cara et tiene la mano ala mexiella como omne cuyerdadoso. Über antike Darstellungen des Kronos-Saturn mit der aufgestützten Hand vgl. W. H. ROSCHER, Ausf. Lex. der griech. u. röm. Myth. s. v. Kronos II, Sp. 1563 ff.

[24]) Vgl. FRANZ BOLL, Sphaera (Leipzig) 1903, S. 507 [3].
[25]) SIDNEY COLVIN, A florentine picture-chronicle (London 1898), Taf. 57.
[26]) Über diesen vgl. vorläufig des Verf. Verz. astrolog. u. myth. Hssen (Sitzungsber. d. Heid. Akad. d. Wiss. 1915, 6./7. Abh.) S. 68.

[27]) Der folgende Abschnitt beruht auf der von WARBURG für die Kunstgeschichte entdeckten Tatsache der Existenz und Bedeutsamkeit des Albricus Götterbilderbuches und seiner Wanderung vom Westen nach Italien. Die Nachweise über die Persönlichkeit dieses Schriftstellers und seine hier genannten Quellen sowie die kunsthistorischen Folgerungen, die sich im einzelnen aus WARBURGS Entdeckungen ergeben, stammen vom Verfasser dieser Studien.

[28]) Die recht mangelhafte Übersetzung nach ALEX. BAUMGARTNER S. J. Die lat. und griech. Lit. der christl. Völker (Gesch. d. Weltlit. IV), Freiburg i. B. 1905, S. 382. Der lat. Text lautet nach M. Hauréau, Notice sur les mélange poétiques d'Hildebert de Lavardin (Notices et Extraits des Mss. de la Bibl. Nationale T. XXVIII. 2, S. 331 f. Paris 1878):

> Par tibi, Roma, nihil, cum sis prope tota ruina;
>   Quam magni fueris integra fracta doces.
> Longa tuos fastus aetas destruxit, et arces
>   Caesaris et superûm templa palude jacent.
> Ille labor, labor ille ruit quem dirus Araxes
>   Et stantem tremuit et cecidisse dolet;
> Quem gladii regum, quem provida cura senatus,
>   Quem superi rerum constituere caput;
> Quem magis optavit cum crimine solus habere
>   Caesar, quam socius et pius esse socer,
> Qui, crescens studiis tribus, hostes, crimen, amicos
>   Vi domuit, secuit legibus, emit ope;
> In quem, dum fieret, vigilavit cura priorum:
>   Juvit opus pietas hospitis, unda, locus.
> Materiem, fabros, expensas axis uterque
>   Misit, se muris obtulit ipse locus.
> Expendere duces thesauros, fata favorem,
>   Artifices studium, totus et orbis opes.
> Urbs cecidit de qua si quicquam dicere dignum
>   Moliar, hoc potero dicere: Roma fuit.
> Non tamen annorum series, non flamma, nec ensis

Ad plenum potuit hoc abolere decus.
Cura hominum potuit tantam componere Romam
Quantam non potuit solvere cura deûm.
Confer opes marmorque novum superûmque favorem,
Artificum vigilent in nova facta manus.
Non tamen aut fieri par stanti machina muro,
Aut restaurari sola ruina potest.
Tantum restat adhuc, tantum ruit, ut neque pars stans
Aequari possit, diruta nec refici.
Hic superûm formas superi mirantur et ipsi,
Et cupiunt fictis vultibus esse pares.
Non potuit natura deos hoc ore creare
Quo miranda deûm signa creavit homo.
Vultus adest his numinibus, potiusque coluntur
Artificum studio quam deitate sua.
Urbs felix, si vel dominis urbs illa careret,
Vel dominis esset turpe carere fide.

²⁹) Ernst Maass, Die Tagesgötter in Rom und den Provinzen (Berlin 1902), S. 259 ff.

³⁰) Robertus Raschke, De Alberico Mythologo (Bresl. philol. Abh., herausgegeben von R. Förster, 45. Heft). Breslau 1913.

³¹) Ein Beispiel einer solchen Bildbeschreibung s. u. Es gibt von dem Text mehrere alte Drucke, aber keine moderne Ausgabe. Die meist benutzte Ausgabe ist die in den Auctores Mythographi Latini herausgegebene von Augustinus van Staveren Lugd. Bat. 1742. Der Verf. beabsichtigt demnächst die römische Bilderhandschrift des Albricus herauszugeben.

³²) Porphyrios, Περὶ ἀγαλμάτων ed. J. Bidez in seiner: Vie de Porphyre (Univ. de Gand Recueil de travaux publ. par la fac. de phil. et lettr. 43 me fascicule Gand 1913), p. 6*.

³³) L. Annaeus Cornutus, De natura Deorum ed. Frid. Osannus (Gottingae 1845), Cap. IX 151.

³⁴) Vgl. Johannes Geffcken, Der Bilderstreit des heidnischen Altertums (Archiv f. Religionswissenschaft XIX (1916/1919), S. 286—315).

³⁵) Ebenso der Verf. des Fulgentius methoforalis, der die Bilder der antiken Götter allegorisch auslegt. Vgl. über den Fulg. meth. vorläufig Saxl, Verz. S. VIIf.

³⁶) Venus quintum tenet inter planetas locum propter quod quinto loco figurabatur. Pingebatur ergo Venus puella pulcherrima, nuda et in mari natans et in manu sua dextra concham marinam continens atque gestans. Quae Venus rosis candidis et rubeis sertum gerebat in capite ornatum et columbis circa se uolantibus comitabatur. Vulcano deo ignis rustico turpissimo in coniugium erat assignata, quae stabat ad eius dextram et coram ipsam tres uolantes nudae uel tres Gratiae dicebantur. Ex quibus duarum facies versus nos adversae erant. Tertia vero dorsum in contrarium vertebat. Huic et Cupido filius suus alatus et caecus assistebat, quae sagitta et arcu, quos tenebat Apollinem sagittaverat. Propter quod deos contra se turbatos timens ad matris gremium fugiebat, cui et illa sinistram porrigebat.

³⁷) Aufklärungen über die Handschriften des Ovide moralisé verdankt der Verf. der Güte von Herrn Prof. de Boer, dem Herausgeber der ersten sechs Bücher des Ovide (Ovide mor. Poème du commencement du quatorzième siècle publié d'après tous les manuscrits connus. Verh. d. kon. Akad. van Wetensch. te Amsterd. Afd. Letterkunde Nieuwe Reeks Deel XV, Deel XXI. Amsterdam 1915 und 1920).

³⁸) Über die Handschrift vgl. Georg Swarzenski, Die Regensburger Buchmalerei (Leipzig 1901), S. 172.

³⁹) Einer der indirekten Quellen des »Albricus« vgl. Raschke a. a. O. S. 138ff.

⁴⁰) Eine Probe aus Petrarcas »Africa« s. u. S. 249.

⁴¹) Chaucer, House of fame, 130—133. Lydgate, Reason and Sensuallyte (Early English Text Society Extra Series LXXXIV u. LXXXIX, London 1901 u. 1903) ed. Sieper V. 1115—1118, 1194—1206 u. ö. Vgl. die Notes des Herausgebers.

⁴²) Über Petrarcas Verbindung mit Bersuire vgl. Pierre de Nolhac, Pétr. et l'humanisme (Bibl. litt. de la Ren. Nouv. Série. Tome premier Paris 1907), Bd. I ², S. 82 ².

43) Abb. bei CARL WOERV :·'·N, Handzeichnungen alter Meister im Kupferstichkabinett in Dresden.

44) Cod. DCXCVII (liber physiognomiae) der Real Biblioteca Estense zu Modena. Vgl. HERM. JUL. HERRMANN, Zur Gesch. d. Miniaturmalerei am Hofe der Este in Ferrara (Jahrb. d. allerh. Kaiserh. XXI (1900), S. 135—137) und AD. VENTURI, La fonte di una composizione del Guariento (L'Arte XVII, 1914, p. 49—57). Aus dem hier Dargelegten geht — wie auch aus anderen Gründen — hervor, daß die modenesische Handschrift unmöglich die unmittelbare Vorlage der Paduaner Fresken gewesen sein kann.

45) Cod. Monac. Germ. 398. Ich verdanke den Hinweis auf die Darstellung der Güte von Herrn Dr. PETZET.

46) Abg. bei EMILE MÂLE. L'Art religieuse du XIII° siecle (Paris 1902), S. 146.

47) Die Handschrift ist beschrieben bei SAXL, Verzeichnis S. 67f.

48) Deutlich lesbar ist z. B. auf Bl. 4°° der Name: Ardenchum becarium. Die Beccaria sind eine bekannt Pavesische Familie. Vgl. CHEVALIER, Répertoire s. v. Beccaria. Darüber Genaueres bei Gelegenheit der Herausgabe der Handschrift, die demnächst in den »Studien der Bibl. Warburg« erfolgen soll.

49) Mercurius sextus in ordine planetarum, sicut et alias ab antiquis gentilibus sextus deus esse dicebatur, cujus imaginem in hunc modum pingere voluerunt. Erat ipsius signum homo unus, qui in capite et in talis alas habebat: in manu autem sua laeva virgam tenebat, quae virtutem habebat soporiferam, et quae erat serpentibus circumsepta. Et. gladium curvum, quem Harpen homo vocabat: fistulamque de calamo factam Syringe ad os suum ponebat, dextra sonans. galerum quoque seu capellum capite portabat. Coram ipso autem erat gallus, sibi peculiariter consecratus. Ab altera vero parte erat Argus, cujus caput et facies plena erat oculis, qui coram eo jacebat decollatus. Iste ergo dictus est deus mercatorum, et deus furtorum: et ideo ab alio ejus latere depicti erant mercatores cum aliquibus mercibus: et latro, qui ipsi mercatori peram abscindebat. Eloquentia autem in fistula designatur, qui de viro in foeminam, et de foemina in masculum se mutabat, cum volebat: et ideo pingebatur cum utroque sexu. De albis vero nigra, et de nigris alba faciebat, quod ostenditur per ejus pileum semialbum et seminigrum. Aliqui vero eum capite canino pingebant: ideoque et lanceam pro virili, et cutem pro muliebri sexu tribuerunt.

50) Petrarca, Africa ed. L. PINGAUD (Paris 1872), L. III 156—173.

51) Vgl. PAUL KRISTELLER, Der venezianische Kupferstich im XV. Jahrhundert in den »Mitteilungen der Ges. f. vervielf. Kunst«. Beilage der »Graphischen Künste« 1907, Nr. 1, und Catal. of early Italian Engravings pres. in the Dep. of Prints and Drawings in the Brit. Museum by ARTHUR MAYGER HIND ed. by SIDNEY COLVIN (London 1910), p. 217ff.

52) Siehe RASCHKE a. a. O. S. 105.

53) Durch den Nachweis dieses Vorbildes für das Merkurblatt der Spielkarten scheint sich die alte Streitfrage zu lösen, ob der S-Meister den E-Meister kopiert hat oder umgekehrt — oder ob beide auf ein gemeinsames Vorbild zurückgehen. (Zusammenfassendes darüber in der Vorrede von PAUL KRISTELLER zu: Die Tarocchi, Graph. Gesellsch. II. Außerordentliche Veröffentlichung, Berlin 1910). Keinesfalls wird der E-Meister den S-Meister kopiert haben, wie BARTSCH gemeint hat, denn dann müßte er das durch den E-Meister in den Modestil übersetzte altgriechische Vorbild künstlich restituiert haben, was kaum jemand annehmen wird. Der E-Meister hat den altgriechischen Petasos richtig beibehalten, der S-Meister zeichnet statt dessen einen phantastischen Renaissance-Helm. — Schwieriger, und mit unserem Material kaum zu beantworten, ist die Frage, ob nicht umgekehrt der S-Meister den E-Meister kopiert habe. Stände das Blatt des S-Meisters dem Merkur, wie ihn Ciriacus gezeichnet hat, in einem wesentlichen Punkte näher als das des E-Meisters, dann wäre es ausgeschlossen, daß das letztere sein Vorbild war. In der Tat scheint mir etwas derartiges nachzuweisen möglich: die Armhaltung, die der E-Meister von Ciriacus abweichend gezeichnet hat, stimmt auf dem Blatt des S-Meisters so mit der Ciriacuszeichnung überein, daß es kaum möglich sein wird anzunehmen, der S-Meister habe ihn nochmals frei erfunden. Damit gewinnt KRISTELLERS Hypothese, daß beide Meister auf ein gemeinsames Vorbild zurückgehen, hohe Wahrscheinlichkeit, während seine Ansicht, »daß die weniger geschickt und sorgfältig gestochene, aber verständnisvoller gezeichnete S-Folge den ursprünglichen Original-Kompositionen näher stehe als die technisch vorzüglichere, aber in der Zeichnung schwächere und steifere E-Folge«, widerlegt ist.

54) Die hier wiedergegebene antike Hermesdarstellung ist ein Ausschnitt aus einem erst neuerdings in der Krim gefundenen Relief, das Salomon Reinach (Un Bas-Relief de Panticapée (Kertsch) au Musée d'Odessa) in den Monuments et Mémoires der Fondation Piot II. (1895), Pl. VII, veröffentlicht hat. Offenbar hat Ciriacus eine Replik genau dieses Hermes-Typus vor Augen gehabt.

55) Abdruck nach: Bullettino dell' Instituto di Corrispondenza Archeologica per l'anno 1861 (Roma 1861), p. 183. »Intorno alcune notizie archeologiche conservateci da Ciriaco di Ancona. Lettera del prof. O. Jahn al cav. G. B. de Rossi.«

56) Carlo Avellino schreibt an Poggio:

> Kyriacus nobis misit modo munera, Poggi
> Mercurium, propia pinxerat ille manu
> Ut vidi obstipui, stupeoque et flectere nusquam
> Ex illo possum lumina capta semel.

und Giovanni Cirignano schreibt:

> Quis tandem, rogo, Mercurium vivum atque loquentem
> pinxisset, nisi tu sis Mercurius novus alter?

Beide Stellen zitiert Otto Jahn im Bullettino a. a. O. p. 183 f.

57) Vgl. zu* dem Ganzen den schönen, durchaus nicht veralteten Aufsatz von Otto Jahn »Cyriacus von Ancona und Albrecht Dürer«, abgedruckt in seinen populären Aufsätzen »Aus der Altertumswissenschaft«, Bonn 1868, S. 333—352. Der Mercur des Cyriacus kehrt u. a. wieder auf den Odysseus-Cassoni der Slg. Lanckoronski in Wien (Paul Schubring, Cassoni, Leipzig 1915, Taf. LIV u. LV). Er hat sogar ganz deutlich auch die Darstellung des Neptunus auf anderen Cassoni (ebenda T. XLVIII) beeinflußt. Wir finden ihn ferner im Vergil der Bibl. Riccardiana (Cod. 492), Bl. 66 v, auf der Medaille für Lorenzo Tornabuoni von Niccolo Fiorentino (Abb. bei Aloïss Heiss, Les Médailleurs de la Ren. Florence et les Florentins, Prem. Partie (Paris 1891), pl. VII, 3) in den Holzschnitten des Ouidio Metamorphoseos uulgare (Ven. 1522), Bl. XVIᵛᵒ u. ö.

Dürer lernt den Typus auf zwei Wegen kennen. Einmal durch unsere Spielkarten, von denen er bekanntlich einige Blätter kopierte (Lippm. 210—218), dann durch Hartmann Schedel, in dessen Kollektaneen (Cod. Monac. lat. 716) sich die oben reproduzierte Zeichnung nach dem Merkur findet, die Dürer für jene Komposition des gallischen Merkur benutzt hat, die uns in dem Wiener »Kunstbuch Albrethen dürers von Nürnberg« (vgl. Theodor Frimmel, Urkunden, Regesten und Artistisches a. d. Bibl. d. kunsthist. Samml. d. allerh. Kaiserh. Nr. 4025 in: Jahrb. d. kunsthist. Samml. d. allerh. Kaiserh. V. 1887, 2. Teil, S. XXI ff.) in einer nicht ganz sicheren Zeichnung vorliegt (Lippmann 420). Größte Verbreitung gewinnt dann dieser Hermes-Typus dadurch, daß Burgkmayr das Merkurblatt der Spielkarten für seine Planetenfolge kopiert. Denn die Burgkmayr-Stiche waren bis weit nach Norddeutschland hinauf verbreitet. Siehe darüber Warburgs Studie (Nr. 17 unserer Liste).

58) Der lat. Text ist u. a. abgedruckt bei Saxl, Verzeichnis, p. 113 f.

59) Über die Trionfi vgl. jetzt Werner Weisbach, Trionfi (Berlin 1919).

60) Jacob Burckhardt, Die Kultur der Renaissance in Italien ¹⁰ (Leipzig 1908), II, S. 125—150.

61) So ist z. B. die Einwirkung flandrischer Porträtkunst auf die Bildnisse des Minerva-Freskos sehr deutlich.

62) Vgl. die Darstellung im Cod. Monac. gall. 19.

63) Der folgende Abschnitt ist bis auf unwesentliche Einzelheiten ein bloßer Auszug aus Warburgs Sassetti-Aufsatz (Nr. 15 der oben gegebenen Bibliographie).

64) Gent, Bibl. der Kathedrale. Die Bibliothek Warburg besitzt Photographien dieser Handschrift, die sie der Güte von Herrn Geh.-Rat Goldschmidt verdankt.

65) Genaueres Zusehen lehrt auch in der Büste erkennen, daß in dem Imperatorengewand der Kaufmann steckt.

66) Non so dove la fortuna ci aproderà che vedete nella conversione et pericoli che noi ci troviamo (a Dio piaccia concederci gratia di pigliare porto di salute) et come ella si vada in qualunque modo dove mi capiti, vi comando et richiego . . . che la mia redità non rifiutate per nessuna cagione, quando bene vi lasciassi più debito che mobile, voglio che viviate et moiate in quella medesima fortuna, parendomi così si richiega al debito vostro.

67) Den Brief Marsilios hat Warburg in der 49 Anm. seines Aufsatzes vollständig abgedruckt.

[1931]

Edgar Wind:

Warburgs Begriff der Kulturwissenschaft und seine Bedeutung für die Ästhetik.

Es ist meine Aufgabe, Sie als die Teilnehmer eines Ästhetischen Kongresses in den Problemkreis einer Bibliothek einzuführen, die ihre eigene Arbeitsweise ausdrücklich als kulturwissenschaftlich bezeichnet. Da scheint es meine nächstliegende Pflicht zu sein, das Verhältnis von Ästhetik und Kulturwissenschaft, wie es in dieser Bibliothek verstanden wird, klarzulegen. Ich möchte zu diesem Zweck an die Wandlung, die das Verhältnis von Kunst- und Kulturgeschichte in den letzten Jahrzehnten erfahren hat, anknüpfen und an einigen Tatsachen aus der Geschichte dieser Wandlung, die Ihnen allen bekannt sind, darlegen, wie die wissenschaftliche Entwicklung dazu gedrängt hat, das Problem aufzuwerfen, zu dessen Bearbeitung die Bibliothek die Materialien bereitzustellen und das begriffliche Rüstzeug auszubilden sucht.

Bei der eigentlichen Darstellung dieses Problems werde ich mich dann im Wesentlichen auf drei Punkte beschränken:

Warburgs Begriff des B i l d e s, seine Theorie des S y m b o l s und seine Psychologie des mimischen und hantierenden A u s d r u c k s.

I.

Der Begriff des „Bildes".

Betrachtet man die Werke Riegls und Wölfflins, die auf die vergangenen Jahrzehnte so bestimmend gewirkt haben, so verbindet sie — bei allen Unterschieden im einzelnen — der Kampf um die Autonomie der Kunstgeschichte, das Bestreben, sie von der Kulturgeschichte loszulösen und so mit derjenigen Tradition zu brechen, die an den Namen Jakob Burckhardts geknüpft ist. In wenigen Sätzen will ich versuchen, die Motive dieses Kampfes und sein methodisches Ergebnis zusammenzufassen:

1. Ihren Antrieb erhielt die Sonderung von kunst- und kulturgeschichtlicher Forschungsweise aus dem künstlerischen Empfinden einer Zeit, die überzeugt war, daß es zum Wesen der reinen Kunstbetrachtung

gehöre, von allem Gegenständlichen im Kunstwerk abzusehen und sich auf das „r e i n e S e h e n " zu beschränken.

2. Diese Tendenz zum „reinen Sehen" wurde innerhalb der Kunstwissenschaft verschärft durch die Einführung von Reflexionsbegriffen, die es ermöglichten, dort, wo ursprünglich eine Akzentverschiebung des künstlerischen Interesses vom Gegenständlichen auf die Behandlungsweise des Gegenständlichen stattgefunden hatte, eine radikale Trennung zu vollziehen. So verwendet z. B. Wölfflin die A n t i t h e s e v o n S t o f f u n d F o r m. Und da er auf die Seite der Form nur das, was er die „optische Schicht" nennt, aufnimmt, so fällt unter der Kategorie des Stoffes all das zusammen, was nicht in diesem radikalen Sinne zum Sichtbaren gehört: nicht nur gegenständliche Motive, Schönheitsbegriffe, Ausdruckscharaktere, Stimmungswerte, sondern auch diejenige gerätmäßige Differenzierung, die innerhalb des Sichtbaren eine Stufung der Gegenständlichkeit bewirkt und die Unterschiede der Kunstgattungen hervorruft. Es ist, als ob Wölfflin sich die Aufgabe gestellt hätte, den denkbar allgemeinsten Ausdruck für einen Stil auf mathematischem Wege zu finden. Denn genau wie ein mathematischer Logiker durch Formalisierung eine allgemeine Satzfunktion aufstellt, aus der man aber einen sinnvollen Satz erst dann erhält, wenn man für die variablen Werte feste Wortbedeutungen, Ausdrücke für Einzelbeziehungen, einsetzt, — genau so definiert Wölfflin die malerische Anschauungsweise als eine allgemeine Stilfunktion, die je nach dem besonderen Bedürfnis des Ausdrucks so verschiedentlich spezifiziert werden kann, daß sie etwa auf der einen Seite zu Bernini führt, auf der anderen zu Terborch. Und diese allgemeine Formel, deren logische Macht sich zweifellos darin bewährt, daß sie so entgegengesetzte Erscheinungen unter einem Gesichtspunkt vereinigt, um sie als Gesamtheit gegen eine anders strukturierte Formel abzusetzen, die ihrerseits wiederum unter dem Titel „linear" so entgegengesetzte Erscheinungen wie Michelangelo und den jüngeren Holbein zusammenfaßt, — diese allgemeine Formel wird nun plötzlich verdinglicht zu einer lebendigen Funktion des Auges, die ihre eigene Geschichte haben soll. Der logische Drang zur Formalisierung, der der ästhetischen Formtheorie eine Schärfe verleiht, die sie von sich aus gar nicht rechtfertigen kann, verbindet sich mit dem Drang zur Hypostasierung, der die einmal gefundene Formel zum lebendigen Subjekt einer Entwicklung macht.

3. Die Antithese von Stoff und Form findet so ihr logisches Gegenstück in der Theorie einer i m m a n e n t e n K u n s t e n t w i c k l u n g, die den gesamten Prozeß der Entwicklung in die Form allein verlegt und diese auf jeder historischen Stufe gegenüber allen Unterschieden der technischen Herstellung wie des Ausdrucks als funktionell invariant be-

trachtet. Dies bedeutet, positiv gesprochen, eine Parallelisierung der Kunstgattungen (denn keine soll für die Betrachtung der Formentwicklung unwichtiger sein als die andere), negativ gesprochen, eine Nivellierung ihrer Unterschiede, (denn die eine soll nichts anderes lehren als die andere). Statt einer Geschichte der Kunst, die Entstehung und Schicksal der Monumente als Träger sinnfälliger Gestaltung verfolgt, erhalten wir auf diese Weise z. B. bei Riegl eine Geschichte des Kunstwollens, die das Gestalthafte vom Sinnfälligen isoliert und dennoch die Gestaltwandlung unter dem Schein einer dialektischen Entwicklung in zeitlicher Abfolge vorführt, — ein genaues Gegenstück zu Wölfflins Geschichte des Sehens[1]).

4. Schließlich wird aber diese Parallelisierung nicht nur innerhalb der Kunst für ihre verschiedenen Gattungen, sondern auch innerhalb der Gesamtkultur für die Beziehung der Kunst zu den übrigen Kulturleistungen durchgeführt. Dies bedeutet aber nur einen weiteren Schritt auf dem Wege der Formalisierung; denn dieselbe Antithese von Stoff und Form, die auf ihrer untersten Stufe den Bruch zwischen Kultur- und Kunstwissenschaft herbeigeführt hat, wird auf dieser höheren Stufe dazu benutzt, die Beziehung zwischen beiden wiederherzustellen. Aber ebenso problematisch wie die ursprüngliche Trennung ist die spätere Zusammenfassung; denn genau so unfaßbar wie der Stoffbegriff, der auf

---

[1]) Freilich ist das Schema der Reflexionsbegriffe hier ein ganz anderes als bei Wölfflin: Nicht die einfache Antithese von Stoff und Form, sondern ein komplexes Verhältnis dynamischer Auseinandersetzung zwischen einem „zweckbewußten Kunstwollen" und den „Reibungskoeffizienten" von Gebrauchszweck, Rohstoff und Technik. Aber das dynamische Element verflüchtigt sich alsbald, wenn man Riegls Verfahrungsweise im einzelnen verfolgt. Denn um das Kunstwollen einer Epoche in den verschiedensten Arten der Kunsterzeugung als identisch nachzuweisen, gibt es für ihn keinen anderen Weg als den der Formalisierung. Für das Studium der Ornamentgeschichte fordert er ausdrücklich Abwendung von der Betrachtung des ornamentalen Motivs in seiner „gegenständlichen Bedeutung", stattdessen Zuwendung zur Analyse der „Behandlung des Motivs als Form und Farbe in Ebene und Raum". Für die Bildgeschichte im weiteren Sinne fordert er in entsprechender Weise Abwendung von aller gegenständlichen Betrachtung, die das Bild in kulturgeschichtliche Zusammenhänge einstellt, stattdessen Zuwendung zu denjenigen formalen Problemen, die das Bild mit allen anderen Formen sichtbarer Kunstgestaltung gemeinsam hat. „Der ikonographische Inhalt", so heißt es in der spät-römischen Kunstindustrie, „ist eben durchaus verschieden von dem künstlerischen; der auf Erweckung bestimmter Vorstellungen gerichtete Zweck, dem der erstere dient, ist ein äußerer gleich dem Gebrauchszwecke der kunstgewerblichen und architektonischen Werke, während der eigentliche Kunstzweck lediglich darauf gerichtet ist, die Dinge in Umriß und Farbe, in Ebene oder Raum derart darzustellen, daß sie das erlösende Wohlgefallen des Beschauers erregen". Mit dieser Antithese von Gebrauchszweck und Kunstzweck, wobei auf der Seite des Kunstzweckes nur die optische Schicht zugelassen wird, während sich auf der Seite des Gebrauchszwecks nicht nur die materiellen Bedingungen vorfinden, sondern auch die Vorstellungen, die durch das Bild erweckt werden und in seiner Betrachtung mitschwingen sollen — stehen wir schon ganz auf Wölfflinschem Boden.

der untersten Stufe die heterogensten Elemente in sich vereinigte, ist jetzt, auf der obersten Stufe, der Formbegriff geworden, jener Begriff eines allgemeinen Kulturwollens, das weder künstlerisch noch sozial noch religiös oder philosophisch ist, sondern alles dies in einem.

Zwar hat zweifellos dieser Drang zur Verallgemeinerung der in diesem Schema befangenen Kunstgeschichte die „großen Gesichtspunkte" gegeben, — Gesichtspunkte, denen Wölfflin zu paradigmatischer Formulierung verhalf, als er erklärte, man könne das spezifische Formempfinden des gotischen Stils ebensowohl aus einem Spitzschuh herausfühlen wie aus einer Kathedrale. Aber je mehr man auf diese Weise lernte, an einem Spitzschuh gerade auf das zu achten, was man an einer Kathedrale zu sehen gewohnt war, oder bei einer Kathedrale das zu bemerken, was einen zur Not auch ein Spitzschuh hätte lehren können, desto mehr verlor man das Gefühl für die elementare Tatsache, daß ein Schuh ein Gegenstand ist, den man über den Fuß schlüpft um auszugehen, während man in eine Kathedrale eintritt um seine Andacht zu verrichten. Und wer wollte leugnen, daß diese — sagen wir ruhig — v o r künstlerische Bestimmung, die die wesentlichen Unterschiede der beiden begründet — (Unterschiede des gerätmäßigen Gebrauchs mit Bezug auf den hantierenden Menschen) — gerade in der künstlerischen Gestaltung bestimmend mitschwingt und ästhetische Unterschiede bewirkt: — Unterschiede des Formgehalts mit Bezug auf den betrachtenden Menschen?

Ich erwähne diese Selbstverständlichkeit nicht, weil ich glaube, daß sie jemals völlig übersehen worden wäre, sondern nur weil ich mit ihrer Hervorhebung den Ansatz zu unserem Problem gewinne. Es kommt darauf an zu erkennen, daß die N i v e l l i e r u n g d e r K u n s t g a t t u n - g e n und die mit ihr verbundene A u s s c h a l t u n g d e s h a n t i e - r e n d e n M e n s c h e n in einem notwendigen logischen Zusammenhang steht mit der f o r m a l e n K u n s t a u f f a s s u n g einerseits und der p a r a l l e l i s i e r e n d e n G e s c h i c h t s a u f f a s s u n g andererseits. Es besteht hier eine unlösbare Trias zwischen k o n k r e t e r K u n s t - b e t r a c h t u n g , K u n s t t h e o r i e und G e s c h i c h t s k o n s t r u k - t i o n , und jede Schwäche, die einer dieser drei Begriffs- oder Verhaltungssphären anhaftet, fällt immer auch zu Lasten der beiden anderen. Man kann daher die aufbauende Kritik in dreifacher Weise üben. Man kann sich dem Problem von der Seite der Geschichtsphilosophie nähern und zeigen, daß durch Parallelisierung der verschiedenen Kulturgebiete die Energien ausgeschaltet werden, die sich in der Auseinandersetzung zwischen ihnen entwickeln, und ohne welche der dynamische Fortgang der Geschichte überhaupt nicht verständlich wird. Man kann sich auch dem Problem von der Seite der Psychologie und Ästhetik nähern und zeigen, daß der Begriff des „reinen Sehens" eine Abstraktion ist, die in der Erscheinung niemals ihr volles Gegenstück findet, da in jedem Akt des Sehens der Erfahrungsbestand als ganzer mitschwingt, so daß, was dem Begriff nach als das „bloß Sichtbare" postuliert werden mag, niemals vollständig aus dem Erlebniszusammenhang, in dem es auftritt, isoliert werden kann. Man kann aber auch den Weg der Mitte wählen und, statt die erwähnten Wechselbeziehungen *in abstracto* zu behaupten, ihnen dort nachspüren, wo sie am einzelnen Objekt historisch faßbar werden, und in der Arbeit an diesem konkreten, gerätmäßig gebundenen Objekt Kategorien entwickeln und als tragfähig erweisen, die dann der Ästhetik und der Geschichtsphilosophie zugute kommen.

Diesen dritten Weg ist Warburg gegangen. Er hat, um die Bedingungen der Stilbildung tiefer als bisher zu ergründen, die Arbeit Burckhardts gerade in der Richtung weitergeführt, von der Wölfflin — auch er im Interesse eines vertieften Verständnisses für den Prozeß der Stilbildung — mit vollem Bewußtsein abgebogen war. Wenn Wölfflin die Sonderung von Kultur- und Kunstwissenschaft verlangte, so konnte er sich ja mit einem gewissen Recht auf Burckhardts Beispiel berufen; aber wenn in Burckhardts „Cicerone" und seiner „Kultur der Renaissance" beide Gebiete auch auseinandertraten, so gründete sich diese Sonderung doch nicht auf ein Prinzip, sondern gehorchte nur den Forderungen der Ökonomie. „Er erfüllte einfach" — so sagt Warburg —, „die nächstliegende Pflicht, zunächst den Renaissancemenschen im höchstentwickelten Typus und die Kunst in ihren schönsten Erzeugnissen in aller Ruhe gesondert zu betrachten, unbekümmert darum, ob ihm selbst die zusammenfassende Darstellung der ganzen Kultur noch vergönnt sein würde"[1]). Aus der wissenschaftlichen Selbstverleugnung des Pfadfinders ist es nach Warburgs Ansicht zu erklären, daß Burckhardt das kulturgeschichtliche Problem der Renaissance, „anstatt es in seiner ganzen künstlerisch lockenden Einheitlichkeit anzupacken, in mehrere äußerlich unzusammenhängende Teile zerlegte, um jeden für sich mit souveräner Gelassenheit zu erforschen und darzustellen". Aber die „Unbekümmertheit" des Pioniers ist den Fortsetzern des Werkes nicht erlaubt. Daher wird das, was bei Burckhardt eine Frage der darstellerischen Ökonomie gewesen war, bei Wölfflin und Warburg zu einem theoretischen Problem. Dem Begriff des reinen künstlerischen Sehens, den Wölfflin in der Auseinandersetzung mit Burckhardt entwickelt hat, stellt Warburg den Begriff der Gesamtkultur entgegen, in der das künstlerische Sehen eine notwendige Funktion erfüllt. Wer aber die Funktionsweise dieses Sehens verstehen will — so lautet die weitere Folgerung —, der darf es nicht aus seinem Zusammenhang mit den übrigen Kulturfunktionen völ-

---

[1]) Bildniskunst und florentinisches Bürgertum I. Leipzig 1902.

lig herauslösen. Er muß vielmehr die doppelte Frage stellen: Was be-
deuten diese übrigen Funktionen — Religion und Dichtung, Mythos und
Wissenschaft, Gesellschaft und Staat — für die bildhafte Phantasie?
Was bedeutet das Bild für diese Funktionen?

Es ist charakteristisch, daß Wölfflin und Riegl, die die erste Frage
ausdrücklich ablehnen, die zweite unwillkürlich übersehen. „Wer alles
nur auf Ausdruck bezieht" — so heißt es bei Wölfflin — „macht
die falsche Voraussetzung, daß jeder Stimmung immer dieselben Ausdrucksmittel zur Verfügung gestanden hätten"[1]). Aber was heißt hier
eigentlich: „j e d e r Stimmung"? Sind denn die auszudrückenden Stim-
mungen dieselben geblieben und nur die Ausdrucks m i t t e l hätten sich
gewandelt? Ist denn das Bild nur Stimmungs g e s t a l t e r; ist es nicht
zugleich auch Stimmungs e r r e g e r?

Und eine ganz ähnliche Bemerkung findet sich bei Riegl. „Die bildende Kunst" — so sagt er ausdrücklich — „hat es nicht mit dem Was
sondern mit dem Wie der Erscheinung zu tun, und läßt sich das Was
namentlich durch Dichtung und Religion fertig liefern"[2]). Was heißt
aber hier „fertig liefern"? Hat das Bild keinen Anteil an der Phantasie
des Dichters, keinen Anteil an der Bildung einer Religion?

Es ist eine der Grundüberzeugungen Warburgs, daß jeder Versuch,
das Bild aus seiner Beziehung zu Religion und Poesie, Kulthandlung
und Drama herauszulösen, der Abschnürung seiner eigentlichen Lebens-
säfte gleichkommt. Für wen aber das Bild diese unauflösliche Verflochtenheit mit der Gesamtkultur besitzt, dem stellt sich auch die
Aufgabe, ein Bild, das man nicht mehr unmittelbar versteht, zum
Sprechen zu bringen, ganz anders dar als jemanden, der an ein
„reines Sehen" im abstrakten Sinne glaubt. Es handelt sich nicht darum,
nur das Auge zu schulen, so daß es den Formverzweigungen einer ihm
ungewohnten Linienführung zu folgen und sie zu genießen vermag —
sondern es handelt sich darum, die in dieser Sehweise mitschwingenden
Vorstellungen, die der Vergessenheit anheimgefallen sind, zu neuem
Leben zu erwecken. Die Methode, durch die dies erreicht wird, kann
nur eine indirekte sein. Man muß durch das Studium aller Arten von
Urkunden, die sich mit diesem Bild nach historisch-kritischer Methode
in Verbindung bringen lassen, einen Indizienbeweis führen für die Tatsache, daß ein im einzelnen aufzuweisender Vorstellungskomplex an der
Gestaltung dieses Bildes mitgewirkt hat. Der Forscher aber, der auf
diese Weise einen längst verschütteten Komplex von Vorstellungen auf-
deckt, kann sich nicht dem Glauben hingeben, daß seine Betrachtung
eines Bildes ein einfaches Anschauen, ein unmittelbares Sicheinfühlen sei.

---

[1]) Kunstgeschichtliche Grundbegriffe.
[2]) Spätrömische Kunstindustrie.

Es wird für ihn zu einem begrifflich geleiteten Erinnerungsvorgang, durch den er eintritt in die Reihe derer, die die „Erfahrung" der Vergangenheit lebendig erhalten. Warburg war davon überzeugt, daß er in seiner eigenen Arbeit, das heißt im reflektierten Akt der Bildanalyse, eine Funktion ausübte, die das Bildgedächtnis der Menschen im spontanen Akte der Bildsynthese unter dem Zwange des Ausdruckstriebes vollzieht: das Sichwiedererinnern an vorgeprägte Formen. Das Wort Μνημοσύνη, das er über den Eingang seines Forschungsinstituts hat setzen lassen, ist in diesem doppelten Sinne zu verstehen: als Aufforderung an den Forscher, sich darauf zu besinnen, daß er, indem er Werke der Vergangenheit deutet, Erbgutverwalter der in ihnen niedergelegten Erfahrung ist — zugleich aber als Hinweis auf diese Erfahrung selbst als einen G e g e n s t a n d der Forschung, d. h. als Aufforderung, die Funktionsweise des sozialen Gedächtnisses an Hand des historischen Materials zu untersuchen.

Beim Studium der florentiner Frührenaissance war ihm die Wirksamkeit dieses sozialen Gedächtnisses in ganz konkreter Form entgegengetreten: In der Tatsache des Wiederauflebens antiker Bildformen in der zeitgenössischen Kunst. Die Frage „Was bedeutet der Einfluß der Antike für die künstlerische Kultur der Frührenaissance?" hat ihn seither nicht wieder losgelassen. Aber weil in dieser Frage für ihn immer die allgemeinere enthalten war: „Worauf beruht die Auseinandersetzung mit der gedächtnismäßig überlieferten Vorprägung?", und weil in dieser allgemeinen Frage sein persönliches Arbeiten als Objekt miteinbegriffen war, wurde die Frage nach der Bedeutung des Nachlebens der Antike in fast magischer Weise zu seiner eigenen. Jede Entdeckung am Gegenstand seiner Forschung war zugleich ein Akt der Selbstbesinnung. Jede Erschütterung, die er an sich selbst erfuhr und durch Besinnung überwand, wurde zum Organ seiner historischen Erkenntnis. Nur so wurde es ihm möglich, in der Analyse des Frührenaissance-Menschen bis in jene Tiefenschicht vorzudringen, in der die schärfsten Gegensätze sich versöhnen, jene Ausgleichspsychologie zu entwickeln, die den widerstreitenden Seelenregungen verschiedene seelische Orte zuweist und sie als Pole einer einheitlichen Schwingung versteht, — Pole, an deren Entfernung voneinander sich das Ausmaß der Schwingung ermessen läßt. Aber nur so wird es auch erklärlich, daß die Antwort, die er in dieser Polaritätstheorie des seelischen Verhaltens auf seine grundlegende Frage nach dem Wesen der Auseinandersetzung mit den vorgeprägten Formen der Antike fand, sich zu einer allgemeinen These erweiterte: Zu der These, daß im Prozeß der Bildgeschichte die vorgeprägten Ausdruckswerte, je nach der seelischen Schwingungsweite der umbildenden Kraft, eine Polarisierung erfahren.

Die Funktion des Bildes innerhalb der Gesamtkultur ist von dieser Polaritätstheorie her zu bestimmen.

II.

Die Polaritätstheorie des Symbols.

Warburg hat sich sein begriffliches Rüstzeug im Studium der psychologischen Ästhetik seiner Zeit erarbeitet, vor allem aber in der Auseinandersetzung mit der Ästhetik Friedrich Theodor Vischers. Den Vischerschen Aufsatz „Das Symbol"[1]), den er schon in seiner ersten Schrift, der Dissertation über Botticelli zitiert[2]), hat er wieder und wieder gelesen, und die darin entwickelten Grundsätze, indem er sie am konkreten Material erprobte, für sich neu durchgedacht und weitergebildet. Von hier aus ist daher auch am leichtesten ein Zugang zu seinem Begriffssystem als ganzem zu finden.

Das Symbol definiert Vischer zunächst als Verbindung von Bild und Bedeutung durch einen Vergleichspunkt, wobei mit dem Ausdruck „Bild" irgend ein sichtbarer Gegenstand, mit dem Ausdruck „Bedeutung" irgend ein Begriff, gleichviel welchem Vorstellungskreise er entnommen sein mag, gemeint ist. Zum Beispiel: ein Bündel Pfeile für Einigkeit, ein Stern für Schicksal, ein Schiff für christliche Kirche, ein Schwert für Gewalt und Scheidung, ein Löwe für Mut oder Großmut.

Aber diese Definition ist nur als vorläufige aufzufassen; denn sie dient lediglich zur Bezeichnung des Problems, „die Hauptarten der Verbindung zwischen Bild und Sinn auseinanderzuhalten", wobei sich zeigen soll, daß, wo die Art der Verbindung sich ändert, auch der Begriff des Bildes und der Begriff des Sinnes sich wandeln.

Vischer unterscheidet drei Stufen: Die erste, die ganz dem religiösen Bewußtsein angehört, nennt er die „dunkel-verwechselnde". Warburg nennt sie später die „magisch-verknüpfende". Bild und Bedeutung werden in eins gesetzt. Der Stier, — so sagt Vischer, — durch den Vergleichspunkt seiner Stärke und Zeugungskraft wird Symbol der Urkraft, aber mit dieser verwechselt und infolgedessen als heilig verehrt. Die Schlange, — dies ist ein Beispiel von Warburg — durch die Ähnlichkeit ihrer Gestalt und die Gefährlichkeit ihres Wirkens Symbol des Blitzes, wird beim Schlangentanz, der den fruchtbaren Gewitterregen herabbeschwören soll, ergriffen und in den Mund genommen. Ja, die greifbare Substanz des Symbols für eine Kraft, die man sich anzueignen bestrebt ist, wird durch Essen und Trinken — Symbole der Aneignung — dem Körper physisch einverleibt. „Die Puppe des Schmetterlings" — so sagt

---

[1]) Philos. Aufsätze für Zeller. Leipzig 1887.
[2]) Sandro Botticellis „Geburt der Venus" und „Frühling". Eine Untersuchung über die Vorstellungen von der Antike in der Frührenaissance. Hamburg und Leipzig 1893.

Vischer — „ist ein Symbol der Auferstehung, das der Unsterblichkeit. Zufällig wird sie nicht als religiöses Symbol verehrt. Wäre dies aber der Fall, so bin ich überzeugt, daß nach dem Prinzip der Aneignung es Gebrauch wäre, Puppen zu fressen, um damit den Stoff der Unsterblichkeit in sich hineinzukriegen." Daß die christliche Lehre der Eucharistie, die Verabreichung von Brot und Wein als Symbolen des Leibes und Blutes Christi, ganz in diesen Problemkreis gehört, hat Vischer mit besonderer Eindringlichkeit betont.

Aber gerade hier, in der theologischen Auslegung der Lehre vom Abendmahl, beginnt das Problem sich zu spalten. Der Kampf um die Frage, ob Brot und Wein im Augenblick der Darreichung der Leib und das Blut Christi s i n d oder sie nur b e d e u t e n — mit anderen Worten, ob der Ausspruch Christi: „Dies ist mein Leib . . ." als Trope oder als Metapher zu verstehen ist, bezeichnet die Krise, in der zwei verschiedene Auffassungen vom Wesen des Symbols sich gegeneinander erheben: die magisch-bindende, die Bild und Bedeutung in eins setzt, und die logisch-sondernde, die das Wie des Vergleichs explicit einführt. Die erste kann der religiösen Kulthandlung nicht entbehren. Sie bedarf des Priesters, dessen Wort die magische Gewalt hat, die Substanzveränderung zu bewirken. Daher legt sie auf Brot und Wein, „die doch als solche", — wie Vischer sagt — „gleichgültige Stoffe sind", den Akzent des Wunderbaren. Die zweite Auffassung restituiert diese Stoffe in ihre Gleichgültigkeit, denn sie will das religiöse Erlebnis durch den Akt des Kults nicht gebunden wissen. Brot und Wein sprechen zu ihr als Zeichen, die intellektuell zu verstehen sind, nicht als Kräfte, die geheimnisvoll wirken. Das Symbol im Sinne einer unlöslichen Einheit von Ding und Bedeutung hat sich in die Allegorie verwandelt, wo die beiden Seiten des Vergleichs sich klar gesondert gegenübertreten. Das Bild ist aus einer kultlichen Macht zum Zeichen eines theologischen Begriffs geworden.

Aber zwischen diesen beiden Extremen gibt es eine mittlere Stufe. Vischer nennt sie die „vorbehaltende". Sie entsteht dort, wo man an die magische Belebtheit des Bildes nicht eigentlich glaubt, und ihr dennoch verhaftet bleibt. Sie entsteht, wo der Dichter angesichts der sinkenden Sonne von der „ahnungsvollen" Beleuchtung spricht. Aber auch in der nicht-dichterischen Umgangssprache wird dauernd das Unbeseelte in dieser Weise beseelt: „Die Traube w i l l Wärme, — der Nagel w i l l aus dem Holz nicht heraus, — das Päckchen w i l l nicht in die Tasche hinein." Löst man alle solche Metaphern restlos auf, so verwandelt sich die lebendige Sprache in ein totes System allegorischer Zeichen. Läßt man andererseits die belebende Kraft der Metapher so stark auf sich wirken, daß man ihre uneigentliche Bedeutung nicht mehr bemerkt, so versinkt man in die magische Denkweise. Je mehr der Dichter an die Heroen und Götter, deren Bilder sein Gemüt erfüllen, glaubt, desto näher rückt er dem Priester. Aber ganz ist er dem magischen Bann erst dann verfallen, wenn er dem Gott, von dem er dichtet, opfert — oder ihn, sich zu opfern, zwingt.

So kann man die ganze Reihe durchlaufen: — vom reinen, der Materie des Symbols fast ganz entrückten Begriff, der, um überhaupt fixiert zu werden, sich freiwillig an ein lebloses und deswegen eindeutig bestimmbares Zeichen heftet, bis zum kulthaften Akt, der — unter dem Zwang der Leibhaftigkeit des Symbols — es im wahrsten Sinne des Wortes mit Händen greift, es verzehrt oder sich vor ihm vernichtet.

Die kritische Phase liegt aber in der Mitte, dort, wo das Symbol als Zeichen verstanden wird und dennoch als Bild lebendig bleibt, wo die seelische Erregung, zwischen diesen beiden Polen in Spannung gehalten, weder durch die bindende Kraft der Metapher so sehr konzentriert wird, daß sie sich in Handlung entlädt, noch durch die zerlegende Ordnung des Gedankens so sehr gelöst wird, daß sie sich in Begriffe verflüchtigt. Und eben hier hat das „Bild" (im Sinne des künstlerischen Scheinbildes) seine Stelle.

Das Kunstschaffen, das diesen mittleren Zustand durch Gebrauch hantierender Mittel im „Scheinbilde" festhält, und das Kunstgenießen, das in der Betrachtung des „Scheinbildes" diesen mitteren Zustand nachschaffend erlebt, nähren sich beide — so lehrt Warburg — aus den dunkelsten Energien des menschlichen Lebens und bleiben ihnen selbst dort verhaftet und durch sie bedroht, wo ein harmonischer Ausgleich — vorübergehend — geglückt ist. Denn auch der harmonische Ausgleich ist Produkt einer Auseinandersetzung, in der der ganze Mensch mit seinem religiösen Verleibungsdrang und seinem intellektuellen Aufklärungsstreben, seinem Aneignungstrieb und Entfernungswillen beteiligt ist.

Bedenkt man, wie sehr diese Kräfte miteinander im Kampf liegen, so wird es verständlich, daß, als Warburg an seiner Geschichte des europäischen Bildgedächtnisses arbeitete, er sie auffaßte als ein Kapitel zu dem noch ungeschriebenen Buche: „Von der Unfreiheit des europäischen Menschen". Und wenn er hierbei das Sich-wieder-erinnern an antike Bildprägungen zum Leitfaden nahm, so ist es von vornherein klar, daß er die Antike nicht im Sinne Winckelmanns als edle Einfalt und stille Größe auffaßte, sondern daß er in ihr das Doppelantlitz von olympischer Ruhe und dämonischer Furchtbarkeit erblickte, das Nietzsche und Burckhardt uns zu sehen gelehrt haben. Aber auch auf Lessing ist hier zu verweisen; denn in Lessings Widerlegung der Winckelmannschen Gründe für die Tatsache, daß der Laokoon nicht schreit, ist das ganze von Warburg behandelte Problem bereits im Keime enthalten. Die

Lehre vom „Transitorischen" und vom „fruchtbarsten Augenblick" enthält den Hinweis auf jene Krisis, in der die im Kunstwerk verkörperten
Erregungen umzuschlagen und das eigentlich Künstlerische zu zerstören drohen.

Um jedoch die Betrachtungsweise, die Warburg geübt und gelehrt
hat, zu umschreiben, kann ich kaum etwas Besseres tun, als die Worte
zu gebrauchen, die Schleiermacher in seiner Abhandlung „Über den
Umfang des Begriffes der Kunst mit Bezug auf die Theorie derselben"
geprägt hat:

„So wollen wir uns denn zunächst halten an eine alte Rede, die
sich aber auch in dem Munde neuer Meister wiederholt, daß alle Kunst
entspringt aus der Begeistung, aus lebhafter Bewegung der innersten
Gemüts- und Geisteskräfte, — und an eine andere ebenso alte tief in
unsere Denkweise eingewurzelte, daß nämlich jede Kunst ihr Werk muß
aufzuweisen haben. Und so wäre wohl das nächste, zuzusehen inwiefern in den verschiedenen Künsten auf dieselbige Weise aus der Bewegung das Werk entsteht. Aber der Schwierigkeit der Sache wegen
möchte es geraten sein, den Versuch bei denen Künsten zu beginnen,
wo der Weg zwischen beiden Punkten nur kurz sein kann und der
Prozeß sehr einfach erscheint. Und glücklich wären wir und hätten
einen guten Wurf getan, wenn wir auf der einen Seite neben dem Kunstwerk auch ein verwandtes Kunstloses fänden, um zeigen zu können, wie
das eine sich von dem andern unterscheidet, und auf der anderen Seite
das Gefundene auch auf die anderen Künste übertragen könnten, bei
denen der Weg nicht mehr so kurz ist und das Verfahren nicht mehr so
einfach . . .

„Es ist das Wesen jenes kunstlosen Zustandes, daß Erregung und
Äußerung identisch sind und völlig gleichzeitig durch ein bewußtloses
Band vereinigt miteinander beginnen und miteinander verlöschen, oder,
noch genauer zu reden, sind beide wahrhaft eins und nur von dem
draußenstehenden Beschauer willkürlich getrennt; wogegen in jeder
Kunstleistung diese Identität wesentlich aufgehoben ist: . . . Eine andere
höhere Gewalt ist zwischen eingetreten und hat das sonst unmittelbar
Verbundene geschieden; ein Moment der Besinnung schlägt gleichsam
trennend ein, bricht auf der einen Seite schon durch das Anhalten, durch
die Weile jene rohe Gewalt der Erregung und bemächtigt sich zugleich
während dieses Anhaltens der schon eingeleiteten Bewegung als ord-
nendes Prinzip."

Aber so sehr diese Worte Schleiermachers, als Ganzes genommen,
die Warburgsche Betrachtungsweise kennzeichnen, so enthalten sie doch
einen Punkt, in dem Warburg von ihnen abweicht. Der Akt der B e -
s i n n u n g, der kritische Moment des „Anhaltens", wird von Schleier-

macher wie eine Art Wunder behandelt, — als ob, um mit seinen eigenen Worten zu reden, „eine andere, höhere Gewalt zwischen eingetreten" wäre und „das sonst unmittelbar Verbundene geschieden" hätte. Bei Warburg aber besteht zwischen jenem Zustand, den Schleiermacher als völlige Einheit von Erregung und Äußerung betrachtet, und dem Akt der Besinnung, mit welchem für ihn das eigentlich Künstlerische beginnt, kein Bruch sondern ein kontinuierlicher Übergang. An der Theorie des mimischen Ausdrucks und der Hantierung läßt sich dies im einzelnen nachweisen.

III.

Besinnung und Ausdruck.

Man kann sich, wenn man will, einen Zustand denken, und im Verhalten niedriger Lebewesen wohl auch tatsächlich aufweisen, wo jede durch einen äußeren Reiz verursachte Erregung sich unmittelbar in organische Bewegung umsetzt, an der das Tier als ganzes beteiligt ist. Es ist müßig zu fragen, ob es für solch ein Wesen überhaupt eine Wahrnehmung geben kann; denn es ist von dem Zustand der Erregung völlig und gleichmäßig erfüllt. Die Ereignisse gehen durch seinen Organismus gleichsam hindurch und hinterlassen keinerlei Spuren. Von einem Gedächtnis, selbst im übertragendsten Sinne des Wortes, kann keine Rede sein.

Man kann sich eine etwas höhere Stufe denken, auf der der Erregungszustand sich differenziert, wo die Bewegung nicht den Organismus als ganzen gleichmäßig erfaßt, sondern sich an einigen Teilen staut und andere frei läßt. Die Ereignisse hinterlassen ihre Spuren. Die Erregungen beginnen sich typisch zu gliedern.

Verfolgt man diese Entwicklung weiter, so kann man den Prozeß der Bildprägung in Gestalt der körperlichen Ausdrucksgebärde *in statu nascendi* studieren, und man wird dabei entdecken, daß das Phänomen des Ausdrucks selbst in seiner elementarsten Form schon mit einem Minimum an Besinnung verbunden ist. Man braucht dabei nicht einmal solche gewagten Konstruktionen einzuführen, wie ich sie eben im Anschluß an Schleiermacher verwandt habe, um die Stufe, wo Erregung und Bewegung völlig eins sind, zum mindesten dem Begriffe nach festzulegen. Man braucht nur die Funktionsweise des menschlichen Körpers zu betrachten, wo die jeweilige Erregung sich in differenzierte Muskelbewegung umsetzt und wo jeder Muskel eine besondere Funktion erfüllt, in deren Vollzug er durch Übung gestärkt wird. Es war angesichts solcher Phänomene wie der Muskelstärkung durch Übung, daß Hering vom „Gedächtnis als allgemeiner Funktion der organisierten Materie" sprach. Die häufige Wiederholung desselben Aktes hinterläßt ihre Spuren.

Aber die menschlichen Muskeln erfüllen auf Grund dieser Spuren — wenn man will: kraft dieser „Gedächtnisfunktion" — neben ihrem rein körperlichen Dienst noch eine andere Aufgabe. Sie dienen dem mimischen Ausdruck. Man hat seit Darwin viel darüber gestritten, wie sich diese beiden Funktionen zueinander verhalten. Für uns kommt nur die eine Tatsache in Betracht, daß es vielfach die gleichen Muskeln sind, die eine physische und eine Ausdrucksfunktion verrichten. So sind die Muskeln, mit denen wir dem Gefühl des Widerwillens Ausdruck geben, indem wir das Gesicht verziehen, dieselben, die durch den Zustand des physischen Übelseins automatisch erregt werden. Hier finden wir   im Gebrauch des eigenen Körpers das Phänomen der M e t a - p h e r wieder. A l l e r A u s d r u c k d u r c h M u s k e l b e w e g u n g i s t m e t a p h o r i s c h u n d u n t e r l i e g t d e r P o l a r i t ä t d e s S y m b o l s : Je stärker, je konzentrierter die seelische Erregung ist, die sich im Ausdruck entlädt, desto näher kommt die symbolische Bewegung der physischen. (Im Zustand höchsten seelischen Ekels wird uns ja auch physisch übel.) Je schwächer, je milder die Erregung ist, desto mehr wird die mimische Bewegung retardiert, und der Grenzfall ist erreicht, wenn der momentane mimische Ausdruck sich in dem bleibenden physiognomischen Gesichtszug verflüchtigt.

Aber der Körper des Menschen ist, wenn auch das nächstliegende, so doch nicht das einzige Organ für den Ausdruck. Der Mensch ist ein hantierendes Tier, („a tool using animal" wie Carlyle im „Sartor Resartus" sagt), und schafft sich Geräte, mit denen er die Funktionen seines Körpers erweitert und ergänzt. Aber am Gebrauch dieser Geräte kann man das Gleiche beobachten, was ursprünglich an der Muskelbewegung zutage trat. Sie werden, über ihre Zweckbestimmung hinaus, zu Trägern von Ausdruckswerten. Carlyle hat das an den Kleidern dargelegt, die dem Menschen, der sie trägt, bald Würde verleihen, bald ihn als verächtlich stempeln, jedenfalls die polare Funktion erfüllen, ihn zu bezeichnen und ihn zu verhüllen, auf ihn hinzuweisen und ihn doch nicht preiszugeben. Es entwickelt sich eine soziale Gebärdensprache, die die mimische ergänzt und erweitert. Das Abnehmen des Hutes wird zum Ausdruck der Unterwürfigkeit, das Tragen eines Szepters zum Symbol der Majestät, das Reiten „hoch zu Roß" zur triumphalen Gebärde. Und jeder dieser Akte ist der Polarität des Symbols unterworfen. Denn jede soziale Ausdrucksgebärde kann, je nachdem, ob sie beschleunigt oder retardiert oder im kritischen Punkt des Anhaltens gar in ihrer Richtung verändert wird, sich aus einer Gebärde der Annäherung in eine Gebärde der Loslösung verwandeln, aus einer Geste des Zugreifens und Sich-Aneignens in eine Geste des Loslassens und Freigebens, aus einem Akt des Verfolgens und sieghaften Überwältigens in einen Akt des Zauderns und großmütigen Vergebens.

Aber auch das Gerät weist über sich hinaus auf eine Stufe, wo der
Mensch Objekte herstellt, nicht um mit ihnen wie mit Stäben zu hantie-
ren oder sie sich wie Kleider anzulegen, überhaupt nicht um durch sie
die mimischen Ausdrucksmittel seines eigenen Körpers zu erweitern,
sondern um sie sich gegenüberzustellen und sie aus der Entfernung zu
betrachten. Dies ist die Stufe, an der für Schleiermacher das Künstlerische überhaupt erst beginnt; denn erst hier tritt das retardierende
Moment im Ausdruck als bewußte Besinnung auf. Über das Recht dieser Definition als einer formalen Grenzbestimmung braucht man nicht
zu streiten. Aber man muß darauf hinweisen, daß zwischen dieser Stufe
der höchsten Distanzierung, wo die durch den Reiz ausgelöste Bewegung im Akt der Kontemplation fast aufgehoben erscheint, und der
Stufe der engsten Bindung, in welcher Erregung und Ausdruck in der
ausgelösten Handlung fast völlig verfließen, zwei mittlere Stufen liegen:
die der ausdrucksgesättigten Muskelbewegung, deren beide Pole die
mimische Anspannung und die physiognomische Ruhelage sind, und die
der ausdrucksgesättigten Hantierung, die zwischen den Polen des sozialen Aneignungstriebes und des sozialen Entfernungswillens schwingt.

Wie wichtig gerade diese beiden Zwischenstufen für die Theorie der
Bildprägung und des Bildgedächtnisses sind, hat Warburg — wiederum
am Beispiel des Nachlebens der Antike — bewiesen; denn es waren die
antiken Ausdrucksgebärden, — die Pathosformeln, um mit Warburg zu
sprechen —, die in der späteren Kunst immer wieder aufgenommen
und im Prozeß der Auseinandersetzung polarisiert wurden[1]). Aber
diese antiken Pathosformeln erschienen doch immer, indem sie als
Kunstwerke aufgefunden oder übermittelt wurden, in irgend einer
greifbaren Form für den hantierenden Menschen: als behauener Stein,
als bemaltes Papier, — jedenfalls als Objekte, die zum hantierenden
Menschen in einer gerätmäßigen Beziehung stehen. Und es ist nun für
das Verhältnis einer Epoche zur Antike unendlich bezeichnend, in welcher räumlich-greifbaren Form sie diesen Pathosformeln Einlaß gewährt, ob sie das antike Kunstwerk in eine Sammlung stellt als Objekt
wissenschaftlich-archäologischen Interesses, oder ob sie es in eine Gar-
tenmauer einbaut als besitzanzeigendes Prunkstück, oder ob sie es gar
in verkleinerter Kopie als Nippesfigur auf den Kamin setzt. Das
Spannungsverhältnis zu diesen Objekten läßt sich an ihrem Gebrauch
im Sinne der Hantierung ermessen. Nichts ist charakteristischer für die
Entwicklung der Frührenaissance als daß sie den Pathosformeln der
Antike, deren erregungslösende Kraft sie aufs Höchste empfand, den

---

[1]) Vgl. Warburg, Dürer und die italienische Antike. In: Verhandlungen der
48. Versammlung deutscher Philologen und Schulmänner in Hamburg. Leipzig 1906.

Einlaß in ihre Bilder zunächst in der   höchst distanzierten Form der Grisaille gewährte[1]).

Hieraus folgt, daß selbst wenn man den Begriff der Ästhetik im allerengsten Sinne definiert, — als Theorie der bewußten Geschmacksbildung und des abstrakten Schönheitsempfindens — man diese Theorie doch nicht vollgültig entwickeln kann, ohne auf die elementareren Formen des mimischen und gerätmäßig erweiterten Ausdrucks zurückzugreifen. Denn hier ist der Nährboden, in dem jene feineren Gebilde ebenso wurzeln wie die Metapher im magischen Wortzauber, — ein Boden, über den sie sich erheben müssen, um sich zu differenzieren, von dem sie aber nicht losgelöst werden können, ohne abzusterben.

Weil aber dieses Verhältnis der relativen Bindung und Lösung ein Spannungsverhältnis ist, darum ist das Problem der Polarität des seelischen Verhaltens in der Geschichte der Ästhetik — von Plato bis zu Lessing, Schiller und Nietzsche — als Zentralproblem empfunden und behandelt worden. Nur indem man mit Warburg auf diese Grundfrage zurückgeht, kann man sich auch dem Problem der Periodizität der Kunstentwicklung nähern, mit dem Riegl und Wölfflin vergeblich gerungen haben. Ja, die formalen Erkenntnisse, die wir diesen beiden Männern verdanken, lassen sich im Sinne Warburgs fruchtbar machen und mit einem realen Sinn erfüllen, wenn man das, was bei ihnen als abstrakte Antithese stehen bleibt, als Bezeichnung der beiden Pole eines Schwingungsvorgangs auffaßt, der sich als kultureller Auseinandersetzungsprozeß geographisch-historisch festlegen läßt. Wenn etwa Wölfflin — um auf das erste Beispiel zurückzugreifen — einen bestimmten Begriff des Malerischen als einheitliche Stilfunktion definiert, die so entgegengesetzte Erscheinungen wie Terborch und Bernini in sich befaßt, so müßte sich diese Behauptung interpretieren lassen als Hinweis auf einen real-geographischen Auseinandersetzungsprozeß zwischen Norden und Süden im Zeitalter des Barock. Die Namen Bernini und Terborch würden dabei das Ausmaß eines geistigen Schwingungsvorgangs bezeichnen, dessen historisches, als soziale Einheit aufweisbares Subjekt die europäische Kulturgemeinschaft des siebzehnten Jahrhunderts wäre.

Wenn ich versucht habe, einen Begriff von Warburgs Forschungsweise zu vermitteln, so muß dieser Begriff doch leblos bleiben ohne die Anschauung des zugehörigen Materials. Eigentlich ist auch dieser Vortrag gedacht als Aufforderung zu einer Betrachtung der Bildtafeln, die hier im Saale ausgestellt sind, — als Aufforderung ferner zu einem

---

[1]) Vgl. Warburg, Francesco Sassettis letztwillige Verfügung. Schmarsow-Festschrift. Leipzig 1907.

Gang durch die Büchersammlung, die so geordnet ist, daß die Einzel-
probleme heraustreten.

Sie werden, wenn Sie dieser Aufforderung folgen, bemerken, wie sehr
Warburg, indem er seine Polaritätstheorie folgerichtig durchführte, dazu
gezwungen wurde, aus der traditionellen Domäne der Kunstgeschichte
heraus auf neue Gebiete abzubiegen, von denen der zünftige Kunsthistoriker sich meistens mit einer gewissen Scheu fernhält: Geschichte
der religiösen Kulte, Geschichte des Festwesens, Geschichte des Buches
und des literarischen Bildungswesens, Geschichte der Magie und Astrologie. Gerade weil es sich ihm um die Aufweisung von Spannungen
handelte, spielen die Zwischenstufen die größte Rolle. Das Festwesen
ist ja eine Zwischenstufe zwischen sozialem Leben und Kunst; Astrologie und Magie sind Zwischenstufen zwischen Religion und Wissenschaft. Und nicht genug damit, er hat diese Zwischenstufen immer an
historischen Epochen aufgesucht, die er selbst als Übergangszeiten, Zeiten des Konflikts, betrachtete: die florentiner Frührenaissance, die orientalisierende Spätantike, der niederländische Barock. Ja noch mehr: mit
Vorliebe wendet er sich innerhalb dieser Epochen dem Studium solcher
Männer zu, die durch Beruf oder Schicksal eine Zwischenstellung einnehmen: Kaufleute, die zugleich Kunstliebhaber sind und bei denen der
ästhetische Geschmack sich mit Geschäftsinteressen kreuzt; Astrologen,
die Religionspolitik mit Wissenschaft verbinden und sich ihren eigenen
Begriff von „doppelter Wahrheit" machen; Philosophen, deren bildhafte
Phantasie mit ihrem logischen Ordnungsbedürfnis in Kampf gerät.
Und wenn Warburg dem einzelnen Kunstwerk gegenübertrat, so ereig-
nete sich ein Vorgang, der dem formal-ästhetisch geschulten Menschen
wie eine Paradoxie erscheinen mußte, und der auch Warburgs Methode,
Bildtafeln zusammenzustellen, das eigentümliche Gepräge gegeben hat:
das künstlerisch schlechte Bild fesselte ihn ebenso sehr wie das gute,
ja, aus einem Grunde, den er selbst ausdrücklich angab, o f t   n o c h
m e h r : — Es ließ sich mehr daraus lernen. Als er den Freskenzyklus
des Palazzo Schifanoja auf seinen ikonographischen Sinn hin untersuchte — ein Bilderrätsel, das durch ihn seine geradezu phantastische
Lösung fand[1]), — da begann er seine Analyse bei demjenigen Meister,
der ihm von allen als der schwächste erschien. Und warum? Weil an
den Bruchstellen, die das schlechte Werk gewissermaßen vor dem guten
voraus hatte, das Problem der Auseinandersetzung, mit dem der Künstler zu ringen hatte, deutlich wurde, — ein Problem, dessen komplizierte Struktur man angesichts eines großen Kunstwerkes viel schwerer
bemerkt, weil hier der Künstler die Lösung so spielend bewältigt.

---

[1]) Italienische Kunst und internationale Astrologie im Palazzo Schifanoja zu
Ferrara. X. internat. Kunsthistorikerkongreß, Rom 1912.

Es ist eben hier wie in allen anderen Wissenschaften. Auch die Physik hat das Phänomen des Lichtes in seiner Brechung durch ein ungleichmäßiges Medium studiert. Und die moderne Psychologie verdankt ihre größten Erfolge in der Erkenntnis der seelischen Funktionen dem Studium jener Störungen, in denen die einzelnen Funktionen, statt sich zur Einheit zu verbinden, auseinandertreten. Wer nur von den großen Erscheinungen in der Kunst ausgeht, der verkennt — so lehrt Warburg —, daß gerade im abgelegenen Kuriosum die bedeutendsten Erkenntniswerte verborgen liegen. Wer immer gleich an Lionardo, Raffael und Holbein, wo die stärksten Gegensätze ihren höchsten Ausgleich gefunden haben, herantritt und sie ästhetisch genießt, d. h. in einer Stimmung, die selbst nur ein momentaner harmonischer Ausgleich von Gegensätzen ist, der wird glückliche Stunden verbringen, aber in die begriffliche Erkenntnis vom Wesen der Kunst, die ja die Aufgabe der Ästhetik ist, wird er nicht eindringen.

Für die Büchersammlung gilt ein Entsprechendes. Verglichen mit einer anderen Spezialbibliothek muß sie eigentümlich brüchig erscheinen, denn sie umfaßt viel mehr Gebiete als eine Spezialbibliothek sonst umfaßt. Andererseits ist aber ihr Bestand auf jedem einzelnen Gebiet nicht so lückenlos, wie man es sonst von einer Spezialbibliothek erwartet. Ihre Stärke liegt eben auf den Grenzgebieten, und da es diese Gebiete sind, die auch im Fortgang der Wissenschaft eine kritische Rolle spielen, so darf die Bibliothek von sich behaupten, daß ihr eigenes Wachstumsgesetz mit dem der Wissenschaft, für die sie arbeitet, identisch ist. Je stärker die Arbeit auf den von ihr bezeichneten Grenzgebieten zunimmt, desto mehr füllen sich gleichsam automatisch ihre Bestände. Das heißt aber: sie ist auf Mitarbeit angewiesen. — Daher nimmt sie auch gerne die Gelegenheit dieses Kongresses wahr, um von den Ästhetikern über ihr eigenes Problem belehrt zu werden: denn nach Warburgs Worten ist sie eine Bibliothek, „die nicht nur reden, sondern auch aufhorchen will".

Die Ausdrucksgebärden der bildenden Kunst.

Von **F. Saxl** (Hamburg).[1]

„Ich hatte gehofft", sagt Darwin[2] in der Einleitung zu dem Grundwerk der Ausdruckskunde, der Abhandlung über den Ausdruck der Gemütsbewegungen beim Menschen und den Tieren, „ich hatte gehofft, von den großen Meistern der Malerei und Bildhauerkunst, welche so eingehende Beobachter sind, eine große Hilfe zu erhalten. Ich habe daher Photographien und Kupferstiche vieler allgemein bekannter Kunstwerke genau betrachtet, habe aber mit wenigen Ausnahmen dadurch keinen Vorteil erlangt."

Es ist in unserem Zusammenhang aufschlußreich, dem Grund jener Enttäuschungen Darwins nachzugehen. Darwin selbst gibt uns folgendes an: Der Grund hiervon ist ohne Zweifel der, daß bei Werken der Kunst die Schönheit das hauptsächlichste, oberste Ziel ist. Und stark kontrahierte Gesichtsmuskeln zerstören die Schönheit, werden daher — fügen wir hinzu — nicht dargestellt.

Inwiefern hat sich die Stellung der Psychologie zu dem in den Werken der bildenden Kunst geformten Ausdrucksmaterial seit den Zeiten Darwins verändert?

Was Darwin beschäftigte, war die evolutionistisch gesehene Geschichte des Gemütsausdrucks, die Geschichte des Gemütsausdrucks vom Tierischen zum Menschlichen hin. Einem so gerichteten Forscher kann die bildende Kunst kaum Material liefern. Sie zeigt die Gebärde des Zornes, das Drohen mit der Faust z. B., aber diese Gebärde läßt sich natürlich für den Psychologen in der Wirklichkeit besser beobachten als im Bilde. Und was für die Darstellung der menschlichen Gebärde gilt, gilt erst recht für die Tierbilder. Der Psychologe der Richtung Darwins will die Gebärden des Lebens — und nur diese — so objektiv wie möglich festhalten, am liebsten durch einen Apparat aufnehmen lassen. Diese Psychologie steht der Kunst als einer bloßen Nachahmung gegenüber, die hinter dem Original immer und notwendig zurückbleibt.

---

[1] Der Verfasser ist in der Abfassung dieses Aufsatzes durch die Mitarbeit seines Freundes Walter Solmitz so weitgehend unterstützt worden, daß er sich nur durch dessen Einspruch daran hat verhindern lassen, ihn im Titel als Mitverfasser zu nennen.

[2] The Expression of the Emotions in Men and Animals, London 1872. Deutsche Übersetzung v. J. Victor Carus, Stuttgart 1872, S. 14.

Ihr bietet die Kunst also zweifellos kein weites Forschungsfeld. Es ist der Film, der hierfür tausendmal bessere Dienste leistet, als die gesamten Werke der bildenden Kunst. Darwin mußte und hat daher den größten Wert darauf gelegt, daß seine Darlegungen nicht durch Kunstwerke, sondern durch Momentphotographien dokumentarisch belegt wurden.

Anders sieht aber die Problemlage aus, wenn wir von der heutigen Psychologie ausgehen. Die Psychologie ist heutigen Tages gewiß wie zu den Zeiten Darwins auch an dem Problem des Verhältnisses der tierischen Handlung zu der menschlichen Gebärde interessiert, aber wie sie gelernt hat, das tierspychologische Problem unabhängig von dem menschenpsychologischen zu betrachten, so betrachtet sie auch das Problem der menschlichen Gebärde nicht blos evolutionistisch. Sie betrachtet die Gebärde als bildhaften Ausdruck, dessen Wesen sie zu ergründen sucht, ohne Rücksicht auf dessen entwicklungsgeschichtliche Herleitung. Die Denkweise dieser, die Ausdrucksgebärde selbst als bildhaft betrachtenden Psychologie steht also der ästhetischen und kunstgeschichtlichen schon methodisch in vielem nahe.

Das zentrale Interesse der heutigen Psychologie am Wesen von Mimik und Gebärde liegt darin, daß — wie Buytendijk und Plessner es formuliert haben — „Elemente dessen, was in der Mimik und Gebärde sinnlich-bildhaft gegeben ist, der Modalität nach zugleich Elemente des Psychischen sind und diese Elemente einer gemeinsamen Form- und Funktionsgesetzlichkeit (die sich freilich im Physischen anders ausprägt als im Psychischen) unterstehen: der Gesetzlichkeit der Sphäre des Verhaltens" [1].

Analog zu der Sprachpsychologie steht als ein wesentlicher Teil der Gesamtpsychologie heute die Psychologie der Gebärde als einer symbolischen Form.

Obwohl also die Psychologie an dem Problem der Gebärde im allgemeinen in ganz anderer Art interessiert ist als die Psychologie des 19. Jahrhunderts, so hat dennoch auch sie bisher, soviel mir wenigstens bekannt ist, ihr Interesse nicht der im Kunstwerk dargestellten Gebärde zugewendet. Denn auch ihr ist die Gebärdendarstellung im Kunstwerk eine bloße (und noch dazu wertende) Abstraktion aus der Fülle des Sichgebärdens in der Wirklichkeit.

Während also Darwin das psychologische Phänomen der Gebärde aus den vitalen Zusammenhängen biologisch verständlich

---

[1] F. I. I. Buytendijk und H. Plessner, Die Deutung des mimischen Ausdrucks. In: Philosophischer Anzeiger, Jg. 1, 1925/26. S. 126.

machen will, während die moderne Psychologie, an der Charakteristik
des Individuums interessiert, die Gebärde weniger als Ausdruck einer
Gemütsbewegung denn als Ausdruck einer Gemütsstruktur (jede
einzelne Bewegung als charakteristisch für den ganzen Menschen) und
als Ausdruck einer persönlichen Verhaltensweise verstehen will, wurde
Warburg auf einem durchaus entgegengesetzten Weg zum Problem
der Gebärde geführt. Um Einblick in die Psychologie des künstlerischen Bildens zu gewinnen, mußte er versuchen, die Bedeutung
des Gemütsausdrucks und der Gebärde für das Bilden, die Bedeutung
des Bildes für Gebärde und Gemütsausdruck zu klären — und so
gewann er gerade von der Betrachtung der Bildformen aus Einblick
in das Wesen der Ausdrucksgebärde.

Seit dem Ende der achtziger Jahre bis zu seinem 1929 erfolgten
Tod — also durch mehr als 40 Jahre hindurch — hat Warburg
(ursprünglich im Anschluß an Darwins Buch und an die Lektüre
von Vischers „Symbol" [1]) und die Psychologie der neunziger Jahre)
seine Studien zur Psychologie der Ausdruckssymbole der bildenden
Kunst getrieben. Die Bibliothek, die er errichtet hat, dient der
Erforschung der Geschichte der Ausdruckssymbole.
Sie ist historisch geordnet, ihr Grundgedanke zugleich systematisch-
psychologisch. Das 1. Geschoß enthält die Materialien zu einer Psychologie des Bildes, das 2. Geschoß beginnt mit einer kleinen Sammlung
psychologischer Werke, jenem Ausschnitt aus der Psychologie, der
das Problem des Symbols im allgemeinen, des Ausdrucks, der Schrift-
kunde und Mimik sowie der Gedächtnisfunktion betrifft. Dann folgen
die Materialien zur Religionspsychologie und ihrer einzelnen Probleme,
Ekstase, Mystik usw. und historische Materialien zur Geschichte der
Religion, Kosmologie, Naturwissenschaft und Philosophie. — Das 3. Geschoß enthält das Wort (Sprache, Literaturen, Geschichte der Überlieferung der klassischen Bildungsstoffe), das 4. endlich die „Handlung", d. h. politische Geschichte, Geschichte der sozialen Formen
z. B. besonders auch des Festwesens.

Den endgültigen Ertrag seiner Studien wollte Warburg in einem
Atlas niederlegen, der eine vergleichende Betrachtung der Ausdruckswerte von Antike und Renaissance bieten sollte. Aus diesem unvoll-
endeten Atlas der Gebärdensprache in der bildenden Kunst des
klassischen Altertums und der Renaissance, den die Bibliothek in
einigen Jahren abrunden und herausgeben zu können hofft, und aus

---

[1] Friedrich Theodor Vischer, Das Symbol, Leipzig 1887, in: Philosophische
Aufsätze, Ed. Zeller gewidmet.

unserer weiteren Arbeit an diesem Problem, möchte ich mir erlauben, Ihnen einiges vorzulegen.

Es handelt sich in erster Linie um Phänomene der Prägung von bleibenden Ausdrucksformen, sowie deren Veränderung und Wiederaufnahme in späteren Etappen der Geschichte der Menschheit.

W a r b u r g hat die Tatsachen für diese Phänomene innerhalb des Kreises der klassisch-europäischen Kultur des Altertums und der Neuzeit gesammelt. Diese Beschränkung auf den europäischen Kulturkreis ist insofern natürlich, als es zwar gewisse a l l g e m e i n e sehr verbreitete Elemente der Gebärdensprache gibt, aber die s p e z i f i s c h e Gebärde ebenso Eigenart eines Kulturkreises ist, wie dessen Sprache oder Schrift. Wie uns das Chinesische „chinesisch" ist, so sind uns auch die meisten Gebärden des Chinesen ohne Unterricht undeutbar. Zweifellos müßten aber auch parallele Untersuchungen in den nichteuropäischen Kulturen angestellt werden, Untersuchungen, zu denen die Bibliothek W a r b u r g gern ihre Hilfe bieten würde.

————

Es handelt sich im folgenden erstens um die Grundtatsache, die wir beobachten können, daß in der klassisch-antiken Kunst Ausdrucksmotive so exemplarisch geprägt werden, daß sie alle früheren, verwandten, zu verdrängen imstande sind.

In einer Arbeit über die Bilddenkmäler des Mithraskultes[1]) hat der Verfasser den Nachweis erbracht, daß der Typus, den die Bildhauer der Parthenon-Metopen für den Kampf zwischen Lapithen und Kentauren. geprägt haben, von anderen Bildhauern für eine Fülle anderer Bildstoffe verwendet wurde: Für die Nike, die den Stier opfert ebenso, wie für Perseus und Bellerophon, Herakles im Kampf mit dem Stier, mit der Hydra oder dem Giganten, für den Kampf des Griechen mit der wehrhaften Frau, der Amazone, wie endlich für die Darstellung der vom Osten her eingewanderten Gottheit Mithras, deren Kampf mit dem Stier die Erschaffung der Fruchtbarkeit auf dieser Erde bedeutet. J a c o b s t h a l[2]) wird der Hinweis darauf verdankt, daß unser Bildtypus auch jenen Aktaeon-Bildern zugrunde liegt, auf denen der Jäger dargestellt ist, wie er von seinen eigenen Hunden angefallen wird.

Die Dokumente der älteren griechischen Kunst und die figurierten Siegelzylinder des vorderen Orients sind uns in einem solchen

————

[1]) F. S a x l, Mithras. Berlin 1931.
[2]) Paul J a c o b s t h a l, Aktaions Tod, in: Marburger Jahrbuch f. Kunstwissenschaft. Bd. 5. 1929.

Ausmaße erhalten, daß wir auch den Prozeß der Bildung dieses Typus verfolgen können, der späterhin zu solcher Ausbreitung gelangte. Der altorientalische Steinschneider stellt den Stierkampf, der ein Hauptthema seines Bildes ist, grundsätzlich anders als der europäische dar. Er zeigt nicht die Siegergebärde des Aufknieens, sondern stellt Mensch und Tier gleich groß einander gegenüber. Wie grundeuropäisch unser Bildtypus ist, geht daraus hervor, daß er sich in nuce schon in der tiefsten Schicht der mit Griechischem zusammenhängenden Kunst, in der Glyptik Kretas findet. Die Etappen, die zwischen der kretischen Gemme und der Parthenon-Plastik liegen, lassen sich leidlich überblicken. In der Frühzeit läuft der Kämpfer mit gehobenem Knie neben dem Tier, nach dessen Kopf er faßt; später kniet er auf dem aufgerichteten Hinterteil des Tieres; in Delphi wird die entscheidende Formulierung gewonnen, daß der Kämpfer auf dem niedergebrochenen Tier aufkniet. Die Bildformel des untergeschlagenen Beins, das auf dem Tier aufruht, finden endlich die Bildhauer vom Parthenon in der Zeit des Perikles.

Damit ist das erste Phänomen deutlich hingestellt. Am Ende einer langen Versuchsreihe, den bildlichen Ausdruck einer Gebärde — hier Sieg des Menschen über die Bestie — zu formen, steht ein Typus. Die Frage, die der Kunsthistoriker an den Psychologen zu stellen hätte, wäre: Ist diese Bildung eines Ausdruckstypus in der bildenden Kunst nur ein kunsthistorisches oder nicht auch in hervorragendem Maße ein Problem der Gebärdenpsychologie?

Welche Eigenschaft, welche seelische Funktion der Gebärde ist es, die zu der Entstehung eines derart konstanten Typus ihrer bildlichen Darstellung führt?

Man wird aber vielleicht geneigt sein, bei den vorgeführten Fällen die Bilder gar nicht als Bilder von Ausdrucksgebärden gelten zu lassen, weil sie vielmehr Bilder von Handlungen seien. Der Stiertöter kniet auf dem Stier, weil es der Zweck so verlangt. Um des Zweckes willen greift er nach dem Kopf des Tieres und tritt auf den Rücken.

Von vornherein muß man sich aber klar sein, daß jede bildliche Darstellung einer Handlung von sich aus dahin tendiert, diese Handlung als Gebärde aufzufassen: weil nämlich die bildliche Darstellung aus dem Verlauf der Handlung nur einen Moment zu erfassen im Stande ist. Und weiterhin läßt sich gerade an unserem Beispiel verfolgen, daß wohl die im Stadium des „Suchens“ entstehenden Darstellungen mehr die Handlung, die zum Typus entwickelte Darstellung dagegen vorzüglich die Ausdrucksgebärde zum Ausdruck bringen.

Die Mithras-Reliefs der Spätzeit zeigen z. B. die älteren Motive — wie das Tier am Kopf gefaßt wird, der Mensch auf dessen Rücken kniet — ohne daß dem Plastiker irgend daran gelegen wäre, die Handlung darzustellen. Mithras blickt nicht nach dem Tier, das er bekämpft, sondern heraus auf den Beschauer [1]). Dies kann uns lehren, daß hier die beiden Motive, Griff nach dem Kopf der Bestie und Aufknien des Siegers, nicht, oder doch keinesfalls bloß Handlungs- elemente der Darstellung sind, sondern vielmehr A u s d r u c k s - g e b ä r d e n im Sinn des Psychologen; wir dürfen sie als Kampf- und Siegesgebärde kat'exochen umschreiben.

Machen wir uns nun den Vorgang der Bildung unserer Bild- formel für den Sieger über das Tier klar:

Die Gebärde des Lebens läuft in der Zeit und im Raum ab; die Darstellung der bildenden Kunst ist notwendig einmomentig (selbst die sog. Simultanbilder der neuesten Malerei vermögen auch nur mehrere Phasen in einzelnen Bildern aneinander zu reihen). Aus der Fülle der Gebärden eines Stierkämpfers, die in der Tiefe des Raumes und im Ablauf der Zeit geschehen, sind gewisse Bewegungen der Körper als besonders ausdrucksvoll ins Bewußtsein getreten. Im Augenblick des Sieges läßt der Sieger z. B. die Hand auf den Kopf der erlegten Bestie herabsinken und dort vielleicht nur einen Augen- blick lang zum Zeichen seines Sieges ruhen. Mit dieser Art von Gebärden hat es die Psychologie ja auch üblicherweise zu tun. Solche Gebärde kann man vielleicht heute noch, etwa bei Stierkämpfen in Spanien, filmen.

Die bildende Kunst wählt nun aus diesen transitorischen Ge- bärden, die in der Fülle des Raumes und in der Fülle der Zeit von- statten gehen, bestimmte Gebärden zur Darstellung eines Ausdrucks aus. (Das Prinzip ihrer Auswahl, die Psychologie dieses Aktes, kann nicht von uns erörtert werden). Die Ausdrucksformeln der künst- lerischen Gebärdensprache sind also im Verhältnis zur Gebärden- sprache des Lebendigen, die doch auch schon „Ausdrucksform" ist, nur (oder besser: sogar) gleichsam A u s d r u c k s f o r m e n z w e i t e r P o t e n z.

---

[1]) s. F. S a x l, Frühes Christentum und spätes Heidentum in ihren künstle- rischen Ausdrucksformen, in: Jahrb. f. Kunstgeschichte, Bd. II (XVI), 1923, 2. H., S. 81 und Abb. 50.

Eine von diesen einmomentigen und bloß zweidimensionalen Gebärdenformeln der Kunst entwickelt sich dann in einem oft durch
Jahrhunderte gehenden Selektionsprozeß zur typischen Ausdrucksform.

Und diese Ausdrucksform hat nun, wie der Historiker beobachtet,
eine solche Kraft, daß sie Jahrhunderte, ja Jahrtausende lang lebendig bleibt und die verschiedensten Inhalte aufnehmen kann,
Inhalte so verschiedener Natur, daß diese, wie gezeigt wurde und
noch genauer gezeigt werden soll, selbst gegensätzlicher Art sein
können.

Der Heraklestypus kann zu dem der Nike werden, der Niketypus
zur Ausdrucksform für den Erlösergott der persischen Lichtreligion,
Mithras.

Wie die europäische Menschheit in den Frühstadien ihrer Kulturentwicklung, so neigt auch das Kind [1]) dazu, Darstellungsformen nicht
nur zu stereotypisieren, sondern es kann diese stereotypen Formen,
die es einmal gefunden hat, dann auch in anderen Zusammenhängen
verwenden, so neue Typen bildend.

Wenn ich es genauer präzisiere, so wären die psychologischen
Probleme, die sich dem Historiker wenigstens in diesem Zusammenhang
als erste aufdrängen: welcher besonderen Art sind die Gebärden, die zu zentralen Bildtypen einer Kultur werden, und
welche Wirkungen gehen von der gefundenen Bildformel einer
Gebärde auf die späteren Gebärdenformeln aus?

Diese psychologischen Fragen erlaube ich mir lediglich zu stellen.
Nur auf eines möchte ich in bezug auf die Art der Nachwirkung von
Bildformeln für Gebärden aufmerksam machen, da es im weiteren Zusammenhange uns noch wichtig wird. Es leuchtet ein, daß gerade in
der Bildgebärdensprache im Gegensatz zu der gewöhnlichen Sprache
ein Fond aus der Urzeit den Späteren übermittelt werden
kann und wird. Die wilden Völker sind es, diese geborenen Panto-
mimen, die alles, was sie wollen, lebhaft nachahmen und darin ihre
eigentliche Denkart zeigen. Daher gehen auch ihre Gedanken, sagt
Herder im 9. Buch der Ideen zur Geschichte der Menschheit, so
leicht in Handlung und lebendige Tadition über. Aus dieser lebendigen Tradition der Mimik und Gebärde sind jene Urtypen der
bildenden Kunst geschöpft.

---

[1]) Georges Rouma, La Langage Graphique de l'Enfant, besonders Kap. X,
S. 200 ff. Bruxelles 1913.

Dieser Gedankengang deutet an, welche wichtige Rolle der bild-
gewordenen Gebärde in der Geschichte des menschlichen Ausdrucks
zuzuweisen ist. Sie wird immer eine Erhalterin der Frühstadien
menschlicher Kultur in der Geschichte sein.

Und nun genug dieser Betrachtungen. Ich kann zwar nicht versuchen, in folgendem Ihnen die Geschichte der dargestellten Gebärde
im Altertum, Mittelalter und Neuzeit der europäischen Kultur im
einzelnen aufzuweisen. Dafür fehlen auch noch fast alle Vorarbeiten.
Ich möchte aber doch unternehmen, gerade an die letzten Gedankengänge anknüpfend, Ihnen als Historiker zu zeigen, wie solche „Urworte der Gebärdensprache", wie Warburg sie genannt hat, in einer
bestimmten Epoche der europäischen Kultur, nachdem sie längst vergessen schienen, wieder lebendig geworden sind. Es handelt sich
um die psychologische Seite des Kulturproblems der
Renaissance.

Die ersten Beispiele, die ich vorführen möchte, umfassen eine
Gruppe besonderes Art.

1. Der über Goliath triumphierende David des Castagno[1]) ist
   nach dem Vorbild einer antiken Statue geformt, die den Niobiden-
   pädagogen darstellt, der vor dem Zorn der Götter erschrickt.
   David hebt triumphierend die Rechte, der Pädagoge streckt sie
   abwehrend aus.

2. Donatellos Relief der Krankenheilung durch St. Antonius
   in Padua benutzt eine antike Komposition, die uns in mehreren
   Exemplaren erhalten ist und die Zerreißung des Pentheus darstellt. Auf dem antiken Relief rissen die Maenaden ihrem Feind
   das Bein vom Leib, auf dem Renaissancerelief bedeutet die Darstellung dagegen gerade das Anheilen des verletzten Beines.
   Endlich

3. Duccio benutzt zu seinem „Wunder des heiligen Bernhardus" —
   dem Heiligen werden von einer Mutter 2 Kinder zugeführt —
   einen antiken Medeasarkophag, auf dem die Mutter ihre Kinder
   zum Tode führend, dargestellt war.

In allen drei Fällen sind also Vorprägungen der Antike zur Darstellung verwendet worden. Der Künstler hat die Gebärde des Siegers

---

[1]) Früher Pollajuolo zugeschrieben, siehe J. P. Richter (Catalogue of Pictures
at Locko Park, London 1901), Nr. 201, S. 83. — Die Zuschreibung an Castagno
stammt von B. Berenson, siehe Pictures in the Collection of P. A. P. Widener
Philadelphia 1916, I. Early Italian Masters Nr. 9.

nicht neugefunden, nicht die Heilungsgruppe und auch nicht die Gruppe
der Mutter, die ihr Kind zum Wunder führt. In allen drei Fällen sind
von der klassischen Kunst in einem langen Bildungsprozeß gewonnene
Formeln wieder aufgenommen, und zwar e n e r g e t i s c h i n v e r t i e r t [1]).
Aus der T ö t u n g wird H e i l u n g und aus dem S c h r e c k e n S i e g.

Das antike Ausdruckssymbol kann also, das lehren diese Tatsachen, a m b i v a l e n t sein. Es kann eine Inversion des ursprünglichen Gehalts eintreten, wie wir das verwandt schon beim Aktaeon
gesehen haben (siehe oben S. 16).

Diese Fälle energetischer Inversion sind Sonderfälle des allgemeinen Phänomens der Wiederaufnahme antiker Ausdrucksgebärden
im Zeitalter der Renaissance.

Von diesem allgemeinen Phänomen hat W a r b u r g in dem Sinn
gehandelt, daß er zu bestimmen versuchte, welche Bilder und Ausdrucksgebärden es sind, die in den von den heidnischen Vorfahren
geprägten Formeln wieder aufgenommen werden. Läßt sich ein
G r u n d p r i n z i p erkennen, nach dem die A u s w a h l i m V o r r a t
d e r g e p r ä g t e n E r b m a s s e erfolgte?

Wir haben hier an den Wänden eine Anzahl von Renaissance-
kunstwerken zusammengestellt, um deren sog. „Abhängigkeit" von
antiken Werken vor Augen zu führen. Die Tafeln sind zumeist so
angeordnet, daß voran das antike Kunstwerk abgebildet ist, dann
dessen mittelalterliche Umformungen und endlich die Restitution der
antiken Formel in der Kunst der Renaissance.

Ein mittelalterlicher S i m s o n, der auch im Mithrastypus dargestellt wurde, unterscheidet sich von einem Renaissance-Mithras vor
allem dadurch, daß die mittelalterliche Plastik neben der der Renaissance wie bewegungslos erscheint. Dasselbe gilt, wenn wir einen
spätmittelalterlichen nordischen Holzschnitt, der die T ö t u n g d e s
O r p h e u s — also eine der am stärksten pathetischen Szenen der
antiken Mythologie — darstellt, mit einem italienischen Renaissancebild desselben Themas vergleichen; und der Gegensatz, der sich hier
zeigt, offenbart sich nicht etwa nur bei einem Vergleich nordischer
und südlicher Werke, sondern genau so, wenn wir italienische Bildwerke des 14. Jahrhunderts mit solchen des 15. vergleichen, z. B.
einen T a n z d e r S a l o m e von A n d r e a P i s a n o mit dem des
F i l i p p i n o L i p p i, oder die D a p h n e miniatur einer italienischen

---

[1]) Dieser Ausdruck, sowie der folgende „Ambivalenz" und die Nachweise stammen
von W a r b u r g.

Handschrift des 14. Jahrhunderts mit der Darstellung des Stoffes auf dem Renaissance-Cassone der Sammlung B e r e n s o n in Florenz.

Untersucht man nun diese neuen Bildtypen der Renaissancekunst historisch, dann findet man, daß sie eben darin, worin sie so auffallend neu sind gegenüber ihren Vorgängern, daß sie eben darin a n t i k e A u s d r u c k s f o r m n e u v e r w e n d e t haben.

Wir beobachten ferner, daß in der Renaissance Bildmotive auf-tauchen, die der vorangehenden Zeit nicht geläufig sind: wie die K l a g e u m d e n V e r s t o r b e n e n, die am Grabmal der im Wochenbett gestorbenen Lucrezia Tornabuoni[1]) und des Francesco Sassetti dargestellt ist. Bei F i l i p p i n o L i p p i finden wir die recht ungewöhnliche Darstellung eines k l a g e n d e n A d a m, der die Augen zum Himmel wendet, an ihn schmiegt sich der kleine Sohn, im Hintergrund erscheint die Schlange. Diese Totenklagen gehen bis ins einzelne auf antike Sarkophagbilder zurück, der Adam des F i l i p p i n o mit dem Sohn und der Schlange ist ein christianisierter Laokoon.

Stellen wir nun wiederum unsere Frage: Läßt sich ein Grund-prinzip erkennen, nach dem die Auswahl im Vorrat der geprägten Masse erfolgte? Betrachten wir die Reihe der antiken Ausdrucks-gebärde, Ausdrucksgestalten und Ausdrucksgruppen, die die Re-naissance aus der Masse des antiken Erbgutes zu neuer Belebung wieder herausgehoben hat, so können wir ihren einheitlichen pathe-tischen Charakter gar nicht übersehen. Orpheus, der von den Weibern erschlagen wird, der Sieger, der den Feind überwindet, die Toten-klagen, Salome, die um das Haupt des Johannes tanzt, Daphne auf der Flucht vor dem Gott, der Niobiden-Pädagoge, Medea, Pentheus — sie sind Verkörperungen der Leidenschaft und des Leides, ihre Ge-bärden in der Kunst Bildsymbole für gierige Verfolgung, brutalen Triumph, für hemmungslose Klage. P a t h o s f o r m e l n sind also die Bildsymbole, die die Renaissance aus der Antike nimmt, aus den Vorprägungen ihrer eigenen Vergangenheit. Wie sich die Fixierung dieser Pathosformeln innerhalb der Antike beobachten läßt, haben wir im ersten Teil dieses Vortrags an dem einen Beispiel des Motivs: Mensch und Tier im Kampf, zu zeigen versucht.

Ich glaube, daß diese Nachweise auch für den Psychologen wesentliche Probleme darstellen.

---

[1]) Vgl. Frieda S c h o t t m ü l l e r, Zwei Grabmäler der Renaissance und ihre antiken Vorbilder, in: Rep. für Kunstwissenschaft, Bd. XXV, Heft 6.

Die Renaissance empfindet die Ausdrucksgebärde der Zeit, die ihr unmittelbar vorangeht, als ausdrucksarm, und nun greift sie über ein Jahrtausend hinweg auf die Ausdrucksformen der Antike zurück [1]). Die gesteigerte Totenklage ist für den Renaissancemenschen die Klage all' antica.

Es bleibt nun noch die Frage, warum man denn gerade auf die Ausdrucksform des heidnischen Altertums zurückgegriffen hat.

Wenn die heidnische Antike gerade da zur Hilfe gerufen wird, wo — im Gegensatz zur frommen Ergebenheit des Mittelalters — ein pathetisch-dynamischer Ausdruck der persönlichen schmerzbewegten Leidenschaft gesucht wird, so geht es nicht mehr an, das Verhältnis der Renaissance zur Antike in der bisher üblichen Weise zu beschreiben: als ein bildungsmäßig bewußtes Wiederaufnehmen, ein historisches Zitieren der stillen Größe klassisch-normativer Vorbilder. Denn es sind in der Frührenaissance ja gerade die heidnisch-orgiastischen Prägungen und nicht die beruhigte klassische Antike, in denen die Künstler sich aussprechen. Die Antike ist — wie W a r b u r g es formuliert hat — „eine willkommene Anstachlerin für die neuen Freigelassenen des weltzugewandten Temperaments, die dem um seine persönliche Freiheit dem Schicksal gegenüber Kämpfenden den Mut zur Mitteilung des Unaussprechlichen verlieh — colla licenza degli anteriori".

Wenn also diese Künstler gerade von der pathetischen Gewalt der antiken Vorprägungen ergriffen werden, so kann das Wiederauftauchen der Antike nicht aus dem bewußten Bildungswillen der Renaissance, sondern es muß aus der Natur jener antiken Vorprägungen selbst verständlich gemacht werden. Und so wird eine seelische Naturgeschichte dieser Vorprägungen, dieser Pathosformeln, selbst ein Desiderat der Kunstgeschichte. Um zu verstehen, warum die Renaissancekünstler nicht durch vollständig originelle Erfindungen,

---

[1]) Daß ein solches Suppletivwesen der Gebärdensprache gerade beim Ausdruck des Gesteigerten überhaupt eintritt, ist nach der Parallele der Sprachwissenschaft verständlich. H e r m a n n O s t h o f f (Vom Suppletivwesen der indogermanischen Sprachen. Akadem. Rede. Heidelberg 1899) hat gezeigt, daß gerade bei den Ausdrücken der Steigerung sich auch in unseren Sprachen Altertümlichkeiten erhalten haben, ein Vorgang, den er als Suppletierung bezeichnet. Während primitive Sprachen eine Fülle von verschiedenen Bezeichnungen auch für ganz nahe verwandte Erscheinungen haben, haben die reifen Sprachen im allgemeinen diese Fülle reduziert und durch Begriffssystematik ersetzt. Nur — und dem dient eben der Nachweis O s t h o f f s — wo es sich um die Steigerung handelt, z. B. bei Adjektiven, bonus — melior — optimus, da wird die plastische Fülle der primitiven Ausdrucksfähigkeit nicht verdrängt, sondern konserviert. Gerade die Verschiedenheit des Stammes von „gut" und „besser" bezeichnet die Steigerung.

sondern durch vorgeprägte und schon einmal künstlerisch-geläuterte
Formen ihr Pathos mitteilen, muß klargestellt werden, wieso es mög-
lich ist, daß gewisse künstlerische Typen ihre Durchschlagskraft durch
Jahrhunderte bewahren.

Welche psychologische Gesetzlichkeit, d. h. welche seelische Notwendigkeit liegt der historischen Konstanz dieser Prägungen, ihrer
gelegentlichen Restitution — und vor allem ihrer erstmaligen Prägung
in der Antike zugrunde? Diese ausdruckspsychologische Frage drängt
sich unserer zunächst rein kunstgeschichtlichen Forschung auf: sie
kann nicht mit einem Schlage beantwortet werden, und zu ihrer Beantwortung erhoffen wir die Mithilfe der psychologischen Forschung.
Sicherlich verdanken diese Prägungen zu einem Teil ihre Wirkungs-
kraft der ausgeglichenen, gehaltenen Umrißklarheit, in der das klassische
Griechentum alle früheren Ausdrucksprägungen zusammenfaßt. Aber
daß ihr Gefühlsgehalt sich dem allgemeinen Empfinden in dieser erstaunlichen Weise mitteilen kann, das beruht nach W a r b u r g darauf,
daß noch in der stilvollen Verhaltung des klassisch-antiken Künstlertums der Nachhall jener leidenschaftlichen Hingabe und Erschütterung
zu spüren ist, die in den dionysisch-orgiastischen Kulten die körperlichen Ausdrucksbewegungen in unerhörtem Maße entfesselte.

„Die Restitution der Antike" — so sagt W a r b u r g — „als ein
Ergebnis des neueintretenden historisierenden Tatsachenbewußtseins
und der gewissenhaften künstlerischen Einfühlung zu charakterisieren,
bleibt unzulängliche deskriptive Evolutionslehre, wenn nicht gleichzeitig
der Versuch gemacht wird, in die Tiefe triebhafter Verflochtenheit
des menschlichen Geistes mit der geschichteten Materie hinabzusteigen.
Dort erst gewahrt man das Prägewerk, das die Ausdruckswerte heidnischer Ergriffenheit münzt, die dem orgiastischen Urerlebnis entstammen: dem dionysischen Thiasos."

Wenn also in dieser neuartigen Weise die Kunstgeschichte das
Bild als seelischen Ausdruck versteht und sich zu psychologischen
Fragestellungen und zur Inanspruchnahme der ausdruckspsycholo-
gischen Forschung genötigt sieht, so fühlt sie sich doch in einem gewissen methodischen G e g e n s a t z selbst zur m o d e r n e n P s y c h o -
l o g i e. Freilich versucht die moderne Psychologie nicht mehr, sich
unmittelbar in die Seele, in das Vorstellungsleben des zu erforschen-
den Subjekts hineinzuversetzen, sondern auch sie geht von seinen
Äußerungen, vom Ausdrucksmäßigen und Bildhaften, vom Symptom
und Symbol aus, um auf diesem mittelbaren Wege das eigentlich

Seelische erst zu rekonstruieren. Aber eben gerade gegen dieses Verfahren, aus dem Geäußerten das Innere abzulesen, von der objektiven Darstellung sofort auf das subjektive Bewußtsein zurückzuschließen — gegen dieses Verfahren muß man erklärlicherweise skeptisch werden, wenn man in der historischen Analyse erkennt, in wie hohem Maße die individuelle Ausdrucks- und Gebärdenphantasie von längst vorgeprägten Formen beeindruckt wird — wie sie nicht unmittelbar ihr eigenes Innere in freier Ausdrucksbewegung ausspricht, sondern, höchst traditionsbedingt, in der produktiven A u s e i n a n d e r - s e t z u n g m i t d e n v o r g e p r ä g t e n A u s d r u c k s f o r m e n steht: von ihnen beherrscht wird oder sie ihren eigenen Bedürfnissen unterwirft.

Eine Psychologie, wie sie unsere Kunst- und Kulturwissenschaft benötigt, kann also nicht einfach eine Psychologie des Ausdrucks sein, die Ausdruck und Bild als fixierte, gestaltgewordene Formulierungen des Seelischen interpretiert, sondern nur eine Psychologie des Ausdrucks, die den Ausdruck selbst zum Problem macht; eine Psychologie also, die die Prägung und das Fortleben der sozial-gedächtnismäßig aufbewahrten Ausdruckswerte als sinnvolle, quasi geistestechnische Funktion versteht, und die das Symbol nicht als E n d - produkt der seelischen Energie wertet, sondern es i n n e r h a l b des psychophysischen Prozesses sieht und die Bedeutung auch gerade der R ü c k wirkung des Symbols auf das psychische Leben klar stellt.

Ob die gegenwärtige Psychologie hierin ein sinnvolles Problem sehen kann und wie sie über dessen Lösungsmöglichkeiten denkt: darüber möchten wir uns gern in der Diskussion belehren lassen.

[1938]
Rezension der Gesammelten Schriften
Aby M. Warburgs
von
Ernst Hans Gombrich

WARBURG, ABY M., *Die Erneuerung der heidnischen Antike. Kulturwiss. Beiträge z. Geschichte d. europäischen Renaissance.* Leipzig-Berlin '32. = Warburg: Gesammelte Schriften. 1. 2.

Alle zu Lebzeiten publizierten Schriften liegen nun in zwei schön ausgestatteten Bänden vor. Der Text ist wortgetreu nachgedruckt, ein Anhang gibt jede Randbemerkung aus W.s Handexemplaren wieder und kommentiert sie mit philologischer Sorgfalt, wobei der Herausgeberin G. Bing die Erfahrung jahrelanger Zusammenarbeit mit W. zu Hilfe kam. So vermag sie oft aus flüchtig hingeworfenen Schlagworten einen wichtigen Exkurs zu rekonstruieren, der jedoch stets zwischen W.s Text und der Ergänzung auch typographisch klar scheidet. Der Anhang verweist auch auf die Resultate der später erschienenen Literatur zum gleichen Thema und stellt so dem Leser eine Fülle von Material zur Verfügung. Ein sorgfältig gearbeitetes Register erleichtert nicht nur das Auffinden aller Belegstellen, sondern legt gleichsam die Querverbindungen, um aus W.s Einzelstudien sein Geschichtsbild erstehen zu lassen.

Die älteste der in diesen Bänden vereinigten Arbeiten ist vor fast 4½ Jahrzehnten erschienen, ein Großteil vor mehr als 2. So darf man einleitend feststellen, daß die darin enthaltenen Resultate rein sachlicher Natur schon als Gemeingut der Spezialforschung gelten können. Die enge Beziehung von Botticellis mythologischen Bildern zu Polizians Dichtung, die Identifizierung der Bildnisse der ,,Consortoria Medici'' in Ghirlandajos S. Trinità-Fresken oder die Feststellung der Auftraggeber von Memlings Danziger Altar sind ebenso fest mit W.s Namen verbunden wie etwa die Auflösung des ,,Bilderrätsels'' der Schifanoja-Fresken, die dokumentarische Erforschung von Melanchthons Sternglauben oder der Bedeutung des Florentiner Festwesens für die Entstehung der Oper. Wenn die Schriften W.s nur die Resultate solchen Forscherfleißes und Spürsinns enthielten, so könnte ihr erneuter Abdruck nur ein Akt

der Pietät sein. Tatsächlich bedeutet aber für W. jedes Sonderproblem, dem er seine Arbeit gewidmet hat, den Teil eines umfassenderen Problems, und dies rechtfertigt die Sammlung der Schriften um so mehr, als dieser innere Zusammenhang der oft an entlegenen Stellen publizierten Arbeiten noch nicht ganz ins Bewußtsein der Forschung gedrungen zu sein scheint. Freilich lag es W. nicht, den Lesern seiner mit anschaulichen Fakten geladenen Studien die Formulierung der allgemeinen und abstrakten Zusammenfassung leicht zu machen. W. dachte auch das Allgemeinste an Einzelfällen und in Einzelfällen, er bietet kein ,,System'' und keine leicht tradierbare Methode. Und doch erscheint sein Lebenswerk vor allem als methodische Leistung von höchstem Rang.

Es hält nicht schwer, in W.s Werk die Züge seiner geistigen Herkunft aufzufinden, die die gehaltvolle biographische Einleitung der ,,Schriften'' nahelegt. Die strenge historische Zucht verrät die Schule des positivistischen 19. Jahrh. eben so sehr, wie das Stück Materialismus, das in seiner an R. Semon angelehnten Terminologie einer ,,energetischen'' Psychologie der Mneme anklingt. Neben Burckhardt, Usener und Nietzsche ist auch F. Th. Vischer (vor allem sein Aufsatz über das Symbol) zu nennen. Und wie das erste Rüstzeug, so zeugt auch W.s erste Themenwahl von seiner geistigen Abstammung. Das späte Florentiner Quattrocento, die Umwelt Lorenzo di Medicis und Botticellis sind sein Arbeitsfeld und verkörpern ihm auf lange das Ganze der Renaissance. Aber mit diesem Rüstzeug und an diesem Thema gelingt W. die echte und fruchtbare Überwindung rein formaler Kunstgeschichte, wie er sie vorfand und die gerade in den Jahren seiner entscheidenden Arbeiten zur Vollendung kam. Die objektive Forscherarbeit im Florentiner Archiv lehrte ihn die Einseitigkeit und Unzulänglichkeit jener ästhetischen Einstellung sehen, die in der Welt vor Raffael das Paradies kampflosen Erwachens zu antikischer Schönheit und Freiheit entdeckt

4

zu haben meinte, die jene Werke als Zeugnisse naiver Primitivität schätzte. Urkunden und Inventare lehrten ihn, Macht und Lebenskraft der spätmittelalterlichen Tendenzen einzuschätzen, gegen die der klassische Stil sich durchzusetzen, mit denen er sich auseinanderzusetzen hatte. Auch hier ist W.s Wertung zunächst die seiner Epoche. Der stoffliche Realismus burgundischer Prägung heißt ihm etwa im Gegensatz zum befreiten Stil Botticellis „Trachtenbarbarei". Das Erwachen zu antikischer Bewegtheit wird anschaulich als Abschütteln engender Hüllen erlebt. Aber doch werden die Werte des „nordischen Seelenspiegels" erkannt oder die Intensität der Antikenverehrung eines Karl des Kühnen nacherlebt, wie die inneren Gefahren der „antikischen" Pathosformeln" durchschaut, von denen sich Dürer auf der Höhe seines Lebens bewußt abwendet. War im ersten Botticelliaufsatz die Bewegtheit noch eine des „Details", eine „zusätzliche Form", ein Kennzeichen gleichsam für Antikes in Literatur und Kunst, so ist in den späteren Schriften das Korrelat dieser bewegten Formen beschrieben: Dionysische Orgiastik, triebhaftes Heidentum hat die Formen entfesselter Bewegungslust geprägt, und man ruft diese nicht ohne die Gefahr zu Hilfe jenen zu verfallen. Nicht die ästhetische Freude an bewegten Gestalten darf dem Kunsthistoriker zur Erklärung des Renaissancephänomens, wie W. es sah, genügen, denn mit der Form taucht auch das geistige Erlebnis im Kollektivbewußtsein auf, das einst in solchen Formen Niederschlag gefunden hat. Von dieser Auffassung her stellt sich alles, was eine formale Kunstgeschichte als „Einfluß" und Entlehnung leichtherzig zur Kenntnis nehmen konnte, als kulturpsychologisches Problem von großer Tragweite dar. Das Nebeneinanderbestehen in einem Bewußtsein bedarf der Deutung. Wenn sich, wie Warburg in einer seiner wichtigsten Untersuchungen feststellt, Francesco Sassetti in seiner letztwilligen Verfügung das Bild der heidnischen Schicksalsgöttin Fortuna aufdrängt, während er sein Haus dem Schutze Gottes empfiehlt, so empfand er das ebensowenig als Widerspruch wie sein Zeit- und Standesgenosse Rucellai, der jene Fortuna in ihrer antiken Form zum Wappenschmuck wählte, sich aber von Ficino dahin belehren ließ,

daß auch Fortuna dem Willen des Höchsten unterworfen ist. Die antiken Dämonen zerstören noch nicht das christliche Weltbild, sie werden vielmehr kunstvoll gedanklich eingeordnet. Und so ist auch der antike Sarkophag in Ghirlandajos Altarbild für Sassetti nicht nur ästhetisches Prunkstück: die Inschrift erweist ihn als Symbol des überwundenen Heidentums.

Nicht in mehr oder minder zufällig gewählten „geistesgeschichtlichen Parallelen" findet also Warburg die Lösung, sondern im Aufzeigen konkreter Beziehungen, bei deren Aufsuchen er sich allerdings durch kein fachliches „Grenzwächtertum" abhalten läßt, stilgeschichtliche, soziologische, religionsgeschichtliche und sprachgeschichtliche Resultate zur Aufhellung eines Detailproblems aufzubieten.

Gegensätzliche Tendenzen zur Einheit zu fassen erkennt Warburg als Funktion des Symbols. Gerade weil es nicht eindeutiges logisches Zeichen ist, sondern stets neu interpretierbares Sinngebilde, vermag es verschiedene Inhalte zu decken, und in seiner „Schwingungsweite" zu umfassen, ja geistigen Wandlungen als Angelpunkt zu dienen. Das Verständnis dieser Symbolauffassung sichert den Zugang zu W.s astrologiegeschichtlichen Forschungen. Er sieht die antiken Göttersymbole nicht nur passiven „Wandlungen" unterworfen, er sieht sie als Mächte, die gleichsam von innen heraus als magische „Monstra" vom Bewußtsein der Zeit Besitz ergreifen oder zur distanzierten Schönheit „olympischer" Ratio zurückkehren können.

Darin liegt vor allem die Bedeutung der Antike innerhalb von W.s Geschichtsbild, daß in ihr das „Prägewerk" der Symbole gesehen wird, die die Mittelmeerkultur bestimmen. Das Nachleben der Antike bedeutet für ihn folgerichtig die Schicksalsfrage unserer Kultur. Freilich durchaus nicht im einseitigen Sinn eines Bildungshumanismus. Die antike Polarität von „Athen und Alexandrien", von freiem und magisch befangenem Menschentum, ist ihm ein Gegensatz, der tiefer liegt als konkrete historische Situationen, der, hierin ähnlich Nietzsches ersten Begriffen, zwei gegensätzliche Möglichkeiten menschlicher Grundhaltung bezeichnet. Und wie etwa Rohde und Usener am Grunde des antiken Bildungsgutes das seelische Gemeingut primitiven Menschentums entdeckten, so verschwimmt für W. mitunter das Bild konkreter antiker Prägewerte mit dem selbsterlebter Urformen von Ritual und Symbol im Bereich der Puebloindianer. In dieser Verschmelzung von anthropologischer und humanistischer Auffassung schwingt gewiß etwas von der deutsch-klassischen Wertung des Griechentums als der reinsten Ausprägung des ursprünglichen Menschentums nach. So wird das Problem des „Nachlebens" der Antike für W. zum Problem des Mensch-seins schlechthin. In diesem Sinn ist ihm auch die historische Antike nur Beispiel, oder richtiger Symbol, für ein Allgemeines, das allen Kulturen zu Grunde liegt. In allen Kulturen ist der Sinn der geschichtlichen Wandlung an der Geschichte wechselnder Inhalte von Symbolen abzulesen. Darum erschöpft sich W.s Erbe durchaus nicht im Aufsuchen und Deuten antiker „Motive". Seine Symbolforschung bedeutet etwas grundsätzlich anderes, als Ikonographie im alten Sinn.

Es ist die gleiche Auffassung vom „Symptomcharakter" aller geistigen Gebilde, die auch W.s Stilpsychologie bestimmt. Sie macht die Kulturgeschichte zur Schicksalsgeschichte des menschlichen Bewußtseins, das von Symbolen beherrscht ist, deren Prägung in die Zeit der „Anfänge" zurück-

reicht. Sein geschichtliches Sonderproblem wird ihm zum typischen „Fall", an dem das Zentralproblem der Kulturpsychologie studiert werden kann.

Einer solchen Auffassung muß die allseitige Durchdringung e i n e r geistigen Situation, eines geschichtlichen Phänomens unendlich mehr bedeuten, als das Sammeln heterogener historischer Daten. Daher die Treue W.s zu dem einen Problem, das ihn kommandierte. Daher die scheinbaren Wiederholungen, die doch nur immer tiefere Schichten des einen kulturpsychologischen Falles bloßlegen, dem W. sein Leben gewidmet hatte. Manche Einzelheiten dieses Gebiets zeigen sich auch heute wieder in einem neuen Licht. Aber W.s Auffassung der Kulturgeschichte als Teil einer umfassenden Kulturpsychologie wird gültig bleiben. Darüber hinaus aber noch wirkt das Ethos seiner Schriften: Ist doch die Erforschung der irrationalen Mächte der Geschichte bei ihm durchaus nicht mit jener romantischen Verherrlichung der Nachtseiten des Lebens gepaart, deren Gefahren heute Gestalt gewonnen haben. Diese Mächte kennen, bedeutet für ihn, sie beherrschen, und so wird seine historische Arbeit selbst zum Kampf bewußter Auseinandersetzung und damit sein Werk zum Symbol und Instrument der Aufklärung.

A. M. Warburg

von Gertrud Bing*
[1965]

Als Giorgio Pasquali knapp sechs Monate nach Warburgs Tode seine Erinnerungen an ihn niederschrieb, wollte er seinen Landsleuten die Gestalt eines Forschers nahebringen, dessen Leistung er bewunderte und mit dem ihn eine jahrelange Freundschaft verband.[1] Dabei sah er sich einer seltsamen Situation gegenüber. Es war ihm aufgefallen, daß Warburgs Name weithin bekannt war, während man selbst in Fachkreisen so gut wie nichts von seiner Person und seinen Arbeiten wußte. »Hier bei uns«, schrieb Pasquali, »haben sich selbst unter den Universitätsleuten viele gefragt, ob dieser Name auch der eines Mannes, nicht nur der einer Institution sei. Denn die Hamburger ›Warburg Bibliothek für Kulturwissenschaften‹ war berühmter als ihr Gründer und Leiter. . . . Die Warburg Bibliothek ist schon heute die umfassendste Spezialsammlung von Büchern und ikonographischem Material für den, der sich mit allgemeiner Kulturgeschichte und besonders mit der Geschichte unserer eigenen, der florentinischen und italienischen Renaissancekultur beschäftigen möchte. . . Daß der Mann Warburg, der große Forscher Warburg, verschwinden wird, ja schon zu Lebzeiten hinter der von ihm geschaffenen Institution verschwunden war, entspricht seinen Absichten: er hat vor allem Lehrer und Organisator sein wollen, er wünschte, daß bestimmte seiner wissenschaftlichen Ideen − vielleicht nicht allzu viele an Zahl, aber großartig und ganz folgerichtig entwickelt − im Geiste seiner Schüler fortleben und fruchtbar werden sollten; solcher Schüler, die er von Anfang an als Mitarbeiter betrachtet und als Nachfolger ausersehen hatte. Tatsächlich verhält es sich so, daß er sich selbst damit zufrieden gab, seine wichtigsten Entdeckungen in äußerst knapper, gedrängter Form zu veröffentlichen − meist als Referate oder Kurzfassungen von Vorträgen − während seine Ergebnisse noch zu seinen Lebzeiten von Fritz Saxl, dem Forscher, der ihm während vieler Jahre am nächsten gestanden hatte, in ihren organischen Zusammenhängen auführlich dargestellt wurden.«

---

* Dieser Aufsatz, von Professor Bing vor ihrem Tode [im Jahre 1964] zur Einleitung der italienischen Ausgabe von Warburgs Gesammelten Schriften, die bei La Nuova Italia in Florenz herauskommt, bestimmt, ist eine stark überarbeitete Version eines 1962 am Courtauld Institute gehaltenen Vortrags. Die ersten neun Absätze die die Verfasserin auf deutsch geschrieben hatte, sind übersetzt worden; ansonsten wird der Text, wie von ihr autorisiert, abgedruckt. [In der vorliegenden deutschen Übersetzung folgt der Anfang einschließlich des ersten Satzes von Absatz zehn der deutschen Originalfassung Bings.]

[1] Giorgio Pasquali: Ricordo di Aby Warburg, in: Pegaso 2 (1930) S. 484 ff., wiederabgedruckt in: Ders.: Vecchie e Nuove Pagine stravaganti di un Filologo, Florenz 1952. Weitere persönliche Würdigungen: F. Saxl: Die Bibliothek Warburg und ihr Ziel, in: Vorträge der Bibliothek Warburg 1921 − 22, Leipzig 1923, S. 1 ff. Nachrufe von E. Panofsky im Hamburger Fremdenblatt vom 28. 10. 1929 und F. Saxl in der Frankfurter Zeitung vom 9. November 1929. A. Giorgetti: Aby Warburg, in: Archivio Storico Italiano 88 (1930) S. 341 ff. E. Wind: Warburgs Begriff der Kulturwissenschaft und seine Bedeutung für die Aesthetik, in: Zeitschrift für Aesthetik und allgemeine Kunstwissenschaft 25 (1931) Beilageheft, S. 163 ff. [in diesem Bande S. 401 ff.]; W. Kaegi: Das Werk Aby Warburgs, in: Neue Schweizer Rundschau N. F. 1 (1933/34) S. 283 ff.; C. G. Heise: Persönliche Erinnerungen an Aby Warburg, Hamburg ²1959; G. Bing: Aby M. Warburg, in: Revista Storica Italiana 72 (1960) S. 100 ff. [Die deutsche Fassung in diesem Bande S. 455 ff.]

Pasqualis Aufsatz gehört noch immer zu den schönsten und verständnisvollsten Tributen die Warburg zuteil geworden sind. In der Beurteilung von Warburgs Absichten mag er freilich fehlgegangen sein. Keine wissenschaftliche Leistung kann in den Augen ihres Urhebers je als vollendet gelten, und gerade Pasquali hat in seinen Schülern das gleiche Bewußtsein zu wecken verstanden, daß ihnen ein Erbe anvertraut wurde, um damit zu wuchern. Aber er hat den Finger auf einen Riß in Warburgs Schicksal gelegt, der damals schon bestand und seitdem noch deutlicher zum Vorschein getreten ist. Auch der posthume Ruf von Warburg beruht mehr auf Hörensagen als auf der Kenntnis seiner Schriften, und noch immer teilt er das Schicksal jener Autoren, die, in den Worten von Lessings Epigramm, fleißiger gelobt als gelesen werden.

Diese Gegensätze von Anerkennung und Vernachlässigung hat Warburg selbst erlebt. Von seiner Persönlichkeit und seinem Gespräch ging eine ganz ungewöhnliche Faszination aus, aber niemand hätte ihm zu seinen Lebzeiten den Ruhm vorausgesagt, den er heute genießt, und nur wenige hätten ihm dessen Berechtigung zugebilligt. In den Jahren, in denen sich die Kunstgeschichte zu einer anerkannten akademischen Disziplin entwickelte, mußte Warburg das Gefühl haben, vor tauben Ohren zu predigen. Er vertrat seine Sache mit dem Eifer eines Pioniers, aber er blieb sich bewußt, daß ihm nicht mehr vergönnt sein würde als »Meilensteine aufzurichten«. Seine Zuversicht, daß andere seinen Wegweisern folgen würden, mußte sich gegen Zweifel und Gleichgültigkeit behaupten. Am Ende des ersten Weltkrieges brach seine Krankheit aus und verurteilte ihn zu jahrelanger Einsamkeit. Nach seiner Genesung, als er durch Saxls Tätigkeit ein wissenschaftliches Forum von willigen Mitarbeitern vorfand, durfte er sich zwar von seiner Umgebung verstanden fühlen, und er erwarb sich die enthusiastische Verehrung einer Reihe von jüngeren Schülern. Aber die Ernte aus der Arbeit seiner letzten fünf Jahre hat er nicht mehr heimgebracht.

Nach seinem Tode haben die Zeitereignisse dazu beigetragen, daß seine Gestalt im Zwielicht blieb. Als seine Schriften Ende 1932 gesammelt erschienen, hat der unheilvolle Zeitpunkt ihrer Verbreitung Abbruch getan oder sie sogar ganz vereitelt. Weniger als ein Jahr danach wurde, unter dem Druck der politischen Verhältnisse in Deutschland, das Institut, das Fundament der Weiterarbeit an seinen Forschungen, nach England verlegt. Es unterstreicht die Ironie seines Schicksals, daß gerade diese Notlage seinem Namen zu größerer Geltung verholfen hat. Durch den Übergang des Instituts in einen anderen Sprachbereich und seine Eingliederung in die Universität London eröffnete sich Warburgs nächsten Mitarbeitern ein neues Wirkungsfeld, und Freunde und Schüler machten auch an Lehrstätten außerhalb Englands seine Arbeitsrichtung heimisch.

So könnte es scheinen, als ob die Wiederveröffentlichung seiner Schriften – in dem Lande, dessen Kultur sie in der Hauptsache gewidmet sind, und in der Sprache, in der er sich fast so zuhause fühlte wie in seiner eigenen – nichts anderes wäre als ein verspäteter Akt historischer Gerechtigkeit. Auch dieses wäre nicht unberechtigt. Viele Verleger, gerade in Italien, aber auch in Amerika und Deutschland, haben durch Neuauflagen und Übersetzungen dem überall spürbaren Bedürfnis nach Wiederanknüpfung an die vorjüngste Vergangenheit Rechnung getragen. Die Klassiker des wissenschaftlichen Schrifttums vom ausgehenden 19. und dem beginnenden 20. Jahrhundert stehen hoch im Kurs.

In Warburgs Fall liegen die Dinge jedoch noch anders. Die Forschungen, die sich ausdrücklich oder indirekt auf ihn berufen und die nur zum Teil vom Institut ausgehen, erstrecken sich auf zu viele Gebiete und sind unter sich zu verschiedenartig, um auf einen Nenner gebracht zu werden. Die Grenzlinien sind unscharf geworden. Nicht einmal die Bezeichnung Renaissanceforschung, die bei Warburg noch angebracht wäre, trifft mehr zu. Man spricht mit ebensoviel Vertrauen wie Unbestimmtheit von einer Warburgschen Methode oder einem Warburgschen Themenkreis. Aber man macht sich nicht klar, daß mit der Nennung des Namens die Gestalt seines Trägers noch nicht heraufbeschworen wird. Es ist nicht das erste Mal in der Geschichte der Forschung, daß ein Autor hinter der Fülle der Verarbeitungen und Weiterführungen seines Werkes aus dem Gesichtsfeld verschwunden ist. Will man sich nicht damit begnügen, ihn nach dem Einfluß zu beurteilen, den er ausgeübt hat, so muß man darangehen, durch Wiederherstellung seines Textes die Quelle neu zu erschließen.

Aus diesen Überlegungen ergaben sich gewisse Folgerungen für die Form der neuen Ausgabe. Saxl war es in seinem Aufsatz *Rinascimento dell' Antichità* von 1922[2] darauf angekommen, Warburgs zerstreute und scheinbar unzusammenhängende Aufsätze als ein Ganzes darzustellen. In den *Gesammelten Schriften* sind sie nach Themen gruppiert und durch kritische und ergänzende Anhänge, die zum Teil auf Warburg selbst, zum Teil auf neue Untersuchungen zurückgingen, auf den Stand von 1932 gebracht worden. In beiden Fällen lag die Absicht vor, seine Arbeiten in die wissenschaftliche Aktualität einzuordnen. Heute verlangt die Situation etwas anderes: der Akzent soll auf Warburgs eigene wissenschaftliche Entwicklung gelegt werden. Seine Schriften werden deshalb hier in der Reihenfolge ihres ursprünglichen Erscheinens abgedruckt. Einige der »Riassunti«, von denen Pasquali spricht, sind weggelassen, dafür wird ein Aufsatz, der 1932 nur im Auszug mitgeteilt wurde, in seinem ganzen Umfang veröffentlicht.[3] Nichts ist in Warburgs Text hinzugefügt oder berichtigt worden, auch nicht dort, wo seine Darstellungen und Schlußfolgerungen durch jüngere Forschungen überholt sind. Das Schicksal von Burckhardts *Cicerone* in seinen verschiedenen Auflagen sollte allen übergewissenhaften Herausgebern als warnendes Beispiel dienen: Selbst wo wir mit Burckhardts Urteilen nicht mehr übereinstimmen, ziehen wir es vor, seinen Wortlaut ohne Kommentar vor uns zu haben, um uns über seine Voraussetzungen klar zu werden. Bei Warburgs Schriften muß es dem Leser überlassen bleiben, sie in ihren Einzelheiten kritisch zu prüfen; aber es soll ihm ermöglicht werden, Warburgs Denken in seiner Folgerichtigkeit und Unerschrockenheit zu verfolgen.

Dazu muß man sich von gewissen Vorstellungen frei machen, die zum Teil Warburgs eigenen Forschungen verdankt werden. Er hat selbst dazu beigetragen, daß es uns schwer fällt, uns in seine Zeit zurückzuversetzen. Dies gilt nicht nur für sein eigenes Fach, die Kunstgeschichte. Mehr als andere hat er die Allgemeinbildung seiner Zeit in seine Spezialforschung einbezogen, und wir müssen uns auf vielen Gebieten nach den Quellen seiner Kenntnisse umsehen. Wir akzeptieren seine Bildbeschreibungen, ohne uns darüber Rechenschaft zu geben, daß sie Elemente aesthetischer Doktrinen enthalten, denen wir uns längst entwachsen glauben. Wenn er gegen die Autonomie der Kunstentwicklung und die Unabhängigkeit des künstlerischen

---

[2] F. Saxl: Rinascimento dell'Antichità, in: Repertorium für Kunstwissenschaft 43 (1922) S. 220 ff. [In diesem Bande S. 347 ff.] A. Warburg: Die Erneuerung der heidnischen Antike: Kulturwissenschaftliche Beiträge zur Geschichte der europäischen Renaissance. Mit einem Anhang unveröffentlichter Zusätze, Leipzig/Berlin 1932. Hier zitiert als: Gesammelte Schriften.

[3] ›Der Eintritt des antikisierenden Idealstils in die Malerei der Frührenaissance‹, Vortrag gehalten im Kunsthistorischen Institut in Florenz am 20. April 1914; Résumée in: Kunstchronik N. F. 25 (1913/14) Sp. 491, wiederabgedruckt in: Gesammelte Schriften Bd. 1, S. 173 ff.

Schaffens polemisiert oder die Überschätzung einseitiger Formkriterien für das Verständnis von Kunstwerken ablehnt, so scheint er uns gegen Windmühlen zu fechten, bis wir uns daran erinnern, daß er selbst sie erst stillgelegt hat. Unsere differenzierteren Begriffe von Ausbreitung und Einfluß-Sphäre der antiken Kunst setzen seine Widerlegung des klassizistischen Dogmas als selbstverständlich voraus. Manche seiner Zuschreibungen und Ableitungen bedürfen der Korrektur im Lichte moderner Kenntnisse. Aber man sollte sich davor hüten, mit seinen Irrtümern auch seine Argumente zu verwerfen. So hatte er Unrecht, wenn er Castagnos Turnierschild Pollaiuolo zuschreibt und die David-Figur auf den Pädagogen der Niobiden zurückführt, der erst 1583 gefunden wurde und stark restauriert ist. Aber das, was er damit unter Beweis stellen wollte, war die antike Abstammung des unantik anmutenden Gestus, und diese ist in der Tat durch frühe Handschriften klassischen Ursprungs verbürgt und war, wie eine Zeichnung im Codex Escurialensis beweist, Florentiner Künstlern aus der zweiten Hälfte des Quattrocento bekannt.[4]

Was nach Abzug solcher Vorbehalte an Schwierigkeit übrig bleibt, hängt mit der ungewöhnlich engen Verbindung zusammen, die bei Warburg zwischen Beschreibung und Interpretation besteht. Er bedient sich einer außerordentlich gedrängten Ausdrucksweise, der man anmerkt, daß sie ad hoc geprägt ist, und die es ihm erlaubt, seine allgemeineren Gesichtspunkte durchblicken zu lassen, ohne sie von seiner Darstellung des Einzelfalles zu trennen. Gerade die fast klinische Genauigkeit, mit der er seine Demonstrationen am Objekt durchführt, ist dazu angetan, die Aufmerksamkeit einseitig an sich zu ziehen. Dadurch ist weniger auf die Voraussetzung geachtet worden, mit der er an sein Material herangeht: Am historischen Sachverhalt mußte es sich zeigen lassen, wie in den Formen, die der Mensch sich selbst schafft, dessen innere und äußere Erfahrungen zum Ausdruck kommen. Auf einige der Fragen, die sich Warburg dabei aufdrängten, hauptsächlich auf die Rolle der Bildprägung im kulturellen Leben und das wechselnde Verhältnis, das der bildliche Ausdruck mit der Wortsprache eingeht, soll im folgenden kurz hingewiesen werden. Alles was sonst für seine Untersuchungen als charakteristisch gilt, sein Interesse am Bildinhalt, sein Augenmerk auf das Nachleben der Antike, sind viel mehr Mittel zum Zweck als Zielsetzungen.

Mit diesem Bemühen, den Gegenstand von zwei Seiten her zu beleuchten, hängt seine scheinbar unökonomische Arbeitsweise zusammen. Seine gedruckten Schriften stehen in keinem Verhältnis zur Masse des Materials, das er durchprüfte, zur Zahl der Dokumente, die er zur Kenntnis nahm, zur Fülle der Stoffgebiete, in die er vorstieß. Durch sein ganzes Werk ziehen sich Spuren des Scheiterns: unvollendete Pläne, versprochene, aber nie geschriebene Aufsätze, Ideen, die nie ausgearbeitet worden sind. Selbst in seinen gedruckten Arbeiten ist die Fülle der Themen verblüffend: Botticellis mythologische Bilder, burgundische Tapisserien, Memlings Porträts, florentinische Stiche, deutsche Kalender, die Geschäftskorrespondenz der Medici mit ihren Auslandsvertretern, Kontroversen zwischen Reformatoren und Gegenreformatoren, die italienische Oper, höfische Feste und quacksalberisch auf Jahrmärkten verkaufte Heilmittel: die wissenschaftliche Neugier reicht so weit, daß der rote Faden des leitenden Interesses aus dem Blick zu geraten droht. Daß viele seiner publizierten Aufsätze nur Kurzfassungen von Vorträgen sind, wirkt wie eine Notlösung, ein Kompromiß zwischen dem Wunsch, seine Ergebnisse mitzuteilen und dem Zögern, sie zu Papier zu bringen, ehe der Gesamtrahmen in seinem Geiste Gestalt gewonnen

---

[4] Gesammelte Schriften, S. 625.

hatte. In seiner Bibliothek jedoch hat sich — in den durch Zeit und Mittel gezogenen Grenzen — die ganze Breite von Warburgs Bestrebungen sichtbar niedergeschlagen. In den fast 70 Jahren ihrer Existenz ist sie natürlich erweitert und den modernen Forschungsrichtungen teilweise angepaßt worden. Aber ihre Organisation spiegelt immer noch Warburgs Forschungsinteressen wider. Der von ihm entworfene Grundriß diente den Nachfolgern als Modell, deren Arbeit wiederum dem Gebäude zugute gekommen ist, wie es heute dasteht. Der Gedanke drängt sich auf, daß Warburgs Werk so folgenreich gewesen ist, gerade weil es Fragment geblieben war, mit der ganzen Fähigkeit des Fragmentes, für ein größeres Gebäude zu stehen, und so die Einbildungskraft zur Ausarbeitung noch fehlender Einzelheiten herauszufordern.

Die Umstände von Warburgs Leben können nicht zur Erklärung dafür dienen, warum er so vieles unvollendet hinterließ. An der Oberfläche war es das ruhige Dasein eines Privatgelehrten. 1866 geboren, gehörte er einem Jahrzehnt an, in dem eine überraschend große Anzahl berühmter Kunsthistoriker zur Welt gekommen war.[5] Überraschend deswegen, weil es damals beträchtlicher Zielstrebigkeit bedurfte, Kunsthistoriker zu werden. Warburg war der älteste Sohn einer seit langem in Hamburg ansässigen Bankiersfamilie, und es wurde selbstverständlich erwartet, daß er in die Firma eintreten würde. Besonders das Studium der Kunstgeschichte befremdete seine Familie, und Ermutigung wurde ihm in dem rein kommerziellen Klima seiner Vaterstadt gewiß nicht zuteil. Auch verlief seine Ausbildung in diesem Fach keineswegs ohne Schwierigkeiten. Warburg war nach Bonn gegangen, um bei Carl Justi zu studieren, einem tüchtigen Theologen und Autor berühmter Bücher über Winckelmann, Michelangelo und Velasquez.[6] Aber das Unterrichten scheint Justi keinen Spaß gemacht zu haben; einmal, als er nicht willens schien, vor nur drei Hörern zu lesen, mußten ihn Warburg und seine beiden Mitstudenten an die alte Regel tres faciunt collegium erinnern. Als Warburg schließlich als Thema seiner Doktorarbeit Botticellis mythologische Gemälde vorschlug, bezweifelte Justi dessen Ergiebigkeit, und Warburg mußte seine Zelte abbrechen. Er hatte mehr Glück in Straßburg bei Hubert Janitschek,[7] der das Doktorarbeitsthema mit Freuden akzeptierte. Die Arbeit ist schließlich mit einer Widmung an Janitschek und Warburgs anderen Straßburger Lehrer, den Archäologen Adolf Michaelis,[8] erschienen, der hier wegen seines Interesses am Überleben klassischer Marmorstatuen in den nachantiken Jahrhunderten erwähnt zu werden verdient. In den Jahren nach seinem Universitätsstudium weist Warburgs Lebenskurve sonderbare Zacken auf. Zunächst einen fehlgeschlagenen Versuch, Medizin zu studieren. Vielleicht gab er damit einer trügerischen Hoffnung nach, denn in Wahrheit suchte er weniger den Schlüssel für das Funktionieren des Körpers als für das des Geistes. Das zweite Zwischenspiel war eine Reise nach den

[5] Émile Mâle 1862, Karl Giehlow und Adolph Goldschmidt 1863, Heinrich Wölfflin 1864, Bernard Berenson 1865, Julius von Schlosser 1866, Max J. Friedländer und Campbell Dodgson 1867, Wilhelm Vöge 1868 — vgl. E. Panofsky: Einleitung zu W. Vöge: Bildhauer des Mittelalters, Berlin 1958.

[6] Carl Justi (1832—1912, Marburg und Bonn): Winckelmann, sein Leben, sein Werk und seine Zeitgenossen, 1866—72; Velasquez und sein Jahrhundert, 1888; Michelangelo. Beiträge zur Erklärung der Werke und des Menschen, 1900.

[7] Hubert Janitschek (1846—1893, Prag, Straßburg und Leipzig): Die Gesellschaft der Renaissance in Italien und die Kunst, 1879; Geschichte der deutschen Malerei, 1890; Kunstlehre Dantes und Giotto's Kunst, 1892.

[8] Adolf Michaelis (1835—1910, Greifswald, Tübingen und Straßburg): Der Parthenon, 1871; Catalogue of Ancient Marbles in Great Britain, 1882; Die archäologischen Entdeckungen des 19. Jahrhunderts, 1906.

Vereinigten Staaten, auf der er Siedlungen von Pueblo-Indianern in Neu-Mexico besuchte. Die Auswirkungen dieser Erfahrungen auf Warburgs wissenschaftliche Entwicklung hat Saxl in einem Vortrag behandelt.[9] Nach der Rückkehr ließ Warburg sich mit seiner jungen Familie in Florenz nieder, um intensive Archivarbeiten aufzunehmen. Daß er dieses Dasein schließlich zugunsten einer Rückkehr nach Hamburg aufgab, wo sich weder bedeutende Kunstwerke, noch für ihn wichtiges Dokumentenmaterial befanden, scheint vor allem ein Akt der Selbstdisziplinierung gewesen zu sein. Er war von der Flut der unmittelbaren Anschauung, die Florenz bei jedem Schritt zu bieten hat, fast weggerissen worden. Den Rest seines Lebens hat er in Hamburg in einem bewußt beschränkten Pflichtenkreis verbracht. Er lehnte mehrere Professuren ab und hat nie ein öffentliches Amt übernommen. Brieflich hielt er Kontakt mit einem sich ständig erweiternden internationalen Kreis von Wissenschaftlern; als aber der Internationale Kunsthistorikerkongreß, dessen Zustandekommen hauptsächlich sein Verdienst war, 1912 in Rom zusammentrat, überließ er die Führung der deutschen Delegation einem andern. In Hamburg genoß er Respekt, auf Grund seiner Sachkenntnis in künstlerischen und in Erziehungs-Fragen, und seine Unabhängigkeit erlaubte ihm, sich zum Anwalt der Öffentlichkeit zu machen: den Mißgriffen der Verwaltung war er immer hart auf den Fersen, und jedem Zeichen staatlicher Selbstherrlichkeit bot er Schach. Neben seinen Forschungen war jedoch der Aufbau der Bibliothek die Hauptbeschäftigung. Bedenkt man, daß er dies mehr als 20 Jahre lang allein betrieb, angefangen mit dem gewissenhaften Durchsehen der Verlagsanzeigen und Antiquariatskataloge bis zur Signierung und Aufstellung des einzelnen Buches, so war das keine Kleinigkeit.

Unter dieser ruhigen Oberfläche verbarg sich die nahende Tragödie. Wahrscheinlich war sich Warburg zeitlebens bewußt, daß sein geistiges Gleichgewicht bedroht war. Er verhielt sich wie ein Mensch in dunkler und gefährlicher Umgebung, dessen Wahrnehmungsvermögen durch eine ungewöhnliche Sensibilität gegenüber körperlichen und moralischen Gefahren geschärft ist. Seine Tagebücher aus den Kriegsjahren 1914−1918 zeigen, daß er von Anfang an der deutschen Kriegführung höchst kritisch gegenüberstand und kompromißlos die Folgen voraussah, die Deutschland für sich durch Übertretung des Völkerrechts heraufbeschwor. Bei Kriegsende brach seine Krankheit aus, und er hat sechs Jahre in einer Anstalt verbringen müssen.

An anderer Stelle ist nachzulesen, wie Saxl die Bibliothek während Warburgs Abwesenheit vor der Auflösung bewahrte und den Grundstock zu einer Forschungsbibliothek legte.[10] Warburg fand sich bei seiner Heimkehr einer total veränderten Lage gegenüber. Von Leuten umgeben, deren Wunsch es war, ihn zu verstehen und ihm zu helfen, schöpfte er so viel Mut, daß er sich die Einbringung seiner Lebensarbeit vornahm. Er machte Pläne für einen Bilderatlas, der die Geschichte der Bild-Erfindungen des Mittelmeerraumes dokumentieren sollte − der Titel sollte *Mnemosyne* lauten, dasselbe Wort, das er schon als Motto für die Bibliothek gewählt hatte. Auch dieses Unternehmen existiert nur als Plan. Wie Warburg selbst seine letzten Lebensjahre einschätzte, ist symbolisch in seiner letzten Tagebucheintragung enthalten. Im Garten seines Hauses stand ein alter Apfelbaum, der abgestorben schien und entfernt werden sollte, hätte Warburg nicht protestiert. Ende Oktober 1929, dem Jahr von Warburgs Tod, hatte der alte Baum plötzlich auf unerklärliche Weise Blüten getrieben, und die

---

[9] F. Saxl: Warburgs visit to New Mexico, in: F. S., Lectures, Bd. 1, 1957, S. 325 ff. [Deutsche Übersetzung in diesem Bande S. 317 ff.]

[10] G. Bing: Fritz Saxl 1890−1948. A Memoir. Einleitung zu: Fritz Saxl. A Volume of Memorial Essays from his Friends in England, Edinburgh 1957, S. 1 ff.

letzten Worte in Warburgs Handschrift, die sich am Morgen nach seinem Tode fanden, befassen sich damit. Sie lauten: »Wer singt mir den Paean, den Gesang des Dankes, zum Lobe des so spät blühenden Obstbaumes?« [*]

Angesichts dieses Berichts muß man sich wirklich fragen, was Warburgs Werk die unerwartete Expansionskraft verliehen hat. Gemessen an dem, was geplant war, ist es Fragment geblieben. Der Anblick jedoch, den es heute bietet, legt einen anderen Vergleich nahe: den eines Bergwerks, dessen Hauptstollen Warburg vorgetrieben hat und von dem rechts und links Seitenstollen abzweigen — jeder von ihnen dient dem Abbau einer anderen Ader derselben Substanz. Wir müssen zum Hauptstollen zurück, wollen wir die Stellen entdecken, deren Ausbeutung sich als so lohnend erwiesen hat.

Als Warburg zu arbeiten begann, übte die Kunst von Florenz noch dieselbe Anziehungskraft aus, die sie für den Geschmack der Präraffaeliten gehabt hatte. Die Gemälde Botticellis und seiner Zeitgenossen mußten erst noch von dem Vorurteil naiver Frühlingshaftigkeit befreit werden. Warburg stand in Gestalt von Burckhardts *Kultur der Renaissance* ein starkes Gegenmittel zur Verfügung. Das soll nicht heißen, daß er alle Vorstellungen Burckhardts übernahm. So konnte er ihm in seiner Darstellung des Staates als Kunstwerk nicht folgen, und später hat er auch Burckhardts Vorstellung von der Entwicklung des Individuums gründlich umgestaltet. Bestimmte Themen jedoch, auf die Burckhardt die Aufmerksamkeit gelenkt hatte, sind Warburgs Forschungsgebiete geworden: Italienische Feste, Florenz in seinen Beziehungen zu Burgund, und — natürlich — die Wiederentdeckung der klassischen Antike. Burckhardts besonnene Methode, Einzelfakten aus den verschiedensten Quellen für ein Gesamtbild der italienischen Renaissance zusammenzutragen, blieb Warburgs Vorbild. Eine Spur dieses Einflusses zeigt sich auch in Warburgs Übernahme eines Burckhardtschen Leitbegriffes: Leben. Als beschreibender Terminus ist er zu unbestimmt, und keiner der beiden Männer hat je erklärt, was er darunter verstand. Wert hatte er für sie darum, weil er die Aufgabe des Historikers umschrieb. Der Terminus war eine Mahnung, daß der Historiker, der sich mit der Vergangenheit befaßt, einer Wirklichkeit gegenübersteht, die ebenso bedrängend und verwirrend für diejenigen gewesen ist, die diese Zeiten durchlebt haben, wie es unsere eigene für uns ist. Keine Sphäre des Daseins darf für zu niedrig, zu unauffällig oder unbedeutend erachtet werden, als daß sie nicht Anschauungsmaterial bereitstellte. Unbelebte Reste sind das einzige, was uns zur Arbeit zur Verfügung steht; sie müssen als Dokumente menschlicher Reaktionen gelesen und verstanden werden, Reaktionen lebender Menschen auf eine sich ändernde, unendlich kleinteilige Wirklichkeit. Diese Art des intimen Zugangs macht einen Teil des Reizes der Warburgschen Darstellung aus. Hier trennt sich sein Weg auch von dem der Vertreter der Ideen- und Geistesgeschichte. Warburg wußte, daß Ideen nicht durch Parthenogenese zur Welt kommen und weiterzeugen.

Man macht es sich zu einfach, wenn man sagt, daß Warburgs erste Veröffentlichung im Kern schon seine späteren Entdeckungen enthielte. Man merkt durchaus, daß sie die Arbeit eines Anfängers ist, der sich mit einer Masse von ungenügend verdautem Material herumschlägt.[11] Es trifft jedoch zu, daß sie auf Grund Warburgs späterer Weiterentwicklung eine seiner folgenreichsten Darstellungen geworden ist. Die Untersuchung setzt bei einem Problem ein, das damals als ungelöst galt: der Gegensatz zwischen dem eigentlichen Wesen mythologischer Figuren und ihrer manieristischen

---

[* In etwas abweichender Formulierung auch bezeugt von Fritz Saxl, vgl. Bibliographie, Ab. A, Nr. 331, S. 12.]

[11] Gesammelte Schriften, S. 1 ff. [In diesem Bande S. 11 ff.]

Behandlung durch Botticelli (Abb. 1) und seine Zeitgenossen. In seiner Zeit wurde dieser Stil keineswegs als unangemessen empfunden. In der Tat war er die Antwort des 15. Jahrhunderts auf die Aufgabe, eine echte klassische Form zu finden. Diese Lösung galt übrigens nicht nur für die bildenden Künste. Die dahineilenden oder tanzenden Gestalten der Bilder mit flatternden Gewändern und wehendem Haar, ›Ninfe‹ genannt, wurden auch häufig in zeitgenössischen Gedichten beschrieben und erschienen als Requisiten auf den Festwagen bei Umzügen. Sie tauchten sogar in biblischen Szenen auf, wo sie zur Handlung überhaupt nichts beitrugen (Abb. 2). Es lag daher nahe, anzunehmen, daß ihre Einführung rein stilistische Gründe hätte. Warburg zufolge war es das Bestreben, körperliche Bewegung durch das unruhige Linienspiel dünner Gewänder zum Ausdruck zu bringen, so wie es die antiken Künstler vorgebildet hatten (Abb. 3). Daß wir heute, mit unserer differenzierteren Kenntnis der klassischen Kunst, den Stil der Vorbilder ›spät‹ oder gar ›dekadent‹ nennen, ändert nichts an der Tatsache, daß das 15. Jahrhundert ihn als ›klassisch‹ empfand. Das bedeutet nun einen Bruch mit der überkommenen Vorstellung von der klassischen Ruhe. Diese von Winckelmann geprägte Lehrmeinung verlor ihre Verbindlichkeit, und die Frage, was unter ›Klassizismus‹ zu verstehen sei, mußte für jede Periode neu gestellt werden.

Eine zweite, vielleicht noch weiterreichende Folgerung ergab sich aus Warburgs Beweisführung. Er hatte eine einzige Figur als vollkommene Einheit von Körper, Haltung und Gewand zum Gegenstand seiner Beobachtung gemacht, ohne aus ihr irgendwelche ihrer stilistischen Eigenschaften abzuleiten oder auszusondern. Isoliert von jedem Kontex ließ sich das Phänomen sowohl in der Literatur wie in der bildenden Kunst nachweisen. Der Grund für diesen Parallelismus liegt nicht in einem angeblichen Zeitgeist, er bedeutete vielmehr, daß die Figur zu einer Kategorie von Ausdrucksmitteln gehörte, deren sich sowohl Literatur wie auch bildende Kunst bedienen können. In der Rhetorik nennt man eine Redefigur, die häufig benützt wird, um eine bestimmte Bedeutung auszudrücken oder eine Stimmung zu vermitteln, einen Topos. Warburg nun war es gelungen, die Existenz einer Entsprechung in der bildenden Kunst nachzuweisen. Wie viele sprachliche Topoi hatte die ›Ninfa‹ den Vorzug, von den Alten empfohlen worden zu sein. Warburgs Vermutung, sie sei benützt worden, um den Begriff der Bewegung anschaulich zu machen, dürfte kaum ausreichen. Aber seine Interpretation hatte das Verdienst, der Kunstart angemessen zu sein, die er zu untersuchen sich vorgesetzt hatte. Sie bleibt im Rahmen unserer visuellen Fassungskraft. Bewegung ist eine der Eigenschaften der Außenwelt, die das Auge aufnimmt, und die Künstler sahen sich immer wieder der schwierigen Aufgabe gegenüber, das sichtbar zu machen. Indem Warburg eine solche Konvention als neues Mittel für Dichter und Maler herausarbeitete, das wirkliche Leben eindrücklicher als bisher wiederzugeben, rückte er zum ersten Male entschieden von der naturalistischen Interpretation der künstlerischen Formen ab.

Obgleich es nicht auf den ersten Blick deutlich wird, ist dies einer der Punkte, den Warburg auch in seiner Untersuchung von Ghirlandaios Porträts in der Sassetti-Kapelle in Santa Trinità berührte (Abb. 4). Mit Ausnahme von Lorenzos Bildnis, das Vasari erwähnt, waren diese Porträts bis dahin nicht identifiziert worden. Warburg identifizierte Lorenzos Kinder sowie bestimmte Mitglieder seines Haushaltes[12] und bereicherte die Ausführungen mit Briefen und Berichten, die deren Verbindungen untereinander und zu Lorenzo beleuchteten. So entstand ein lebendiges Bild des Kreises,

---

[12] Ebd. S. 101 ff. [In diesem Bande S. 74 ff.]

der Lorenzos Privatleben sehr nahe stand, und es schien, als könnte man diese Bildnisse ebenso wie die kleine lebensechte Ansicht der Piazza della Signoria im Hintergrund getrost als ein getreues Abbild der zeitgenössischen Szene betrachten. Hätte Warburg nur dies als Ziel im Auge gehabt, dann wäre er nicht anders verfahren als die Erklärer des 18. Jahrhunderts, deren großes Verdienst es gewesen ist, Trachten, Werkzeug oder Haushaltsgerät aus den zeitgenössischen Lebensumständen zu erklären. In diesem Sinne sprechen die Anthropologen ja noch heute von der materiellen Kultur der Völker oder Stämme. Der Historiker kann durch diese Methode viel gewinnen, sofern er in der glücklichen Lage ist, sich mit diesen Gegenständen als solchen beschäftigen zu dürfen. Wenn man sich jedoch mit ihrer Darstellung auf Kunstwerken befaßt, wird oft vergessen, daß ihr Zeugniswert sich dadurch verändert, daß sie in eine entferntere Realitätssphäre übertragen worden sind. Warburgs Anwendung ›antiquarischer‹ Methoden ist einer der Züge, der ihn von der damals weit verbreiteten formalistischen Unterscheidung zwischen monumentaler und angewandter Kunst abrücken ließ. Aber seine Interpretation gründete auf einem komplizierteren Denkvorgang als der der ›Antiquare‹. Verzierungen waren für ihn weder Mittel zur Widergabe einer abstrakten Bedeutung, noch das Resultat der unbezwinglichen Neigung des Menschen, leere Oberflächen zu füllen. Die Ornamente von Turnierfahnen, gewebten Bettvorhängen oder Hochzeitstruhen lassen sich vom funktionalen Charakter dieser Dinge als Gebrauchsgegenstände des täglichen Lebens nicht trennen und müssen daher notwendig zu erkennen geben, bei welcher bestimmten Gelegenheit und mit welchen persönlichen Absichten sie einst verwendet worden sind. Dieser Prüfung müßte man, nach Warburgs Meinung, auch die monumentale Kunst unterwerfen. Hätte man die Bildnisse in Santa Trinità als Stifterporträts einordnen können, wäre die Sache einfach gewesen. Die Tatsache jedoch, daß die Porträtierten sich selbst stehend und herumgehend hatten abschildern lassen, noch dazu in ganzer Figur, verlangte nach einer präziseren Erklärung. Solch eine Erklärung ergab sich aus den lebensgroßen Wachsfigurenporträts, die nach zeitgenössischem Brauch in den Kirchen aufgehängt werden durften.[13] Ihre enorme Lebensnähe, durch echte Kleidungsstücke gesteigert, schien den dankbaren Empfängern irgendeines göttlichen Gnadenaktes das Gefühl zu vermitteln, daß sie sich der Quelle dieser Gnade in eigener Person näherten. Dieselbe Vorstellung trieb Lorenzo und seine Gefährten dazu, sich als Randfiguren einer sakralen Szene abkonterfeien zu lassen. Statt jedoch sich als grob skulptierte Bildnisse in die Szene einbringen zu lassen, bewahrten sie feinfühlig größeren Abstand: sie näherten sich den heiligen Personen lediglich im Medium ihres gemalten Abbildes.

Diese Argumentationskette ähnelt derjenigen, die Warburg bei der Behandlung der ›Ninfa‹ verwendet. Das bedeutet: Ghirlandaios naturalistischer Stil mußte ebenso wie Botticellis Klassizismus aus seinen spezifischen Umständen erklärt werden. Sobald man eine künstlerische Erscheinung im Lichte der ihr eigenen Voraussetzungen betrachtet, verlieren stilistische Kriterien ihre festgelegte Bedeutung. In beiden Fällen kam Warburg zu diesem Ergebnis, weil er das Gebiet abzugrenzen suchte, das der visuellen Darstellung offensteht. Als Maß sichtbarer Eigenschaften ist seine Bestimmung ›größerer oder geringerer Abstand‹ der Porträts ebenso gut wie der Terminus ›Bewegung‹ bei der ›Ninfa‹. Die Quellen von Warburgs Bezugsrahmen können hier nicht gründlich erörtert werden, nur zwei Namen seien erwähnt. Der eine ist Gottfried Semper, eine hervorragende Gestalt innerhalb der Kunsttheorie des späten 19. Jahr-

---

[13] Ebd. S. 99, [In diesem Bande S. 73]

hunderts. Er hatte Ornamente unter dem Gesichtspunkt ihrer Fähigkeit, Bewegung auszudrücken, untersucht. Der andere ist Adolf von Hildebrand, wie Warburg ein begeisterter Bewunderer von Florenz. Er hatte über stilistische Effekte gearbeitet, die sich aus der Vergrößerung oder Verringerung des vorgestellten Raumes zwischen Kunstwerk und Betrachter ergeben.[14]

Dieser letzte Punkt wurde von Warburg im Bereich der flämischen Porträtmalerei weiter verfolgt. Daß die florentiner Kaufmannschaft flämische Meister als ihre Porträtisten bevorzugte, wie schon Burckhardt und andere erkannt hatten, war ein Teil einer weitverbreiteten Vorliebe für flämische Kunst, die auch zur Bestellung zahlloser flämischer Tapisserien und zur Sammlung flämischer Tafelbilder in Privathäusern führte. Wenn Warburg den Handel mit solchen Gegenständen durch Vermittlung der Agenten des Bankhauses der Medici beschreibt, indem er unveröffentlichte Briefe dieser Vertrauensleute aus Brügge und Brüssel an ihre Prinzipale zuhause publiziert, dann scheint er wieder nichts anderes im Sinne zu haben, als der Lebenswirklichkeit so nahe zu kommen als irgend möglich. Aber wiederum ist dies nur Sprungbrett für kunsthistorische Schlußfolgerungen. Sie verweisen auf die künstlerische Bedeutung eines anderen Begriffs, mit dem wir Ordnung in unsere Eindrücke von der sichtbaren Welt bringen: Raum. Warburgs Bemühung um den Raum unterscheiden sich grundsätzlich von der modernen Beschäftigung mit den ästhetischen Aspekten dreidimensionaler Darstellung. Sie ist vielmehr Teil seines Versuchs, stilistische Unterschiede als Antworten auf psychologische Bedürfnisse zu verstehen. Seine Argumentation geht von dem Gegensatz zwischen den ›Nahaufnahmen‹ in flämischen Bildern und der florentiner Altarmalerei aus, die Betrachtung aus der Ferne verlangt. Während Warburg sich über die Meisterschaft der Flamen ausläßt, Schwere und Kostbarkeit der Kleiderstoffe[15] abzuschildern, macht er die reizende Bemerkung, dies sei vermutlich besonders von den florentiner Auftraggebern geschätzt worden, da sie selbst Garnfärber und Seidenfabrikanten gewesen seien. Sein Hauptpunkt ist jedoch, daß Schwere eine Eigenschaft ist, die in Wirklichkeit nur aus der Nähe mit dem Tastsinn wahrgenommen werden kann. Die malerische Illusion wirkt auf den Betrachter so, als würde er selbst in das Bild hineingezogen – ähnlich der Wirkung eines Spiegelbildes, wo der Betrachter sich stets im selben Raum mit dem Abbild befindet. Es befriedigt sein Identitätsgefühl und läßt ihn gleichzeitig empfinden, daß er auch Teil seiner eigenen Umwelt ist.

Nachdem Warburg herausgefunden hatte, daß der Einfluß der burgundischen Mode auf die Kunst von Florenz am breitesten in der Grafik dokumentiert ist, unterwarf er diese als nächstes seiner gewohnten wirklichkeitsorientierten Untersuchungsmethode. Drucke waren billig; im Unterschied zu Tafelbildern gab es von ihnen mehr als nur je ein Exemplar. Sie ließen sich leicht mitnehmen und hatten als autonome Bilder gleichzeitig ›Gerät-Charakter‹, weil sie als sinnvolle Dekoration auf die verschiedensten Behältnisse aufgeklebt werden konnten. Wie ›feuilles volantes‹ trugen diese beweglichen Blätter die neuesten Bild-Erfindungen von Ort zu Ort, und Warburg war einer der ersten, der feststellte, daß Italien hier einmal der nehmende Teil war.[16]

---

[14] Gottfried Semper (1803–79; Architekt, Hauptwerke in Dresden, Zürich und Wien): Der Stil in den technischen und tektonischen Künsten, 1861–63. Adolf von Hildebrandt (1847–1921, Bildhauer): Das Problem er Form in der bildenden Kunst, 1893, etc.

[15] Gesammelte Schriften, S. 113. [In c sem Bande S. 85.]

[16] Ebd. S. 184.

Man mag bezweifeln, ob er die Figur eines Jünglings in reicher burgundischer ›livrea‹ auf einem dieser Drucke rechtens mit Lorenzo[17] identifizierte. Wir stehen dem Bestreben seiner Zeit, in fast jedem Kunstwerk beziehungsvolle Anspielungen zu entdecken, skeptischer gegenüber und verlassen uns nicht mehr ganz so sicher auf Embleme und Motti, die schließlich auch von einer auf eine andere Person übertragbar waren. Aber mit dieser Einschränkung behalten Warburgs Überlegungen ihren Wert. Da wir Grund zu der Annahme haben, daß Kleidungsstücke dieser Art in der Tat gelegentlich getragen worden sind, mag das Blatt als ein weiteres Beispiel für die einfache Übertragung von Dingen, die dem Künstler vor Augen standen, in Bilder des zeitgenössischen Lebens betrachtet werden. Aber dieser Versuch scheitert an der ›Ninfa‹, die auf derselben Bildebene mit dem burgundischen Stutzer erscheint. Warburgs zweites Beispiel, das inzwischen Zitatcharakter angenommen hat, zeigt dasselbe Zusammentreffen der beiden Kostümarten, ein wohlbekannter Zug großer Teile der florentinischen Volkskunst des Quattrocento. Das tanzende Mädchen auf einem Kalenderblatt, das fast in seiner burgundischen Staatsrobe erstickt, und ihr Gegenstück, deren Kleid alla ninfale mitsamt Flügelhut ihr vom Boden in die Luft helfen soll (Abb. 5/6), bewiesen die Schlüssigkeit seiner Argumentation.[18] Diese Entdeckung erlaubte ihm einen weiteren Interpretationsschritt. Die beiden Stile zur Darstellung der menschlichen Figur, einer lebensecht, der andere klassizistisch, dienten ganz bestimmten Zwecken. Der eine nämlich sollte das Dargestellte in eine höhere Existenzsphäre als der andere heben. Es war nicht nur als gefällige Metapher gemeint, wenn Warburg vom florentinischen Schmetterling sprach, der aus der burgundischen Larve ausschlüpft. Er legte seinen Finger auf die Stelle, wo der wirklichkeitsnahe flämische Stil sich anschickte, dem idealisierenden Klassizismus der Hochrenaissance zu weichen.

Bei dieser Gelegenheit machte Warburg auf historischem Gebiet eine seiner fruchtbarsten Beobachtungen. Er hatte nicht nur überzeugend die beiden widerstreitenden Stile in der florentiner Malerei erklärt, es war ihm außerdem gelungen, die rätselhafte Verkleidung antiker Götter, Könige, Heroen und Weisen in burgundischer Tracht mit beigeschriebenen Namen — damit man sie auch ja erkenne —, richtig einzuordnen. Diese Darstellungen verdienen wirklich nicht, wie es oft geschieht, ›naiv‹ genannt zu werden. Warburg prägte für sie den paradoxen Ausdruck ›antichità alla franzese‹ und sah in ihnen eine sehr wirksame Schranke, die den Weg zu den reineren Quellen der klassischen Kunst verstellte. Dies abwertende Urteil schloß aber auch die Erkenntnis ein, daß die Antike nicht einfach dalag und darauf wartete, wieder entdeckt zu werden. Genau so wie die Denkmäler aus dem Schutt herausgegraben werden mußten, so auch sie aus den Schichten, die sich auf ihr im Laufe der Weitergabe abgelagert hatten. Ludwig Traube[19], in Warburgs Worten der ›Großmeister unseres Ordens‹, hatte dieses Prinzip auf seinem Gebiet, der Paläographie, demonstriert. Er hatte Abschreibefehler als Hinweise auf Entstehungszeit und -Ort innerhalb der Überlieferung antiker Texte erkannt. Nun ließ sich auch die klassische Bilderwelt mit ihrem burgundischen Zwischenspiel auf derselben Ebene einordnen. Das bewies auch den großen Wert der antiken Tradition als Untersuchungsgegenstand. Der historische Augenblick kann sozusagen mit einer Zwei-Stärken-Brille betrachtet werden: ein

---

[17] Ebd. S. 81—82.

[18] Ebd. S. 86.

[19] Ludwig Traube (1861—1907, München, Philologe): Karolingische Dichtungen, 1888; O Roma Nobilis, 1891; Textgeschichte der Regula S. Benedicti, 1898; Nomina Sacra, 1907; und anderes.

Linsenpaar ist auf die äußere Erscheinung eingestellt, auf die Frage, was sie realiter darstellt, das andere auf die Wege, auf denen die Kenntnis der Vergangenheit gewonnen worden ist. Die Geschichte, die jedes Zeitalter absichtlich oder stillschweigend von seiner eigenen ferneren Vergangenheit erzählt, reflektiert Licht in beide Richtungen.

Warburg hatte bei seiner Beschäftigung mit der ›Ninfa‹ zum ersten Mal seine charakteristische Manier entwickelt, eine Figur aus ihrem formalen Kontext herauszulösen. Ob ihm das nun deutlich war oder nicht, das 15. Jahrhundert hatte dies Verfahren abgesegnet: Es entsprach seiner Gewohnheit, visuell in solcher Weise auszuwählen, daß antike Skulpturen als eine Reihe voneinander isolierter Figuren gesehen wurden (Abb. 7), deren einzelne Gesten und Stellungen, in Hochrelief gegeben, sich dann zum Kopieren und Wiederverwenden eigneten.[20] Obwohl es in Warburgs Behandlung von Dürers Orpheus[21] keinen Hinweis darauf gibt, daß dem Künstler ein solches Modell für seine Hauptfigur vorgelegen hat, (was ohnehin nicht wahrscheinlich ist, da die Gesamtkomposition auf eine griechische Erfindung zurückgeht), so empfand Warburg doch in der Darstellung ein alles beherrschendes Interesse am Gestus. Das häufige Vorkommen ähnlicher höchst ausdrucksvoller Gesten in den verschiedensten Gattungen von Kunstwerken der Renaissance, führte ihn dazu, diese in eine Gruppe zusammenzufassen, für die er die Bezeichnung ›Pathosformeln‹ prägte. Sie machten ihm deutlich, welche Rolle den wiederkehrenden antiken Motiven im Prozeß der Bildschöpfung zukam. Sein Terminus zeigt, daß er diese Motive für Geschöpfe der künstlerischen Konvention hielt, wie die ›Ninfa‹, aber mit einem viel größeren Verbreitungsgebiet als es eine Einzelgestalt — sooft sie auch verwendet würde — je haben könnte. Es besagt aber auch, daß sie eher durch den ihnen gemeinsamen Zweck, etwas ausdrücken zu sollen, miteinander verbunden waren, als durch formale Ähnlichkeit. Was sie zum Ausdruck bringen, ist nicht ein Merkmal der wahrnehmbaren Welt, wie Bewegung, Entfernung oder Raum, sondern ein Gefühlszustand. Wir befinden uns hier auf gefährlichem Boden. Vielleicht ist nie etwas umstrittener gewesen als die Fähigkeit der schönen Künste, Gefühle wiederzugeben. Lessings Laokoon, ein Buch, das für den jungen Warburg anerkanntermaßen richtungweisend gewesen ist, stellt den Versuch dar, zwischen den Möglichkeiten zu unterscheiden, die der bildenden Kunst und der Literatur jeweils zur Verfügung stehen, Gefühl auszudrücken. Von unmittelbarerem Nutzen war für Warburg jedoch Charles Darwins Auffassung von Gesten als abgeschwächten Spuren zweckgerichteter und wirkungsvoller Handlungen der Vergangenheit.[22] Die Gesten der antiken Kunst gehen in ihrer ersten Formulierung auf ein Zeitalter zurück, in dem der Vollzug der Mythen eine tief erregende rituelle Wirklichkeit war. Sie sind immer noch imstande, eine entsprechende Gefühlsreaktion hervorzurufen, selbst in der abgeschwächten Form von Farbe und Marmor, in der sie auf uns gekommen sind. Warburg, immer auf der Suche nach einer Ausdrucksweise, die den Eigenschaften des Sehvermögens angepaßt wäre, nannte sie die Höchstwerte der Gebärdensprache, Bildformulierungen, die mit einem Maximum von Erfahrungen aufgeladen waren. Hier haben wir einen weiteren Fingerzeig auf eine Analogie zwischen den bildnerischen und den literarischen Kommunikationsweisen. (Abb. 8 u. 10.)

---

[20] B. Degenhardt und A. Schmitt: Gentile da Fabriano in Rom und die Anfänge des Antikenstudiums, in: Münchener Jahrbuch der Bildenden Kunst, 3. Folge, 2 (1960) S. 59—151.
[21] Gesammelte Schriften, S. 445 ff. [In diesem Bande S. 125 ff.]
[22] Charles Darwin: The Expression of the Emotions in Men and Animals, 1872.

Es muß hier offenbleiben, ob Darwins Ableitung der Bedeutung von Gesten noch akzeptabel ist. Aber die Vorstellung von Höchstwerten des Ausdrucks, zu der sie verholfen hatte, bestätigte Warburg in seiner Ansicht von der zweckgerichteten Anpassung künstlerischer Konventionen und damit auch in seinem Verständnis kultureller Traditionen. Nichts weist darauf hin, daß Künstler des 15. Jahrhunderts, die Pathosformeln benutzten, damit ihre eigenen Gefühle auszudrücken wünschten — jedenfalls nicht mehr als bei jeder Darstellung aus der Welt der Fabeln oder der religiösen Bildlichkeit. Ob sie nun einen bestimmten Stil nachzuahmen beabsichtigten oder nicht, muß jeweils im einzelnen entschieden werden. Auf jeden Fall wollten sie in eine bestehende Tradition hineinschlüpfen, und das brachte den Künstler notwendig zu einer bewußten Entscheidung. Tradition war für Warburg nicht ein Strom, auf dem Ereignisse und Menschen dahingetragen werden. Einflüsse bedeuten nicht passives Annehmen, sondern erfordern die Anstrengung der Anpassung, ›eine Auseinandersetzung‹, wie Warburg es formulierte, und zwar mit der Gegenwart wie mit der Vergangenheit.

Daß dies nicht nur Künstler und Schriftsteller angeht, sondern jeden, der nach persönlichem Ausdruck sucht — vor allem in sehr gefühlsbetonten oder stark formgebundenen Lebenssituationen — läßt sich an den klassischen Formeln zeigen, die Francesco Sassetti zur Ausschmückung seiner Grabkapelle wählte. Die von Warburg als Stütze angezogenen literarischen Quellen konzentrieren sich auf eine antike Gestalt, die Göttin Fortuna, die auch als gemalte Symbolfigur erscheint. Ihre ›Anrufung‹ kann verschiedene Geisteshaltungen illustrieren: Ergebenheit bei Sassetti, Selbstbewußtsein bei Ruccelai, Weltweisheit bei Ficino. Aber ihre Bedeutung liegt fest, sie steht immer für Schicksal gegenüber persönlichem Verdienst. Anders muß der Ausdruckswert von Gestalten beurteilt werden, die auf dem Fries erscheinen, der sich um Sassettis Sarkophag zieht. Nähmen wir an, sie hätten die überkommene Bedeutung, dann symbolisierten die Kentauren[23] mit dem Getrampel der Hufe und dem Schwingen der Schleudern die zerstörerischen Kräfte der Natur oder die unziemlichen Leidenschaften; auch überstiege die Klageszene, die von einem römischen Meleagersarkophag übernommen ist, in ihrer wilden Bewegtheit bei weitem den angemessenen Grad von Trauer, der im Einklang mit dem Dahinscheiden eines an die Auferstehung glaubenden Christen steht. Sie waren nicht etwa wegen ihrer inhaltlichen Bedeutung ausgewählt worden, sondern gerade wegen ihrer Intensität. Die aufhöhende Wirkung von aus der Antike übernommenen Formulierungen, die Warburg an der ›Ninfa‹ und bestimmten antiken Gesten festgestellt hatte, fügt der Ausdrucksskala Sassettis ein Plus zu. Es war sein Gefühl für das eigene lebhafte Temperament, das erneute Gewahrwerden des Lebenspulses, das in der Wahl seiner Symbole ein Ventil fand.

Diese Interpretation scheint Burckhardts einseitige Beschreibung des Neuen Menschen der Renaissance zu bekräftigen. Es könnte so aussehen, als hätte Sassetti gleichzeitig mit der heroischen Haltung der Antike auch ihre Ausdrucks-Formeln übernommen. Tatsächlich war Warburgs Antwort erheblich vielschichtiger und der Weg, auf dem er sie beweiskräftig ausführt, ein besonders charakteristisches Beispiel seiner Beobachtungsweise. Die vier Rundbilder über den Gräbern von Sassetti und seiner Frau, die — nach kaiserzeitlichen Münzen kopiert — Szenen aus dem

---

[23] Zu den Kentauren vgl. Gesammelte Schriften, S. 153—55; zur Klageszene, ebd. S. 154—58. [In diesem Bande S. 151 ff.]

öffentlichen Leben in Rom darstellen, sind in Grisailletechnik gemalt.[24] Diese Übertragung des Bildgegenstandes in einen geringeren Grad von Naturnähe sollte eine Distanz ausdrücken. Warburgs Argumentationsweg läßt sich hier dem vergleichen, den er bei der Analyse des flämischen Stils anwandte, aber er verläuft umgekehrt. Obwohl Sassetti römischer Wirklichkeit in Gestalt von Exempeln einen Platz in der Nähe seines Grabmals gewährte, wünschte er nicht, daß diese ihm zu nahe rückte. Noch überwog keine der beiden stilistischen Ausdrucksweisen, weder die alte noch die neue. Nach Warburg war die Zeit für das Eindringen der ausschweifenden Gesten römischer Schlachtsarkophage in Darstellungen des christlichen Sieges über das Heidentum, wie man sie im Vatikan findet, noch nicht gekommen.

Es bleibt übrig zu erklären, wie sich die astrologischen Bilder in Warburgs Geist mit den Bildern verbinden, die wir bisher besprochen haben. Im Gegensatz zu der Annahme, er habe sich ihrer ikonographischen Bedeutung wegen für sie zu interessieren begonnen, besitzen wir als Beleg seine eigene Äußerung, sein Ziel sei nicht die Auflösung eines Bilderrätsels gewesen. Die wechselnden Phasen von Unterdrückung und Wiederbelebung des Sternglaubens sind jedoch ein erstaunliches Beispiel der Überlieferung klassischer Vorstellungen durch Bilddenkmäler; und Warburgs Art, es darzustellen, hat es ermöglicht, daß beträchtliche Teile des Überlieferungsweges und seiner ›Stationen‹ bereits ›kartographiert‹ werden konnten. An der Astrologie entwickelte sich der einzige Zug, der rechtens Warburgs ›Methode‹ genannt werden kann, zur Vollkommenheit. Die Einzelfiguren, die er in ihren diversen Abwandlungen studiert hatte, waren für ihn zu ›Bildern‹ oder — betrachtet man sie im Hinblick auf ihre Verwendungsart — zu ›Symbolen‹ par excellence geworden. Er hatte ihre Beweglichkeit und ihre Unabhängigkeit von Zeit und Raum beobachtet, und ihre Wanderungen hatten sich als Maßstab kultureller Einflüsse erwiesen. In der astrologischen Bilderwelt werden Einzelfiguren, verkleidete heidnische Götter, unter dem Diktat von Regeln herumgeschoben, die nichts mit ihrer wirklichen Bedeutung zu tun haben. Ihre Zirkulationsart ist typisch und leicht zu verfolgen. Mit Ausnahme weniger Beispiele waren sie die längste Zeit nur in Beschreibungen bekannt gewesen. Sie lassen sich somit den Abbildungen in den Schriften der Mythographen vergleichen, die die antiken Geschichten im Gewand moralisierender Interpretationen bewahrten und die das Italien des 15. Jahrhunderts schließlich als ›antichità alla franzese‹ erreichten. In den Kalenderfresken des Palazzo Schifanoja (Abb. 9) ließen sich bestimmte Haltungen und Kostüme deutlich den Sprachen zuweisen, in die die Texte übersetzt worden waren.[25] Neben den Abwegigkeiten der Überlieferung hat auch der Übergang von weitschweifend beschreibender Sprache zum Bild, das blitzartig erfaßt werden soll, zu den Metamorphosen der Götter beigetragen.

Ein zweiter Punkt betrifft den Charakter der astrologischen Gestalten in ihrer Eigenschaft als Bilder. Im Unterschied zum ›gelehrten‹ Charakter der Mythographie zeigt die stärkere Vitalität und weitere Verbreitung der Astrologie, daß sie viele Menschen ansprach. Sie diente denen, die hofften, man könnte die Zukunft erforschen und die eigene Stellung im Gefüge des Ganzen ergründen. Solche Fragen hatten sich auch Sassetti und Ruccelai gegenübergesehen. Aber ihnen stand eine Auswahl antiker Formeln zur Verfügung, die sie für passend hielten, ihre Hoffnungen und Befürchtungen auszudrücken. Eine solche Symbolwahl gab es für den Astrologie-Gläubigen

---

[24] Ebd. S. 157. [In diesem Bande S. 153.]
[25] Ebd. S. 467 ff. [In diesem Bande S. 178 ff.]

nicht. Die Bilder gehörten in ein System verabredeter Zeichen, in festen Abständen über den Himmel verteilt. Ihre Bedeutung lag von vornherein fest, und sie konnten nur als ›gut‹ oder ›schlecht‹ gewertet werden. Warburg verhehlte seine Abneigung gegen diesen Mißbrauch der antiken Bilder keineswegs. Aber vorläufig weigerte er sich, der Astrologie das letzte Wort zu lassen. Er sagte, Raffael müsse erst noch die Wiedereinsetzung der Götter in ihre alte Würde leisten.

Diese Waffe des Fortschrittsglaubens zerbrach, als Warburg die Flut astrologischer Voraussagen zu bearbeiten begann, die in der Auseinandersetzung zwischen den Kirchenreformen und ihren Gegnern in Umlauf gebracht worden waren. Er fand heraus, daß das von den Widersachern gefälschte Horoskop Luthers von den Parteigängern beibehalten wurde, da beide Seiten fest davon überzeugt waren, die Beweiskraft der Sterne auf ihrer Seite zu haben.[26] Diese Doppeldeutigkeit ist die eigentliche Essenz astrologischer Bildzeichen. Sie besitzen ein gewisses Maß von Objektivität, weil sie die — wie auch immer entstellten — Reste der griechischen Konzeption eines rationalen Universums repräsentieren. Das Netzwerk der Sternkonstellationen hatte dazu gedient, die verwirrende Vielfalt am Himmel zu sondern und in berechenbare Ordnung zu bringen. Aber diese intellektuelle Anstrengung wurde durch die Täuschung zunichte gemacht, die Himmel seien privaten Zwecken zugänglich. Das anthropomorphe Denken der Griechen hatte es den Sternfiguren ermöglicht, sich in Dämonen zu verwandeln, von denen man glaubte, sie könnten dadurch zur Gefügigkeit gebracht werden, daß man aus ihrer Bahn am Himmel ihre Absichten schlau voraussagte. Die astrologischen Bilder hatten daher sowohl Anteil an der Logik, die mit Unterscheidungen arbeitet, wie an der Magie, die auf der nur gefühlten Verbindung zwischen dem Menschen und den Objekten seiner Wahrnehmung beruht. Dieser Doppelaspekt beeinträchtigte ihre natürliche Verständlichkeit. Sie mußten durch das geschriebene oder gesprochene Wort des Eingeweihten gedeutet werden. Mit wenigen Ausnahmen, wie den Schifanoja-Fresken und Chigis Decke in der Farnesina, hatten die astrologischen Bilder vornehmlich in der Graphik ihren Platz. Hier konnten sie von Texten begleitet erscheinen, und umgekehrt wurde der Glaube an sie durch die Druckerpresse genährt, indem diese bei aktuellen Anlässen den Bedarf danach stillte.

Aber selbst das war noch nicht Warburgs Hauptanliegen. Er hatte die Wirksamkeit von Bildern beobachtet und gehofft, durch Untersuchung am Ort herauszufinden, auf welches Stichwort sie antworteten. Seine Suche war durch ein waches Empfinden für das psychologische Spiel von Nachfrage und Angebot in Gang gekommen. Von der Beobachtung der spezifischen Bedürfnisse des Künstlers, der die seinem Medium angemessenen Konventionen benutzt — wie bei der ›Ninfa‹ — war Warburg — im Falle von Sassetti — zu der des Gebrauchs von Symbolen zwecks Erweiterung der Ausdrucksfähigkeit des Individuums gelangt. Die astrologischen Bilder dagegen dienten dem allen Menschen eigenen Bedürfnis, sich im Weltall zu orientieren. Aber das Geheimnis ihrer Macht war derart, daß sogar die Reformatoren, die in Warburgs Augen Kämpfer für die Freiheit des Gewissens waren, sich in ihren Fallstricken fingen. Warburgs Antwort lautete, daß wir mit einem doppeldeutigen Erbe belastet seien. Die klassische Antike selbst sei in das Spannungsfeld zwischen olympischer und dämonischer Weltsicht geraten. Die astrologischen Bilder hätten beim Aufbau eines geordneten, zur Betrachtung aus der Ferne geeigneten Universums mitgewirkt, andererseits aber wären sie von ihren himmlischen Sitzen herabgestiegen und zu

---

[26] Ebd. S. 490 ff. [In diesem Bande S. 201 ff.]

Tyrannen unseres täglichen Lebens geworden. Nach Warburg hatten sie die Erweiterung des Raumes zwischen dem Menschen und der Welt, gleichzeitig aber auch dessen Zerstörung bewirkt.

Warburg hatte dasselbe Gegensatzpaar Entfernung und Annäherung in seiner Deutung von Lorenzos Porträt verwendet, als er dem idealisierenden den realistischen Stil gegenüberstellte, und als er die Wirkungsweise der Grisaillemalerei charakterisierte. Er läßt uns nicht im Zweifel darüber, daß seine Sympathien in jedem Falle auf der Seite distanzierter Betrachtung lagen. In der Doppeldeutigkeit der astrologischen Bilder entdeckt er jetzt, daß dem Menschen zwei Wege des Verkehrs mit der natürlichen Welt offenstehen: Abstraktion oder Vereinigung. Die Entscheidung zwischen ihnen kann nie endgültig sein. Warburg drückt ein tiefes Mitleiden aus, wenn er mit Blick auf das Wesen der persönlichen Aufgabe alles menschlichen Seins, wie der Geschichtsverlauf es widerspiegelt, schreibt: »Athen will eben immer wieder neu aus Alexandrien zurückerobert sein.«[*]

[* In diesem Bande S. 267.]

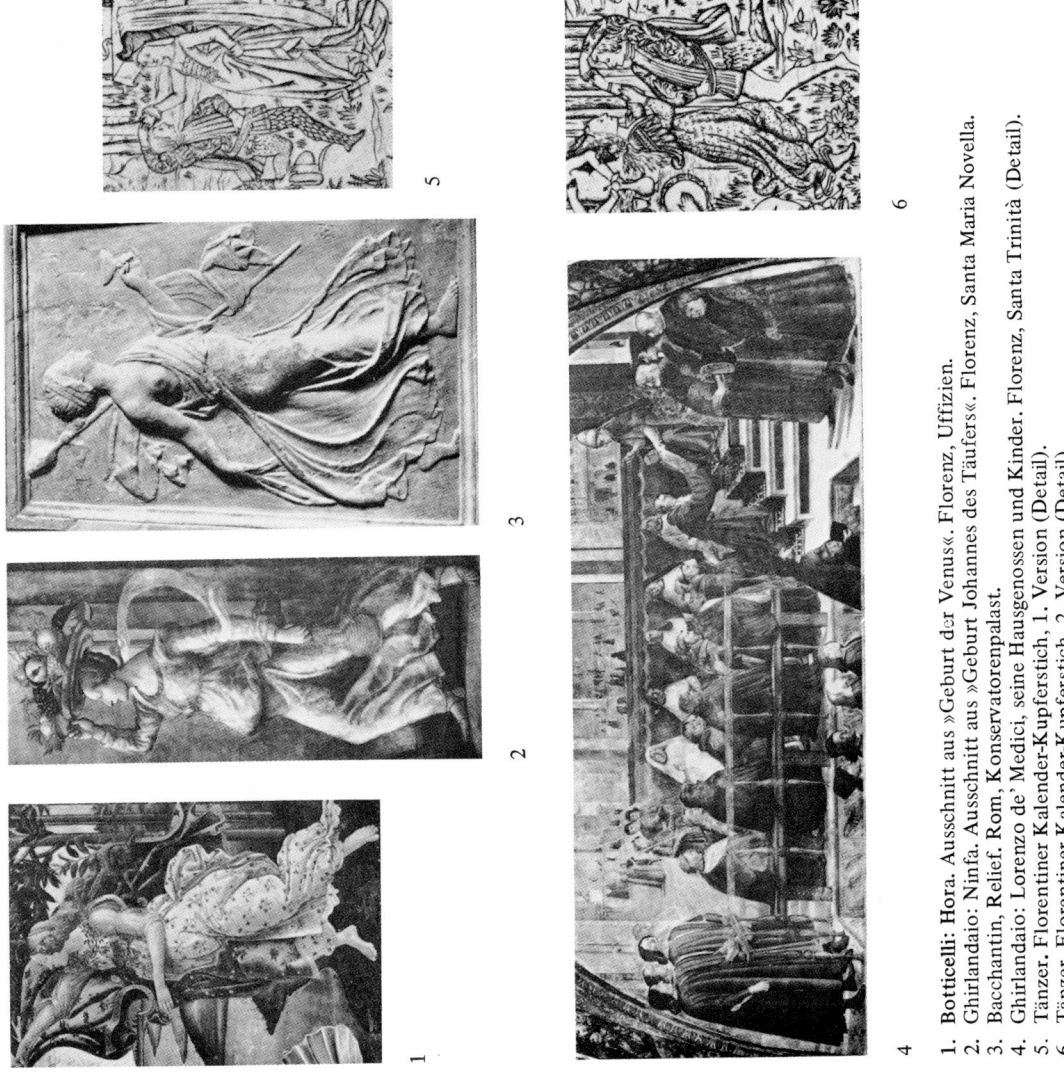

1. Botticelli: Hora. Ausschnitt aus »Geburt der Venus«. Florenz, Uffizien.
2. Ghirlandaio: Ninfa. Ausschnitt aus »Geburt Johannes des Täufers«. Florenz, Santa Maria Novella.
3. Bacchantin, Relief. Rom, Konservatorenpalast.
4. Ghirlandaio: Lorenzo de' Medici, seine Hausgenossen und Kinder. Florenz, Santa Trinità (Detail).
5. Tänzer. Florentiner Kalender-Kupferstich, 1. Version (Detail).
6. Tänzer. Florentiner Kalender-Kupferstich, 2. Version (Detail).

7

8

9

10

7. Pisanello: Bacchantinnen. Oxford, Ashmolean Museum.
8. Tizian: Magdalenas Klage, Ausschnitt aus »Grablegung«. Venedig, Accademia (Detail).
9. März. Ferrara, Palazzo Schifanoja.
10. Beweinung des Adonis. Mantua, Palazzo Ducale, Sarkophag (Detail).

Aby M. Warburg

Vortrag
von Gertrud Bing*
[1958]

Ich möchte zunächst Ihnen, Herr Senator, für Ihre schönen Begrüßungsworte danken; und daran möchte ich meinen Dank dafür anschließen, daß Sie mich eingeladen haben, an Ihrer Gedenkfeier teilzunehmen. Ich spreche damit auch im Namen des Instituts und der Universität London, der Sie einen so schönen Tribut gezollt haben. Nicht zum wenigsten gilt meine Dankbarkeit den vielen guten Freunden, die am Zustandekommen dieser Feier mitgewirkt haben. Wir alle wissen, was diese Zusammenkunft an dieser Stelle bedeutet, und ich freue mich, daß Warburgs Büste wieder in einer so würdigen und kongenialen Umgebung ihren Platz gefunden hat. Sie ist, wie Sie wissen, erst nach seinem Tode entstanden, und zwar deshalb, weil seine Frau ihn nie dazu bewegen konnte, ihr Modell zu stehen. Allerhöchstens wolle er sich dazu bereitfinden, sagte er, wenn sie ein Reiterstandbild in natürlicher Größe von ihm machen würde.

Er wäre mit mir sehr unzufrieden gewesen, wenn ich gezögert hätte, auch meinen Teil zu dieser Feier beizutragen. Trotzdem will ich Ihnen nicht verhehlen, daß es mir zuerst ganz unmöglich schien, vor Ihnen über Warburg zu sprechen. Was kann man in fünfundvierzig Minuten über Warburg sagen? Wie kann man überhaupt in wenigen Strichen das Bild eines Menschen zeichnen, der in jeder seiner Äußerungen so sehr das Gepräge des Ungewöhnlichen trug? Außer seiner Familie und einigen alten Freunden werden nicht viele unter Ihnen sein, die ihn gekannt haben. Wir haben heute den 31. Oktober, und vor fünf Tagen waren es neunundzwanzig Jahre her, seit er gestorben ist. Selbst wenn Sie diejenigen befragen, die ihm noch begegnet sind, werden Sie keine eindeutige Antwort erhalten. Einige — vielleicht sogar die meisten — werden Ihnen von seinem sprühenden Witz erzählen und eines von den vielen, mit unübertrefflicher sprachlicher Brillanz improvisierten Scherzworten zitieren, die von ihm im Umlauf waren und manchmal sogar anonym noch sind. Ein andrer wird davon sprechen, mit welcher Unbedingtheit sein Leben den eigenen inneren Gesetzen folgte, die ihn immer in die Richtung des Absoluten drängten. Noch ein andrer wird sich daran erinnern, wie unbequem es sein konnte, wenn er versuchte, diese Gesetze einer Umwelt annehmbar zu machen, die durchaus nicht immer bereit war, ihm zuzuhören. Sogar diejenigen seiner Schüler oder Freunde, denen sein wissenschaftliches Gespräch unvergeßlich geblieben ist, werden nicht immer sagen können, worin dessen Bedeutung bestand und was es so ungewöhnlich eindrucksvoll machte. Warburg selbst pflegte von sich zu sagen, er sei »wie gemacht für eine schöne Erinnerung«. In dieser witzigen Formulierung haben Sie zugleich eine Spur seines eigenen tragischen Bewußtseins davon, daß es ihm nicht vergönnt war, mit sich oder seiner Umgebung in ungestörter Harmonie zu leben. Aber tatsächlich hat er mit diesem Wort recht behalten: er ist beinahe zu einer mythischen Figur geworden. Seiner wissenschaftlichen Persönlichkeit ist es nicht anders ergangen. Seine Gesammelten Schriften umfassen nur zwei Bände. Die Resultate und Gedankengänge, die ihm seinen besonderen Platz in der Reihe der großen Kunsthistoriker seiner Generation gesichert

---

* Anläßlich der feierlichen Aufstellung von Aby M. Warburgs Büste in der Hamburger Kunsthalle am 31. Oktober 1958. [Voraus ging eine Ansprache von Senator Dr. Hans H. Biermann-Ratjen.]

haben, sind in fünf oder sechs Aufsätzen niedergelegt — Meisterwerke von historischer Akribie, psychologischer Feinfühligkeit und phantasievoller Durchdringung des Materials, aber keine leichte Lektüre. Selbst diese geben nur einen Teil dessen wieder, was er für die Wissenschaft bedeutet hat. Um ein volles Bild davon zu gewinnen, müßte man die vielen Fragmente hinzuziehen, die Hinweise, Aperçus und Entwürfe, die sich in immer wieder versuchten und immer wieder verworfenen Formulierungen in seinem schriftlichen Nachlaß befinden. Man müßte seine Vorträge wiederherstellen können, die er frei hielt und für die wir nur Dispositionen und Notizen besitzen, und die vielen ungezwungenen Unterhaltungen, in denen er nicht müde wurde von dem zu erzählen, was ihn wissenschaftlich bewegte. Man müßte vor allem die Arbeiten hinzuziehen, die seit sechsunddreißig Jahren aus dem Institut hervorgegangen sind, das seinen Namen trägt. Ich glaube, beinahe in allen ließe sich das herausholen, was inhaltlich oder methodisch auf ihn zurückgeht; und mir scheint es sogar, daß sich jetzt rückblickend seine wissenschaftliche Gestalt klarer aus diesen Arbeiten herausschälen ließe als es zu seinen Lebzeiten aus seinen Schriften allein möglich gewesen wäre.

Das Einzige, was ich heute tun kann, ist deshalb, aus meiner Erinnerung ein paar Züge hervorzuholen, die mir für ihn charakteristisch scheinen, und im Zusammenhang damit soviel von seiner Arbeit zu erzählen, daß es nicht als eine bloße Sache des Lokalpatriotismus erscheint, wenn wir heute seiner gedenken.

Eines möchte ich von vornherein hervorheben: Warburg ist kein weltfremder Gelehrter gewesen. Sein Bruder Max pflegte eine Geschichte zu erzählen, wie er und Aby sich als zwölf- und dreizehnjährige Jungen in ihr Erbrecht geteilt hätten; und zwar so, daß Max und nicht Aby das väterliche Bankhaus übernehmen sollte, dafür aber versprechen mußte, dem älteren Bruder alle Bücher zu kaufen, deren dieser zu seinem Studium bedürfen werde. Wenn Max Warburg dieser Geschichte dann noch hinzufügte, dies Versprechen sei der größte Blankoscheck gewesen, den er je in seinem Leben unterzeichnet habe, dann klang sie wie eine typische Episode aus der Kindheit des großen Gelehrten, der nichts als Bücher im Kopf hat. Und bei einem Privatgelehrten, der alle Universitätsberufungen, die an ihn ergingen, konsequent abgelehnt hat, ist es nicht schwer, an dieser Vorstellung festzuhalten. Aber wenn man bedenkt, daß Warburg wirklich eine wissenschaftliche Bibliothek aufgebaut hat, die bei seinem Tode etwa 65 000 Bände umfaßte und jetzt ungefähr 140 000 Bände zählt, so ist selbst in dieser Kindheitsanekdote ein gewisser Instinkt für den praktischen Mechanismus des Daseins nicht zu verkennen. Max Warburg selbst kannte diese Fähigkeit seines Bruders genau. Er hat immer betont, wie lebhaft er sich für die Angelegenheiten des Bankhauses interessierte und wie verständnisvoll er sie beurteilte. »Mein Bruder wäre ein ganz guter Bankier geworden«, pflegte er zu sagen. Insbesondere hatte der Professor eine feine Witterung für Krisenstimmungen an der Börse, und wenn er unvermutet bei seinen Brüdern im Büro erschien mit der Bemerkung: »Ich höre die Fittiche des Pleitegeiers rauschen«, so hatte er häufig recht. Er hat auch den Aufbau seiner Bibliothek durchaus als Beruf angesehen. Jahrelang war er sein eigener Bibliothekar. Es kann nicht viele Gelehrte gegeben haben, die auf dem internationalen Büchermarkt so gut zu Hause waren wie Warburg und die wie er Tag für Tag die späten Abendstunden ihrer Müdigkeit abgerungen haben, um antiquarische Bücherkataloge zu lesen.

Mit dem gleichen Ernst machte er Dinge des öffentlichen Lebens zu seiner Sache, soweit sie Wissenschaft und Kunst betrafen. Auch hier war er nie bereit, sich mit dem Mittelmäßigen abzufinden, und sich auf den Boden der Tatsachen zu stellen, wie der schöne Ausdruck lautet, lag ihm nicht. Aber ein anderer Zug ist vielleicht überraschender, besonders in dem esoterischen Licht, in dem Warburg jetzt einer jüngeren Generation erscheint: das ist seine Sorge für die Erwachsenenbildung, die damals noch nicht so im Mittelpunkt des Interesses stand wie jetzt, die er aber als die Voraussetzungen jedes gedeihlichen wissenschaftlichen Lebens ansah. Seine Vorlesungen am Volksheim, zu dessen Gründern er gehörte, standen keinem Universitätskolleg an wissenschaftlicher Gründlichkeit nach. Es gibt in diesen Vorträgen über Leonardo, oder Dürer, oder Florentiner Frührenaissance viele Details, von denen man sich sagt, daß sie die Fassungskraft seiner Zuhörer überstiegen haben müssen. Aber das hatte nichts auf sich. Es war sein Geheimnis, daß er allen, alt oder jung, gelehrt oder unwissend, selbst Kindern, das nahezubringen wußte, woran es ihm lag.

Er war kein blinder Vorkämpfer für den Gedanken einer Universität in Hamburg. Es gibt Äußerungen von ihm, die darauf hindeuten, daß es ihm wichtiger erschienen wäre, zunächst einmal die vorhandenen Bibliotheken, Stadtbibliothek und Commerzbibliothek, einem größeren Kreise von interessierten Laien zu eröffnen – ihnen, wie er es nannte, »den Weg zum Buch zu weisen«. Aber als nach der Gründung der Hamburgischen Universität die Gefahr bestand, daß Ernst Cassirer durch einen Ruf nach Frankfurt von seinem Lehrstuhl in Hamburg weggeholt würde, verschmähte Warburg es nicht, in die Arena der Tagespolemik einzutreten. Er ließ seinen Artikel *Warum Hamburg den Philosophen Cassirer nicht verlieren darf* im Hamburger Fremdenblatt erscheinen, weil er fand, daß das große Publikum ein Recht darauf hatte zu erfahren, um was es bei diesen akademischen Besetzungsfragen ging. Hier muß ich auch die Ausstellung erwähnen, die er für das Hamburger Planetarium geplant, deren Aufstellung er aber nicht mehr erlebt hat. Sie besteht aus Bildern und Modellen, die die Geschichte von Astronomie und Astrologie illustrieren, und ist das Resultat von langen Jahren gelehrter Forschung. Aber ihr Zweck war, in der Allgemeinheit ein historisches Bewußtsein zu wecken. Es schien ihm nicht genug, daß die Besucher das Schauspiel der Sternbewegungen als fertiges Resultat vorgesetzt bekamen; sie sollten auf die Geschichte hingewiesen werden, die zu unserer heutigen Vorstellung vom Weltall geführt hat.

Das waren die Dinge, an die er dachte, wenn er sagte, er habe seinen Hamburgern immer versichert: »Bildung schadet nichts«. Aber er konnte andere Saiten aufziehen, wenn sein Gefühl für künstlerische und intellektuelle Integrität von denen verletzt wurde, die dazu bestellt waren, es besser zu wissen. Wo er eine solche Gefahr spürte – und in diesen Dingen war er sehr hellhörig –, da gab es für ihn keinen Kompromiß und kein Ansehen von Person und Stand; ohne Schonung für die, die er als die Urheber des Unheils ansah, aber auch ohne Rücksicht darauf, ob er sich selbst unbeliebt machte, zog er mit allen Waffen seiner Feder und seines schneidenden Witzes zu Felde. Vielleicht erinnern sich einige von Ihnen noch an seinen Kampf um die Fresken von Hugo Vogel im Großen Saal des Rathauses; er hat einen geharnischten Artikel gegen sie geschrieben. Als er viele Jahre später während des ersten Weltkrieges erfuhr, daß Hugo Vogel ins Große Hauptquartier berufen worden sei, um das offizielle Porträt von Hindenburg zu malen, sagte er in vollkommenem Ernst: »Jetzt verlieren wir den Krieg sicher«. Das war alles andere als ein bon mot. Es gab einfach für ihn in diesen Dingen keine Zone der Gleichgültigkeit oder selbst der minderen Wichtigkeit. So protestierte er auch gegen die Innenausstattung der Hapagdampfer im Stil Ludwigs XIV. Durch diese Vorspiegelung einer falschen Pracht würden die Passagiere nur darüber hinweggetäuscht, daß sie der Willkür einer unberechenbaren Naturkraft ausgeliefert wären. Daß dies sich tatsächlich im Zeitalter des Untergangs der »Titanic«

abspielte, ist dabei gleichgültig. Es war eine Frage des Prinzips, keinen billigen Optimismus zu dulden und sich nicht einem vermessenen Gefühl von Sicherheit hinzugeben, wo der Mensch doch schon dankbar sein kann, wenn er ohne Schaden davonkommt. Es gibt auch frivolere Geschichten dieser Art: als er einmal als Sachverständiger vor eine Kommission berufen wurde, die über Auflösung oder Weiterführung der Abguß-Sammlung in der Kunsthalle befinden sollte, begegnete er dem bekannten bürokratischen Hinweis auf Präzedenzfälle und hohe Kosten mit dem Einwand, daß Gips in der Natur in unbegrenzten Mengen vorhanden sei. Der Ausdruck Präzedenzfall war für ihn das rote Tuch: damit konnte jede Initiative totgemacht werden. Ich habe mich gefreut zu hören, daß die Abguß-Sammlung heute noch besteht.[*]

Aber dies Bild des militanten Warburg bedarf der Ergänzung. Es gab keinen treueren Freund als ihn. Wo er fühlte, daß er anerkennen konnte, tat er es ohne Rückhalt, und seine heilige Unzufriedenheit verstummte. Ich möchte nicht verfehlen, zweier seiner Freunde zu gedenken, deren Namen mir an dieser Stelle besonders nennenswert erscheinen. Der eine ist Gustav Pauli, als Direktor der Kunsthalle der Vorgänger unseres Freundes Carl Georg Heise und sozusagen der Großvater im Amt unseres heutigen Hausherrn. Der andere ist Fritz Schumacher, der als Stadtbaumeister den Teil der Kunsthalle geplant hat, in dem wir uns befinden.

Dieses Verantwortungsgefühl für das öffentliche Wohl gehört zu Warburgs moralischer Statur und hätte sich gezeigt, wo immer er gelebt hätte. Aber Hamburg nahm bei ihm doch noch eine besondere Stelle ein. Mit aller gebotenen Vorsicht glaube ich sagen zu können, daß gerade auch in seinen wissenschaftlichen Arbeiten ein Stückchen Hamburg zum Vorschein kommt. Ich denke an seine Beiträge zur Kunst- und Kulturgeschichte von Florenz.

Jetzt ist die Vorliebe für die Florentiner Kunst des fünfzehnten Jahrhunderts etwas aus der Mode gekommen; zu Warburgs Zeit war sie allgemein. Er ist durch August Schmarsow als Student zum ersten Mal nach Florenz gekommen, und Schmarsow war der Gründer des dortigen Deutschen Kunsthistorischen Instituts. Adolf Hildebrand, von dessen Ästhetik Warburg stark beeinflußt war, lebte in Florenz. Und Jacob Burckhardt, dessen Darstellung noch heute unser Renaissancebild beherrscht, hatte sehr wesentlich aus Florentiner Schriftquellen geschöpft. Warburgs Arbeiten knüpfen an Burckhardt an, und kein Lehrling kann sich der Dankesschuld dem Meister seines Handwerks gegenüber klarer bewußt gewesen sein, als Warburg es in seiner Bewunderung für Burckhardt war. Trotzdem dürfen wir heute sagen, daß das Bild, das Warburg von der Renaissance gezeichnet hat, in vielen Punkten über das von Burckhardt hinausgeht.

Warburg hat als junger Ehemann etwa zehn Jahre in Florenz gelebt, und seine älteste Tochter ist dort geboren. Vielleicht wäre er nicht nach Hamburg zurückgekommen, wenn er nicht gefühlt hätte, daß er sich von der Fülle des Materials, das ihm aus dem Archiv, aus den Sammlungen und Kirchenschätzen zuströmte, entfernen mußte, um es gedanklich verarbeiten zu können. Jedes Wort, das er über Florenz geschrieben hat, trägt den Stempel einer so persönlichen Beziehung, wie man ihr im wissenschaftlichen Schrifttum nicht häufig begegnet. Man könnte beinahe sagen, daß Warburg in den Arbeiten über Florenz seine Buddenbrooks geschrieben hat. Noch in seinen letzten Lebensjahren ist er seiner Sprache, seinen Gesten, seinem ganzen Gebaren nach in

---

[* Vgl. den in diesen Zusammenhang gehörenden Essay »Kommunale Pflichten und allgemeine Geistespolitik«, der hier S. 305 abgedruckt ist.]

Florenz immer für einen Florentiner gehalten worden, und mit seinem feingliedrigen Körperbau und seinem ausdrucksvollen dunklen Kopf ist er auch physiognomisch dort weniger herausgefallen als in Hamburg. Ich kann es mir nicht versagen, Ihnen eine Geschichte zu erzählen, die gar nicht hierher gehört, außer daß sie den Florentiner Warburg in Aktion zeigt. Eines Sommers waren Gerüchte über eine Typhusepidemie im Umlauf, und Warburg lief bei allen Behörden herum, um sie zu vernünftigen Vorsichtsmaßregeln zu bewegen. Aber die Gefahr wurde so lange abgestritten, bis man schließlich in der Wasserleitung, aus der von Fiesole her das Florentiner Trinkwasser kam, einen toten Esel fand. Als Warburg daraufhin in bitterem Triumph und mit aller Absicht, eine wilde Anklage zu erheben, wieder bei der Behörde erschien, bekam er die Antwort: »Aber es war doch so ein kleines Eselchen«. Es ist einer der wenigen Vorfälle dieser Art, die ich von ihm kenne, wo selbst er die Waffen gestreckt hat.

Aber seine Wahlverwandtschaft mit dem Florenz des 15. Jahrhunderts, die wissenschaftlich so wichtig geworden ist, wird erst ganz verständlich, wenn man daran denkt, daß Florenz damals ein Stadtstaat war, und zwar im Gegensatz zu den übrigen italienischen Staaten der Renaissance — mit der Ausnahme von Venedig — eine Republik; und daß die leitende Rolle in diesem Gemeinwesen von einem bürgerlich-kaufmännischen Patriziat gespielt wurde. Ich glaube, wir dürfen ruhig annehmen, daß es in Warburgs Hamburger Erfahrungen etwas gegeben hat, was sich in ein unmittelbares Verständnis für die Florentiner im Zeitalter der Medici umsetzen ließ. Er war davon ausgegangen, den künstlerischen Stilwandel in der zweiten Hälfte des 15. Jahrhundert zu untersuchen, also von einem formalen Problem, das jedem Kunsthistoriker seiner Zeit geläufig war; und in seiner ersten Schrift hat er, wie Sie vielleicht wissen, Botticellis mythologische Bilder behandelt, die Geburt der Venus und den sogenannten Frühling, für den er den Namen »Das Reich der Venus« vorgeschlagen hat. In dieser Schrift hat er seine Beobachtung niedergelegt, daß Botticellis Stilmerkmale, flatternde Haare und bewegte Gewänder, sich auch in der zeitgenössischen Dichtung und Kunsttheorie nachweisen lassen, und daß sie überall Anzeichen einer erwachenden Vorliebe für klassische Vorbilder sind.

Nun waren die Jahre von etwa 1450 bis 1490, für die er sich speziell interessierte, der Zeitraum, in dem sich in Florenz eine Wandlung des ganzen Lebensstils anbahnte, von der der Stilwandel in der Monumentalkunst nur ein Teil war, und die auch alles Zubehör des praktischen Lebens ergriff. Warburg begann also folgerichtig, Gegenstände des täglichen Bedarfs in seine Betrachtung einzubeziehen, und zog dazu nicht nur die großen literarischen Zeugnisse heran, sondern auch, und sogar vor allem, Privatdokumente. Er schuf dadurch für die Kunstgeschichte etwas, wofür wir in der klassischen Altertumswissenschaft den Ausdruck Realienkunde gebrauchen. Wir mögen heute darin ein Erbteil des historischen Positivismus erkennen; zu Warburgs Zeit hätte sich kein Kunsthistoriker für die Geschäftskontrakte der Medici interessiert, oder für das Testament eines ihrer Teilhaber, in dem von Kunst nichts vorkommt, oder für die Briefe ihrer Vertreter, die über schlechte Geschäfte klagen; derartiges wurde den Historikern der Nationalökonomie überlassen. Was die Gegenstände des Hausrats anbelangt, so gehörten sie nach damaliger Auffassung zum Kunstgewerbe, und ihr Bilderschmuck schien nach Stil und Inhalt zu weit entfernt von den Erzeugnissen der sogenannten »freien« Kunst, als daß man ihn zur Beurteilung herangezogen oder sich gefragt hätte, wie Warburg es tat, ob nicht vielleicht in beiden Fällen die Wahl des Bildinhaltes durch den Gebrauch mitbestimmt war.

Ich will Ihnen von Warburgs Folgerungen nur ein Beispiel geben. Aus der Korrespondenz der Medici mit ihren Vertretern in Brügge geht hervor, daß sie sich meterweise Bildteppiche aus Flandern kommen ließen. Diese kostbaren Stoffe dienten zur Zimmerausstattung, als Wandbekleidungen oder Bettvorhänge, und stellten mit Vorliebe in großen Figuren Szenen aus der antiken Geschichte dar. Wenn sie etwa für den Hof Karls des Kühnen bestimmt waren, wundern wir uns nicht, burgundische Kostüme darauf zu sehen. Nun fiel es aber Warburg auf, daß die Medici ihren Agenten, die auch Italiener waren, einschärften, darauf zu achten, daß auf den für sie angefertigten Teppichen die Figuren »nach dortiger Sitte« dargestellt würden. Sie hatten also eine solche Vorliebe für den flandrischen Stil, daß sie die heroischen Gestalten der Griechen und Römer in der Kleidung burgundischer Paladine mit Vergnügen akzeptierten. Damit verlor das, was man bis dahin etwas vage als den niederländischen Einfluß in der florentinischen Kunst bezeichnet hatte, alle Unbestimmtheit. Dieser Einfluß erschien als das Produkt einer bewußten Wahl, deren Ursprüngen man nachgehen konnte, und die Wege, auf denen er nach Florenz kam, stellten sich als die des normalen Handelsverkehrs heraus.

Die Art, wie Warburg an Hand solcher Detailanalysen sein Bild von der Mentalität der Florentiner Bürger des 15. Jahrhunderts entworfen hat, ist unnachahmlich; was wir daraus gelernt haben, ist, daß auch aus geringfügigen Dokumenten menschliche Stimmen zum Sprechen gebracht werden können. Aber nachdem Warburg den ganzen Apparat von bestehenden Geschmacksrichtungen und Anforderungen des praktischen Lebens, der sich zu Anfang dem Stilwandel widersetzt hatte, in Anrechnung gebracht hatte, stellte sich die Entwicklung des antikisierenden Stils der Hochrenaissance viel differenzierter dar als bisher. Die Florentiner Entwicklung wurde zu einem Hauptzeugen dafür, wie sich die Aufnahme der antiken Überlieferung in der Renaissance vollzogen hatte und welchen Anteil die Nachahmung von Vorbildern aus der klassischen Kunst daran hatte.

Man sollte denken, daß die Italiener sich nur auf ihrem eigenen Grund und Boden hätten umsehen dürfen, um die authentischen Zeugnisse der griechisch-römischen Vergangenheit zu erkennen. Aber dazu gebrauchte es einer geraumen Zeit. Zunächst hat man in Italien, ebenso wie im ganzen mittelalterlichen Europa, die Antike in einer Umformung übernommen, die ihren Ursprung in der Spätantike hatte. Die Forschung hat sich in den letzten Jahrzehnten mehr und mehr gerade auf diesen mittelalterlichen Überlieferungsprozeß konzentriert, und wir wissen jetzt mehr davon und können ihn auf mehr Gebieten verfolgen, als es zu Warburgs Zeiten möglich war.

Aber es ist kein Zufall, daß es ein Kunsthistoriker war, von dem diese Forschungsrichtung herrührt. Lange nämlich bevor die Zeugnisse der antiken Literatur und Philosophie wiederentdeckt und verständlich geworden waren, hatten die Gestalten der antiken Mythologie in der Erinnerung weiterbestanden. Sie waren auch bis zu einem gewissen Grade immer verständlich geblieben; und zwar deshalb, weil sie in Bildern überliefert sind — in Bildern, die sich auf Stein, Ton, Metall oder Gemmen erhalten hatten. Es waren nur wenige Bildformen, die von späteren Generationen übernommen wurden, aber diese wenigen wurden immer wieder kopiert. »Der Mensch«, pflegte Warburg zu sagen, »ist mit wenig Auslagen gearbeitet«.

Einzelentlehnungen des 15. Jahrhunderts aus der antiken Kunst waren natürlich schon bekannt. Es gibt ein Skizzenbuch mit Kopien antiker Bildwerke, das Ghirlandajo zugeschrieben wird und das den Malern und Bildhauern seiner Zeit als Musterbuch vorgelegen haben mag. Die runden Baureliefs im Hofe des Palazzo

Medici sind Nachahmungen antiker Gemmen, von denen sich die Originale in Lorenzos Besitz befunden haben. Aber bei solchen Feststellungen war es geblieben — nach einer Absicht, die der Auswahl aus dem antiken Formenschatz zugrunde gelegen hätte, war nicht gefragt worden. Man setzte voraus, daß die Küntler des 15. Jahrhunderts von derselben Verehrung für alles Antike beseelt waren, wie sie seit dem 18. Jahrhundert für jeden Gebildeten selbstverständlich geworden war. Auch Warburg ging zunächst von solchen Einzelentlehnungen aus. Er fand zum Beispiel, daß die Vorbilder für Botticellis schreitende oder schwebende Figuren der neu-attischen Plastik entnommen waren. Auf einer Zeichnung aus Botticellis Schülerkreise war eine Gruppe von drei Figuren nach einem antiken Sarkophag kopiert worden, der damals an der Treppe von Araceli in Rom eingemauert war. Aber worin er der Methode der Überlieferungsgeschichte eine neue Wendung gab, war, daß er nicht nach dem Was oder Woher der Entlehnung fragte, sondern nach dem Warum. Er stellte dabei fest, daß es den Künstlern oder ihren Auftraggebern und gelehrten Beratern bei ihrer Auswahl nicht in erster Linie auf den Inhalt der antiken Bildwerke ankam, sondern auf ihre Gebärden. Das Vorbild für die rasche Bewegung und die nervöse Mimik von Botticellis Figuren war die Haltung der klassischen Mänade. Die Gruppe von Apoll und Daphne, in der der Gott die Geliebte zu ergreifen versucht, wurde zum Prototyp der Liebesverfolgung. Und wenn in einem Grabrelief in Sta. Trinità in Florenz die Trauer um den Toten, der dort begraben liegt, dargestellt werden sollte, so wählte man als Vorbild einen antiken Sarkophag, auf dem Gestalten im klassischen Klagegestus die Leiche des heidnischen Meleager umgaben.

Nachdem Warburg einmal diese Bedeutung der antiken Ausdrucksgesten aufgegangen war, ließen sich viele Beispiele dieser Art feststellen. Die Künstler des 15. Jahrhunderts bedienten sich der klassichen Gebärdensprache dort, wo es sich ihnen darum handelte, Augenblicke höchster Erregung, Kampf, Triumph, Raub, Verzweiflung oder Klage darzustellen.

Warburg war ein Schüler von Hermann Usener; er war also aus seiner Jugend mit der Mythenforschung vertraut. Aber er hat nicht nach der Bedeutung der Mythen gefragt, die diesen Darstellungen zugrunde liegen. Für ihn waren sie bildgewordene seelische Situationen. Medea ist kein Beispiel eines Archetypus, wie C. G. Jung es will; ihr Bild ist identisch mit der Gestalt, die ihr der Mythos verliehen hat: sie erscheint als die eifersüchtige Frau oder als die Kindesmörderin. Ebenso ist es für die Bildgestaltung unwesentlich, ob Proserpina das Sterben und Wiedererwachen der Vegetation verkörpert; so wie ihr Bild uns überliefert ist, ist es ein Ausdruck für gewaltsame Entführung geworden. Alle diese Gestalten sind, wie Warburg es ausdrückt, Pathosformeln, die in der Antike geprägt wurden. Wenn spätere Generationen diese Prägungen als Vorbild wählten, so suchten sie darin das Pathos der tiefsten Erschütterungen des menschlichen Daseins, dessen klassische Ausdrucksmittel sie sich zu eigen machen konnten. Denn die vorgeprägten Bildformen bewahren in sich die Erinnerung an die tragischen Mythen der Griechen und weisen dadurch in den Bereich des Religiösen zurück.

Dieses Gefühl für den Ursprung der gestalteten Form, das intuitive Erfassen ihres psychologischen und religiösen Gehalts durchdringt Warburgs ganze Forschung. Es verleiht seiner Sprache ihre eigentümliche Eindringlichkeit, obwohl sie sich nie von dem historischen Einzelfall seiner jeweiligen Untersuchung entfernt. Es gibt Mythen, von denen er nicht sprach, weil sie ihn zu stark ergriffen. Einer davon ist die Geschichte von Oedipus, und ich glaube nicht, daß man dieser Scheu Genüge tut, wenn man sie psychoanalytisch erklärt. Trotzdem hat Warburg es gewagt, sich auf ein

Gebiet zu begeben, in dem die klassischen Gestalten nicht als Pathosformeln, sondern als offenkundige Dämonen erscheinen. Ich meine seine Studien über Astrologie.

Es ist nicht schwer, die gedankliche Brücke zu schlagen, die in seinen Arbeiten von den Pathosformeln zur Astrologie führt. Auch die Astrologie ist ein Stück bildhafter Überlieferung, die sich von der Spätantike bis zur Renaissance verfolgen läßt. Die Namen und Figuren der Planeten und die Gebilde des Tierkreises sind heute noch Zeugen der mythenbildenden Phantasie der Griechen. Aber die Bilder haben hier eine gefährlichere Umformung erfahren als in den künstlerischen Ausdrucksformen; sie sind durch die kosmologischen Spekulationen spätantiker, alexandrinischer Autoren hindurchgegangen, und in der mittelalterlichen Astrologie erscheinen sie als Sterndämonen. Sie beeinflussen das Schicksal jedes einzelnen Menschen nach den Zufällen ihrer Stellung am Himmel und ihrer menschenähnlichen Natur, und die astrologische Praxis stellt einen Versuch dar, ihre Absichten durch die Beobachtung und Berechnung ihrer Bewegungen am Himmel festzustellen und ihnen so zuvorzukommen.

Diese Vorstellungen haben in der Geschichte, wie Sie wissen, eine große Rolle gespielt. Warburg hatte recht, wenn er sich als Historiker ihnen zuwandte, und seine Untersuchung über Astrologie und den Glauben an wahrsagende Mißgeburten im Kreise von Luther und Melanchthon ist ein kompliziertes, aber im Grunde nüchternes Beispiel seiner Methode, aus Bild- und Schriftquellen eine historische Situation zu erfassen. Er hat damit diese Überreste des heidnischen Schicksalsglaubens von dem Odium des bloßen Aberglaubens befreit und ihre Herkunft aus religiösen Vorstellungen klargestellt.

Aber letzten Endes ist es ihm nicht lediglich um derartige Feststellungen historischer Zusammenhänge zu tun. Die Astrologie hatte für ihn eine Bedeutung, die uns alle angeht: es spiegelt sich in ihr das Bewußtsein von der Unzulänglichkeit des menschlichen Daseins. In seiner Hilflosigkeit dem Schicksal gegenüber greift der Mensch zur Magie; er beginnt mit den Bildern zu manipulieren — aber zu seinem Schaden. Zwar lebt in der Vorstellung, daß der böse Saturn die guten Einflüsse des Planeten Jupiter durchkreuzen kann, noch die Erinnerung an den Kampf zwischen Kronos und Zeus. Aber die Bildgestaltungen des Mythos haben hier nicht mehr, wie in der Kunst, die Funktion von Vorbildern; sie sind zu Abgöttern geworden, die den Menschen in Furcht und Schrecken halten.

Allerdings, in der Astrologie steckt noch etwas Anderes, Tröstlicheres. Neben der Dämonenfurcht sind in ihr die Überreste einer rationalen Erklärung des Kosmos enthalten, die auch ein griechisches Erbe ist. Der Versuch der Astrologen, die Bewegungen dieser dämonenförmigen Himmelskörper zu verfolgen, war noch im 16. Jahrhundert der Ausgangspunkt für die exakten Beobachtungen von Tycho Brahe und Kepler. Aber nachdem einmal auf Grund der wiederbelebten griechischen Wissenschaftslogik die Planetenbahnen mathematisch errechnet worden waren, mußte sich das Bewußtsein vom Verhältnis zwischen Weltall und Kreatur grundlegend verändern. Anstelle der greifbaren Nähe der Gestirne, die dem Menschen auf den Leib zu rücken drohten, trat, wie Warburg es ausdrückt, »der Denkraum der Besonnenheit«. Nicht daß damit die Menschheit ein für allemal von der Furcht vor Dämonen und dem Glauben an die Macht der Sterne befreit worden wäre. Wir haben es selbst erlebt, wie sie sich immer wieder melden, wenn die Gemüter von Unruhe ergriffen werden. Ich erinnere Sie an die Flut von Prognostiken und Meldungen von der Geburt monströser Geschöpfe, die zur Zeit der Machtergreifung Hitlers erschien. Und überall gibt es Zeitungen, in denen Horoskope gestellt werden, und astrologische

Wochenblättchen, die eifrig gelesen werden. Warburg selbst hat erzählt, daß nach Vorträgen, in denen der die Gefahren der Astrologie in ihrer heutigen Ausübung anprangern wollte, Leute zu ihm kamen, die ihm sagten: »Wenn so ein gelehrter Mann wie Sie sich soviel damit abgibt, dann muß doch etwas Wahres dran sein«.

Magie und Logik, das Doppelantlitz der Antike, das zum Schicksal der europäischen Kultur geworden ist, sind auch die beiden Pole, zwischen denen das Pendel des individuellen Bewußtseins hin und her schwingt. Daß der Mensch immer wieder in die Magie zurückfällt, enthebt ihn nicht der Verpflichtung, immer wieder den Versuch zu machen, sich durch eigenes Denken von ihrem Zwang zu befreien. In Warburgs Worten: »Athen muß immer wieder aus Alexandria gerettet werden«.

Warburg glaubte an die Macht der Vernunft; er war ein Aufklärer, gerade weil er das Vermächtnis der dämonischen Antike so gut kannte. Lessings Laokoon war der große Einfluß seiner Jugend gewesen, und er fühlte sich der deutschen Aufklärung des 18. Jahrhunderts verpflichtet. Ebenso nahe und aus denselben Gründen, fühlte er sich einer anderen Figur der deutschen Geschichte, die im Mittelpunkt seiner Darstellung des Dämonenglaubens der Reformation steht: Martin Luther. Daß er selbst in Luther den wirren Glauben an Kometen, Monstren und Meteore feststellen mußte, die als Warnungssignale vom Himmel geschickt werden, gehörte für ihn zu der Ambivalenz, die er jeder geschichtlichen Erscheinung zugestand. Aber er sah trotzdem in der deutschen Reformation eine der großen europäischen Bewegungen, die den Weg zum selbständigen Denken freigemacht haben und zu der Anerkennung des Rechtes des Individuums führen, seine eigenen religiösen und moralischen Entscheidungen zu treffen. Die Reformation war für ihn eine fortschrittliche Macht.

Hier komme ich zu dem letzten Punkt, den ich Ihnen in Warburg nahe bringen möchte. Er kam aus einem Elternhaus, das an der Tradition des orthodoxen Judentums festhielt. Seinen ersten Akt der Aufklärung hat er an sich selbst vollzogen. Als er nach Bonn auf die Universität ging, erklärte er seinen Eltern, daß er von nun an die jüdischen Speisegesetze nicht mehr beobachten würde. Sicher hätte er dies auch ohne Wissen der Eltern durchführen können, aber das wäre für ihn keine echte Emanzipation gewesen. Er hatte sich damit den Zugang zu einem Weg geöffnet, auf dem er weiter fortschritt. Die Verhältnisse der Gründerjahre in Deutschland waren der Assimilation günstig; in Hamburg waren sein Bruder Max und dessen Freund Ballin in fraglos anerkannten einflußreichen Positionen. Warburg selbst hat sein militärisches Dienstjahr mit einer geradezu rührenden Freude und Gewissenhaftigkeit erfüllt. Er hat es dem kaiserlichen Deutschland nie vergessen, daß es die Juden gut behandelt hat, und hat es auch später nicht gern gehört, wenn man etwas daran bekrittelte. Noch im Jahre 1929 hat er den früheren Reichskanzler Bülow in Rom besucht — obwohl dies vielleicht mit einem leichten Augenzwinkern geschah, weil er Bülows italienische Frau so gern hatte. Und obwohl er sich mit Deutschland so rückhaltlos identifizierte, wie es uns, der nächsten Generation, schon vor Hitler nicht mehr möglich gewesen wäre, trotzdem ist er die Furcht vor Antisemitismus nie ganz los geworden. Eine kleine Bemerkung von ihm spricht hier mehr als viele Worte. Als sich in seinem eigenen Hause in Florenz eine Freundin seiner Frau mit einem seiner jüngeren Kollegen verheiratete, er also jeden Grund gehabt hätte, sich als dazugehörig zu fühlen, schrieb er in sein Tagebuch: »Mary und ich nicht mit zur Kirche gegangen. Es ist besser, man wundert sich, daß wir nicht mit dabei sind, als daß sich jemand wundert, daß wir dabei sind«. Der Hellsichtigkeit, die aus einer solchen zwiespältigen Stellung herrührte, ist es vielleicht zuzuschreiben, daß er zu den wenigen gehörte, die außer sich waren, als Bethmann-Hollweg anläßlich der Verletzung der belgischen Neutralität das Wort vom »Fetzen Papier« sprach; und in der ersten Hälfte August 1914, als ganz Deutschland über den geglückten Vormarsch in Frankreich im Freudentaumel schwelgte, stehen in seinem Tagebuch die prophetischen Worte: »Wir siegen uns zu Tode«.

Der Stolz auf die jüdische Eigenart, der in der Orthodoxie immer bestanden hatte und der sich unter dem Druck des Antisemitismus später auch bei freisinnigen Juden entwickelte, war ihm fremd, und wo er ihm begegnete, hat er ihn scharf verurteilt. Er hatte seine eigene Antwort auf die Frage, wodurch sich die Juden von ihren Gastvölkern unterscheiden: »Wir sind zweitausend Jahre länger Patienten der Weltgeschichte gewesen«. Mehr war nicht daran; aber wer Warburgs Diktion kennt, für den ist es nicht schwer, in dieser Formulierung den sprachlichen Zusammenhang zwischen »Patient« und »Passion« herauszuhören: Amor fati.

Es ist kein Zweifel, daß seiner Person etwas von einem alttestamentarischen Propheten anhaftete. Alle, die je die Fülle und Beredsamkeit seines Zornes an sich erfahren haben, müssen das empfunden haben. Aber man denkt bei ihm auch an das Hegel-Wort, daß der Historiker ein rückwärtsgewandter Prophet sei. Warburg hat seine wissenschaftliche Aufgabe als eine Sendung empfunden; er sprach vom »Problem, das ihn kommandierte« — dem er leidend gehorchte, trotz der Anfälligkeit seines Körpers, trotz des Unverständnisses, dem er vielfach begegnete und trotz der eigenen Verzagtheit, der er nur zu häufig ausgesetzt war. Es sollte, wie er es einmal ausdrückte, seiner Forschung »kein Hauch blasphemischer Wissenschaftelei anhaften«.

Und nun lassen Sie mich mit einem kleinen autobiographischen Satz schließen, den Warburg einmal auf italienisch niedergeschrieben hat: »Ebreo di sangue, Amburghese di cuore, d'anima Fiorentino«. »Jude von Geburt, Hamburger im Herzen, im Geiste ein Florentiner«. Er hat selbst vielleicht gar nicht so genau gewußt, was für eine seltene Verschmelzung diese drei Elemente in ihm eingegangen waren.

Ernst H. Gombrich

ABY WARBURG ZUM GEDENKEN

Festansprache vom 13. Juni 1966 in der Universität Hamburg
zum Gedächtnis an Aby Warburgs 100. Geburtstag

Magnifizenz!
Spektabilitäten!
Mitglieder der Familie Warburg!
Meine Damen und Herren!

Die Ehre des Auftrags, an diesem Gedenktage die Festrede zu halten, verdanke ich leider keiner persönlichen Beziehung zu dem großen Gelehrten; im Gegensatz zu Professor Carl Georg Heise, dessen Anwesenheit hier ich dankbar begrüße, habe ich Aby Warburg nicht mehr gekannt. Andere können und dürfen von dem Eindruck seiner Persönlichkeit sprechen, von seinem Witz, seiner schauspielerischen Begabung, seinem Anekdotenreichtum sowie auch von seinen kompromißlosen Forderungen an sich selbst und an seine Umwelt. Von all dem könnte ich nur vom Hörensagen erzählen. Und doch fügt es sich vielleicht richtig, daß gerade zum hundertsten Geburtstag des Gelehrten jemand zu Ihnen spricht, für den Aby Warburg bereits der Geschichte angehört. Zunächst natürlich der Geschichte des Instituts, an das mich das Schicksal vor mehr als 30 Jahren führte und für dessen Leitung ich nun der Londoner Universität und der Gelehrtenrepublik gegenüber verantwortlich bin. Es gibt wohl kaum ein zweites öffentliches Forschungsinstitut, das den Namen seines Gründers mit der gleichen Berechtigung trägt wie das Warburg Institute. Denn was er uns hinterließ, waren nicht Geldmittel, sondern Forschungsmittel und Forschungsprobleme. Die Bibliothek, die er aufbaute und an der weiterzubauen wir uns bemühen, soweit es die Mittel der Londoner Universität erlauben, trägt heute noch das Gepräge der Arbeitsbibliothek eines Gelehrten. Seine Interessengebiete, seine Fragestellungen, seine Vorlieben und seine Arbeitspläne spiegeln sich heute wie je in der Bibliothek und in der Photographiensammlung in ihrer Anordnung, in ihren Reichtümern und sogar mitunter in ihren Lücken. Zwar kam ich zur Bibliothek erst sechs Jahre nach dem Tode ihres Gründers und zwei Jahre nach ihrer Entwurzelung, aber ich hatte so die Gelegenheit, die Verwalter seines Erbes in der schwersten Zeit der Krise kennenzulernen und zu erleben, wie Fritz Saxl, der Direktor der exilierten Büchersammlung, und Gertrud Bing, seine treue Gehilfin, den Auftrag des Gründers auszuführen entschlossen waren, was auch sonst aus ihrem Leben würde. Für Fritz Saxl und Gertrud Bing war Warburg durchaus nicht Geschichte, er war der Mentor, der Arbeitsgefährte, der fordernde und sorgende Leiter eines privaten Forschungsinstituts, dem sie sich mit Leib und Seele verschrieben hatten. Vor allem Gertrud Bing, die hingebende Mitarbeiterin des Ge-

15

lehrten während seiner letzten Jahre, die mich damals in die Gedankenwelt Warburgs einführte. Hoffte sie doch, den schriftlichen Nachlaß zur Vollendung von Warburgs Lebenswerk verwenden zu können, das seine Philosophie erklären und zusammenfassen sollte.

Es gehört wohl kaum in den Rahmen einer Festrede, von den Problemen zu reden, die sich einer solchen Publikation entgegenstellten und noch immer entgegenstellen. Die privaten Notizen eines Gelehrten, der gewohnt ist, Formulierungen am Papier in immer neuen Permutationen auszuarbeiten, und der dabei mit selbstgeprägten Schlagwörtern und Symbolen operiert, deren jedes eines langwierigen Kommentars bedürfte, stellen den pietätvollen Herausgeber vor fast unüberwindliche Probleme. Warburg selbst wäre gewiß der letzte gewesen, diese Zettel dem Publikum zu übergeben. Wissen wir doch von seinen veröffentlichten Arbeiten, wie sehr es ihm darum ging, hinter dem Gegenstand zurückzutreten und die Vergangenheit selbst sprechen zu lassen, gleichgiltig ob durch das Bild, das Wort oder das Symbol.

Aber als Quelle für den Historiker ist dieser Nachlaß eine unerschöpfliche Fundgrube. Wie manche Sammlernaturen, so warf auch Warburg nie etwas weg. Der schriftliche Niederschlag von mehr als 45 Jahren ist hier erhalten, von Warburgs Briefen aus seiner Militärdienstzeit über die Kolleghefte aus Bonn und Straßburg, die Vorarbeiten seiner Dissertation und aller späteren Arbeiten, sowohl der gedruckten als auch derer, die er schließlich liegen ließ, private Tagebücher und das Tagebuch der Bibliothek, in das er in den letzten Jahren gerne auch kurze Andeutungen seiner Arbeitspläne schrieb, all das und unendlich mehr an Korrespondenz und bibliographischen Notizen beherbergt das Archiv. Es ist ein unwiederbringlicher Verlust, daß es Gertrud Bing nicht vergönnt war, diese Schätze, die nur sie vollständig kannte, für eine Biographie Warburgs auszuwerten. Wenn ich Ihnen heute zu dieser Feier etwas davon erzählen will, so bleibt es mir schmerzlich bewußt, daß sie statt meiner hier stehen sollte. Aber erschlossen muß der Nachlaß irgendwie werden, wenn Warburgs Persönlichkeit in ihrer Zeit voll verstanden werden soll. Denn so reichhaltig Warburgs veröffentlichte Studien zur Kunst und Kulturgeschichte der Renaissance auch sind, so eröffneten sie doch nur dem aufmerksamsten Leser die kulturphilosophischen Ideen, ja man dürfte sagen, das kulturpsychologische System, um das es Warburg von Anfang an ging.

Von Anfang an, denn das grundlegende Bezugssystem, mit dem Warburg operierte, reicht wie das so vieler Gelehrter und Wissenschaftler in die Zeit seines Reifens zurück, also recht weit ins neunzehnte Jahrhundert. Vor allem gilt das von dem Begriff einer Kulturwissenschaft selbst, d. h. von der Hoffnung, eine wissenschaftliche Erklärung des kulturellen Fortschritts auf die gesicherten Erkenntnisse der Psychologie zu gründen. Warburgs Studienjahre fallen eben in jenes heroische Zeitalter, das noch an die Möglichkeit einer solchen Synthese glauben durfte. Das romantische System von Hegels Geschichtskonstruktion erschien zwar veraltet, dafür bot aber die Entwicklungslehre, die in der Naturwissenschaft mit Darwin triumphiert hatte, eine um so verlockendere Aussicht auf ein allgemeines Erklärungsprinzip. Die Herbartsche Psychologie war durch Experimente unterbaut, und nun schien die Zeit gekommen, das Phaenomenon der menschlichen Kulturentwicklung selbst in all seinen Äußerungen wissenschaftlich zu beschreiben und zu erklären. Ich darf Sie hier etwa an den großen Optimisten Wilhelm Wundt erinnern, den Verfasser der Völkerpsychologie, der, 34 Jahre älter als Warburg, sein langes Forscherleben einer solchen Synthese widmete. Warburg hat Wundt

16

PROFESSOR ABY WARBURG, 13. Juni 1866 – 26. Oktober 1929

nicht gehört, wohl aber Karl Lamprecht, dessen Vorlesungen über Geschichte er in Bonn inskribierte und der unter allen deutschen Historikern der Zeit derjenige war, dem es am meisten darum ging, die Phasen der Kulturentwicklung psychologisch zu deuten und aus der wachsenden Vorstellungsmasse im Zeitbewußtsein, im Herbartschen Sinn, zu erklären. Ebenso bestimmend blieb wohl für Warburg die Persönlichkeit Hermann Useners, der in seinen Vorlesungen über antike Mythologie den Ursprüngen des mythologischen Denkens nachging, in dem er »nach den elementaren und unbewußten Vorgängen der Vorstellung« suchte, aus denen psychologische Erscheinungen wie etwa die Beseelung der Natur und die Verbildlichung der Naturkräfte zu erklären seien. Durch Usener angeregt, las der junge Student damals auch das Buch eines italienischen Pioniers der vergleichenden Psychologie, Tito Vignolis »Mythus und Wissenschaft«, dessen Gedankengänge für ihn weithin bestimmend blieben. Vignoli beginnt auf Darwins Spuren mit der Reaktionsweise der Tiere auf äußere Reize und schließt aus dem Erschrecken des Tiers vor unerwarteter Bewegung auf eine instinktive Neigung, in allem Bewegten den potentiellen Verfolger zu sehen. Erst der Mensch hat gelernt, dieser Angst Herr zu werden, indem er nach der Ursache der Bewegung forscht; zunächst postuliert er sie in der mythischen Gestalt des Windgottes oder des Donnerers, aber schließlich erlöst ihn das logische Denken vor dieser phobischen Reaktion, indem die kausale Betrachtungsweise ihm den wirklichen Zusammenhang der Welt enthüllt. Noch in seinen letzten Jahren, als Warburg unter dem Eindruck der Amerikafahrt von Eckeners Zeppelin stand, notierte er in einer jener aphoristischen Notizen, von denen ich sprach: »Die Quecksilbersäule als Waffe vor dem Satan Phobos«; das Barometer, das dem Meteorologen erlaubt, Stürme auf kausaler Grundlage zu erklären und zu vermeiden, befreit den Menschen von der Angst vor dem Unbekannten.

Man braucht nicht Psychologe zu sein, um zu fühlen, warum gerade diese Vorstellung von einer Urangst so stark auf Warburg wirkte. Er selbst hatte sein Leben lang gegen unerklärliche und unerklärte Angstzustände anzukämpfen, die sein seelisches Gleichgewicht bedrohten. Die Lehre von der Kulturentwicklung als einer Überwindung der Angst bot nicht nur Einsichten in die psychologischen Wurzeln der Wissenschaft, sie schien auch auf die Kunst anwendbar. Als Motto einer Reihe von Fragmenten zu einer psychologischen Kunstlehre schrieb Warburg den Satz: »Du lebst, und tust mir nichts«, das Bild ist belebt, und doch in seine Sphäre gebannt; der Künstler schafft Distanz.

Warburg gewöhnte sich daran, von dieser Distanz als von dem Denkraum der Besonnenheit zu sprechen, denn die Besonnenheit, die Sophrosyne, ist es ja, was den Menschen von der unbesonnenen Angst erlöst und die triebhafte Reaktion im Zaume hält. Denn nicht nur die Angst bedroht diesen Denkraum der Besonnenheit. Jede Leidenschaft, jeder triebhafte Impuls führt zur sofortigen Entladung in Bewegung. Die Gier führt zum Greifen, die Furcht zur Flucht. Erst die Besonnenheit schafft jene Pause zwischen Antrieb und Handlung, die den Kulturmenschen vom Triebwesen unterscheidet.

Hier schlossen sich für Warburg logisch die Erkenntnisse Darwins an, zu dessen Werk über den Ausdruck der Gemütsbewegung er notierte: »Endlich ein Buch, das mir hilft.« Suchte doch auch Darwin nach den Wurzeln des menschlichen Ausdrucks in den ursprünglich arterhaltenden Bewegungsreaktionen des Tiers. Die geballte Faust schlug einmal zu, die gefletschten Zähne wollten einmal beißen; gerade die Abschwächung der

18

Reaktion aber distanziert den Affekt und scheidet den Menschen vom Tier. Es ist dieselbe Sublimierung, die in Warburgs Lieblingsformulierung vom Greifen zum Begriff führt.

Niemand kann sagen, wie weit Warburg diese Gedankengänge geführt hätten, wenn er seine Absicht ausgeführt hätte, zur Medizin umzusatteln. Aber hier wirkte als Gegengewicht der Einfluß seines Lehrers in der Kunstgeschichte in Bonn, Carl Justi. Justi war als Historiker durchaus Individualist. Ihm ging es nicht wie Lamprecht um welthistorische Perspektiven, sondern um die Erforschung eines Lebens, ja einer historischen Situation; er war der Meister der Monographie, dessen Bücher über Winckelmann, Michelangelo und Velazquez unvergessen sind. Sie sind alle kulturgeschichtliche Meisterwerke, aber Justi sieht Kultur ganz konkret als die Wechselwirkung von bestimmten Menschen in bestimmten Lebenskreisen. Auch diese Betrachtungsweise zog Warburg in ihren Bann; ein beträchtlicher Teil seines Forscherlebens war der Erhellung eines Kreises gewidmet, des Milieus Lorenzos des Prächtigen und seiner florentinischen Zeitgenossen. Diese Spannung zwischen theoretischen Interessen und einer Forschungsmethode, die aufs Konkrete gerichtet war, beherrschte Warburgs Gelehrtendasein.

Er war im Jahre 1888 auf ein Semester nach Florenz zu Schmarsow gegangen, dessen Schriften von seinen psychologischen Interessen zeugen, und dort faßte auch Warburg den Plan zu einer Dissertation über bewegte Gewandmotive in der Malerei des Quattrocento. Das Thema war Justi zu theoretisch, so daß Warburg kurzentschlossen nach Straßburg zu Janitschek ging. Die Wahl war sicher nicht zufällig. Denn Janitschek, der bekannte Herausgeber von Alberti's *della Pittura*, war auch der Verfasser eines Buches über die Gesellschaft der Renaissance in Italien und die Kunst. Er feierte dort die Errungenschaften der Renaissancekunst als einen Sieg der Besonnenheit über den Affekt, mit anderen Worten, er sah in der Kunst der Hochrenaissance eine sittliche Tat. Vielleicht ist kaum ein Element in dem Gewebe von Warburgs Gedanken unserer Zeit so fremd geworden wie diese Gleichsetzung von ästhetischer und ethischer Leistung. Und doch würde sich jedem das Verständnis Warburgs verschließen, der sich hier nicht einzufühlen vermöchte. Die Zusammenschau von Kunst und Ethik ist natürlich schon von Winckelmann her vertraut; sein Ideal der edlen Einfalt spiegelt einen sittlichen Zustand. Zu Ende des neunzehnten Jahrhunderts aber wurde das Problem von ganz anderer Seite wieder aufgerollt. Es war die Zeit des Kampfes um die Moderne, den die Jugend als Kampf gegen spießerisches Obskurantentum empfand. Es ging um Emanzipation, um Freiheit, Luft und Licht; in diesem Kampf war damals Böcklin ebenso ein Symbol einer neuen Sinnesfreudigkeit – wie etwa die Freiluftmalerei des Schweden Anders Zorn. Die Folie gab der offizielle Salonstil ab, mit seiner geschwätzigen Detailmalerei und seinen pedantischen, historischen Kostümstücken.

All das schwingt von ferne mit in Warburgs Auffassung der Kunst des Quattrocento. Wir wissen aus Warburgs Entwürfen, daß, was ihn zunächst an Botticelli interessierte, die Beobachtung war, daß er vom nüchternen Realismus abwich. Wie erklärte sich dieser Stilwille, der in direktem Widerspruch zu Vasaris Geschichtskonstruktion zu sein schien, wonach die italienische Kunst langsam, aber sicher die getreue Naturnachahmung erlernte? Warburg kam damals zu seiner berühmt gewordenen Hypothese, daß es die gelehrten Humanisten waren, die dem Maler nahelegten, bei der Darstellung antiker Stoffe, wie etwa der Geburt der Venus, die Kunstmittel neu-attischer Skulptur anzuwenden, die, wie die Dichter der Antike, im be-

19

wegten Beiwerk ein Zeichen graziöser Schönheit sahen, die etwa einer tanzenden Nymphe zukam. Die Originalität dieser Hypothese liegt in dem Ernstmachen mit der Forderung Lamprechts, die Vorstellungsinhalte einer Kultur zu erforschen. Der Stil Botticellis ist nicht einfach der Ausdruck eines nebulosen Hegelschen Zeitgeistes, er ist das Resultat der konkreten Zusammenarbeit zwischen Auftraggeber und humanistischem Berater, Dichter und Maler, deren Vorstellung von der Antike von einem zum anderen führt. Die Kunstgeschichte hat es eben nicht mit einem abstrakten Ablauf der Stilentwicklung zu tun, sondern mit Menschen, die vor Entscheidungen gestellt sind und die sich bei der Gegenwart und der Vergangenheit Rat holen.

Dieser Auffassung verdanken wir die Bibliothek Warburg. Denn Warburg wurde es bald klar, daß die normale Arbeitsbibliothek des Kunsthistorikers mit seinen Lexika und Monographien durchaus nicht genügen konnte, ein solches Forschungsprogramm zu verwirklichen. Sein Motto wurde »Das Wort zum Bild«, man kann nicht über Botticelli arbeiten, ohne den Text des Polizian bei der Hand zu haben und ohne über die Lebensumstände seiner Auftraggeber nachlesen zu können. Seit der Jahrhundertwende sammelte er systematisch Bücher auf allen Gebieten, die der Erhellung seines Problems dienen konnten; allgemeine Literatur zur Psychologie, Anthropologie und Kulturwissenschaft, zur Philosophie der Sprache und des Mythos, und Spezialliteratur zunächst um den Umkreis der Renaissance und ihrer Quellen in der Antike, in der Philosophie, der Literatur, der Kunst und dem Kunstgewerbe, und schließlich alles, was zur Veranschaulichung und Erklärung des Milieus beitragen konnte, also Religionsgeschichte und Wirtschaftsgeschichte, die damals noch sehr stiefmütterlich behandelt wurde, Geschichte des Bibliothekswesens, des Kostüms und Brauchtums, kurz, all der Aspekte des täglichen Lebens, die der Historiker so oft vernachlässigt.

Die Vorstellungen einer Menschengruppe können sich eben genauso in Maskenaufzügen spiegeln wie in der Dekoration von Hochzeitstruhen oder Wandbehängen. Alles kann nach Warburgs Ausdruck hier zum Auffangspiegel werden, in dem der Historiker einer symptomatischen Vorstellung nachspüren kann. So kam Warburg zu seinem Kampf gegen das Spezialistentum oder was er das Grenzwächtertum nannte. Eine Kunstgeschichte etwa, die sich nur um Malerei bemüht, wird nie das Rätsel der Stilbildung und Stilwandlung lösen können. Dem Historiker kann alles zur Evidenz, zum Indiz werden, und so kaufte Warburg alles, soweit seine Mittel und die seiner freigebigen Brüder es ihm ermöglichten.

Nach einer Amerikareise, die den 30jährigen im Jahre 1896 bis zu den Puebloindianern nach Neu Mexiko führte, war er nach Florenz übersiedelt, denn nur an Ort und Stelle konnte er hoffen, auf die Fragen Antwort zu finden, die ihn beschäftigten – wie kam es zu dem großen Umschwung, der zur Hochrenaissance führte, wo liegen die wirklichen Wurzeln der heroischen Kunst eines Michelangelo und eines Raphael? Wuchs nicht Michelangelo selbst aus jenem Milieu Lorenzos des Prächtigen heraus, war er nicht der Schüler Ghirlandajos, der den Florentiner Kompagnons der Medici, den Sassettis und Tornabuonis, die Familienkapellen ausgemalt hatte? In seiner Archivarbeit zur Erhellung dieses Milieus beschränkte sich Warburg wieder nicht darauf, nach Dokumenten über Künstler zu suchen. Er ging den Auftraggebern nach und versuchte sich ein Bild von ihrer wirklichen Lebensform zu machen, so daß er sich vollständig in die Kultur des Mediceerkreises einlebte und sozusagen ihren Dialekt zu sprechen lernte.

20

Es besteht kein Zweifel, daß sich Warburg bei dieser Arbeit zunächst auf dem Wege des größten Kultur-historikers sah, dessen Namen ich noch nicht genannt habe, auf dem Wege Jakob Burckhardts. Er hatte dem Altmeister noch seine Arbeit über Botticelli schicken können und einen aufmunternden Brief bekommen. Auch später hat Warburg Burckhardt nie seine Bewunderung versagt. Und doch flößte ihm der unmittelbare Kontakt mit den Urkunden leise Zweifel ein über die Berechtigung mancher Verallgemeinerungen, die in der Kultur der Renaissance zu lesen sind. Die Menschen, die er mit Hilfe seiner Lektüre heraufbeschwor, waren gar nicht die freien ungebundenen Individuen, die Burckhardts Meisterwerk ihn hatte erwarten las-sen. Er mußte Hippolyte Taine recht geben, daß sie dem feudalen, kirchlich gesinnten Mittelalter viel näher standen. Vor allem waren sie auch viel weniger aus einem Guß, viel weniger widerspruchsfrei, als die Aestheten sich den Menschen der Renaissance vorzustellen liebten.

Es gibt viele Bemerkungen in Warburgs Entwürfen, die beweisen, wie einsam er sich unter den Kunsthistori-kern auf diesem Wege einer historischen Psychologie fühlte, und wie wenig Gefolgschaft ihm die Gebildeten zu Beginn des Jahrhunderts zu leisten gewillt waren, als er daranging, die Kunst Ghirlandajos als Auffang-spiegel dieser zwiespältigen Seelenlage zu interpretieren. War doch der Lehrer Michelangelos auch der Ver-treter eines recht nüchternen Realismus, der ihn aber nicht daran hinderte, sein Altargemälde für Sassetti durch Entlehnungen aus frommer flämischer Kunst zu beleben und ebenso unbekümmert in seine Fresken-zyklen heidnisch-antike Motive einzubauen, deren Stil manchmal auf die Erzählung selbst übergreift.

Im Gegensatz zu der sachlichen Zurückhaltung seiner veröffentlichten Aufsätze läßt Warburg in manchen Entwürfen seiner Ironie freien Lauf. Man hört ihn geradezu reden: »Ghirlandajo ist eben keine ländlich-murmelnde Erfrischungsquelle für Praeraphaeliten, aber auch kein romantischer Wasserfall, dessen tolle Cascaden dem anderen Reisetypus des Übermenschen in den Osterferien, mit Zarathustra in der Tasche sei-nes Lodenmantels, neuen Lebensmut einhaucht zum Kampf ums Dasein, selbst gegen die Obrigkeit, . . .«

Für Warburg lag eben der Reiz jener Übergangsepoche gerade in ihrer höchst unnaiven Zwiespältigkeit. Er sah im Geschmack dieses Kreises am flämischen Realismus, in der Freude dieser Auftraggeber und Künstler am prunkvollen Kostüm, an Brokat und schmuckbeladenen Damen den stilistischen und psychologischen Widerstand, den es zu überwinden galt, wenn das Ideal eines Michelangelo oder eines Raphael in seiner klas-sischen Nacktheit triumphieren sollte. Psychologisch galt ihm diese Freude am irdischen Besitz selbst als eine Art von Denkraumverlust, als eine Unfähigkeit des Distanzierens, in deren Schilderung er auch wieder Ak-tuelles und Persönliches einfließen ließ, seine eigene Abkehr vom Bankiersmilieu und seinen Kampf um das Ideal – notierte er doch später rückblickend auf diesen Konflikt: »Die Opposition gegen den Besitz und die französierende Eleganz, Alsterufer.« Aber hinter diesem Akt der Identifikation, der ihm die Einfühlung er-leichterte, stand auch damals das psychologische Interesse seiner Studentenjahre am Problem der Ausdrucks-bewegung. In der überladenen Modegruppe *alla franzese* geht die Hemmung der Bewegung eben zu weit, die »pfauige« Eitelkeit hat die freie Äußerung der Leidenschaft erstickt, erst das Gegengewicht der unge-hemmten triebhaften Antike kann hier Befreiung schaffen, und so erscheint die heidnische Plastik in ihrer Darstellung dionysischen Taumels und wilder Kampflust zunächst als ein Führer zum freien Ausdruck, Böcklin gegen Anton von Werner. Das Abstreifen des beengenden modischen Aufzugs, der freie Falten-

21

wurf der antiken Gewandung, die dem Körper sein Recht geben, wird Warburg zum Sinnbild einer Selbstbefreiung in der Kunst, die freilich nicht ohne Gefahr war.

Denn so hoch Warburg auch den Sieg des antikisierenden Idealstils in der Kunst eines Raphaels oder Michelangelos einschätzte, so sehr war er doch davon durchdrungen, daß diese leidenschaftlich bewegte Formensprache nur so lange Achtung verdient, solange sie nicht durch Inflation entwertet und zur bloßen Floskel geworden ist. In einem berühmten Aufsatz über Dürer und die italienische Antike aus dem Jahre 1905 vertrat er die Auffassung, daß der nordische Künstler die Sprache der echten Leidenschaft, die Pathosformel, der heidnischen Antike verdankt. Aber dieses Pathos wirkt eben nur da befreiend, wo es sozusagen ein Gegengewicht hat. Darin war Warburg ganz das Kind seiner Zeit, daß er im Stil des Manierismus und auch des Barocks nichts sah als Verfall, eine Muskelrhetorik, wie er es nannte, der nichts mehr an echtem Pathos entsprach. Man hatte die Antike zu Hilfe genommen im Kampf gegen den nüchternen Realismus der flandrischen Modekunst, aber nun wurde Europa die Geister, die es gerufen hatte, so leicht nicht wieder los.

Wenn Warburg daher sich immer mehr die Frage vorlegte, der er seine Bibliothek widmete, »was bedeutet das Nachleben der Antike für den abendländischen Menschen?«, so liegt in dieser Frage nicht nur eine Parteinahme für den Einfluß des klassischen Altertums. Auch der Einfluß der Antike kann zur Denkraumschöpfung oder zum Denkraumverlust führen; sowohl in der Kunst als in der Orientierung des Menschen. Das Beispiel, das Warburg hier nach seiner Rückkehr nach Hamburg in Bann schlug, war die astrologische Bilderwelt der Frührenaissance. Der Übergang zu diesem Themenkreis war ganz natürlich bei einem Forscher, dem es darum ging, die symptomatische Bedeutung der Darstellungsweise antiker Gestalten zu untersuchen. Frau Venus auf Botticellis Frühling ist ebensowenig korrekt in antikischer Manier dargestellt wie die Planetengötter auf zeitgenössischen Kupferstichen und Fresken. Aber während ihre Gewandung nur etwas modisch-mittelalterlich ist, beweist die Tracht und Gestaltung der Planetengottheiten den bestimmenden Einfluß noch älterer und noch überraschenderer Quellen. Es ist die orientalisch-arabische Überlieferung der astrologischen Texte, die sich in diesem Bilderkreis auswirkt. Die Gewandung und die Attribute der Gottheiten stammen zum Teil aus Anweisungen für die Herstellung von Amuletten. Bekanntlich gelang es Warburg mit Hilfe solcher Texte, den rätselhaften Freskenzyklus aus dem Quattrocento im Palazzo Schifanoja aufzuklären, in dem ägyptisch-orientalische Dekanfiguren dem Tierkreiszeichen zugesellt sind. In gewissem Sinne hat allerdings vielleicht dieser Triumph auf dem Kunsthistorikerkongreß im Jahre 1912 dazu beigetragen, das Bild Warburgs und seiner Anliegen eher zu verunklären. Er galt nun als der gelehrte Ikonograph, der Polyhistor, dem es gelungen war, eine ganz ausgefallene Quelle zu finden. Warburgs ausdrückliche Versicherung, daß es ihm nicht um die Auflösung eines Bilderrätsels ging, wurde vielleicht nicht ganz verstanden. Und doch war es ihm ganz ernst mit dieser Versicherung. Was ihn faszinierte, war die Parallele zu dem Vorgang der Erkämpfung des Idealstils. Auch hier galt es, die antiken Götter aus ihrer Verkleidung herauszuschälen; die ethisch-symbolische Bedeutung einer solchen Befreiungstat war sogar noch klarer hier als in der Auseinandersetzung mit dem modischen Trachtenrealismus. Denn die degradierende Verkleidung der alten olympischen Götter stand ja im engsten Zusammenhang mit ihrem Mißbrauch als Schicksalsdämonen. Der Denkraumverlust des Aberglaubens, der in den orientierenden Sternbildern Wahrsagehieroglyphen sieht, be-

22

472

weist die Gefahr, die der Kultur immer droht. Erst die Kunst eines Raphaels hat diese magischen Bildzeichen wieder entgiftet und ins Reich der Kunst gehoben – in den Fresken der Farnesina, die die Götter wieder in ihrer ursprünglichen Gestalt am Olympus versammelt.

In der Betrachtung von Warburgs astrologischen Studien darf ich mich vielleicht um so kürzer fassen, weil das Material zu diesem Kapitel der menschlichen Orientierung, das er seinerzeit dem Planetarium zur Ausstellung bearbeitete, morgen abend von Prof. Lise Lotte Möller besprochen werden wird. Es wird beweisen, wie diese Studien Warburg wieder auf jene Grundfragen führten, von denen er ausgegangen war. Denn in der Erfassung der Sternbilder äußert sich ja der ordnende Geist des Menschen, der die Lichtpunkte am Himmel zum Bilde zusammenfaßt. Aber dieses Ordnungsprinzip wird durch die Schlitterlogik der Astrologie bedroht, die etwa im Sternbild des Widders die Ursache eines kämpferischen Charakters sehen will und am Ende gar das Bild als Amulett gebraucht, um direkt wie ein Gerät zu wirken. Was das Studium der Astrologie Warburg jedoch nahelegte, war ein Gedanke, der schon in der Analyse der florentinischen Stilwandlung auftauchte – und der Warburg unversehens weit abführte von den optimistischen Geschichtskonstruktionen, denen es darum gegangen war, psychologisch zu erklären, wieso es die Menschheit gegenüber dem Tier und dem Urmenschen so herrlich weit gebracht hatte. Das Primitive, der Denkraumverlust, das Greifenwollen statt des Begreifens, all das lag nicht in weiter Ferne zurück, es stellte eine ständige Bedrohung dar, gegen den die Besonnenheit keinen leichten Stand hatte.

Ich habe schon angedeutet, daß Warburg selbst ein psychologisch tief gefährdeter Mensch war; es liegt schon darum kein Grund vor, über diese Tatsache hinwegzugleiten, als Warburg selbst in seinen letzten Jahren oft von seinem Kampf mit dem Wahn sprach: dem Zusammenbruch Deutschlands, der seine bösesten Angstträume zu übertreffen schien, hielt seine Besonnenheit zunächst nicht stand. Angst und Wahnzustände verbannten ihn 1920 in die Heilanstalt Kreuzlingen. Es müßte einem Biographen Warburgs überlassen werden, das ergreifende Schauspiel zu schildern, wie der Gelehrte nun doch zum Teil mit der aufopfernden Hilfe Saxls wieder zu arbeiten begann und wie sich in der Arbeit die Krankheitseinsicht steigerte. Vielleicht waren es gerade jene Theorien von der Bezwingung der Angst und der Beherrschung der Wut in der Kunst und im Denken, die dem Ringenden dazu verhalfen, Distanz zu nehmen. Schon 1923 ging er daran, seinen Leidensgenossen etwas von seinen Theorien und seinen Erfahrungen in einem Vortrag darzubieten, und diesmal ging er direkt aufs Ziel los und sprach von seinem Erlebnis des Primitiven, von seinem kurzen Besuch bei den Puebloindianern in Neu Mexiko, und von ihren Schlangentänzen, die er zwar nicht gesehen, aber um so mehr studiert hatte.

Ich kann es mir nicht versagen, die wunderbaren Worte zu zitieren, die Warburg auf das Manuskript dieses Vortrages schrieb: »Ich will, daß auch nicht der leiseste Zug blasphemischer Wissenschaftelei in dieser vergleichenden Suche nach dem ewig gleichen Indianertum in der hilflosen menschlichen Seele gefunden werde. Die Bilder und Worte sollen für die Nachkommen eine Hilfe sein bei dem Versuch der Selbstbesinnung zur Abwehr der Tragik der Gespanntheit zwischen triebhafter Magie und auseinandersetzender Logik. Die Konfession eines Schizoiden, den Seelenärzten ins Archiv gegeben.«

Die Worte sind nicht nur erschütternd. Sie sind auch bezeichnend für einen entscheidenden Wendepunkt in

23

Warburgs einsamem Gelehrtenleben. Die Bilder und Worte sollen für die Nachkommen eine Hilfe sein, so schrieb er, bei dem Versuch der Selbstbesinnung. Seine eigene schwere Gefährdung konnte anderen Gefährdeten helfen. Und war nicht die menschliche Kultur immer gefährdet, durfte der Forscher, der diese Zusammenhänge an sich selbst erkannt hatte, sie anderen vorenthalten?

Die Korrespondenz Warburgs bezeugt, wie großzügig er immer mit seinen Forschungsfunden und seinen Bücherschätzen Kollegen gegenüber war. Aber nun reifte der Plan, von Saxl gefaßt oder unterstützt, die Bibliothek in der Abwesenheit ihres Gründers dem Publikum zugänglich zu machen. Die eigentliche Gründung der Kulturwissenschaftlichen Bibliothek Warburg als Forschungsinstitut, die Vorträge der Bibliothek und die Studien, sind das Werk Fritz Saxls, dem Warburgs Brüder die Mittel dazu gaben. In dieser Zeit der Nachkriegsinflation kam die amerikanische Hilfe zum Bücherkauf besonders gelegen und machte auch besonders viel aus. So kam Warburg nach seiner Genesung in eine völlig veränderte Umwelt. Der Grübler und Einzelgänger, der sein Leben lang allen akademischen Bindungen ausgewichen war und auch ehrenvolle Berufungen ablehnte, war nun der verehrte Schöpfer eines angesehenen Forschungsinstrumentes, das seinen Namen trug. Bald lehrte er auch als Honorarprofessor an der neugegründeten Universität, an der er bewundernde Kollegen vom Range Ernst Cassirers und Erwin Panofskys fand.

Dazu kam, daß die Stimmung im Nachkriegsdeutschland Warburgs Forschungsgebiet plötzlich aus der Peripherie ins Zentrum des Interesses gerückt hatte. Der Weltkrieg hatte dem Optimismus des Fortschrittsglaubens einen schweren Schlag versetzt. Das Mythische, das Irrationale, die Nachtseite des Lebens war, wenn ich mich so ausdrücken darf, höchste Mode geworden. Eine Bibliothek, die sich mit der Geschichte der Astrologie, der Magie und der Psychologie des primitiven Menschentums befaßte, eine Forschungsrichtung, die diese oft vernachlässigten Züge auch in der Kultur der Renaissance hervorhob, konnte des Widerhalles sicher sein. Um so wichtiger ist es hier, zu betonen, daß Warburg dieser Mode nie Vorschub leistete. Er war und blieb Aufklärer.

Es gibt einen schönen Aufsatz von Thomas Mann über die Stellung Freuds in der neueren Geistesgeschichte, in der sich der Schriftsteller mit diesen Strömungen des Irrationalismus auseinandersetzt, die natürlich auch ihn selbst zuzeiten in ihren Bann gezogen hatten. Thomas Mann kommt zu dem Resultat, daß Freuds Psychoanalyse diejenige Erscheinungsform des modernen Irrationalismus ist, die jedem reaktionären Mißbrauch unzweideutig widersteht. Gewiß, Freuds Botschaft »Wo Es ist, muß Ich werden – es ist Kulturarbeit wie die Trockenlegung der Zuidersee« appelliert an die menschliche Vernunft. Aber wenn Thomas Mann Freud als den einzigen hinstellt, so hat er eben Warburg übersehen.

Die Anordnung der Bibliothek selbst, in ihren einzelnen Abteilungen, bezeugt, daß Warburg sie als Instrument der Orientierung, wie er es nannte, geschaffen hatte. Der Weg geht von der Astrologie zur Astronomie, von der Alchemie zur Chemie, von der Zahlenmagie zur Mathematik, von der Leberschau zur Anatomie. Die Neuaufstellung der Bibliothek in dem eigens errichteten Gebäude in der Heilwigstraße gab ihm Gelegenheit, diese Systematik noch auszubauen, die auf einer Stufenfolge von kultischer Handlung, geistiger Orientierung, sprachlichem Ausdruck und bildlichem Schaffen beruht, die den Kreislauf der Symbolschöpfung nachzeichnen soll.

24

In diesem neuen Rahmen und in dieser veränderten Umgebung ging Warburg daran, das Fazit aus seinen Forschungen zu ziehen und seine Kulturphilosophie an neuen Beispielen zu erproben. Zwei Motive standen nun im Vordergrund, die in seinen früheren Notizen höchstens anklingen. Das Motiv der Polarität und das der Mneme, des Gedächtnisses.

Der Gedanke der Polarität wurde Warburg vor allem durch die Astrologie vertraut, in der ein Planet wie etwa Merkur an sich weder gut noch böse ist, sondern seinen Charakter mit seiner Stellung im Horoskop ändert. Hatte er nicht Ähnliches an dem Erbe der Antike beobachtet? Die Prägungen der heidnischen Skulptur mit ihrer erregten Gebärdensprache waren heilsam im Kampf gegen den Trachtenrealismus modischer Zustandsschilderung; sie wurden verderblich in der Muskelrhetorik des Barock. Das konnte nicht an den Prägungen selbst liegen, sondern an der Rolle, die ihnen bei ihrem Wiederauftauchen zugewiesen wurde.

Es war dieses Wiederauftauchen, das Warburg mit der Metapher der Mneme zu kennzeichnen suchte. Die heidnische Kunst der Sarkophagplastik gilt ihm hier als der Ausdruck jener triebhaften Energien in dionysischem Rasen und mörderischer Wut, die in der Menschenseele ihre Spuren hinterlassen haben. Das Buch von Richard Semon über das Gedächtnis gab Warburg hier den Ausdruck mnemisches Engramm, und so wurden ihm die Urworte der Gebärdensprache, wie er sie nannte, die in der antiken Plastik Gestalt gewonnen hatten, zu mnemischen Engrammen oder Dynamogrammen, die den nachlebenden Künstler nicht gleichgiltig lassen können, weil sie eben für jene Urtriebe stehen, von denen Darwin seinerzeit die Ausdrucksbewegung hergeleitet hatte. Wer ihre Energie beherrschen und distanzieren kann, dem verhelfen sie zur Denkraumschöpfung, wer sich von ihnen beherrschen läßt, wird der leeren Rhetorik verfallen.

Das sollte das Hauptthema des großen Werkes werden, in dem Warburg seine Lebensarbeit zusammenzufassen hoffte. Es war als Bilderatlas konzipiert, in dem die Vorprägungen der Antike und ihre positiven und negativen Auswirkungen in bestimmten Kulturepochen illustriert hätten werden sollen, wobei die Geschichte der Astrologie und Astronomie eine Art von Kontrapunkt geboten hätte. Zwei der Titel, die sich Warburg für dieses Werk notierte, sind vielleicht jetzt verständlich: »Mnemosyne; das Erwachen der Heidengötter im Zeitalter der europäischen Renaissance als energetische Ausdruckswertbildung.« Oder »Denkraumschöpfung als Kulturfunktion. Versuch einer Psychologie der menschlichen Orientierung auf universeller bildgeschichtlicher Grundlage.«

Der esoterische Charakter dieses Projekts wird schon aus den Titeln deutlich. Im Laufe seines langen Forscherlebens waren für Warburg bestimmte Kunstwerke, Bilder und Motive zu Symbolen geworden, an die er sich nur zu erinnern brauchte, um ganze Gefühlskomplexe wachzurufen. Der Bilderatlas wäre ein solches Gewebe von Symbolen geworden, eine Art von Bildsymphonie, halb Geschichtsdeutung, halb Selbstdeutung. Denn daß in dieser Deutung ein ganzes Stück Autobiographie steckte, ahnte Warburg selbst. »Manchmal kommt es mir vor«, so schrieb er in seinem letzten Lebensjahr in das Tagebuch der Bibliothek, »als ob ich als Psychohistoriker die Schizophrenie des Abendlandes aus dem Bildhaften in selbstbiographischem Reflex abzuleiten versuche. Die ekstatische Nymphe (manisch) einerseits, und der trauernde Flußgott (depressiv) andererseits ... «

Natürlich nimmt dieser Anteil persönlicher Eigenbedeutungen Warburgs sachlichen Forschungsergebnissen

MARY WARBURG:
BRONZEBÜSTE IHRES MANNES
ABY M. WARBURG.
Um 1930.
Hamburger Kunsthalle.
Geschenk von Herrn Eric Warburg

nichts von ihrem Wert. Auch ist er weder der erste noch, wie ich hoffe, der letzte Geisteswissenschaftler, den persönliche Motive dazu trieben oder treiben, sich in die dunkelsten Schächte der Vergangenheit zu wagen. Die Funde, die von da unten ans Tageslicht befördert werden, bleiben Funde, was immer den Forscher hinunterlockte.

Aus Warburgs Funden und Fragestellungen hat sich eine Arbeitsrichtung entwickelt, die die Tragfähigkeit seiner sachlichen Ergebnisse auch dort unter Beweis stellt, wo etwa Revisionen im einzelnen notwendig wurden. Diese Arbeitsrichtung hat Warburgs Namen in alle Länder getragen und hat zur Prägung des Eigenschaftswortes *Warburgian* für eine Methode geführt, die dem Symbolischen am Kunstwerk besondere Aufmerksamkeit widmet.

Und doch sollte Warburg nicht unter die Forscher gerechnet werden, deren Persönlichkeit hinter ihrer Leistung verschwinden darf und soll. So wie Winckelmann im 18. Jahrhundert und Ruskin im 19., wirkte er auf seine Zeitgenossen nicht nur als Gelehrter, sondern vor allem als eine prophetische Gestalt. So wie diese

26

476

großen Visionäre war auch Warburg im Grunde ein Dichter, dessen Prosa sich zu dithyrambischen Rhythmen steigern konnte, wenn seine tieferen Anliegen an die Oberfläche kamen: »Im harten Steinmetzwerk, das die pompös prahlende oder verzweifelt sterbende Heidenwelt hinterließ, jubelt und klagt ein lebender Totentanz, lebt die Menschenpassion in ihren Toten als leidenschaftlicher Greifwille und leidenschaftliches Ergriffensein so ungestört unsterblich weiter, daß jeder Nachfahrende, insofern nur Auge und Herz an der richtigen Stelle sitzen, in diesem Stile nachsprechen muß, sobald ihn unsterblicher Ausdruckszwang schüttelt.« Mit Recht plante Gertrud Bing in den letzten Jahren, den Zugang zu Warburgs eigentlicher Größe durch seine Sprache zu suchen. Selbst die wenigen Beispiele, die ich anführen konnte, müssen Ihnen gezeigt haben, wie eigenwüchsig diese Sprache war, wie wuchtig und geheimnisumwittert, als gäbe sie von jenen Abgründen Kunde, in die Warburg geblickt hatte. Man darf zweifeln, ob alle seine Äußerungen immer verstanden wurden, aber wer konnte sich dem Eindruck entziehen, wenn dieser leidende Forscher mit seinen tieftraurigen Augen und seiner sprühenden Rednergabe den Teilnehmern an seinem Seminar des Jahres 1928 abschließende Worte sprach, die er wie folgt skizzierte:

»Wir haben in den unheimlichen Hallen der Transformatoren innerster seelischer Ergriffenheiten zu künstlerisch bleibender Gestaltung einen Augenblick verweilen dürfen; nicht um für die Rätsel der Menschenseele eine Lösung zu finden, wohl aber eine neue Formulierung der ewigen Frage, warum das Schicksal den schöpferischen Menschen in die Region der ewigen Unruhe verweist, ihm überlassend, ob er seine Bildung im Inferno, Purgatorio oder Paradiso findet.«

Magnifizenz, meine Damen und Herren; eine Jahrhundertfeier hat selbst etwas von einer überlieferten Pathosform, die uns zu leerer Rhetorik verleiten oder zum echten Mitleben auffordern kann. Was uns an Warburg zum Miterleben zwingt, ist die Leidenschaftlichkeit seiner Wahrheitssuche, der nichts von Spezialistentum und Gelehrtendünkel anhaftet. Er verstand es hier wie immer, seinen Hörern und Lesern das Gefühl zu geben, *tua res agitur,* es geht uns alle an. Gerade diese Fähigkeit machte ihn zum Lehrer. Der Aufruf zur Erforschung auch der Nachtseiten der Kultur, verbunden mit dem Glauben an die erlösende Macht des Wissens, sollten auch für weitere Jahrhunderte vorbildlich bleiben.

Aber was uns heute an seinem hundertsten Geburtstag vielleicht am meisten angeht und zum Nachdenken anregen sollte, ist der Zug seiner Arbeit, der am wenigsten zeitgemäß, am unmodernsten wirkt, ich meine sein rückhaltloses Werturteil auch der Vergangenheit gegenüber. Wir Geisteswissenschaftler laufen Gefahr, aus Respekt vor den Naturwissenschaften in den Relativismus einer rein beschreibenden Neutralität zu verfallen, die unsere ganze Tätigkeit fragwürdig macht. Warburg hatte den moralischen Mut, auch in seiner Arbeit die sittlichen Werte zu vertreten, auf denen die menschliche Kultur beruht. Seine Schüler waren ihm dankbar dafür, und auch wir wollen es sein und bleiben.

Die obige Rede wird zusammen mit der Ansprache des Rektors der Hamburger Universität, Herrn Professor Dr. med. Karl-Heinz Schäfer, und dem Vortrag von Herrn Professor Dr. Carl Georg Heise auch in der Reihe der »Hamburger Universitätsreden« erscheinen.

27

Aby M. Warburg als Lehrer

von Carl Georg Heise
[1966]

Warum war Warburg ein so außerordentlicher Lehrer? Er hat erst spät zur Universität gefunden (wohl besser: erst spät die Universität zu ihm). Er hat ganz selten öffentliche Vorträge gehalten und später Seminarübungen nur in kleinem Kreise in seinem eigenen Hause. Eine größere Hörerschaft hat er nie erstrebt. Er war weder ein geborener Redner, noch hatte er überhaupt die Ambition, stark nach außen zu wirken. In den seltenen Fällen, in denen er doch aus seiner Arbeitshöhle heraustrat, war das nicht so sehr pädagogisches Bedürfnis als Pflichtgefühl der Sache gegenüber.

Er war 41 Jahre alt, als ich ihn kennenlernen durfte — damals noch schulpflichtig, wohl Unterprimaner —, und Warburg notierte in sein Tagebuch, wie ich das erst kürzlich erfahren habe: »Gestern abend hat mich der junge Heise aufgesucht. Mit ihm hat zum ersten Male junges Leben an meine Tür geklopft, mit dem Wunsch, von mir zu lernen — 17 Jahre gegenüber 41 —! Davon hatte ich bisher nichts erfahren in meiner selbstgewählten Einsamkeit.« Zum erstenmal also, als er schon zwei Drittel seines Lebens hinter sich hatte! Ist es also vielleicht nur mein persönliches Vorurteil, den großen Gelehrten auch einen unvergleichlichen Lehrer zu nennen? War es vielleicht nur ein Einzelfall, in dem gegenseitige Sympathie ein solches fruchtbares Mentorenverhältnis gestiftet hatte? Ich möchte es hier gleich ausdrücklich betonen, daß von beiden Seiten keine Spur von Sentimentalität jemals im Spiel war. Warburgs pädagogischer Eros hatte eine Unbedingtheit und Strenge, von denen mancher Leser meiner Erinnerungen[1] gemeint hat, es müsse doch schwer für mich gewesen sein, in eine so harte Schule zu gehen. Ich habe sie niemals als drückend empfunden, weil es immer so war und bis heute so geblieben ist, daß jeder für Gerechtigkeit empfängliche junge Mensch Strenge als wohltuend empfindet, weil sie richtunggebend wirkt im jugendlichen Chaos der Gefühle.

Fritz Saxl, der jene Tagebuch-Aufzeichnungen zitiert und kommentiert hat[2], gibt gleich zwei vorzügliche Beispiele dafür, die ich selber, wie ich gestehen muß, vergessen hatte und die jetzt zu lesen mich sehr bewegt hat. Saxl schreibt: »Noch während seiner Schulzeit hatte Warburg dem jungen Heise Goethes Briefe aus Italien zur Lektüre empfohlen, und dieser findet bei Goethe die Erklärung für sein eigenes Schwanken zwischen Selbstvertrauen und Zweifel. Er schreibt an Warburg aus seinem Schweizer Ferienaufenthalt: »Es ist offenbar der größte Fehler geistig interessierter junger Leute, besorgt zu sein um den Verlust der eigenen Selbständigkeit, wenn sie Wahrheiten annehmen, die andere vor ihnen gefunden haben. Was würde Goethe zu einem jungen Idioten gesagt haben, wie ich einer bin, wenn er in den gleichen Fehler verfällt?« Dann folgt in Saxls Aufzeichnungen eine längere Bemerkung über mein Grünewald-Erlebnis in Kolmar und Warburgs Mahnung vor einer Überschätzung dieser vorwiegend emotionellen Kunst, etwa im Sinne Henry Thodes, vor jener »Seelenmassage eines Wanderpredigers«, wie er sich sarkastisch ausdrückte. »Warburg«, so schreibt Saxl weiter, »war es offenbar gelungen, seinem jungen Schüler die eigene Methode psychologischer Selbstkontrolle beizubringen und, soweit es sich um Kunst handelte,

---

[1] Vgl. Bibliographie Abt. A Nr. 479.
[2] In den Fragmenten von Saxls Warburg-Biographie, vgl. Bibliographie Abt. B, London, The Warburg Institute, Warburg-Zimmer Nr. 111.

gefühlsmäßige Urteile abzumäßigen durch eine notwendige Dosis verstandesmäßiger Überlegung.« Ich mußte schmunzeln, als ich dies nach so vielen Jahrzehnten las. Wie oft habe ich in meinem späteren Leben im Gespräch und in Vorträgen der weiterhin von mir begeistert bewunderten Malerei Grünewalds die klug vom Verstande kontrollierte Kunst Albrecht Dürers mahnend entgegenzustellen versucht, ohne mich noch daran zu erinnern, daß Warburg den Grund dazu gelegt hatte! Was Warburg einmal mit Nachdruck geäußert hatte, das blieb fürs Leben. Lassen Sie mich hier noch ein schärferes Beispiel aus eigener Erinnerung anführen. Warburg verlangte von mir, ich solle in Mailand den modernen Campo Santo und in Paris den Père-Lachaise ansehen. Als ich revoltierte gegen diese Stätten des äußersten Ungeschmacks, erklärte er, daß es nicht darauf ankomme, was mir persönlich gefalle und was nicht, sondern, daß ich Kenntnis zu nehmen hätte von dem, was ist, und ihm zu glauben, daß ein solcher Kontrast mit dazu beitrage, das Wesen echter großer Kunst recht zu erkennen. Wie es überhaupt zu Warburgs Erziehungsmethoden gehörte, mir die Überschätzung rein ästhetischer Werte, für die ich immer anfällig geblieben bin, so gründlich wie möglich auszutreiben. Es wäre jedoch ein großer Irrtum, zu glauben, daß Warburg auf Grund seiner vorwiegend kulturgeschichtlichen Betrachtungsweise keinen Sinn gehabt hätte für die spezifisch künstlerischen Werte, auch die der eigenen Zeit. Gern erzähle ich die kleine Geschichte, wie er mir eines Tages zu meinem größten Erstaunen ein Bild des damals noch fast unbekannten jungen Münchener Malers Franz Marc zeigte, das er für sich selbst gekauft hatte, und es begeistert zu würdigen verstand. Bezeichnend waren auch die äußeren Umstände dieser Erwerbung. Nie wäre es ihm früher oder auch später eingefallen, sich einen solchen Luxus zu erlauben, denn als solchen empfand er es. Sein Geld hatte ausschließlich seinen wissenschaftlichen Aufgaben und seiner Bibliothek zu dienen, und da er dafür sehr anspruchsvoll war, mußten nicht selten seine reicheren Brüder aushelfen. Woher nun diese Ausnahme? Ein früh verstorbener Schwager, der ihn und seine in diesem Punkt spartanische Einstellung offenbar gut kannte, hatte ihm in seinem Testament eine kleine Summe hinterlassen mit der ausdrücklichen Bedingung, sie nicht für seine Bibliothek zu verwenden, sondern um sich selbst eine Freude zu machen. Da durfte er einmal tun, was er sich sonst versagte. Auch das habe ich von ihm für immer gelernt: gelegentlich, wenn es nottut, Entscheidungen gegen die eigene Neigung zu treffen. Dabei war Warburg einem gewissen Wohlleben durchaus nicht abgeneigt, vom guten Rotwein, den ich durch ihn schätzen gelernt habe, bis zum Aufenthalt in den besten Hotels während seiner Studienreisen. Immer aber geschah es mit der sicherlich übertreibenden Begründung, an die er aber selber glaubte, daß auch das für seine labile Konstitution die Voraussetzung sei, so gut und reibungslos zu arbeiten, wie ihm das als unerläßlich erschien.

Darf ich noch eine kleine Anekdote erzählen? Sicherlich ist es auch auf Warburg zurückzuführen, daß ich gern jüngeren Menschen gewisse Notwendigkeiten des Lebens an Hand von Anekdoten zu exemplifizieren versuche. Er hat es mich gelehrt, in scheinbar beiläufigen Beobachtungen an Menschen und Dingen wie im Scheinwerferlicht das Besondere und Typische zu erkennen, in der Anekdote verdichtete Wahrheiten sozusagen handgreiflich vor Augen zu führen. Als er mich mitgenommen hatte zum internationalen kunsthistorischen Kongreß 1912 in Rom, berichtete er mir von einem Vorgang am Abend vor der Eröffnung, den mancher schlechthin für die Tat eines Wahnsinnigen gehalten hätte, die ich aber alsbald als typisch warburgisch, d. h. als individuell sinnvoll, ja für ihn als geradezu notwendig einsehen lernte. Am Einschlafen hinderte ihn das Ticken einer fest in sein Hotelzimmer eingebauten

Wanduhr. Er nahm einen harten Gegenstand und zertrümmerte sie. »Die Uhr oder der Kongreß«, erklärte er mir kategorisch. »Hätte ich nicht schlafen können, ich wäre nicht frisch genug gewesen für die wichtigsten Aufgaben, die ich in Rom zu leisten habe.« Warum er denn nicht geklingelt habe, um die Uhr sachkundig abstellen zu lassen, fragte ich erstaunt. »Junger Freund«, erwiderte er, »nach Mitternacht stört man die Bediensteten nicht.« Hier zeigte sich beides, auf das ich abschließend noch einmal zu sprechen kommen werde, die Strenge gegen sich selbst und die Güte gegen andere.

Zum Schluß dieser vielleicht schon allzu reichlichen Anekdoten-Sammlung möchte ich noch an zwei Ereignisse in Warburgs persönlichem, schicksalsvollem Leben erinnern, die oft als beiläufig beiseite geschoben zu werden pflegen und die doch so recht sein ganzes Wesen erhellen. Als der erste Weltkrieg ausbrach, fühlte Warburg, weit deutlicher als der Durchschnitt der Menschen, schon damals die weittragende Bedeutung der Katastrophe, wie ihm überhaupt in entscheidenden Momenten eine seherische Begabung gegeben war und er selbst sich gern als Kassandra bezeichnete. Wir wissen es, wie sehr er seine wissenschaftlichen Aufgaben als die höchsten ansah, aber jetzt, fühlte er, galt es sich umzustellen. »Ich habe keine kriegerischen Waffen, um mich zu wehren«, erklärte er, »meine einzige Waffe ist meine Bibliothek.« Was tat er? Seine ganze Arbeitsenergie konzentrierte er darauf, Tag für Tag aus sieben der bedeutendsten Zeitungen, einschließlich einiger ausländischer, solange er sie sich beschaffen konnte, Ausschnitte zu machen und sie, je länger desto mehr, mit kurzen, schlagkräftigen Anmerkungen zu versehen. In immer uferloser anwachsenden Zettelkästen, seine Bücherregale fast verstellend, wurde das Material angehäuft. Seine ganze Familie wurde mit eingespannt, um die Sysiphus-Arbeit zu bewältigen. Er selbst gönnte sich in all den Jahren kaum einen Ruhetag, während der Durchschnittsbürger, fern vom Waffenlärm, in der Regel seinen üblichen Beschäftigungen und Vergnügungen nachging. Es ist ein Jammer, daß diese Sammlung nicht hat gerettet werden können — sie wäre für die Nachlebenden eine Quelle bedeutsamer und geistvoller Kommentare geworden[3]. Aber eins können wir noch heute davon lernen: das Beispiel, das Warburg gegeben hat, das Notwendige vom weniger Wichtigen zu unterscheiden, und ginge es dabei an die Wurzeln der eigenen Existenz.

Und in der Tat war es ja so, daß diese bis zum Äußersten getriebene Anstrengung der äußere Anlaß geworden ist für Warburgs langjährige schwere geistige Erkrankung. Diese wirklich zu erkennen in ihrem tiefsten Ursprung, der in Warburgs Wesen begründet lag, in seiner Bedeutung auch für sein späteres Leben, in das er nach seinen eigenen Worten zurückkehrte wie ein »Revenant«, der nach der Hölle noch einmal das helle Tageslicht erblicken durfte, und damit auch die Notwendigkeit dieses höllischen Leidens, dieser tiefsten seelischen Erniedrigung, die nur ermessen kann, wer einen Einblick gewonnen hat in seine Kreuzlinger Jahre — dies alles muß einem künftigen, adäquat genialen Psychologen überlassen bleiben. Aber es soll auch heute hier gesagt werden, daß alles dies mit dazu gehört zu seiner schöpferischen Persönlichkeit. Es war *seine* Krankheit, die in ihrer Einzigartigkeit nur ihm auferlegt werden konnte, und es ist vielleicht seine größte Leistung, daß er sie trotz der Ratlosigkeit seiner Ärzte, die sich gewiß aufopfernd um ihn bemüht haben, schließlich überwunden hat aus eigener Selbstdisziplin, die ihm dann noch schönste späte Arbeitsjahre geschenkt hat. Ich kann hierzu nur kurze Andeutungen machen. Die Einsicht in die Vergeblichkeit seiner Bemühungen in der Kriegszeit und das erneute, zunächst als völlig verwirrt

---

[3] Vgl. die erhalten gebliebene Übersicht, Bibliographie Abt. B, London, The Warburg Institute, Warburg-Zimmer Nr. 21.

erscheinende Auftauchen seiner wissenschaftlichen Probleme beweist vielleicht am deutlichsten, was hier schicksalhaft vor sich ging. Wir wissen, wie sehr ihn in seiner Arbeit jahrelang astrologische Probleme, ja die Probleme menschlichen Aberglaubens aller Art beschäftigt hatten. So sehr waren bei Warburg Mensch und Forschung eine untrennbare Einheit, daß er diesen Mächten des Aberglaubens, die er als Störungen der Vernunft aufzudecken bemüht war, nun selber bis nahe an die Vernichtung seines eigenen Geistes verfiel. Ich habe erschütternde Proben selbst davon erlebt, will sie hier aber nicht aufdecken, denn wir rühren damit an ein Geheimnis, das nur schwer enträtselbar ist. Aber es verdient nicht vergessen zu werden, schon um des unvorstellbaren Leidens willen, das er auf sich nehmen mußte.

Lassen Sie mich nun abschließend noch einmal fragen: Was macht den großen Lehrer? Es gibt darauf nur eine Antwort: das persönliche Vorbild. War denn Warburg ein uneingeschränkt fehlerloser Mensch? Ganz gewiß war er das nicht. Wir wollen uns hüten davor, ihn in festtäglicher Stimmung zu idealisieren. Er hat lebenslang hart zu kämpfen gehabt, nicht nur mit den oft von ihm überschätzten Widerständen der Umwelt, auch mit sich selber. Aber er hat auch seine Schwächen mutig auf sich genommen und sich leidenschaftlich gegen ihre befürchtete Übermacht gewehrt. So konnte er von anderen das gleiche erwarten. Mit Entschiedenheit würde er den billigen Trost zurückgewiesen haben, den man heute — in mißverstandener Nachfolge Goethes — so oft zu hören bekommt: ein Mensch zu sein mit seinem Widerspruch und sich damit zufrieden zu geben. Mit Tapferkeit und Konsequenz verschrieb er sich der Verpflichtung zum Unbedingten, versuchte er es, der ihm erkennbaren geraden Linie seines Lebens- und Leidensweges zu folgen, und wenn ihn das gelegentlich zu extremen Handlungen führte, so spürten seine Freunde und Schüler gerade auch in ihnen das Außerordentliche seiner Existenz. Wie oft habe ich in der Nazizeit, deren Schrecken er gottlob nicht mehr mitzuerleben brauchte, an seine Worte denken müssen: »Sagt einer zu mir: Das habe ich ja nur getan, um Schlimmeres zu verhüten — so antworte ich: Da ist die Tür!«

Und wenn er es schon immer versucht hatte, mit seiner strengen Pädagogik verständnisvolle Güte zu verbinden — wie sehr habe auch ich sie erfahren dürfen! —, es ist ihm das in seinen Altersjahren so sehr gelungen, daß er auch darin Meister wurde. Nie werde ich es ihm vergessen, daß er mich, in tiefem Verstehen meiner besonderen Wesensart, niemals zu einem Mitarbeiter an seiner eigenen wissenschaftlichen Gedankenwelt, zu einem Warburgianer im eigentlichen Sinne zu erziehen versucht hat, obgleich ihm das sicherlich nicht leicht geworden ist. Er respektierte es, daß meine Anlagen mich in eine andere Richtung wiesen — ohne doch jemals seine väterliche Hand von mir abzuziehen. Was er an wenigen geübt hat, das wird heute den vielen offenbar. Seine größte Wirksamkeit hat erst nach seinem Tode eingesetzt. Dafür zu danken, das scheint mir der schönste Sinn dieser Feier[4], hundert Jahre nach seiner Geburt, zu sein. So lassen Sie mich schließen mit dem Wort eines bedeutenden, heute fast schon vergessenen Theologen: »Die größte Kraft zum Leben ist der Dank.«

---

[4] Die Feier, bei der auch Ernst Hans Gombrich den in diesem Bande S. 465 ff. abgedruckten Vortrag hielt, fand am 13. Juni 1966 in der Universität Hamburg statt, vgl. Bibliographie Abt. A Nr. 622 und 629a.

Warum Kunstgeschichte?

von Fritz Saxl

[März 1948/1957]

Während des ersten Weltkriegs fand ich einmal in einem Schreibwarenladen in Norditalien auf den sonst betrüblich leeren Regalen ein mehrere hundert Seiten starkes Buch, das Manifest einer Gruppe junger italienischer Künstler, die sich selbst Futuristen nannten. Im theologischen Sprachgebrauch versteht man unter einem Futuristen einen Menschen, der daran glaubt, daß die Prophezeiungen der Apokalypse sich erfüllen werden. Diese italienischen Künstler dürften kaum etwas von Theologie verstanden haben, aber sie benahmen sich, als wären sie selbst die apokalyptischen Reiter. Sie riefen nach einer Atombombe – wie man heute sagen würde –, um die Museen und alles, was mit der Vergangenheit zu tun hat, zu zerstören.

So klang ihr Schlachtruf:[1]

»Wir wollen unerbittlich gegen den fanatischen, unverantwortlichen und snobistischen Kult der Vergangenheit kämpfen, der sich aus der unheilvollen Existenz der Museen nährt. Wir lehnen uns gegen die blinde Bewunderung alter Bilder, alter Statuen und aller alten Gegenstände auf und gegen die Begeisterung für alles, was wurmstichig, schmutzig und von der Zeit zerfressen ist; und wir halten die übliche Verachtung für alles, was jung, neu und voller Leben ist, für ungerecht und verbrecherisch . . . Wir müssen uns an den greifbaren Wundern des zeitgenössischen Lebens inspirieren, an dem eisernen Netz der Geschwindigkeit, das die Erde umspannt, an den Überseedampfern, den Dreadnoughts, den wunderbaren Flügeln, die die Lüfte durchziehen, den von Finsternis umgebenen Unterseebootfahrern und dem angespannten Kampf um die Eroberung des Unbekannten.«

Das *Manifest der futuristischen Maler* ist 1910 entstanden: Die ihm innewohnende Haltung hat vielleicht mit zum Faschismus geführt. Mich interessiert hier jedoch nicht der politische Aspekt, vielmehr die Tatsache, daß keiner der Unterzeichner des Manifests ein großer Künstler geworden ist. Schöpferische Künstler haben noch nie nachgewiesen, oder es gar für nötig befunden, nachzuweisen, daß alles Interesse an den Künsten der Vergangenheit von übel sei. Im 18. Jahrhundert schrieb Sir Joshua Reynolds: »Erst wenn wir ständig die großen Kunstwerke vor Augen gehabt haben, um unseren Geist durch verwandte Ideen zu befruchten, erst dann und nicht vorher, werden wir imstande sein, etwas Gleichartiges hervorzubringen.«[2] Wir würden wohl kaum mehr so weit gehen wie Reynolds, dessen akademische Einstellung uns fern gerückt ist, und doch ist es nicht etwa Sir Joshua, sondern Pablo Picasso, der sagt: »Die Kunst der Griechen, der Ägypter und der großen Maler, die früher gelebt haben, gehört keineswegs der Vergangenheit an, sie ist vielleicht heute lebendiger denn je.« Derselbe Picasso freilich hat einmal verärgert hervorgestoßen: »Museen sind nichts als Haufen Lügen, und die Leute, die Kunst zu ihrem Beruf machen, sind meistens Hochstapler . . . Wir haben die Bilder in den Museen mit all unserer Dummheit, all unseren Fehlern und all unserer geistigen Armut infiziert. Wir haben sie zu unbedeutenden und lächerlichen Dingen gemacht. Wir haben uns auf eine Fiktion

---

[1] [Umberto Boccioni u. a.: Manifest der futuristischen Maler 1910, in: Umbro Apollonio: Der Futurismus. Manifeste und Dokumente einer künstlerischen Revolution 1909 – 1918. Deutsche Übersetzung Christa Baumgarth und Helly Hohenemser, Köln-Mailand 1972, S. 37–39.]

[2] The Discourses of Sir Joshua Reynolds, hg. v. E. Gosse, London 1884, S. 91 f.

festlegen lassen, statt zu versuchen, herauszufühlen, was die Menschen, die sie gemalt haben, innerlich bewegte«.[3]

Mit diesen letzten Sätzen im Ohr lohnt es, einen Augenblick über unsere jetzige Situation nachzudenken. Tausende und Abertausende stehen bei jedem Wetter Schlange, um Picasso- oder Van Gogh-Ausstellungen anzusehen, und diese Menschenmassen werden von einem Chor von Plattheiten und teils gebildeten, oft aber unsäglich törichten Briefen an die *Times* und andere Zeitungen begleitet. In der National Gallery reden die Leute zungenfertig über gute und schlechte Bilderrestaurierungen, Leute, die noch nie gesehen haben, wie Farben gemischt werden oder die noch nie selber einen Pinsel in der Hand gehalten haben.

Und doch: Sind Sie sich bewußt, daß es in der Geistesgeschichte unseres Landes vielleicht noch nie dagewesen ist, daß Leute Schlange stehen, nicht etwa, um ins Kino, Theater, Ballett oder in die Oper zu gehen oder um die Hochzeitsgeschenke einer Prinzessin anzusehen, sondern wegen des Vorzugs, vor eine Reihe von Gemälden gelassen zu werden? Und daß dies geschieht, obwohl die meisten von ihnen die Bilder kaum sehen können, weil die Räume so überfüllt sind, und daß im übrigen nur ganz wenige — diejenigen nämlich, die sich auf den Künstler einstellen können — Freude daran haben? Und warum das alles? Weil unser Zeitalter kein Zeitalter des Verstandes, sondern ein visuelles Zeitalter ist, und weil viele von uns Aufklärung, intellektuelles Vergnügen und Begeisterung eher von Bildern empfangen als vom gedruckten oder gesprochenen Wort. Eine der Folgen dieser neuen Situation ist das verstärkte Interesse an der Kunstgeschichte. Wer hätte vor dreißig Jahren, geahnt, daß ein einziger Verleger hunderttausende — nicht immer wirklich gute — Bände über Bellini, Velasquez oder römische Porträts verkaufen würde, wie es der Phaidon-Verlag Jahr für Jahr tut? Und nicht nur er allein: Faber & Faber haben eine Auflage nach der anderen der *Winchester Bible* verkauft, die Penguin *History of Architecture* ist wieder und wieder aufgelegt worden, und die Oxford Press hat eine Reihe in Gang gesetzt, die mit dem Büchlein *Style in Sculpture* beginnt und bestimmt tausende von Abnehmern finden wird. Trotz Bomben und Verkehrsschwierigkeiten waren die Mittagspausen-Vorträge, die während des Krieges im Courtauld Institute stattfanden, immer überfüllt. Wir müssen einfach der Tatsache eines gefährlich anwachsenden Interesses an der Kunst allgemein und an der Kunstgeschichte im besonderen ins Auge sehen; das mag vielleicht meinen heutigen Abend-Vortrag rechtfertigen.

Ich bin überzeugt, daß die meisten Leute sich kunsthistorische Vorträge in der geheimen Hoffnung anhören, sie lernten dabei, wie man ein Kunstwerk genießt, wie man es sich geistig zueigen macht, kurz, wie man sein Leben bereichert. Sind solche Hoffnungen denn gerechtfertigt und vernünftig? Um das besprechen zu können, wähle ich ein frühes Picasso-Porträt aus seiner kubistischen Periode (Abb. 1). Auf den ersten Blick sieht es aus, als wäre es von einem Kind gemalt. Aber kein Kind könnte eine solche Stirne oder die von der Seite gesehene Nase konstruieren. Und wie weit entfernt von einer Kindermalerei, wie raffiniert ist das Stilleben mit Birnen im Hintergrund! Ein Historiker, der sich mit einem Porträt dieses Stils abgibt, kann die Schritte nachweisen, die von Cézannes spätem unrealistischen Impressionismus am Ende der neunziger Jahre des 19. Jahrhunderts (Abb. 2) bis zu solchen Versuchen führen, die Picasso etwa zehn Jahre später anstellte. Bei Cézanne sind die Gegenstände noch fest, sie haben klare Umrisse und Formen, wie etwa die Flasche und die Frucht: die Augen sind zwar ungleich, aber sie haben einen normalen, nachdenklichen

---

[3] Picasso. Forty Years of his Art, hg. von A. H. Barr Jr., New York 1939, S. 11 und 19.

Ausdruck. Im frühen Picasso-Bild findet sich Ähnliches, das ist deutlich, aber die Entstellungen im Gesicht werden jetzt betont, der Blick ist merkwürdig, der Umriß wirkt an manchen Stellen wie zerfetzt, und im Hintergrund sind nur strahlenartige geometrische Formen zu erkennen. Unser Historiker kann ferner nachweisen, daß Picasso unter dem Bann der Eingeborenenkunst stand. Auch der afrikanische Bildhauer (Abb. 3) zerlegt das Gesicht und den Körper in geometrische Zonen. Eigentlich ist es ein stumpfer, nicht besonders ausdrucksvoll geometrisierter Kopf. Picassos Kubismus enthält die ganze Raffinesse Cézannes, etwa in dem reichen Stilleben, in der Tönung des Haares, in der farbigen Differenzierung des Fleisches: aber es dominieren der bösartige Ausdruck der kubischen Augen, der Mund und die Stirn, und in den Linien des Anzugs und den kontrastierenden Linien des Hintergrundes liegt eine gespannte Vitalität. Auf diese Weise sehen wir also Picassos neuen Stil aus dem des späten Cézanne erwachen; wir verstehen, wie er neue Ideen und eine neue Formensprache entwickelt; wobei er in den Bann primitiver Kunst gerät. Und wir erkennen ganz deutlich: Sein kubistisches Porträt ist eine Schöpfung sui generis, in der sich europäische Tradition und primitive Elemente mischen, um etwas Neues, Kraftvolles hervorzubringen.

Dies könnte — in nuce — ein Historiker über ein solches Bild sagen. Oder, etwas zurückhaltender formuliert: auf diesen oder ähnlichen Wegen könnte ein Kunsthistoriker sich einem Picassobilde nähern. Hilft das nun irgend jemandem, das Bild mehr zu genießen, werden die eigenen Gefühlserfahrungen durch eine solche historische Demonstration bereichert? Die Frage ist oft bejaht worden, und die große Zuhörerzahl bei wissenschaftlichen oder populären kunsthistorischen Vorträgen scheint zu beweisen, daß meine Annahme, der Kunsthistoriker könne nichts dazu tun, den Menschen die Kunst genußreicher zu machen, falsch ist. Vielleicht könnte es ein Dichter, ein brillanter Schriftsteller oder ein Prediger, der über Raffaels Sixtinische Madonna spricht — aber der Historiker kann das nicht, seine Aufgabe ist die Erhellung historischer Tatsachen. Warum die Zuhörer glauben, daß sie durch historische Vorlesungen lernen könnten, wie man Kunst genießt, mag sich, wenn ich mich nicht täusche, dadurch erklären, daß sie veranlaßt werden, mit etwas historischer Hilfestellung eine Zeit lang ein Bild anzuschauen. Die historische Behandlung eines Bildes führt aber nicht notwendig zur gefühlsbetonten Freude an seiner Qualität. Einige Zuhörer mögen durch ihre Anlagen und ihre Erziehung auf das Kunstwerk eingestimmt sein, vielleicht auch durch momentane psychische Bedürfnisse, während andere es aus genau den gleichen Gründen ablehnen. Die historische Diskussion bewegt sich außerhalb dieses Gebietes. Trägt es, wenn man vor einem kubistischen Picasso steht, wirklich zum Genuß bei, zu wissen, daß dieser neue Stil zwei Wurzeln hat: Cézanne und die Primitiven? Ihre Seele — verzeihen Sie das Wort — muß mit Picasso ins Reine kommen, und historische Kenntnisse sind keine nützlichen Waffen in diesem Kampf. Perfekte Beherrschung der Bibelkritik hat noch niemandem in seinen religiösen Zweifeln geholfen, hat ihn noch nie näher zu Christus geführt. Ähnliches gilt für die Beziehungen zwischen Kunst und Kunstgeschichte. Aber warum dann überhaupt Kunstgeschichte? Auf dieses ›Warum‹ gibt es, glaube ich, nur eine einzige Antwort: menschliche Neugier. Die Kunstgeschichte übt dieselbe ursprüngliche Faszination wie jeder andere Zweig der Geschichte aus. Menschliche Wesen — sogar die sogenannten primitiven Völker — sind nun einmal an ihrer Geschichte interessiert. Ihr Gehirn unterscheidet sich von dem der Tiere, sie haben ein besseres und anpassungsfähigeres Gedächtnis als Katzen oder Meerschweinchen. Ich bin nicht in der Lage, die psychologischen Fakten zu erklären, die an der Wurzel des historischen Interesses liegen. Aber kunstgeschichtliches Interesse ist an sich nicht erstaunlicher und bedarf keiner größeren Rechtfertigung als das Interesse an Literaturgeschichte, an politischer Theorie, an Geschichte der Chemie. Alles das kann höchst fesselnd für verschiedene Menschentypen sein.

Wie Sie wissen, ist politische Geschichtsschreibung tausende von Jahren alt, aber es wäre ein Irrtum, anzunehmen, die Kunstgeschichte sei erst spät dazugekommen. Um 77 n. Chr. verfaßte der Ältere Plinius ein sehr ins einzelne gehendes Werk über die Kunst der Vergangenheit, wobei er seinerseits nur wesentlich älteres griechisches Material zusammentrug. Mit dem Beginn der christlichen Ära richtete sich das historische Interesse fast ausschließlich auf Kirchengeschichte und politische Geschichte. Hätte uns doch das Mittelalter eine Geschichte der mittelalterlichen Kunst hinterlassen! Suger, der große Abt von St. Denis, hat uns eine genaue Beschreibung seines Lebenswerkes, nämlich des Baus der Klosterkirche von St. Denis hinterlassen. Sie war das erste Bauwerk, das in gotischem Stil errichtet wurde, aber Suger erwähnt gerade diese Tatsache, die für uns doch von höchstem historischen Interesse ist, mit keinem Wort.

Kunstgeschichte beginnt erst wieder mit der Renaissance, damals und im siebzehnten und achtzehnten Jahrhundert wurde sie zumeist von Malern und Kunstliebhabern betrieben. Das 19. Jahrhundert brachte eine neue Art von Kunsthistorikern hervor, die in der Durchforschung der Archive nach Dokumenten zu Künstlerbiographien ihr Lebenswerk sahen und die die in Kirchen, Palästen und Museen erhaltenen Skulpturen und Gemälde katalogisierten. Um 1860/70 begannen die europäischen Universitäten, Lehrstühle für Kunstgeschichte einzurichten. Das Institute of Fine Arts der New York University kann auf eine etwa hundertjährige Geschichte zurückblicken. Resultat dieser Bemühungen sind ein riesiges Nachschlagewerk für Künstlerbiographien, eine Reihe größerer Monographien und eine Flut kleinerer und oft recht unbefriedigender Bücher, Artikel und Dissertationen.

Die bedeutenden, ja selbst die weniger bedeutenden Forscher hatten es damals wirklich gut. Kaum jemand war vor ihnen in die Archive gegangen, um die Urkunden zu sammeln, die Michelangelo, Donatello, Botticelli oder Rembrandt, Rubens und Velasquez betreffen. Durch einfaches Suchen und Herumreisen fand ein Kunsthistoriker Dutzende unbekannter, aber signierter Rembrandts, nämlich Gemälde aus seiner Frühzeit, die im 18. und zu Beginn des 19. Jahrhunderts völlig vergessen worden waren. Niemand hatte je vorher versucht, die Geschichte von Sankt Peter in Rom aus den Entwurfszeichnungen und Baurechnungen zu rekonstruieren. Nun aber geschah es. In England ist das bedeutendste Beispiel dieser Art Kunstgeschichte vielleicht das Buch von Willis über Canterbury. Ihm gelang es, jede einzelne Säule, jedes Kapitel mit solch überzeugender Genauigkeit zu datieren, daß seither nichts erschienen ist, das präzisere Informationen enthielte. Die Willise müssen damals einfach stolz und glücklich beim Schreiben ihrer Bücher gewesen sein.

Und doch begann zu Ende des 19. Jahrhunderts diese Begeisterung zu erlahmen, und manche der Besten stellten sich die Frage, was mit all diesen nun ermittelten Daten geschehen könne oder müsse. Ich weiß nicht, ob sie die Frage immer so kraß formuliert haben, aber sie fühlten sich einfach vom Werk ihrer Vorgänger unbefriedigt. Daten und Fakten blieben natürlich wesentlich, aber sie schienen fast nur noch ein notwendiges Übel. Da dieselbe Technik erforderlich ist, um aus Urkunden das Datum einer Schlacht, eines Gedichts von Milton oder eines Bildes von Raffael zu ermitteln, ist das Vergnügen, ein solches Datum aufzuspüren, in jedem Falle gleich.

Jetzt aber schien plötzlich eine Kunstgeschichte nötig, die sich grundsätzlich von der politischen oder der Literaturgeschichte unterscheidet.

Die Generation der neunziger Jahre wollte die Kunstgeschichte als Stilgeschichte verstehen. Ihr Ausgangspunkt war die Untersuchung der Kunstwerke — nicht der Urkunden —, und das Verständnis ihrer ästhetischen Eigenart und ihres Ranges geht jeder historischen Untersuchung voraus. Wölfflin, der die bedeutendste Gestalt innerhalb dieser Richtung war, soll uns ein Beispiel liefern. Wölfflin war Schweizer und Schüler Jacob Burckhardts. Die Schweiz aber war ihm zu eng, er ging nach Deutschland und unterrichtete viele Jahre in Berlin, später in München. Tausende von Studenten hörten ihn sein Evangelium predigen, daß Kunstgeschichte die Geschichte der künstlerischen Vision sei. Zur Illustration der Wölfflinschen Methode wähle ich seinen Vergleich zwischen einem italienischen Gemäde des 15. Jahrhunderts mit der Taufe Christi und einer Darstellung desselben Themas aus dem 16. Jahrhunderts, einer Skulptur von Sansovino:

»Wenn Christus getauft wird — sagen wir: bei Verrocchio — so geschieht es mit einer dringlichen Hast, mit einer ängstlichen Biederkeit, die sehr ehrlich empfunden sein mochte, die aber dem neuen Geschlecht als gemein vorkam. Man vergleiche mit dem Taufbild Verrocchios die Gruppe des A. Sansovino am Baptisterium. Er hat etwas ganz Neues daraus gemacht. Der Täufer tritt nicht erst hinzu, er steht da, ganz ruhig. Die Brust ist uns zugewendet, nicht dem Täufling. Nur der energisch seitwärts gedrehte Kopf geht mit der Richtung des Armes, der weitausgestreckt die Schale über den Scheitel Christi hält. Kein besorgtes Nachgehen und Sich-Vorbeugen; lässig zurückhaltend wird die Handlung vorgenommen, eine symbolische Handlung, deren Wert nicht in der peinlich exakten Ausführung besteht. Der Johannes des Verrocchio folgt mit dem Auge dem Wasser: bei Sansovino ruht sein Blick auf dem Antlitz Christi . . . Und gleicherweise ist nun auch der Täufling umgebildet, er soll ein Herrscher sein, nicht ein armer Schullehrer. Unfest steht er bei Verrocchio im Bach und das Wasser umspült seine mageren Beine. Die spätere Zeit läßt sowieso das Stehen im Wasser beiseite, indem sie nicht die Klarheit der Figurenerscheinung dem Gemein-Wirklichen opfern mag, das Stehen selbst aber wird frei und vornehm.«[4] (Abb. 4/5).

Solch ein historischer Vergleich scheint ohne Urkunden auskommen zu können, wobei man nicht vergessen darf, daß Wölfflin zunächst einmal nachweisen mußte, daß das Bild wirklich von Verocchio stammt und daher um 1480 gemalt wurde und daß die Plastik von Sansovino 1502 entstanden ist. Dennoch ist seine Sehweise ganz neu. Die großen Urkundenforscher brauchten fast kein Auge für die besonderen Qualitäten des Künstlers oder Kunstwerks zu haben, auf die sich die neuentdeckten Dokumente bezogen. Tatsächlich hatten sie auch meist kein Auge dafür. Wölfflin und seine Anhänger mußten erst eine neue ästhetische Sensibilität entwickeln. Seine Methode beruhte auf Vergleich — Vergleich von Formen des 15. Jahrhunderts mit solchen des 16. Jahrhunderts, oder von Tizian mit Tintoretto, Watteau mit Fragonard, Reynolds mit Gainsborough. Durch dauernde Anwendung dieser vergleichenden Methode vermag ein Forscher mit angeborener Neigung für diese Arbeitsweise durchaus etwas zu entwickeln, das man historische ästhetische Sensibilität nennen könnte. Ob ihm die Klassiker oder die Romantiker liegen, ob er von Raffael oder Hogarth ausgeht, ist gewissermaßen unwichtig. Was er erwerben muß, ist das Gefühl für verschiedene Stile, dabei mag ihm der eine mehr zusagen, der andere weniger, er muß nur imstande sein,

---

[4] H. Wölfflin: Die Klassische Kunst. Eine Einführung in die italienische Renaissance. Dritte Auflage, München 1904, S. 188 f.

ihre Eigenschaften durch Vergleich zu definieren. Die Schwierigkeit, visuelle Feinheiten in Worte zu fassen, liegt auf der Hand, und um die Unterschiede künstlerischer Auffassungen gut zu beschreiben, bedarf es einer sehr biegsamen Terminologie. Die Deutschen hatten ihren großen Lehrmeister für die Sprache der Kunstgeschichte in Wölfflin, die Franzosen in Foçillon; in England hat seit Walter Pater kein großer Meister der Sprache mehr seine Gaben der Kunstgeschichte zugute kommen lassen — und Pater wurde 1839 geboren. Wir müssen also versuchen, junge Leute zu finden, die willens sind, sich sowohl um die Sprache wie um die Lehre der Kunstgeschichte zu bemühen.

Aber zurück zu meiner Frage: Warum Kunstgeschichte? Was kann erreicht werden, wenn man sie mit Wölfflin als Geschichte der künstlerischen Einbildungskraft betrachtet? Eine Künstlerbiographie wird sich dann nicht nur mit seinem Leben und seiner Zeit befassen, mit den Modellen, die er porträtierte, mit den Päpsten und Fürsten, denen er diente, mit seinen literarischen und religiösen Ansichten und seiner Psychologie, sie wird in erster Linie Beschreibung seines Stils in den verschiedenen Lebensabschnitten sein. Ich möchte das wenigstens an einem Beispiel zeigen. Als der achtundzwanzigjährige Rembrandt Christus und die Jünger in Emmaus darstellte (Abb. 6), ließ er unruhiges Licht auf die Szene fallen. Christus bricht einen Brotlaib, während ein Jünger das Fleisch schneidet. Es scheint, als sei er in seiner Bewegung angehalten worden, schräg fällt sein Blick auf Christus. Der andere Jünger sitzt auf einem wackligen Stuhl, eine Serviette liegt auf seinem Schoß; der untere Teil der groben, fast gewöhnlichen Gestalt auf dem alten Stuhl mit dem unordentlichen Kissen ist im einzelnen kaum zu erkennen; aber von dort wandert das Auge zu dem klaren Gesicht und dem mit einer malerischen Mütze bedeckten Kopf; sein Gesicht ist vor innerer Erregung fast erstarrt, und unwillkürlich faltet er anbetend die Hände. Er schaut Christus an und Christus ihn. Was der alte Mann sieht, wird durch die Lichtstrahlen um den Kopf des Herrn angedeutet. Schauplatz ist ein ärmliches Wirtshaus, wo die Gäste ihre Siebensachen, Stöcke und Säcke, einfach auf den Boden legen und ausgehungerte herrenlose Hunde sich an jedem Tisch Brocken erbetteln. Der Hund ist geduldig, das Inbild eines Hundes, den schlechte Erfahrungen mit unfreundlichen, groben Menschen zum demütigen Bettler gemacht haben; die Erregung, die diese menschlichen Wesen ergriffen hat, sagt ihm nichts.

Sehen wir näher zu, wird deutlich, daß die Komposition auf dem Kontrast beruht, der sich aus der großen Gestalt Christi mit fast wildem Haar, in wallendem Mantel und hoch aufgerichtet, gegenüber dem Mann mit seinem zusammengesunkenen Körper und dem verhärmten alten Gesicht ergibt. Beide Figuren sind hell beleuchtet. Zwischen ihnen erscheint, aus dem Hintergrund heraus, dunkel die dritte Gestalt, nur ihr Gesicht ist hell vom Schein beleuchtet, der von Christi Kopf ausgeht. Der Hintergrund ist dunkel und unbestimmt; rechts ist er strahlend hell, dann folgt eine dunkle wolkige Zone, und plötzlich leuchtet links hinter dem Kopf des Apostels ein wenig hellen Hintergrundes auf, vor dem sich der Mützenumriß deutlich abhebt. Darüber ein Vorhangstück, das von irgendwo herabhängt. Kräftiger Realismus, etwa beim Hund, verbindet sich mit geisterhaften Lichteffekten, malerische Schatten stehen scharfem Weiß gegenüber; die Raumtiefe wird durch Verkürzung und sich schneidende Diagonalen betont. Alle Bewegungen der drei Gestalten wirken wie angehalten. Diese Szene ist viel dramatischer als sie im Lukasevangelium beschrieben wird: »Und es geschah, da er mit ihnen zu Tische saß, nahm er das Brot, dankte, brach's und gab's ihnen. Da wurden ihre Augen geöffnet, und sie erkannten ihn, und er verschwand vor ihnen«. (24, 30 ff.).

Rembrandt schuf diesen Kupferstich, wie gesagt, als er achtundzwanzig war. Genau zwanzig Jahre später kehrte er zu dem Thema zurück (Abb. 7). Nun herrschen horizontale und vertikale Linien vor: der Baldachin, der Tisch, der Boden sind die Hauptwaagrechten, die stehenden Gestalten und der Fensterrahmen die Senkrechten. Fast scheint die Komposition symmetrisch. Christus sitzt in der Mitte, sein Körper bildet ein Dreieck. Er hat das Brot schon gebrochen und bietet es den Jüngern dar. Der linke hat sich erhoben, faltet die Hände und blickt nachdenklich nach unten. Nur seine gefalteten Hände zeigen, daß er den Herrn erkannt hat. Der Mann rechts hebt die rechte Hand in einer Geste hoch, die halb Erstaunen, halb Abwehr ausdrückt, sein linker Arm ist gegen den Körper gepreßt, die Hand geballt. Ein junger Diener, der im Vordergrund ein paar Stufen hinuntergeht, schaut ruhig zu Christus hinüber, und die Aufmerksamkeit des Hundes ist von etwas außerhalb des Raumes gefesselt. Das Licht ist fast gleichmäßig verteilt, trotz der strahlenden Helle hinter und über der milden Gestalt Christi.

In diesem Vergleich der frühen mit der späten Emmausdarstellung von Rembrandt habe ich eine Reihe von Begriffen benutzt, die vielleicht bestimmte Analogien im Kopfe eines mit der Kunstgeschichte des 17. Jahrhunderts vertrauten Historikers hervorrufen würden. Bei dem früheren Werk sprach ich von der Gespanntheit der Bewegung, der Diagonalgliederung, dem scharfen Kontrast zwischen Licht und Schatten, von realistischen Zügen und einer beinahe gewissenlosen Verwendung des Übernatürlichen. Im späten Werk, sagte ich, herrschten die klaren Vertikalen und Horizontalen vor, beruhe die Komposition auf der Dreiecksform der Gestalt Christi im Zentrum mit den beiden aufrechten Figuren an den Seiten, verteile das Licht sich gleichmäßig trotz des leuchtenden Scheins um Christus. Realistische Elemente fehlen gewiß nicht, dennoch fallen Zurückhaltung in der Linienführung und Farbgebung sowie ausgeglichene Verteilung von Licht und Schatten besonders ins Gewicht. Aus diesem Vergleich wird ein Historiker den Schluß ziehen, daß er das Frühwerk mit dem zu verbinden habe, was gewöhnlich Barock genannt wird, und das spätere mit den klassizistischen Tendenzen, die um die Mitte des 17. Jahrhunderts vorwalteten. Jedoch gilt unser Interesse hier nicht Rembrandt. Ich versuche nur, Kunstgeschichte als Geschichte künstlerischer Vorstellungskraft zu erklären. Im Wölfflin-Beispiel war die vergleichende Methode angewandt worden, um zwei Epochen unterscheidend zu charakterisieren, das 15. und das 16. Jahrhunderts der italienischen Renaissance. Mein Rembrandt-Beispiel zeigte, wie man mit derselben Methode die verschiedenen Entwicklungsstufen eines Künstlers beschreiben und schließlich zu einem geschichtlichen Verständnis seiner Person und seines Werkes gelangen kann.

Wölfflins Methode war schon vor etwa einer Generation ganz ausgereift, obgleich er erst 1947 gestorben ist. Seither sind neue Ideen in den Vordergrund getreten. Unter diesen neuen ist das Hauptproblem — jedenfalls scheint es mir so —, wie man die Kunstgeschichte mit anderen Zweigen der Geschichte zusammenbringen kann, mit politischer, literarischer, Religions- und Philosophiegeschichte. Eine Kunstgeschichte als Geschichte der künstlerischen Vision allein kann so verschiedenartige Aspekte nicht erfassen. Statt komplizierte Methodenfragen zu behandeln, will ich das Problem lieber mit einem Beispiel zu verdeutlichen suchen.

Vor uns steht ein Wandbild in einer florentiner Kirche (Abb. 8). Ein Papst reicht einem Mönch, der von anderen Mönchen begleitet ist, die zwischen zwei Reihen auf eleganten Bänken sitzender Würdenträger knien, eine Urkunde. Im Hintergrund eröffnet sich ein Ausblick, der jedem Florenz-Besucher wohlbekannt ist: Wir sehen die Bögen der sog. Loggia dei Lanzi und links den Palazzo della Signoria, den

Verwaltungssitz der Stadtrepublik. Sein Gewand weist den Mönch als Franziskaner aus, die Szene kann daher auf den Hl. Franziskus und seine fratres gedeutet werden, die die Bestätigung des Ordens von Papst Honorius erhalten. Das ist recht merkwürdig, denn der Hl. Franziskus erhielt diese Bestätigung mit Sicherheit nicht in Florenz, sondern in Rom. Warum dann der florentiner Hintergrund in unserem Bild? Es gibt aber noch weitere befremdliche Elemente. Wer sind die Leute, die rechts und links stehen, und die Männer und Kinder, die im Vordergrund aus einem Treppenhaus heraufkommen? Eine ins Einzelne gehende Identifizierung der Bildnisse würde hier zu weit führen, ich kann Ihnen aber verraten, daß Sie rechts Lorenzo de' Medici sehen; die Männer neben ihm und ihm gegenüber sind Mitglieder der florentiner Familie Sassetti, deren Kapelle dieses Wandgemälde schmückt. Die Kinder auf der Treppe sind die Medicikinder mit ihrem Erzieher [Angelo Poliziano] und zwei weiteren Personen, die zum Medicihaushalt gehören.

Eine wunderliche Kombination unzusammengehöriger Elemente; frühere Künstlergenerationen hatten dieselbe Szene auf eine Weise dargestellt, die vielen von uns frömmer und angemessener erscheinen mag (Abb. 9). Hier der Papst mit zwei Bischöfen, vor ihm Franziskus mit einem Heiligenschein und die Mönche. Je zwei Männer nehmen auf den Seiten am Geschehen teil. Die Hauptszene steht hier in der Bildmitte, und nichts Störendes kommt hinzu. Beide Wandbilder befinden sich noch heute an ihrem ursprünglichen Platz in zwei florentiner Kirchen; das frühere stammt von Giotto und ist etwa um 1320 entstanden, das andere von Ghirlandaio aus den achtziger Jahren des 15. Jahrhunderts. Das spätere Bild zeigt aber nicht nur das, was offensichtlich die ursprüngliche Szene war, sondern schließt diese Szene ein in einen profanen florentiner Hintergrund und einen offensichtlich ebenso profanen Vordergrund, nämlich Lorenzo de' Medici und die Familie Sassetti, seine Teilhaber im Bankgeschäft, die den Besuch von Lorenzos Kindern empfangen. Hervorragende lebenswahre Porträts, eine schöne Stadtansicht im Hintergrund und dazwischen das wesentlichste Ereignis in der Geschichte des Franziskanerordens, die päpstliche Bestätigung der Ordensregel.

Dies sind die Tatsachen, und sie geben wenig aus ohne die genaue Kenntnis der religiösen Psychologie derjenigen, die das Fresko in Auftrag gegeben haben. Der Vorname des Stifters war Francesco, und seine Grabkapelle lag in Santa Maria Novella, einer Dominikanerkirche, die seit alters mit der Sassettifamilie verbunden war. Als er aber den Vorschlag zur Ausmalung seiner Kapelle machte, wollten ihm die Dominikaner, die stets Widersacher der Franziskaner gewesen waren, nicht erlauben, die Geschichte seines Namensheiligen an den Wänden anbringen zu lassen. Dies jedoch war für den Mann, der bei der Heiligen Taufe den Namen des Hl. Franziskus empfangen hatte, von entscheidender Wichtigkeit. Er wünschte sich, nicht nur im Schutze seines Namenspatrons zu leben, sondern auch begraben zu sein. Statt der Forderung der Dominikaner nachzugeben, verlegte er seinen Begräbnisplatz lieber in eine andere Kirche, die nach seinem Wunsche ausgestattet werden konnte. Er selbst und seine Familie treten als Andächtige auf. Damit begab er sich in effigie unter den unmittelbaren Schutz seines Heiligen, Seite an Seite mit Lorenzo, mit dem er ein Leben lang zusammengearbeitet hatte. Als ob es damit noch nicht sein Genügen hätte, mußten auch noch Lorenzos Kinder erscheinen, und ein Mitglied des päpstlichen Hofstaates, das an der Hauptszene, der Bestätigung der Ordensregel teilnimmt, wendet sich neugierig nach ihnen zurück, um sie ausführlich zu betrachten. Der Maler scheut sich nicht, eine Verbindung zwischen den Gruppen herzustellen, die Verwirrung stiften könnte. Und beginnen wir jetzt nicht, es fast als notwendig zu

490

betrachten, daß die Gebäude im Hintergrund keine römischen sein sollten, sondern die, mit denen der Stifter und Lorenzo vertraut waren, in denen sich das öffentliche Leben in Florenz vollzog? Die historische Szene, die sich zwischen Papst Honorius und dem Hl. Franziskus abspielt, hat Reliquiencharakter; durch sie wird das Leben von Francesco Sassetti und seiner Familie geheiligt, auch das seines Patrons Lorenzo und der Kinder, die er liebte.

Hatte der Maler etwa kein Interesse an der sakralen Szene? Das Bild selbst gibt darauf Antwort. In der Malerei existieren wenig heiligenmäßigere Köpfe als die des Franziskus und seiner Mönche. Sie sind gewiß nicht weniger heiligenmäßig als die in Giottos Bild; dennoch hat die Mittelszene eine religiöse Bedeutung gewonnen, die sich wesentlich von dem unterscheidet, was Giotto beabsichtigte. Hier kommen wir zur Kunstgeschichte als der Geschichte der künstlerischen Einbildungskraft zurück. Kein Maler des vorangegangenen Zeitalters hätte ein so wirklichkeitsnahes Bild von Florenz gegeben, noch so realistische Porträts schaffen und ihnen außerdem dasselbe Gewicht verleihen können wie den Heiligengestalten. Die Kombination dieser Elemente — die altüberlieferte Szene im Zentrum mit der Reihe kniender Mönche und päpstlicher Würdenträger und die Familienszene mit dem städtischen Leben — ist das Ergebnis einer neuen künstlerischen Intention. Kunstgeschichte ist somit, wie sie von nach-wölfflinschen Forschern gesehen wird, oder — um bescheidener und genauer zu sein — von der Warburg-Schule, in der ich aufgewachsen bin, mehr als nur die Geschichte der künstlerischen Vision, weil sie das Kunstwerk mit anderen zeitgenössischen Dokumenten zusammenbringt. Ich habe ein Beispiel aus Warburgs Schriften gewählt, es allerdings beträchtlich vereinfacht; Sie werden aber gesehen haben, welches Licht es auf die persönliche Geschichte von Francesco Sassetti und Lorenzo Medici wirft.[5] Sie werden auch verstehen, daß es in diesem Falle sinnlos wäre, zu versuchen, das Gemälde ohne gründliche Kenntnis der religiösen Vorstellungen des Mannes zu erklären, der es über seinem Grabe anbringen ließ. Kunstgeschichte erhellt andere Gebiete der Geschichte und empfängt, umgekehrt Licht von ihnen.

Ich kann mir ein letztes Beispiel schwer versagen; es stammt aus unserer eigenen Zeit. Bei der Weltausstellung 1937 in Paris war das Gebäude der spanischen Regierung mit einem riesigen Wandgemälde von Picasso geschmückt (Abb. 10). Das Bild machte tiefen Eindruck auf hunderttausende von Besuchern, und ich vermute, daß es als eines der wenigen großen, prophetischen Kunstwerke der Zeit zwischen den Kriegen in die Geschichte eingehen wird. Wenn man vor dem Bilde stand, wehten einen Spannung und Grauen an, eine Atmosphäre, die damals auch schon in Wirklichkeit herrschte, die wir anderen aber 1939 bei Kriegsausbruch erst richtig zur Kenntnis nahmen. Das Bild war fast nicht zu ertragen. Es stellt den Bombenangriff deutscher Flugzeuge im Auftrag General Francos auf die baskische Stadt Guernica im Jahre 1937 dar. Picasso war Franco-Gegner, er haßte den Faschismus.

Seine Skizze zeigt die Kompositionsabsicht vielleicht deutlicher (Abb. 11). Rechts eine Gruppe von Häusern, eines davon in Flammen. Eine kniende Mutter mit ihrem Kind, neben ihr ein sterbendes Pferd, ein Wagenrad und ein sterbender Mann. Ein Stier steht triumphierend über der Szene, aus einem der Häuser aber kommen das riesige Gesicht und der Arm einer Frau hervor; sie hält das Licht der Wahrheit vor den unbewegten und brutalen Kopf des Stiers.

---

[5] A. Warburg: Bildniskunst und florentinisches Bürgertum, in: Gesammelte Schriften, Leipzig 1932, Bd. 1, S. 102 ff.; Francesco Sassetis letztwillige Verfügung, ebd. S. 135 ff. [In diesem Band S. 65 und S. 137 ff.]

Die endgültige Fassung des Bildes ist reicher, bizarrer und noch grausamer. Die Mutter mit dem toten Kind schreit zum Stier hinauf. Ein Soldat mit zerbrochenem Schwert liegt auf der Erde, das Pferd zischt den Stier an. Es bricht nicht zusammen, obwohl der Körper von einer Waffe durchbohrt ist. Im Todeskampf scheint es Haß zu speien. Rechts zwei rasende und verzweifelte Frauen und in der Mitte der entstellte weiße Kopf der Frau mit langem Arm über ihrem Kopf, in ihrer Hand das Licht, das der Welt die Untaten des Stiers zeigen soll. Der Stier wendet sich ab, aber ein Auge und sein großes Ohr sind der Schreckensszene zugekehrt.

Wir verstehen die Stimmung, die das Bild erweckt, denn wir haben die Tage von Guernica und die Tage, die folgten, miterlebt. Aber nehmen Sie einmal an, daß ein Historiker in dreihundert Jahren nicht genau wüßte, warum und unter welchen Umständen es gemalt worden ist, sondern einfach versuchen würde, es als eines der Dokumente künstlerischer Einbildungskraft im 20. Jahrhundert zu verstehen. Er könnte es natürlich als eines der vielen Dokumente des Schreckens aus jener Periode begreifen. Aber ohne zu wissen, daß es Guernica darstellt, daß es unmittelbar nach dem Ereignis für den spanischen Pavillon der Weltausstellung 1937 in Paris gemalt worden war, damit es Tausende sähen und vor dem Faschismus gewarnt würden, wie wenig hätte dieser fiktive Kunsthistoriker der Zukunft von Picasso und seinem Werk verstanden und wie wenig könnte seine Kunstkritik zum allgemeinen Verständnis unseres Zeitalters beitragen! Wenn ein Forscher in jener fernen Zukunft mit Hilfe von Büchern und Zeitungen den Bildgegenstand als den Bombenangriff auf Guernica identifizieren könnte, dann würde er imstande sein, die Einzelheiten des Bildes, seinen Charakter und seinen Stil zu deuten; er wäre auch in der Lage, die Spannung der Vorkriegsjahre, vielleicht auch die Methoden der Kriegführung bis hin zur Atombombe besser zu begreifen.

Ich hoffe, daß ich nach diesen Beispielen der Antwort auf die Frage »ist Kunstgeschichte wirklich nötig?« nichts mehr hinzuzufügen brauche. Wir haben doch so viele Studenten, die Englisch, Französisch und wer weiß was für Literaturstudien betreiben, ohne besonders begabt für Literatur zu sein; es gibt so viele Geschichtsstudenten ohne Sinn für Geschichte und Politik; das 19. Jahrhundert hat so viele Studenten der Kirchengeschichte und der vergleichenden Religionswissenschaft mit wenig Sinn für religiöse Werte gesehen, daß wir aufpassen sollten, solche wissenschaftlichen Aktivitäten, wenn auch in einer neuen Richtung, nicht mit ähnlich enttäuschenden Ergebnissen zu betreiben.

Wesentlich ist, daß die Kunstgeschichte Studenten mit Sinn für sichtbare wie für historische Werte braucht, so wie nur die sich mit Shakespeare befassen sollten, die ein gutes Ohr für Sprache, ausgesprochenen Sinn für die Bauform eines Dramas und gleichzeitig die Fähigkeit besitzen, sich das Drum und Dran der Shakespeare-Philologie und die Geistesgeschichte des elisabethanischen Zeitalters anzueignen. Es gibt schon viel zu viele Studenten, die diese Voraussetzungen nicht erfüllen.

Aber zurück zur Kunstgeschichte: Daß sie ein Wissenschaftszweig von ebensolcher Bedeutung wie die anderen Zweige am Baum der Geschichte ist, steht — so meine ich — fest. Deswegen ist es bedauerlich, daß von allen englischen Universitäten nur eine, nämlich London, ein richtig ausgestattetes Institut besitzt, wo Kunstgeschichte studiert werden kann: das Courtauld Institute. Es sollte in unserem visuellen Zeitalter mehr Institute geben, da es mehr Menschen gibt, die an Kunst interessiert und für Kunst begabt sind als in der vorhergehenden Generation. Hier und da ein Vortrag reicht nicht aus; nach dem, was ich hier gesagt habe, wird wohl deutlich geworden sein, welche Art Ausbildung dieses Studium erfordert. Was könnten da populäre Vorträge nützen, für die sich ohnehin kaum genügend Vortragende finden ließen, ohne solche Ausbildungsstätten? Es sind also mehr Institute nötig, aber sie sollten nur eine kleine Zahl begabter und ernsthafter Studenten ausbilden. Diese Studenten würden vermutlich ganz glücklich sein. Sie werden in einer Welt leben, in der es noch zu leben lohnt, und ihr Studium wird uns allen nützen.

Lassen Sie mich mit dem Geständnis eines persönlichen Zwiespalts schließen. Ich bin vor fast 40 Jahren an den beiden Hauptstätten für das Kunstgeschichtsstudium ausgebildet worden, in Wien und Berlin. Ich begriff bald, daß meine Gaben mich nie zu einem richtigen Kunsthistoriker machen würden, der etwa eine Biographie von Raffael oder Cézanne schreiben könnte. So ist aus mir denn ein Vagabund geworden, ein Wanderer durch die Museen und Bibliotheken Europas, zuweilen auch ein Arbeiter, der das Randgebiet zwischen Kunstgeschichte, Literatur, Naturwissenschaft und Religion beackert. Im muß gestehen, daß ich dieses Dasein fast immer genossen habe und es auch immer noch genieße. Ich wünschte mir, daß der eine oder andere von Ihnen vielleicht nicht genau meinem besonderen Beispiel folgen, aber doch sich auf Kunstgeschichte als Lebensgeschäft einlassen würde.

Royal Holloway College, März 1948

493

1. Picasso: Frau mit Birnen. 1909. New York, Privatsammlung.

2. Baluba-Stamm, ehemals Belgisch-Congo: Maske. Museum Tervuren, Belgien.

3. Cézanne: Der Pfeifenraucher. 1896. Moskau, Sammlung Morosoff.

494

4. Verrocchio: Taufe. Florenz, Uffizien.

5. Sansovino: Taufe. Florenz, Baptisterium.

495

7. Rembrandt: Christus in Emmaus. Radierung. 1654. London, British Museum.

6. Rembrandt: Christus in Emmaus. Radierung. 1634. London British Museum.

8. Ghirlandaio: Der Papst bestätigt den Franziskanerorden. Florenz, Santa Trinità.

9. Giotto: Der Hl. Franziskus übergibt dem Papst die Ordensregel. Florenz, Santa Croce.

10. Picasso: Guernica. 1937. New York, Museum of Modern Art.

11. Picasso: Skizze für Guernica. Sammlung Picasso.

Kunstgeschichte als Geschichte*

von Leopold D. Ettlinger
[1971/76]

Der Kunsthistoriker befaßt sich mit der Vergangenheit, wie jeder Geschichtswissenschaftler es tut, aber mit einem entscheidenden Unterschied. Der Historiker, der die Krönung Napoleons bespricht, muß ein der Vergangenheit angehörendes Ereignis rekonstruieren, und dafür geben ihm zeitgenössische Quellen das Rohmaterial. Der Kunsthistoriker aber, der J. L. Davids »Sacre de Napoleon« (Paris, Louvre) studiert, hat ein Produkt der Vergangenheit vor sich, das auch heute noch gegenwärtig ist. Zunächst wird er den Bericht seines Kollegen, des politischen Historikers, so wie auch dessen Quellen heranziehen, um den Darstellungsgegenstand zu verstehen und um festzustellen, ob David gemalt hat, was wirklich geschah. Solange er das Bild nur als Tatsachenbericht ansieht, studiert auch er eine zeitgenössische Quelle zur Geschichte Napoleons. Aber er weiß, daß ein Gemälde nicht dasselbe ist wie ein schriftlicher Bericht und daß es eine grundsätzlich andere Art der Betrachtung erfordert. Der Kunsthistoriker muß nicht nur untersuchen, was dargestellt ist, er muß sich nach Erledigung dieser Vorfrage um die spezifischen Qualitäten des Bildes als Bild kümmern und fragen, wie gerade die hier — und in jedem Falle — gewählte Bildform zustande kam. Das hat zunächst nichts mit Qualität zu tun, sondern nur mit den jeweils gewählten Bildmitteln, und die gleiche Frage wäre auch bei einem schlichten Werk der Gebrauchsgraphik zu stellen, das einen gedruckten Krönungsbericht Napoleons begleitet.

Es gibt bei jeder kunsthistorischen Untersuchung eine Reihe von stets gleichen vorläufigen Fragen. Die erste lautet einfach: Wann ist das betreffende Werk entstanden? Eng dazu gehört eine weitere: Wo kommt es her? Die Antworten führen zur nächsten, schon enger begrenzten Frage: Wer hat es gemacht? Beantwortung dieser Fragen bedingt Benutzung schriftlicher Quellen und, wo diese fehlen, Bezugnahme auf andere Kunstwerke, die eine annähernde Placierung erlauben, denn Festlegung nach Zeit und Ort der Entstehung muß immer die erste und elementarste Aufgabe des Kunsthistorikers bleiben. Erst nachdem diese im Vorfelde der eigentlichen Untersuchung liegenden Fragen erledigt sind, kann sich der Kunsthistoriker seiner Hauptaufgabe zuwenden und die Frage stellen: Warum entstand dieses Kunstwerk — ganz gleich, ob es ein Bild, eine Skulptur oder ein Bau ist — an diesem Ort und zu dieser Zeit?

Diese Frage nach der ursprünglichen Funktion eines Kunstwerks, ehe es im Museum zum Ausstellungsobjekt oder im Falle eines Baus zur Touristenattraktion wurde, ist die eigentliche Aufgabe der Kunstwissenschaft.[1] Denn es ist erst diese Fragestellung, die das Kunstwerk als künstlerische Schöpfung — und nicht nur als historische Quelle gleich einem Dokument — verstehen lehrt, indem sie ihr

---

* Diese Ausführungen geben in erweiterter Form ein Referat wieder, das im April 1970 auf dem Kölner Kunsthistorikertag in der Sektion »Das Kunstwerk zwischen Wissenschaft und Weltanschauung« vorgetragen wurde.
Ich habe darauf verzichtet, auf alle einschlägige Literatur hinzuweisen. Die Anmerkungen geben lediglich Nachweise und nennen Arbeiten, die ich anregend oder fruchtbar fand.
[1] Die beste Darstellung dieser Probleme stammt von James Ackermann in: James S. Ackermann u. Rhys Carpenter: Art and Archaeology. Humanistic Scholarship in America, Englewood Cliffs, N. J., 1963, S. 123 ff. Siehe besonders S. 127−143.

Augenmerk gleichermaßen auf Inhalt und Form richtet und deren wechselseitige Abhängigkeit erkennt. Die Untersuchung der Form sucht die Form als Symbol ihres Sinnes zu erklären.[2]

Um zu dem eben genannten Beispiel zurückzukehren: Was war die ursprüngliche Funktion von Davids »Sacre«? Ist das Bild einfach Reportage in monumentaler Art? Oder ist es bewußte Stilisierung dieses für Napoleon und seine Politik wichtigen Ereignisses? Und, falls Stilisierung, dann durch wen? Durch den Künstler oder durch den Auftraggeber? Ferner: Ist eine bereits vorhandene Bildform und Tradition benutzt worden, oder haben wir die Neuschöpfung eines dem Ereignis angemessenen Bildtypus vor uns? Wir fragen weiter: Was war der ursprüngliche Bestimmungsort des Bildes?

Diese Fragen sind keineswegs vollständig, und offensichtlich werden sie von Fall zu Fall wechseln. Sie sollen hier nur den Problemkreis der Kunstgeschichte andeuten, und das hier gewählte Beispiel ist absichtlich ein verhältnismäßig einfaches, weil David ein anderwärts gut bezeugtes Zeitgeschehen darstellte. Bei Betrachtung etwa der »Stanza della Segnatura« mehren sich die Fragen und wird die Methodik komplizierter, ohne sich im Wesen zu ändern. Auch hier wäre zu fragen, wie Raffael Form zum Ausdruck des Sinnes gemacht hat. Die Möglichkeit, Fragen der Architekturgeschichte auf ähnliche Weise zu erhellen, ist wiederholt versucht worden.[3]

Die Untersuchung der Funktion eines Kunstwerks schließt als wesentlichen Teil die Befragung der Form ein. Ein Bild, als Aussage oder Mitteilung aufgefaßt, kann vom modernen Betrachter nur dann in seinem ursprünglichen Sinn erfaßt werden, wenn er seinen Modus erfaßt und lernt, es so sehen, wie es gemeint war. Das »Lesen« von Bildern oder Bauten muß wie eine Sprache gelernt werden und muß streng von jedem sich persönlich Angesprochenfühlen getrennt werden. Davids zeitgebundene und ihm eigne Art der Darstellung gehört ebenso zum Verstehen seines Bildes wie der dargestellte Gegenstand. Man braucht zum Vergleich nur an Rubens' »Krönung der Maria Medici« (Paris, Louvre) zu denken — offensichtlich Davids Vorbild —, um zu sehen, daß hier trotz Verwandtschaft im Thematischen ganz verschiedene Sprachen gesprochen werden. Ihre Eigenart, nur scheinbar offensichtlich, ist erst in jenem weiteren Zusammenhang zu verstehen, zu dem nicht nur die Formkonventionen des siebzehnten und neunzehnten Jahrhunderts gehören, sondern ebenso die Intentionen der Auftraggeber. Erst der weitere Zusammenhang, der Stil und Ikonographie, Form und ihren Symbolwert als gleichwertig umgreift, führt zur Funktion dieser Bilder und zum Verständnis ihrer Verwirklichung durch Künstlerindividualitäten. David und Rubens lösten die ihnen gestellte Aufgabe im doppelten Rahmen ihres sozialen Milieus und der von ihnen vorgefundenen Formenwelt. Ihre persönliche Leistung wird offenbar in der freien Benutzung dieser notwendigen Gegebenheiten, und dem historisch orientierten Betrachter ist dieser persönliche Beitrag genauso wichtig wie die rein sachliche Lösung des Auftrags. Im Abwägen der hier vorhandenen Möglichkeiten wird auch das Problem der künstlerischen Qualität Gegenstand der historisch-kritischen Untersuchung.

Es liegt im Wesen der Kunstgeschichte, daß sie das einzelne Kunstwerk nicht isoliert wie eine Insel betrachten kann, sondern es in seinen Zusammenhang stellen muß.

---

[2] Zu dieser Definition: Paul Frankl: Das System der Kunstwissenschaft, Brünn u. Leipzig 1938, S. 496 ff.

[3] R. Krautheimer: Introduction to »An Iconography of Medieval Architecture«, in: Journal of the Warburg and Courtauld Institutes 5 (1942) S. 1 ff.

G. Bandmann: Mittelalterliche Architektur als Bedeutungsträger, Berlin 1951.

Diese Aufgabe kann aber nur befriedigend gelöst werden, solange sich der Kunsthistoriker der Vielfalt der dabei zu lösenden Probleme bewußt bleibt. Verharrt er im rein Stofflichen befangen — in der Ikonographie —, so entschlüpfen ihm alle formalen Qualitäten, und er übersieht das Kunstwerk als Kunstwerk. Beschränkt er sich andrerseits auf reine Formfragen — auf den Stil —, so entgeht ihm die gesellschaftliche Funktion der Kunst. Wer etwa sagt: »To appreciate a work of art we need bring with us nothing but a sense of form and colour, and a knowledge of threedimensional space«,[4] vergißt, daß Kunst um der Kunst willen genauso ein historisch gegebenes Phänomen ist wie die großen didaktischen Bildsysteme französischer Kathedralen. Wer aber Kunstwerke unter rein stilistischen Gesichtspunkten zusammenordnet und einen angeblichen Stilablauf darstellt, muß am Ende zugeben, daß seine Konstruktion sich nicht mit den Tatsachen deckt. So schrieb Wölfflin in Verteidigung seiner *Kunstgeschichtlichen Grundbegriffe:* »Ich habe in meinem Buch versucht, die Anschauungsformen der neueren Zeit nach ihren allgemeinen Möglichkeiten zu umschreiben. Eine solche Charakteristik kann sich — ich wiederhole es — mit der tatsächlichen Geschichte nicht decken, es ist eine bloße Hilfskonstruktion, ein Maßstab, an dem man Richtungen festlegen kann«.[5]

Der historische Zusammenhang, in den der Kunsthistoriker das Einzelwerk einreihen muß, ist ein konkreter und vor allem vielfältiger. Er kann nicht allein aus dem abgelesen werden, was wir vom Sichtbaren ableiten, noch kann eine Abfolge von Bildern, Skulpturen oder Bauwerken, von anderen historischen Erscheinungen getrennt, uns zum geschichtlichen Verstehen führen. Kunstgeschichte als Geschichte heißt aber nicht Kunstgeschichte als Geistesgeschichte oder gar Erklärung der Kunst als Manifestation des »Zeitgeistes«.[6] Die Aufgaben des Kunsthistorikers gruppieren sich um die konkrete Frage nach der jeweiligen Funktion des Kunstwerks — oder, auf eine Epoche gesehen, der Kunst —, wobei jene doppelte Untersuchung nach Formsprache und Inhalt zur Debatte steht, die erst dann Antwort finden kann, wenn es gelingt, das jeweils gegebene Werk als Ganzes in alle seine Zusammenhänge einzureihen und es so zu erklären. Anders gesagt, so wie seine Kollegen in anderen historischen Disziplinen sucht der Kunsthistoriker den Grund der Erscheinungen in mehr als einer Ursache. Ohne auf Systematik Anspruch zu erheben, sollen im folgenden einige der dabei auftauchenden Methodenfragen besprochen werden.

Das Problem ist so alt wie die Kunstgeschichte selbst. Wir lesen heute Vasaris *Viten*, als ob sie weiter nichts wären als isolierte Künstlerbiographien in chronologischer Anordnung von Cimabue zu Michelangelo, aber wir vergessen dabei, daß sie in ein festes Gefüge gehören und daß man sie nicht in eine alphabetische Abfolge — in eine Art italienisches Künstlerlexikon — umordnen kann, ohne dabei den Sinn von Vasaris Geschichtsschreibung zu zerstören.

Wegweiser zum Verständnis sind die Einleitungen, die Vasari den drei zeitlichen Abschnitten, in die er die italienische Kunst vom vierzehnten zum sechzehnten Jahrhundert aufteilte, vorangestellt hat, denn in ihnen erklärt er seine Absichten und seine Theorie der Geschichte. Er schreibt als Künstler für Künstler, da er die wahre Aufgabe des Historikers in der Belehrung des Menschen sieht. Wie für andere

---

[4] Clive Bell: Art. Lewes, Sussex, 1947, S. 27 (1. Ausg. 1914).

[5] H. Wölfflin: In eigner Sache (1920), in: H. W., Gedanken zur Kunstgeschichte, Basel 1941, S. 16.

[6] Dazu besonders E. H. Gombrich: In Search of Cultural History, (The Philip Maurice Deneke Lecture 1967) Oxford 1969.

Geschichtsschreiber der Renaissance ist auch sein Ausgangspunkt Ciceros bekannte Maxime, die die Rolle der Geschichte als »lux veritatis, magistra vitae, vita memoriae«[7] beschreibt, und folgerichtig argumentiert er, daß man lernen müsse, die Ursachen von Fortschritt und Verfall in den Künsten zu verstehen. Wenn er daher ein Schema der Kunstgeschichte konstruiert, um dadurch die Tradition zu erhalten, so beschränkt er sich nicht allein auf Architektur, Malerei und Bildhauerei, denn er betont ausdrücklich, daß es in den freien Künsten Verwandtschaften gibt.[8]

Es ist der Mühe wert, die Struktur der *Vite* noch etwas näher zu betrachten, denn die Funktion des Kunstwerks in seiner Doppelnatur als Form und Symbol, obgleich begrifflich noch nicht erfaßt, klingt bereits darin an. Geschichte der Kunst seit Giotto hieß für Vasari zwar zunächst schrittweise Eroberung und Vervollkommnung der Mittel der Naturnachahmung, und seine drei Phasen der Kunst sind klar definierte Stationen auf diesem Weg. Aber sie bedeuten mehr als nur eine schrittweise technische Verbesserung, denn Vasari liegt es daran, zu zeigen, daß den Meistern des vierzehnten und fünfzehnten Jahrhunderts noch jene vollkommene Ordnung fehlte, die erst durch das Studium der wiederentdeckten Antike erworben wurde. Man muß die Einleitung zur *terza maniera* und besonders auch das *Leben Raffaels* lesen, um zu verstehen, daß die von Vasari aufgestellten Kategorien nicht nur rein formal zu verstehen sind. Sie dienen der Rolle der Kunst als Mitteilung, indem sie ihre Sprache sinnfälliger machen.

Vasaris Methode hat ihren Platz in der Historiographie der Renaissance. Kunstgeschichte war für ihn der Nachweis eines biologischen Prozesses, und bei seiner Besprechung der Stadien der antiken Kunst macht er, wenn auch nur beiläufig, politische Verhältnisse für den Verfall mitverantwortlich. In der Neuzeit lief für ihn die Linie des Aufstiegs zur Blüte der Kunst zu seinem Zeitgenossen Michelangelo, und er betont die hohe Pflicht des Historikers in seiner Rolle als Lehrer, der einen ähnlichen Verfall verhüten muß. Als echter Humanist ist der Historiker Vasari stets Moralist. Das muß hier betont werden, denn sonst erscheint Vasari als Determinist, der an den unabwendbaren und sich wiederholenden zyklischen Ablauf der Geschichte glaubte. Er hätte aber seine Lebensbeschreibungen nie verfaßt, wenn er nicht an ihren Endzweck als Erziehung und Warnung geglaubt hätte. Nur Kenntnis der Geschichte kann wiederholten Verfall aufhalten.

Letzten Endes sind es drei einfache Prinzipien, die Vasaris Methodik bestimmen, und sie müssen hier unterstrichen werden, weil sie für die Entwicklung der Kunstgeschichte entscheidend wurden und die Normen, die er aufstellte, zumindest noch bei Wölfflin nachwirken.[9] 1. Malerei und Bildhauerei ahmen die Natur nach. Die Geschichte der bildenden Künste ist daher die Geschichte der allmählichen und steten Verbesserung der Nachahmungsmittel und die Beschreibung der ständigen Erweiterung dessen, was der Künstler mit seinen wachsenden Mitteln nachahmen kann. 2. Nachahmung ist aber nicht Endzweck der Kunst. Die Umsetzung der nachgeahmten Außenwelt ins Kunstwerk muß ständig durch die von der Antike gelernten Regeln kontrolliert werden. 3. Kunstgeschichte dient der Wahrheit, d. h. dem Auffinden des Zustands der Kunst zu jedem gegebenen Zeitpunkt. Doch wird sie nicht allein um dieser Wahrheit willen geschrieben. Ihr Endzweck ist die stetige Selbstbesinnung der Kunst selbst.

---

[7] Cicero: De Oratore 2.
[8] Vasari-Milanesi 2, S. 96
[9] E. H. Gombrich: Norm and Form. The Stylistic Categories of Art History and their Origins in Renaissance Ideals, in: E.H., Norm and Form, London 1966, S. 81 ff. Siehe besonders S. 89 ff.

Man mag einwenden, daß letzten Endes Vasari als Künstler für Künstler schrieb und daß der wirkliche Begründer der Kunstgeschichte als wissenschaftlicher Disziplin doch J. J. Winckelmann bleibt. Aber obgleich sein 1764 veröffentlichtes Hauptwerk den Titel *Geschichte der Kunst des Altertums* trägt, sollte man diesen heute zum Dogma erhärteten Anspruch einmal überprüfen. Das kann hier nicht im einzelnen geschehen, und die folgenden Bemerkungen müssen sich auf wenige zur Methodik Winckelmanns wichtige Punkte beschränken.

Goethe hat Winckelmann besser verstanden als die meisten seiner modernen Verehrer, denn er sah in ihm nicht den Historiker, sondern einen Erzieher, als er schrieb: »Man lernt nichts, wenn man ihn liest, aber man wird etwas«. In der Tat sollte man endlich zwischen Winckelmanns entscheidendem Einfluß auf den deutschen Humanismus des neunzehnten Jahrhunderts und seiner verhängnisvollen Rolle innerhalb der Entwicklung der Methoden der Kunstgeschichtsschreibung klarer unterscheiden, als das bisher geschehen ist. Wenn die *Geschichte der Kunst des Altertums* mehr gelesen und weniger gerühmt würde, sollte man die historische Position Winckelmanns klarer bestimmen können.

Sobald wir dieses Buch auf Anordnung und Inhalt untersuchen, finden wir, wie tief der Verfasser der antiquarischen Forschung des achtzehnten Jahrhunderts verpflichtet ist und wie wenig er sich von ihr unterscheidet, während die berühmte Beschreibung der Stile der griechischen Kunst im achten Buch eine Projektion von Vasaris Stiltheorie ist und letzten Endes auf die antiken Theorien zur Rhetorik zurückgeht. Der italienische Historiker hatte die Renaissancekunst beschrieben und dabei über die Schulter auf die Antike zurückgeschaut. Der deutsche Archäologe besprach nun antike Kunst und blickte dabei vorwärts zur Renaissance und zu seinem eignen Jahrhundert. Es mag heute schwer begreiflich sein, daß für Winckelmann A. R. Mengs, dem die *Geschichte* gewidmet ist, die Stelle einnahm, die Vasari für Michelangelo reserviert hatte.

Aber Winckelmann hat seine Kenntnis antiker Kunst nicht nur dazu benutzt, um sein Material nach stilistischen Kategorien zu ordnen, er hat in seine Betrachtungen auch ein neues und gefährliches Element eingeführt, als er griechische Kunst als Verkörperung des griechischen Geistes ansah und dadurch sich und seine Nachfolger davon überzeugte, daß man diesen Geist aus den bloßen Erscheinungen der Kunst ablesen könne. Es ist kein Zufall, daß Hegel gerade hierin Winckelmanns Verdienst sah.[10] Um aber eine derartige Erklärung eines Kunstwerks zu rechtfertigen, mußte Winckelmann die über die Renaissance auf die Antike zurückgehende Theorie von Kunst als Abbildung — die aristotelische Mimesis — durch eine Theorie der Kunst als Ausdruck ersetzen.[11] Schon 1755 in den *Gedanken über die Nachahmung der griechischen Werke in der Malerei und Bildhauerkunst* schrieb er zwar über den Laokoon, aber doch aufs Allgemeine bezogen: »Der Ausdruck einer so großen Seele geht weit über die Bildung der schönen Natur: der Künstler mußte die Stärke des Geistes in sich selbst fühlen, welche er seinem Marmor einprägte . . . Die Weisheit

---

[10] G. W. F. Hegel: Vorlesungen über Ästhetik. Sämtliche Werke, Bd. 12, 1927, S. 99. Siehe auch L. D. Ettlinger: Art History Today, London 1961, S. 7 f.

[11] Hierzu allgemein M. H. Abrams: The Mirror and the Lamp. Romantic Theory and the Critical Tradition, New York 1953. E. Auerbach: Mimesis. Dargestellte Wirklichkeit in der abendländischen Literatur, Bern ²1959. Merkwürdigerweise fehlt bei Abrams ein Hinweis auf Winckelmann.

reiche der Kunst die Hand und blies den Figuren... mehr als gemeine Seelen ein«.[12]

Obgleich Winckelmann wiederholt vom Klima Griechenlands, von den sozialen Einrichtungen und von griechischer Literatur sprach, blieb er doch stets im allgemeinen und versuchte nie, in einem konkreten Fall einen historischen oder kausalen Zusammenhang darzustellen. Besonders seine Vernachlässigung des Verhältnisses von Religion und Kunst muß auffallen. Letzten Endes beruhen seine Interpretationen auf einem Fehlschluß: Kunst und Leben, als Kollektive gesehen, erklären einander wechselseitig.

Winckelmann steht an der Wende, an der sich Geschichte und Kritik scheiden, da seine Maßstäbe nicht mehr wie die Vasaris aus historischen Stilkategorien abgeleitet sind. Daher hat seine Betrachtungsweise die Kunst nicht *mehr,* sondern *weniger* zur historisch bedingten Erscheinung gemacht. Seine Erklärung griechischer Kunst als Ausdruck des griechischen Charakters bahnte den Weg zur Interpretation aller Kunst als Ausdruck nationaler Temperamente, die auf Grund einer ahistorischen Einstellung als unveränderlich angesehen wurden, da sowohl von Winckelmann wie auch von seinen Nachahmern sich ändernde historische und soziale Gegebenheiten außer acht gelassen wurden. Von Winckelmann führt der Weg über Hegel zu den unwissenschaftlichen Phantasien von Wilhelm Worringer und schließlich zu der nach 1933 gestellten Frage: »Was ist deutsch in der deutschen Kunst?«[13] Außerhalb Deutschlands mag man in diesem Zusammenhang auf die Schriften von André Malraux hinweisen, in denen diese ahistorische Methode am konsequentesten, wenn auch sprühend geistreich vorexerziert wird.

Man wird wohl Worringer und Malraux kaum zu den Historikern rechnen. Liest man aber kunstgeschichtliche Literatur der ersten Jahrhunderthälfte, so wird man — hoffentlich mit Erschrecken — feststellen, daß viele sonst ernste und hochgeachtete Forscher diesen hohlen Kollektivbegriffen zum Opfer fielen und so den soliden Boden rationaler Wissenschaft unter den Füßen verloren.[14]

E. H. Gombrich, von Sir Karl Poppers Kritik am Historizismus ausgehend,[15] hat diese methodisch unzulängliche Art, Kunstgeschichte zu betreiben, äußerst treffend als »physiognomic fallacy« — physiognomischen Trugschluß — bezeichnet, weil sie vor der Erscheinung des Kunstwerks über seinen Ursprung, seine Urheber, seinen Platz in der Geschichte und sein »Wesen« unüberprüfbare Schlüsse zieht.[16] Er hat auch

---

[12] J. J. Winckelmann: Gedanken über die Nachahmung der griechischen Werke in der Malerei und Bildhauerkunst. Sämtliche Werke, Bd. 1, Donaueschingen 1825, S. 31.

[13] K. K. Eberlein: Was ist Deutsch in der Deutschen Kunst? 1933. W. Pinder, in: Zeitschrift für Kunstgeschichte 2 (1933) S. 405 ff. hat zwar derartige nationalsozialistische Exzesse angegriffen, aber trotzdem verfiel auch er dem Glauben an den rassisch bedingten Charakter der Kunst und fragt in seiner *Kunst der deutschen Kaiserzeit,* 1935, S. 28 »Was ist deutsch in der Kunst?«.

[14] Dazu besonders aufschlußreich: B. Hinz: Der »Bamberger Reiter«, und M. Warnke: Weltanschauliche Motive in der kunstgeschichtlichen Populärliteratur, in: Das Kunstwerk zwischen Wissenschaft und Weltanschauung, hrsg. von M. Warnke, Gütersloh 1970.

[15] K. Popper: The Poverty of Historicism, Boston 1957.

[16] E. H. Gombrich: Style, in: International Encyclopedia of the Social Sciences, New York 1968, S. 358 f. Ein interessantes Beispiel der »physiognomic fallacy« in marxistischer Interpretation bei W. Benjamin: Das Kunstwerk im Zeitalter seiner technischen Reproduzierbarkeit, wo es über Riegls und Wickhoffs Arbeiten heißt: »So weittragend ihre Erkenntnisse waren, so hatten sie ihre Grenze darin, daß sich diese Forscher begnügten, die formale Signatur aufzuweisen, die der Wahrnehmung der spätrömischen Zeit eigen war. Sie haben nicht versucht — und konnten vielleicht auch nicht hoffen —, die gesellschaftlichen Umwälzungen zu zeigen, die in diesen Veränderungen der Wahrnehmung ihren Ausdruck fanden.« (Hier zitiert nach Edition Suhrkamp, Bd. 28, Frankfurt 1963, S. 17 f.).

gezeigt, inwieweit Hegel für diese Entwicklung einer falschen Kultur- und Kunstgeschichte verantwortlich ist.[17] Das braucht hier daher nicht noch einmal gesagt zu
werden, und es genügt, darauf hinzuweisen, daß für den Kunsthistoriker diese
Methode schon darum unbrauchbar ist, weil sie am im einzelnen Kunstwerk
Entscheidenden vorbeisieht: an seiner ursprünglichen, stets konkreten Funktion in
einer bestimmten historischen Situation.

Während der zweiten Hälfte des neunzehnten Jahrhunderts wurde der Zusammenhang zwischen Kunstgeschichte und Universalgeschichte einerseits enger — man
braucht hier nur den Namen Jacob Burckhardt zu nennen — andrerseits lockerer oder
bedeutungslos, als »Stilfragen« oder »Kunstgeschichte ohne Namen« als Ziel gesetzt
wurden. Der Begriff des Stils war natürlich schon Vasari gegenwärtig, und er hatte
auch bei Winckelmann eine entscheidende Rolle gespielt, aber er war nie vorher so
ausschließlich Gegenstand der Untersuchung gewesen, wie er es nun bei Riegl und
Wölfflin wurde.[18] Wölfflin bemerkte einmal: »Der höchste Begriff, in dem sich alles
aussprechen läßt, ist die Form«.[19]

Schon in seinem ersten Buch — Renaissance und Barock (1888) — wollte Wölfflin
zeigen, daß diese beiden, wie er meinte, einander unmittelbar folgenden Stile in ihren
formalen Kriterien antithetisch seien. Das gleiche Problem taucht dann in tieferer
Durchdenkung in den Kunstgeschichtlichen Grundbegriffen (1915) wieder auf.
Dazwischen liegt die Klassische Kunst (1899), in der die Auffassung von der
Kunstgeschichte als Geschichte der Sehformen besonders klar ausgesprochen ist.
Nicht zufällig erscheint der Name Adolf von Hildebrands im Vorwort dieses Buches.
Der kurze Aufsatz Das Erklären von Kunstwerken (1921),[20] bezeichnenderweise als
Einleitungsbändchen zu der von Hans Tietze herausgegebenen Bibliothek der
Kunstgeschichte erschienen, mag hier als die handlichste Zusammenfassung von
Wölfflins Methode dienen, besonders da die Aufsätze In eigner Sache (1920) und
Kunstgeschichtliche Grundbegriffe. Eine Revision (1933) nichts Neues von Wichtig-
keit bringen, denn Wölfflin hat es immer vermieden, sich mit den Kritikern seiner
Methode, unter denen Erwin Panofsky an erster Stelle stehen muß, auseinanderzuset-
zen.[21]

Erklären eines Kunstwerks bedeutet nach Wölfflin eine vierfache Aufgabe: 1. ». . .
das Sehen muß gelernt werden . . . Ein Bildwerk erklären in dem Sinne, daß das Auge
geführt wird, ist daher an sich schon ein notwendiger Teil kunstgeschichtlicher
Unterweisung«. Eine solche Führung zum Sehen waren die Grundbegriffe gewesen,
die in den bekannten Gegensatzpaaren linear-malerisch, Fläche-Tiefe, geschlossene
Form-offene Form usw. die unterschiedlichen Sehformen der Renaissance und des
Barock analysiert hatten. Was immer wir über Wölfflins fünf Gegensatzpaare, die nur
aufgerafft sind, ohne logisch, psychologisch oder historisch fundiert zu sein, denken
mögen, es ist klar, daß Formanalyse zu jener kunsthistorischen Propädeutik gehört,

---

[17] E. H. Gombrich: In Search of Cultural History (wie Anm. 6).

[18] M. Schapiro: Style, in: Aesthetics Today. Readings selected, edited and introduced by M. H.
Philipson, Cleveland 1961, S. 811 ff.

[19] Aus einem frühen Brief Wölfflins zitiert von G. Bandmann: Das Kunstwerk als Gegenstand
der Universalgeschichte, in: Jahrbuch für Ästhetik 7 (1962/3) S. 148.

[20] Wiederabgedruckt in: H. Wölfflin: Kleine Schriften, Basel/Darmstadt 1946, S. 165 ff.

[21] E. Panofsky: Über das Verhältnis der Kunstgeschichte zur Kunsttheorie, in: Zeitschrift für
Ästhetik und allgemeine Kunstwissenschaft 18 (1925) S. 129 ff. Wiederabgedruckt in E.
Panofsky: Aufsätze zu Grundfragen der Kunstwissenschaft. Zusammengestellt und herausgege-
ben von H. Oberer und E. Verheyen, Berlin ²1974, S. 49 ff.

ohne die wir nicht auskommen. 2. »Erklären heißt auch, die vereinzelte Erscheinung in ihren geschichtlichen Zusammenhang hineinstellen . . . Das isolierte Kunstwerk hat für den Kunsthistoriker immer etwas Beunruhigendes«. Solange Wölfflin hierbei nur von Vor- oder Nachstufen spricht, werden wir sicher mit ihm gehen. Aber er verlangt außerdem einen Kreis um das Kunstwerk, »der über Schule und Stamm bis zum allumfassenden Kreis des bleibenden Volkscharakters (sic!), in dem es wurzelt, erweitert werden kann.« Hegels Schatten lagert über einer solchen Behauptung, denn das Kunstwerk, seiner Funktion und dem schöpferischen Akt der Künstlerindividualität überhoben, wird zum Symbol eines Kollektivbegriffs. Zwar hat Wölfflin selbst nie einen angeblichen Volkscharakter gegen einen anderern ausgespielt, aber er hat mit dieser Behauptung die Handwerkszeuge einer unwissenschaftlichen Kunstgeschichte nach völkischen und rassischen Gesichtspunkten verfeinert.[22] Selbstverständlich kann man Wölfflin den Mißbrauch, der mit seiner Hegelianischen Geschichtsmetaphysik getrieben wurde, nicht zum Vorwurf machen, aber es muß betont werden, daß auch ohne Wertung nach nationalen Gesichtspunkten Kunstgeschichte bei ihm aprioristisch wird, weil er für Kunst determinierende, unveränderliche Bedingtheiten aufgestellt hat. 3. ». . . man fragt, warum gerade an dieser Stelle diese Kunstform sich gebildet hat . . .« Bei Beantwortung dieser Frage verwarf Wölfflin jetzt eine reine Ausdruckstheorie, während er in *Renaissance und Barock* ganz im Sinne Hegels geschrieben hatte: »Einen Stil erklären kann nichts anderes heißen, als ihn nach seinem Ausdruck in die allgemeine Zeitgeschichte einreihen, nachweisen, daß seine Formen in ihrer Sprache nichts anderes sagen als die übrigen Organe der Zeit.«[23] Jetzt aber, zwanzig Jahre später, finden wir eine autonome Formgeschichte, für die die Kunst nicht nur »immer gleichmäßig gefügtes Ausdrucksinstrument ist, welches das Leben begleitet,« sie hat auch »ihr eignes Wachstum und ihre Struktur . . . « Weiter heißt es: »Es gibt ein stufenmäßiges Weiterschreiten, und wenn wir es gesetzmäßig nennen, so tun wir es deswegen, weil wir die Folge sich wiederholen sehen und die Ordnung sich nicht umkehren läßt. Im allgemeinen ist es der Fortschritt von psychologisch einfachen Vorstellungsarten zu den psychologisch schwierigeren.«

Wir bemerken, daß hier psychologische Anregungen, die Wölfflin von Hildebrand empfangen hatte, weitergebildet wurden und auf die Stilentwicklung angewandt werden, wobei Wölfflin von einer psychologisch motivierten Stilanalyse zur determinierten Stilgeschichte weitergeht − man beachte in diesem Zusammenhang den Gebrauch des Wortes »gesetzmäßig« − und daß ferner Kunst in diesem System nur um der Kunst willen besteht. Weiterhin handelt es sich bei Wölfflin um eine bloße Abbildtheorie, in der Ornament oder abstrakte Kunst − um nur zwei offensichtliche Beispiele zu nennen − keinen Platz finden können. Wenn man Wölfflins Formanalysen der Kunst des sechzehnten und siebzehnten Jahrhunderts liest, vergißt man nur zu leicht, wie grobschlächtig letzten Endes seine Instrumente sind. Man kann mit ihnen Renaissance und Barock unterscheiden, aber historische Phänomene wie etwa Frührenaissance, Manierismus oder Expressionismus haben keinen Platz in einem System, das die Geschichte der Kunst vom lebendigen Zusammenhang der Geistes- und Gesellschaftsgeschichte getrennt hat und obendrein trotz aller gegenteiligen Proteste den schöpferischen Anteil des Individuums ausschließt. 4. ». . . endlich steht noch das Wertproblem im Hintergrund . . . der ästhetische Standpunkt.« Hier betont

[22] H. Wölfflin: Zum Thema Nationale Kunst, in: H. Wölfflin: Gedanken zur Kunstgeschichte, Basel 1941, S. 131.

[23] H. Wölfflin: Renaissance und Barock, Basel − Stuttgart⁵1961, S. 64.

Wölfflin, daß die Zeiten einer normativen Ästhetik vorbei sind, daß man nicht mehr »von einer Art von Kunst spricht, sondern die Vielartigkeit zugibt.« Weiter führt er dazu aus: »Wir kennen die italienische Kunst als eine Kunst der sinnlich-wahrnehmbaren, formalen Vollkommenheit, aber wir hüten uns, ihr die Wertbegriffe zu entnehmen zur Beurteilung einer Kunst des unmittelbaren seelischen Ausdrucks, wie es die germanische in ausgesprochenem Maße ist. Andrerseits darf man natürlich nicht von nordischer Empfindung aus über italienische Form als leer und bedeutungslos sprechen.«

Auch hier sind es wieder die Verallgemeinerungen und Kollektivbegriffe, vor denen sich der Historiker hüten sollte, da diese aprioristische Beurteilung jeden wirklichen Geschichtsbegriff aufhebt. Der Glaube an angebliche nationale Konstanten macht es unmöglich, vor dem Einzelwerk oder dem individuellen Künstler unbefangen zu sein. Die ästhetische Norm der klassischen Kunsttheorie ist hier durch die der zwangsläufigen Stilentwicklung innerhalb biologisch und rassisch gegebener Grenzen ersetzt.

Das treffendste Urteil über Wölfflin stammt wohl von Günter Bandmann: »Er versuchte, auf den spezifischen Wahrnehmungssinn, das Sehen konzentriert, die Form ohne Bezug auf ihren Mitteilungscharakter, ihren ikonographischen Sprachgehalt, ihre gegenständliche Determiniertheit und ihre historische Bindung einfach als Organismus zu begreifen, der ohne Rücksicht auf den Verfertiger sich unter dem Eindruck von übergeordneten Stilbewegungen ändern und entwickeln kann.«[24] Mag sein, daß Wölfflin, als er seine für den Historiker nutzlose Stillehre aufstellte, Opfer eines frühen Bildungserlebnisses war, denn er wuchs in einer Zeit auf, als Kunst um der Kunst willen und Impressionismus Tagesmode waren.

Mit dem Hinweis auf historische Bindung und Ikonographie hat Bandmann auf die Forschungsbereiche aufmerksam gemacht, die die Kunstgeschichte als Teil der Geschichtswissenschaft aus dem Leerlauf Wölfflinscher Formbetrachtung retten sollten. Die Wendung zur historischen Bindung ist dem Vorbild von Jacob Burckhardt zu verdanken, der im Vorwort zur *Kultur der Renaissance* geschrieben hatte: »Es ist die wesentliche Schwierigkeit der Kulturgeschichte, daß sie ein großes Kontinuum in einzelne scheinbar oft willkürliche Kategorien zerlegen muß, um es nur irgendwie zur Darstellung zu bringen. Der größten Lücke dieses Buches gedachten wir einst durch ein besonderes Werk über die *Kunst der Renaissance* abzuhelfen.« Burckhardt selbst hat diesen Vorsatz freilich nur in einer Reihe von Einzelaufsätzen und in seiner Studie zur Architekturgeschichte der italienischen Renaissance durchgeführt, und es ist bezeichnend, daß er in dem letztgenannten Buch das Material nach »Sachen und Gattungen« geordnet hat, da hierbei »die Triebkräfte, welche das Ganze der Kunst beherrschten,« in den Vordergrund treten.[25] Schon der erste Satz des Buches macht Baugeschichte zum Teil der Gesellschaftsgeschichte: »Die italienische Baukunst wird seit dem Erwachen der höheren Kultur wesentlich bedingt durch den viel früher als anderswo entwickelten individuellen Geist der Bauherren wie der Künstler.«

Man versteht die Rolle ikonographischer Forschung nur dann, wenn man sie nicht als die gelehrte Auflösung von in der Vergangenheit erfundenen Charaden ansieht, sondern als Versuch, das Kunstwerk in allen seinen Erscheinungen zu begreifen, als Ergebnis jener Zeitumstände, unter denen es entstand. Didrons *Manuel d'iconographie chrétienne* (1845) war ein erster Versuch in dieser Richtung, und die Arbeiten von

---

[24] G. Bandmann (wie Anm. 19) S. 148.
[25] J. Burckhardt: Geschichte der Renaissance in Italien, Vorwort zur zweiten Auflage.

Emile Mâle führten zum tieferen Verständnis mittelalterlicher Kunst und wurden Vorbild einer neuen Methode. Was die deutsche Kunstgeschichte angeht, so ist vor allem an Aby Warburg und Erwin Panofsky zu erinnern.[26]

Man sollte mit Panofsky zwischen Ikonographie und Ikonologie unterscheiden[27] und in letzterer die historische und wissenschaftliche Antwort auf eine bloß physiognomische Kunsterklärung sehen. In einem berühmten und oft zitierten Passus der *Stones of Venice* (1853) hatte John Ruskin den Ursprung gotischer Baukunst romantisch, aber historisch verfälschend, als Ergebnis von mönchischem Enthusiasmus und soldatischer Stärke beschrieben:»The Gothic architecture arose in massy and mountainous strength, axe-hewn, and iron-bound, block heaved upon block by the monk's enthusiasm and the soldier's force; . . . gradually . . . the stony pillar grew slender and the vaulted roof grew light till they had wreathed themselves into the semblance of the summerwoods at their fairest . . . «.[28] Emile Mâle, mit nicht mißzuverstehender Spitze gegen Ruskin, schrieb konkret über Sugers Anteil am Bau von St. Denis und betonte dabei ausdrücklich:»Nous croyons volontiers que le grand art du moyen âge est une œuvre collective, et il y a, dans cette conception, il faut le reconnaître, une grande part de vérité, puisque l'art exprime alors la pensée de l'Église. Mais cette pensée, elle — même, s'incarne dans quelques hommes supérieurs. Ce ne sont pas les joules qui créent, mais les individus. Laissons aux romantiques l'idée mystique d'un peuple bâtissant les cathédrales avec son seul instinct, – un instinct plus infaillible que la science et que la raison. Cette prétendue baguette magique de l'instinct n'a jamais rien fait sortir de terre. Si nous savions mieux l'histoire, nous trouverions aux origines de toutes les innovations une grande intelligence. Quand l'iconographie se transforme, quand l'art adopte des thèmes nouveaux, c'est qu'un penseur a collaboré avec les artistes. Suger fut un de ces grands hommes qui font entrer l'art dans des voies nouvelles; grâce à lui, Saint-Denis a été, à partir de 1145, le foyer d'où un art rajeuni a rayonné sur la France et sur l'Europe«.[29]

Aby Warburg schrieb 1892 in der Vorbemerkung zu seiner Dissertation *Sandro Botticellis ›Geburt der Venus‹ und ›Frühling‹:* »In der vorliegenden Arbeit wird der Versuch gemacht, zum Vergleiche mit den … Bildern … die entsprechenden Vorstellungen der gleichzeitigen kunsttheoretischen und poetischen Literatur heranzuziehen, um auf diese Weise das, was die Künstler des Quattrocento an der Antike ›interessierte‹, klarzulegen.«[30] In der kurzen, aber wichtigen Studie *Bildniskunst und Florentinisches Bürgertum* (1902) heißt es unter ausdrücklicher Berufung auf Burckhardt:»Die entwickelnden Kräfte einer lebendigen Porträtkunst sind nicht ausschließlich im Künstler zu suchen; man muß sich vor Augen halten, daß zwischen Bildner und Abgebildetem eine intime Berührung stattfindet, die in jeder Epoche höherer Geschmacksbildung eine Sphäre wechselseitiger hemmender oder fördernder Bezie-

---

[26] W. S. Heckscher: The Genesis of Iconology, in: Stil und Überlieferung in der Kunst des Abendlandes. Akten des 21. Internationalen Kongresses für Kunstgeschichte, Bd. 3, Berlin 1967, S. 239 ff. E. H. Gombrich: Aby Warburg. An Intellectual Biography, London 1970, S. 313 ff. J. Białostocki: Erwin Panofsky. Thinker, Historian, Human Being, in: Simiolus 4 (1970) S. 68 ff.

[27] E. Panofsky: Studies in Iconology, New York 1939, S. 3 ff.

[28] J. Ruskin: The Stones of Venice, London 1853. Auch Ruskin glaubt an Konstanten in der Geschichte. Siehe R. L. Herbert: The Art Criticism of John Ruskin, Garden City, N. Y., 1964, S. XXVIII f.

[29] E. Male: L'Art religieux du XIIe siècle en France, Paris 1928, S. 151.

[30] A. Warburg: Gesammelte Schriften, Bd. 1. Leipzig/Berlin 1932, S. 5. [In diesem Bande S. 14.]

hung zwischen beiden entstehen läßt . . . Es ist eine der Grundtatsachen der Kultur der florentinischen Frührenaissance, daß Kunstwerke dem gemeinschaftlichen verständnisvollen Zusammenwirken zwischen Auftraggebern und Künstlern ihre Entstehung verdanken, also von vornherein gewissermaßen als Ausgleichserzeugnisse zwischen Besteller und ausführendem Meister anzusehen sind.«[31]

Warburgs Aufsatz *Arbeitende Bauern auf Burgundischen Teppichen* (1907) [*] ist für seine Methode deshalb besonders aufschlußreich, weil er klar zeigt, wie bei ihm feinsinniges Formverstehen und historisch fundierte Bilderklärung verbunden sind. Die Beschreibung dieser Wandbehänge zeigt, wie verfehlt es ist zu behaupten, Warburg sei »amusisch« gewesen und habe weder für Kunst noch für Qualität Verständnis gehabt. Allerdings verliert er sich nie in jene nebelhafte romantische »Kunsterfahrung«, die zuweilen als Voraussetzung der Kunstwissenschaft gefordert wird, wie es in grotesker Weise in H. Lützelers *Kunsterfahrung und Kunstwissenschaft* (3 Bde, 1975) geschieht.[31a] Warburgs Sinn für Form und ihre Qualität erwächst aus historisch fundiertem Einfühlungsvermögen. So unterscheidet er bei Betrachtung dieser Teppiche zwischen »der derb zupackenden Beobachtungskraft flandrischen Wirklichkeitssinnes«, so wie sie auf diesen Darstellungen holzfällender Bauern erscheint, und jenen »Erzeugnissen höfischen Schmucktriebes«, die »Märchen antiker oder ritterlicher Vergangenheit im Gewande der neuesten Mode ›alla francese‹ prunkvoll . . . verbreiten.« Es sind die Urkunden der Zeit — Aufträge, Inventare und so fort — die ihn zu dieser Einsicht geführt haben.

Es folgt, daß er diese Teppiche als menschlich-soziale Dokumente ansieht und so zur sozialen Dimension der Kunstgeschichte kommt. Einige seiner Bemerkungen sind erstaunlich modern, etwa wenn er schreibt: »Indessen besaß der gewebte Teppich, den man heute nur noch als aristokratisches Fossil in Schausammlungen bewundert, seinem ursprünglichen Charakter nach demokratischere Züge, denn das Wesen des gewebten Teppichs . . . beruhte nicht auf einmaliger origineller Schöpfung, da der Weber als anonymer Bildvermittler denselben Gegenstand technisch so oft wiederholen konnte, wie der Besteller es verlangte; ferner war der Teppich . . . ein bewegliches Bildervehikel; dadurch wurde er in der Entwicklung der reproduzierenden Bildverbreiter gleichsam der Ahne der Druckkunst, deren wohlfeileres Erzeugnis, die bedruckte Papiertapete, die Stellung des Wandteppichs folgerichtig im bürgerlichen Hause völlig usurpiert hat.«

Der abschließende Absatz dieses kurzen Aufsatzes zeigt dann, wie für Warburg selbst Werke, die aus der volkstümlichen Genre-Kunst kommen, Zeugen elementarer psychologischer Kräfte von weltgeschichtlicher Bedeutung sind. »Nordischer Verismus« wird dem »dionysischen Pathos im Kampfe um den Stil des bewegten Lebens« gegenübergestellt.

---

[31] A. Warburg: Gesammelte Schriften, Bd. 1, S. 95. [In diesem Bande S. 69.]
[* In diesem Bande S. 165 ff.]
[31a] H. Lützelers kurze Bemerkungen (Bd. 2, S. 949 f.) zeigen nicht nur Mangel an Verständnis, sondern auch grobe Unkenntnis von dem, was Warburg geschrieben hat. L. macht sich über Warburgs oft zitierten Ausspruch »Der liebe Gott steckt im Detail« auf recht gehässige Weise lustig, und behauptet dann ein paar Zeilen später, Warburg habe die dextrarum iunctio auf Jan van Eycks Arnolfini Bild aus der Tradition erklärt! Ein Kommentar erübrigt sich. Zu Lützelers »unheilvoller Herstellung einer Rangfolge innerhalb der ›Formen der Kunsterkenntnis‹, nach die die ›Kunstphilologie‹ unter der ›wissenschaftlichen Kunsterschließung‹ steht« s. D. Wuttke: Methodisch-Kritisches zu Forschungen über Peter Vischer d. Ä. und seine Söhne, in: Archiv für Kulturgeschichte 49 (1967) S. 213.

Endlich im Schlußwort zu seinem berühmten Vortrag über die astrologischen Fresken im Palazzo Schifanoja, den Warburg 1912 auf dem Internationalen Kunsthistorikertag hielt, sagte er: »Die Auflösung eines Bilderrätsels . . . war selbstverständlich nicht Selbstzweck . . . Ich wollte mir ein Plädoyer erlauben zugunsten einer methodischen Grenzerweiterung unserer Kunstwissenschaft . . . Die Kunstgeschichte wird durch unzulängliche allgemeine Entwicklungs-Kategorien bisher daran gehindert, ihr Material der allerdings noch ungeschriebenen ›historischen Psychologie des menschlichen Ausdrucks‹ zur Verfügung zu stellen. Unsere junge Disziplin versperrt sich durch allzu materialistische oder allzu mystische Grundstimmung den weltgeschichtlichen Rundblick . . . Ich hoffe . . . gezeigt zu haben, daß eine ikonologische Analyse . . . die großen allgemeinen Entwicklungsvorgänge in ihrem Zusammenhange beleuchtet«.[32]

Ich habe Warburg hier ausführlich zu Worte kommen lassen, um deutlich zu machen, daß seine ikonologische Methode eben nicht bloße Inhaltserklärung — »Auflösung eines Bilderrätsels« — ist, sondern weitumgreifende Untersuchung der Funktion des Kunstwerks, sowohl im unmittelbaren historischen Zusammenhang wie auch innerhalb der Tradition. Auch sollte aus den eben gegebenen Zitaten klarwerden, daß bei Warburg Kunst aus dem lebendigen Zusammenwirken von Individuen erwächst und so zum Symbol wird, bei dem Form und Inhalt nicht voneinander zu trennen sind. Das ist dann besonders von Panofsky betont worden, als er darauf hinwies, daß Nachvollziehen des künstlerischen Schöpfungsakts wie auch historische Kenntnisse zum Verständnis jeden Kunstwerks nötig sind.[33]

Das Problem des künstlerischen Schöpfungsakts wurde von E. H. Gombrich in *Art and Illusion* (1960) einer neuartigen Untersuchung unterzogen. Man beachte, daß dieses Buch den wichtigen Untertitel *A Study in the Psychology of Pictorial Representation* trägt, was heißt, daß es sich auf jene Künste beschränkt, die sich Abbildung und Umbildung der Außenwelt zur Aufgabe machen.[34] Indem Gombrich die Perzeptionspsychologie zum Ausgangspunkt nimmt, macht er Form- und Stilgeschichte zu einer Reihe von kontinuierlichen, aufeinander bezogenen Lösungen der Übertragung der Wirklichkeit ins Bild. Damit hat er Formgeschichte konkretisiert — man mag sagen vermenschlicht —, denn im Gegensatz zu Riegl oder Wölfflin liegt der Schwerpunkt der Erklärung bei der in jedem Kunstwerk sichtbaren Rolle des schöpferischen Individuums. Gombrich benutzt dazu die Begriffe »schema and correction« und schreibt: Ohne ein solches Schema zu kennen und zu beherrschen, kann »kein Künstler einen Sinneseindruck wiedergeben.«[35] Diese beiden grundlegenden Begriffe sind nicht nur Mittel der Darstellung, sie sind zugleich Werkzeuge der Mitteilung und beziehen sich auf Form und Gehalt, auf die Funktion des Kunstwerks, oder anders gesagt auf die Art und Weise, in der ein Künstler seine Aufgabe löst. Es liegt daher in der Natur des Kunstwerks, daß die Fähigkeit, abzubilden, ihr Gegenstück in der Fähigkeit des Betrachters, das Bild richtig zu lesen, haben muß. Was dabei für den Historiker von äußerster Wichtigkeit ist, ist der auf die Psychologie gegründete Nachweis, daß die populäre Vorstellung vom »unbefangenen Auge«, das darstellt, was es »sieht«, falsch ist, da wir — Künstler und Betrachter — nur das sehen

---

[32] A. Warburg: Gesammelte Schriften, Bd. 2, S. 478. [In diesem Bande S. 185.]

[33] E. Panofsky: Studies (wie Anm. 27), besonders S. 14 ff.

[34] Über »Non-figurative art« s. E. H. Gombrich: Kunst und Illusion, deutsch, Köln 1967, S. 318 ff.

[35] E. H. Gombrich: Kunst und Illusion, S. 142.

können, zu dem uns die Tradition den Schlüssel liefert: »Hiermit sind wir, glaube ich, nun wirklich zum Kernpunkt der Sache vorgedrungen, die uns von Anfang an beschäftigt hat: der Frage nämlich, warum die darstellende Kunst eine Geschichte hat und warum diese Geschichte so lang und so verwickelt ist. Um es also nochmals kurz zu formulieren: Wenn wir, die Betrachter, künstlerische Darstellungen deuten wollen, unterwerfen wir sie einer Prüfung durch die verschiedensten versuchsweisen Interpretationen, indem wir unsere Erfahrungen und Kenntnisse der wirklichen Welt in sie hineinprojizieren. Wenn der Maler ein Stück Welt als Bild sehen will, muß er genau umgekehrt vorgehen. Er muß von den Bildern, die er kennt, ausgehen und versuchen, ob sich eines von ihnen in einen Ausschnitt der Wirklichkeit hineinprojizieren ließe«.[36]

Der Reichtum von Gombrichs Ideen kann hier nicht weiter verfolgt werden. Das Kernproblem seiner Methode ist kaum zufällig am schärfsten von einem Literaturhistoriker formuliert worden, da im Gegensatz zur Kunstgeschichte die Literaturgeschichte schon lange den Leerlauf bloßer Formstudien erkannt hatte. Frank Kermode schrieb über Gombrich: »The whole problem of symbolism in the arts is illuminated by his patient exploration of the simple truth that all communication involves prior understanding between transmitter and receiver — that information cannot be conveyed where there is no scope for choice between understood alternatives. In other words, symbols like signals are meaningless outside some determining context, some accepted scale or structure of signification . . . Neither expression nor communication is possible in an unstructured medium«.[37] Da diese Strukturen im Zusammenhang der Kulturen gegeben sind, wird Kunstgeschichte nun zur sozialen Geschichte der Kunst, denn in diesem Sinn verstanden, ist sie nicht länger Ausdruck eines hypothetischen Zeitgeists, sondern historisch in ihrer Umwelt fest verankert. So, und nur so — nicht aber bei einer Kunstgeschichte als angeblicher Geschichte des menschlichen Sehens — wird die sinnleere Autonomie der reinen Formgeschichte und das lähmende Erbe Hegels endlich überwunden.

Man hat Gombrich vorgeworfen, daß *Art and Illusion* auf moderne, nicht abbildende Kunst kaum anwendbar sei oder sie gar als Kunst ausschließe. Dabei hat man aber den wichtigen Untertitel des Buches vergessen, der seinen Geltungsbereich klar begrenzt. Das heißt, daß es sich hier gar nicht um eine allgemein anwendbare Kunst- oder Stiltheorie handelt, sondern um ein historisch gegebenes Fundamentalproblem westlicher Kunst, das für Künstler und Betrachter von den Griechen bis ins späte neunzehnte Jahrhundert im Mittelpunkt stand. Indem Gombrich vom historischen Tatbestand ausgeht, statt diesem eine ästhetische oder geschichtsphilosophische Theorie aufzuzwingen, hat er die Werkzeuge für eine neue Stillehre — das heißt, eine wirklich historische — gegeben, und darum ist *Art and Illusion* ein methodologischer Beitrag zur Kunst*geschichte* während Wölfflins *Klassische Kunst* eigentlich ins Gebiet der Kunst*betrachtung* gehört.

Die Korrektionen des »Schemas« sind nicht immanent, sie sind von außen bedingt. Zwei Zitate aus Gombrichs Buch können den historischen Charakter seiner Methode hier kurz kennzeichnen. Über die Renaissance schreibt er: »Wie in der Antike sollte der Bildinhalt dem Beschauer wieder so dargeboten werden, als wäre er ein Augenzeuge der dargestellten Ereignisse. Alberti zog die logische Folgerung aus

---

[36] E. H. Gombrich: Kunst und Illusion, S. 351.
[37] F. Kermode: Besprechung von Gombrichs »Meditations on a Hobby Horse and other Essays on the Theory of Art«, in: New York Review of Books 2 (1964) February 20th.

diesem wiedererwachten Verlangen, indem er den Bilderrahmen mit einem Fenster verglich, durch das der Beschauer in die Welt des Bildes blickt. Um ihr gerecht zu werden, mußte der Künstler die Veränderungen kennen, die mit dem Schema vor sich gingen, wenn es unter verschiedenen Gesichtswinkeln gesehen wurde – anders ausgedrückt, er mußte jenen Zweig der darstellenden Geometrie beherrschen, den wir mit ›Perspektive‹ bezeichnen.«[38] Und über den Schritt von mittelalterlicher zu späterer Kunst: »So betrachtet, kann jenes trockene Gesetz von Schema und Korrektur noch recht viel zu unserem Verständnis beitragen und uns nicht nur die grundsätzliche Verwandtschaft zwischen mittelalterlicher und neuzeitlicher Kunsteinstellung, sondern auch ihre fundamentalen Unterschiede näherbringen. Für das Mittelalter sind Schema und Bild eins; für den Künstler der Neuzeit hingegen ist das Schema ein Ausgangspunkt für Korrekturen und Veränderungen, die es der Realität anpassen sollen, ein Hilfsmittel in seinem Ringen um das Einmalige, Besondere, Individuelle.«[39]

Ich sprach zu Beginn von der Funktion des Kunstwerks als Gegenstand kunstgeschichtlicher Forschung und möchte jetzt zum Abschluß auf diesen Begriff zurückkommen. Diese Funktion liegt im Kunstwerk als Mitteilung, wobei Form und Gehalt gleich wichtige Elemente dieser Mitteilung sind. Raffaels »Schule von Athen« mag, wie schon Schlosser gezeigt hat, in die Traditionskette der Darstellung der freien Künste gehören. Die Form aber, die Raffael gewählt hat, ist einmalig und gehört ihm persönlich; sie ist seine »Korrektion«, für die er nicht nur das ihm gestellte Thema, sondern ebenso die Formkonventionen seiner Zeit (die nichts mit dem Thema zu tun haben) berücksichtigte und umschuf. Daß diese Korrektion im Falle eines so komplexen Kunstwerks kein einfacher Prozeß ist, ist ohne weiteres klar.

Kunst als Mitteilung verstanden heißt, daß die Kunstgeschichte Teil der Gesellschaftsgeschichte ist. Es braucht nach dem hier Gesagten nicht mehr betont zu werden, daß die Kunst damit aber nicht zu einem rein durch soziale oder ökonomische Verhältnisse bedingten Phänomen abgestempelt wird. Wir kehren zur aprioristischen Betrachtungsweise zurück, wenn wir behaupten alle künstlerische Entwicklung beruhe auf der ökonomischen. Frederick Antals *Florentine Painting and its Social Background* (1947) zeigt nur zu deutlich, zu welchen grotesken Verzerrungen derartige Einseitigkeit führen muß, und Millard Meiss hat in seiner überaus fairen Besprechung mit Recht von »Antal's rigid social determinism« gesprochen.[40] Wer auf diese Weise Kunstgeschichte treibt, verfällt genauso dem blinden Aberglauben an eine einzige Ursache aller geschichtlichen Erscheinungen, wie es diejenigen taten, die mit »Sehformen«, »Kunstwollen« oder »Zeitgeist« operierten.

Kurz gesagt – und in der hier notwendigen Kürze zu oberflächlich – hat Warburgs und seiner Nachfolger Leistung uns die Geschichte der Kunst als Teil der geistigen Geschichte der Menschheit gerettet, da sie Kunstwerke in ihren Zusammenhang einreiht und sie damit von leeren Kollektivbegriffen, die am Einzelwerk vorbeisehen, befreit. Indem sie der Funktion des Kunstwerks als inhaltliche Mitteilung ihre Aufmerksamkeit zuwandten, mußten sie notwendigerweise die Vielfalt historischer Verwurzelung in Betracht ziehen.[40a] Andrerseits hat das erneute Interesse von Kunsthistorikern an Perzeptionspsychologie – und man muß dabei nicht nur an

---

[38] E. H. Gombrich: Kunst und Illusion, S. 180.

[39] E. H. Gombrich: Kunst und Illusion, S. 200.

[40] In: The Art Bulletin 31 (1949) S. 143 ff. Eine klare und sachliche Darstellung ist P. H. Feist: Prinzipien und Methoden marxistischer Kunstwissenschaft, Leipzig 1966.

[40a] Zur Wirkung Warburgs vgl. C. Ginsburg: Da A. Warburg a E. H. Gombrich. Note su un problema di metodo, in: Studi medievali, 3. ser., 7, 2 (1966) S. 1015–1065.

Gombrichs Arbeiten denken, sondern auch an grundlegende Untersuchungen wie Rudolf Arnheims *Art and Visual Perception* (1956) — die Grundlagen zum Verstehen der Kunst als immer wieder neuer individueller Schöpfung im Rahmen psychologisch und geschichtlich gegebener Form-Konventionen gezeigt. Diese beiden Methoden schließen einander keineswegs aus; im Gegenteil. Ihre ständige Erweiterung und Zusammenarbeit ist für eine volle Behandlung der Kunstgeschichte in Zukunft unerläßlich, denn erst beide zusammen sehen das Kunstwerk innerhalb einer Traditionskette als von Menschen gestellte und von Menschen für Menschen gelöste Aufgabe.

Die romantische Auffassung vom eigengesetzlichen Charakter des Kunstwerks hat uns zu lange daran gehindert, die Geschichte der Kunst in ihrem konkreten Zusammenhang zu verstehen. Die Entwicklung neuer Methoden aber, die wir in den letzten Jahrzehnten erlebt haben, verwirklicht, was Warburg schon 1912 verlangt hatte, und zwingt nun endlich den Kunsthistoriker, seine selbstgewählte Isolation aufzugeben. Der große französische Historiker Marc Bloch, der kurz vor Kriegsende von den Nazis ermordet wurde, hat eine unvollendete Studie hinterlassen, *Apologie pour l'histoire ou métier d'historien,* aus der ich hier zwei kurze Stellen zitieren möchte, weil sie uns Richtlinien zur Kunstgeschichte als Geschichte geben können. Im Kapitel über den Beruf des Historikers schreibt er: »La superstition de la cause unique, en histoire, n'est trop souvent que la forme insidieuse de la recherche du responsable . . . Le savant se contente de demander: pourquoi?« Und das Buch bricht mit diesen Worten ab: »Pour tout dire d'un mot, les causes, en histoire pas plus qu'ailleurs, ne se postulent pas. Elles se cherchent . . .«.[41]

---

[41] M. A. Bloch: Apologie pour l'histoire ou métier d'historien, in: M.A.B., Cahiers des Annales, Bd. 3, Paris 1964, S. 101, 103.

Aby M. Warburg-Bibliographie

Editorischer Bericht

Nachwort

ABY M. WARBURG-BIBLIOGRAPHIE
Schriften, Würdigungen, Archivmaterial

von Dieter Wuttke

Vorbemerkung

Die Bibliographie beruht auf Autopsie. Bei einer geringen Zahl von Würdigungen Warburgs, die an schwer zugänglicher Stelle erschienen sind, ließ sich diese jedoch nicht verwirklichen. In solchen Fällen mußte es genügen, daß die bibliographischen Angaben gut verbürgt sind. Im Hinblick auf den in Abteilung B aufgeschlüsselten Inhalt der beiden Schränke des Warburg-Archivs (s. S. 595 ff.) ist darauf hinzuweisen, daß die Aufstellung ausschließlich auf dem verzeichneten Kurzinventar beruht. Eine Sichtung ließ sich aus verschiedenen, vor allem organisatorischen Gründen zum gegenwärtigen Zeitpunkt nicht durchführen. Es ist mit großer Wahrscheinlichkeit anzunehmen, daß dieser Archivbestand bei der Durchsicht weiteres Material für die Abteilung A freigeben wird.

Die Abteilung A ist nach Jahren angeordnet, damit historisch Zusammengehöriges zusammenrückt. Warburgs Schriften wurden deshalb nicht in einer eigenen Abteilung vereint, weil die Übergänge von Abhandlungen und Essays zu Resümees davon – von Warburg und anderen verfaßt – sowie zu Diskussionsbeiträgen fließend sind. Doch sind die Jahresringe so geordnet: 1. Warburgs Schriften (einschließlich Stellungnahmen, Resümees, Diskussionsbeiträge), 2. Rezensionen zu Warburgs Schriften, 3. Würdigungen. Innerhalb der Gruppen zwei und drei ist die Abfolge nach dem Alphabet der Verfassernamen geregelt.

Die vorliegende Bibliographie verzeichnet einige politische und kulturpolitische Essays und Stellungnahmen Warburgs erstmals; sie ist darüberhinaus die erste, die gedruckt vorliegende Diskussionsbeiträge überhaupt berücksichtigt. Auf Differenzen in der Titelgebung und den bibliographischen Daten zwischen hier und den Gesammelten Schriften (s. Nr. 383) wird unter dem jeweiligen Eintrag hingewiesen. Bei der Verifizierung ist in Zusammenhang mit Nr. 107 ein besonderes Problem aufgetaucht, zu dessen Lösung beizutragen hiermit die Benutzer der Bibliographie aufgerufen seien.

Entsprechend der Zielsetzung dieser Bibliographie, der Spurensicherung im weitesten Sinne zu dienen, bekommt das Wort Würdigungen hier einen besonderen Umfang: Man findet in der Bibliographie nicht nur die Publikationen, die schon vom Titel her ohne weiteres als Würdigungen auszumachen sind, sondern auch Hinweise auf zahlreiche Werke und Abhandlungen, deren Verfasser verbürgen, daß sie sich besonderer Impulse seitens Warburgs bewußt sind. Es werden ebenso zahlreiche Kongreßberichte, Jahresberichte und Mitgliederlisten verzeichnet, weil sie helfen, Einblick in die Fülle der Aktivitäten Warburgs und seiner Beziehungen zu geben. Zur Erleichterung findet der Benutzer häufig knappe Hinweise, die stichwortartig den Sachbezug angeben, oder, wo dieser aus dem Titel ersichtlich ist, die Seiten, die Warburg nennen. Wo es besonders geboten erscheint, werden auch Exemplarnachweise vermittelt. Lücken werden die Kenner hoffentlich entdecken. Sie sind in keinem Falle beabsichtigt, weswegen in jedem Falle eine Nachricht an den Bibliographen erwünscht wäre.

Wie das Wort Würdigung so ist das Wort Publikation nicht eng ausgelegt: Radioberichte und lediglich maschinenschrifltich vervielfältigte Schriften sind ebenso erfaßt wie alles Gedruckte, und dreimal wird gar der Blick auf ungedruckte, nicht vervielfältigte Vorträge gelenkt.

Die Abteilung B stellt den ersten Ansatz zu einem Versuch dar, das Warburg betreffendes Archivmaterial in einem Kurzinventar zu erfassen. Diese Abteilung ist nach dem Alphabet der Fundorte angelegt. Innerhalb der Fundorte werden nach Möglichkeit Sachgruppen gebildet. Die besondere Bedeutung des Materials, das das Londoner Warburg-Institut verwahrt, tritt klar hervor; es wird jedoch ebenfalls deutlich, daß auch außerhalb des Warburg-Instituts mit interessanten Materialien zu rechnen ist. Somit dürfte es sich lohnen, die örtlich weitgefächerte Suche fortzusetzen. Wieder sind die Benutzer herzlich um Mithilfe gebeten.

Abgesehen von dem oben erwähnten, noch nicht gesichteten Bestand des Warburg-Archivs geben die bis 1928/29 angeschafften ca. 50 000 Bände der ehemaligen Kulturwissenschaftlichen Bibliothek Warburg ein besonderes Problem auf: In zahlreichen Werken können Randnotizen und Unterstreichungen Warburgs begegnen. Aber nicht nur dies. Man stößt immer wieder auf Bände, denen Briefe und Notizen als Archivmaterial beiliegen. Schwer denkbar, daß sich jemand vornehmen könnte, dies Material systematisch zu erfassen. Doch macht es den unbeschreiblichen Reiz der heutigen Warburg-Bibliothek aus, daß man unvermutet immer wieder auf die Spuren des genialen Begründers stößt.[*] Ein anderes Problem besteht darin, daß bestimmte Akten zu den gegenwärtig fortlaufend benutzten Institutsakten gehören und damit dem Archivbenutzer notwendigerweise entzogen sind. Ein weiteres ergibt sich, wenn man bedenkt, daß die Nachlässe von Fritz Saxl und Gertrud Bing in den folgenden Auflistungen so gut wie ganz außerhalb des Gesichtskreises bleiben.

Für den größeren Teil des Bestandes der Mappen des Warburg-Zimmers (s. S. 585 ff.) gibt es ein von Gertrud Bing angelegtes maschinenschriftliches Verzeichnis. Auf dies Verzeichnis wird regelmäßig verwiesen, weil seine Anordnung im Wesentlichen übernommen wurde und weil es dem Forschenden in einer Reihe von Fällen zusätzliche Auskünfte vermitteln kann.

Die vorliegende Warburg-Bibliographie ist im Verlaufe mehrerer Jahre entstanden. Kleinere Unregelmäßigkeiten erklären sich daraus, daß die Arbeit daran zahlreicher beruflicher Pflichten wegen immer wieder unterbrochen werden mußte. Ohne die Bestände der Bibliothek des Warburg-Instituts und die Materialien des Warburg-Zimmers sowie die Bibliothek des Zentralinstituts für Kunstgeschichte in München hätte sie sich nicht einmal zu diesem vorläufigen Ende bringen lassen. Der vorläufige Charakter verbot es auch, ein Sachregister anzulegen. Die Bibliographie rechnet mit Benutzern, die bereit sind, sie ›durchzulesen‹.

Folgenden Institutionen und Personen gilt der Dank für gern und schnell gewährte Auskunfthilfe und die Übersendung von Xeroxkopien: UB Basel (Ausleihe und Frank Hieronymus); Prof. Dr. Jan Białostocki, Warschau; Dr. Roswitha Bandmann, Bonn; Dr. Herbert Bischoff, Reinfeld b. Hamburg (Archiv Hapag/Lloyd); Kunstgeschichtliche Gesellschaft zu Berlin (Dr. Hans Mielke); Kunsthistorisches Institut der Universität Bonn (Dr. Karl Stamm); UB Bonn (Dr. Fischer); UB Bremen-Deutsche Presseforschung (Dr. Wolfgang Krueger, Hertha Lange); Universitätsarchiv Breslau (Doz. Dr. Marek Mazurkiewicz); Doz. Dr. Ewa Chojecka, Krakau; Prof. Dr. Herbert

---

[*] Z. B. findet man unter der Signatur DAA 25 Warburgs Handexemplar von Friedrich Theodor Vischer »Das Symbol«. Es ist durchschossen und enthält zahlreiche Notizen des einstigen Besitzers und Lesers sowie als Beilage Bemerkungen Carl Georg Heises, die Einblick in die besondere Geschichte dieses Exemplars geben.

von Einem, Göttingen; Kunsthistorisches Institut in Florenz (Direktor Prof. Dr. Helmut Keutner); Prof. Dr. Thomas W. Gaethgens, Göttingen; Prof. Dr. Sir Ernst Hans Gombrich, London; Archiv der Martin-Luther-Universität Halle-Wittenberg; Institut für die Geschichte der deutschen Juden, Hamburg (Direktor Dr. P. Freimark); Bibliothek der Kunsthalle Hamburg (Ruth Latzel, Gerhard Roemer); Hamburgisches Museum für Völkerkunde (Dr. Wolfgang Haberland); Staatsarchiv Hamburg (Direktor Dr. Loose, Dr. Friedrich Schmidt); StuUB Hamburg (Direktor Dr. Gronemeyer); Kunstgeschichtliches Seminar der Universität Hamburg (Dr. Horst Bredekamp); Hamburgische Wissenschaftliche Stiftung (Vorsitzender Kurt Hartwig Siemers); Prof. Dr. Willy Hartner, Bad Homburg; Prof. Dr. William S. Heckscher, Princeton; Heidelberger Akademie der Wissenschaften (Präsident Prof. Dr. Viktor Pöschl); Universitätsarchiv Heidelberg (Dr. Weisert); UB Heidelberg (Direktor Dr. Wilfried Werner, Christiane Hirschberg); Notar Hans W. Hertz, Hamburg; The Central Archives for the History of the Jewisch People, Jerusalem; Dr. Elfriede R. Knauer, Philadelphia; D. Gerhard Langmaack, Hamburg; Hessisches Staatsarchiv, Marburg; Bayerische Staatsbibliothek München (Direktor Dr. E. Hertrich); Deutsches Museum von Meisterwerken der Naturwissenschaft und Technik, München (Verwaltungsdirektor D. Schultz); Archiv der Ludwig-Maximilian-Universität München (Prof. Dr. Laetitia Boehm); Zentralinstitut für Kunstgeschichte, München (Direktor Prof. Dr. Willibald Sauerländer, Dr. Thomas Lersch); Dörte Nicolaisen, Utrecht; Prof. Dr. Gerda Panofsky, Princeton; Dr. Frede Prag, Oxford; Prof. Dr. Mario Praz, Rom; Bibliotheca Hertziana, Rom (Direktor Prof. Dr. Wolfgang Lotz, Dr. Christof Thoenes); Dr. Jean-Georges Rott, Strasbourg; Prof. Dr. Gottfried Schramm, Freiburg; Dr. Helga Schüppert, München; BNU Strasbourg (G. Littler); Services d'Archives du Bas-Rhin, Strasbourg (Direktor F. J. Himly); Württembergische Landesbibliothek, Stuttgart (Dr. Peter Amelung, M. Bihlmaier); Kunsthistorisch Instituut, Utrecht (Dr. Jochen Becker); Generaldirektor Prof. Dr. Stephan Waetzold, Berlin; Michael Wagner, Hamburg; Eric M. Warburg, Hamburg; The Warburg Institute, London (Direktor Prof. J.B. Trapp, Verwaltungsdirektor Anne Maria Meyer, W.F. Ryan); Dr. Margot Wittkower, New York; Archiv der Neuen Zürcher Zeitung, Zürich (Dolf Kaiser); Staatsbibliothek Berlin (DDR); Prof. Dr. Peter Gay, Yale University; Prof. Dr. Wolfgang Osthoff, Würzburg.

Abteilung A: Schriften und Würdigungen
(nach Publikationsjahren geordnet)

A1. Warburg-Bibliographien.

1. Printz, Wilhelm: [Bibliographie der Schriften Aby Warburgs 1893−1914, 1915], in: Saxl, Verzeichnis [Nr. 174], S. VI, Anm. 1.
2. [Warburg, Aby]: Opera omnia, handschriftlich, 3 Seiten, nach dem 18. Juli 1918. [Exemplar: The Warburg Institute, London, Warburg-Zimmer Nr. 110].
3. Printz, [Wilhelm]: Liste von Warburgs Arbeiten [1922], in: Saxl, Rinascimento [Nr. 228], S. 265−266.
4. Doren, Alfred: Verzeichnis der Schriften Warburgs [1930], in: [Nr. 346], S. 24−25.
5. Bing, Gertrud unter Mitarbeit von Fritz Rougemont: [Bibliographie der Schriften Warburgs 1932], in: Warburg, Gesammelte Schriften [Nr. 383]. [Über den Band verstreute Einzelangaben].
6. Wuttke, Dieter: Bibliographie [von Würdigungen Warburgs, 1966], in: [Nr. 631], S. 330−333.
7. Gombrich, E.[rnst] H.[ans]: Bibliography. Warburg's published works. Unpublished sources. Writings about Warburg [1970], in: [Nr. 682], S. 339−352.

A2. Schriften und Würdigungen

Anmerkung: Nach Warburgs eigener Angabe war seine erste Publikation die Mitteilung einer Schachaufgabe (»Bauer en passant«) im Hamburger Correspondenten der achtziger Jahre. Vgl. Nr. 2.

1892

8. Warburg, A.[by]: Matteo de' Strozzi. Ein italienischer Kaufmannssohn vor vierhundert Jahren, in: Hamburger Weihnachtsbuch. Mit 140 Bildern. Der Reinertrag ist für Hamburgs Waisen bestimmt, Hamburg 1892, S. 236.

1893

9. Warburg, A. [by]: Sandro Botticellis »Geburt der Venus« und »Frühling«. Eine Untersuchung über die Vorstellungen von der Antike in der italienischen Frührenaissance, Hamburg und Leipzig 1893. VI und 50 S., 2 Tafeln. [Erschienen Ende 1892. Das Jacob Burckhardt gewidmete Exemplar befindet sich heute in der Bibliothek des Warburg Institute, London, als Schenkung von Werner Kaegi.] [Abdruck in diesem Bande S. 11 ff.]
10. Warburg, Aby: Vier Thesen. Als Manuskript gedruckt o.O.u.J. [1893].
11. Förster, Richard: [Rez.] A. Warburg, Sandro Botticellis »Geburt der Venus« und »Frühling«, 1893, in: Zeitschrift für vergleichende Literaturgeschichte und Renaissanceliteratur N.F.6 (1893) S. 481−485.
12. Frey, K.: [Rez.] Aby Warburg, Botticellis »Geburt der Venus« und »Frühling«, 1893, in: Schweizerische Rundschau 3 (1893) S. 757−759.
13. Grimm, Herman: [Rez.] A.Warburg, Sandro Botticellis »Geburt der Venus« und »Frühling«, 1893, in: Deutsche Literaturzeitung 14 (1893) Sp. 689−692.

14. Rosenberg, Marc: [Rez.] Aby Warburg, Sandro Botticelli's »Geburt der Venus« und »Frühling«, 1893, in: Kunstchronik N.F.4 (1893) Sp. 359—361.

15. Ulmann, Hermann: Sandro Botticelli, München 1893. [S. 54, 84–87, 103, 111, 114.]

1894

16. Pauli, Gustav: Antike Einflüsse in der italienischen Frührenaissance, in: Kunstchronik N.F. 5 (1894) Sp. 14—177. [=Rez. von Aby Warburg, Sandro Botticellis »Geburt der Venus« und »Frühling«, 1893.]

17. Offizieller Bericht über die Verhandlungen des [3.] Kunsthistorischen Kongresses zu Köln 1.–3. Oktober 1894, Nürnberg o. J. [S. 5 Warburg in Präsenzliste verzeichnet, S. 49 als Spender für das Kunsthistorische Institut in Florenz. Vgl. Nr. 806.]

1895

18. Warburg, A.[by]: I costumi teatrali per gli intermezzi del 1589. I disegni di Bernardo Buontalenti e il Libro di Conti di Emilio de' Cavalieri, in: Atti dell' Accademia del R. Istituto Musicale di Firenze 1895: Commemorazione della Riforma Melodrammatica, S. 133—146.

1897

19. Warburg, A.[by]: Amerikanische Chap-books, in: Pan, 2 (1897) S. 345—348.

20. Jacobsen, Emil: Allegoria della Primavera di Sandro Botticelli, in: Archivio storico dell'arte, ser. II, 3 (1897) S. 321—340.

1898

21. Warburg, A. [by]: Sandro Botticelli, in: Das Museum (1898) 10. Heft, S. 37—40.

22. Jacobsen, Emil: Der »Frühling« des Botticelli. Versuch einer neuen Deutung, in: Preußische Jahrbücher 92 (1898) S. 495—514.

23. Lehrervereinigung für die Pflege der künstlerischen Bildung, Hamburg: Das Kind als Künstler. Ausstellung von freien Kinderzeichnungen in der Kunsthalle zu Hamburg, [Hamburg] 1898. [S. 17 und 32 Warburg als Leihgeber genannt.]

1899

24. Warburg, A.[by]: Die Bilderchronik eines florentinischen Goldschmiedes [Anzeige von: A florentine picture chronicle being a series of ninety-nine drawings representing scenes and personages of ancient history sacred and profane by Maso Finiguerra . . . with many minor illustrations drawn from contemporary sources and a critical and descriptive text by Sidney Colvin. . ., London 1898], in: Beilage zur Allgemeinen Zeitung, München 1899, Nr. 2, 3. Januar, S. 4—6.

25. W.[arburg], A.[by]: Ein neuentdecktes Fresko des Andrea del Castagno, in: Beilage zur Allgemeinen Zeitung, München 1899, Nr. 138, 20. Juni, S. 5.

26. Jacobsen, Emil: Ancora sulla »Primavera« del Botticelli, in: L'Arte 2 (1899) S. 280—287.

27. Offizieller Bericht über die Verhandlungen des [5.] Kunsthistorischen Kongresses in Amsterdam 29. September bis 1. Oktober 1898, Nürnberg o. J. [1899]. [S. 6 Warburg in Liste der Kongreßmitglieder verzeichnet.]

1900

28. Warburg, A. [by]: Berichtigung [zu E. Steinmanns Besprechung des Buches von
J. B. Supino über ›Sandro Botticelli‹, Firenze 1900, in: Kunstchronik N. F. 11
(1900) Sp. 344–345.], in: Kunstchronik N. F. 11 (1900) Sp. 398. [Versteckt
wiederabgedruckt in Nr. 383, S. 308.]

29. Offizieller Bericht über die Verhandlungen des [6.] Kunsthistorischen Kongres-
ses in Lübeck 16. bis 19. September 1900, Nürnberg. o. J. [S. 8 Warburg nebst
Frau in Teilnehmerliste verzeichnet. Im Exemplar des Warburg Institute,
London, befindet sich u. a. eine handschriftliche Auswertung Warburgs des
Teilnehmerverzeichnisses nach Berufsgruppen.]

30. Strzygowski, Josef: Villa Lente, in: Strena Helbigiana, Leipzig 1900,
S. 299–306. [S. 303, 305 mit Anm. 1.]

31. Supino, I. [gino] B. [envenuto]: Sandro Botticelli, Firenze 1900. [S. 70, 79, 149.]

1901

32. [Warburg, Aby]: [Vortragsresümee] Flandrische und florentinische Kunst im
Kreise des Lorenzo Medici um 1480, in: Sitzungsbericht VIII. 1901. Kunstge-
schichtliche Gesellschaft [zu Berlin]. Ordentliche Sitzung am Freitag, den 8.
November 1901, S. 43–46. [Dasselbe in:] Deutsche Literaturzeitung 23 (1902)
Sp. 53.

33. W., O.: Berliner Kunstgeschichtliche Gesellschaft, in: Kunstchronik N.F. 13
(1901/2) Sp. 149–150. [Bericht über Wartburgs Vortrag »Flandrische und
florentinische Kunst im Kreise des Lorenzo Medici um 1480.]

1902

34. Warburg, Aby: [Diskussionsbeiträge zu Vorträgen von: [Eugen] Schweitzer
›Neuere Forschungen über Peselli‹ und Mackowsky ›Bemerkungen über
Pesellinos Kunst‹], in: Sitzungsbericht II. 1902. Kunstgeschichtliche Gesell-
schaft [zu Berlin]. Ordentliche Sitzung am Freitag, den 14. Februar 1902, S. 10.
[Resümee der Vorträge S. 7–10.]

35. Warburg, A.[by]: Bildniskunst und florentinisches Bürgertum. I. Domenico
Ghirlandaio in Santa Trinita. Die Bildnisse des Lorenzo de' Medici und seiner
Angehörigen. Mit fünf Lichtdrucken und sechs Textbildern, Leipzig o. J.
[1902]. 40 S. [Abbdruck in diesem Bande S. 65 ff.]

36. Warburg, A.[by]: Flandrische Kunst und florentinische Frührenaissance.
Studien I, in: Jahrbuch der Königlich Preußischen Kunstsammlungen 23 (1902)
S. 247–266. [Vgl. Nr. 65. Abdruck in diesem Bande S. 103 ff.]

37. [anonym]: [Rez.] A. Warburg, Bildniskunst 1902, in: Hamburger Fremdenblatt, Nr. 69 vom 22. 3. 1902.

38. [anonym]: [Rez.] A. Warburg, Bildniskunst 1902, in: Vossische Zeitung Nr. 169
vom 12. April 1902, Morgenausgabe.

39. [anonym]: [Rez.] A. Warburg, Bildniskunst 1902, in: Rotterdam. Courier vom
20. 4. 1902.

40. [anonym]: [Rez.] A. Warburg, Bildniskunst 1902, in: Schwäbischer Merkur.
Schwäbische Chronik, Nr. 203, Abendblatt vom Samstag, 3. Mai 1902, S. 5.

41. [anonym]: [Rez.] A. Warburg, Bildniskunst 1902, in: Weser-Zeitung Nr. 19 940
vom 16. Mai 1902, Mittagsausgabe.

42. [anonym]: [Rez.] A. Warburg, Bildniskunst 1902, in: Kölnische Volkszeitung
1902, Literarische Beilage Nr. 14, S. 100.

43. [anonym]: [Rez.] A. Warburg, Bildniskunst 1902, in: The Athenaeum, No. 3921, December 20, 1902, S. 832.

44. Aldenhoven, C.: Lorenzo Medici und Savonarola in ihrem Verhältnis zur Kunst, in: Die Nation, 1902, Nr. 28, S. 438−441. [Bericht über A. Warburg, Bildniskunst 1902.]

45. Bie.: [Rez.] A. Warburg, Bildniskunst 1902, in: Neue deutsche Rundschau 1902, S. 1005.

46. Bode, [Wilhelm von]: [Rez.] A. Warburg, Bildniskunst 1902, in: Repertorium für Kunstwissenschaft 25 (1902) S. 219−220.

47. Einstein: [Rez.] A. Warburg, Bildniskunst 1902, in: The Evening Post, New York, 8. April 1902.

48. Fog.: [Rez.] A. Warburg, Bildniskunst 1902, in: L'Arte 5 (1902) S. 176.

49. G.[iorgetti], A.[lceste]: [Rez.] A. Warburg, Bildniskunst 1902, in: Archivio Storico Italiano, 5. serie 29 (1902) S. 424−425.

49a. Joseph, D.: [Anzeige] A. Warburg, Bildniskunst 1902, in: Internationale Revue für Kunst, Kunstgewerbe und Technik 4 (1902) Nr. 45, Sp. 118.

50. Lier, H.: [Rez.] A. Warburg, Bildniskunst 1902, in: Dresdner Journal vom 9. August 1902.

51. M., J.: [Rez.] A. Warburg, Bildniskunst 1902, in: Onze Kunst I, 2 (1902) S. 192.

52. Meinhardt, Adalbert: [Rez.] A. Warburg, Bildniskunst 1902, in: Allgemeine Zeitung, München, Beilage zu Nr. 207, Mittwoch, 10. September 1902, S. 485.

53. Neumann, Carl: [Rez.] A. Warburg, Bildniskunst 1902, in: [?], S. 333−334. [Exemplar: The Warburg Institute, London.]

54. P., Dr.: [Rez.] A. Warburg, Bildniskunst 1902, in: Monatsberichte über Kunstwissenschaft und Kunsthandel 2 (1902) S. 261.

55. Ricci: [Rez.] A. Warburg, Bildniskunst 1902, in: Rassegna d'Arte 2 (1902) S. 80.

56. Schaeffer, Emil: [Rez.] A. Warburg, Bildniskunst 1902, in: Neue freie Presse vom 17. August 1902.

57. Schubring, Paul: [Rez.] A. Warburg, Bildniskunst 1902, in: Frankfurter Zeitung vom 26. Juni 1902. Auch in: Dresdner Anzeiger 1903, 4. Beilage.

58. Ubele, Hermann: [Rez.] A. Warburg, Bildniskunst 1902, in: Wiener Abend-post, Nr. 190, vom 19. August 1902.

59. V., H.: [Rez.] A. Warburg, Bildniskunst 1902, in: Norddeutsche Allgemeine Zeitung vom 14. August 1902.

60. [Widmann]: [Rez.] A. Warburg, Bildniskunst 1902, in: Der Bund, Bern. Sonntagsblatt zum 11. Mai 1902, Nr. 19, S. 151.

61. Wölfflin, Heinrich: [Rez.] A. Warburg, Bildniskunst 1902, in: Deutsche Literaturzeitung 23 (1902) Sp. 1213/1214.

62. Perlbach: [Rez.] A. Warburg, Flandrische Kunst und florentinische Frührenais-sance 1902, in: Hansische Geschichtsblätter 1902, S. 231.

63. Brockhaus, Heinrich: Forschungen über Florentiner Kunstwerke, Leipzig 1902. [S. 129.]

64. Hagen, K.: Museum für Völkerkunde (einschließlich vorgeschichtlicher Alter-tümer). Bericht für das Jahr 1902, in: Jahrbuch der Hamburgischen Wissen-schaftlichen Anstalten 20 (1902) S. CIII−CXLVIII. [S. CX−CXVII: Bericht über die Schenkung der Sammlung von Dr. A. Warburg an das Museum.] [Dasselbe als Separatdruck:] Hamburg 1903. [S. 8−15.]

65. Offizieller Bericht über die Verhandlungen des VII. internationalen Kunsthisto-rischen Kongresses in Innsbruck 9. bis 12. September 1902, Berlin o. J. [Obwohl

im Teilnehmerverzeichnis nicht aufgeführt, ist Warburgs Anwesenheit gesichert, vgl. S. 92 u. 97: Den Aufsatz »Flandrische Kunst und florentinische Frührenaissance« (in diesem Bd. S. 222 ff.) hat er hier unter dem Titel »Wappen, Stammbäume und Inventare als methodische Hilfsmittel der Kunstgeschichte« gehalten.]

66. Solerti, Angelo: Laura Guidiccioni Lucchesini ed Emilio de' Cavalieri. I primi tentativi del melodramma, in: Rivista Musicale Italiana 9 (1902) S. 797−829. [S. 811 f. zu Warburg: I costumi teatrali, 1895.]

1903

67. Warburg, Aby: [Diskussionsbeitrag zu dem Vortrag von: Adolph Goldschmidt über ›Die Geburt Christi von Hugo van der Goes‹], in: Sitzungsbericht II. 1903. Kunstgeschichtliche Gesellschaft [zu Berlin]. Ordentliche Sitzung am Freitag, den 13. Februar 1903, S. 12. [Resümee des Vortrages S. 9−12.]

68. Warburg, Aby: [Diskussionsbeitrag zu dem Vortrag von: [Paul] Schubring über ›Andrea Guardi‹. Resümee, in: Sitzungsbericht VI. 1902. Kunstgeschichtliche Gesellschaft [zu Berlin]. Ordentliche Sitzung am Freitag, den 10. Oktober 1902, S. 35−37.], in: Sitzungsbericht II. 1903. Kunstgeschichtliche Gesellschaft [zu Berlin]. Ordentliche Sitzung am Freitag, den 13. Februar 1903, S. 13.

69. Warburg, Aby: Die Grablegung Rogers (van der Weyden) in den Uffizien, in: Sitzungsbericht VIII. 1903. Kunstgeschichtliche Gesellschaft [zu Berlin]. Ordentliche Sitzung am Freitag, den 11. Dezember 1903, S. 57−58.

70. [anonym]: [Rez.] Aby Warburg, Bildniskunst 1902, in: The Nation 77 (1903) No. 2005, Dec. 3, 1903, S. 445.

71. R.: [Rez.] A. Warburg, Bildniskunst 1902, in: Zeitschrift für Bücherfreunde 6 (1902/3) S. 512.

72. R. [ossi], V. [ittorio]: [Rez.] A. Warburg, Bildniskunst 1902, in: Giornale Storico della Letteratura Italiana 42 (1903) S. 414−417.

73. Volpi, Guglielmo: [Rez.] A. Warburg, Bildniskunst 1902, in: Archivio Storico Italiano, 5. serie, 32 (1903) S. 214−217.

74. Weese, Artur: [Rez.] A. Warburg, Bildniskunst 1902, in: Allgemeine Zeitung, München, Beilage zu Nr. 4, Mittwoch, 7. Januar 1903, S. 30−31.

75. Wenzel-Ekkehard, Otto: Klerikales Wachsfigurenkabinett und Bilderdienst [Von Warburgs »Bildniskunst« angeregte antiklerikale Abhandlung.], in: Der Scherer, Innsbruck, Leipzig, Wien. 5. Jahrgang [ca. 1902/3] Nr. 24, Nr. 140.

1904

Anmerkung zum Jahre 1904: Im Register der Internationalen Bibliographie der Kunstwissenschaft 3 (1904) wird A. Warburg bei der Nr. 4030 mit E. Warburg verwechselt.

76. Warburg, A.[by]: Per un quadro fiorentino che manca all' esposizione dei primitivi Francesi, in: Rivista d'Arte 2 (1904) S. 85−86.

77. Neuwirth, Joseph: [Rez.] A. Warburg, Bildniskunst 1902, in: Allgemeines Literaturblatt. Hrsg. durch die Österreichische Leo-Gesellschaft 13 (1904) Sp. 276.

1905

78. Warburg, Aby: Austausch künstlerischer Kultur zwischen Norden und Süden

im 15. Jahrhundert, in: Sitzungsbericht II. 1905. Kunstgeschichtliche Gesellschaft [zu Berlin]. Ordentliche Sitzung am Freitag, den 17. Februar 1905, S. 7–12. [Auch in:] Deutsche Literaturzeitung 26 (1905) Sp. 1145/48.

79. Warburg, Aby: Delle »Imprese Amorose« nelle più antiche incisioni fiorentine, in: Rivista d' Arte 3 (1905) Nr. 7/8, Appendice [Mit eigener Seitenzählung S. 1–15. Auf S. 15 eine Ergänzung von G. Poggi zu S. 6–7.]

80. Warburg, A.[by]: Der Tod des Orpheus. Bilder zu dem Vortrag über Dürer und die Italienische Antike. Den Mitgliedern der archäologischen Sektion der 48. Versammlung Deutscher Philologen und Schulmänner zu Hamburg im Oktober 1905 überreicht von A. Warburg, Hamburg o. J. [1905]. Privatdruck. Foliotafeln in Mappe. [Abdruck in diesem Bande S. 131 ff. Vgl. Nr. 85.]

81. [anonym]: Nachträgliches zur Philologen-Versammlung. Dürer und die italienische Antike. Vortrag von Dr. A. Warburg in der kombinierten Sektion am 5. Oktober, in: Hamburger Nachrichten, Zweite Beilage zu Nr. 712. Abendausgabe, Montag, den 9. Oktober 1905.

82. [anonym]: Dürer und die italienische Antike, in: Hamburgischer Correspondent, 3. Beilage, S. 1. Morgenausgabe, Dienstag, 10. Oktober 1905.

83. Förster, Dr.: Zehn Jahre hamburgischen Vorlesungswesens. Ein Bericht über die wissenschaftlichen Vorlesungen in Hamburg von Ostern 1895 bis Ostern 1905 unter Berücksichtigung der früheren Zeit, in: Jahrbuch der Hamburgischen Wissenschaftlichen Anstalten 23 (1905) S. 1–106. [S. 44 und 104.] [Auch separat als Sonderabdruck, Hamburg 1906.]

84. Jahrbuch der Gesellschaft der Bibliophilen 7 (1905) S. 19. [Warburg als Mitglied verzeichnet.]

1906

85. Warburg, A.[by]: Dürer und die italienische Antike, in: Verhandlungen der 48. Versammlung deutscher Philologen und Schulmänner in Hamburg vom 3. bis 6. Oktober 1905, Leipzig 1906, S. 55–60. [Abdruck in diesem Bande S. 125 ff. Vgl. Nr. 80.]

86. Strzygowski, Josef – Rudolf Kautzsch – Karl Koetschau – A.[by] Warburg: [Rundschreiben des provisorischen Vorstandes des ständigen Ausschusses der kunsthistorischen Kongresse], Dresden 15. Juli 1906. 1 Faltblatt. [Ex. im Warburg Institute, London, im Offiziellen Bericht zum VIII. Internationalen Kunsthistorischen Kongreß 1907.] [Wiederabgedruckt in:] Offizieller Bericht über die Verhandlungen des VIII. Internationalen Kunsthistorischen Kongresses [Nr. 104], S. 12.

87. Kongresse [Betrifft ständigen Ausschuß der kunsthistorischen Kongresse, Kooptierung neuer Mitglieder und Wahl eines provisorischen Geschäftsführenden Vorstandes.], in: Kunstchronik N.F. 17 (1906) Sp. 502–503.

88. Wickhoff, Franz: Die Hochzeitsbilder Sandro Botticellis, in: Jahrbuch der Preußischen Kunstsammlungen 27 (1906) S. 198–207. [S. 198 Anknüpfung an Warburgs Dissertation von 1893. Der Aufsatz darf als eine Fortführung der von Warburg angeregten Gedanken gelten.]

1907

Anmerkung zu 1907: Im Register der Internationalen Bibliographie der Kunstwissenschaft 6/7 (1907/8) wird A. Warburg bei der Nr. 5170 mit E. Warburg verwechselt.

89. Warburg, Aby: Francesco Sassettis letztwillige Verfügung, in: Kunstwissen-schaftliche Beiträge. August Schmarsow zum fünfzigsten Semester seiner akademischen Lehrtätigkeit gewidmet von H. Weizsäcker, M. Semrau, A. Warburg [u. a.], Leipzig 1907, S. 129–152. [Abdruck in diesem Bande S. 137 ff.]

90. Warburg, A.[by]: Arbeitende Bauern auf burgundischen Teppichen, in: Zeitschrift für bildende Kunst N.F. 18 (1907) S. 41–47. [Abdruck in diesem Bande S. 165 ff.]

91. W[arburg], A.[by] Dr.: Die Bilderausstellungen, in: Das Volksheim in Hamburg, Bericht über das sechste Geschäftsjahr 1906–1907, S. 53–55.

92. Warburg, Aby: [Diskussionsbeitrag zu dem Vortrag von: Sarre ›Besprechung einer Miniatur Gentile Bellinis‹], in: Sitzungsbericht IV. 1907. Kunstgeschicht-liche Gesellschaft [zu Berlin]. Ordentliche Sitzung am Freitag, den 8. März 1907, S. 19. [Vortragsresümee S. 17–19.] [Dasselbe in:] Deutscher Literaturzeitung 28 (1907) Sp. 1573/74, hier Sp. 1574.

93. Strzygowski, Josef — Rudolf Kautzsch — Karl Koetschau — A.[by] Warburg u. a.: [Einladung] zum VIII. internationalen kunsthistorischen Kongresse, Weimar o. J. [1907]. 1 Faltblatt. [Ex. im Warburg Institute, London, im Offiziellen Bericht zum VIII. Internationalen Kunsthistorischen Kongreß 1907.]

94. Warburg, Aby: [Diskussionsbeiträge zu »Geschäftsordnungs-Debatte«, »Or-ganisation von Jahresberichten der Kunstwissenschaft«, »Die Zukunft des Kunsthistorischen Kongresses«, »Wahl des Ortes für den nächsten Kongreß«, »Mangel einer entsprechend ausgestatteten Kunstwissenschaftlichen Zeitschrift in Deutschland«, »Begründung einer Negativzentrale«, »Schaffung bestimmter Farbenbezeichnungen«, »Erleichterung des Besuches der Museen für Fachge-nossen«], in: Offizieller Bericht über die Verhandlungen des VIII. Internationa-len Kunsthistorischen Kongresses in Darmstadt 23.–26. September 1907, Leipzig o. J., S. 23, 36, 39, 41, (44), 46, (48), 50, 56, 65, 74, (77), 78, 100, 109, 111 f.

95. Warburg, Aby: [Bericht über die Kassenverhältnisse], in: Offizieller Bericht über die Verhandlungen des VIII. Internationalen Kunsthistorischen Kongres-ses in Darmstadt 23.–26. September 1907, Leipzig o. J., S. 80–81.

96. Strzygowski, [Josef] — [Henry] Thode — [Aby] Warburg — [Otto] Wulff: Kommission für Systematik. Resolution über Jahresberichte und Bibliographie, in: Offizieller Bericht über die Verhandlungen des VIII. Internationalen Kunsthistorischen Kongresses in Darmstadt 23.–26. September 1907, Leipzig o. J., S. 81–82.

97. Burger, F.: [Rez.] A. Warburg, Francesco Sassettis letztwillige Verfügung 1907, in: Monatshefte für Kunstwissenschaftliche Literatur Okt./Nov. 1907, S. 212–213.

98. Seidlitz, von: [Rez.] A. Warburg, Francesco Sassettis letztwillige Verfügung 1907, in: Deutsche Literaturzeitung 28 (1907) Sp. 3116 f.

99. Atti del congresso internazionale di scienze storiche. Roma 1–9 Aprile 1903, Bd. 1, Roma 1907. [S. 62 Warburg als Teilnehmer angeführt.]

100. Bibliographie der Sozialwissenschaften. Bibliographie des sciences sociales. Bibliography of social science, bearbeitet in Verbindung mit Henry Barrault u. a., hrsg. von Dr. Hermann Beck im Auftrage des Internationalen Instituts für Sozial-Bibliographie, Bd. 3, Dresden 1907. [S. XVIII Warburg unter den Ordentlichen Mitgliedern des Instituts aufgeführt.]

101. Koechlin, Reymond: Les tapisseries des bucherons au Musée des Arts décoratifs, in: Musées et Monuments de France 1907, Nr. 1, S. 1 – 2. [Auseinandersetzung mit A. Warburg, Arbeitende Bauern. 1907.]

102. Kongresse [Betrifft ständigen Ausschuß der kunsthistorischen Kongresse, der provisorischen Vorstand einsetzt.], in: Kunstchronik N. F. 18 (1907) Sp. 32.

103. Kurz, Isolde: Die Stadt des Lebens. Schilderungen aus der Florentinischen Renaissance, Stuttgart – Berlin, 4. Auflage 1907. [Vgl. Unterschrift zu Abb. 2 bei S. 8 und S. 131 ff., wo Darlegungen zur Simonetta Warburgs Einfluß zeigen.]

104. Offizieller Bericht über die Verhandlungen des VIII. Internationalen Kunsthistorischen Kongresses in Darmstadt 23. – 26. September 1907, Leipzig o. J. [S. 7, 10, 12, 14, 62.]

1908

105. Warburg, Aby: [Vorschlag, zu den seit 20 Jahren erscheinenden Sitzungsberichten einen Index herauszugeben], in: Sitzungsbericht V. 1908. Kunstgeschichtliche Gesellschaft [zu Berlin]. Ordentliche Sitzung am Freitag, den 8. Mai 1908, S. 24.

106. Goldschmidt, [Adolph], [Rudolf] Kautzsch, [Karl] Koetschau, [Aby] Warburg: Ergebnisse des VII. [recte: VIII.] Internationalen Kunsthistorischen Kongresses zu Darmstadt. In: Museumskunde 4 (1908) S. 169 – 172; Repertorium für Kunstwissenschaft 31 (1908) S. 299 – 303; Zeitschrift für bildende Kunst 43 N. F. 19 (1907/09) S. 497 – 500.

107. [Warburg, Aby]: Verein für Hamburgische Geschichte. [Vortragsresümee zu dem am 14. Dezember 1908 in Hamburg gehaltenen Vortrag »Die antike Götterwelt und die Frührenaissance im Süden und im Norden.«] [Der Druckort des Resümees konnte bisher nicht ermittelt werden. Es befindet sich weder in den Mitteilungen noch in der Zeitschrift für Hamburgische Geschichte und ebenfalls weder in den Jahresberichten der Gesellschaft der Bücherfreunde zu Hamburg noch in der Zeitschrift für bildende Kunst. Ein von Warburg korrigiertes Exemplar der Druckfahne befindet sich im Warburg Institute, London. Vgl. Nr. 132 und Abt. B, London, The Warburg Institute, Warburg-Zimmer Nr. 73.]

108. [anonym]: [Rez.] A. Warburg, Francesco Sassettis letztwillige Verfügung 1907, in: L'Arte 11 (1908) S. 159 – 160.

109. Friedländer, [Max J.]: [Rez.] Kunstwissenschaftliche Beiträge. August Schmarsow . . . gewidmet, 1907, in: Repertorium für Kunstwissenschaft 31 (1908) S. 270 – 273. [S. 272 Warburgs Beitrag über Sassetti.]

110. R., S.: [Rez.] A. Warburg, Les dernières volontés de Francesco Sassetti 1907, in: Revue Archéologique, 4. série, 11 (1908) S. 151.

111. Renier, R.: [Rez.] A. Warburg, Francesco Sassettis letztwillige Verfügung 1907, in: Giornale Storico della Letteratura Italiana 51 (1907) S. 470.

112. Vulliéty, Henri: [Rez.] A. Warburg, Francesco Sassettis letztwillige Verfügung 1907, in: Bulletin de la Société d' Histoire et d' Archéologie de Genève 3 (1908) S. 103 – 104.

113. Widmann [Rez.]: A. Warburg, Francesco Sassettis letztwillige Verfügung 1907, in: Der Bund vom 26. 1. 1908.

114. W.[ölfflin], H[einrich]: [Rez.] A. Warburg, Francesco Sassettis letztwillige Verfügung 1907, in: Literarisches Zentralblatt 1908, Sp. 553.

115. [anonym]: La chapelle des Florentins, in: Bulletin de la Société de' Histoire et d'Archéologie de Genève 3 (1908) S. 117–129. [Abhandlung angeregt durch die Sassetti-Rez. von Vulliéty.]

116. Horne, Herbert P.: Allessandro Filipepi commonly called Sandro Botticelli painter of Florence, London 1908. [S. XV.]

117. Internationaler Kongreß für Historische Wissenschaften Berlin 6.–12. August 1908. Kongreß-Tageblatt Nr. 6, Dienstag, den 11. August 1908. [S. 292 Hinweis auf nicht gedruckten Diskussionsbeitrag Warburgs zu dem Vortrag von C. de Mandach (Paris) über »L' association internationale d' iconographie. Sont but et ses moyen d'action«.]

118. Mitglieder-Liste. Internationaler Kongreß für Historische Wissenschaften in Berlin 6.–12. August 1908. Hrsg. vom Organisations-Komitee des Kongresses. Redaktion Dr. Richard Salomon. Nr. 6, Dienstag, den 11. August 1908. Vollständige Mitgliederliste. [S. 46 Warburg als Mitglied angeführt.]

119. Weisbach, Werner: Studien zu Peselino und Botticelli, in: Jahrbuch der königlich preußischen Kunstsammlungen 29 (1908) S. 1–19. [S. 12 Anm. 1.]

1909

120. [Warburg, Aby]: [Vortragsresümee ohne Titel, das in den Gesammelten Schriften (Nr. 383) betitelt ist: »Kirchliche und höfische Kunst in Landshut«], in: Münchener Neueste Nachrichten, Nr. 441, Morgenblatt, 21. September 1909, S. 3. [Die von den Herausgebern der Gesammelten Schriften angesetzte Verfasserschaft scheint nicht gesichert zu sein.]

121. Warburg, Aby: [Diskussionsbeiträge zu »Gemeinsame Kommission für die Zeitschrift, den Jahresbericht und die Bibliographie«, »Vorschläge zur Farben-terminologie«, »Erleichterung des Besuches der Museen für Fachgenossen«, »Wahl des Ortes für den nächsten Kongreß«], in: Offizieller Bericht über die Verhandlungen des IX. Internationalen Kunsthistorischen Kongresses in München 16. bis 21. September 1909, Leipzig o. J., S. 53, (80), 97, 100, 119 f, 127 f.

122. Warburg, Aby: [Dankadresse an Adolfo Venturi für den Vortrag »Della posizione ufficiale della storia dell'arte rispetto alle altre discipline storiche«], in: Offizieller Bericht über die Verhandlungen des IX. Internationalen Kunsthisto-rischen Kongresses in München 16. bis 21. September 1909, Leipzig o. J., S. 75–76.

123. Warburg, Aby: Bericht des Schatzmeisters, in: Offizieller Bericht über die Verhandlungen des IX. Internationalen Kunsthistorischen Kongresses in München 16. bis 21. September 1909, Leipzig o. J., S. 61–63.

124. Kautzsch [Rudolf] – Goldschmidt, [Adolph] – [Karl] Koetschau – [Aby] Warburg: An den Vorstand des Deutschen Vereins für Kunstwissenschaft [Denkschrift über Sammlung photographischer Aufnahmen der deutschen Kunstdenkmäler und eine entsprechende Auskunftstelle], in: Offizieller Bericht über die Verhandlungen des IX. Internationalen Kunsthistorischen Kongresses in München 16. bis 21. September 1909, Leipzig o. J., S. 41–44.

125. Kautzsch, [Rudolf] – [Adolph] Goldschmidt – [Karl] Koetschau – [Aby] Warburg]: [An den Vorstand des Deutschen Vereins für Kunstwissenschaft. Denkschrift über die Einrichtung einer kunsthistorischen Zeitschrift und von systematischen Jahresberichten], in: Offizieller Bericht über die Verhandlungen

des IX. Internationalen Kunsthistorischen Kongresses in München 16. bis 21. September 1909, Leipzig o. J., S. 45–49.

126. Kautzsch, [Rudolf] – [Adolph] Goldschmidt – [Karl] Koetschau – [Aby] Warburg u. a.: Einladung und Vorbemerkung zum X. Internationalen Kunsthistorischen Kongreß in Rom, in: Offizieller Bericht über die Verhandlungen des IX. Internationalen Kunsthistorischen Kongresses in München 16. bis 21. September 1909, Leipzig o. J., S. 133–138.

127. Warburg, A.[by]: [Vortragsresümee] Der Baubeginn des Palazzo Medici, in: Mitteilungen des Kunsthistorischen Instituts in Florenz 1 (1909/11) 2. Heft, 1909, S. 85–87.

127a. [Warburg, Aby M.]:]Stellungnahme zur Einrichtung einer Archäologie-Professur in Hamburg], in: [Protokoll der] Sitzung vom 9. Dezember 1909 [der Hamburgischen Bürgerschaft], maschinenschriftlich, 21 S. [Exemplar: The Warburg Institute, Warburg-Zimmer Nr. 72.]

128. B.[rockhaus], H.[einrich]: [Vortragsresümees zu] Florenz. Kunsthistorisches Institut, in: Kunstchronik N. F. 20 (1909) Sp. 315–316. [Sp. 315 Resümee zu A. Warburg: Der Baubeginn des Palazzo Medici, 24. November 1908.]

129. [Brockhaus, Heinrich]: Berichte über die Sitzungen des Instituts 1907/8 (1. Hälfte), in: Mitteilungen des Kunsthistorischen Instituts in Florenz 1 (1909–1911) 1. Heft, 1909, S. 32–45. [S. 32.]

130. K.,G. und J. L. Fischer: Der IX. Internationale Kunsthistorische Kongreß in München, 17.–20. September [1909], in: Kunstchronik N. F. 21 (1909) Sp. 1–5, 33–39. [Sp. 1/2, 5, 36.]

131. Mitgliederverzeichnis Oktober 1909 [des Hansischen Geschichtsvereins], in: Hansische Geschichtsblätter 15 (1909) S. 566–575. [S. 571 Dr. A. Warburg.]

132. Mitteilungen des Vereins für Hamburgische Geschichte 29 (1909) S. 162. [Unter »Vereinsabende« Hinweis auf den Vortrag Warburgs »Über die antike Götterwelt und die Frührenaissance im Süden und Norden« vom 14. 12. 1908. Vgl. Nr. 107.]

133. Offizieller Bericht über die Verhandlungen des IX. Internationalen Kunsthistorischen Kongresses in München 16. bis 21. September 1909, Leipzig o. J. [S. 6, 19, 35.]

1910

134. Warburg, A.[by]: Über Planetengötterbilder im niederdeutschen Kalender von 1519, in: Jahresbericht der Gesellschaft der Bücherfreunde zu Hamburg 1908/9, Hamburg 1910, S. 45–47.

135. Warburg, A.[by]: Ausführungen von Dr. A. Warburg [zur Einrichtung einer archäologischen Professur], in: Hamburgische Bürgerschaft. Ausschußbericht Nr. 31 vom Juni 1910, Anlage Nr. 14. [Exemplar: Staatsarchiv Hamburg.]

136. Warburg, A.[by]: Die Wandbilder im hamburgischen Rathaussaale, in: Kunst und Künstler. Illustrierte Monatsschrift für Kunst und Kunstgewerbe 8 (1910) S. 427–429.

137. Jahresbericht der Gesellschaft der Bücherfreunde zu Hamburg 1908–1909, Hamburg 1910. [S. 7, 8, 45–57, 108.]

1911

138. Warburg, A.[by]: Zwei Szenen aus König Maximilians Brügger Gefangenschaft auf einem Skizzenblatt des sogenannten »Hausbuchmeisters«. Vorbemerkung

[von] Max. J. Friedländer, in: Jahrbuch der Königlich Preußischen Kunstsammlungen 32 (1911) S. 180—184, Vorbemerkung S. 180—181. [Französische Übersetzung u. d. T.]: Deux épisodes de la captivité du roi Maximilian à Bruges sur une feuille d' esquisse de l'artiste dit Meister des Hausbuches. Préface de Max J. Friedländer, in: Les arts anciens de Flandre, Bd. 6, 1912, S. 114—122.

139. B.[rockhaus], H.[einrich]: [Vortragsresümees zu] Florenz. Kunsthistorisches Institut, in: Kunstchronik N. F. 22 (1910/11) Sp. 602—603. [Sp. 602 Resümee zu A. Warburg: Eine astronomische Himmelsdarstellung in der alten Sakristei von S. Lorenzo in Florenz, 28. März 1911.]

140. Mesnil, Jacques: L'art au nord et au sud des Alpes à l'époque de la Renaissance, Bruxelles-Paris 1911. [S. 18, 27, 35, 66, 79.]

141. Schlosser, Julius von: Geschichte der Porträtbildnerei in Wachs, in: Jahrbuch der kunsthistorischen Sammlungen des Allerhöchsten Kaiserhauses 29 (1910/11) S. 171—258. [S. 212, 214 Anknüpfung an Warburg: Bildniskunst und florentinisches Bürgertum, 1902.]

142. Simonsfeld, Prof.: Zur Geschichte der Wandteppiche, in: Münchner Neueste Nachrichten, 64. Jahrgang, Nr. 210, Freitag, 5. Mai 1911, Vorabend-Blatt, S. 2. [Hinweis auf A. Warburg: Arbeitende Bauern, 1907.]

143. Verzeichnis der Anwesenden. Zwölfte Versammlung Deutscher Bibliothekare in Hamburg am 8. und 9. Juni 1911, in: Zentralblatt für Bibliothekswesen 28 (1911) S. 381—382. [Verzeichnet auch Dr. A. Warburg, Hamburg.]

1912

144. Warburg, A.[by]: Eine astronomische Himmelsdarstellung in der alten Sakristei von S. Lorenzo in Florenz, in: Mitteilungen des Kunsthistorischen Institutes in Florenz 2 (1912/17) 1. Heft, 1912, S. 34—36.

145. Warburg, Aby: Mitteilung über den kunstgeschichtlichen Kongress in Rom, Herbst 1912, in: Sitzungsbericht V. 1912. Kunstgeschichtliche Gesellschaft [zu Berlin]. Ordentliche Sitzung am Freitag, den 10. Mai 1912, S. 119—120. [Mit Diskussionsbeiträgen von Springer, Koetschau und Kautzsch.]

146. [anonym:]: [Aby Warburg verzichtet auf den Ruf nach Halle], in: Kunstchronik N. F. 23 (1911/12) Nr. 18, 1. März 1912, Sp. 276. [Unter Personalien: »Hamburg. Auf den Hallenser Lehrstuhl der Kunstgeschichte hatte als Nachfolger des Professors Goldschmidt Dr. A. Warburg in Hamburg einen Ruf erhalten, den er aber abgelehnt hat. Dem ausgezeichneten Gelehrten wurde aus diesem Anlaß von der Hamburgischen Regierung der Titel Professor verliehen.«]

147. [anonym]: [Aby Warburg verzichtet auf den Ruf nach Halle und erhält vom Senat der Hansestadt Hamburg den Titel Professor verliehen], in: Hamburgischer Correspondent Nr. 92, Dienstag, 20. Februar 1912.

148. H., Fed.: Rom. Zehnter internationaler kunstgeschichtlicher Kongreß, in: Kunstchronik N. F. 23 (1911/12) Nr. 23 vom 12. April 1912, Sp. 366—368. [Sp. 368.]

149. Saxl, Fritz: Beiträge zu einer Geschichte der Planetendarstellungen im Orient und im Okzident, in: Der Islam 3 (1912) S. 151—177. [S. 151, Anm. 1.]

150. Schoener, R.: Von den römischen Kongressen, in: Finanz- und Handelsblatt der Vossischen Zeitung, 26. Oktober 1912. [U. a. Besprechung von Warburgs Vortrag über »Italienische Kunst und internationale Astrologie«, vgl. Nr. 213.]

151. -t.: Der Zehnte Internationale Kunsthistoriker-Kongreß in Rom [1912], in: Der Cicerone 4 (1912) S. 857—861. [S. 860/861.]

1913

152. Warburg, Aby: Luftschiff und Tauchboot in der mittelalterlichen Vorstellungs-
welt. (Burgundische Teppiche mit Darstellungen der Alexandersage im Palazzo
Doria in Rom), in: Illustrierte Rundschau Nr. 52. Beilage des Hamburger
Fremdenblattes vom 2. März 1913.

153. W[arbur]g, [Aby]: [Bericht über den Vortrag von P.H. Trummer über dessen
heraldisch-sphragistische Fachbibliothek], in: Gesellschaft der Bücherfreunde
zu Hamburg. Bericht über die Jahre 1909–1912, Hamburg 1913, S. 10–11. [In
den Gesammelten Schriften (Nr. 383) abgedruckt u. d. T. »Eine heraldische
Fachbibliothek«.]

154. Gesellschaft der Bücherfreunde zu Hamburg. Bericht über die Jahre
1909–1912, Hamburg 1913. [S. 8–11, 99, 101.]

155. Haseloff, Arthur: Der X. Internationale Kunsthistorische Kongreß in Rom, in:
Internationale Monatsschrift für Wissenschaft, Kunst und Technik 7 (1913)
Sp. 375–382. [Sp. 376 und 379.]

156. M.: Der X. Internationale Kunstgeschichtliche Kongreß in Rom [1912], in:
Kunstchronik N. F. 24 (1913) Sp. 65–70. [Sp. 67/68.]

157. Printz, Wilhelm: Der [10.] internationale kunsthistorische Kongreß [in Rom],
in: Akademische Rundschau 1912/13, S. 114–115.

158. Windelband, Wilhelm: Jahresbericht, in: Sitzungsberichte der Heidelberger
Akademie der Wissenschaften. Jahresheft 1913, S. XIII–XIX. [S. XVII.]

1914

159. Warburg, A.[by]: [Vortragsresümee] Der Eintritt des antikisiernden Idealstils
in die Malerei der Frührenaissance, in: Kunstchronik N. F. 25 (1913/14) Sp. 491.
[Das Resümee ist mit W.R.B. signiert und weicht im Wortlaut leicht von dem in
den Gesammelten Schriften (Nr. 383) S. 175 f. gegebenen Text ab; vgl. ebd. den
Hinweis, S. 367. Den vollen Wortlaut des Vortrages in italienischer Übersetzung
enthält Nr. 612.]

160. [anonym]: Im Kunsthistorischen Institut zu Florenz, in: Vossische Zeitung vom
12. Juni 1914, Morgen-Ausgabe. [Bericht über Vortrag Warburgs in Florenz am
20. 4. 1914 über den Eintritt des antikisierenden Idealstils.]

161. [anonym]: Kunsthistorisches Institut zu Florenz, in: Hamburgischer Correspondent vom 12. Juni 1914. [Bericht über Vortrag Warburgs in Florenz am
20. 4. 1914 über den Eintritt des antikisierenden Idealstils.]

162. [anonym]: Gründung eines Zweigvereins der Società Dante Aleghieri in
Hamburg, in: Hamburger Correspondent, Sonntag, 4. Juli 1914. [Warburg in
den Beirat gewählt.]

163. Archäologische Gesellschaft zu Berlin. Jahresbericht 1914, in: 74. Programm
zum Winckelmannsfeste der Archäologischen Gesellschaft zu Berlin, Berlin
1914, S. 3 und 7. [Aufnahme Warburgs in die Gesellschaft.]

164. b., g.: Letture d'arte all' Istituto Germanico, in: La Nazione, Venerdi 8 Maggio
1914, Cronica di Firenze. [Bericht über Warburgs Vortrag vom 20. 4. 1914 über
den Eintritt des antikisierenden Idealstils.]

165. Deutscher Bibliophilen-Kalender für das Jahr 1914, Wien 1914. [= 2.
Jahrgang.] [S. 165.]

166. Kongreß für Ästhetik und Allgemeine Kunstwissenschaft. Berlin 7.–9.
Oktober 1913. Bericht. Hrsg. vom Ortsausschuß, Stuttgart 1914. [S. 12

532

Warburg als Mitglied und Teilnehmer verzeichnet, S. 17 stud. phil. Erwin Panofsky als Hörer.]

1915

167. Warburg, Aby: Bottega-Buch des Marco del Buono und des Apollonio di Giovanni. Florenz 1446–1463, in: Paul Schubring, Cassoni, Leipzig 1915, Anhang II, S. 1–8. [Dazu notiert Warburg am 16. 3. 1918 in die Schubring zur Verfügung gestellte Abschrift: »Das Buch ist von Schubring . . . abgedruckt mit meiner Einwilligung, aber ohne die gesetzte Bedingung zu erfüllen, 1. die Seiten noch einmal vorher in Florenz zu collationieren, 2. mir die Druckbogen vorher zu schicken; der Krieg mußte als Ausrede gelten.«]

168. [Warburg, Aby, Panconelli-Calzia, Werner von Melle, Hrsg.]: La guerra del 1914. Rivista illustrata, o. O. u. J. [1914/15]. [Exemplar: The Warburg Institute London. Die Herausgeberschaft wird bezeugt durch W. v. Melle: Dreißig Jahre Hamburger Wissenschaft [Nr. 233], S. 440.]

169. [Warburg, Aby]: König Viktor Emanuel in Quarto, in: Hamburger Correspondent, 185. Jahrgang, Nr. 224, 4. Mai 1915, S. 2. [Warburgs Verfasserschaft bezeugt durch Nr. 2.]

170. [Warburg, Aby]: Vom Totenbett des italienischen Gewissens, in: Hamburger Echo, 29. Jahrgang, Freitag, den 21. Mai 1915, S. 1. [Warburgs Verfasserschaft bezeugt durch Nr. 2.]

171. Bütschli, Otto: Jahresbericht, in: Sitzungsberichte der Heidelberger Akademie der Wissenschaften. Jahresheft 1915, S. III − XVIII. [S. IX.]

172. Florenz. Kunsthistorisches Institut. [Bericht über die wissenschaftliche Zusammenkunft vom 17. April 1915.], in: Kunstchronik N. F. 26 (1915) Sp. 412–414. [Sp. 412.]

173. Kunstgeschichtliche Gesellschaft, Berlin. In der Dezember-Sitzung sprach Paul Schubring über den antiken Mythos in der Malerei des Quattrocento [Resümee], in: Kunstchronik 26 (1915) Sp. 246–248. [Sp. 247 Hinweis auf Warburgs Entdeckung des Bottegabuchs des Marco del Buono.]

174. Saxl, Fritz: Verzeichnis astrologischer und mythologischer illustrierter Handschriften des lateinischen Mittelalters in römischen Bibliotheken, Heidelberg 1915. (= Sitzungsberichte der Heidelberger Akademie der Wissenschaften. Philosophisch-historische Klasse, Jahrgang 1915, Abhandlung 6/7.) [S. III − VI.]

1916

175. Hauber, A.: Planetenkinderbilder und Sternbilder. Zur Geschichte des menschlichen Glaubens and Irrens, Straßburg 1916. (= Studien zur Deutschen Kunstgeschichte Heft 194.) [S. XIII f.]

176. Pauli, G.[ustav]: Notiz zu der Deutung einer Handzeichnung Dürers, in: Repertorium für Kunstwissenschaft 39 (1916) S. 257. [»Für die folgenden Bemerkungen kann ich nur halb als verantwortlich zeichnen, da ich einem Hinweis meines Freundes A. Warburg gefolgt bin.«]

177. Thilenius, G.: Das Hamburgische Museum für Völkerkunde, Berlin 1916. (= Museumskunde. Beiheft zu Bd. XII. [S. 13: Warburg Mitglied der Kommission für das Museum seit 1904.]

1917

178. [anonym]: Über reformatorische Weissagung in Wort und Bild zu Zeiten Luthers, in: Hamburger Correspondent Nr. 582, 15.11.1917. [Zu Warburgs Vortrag vor dem Verein für Hamburgische Geschichte.]

179. Buddecke, A.: Die Kriegssammlungen. Ein Nachweis ihrer Einrichtung und ihres Bestandes, Oldenburg 1917. [S. 25.]

180. Hoecker, Rudolf: Eine kunstwissenschaftliche Studienbibliothek: Die Bibliothek Professor A. Warburgs in Hamburg, in: Zentralblatt für die deutsche Kunst, April 1917, S. 8—10.

181. Kurth, Betty: Die Blütezeit der Bildwirkerkunst zu Tournai und der burgundische Hof, in: Jahrbuch der Sammlungen des allerhöchsten Kaiserhauses 34 (1917) S. 54—110. [S. 71 zu Warburgs »Luftschiff und Tauchboot«, 1913.]

182. st.: Die Bibliothek des Prof. Warburg, in: Hamburger Correspondent Nr. 392 vom 3.8.1917.

1918

183. Warburg, A.[by]: Robert Münzels Bücher, in: Robert Münzel zum Gedächtnis. Von Fritz Burg, Albert Köster, Carl Meinhof, B. A. Müller, Karl Rathgen, A.[by] Warburg, Hamburg: Gesellschaft für Bücherfreunde 1918, S. 37—38. [Vgl. Nr. 192.]

184. Warburg, A.[by]: Presse, Publikum Papier, in: Die literarische Gesellschaft, Hrsg. von der Literarischen Gesellschaft zu Hamburg 4 (1918) Heft 3, S. 88—89.

185. Warburg, Aby M.: Das Problem liegt in der Mitte, in: Die literarische Gesellschaft. Hrsg. von der Literarischen Gesellschaft zu Hamburg 4 (1918) Heft 5, Sonderheft zur Universitätsfrage, S. 149—150.

186. Franke, [O.] — [R.] Salomon — [Gustav] Schiefler — [G.] Thilenius — [Aby] Warburg — [W.] Weygandt — [H.] Winkler: Verwahrung, in: Die Literarische Gesellschaft. Herausgegeben von der Literarischen Gesellschaft zu Hamburg 4 (1918) H. 5, Sonderheft zur Universitätsfrage, S. 179—180. [Antwort auf polemische Angriffe der Gegner einer Hamburgischen Universität.]

187. Heise, Carl Georg: Norddeutsche Malerei. Studien zu ihrer Entwicklungsgeschichte im 15. Jahrhundert von Köln bis Hamburg, Leipzig 1918. [»Professor Dr. A. Warburg dankbar zugeeignet«. Das Werk wurde von Max J. Friedländer der Kunstgeschichtlichen Gesellschaft Berlin vorgelegt, vgl. Sitzungsbericht V. 1918. Kunstgeschichtliche Gesellschaft [zu Berlin]. Ordentliche Sitzung am Freitag, den 17. Mai 1918, S. 80.]

188. Hi.[ldebrandt, Paul]: Im Zeichen des Saturn. Aberglaube im Zeitalter der Reformation, in: Vossische Zeitung, Dienstag, 18. Juni 1918, Nr. 167, Morgen-Ausgabe A. [Bericht über Vortrag Aby Warburgs vor der Religionswissenschaftlichen Vereinigung zu Berlin.]

189. Mitglieder-Verzeichnis der Wiener Bibliophilen-Gesellschaft, in: Jahrbuch Deutscher Bibliophilen für 1918, Wien 1918. [S. 193 Warburg als Mitglied verzeichnet.]

190. Mönckeberg, Carl [Hrsg.]: Bürgermeister [Johann Georg] Mönckeberg. Eine Auswahl seiner Briefe und Aufzeichnungen, Stuttgart-Berlin 1918. [S. 208—214.]

191. W.[ittko], P.[aul]: Willy von Beckeraths Wandgemälde in der Hamburger Kunstgewerbeschule, in: General-Anzeiger, Nr. 72, vom 26.3.1918.

1919

192. Warburg, A.[by]: Zum Gedächtnis Robert Münzels. [Begleitworte zur Überreichung der Gedächtnisschrift auf Robert Münzel an die Gesellschaft der Bücherfreunde zu Hamburg anläßlich ihres zehnjährigen Bestehens am 15. September 1918], in: Zeitschrift für Bücherfreunde N.F.10 (1918/19) S.254−255. [Vgl. Nr. 183.]

193. Bezold, [Friedrich von]: [Bericht] Sitzung der Philosophisch-historischen Klasse am 25. Oktober 1919. Vorsitzender: Herr Bezold, in: Sitzungsberichte der Heidelberger Akademie der Wissenschaften, Jahresheft 1919, S. XL−XLI. [Vorlage von Warburg: Heidnisch-antike Weissagung, durch Franz Boll.]

194. Boll, Franz unter Mitwirkung von Carl Bezold: Sternglaube und Sterndeutung. Die Geschichte und das Wesen der Astrologie. 2. Auflage, Leipzig 1919. [S. V Vorworte zur 1. und 2. Auflage, vgl. S. 106 und die Rez. von B. A. Müller.]

195. Müller, B. A.: [Rez.] Boll−Bezold, Sternglaube und Sterndeutung, 2. Auflage, Leipzig 1919, in: [Berliner] Philologische Wochenschrift 39 (1919) Sp. 1132−1133.

196. Saxl, Fritz: Probleme der Planetenkinderbilder, in: Kunstchronik N.F.30 (1919) S. 1013−1021. [S. 1013.]

1920

197. Warburg, A.[by]: Heidnisch-antike Weissagung in Wort und Bild zu Luthers Zeiten, Heidelberg 1920. (= Sitzungsberichte der Heidelberger Akademie der Wissenschaften. Philologisch-historische Klasse, Jahrgang 1919, 26. Abhandlung.) 104 S. und 5 Tafeln. [Die Angabe »Jahrgang 1920« im Reihentitel des Titelblattes beruht auf einem Druckfehler.] [Abdruck in diesem Bande S. 199 ff.]

197a. Herzfeld, Ernst: Der Thron des Khosrô. Quellenkritische und ikonographische Studien über Grenzgebiete der Kunstgeschichte des Morgen- und Abendlandes, in: Jahrbuch der preußischen Kunstsammlungen 41 (1920) S. 1–24, 103–147. [S. 127 f. zu Warburg: Luftschiff und Tauchboot, 1913; S. 104 und 139 f. zu Saxl: Beiträge zur Planetendarstellung im Orient und Occident, 1912.]

198. Saxl, Fritz: Das Nachleben der Antike. Zur Einführung in die Bibliothek Warburg, in: Hamburger Universitäts-Zeitung 2 (1920) S.244−247.

1921

199. Berger, Arnold E.: [Rez.] Aby Warburg, Heidnisch-antike Weissagung 1920, in: Zeitschrift für Deutschkunde 48 (1921) S. 487−488.

200. Bernoulli, Rudolf: [Rez.] A. Warburg, Heidnisch-antike Weissagung 1920, in: Psychische Studien 48 (1921) S. 518−521.

201. Gressmann, Hugo: [Rez.] A. Warburg, Heidnisch-antike Weissagung 1920, in: Theologische Literaturzeitung 46 (1921) S. 234.

202. Hildebrandt, Paul: Die Weisheit der Sterne, in: Literarische Umschau, 4. Beilage zur Vossischen Zeitung vom 5. Juni 1921, Nr. 260. [Rez. von A. Warburg, Heidnisch-antike Weissagung 1920.]

203. Hoecker, Rudolf: [Rez.] A. Warburg, Heidnisch-antike Weissagung 1920, in: Münchner Neue Nachrichten vom 6./7. August 1921. [Auch in]: Deutsche Literaturzeitung 44 (1923) S. 236.

204. Meinhof, C.: [Rez.] A. Warburg, Heidnisch-antike Weissagung 1920, in: [Organ nicht feststellbar. Exemplar: The Warburg Institute, London.]

205. Sieveking, Heinrich: Sternen- und Wunderglaube. [Rez.] A. Warburg, Heidnisch-antike Weissagung 1920, in: Neue Zürcher Zeitung Nr. 1597 vom 9. November 1921, Erstes Morgenblatt.

206. Tietze, Hans: [Rez.] A. Warburg, Heidnisch-antike Weissagung 1920, in: Mitteilungen der Gesellschaft für vervielfältigende Kunst 1921, S. 51.

207. T.[ietze]-C.[onrat], E.[rica]: [Rez.] A. Warburg, Heidnisch-antike Weissagung 1920, in: Kunstchronik N.F. 32 (1920/21) S. 843—844.

208. Waetzold, Wilhelm: [Rez.] A. Warburg, Heidnisch-antike Weissagung 1920, in: Frankfurter Zeitung, 10. Juli 1921, Nr. 504.

209. Bode, Wilhelm von: Sandro Botticelli, Berlin 1921. [S. 5.]

210. Schaefer, Emil: Sandro Botticelli. Ein Profil, Berlin 1921. [S. 45 Anm. 46 Anknüpfung an Warburgs Dissertation.]

211. Schlosser, Julius von: ›Armeleutekunst‹ alter Zeit, in: Jahrbuch für Kunstsammler 1 (1921) S. 47—66. [Wiederabgedruckt in:] J. v. Sch., Präludien, Berlin 1927, S. 304—319.

212. Schramm, Percy Ernst: Verzeichnis gedruckter Quellen zur Geschichte Hamburgischer Familien. Unter Mitwirkung von Dr. jur. Ascan W. Lutteroth, Hamburg, Hamburg 1921. [S. 121.]

1922

213. Warburg, A.[by]: Italienische Kunst und internationale Astrologie im Palazzo Schifanoja zu Ferrara, in: Atti del X congresso internazionale di storia dell' arte in Roma [1912]. L'Italia e l'arte straniera, Roma 1922, S. 179—193. [Abdruck in diesem Bande S. 173. ff.]

214. Warburg, A.[by]: Piero della Francescas Constantinschlacht in der Aquarellkopie des Johann Anton Ramboux, in: Atti del X congresso internazionale di storia dell' arte in Roma [1912]. L'Italia e l'arte straniera, Roma 1922, S. 326—327.

215. Warburg, Aby: [Kassenbericht], in: Atti del X congresso internazionale di storia dell' arte in Roma [1912]. L'Italia e l'arte straniera, Roma 1922, S. 20.

216. Warburg, Aby: [Diskussionsbeitrag zu] Paul Schubring, Die Stellung des nordischen und südlichen Künstlers zum Bildvorwurf, in: Atti del X congresso internazionale di storia dell' arte in Roma [1912]. L'Italia e l'arte straniera, Roma 1922, S. 54—55. [Stellungnahme gegen die Lehre von den unterschiedlichen Kunsttemperamenten des Süd- und des Nordländers.]

217. Kampers, Franz: [Rez.] A. Warburg, Heidnisch-antike Weissagung 1920, in: Historisches Jahrbuch der Görres-Gesellschaft 42 (1922) S. 355.

218. Köhler, W.: [Rez.] A. Warburg, Heidnisch-antike Weissagung 1920, in: Sonntagsblatt der Basler Nachrichten vom 15. Oktober 1922.

219. Scheel, Otto: [Rez.] A. Warburg, Heidnisch-antike Weissagung 1920, in: Zeitschrift für Kirchengeschichte 40, N.F. 3 (1922) S. 261—262.

220. Wagner, Malte: [Rez.] A. Warburg, Heidnisch-antike Weissagung 1920, in: Hamburger Fremdenblatt, 9. März 1922, Nr. 116, Abendausgabe, Titelseite.

221. Zscharnack: [Rez.] A. Warburg, Heidnisch-antike Weissagung 1920, in: Volkskirche 4 (1922) Nr. 1, 1. Januar, Sp. 10.

222. Cassirer, Ernst: Der Begriff der symbolischen Form im Aufbau der Geisteswissenschaften, in: Vorträge der Bibliothek Warburg. Vorträge 1921/22, S. 11—39. [S. 11.] [Wiederabgedruckt in:] E. C., Wesen und Wirkung des Symbolbegriffs, 6. Auflage, Darmstadt 1977, S. 171—200. [S. 171.]

223. Goldschmidt, Adolph: Das Nachleben der antiken Formen im Mittelalter, in: Vorträge der Bibliothek Warburg. Vorträge 1921/22, S. 40–50. [S. 47 Anknüpfung an Warburgs Dissertation.]

224. Hamburgische Universität. Verzeichnis der Vorlesungen. Sommersemester 1922, Hamburg 1922, [bis] Wintersemester 1929/30, Hamburg 1929.

225. Pauli, Gustav: Dürer, Italien und die Antike, in: Vorträge der Bibliothek Warburg. Vorträge 1921/22, S. 51–68. [S. 51. Anknüpfung an Warburg: Dürer und die italienische Antike, 1906.]

226. Ritter, Helmut: Picatrix. Ein arabisches Handbuch hellenistischer Magie, in: Vorträge der Bibliothek Warburg. Vorträge 1921/22, S. 94–124. [S. 109, 113.]

227. Saxl, Fritz: Die Bibliothek Warburg und ihr Ziel, in: Vorträge der Bibliothek Warburg. Vorträge 1921/22, S. 1–10. Reprint Nendeln/Liechtenstein 1967.

228. Saxl, Fritz: Rinascimento dell'antichità. Studien zu den Arbeiten A. Warburgs, in: Repertorium für Kunstwissenschaft 43 (1922) S. 220–272. [Abdruck in diesem Bande S. 347 ff.]

229. Tillich, Paul: Renaissance und Reformation. Zur Einführung in die Bibliothek Warburg, in: Theologische Blätter. 32. Jahrgang der Kartell-Zeitung, 1922, Sp. 265–267. [Wiederabgedruckt in:] P. T., Impressionen und Reflexionen. Ein Lebensbild in Aufsätzen, Reden und Stellungnahmen, hrsg. von Renate Albrecht, Übersetzungen von Gertrud Braune, Stuttgart 1972. (= Gesammelte Werke Bd. XIII.)

1923

230. Stuhlfauth, Georg: [Rez.] A. Warburg, Heidnisch-antike Weissagung 1920, in: Zeitschrift für Bücherfreunde N. F. 15 (1923) S. 34–35.

231. Doren, A.[lfred]: Fortuna im Mittelalter und in der Renaissance, in: Vorträge der Bibliothek Warburg 1922/23, I. Teil, S. 71–144. [S. 71, 118, 121, 135 (Francesco Sassetti).]

232. Kossel, Albrecht: Bericht über die Tätigkeit der Akademie vom 1. Januar 1922 bis zum 24. April 1923, in: Sitzungsberichte der Heidelberger Akademie der Wissenschaften. Jahresheft 1922/23, S. XV–XX. [S. XVIII: Paul Warburg, New York, leistet Unterstützung.]

233. Melle, Werner von: Dreißig Jahre Hamburger Wissenschaft 1891–1921. Rückblicke und persönliche Erinnerungen von Werner von Melle. Bd. 1, Hamburg 1923; Bd. 2, Hamburg 1924. [S. Register in Band 2 unter Aby Warburg, Felix Warburg, Max M. Warburg, M. M. Warburg & Co, Moritz Warburg, Otto Warburg, Paul Warburg.]

234. Panofsky, Erwin und Fritz Saxl: Dürers ›Melencolia I‹. Eine quellen- und typengeschichtliche Untersuchung, Leipzig-Berlin 1923. (= Studien der Bibliothek Warburg 2.) [S. I.]

235. Schramm, Percy Ernst: Das Herrscherbild in der Kunst der frühen Mittelalters, in: Vorträge der Bibliothek Warburg. Vorträge 1922/23. I. Teil, S. 145–224. [S. 145.]

236. Weixlgärtner, Arpad: Zum Geleite, in: Erwin Panofsky/Fritz Saxl, Dürers ›Melencolia. I‹. Eine quellen- und typengeschichtliche Untersuchung, Leipzig–Berlin 1923, S. IX–XV. (= Studien der Bibliothek Warburg. Bd. 2.)

1924

237. Warburg, A.[by]: Zum Vortrage von Karl Reinhardt über »Ovids Metamorphosen« in der Bibliothek Warburg am 24. Oktober 1924. Als Manuskript gedruckt,

Hamburg o. J. [1924]. [Zwei bedruckte Seiten. Exemplar: The Warburg Institute, London.]

238. Fraenkel, Eduard: Lucan als Mittler des antiken Pathos, in: Vorträge der Bibliothek Warburg 4 (1924) S. 229–257.
[Wiederabgedruckt in:] E. F., Kleine Beiträge zur klassischen Philologie, Bd. II, Roma 1964, S. 233–266. (= Storia e Letteratura 96.)

239. Herrmann, Christian: Die Bibliothek Warburg und ihre Veröffentlichungen, in: Kant-Studien 29 (1924) S. 586–589.

240. Kampers, Franz: Vom Werdegang der abendländischen Kaisermystik, Leipzig –Berlin 1924. [Titelblatt: »Gedruckt mit Unterstützung der Bibliothek Warburg«, S. V.]

241. Leisegang, Hans: [Rez.] Vorträge der Bibliothek Warburg 1921–22, in: [Berliner] Philologische Wochenschrift 44 (1924) Sp. 588–591.

242. Liebmann, Heinrich: Bericht über die Tätigkeit der Akademie vom 15. April 1923 bis zum 11. Mai 1924, in: Sitzungsberichte der Heidelberger Akademie der Wissenschaften. Jahresheft 1923/24, S. XVII–XXIII. [S. XVII f. Paul Warburg, New York, unterstützt die Akademie.]

243. Meyer, Georg: Die Bibliothek Warburg und ihre Ziele, in: Hamburger Fremdenblatt, Sonnabend, 1. März 1924, Nr. 61, Abend-Ausgabe, S. 10.

244. Tietze, Hans: Geisteswissenschaftliche Kunstgeschichte, in: Die Kunstwissenschaft der Gegenwart in Selbstdarstellungen, hrsg. von Johannes Jahn, Leipzig 1924, S. 183–198. [S. 191.]

1925

245. Eisler, R.: [Rez.] A. Warburg, Heidnisch-antike Weissagung 1920, in: The Quest, July 1925.

246. Baasch, Ernst: Geschichte Hamburgs 1814–1918. 2 Bde, Stuttgart-Gotha 1924/25. [Bd. 2, S. 315 und 332.]

247. Cassirer, Ernst: Philosophie der symbolischen Formen. Zweiter Teil. Das Mythische Denken, Berlin 1925. 7. Auflage, Darmstadt 1977. [S. XIII.] [Vgl. Nr. 381.]

248. Doren, Alfred: Wunschräume und Wunschzeiten, in: Vorträge der Bibliothek Warburg. Vorträge 1924/25, S. 158–205. [Zu Warburgs Unterscheidung der olympisch-rationalen und der dämonisch-irrationalen Seite des Fortlebens der Antike.]

249. Hartlaub, G.[ustav] F.: Giorgiones Geheimnis. Ein kunstgeschichtlicher Beitrag zur Mystik der Renaissance, München 1925. [S. 83.]

250. K., W.: Bibliothek Warburg, in: Basler Nachrichten, Montag, 8. Juni 1925. 81. Jahrgang, Nr. 155.

251. Das Kunsthistorische Institut in Florenz 1888. 1897. 1925. Wilhelm von Bode zum achtzigsten Geburtstage am 10. Dezember 1925 dargebracht vom Kunsthistorischen Institut in Florenz in Dankbarkeit und Verehrung, o. O. und J. [1925]. [S. 5, 6, 15, 16, 17, 27, 46, 50.]

252. Martin, Alfred von: Die Kaisermystik und ihre Geschichte, in: Literaturblatt. Beilage zur Frankfurter Zeitung Nr. 1, 2. Januar 1925. [Rez. von Kampers: Vom Werdegang der abendländischen Kaisermystik, 1924.]

253. Schmidt, Karl Ludwig: Der Apostel Paulus und die antike Welt, in: Vorträge der Bibliothek Warburg. Vorträge 1924/25, S. 38–64. [S. 38, 40.]

254. Thimme, W.: [Rez.] Vorträge der Bibliothek Warburg II, Vorträge 1922–23, in: Theologische Literaturzeitung 50 (1925) Sp. 255–257.

255. Volkmann, Ludwig: [Rez.] Panofsky-Saxl, Dürers ›Melencolia I,‹ 1923, in: Die Kunstliteratur. Beilage zur Zeitschrift für Bildende Kunst 1925, S. 27–28.

256. Yashiro, Yukio: Sandro Botticelli. 3 Bde, London-Boston 1925. [S. Register in Bd. I. Vgl. Nr. 339.]

1926

257. [anonym]: En kopia av Claudius Civ. till Hamburg, Tysk donator, svensk kopist. Duken avsedd för ett nytt konsthistoriskt bibliotek, in: Svenska Dagbladet, Tisdagen den 20 April 1926.

258. Aster, Ernst von: [Rez.] Vorträge der Bibliothek Warburg, Bde I und II,1, in: Zeitschrift für Ästhetik und allgemeine Kunstwissenschaft 20 (1926) S. 76–79.

259. B-r, Dr.: Aby Warburg, in: Frankfurter Zeitung, Samstag, 12. Juni 1926, Abendblatt.

260. Dornseiff, F.[ranz]: Die Bibliothek Warburg in Hamburg, in: Minerva-Zeitschrift 2 (1926) S. 19–20.

261. Geffcken, Johannes: Neues und Neuestes vom Nachleben der Antike, in: Süddeutsche Monatshefte 23 (1925/26) S. 324–328. [Würdigung der Publikationen der Bibliothek Warburg.]

262. Gundel, W.[ilhelm]: Vorwort zur dritten Auflage, in: Sternglaube und Sterndeutung. Die Geschichte und das Wesen der Astrologie. Unter Mitwirkung von Carl Bezold dargestellt von Franz Boll. Dritte Auflage nach der Verfasser Tod hrsg. von W. Gundel, Leipzig–Berlin 1926, S. VIII–IX. [S. IX. Vgl. S. V–VIII die Vorworte zur 1. und 2. Auflage von Franz Boll.]

263. Gundel, W.[ilhelm]: [Rez.] E. Panofsky – F. Saxl, Dürers ›Melencolia I‹, 1923, in: Gnomon 2 (1926) S. 288–300.

264. Herschel, Olga: Was ist uns Aby Warburg? Zu seinem 60. Geburtstag, 13. Juni, in: Zeitung für Literatur, Kunst und Wissenschaft, Nr. 134, vom 12. Juni 1926, 48. Jahrgang.

265. Hoffmann, Ernst: Die Bibliothek Warburg. Die Schöpfung Aby Warburgs in Hamburg, in: Berliner Tageblatt vom 19. 7. 1926. [Notiz.]

266. Kulturwissenschaftliche Bibliothek Warburg, in: Das Unterhaltungsblatt der Vossischen Zeitung vom Dienstag, 4. Mai 1926, Nr. 103. [Notiz zur Einweihung des Bibliotheksneubaus am 1. Mai 1926.]

267. Langmaack, Gerhard: [Kulturwissenschaftliche Bibliothek Warburg] Schlüsselübergabe am Pfingstsonntag 1926. Maschinenschriftlich, 2 Bll. [Exemplare: Archiv Gerhard Langmaack, Hamburg, und Archiv Dieter Wuttke, Friedland.]

268. Liebeschütz, Hans: Fulgentius Metaphoralis. Ein Beitrag zur Geschichte der antiken Mythologie im Mittelalter, Leipzig–Berlin 1926. (= Studien der Bibliothek Warburg Bd. IV.) [S. V.]

269. Mesnil, Jacques: La Bibliothèque Warburg et ses publications, in: Gazette des Beaux-Arts, 5. période, 14 (1926) S. 237–241.

270. P., C.A.: Aby Warburg. Zu seinem 60. Geburtstag, in: Hamburger Nachrichten, Sonntag, den 13. Juni 1926, Morgen-Ausgabe.

271. Pleßner, Martin: Astrologisches vom Orientalistentag, in: Hamburger Fremdenblatt vom 8. Oktober 1926, Erste Beilage zu Nr. 278. [Warburg stellt F. Bolls Werk »Sternglaube und Sterndeutung« in 3. Auflage vor und seine aus Anlaß des Orientalistentages arrangierte Ausstellung zur Astrologie.]

272. Reiche, Nanna: Die »Windgötter« Botticellis, in: Wissenschaft und Hochschule. Tägliche Rundschau, 1. Juli 1926. [Zu Warburgs Dissertation von 1893.]

273. Stuhlfauth, Georg: A. Warburg und die Warburg-Bibliothek, Das Problem des Nachlebens der Antike in Kultur und Religion, in: Theologische Blätter 5 (1926) Sp. 53–64. [Sammelbesprechung des bis dahin Erschienenen mit vorausgehender Würdigung A. Warburgs.]

274. [Aby Warburg zum 60. Geburtstag] o. O. u. J. [Hamburg, Juni 1926.] 12 S. [Exemplar: The Warburg Institute, London.]

275. Wk., P.: Aby Warburg. Zu seinem 60. Geburtstag, 13. Juni, in: Hamburgischer Correspondent. Morgen-Ausgabe, Sonnabend, 12. Juni 1926, Nr. 267, 196. Jg.

1927

276. W.[arburg], A.[by]: [Bericht ohne Titel über eine Bibliotheksführung aus Anlaß des Deutschen Orientalistentages in Hamburg, der in den Gesammelten Schriften (Nr. 383) u. d. T. »Orientalisierende Astrologie« wiederabgedruckt ist.], in: Wissenschaftlicher Bericht über den Deutschen Orientalistentag in Hamburg vom 28. September bis 2. Oktober 1926, veranstaltet von der Deutschen Morgenländischen Gesellschaft, Leipzig 1927, S. 5–8.

277. [anonym]: [Rez.] Vorträge der Bibliothek Warburg. Vorträge 1923–24, in: Zeitschrift für Bücherfreunde, N.F. 19 (1927) Sp. 91.

278. Baron, Hans: Literaturbericht. Renaissance in Italien, in: Archiv für Kulturgeschichte 17 (1927) S. 226–256. [S. 235 Hinweis auf Warburg, seine Bibliothek und deren Publikationen.]

279. Bibliothek Warburg, Hamburg, in: Der Zeitungshändler, 15. August 1927, Hamburg. [Anzeige von Schriften der Bibliothek.]

280. Cassirer, Ernst: Individuum und Kosmos in der Philosophie der Renaissance. Leipzig–Berlin 1927. 5. Auflage, Darmstadt 1977. [Vorwort. Widmung: »A. Warburg zum 60. Geburtstag am 13. Juni 1926«.]

281. Dornseiff, Franz: Neue Veröffentlichungen der Kulturwissenschaftlichen Bibliothek Warburg in Hamburg, in: Minerva-Zeitschrift 3 (1927) S. 105–107.

282. Henkel, M. D.: Illustrierte Ausgaben von Ovids Metamorphosen im XV., XVI. und XVII. Jahrhundert, in: Vorträge der Bibliothek Warburg. Vorträge 1926/27, S. 58–144. [S. 68 Anknüpfung an A. Warburg »Dürer und die italienische Antike«, 1906.]

283. Jahrbuch der Gesellschaft der Bibliophilen 18 (1925/27) S. 59. [Bibliothek Warburg als Mitglied verzeichnet.]

284. Nachrichten von der Gesellschaft der Wissenschaften zu Göttingen. Geschäftliche Mitteilungen aus dem Berichtsjahr 1926/27, Berlin 1927. [S. 3: Warburg am 16. Juli 1926 zum Korrespondierenden Mitglied gewählt.]

285. Saxl, Fritz: Verzeichnis astrologischer und mythologischer illustrierter Handschriften des lateinischen Mittelalters. II: Die Handschriften der National-Bibliothek in Wien, Heidelberg 1927. (= Sitzungsberichte der Heidelberger Akademie der Wissenschaften. Philosophisch-historische Klasse, Jahrgang 1925/26, 2. Abhandlung.) [S. 3; »A. Warburg zum 60. Geburtstage 13. Juni 1926«; S. 5 f, 7–68.]

286. Stuhlfauth, Georg: Veröffentlichungen der Bibliothek Warburg, in: Theologische Blätter 6 (1927) Sp. 22–23. [Sammelrez. von Liebeschütz: Fulgentius Metaforalis, Reitzenstein–Schaeder: Studien zum antiken Synkretismus, Vorträge der Bibliothek Warburg 1923–24.]

287. Trommsdorff, Paul: Der Zweite Niedersächsische Bibliothekarstag, in: Minerva-Zeitschrift 3 (1927) S. 145−147. [S. 147 »Den stärksten Eindruck aber machte allen Teilnehmern die über 40 000 Bände umfassende kunst- und kulturwissenschaftliche Bibliothek Warburg.«]

288. Weygandt, W.: Die Universität Hamburg in Wort und Bild. Herausgegeben im Auftrag des Akademischen Senats. Bearbeitet von Prof. Dr. phil. et. med. W. Weygandt, Hamburg o. J. [ca. 1927]. [S. 18 Kulturwissenschaftliche Bibliothek Warburg mit Abb. auf S. 19.]

289. Z.[iebarth], E.[rich]:
Ἐπιστημονικὴ − ʼεκπολιτιστικὴ βιβλιοθήκὴ Βάρμπουργ.
Kulturwissenschaftliche Bibliothek Warburg, in: Hellas. Organ der Deutsch-Griechischen Gesellschaft 7 (1927) S. 7. [In griechischer Sprache. Abbildungen des Lese- und Vortrags-Saales sowie des Grundrisses vom Erdgeschoß.]

1928

290. Warburg, A.[by]: Ernst Cassirer. Warum Hamburg den Philosophen Cassirer nicht verlieren darf, in: Hamburger Fremdenblatt Nr. 173 vom 23. Juni 1928.

291. [Warburg, Aby]: [Resümee zum Vortrag] Die kulturwissenschaftliche Bedeutung der acht Brüsseler Bildteppiche in den Uffizien für die Geschichte des europäischen Festwesens, 29. Oktober 1927, in: Kunstchronik und Kunstliteratur. Beilage zur Zeitschrift für bildende Kunst 61 (1927/28), Heft 9, S. 97−98. [Erscheint in den Gesammelten Schriften (Nr. 383) unter dem Titel »Medicäische Feste am Hofe der Valois auf flandischen Teppichen in der Galleria degli Uffizi«.] Dasselbe, in: Mitteilungen des Kunsthistorischen Institutes in Florenz 3 (1919−1932), Heft 3, August 1929, S. 141−142.

292. Alewyn, Richard: [Rez.] Paul Lehmann, Pseudoantike Literatur des Mittelalters, 1927. (= Studien der Bibliothek Warburg XIII.), in: Zeitschrift für Bücherfreunde 20 (1928) Sp. 225. [Auch zur Bedeutung der Bibliothek Warburg.]

293. Camowitz, W.: [Anzeige] Vorträge der Bibliothek Warburg 1921−1925, in: Und was gibts Neues in Schrifttum und Kunst? 2 (1928) Maiheft, S. 38.

294. Cattaneo, I.: Storia delle religioni e storia dell' arte, in: Le Arti Plastiche 6 (1928) 16. Sept. [Rez. von Bibliothek Warburg: Vorträge 1923−1927.]

295. Herrmann, Alfred: Hamburg und das Hamburger Fremdenblatt. Zum Hundertjährigen Bestehen des Blattes 1828−1928, Hamburg 1928. [S. Register.]

296. K., W.: Aus der Bibliothek Warburg, in: Basler Nachrichten, Samstag/Sonntag 21./22. April 1928, 1. Beilage zu Nr. 110. [Würdigung der Arbeit Warburgs, des Instituts und neuerer Publikationen.]

297. Kroll, Josef: Zur Geschichte des Spieles von Christi Höllenfahrt, in: Vorträge der Bibliothek Warburg. Vorträge 1927/28, S. 257−301. [S. 300/301 zu Warburgs Begriff der »Pathosformel«.]

298. Schubert, [Hans] von: Bericht über das Geschäftsjahr 1927/28, in: Sitzungsberichte der Heidelberger Akademie der Wissenschaften. Jahresheft 1927/28, S. X−XXII. [S. XII f.]

299. Schulenburg, Werner von der: Die Kunstwissenschaftliche Bibliothek Warburg in Hamburg, in: Italien. Monatsschrift für Kultur, Kunst und Literatur 1 (1928) S. 473−475.

300. Tritsch: Bibliothek Warburg, in: Das neue Buch. Literaturblatt der »DAZ«, 15. März 1928, Nr. 127. [Rez. der Vorträge der Bibliothek Warburg 1924−28.]

301. Vossler, Karl: Die Antike und die Bühnendichtung der Romanen, in: Vorträge der Bibliothek Warburg. Vorträge 1927/28, S. 219–256. [S. 225 Anknüpfung an Warburg: I costumi teatrali, 1895.]

302. Z.[iebarth], E.[rich]: Hamburger Vorträge in der kulturwissenschaftlichen Bibliothek Warburg, in: Hellas. Organ der Deutsch-Griechischen Gesellschaft 8 (1928) S. 32.

1929

303. Warburg, Aby: Begrüßungsworte zur Eröffnung des Kunsthistorischen Institutes im Palazzo Guadagni zu Florenz am 15. Oktober 1927, o. O. u. J. [Hamburg 1929]. [Privatdruck, 2 Druckseiten. Exemplar: The Warburg Institute, London.]

304. [anonym]: Astrology [Sammelbesprechung von: ›Sternglaube und Sterndeutung‹ von Franz Boll, ³1926; ›Heidnisch-antike Weissagung‹ von Aby Warburg; ›Verzeichnis astrologischer illustrierter Handschriften‹, Bde. 1 und 2 von Fritz Saxl und ›Antike Götter in der Spätrenaissance‹ von Fritz Saxl.], in: The Times Literary Supplement, Thursday, February 21th, 1929.

305. [anonym]: Berichte über die Sitzungen des Institutes. 1. Sitzung – 18. Dezember 1926, in: Mitteilungen des Kunsthistorischen Instituts in Florenz 3 (1919–1932), Heft 3, August 1929, S. 135–148. [S. 135.]

306. [anonym]: Zum Tode von Aby Warburg, in: Berliner Tageblatt vom 30. Oktober 1929.

307. [anonym]: Trauerfeier für Prof. Dr. Warburg, in: Hamburgischer Correspondent vom 30. Oktober 1929.

308. [anonym]: Trauerfeier für Prof. Dr. phil. A. M. Warburg, in: Hamburger Nachrichten vom 30. Oktober 1929.

309. [anonym]: Trauerfeier für Professor Dr. A. Warburg, in: Hamburger Fremdenblatt vom 30. 10. 1929.

310. [anonym]: [Hinweis auf das Ableben von] Dr. Aby Warburg, Professor an der Universität Hamburg, bekannter Kunst- und Kulturhistoriker, + am 28. [recte: 26.] Oktober [1929] im 64. Lebensjahr. [Mit Photo von M. Dührkoop, Hamburg.], in: Illustrierte Zeitung, 173. Band, Juli–Dezember 1929, Leipzig, Nr. 4417 vom 7. November 1929, S. 645.

311. [anonym]: Aby Warburg, in: Deutsches Biographisches Jahrbuch 11 (1929), Totenliste 1929, S. 372.

312. [anonym]: [Notiz zur Zeitungsausschnittsammlung Warburgs, das Kriegsgeschehen betreffend.], in: Die Weltbühne 25 (1929) S. 859.

313. Archäologische Gesellschaft zu Berlin. Jahresbericht 1929, in: 89. Winckelmannsprogramm der Archäologischen Gesellschaft zu Berlin, Berlin und Leipzig 1929, S. 1. [Gedenken an Warburgs Ableben.]

314. Bieder, Theobald: Nachruf auf Aby Warburg, gesendet in der aktuellen Stunde der Norag am 28. Oktober 1929. [Ms. im Umfang von 2 Seiten befindet sich im Warburg Institute, London. Norag ist Abkürzung für »Nordische Rundfunk AG«.]

315. Cassirer, Ernst: Nachruf auf Aby Warburg, in: Hamburger Universitätsreden gehalten beim Rektoratswechsel 1929, Hamburg 1929.

316. Costa, Giovanni: La Collezione Warburg, in: Bilychnis, Dezember 1929, S. 1–5. [Sammelbesprechung von Publikationen und Vorträgen der Warburg-Bibliothek.]

317. Dornseiff, Franz: Neue Veröffentlichungen der Kulturwissenschaftlichen Bibliothek Warburg in Hamburg, in: Minerva-Zeitschrift 5 (1929) S. 159–161.

318. Eberlein, Kurt Karl: Die »Bibliothek Warburg«. Das Lebenswerk eines Gelehrten, in: Berliner Tageblatt vom 1. November 1929.

319. Ernst, [Paul]: Bericht über das Geschäftsjahr 1928/29, in: Sitzungsberichte der Heidelberger Akademie der Wissenschaften. Jahresheft 1928/29, S. XIII–XXV. [S. XVI.]

320. Fr.[aenkel], Ed.[uard]: Aby Warburg †, in: Gnomon 5 (1929) S. 687–688. [Dasselbe in:] E. F., Kleine Beiträge zur Klassischen Philologie, Bd. II, Roma 1964, S. 577–578. (= Storia e Letteratura 96.)

321. Hamburg und seine Bauten 1918–1929. Hrsg. vom Architekten- und Ingenieur-Verein zu Hamburg, Hamburg 1929. [S. 196, Abb. 303 und 304, 357: Kulturwissenschaftliche Bibliothek Warburg, Architekt Gerhard Langmaack, BDA.]

322. Herschel, Olga: Erinnerungen an Professor Aby Warburg, in: Hamburger Universitäts-Zeitung 11 (1929) S. 154–156.

323. Hoecker, R.[udolf]: Zum Tode Aby Warburgs, in: Germania, Berlin, vom 16. November 1929.

324. Kürschners Deutscher Gelehrtenkalender 1928/29. Hrsg. von Gerhard Lüdtke. 3. Ausgabe, Berlin–Leipzig 1929. [Sp. 2577–2578.]

325. Müller-Rastatt, Carl: Professor Aby Warburg. 13. Juni 1866 – 26. Oktober 1929, in: Hamburgischer Correspondent vom 29. Oktober 1929.

326. N., A. D.: [Rez.] Vorträge der Bibliothek Warburg 1924–25 und 1925–26, in: Journal of Hellenic studies 49 (1929) S. 116.

327. Orbaan, J.A.F.: Erinnerung an Warburg (1866–1929), in: Neue Zürcher Zeitung vom 1. November 1929.

328. Panofsky, Erwin: Professor A. Warburg †, in: Hamburger Fremdenblatt vom 28. 10. 1929. [Dasselbe, in:] Das Johanneum 3 (1929) S. 248–251; [und in:] Aby M. Warburg zum Gedächtnis. [Vgl. Nr. 337.]

329. Pauli, Gustav: In memory of Professor Aby Warburg 1866–1929, in: Hamburg-Amerika-Post 1 (1929) S. 346–348.

330. Saxl, Fritz: A. Warburg, in: Frankfurter Zeitung, Jahrgang 74, Nr. 837 vom 9. November 1929. [Auch zugefügt zu:] Aby M. Warburg zum Gedächtnis. [Nr. 337].

331. Saxl, Fritz: Rede, gehalten bei der Gedächtnisfeier für Professor Warburg am 5. Dezember 1929. Maschinenschriftlich. [Exemplare im Warburg Institute, London, und im Zentralinstitut für Kunstgeschichte, München.]

332. Saucke, Kurt: Professor Aby Warburg †, in: Börsenblatt für den Deutschen Buchhandel 96 (1929) S. 1196 = Nr. 262 (R. 139) vom 12. November 1929.

333. Schramm, Percy Ernst: Kaiser, Rom und Renovatio. Studien und Texte zur Geschichte des römischen Erneuerungsgedankens vom Ende des Karolingischen Reiches bis zum Investiturstreit. I. Teil: Studien, Leipzig–Berlin 1929. (= Studien der Bibliothek Warburg Bd. XVII.) [Vorwort.]

334. Studien- und Lebensverhältnisse an der Hamburgischen Universität. Ein Führer für ausländische Studenten. Hrsg. von der Akademischen Auslandsstelle, Hamburg, Hamburg o. J. [wahrscheinlich SS 1929.] [S. 3. Kulturwissenschaftliche Bibliothek Warburg.]

335. Ta.: Professor Aby Warburg †, in: Vossische Zeitung, Nr. 258 vom 29. Oktober 1929.

336. Tr.: Aby Warburg zum Gedächtnis, in: Deutsche Allgemeine Zeitung vom 2. November 1929.

337. Aby M. Warburg zum Gedächtnis.
[1.] Worte zur Beisetzung von Professor Dr. Aby M. Warburg. Geboren am 13. Juni 1866, gestorben am 26. Oktober 1929. [Darmstadt 1929.] [Mit Bildnis-Photographie.] [Unpaginiert. S. 7–8: Erich Warburg. 9–20: Ernst Cassierer. 21–22: Gustav Pauli. 23–26: Walter Solmitz. 27: Carl Georg Heise.] [2.] Nachrufe. [Unpaginiert. S. 3–9: E. Panofsky. 10–15: F. Saxl.] o. O. u. J. [1929.]

338. Warburg, Max M.[oritz]: Rede gehalten bei der Gedächtnis-Feier für Professor Warburg am 5. Dezember 1929. Maschinenschriftlich, 7 Bll. [Exemplar: The Warburg Institute, London.]

339. Yashiro, Yukio: Sandro Botticelli and the Florentine Renaissance. Revised edition, London-Boston 1929. [Siehe Register.]

1930

340. Warburg, Aby: [Resümee zum Vortrag] Kulturgeschichtliche Beiträge zum Quattrocento in Florenz, 1929, in: Mitteilungen des Kunsthistorischen Institutes in Florenz, 3 (1919/32) Heft 4, März 1930, S. 195–196. [Angabe des Titels S. 194.]

341. [anonym]: [Artikel] Aby Warburg, in: Jüdisches Lexikon Bd. IV, 2 (1930) Sp. 1327.

342. [anonym]: [Artikel] Warburg, Aby, in: Meyers Lexikon, 7. Auflage, Bd. 12, Leipzig 1930, Sp. 1022.

343. [anonym]: Zum Gedächtnis Professor Dr. Aby Warburgs, in: Hellas-Jahrbuch 1930, S. 121. [Mit Abb. Nr. 15 bei S. 89.]

344. Beer, Arthur: Kulturwissenschaftliche Versuche im Hamburger Planetarium. Neues vom »Himmel auf Erden«, in: Hamburger Fremdenblatt vom 18. Dezember 1930, Nr. 350.

345. Bodmer, Heinrich: Kunsthistorisches Institut in Florenz. Jahresbericht 1929/30, o. O. u. J. [1930]. 20 S. [S. 3 Nachruf auf Aby Warburg, S. 7 und 9 über Schenkungen Warburgs.]

346. Doren, Alfred: Aby Warburg und sein Werk, in: Archiv für Kulturgeschichte 21 (1930) S. 1–25.

347. Freund, Lothar: Astrologie und Bild. Über A. Warburgs Bildersammlung zur Geschichte von Sternglaube und Sternkunde im Hamburger Planetarium, in: Der Kreis. Zeitschrift für künstlerische Kultur 7 (1930) Heft 4, S. 193–198.

348. Giorgetti, Alceste: Aby Warburg, in: Archivio Storico Italiano, ser. VII, 13 (1930) S. 341–344.

349. Goldschmidt, Ad.[olph]: [Längerer Nachruf auf Professor A. Warburg, gegeben am 13. Dezember 1929 vor der Kunstgeschichtlichen Gesellschaft Berlin, belegt durch:] Sitzungsberichte der Kunstgeschichtlichen Gesellschaft Berlin, Oktober 1929 bis Mai 1930, S. 7.

350. Hoecker, Rudolf: Aby Warburg zum Gedächtnis, in Zentralblatt für Bibliothekswesen 47 (1930) S. 51–53.

351. Langmaack, Gerhard: Arbeiten 1922–1929, Hamburg 1930. [S. 30–33.]

352. Liebeschütz, Hans: Das allegorische Weltbild der Heiligen Hildegard von Bingen, Leipzig–Berlin 1930. (= Studien der Bibliothek Warburg Bd. XVI.) [Vgl. Vorwort und Register.]

353. Panofsky, Erwin: Aby Warburg, in: Repertorium für Kunstwissenschaft 51 (1930) S. 1—4. [Leicht veränderte Fassung des Nachrufs im Hamburger Fremdenblatt.]

354. Panofsky, Erwin: Hercules am Scheidewege und andere antike Bildstoffe in der neueren Kunst, Leipzig—Berlin 1930. (= Studien der Bibliothek Warburg. 18.) [S. Register und Vorwort.]

355. Pasquali, Giorgio: Ricordo di Aby Warburg, in: Pegaso 2 (1930) S. 484—495. [Wiederabgedruckt in:] G. P. Vecchie e nuove pagine stravaganti di un filologo, Florenz 1952, S. 49—67. [Mit Portraitphotographie.]

356. Passarge, Walter: Die Philosophie der Kunstgeschichte in der Gegenwart, Berlin 1930.

357. Rosenbaum, Eduard: Kulturwissenschaftliche Bibliothek Warburg, in: Zentralblatt für Bibliothekswesen 47 (1930) S. 521—523.

358. Rougemont, Fritz: Aby Warburg und die wissenschaftliche Bibliophilie, in: Imprimatur 1 (1930) S. 11—17.

359. Rougemont, Fritz: Eine »Bildersammlung zur Geschichte von Sternglaube und Sternkunde«, in: Hamburger Fremdenblatt Nr. 102 vom 12. April 1930, Abendausgabe S. 1/2 mit dazugehörigen Abbildungen auf S. 20.

360. Saxl, Fritz: Vorschläge zu einer internationalen Bibliographie der Kunstgeschichte. Maschinenschriftlich, o. O. und J. [Hamburg 1930]. [Zu dem Projekt gibt die Nr. 392 nähere Erläuterungen. Exemplar: The Warburg Institute, London.]

361. Saxl, Fritz: Die Bildersammlung zur Geschichte von Sternglaube und Sternkunde [im Hamburger Planetarium] o. O. u. J. [1930]. 5 Bll., maschinenschriftlich. [In diesem Bande S. 337 ff. abgedruckt.]

362. Saxl, Fritz: Die Kulturwissenschaftliche Bibliothek Warburg in Hamburg, in: Forschungsinstitute. Ihre Geschichte, Organisation und Ziele, hrsg. von Ludolph Brauer, Albrecht Mendelssohn Bartholdy, Adolf Meyer, Band II, Hamburg 1930, S. 355—358. Reprint 1978. [Abdruck in diesem Bande S. 331 ff.]

363. Schubert, [Hans] von: Bericht über das Geschäftsjahr 1929/30, in: Sitzungsberichte der Heidelberger Akademie der Wissenschaften. Jahresheft 1929/30, S. XVII—XXXI. [S. XX f, XXIV f.: Nachruf auf Aby Warburg.]

364. Schubart, Herta: Der Sternhimmel in der Geschichte der Menschheit. Zur Eröffnung des Hamburger Planetariums, in: Hannoverscher Anzeiger vom 15. April 1930, Nr. 89, 2. Beilage.

365. sta.: Von Sternglaube und Sternkunde. Eine Ausstellung im Planetarium, in: Hamburger Anzeiger vom 15. März 1930, 1. Beilage zu Nr. 63.

366. [Vitzthum, Georg, Graf]: [Nachruf auf Aby Warburg], in: Nachrichten von der Gesellschaft der Wissenschaften zu Göttingen. Geschäftliche Mitteilungen aus dem Berichtsjahr 1929/30, Berlin 1930, S. 7—9.

367. Waetzold, Wilhelm: In Memoriam Aby Warburg, in: Mitteilungen des Kunsthistorischen Instituts in Florenz 3 (1919/32), Heft Juli 1930, S. 197—200.

368. Waetzold, Wilhelm: Aby Warburg †, in: Kunst und Künstler 28 (1929/30) S. 116—117.

369. Zeilenziger, Kurt: Juden in der deutschen Wirtschaft, Berlin 1930. [S. 228.]

1931

370. Beer, Arthur: Sterndämonen unterwegs . . . Ein Besuch in Warburgs ›Himmelsmuseum‹, in: Die Sterne 1931, Heft 8/9, S. 184—193. [Aus dem Bericht geht

hervor, daß Beer wesentlichen Anteil hat an der endgültigen Fertigstellung der Ausstellung.]

371. Cassirer, Ernst: [Ansprache zur Einführung in den Vierten Kongreß für Ästhetik und Allgemeine Kunstwissenschaft], in: Vierter Kongreß für Ästhetik und Allgemeine Kunstwissenschaft, Hamburg, 7.–9. Oktober 1930. Bericht, hrsg. von Hermann Noack, Beilageheft zur Zeitschrift für Ästhetik und Allgemeine Kunstwissenschaft 25 (1931) S. 11–14. [S. 13/14.]

372. Dürkop, Johannes: Der Meister des Hausbuches. Diss. phil. Halle–Wittenberg 1930, Braunschweig 1931. [S. 66/67.]

373. Ernst, [Paul]: Bericht über das Geschäftsjahr 1930/31, in: Sitzungsberichte der Heidelberger Akademie der Wissenschaften. Jahresheft 1930/31, S. XI–XXXI. [S. XVII f.]

374. Fischel, Oskar: Inigo Jones und der Theaterstil der Renaissance, in: Vorträge der Bibliothek Warburg. Vorträge 1930/31, S. 103–135. [Anknüpfung an Warburg: I costumi teatrali, 1895, S. 103, 123, 125.]

375. H., K.: Gebärde, Ausdruck, Sprache. Der Kongreß der Psychologen, in: Vossische Zeitung Nr. 96 vom 22. April 1931, Post-Ausgabe, Unterhaltungsblatt. [Beginnt: »Der Höhepunkt des XII. Kongresses der Deutschen Gesellschaft für Psychologie . . . lag – nicht auf dem Kongreß selbst: bei einem Empfang in der Kulturwissenschaftlichen Bibliothek Warburg hielt deren Leiter, Professor Saxl, einen Vortrag über »Gebärdensprache in der bildenden Kunst«. Vgl. Nr. 391.]

376. Halm, Peter: Das unvollendete Fresko des Filippino Lippi in Poggio A Caiano, in: Mitteilungen des Kunsthistorischen Instituts in Florenz 3 (1919/32) Heft 7, 1931, S. 393–427. [S. 398, 413, 417/418, 420, 423: Darstellung bewegten Lebens, Pathos, Laokoon, Festlichkeiten.]

377. Hoogewerff, G.[odfridus] J.[oannes]: L'iconologie et son importance pour l'étude systématique de l'art chrétien, in: Rivista d'archeologia cristiana 8 (1931) S. 53–82. [S. 60/61. Vgl. dazu G. Bing, Nr. 414.]

378. Neumeyer, Alfred: [Rez.] Walter Passarge, Die Philosophie der Kunstgeschichte in der Gegenwart, 1930, in: Repertorium für Kunstwissenschaft 52 (1931) S. 157. [»Hier fehlt als einziger unter den wichtigen Namen derjenige Warburgs.«]

379. Newald, Richard: Nachleben der Antike (1920–1929), in: Jahresbericht über die Fortschritte der Klassischen Altertumswissenschaft 232 (1931) S. 1–122. [S. 35–40 Besprechung von Warburgs »Heidnisch-antike Weissagung«, 1920, sowie »Italienische Kunst und internationale Astrologie«, 1922, und von Publikationen der Bibliothek Warburg.]

380. Noack, Hermann: Die Vorgeschichte [des Vierten Kongresses für Ästhetik und Allgemeine Kunstwissenschaft], in: Vierter Kongreß für Ästhetik und Allgemeine Kunstwissenschaft. Hamburg 7.–9. Oktober 1930. Bericht. Hrsg. von Hermann Noack, in: Beilageheft zur Zeitschrift f. Ästhetik und Allgemeine Kunstwissenschaft 25 (1931) S. 1–9. [S. 1, 2, 3 (Warburg hatte Vortrag über Problem des Transitorischen zugesagt).]

381. Noack, Hermann [Bearbeiter]: Index [zu:] Ernst Cassirer, Philosophie der Symbolischen Formen, Berlin 1931, 6. Auflage Darmstadt 1977. [S. 5/6.]

382. Wind, Edgar: Warburgs Begriff der Kulturwissenschaft und seine Bedeutung für die Ästhetik, in: Vierter Kongreß für Ästhetik und Allgemeine Kunstwissenschaft, in: Zeitschrift für Ästhetik und Allgemeine Kunstwissenschaft 25 (1931) Beilageheft, S. 163–179. [Abdruck in diesem Bande S. 401 ff.]

383. Warburg, A.[by]: Gesammelte Schriften. Herausgegeben von der Bibliothek Warburg. Bd. I und II. Unter Mitarbeit von Fritz Rougemont herausgegeben von Gertrud Bing: Die Erneuerung der heidnischen Antike. Kulturwissenschaftliche Beiträge zur Geschichte der europäischen Renaissance. Mit einem Anhang unveröffentlichter Zusätze, Leipzig—Berlin 1932. Reprint: Nendeln/ Liechtenstein 1969, in einem Bande. [Enthält die Nummern 8, 9, 10, 18, 19, 21, 24, 25, 28, 32, 35, 36, 69, 76, 78, 79, 80, 85, 89, 90, 91, 107, 120, 127, 134, 136, 138, 144, 152, 153, 159, 185, 192, 197, 213, 214, 276, 291, 303. – Nach S. 614 springt die Seitenzählung in Bd. 2 auf S. 621.

384. Bing, Gertrud: Vorwort, in: A. Warburg, Gesammelte Schriften [Nr. 383], Bd. I, S. XI—XIX.

385. Dornseiff, Franz: Neue Veröffentlichungen der Kulturwissenschaftlichen Bibliothek Warburg (KBW) in Hamburg, in: Minerva-Zeitschrift 8 (1932) S. 80—84.

386. Dürkop, Johannes: Der Meister des Hausbuches, in: Oberrheinische Kunst. Jahrbuch der oberrheinischen Museen 5 (1932) S. 83—160. [S. 134.]

387. Einem, Herbert von: Revision der Kunstgeschichte?, in: Kritische Berichte 3 (1931/32) S. 185—192. [Besprechung von Joseph Gantner: Revision der Kunstgeschichte. Prolegomena zu einer Kunstgeschichte aus dem Geiste der Gegenwart, Wien 1932.] [S. 192.] [Wiederabgedruckt in:] H. v. E.: Stil und Überlieferung. Aufsätze zur Kunstgeschichte des Abendlandes, hrsg. von Thomas W. Gaehtgens und Reiner Haussherr, Düsseldorf 1971, S. 41—49. [S. 49.]

388. Middeldorf, Ulrich und Walter Paatz: Die gotische Badia zu Florenz und ihr Erbauer Arnolfo di Cambio, in: Mitteilungen des Kunsthistorischen Instituts in Florenz 3 (1919—1932), Heft 8, 1932, S. 492—517. [S. 517, Anm. 2.]

389. Panofsky, Erwin: Der greise Philosoph am Scheidewege. Ein Beispiel für die ›Ambivalenz‹ ikonographischer Kennzeichen, in: Münchner Jahrbuch der bildenden Kunst N.F. 9 (1932) S. 285—290. [S. 287.]

390. Panzer, [Friedrich]: Bericht über das Geschäftsjahr 1931/32, in: Sitzungsberichte der Heidelberger Akademie der Wissenschaften. Jahresheft 1931/32, S. XI—XXIV. [S. XIII—XIV.]

391. Saxl, Fritz: Die Ausdrucksgebärden der bildenden Kunst, in: Bericht über den XII. Kongreß der Deutschen Gesellschaft für Psychologie in Hamburg vom 12.—16. April 1931, Jena 1932, S. 13—25. [Abgedruckt in diesem Bande S. 419 ff.]

392. Saxl, [Fritz] — [Gertrud] Bing: Bericht über die Tätigkeit der Bibliothek Warburg in den Jahren 1930 und 1931. [Hamburg 1932.] Maschinenschriftlich, 35 S. [Exemplar im Warburg Institute, London. Vgl. Nr. 432.]

393. Stechow, Wolfgang: Apollo und Daphne, Leipzig—Berlin 1932. (= Studien der Bibliothek Warburg. XXIII.) [Neudruck:] Mit einem Nachwort und Nachträgen, Darmstadt 1965. [Nachwort S. 77.]

394. Weigelt, Curt H.: Die ›boti‹ der SS. Annunziata in Florenz und die Franziskanerkirche S. Maria delle Grazie in Campo di Curtatone bei Mantua. Vortragsresümee, in: Mitteilungen des Kunsthistorischen Instituts in Florenz 3 (1919—1932) Heft 8, 1932, S. 546—548. [S. 548 Anknüpfung an Warburg: Bildniskunst und florentinisches Bürgertum, 1902.]

1933

395. Haberling, Wilhelm: [Rez.] A. Warburg, Gesammelte Schriften, 1932, in: Mitteilungen zur Geschichte der Medizin, der Naturwissenschaften und der Technik 32 (1933) S. 266.

396. Huizinga, Jan: [Rez.] A. Warburg, Gesammelte Schriften, 1932, in: De Gids 97 (1933) S. 363–367. [Wiederabgedruckt in:] J. H., Verzamelde Werken, Bd. IV: Culturgeschiedenis II, Haarlem 1949, S. 556–560.

397. Pevsner, Nikolaus: [Rez.] A. Warburg, Gesammelte Schriften, 1932, in: Theologische Literaturzeitung 58 (1933) Sp. 465–470.

398. [anonym]: Die Bibliothek Warburg, in: C. V. Zeitung. Blätter für Deutschtum und Judentum. Organ des Centralvereins der Staatsbürger jüdischen Glaubens 12 (1933) Nr. 35, 2. Beilage. [Zwei Spalten umfassend. Exemplar auf Mikrofilm im Institut für Geschichte der deutschen Juden, Hamburg.]

399. Ernst, [Paul]: Bericht über das Geschäftsjahr 1932/33, in: Sitzungsberichte der Heidelberger Akademie der Wissenschaften. Jahresheft 1932/33, S. IX–XXXI. [S. XI–XV Bericht F. Saxls über Bd. III des Verzeichnisses astrologischer und mythologischer illustrierter Handschriften.]

400. Kaegi, Werner: Das Werk Aby Warburgs. Mit einem unveröffentlichten Brief Jacob Burckhardts, in: Vossische Zeitung, Unterhaltungsblatt Nr. 245 vom 5. September 1933. [Ferner in:] Neue Schweizer Rundschau, N.F. 1 (1933/34) S. 283–293.

401. Meyer-Weinschel, Ady: Renaissance und Antike: Beobachtungen über das Aufkommen der antikisierenden Gewandgebung in der Kunst der italienischen Renaissance, Reutlingen 1933. (= Tübinger Forschungen zur Archäologie und Kunstgeschichte. Hrsg. von Prof. Dr. C. Watzinger und Prof. Dr. G. Weise. Band XII.) [S. 7.]

402. Panofsky, Erwin und Fritz Saxl: Classical mythology in mediaeval art, in: Metropolitan Museum Studies 4 (1932–33) S. 228–280. [S. 229.]

403. Pruckner, Hubert: Vorwort, in: Hubert Pruckner, Studien zu den astrologischen Schriften des Heinrich von Langenstein, Leipzig–Berlin 1933. (= Studien der Bibliothek Warburg. XIV.) [S. VII–IX.]

404. Répertoire d'art et d'archéologie. Année 1933, Nr. 106. [Ausführliche Anzeige von Panofsky–Saxl: Classical mythology in mediaeval art, 1932/33, die Beziehung der Autoren zu Warburg beleuchtet.]

405. Ritter, Helmut: Pseudo-Maǧriti. Das Ziel des Weisen, Leipzig–Berlin 1933. (= Studien der Bibliothek Warburg. XII: Picatrix 1. Arabischer Text.) [S. V.]

406. Saxl, Fritz: Der Titan Atlas im Dienste der astrologischen Erdkunde. Anhang von Elsbeth Jaffé, in: Imprimatur 1933, S. 44–55. [Verdeutlicht Warburgs Forschungsanliegen an einem selbstgewählten Beispiel.]

407. Tietze-Conrat, E.[rica]: Der Ausgleich zwischen Norden und Süden in der Graphik der Renaissance, in: XIIIᵉ congrés international d'histoire de l'art. Stockholm 1933. Résumés des communications présentées au congrès, Stockholm 1933, S. 126–127. [Warburg nicht genannt, doch schon der Titel deutet auf Warburg-Kenntnis.]

1934

408. B., T.: [Rez.] A. Warburg, Gesammtelte Schriften, 1932, in: Burlington Magazin 64 (1934) S. 47.

409. Cumont, F. [Rez.] A. Warburg, Gesammelte Schriften, 1932, in: Revue belge de philologie 13 (1934) S. 354—355.

410. Praz, Mario: [Rez.] A. Warburg, Gesammelte Schriften, 1932, in: Pan. Rassegna di Lettere, Arte e Musica 2 (1934) S. 624—626.

411. A bibliography on the survival of the classics. First volume: The publications of 1931. Second volume: The publications of 1932—1933. Edited by the Warburg Institute, London 1934 und 1938. Reprint Nendeln 1977.

412. bth: Vom Nachleben der Antike, in: Neue Zürcher Zeitung vom 25.12.1934. [Rez. von »A bibliography on the survival of the classics«, Bd. 1, 1934.]

413. Bing, Gertrud: The Warburg Institute, in: The Library Association Record, 4. ser., 1 (1934) S. 262—266. [Separat:] Printed for private circulation, [London] 1935. [Exemplar als Nr. 1 im Scrap-book, The Warburg Institute, London. Vgl. Nr. 473.]

414. B.[ing] G.[ertrud]: [Anzeige] Hoogewerff, Godefridus Joannes, L'iconologie et son importance pour l'étude systématique de l'art chrétien (1931), in: A bibliography on the survival of the classics, Bd. 1, 1934, Nr. 294.

415. Gundel, Wilhelm: [Anzeige] A. Warburg, Italienische Kunst und internationale Astrologie, 1922, in: Astronomie, Astralreligion, Astralmythologie und Astrologie. Darstellung und Literaturbericht 1907—1933, in: Jahresbericht über die Fortschritte der klassischen Altertumswissenschaft 60. Jahrgang, 243. Bd., Leipzig 1934, S. 65.

416. Kris, Ernst und Otto Kurz: Die Legende vom Künstler. Ein geschichtlicher Versuch, Wien 1934. [S. 5: »Der Kulturwissenschaftlichen Bibliothek Warburg gewidmet«, S. 8.]

417. Mandowsky, Erna: Untersuchungen zur Iconologie des Cesare Ripa, Diss. phil. Hamburg 1934. [Vorwort. Vgl. J. Becker zur Arbeit: »A keystone of the iconological tradition in German scholarship, founded by Aby Warburg.«]

418. Panzer, [Friedrich]: Bericht über das Geschäftsjahr 1933/34, in: Sitzungsberichte der Heidelberger Akademie der Wissenschaften. Jahresheft 1933/34, S. VI-I—XX. [S. X.]

419. Pudelko, Georg: Studien über Domenico Veneziano, in: Mitteilungen des Kunsthistorischen Instituts in Florenz 4 (1932/34), Heft 4, Januar 1934, S. 145—200. [S. 186 Pathosformel, Laokoon.]

420. Saxl, Fritz: La fede astrologica di Agostino Chigi. Interpretazione dei dipinti di Baldassare Peruzzi nella sala di Galatea della Farnesina, Roma 1934. (= Reale Accademia d'Italia. Collezione »La Farnesina« 1.)

421. W.[ind], E.[dgar]: Introduction, in: A bibliography on the survival of the classics, Bd. 1, London 1934, S. V—XII.

1935

422. F.[oligno], C.[esare]: [Rez.] A. Warburg, Gesammelte Schriften, 1932, in: History N.S. 19 (1934/35) S. 89.

423. Robeyns, D. A.: [Rez.] A. Warburg, Gesammelte Schriften, 1932, in: Recherches de théologie ancienne et médiévale 7 (1935) S. 108—109.

424. [anonym]: [Artikel] Warburg, Aby, in: Der Große Brockhaus, 15. Auflage, Band 20 (1935) S. 12.

425. Ermat: [Rez.] Kulturwissenschaftliche Bibliographie zum Nachleben der Antike, Bd. 1, Leipzig—Berlin 1934, in: Bulletin de l'associacion G. Budé, suppl. critique 7 (1935) S. 168.

426. Hecht, Hans: [Rez.] Kulturwissenschaftliche Bibliographie zum Nachleben der Antike, Bd. 1, Leipzig — Berlin 1934, in: Zeitschrift für Ästhetik und allgemeine Kunstwissenschaft 29 (1935) S. 160—162.

427. m., b.: L'influenza del mondo classico, in: La Cultura 14, Nr. 2 (Februar 1935) S. 37. [Rez. von A bibliography on the survival of the classics, Bd. 1, 1934.]

428. Marvin, F.S.: [Rez.]A bibliography on the survival of the classics, Bd. 1, 1934 in: Nature, October 26, 1935, S. 658/659.

429. Oertel, Robert: [Rez.] E. Wind, Introduction [zu:] A bibliography on the survival of the classics, Bd. 1, Leipzig — Berlin 1934, S. V—XII, in: Kritische Berichte zur kunstgeschichtlichen Literatur 5 (1932/33), ausgegeben Juli 1935, S. 33—40.

430. Rasch, Martin: Juden und Emigranten machen deutsche Wissenschaft, in: Völkischer Beobachter Nr. 5 vom 5. Januar 1935, S. 5 und Nr. 23 vom 23. Januar 1935, S. 6. [Über: A bibliography on the survival of the classics, Bd. 1, London 1934.]

431. Vincenti, Leonello: Aby Warburg, in: Rivista Storica Italiana 52 (1935) S. 201—206.

432. The Warburg Institute. Annual Report 1934—1935, London o. J. [1935]. [Es folgen die Berichte 1939/40 und 1940/41, von denen Exemplare nur im Scrap-book, s. Nr. 473, erhalten sind. Ab 1944/45 erscheinen die Berichte in lückenloser Folge, der jüngste 1977/78. Vgl. Nr. 392 und 813.]

433. Wind, Edgar: The Warburg Institute classification scheme, in: The Library Association Record, 4. ser., 2 (1935) S. 193—195.

1936

434. Appeal on behalf of the Warburg Library and Institute, [London 1936.] Maschinenschriftlich, 2 Teile, 5 und 6 S. [Exemplar im Scrap-book als Nr. 24—25, The Warburg Institute, London. Vgl. Nr. 473.]

435. Ernout, A.: [Rez.] Kulturwissenschaftliche Bibliographie zum Nachleben der Antike, Bd. 1, in: Revue de philologie, de littérature et d'histoire anciennes. Troisième série 62 (1936) S. 186 f.

436. Freund, Lothar: Studien zur Bildgeschichte der Sybillen in der neueren Kunst, Diss. phil. Hamburg 1936. [S. 33.]

437. Gundel, Wilhelm: Dekane und Dekansternbilder. Ein Beitrag zur Geschichte der Sternbilder der Kulturvölker. Mit einer Untersuchung über die ägyptischen Sternbilder und Gottheiten der Dekane von S. Schott, Glückstadt — Hamburg 1936. (= Studien der Bibliothek Warburg XIX.) [S. V: »F. Boll und A. Warburg zum Gedächtnis, Fritz Saxl und Rudolf Schneider in dankbarer Freundschaft«; S. VII/VIII, 42, 88, 103, 176—178, 196.]

438. Newald, Richard: Nachleben der Antike [1920—1930], in: Bursians Jahresberichte über die Fortschritte der Klassischen Altertumswissenschaft 250, Supplementband, (1936) S. 1—144. [S. 1, S. 1—3 Anzeige von »A bibliography on the survival of the classics«, Bd. 1, 1934, und S. 42—45 der »Gesammelten Schriften« Warburgs, 1932.]

439. Pauli, Gustav: Erinnerungen aus sieben Jahrzehnten, Tübingen 1936. [S. 346–348.]

440. Salomon, Richard: Opicinus de Canistris. Weltbild und Bekenntnisse eines avignonesischen Klerikers des 14. Jahrhunderts. Mit Beiträgen von A. Heimann

und R. Krautheimer, London 1936. (= Studies of The Warburg Institute. Bd. 1 A.) [S. 111–112.]

441. Sigerist, Henry E.: The history of medicine and the history of science. An open letter to George Sarton, editor of Isis, in: Bulletin of the Institute of The History of Medicine. The Johns Hopkins University 4 (1936) S. 1–14.

442. The Warburg Institute in London. From a correspondent, in: Times Literary Supplement, Saturday, January 11th 1936.

1937

443. Stamm- und Nachfahrentafeln der Familie Warburg Hamburg-Altona, Hamburg 1937. Als Manuskript für die Familie gedruckt.

444. Warburg, Max Adolf: ›De plurali Austriaco‹, in: Essays presented to Fritz Saxl on the completion of his 25th year at the Warburg Institute, London 1937, maschinenschriftlich, S. 348–351. [Geistreiche Würdigung Saxls mit parodistischer Verwendung des Warburgschen Begriffs der Pathosformel.]

445. Weisbach, Werner: »Und alles ist zerstoben«. Erinnerungen aus der Jahrhundertwende, Wien–Leipzig–Zürich 1937. [S. 302–304.]

1938

446. G.[ombrich], E.[rnst]: [Rez.] A. Warburg, Gesammelte Schriften, 1932, in: A bibliography of the survival of the classics, Bd. 2, London 1938, S. 3–5. [Abdruck in diesem Bande S. 433 ff.]

447. Blunt, Anthony F.: A method of documentation for the humanities, in: Transactions of the International Federation for Documentation, XIVth Conference, Oxford–London 1938, 3 S.

448. Foligno, C.[esare]: [Rez.] Journal of the Warburg Institute, Bd. 1, in: Italian Studies 1938, S. 33–34.

449. Hinks, Roger: [Rez.] The Journal of The Warburg Institue, Bd. 1, in: The Spectator, September 9, 1938, S. 412.

450. Maritain, Jacques: Sign and symbol, in: Journal of the Warburg Institute 1 (1937/38) S. 1–11. [S. 1.]

451. Mesnil, Jacques: Botticelli, Paris 1938. (= Les Maîtres du Moyen Age et de la Renaissance.9.) [S. Vorwort, Kritische Bibliographie S. 242 und Register.]

452. Rathe, Kurt: Die Ausdrucksfunktion extrem verkürzter Figuren, London 1938. (= Studies of The Warburg Institute. Bd. 8). [S. 35, 67 f., Anm. 65 und 67 Bezug auf Warburgs Begriff der »Pathosformel« und Saxls Aufsatz »Die Ausdrucksgebärden der bildenden Kunst«, 1932.]

453. V., W.A.: Die Zeitschrift der Bibliothek Warburg, in: Neue Zürcher Zeitung vom 8. Juni 1938.

454. Waal, Hans van de: Uit het journal von het Warburg Institute [Bd. 1], in: Nieuwe Rotterdamsche Courant, 18. 3. 1938.

455. Wackernagel, Martin: Der Lebensraum des Künstlers in der florentinischen Renaissance. Aufgaben und Auftraggeber, Werkstatt und Kunstmarkt, Leipzig 1938. [S. 10 zur Bedeutung der Forschungen Warburgs sowie passim unter den einzelnen Künstler- und Auftraggebernamen.]

456. W.[ind], E.[dgar]: The Maenad under the cross. 1. Comments on an observation by Reynolds, in: Journal of the Warburg Institute 1 (1937/38) S. 70–71. [S. 71.]

457. Wittkower, Rudolf: Chance, Time and Virtue, in: Journal of the Warburg Institute 1 (1937/38) S. 313–321. [S. 317 Warburgs »Ausgleichphilosophie«.]

[Wiederabdruck in:] R.W., Allegory and the migration of symbols, London 1977, S. 97−106, 207−208. [S. 101.]

1939

458. Warburg, Aby: A lecture on serpent ritual, in: Journal of the Warburg Institute, 2 (1939) S. 277−292. [Englische Übersetzung eines am 25. April 1923 in Kreuzlingen gehaltenen Vortrages.]

458a. Ghisi, Federico: Festi musicali della Firenze medicea (1480–1589), Firenze 1939. [Zu Warburg: I costumi teatrali, 1895.]

459. Hartlaub, G.[ustav] F.: Francesco di Giorgio und seine »Allegorie der Seele« im Kaiser-Friedrich-Museum, in: Jahrbuch der Preußischen Kunstsammlungen 60 (1939) S. 197−211. [S. 211.]

460. Keller, Harald: Die Entstehung des Bildnisses am Ende des Hochmittelalters, in: Römisches Jahrbuch für Kunstgeschichte 3 (1939) S. 227−356. [S. 286.]

461. Klibansky, Raymond: The continuity of the Platonic tradition during the middle ages. Outlines of a Corpus Platonicum Medii Aevi, London 1939. [S. 10.]

462. Panofsky, Erwin: Studies in Iconology, New York 1939, 2. Auflage 1962. [Preface.] [Italienisch:] Torino 1975. [Vgl. Nr. 649.]

463. Warburg Institute. New Premises, in: The Times, 10th January 1939, S. 9. [Zum Umzug des Instituts von Thames House, Millbank, in Imperial Institute Buildings, South Kensington.]

464. Wittkower, Rudolf: Eagle and serpent, in: Journal of the Warburg Institute 2 (1938/39) S. 293−325. [Wiederabdruck in:] R.W., Allegory and the migration of symbols, London 1977, S. 15−44, 188−196. [S. 27 mit Anm. 137.]

1940

465. Seznec, Jean: La survivance des dieux antiques, London 1940. (= Studies of The Warburg Institute XI.) [S. Register.] [Englische Übersetzung:] The survival of the pagan gods. The mythological tradition and its place in Renaissance humanism and art, New York 1953. (= Bollingen Series XXXVIII.) [Dasselbe als Taschenbuch:] New York 1961. (= Harper Torchbook.)

466. Waal, Hans van de: De invloed van de klassieke beschaving op de west-europeesche cultuur en de symbolvorming [Rez. von Journal, Bd. 2.], in: Nieuwe Rotterdamsche Courant, 4. 5. 1940.

1941

467. Haftmann, Werner: Ein Mosaik der Ghirlandaiowerkstatt aus dem Besitz des Lorenzo Magnifico, in: Mitteilungen des Kunsthistorischen Instituts in Florenz 6 (1940/41) S. 98−108. [S. 101.]

468. Kroll, Josef: Aus der Geschichte einer Pathosformel. Das Descensusmotiv im italienischen Schauspiel des Mittelalters, in: Concordia Decennalis. Deutsche Italienforschungen. Festschrift der Universität Köln zum zehnjährigen Bestehen des Deutsch-Italienischen Kulturinstituts Petrarcahaus, Köln 1941, S. 21−40. [S. 21 ohne Namensnennung.]

469. Hans Meier 6th of November 1900−17th of April 1941, in: Journal of the Warburg and Courtauld Institutes 4 (1940/41). [Nachruf auf ungezählter Seite nach dem Titelblatt. M. wurde am 17. 4. 1941 bei dem deutschen Luftangriff auf London getötet.]

470. Saxl, F.[ritz]: The classical inscription in Renaissance art and politics, in: Journal

of the Warburg and Courtauld Institutes 4 (1940/41) S. 19−46. [S. 27 f. »Sassetti Tombs«.]

1942

471. Cassirer, Ernst: Die ›Tragödie der Kultur‹, in: E.C., Zur Logik der Kulturwissenschaften, Göteborg 1942, 3. Auflage, Darmstadt 1971, S. 103−127. [S. 117/ 118. zu Warburgs Begriff der »Pathosformel«.]

472. Wittkower, Rudolf: Marvels of the east. A study in the history of monsters, in: Journal of the Warburg and Courtauld Institutes 5 (1942) S. 159−197. [Wiederabdruck in:] R.W., Allegory and the migration of symbols, London 1977, S. 45−74, 196−205. [S. 64 Anknüpfung an Warburg: Heidnisch-antike Weissagung, 1920.]

1943

473. The Warburg Institute, its founder, its purposes, methods and organisation, o. O. und J. [London 1943.] [»Scrap-book containing pamphlets and offprints illustrating the work of the Institute«. Exemplar: The Warburg Institute, London.]

1945

474. Gombrich, E.[rnst] H.[ans]: Botticellis mythologies. A study in the neoplatonic symbolism of his circle, in: Journal of the Warburg and Courtauld Institutes 8 (1945) S. 7−60. [Wiederabgedruckt in:] E.H.G., Symbolic images. Studies in the art of the Renaissance, London−New York 1972, S. 31−81.

1946

475. W.[arburg], E.[ric] M.: Max M. Warburg 1867−1946, Privatdruck o. O. u. J. [1946]. [S. 2. Ex: The Warburg Institute, London.]

1947

476. Braunfels, Wolfgang: Schriften der Bibliothek Warburg im Kriege, in: Kölner Universitäts-Zeitung 2 (1947) S. 84−85.

477. Erasmushaus Basel: Katalog Nr. 530, 1947. [Nr. 24: Aby Warburg: Sandro Botticellis »Geburt der Venus« und »Frühling« 1893. Widmungsexemplar für Jacob Burckhardt. Es wurde von Werner Kaegi erworben und dem Warburg Institute, London, geschenkt.]

478. Wilhelm Gundel zum Gedächtnis. Privatdruck, Stuttgart 1947. [S. VIII, X, XVII.]

479. Heise, Carl Georg: Persönliche Erinnerungen an Aby Warburg, New York 1947, 2. Auflage, Hamburg: Gesellschaft der Bücherfreunde 1959. [Auszug in:] C.G.H., Der Gegenwärtige Augenblick. Reden und Aufsätze aus vier Jahrzehnten, Berlin 1960, S. 66−72, 170 f.

480. Lichtwark, Alfred: Briefe an Max Liebermann. Hrsg. von Carl Schellenberg, Hamburg 1947. [S. 16.]

481. Neumeyer, Alfred: [Rez.] Carl Georg Heise, Persönliche Erinnerungen an Aby Warburg, 1947, in: The American-German Review Nr. 14, December 1947.

1948

482. [anonym]: [Artikel] Aby Warburg, in: The Universal Jewish Encyclopedia Bd. 10 (1948) S. 452 f.

483. Clark, Kenneth: [Radiobericht über Aby Warburg und das Warburg Institute] am 13. Juni 1948. [Bezeugt bei Gombrich Nr. 682, S. 271.]

484. Curtius, Ernst Robert: Europäische Literatur und lateinisches Mittelalter, Bern 1948. 2., durchgesehene Auflage, Bern 1954. [»Gustav Gröber (1844 – 1911) und Aby Warburg (1866 – 1929) in memoriam«; s. auch Register.]

485. Saxl, Fritz und Rudolf Wittkower: British art and the mediterranean, London-New York 1948, Reprint 1969.

1949

486. Antal, Frédéric: Remarks on the method of art history I/II, in: Burlington Magazine 91 (1949) S. 49 – 52, 73 – 75. [Wiederabgedruckt in:] Fr. A., Classicism and Romanticism with other studies in art history, London 1966, S. 175 – 189. [Italienisch in:] Società 1954, S. 749 – 763. [Deutsch in:] Fr. A., Zwischen Renaissance und Romantik, Dresden 1975, S. 5 – 20. (= Fundus-Bücherei. 38/39.)

487. Degenhart, Bernhard: Italienische Zeichnungen des frühen 15. Jahrhunderts, Basel 1949. [S. 33 zur Abb. Nr. 9.]

488. Plessner, M.[artin]: Etwas über die Grenze des Begriffs Hellenismus und eine neue hellenistische Urkunde aus dem islamischen Ägypten [hebräisch], in: Commentationes Judaico-Hellenisticae in memoriam Johannis Lewy, Jerusalem 1949, S. 125 – 138. [S. 127 f. über die Bedeutung Warburgs und seiner Bibliothek für die Erweiterung des Hellenismus-Begriffes. Eine deutsche Übersetzung des Beitrages befindet sich maschinenschriftlich im Warburg-Zimmer Nr. 111, The Warburg Institute, London.]

489. Saxl, Fritz: Ernst Cassirer, in: The Philosophy of Ernst Cassirer, hrsg. von Paul Arthur Schilp, 1. Auflage 1949, 2. Auflage New York 1958, S. 47 – 51.

490. Schumacher, Fritz: Selbstgespräche, Erinnerungen, Betrachtungen, Hamburg 1949. [S. 299 – 303.]

491. Schumacher, Fritz: Stufen des Lebens. Erinnerungen eines Baumeisters, 3. Auflage, Stuttgart 1949. (1. Auflage 1935.) [S. 399.]

1950

492. Cassirer, T.[oni]: Aus meinem Leben mit Ernst Cassirer, New York 1950. Maschinenschriftlich. [S. 106 – 108, 129 – 131, 149 – 156. Exemplar in Universitätsbibliothek Bonn.]

493. Curtius, Ernst Robert: Antike Pathosformeln in der Literatur des Mittelalters, in: Estudios dedicados a Menéndez Pidal, Bd. 1, Madrid 1950, S. 257 – 263.

494. Hoogewerff, G.[odefridus] J.[oannes]: Iconographie en iconologie van de oude christelijke kunst. Inaug. rede Utrecht,'s-Gravenhage 1950.

495. Yates, Frances Amelia: Le Warburg Institute et les études humanistes, in: Pensée humaniste et tradition chrétienne aux XVe et XVIe siècles, hrsg. von Henri Bédarida, Paris 1950, S. 343 – 347.

1951

496. Bandmann, Günter: Mittelalterliche Architektur als Bedeutungsträger, Berlin 1951. Nachdruck Berlin 1959. [S. 15 und 120.]

497. Bandmann, Günter: Ikonologie der Architektur, in: Jahrbuch für Ästhetik und allgemeine Kunstwissenschaft 1 (1951) S. 67 – 109. [S. 71/72.]

1952

498. Einem, Herbert von: Fragen kunstgeschichtlicher Interpretation, in: Studium Generale 5 (1952) S. 95 – 105. [S. 101 f.]
[Wiederabgedruckt in:] H. v. E.: Stil und Überlieferung. Aufsätze zur Kunstgeschichte des Abendlandes, hrsg. von Thomas W. Gaehtgens und Reiner Haussherr, Düsseldorf 1971, S. 21 – 40. [S. 32 f.]

499. Gombrich, Ernst Hans: [Artikel] Kunstwissenschaft, in: Das Atlantisbuch der Kunst, hrsg. vom Atlantis Verlag (Martin Hürlimann), Zürich 1952, S. 653 – 664. [S. 663/664.]

499a. Huizinga, J.[ohan]: Herbst des Mittelalters. Studien über Lebens- und Geistesformen des 14. und 15. Jahrhunderts in Frankreich und in den Niederlanden, Stuttgart ⁶1952. [S. 332 zu Warburg: Arbeitende Bauern, 1907.]

500. Waal, Hans van de: Drie eeuwen vaderlandsche geschied-uitbeelding 1500 – 1800. Een iconologische studie. 2 Bde, 's-Gravenhage 1952. [Bd. I, S. 4; II, S. 3 f.]

501. Warburg, Max M.[oritz]: Aus meinen Aufzeichnungen, hrsg. von Eric M. Warburg, Glückstadt 1952. Privatdruck. [Exemplar: Institut für die Geschichte der deutschen Juden, Hamburg; The Warburg Institute, London.] [S. 5/6.]

1953

502. Panofsky, Erwin: Early Netherlandish painting. Its origins and character, 2 Bde, Cambridge/Mass. 1953, 2. Auflage New York – London 1971.

503. Warburg, Eric M.: The transfer of the Warburg Institute to England in 1933, in: Warburg Institute Annual Report 1952 – 53, S. 13 – 16.

1954

504. Hillard, Gustav [= Pseudonym für Gustav Steinbömer.]: Herren und Narren der Welt, München 1954. [S. 285 – 286.]

505. Schramm, Percy Ernst: Herrschaftszeichen und Staatssymbolik. Beiträge zu ihrer Geschichte vom 3. bis zum 16. Jahrhundert, Bd. 1, Stuttgart 1954. (= Schriften der Monumenta Germaniae Historica. 13.) [S. 15/16.]

1955

506. Buck, August: Italienischer Humanismus. Forschungsbericht, in: Archiv für Kulturgeschichte 37 (1955) S. 105 – 122. [S. 106/107.]

507. Hartner, Willy: The Mercury horoscope of Marcantonio Michiel of Venice. A study in the history of Renaissance astrology and astronomy, in: Vistas in Astronomy 1 (1955) S. 84 – 138. [Wiederabgedruckt in:] W. H., Oriens-Occidens. Ausgewählte Schriften zur Wissenschafts- und Kulturgeschichte. Festschrift zum 60. Geburtstag, Hildesheim 1968, S. 440 – 495. [S. 459.]

508. Heckscher, William S.: Sixtus IIII Aeneas Statuas Restituendas Censuit. An inaugural oration, Utrecht-The Hague 1955.

509. Hellman, Geoffrey T.: A Schiff sortie and a Warburg wallow or, churning around with the churnagooses, in: The New Yorker, 11 June 1955, S. 30 – 38.

510. Langmaack, Gerhard: Arbeiten aus den Jahren 1925 – 1955. Privatdruck, Hamburg 1955. [2 Abb. auf S. 7/8.]

511. Panofsky, Erwin: The life and art of Albrecht Dürer, Princeton 1955. [Italienisch:] Mailand 1967; [Deutsch:] Darmstadt 1977.

512. Panofsky, Erwin: Meaning in the visual arts, Garden City, N.Y., 1955, 2.

Auflage Harmondsworth 1970. [S. Register.] [Deutsch unter dem Titel:] Sinn und Deutung in der bildenden Kunst, Köln 1975.

513. Röthel, Hans Konrad: Die Hansestädte. Hamburg, Lübeck, Bremen. München 1955. [S. Register.]

1956

513a. Beijer, Agne: Visions célestes et infernales dans le théatre du moyen-âge et de la renaissance, in: Les fêtes de la renaissance, hrsg. von Jean Jacquot, Paris 1956, S. 405–417. [S. 409 Warburg: I costumi teatrali, 1895.]

514. Bing, Gertrud: Il Warburg Institute e gli studi umanistici, 1956. [Vortrag, September 1956, gehalten beim »Convegno internazionale di studi sull' umanesimo at La Mendola«, unpubliziert. Exemplar im Bing-Nachlaß, The Warburg Institute, London.]

515. Clark, Kenneth: The Nude. A study in ideal form, [New York] 1956. 2. Auflage Harmondsworth 1960. [In seiner Autobiographie »Another part of the wood«, Nr. 742, S. 190 sagt Clark, das in dem Werk enthaltene Kapitel »Pathos« sei »entirely Warburgian«.]

516. Clark, Kenneth: The study of art history, in: Universities Quarterly 10 (1955/56) S. 223–238. [S. 237 f.] [Französisch in:] L'information d'histoire de l'art 4 (1959) S. 91–101. [S. 100 f.]

516a. Ghisi, Federico: Un aspect inédit des intermèdes de 1589 à la cour Médicéenne et le développement de courses masquées et des ballets équestres durant les premières décades du XVIIe siècle, in: Les fêtes de la renaissance, hrsg. von Jean Jacquot Paris 1956, S. 145–152. [S. 146 Warburg: I costumi teatrali, 1895.]

517. Krautheimer, Richard, in collaboration with Trude Krautheimer: Lorenzo Ghiberti, Princeton 1956. [S. 325 f., 332.]

518. Levin, Harry: New frontiers of knowledge in the humanities, in: Harvard Library Bulletin 10 (1956) S. 155–165. [S. 164 f. über Bibliothek des Warburg Instituts.] [Wiederabgedruckt in:] H.L., Contexts of criticism, Cambridge/ Mass. 1958.

519. Poley, Joachim: Aby Warburg zum Gedächtnis, in: Neues Hamburg, Bd. XI, 1956, S. 34–37 und 75.

519a. Schrade, Leo: Les fêtes du mariage de Francesco dei Medici et de Bianca Capello, in: Les Fêtes de la renaissance, hrsg. von Jean Jacquot, Paris 1956, S. 107–131. [S. 114 Warbug: I costumi teatrali, 1895.]

519b. Walker, D.P.: La musique des intermèdes florentins de 1589 et l'humanisme, in: Les fêtes de la Renaissance, hrsg. von Jean Jacquot, Paris 1956, S. 133–144. [S. 137 u. 141 f. Warburg: I costumi teatrali, 1895.]

519c. Winternitz, Emanuel: Instruments de musique étranges chez Filippino Lippi, Piero di Cosimo et Lorenzo Costa, in: Les fêtes de la renaissance, hrsg. von Jean Jacquot, Paris 1956, S. 379–395. [S. 387 f. Warburg: I costumi teatrali, 1895.]

1957

520. Bing, Gertrud: Fritz Saxl, 1890–1948. A memoir, in: Fritz Saxl 1890–1948. A volume of memorial essays, ed. by D.J. Gordon, London 1957, S. 1–46.

521. Gombrich, E.[rnst] H.[ans]: Art and scholarship. An inaugural lecture, London 1957. [Wiederabgedruckt in: College Art Journal 17 (1957/58), Heft 4, S. 342–356; E.[rnst] H.[ans] Gombrich: Meditations on a hobby horse and other essays on the theory of art, London 1963, S. 106–119. [Deutsche

Übersetzung mit dem Titel:] Künstler und Kunstgelehrte, in: E.H.G., Meditationen über ein Steckenpferd. Von den Wurzeln und Grenzen der Kunst, Wien 1973, S. 165—183.

522. Hocke, Gustav René: Die Welt als Labyrinth. Manier und Manie in der europäischen Kunst. Beiträge zur Ikonographie und Formgeschichte der europäischen Kunst von 1520 bis 1650 und der Gegenwart, Hamburg 1957. (= rde 50/51.) [S. 191.]

523. Lichtwark, Alfred: Briefe an Leopold Graf von Kalckreuth. Hrsg. von Carl Schellenberg, Hamburg 1957. [S. 265.]

524. Saxl, F.[ritz]: Lectures, 2 Bde, London 1957. [Auswahlausgaben Nr. 610 und Nr. 692.]

525. Saxl, Fritz: Macrocosm and microcosm in mediaeval pictures, in: Fritz Saxl, Lectures, Bd. 1, London 1957, S. 58—72. [Vortrag Winter 1927/28 in Hamburg, Religionswissenschaftliche Gesellschaft.]

526. Saxl, Fritz: Warburg's visit to New Mexico, in: Fritz Saxl, Lectures, Bd. 1, London 1957, S. 325—330. [Deutsche Übersetzung in diesem Bande S. 317 ff.]

527. Saxl, Fritz: Three ›Florentines‹: Herbert Horne, Aby Warburg, Jacques Mesnil, in: Fritz Saxl, Lectures, Bd. 1, London 1957, S. 331—344.

528. Saxl, Fritz: Why Art History?, in: Fritz Saxl, Lectures, Bd. 1, London 1957, S. 345—357. [Italienisch in:] F.S., La storia delle immagini [Nr. 610], S. 157—173 [Polnisch in:] Białostocki: Pojęcia 1976 [Nr. 775] S. 14—28. [Deutsch in diesem Bande S. 483 ff.]

529. Fritz Saxl 1890—1948. A volume of memorial essays from his friends in England. Ed. by D. J. Gordon, London [u. a.] 1957.

530. Smalley, Beryl: Prima clavis sapientiae. Augustin and Abelard, in: Fritz Saxl 1890—1948. A volume of memorial essays from his friends in England, ed. by D. J. Gordon, London 1957, S. 93—100. [S. 100.]

1958

531. Bing, Gertrud: Aby M. Warburg. Vortrag anläßlich der feierlichen Aufstellung von Aby Warburgs Büste in der Hamburger Kunsthalle am 31. Oktober 1958 mit einer vorausgehenden Ansprache von Senator Dr. Hans H. Biermann-Ratjen, Hamburg 1958. (= Veröffentlichungen der Kulturbehörde der Freien und Hansestadt Hamburg.) [Mit Abbildung der Büste, die Warburgs Gattin, Mary Warburg-Hertz, um 1930 schuf. Der Vortrag ist in diesem Bande S. 455 ff. abgedruckt.] [Italienisch in:] Rivista Storica Italiana 72 (1960) S. 100—113.

532. Hartlaub, Gustav F.: Magico e occulto, in: Enciclopedia universale dell' arte 8 (1958) Sp. 731—735. [Sp. 750.]

533. Heckscher, William S.: Rembrandt's Anatomy of Dr. Nicolaas Tulp. An iconological study, New York 1958.

534. [Hinks, Roger]: Microcosm and memory, in: Times Literary Supplement, May 23rd 1958, S. 227–278 [Titelseite und Rückseite.] [Rez. von: Fritz Saxl, Lectures, 2 vols., London 1957.]

535. Ladendorf, Heinz: Antikenstudium und Antikenkopie. Vorarbeiten zu einer Darstellung ihrer Bedeutung in der mittelalterlichen und neueren Zeit. 2. Auflage, Berlin 1958. (= Abhandlungen der Sächsischen Akademie der Wissenschaften zu Leipzig: Philologisch-historische Klasse. Bd. 46, Heft 2.) [S. Vorwort zur zweiten Auflage und Register.]

536. Nagler, Alois M.: Theater der Medici, in: Maske und Kothurn 4 (1958) S. 178–198. [Anknüpfung an Warburg: I costumi teatrali, 1895.]
537. Panofsky, Erwin: Wilhelm Vöge. 16. Februar 1868 – 30. Dezember 1952, in: Wilhelm Vöge: Bildhauer des Mittelalters, Berlin 1958, S. IX–XXXII. [S. IX, XII/XIII.]
538. Puglisi, Salvatore: Astronomia e astrologia. Problemi generali, in: Enciclopedia Universale dell' Arte, Bd. 2, 1958, Sp. 101–105. [Sp. 102.]
539. Salomon, Richard: [Rez.] Fritz Saxl 1890–1948. A volume of memorial essays, 1957, in: Speculum 33 (1958) S. 408–410.
540. Salvini, Roberto: Botticelli, Sandro, in: Enciclopedia Universale dell' Arte, Bd. 2, Sp. 750–760. [Sp. 759.]
541. Schramm, Percy Ernst: [Rez.] Fritz Saxl, Lectures, 1957, in: Göttingische Gelehrte Anzeigen 212 (1958) S. 72–77.
542. Tervarent, Guy de: Attributs et symboles dans l'art profane 1450–1600, Genève 1958. [S. IX.]
543. Vagts, Alfred: M. M. Warburg & Co. Ein Bankhaus in der deutschen Weltpolitik 1905–1933, in: Vierteljahrschrift für Sozial- und Wirtschaftsgeschichte 45 (1958) S. 289–388.

1959

544. Bauer, H.[ermann]: [Artikel] Ikonologie, in: Die Religion in Geschichte und Gegenwart, Bd. 3, Tübingen 1959, Sp. 674–676.
545. Jan Białostocki: Pięć wieków myśli o sztuce [Fünf Jahrhunderte Nachdenken über Kunst], Warszawa 1959, 2. Auflage 1976. [S. Register.]
546. Chastel, André: Art et humanisme a Florence au temps de Laurent le Magnifique. Études sur la Renaissance et l'Humanisme platonicien, Paris 1959. (= Publications de l'Institut d'Art et d'Archéologie de l'Université de Paris. T. IV.) [S. 8 mit Anm. 1; 10 mit Anm. 1; 239, Anm. 1 und 2; 262, Anm. 1; 264 mit Anm. 1; 268, Anm. 3; 310 mit Anm. 5; 390, Anm. 3.]
547. Kaznelson, Siegmund [Hrsg.]: Juden im deutschen Kulturbereich. Ein Sammelwerk. Mit einem Geleitwort von Richard Willstätter. Zweite, stark erweiterte Ausgabe, Berlin 1959. [S. Register.]
548. Lankheit, Klaus: Das Triptychon als Pathosformel, Heidelberg 1959. (= Abhandlungen der Heidelberger Akademie der Wissenschaften. Philosophisch-historische Klasse. Jahrgang 1959. 4. Abhandlung.) [S. 13/14.]
549. Liebeschütz, Hans: Das Judentum im Geschichtsbild Jacob Burckhardts, in: Year Book of the Leo Baeck Institute of Jews from Germany 4 (1959) S. 61–80. [S. 79–80.]
550. Wittkower, Rudolf: Art history as a discipline. [Vortrag gehalten im Mai 1959 in Winterthur, Delaware. Maschinenschriftlich.] [Exemplar: Archiv Dr. Margot Wittkower, 25 Cleremont Avenue, New York, N.Y. 10027.] [S. 16 f.]
551. Yates, Frances A.: The Valois tapestries, London 1959. (= Studies of the Warburg Institute. Bd. 23.) [S. XVII f.]

1960

552. Bandmann, Günter: Melancholie und Musik. Ikonographische Studien, Köln und Opladen 1960. (= Wissenschaftliche Abhandlungen der Arbeitsgemeinschaft für Forschung des Landes Nordrhein-Westfalen. Bd. 12.) [S. 39.]
553. Degenhart, Bernhard und Annegrit Schmitt: Gentile da Fabriano in Rom und

die Anfänge des Antikenstudiums, in: Münchner Jahrbuch der bildenden Kunst, 3. Folge, 2 (1960) S. 59−151. [S. 92 mit Anm. 109.]

554. Eisler, Colin: ›Kunstgeschichte‹ American style. A study in migration, in: Donald Fleming and Bernard Bailyn [Hrsgg.]: The intellectual migration. Europe and America, 1930−1960, Cambridge/Mass. 1960, S. 544−629. [S. 553, 562 f, 569, 571 f., 582, 607, 609.]

555. Gay, Peter: Weimar culture. The outsider as insider, in: Donald Fleming and Bernard Bailyn [Hrsgg.]: The intellectual migration. Europe and America, 1930−1960, Cambridge/Mass. 1960, S. 11−93. [S. 36−39.]

556. Hertz, Hans W.: [Rez.] C. G. Heise, Persönliche Erinnerungen an Aby Warburg, 1959, in: Zeitschrift des Vereins für Hamburgische Geschichte 46 (1960) S. 157−159.

557. Hofmann, Werner: [Artikel] Kunstwissenschaft, in: Werner Hofmann, Bildende Kunst II, Frankfurt/Main 1960, S. 184−197. (= Das Fischer-Lexikon, Band 22.) [S. 195.]

558. M.[iddeldorf] U.[lrich]: In memoriam Werner Cohn. Berlin 5. X. 1905 − Florenz 2. IX. 1960, in: Mitteilungen des Kunsthistorischen Instituts in Florenz 9 (1959/60) S. 265.

559. Panofsky, Erwin: Renaissance and renascences in western art, 2 Bde, Kopenhagen 1960. (= Figura 10. Gleichzeitig: The Gottesman Lextures 7.) [S. 153, 172/173, 191 ff., 202, 207.]

560. Perosa, Alessandro [Hrsg.]: Giovanni Rucelai ed il suo Zibaldone, London 1960. (= Studies of The Warburg Institute Bd. 24.) [S. X.]

561. Stocchi, Pastore M.: Iconologia e storia della cultura, in: Lettere Italiane 3 (1960) S. 338−347.

562. Tramer, Hans: Die Hamburger Kaiserjuden, in: Bulletin für die Mitglieder der Gesellschaft der Freunde des Leo Baeck Instituts 3, Nr. 9−12 (1960) S. 177−189. [S. 179.]

563. University of London. The Warburg Institute, London 1960. [Einführung in den Arbeitsbereich, den Aufbau und die Geschichte des Instituts mit einem Verzeichnis der dort erschienenen Buchpublikationen.]

564. University of London.The Warburg Institute. Author Indexes: 1. Journal of the Warburg and Courtauld Institutes, Vols. I−XXII (1937−1959). 2. Vorträge der Bibliothek Warburg 1921/22−1930/31, 3. Mediaeval and Renaissance Studies, Vols. I−IV (1941−1958). o. O. und J. [London 1960.]. [Auf Anforderung kostenlos erhältlich.]

565. Wolfsberg-Aviad, Oskar: Die Drei-Gemeinde. Aus der Geschichte der jüdischen Gemeinden Altona−Hamburg−Wandsbek, München 1960. [S. 99−101.]

1961

566. Białostocki, Jan: Teoria i twórczość. O tradicji i inwencji w teorii sztuki i ikonografii, Poznań 1961. [S. 21−25 Warburgs Interpretation von Botticellis »Frühling«, S. 176 Warburgs »Pathosformeln«, S. 191−193 Bibliothek Warburg und The Warburg Institute.]

567. Ettlinger, L.[eopold] D.: Exemplum doloris. Reflections on the Laocoon group, in: De artibus opuscula XL. Essays in honour of Erwin Panofsky, Bd. 1, New York 1961, S. 121−126. [S. 123/124 zu Warburgs »Pathosformel«.]

568. Ettlinger, L.[eopold] D.: Art history today. An inaugural lecture delivered at University College London, 9. March 1961, London 1961. [S. 14 f.]

569. Hay, Denis: The Italian Renaissance and its historical background, Cambridge 1961, 2. Auflage 1977. [Deutsch unter dem Titel:] D. H., Geschichte Italiens in der Renaissance, Stuttgart 1962. [S. 5.]

570. Lawrence, Marion: Three pagan themes in Christian art, in: De artibus opuscula XL. Essays in honour of Erwin Panofsky, Bd. 1, New York 1961, S. 323 – 334. [S. 322, Anm. 2.]

571. Trapp, J.[oseph] B.[urney]: The Warburg Institute, in: Studi medievali, 3. ser., 2 (1961) S. 745 – 750.

572. Wind, Edgar: Platonic tyranny and the Renaissance fortune. On Ficino's reading of Laws IV, 709 A – 712 A, in: De artibus opuscula XL. Essays in honour of Erwin Panofsky, Bd. 1, New York 1961, S. 491 – 496. [S. 491, Anm. 1 Anknüpfung an Warburg: Francesco Sassettis letztwillige Verfügung, 1907.]

1962

573. Baden, Hans Jürgen: Gott ist im Detail, Gütersloh 1962. [S. 5.]

574. Białostocki, Jan: Iconografia e Iconologia, in: Enciclopedia Universale dell' Arte, Bd. 7, 1962, S. 162 – 176. [Englisch in:] Encyclopedia of World Art, Bd. 7, 1963, S. 769 – 785.

575. Heckscher, William S.: Ancient art and its echoes in post-classical times. Imago. A pictorial calendar for 1963, The Netherlands Classical Association o. J. [1962]. [S. 14 zu Warburgs Begriff der »Pathosformel«. Insgesamt eine originelle Aufnahme Warburgscher Anliegen.]

576. Kaegi, Werner: Europäische Horizonte im Denken Jacob Burckhardts. Drei Studien, Basel 1962. [S. 88 – 91 u. Anmerkungen S. 172/173.]

577. Ritter, Helmut und Martin Plessner: »Picatrix«. Das Ziel des Weisen von Pseudo-Maǧriti. Translated into German from the Arabic, London 1962. (= Studies of the Warburg Institute Vol. 27.) [S. a: »In Memoriam Aby Warburg et Fritz Saxl«, S. I – III Gertrud Bing: Foreword, S. IV – VIII M. Plessner: Vorwort, S. lviii: H. Ritter: Nachwort, überall Bezug auf Warburg.]

578. Rosenbaum, Eduard: M. M. Warburg & Co. Merchant bankers of Hamburg. A survey of the first 140 years, 1798 to 1938, in: Year Book of the Leo Baeck Institute of Jews from Germany 7 (1962) S. 121 – 149. [S. 128, 133.]

579. Tonelli, Giorgio: Attività recenti del »Warburg Institute« di Londra ›1960 – 1961‹, in: Sguardi su la filosofia contemporanea 40 (1962) S. 3 – 4.

580. Weisinger, Herbert: [The Warburg Institute]. [Michigan 1962]. Maschinenschriftlich, 18 S. [Exemplar: The Warburg Institute, London. Würdigung Warburgs und der sog. Warburg-Schule mit kritischer Auseinandersetzung.]

1963

580a. Les fêtes du mariage de Ferdinand de Médicis et de Christine de Lorraine Florence 1589. I. Musique des intermèdes de ›La Pellegrina‹, édition critique par D.P. Walker, études par Federico Ghisi et D.P. Walker, notes critiques par D.P. Walker et J. Jacquot, Paris 1963. [S. XI–XXII: F. Ghisi »La tradition des fêtes florentines et les origines de l'opera. S. XXIII–XXXI: D.P. Walker, leicht veränderter Abdruck von Nr. 519b. Betreffen Warburg: I costumi teatrali, 1895.]

581. Gombrich, E.[rnst] H.[ans]: The style all'antica: imitation and assimilation, in:

The renaissance and mannerism. Studies in western art. Acts of the twentieth international congress of the history of art, Bd. 2, Princeton 1963, S. 31–44. [S. 34, 40 u. a. zu Warburgs Begriffen »Bewegtes Beiwerck« und »Pathosformel«.] [Wiederabgedruckt in:] E.H.G., Norm and form. Studies in the art of the renaissance, London–New York 1966, 2. Auflage 1971, S. 122–128. [S. 124 und 128.]

582. Heise, Carl Georg [Hrsg.]: Adolph Goldschmidt zum Gedächtnis 1863–1944, Hamburg [1963]. [Mit Beiträgen von Hans Jantzen, Otto Homburger, Otto von Taube, Erwin Panofsky, Carl Georg Heise.]

583. Homeyer, Fritz: Deutsche Juden als Bibliophilen und Antiquare, Tübingen 1963. [S. 21, 39, 77–79, 115, 119.]

584. Pingree, David: The Indian iconography of the Decans and Horâs, in: Journal of the Warburg and Courtauld Institutes 26 (1963) S. 223–254. [S. 223 Anknüpfung an Warburg: Italienische Kunst und internationale Astrologie, 1922.]

1964

585. Białostocki, Jan: Význam dějin umění jako humanistické vědy [Importance de l'histoire de l'art comme discipline humaniste], in: Umění 12 (1964) S. 454–465.

586. Cantimori, D.[elio]: Avventure di un devoto di Clio [Nachruf auf Gertrud Bing.], in: Itinerari 11 (1964) S. 89–92. [Wiederabgedruckt in Nr. 598.]

587. Du Colombier, Pierre: La méthode iconologique. [Rez. von:] Guy de Tervarent, De la méthode iconologique, 1961, in: Journal des Savants 1964, S. 235–240. [S. 236, 238.]

588. Gombrich, E.[rnst] H.[ans]: Moment and movement in art, in: Journal of the Warburg and Courtauld Institutes 27 (1964) S. 293–306. [S. 303 zu Warburgs Begriff der »Pathosformel«.]

589. Klibansky, Raymond — Erwin Panofsky — Fritz Saxl: Saturn and Melancholy. Studies in the history of natural philosophy religion and art, London 1964.

590. Maltese, Corrado: Sociologia dell' arte, in: Enciclopedia universale dell' arte, Bd. 12, 1964, Sp. 662–684. [Sp. 677 f. Warburg, Warburg-Institut, Saxl, Panofsky.]

591. Momigliano, A.[rnoldo]: Gertrud Bing, in: Rivista storica italiana 76 (1964) S. 856–858. [Wiederabgedruckt in: Nr. 598.]

592. Mosse, George L.: The crisis of German ideology. Intellectual origins of the Third Reich, New York 1964. [S. 145.]

593. Nagler, A.[lois] M.: Theatre festivals of the Medici 1539–1637, New Haven — London 1964. [S. 67, 72, 76, 77, 78, 82 Anknüpfung an Warburg: I costumi teatrali, 1895.]

594. Rosenthal, Earl: Changing interpretations of the Renaissance in the history of art, in: Tinsley Helton [Hrsg.], The Renaissance, Madison 1964, S. 53–75. [Warburg-School S. 61/62.]

595. Schramm, Percy Ernst: Neun Generationen. Dreihundert Jahre deutscher »Kulturgeschichte« im Lichte der Schicksale einer Hamburger Bürgerfamilie (1648–1948). 2 Bde, Göttingen 1963–64. [S. 451, 462.]

596. Wuttke, Dieter: Die Histori Herculis des Nürnberger Humanisten und Freundes der Gebrüder Vischer, Pangratz Bernhaubt gen. Schwenter. Materialien zur Erforschung des deutschen Humanismus um 1500, Köln–Graz 1964. (= Beihefte zum Archiv für Kulturgeschichte. Heft 7.)

1965

597. Bing, Gertrud: A. M. Warburg, in: Journal of the Warburg and Courtauld Institutes 28 (1965) S. 299−313. [Italienisch in:] Aby Warburg: La rinascita del paganesimo antico, 1966 [Nr. 612], S. VII–XXXI.[Deutsche Übersetzung in diesem Bande S. 437 ff.]

598. Gertrud Bing 1892−1964. The Warburg Institute [London] 1965. [Eine Sammlung von Nachrufen von E. H. Gombrich, ›The Times‹, Delio Cantimori, D. J. Gordon, Otto Klemperer, Arnaldo Momigliano, Edna Purdie, mit photographischen Protraits und einer Bibliographie der Schriften Gertrud Bings. Zu Cantimori vgl. Nr. 586, zu Momigliano Nr. 591.]

599. Einem, Herbert von: Ansprache des Vorsitzenden des Verbandes deutscher Kunsthistoriker, in: Feier zur Eröffnung des neuen Hauses und zum 75. Jubiläum des Kunsthistorischen Institutes am 16. Mai 1964, Florenz: Kunsthistorisches Institut 1965, S. 17−28.

600. Garin, Eugenio: Introduzione, in: Fritz Saxl, La storia delle immagini, Bari 1965, S. IX−XXIX.

601. Gombrich, E.[rnst] H.[ans]: Gertrud Bing zum Gedenken, in: Jahrbuch der Hamburger Kunstsammlungen 10 (1965) S. 7−11.

602. Gramberg, Werner: In memoriam Gertrud Bing, in: Mitteilungen des Kunsthistorischen Instituts in Florenz 11 (1963/65) S. 293−295.

603. Grimm, Heinrich: Deutsche Buchdruckersignete des XVI. Jahrhunderts. Geschichte, Sinngehalt und Gestaltung kleiner Kulturdokumente. Mit 114 Signetbildern, Wiesbaden 1965. [S. 43.]

604. Hartner, Willy: Notes on Picatrix, in: Isis 56 (1965) S. 438−451. [Wiederabgedruckt in:] W. H., Oriens − Occidens. Ausgewählte Schriften zur Wissenschafts- und Kulturgeschichte. Festschrift zum 60. Geburtstag, Hildesheim 1968, S. 415−428. [S. 415.]

605. Heckscher, W.[illiam] S.: ›A Cyclops!‹, in: The Indexer, Spring 1965. [Hinweis auf eine Mommsen-Anekdote, nach der ein Buch ohne Register ›einäugig‹ ist. Zur Bedeutung, die Warburg dem Registermachen zumaß, vgl. Noack, Nr. 381.]

606. Hirschfeld, Peter: ›Chancon giotti pintori de florentina.‹, in: Nordelbingen 34 (1965) S. 31−42. [S. 30, 33, 40.]

607. Nauert, Charles G. Jr.: Agrippa and the crisis of Renaissance thought, Urbana 1965. (= Illinois Studies in the Social Sciences No. 55.) [S. 5, 349 f.]

608. Richards, J.F.C.: The poems of C. Aurelius Cambinius, in: Studies in the Renaissance 12 (1965) S. 73−109. [S. 75/76.]

609. Salerno, Luigi: Storiografia dell'arte, in: Enciclopedia Universale dell' Arte, Bd. 13, 1965, Sp. 47−74. [Zu Warburg Sp. 73 unter der Überschrift »Le interpretazioni culturali della forma artistica«.]

610. Saxl, Fritz: La storia delle immagini. Introduzione di Eugenio Garin, Bari 1965. (= Biblioteca di cultura moderna 618.)

611. Tervarent, Guy de: L'iconologie au 20ᵉ siècle, in: Journal des savants 1965, S. 584−589.

1966

612. Warburg, Aby: La rinascita del paganesimo antico. Contributi alla storia della cultura, raccolti di Gertrud Bing. Traduzione di Emma Contimori, Firenze 1966. (= Il pensiero storico. 49.) [Enthält die italienische Übersetzung der folgenden Nummern 9, 18, 35, 36, 78, 79, 80, 85, 89, 90, 152, 159, 197, 213. Im

Falle der Nr. 159 wird statt des Vortragsresümees der volle Text in italienischer Übersetzung gebracht. Die Einleitung von Gertrud Bing wird in diesem Bande S. 437 ff. auf Deutsch abgedruckt.]

613. [anonym]: Aby Warburg. Feier zu seinem 100. Geburtstag in Hamburg, in: Die Welt vom 13. Juni 1966. [Dasselbe in:] Neue Zürcher Zeitung vom 22. Juni 1966.

614. Białostocki, Jan: Sztuka i myśl humanistyczna. Studia z dziejów sztuki i myśli o sztuce, Warszawa 1966. [S. Register.]

615. Brückner, Wolfgang: Bildnis und Brauch. Studien zur Bildfunktion der Effigies, Berlin 1966. [S. 21 und 25.]

616. Chadraba, Rudolf: Ikonologická metoda, in: Výtvarné Umění 16 (1966) S. 118—125.

617. Erffa, Hans Martin von: Das Programm der Westportale des Pisaner Domes, in: Mitteilungen des Kunsthistorischen Instituts in Florenz 12 (1965/66) S. 55—106. [S. 72, Anm. 40.]

618. Feist, Peter H.: Prinzipien und Methoden marxistischer Kunstwissenschaft. Versuch eines Abrisses, Leipzig 1966. [Warburg kurz erwähnt.] [Polnisch in:] Białostocki, Pojęcia, 1976 [Nr. 775], S. 390—421.

619. Forssman, Erik: Ikonologie und allgemeine Kunstgeschichte, in: Zeitschrift für Ästhetik und allgemeine Kunstwissenschaft 11 (1966) S. 133—169.

620. Gawronsky, Dimitry: Ernst Cassirer. Leben und Werk, in: Ernst Cassirer, hrsg. von Paul Arthur Schilp, Stuttgart—Berlin—Köln—Mainz 1966, S. 1—27. [S. 19/20.]

621. Ginzburg, Carlo: Da A. Warburg a E. H. Gombrich. Note su un problema di metodo, in: Studi medievali, 3. ser., 7, 2 (1966) S. 1015—1065.

622. Gombrich, Ernst H.[ans]: Aby Warburg zum Gedenken. Festansprache vom 13. Juni 1966 in der Universität Hamburg zum Gedächtnis an Aby Warburgs 100. Geburtstag, in: Jahrbuch der Hamburger Kunstsammlungen 11 (1966) S. 15—27. [Mit Portraitphotographie und Abbildung der von Mary Warburg-Hertz geschaffenen Portraitbüste aus dem Besitz der Hamburger Kunsthalle.] [Ebenfalls abgedruckt in:] Karl-Heinz Schäfer — Ernst H.[ans] Gombrich — Carl Georg Heise, Aby Warburg zum Gedächtnis, Hamburg 1966 (= Hamburger Universitätsreden.34.), S. 15—36; [gekürzt in:] Günter Herr [Hrsg.]: The Warburg Institute of London. Ausstellung der Volkshochschule in Warburg vom 4. bis 14. Oktober 1977, Warburg [1977], S. 24—43. [Vgl. den Abdruck in diesem Bande. S. 465 ff.]

623. Gombrich, Ernst H.[ans]: Aby Warburg, in: Neue Zürcher Zeitung, 11. Dezember 1966, Beilage Literatur und Kunst, Blatt 4.

624. Gombrich, E.[rnst] H.[ans]: Norm and form. Studies in the art of the Renaissance, London-New York 1966, 2. Auflage 1971. [S. Register.]

625. Gombrich, Ernst Hans: Ritualized gesture and expression in art, in: Philosophical Transactions of the Royal Society of London, Series B, Biological Sciences, No. 772, Bd. 251, London 1966, S. 393—401. [S. 399.]

626. Hartner, Willy: [Rez.] »Picatrix«. Das Ziel des Weisen von Pseudo-Maǧriti. Translated into German from the Arabic by H. Ritter and M. Plessner, London 1962, in: Der Islam 41 (1966) S. 175—180.
[Wiederabgedruckt in:] W. H., Oriens — Occidens. Ausgewählte Schriften zur Wissenschafts- und Kulturgeschichte. Festschrift zum 60. Geburtstag, Hildesheim 1968, S. 429—434.

627. Heckscher, W.[illiam] S.: Aby M. Warburg, 13. Juni 1866 — 26. Oktober 1929, in: Hollands Maandblad, June/July 1966.

628. Kultermann, Udo: Kulturwissenschaft. Zum 100. Geburtstag von Aby M. Warburg, in: Frankfurter Allgemeine Zeitung, Montag, den 13. Juni 1966, S. 20.

629. McGurk, Patrick: Catalogue of astrological and mythological illuminated manuscripts of the Latin Middle Ages. IV: Astrological manuscripts in Italian libraries (other than Rome), London 1966.

629a. Schäfer, Karl-Heinz — Ernst H.[ans] Gombrich — Carl Georg Heise: Aby Warburg zum Gedächtnis, Hamburg 1966. (= Hamburger Universitätsreden. 34.) [Teilabdruck des Beitrages von Heise in diesem Bande S. 479 ff.]

630. Wechsberg, Joseph: Hochfinanz international, München—Zürich 1966. [S. 191/192.]

631. Wuttke, Dieter: Aby Warburg und seine Bibliothek, Zum Gedenken anläßlich Warburgs 100. Geburtstag am 13. Juni 1966, in: Arcadia 1 (1966) S. 319—333.

632. Yates, Frances A.: The art of memory, Chicago—London 1966. [Vorwort.]

1967

633. Haskell, Francis: Subleties of the Renaissance [= Rez. von Aby Warburg, La rinascita del paganesimo antico, 1966.], in: Apollo 85 (1967) S. 301—302.

634. Scrivano, Riccardo: [Rez.] Aby Warburg, La rinascita del paganesimo antico, 1966, in: La Rassegna della letteratura Italiana, Firenze, 71 (1967) S. 251/252.

635. Anton, Herbert: Der Raub der Proserpina. Literarische Traditionen eines erotischen Sinnbildes und mythischen Symbols, Heidelberg 1967. (= Heidelberger Forschungen. 11. Heft) [S. 11, 23, 36 f., 39.]

636. Białostocki, Jan: The sea-thiasos in Renaissance sepulchral art, in: Studies in Renaissance and Baroque art presented to Anthony Blunt on his 60th birthday, London—New York 1967, S. 69—74. [S. 69 zu Warburgs Begriff der Pathosformel.]

637. Birmingham, Stephen: ›Our Crowd‹. The great Jewish families of New York, New York 1967. [S. 192 f., 342/343.]

638. Brendel, Otto J.: A kneeling Persian: migrations of a motif, in: Essays in the history of art presented to Rudolf Wittkower, London 1967, S. 62—70. [S. 62/63 Warburgs Pathosformel.]

639. Catalog of the Warburg Institute Library, University of London, Vol. 1—12, 2nd edition, Boston/Mass. 1967. First supplement 1971. [Bd. 1, S. III.]

640. Cecil, Lamar: Albert Ballin. Business and politics in Imperial Germany 1888—1918, Princeton N.J. 1967. [S. 36 und 361 f.]

641. Dittmann, Lorenz: Stil, Symbol, Struktur. Studien zu Kategorien der Kunstgeschichte, München 1967. [S. 95—101.]

642. Einem, Herbert von: Stil und Überlieferung in der Kunst des Abendlandes, in: Stil und Überlieferung in der Kunst des Abendlandes. Akten des 21. Internationalen Kongresses für Kunstgeschichte in Bonn 1964, Bd. 1, Berlin 1967, S. 3—15. [S. 5.]

643. Heckscher, William S.: The genesis of iconology, in: Stil und Überlieferung in der Kunst des Abendlandes. Akten des 21. Internationalen Kongresses für Kunstgeschichte in Bonn 1964, Bd. 3, Berlin 1967, S. 239—262. [Zusammenfassung in:] 21. Internationaler Kongreß für Kunstgeschichte Bonn 1964. Resümees, Bonn 1964, S. 153.

644. Hirschfeld, Peter: Giottos Kanzone über die Armut, in: Stil und Überlieferung

564

in der Kunst des Abendlandes. Akten des 21. Internationalen Kongresses für Kunstgeschichte in Bonn 1964, Bd. 3, Berlin 1967, S. 88−90. [S. 88.]

645. Kaemlein, Wilma R.: An inventory of Southwestern American Indian specimens in European museums, Tuscon AZ: Arizona State Museum 1967. [S. 119/120 die in Hamburg erhaltenen Teile der völkerkundlichen Sammlung Aby Warburgs verzeichnet.]

646. Koch, Georg Friedrich: Italien und die Anfänge der neuzeitlichen Kunstausstellung, in: Stil und Überlieferung in der Kunst des Abendlandes. Akten des 21. Internationalen Kongresses für Kunstgeschichte in Bonn 1964, Bd. 3, Berlin 1967, S. 30–46. [S. 32, Anm. 9. zu Warburg: Bildniskunst und florentinisches Bürgertum, 1902.]

647. Lawrence, Marion: The ›Birth of Venus‹ in Roman art, in: Essays in the history of art presented to Rudolf Wittkower, London 1967, S. 10−16. (= Essays presented to Rudolf Wittkower on his sixty-fifth birthday [part two].) [S. 10, Anm. 6; 15, Anm. 47. Zu Warburgs Dissertation von 1893.]

648. Neumeyer, Alfred: Lichter und Schatten. Eine Jugend in Deutschland, München 1967. [S. 143−148, 224 f.]

649. Panofsky, Erwin: Essais d'iconologie. Thèmes humanistes dans l'art de la Renaissance. Texte traduit par Claude Herbelte et Bernard Teyssèdre. Présenté et annoté par Bernard Teyssèdre, Paris 1967. [S. 3−5: E. Panofsky, Préface à l'édition française; S. 7−12: Présentation par B. Teyssèdre, hier besonders S. 7 f.]

650. [Schramm, Percy Ernst]: Übergabe des Ordenszeichens an Herrn Erwin Panofsky im Zentralinstitut für Kunstgeschichte in München am 26. Juli 1967, in: Orden Pour Le Mérite für Wissenschaften und Künste. Reden und Gedenkworte, Bd. 8, Heidelberg 1967, S. 211−217.

651. Simson, Otto von: Nachruf auf Erwin Panofsky, in: Kunstgeschichtliche Gesellschaft zu Berlin. Sitzungsberichte, N.F. Heft 16 (1967) S. 9−14.

652. Stopp, F. J.: [Rez.] Dieter Wuttke, Die Histori Herculis, 1964, in: German Life & Letters 20 (1967) S. 370/371.

653. Wind, Edgar: Pagan mysteries in the Renaissance, London 1958. Enlarged and revised Harmondsworth 1967. [S. Register.]

654. Wuttke, Dieter: Methodisch-Kritisches zu Forschungen über Peter Vischer d. Ä. und seine Söhne. Kunstgeschichte und Philologie, in: Archiv für Kulturgeschichte 49 (1967) S. 208−261.

1968

655. Coffin, David R.: [Rez.] Aby Warburg, La rinascita del paganesimo antico, 1966, in: Renaissance Quarterly 21 (1968) S. 33−35.

656. Beer, Arthur: Vom Sternglauben zur Sternkunde. Wanderung durch die Warburg-Ausstellung des Hamburger Planetariums, Hamburg: Planetarium 1968.

657. Beer, Arthur: Astronomical dating of works of art, in: Vistas in astronomy, hrsg. von Arthur Beer, Bd. 9, Oxford−New York 1968, S. 177−223.

658. Dempsy, Charles: ›Mercurius Ver‹. The sources of Botticelli's ›Primavera‹, in: Journal of the Warburg and Courtauld Institutes 31 (1968) S. 251−273.

659. Einem, Herbert von: Erwin Panofsky zum Gedächtnis, in: Wallraf-Richartz-Jahrbuch 30 (1968) S. 7−18. [Wiederabgedruckt in:] H. v. E., Stil und

Überlieferung. Aufsätze zur Kunstgeschichte des Abendlandes, hrsg. von Thomas W. Gaehtgens und Reiner Haussherr, Düsseldorf 1971, S. 362−367.

660. Gay, Peter: Weimar culture. The outsider as insider. New York 1968. [S. 30−34.] [Deutsch unter dem Titel:] Die Republik der Außenseiter. Geist und Kultur in der Weimarer Zeit 1918−1933. Mit einer Einleitung von Karl Dietrich Bracher. Aus dem Amerikanischen übersetzt von Helmut Lindemann, Frankfurt/M 1970. [S. 53−57.]

661. Gombrich, Ernst Hans, Sir: Erwin Panofsky, in: The Burlington Magazine 110 (1968) S. 356−360. [S. 359.]

662. Hamburger, Ernest: Juden im öffentlichen Leben Deutschlands. Regierungsmitglieder, Beamte und Parlamentarier in der monarchischen Zeit 1848−1918. Tübingen 1968. [S. 390/391 »Die Warburgs«]

663. Heise, Carl Georg: Wilhelm Vöge zum Gedächtnis, Freiburg i. Br. 1968.

664. Hirschfeld, Peter: Mäzene. Die Rolle des Auftraggebers in der Kunst, München 1968. [S. 3, 12−15, 19, 144, 182, 216, 270, 279.]

665. Kultermann, Udo: Geschichte der Kunstgeschichte. Der Weg einer Wissenschaft, Düsseldorf 1968. [S. Register.]

666. Snell, Bruno: Erwin Panofsky 1892−1968. Gedächtnisrede vor der Akademie für Sprache und Dichtung. Darmstadt 25. 10. 1968, in: Neue Zürcher Zeitung vom 29. 12. 1968, S. 49/50.

667. Weydt, Günter: Nachahmung und Schöpfung im Barock, Studien um Grimmelshausen, Bern−München 1968. [S. Register.]

668. Wuttke, Dieter: Deutsche Germanistik und Renaissanceforschung, Bad Homburg v. d. H. − Berlin−Zürich [jetzt: Frankfurt/M] 1968.

1969

669. Toulmin, Rachel Meoli: [Rez.] Abi [sic] Warburg, La rinascita del paganesimo antico, 1966, in: Lettere Italiane, Firenze, Marzo 1969, S. 120−126.

670. Białostocki, Jan: Nereidy w Kaplicy Zygmuntowskiej, in: Treści dzieła sztuki, Warszawa 1969. [S. 84.]

671. Bolland, Jürgen: Die Gründung der »Hamburgischen Universität«, in: Universität Hamburg 1919−1969, Hamburg: Selbstverlag der Universität 1969, S. 17−103. [Wichtig zum Verständnis der Rahmenbedingungen, unter denen sich Aby Warburg für die Errichtung der Universität einsetzte. − In dem Band fehlt die Geschichte der Philosophischen Fakultät.]

672. Buck, August: Zu Begriff und Problem der Renaissance. Eine Einleitung, in: August Buck [Hrsg.], Zu Begriff und Problem der Renaissance, Darmstadt 1969, S. 1−36. (= Wege der Forschung. Bd. CCIV.) [S. 26 und S. 34/35.]

673. Gombrich, E.[rnst] H.[ans]: In search of cultural history. The Philip Maurice Deneke lecture 1967, Oxford 1969.

674. Janson, H. W.: Erwin Panofsky (1892−1968), in: Year Book of The American Philosophical Society 1969, S. 151−160.

675. Konečný, Lubomir: Aby M. Warburg's ideological predecessors. Notes on the history of iconology, Diss. phil. masch. Prag 1969: Art Historical Department of the University Charles IV.

676. Leube, Eberhard: Fortuna in Karthago. Die Aeneas-Dido-Mythe in den romanischen Literaturen vom 14. bis zum 16. Jahrhundert, Heidelberg 1969. (= Studien zum Fortwirken der Antike, Band 1.) [S. 21.]

676a. Osthoff, Wolfgang: Theatergesang und darstellende Musik in der italienischen

Renaissance (15. und 16. Jahrhundert), 2 Bde, Tutzing 1969. [Bd. 1, S. 350f. zu Warburg: I costumi teatrali, 1895.]

1970

677. [Sammlung von Rezensionen, 15 betreffend Warburg: La rinascita del paganesimo antico, 1966, eine betreffend Saxl: Storia delle immagini, 1965.] London: The Warburg Institute 1970.

677a. Beller, Manfred: Von der Stoffgeschichte zur Thematologie. Ein Beitrag zur komparatistischen Methodenlehre, in: Arcadia 5 (1970) S. 1–38. [S. 32.]

678. Białostocki, Jan: Erwin Panofsky (1892–1968). Thinker, historian, human being, in: Simiolus 4 (1970) S. 68–89. [Französisch in:] L'Information d'histoire de l'art 16 (1971) S. 199–214.

679. Białostocki, Jan: Iconologie, in: Enciclopedia Universalis, Bd. 8, 1970, S. 700–712.

680. Bulst, Wolfger A.: Die ursprüngliche innere Aufteilung des Palazzo Medici in Florenz, in: Mitteilungen des Kunsthistorischen Instituts in Florenz 14 (1969/70) S. 369–392. [S. 376, Anm. 22.]

681. Gombrich, Ernst Hans, Sir: Introduction, in: Fritz Saxl, A heritage of images. A selection of lectures by Fritz Saxl, edited by Hugh Honour and John Fleming, with an introduction by E. H. Gombrich, Harmondsworth-Baltimore-Victoria (Australia) 1970, (= Peregrine Book.), S. 9–12. [Ausführlich zu Verhältnis Saxl–Warburg.]

682. Gombrich, E.[rnst] H.[ans]: Aby Warburg. An intellectual biography. With a memoir on the history of the library by F.[ritz] Saxl, London 1970. [Die deutsche Übersetzung des Beitrages von Saxl befindet sich in diesem Bande S. 335 ff.]

683. Gosebruch, Martin: Methodik der Kunstwissenschaft, in: Enzyklopädie der geisteswissenschaftlichen Arbeitsmethoden, hrsg. von Manfred Thiel, 6. Lieferung: Methoden der Kunst- und Musikwissenschaft, München–Wien 1970, S. 3–68. [S. Register.]

684. Heckscher, William S.: Erwin Panofsky. A curriculum vitae. A paper read at a symposium held at Princeton University on March 15, 1969, to mark the first anniversary of Erwin Panofsky's death, Princeton: Department of Art and Archeology, Princeton University 1970. [Teildruck in:] Record of the Art Museum, Princeton University 28 (1969) Nr. 1.

685. Hentzen, Alfred: Carl Georg Heise zum 80. Geburtstag, in: Jahrbuch der Hamburger Kunstsammlungen 14/15 (1970) S. 21–30. [S. 22.]

686. Janssen, E. M.: Jacob Burckhardt und die Renaissance. Jacob Burckhardt Studien Erster Teil, Assen 1970.

687. Jauss, Hans Robert: Literaturgeschichte als Provokation der Literaturwissenschaft, in: H. R. J., Literaturgeschichte als Provokation, Frankfurt/Main 1970, S. 144–207. [S. 153.]

688. Kalinowski, Lech: O stosunku Erwina Panofsky' ego do terminu ikonologia, in: Spraw. PAN (Kraków) 14 (1970) S. 580–582.

689. Konečný, Lubomir: Aby M. Warburg, in: Uměni 18 (1970) S. 594–607. [Mit englischem Resümee. Entspricht dem 4. Kap. der Prager Diss. des Verfassers, vgl. Nr. 675.]

690. Locher, J. L.: Claude Lévi-Strauss en de structurelle bestudering van de kunst, in: Opstellen voor H. van de Waal, Amsterdam 1970, S. 101–114.

[S. 111−112.] [Wiederabgedruckt in:] J. L. L., Vormgeving en structuur. O‹ kunst en kunstbeschowing in de negentinde en twintigste eeuw, Amsterd‹ 1973, S. 7−26.

691. Möller, Lise Lotte: Erwin Panofsky 1892−1968, in: Jahrbuch der Hamburg Kunstsammlungen 14/15 (1970) S. 7−20.

692. Saxl, Fritz: A heritage of images. A selection of lectures by Fritz Saxl. Edited l Hugh Honour and John Fleming. With an introduction by E. H. Gombric Harmondsworth-Baltimore-Victoria (Australia) 1970. (= Peregrine Book.)

693. Warnke, Martin: Weltanschauliche Motive in der kunstgeschichtlichen Pop‹ lärliteratur, in: Martin Warnke, Das Kunstwerk zwischen Wissenschaft ur Weltanschauung, Gütersloh 1970, S. 88−108. [S. 101.]

1971

694. Warburg, Aby: Burckhardt e Nietzsche, in: Adelphiana, Milano 1971, S. 9−14 [Italienische Übersetzung bisher unpublizierter Notizen Warburgs zu seinen Hamburger Seminar über Jacob Burckhardt, WS 1926/27.]

695. Alpatov Mikhail: ›The mountains of information grow‹, in: The American Ar Journal 3 (1971) S. 88−94. [S. 94 Warburg-School.] [Polnisch in:] Białostocki Pojęcia 1976 [Nr. 775], S. 34–43.

696. Becker, Jochen: Introduction, in: Cesare Ripa, Iconologia of uytbeeldinghe des verstands, Soest: Davaco Publishers 1971. [S. XVII, Anm. 4.]

697. Berendsohn, Walter A.: Was von der Warburg-Bibliothek in Hamburg blieb, in: MB, Tel Aviv, 20. August 1971, S. 4.

698. Białostocki, Jan [Hrsg.]: Erwin Panofsky. Studia z historii sztuki, Warszawa 1971. [S. 400−401.]

699. Białostocki, Jan: A broad humanistic outlook in: The American Art Journal 3 (1971) S. 95−100.

700. Burke, Peter [Rez.] E. H. Gombrich, Aby Warburg. An intellectual biography, in: The Listener, 21. Oktober 1971, S. 546−548.

701. Einem, Herbert von: Rückblick, in: H. v. E., Stil und Überlieferung. Aufsätze zur Kunstgeschichte des Abendlandes, hrsg. von Thomas W. Gaehtgens und Reiner Haussherr, Düsseldorf 1971, S. 9−20. [S. 11/12.]

702. Ettlinger, Leopold D.: Kunstgeschichte als Geschichte, in: Jahrbuch der Hamburger Kunstsammlungen 16 (1971) S. 7−19. [Polnisch in:] Białostocki: Pojęcia, 1976 [Nr. 775], S. 443−464. [Ein leicht veränderter und erweiterter Abdruck befindet sich in diesem Bande S. 499 ff.]

703. Gombrich, Ernst Hans, Sir: The state of art history: A plea for pluralism, in: The American Art Journal 3 (1971) S. 83−87. [S. 86.]

704. Gombrich, E.[rnst] H.[ans]: Personification, in: Classical influences on European culture A. D. 500−1500. Proceedings of an international conference held at King's College, Cambridge April 1969, edited by R.[obert] R.[alph] Bolgar, Cambridge 1971, S. 247−257. [S. 247, 256/257.]

705. Liebeschütz, Hans: Aby Warburg (1866−1929) as interpreter of civilisation, in: Year Book XVI of the Leo Baeck Institute 1971, S. 225−236. [Würdigung von E. H. Gombrich, Aby Warburg. An intellectual biography, London 1970.]

706. Neumeyer, Alfred: Four art historians remembered: Woelfflin, Goldschmidt, Warburg, Berenson, in: Art Journal 31 (1971) S. 33−36. [Auszug aus: A. N., Lichter und Schatten, München 1967, vgl. Nr. 648.]

707. Popa, Grigore: Funcţia umanistă a artei în concepţia lui Panofsky, in: Arta 18 (1971) No. 8, S. 17.

708. Walter, Friedrich: Das Warburg-Institut. Aby Warburg und sein Lebenswerk, in: Informations issued by the Association of Jewish refugees in Great Britain, July 1971, S. 7. [Rez. von E. H. Gombrich, Aby Warburg. An intellectual biography, London 1970.]

709. Weltsch, Robert: Ein Pionier der Kulturforschung, in: Allgemeine, Düsseldorf, den 26. März 1971.

710. Weltsch, Robert: Aby Warburg und das Warburg Institut, in: MB, Tel Aviv, 20. August 1971, S. 3 – 4.

711. [Wind, Edgar]: Unfinished business. Aby Warburg and his work, in: Times Literary Supplement 1971, S. 735 – 736. [Rez. von E. H. Gombrich, Aby Warburg. An intellectual biography, London 1970.]

                                    1972

711a. Baxandall, Michael: Painting and experience in fifteenth century Italy. A primer in the social history of pictorial style, Oxford 1972. [Deutsch u. d. T.:] Die Wirklichkeit der Bilder. Malerei und Erfahrung im Italien des 15. Jahrhunderts, Frankfurt/M. 1977.

712. Białostocki, Jan: Spätmittelalter und beginnende Neuzeit, Berlin 1972. (= Propyläen Kunstgeschichte. Bd. 7.) [S. 15, 68, 130, 133 f., 140.]

713. Boer, Emilie: [Rez.] E. H. Gombrich, Aby Warburg. An intellectual biography, London 1970, in: Deutsche Literaturzeitung 93 (1972) Sp. 453 – 455.

714. Burke, Peter: Culture and society in Renaissance Italy 1420 – 1540, London 1972. [S. 10/11 und 145.]

715. Gilbert, Felix: From art history to the history of civilization. Gombrich's biography of Aby Warburg, in: Journal of Modern History 44 (1972) S. 381 – 391. [Wiederabgedruckt in:] F. G., History, choice and commitment, Cambridge/Mass. – London 1977, S. 423 – 439.

716. Gombrich, E.[rnst] H.[ans]: Symbolic images. Studies in the art of the Renaissance, London 1972. [S. Register.]

717. Hofmann, Werner: Fragen der Strukturanalyse, in: Zeitschrift für Ästhetik und allgemeine Kunstwissenschaft 17 (1972) S. 143 – 169. [S. 151 – 154.] [Polnisch in:] Białostocki: Pojęcia 1976 [Nr. 775] S. 505 – 536.

718. Kalinowski, Lech: Ikonologia czy ikonografia? Termin ikonologia w badaniach nad sztuką Erwina Panofsky' ego, in: Zeszyty Naukowe Uniwersytetu Jagiellońskiègo 302 (1972) S. 5 – 33. [Mit französischem Resümee.]

719. Karling, Sten: [Rez.] E. H. Gombrich, Aby Warburg. An intellectual biography, London 1970, in: Kunsthistorisk Tidskrift 41 (1972) S. 127 – 129.

720. Müller, Michael: Künstlerische und materielle Produktion. Zur Autonomie der Kunst in der italienischen Renaissance, in: Autonomie der Kunst. Zur Genese und Kritik einer bürgerlichen Kategorie, Frankfurt/Main 1972, S. 9 – 87. (= Edition Suhrkamp, Nr. 592.) [S. 67, Anm. 90.]

721. Plessner, Martin: Hellmut Ritter (1892 – 1971), in: Zeitschrift der Deutschen Morgenländischen Gesellschaft 122 (1972) S. 6 – 18. [S. 8, 11, 13.]

722. Waal, Hans van de: In Memoriam Erwin Panofsky, in: Mededelingen der Koningklijke Nederlanse Akademie van Wetenschappen, Afd. Letterkunde, N.R., Deel 35, 6, Amsterdam 1972, S. 227 – 244.

723. Watkin, David: Warburg & Gombrich, in: Encounter, April 1972, S. 76 – 80.

[Rez. von E.H. Gombrich, Aby Warburg. An intellectual biography, London 1970.]

724. Weitz, Morris: [Rez.] E.H. Gombrich, Aby Warburg. An intellectual biography, London 1970, in: Art Bulletin 54 (1972) S. 107–110.

1973

725. Białostocki, Jan: Iconography, in: Dictionary of the History of Ideas, Bd. 2, 1973, S. 524–541.

726. Dittmann, L.[orenz]: Kunstwissenschaft und Phänomenologie des Leibes, in: Aachener Kunstblätter 44 (1973) S. 287–316.

727. Einem, Herbert von: Der Strukturbegriff in der Kunstwissenschaft, in: Der Strukturbegriff in den Geisteswissenschaften, von Herbert von Einem, Karl Erich Born, Fritz Schalk und Wolfgang P. Schmid, Mainz–Wiesbaden 1973, S. 3–16. (= Akademie der Wissenschaften und der Literatur [zu Mainz]. Abhandlungen der Geistes- und sozialwissenschaftlichen Klasse, Jahrgang 1973, Nr. 2.) [S. 9 f.]

728. Gombrich, Ernst [Hans] – Peter Burke: Ernst Gombrich discusses the concept of cultural history with Peter Burke, in: The Listener, 27. Dezember 1973, S. 881–883. [Rundfunk-Diskussion.]

729. Gombrich, E.[rnst] H.[ans]: Research in the humanities: ideals and idols, in: Daedalus 102 (1973) Nr. 2, S. 1–10.

730. Hofmann, Werner: Zu kunsthistorischen Problemen der Comic Strips, in: Vom Geist der Superhelden. Zur Theorie der Bildergeschichte. Zusammenstellung und Redaktion Hans Dieter Zimmermann, München 1973, 2. Auflage, München 1973, S. 64–81. (= DTV 891.) [S. 69, 73.] [Originalausgabe: Berlin 1970.]

731. Hofmann, Werner: Einführung, in: [Katalog der] Hamburger Kunsthalle 19. Januar – 1. April 1973. Nana: Mythos und Wirklichkeit, [Hamburg 1973], S. 4–8. [S. 6.]

732. Hofmann, Werner: Nana. Mythos und Wirklichkeit. Mit einem Beitrag von Joachim Heusinger von Waldegg, Köln 1973. (= DuMont Dokumente. Reihe: Kunstgeschichte/Wissenschaft.)

733. Kaegi, Werner: Jacob Burckhardt. Eine Biographie. Band V: Das Neuere Europa und das Erlebnis der Gegenwart, Basel–Stuttgart 1973. [S. 535–539.]

734. McGrath, Elizabeth: The Warburg Institute, in: University of London Bulletin 8, May 1973, S. 10–11.

734a. Settis-Frugoni, Chiara: Historia Alexandri elevati per griphos ad aerem. Origine, iconografia, e fortuna di un tema, Roma 1973 (= Studi storici fasc. 80/82). [Zu Warburg: Luftschiff und Tauchboot, 1913, S. 43, 239 f., 322, 337; vgl. S. V.]

735. Skubiszewski, Piotr [Hrsg.]: Wstep do historii sztuki. Bd. 1: Przedmiot, metodologia, zawód, Warszawa 1973. [Hierin Beitrag von Jan Białostocki über »Geschichte der Kunstgeschichte«, der auch Aby Warburg berührt.]

736. Sulzer, Dieter: [Rez.] E.H. Gombrich, Aby Warburg. An intellectual biography, London 1970, in: Germanistik 14 (1973) S. 20/21.

737. Waal, H.[ans] van de: Iconoclass. An iconographic classification system. Completed and edited by L.D. Couprie with R.H. Fuchs, E. Tholen, Amsterdam–London 1973 ff. [Bis 1977 vier Lieferungen erschienen.]

1974

738. [anonym]: [Artikel] Warburg, Aby, in: Brockhaus-Enzyklopädie, 17. Auflage, Band 20, Wiesbaden 1974, S. 17.

739. [anonym]: [Artikel] Warburg-Institut, in: Brockhaus-Enzyklopädie, 17. Auflage, Band 20, Wiesbaden 1974, S. 18.

739a. [anonym]: [Artikel] Ikonographie [und] Ikonologie in: Meyers Enzyklopädisches Lexikon Bd. 12 (1974) S. 462.

740. Callmann, Ellen: Apollonio di Giovanni, Oxford 1974. [Zu Warburg: Bottega-Buch, 1915, S. 2, 4 und 63. Neuedition S. 76—81.]

741. Chapeaurouge, Donat de: Wandel und Konstanz in der Bedeutung entlehnter Motive, Wiesbaden 1974. [S. Register.]

742. Clark, Kenneth: Another part of the wood. A self-portrait, London 1974. [S. 189 f. und 207 f.]

743. Farrer, David: The Warburgs, London 1974. [S. Register.]

744. Heckscher, William S.: Petites perceptions: an account of sortes Warburgianae, in: The Journal of Medieval and Renaissance Studies 4 (1974) S. 101—132.

745. Kitaj, Francis Richard: The Red Banquet by R. B. Kitaj, in: Annual Report and Bulletin of the Walker Art Gallery, Liverpool, 2—4 (1974) S. 84—90. [U. a. Warburgs Einfluß auf K.]

746. Krohn, Helga: Die Juden in Hamburg. Die politische, soziale und kulturelle Entwicklung einer jüdischen Großstadtgemeinde nach der Emanzipation 1848—1918, Hamburg 1974. [S. 118 f.]

747. Kurose, Tamotsu: Icon. The Warburg Institute, in: The Rising Generation, January 1974, S. 595/596. [Japanisch.]

748. Nicolaisen, Doerte: Aby Warburg und sein Bibliotheksgebäude in Hamburg. Zum 14. Deutschen Kunsthistorikertag in Hamburg vom 7.—12. 10. 1974, Hamburg 1974. Maschinenschriftlich. [Exemplar: Bibliothek der Kunsthalle Hamburg.]

749. Ragghianti, C.[arlo] L.: Warburg retrospettivo, in: Critica d'arte 39 (1974) Nr. 134, S. 3—5.

750. Sulzer, Dieter: [Literaturbericht] Emblematik und Komparatistik, in: Arcadia 9 (1974) S. 60—69. [S. 61—63 Rez. von E. H. Gombrich, Aby Warburg. An intellectual biography, London 1970.]

751. Tolnay, Charles de: Erinnerung an Gustav Pauli und an meine Hamburger Jahre, in: Jahrbuch der Hamburger Kunstsammlungen 19 (1974) S. 7—12.

752. University of London. The Warburg Institute. Woburn Square, London WC1H OAB, 1974. [Inhalt: Introduction, Teaching, The Library, Contents of the Library, Photographic Collection, Historical Note, The Institute's Signet, List of Publications.]

753. University of London. The Warburg Institute. Author index and index of principal subjects: Journal of the Warburg and Courtauld Institutes. Vols I—XXXVII [1937—1974], compiled by J. Perkins, London o. J. [1974]. [Auf Anforderung kostenlos erhältlich.]

754. Wuttke, Dieter: Sebastian Brants Verhältnis zu Wunderdeutung und Astrologie, in: Studien zur deutschen Literatur und Sprache des Mittelalters. Festschrift für Hugo Moser zum 65. Geburtstag, hrsg. von Werner Besch, Günther Jungbluth, Gerhard Meissburger, Eberhard Nellmann, Berlin 1974, S. 272–286.

1975

755. Ashwin, Clive: A style that ignores barriers to illuminate art history. [Vorstellung der Persönlichkeit Sir Ernst Gombrichs.], in: The Times Higher Education Supplement, May 23, 1975, No. 188, S. 9.

756. Bernhard, Prinz der Niederlande: Adress by His Royal Highnes the Prince of the Netherlands [to Prof. Gombrich], in: Praemium Erasmianum MCMLXXV, Amsterdam o. J. [1975] S. 32–34.

757. Białostocki, Jan: La méthode iconologique et l'érudition française, in: L'Information d'Histoire de l'Art 20 (1975) S. 103–7.

758. Buck, August: Die Senatskommission für Humanismusforschung [der Deutschen Forschungsgemeinschaft], in: deutsche forschungsgemeinschaft. Mitteilungen 1975, Heft 4, S. 32–35. [S. 32.]

759. Buck, August: Vorwort, in: [August Buck, Hrsg.], Humanismusforschung seit 1945. Ein Bericht aus interdisziplinärer Sicht, Bonn-Bad Godesberg 1975, S. 5–9. (= Deutsche Forschungsgemeinschaft. Kommission für Humanismusforschung. Mitteilung II.) [S. 6.]

760. Dittmann, Lorenz: Kunstgeschichte im interdisziplinären Zusammenhang, in: Internationales Jahrbuch für interdisziplinäre Forschung 2 (1975) S. 149–174. [S. 163/164.]

761. Gay, Peter: German Jews in German Culture 1888–1914, in: Midstream. A Monthly Jewish Review 21 (1975) Nr. 2, S. 23–65. [S. 37–40 und Anm. 47–52.]

762. Gombrich, E.[rnst] H.[ans]: The heritage of Apelles. Studies in the art of the Renaissance, Ithaca/New York 1975 – London 1976. [S. VII.]

763. Gombrich, Ernst Hans, Sir: Topos and topicality in Renaissance art, London 1975. (= Annual lecture of the Society for Renaissance Studies 1975.) [S. 2.]

764. [anonym]: Ernst Gombrich [Kurzvita und Bibliographie], o. O. u. J. [London: The Warburg Institute 1975.]

765. Haussherr, Reiner: Günter Bandmann +, in: Kunstchronik 28 (1975) Heft 11, S. 413–419.

766. Kemp, Wolfgang: Walter Benjamin und die Kunstwissenschaft. Teil 2: Walter Benjamin und Aby Warburg, in: Kritische Berichte 3 (1975) S. 5–25.

767. Lützeler, Heinrich: Kunsterfahrung und Kunstwissenschaft. Systematische und entwicklungsgeschichtliche Darstellung und Dokumentation des Umgangs mit der bildenden Kunst, 3 Bde, Freiburg–München 1975. [S. Register.]

768. Previtali, Giovanni: Introduzione, in: Erwin Panofsky, Studi di iconologia. I temi umanistici nell'arte del Rinascimento, Torino 1975, S. XIX–XXXII. [S. XXI f.]

769. Schmitt, Annegrit: Herkules in einer unbekannten Zeichnung Pisanellos. Ein Beitrag zur Ikonographie der Frührenaissance, in: Jahrbuch der Berliner Museen 17 (1975) S. 51–86. [S. 74 mit Anm. 43.]

770. [Trapp, J. B.]: Otto Kurz 1908–1975, London: The Warburg Institute 1975.

771. Viani, Simone: Iconologia, caratteri e limiti. I/II, in: Critica d'Arte 143 (1975) S. 53–65; 144 (1975) S. 69–80. [Zu Warburg passim in I.]

772. Wuttke, Dieter: [Resümee] Aby Warburg, in: XIV. Deutscher Kunsthistorikertag, Hamburg 7.–12. Oktober 1974. Bericht und Resümees der Referate, in: Kunstchronik 28 (1975) S. 90–91.

773. Yates, Frances A.: Astraea. The imperial theme in the sixteenth century, London–Boston 1975. [S. XVI.]

1976

774. Bauer, Hermann: Kunsthistorik, München 1976. [S. 96–98.]

775. Białostocki, Jan [Hrsg.]: Projęcia, problemy, metody współczesnej nauki o sztuce. Dwadzieścia sześć artykułów uczonych europejskich i amerykańskich. Wybrał, przekłady przejrzal, wstępem opatrzył Jan Białostocki, Warszawa 1976. [Hierin polnische Übersetzungen der Nummern 528, 618, 695, 702, 717.]

776. Białostocki, Jan: Myth and allegory in Dürer's etchings and engravings, in: Tribute to Wolfgang Stechow, edited by Walter L. Strauss, New York 1976, S. 23–34. (= Print Review No. 5.)

777. Editorial: Ernst Gombrich and the Warburg Institute 1936–1976, in: Burlington Magazine 118 (1976) S. 463.

778. Forster, Kurt W.: Aby Warburg's history of art: Collective memory and the social mediation of images, in: Daedalus 105 (1976) S. 169–176.

779. Gombrich, E.[rnst] H.[ans]: Otto Kurz, in: The Burlington Magazine 118 Nr. 874 (Januar 1976) S. 29–30.

780. Herzner, Volker: Die Segel-Imprese der Familie Pazzi, in: Mitteilungen des Kunsthistorischen Instituts in Florenz 20 (1976) S. 13–32. [Anknüpfung an Warburgs Sassetti-Aufsatz, 1907.]

781. Kurze, Dietrich: Astrologie und Prophetie im spätmittelalterlichen Geschichtsdenken, in: Historische Studien zu Politik, Verfassung und Gesellschaft. Festschrift für Richard Dietrich zum 65. Geburtstag, Bern 1976, S. 164–186.

782. Mossakowski, Stanisław: Treść dekoracij renesansowego pałacu na Wawelu, in: Renesans. Sztuka i ideologia, Warszawa 1976, S. 349–380. [Anknüpfung an Warburgs Schriften zur Geschichte der Astrologie.]

783. Rosenbaum, E.[duard] – A. J. Sherman: Das Bankhaus M. M. Warburg & Co. 1798–1938, Hamburg 1976.

784. Warnke, Martin: Bau und Überbau. Soziologie der mittelalterlichen Architektur nach den Schriftquellen, Frankfurt/Main 1976. [S. die letzte Anmerkung des Buches.]

785. Zambelli, Paola: Magic and radical reformation in Agrippa of Nettesheim, in: Journal of the Warburg and Courtauld Institutes 37 (1976) S. 69–103. [S. 71, 100.]

1977

786. [anonym]: Prof. Dr. Wuttke sprach zur VHS-»Warburg«-Ausstellung, in: Neue Westfälische. Warburger Zeitung, Mittwoch, 5. Oktober 1977, Nr. 231, Seite »Aus Stadt und Land«. [Vgl. auch:] Westfalen-Blatt, Mittwoch, 5. Oktober 1977, Nr. 231.

787. Alpers, Klaus: Livische Figuren, Planeten-Götter und Wilde Männer. Historisch-archivalische Beiträge zu Lüneburger Kunstwerken, in: Lüneburger Blätter 23 (1977) S. 41–69. [S. 53 f., 59, 62–64.]

788. Gombrich-Erasmus Prize. Exhibition. [Gebundene Photosammlung, London: The Warburg Institute 1977.]

789. Heidt, Renate: Erwin Panofsky. Kunsttheorie und Einzelwerk, Köln–Wien 1977. [S. 200–208.]

790. Herr, Günter [Hrsg.]: The Warburg Institute of London. Ausstellung der Volkshochschule in Warburg vom 4.–14. Oktober 1977, Warburg o. J. [1977]. [Enthält: Verzeichnis der Ausstellungsgegenstände, S. 9–11; Franz Mürmann, Wie der Name der Stadt Warburg zum Familiennamen wurde, S. 13–17; Wie

Warburg Warburg eine Feuerspritze schenkte, S. 18 f.; Hermann Hermes, Notizen zur Entwicklung eines weltberühmten Institutes, S. 20−25; E. H. Gombrich, Aby Warburg − Eine Würdigung, S. 26−43, vgl. Nr. 622.]

791. Hoffmann: Konrad: »Geschichte des Sehens« heute, in: Attempto, Heft 59/60 (1977) S. 76−80. [S. 77/78.]

792. Kauffmann, Georg: Kunstgeschichte, in: Wolfenbütteler Renaissance Mitteilungen 1 (1977) S. 47−51. [S. 50 f.]

793. Lohuizen-Mulder, Mab van: Raphael's images of Justice–Humanity–Friendship. A mirror of princes for Scipione Borghese, Wassenaar 1977. [S. 129 Anm. 11 Warburgs ikonologische Analyse als Methode der Grenzüberschreitung, S. 148 Anm. 186 Warburgs Deutung der Gratien Botticellis.]

793a. Massing, Jean-Michel: A sixteenth-century illustrated treatise on comets, in: Journal of the Warburg and Courtauld Institutes 40 (1977) S. 318–322. [Eine 1918 von Warburg gekaufte Kometenhandschrift.]

794. Ryan, W. F.: The Slavonic holdings of The Warburg Institute Library, in: Solanus Nr. 12 (1977) S. 17−19.

795. Sietz, Henning: [Rez.] Dieter Wuttke, Aby M. Warburgs Methode als Anregung und Aufgabe, 1977, in: Göttinger Tageblatt, Nr.252, 28. Oktober 1977, Feuilleton.

796. Sulzer, Dieter: Poetik synthetisierender Künste und Interpretation der Emblematik, in: Geist und Zeichen. Festschrift für Arthur Henkel zu seinem sechzigsten Geburtstag, dargebracht von Freunden und Schülern und herausgegeben von Herbert Anton, Bernhard Gajek, Peter Pfaff, Heidelberg 1977, S. 401−426. [S. 406/407.]

797. University of London. The Warburg Institute. Annual Report 1976−77, o. O. und J. [London 1977.]. [Vgl. Nr. 432. Auf Anforderung kostenlos erhältlich.]

797a. Vasoli, Cesare: L'astrologia a Ferrara tra la metà del Quattrocento, in: Il rinascimento nelle corti padane. Società e cultura, Bari 1977, S. 469–494.

798. Wittkower, Margot: Foreword, in: Rudolf Wittkower, Allegory and the migration of symbols, London 1977, S. 7−8. (= The collected essays of Rudolf Wittkower. Bd. III.)

799. Wittkower, Rudolf: Interpretation of visual symbols, in: Nr. 798, S. 173−187. [S. 187: »Our concern is no longer description and classification of phenomena, but investigation of function and meaning.«]

800. Wuttke, Dieter: Aby M. Warburgs Methode als Anregung und Aufgabe. Öffentlicher Abendvortrag aus Anlaß des XIV. Deutschen Kunsthistorikertages gehalten am 7. Oktober 1974 im Auditorium Maximum der Universität Hamburg, Göttingen 1977. 3. Auflage 1979. (= Gratia. Schriften der Arbeitsstelle für Renaissanceforschung am Seminar für Deutsche Philologie der Universität Göttingen. Heft 2.)

801. Wuttke, Dieter: Wunderdeutung und Politik. Zu den Auslegungen der sogenannten Wormser Zwillinge, in: Landesgeschichte und Geistesgeschichte. Festschrift für Otto Herding zum 65. Geburtstag, hrsg. von Kaspar Elm, Eberhard Gönner, Eugen Hillenbrand, Stuttgart 1977, S. 217−244.

1978

802. Buck, August: Zur Lage der Renaissance- und Humanismusforschung in Vergangenheit und Gegenwart, in: Hellmut Flashar, Nikolaus Lobkowicz,

Otto Pöggeler [Hrsg.], Geisteswissenschaft als Aufgabe. Kulturpolitische Perspektiven und Aspekte, Berlin–New York 1978, S. 123–136. [S. 125f., 132.]

803. Gay, Peter: Freud Jews and other Germans. Masters and victims in modernist culture, New York 1978. [S. 126–131, 144, 165.]

804. Heckscher, William S.: Der forensische Humanist. Ein Jahrhundertwerk der Kunstgeschichtswissenschaft endlich auf Deutsch. Zu Erwin Panofskys Dürer-Buch, in: Die Zeit Nr. 26 vom 23. Juni 1978, S. 47.

805. Heckscher, William S.: Melancholia (1541). An Essay in the rhetoric of description by Joachim Camerarius (1500–1574), in: Beiträge zur Geschichte des Humanismus im Zeitalter der Reformation, München 1978, S. 31–120. [S. Register unter »Pathosformeln«.]

806. International Congress on the History of art, Bd. 1: 1st to 9th congress Vienna 1873 – Munich 1909, Reprint Nendeln 1978. [Vgl. Nr. 17, 27, 29, 65, 86, 93, 94, 95, 96, 104, 106, 121, 122, 123, 124, 125, 126, 133, 213, 214, 215, 216.]

807. Renger, Konrad: Zur Forschungsgeschichte der Bilddeutung in der holländischen Malerei, in: Die Sprache der Bilder. Realität und Bedeutung in der niederländischen Malerei des 17. Jahrhunderts. Ausstellung im Herzog Anton-Ulrich-Museum Braunschweig vom 6. September bis 5. November 1978. [Katalog], Braunschweig 1978, S. 34–38. [S. 34.]

808. Rumpf, Michael: Walter Benjamins Nachleben, in: Deutsche Vierteljahrsschrift für Literaturwissenschaft und Geistesgeschichte 52 (1978) S. 137–166. [S. 141 zu Nr. 766.]

809. Schumann, Antje: [Rez.] D. Wuttke, Aby M. Warburgs Methode, 1977, in: Bibliographie zur Symbolik, Itonographie und Mythologie 11 (1978) S. 158. [Dasselbe verkürzt in:] Archiv für Reformationsgeschichte. Literaturbericht 7 (1978) S. 117f.

810. Syamken, Georg: [Rez.] D. Wuttke, Aby M. Warburgs Methode, 1977, in: Zeitschrift des Vereins für Hamburgische Geschichte 64 (1978) S. 283–284.

811. Trapp, J.[oseph] B.[urney]: The Warburg Institute. A brief introduction, in: Kraus Bibliographical Bulletin No. 24, March 1978, S. 190.

812. Walther, Christian C.: Beiträge zur Dürer- und Pirckheimer-Forschung, in: Nürnberger Zeitung vom 13. Mai 1978 [U.a. Anzeige von D. Wuttke, Aby M. Warburgs Methode, 1977.]

813. University of London The Warburg Institute. Annual Report 1977–78, o.O.u.J. [London 1978.] [Vgl. Nr. 797 und 432. Auf Anforderung kostenlos erhältlich.]

814. University of London. The Warburg Institute. Woburn Square, London WC1H OAB, 1978. [Inhalt: Introduction, Teaching, The Library, Photographic Collection, Institute's Signet. Auf Anforderung kostenlos erhältlich.]

815. The Warburg Institute, in: Kraus Bibliographical Bulletin No. 24, March 1978, S. 189–197.

816. Wuttke, Dieter: [Rez.] Renate Heidt, Erwin Panofsky. Kunsttheorie und Einzelwerk, Köln–Wien 1977, in: Bibliographie zur Symbolik, Ikonography und Mythologie 11 (1978) S. 68.

1979

817. Warburg, Aby M.: Ausgewählte Schriften und Würdigungen. herausgegeben von Dieter Wuttke. In Verbindung mit Carl Georg Heise, Baden-Baden 1979. (= Saecvla Spiritalia Bd. 1.)

818. Warburg, Aby: Weltliche Kunst aus Flandern im mediceischen Florenz (1904). Mit einer Vorbemerkung von Helmut Keutner herausgegeben von Leopold D. Ettlinger, in: Mitteilungen des Kunsthistorischen Instituts in Florenz 23 (1979) S. 1 ff. [Vgl. Abt. B unter Florenz, Kunsthistorisches Institut.]

819. Wuttke, Dieter: Dürer et Celtis. L'an 1500, considéré comme l'époque de l'humanisme allemand, in: L'humanisme allemand (1480—1540). Tours, du 7 au 19 juillet 1975. Dix-huitième colloque international, hrsg. von Joël Lefebvre und Jean-Claude Margolin, Paris 1979, S. 505–523. [S. 505.]

820. Gombrich, E.[rnst] H.[ans]: The sense of order. A study in the psychology of decorative art, Oxford 1979. [S. Register.]

A3. Register

581

Abteilung B: Archivmaterial
(nach Fundorten geordnet)

BERLIN

Humboldt-Universität zu Berlin
Postfach 1297
DDR-108 Berlin
Matrikeleinträge, Aby Warburg als Medizinstudenten betreffend, SS 1892.

BONN

Rheinische Friedrich-Wilhelms-Universität
Universitätsarchiv
Am Hof, D-5300 Bonn
1. Anmeldebuch für stud. phil. Aby Warburg, Nr. 63 des Universitätsalbums, WS 1886/7 — WS 1887/8.
2. Anmeldebuch für stud. phil. Aby Warburg, Nr. 467 des Universitätsalbums, SS 1889.
3. Immatrikulationsmanual vom 29.4.1889.
4. Abgangszeugnis vom 7.3.1888 und vom 3.8.1889.

Universitätsbibliothek
Konrad-Adenauer-Allee 37/41, D-5300 Bonn
1. 3 Briefe,1 Briefkarte, 2 Besuchskarten an Karl Justi,Hamburg,Florenz und o.O. 1888—1897.
2. 1 Postkarte an Hermann Usener, Florenz 2.5.1903.

FIRENZE

Kunsthistorisches Institut in Florenz
Via G. Giusti 44, I-50121 Firenze
1. Aby Warburg: Eigenhändige Abschrift des Inventars des Palazzo Medici in Florenz vom Jahre 1512. Signatur: K 875 ad.
2. Aby Warburg: Korrekturfahnen vom 9.2. und 16.2.1904 zu dem Aufsatz »Weltliche Kunst aus Flandern im Mediceischen Florenz«. Bisher nicht im Druck erschienen, vgl. Abt. A Nr. 818 und The Warburg Institute, Warburg-Zimmer Nr. 58, 65, 66.
Nach Auskunft von Direktor Prof. Dr. Helmut Keutner vom 13.5.1977 sind das Institutsarchiv und das Archiv des Trägervereins 1943/44 in Berlin verbrannt. Demnach kommt den im Warburg-Institut verwahrten Papieren besondere Bedeutung zu, vgl. The Warburg Institute, Warburg-Archiv Nr. 56/59 und Warburg-Zimmer Nr. 33.

Museo Horne
Via de'Benci 6, I-50121 Firenze
1. 1 Brief an Herbert Horne vom 14.8.1909 in Englisch.
2. Herbert Horne: Handexemplar seines Botticelli-Buches, London 1908 (vgl. Abt. A Nr. 116), mit handschriftlichen Ergänzungen, die möglicherweise z. T. auf

582

Hinweisen Warburgs beruhen. Signatur: Cod. 2579. Vgl. Jacques Mesnil: Botticelli, Paris 1938, S. 193 Anm. 6.

Zum Museo Horne vgl. Saxl: Three Florentines, Abt. A Nr. 528, hier I, S. 335 und II, Taf. 236 b.

GÖTTINGEN

Akademie der Wissenschaften
Theaterstraße 17, D-3400 Göttingen
1. Handschriftlicher Vorschlag zur Wahl Aby Warburgs zum Korrespondierenden Mitglied der Akademie der Wissenschaften. Unterzeichner: Georg Graf Vitzthum, Karl Brandi, Richard Reitzenstein, Alphons Hilka, Max Lehmann. Akte Pers. 20, Vol. VI, Nr. 1235/6.
2. 4 Briefe: 2 Briefe des Vorsitzenden Sekretärs Prof. Dr. Thiersch vom 31.7. und 3.11.1926 an Warburg, 2 Briefe Warburgs vom 8.8. und 27.8.1926 an den Sekretär. Akte Pers. 20, Vol. VI, Nr. 1239/44.
3. Schriftstücke Warburgs Ableben betreffend: Kondolenzschreiben der Akademie, gedruckte Dankadresse, 2 Briefe betreffs Nachruf des Grafen Vitzthum vom 9.9. und 19.9.1930. Akte Pers. 56, Vol. II, Nr. 33/34 und 67, Vol. II, Nr. 400–402.

HALLE/SAALE

Archiv der Martin-Luther-Universität Halle-Wittenberg
Weidenplan 12, DDR-401 Halle/S.
1. Handschriftlicher Berufungsvorschlag der Philosophischen Fakultät vom 8.1.1912, der Aby Warburg nach Rudolf Kautzsch und Georg Graf Vitzthum an dritter Stelle nominiert. Akte UA Halle, Rep. 21 Nr. 54.
2. Schreiben des Berliner Kultusministeriums an den hallischen Kurator vom 29.1.1912, aus dem die Ablehnung des Rufes durch Warburg hervorgeht.

HAMBURG

Hamburger Kunsthalle
Glockengießerwall, D-2000 Hamburg 1
1. Mary Warburg geb. Hertz: Bildnisbüste Aby Warburgs, um 1930. Während der nationalsozialistischen Herrschaft entfernt, seit 1958 wiederaufgestellt, vgl. Abt. A Nr. 531.
2. Totenmaske Aby Warburgs, als Dauerleihgabe.
3. Mary Warburg geb. Hertz: Der künstlerische Nachlaß, als Dauerleihgabe.

Architekt D. theol. Gerhard Langmaack, BDA
An der Alster 39, D-2000 Hamburg 1
1. Briefwechsel mit Aby Warburg zum Bau der Kulturwissenschaftlichen Bibliothek Warburg, Hamburg, Heilwigstr. 114.
2. Baupläne und Fotos.
3. Gerhard Langmaack: Schlüsselübergabe am Pfingstsonntag 1926. Maschinenschriftlich, 2 Bll.

Hamburgisches Museum für Völkerkunde
Binderstraße 14, D-2000 Hamburg 13
1. 74 Objekte von ursprünglich 136, die Aby Warburg auf seiner Expedition zu den Pueblo-Indianern sammelte, sind erhalten. 19 Objekte befinden sich seit der

Nachkriegszeit in Dresden. Die restlichen 43, darunter sämtliche Kinderzeichnungen, sind im Auslagerungsdepot Lautenthal/Harz verbrannt. Nur wenige Kinderzeichnungen sind in Fotos erhalten, die meisten anderen verlorenen Gegenstände sind durch Zeichnungen oder Fotos erhalten.
Seit 1898 Leihgabe, seit 1902 Dauerbesitz des Museums, vgl. Abt. A Nr. 64, 458, 645 sowie London, The Warburg Institute, Warburg-Zimmer Nr. 46—48, 93.

2. Sammlung Aby M. Warburg 1902, Maschinenschriftliches Inventar, 3 Bll.
3. Briefe von und an Aby Warburg aus den Jahren 1898—1902.

Friedhof Ohlsdorf
Grabstelle Nr. 85: Familiengrab Senator Adolph Ferdinand Hertz. Hierin sind die Aschenurnen von Aby M. Warburg und Mary Warburg geb. Hertz beigesetzt.

Staatsarchiv
ABC-Straße 19, Eingang A, D-2000 Hamburg 36
1. 2 Briefe: 1913 an Heinrich Reincke über Angelegenheiten des Vereins für Hamburgische Geschichte, 1918 Geburtstagsglückwunsch für Bürgermeister Petersen.
2. Personalakte Aby M. Warburg.
3. Mary Warburg geb. Hertz: Schriftlicher Nachlaß (Briefe usw.), z. Zt. unter Verwaltung der Testamentsvollstrecker (Adresse: Bankhaus M. M. Warburg-Brinckmann, Wirtz & Co, Rechtsabteilung, Ferdinandstr. 75, D-2000 Hamburg 1).
4. 3 Konzepte, verfaßt von dem Historiker Percy Ernst Schramm:
   a) 6 1/2 Seiten maschinenschriftlich über Aby M. Warburg in der Autobiographie mit dem Titel »Jahrgang 94«. Signatur: Familie Schramm L. 303, Bd. 1, S. 27—33. Vgl. unter Princeton den Panofsky-Nachlaß.
   b) 3 Seiten handschriftlich im Konvolut »Materialien zur Lebensgeschichte« über Schramms Kontakt zum kranken Warburg. Signatur: Familie Schramm L. 305.
   c) 4 Seiten maschinenschriftlich über Warburg in dem Konvolut »Würdigungen« von Politikern und Gelehrten. Weitgehend identisch mit a. Signatur: Familie Schramm L. 306, S. 37—40.
Wenn man die Bestände des Staatsarchivs gezielt nach sachlichen Gesichtspunkten durchgeht, dürfte mit großer Wahrscheinlichkeit weiteres Material zutage treten.

Hamburgische Wissenschaftliche Stiftung
Klein Flottbeker Weg 77, D-2000 Hamburg 52
Sämtliches Archivmaterial wurde im Zweiten Weltkrieg vernichtet (briefliche Auskunft des Vorsitzenden Kurt Hartwig Siemers vom 22. 11. 1977). Demgemäß käme den Papieren, die das Warburg-Institut, London, aufbewahrt, eine besondere Bedeutung zu, vgl. The Warburg Institute, Warburg-Archiv Nr. 12/13.

HEIDELBERG
Universitätsbibliothek Heidelberg
Plöck 107—109, D-6900 Heidelberg 1
70 Briefe und Postkarten Aby M. Warburgs an Franz Boll aus den Jahren 1910—1924. Signatur: Hs. 2108. Vgl. London, The Warburg Institute, Warburg-Zimmer Nr. 1, 94, 127.

JERUSALEM
The Central Archives for the History of the Jewish Poeple, University Campus, Sprinzak Building, Jerusalem

Akte 1830 (Hamburg), 866 b, fsc 3 mit Brief Aby Warburgs vom 28. 2. 1913 an Max Warburg.

Die Wahrscheinlichkeit ist groß, daß sich in dem nach Sachgesichtspunkten geordneten Archiv unter »Hamburg« weitere Aby Warburg betreffende Materialien befinden.

LONDON

The Warburg Institute
Woburn Square, London WC1H OAB
Vgl. Abt. A Nr. 753, 797, 813, 814 sowie Gombrich wie Nr. 682, S. 1–8 und S. 343–347.

I. Bibliothek
Die bis zu Warburgs Tod Ende Oktober 1929 angeschafften ca. 50 000 Bände bilden den Grundstock der heute ca. 200 000 Bände umfassenden Bibliothek. Sie sind voll in den heutigen Bestand integriert, der als Freihandbibliothek aufgestellt ist. Er ist erschlossen durch einen alphabetischen, einen Sach- und einen Zeitschriftenkatalog.

1. Zugangsverzeichnis der Kulturwissenschaftlichen Bibliothek Warburg. Bd. 1: Vom 1. Januar 1905 — 28. September 1918. Bd. 2: Vom 1. Oktober 1918 — 31. Dezember 1924. Ab Bd. 3, täglich mit Angabe der gezahlten Preise. Die Bände 1 und 2 wurden geführt von Helene Höhnk, P. G. Hübner, Wilhelm Waetzoldt, Clara Hintze, Wilhelm Printz.

2. Das sogenannte »Scrap-book«: The Warburg Institute, its founder, its purposes, methods, and organisation, o. O. u. J. [London 1943], vgl. Abt. A Nr. 473. Die Hauptgliederungspunkte sind diese: A. Activities in England, Reports, Appeals; B. Publications: Prospectuses, Reviews (Journal, Medieval and Renaissance Studies, Corpus Platonicum Medii Aevi, Bibliography of the Survival of the Classics); C. Lectures and Classes; D. Exhibitions: The Stars in Religion, Superstition, and Science 1930, The Visual Approach to the Classics 1938, Indian Art 1940, English Art and the Mediterranean 1941, Portrait and Character 1943; E. Connection with the National Buildings Record and other Public Bodies.

II. Photographische Sammlung
Ordnung nach Themen und Motiven. Der Altbestand ist voll integriert, vgl. Abt. A Nr. 814.
Kulturwissenschaftliche Bibliothek Warburg. Fotoalbum mit Aufnahmen der Inneneinrichtung des Bibliotheksneubaus, Hamburg Heilwigstr. 114/6, 1926.

III. Warburg-Zimmer
1. 104 Kästen (Zählung vom 25. 2. 1978) mit wissenschaftlichen Notizen, die nach Sachgebieten geordnet sind. Vielfach dabei Zeitungsausschnitte und Briefe, z. B. enthält Kasten 71 die von Franz Boll empfangenen wissenschaftlichen Briefe, vgl. Nr. 94 und 127 sowie Heidelberg, Universitätsbibliothek. Der ursprüngliche Bestand muß größer gewesen sein: Ein Kasten weist die Nr. 118 auf.

2. Übersicht über die wissenschaftlichen Notizkästen, o. O. u. J., maschinenschriftlich, 57 gez. Bll. Verzeichnet 61 und 14 ungezählte Kästen und gibt deren Binnengliederung an. 2 Exemplare der »Übersicht« sind vorhanden, eine Kopie befindet sich im Besitz von Dieter Wuttke.

3. Sammlung von Exemplaren eigener Schriften Warburgs (dabei Handexemplare) und von Schriften solcher Forscher, die Warburgs Anliegen verbunden waren. In einzelnen Exemplaren finden sich Sammlungen von Rezensionen.

4. Aby Warburg: Notizbücher 1882/83 − ? 9 Bde. Betreffen Notizen zu sachlichen Themen.
5. Aby Warburg: Spectanda-Legenda, Straßburg WS 1889/90. 1 Bd.
6. Aby Warburg: Ikonographische Notizen, 1891/92. 1 Bd.
7. Aby Warburg: Militärisches Tagebuch, Militärpaß, Tagebuch eines Artilleristen, 1892/93. 2 Bde, 1 Stück.
8. Aby Warburg: Tagebuch 1. September 1890 − 24. Juni [1894], mit einem Eintrag Florenz 7. Nov. 1902. 1 Bd.
9. Aby Warburg: Notiz-Kalender 1886−1896. 9 Bde.
10. Aby Warburg: Notizbücher 1894−1918. 11 Bde.
11. Aby Warburg: Notizbücher 1918 ff. 82 durchnumerierte Bde.
12. Aby Warburg: Notizen zu speziellen Themen in Klemmappen. 40 Bde. Abschriften davon zumeist in den nach Themen geordneten Mappen.
13. Aby Warburg: Notizen aus den zwanziger Jahren. 2 Ringbücher und zwei Brieftaschen.
14. Kulturwissenschaftliche Bibliothek Warburg. Übungen WS 1925/26 − WS 1926/27. 1 Geschäftsbuch mit nachträglichen Aufzeichnungen über die Teilnehmer und den Sitzungsverlauf. Vgl. Nr. 95.
15. Tagebuch der Kulturwissenschaftlichen Bibliothek Warburg 1926/29. 9 Bde (Geschäftsbücher).
16. Aby Warburg: Aufzeichnungen Florenz 1927. 1 Geschäftsbuch.
17. Sammlung von Maximen, Aby Warburg zu Weihnachten 1926 geschenkt. 1 Ringbuch.
18. Max Warburg: Sprüche − ABC zu Ehren Aby Warburgs, 1927. 1 Klemmappe DIN A 4 Querformat, kalligraphisch.
19. Aby Warburg: Conto-Buch. 1 Bd. Betrifft Buchhändlerabrechnungen 1888−1904.
20. Aby Warburg: Ausgabe-Bücher 1898−1929. 13 Bde.
21. Übersicht über die Kriegsnotizkästen. Abteilung I: Systematische Übersicht, Abteilung II: Sachindex. 1 Ringbuch. Vgl. Warburg-Archiv Nr. 65.
22. Aby Warburg: Minuta. 1 Bd. Notizen über Gelehrte und Kollegen.
23. Aby Warburg: Adressenbücher. 5 Bde in verschiedenen Formaten.
24. Aby Warburg: Besuchsbuch. 1 Bd.
25. Aby Warburg: Merkbuch für Correspondenz 1907−1929. 1 Bd.
26. Kopierbücher ausgegangener Briefe 1905−1915. 6 Bde.
27. Max Adolf Warburg: Abschriften von Briefen Aby Warburgs. 1 Mappe. Maschinenschrift.
28. Briefwechsel Aby Warburg − W. Ahrens − C. H. Becker − Franz Boll in Sachen magischer Quadrate 1914–1971. Bestand liegt im Sonderdruck W. Ahrens: Das »magische« Quadrat auf Dürers »Melancholie« in: Zeitschrift für Bildende Kunst N.F. 26 (1915) S. 291–301.
29. Aby Warburg: Abgesandte Briefe 1. 1. 1925 − Oktober 1929. Briefausgangsbuch, 1 Bd.
30. Dr. G.[ertrud] Bing: Index [of Folders]. Maschinenschrift. 7 gcz. Bll. Befindet sich in einem Aktendeckel, der u. a. die Aufschrift »Inventory and Location« trägt. Dieser Index verzeichnet 77 Mappen, realiter jedoch nur 75, da die Nummern XVIII, LX und LXVIII übersprungen sind, aber die Nummer LXXV doppelt gezählt ist. Nach Nr. LXIX zählt er mit LX weiter. Soweit

möglich wird im Folgenden auf die Nummern, bzw. für 70—77 auf die berichtigten Nummern, dieses Index verwiesen (vgl. Nr. 38 ff.).

31. Bonn 1886/87. Kollegnachschriften, Material für Referat »Schiffskämpfe«. Fertiges Referat: »Über die Darstellungen des Kentaurenkampfes am Westgiebel des Zeustempels zu Olympia, am Westfries des Theseion zu Athen und auf den Parthenonmetopen.« 26.7.1887 in archäologischer Übung von R. Kekulé. In Mappe.

32. Bonn 1887/88. Kollegnachschriften, Material für Referat »Schiffskämpfe«. Fertiges Referat: »Über zwei Reliefbruchstücke in Venedig und Brescia, Schiffskämpfe darstellend.« 22.2.1888. In Mappe.

33. München und Florenz 1888/89. Kollegnachschriften München, Notizen zu den Übungen des »Kunsthistorischen Instituts zu Florenz«, 2 ausgearbeitete florentiner Vorträge: »Die Typen der Brancaccicapelle« (12.2.1889) und »Die Entwicklung des Malerischen in den Reliefs des Ghiberti« (24.5.1889). In Mappe.

34. Straßburg 1889/90. Vorlesungsnachschriften, Notizen und zwei Referate: »Über Raffael« (17.6.1890), »Über den Burgenbau Heinrichs IV.« (1889). In Mappe.

35. Straßburg 1890/91. Kollegnachschriften, Notizen und das Referat »Die Rache der Medea auf römischen Sarkophagen« (5. und 16.2.1890). In Mappe.

36. Straßburg 1891/92. Vorlesungsnachschriften. In Mappe.

37. Berlin 1892. Vorlesungsnachschrift: Ebbinghaus, Psychologie, SS 92. In Mappe.

38. 1888—91 Botticelli-drafts I. Entwürfe für die Dissertation und Manuskript der Diss. In Mappe. (Bing Nr. I.)

39. 1888—91 Botticelli-drafts II. Verworfene Teile der Dissertation, Notizen zu den »Vier Thesen« der Diss., Ergänzungen zur Diss. In Mappe. (Bing Nr. II.)

40. 1892 Primavera-text as printed. Druckmanuskript der Diss. In Mappe.

41. 1895 Costumi teatrali. Notizen, handgeschriebene deutsche Fassung. In Mappe. (Bing Nr. III.)

42. 1895 Costumi teatrali text as printed. In Mappe.

43. Aby Warburg: Grundlegende Bruchstücke zu einer pragmatischen Ausdruckskunde. Bd. I: 1888—1898. Mit Bild, Florenz Dez. 1898, Warburg am Schreibtisch, und Motto von 1903: »Einen Gedanken finden ist Spiel, ihn ausdenken Arbeit.« Usener, Religionsgeschichtliche Untersuchungen I, S. XI. Bd. II: 1896—1903. 2 Geschäftsbücher. Vgl. Nr. 45.

44. Aby Warburg: Grundlegende Bruchstücke zur Psychologie der Kunst, 1888—1901. Zweite Kopie angefertigt von Hermine Streiber, September 1901. Geschäftsbuch. Vgl. Nr. 45.

45. 1896—1901 Symbolism and ›circumference‹. Maschinenabschrift der Bde I und II der »Grundlegenden Bruchstücke zu einer pragmatischen Ausdruckskunde«. Geschäftsbuch mit Notizen zu »Symbolismus aufgefaßt als Umfangsbestimmung« 1896—1901, Maschinenabschrift davon. In Mappe. (Bing Nr. IV.) Vgl. Nr. 43/44.

46. 1897 The Pueblo Indians. Vortrag vor dem American Club vom 10.2.1897, Nachtrag dazu. Vortrag vom 16.3.1897. Bericht für die Photographische Gesellschaft 1897. Materialien und Aufzeichnungen u.a. über das mit den Indianer-Kindern durchgeführte Experiment. Vgl. Nr. 93 und Hamburgisches Museum für Völkerkunde. In Mappe. (Bing Nr. V.)

47. Photographien von der Reise nach Neu-Mexico. Aufzeichnungen u. a. über Indianer-Vokabulare. 3 Mappen, 1 Schuber.

48. 38 Aufnahmen von Dakota-Indianern des Zirkus Sarrasani, Hamburg im April 1928. »Herrn Prof. Warburg in Verehrung und Dankbarkeit gewidmet von Theodor-Wilhelm Danzel.« Photoalbum.

49. 1899 Leonardo lectures I. Vier Vorträge, Hamburg: a) Leonardo als fortschreitendes künstlerisches Organ der Florentinischen Kunst (18. 9. 1899); b) Leonardo in seinen Beziehungen zur Cultur der Frührenaissance am Mailändischen Hofe (20. 9. 1899); c) Leonardos Meisterwerke (22. 9. 1899); d) Die Zeichnungen der Kunsthalle. Photographische Reproductionen. Die Psychologie des Künstlers. Bibliographia. In Mappe. (Bing Nr. VI.)

50. 1899 Leonardo lectures II. Entwürfe, Notizen, Maschinenabschriften der Vorträge. In Mappe. (Bing Nr. VII.)

51. 1901 Ghirlandajo lectures. Drei Vorträge, Hamburg: a) Ghirlandajo in Sta Trinità (24. 10. 1901); b) Flandrische und Florentinische Beziehungen (26. 10. 1901); c) Florentinische Wirklichkeit und antikisierender Idealismus. Francesco Sassetti, sein Grab und die Nymphe des Ghirlandajo (28. 10. 1901), vgl. Nr. 69/71. In Mappe. (Bing Nr. VIII unter dem Titel »Leonardo lectures III«.)

52. 1888 − 1918 1. Dramatic sketches, 2. Four theses, 3. Antisemitism. 4. Funeral A. Boecklin, 5. Critical notes on contemporary art. Zu 1: Entwürfe zu »Als ein junges Mädchen die Duse sehen wollte«, 1888, und »Hamburgische Kunstgespräche in einem Aufzuge«, 31. 12. 1896. Zu 2: Nicht enthalten, vgl. Nr. 57. Zu 3: Entwurf. Zu 4: Entwürfe für einen Nachruf auf Arnold Böcklin, 1901. Zu 5: Stellungnahme zum Hamburger Bismarckdenkmal; Notizen; Berichte über Beckeraths Fresken in der Hamburger Kunstgewerbeschule, Warburgs Manuskript der Rede zur Einweihung am 23. 3. 1918. In Mappe. (Bing Nr. IX.)

53. 1902 Ghirlandajo's Medici portraits. Entwürfe zu »Bildniskunst und florentinisches Bürgertum«. In Mappe. (Bing Nr. X.)

54. 1902 Ghirlandajo-text as printed. Druckmanuskript zu »Bildniskunst und florentinisches Bürgertum« sowie Druckfahnen. In Mappe.

55. 1902 Memling. Entwürfe und Druckfassung mit dem Titel »Studien über Florenz und Flandern im 15. Jahrhundert«, vgl. Nr. 123. In Mappe. (Bing Nr. XI.)

56. 1902 Memling-text as printed. In Mappe

57. 1898 − 1902/3. 1. Coats of arms etc., 2. Different trends in the history of art. Zu 1: Referat vom Internationalen Kunsthistorischen Kongreß in Innsbruck, 1902, über »Wappen, Stammbäume und Inventare als methodische Hilfsmittel der Kunstgeschichte«, vgl. Abt. A Nr. 36, 65. Zu 2: Ergänzungen zu und Neufassungen der »Vier Thesen«, 1898, in Maschinenabschrift, vgl. Nr. 52; Aufzeichnungen über eine mit Adolph Goldschmidt geführte Diskussion zum Thema »Die Richtungen der Kunstgeschichte«, 1903; Teil einer Rezension, von Warburg verfaßt, zu Martin Steinmanns Buch über die Sixtinische Kapelle (München 1901) mit scharfer Ablehnung. In Mappe. (Bing Nr. XII.)

58. 1899 − 1905 Flanders and Florence I. Entwürfe und Maschinenabschrift des Vortrages vom 17. 2. 1905 »Über den Austausch künstlerischer Kultur zwischen Norden und Süden im 15. Jahrhundert«; Druckfahnen des Aufsatzes »Weltliche Kunst aus Flandern im Mediceischen Florenz«, datiert 2. März 1904, vgl. Nr. 60, 64/67. In Mappe. (Bing Nr. XIII.)

59. 1905 Austausch künstlerischer Kultur, text as printed. In Mappe.
60. 1905 Flanders and Florence II. Entwürfe zu Erweiterungen von »Weltliche Kunst aus Flandern«; Maschinenabschrift von Notizen zu »Künstlerische Kultur im Kreise des Lorenzo de' Medici. Hintergrundstudien«, 1905. In Mappe. (Bing Nr. XIV.)
61. 1905 Dürer and antiquity. Notizen zum Einführungsreferat zur Ausstellung »100 Handzeichnungen. Dürer als Spiegel seiner selbst und seiner Zeit«, Hamburg, Volksheim, Mai 1905. Gebundenes Exemplar von »Dürer und die italienische Antike«. Entwürfe dazu und Druckfahnen des Aufsatzes. Vgl. Nr. 88. In Mappe. (Bing Nr. XV.)
62. 1905 Imprese amorose. Notizen und Entwürfe. In Mappe. (Bing Nr. XVI.)
63. 1905 Festivals. Entwurf zu nicht gedrucktem Aufsatz »Das Festwesen als vermittelnder Ausbildner der gesteigerten Form«; Aufzeichnungen dazu. In Mappe. (Bing Nr. XVII.)
64. 1903/4 Weltliche Kunst aus Flandern — Medici inventories I. Notizen. In Mappe. (Bing Nr. XIX.)
65. 1903/4 Weltliche Kunst aus Flandern — Medici inventories II. a) Revisionsabzug vom 25. 3. 1904 des ungedruckt gebliebenen Aufsatzes »Weltliche Kunst aus Flandern im Mediceischen Florenz«, vgl. Nr. 58 und 66 sowie Florenz, Kunsthistorisches Institut; b) Druckmanuskript des als Bonner Habilitationsschrift vorgesehenen Aufsatzes, vgl. Nr. 74; c) Notizen und Materialien. In Mappe. (Bing Nr. XX.)
66. 1904. Weltliche Kunst, Druckfahnen. 1 Kasten.
67. 1903/4 Weltliche Kunst aus Flandern — Medici inventories. Aktenauszüge; Bemerkungen zur Edition von Müntz (1888). In Mappe. (Bing Nr. XXI.)
68. 1907 Arbeitende Bauern. Entwürfe, Druckmanuskripte, Druckfahnen. In Mappe. (Bing Nr. XXII.)
69. 1907 Sassetti I. Aufzeichnungen, Entwürfe. In Mappe. (Bing Nr. XXIII.)
70. 1907 Sassetti II. Materialien, Aufzeichnungen, vgl. Nr. 116. In Mappe. (Bing Nr. XXIV.)
71. 1907 Sassetti-text as printed, vgl. Nr. 51. In Mappe.
72. 1906/9 Transformation of style. a) Entwürfe, dabei »Versuch einer Phaenomemologie des Stilwandels im 15. Jahrhundert als Comparationserscheinung 1906/7«. b) »Pro Archäologia (1909)« betreffend Warburgs Gutachten für die Einrichtung einer Professur für Archäologie in Hamburg. Dabei Sitzungsprotokoll der Bürgerschaft Hamburg vom 9. 2. 1909, Entwurf für Ausschußbericht vom 3. 6. 1910 (vgl. Abt. A Nr. 127a und 135), Essay »Kommunale Pflichten und allgemeine Geistespolitik« (vgl. den Abdruck in diesem Bande S. 305.). In Mappe. (Bing Nr. XXV.)
73. 1908 1. The classical pantheon, 2. Steffan Arndes. Zu 1: Gebundene Notizen zu dem am 14. 12. 1908 vor dem Verein für Hamburgische Geschichte gehaltenen Vortrag »Die antike Götterwelt und die Frührenaissance im Süden und im Norden«; Vortragsmanuskript; korrigierte Druckfahne des Vortragsresümees (vgl. Abt. A Nr. 107), Materialien und Notizen, vgl. Nr. 122. Zu 2: Maschinenschriftliches Resümee, datiert 29. 12. 1908, des im Jahresbericht der Hamburger Gesellschaft der Bücher-Freunde 1910 abgedruckten Vortrages; vgl. Nr. 86 (vgl. Abt. A Nr. 134). In Mappe. (Bing Nr. XXVI.)
74. 1908/9 Introduction to the Early Italian Renaissance — Lectures Hamburg I

and II. Deutscher Titel der Vortragsreihe: »Einführung in die Kultur der italienischen Frührenaissance. 8 Vorträge 6. 2. – 27. 3. 1909. Übersichten, Entwürfe, Text der 2. Vorlesung, der teilweise der sog. Habilitationsschrift entnommen ist, vgl. Nr. 65. In Mappe. (Bing Nr. XXVII.)

75. 1908/9 Introduction to the Early Italian Renaissance – Lectures Hamburg III and IV. Entwürfe. In Mappe. (Bing Nr. XXVIII.)

76. 1908/9 Introduction to the Early Italian Renaissance – Lectures Hamburg V to VII. Entwürfe. In Mappe. (Bing Nr. XXIX.)

77. 1909/10. 1. Techniques of prognostication; 2. Pagan gods at Landshut; 3. Hugo Vogel lecture. Zu 1: Entwürfe für Vortrag »Entstehung und Entwicklung von Wahrsagebüchern«, gehalten am 16. 12. 1909 vor der Hamburger Gesellschaft der Bücherfreunde. Zu 2: Entwurf des am 19. 10. 1909 in Landshut gehaltenen Vortrages »Die antiken Götter auf dem Kamin in der Residenz in Landshut«. Zu 3: Notizen für Vortrag über Hugo Vogel, Schöpfer der Fresken des Hamburger Rathauses, 1910, vgl. Nr. 112. In Mappe. (Bing Nr. XXX.)

78. 1911 Sphaera barbarica. Material zum Vortrag »Die Wandlungen der Sphaera Barbarica«, gehalten am 16. 12. 1911, Hamburg, Heilwigstr. 114, »im Kränzchen«. In Mappe. (Bing Nr. XXXI.)

79. 1911 Emperor Maximilian. Material, Entwürfe, Druckmanuskript, Druckfahnen zu dem Aufsatz »Zwei Szenen aus König Maximilians Brügger Gefangenschaft«. In Mappe. (Bing Nr. XXXII.)

80. 1911 Ramboux paintings at Düsseldorf (Piero della Francesca). Abschrift des Werkes: Museum Ramboux. Nachbildungen zur Vergegenwärtigung der Malerei in Italien von der frühesten christlichen zur kunstreichsten jüngeren Epoche bei der Königl. Kunst-Akademie zu Düsseldorf. Geordnet, aufgestellt und erörtert durch Prof. Mosler, Düsseldorf 1851. In Mappe. (Bing Nr. XXXIII.) Vgl. Nr. 86.

81. 1911 The printing press in the service of astrology. Materialien, Vortragsmanuskript und Maschinenabschrift davon »Über astrologische Druckwerke aus alter und neuer Zeit«. Hamburg am 9. 2. 1911 vor der Gesellschaft der Bücherfreunde. In Mappe. (Bing Nr. XXXIV.)

82. 1911/12 Schifanoja. a) Manuskript zum Vortrag Hamburg, 30. 9. 1912; b) Entwürfe zum Vortrag Rom 19. 10. 1912, die z. T. schon 1911 entstanden. In Mappe. (Bing Nr. XXXV.)

83. 1912 Schifanoja-text as printed – Italian translation. a) Manuskript zum Vortrag, Rom, 19. 10. 1912, über »Italienische Kunst und internationale Astrologie im Palazzo Schifanoja zu Ferrara«, vgl. Abt. A Nr. 213. b) Italienische Übersetzung davon. Vgl. Nr. 120. In Mappe.

84. 1913 Lecture Göttingen. The migration of the pagan gods I. Manuskript zum Vortrag »Die Wanderungen der antiken Götterwelt vor ihrem Eintritt in die italienische Hochrenaissance«, Göttingen vor der Vereinigung der Göttinger Kunstfreunde am 29. 11. 1913. In Mappe. (Bing Nr. XXXVI.)

85. 1913 Lecture Göttingen. The migration of the pagan gods II. Maschinenabschrift des Vortrages. In Mappe. (Bing Nr. XXXVI.)

86. 1912/15. 1. Piero della Francesca; 2. Lorenzo Spirito; 3. Luftschiff und Tauchboot; 4. Italian War Literature. Zu 1: Manuskript »Piero della Francescas Constantinschlacht in der Aquarallkopie des Johann Anton Ramboux«, Notizen dazu, vgl. Nr. 80 und Abt. A Nr. 214. Zu 2: Notizen, vgl. Nr. 73. Zu 3: Druckmanuskript und Druckfahne, vgl. Nr. 120 und Abt. A Nr. 152. Zu 4: Vor-

tragsmanuskript »Italienische Kriegsliteratur«, Hamburg, 5. Juli 1915, vor der Gesellschaft der Bücherfreunde. In Mappe. (Bing Nr. XXXVII.)

87. 1913 Classical star images. a) Vortragsmanuskript »Die Fixsternhimmelsbilder der ›Sphaera Barbarica‹ auf der Wanderung von Ost nach West«, Hamburg, 5. 8. 1913, im Rahmen des von Warburg und Boll durchgeführten Sommerkurses. b) Vortragsmanuskript »Die Planetenbilder in ihrer Wanderung von Süd nach Nord und zurück nach Italien.« In Mappe. (Bing Nr. XXXVIII.)

88. 1914/15. 1. The entry of the idealizing style in Early Renaissance painting; 2. Lecture on Institute for history of expression. Zu 1: a) Vortragsmanuskript »Der Eintritt des antikisierenden Idealstyls in die Malerei der Frührenaissance«, Florenz, Kunsthistorisches Institut, 20. 4. 1914; b) Maschinenabschrift; c) Materialien, dabei auch solche zum Dürer-Vortrag 1905, vgl. Nr. 61; d) Zeitungsbesprechungen des Vortrags. Zu 2: Notizen zum Vortrag vom 23. 12. 1915, Hamburg, Heilwigstr. 114, über »Institut für Ausdruckskunde« vor Mitgliedern des Berliner Kunsthistorischen Seminars. Laut Warburgs Notiz u. a. unter den Anwesenden Pauli, Westphal, Heise, Kauffmann, Dr. Panofsky. In Mappe. (Bing Nr. XXXIX.)

89. 1917/18 Luther. a) Notizen; b) Vortragsmanuskript »Luthers Geburtsdatum«, Hamburg, Heilwigstr. 114, 6. 9. 1917; c) Vortragsmanuskript »Luther in der heidnisch-antiken Weissagung seiner Zeit«, Berlin 1918; d) Englische Übersetzung des Berliner Vortrags von Ruth Wind (S. 1 fehlt). Vgl. Nr. 124/6. In Mappe. (Bing Nr. XL.)

90. 1917 Luther-lecture. Vortrag vor dem Verein für Hamburgische Geschichte vom 12. 11. 1917. In Mappe.

91. 1918/19 Luther-text as printed. Druckmanuskript der Abhandlung über »Heidnisch-antike Weissagung in Wort und Bild zu Luthers Zeiten«. Vgl. Abt. A Nr. 197.

92. 1918/25. 1. Press public and paper; 2. Lectures by Reinhardt and Lehmann; 3. Review of Schubring »Bildvorwurf«; 4. Schaedel« Linstuistic Atlas«. Zu 1: nichts enthalten. Zu 2: Manuskript der einführenden Worte zu Vorträgen, die am 24. 10. und 29. 11. 1924 in der Kulturwissenschaftlichen Bibliothek Warburg gehalten wurden. Zu 3: Manuskript. Zu 4: Gutachtlicher Brief Warburgs vom 5. 8. 1915 an die Hamburgische Wissenschaftliche Stiftung. Es geht um einen von der Stiftung geförderten romanischen Sprachatlas. In Mappe. (Bing Nr. XLI.)

93. 1923/24 Lecture Pueblo Indians. a) Manuskript des Vortrags »Bilder aus dem Gebiet der Pueblo-Indianer in Nord-Amerika«, gehalten am 25. 4. 1923 in Kreuzlingen, vgl. Nr. 46/48; Entwürfe; Vortragsabschriften, vgl. Abt. A Nr. 458; b) Manuskript des Vortrages vom April 1924 »Schicksalsmächte im Spiegel antikisierender Symbolik«. In Mappe. (Bing Nr. XLII.)

94. 1925 Franz Boll-lecture. a) Vortragsmanuskript »Franz Boll zum Gedächtnis«, Hamburg, 25. 4. 1925; b) Brief an Ulrich von Wilamowitz-Möllendorff vom 23. 4. 1924 über Ziele seines Forschens und seines Institutes, vgl. Nr. 110; c) Notizen und Entwürfe unter dem Titel »Per monstra ad sphaeram«; d) Vortragsmanuskript von Wilhelm Gundel über »Die Leistungen Bolls auf dem Gebiet der Himmelskunde«, Hamburg, 25. 4. 1925, mit Korrekturen Warburgs. Vgl. Nr. 1 und 127. In Mappe. (Bing Nr. XLIII.)

95. 1925/26 Seminars »Antiquity and stylistic transformation«. a) Notizen zu Teilnehmern, Anlage, Methode und Themen der Seminare WS 25/26 bis SS 26

über »Die Bedeutung der Antike für den stilistischen Wandel in der italienischen Kunst der Frührenaissance«, Universität Hamburg; b) Referate der Teilnehmer mit Warburgs Bemerkungen dazu, dabei Heinz Heydenreich »Gesamtreferat über die Seminarübungen und ihre Methodik«, Klaus Berger »Kulturwissenschaft und Kunstgeschichte«; c) Kurze Notizen zum WS 26/27 »Übungen über Forschertypen auf dem Gebiet der Kultur der Renaissance« (ausschließlich Jacob Burckhardt gewidmet), vgl. Nr. 99. Vgl. Nr. 14. In Mappe. (Bing Nr. XLIV.)

96. 1926/27. 1. Congress of oriental studies; 2. Ovid exhibition; 3. Valois tapestries; 4. Lecture on stamps; 5. Deutsches Museum. Zu 1: Vortragsmanuskript und Entwurf dazu, 1926. Zu 2: Abschriften von Entwürfen, 1927. Zu 3: Vortragsmanuskript, Abschriften von Entwürfen, 1927, vgl. Nr. 114. Zu 4: Entwürfe und Abschriften davon, Tafel mit Briefmarken, 1927. Zu 5: Abschriften von Entwürfen zum Thema »Kosmologie Deutsches Museum 1927«, vgl. Nr. 132. In Mappe. (Bing Nr. XLV.)

97. 1926 Rembrandt. Materialien, Entwürfe, Vortragsmanuskript. In Mappe. (Bing Nr. XLVI.)

98. 1927/29. 1. The Slaughter of the Innocents; 2. Charles the Bold; 3. Italian Festivals; 4. Postgraduate Party. Zu 1 und 2: Materialien. Zu 3: Vortrag, gehalten 1928 vor der Hamburger Handelskammer. Zu 4: »Doktorfeier« vom 30. 7. 1929, Vortragsmanuskript. In Mappe. (Bing Nr. XLVII.)

99. 1927/28 Seminars. a) WS 1926/27 über Jacob Burckhardt mit den Referaten der Teilnehmer; b) Notizen zum Seminar SS 1928 »Die Methode der Kulturgeschichte«. In Mappe. (Bing Nr. XLVIII.)

100. 1929 Theriak vendors. Druckmanuskript zu »Kulturgeschichtliche Beiträge zum Quattrocento in Florenz«, vgl. Abt. A Nr. 340. In Mappe.

101. 1929 Lecture Rome (Hertziana) – Manet-Vortrag. Entwürfe, Notizen zum Vortrag vom 19. 1. 1929, vgl. Rom, Bibiotheca Hertziana, und die folgenden Nummern 102–108. In Mappe. (Bing Nr. XLIX.)

102. 1929 Mnemosyne I. Abschriften aus Notizbüchern. In Mappe.

103. 1929 Mnemosyne II. Notizen, Maschinenmanuskript der Einleitung »Mnemosyne-Einleitung – letzte Fassung«, dabei 2 Briefe aus Rom vom 21. 3. und 17. 4. 1929 an Fritz Saxl. In Mappe.

104. 1929/39 Mnemosyne III. Notizen, kritischer Kommentar zum Projekt von Fritz Saxl und Walter Solmitz, Ernst Hans Gombrichs Kommentar zu den Bildern (1936–39). In Mappe.

105. 1928/29 Mnemosyne-Atlas. 2 Mappen mit Entwürfen und Tafeln, I datiert 2. Sept. 1928, II datiert von Gertrud Bing »Rome 1929. Mnemosyne plates with Warburg's markings«.

106. 1929 Mnemosyne Atlas. Tafelmaterial in zwei Mappen.

107. 1929 Mnemosyne. Penultimate version of 65 plates. Bildtafeln in Klemmappe.

108. 1929/30 Atlas. With Saxl's outline and Bing's notes on the plates. In Schuber Photographien auf Tafeln; Brief Fritz Saxls von ca. 1930 an den Verleger Teubner mit Erläuterung des Projektes (vgl. den Abdruck in diesem Bande S. 313 ff.); zwei Schreibblöcke mit Erklärungen der Tafeln 1–79 von der Hand Gertrud Bings. Vgl. Nr. 111 und 127.

109. 1926/29. 1. 60th birthday 1926; 2. Institute up to 1929; 3. Death 1929. Zu 1: Sammlung gedruckter Artikel dabei eine Festschrift humorigen Inhalts, vgl. Abt. A Nr. 274. Zu 2: Sammlung gedruckter Artikel, Manuskript des Vortrages »Kulturwissenschaftliche Bibliothek Warburg. Hamburg, den 21. August 1929.

Vor dem Kuratorium« (vgl. den Abdruck in diesem Bande S. 307 ff.). Zu 3: Sammlung von Zeitungsausschnitten, Manuskript des Nachrufs von Theobald Bieder, gesendet am 28. 10. 1929 in der aktuellen Stunde der Nordischen Rundfunk AG, Hamburg. In Mappe. (Bing Nr. L.)

110. Ca. 1918/1963 Biographical. U. a. Briefe von Aby Warburg an Ulrich von Wilamowitz vom 23. 4. 1924 (vgl. Nr. 94) von Gertrud Bing und Walter Solmitz 1959, von Erwin Panofsky an Gertrud Bing vom 28. 3. 1963 (Beantwortung der Frage nach Warburg-Anekdoten); Maschinenmanuskript von Max M. Warburg »Erinnerungen an Aby Warburg und das Leben in der Familie«; Manuskript für Notiz in Kürschners Gelehrten-Kalender; Manuskript von Gertrud Bing »Über niedersächsische Familien aus Warburg«; eigenhändige Liste Warburgs über seine »Opera omnia«1918; eigenhändige Liste Warburgs über Mitgliedschaften in Kommissionen, wiss. Vereinen und Kuratorien 1895 − 1916. In Mappe. (Bing Nr. LI.)

111. 1930/1949 Fritz Saxl: Biography of Warburg − Ernst H. Gombrich: Commentary to Mnemosyne. a) Gertrud Bings Vortrag über Warburg und seine Bibliothek vor der Gesellschaft für niedersächsische Wappen- und Familienkunde, ca. 1930; b) Fritz Saxls Manuskript »Antikes Pathos und flandrischer Realismus im Werke Ghirlandajos« und »Die Antike bei Rembrandt und die barocke Gebärde seiner Zeit«; c) Gombrich »Synopsis of existing texts [of Warburg]«; d) Gombrich »Indroduction to Warburg's Atlas«, 1929; e) Erläuterungen zu einigen Tafeln des »Atlas«; f) Fritz Saxls Warburg-Biographie, 1944, verschiedene Teile in unterschiedlichen Fassungen; g) Martin Plessner »Etwas über die Grenze des Begriffs Hellenismus«, deutsche Übersetzung von Abt. A Nr. 488. In Mappe (Bing Nr. LII.)

112. 1. Tournaments; 2. Lorenzo Tornabuoni; 3. Hugo Vogel. Zu 1 und 2: Notizen, Übersichten, Literaturauszüge. Zu 3: Sammlung von Zeitungsartikeln über Hugo Vogels Wandgemälde im Hamburger Rathaussaal, 1909, vgl. Nr. 77. In Mappe. (Bing Nr. LIII.)

113. 1. Baldini prints; 2. Lorenzo Spirito: Book of Fortune; 3. Agostino Chigi-biography by Fabio Chigi; 4. Buonsignore, Cancellarius Parisiensis. Zu 1: Entwurf einer Abhandlung zum Motiv des Hosenkampfes. Zu 2–4: Notizen, Literaturauszüge. In Mappe. (Bing Nr. LIV.)

114. 1. Acts of Moscow congress 1890; 2. Codex Tübingen M. d. 2: List of illustrations; 3. Valois tapestries. Zu 1: Maschinenabschrift. Zu 2: Notizen und Literaturauszüge. Zu 3: Notizen und Literaturauszüge, vgl. Nr. 96. In Mappe. (Bing Nr. LV.)

115. 1 Star cupolas; 2. Books of Fortune; 3. Goethe-quotations (1924); 4. Jacob Burckhardt: Fünf Tage jenseits der Alpen; 5. Atalante Migliorati: Dublin portrait (1929). Notizen und Literaturauszüge. In Mappe. (Bing Nr. LVI.)

116. 1907 Sassetti. Literaturauszüge, Notizen, vgl. Nr. 69/71. In Mappe. (Bing Nr. LVII.)

117. Rembrandt. Literaturauszüge, Notizen, Manuskript mit dem Titel »Claudius Civilis. Ein Gemälde und sein Schicksal. Von Axel Gauffin«, Entwürfe zum Thema »Rembrandt und Vondel« In Mappe. (Bing Nr. LVII.)

118. 1900 Ninfa Fiorentina. Notizen, Aufzeichnungen. In Mappe. (Bing Nr. LIX.)

119. 1. Hippocrates-copy; 2. Johannes Wolf: Lectiones; 3. Giordano Bruno. Zu 1: Maschinenabschrift von: Hippocrates, Zur Moral, aus dem Griechischen übersetzt von Christine Reiske, Leipzig 1782. Zu 2: Entwurf einer Analyse von

Johannes Wolf: Lectionum memorabilium et reconditarum centenarii XVI, Lauingen 1600, aus dem Jahre 1916. Zu 3: Aufzeichnungen, 1929. In Mappe. (Bing Nr. LXI.)

120. 1. Matteo de' Strozzi (1892); 2. Palazzo Medici (1908); 3. Palazzo Schifanoia (1912); 4. Luftschiff und Tauchboot (1913). Zu 1 und 2: Literaturauszüge. Zu 3: Literaturauszüge, vgl. Nr. 82/3. Zu 4: Literaturauszüge, vgl. Nr. 86. In Mappe. (Bing Nr. LXII.)

121. Giostra di Giulia (1475). Literaturauszüge. In Mappe. (Bing Nr. LXIII.)

122. 1908 Albericus. Literaturauszüge für »Die Antike Götterwelt und die Frühnaissance im Süden und im Norden«, 1908, vgl. Nr. 73. In Mappe. (Bing Nr. LXIV.)

123. 1902. Memling. a) Literaturauszüge; b) Manuskriptentwürfe »Altniederländische Kunst in Florenz« und »Florenz und Frankreich«, vgl. Nr. 55. In Mappe. (Bing Nr. LXV.)

124. 1916/18 Luther I. Literaturauszüge z. B. aus Schriften von Sebald Schreyer, Peter Dannhauser, Joseph Grünpeck. In Mappe. (Bing Nr. LXVI.)

125. 1916/18 Luther II. Literaturauszüge z. B. aus Schriften von Johannes Virdung, Albrecht von Preußen, Johannes Carion, Philipp Melanchthon, Methodius. In Mappe. (Bing Nr. LXVII.)

126. 1916/18 Luther III. Literaturauszüge aus Sammlungen von Geburtshoroskopen. Vgl. Nr. 89/91. In Mappe. (Bing Nr. LXIX.)

127. 1. Picatrix (1912/16); 2. Astrolabium Planum; 3. Camillo Agrippa; 4. Re-edtion of Boll-Bezold »Sternglaube und Sterndeutung« (1925). 5. Abu Mashar (Greek translation). Zu 1—3 und 5: Literaturauszüge. Zu 2: Vgl. Nr. 131. Zu 4: a) Warburgs Auflagen für den Verlag Teubner zur 3. Auflage des Werkes, vgl. Nr. 1 und 94; b) Vertragsentwurf von 1928 mit Verlag Friederichsen, de Gruyter & Co, Berlin, über »Atlas über das Nachleben der antiken Form«, vgl. Nr. 108. In Mappe. (Bing Nr. LXX.)

128. Festivals. Literaturauszüge. In Mappe. (Bing Nr. LXXII.)

129. 1908/14. 1. Planets and gods; 2. Decans and constellations, 3. Constellations. Materialien, Literaturauszüge. In Mappe. (Bing Nr. LXXIII.)

130. Mithras. Literaturauszüge, dabei Briefe Fritz Saxls vom 22. 3. und 30. 4. 1929 an Warburg. In Mappe. (Bing Nr. LXXIV.)

131. 1. German calendar (1440); 2. Salone synopsis (Padua, Sala della Ragione); 3. Astrolabium planum (Typenrepertorium). Abschriften, Notizen, Aufstellungen. Zu 3: Vgl. Nr. 127. In Mappe. (Bing Nr. LXXV.)

132. 1. Varahami hira decans (translation Printz); 2. Picatrix; 3. Hepatoscopy; 4. Deutsches Museum; 5. Alhazen. Literaturauszüge. Zu 2: Vgl. Abt. A Nr. 577. Zu 4: Entwurf für die im Deutschen Museum, München, geplante Ausstellung zur Geschichte der Astrologie, vgl. Nr. 96. In Mappe. (Bing Nr. LXXV, recte: LXXVI.)

133. Modern survivals. Sammlung von Zeitungsausschnitten. In Mappe. (Bing Nr. LXXVI, recte: LXXVII.)

134. Bottega-Buch. Abschrift Warburgs. 1 Notizbuch. Vgl. Abt. A Nr. 167.

135. Duplicate copies. Duplikate von Maschinenabschriften Warburgscher Notizen, deren Zusammenhang z. T. nicht zu rekonstruieren ist. In Mappe.

IV. Warburg-Archiv

[anonym]: [Kurzinventar] Schrank I/Schrank II. Maschinenschriftlich, 3 Bll.

a. Schrank I

1. Fach: Universität Hamburg

1. Universitätsfrage Hamburg	1903/14.
2. Kolonialinstitut Hamburg	1906/18.
3. Denkschriften, Zeitschriften	1918.
4. Zeitungsausschnitte I, II	1918.
5. »Das Problem liegt in der Mitte« (s. Abt. A Nr. 185)	1918.
6. Sitzungen usw.	1918.
7. Cassirer und die Universität Hamburg (s. Abt. A Nr. 290)	1928.
8. Hamburger Universität, Allgemeines.	

2. Fach: Hamburg

9. Börsenplatz	1897.
10. Mitteilungen des Senates	1872–1909.
11. Sitzungen der Bürgerschaft	1905/13.
12. Wissenschaftliche Stiftung, Protokoll und Bilanz	1908/28.
13. Wissenschaftliche Stiftung	1916/18.
14. Wissenschaftliche Stiftung, Ostafrika	1907/8.
15. Südamerika-Expedition	1917/18.
16. Philologentagung Hamburg (s. Abt. A Nr. 80, 85)	1905.
17. Deutscher Kunsterziehungstag Hamburg	1905.
18. Kunsthallenbau	1910/13.
19. Kunstausstellungsgebäude Hamburg	1911/18.
20. Hauber, Hinterlassenschaft (s. Abt. A Nr. 175)	1916/18.
21. Münzel, Hinterlassenschaft an die Stadtbibliothek (s. Abt. A Nr. 183, 192)	1918.
22. Beckerat Fresken, Kunstgewerbeschule (s. Warburg-Zimmer Nr. 52)	1912/14.
23. Akademische Ferienkurse (s. Warburg-Zimmer Nr. 87)	1914.
24. Schulfragen, Zeitungsausschnitte	1907/13.
25. Planetarium, Hamburg und Amerika (s. Warburg-Zimmer Nr. 96, 132 und Abt. A Nr. 361, 364/5, 370, 656)	1929/30.
26. Hamburger Monatsschrift	1908.
27. Lustspiel (s. Warburg-Zimmer Nr. 52)	1896.
28. Gedichte und Dramatisches (s. Warburg-Zimmer Nr. 52)	1900.
29. Vogel (s. Warburg-Zimmer Nr. 77, 112)	1909.
30. Kunst, Verschiedenes (Zeitungsausschnitte).	
31. Zeitungsausschnitte	1905/14.
32. Zeitungsausschnitte Bismarck-Denkmal, etc. (s. Warburg-Zimmer Nr. 52)	1906.
33. Bismarck-Denkmal, Fotos	
34. Zeitungsausschnitte Architektur	1909/12.
35. Zeitungsausschnitte Literatur.	
36. Hamburg-Amerika Linie (s. Abt. A Nr. 643)	1913.
37. Bibliothek Warburg	1914/28.

3. Fach: Vereine

38. Deutscher Verein für Kunstwissenschaft	1907/17.
39. Kunstverein Hamburg	1913.

40. Verein für Volkskunde	1905.
41. Museum für Völkerkunde (s. Abt. A Nr. 177)	1904/14.
42. Museum für Hamburgische Geschichte	1909/10.
43. Verein der Bücherfreunde	1912/28.
44. Johanneum Hamburg	1927/28.
45. Vereinigung der Kunsthistoriker	1919.
46. Hamburg, diverses.	
47. Volksheim und Albrecht Dürer Ausstellung 1904/5/18. (s. Warburg-Zimmer Nr. 61)	

4. Fach:

48. Bücher mit Zeitungsausschnitten.	
49. »Die Briefmarke . . .« Vortrag (s. Abt. A Nr. 643)	1927.
50. Forschungsinstitute	1928.
51. Ästhetischer Kongreß Hamburg (s. Abt. A Nr. 371, 380)	1929.

b. Schrank II

1. Fach: Kunsthistorische Kongresse (s. Abt. A Nr. 17, 27, 29, 65, 86, 93, 94, 95, 96, 104, 106, 121, 122, 123, 124, 125, 126, 133, 213, 214, 215, 216)

52. Belege für die Kunsthistorischen Kongresse	1894 – 1907.
53. Kunsthistorischer Kongreß Darmstadt	1907.
54. Kunsthistorischer Kongreß München	1909.
55. Kunsthistorischer Kongreß Rom I, II, III, IV	1912.
Florentiner Institut	
56. Kunsthistorisches Institut Florenz	1901, 1904/10.
57. Kunsthistorisches Institut Florenz	1914/15.
58. Kunsthistorisches Institut Florenz, Drucksachen	1908/13.
59. Kunsthistorisches Institut Florenz, Drucksachen	1924/29.
60. Florentine Bock Fair, Zeitungsausschnitte	1928.

2. Fach: Kriegszeit

61. Kriegssoziales	1914/15.
62. Politisches	1914/17.
63. Aufklärungszeitschrift (Italien) (s. Abt. A Nr. 168, 169, 170)	1914/15.
64. Zeitgeschichte	1914/18.
65. Vereinigung der Weltkriegssammler, etc. (s. Abt. A Nr. 179 und Warburg-Zimmer Nr. 21)	1914/19.
66. Kriegsversorgung	
67. Reichstagssitzungen	1914.
Nachkrieg, Politisches	
68. Judenfragen I	1901/14.
69. Judenfragen II	1916/27.
70. Faschismus, Nationalsozialismus	1915/29.
71. Zeppelin	1929.
72. Thode – d'Annunzio	1925.
73. Vertrag zwischen Papst und Mussolini	1929.

3. Fach: Wissenschaftliche Organisation

74. Frankfurter Universität usw.	1911/13.
75. Universitätsfrage Dresden	1913.
76. Internationale Hygiene-Ausstellung Dresden	1912.

77. Lexikon der bildenden Künste   1912.
78. Wanderungsforschung.
79. Bibliotheken.
80. Witt Library.
81. Zeitungsausschnitte, Versschiedenes.
4. Fach:
82. Vereine, Stiftungen, etc. I   1913/18.
83. Vereine, Stiftungen, etc. II   1924/29.
84. Astrologie, Zeitungsausschnitte   1924/27.
85. Zeitschriften, Fotos, etc.

MARBURG/LAHN

Hessisches Staatsarchiv
Friedrichsplatz 15, D-3550 Marburg/Lahn
Telegramm Aby Warburgs an Carl Justi zu dessen 50jährigem Doktorjubiläum,
22. 12. 1909.

MÜNCHEN

Deutsches Museum von Meisterwerken der Naturwissenschaft und Technik
Museumsinsel 1, D-8000 München 22
1. 5 Briefe von und an Aby Warburg, zwischen dem 15. 2. und 27. 7. 1928 ausgetauscht,
   die die Wahl Warburgs in den Ausschuß des Museums betreffen, dem er vom
   7. 5. 1928 bis zum Tode angehörte, und die Übernahme der von Warburg vorbereiteten Ausstellung zur Geschichte der Astrologie.
2. Verwaltungsberichte für das 24. Geschäftsjahr (1927/28) und das 26. Geschäftsjahr
   (1929/30) über Warburgs Mitgliedschaft im Ausschuß des Museums.

Ludwig-Maximilians-Universität
Archiv
Geschwister-Scholl-Platz, D-8000 München 22
Martrikeleintrag, Aby Warburg betreffend, SS 1888.

PRINCETON

Prof. Dr. William S. Heckscher
32 Wilton Street, Princeton N.J. 08540, USA
Photographische Pathosformel-Sammlung, begonnen um 1936.

Nachlaß Erwin Panofsky
Prof. Dr. Gerda Panofsky
97 Battle Road, Princeton N. J. 08540, USA
3 kurze Briefe an Erwin Panofsky: a) Beileidsworte zum Tode von Panofskys Mutter
1926, b) dienstliches Schreiben, Bibliotheksangelegenheiten betreffend, 1928, c)
dienstliches Schreiben, Antals Habilitation in Hamburg betreffend, 1928.

ROMA

Bibliotheca Hertziana
Palazzo Zuccari, 28 Via Gregoriana, I-00187 Roma

1. Gästebuch von Henriette Hertz, 1908 begonnen, hier am 14. 10. 1912 unter Titel »Kunsthistorikerkongreß« Eintrag Warburgs.
2. Gästebuch der Bibliotheca Hertziana, häufige Einträge Warburgs zwischen dem 16. 11. 1928 und dem 18. 3. 1929. Hierin auch Gäste der Vorträge Warburgs verzeichnet.
3. Direktor Dr. Martin Steinmann: Jahresbericht der Bibliotheca Hertziana 1928/29, maschinenschriftlich, hier S. 2, 6, 15 Bezug auf Warburgs Vorträge und Schenkung von wertvollen Büchern.
4. 14 Briefe Warburgs an Direktor Steinmann vom 22. 10. 1925 bis 27. 6. 1929, 1 von Gertrud Bing von ca. Dez. 1928 und 1 von Mary Warburg an Steinmann vom 11. 2. 1930.
5. 1 Brief von Gerd Tellenbach vom 2. 1. 1978 an Dr. Christof Thoenes, Erinnerungen an Warburgs Vortrag vom 19. 1. 1929 in der Bibliotheca Hertziana betreffend.

STRASBOURG
Archives Départementales du Bas-Rhin
5—9, rue Fischart, F-6700 Strasbourg
1. Matrikeleintrag Warburgs vom 23. 10. 1889. Signatur: AL 103/2-N° 79.
2. Zweifaches Testimonium praesentiae vom 7. 12. 1891. Signatur: AL 62/12.
3. 7 Dokumente, Warburgs Promotion betreffend. Signatur: AL 62/12. Es handelt sich um: a) Ausfertigung des Dekans, die Gutachter und die Zustimmung der Fakultät betreffend, b) Gesuch Warburgs um Zulassung zur Promotion, c) Lebenslauf Warburgs in lateinischer Sprache, d) Gutachten der Professoren Hubert Janitschek und Adolf Michaelis, e) Protokoll des Kolloquiums vom 5. 3. 1892. Prüfer: Janitschek, Kunstgeschichte; Michaelis, Archäologie; Theobald Ziegler, Philosophie, f) Quittung über bezahlte Gebühren, g) gedrucktes Doktordiplom. Note für die Arbeit: »docte et acute«, für das Kolloquium: »cum laude«.

Editorischer Bericht und Quellenverzeichnis

von Dieter Wuttke

Soweit möglich und sinnvoll werden die Schriften und Würdigungen als Reprint gebracht, um Kosten zu sparen. Dabei wurden aus demselben Grunde einige Leerseiten und Inhaltsverzeichnisse weggelassen, wenig gefüllte Seiten, soweit es sich ermöglichen ließ, zusammengefaßt und Abbildungen umgestellt. Bei Warburgs »Francesco Sassetis letztwillige Verfügung« wurden die der Publikation von 1907 gedruckt beiliegenden »Corrigenda« berücksichtigt. Zusätze des Herausgebers stehen in eckigen Klammern [ ]. In den Würdigungen wurden einige offenkundige Schreib- und Druckversehen stillschweigend verbessert. Über die in dem Band abgedruckten Beiträge sind folgende Quellenangaben zu machen:

I. Ausgewählte Schriften Aby M. Warburgs
1. Sandro Botticellis »Geburt der Venus« und »Frühling« (1893):
    Siehe Bibliographie, Abteilung A Nr. 9.
2. Bildniskunst und florentinisches Bürgertum (1902):
    Siehe Bibliographie, Abteilung A Nr. 35.
3. Flandrische Kunst und florentinische Frührenaissance (1902):
    Siehe Bibliographie, Abteilung A Nr. 36.
4. Dürer und die italienische Antike (1906):
    Siehe Bibliographie, Abteilung A Nr. 85 und 80.
5. Francesco Sassettis letztwillige Verfügung (1907):
    Siehe Bibliographie, Abteilung A Nr. 89.
6   Arbeitende Bauern auf burgundischen Teppichen (1907):
    Siehe Bibliographie, Abteilung A Nr. 90.
7. Italienische Kunst und internationale Astrologie im Palazzo Schifanoja zu Ferrara (1912/1922):
    Siehe Bibliographie, Abteilung A Nr. 213.
8. Heidnisch-antike Weissagung in Wort und Bild zu Luthers Zeiten (1920):
    Siehe Bibliographie, Abteilung A Nr. 197.
9. Kommunale Pflichten und allgemeine Geistespolitik (1909):
    Siehe Bibliographie, Abteilung B, London, The Warburg Institute, Warburg-Zimmer Nr. 72. Bisher ungedruckt.
10. Kulturwissenschaftliche Bibliothek Warburg. Vor dem Kuratorium (1929):
    Siehe Bibliographie, Abteilung B, London, The Warburg Institute, Warburg-Zimmer Nr. 109. Bisher ungedruckt.

II. Ausgewählte Würdigungen
11. Fritz Saxl: Warburgs Mnemosyne-Atlas (1930):
    Siehe Bibliographie, Abteilung B, London, The Warburg Institute, Warburg-Zimmer Nr. 108. Bisher ungedruckt. Auszug.
12. Fritz Saxl: Warburgs Besuch in Neu-Mexico (1929/30–1957):
    Deutsche Übersetzung von Bibliographie, Abteilung A Nr. 526.
13. Fritz Saxl: Die Bildersammlung zur Geschichte von Sternglaube und Sternkunde (1930):
    Siehe Bibliographie, Abteilung A Nr. 361. Bisher ungedruckt.

14.   Fritz Saxl: Die Kulturwissenschaftliche Bibliothek Warburg in Hamburg (1930): Siehe Bibliographie, Abteilung A Nr. 362.

15.   Fritz Saxl: Die Geschichte der Bibliothek Aby Warburgs (1943/44–1970): Deutsche Übersetzung von Bibliographie, Abteilung A Nr. 682, S. 325–338.

16.   Fritz Saxl: Rinascimento dell'antichità. Studien zu den Schriften A. Warburgs (1922): Siehe Bibliographie, Abteilung A Nr. 228.

17.   Edgar Wind: Warburgs Begriff der Kulturwissenschaft und seine Bedeutung für die Ästhetik (1931): Siehe Bibliographie, Abteilung A Nr. 382.

18.   Fritz Saxl: Die Ausdrucksgebärden der bildenden Kunst (1932): Siehe Bibliographie, Abteilung A Nr. 391.

19.   Ernst Hans Gombrich: Rezension der Gesammelten Schriften Aby M. Warburgs (1938): Siehe Bibliographie, Abteilung A Nr. 446.

20.   Gertrud Bing: A. M. Warburg (1965): Deutsche Übersetzung von Bibliographie, Abteilung A Nr. 597.

21.   Gertrud Bing: Aby M. Warburg (1958): Siehe Bibliographie, Abteilung A Nr. 531, S. 9–32.

22.   Ernst Hans Gombrich: Aby Warburg zum Gedenken (1966): Siehe Bibliographie, Abteilung A Nr. 622.

23.   Carl Georg Heise: Aby M. Warburg als Lehrer (1966): Siehe Bibliographie, Abteilung A Nr. 629a, S. 39–46. Auszug.

24.   Fritz Saxl: Warum Kunstgeschichte? (1948/1957): Deutsche Übersetzung von Bibliographie, Abteilung A Nr. 528.

25.   Leopold D. Ettlinger: Kunstgeschichte als Geschichte (1971/76): Siehe Bibliographie, Abteilung A Nr. 702. Leicht verändert und erweitert.

Nachwort

von Dieter Wuttke

I.

Aby M. Warburg (1866–1929), dessen Todestag am 26. Oktober 1979 sich zum fünfzigsten Male jährt, stellt uns vor das Paradox, daß er ein Aufklärer sein wollte und war, daß sein Bild bei uns jedoch im Dämmerlicht undeutlicher Vorstellungen nachlebt. Zu jenen wenigen Geisteswissenschaftlern gehörend, die von ihrem eigenen Fach aus auf eine stille aber nachhaltige Weise ungewöhnlich befruchtend auf weite Bereiche der Geisteswissenschaften wirkten, ist sein wissenschaftliches, gedruckt vorliegendes Oeuvre anders als das eines Jacob Burckhardt, eines Heinrich Wölfflin, eines Ernst Robert Curtius, eines Erich Auerbach oder Jan Huizinga vielfach selbst im engeren Bereich der Fachgenossen unbekannt geblieben. Was von seinem gedruckten wissenschaftlichen Oeuvre gilt, gilt in noch höherem Maße von seinen mehr wissenschaftsorganisatorischen und wissenschaftspolitischen Bemühungen. Wem der Name Aby M. Warburgs ein Begriff ist, der verbindet damit zumeist ganz selbstverständlich die Begründung einer berühmten Forschungsbibliothek, der »Kulturwissenschaftlichen Bibliothek Warburg« zu Hamburg, die heute als »The Warburg Institute« zur Universität London gehört. Schwerer fiele es wahrscheinlich schon, Rechenschaft über ihren einzigartigen Charakter und ihr Tätigkeitsfeld zu geben. Was Warburg jedoch für die Organisation und Intention der internationalen kunsthistorischen Kongresse, ohne je deren Präsident gewesen zu sein, was er für die Ausbildung einer Systematik des Faches Kunstgeschichte sowie die Organisation wichtiger Arbeitsvoraussetzungen, die heute selbstverständlich scheinen (Bibliographie, Jahresberichte, erleichterter Museumszugang, Einrichtung photographischer Sammlungen), was er mit der Einrichtung akademischer Ferienkurse und der Veranstaltung von Ausstellungen zur Veranschaulichung von wissenschaftlichen Problemstellungen, was er mit der Anknüpfung an die historisch-philologische Methode für die Begründung seines Faches und – vorbildgebend – für benachbarte Fächer geleistet hat, liegt bis heute vollkommen in den Quellen verborgen. Dasselbe gilt von seiner mehr lokalen Rolle als Förderer des Hamburger wissenschaftlichen Vorlesungswesens, als Vorkämpfer für eine hamburgische Universität und als in der Hansestadt vielfältig tätiger Anreger und Kritiker des kulturellen Lebens.

Als der Herausgeber vor dreizehn Jahren an einem Gedenkartikel zum hundertsten Geburtstag von Aby M. Warburg arbeitete, wurde ihm bereits klar, daß es im Hinblick auf diesen genialen Wegbereiter interdisziplinärer geistesgeschichtlicher Forschung nicht mit einer Erinnerungs-Pflichtübung sein Bewenden haben konnte, daß, sich Warburgs zu vergewissern, nicht nur die Aufgabe schafft, eine bedauerliche historische Lücke in der eigenen und der Kenntnis anderer zu schließen, sondern daß es darum geht, die unaufgehobene Aktualität seines wissenschaftlichen und wissenschaftspolitischen Wirkens den gegenwärtigen Diskussionen zuzuführen. Doch ließ sich in den Jahren 1966/67 der Plan zu einem Warburg-Lesebuch oder, wie man heute sagen würde, einem Warburg-Reader, nicht verwirklichen. Erst als sich aus dem im Oktober 1974 in Hamburg gehaltenen Warburg-Vortrag die Bekanntschaft mit Carl Georg Heise ergab, fand der Plan den Förderer, der half, die Weichen für die Verwirklichung zu stellen.

Das vorliegende Warburg-Lesebuch ist bemüht, ein möglichst reichhaltiges Informations-Angebot über Warburgs wissenschaftliche und wissenschaftspolitische Wirksamkeit anzubieten. Es ist sowohl von der Preisgestaltung wie der Inhaltsgestaltung her so angelegt, daß es sowohl ein größeres kunst- wie geistes- und kulturhistorisch interessiertes Publikum als auch den Spezialisten erreichen können sollte.

In Abteilung I »Ausgewählte Schriften Aby M. Warburgs« (Nr. 1–10) sind aus den wichtigsten der zu Warburgs Lebzeiten erschienenen Abhandlungen diejenigen zusammengestellt, die seine stofflichen und methodischen Interessen am deutlichsten dokumentieren. Eine weitere Voraussetzung für die Aufnahme war die, daß sie sich ohne besonderen editionstechnischen Aufwand als Reprint reproduzieren lassen mußten.

Trotz der gelegentlich an Gertrud Bings italienischer Warburg-Ausgabe geübten Kritik, sie hätte korrigierend in die Ausführungen eingreifen sollen, wo neuere Erkenntnisse es nahelegten, mochte auch der Herausgeber dieser Auswahl sich zur Anwendung dieses Prinzips nicht entschließen. Wegen ihres Ranges als große Exempla wissenschaftlicher Publizistik erscheinen die hier ausgewählten Schriften Warburgs bewußt in der Gestalt, in der sie zu ihrer Zeit vor das Publikum traten mit den kleinen Schwächen und Versehen, wie wissenschaftliche Veröffentlichungen dieser Art sie immer an sich haben. Wer eine Forschungsarbeit darauf aufbauen will, wird den Weg zu dem gereinigten und kommentierten Text der »Gesammelten Schriften« (s. Bibliographie Abt. A Nr. 383) gewiß nicht scheuen.

Warburgs wissenschaftliche Abhandlungen sind unübertroffen – vielleicht unübertrefflich – in dem Ineinander von Stoff-Beherrschung und Stoff-Durchdringung, Vorführung von Methode in der Anwendung und Wissenschaftsethos. Die voraussetzungsreiche Sprache, die Meisterschaft des Autors, ein Problem in prägnanter Prägung auf den entscheidenden Punkt zu bringen, das Vorwärtsdrängende, Energie-Geladene des Ausdrucks werden den Leser hoffentlich ebenso mitreißen, wie sie manchen Warburg-Freund mitgerissen haben.

In diesen Abhandlungen, die sich stofflich auf die Kunst, die autonome wie angewandte, die hohe wie niedere, der italienischen, flandrischen und deutschen Renaissance konzentrieren, geht es um die Sichtbarmachung derjenigen persönlichen und überpersönlichen Kräfte, die den Künstler mit Warburgs eigenem Wort als ein »soziales Organ« und die Kunst als Teil des »sozialen Organismus« verstehen lassen.[1] Sein Beispiel belegt, daß ein Forscher nicht von einer spezifischen Weltanschauung angeregt sein muß, um in diesem Sinne forschend tätig zu werden. Innerhalb des Gesamtrahmens sah sich Warburg aufgerufen, zwei großen Fragen nachzugehen: Einmal war es die Frage der Stilgeschichte als Geschichte individueller Entscheidungen und Auseinandersetzungen im Spannungsfeld unverwechselbarer historischer Situationen, also die Frage der Stilgeschichte als Sozialgeschichte im weitesten Sinne – nicht als Geschichte unpersönlich-abstrakter Sehformen. Indem er ihr nachging, zielte er darauf ab, den von ihm bewunderten Jacob Burckhardt zu ergänzen und zu übertreffen.[2] Aus dieser Frage ergab sich für ihn die zweite von selbst, nämlich die nach

---

[1] In den »Grundlegenden Bruchstücken zu einer pragmatischen Ausdruckskunde«, die er auch »Grundlegende Bruchstücke zur Psychologie der Kunst« nannte, schreibt er unter dem 18. 11. 1980 u. a.: »Der Künstler ist ein sociales Organ. Er versucht die Eigenschaft über d.[en] Augenblick hinaus am Lebendigen festzuhalten: Träger und Getragenes zugleich«. Am 8. 9. 1891 notiert er: »Kunst – Der Akt der Reproduction eines einzelnen Erinnerungsbildes des socialen Organismus«. Siehe Bibliographie Abt. B, London, The Warburg Institute, Warburg-Zimmer Nr. 43, 44, 45.

[2] Während der Arbeit an seinem Buch über »Bildniskunst und florentinisches Bürgertum« (Bibliographie Abt. A Nr. 35) schreibt er z. B. in einem Brief vom 30. 6. 1900 an seinen Bruder

den psychologischen Prozessen, die die künstlerische und nicht-künstlerische, bildnerische wie literarische Bildprägung, das individuelle und kollektive Bildgedächtnis sowie die Bildwirkung und Bildrezeption steuern. Bei der Arbeit an dieser Frage ließ er trotz seiner Verwurzelung im 19. Jahrhundert in Bezug auf stoffliche Umsicht, methodische Sorgfalt und strenge Selbstdisziplin alle Vorbilder hinter sich. Zu ihrer Beantwortung schuf er – nobelpreiswürdig und als Leistung mit der Gründung eines bedeutenden Industriekonzerns vergleichbar – seine Bibliothek. Im Zusammenhang mit seinen Überlegungen, sie in ein öffentliches Institut zu überführen, hat er einmal die Benennung »Institut für Ausdruckskunde« erwogen.[3] De facto ist sie ein solches in erheblichem Maße bis heute geblieben. Insofern ist es nicht verwunderlich, daß die Geschichte der Mythologie, der Religion, des Volksglaubens, der Literatur, des Dramas und Theaters, der Naturwissenschaften und auch Medizin, der politischen und kulturellen Institutionen, der Philosophie, der Psychologie, der Anthropologie und Völkerkunde in ihr einen Platz haben, in der die Kunstgeschichte den Grundstein, die tragenden Pfeiler und den Schlußstein bildet. Daß diese Bibliothek der Frage am Beispiel des Fortwirkens der Antike nachging, war in diesem Rahmen durchaus sekundär.[4] Warburg meinte mit Recht, daß er seiner Frage in Europa und für den Europäer wegen der überragenden Bedeutung, die der Rückgriff auf die Antike für Europa hatte und hat, an eben diesem Material nachgehen sollte. Von zwar großer, aber doch sekundärer Bedeutung ist übrigens auch die Ikonologie für sein Ziel. Er darf zwar als deren eigentlicher »Erfinder« gelten, doch war ihm dieses moderne Forschungsinstrument keineswegs Selbstzweck, sondern nur ein Mittel zum Zweck. Die Gleichsetzung Warburgs mit und die Reduzierung des Bildes seiner wissenschaftlichen Persönlichkeit auf die Ikonologie stellt eines der verbreitetsten Mißverständnisse dar. Wir sehen ihn in diesen Abhandlungen insgesamt an der Erfüllung derjenigen

---

Max: »Wenn mein Buch später neben Jacob Burckhardts ›Cultur der Renaissance‹ ergänzend genannt wird, dann ist's schon compensiert, was ich und Ihr gethan habt . . .«. Abdruck der Stelle bei Gombrich: Aby Warburg (Bibliographie Abt. A Nr. 682) S. 130. Daß Burckhardt ein Orientierungspunkt in seinem Denken war, zeigen die bei Gombrich im Register ferner angeführten Stellen sowie die Tatsache, daß er im Wintersemester 1926/27 in Hamburg ein Seminar dem Thema »Jacob Burckhardt« widmete, das im Sommersemester 1928 durch ein Seminar »Die Methode der Kunstgeschichte« ergänzt wurde (Bibliographie Abt. B, London, The Warburg Institute, Warburg-Zimmer Nr. 95 c und 99). Vgl. ferner oben S. 67.
[3] Am Titel der in Anm. 1 genannten »Grundlegenden Bruchstücke zu einer pragmatischen Ausdruckskunde« hat Warburg mehrfach Veränderungen vorgenommen. Aus einer in Bd. 2 mit »1912, Juli« gegebenen Datierung scheint hervorzugehen, daß Warburg damals den Begriff »Psychologie der Kunst« oder »Kunstpsychologie« durch »pragmatische Ausdruckskunde« ersetzt wissen wollte. Die Bezeichnung »Institut für Ausdruckskunde« für seine Bibliothek taucht erstmals in einem auf den 27. 12. 1913 datierten Ordner auf, in dem sich auch Notizen zu der Einführung finden, die Warburg am 23. 12. 1915 Mitgliedern des Berliner kunsthistorischen Seminars unter dem Thema »Institut für Ausdruckskunde« in Hamburg gegeben hat. Siehe Bibliographie Abt. B, London, The Warburg Institute, Warburg-Zimmer Nr. 88.
[4] Beim heutigen Warburg Institute steht der Gesichtspunkt voran, Institut für das ›Fortwirken der Antike‹ zu sein. Vgl. die Einführungsbroschüre Bibliographie Abt. A Nr. 814. Zweifellos werden Überlegungen, die auf Sicherung des Fortbestandes ausgingen, dazu geführt haben, das Institut »Kulturwissenschaftliche Bibliothek Warburg« zu nennen und die Londoner Fortsetzung »The Warburg Institute«. Das ursprüngliche und eigentliche Anliegen des Begründers wurde somit einem größeren Rahmen eingefügt, der freilich gegenüber dem Publikum die Gefahr schuf, das Anliegen des Begründers zu verwischen oder in Vergessenheit zu bringen. Daß ein Kompromiß in diese Richtung unumgänglich war, scheint Warburg sich schmerzlich bewußt gewesen zu sein, wenn er seiner Umgebung wiederholt beteuerte, er sei kein »Warburgianer« (Brief vom 8. 12. 1977 von Prof. Dr. Klaus Berger, Paris, der 1925/26 Warburgs Mitarbeiter war, an den Herausgeber).

von ihm erstmals gesehenen Aufgabe des Kunsthistorikers, dessen wesentlicher Funktion, tätig, die nach Jan Białostocki darin besteht, »den großen Reichtum menschlicher Phantasie, Weisheit und Schönheit, wie er in Kunstwerken geformt wurde, wiederzuerwecken, aus den Kunstwerken, die zu Kultursymbolen geworden sind, eine Angelegenheit menschlicher Erfahrung zu machen und so weite Bereiche des menschlichen Lebens zu bereichern.« (Vgl. Bibliographie Abt. A Nr. 699, S. 99).

In seinen Abhandlungen zeigt Warburg methodisch gültig, daß es, mit Herder zu sprechen »im Reich der Wahrheit . . . nicht auf Größe und Kleinheit des Objects« ankommt, »sondern auf die Art . . . , wie es uns bekannt gemacht wird; der Zergliederer einer Seidenraupe kann mehr Verdienst haben, als der unbestimmte Lobredner des Elefanten. Alle Begriffe hangen in der Kette der Wahrheiten aneinander; die kleinste kann der größesten oft nicht nur dienen, sondern selbst unentbehrlich werden« (Werke ed. Suphan, Bd. 15, 1888, S. 384). Warburg pflegte in diesem Sinne seinen Studenten das Motto »Der liebe Gott steckt im Detail« mit auf den Weg der wissenschaftlichen Arbeit zu geben. Die Aufmerksamkeit, die er hoher und niederer, autonomer und angewandter, religiöser und weltlicher, heidnischer und christlicher Kunst entgegenbrachte, bedeutete keinen Versuch, die Grenzen verwischen zu wollen. Auch der der wissenschaftlichen Interpretation gesetzten Grenze gegenüber dem ›Wesen‹ der Kunst war er sich völlig bewußt und hat dies am Ende einer seiner Vorträge so zum Ausdruck gebracht: »Ein kunsthistorischer Erklärungsversuch behält freilich dem Kunstwerk gegenüber etwas Unzulängliches; er trifft nur die Schaale, nicht den Kern des künstlerischen Problems. Begnügen wir. uns also, unseren Fähigkeiten angemessen, den Kern von der Schaale zu befreien: das ist auch schon etwas, und über die Unzulänglichkeit unseres Wesens tröste der Wahlspruch des van Eyck und unseres Francesco Sassetti: ›A mon pouvoir – So gut ich kann‹.«[5]

Seine Schriften verdienen die Lektüre wie Burckhardts »Die Kultur der Renaissance

---

[5] Hamburger Vortrag vom 28. 10. 1901 über »Florentinische Wirklichkeit und antikisierender Idealismus. Francesco Sassetti, sein Grab und die Nymphe des Ghirlandajo«, S. 41. Voraus gehen folgende Sätze, die beleuchten, welche Funktion Warburg der philologisch-historisch abgesicherten, den sozio-kulturellen Hintergrund und Zusammenhang rekonstruierenden Interpretation für das Verständnis des Wesens der Kunst zumaß: »Diese systematische Herstellung des alltäglichen Hintergrundes, so notwendig, um das Außergewöhnliche am künstlerischen Spiegelbilde zu begreifen, ist doch so sehr vernachlässigt, daß von all den naheliegenden Dingen, die ich hier zu mehr kulturhistorischer Erläuterung der Kapelle des Francesco Sassetti beibrachte, der größte Teil unbekannt sein konnte. [. . .] Mir liegt nur daran, daß das weitere Publikum der Kunstgeschichte hilft, sich gleichermaßen vor einer öden, nur am Detail klebenden stilkritischen Richtung zu hüten, wie noch mehr vor dem pietätlosen Dilettantentum, das seine selbstgefällige Geschwätzigkeit da einschiebt, wo die Vergangenheit selbst durch die eigene Stimme wieder zu uns sprechen könnte, damit wir endlich eine künstlerische Kulturgeschichte bekommen. Einen solchen Wiederbelebungsversuch durch die Stimmen der Vergangenheit habe ich hier mit möglichster Ausführlichkeit [. . .] unternommen; daß Sie mir trotzdem so aufmerksam Gehör geschenkt haben, ermutigt mich zu dem Glauben, daß auch Sie meine geschichtliche Anschauungsweise für etwas Anderes ansehen als ein selbstgefälliges Spiel des Scharfsinns, nämlich: für eine jedem gebildeten Menschen naheliegende Pflicht der Pietät gegen die Vergangenheit. [. . .] Ich hoffe aber auch gezeigt zu haben, daß das Eingehen aufs Detail, uns nicht nur nicht verhindert, eine breitere Gesamtansicht zu gewinnen, sondern vielmehr die unerläßliche Voraussetzung bildet, um das Schöne und Erhabene der Kunstwelt unmittelbar zu empfinden und es doch als Ergebnis ernster und innerlichster menschlicher Kultur-Arbeit zu erfassen«. Vgl. Bibliographie Abt. B, London, The Warburg Institute, Warburg-Zimmer Nr. 51. Einen gegenteiligen Standpunkt vertritt in neuerer Zeit z. B. W. Weidlé: Vom Sichtbarwerden des Unsichtbaren. Bildsemantik, in: Probleme der Kunstwissenschaft, Bd. 2: Wandlungen des Paradiesischen und Utopischen, München 1966, S. 1–9.

in Italien« oder »Cicerone«, Curtius' »Europäische Literatur und lateinisches Mittelalter«, Huizingas »Herbst des Mittelalters«, Panofskys »Sinn und Deutung in der bildenden Kunst«, Gombrichs »Meditationen über ein Steckenpferd« oder z. B. Freys »Bausteine zu einer Philosophie der Kunst«. Und aus einem Vergleich mit Curtius etwa könnte hervorgehen, inwieweit Warburg Curtius bereits methodisch überrundete, noch bevor Curtius auf dem Gebiete der Toposforschung tätig geworden war. Nicht weniger fragenswert wäre das Verhältnis zwischen Burckhardt und Warburg sowie zwischen Warburg und Panofsky. Im Hinblick auf Gombrich müßte untersucht werden, inwieweit dessen kunstpsychologisches Interesse nicht ein sehr warburgisches Anliegen aufnimmt und fortführt.

Am Ende dieser Abteilung stehen zwei bisher ungedruckte Gelegenheitsschriften Warburgs. Sie mögen hier exemplarisch eingerückt sein für die verschiedenen anderen Schriften, die noch ungedruckt im Warburg-Nachlaß liegen, doch in Form einer ›Nachlese‹ zu den »Gesammelten Schriften« eine Drucklegung verdienten (Vorträge, kulturpolitische Schriften, Diskussionsbeiträge, Briefe, Gutachten usw.). Der Essay »Kommunale Pflichten und allgemeine Geistespolitik« soll eine Probe von Warburgs kulturpolitischem Engagement geben, bei dem in diesem wie in allen andern Fällen die aus der vollkommenen Unabhängigkeit der Persönlichkeit Warburgs resultierende Rückhaltlosigkeit und zupackende Offenheit besticht. Warburgs Ausführungen »Vor dem Kuratorium« sind ein Schriftstück besonderer Art. Als Rechenschaftsbericht für dasjenige Gremium angelegt, das den Bestand der Kulturwissenschaftlichen Bibliothek Warburg und den Fortgang der mit ihr verbundenen wissenschaftlichen Arbeiten sichern sollte, ist es zum einzigen erhaltenen Dokument geworden, in dem Warburg wie in einem wissenschaftlichen Testament das Ziel und die Funktion seiner Lebensarbeit mit eigenen Worten zusammenfassend darlegt. Mit all den anderen ausgewählten Schriften zwingt es uns, unsere Vorstellungen von Warburg zu überprüfen und erneut kritisch nach dem Sinn der Begriffe »Warburg-Schule«, »warburgisch« und »Warburgianer«, die seit langem wie geprägte Münzen umgehen, zu fragen.

Die Abteilung II »Ausgewählte Würdigungen« (Nr. 11–25) übertrifft die Abteilung I in der Zahl der aufgenommenen Texte nur äußerlich. Die ersten fünf Beiträge aus der Feder Fritz Saxls (Nr. 11–15) berichten nämlich über Aktivitäten Warburgs, die untrennbar zum Bild seiner wissenschaftlichen Persönlichkeit gehören, aber in seinen eigenen publizierten oder unpublizierten Schriften keine zusammenfassend überschauende Darstellung gefunden haben. Sie können, zumal da Saxl seit 1912 Warburgs engster Mitarbeiter und Vertrauter gewesen ist, fast stellvertretend für eigene Schriften Warburgs genommen werden. Sie geben Einblick in das große, von Warburg unvollendet hinterlassene Projekt »Mnemosyne-Atlas«, über das der Autor auch in seinem Rechenschaftsbericht »Vor dem Kuratorium« sich äußert, in Warburgs völkerkundliche Interessen und deren Zusammenhang mit seinen Renaissanceforschungen, in die mit großem Engagement erarbeitete Ausstellung zur Geschichte der Astrologie, die Warburgs tiefes Interesse an der Ausstellung als Hilfsmittel der Vergegenwärtigung geistesgeschichtlicher Fragen dokumentiert, und schließlich geben sie die erwünschte und notwendige Einführung in Warburgs berühmte Bibliothek, jenes einzigartige Forschungsinstrument, das in gleichem Maße daraufhin angelegt ist, Fragen zu beantworten, wie neue Fragen zu provozieren. Man lese beispielsweise, welche stimulierende Wirkung diese Bibliothek auf Ernst Cassirer ausgeübt hat.

Die folgenden acht Beiträge (Nr. 16–23) sind Würdigungen im eigentlichen Sinne.

Davon bilden fünf wissenschaftliche Untersuchungen zum publizierten wissenschaftlichen Gesamtwerk Aby M. Warburgs oder zu zentralen Teilaspekten (Nr. 16–20). Sie dürfen zusammen mit den hier nicht aufgenommenen Aufsätzen William S. Heckschers »The genesis of iconology« und Lubomir Konečnys »Aby M. Warburg« (Bibliographie Abt. A Nr. 643 und 689) als die wesentlichen wissenschaftlichen Hinführungen zu Warburgs Werk angesehen werden, die bis zum Jahre 1970 erschienen sind. Da Warburg die Vollendung eigener zusammenfassender und überschauender Darlegungen nicht vergönnt war, sind sie unentbehrliche Hilfen für jeden, der Warburg wissenschaftlich nähertreten möchte. Unter ihnen haben vor allem Saxls »Rinascimento dell' antichità. Studien zu den Schriften A. Warburgs« und »Die Ausdrucksgebärden der bildenden Kunst« sowie die Abhandlung von Edgar Wind über »Warburgs Begriff der Kulturwissenschaft und seine Bedeutung für die Ästhetik« eine weitreichende interdisziplinäre Wirkung erzielt. Sie sind bis zum heutigen Tage unvermindert aktuell.[6] Der Entwicklung, daß die Beiträge Saxls und Winds ohne das Zutun dieser Autoren die originale Warburg-Lektüre bei vielen Interessenten geradezu verdrängten, möchte die vorliegende Publikation dadurch entgegensteuern, daß sie sie in einen Band mit den Schriften Warburgs zusammenfügt.

1970 hat die Warburg-Forschung durch das Erscheinen der großen Warburg-Monographie aus der Feder Ernst Hans Gombrichs, die im Untertitel ausdrücklich »An intellectual biography« genannt ist (Bibliographie Abt. A Nr. 682), eine neue Stufe erreicht. Es steht zu hoffen, daß dieses und unser Werk sich in ihrer Wirkung gegenseitig unterstützen und die notwendige interdisziplinäre Besinnung auf Aby M. Warburg nachhaltig fördern. In jüngster Zeit hat hier Kurt W. Forster wesentliche Anregung gegeben mit seinem Aufsatz »Aby M. Warburg's history of art: Collective memory and the social mediation of images« (Bibliographie Abt. A Nr. 778). Forster bedauert mit Recht, daß es bis heute keine englische Übersetzung der Werke Aby M. Warburgs gibt.[7]

Drei der Würdigungen sind Gedenkartikel, für ein großes Publikum leicht faßlich geschrieben (Nr. 21–23). Sie lassen mit einfühlsamer Meisterschaft die Einheit von Leben und Wirken Warburgs vor unserm inneren Auge entstehen und bieten jedermann das wünschenswerte biographische Detail. Der Herausgeber sieht sich durch ihre Aufnahme von seiner Seite entlastet, im Rahmen dieses Nachworts einen ähnlichen Versuch zu unternehmen. Womöglich darf er denjenigen Lesern, die jetzt erstmals Warburg kennenlernen, die Lektüre dieser Artikel als ›Einstieg‹ empfehlen. Übrigens variieren ihre Autoren entsprechend dem jeweiligen Standort und Temperament die Akzentsetzungen sehr reizvoll.

Die abschließenden zwei Beiträge (Nr. 24–25) dieser Abteilung fügen sich wie die ersten fünf dem Begriff ›Würdigung‹ nur teilweise. Sie zeigen, wie man von sehr grundsätzlichen Fragestellungen der Kunstgeschichtswissenschaft her auf Antworten stoßen kann, die bei Aby M. Warburg bereitliegen. Sie wurden aufgenommen, weil sie die sonst im Bande vorherrschende Blickrichtung umkehren: In ihnen bildet Warburg nicht den Ausgangs-, sondern den Endpunkt. Sie legen den Gedanken nahe, daß man den Band auch als eine einmal anders als andere Darstellungen vorgehende Einführung

---

[6] Vgl. z. B. Moshe Barash: Gestures of despair in medieval and early renaissance art, New York 1976, der S. 154 in Anm. 3 Bezug auf Saxl »Die Ausdrucksgebärden« nimmt.

[7] Die italienische Übersetzung liegt seit 1966 vor (Bibliographie Abt. A Nr. 612), eine französische ist angekündigt, vgl. den Jahresbericht 1976/77 des Warburg Instituts (Bibliographie Abt. A Nr. 797).

in wesentliche Aspekte der Kunstgeschichtswissenschaft lesen bzw. ihn als eine Ergänzung zu vorhandenen Einführungen auffassen könnte.

Wie schon bei der Abteilung I bestand bei der Abteilung II der Anreiz, sie durch Aufnahme weiterer Beiträge auszudehnen. Es hätte sich z. B. anbieten können zu zeigen, wie von einer Reihe von Autoren das stoffliche und methodische Interesse Warburgs für die eigene Produktion fruchtbar gemacht worden ist. Dabei hätte z. B. an Fritz Saxls »Der Titan Atlas im Dienste der astrologischen Erdkunde«, an Erwin Panofskys und Fritz Saxls »Classical mythology in medieval art«[8] oder an das in den Hamburger Warburg-Vortrag eingearbeitete Emblema über »Dürer und Celtis« des Herausgebers gedacht werden können. Sodann boten sich zahlreiche Gedenkartikel an, die mit feinem Gespür geschrieben worden sind. Sie sind mit Namen verbunden wie Georg Graf Vitzthum, Gustav Pauli, Wilhelm Waetzoldt, Alfred Doren, Erwin Panofsky, Werner Kaegi, Giorgio Pasquali, Eduard Fraenkel, um nur diese hier zu nennen. Auch einige weitere wissenschaftliche Hinführungen und treffende Äußerungen, sie sind sämtlich in der Bibliographie verzeichnet, standen zur Debatte. Es gibt jedoch zwei Gesichtspunkte, die eine weitere Ausdehnung nicht geraten sein ließen, deren Anführung den Herausgeber hoffentlich entlastet: 1. Die Gefahr, Überschneidungen in den Äußerungen in Kauf zu nehmen, die sich ohnedies nicht umgehen ließ, hätte schnell ein nicht zu recchtfertigendes Maß erreicht. 2. Eine vernünftige Preisgestaltung wäre unmöglich geworden. Bei dieser Lage schien es richtig, den Kreis der Autoren insgesamt auf eine Gruppe zu beschränken, die durch ihren Lebensweg dem Anliegen Warburgs besonders verbunden worden ist. Zu Fritz Saxl wurde oben bereits ein Wort gesagt. Die Bedeutung seiner Zusammenarbeit mit Warburg und seines von 1929 bis 1948 während Direktorats in der Kulturwissenschaftlichen Bibliothek Warburg und dem Warburg Institute können nicht hoch genug veranschlagt werden.[9] Carl Georg Heise war Warburgs erster Schüler. Gertrud Bing unterstützte in den zwanziger Jahren Warburg als Assistentin, und Saxl und sie waren die tragenden Säulen der Kulturwissenschaftlichen Bibliothek Warburg. Bis zu ihrem Tode im Jahre 1964 wurden die Schicksale des Londoner Warburg Instituts von ihr entscheidend mitgetragen und mitbestimmt. Von 1954 bis 1958 leitete sie es als Direktor. Edgar Wind, ein Schüler Erwin Panofskys, stand der Bibliothek und dem Institut von den zwanziger bis zu den vierziger Jahren besonders nahe und hatte den kunsthistorischen Lehrstuhl der Universität Oxford inne. Leopold D. Ettlinger war in den vierziger und fünfziger Jahren Mitarbeiter des Instituts, dann Inhaber des kunsthistorischen Lehrstuhls der Universität London, bis er einem Ruf in die Vereinigten Staaten folgte. Sir Ernst Hans Gombrich, durch Saxl in den dreißiger Jahren in den Bann des Instituts gezogen, blieb, mit Unterbrechungen in der Kriegszeit, Mitarbeiter des Instituts und stand ihm schließlich von 1958 bis 1976 als Direktor vor.

Die dritte Abteilung, die Warburg-Bibliographie, verdankt ihre Entstehung der anregenden Kraft von Gombrichs bereits genannter Warburg-Biographie. Es ist

---

[8] Vgl. dazu Colin Eisler, in: Bibliographie Abt. A Nr. 554, S. 571: »The first ›American‹ manifestation of Warburgian scholarship appeared in 1933 with Erwin Panofsky and Fritz Saxl's *Classical Mythology in Medieval Art*.«

[9] Vgl. den längeren, wichtigen Artikel von Gertrud Bing: Fritz Saxl, 1890–1948. A memoir (Bibliographie Abt. A Nr. 520). Es spricht für sich, daß Warburg in Saxl einen Schüler der ›Wiener Schule‹ als Mitarbeiter gewann. Diese Schule erstrebte eine enge Bindung an die Geisteswissenschaft und an die sogenannten historischen Hilfswissenschaften, vgl. Julius von Schlosser: Die Wiener Schule der Kunstgeschichte, in: Mitteilungen des Instituts für Österreichische Geschichtskunde, Ergänzungs-Band 13, Heft 2, Innsbruck 1934.

Gombrichs großes Verdienst, durch Gebrauch und ausgiebiges Zitieren als erster auf ungedrucktes Quellenmaterial aufmerksam gemacht zu haben. Die vorgelegte Bibliographie möchte diese Tendenz, über ein breites Quellenstudium die Warburg-Forschung zu fördern, nachhaltig unterstützen. Womöglich liefert der vorliegende Band mit Hilfe dieser Bibliographie einen Baustein zur ungeschriebenen Geschichte der Kunstgeschichtswissenschaft im interdisziplinären Zusammenhang. Auch könnte die Bibliographie,, indem sie in Bezug auf Warburg und seine Wirkung auf Vollständigkeit ausgeht, Bemühungen erleichtern, die darauf abzielen, Warburg seinen Platz im Zusammenhang mit ihm – zumindest partiell – verwandten Kunstwissenschaftlern zu geben. Es wäre abgesehen von den ohnehin zur Diskussion stehenden ›Warburgianern‹ an August Schmarsow, Max Dvořák, Wilhelm Vöge, Adolph Goldschmidt, Hans Tietze, Hans Kauffmann, Georg Weise, Martin Wackernagel, Otto Pächt, Günter Bandmann sowie Gregor Paulson z. B. zu denken. Soweit dem Bearbeiter bewußt, ist für noch keinen geisteswissenschaftlichen Autor eine vergleichbare Bibliographie, die neben den eigenen Werken auch deren interdisziplinäre Wirkung und Rezeption mit umfaßte, erstellt worden. Zusammen mit den reichhaltigen Anmerkungen der »Gesammelten Schriften«, den Ausführungen in Gombrichs Warburg-Biographie und dem in solchen Fällen unbedingt zu empfehlenden Besuch des Londoner Warburg Instituts vermag sie vielleicht jene Forscher zu unterstützen, die Fäden aufgreifen wollen, die Warburg bereits einmal in der Hand hatte. Im übrigen hofft sie auf die Phantasie und Findigkeit des Benutzers, denen sie Anreiz schaffen, aber keineswegs die Wege der fruchtbaren Benutzung vorschreiben will.

Einige englischsprachige Beiträge wurden für den Band eigens übersetzt, so daß er durchgehend deutschsprachig erscheint. Damit wird deutlich, daß er sich hauptsächlich an das deutschsprachige Publikum wendet, bei dem er dafür werben möchte, Warburg, nachdem dieser längst der Welt gehört, endlich unter die großen deutschen Kunsthistoriker aufzunehmen.[10]

Durch tatkräftige Unterstützung, Rat und unermüdliche Ermunterung hat Carl Georg Heise, Hamburg, sich um den Band verdient gemacht. Frau Dr. Frede Prag geb. Warburg, Oxford, die jüngere Tochter Aby M. Warburgs, und das Warburg Institute, London, mit seinem Direktor J. B. Trapp haben alle erforderlichen Nachdruckerlaubnisse und jede andere gewünschte Hilfe gern gewährt. Frau Dr. Elfriede R. Knauer, Philadelphia, hat die Übersetzungen unter Zurücksetzung anderer Pläne mit liebenswürdiger Schnelligkeit ausgeführt. Professor Dr. Leopold D. Ettlinger, Berkeley, ist für die Erlaubnis zum Nachdruck seines Beitrages und für die den Bedürfnissen dieses Bandes angepaßte erweiternde Bearbeitung zu danken. Dankenswerte Nachdruckerlaubnis erteilten auch die Kulturbehörde der Freien und Hansestadt Hamburg, die Universität Hamburg sowie die Universitätsbibliothek Göttingen. Ein namhafter Zuschuß der Hamburgischen Wissenschaftlichen Stiftung, der Warburg selbst einmal angehörte, erleichterte die Preiskalkulation für den Band ganz erheblich und leistete Hilfestellung bei der Ausarbeitung der Warburg-Bibliographie. Auch der anregenden Gespräche über die Gegenstände des Bandes mit Sir Ernst Hans Gombrich, Anne Maria Meyer und J. B. Trapp in London, mit Herbert von Einem in Göttingen sowie mit Thomas Lersch in München sei dankbar gedacht. Redaktionelle Hilfe haben Karin Pichura und vor allem Stephan Füssel, Göttingen, geleistet.

---

[10] Vgl. z. B. Paulconrad Kirchner: Deutsche Kunsthistoriker seit der Jahrhundertwende. Sammlung – Einordnung – Deutung, Diss. phil. masch. Göttingen 1948.

II.

Es soll nun – an die Adresse der Spezialisten gerichtet – auswahlweise von einigen Erfahrungen berichtet werden, die aus der Arbeit am vorliegenden Band resultieren.

Dem ersten Thema, das angesprochen werden soll, könnte man die Überschrift geben ›Wölfflin und Warburg als Antipoden‹. Eingedenk der notwendigen Diskussion, die von Panofsky und anderen mit Wölfflin geführt worden ist, könnte man, zumal da Panofsky und Warburg anscheinend häufig in eins gesehen werden, der Meinung sein, es bestehe zwischen Wölfflin und Warburg ein unversöhnlicher Gegensatz. Schon Forssmann (Bibliographie Abt. A Nr. 619) und Ettlinger (s. in diesem Bande S. 499 ff.) haben jedoch mit Recht darauf aufmerksam gemacht, daß die von beiden entwickelten Forschungsrichtungen einander ergänzen. Es sollte immerhin auch zu denken geben, daß Wölfflin zweimal Warburg-Abhandlungen angezeigt hat, und zwar 1902 Warburgs »Bildniskunst und florentinisches Bürgertum« und 1908 »Francesco Sassettis letztwillige Verfügung« und daß er zu der ersten u. a. bemerkte: »Die Tendenz der W.schen Abhandlung, die Kunstwerke aus dem Leben zu begreifen, wird gerade heutzutage sehr wohltuend empfunden werden« und zur zweiten: »Warburg ist der Historiker aus Passion, der, gleichgültig wie groß oder klein der Gegenstand sei, seine Freude daran hat, ein Stück Vergangenheit wieder lebendig zu machen«. Erwähnenswert ist auch, daß Wölfflin beim 1908 in Berlin stattfindenden Internationalen Kongreß für Historische Wissenschaften (Bibliographie Abt. A Nr. 117 und 118) die kunsthistorische Sektion leitete. Ebensowenig wie in Wölfflin den Nur-Aesthetiker sollte man in Warburg den Nur-Historiker unter den Kunstgeschichtswissenschaftlern sehen. Sprechen schon eine Äußerung wie die oben Seite 604 gebrachte über das Verhältnis von Interpretation und Wesenserschließung der Kunst und ein Tagebucheintrag, wie der vom 13. Juni 1916, in dem Warburg sich an »die ganz überwältigenden Bilder von Nolde« erinnert, für sich, könnte der Hinweis zusätzlich zu denken geben, daß Warburg 1913 in Berlin am ersten Kongreß für Ästhetik und Allgemeine Kunstwissenschaft teilnahm und daß der vierte Kongreß 1930 in Hamburg wesentlich von Warburg geprägt worden wäre, hätte er noch gelebt (s. Bibliographie Abt. A Nr. 166, 371, 380, 382). Die in den Gesammelten Schriften seit langem gedruckt vorliegenden kulturpolitischen Gelegenheitsschriften sind weithin nichts anderes als im Dienste der Kulturpolitik angewandte Stilkritik. Aus dem Londoner Warburg-Nachlaß ließen sich weitere, bisher weniger oder nicht beachtete Beispiele hinzufügen. Als 1907 auf dem VIII. Internationalen Kunsthistorischen Kongreß in Darmstadt die Frage der Systematik des Faches sowie die Einrichtung einer Bibliographie und eines Jahresberichts beraten wurde und Josef Strzygowski die Ästhetik auf ein Minimum zurückgedrängt wissen wollte – er sah »der Heranziehung der Ästhetik mit einem gewissen Bangen entgegen« –, da trat Warburg für die Ästhetik ein mit den Worten: »Es kommt mir vor, als ob wir uns schon vor Beginn des Feldzuges über den Anstrich der Grenzpfähle im Eroberungsgebiet unterhalten; es ist jedenfalls praktischer, daß einmal eine Grenzüberschreitung stattfindet, als daß man aus Pedanterie gerade das interessanteste Gebiet der fließenden Grenzen absperrt« (Bibliographie Abt. A Nr. 91, S. 49–50). Ein weiteres Grundlagenproblem, das 1907 in Darmstadt und 1909 in München zur Diskussion stand, war die Farbenterminologie. Es ging dabei darum, Vorschläge zu einer vereinheitlichenden Terminologie auszuarbeiten. Wilhelm Waetzoldt hatte dafür Vorüberlegungen angestellt. Als dessen der Ästhetik und Allgemeinen Kunstwissenschaft dienender Vortrag an den Rand gestellt zu werden drohte, ist es Warburg, der dies verhindert (Bibliographie Abt. A Nr. 121, S. 100 ff.). Interessanterweise stellte Warburg 1910 diesen Waetzoldt als seinen ersten Assistenten ein (s. S. 337).

Eine weitere Erfahrung bezieht sich auf die bisher in dem Maße nicht bekannte Beteiligung Warburgs an der Arbeit von Instituten, Kongressen und Gesellschaften. Daß die jungen Studenten, die sich 1888 in Florenz um August Schmarsow scharten und sich inoffiziell »Kunsthistorisches Institut zu Florenz« nannten, die wissenschaftliche Begründung ihres Faches als einer internationalen Angelegenheit im Auge hatten, hat bereits Gombrich gezeigt (s. Bibliographie Abt. A Nr. 682, S. 39 ff.; vgl. Nr. 251 und Abt. B, London, The Warburg Institute, Warburg-Zimmer Nr. 33). Was sich diese jungen Leute und ihr Professor damals ›herausnahmen‹, sieht man sogleich, wenn man die Erwägungen des Kunsthistorischen Kongresses zu Nürnberg hinsichtlich der offiziellen Begründung eines Kunsthistorischen Instituts in Florenz im Jahre 1893 daneben hält. Es wurde nämlich die Befürchtung laut, durch das florentiner Institut könnte »das Studium der italienischen Kunstgeschichte allzusehr in den Vordergrund gedrängt werden«. Um solche Befürchtung abzubauen, wurde vorgeschlagen, »das Institut in der Hauptsache als eine Arbeitsstelle für reife Gelehrte einzurichten und die Lehrtätigkeit des Leiters erst in zweite Linie zu stellen«. Und den »zu großen Andrang von jungen Leuten zur speziell italienischen Kunstgeschichte« wollte man dadurch vermeiden, »daß vom Institut aus keine Stipendien verliehen werden«.[11] Seit 1894 gehörte Warburg zu den Förderern des Instituts; er blieb es bis zu seinem Tode. Als nach der offiziellen Gründung im Jahre 1897 1901 die erste »wissenschaftliche Besprechung« stattfand, waren neben Heinrich Brockhaus als Direktor Robert Davidsohn, André Jolles, Fritz Knapp und Aby. M. Warburg anwesend. Die Bedeutung, die Florenz wissenschaftlich für ihn hatte, faßte er zu Beginn der Hamburger Vorlesungsreihe über Francesco Sassetti und seine Grabkapelle einmal in einem Satz zusammen: »Florenz beantwortet *alle* kultur-historischen Fragen, wenn man nur des Fragens nicht müde wird, und sich in der Fragestellung auf einen engeren Umfang beschränkt«.[12]

Von 1894 an bis 1912 nahm Warburg mit einer Ausnahme regelmäßig an den internationalen Kunsthistorikerkongressen teil: Köln 1894, Amsterdam 1898, Lübeck 1900, Innsbruck 1902, Darmstadt 1907, München 1909, Rom 1912 waren die Stationen und lediglich Budapest 1896 blieb ausgespart. In Innsbruck, München und Rom hat er selbst vorgetragen, von 1906 bis 1912 gehörte er als Schatzmeister zunächst dem provisorischen und dann dem gewählten Vorstand des Kongresses an. Den »Offiziellen Berichten« ist das Ringen um die organisatorische, wissenschaftssystematische und internationale Begründung der Kunstgeschichtswissenschaft zu entnehmen. Es lohnte gewiß eine eigene Bemühung, auf der Grundlage der gedruckten Berichte und unter

---

[11] Offizieller Bericht über die Verhandlungen des Kunsthistorischen Kongresses zu Nürnberg 25.–27. September 1893, Nürnberg o. J., S. 51; vgl. S. 15–23 »Antrag des Herrn Professor von Lützow auf Gründung eines kunstgeschichtlichen Instituts«. Den geistesgeschichtlichen Hintergrund für die gegenüber einer Institutsgründung in Florenz geäußerten Bedenken erhellt der ebd. S. 6–15 abgedruckte Vortrag des um die Quellenforschung hochverdienten Theodor Hampe über »Deutsche Kunst und Deutsche Literatur um die Wende des 15. Jahrhunderts«. Man vergleiche auch S. 84 die »Tischrede des Herrn Professors Dietrichson«.

[12] Vortrag vom 24. Oktober 1901, vgl. die Angaben in Anm. 5.

Hinzuziehung des im Warburg Institute liegenden Quellenmaterials, das z. T. noch nicht gesichtet werden konnte, die Intentionen der Internationalen Kongresse bis 1912 herauszuarbeiten und dabei die Rolle des 1907 begründeten »Deutschen Vereins für Kunstgeschichte« zu bedenken. Den kürzlich vorgenommenen Nachdruck der Berichte, die an keiner deutschen Bibliothek gesammelt vorhanden zu sein scheinen – einzelne Bibliotheken besitzen höchstens einen bis zwei der Berichte –, muß man als einen guten Griff bezeichnen.[13] Für die Geschichte der Kunstwissenschaft sind ebenfalls die Sitzungsberichte der Kunstgeschichtlichen Gesellschaft zu Berlin von erheblicher Bedeutung. Sie sind in öffentlichen Bibliotheken kaum und in den Bibliotheken der kunsthistorischen Institute meist nur mit Lücken erhalten und verdienten daher ebenfalls einen Nachdruck. Manch eine Abhandlung, die später berühmt wurde, ist hier erstmals vorgetragen und eventuell auch diskutiert worden. Warburg nahm von 1901 an mindestens bis 1912 an den Sitzungen teil, die monatlich stattfanden. 1901, 1903 und 1905 hat er selbst vorgetragen. Hier traf er 1908 mit Karl Giehlow zusammen (s. Bibliographie Abt. A Nr. 105), dessen Bemühungen durch Warburgs Vermittlung später Erwin Panofsky und Fritz Saxl mit dem Werk »Dürers Melencolia I« aufnahmen und fortsetzten (s. Bibliographie Abt. A Nr. 234 und 236). Diesem Kreise wurde am 17. Mai 1918 durch Max J. Friedländer – ob in Anwesenheit Warburgs? – die Dissertation von Carl Georg Heise vorgelegt, die Warburg gewidmet ist (s. Bibliographie Abt. A Nr. 187).

An Warburgs Interesse für die Kongresse für Ästhetik und Allgemeine Kunstwissenschaft wurde bereits erinnert. Somit bleibt nur noch hervorzuheben, daß wir ihn 1903 in Rom und 1908 in Berlin auch auf den internationalen Historiker-Kongressen finden. Die Bibliographie gibt noch weitere Fingerzeige, z. B. spielte in Hamburg die »Gesellschaft der Bücherfreunde« eine erhebliche Rolle für ihn, aber auch das private »Kränzchen«. Das ganze Geflecht der institutionell-wissenschaftlichen Beziehungen, in dem Warburg stand, harrt noch weiterer Erforschung.

Wer hofft, daß in den gedruckten Diskussionsbeiträgen Warburgs, die die offziellen Berichte der Kunsthistorischen Kongresse und die Sitzungsberichte der Kunstgeschichtlichen Gesellschaft zu Berlin bieten, die Stichworte ›Ikonographie‹ bzw. ›Ikonologie‹ eine Rolle spielten, sieht sich getäuscht. Stattdessen gewahren wir ein auf den ersten Blick vielleicht überraschendes Interesse für Bibliographie, kritische Jahresberichte und Fachsystematik. In Wahrheit kann dieses Interesse natürlich nicht überraschen, es zeigt sich vielmehr, daß der Aufbau und Ausbau der Bibliothek, der zeitlebens mindestens die Hälfte der Arbeitskraft beanspruchte, mit großem Umblick, also mit wissenschaftlichem Ernst, betrieben wurde. Das erste Stichwort, zu dem sich Warburg überhaupt auf einem internationalen Kunsthistoriker-Kongreß äußert, heißt ›Bibliographie‹. Dies geschieht 1907 in Darmstadt in folgendem Zusammenhang: Der Kongreß zeigte sich durch die Begründung des »Deutschen Vereins für Kunstwissenschaft« erheblich verunsichert. Bei der chronischen Finanznot des Kongresses schien es einer ganzen Reihe von Teilnehmern sinnlos, neben dem Verein den Kongreß als ständige Einrichtung bestehen zu lassen. Als einige auch daran zweifelten, daß der

---

[13] Vgl. Bibliographie Abt. A Nr. 806. Das Warburg Institute, London, besitzt die vollständige Reihe der Originalausgaben.

Kongreß wenigstens als betont internationale Veranstaltung eine Zukunft haben könnte, wirft Warburg ein: »Die Bedeutung des Kongresses als internationale Einrichtung wird ja hervortreten, wenn wir über die Bibliographie sprechen« (Bibliographie Abt. A Nr. 91, S. 23). Daraus spricht die Meinung: Eine kunsthistorische Bibliographie muß international sein, sie braucht ein internationales Team zur Verwirklichung, und der natürlichste Träger eines solchen Teams und damit der wünschenswerten umfassenden Bibliographie wäre demnach ein konsequent international organisierter kunsthistorischer Kongreß. Als schließlich das Projekt der Bibliographie debattiert wird, macht sich Cornelius Hofstede de Groot zum Anwalt derjenigen, die ihre eigene und die Arbeit ihres Faches von bibliographischer Arbeit eher fernhalten wollten. Seine Stellungnahme gipfelt in dem Satz: »Bibliographie ist gar nicht unser Arbeitsfeld«. Diese Äußerung ruft Warburg auf den Plan, der unmittelbar nach Hofstede de Groot ausführt: »Diese Skepsis ist berechtigt, aber wir dürfen nicht vergessen, was Bibliographie für uns ist. Die Bibliographie ist durchaus nichts unfruchtbar Trockenes, im Gegenteil; wenn auch viele vergebliche Arbeit drin steckt, so müssen wir doch diese Arbeit leisten, um der Zusammenhanglosigkeit zu steuern, die gerade auf unserem Gebiete so groß ist. Will man sehen, welches ›aktuelle‹ Leben in einer Buchtitelsammlung walten kann, so empfehle ich die internationale Bibliographie der Sozialwissenschaften (s. Bibliographie Abt. A Nr. 100) von Herrn Dr. Beck zur Lektüre und dessen Institut in Berlin zur Besichtigung; da spürt man, daß es eine natürlich und notwendig zusammenhängende internationale Republik des Geisteslebens gibt, das auf Aussprache drängt. Wir müssen innerhalb der Geistesarbeit Kontakt haben und eine Organisation des Kontaktes« (Bibliographie Abt. A Nr. 91, S. 35/36). Diese Worte haben in ihrer Aktualität bis zum heutigen Tage nichts eingebüßt. Sie zeigen einen Mann, der weiß, daß die Qualität geisteswissenschaftlicher Arbeit von der Schätzung abhängt, die der einzelne Wissenschaftler den sogenannten Hilfswissenschaften seines Faches entgegenbringt.[14] Warburg wird in Darmstadt in die ad hoc-Kommission für Bibliographie und Jahresberichte sowie in die Kommission für Systematik gewählt (Bibliographie Abt. A Nr. 91, S. 48 und 81). Die

---

[14] In diesem Sinne kümmerte sich Warburg auch um so scheinbare Nebensachen wie das Registermachen. Als er auf der Sitzung der Kunstgeschichtlichen Gesellschaft zu Berlin vom 8. Mai 1908 den Vorschlag unterbreitet, den Inhalt der seit zwanzig Jahren erscheinenden Berichte durch einen Index aufzuschlüsseln, wird dies zwar durch Max J. Friedländer abgelehnt, aber vor den Berichten der Jahre 1910/11 findet man doch erstmals ein Verzeichnis der Vortragenden und ein Inhaltsverzeichnis aller bisherigen Jahrgänge. Im Vorwort zu dem von Hermann Noack bearbeiteten Index zu Cassirers »Philosophie der symbolischen Formen« (¹1931, ⁶1977) heißt es: »Der vorliegende Index verdankt seine Entstehung der Anregung und eifrigen Förderung durch Aby Warburg. [. . .] Die von ihm geschaffene und geleitete ›Kulturwissenschaftliche Bibliothek‹ legt, ganz abgesehen von ihrem unschätzbaren ideellen Wert, ein beredtes Zeugnis dafür ab, welche Wichtigkeit Warburg gerade auch der nur dienenden, technischen Seite aller Wissenschaft beigemessen hat. So fehlte nach seiner Meinung einem Buch, das keinen Index besaß, eine der unentbehrlichsten Handhaben zu einer praktischen Benutzung. Seine humorvollen Äußerungen hierüber erinnern an die paradoxen Worte von Carlyle, ein Index ohne Buch habe ihm schon mitunter genutzt, ein Buch ohne Index nie. [. . .] In der Form und Anordnung habe ich mich an das Vorbild der Indizes zu den ›Studien der Bibliothek Warburg‹ gehalten.[. . .]«. Zum Register der Bände eins bis vier des ›Journal of the Warburg and Courtauld Institutes‹ schreibt Wolfgang Braunfels in einer Besprechung von 1947 (s. Bibliographie Abt. A Nr. 476): »Als eine besonders erfreuliche Zugabe sei noch das überaus sorgfältig gearbeitete Sachregister hervorgehoben, das jedem Band einzeln beigefügt und jedem, als es benutzt, eine Ahnung von jener Einheit unserer historischen Vergangenheit vermittelt, der zu dienen das einzige Ziel von Warburgs hochherziger Stiftung war und geblieben ist.« Vgl. William S. Heckscher, Bibliographie Abt. A Nr. 605 und 805.

Kommission für Systematik arbeitet nach Darmstadt weiter, wobei Warburg es übernimmt, die »wichtigsten bereits vorhandenen Systeme zusammenzustellen« (Bibliographie Abt. A Nr. 121, S. 80). Er war es, der 1908 in Berlin, als anläßlich des Historischen Kongresses der Ausschuß des Internationalen Kunsthistorischen Kongresses eine Sitzung abhielt, Dr. F. von Schubert-Soldern mit der alleinigen Ausarbeitung einer Systematik der Kunstwissenschaften beauftragte, wozu auch Josef Strzygowski und Otto Wulff Materialien beigetragen hatten. Dem Münchener Kongreß des Jahres 1909 wird der nunmehr fertige Entwurf einer »Rahmen-Systematik der Kunstwissenschaften« gedruckt vorgelegt und vom Verfasser ausführlich erläutert. Vergleichend debattiert wird dabei ein von Otto Wulff ebenfalls ausgearbeiteter und dem Kongreß vorgelegter Entwurf. Der Kongreß gibt jedoch dem Entwurf von Schubert-Soldern den Vorzug wegen der größeren Praktikabilität (Bibliographie Abt. A Nr. 121, S. 79–98). Warum der Kongreß zu Rom im Jahre 1912 die Erörterungen nicht fortsetzt bzw. in den Jahren nach München keine Ergebnisse in Gestalt entsprechender Publikationen greifbar werden, bedarf der Erhellung. Denkbar wäre, daß gegensätzliche Bestrebungen zu einer Lähmung führten und daß dies Warburg in seinem Vorhaben bestärkte, zunächst einmal alle Energien auf die Begründung eines eigenen Instituts und dessen organisatorische Ausgestaltung zu verlegen. Die in Richtung Systematik des Faches und Jahresberichte gelenkte Energie war damit lediglich zurückgestaut, nicht aber erlahmt. Für den internationalen Kunsthistorikerkongreß 1930 in Brüssel bereitete nämlich Fritz Saxl »Vorschläge zu einer internationalen Bibliographie der Kunstgeschichte« vor (Bibliographie Abt. A Nr. 360). Der Kongreß war aber anscheinend nicht gesonnen, das Thema zu diskutieren, und so scheiterte der Versuch der Kulturwissenschaftlichen Bibliothek Warburg, »die Arbeitskraft der Bibliothek in einer Weise einzusetzen, die unmittelbar internationale Nützlichkeit haben sollte« (Bibliographie Abt. A Nr. 392, S. 19). Diese neue Bibliographie hätte ganz im Sinne Warburgs das »so besonders schwer zugängliche Material der Grenzgebiete« bereitstellen wollen, um auf diese Weise »zu neuen und lebendigen Arbeiten« anzuregen (Saxl S. 3). Konsequent internationale Organisation, bisher nicht gekannte Vollständigkeit der Erfassung, Gebietserweiterung in Richtung auf Nachbargebiete und Verfeinerung der Systematik sollten die Hauptcharakteristika sein. Wer die Diskussionen und Pläne aus dem Anfang des Jahrhunderts und aus den Jahren 1929/30 mit den heutigen maßgeblichen periodischen Fachbibliographien für Kunstgeschichte vergleicht, sieht auf einen Blick, was davon verwirklicht worden ist und was noch immer als Desiderat zu gelten hat. Unabhängig von der Bedeutung für die Geschichte der Fachsystematik wirft der Vorgang von 1929/30 auch ein bezeichnendes Licht auf das Selbstverständnis der Bibliothek Warburg: Sie verstand sich damals offensichtlich als ein im Kern kunsthistorisches Institut. Das Scheitern der Bemühung um eine internationale kunsthistorische Bibliographie führte zu einem Projekt, das die Bibliothek mit eigenen Kräften verwirklichen konnte, nämlich zur »Kulturwissenschaftlichen Bibliographie zum Fortwirken der Antike«, deren erster Band 1934 erschien und deren zweiter 1938. Der unglückselige Zweite Weltkrieg bedeutete für diese wegweisende Bibliographie das Ende, nachdem sie durch den von den politischen Umständen erzwungenen Umzug der Bibliothek von Hamburg nach London ohnehin schon mit erheblichen Schwierigkeiten zu kämpfen gehabt hatte. Damit keine Mißverständnisse hinsichtlich Warburgs Verhältnis zur bibliographischen Arbeit eintreten, sei dieser Punkt mit einem Zitat verlassen, das aus einem Bericht über den »Zweiten Niedersächsischen Bibliothekarstag« stammt, der 1927 in Hamburg stattfand: »Den stärksten Eindruck aber machte allen Teilnehmern die über 40 000 Bände umfassende kunst- und kulturwissenschaftliche Bibliothek Warburg. [. . .] Der Schöpfer, Besitzer und eifrige Förderer dieser einzigartigen Bibliothek, Prof. Dr. Aby M. Warburg, übernahm selbst die Führung und hielt dann einen hochinteressanten, geistvollen Vortrag über seine jüngsten Rembrandt-Studien, um zu zeigen, wie in seiner Bibliothek durch Zusammenwirken von Bild und Buch, von bibliographischer und gelehrter Arbeit überraschende Ergebnisse erzielt werden können«.[15]

Ein weiteres Thema, das der Behandlung im größeren Rahmen der Wissenschaftsgeschichte der Kunstgeschichtswissenschaft bedarf, ist die Frage nach Warburgs Verhältnis zur sogenannten philologisch-historischen Methode. Nach allem, was wir bis heute wissen, gehörte es zu den unbeirrbar festgehaltenen Zielen Warburgs, der Kunstgeschichtswissenschaft sowie der Kulturwissenschaft seines Sinnes eine solide methodische Grundlage zu schaffen. Es gibt in Bezug auf die philologisch-historische Methode keine zusammenhängenden Reflexionen aus seiner Feder. Doch ziehen sich Äußerungen, die auf bestimmte Vorstellungen schließen lassen, wie ein roter Faden durch sein gedrucktes wie ungedrucktes Oeuvre. Außerdem belegen seine Buchanschaffungen, daß ihm die methodologische Besinnung ein sehr ernstes Anliegen war: Er kaufte einschlägige historische und philologische Fachliteratur ebenso wie die kunsthistorische. Um die Diskussion dieses philologisch-historischen Grundlagenkomplexes zu fördern, sollen im Folgenden – ohne den geringsten Anspruch auf Vollständigkeit – einschlägige Zitate aus Warburgs Schriften, Notizen und Briefen sowie aus einschlägigen zeitgenössischen Veröffentlichungen über ihn in chronologischer Folge zusammengestellt werden. Dabei wird sich zeigen, daß erwartungsgemäß die Begriffe ›Detail‹, ›Einzelnes‹ und ›Kleines‹ eine besondere Rolle spielen und daß er das ›Nur-Detail‹ vom fruchtbaren trennt:

1899

1. »Für die ›Exakten‹ ist die Kunstgeschichte eine Damenconditorei, in der mit überströmender Suada und überflüssiger Landschaftlichkeit erörtert wird, ob etwas schön schmeckt oder »tabu« ist. Andererseits sehen wir, daß wir heute eine solide Stillkritik besitzen, die mit dem ganzen Ernst naturwissenschaftlicher Detail-Betrachtung arbeitet.« [Aus Notizen über die Kunstgeschichte als junge Wissenschaft, die bei dem Hamburger Vortrag vom 20. 9. 1899 über »Leonardo in seinen Beziehungen zur Cultur der Frührenaissance am Mailändischen Hofe« liegen. Bibliographie Abt. B, London, The Warburg Institute, Warburg-Zimmer Nr. 49.]

1901

2. »Mir liegt nur daran, daß das weitere Publikum der Kunstgeschichte hilft, sich gleichermaßen vor einer öden, nur am Detail klebenden stilkritischen Richtung zu hüten, wie noch mehr vor dem pietätlosen Dilettantentum, das seine selbstgefällige Geschwätzigkeit da einschiebt, wo die Vergangenheit selbst durch die eigene Stimme wieder zu uns sprechen könnte, damit wir endlich eine künstlerische Kulturgeschichte bekommen. Einen solchen Wiederbelebungsversuch durch die Stimmen der Vergangenheit habe ich hier mit möglichster Ausführlichkeit [. . .] unternommen; daß Sie mir trotzdem so aufmerksam Gehör geschenkt haben, ermutigt mich zu dem Glauben, daß auch Sie eine solche geschichtliche

[15] Paul Trommsdorff, vgl. Bibliographie Abt. A Nr. 287.

Anschauungsweise für etwas Anderes ansehen als ein selbstgefälliges Spiel des Scharfsinns, nämlich: für eine jedem gebildeten Menschen naheliegende Pflicht der Pietät gegen die Vergangenheit. [. . .] Ich hoffe aber auch gezeigt zu haben, daß das Eingehen aufs Detail uns nicht nur nicht verhindert, eine breitere Gesamtansicht zu gewinnen, sondern die unerläßliche Voraussetzung [bildet], um das Schöne und Erhabene der Kunstwelt unmittelbar zu empfinden und es doch als Ergebnis ernster und innerlichster menschlicher Kultur-Arbeit zu erfassen. [. . .]«. [Schlußworte des Hamburger Vortrages vom 28.10.1901, nähere Angaben siehe Anm. 5.]

1902

3. »Nietzsche an Deussen 1887: ›Der Himmel weiß es, ohne rechtschaffenen Fleiß wächst nur Unkraut aus der schönsten Anlage. In der Nähe gesehen, soll auch der beste Künstler sich nicht vom Handwerker unterscheiden. Ich hasse das Lumpengesindel, das kein Handwerk haben will und den Geist nur als Feinschmeckerei gelten läßt‹.« [Notiz, die bei den »Studien über Florenz und Flandern im 15. Jahrhundert« von 1902 liegt, vgl. Bibliographie Abt. B, London, The Warburg Institute, Warburg-Zimmer Nr. 55.]

4. »Als vorbildlicher Pfadfinder hat Jakob Burckhardt der Wissenschaft das Gebiet der italienischen Kultur der Renaissance erschlossen [. . .]. [. . .] Und selbst nach seinem Tode tritt uns dieser geniale Kenner und Gelehrte noch als unermüdlicher Sucher entgegen; in seinen hinterlassenen ›Beiträgen zur Kunstgeschichte von Italien‹ hat er, um dem großen Ziel einer synthetischen Kulturgeschichhte näher zu kommen, noch einen dritten empirischen Weg angebahnt: er scheute die Mühe nicht, dem einzelnen Kunstwerke in seinem direkten Zusammenhange mit dem zeitgenössischen Hintergrunde nachzuforschen, um die idealen oder praktischen Anforderungen des wirklichen Lebens als ›Kausalitäten‹ zu erfassen.« [Aus der »Vorbemerkung« von Warburgs »Bildniskunst und florentinisches Bürgertum«, s. oben S. 67.]

1906

5. »Die ›Bilder zum Tode des Orpheus‹ sind somit wie ein vorläufiger Fundbericht über die ersten ausgegrabenen Stationen jener Etappenstraße anzusehen, auf der die wandernden antiken Superlative der Gebärdensprache von Athen über Rom, Mantua und Florenz nach Nürnberg kamen, wo sie in Albrecht Dürers Seele Einlaß fanden; Dürer hat diesen eingewanderten antikischen Rhetorikern zu verschiedenen Zeiten verschiedenes Recht zugestanden. Keinesfalls darf man im Geiste der älteren kriegspolitischen Geschichtsauffassung diese stilpsychologische Frage mit einem: ›entweder Sieger oder Besiegter‹ bedrängen. Durch eine derartige gröblich befriedigende Schlußformel mag sich immerhin heroenverehrender Dilettantismus lästigen Einzelstudien über Abhängigkeiten der großen Individuen entziehen; es entgeht ihm freilich damit das weittragende stilgeschichtliche, bisher allerdings kaum formulierte, Problem vom Austausch künstlerischer Kultur zwischen Vergangenheit und Gegenwart, zwischen Norden und Süden im 15. Jahrhundert; dieser Vorgang läßt nicht nur die Frührenaissance als Gesamtgebiet europäischer Kulturgeschichte klarer begreifen, er enthüllt auch bisher ungewürdigte Erscheinungen zu allgemeinerer Erklärung der Kreislaufvorgänge im Wechsel künstlerischer Ausdrucksformen.« [Schluß des 1905 vor der Versammlung von »Philologen und Schulmännern« in Hamburg gehaltenen Vortrages über »Dürer und die italienische Antike«, s. oben S. 130.]

1907

6. »Dieses Dokument gewinnt eine für die Psychologie des gebildeten Laien der florentinischen Frührenaissance aufklärende Bedeutung, wenn man zunächst aus den darin enthaltenen kunsthistorischen Angaben Francesco seelisch zu begreifen sucht. Die Notizie geben dabei durch ihre Fülle unverwerteter zuverlässiger Einzeltatsachen den ersten sicheren Rückhalt.« [Aus »Francesco Sassettis letztwillige Verfügung«, oben S. 137.]

7. »Die entscheidenden Widerstandsmomente organischer Stilentwicklung werden uns erst durch die historisch-analytische Behandlung solcher Ausgleichsversuche klar; sie sind bisher unbeachtet geblieben, weil der moderne Ästhetizismus in der Renaissancekultur entweder primitive Naivität oder den heroischen Gestus der vollzogenen Revolution zu genießen wünscht. Die Möglichkeit, aus der letztwilligen Verfügung Francesco Sassettis nicht nur den imponierenden Menschen, sondern auch den natürlichen Erklärer des inhaltlich so sinnvoll mit ihm selbst übereinstimmenden Bilderkreises seiner Grabkapelle zu erwecken, schien mir deshalb den gewiß problematischen Versuch einer Synopsis von Lebensgefühl und Kunststil zu erfordern und, mögen nun auch meine allgemeinen psychologischen Ideen nur als Hilfsvorstelluungen Wert haben, so hoffe ich doch gezeigt zu haben, daß sich aus dem unerschöpflichen Reichtum des florentinischen Archivs der Humanität der Hintergrund der Zeit deutlich genug wiederherstellen läßt, um einseitig ästhetische Betrachtung historisch zu regulieren.« [Schluß von »Francesco Sassettis letztwillige Verfügung«, s. oben S. 154.]

1909

8. »Vor allem wollen wir nicht den ebenso reizenden wie belehrenden Ausflug nach Landshut vergessen. [. . .] Hier in diesem Schlosse erzählte dann Dr. Warburg vor einem unscheinbaren Kamin eine jener entzückenden kunsthistorischen Seelenwanderungen, in deren Aufspüren er, wie allbekannt, Meister ist. Die Schlußworte seines Vortrages erhoben sich zu besonderer Bedeutung, indem er aussprach, daß die stille, kleine, langsam zuwartende Feinarbeit unser Wissen oft weiter und tiefer bereichern könne als alle ›Großzügigkeit‹.« [Aus der den IX. Internationalen Kunsthistorischen Kongreß zu München besprechenden Anzeige von G. K., s. Bibliographie Abt. A Nr. 130.]

1911

9. »Versuchen wir nun der indirekten Auffassung des Altmeisters gehorchend [Burckhardt, Cicerone, 1854, III, S. 813] dieses Geheimnis zu ergründen, so muß man sich zunächst, der kunstwissenschaftlichen Seelenmode unserer Zeit entgegen dazu entschließen, auf diese Riesenbilder die bewährte Methode philologisch-historischer Handschriftenkritik anzuwenden, das ganze etwa wie einen Palimpsest zu behandeln, dessen echt antike Bilderschrift aus komplizierter mittelalterlicher Überschichtung wieder hergestellt werden muß. [. . .] Ich will jetzt versuchen, durch vergleichendes ikonologisches Studium der oberen und unteren Reihe der sieben Fresken im P.[alazzo] S.[chifanoja] die dort auftauchende antike Götterwelt als Übergangstypus von mittelalterlicher Sternendämonenregion zum Renaissanceolymp entwicklungsgeschichtlich zu charakterisieren«. [Aus der »Einleitenden Vorbemerkung« vom 13. März 1911 zum Thema »Antike Kosmologie in den Monatsdarstellungen des Palazzo Schifanoja zu Ferrara«. Es handelt sich um eine Vorstufe des 1912 in Rom gehaltenen Vortrages, vgl. Zitat Nr. 10 und Bibliographie Abt.B, London, The Warburg Institute, Warburg-Zimmer Nr. 82.]

1912

10. »Ich hoffe, durch die Methode meines Erklärungsversuches der Fresken im Palazzo Schifanoja zu Ferrara gezeigt zu haben, daß eine ikonologische Analyse, die sich durch grenzpolizeiliche Befangenheit weder davon abschrecken läßt, Antike, Mittelalter und Neuzeit als zusammenhängende Epoche anzusehen, noch davon, die Werke freiester und angewandtester Kunst als gleichberechtigte Dokumente des Ausdrucks zu befragen, daß diese Methode, indem sie sorgfältig sich um die Aufhellung einer einzelnen Dunkelheit bemüht, die großen allgemeinen Entwicklungsvorgänge in ihrem Zusammenhange beleuchtet.« [Aus dem Schlußteil des 1912 in Rom gehaltenen Vortrages über »Italienische Kunst und internationale Astrologie im Palazzo Schifanoja zu Ferrara«, der erst 1922 im Druck erschien, vgl. oben S. 185.]

11. »Ein Ereignis wegen der großen Gelehrsamkeit, der vollendeten Form, des temperamentvollen Vortrages und wegen der neuen Wege, die seine Studien enthüllten, war die Rede von Professor A. Warburg über italienische Kunst und internationale Astrologie im Palazzo Schifanoja zu Ferrara. Von dem glänzenden Buch »Sphära« des deutschen Gelehrten Franz Boll in Heidelberg ausgehend, zeigte Warburg, welches die bis jetzt nicht erkannten Quellen der mythologischen Zonen dieses Palastes sind, und wies durch diesen Vortrag auf ganz neue Bahnen hin, die das kunsthistorische Studium im Rahmen der historisch-philologischen Wissenschaften für die Zukunft einschlagen muß. Hier bei Warburg sahen wir, wie das Kleine und Kleinste dem Forschergeist sich zum Ganzen ordnet und wie aus einzelnen Bausteinen sich weite, feste Brücken spannen.« [Mit der Sigle M. gezeichnete Besprechung in der Kunstchronik, s. Bibliographie Abt. A Nr. 156.]

1915

12. »Meine Stellungnahme zu dem Problem der Universität in Hamburg ist andauernd durch die Einsicht bestimmt gewesen, daß das deutsche wissenschaftliche Leben von einer Erkrankung bedroht ist, die ich als eine Entartung ins Großzügige bezeichnen möchte. Plötzlich scheint die Fähigkeit, Wurzel in das Innere des Bodens zu treiben, d. h. durch ehrliche Kleinarbeit sich immer wieder von neuem um der Sache willen sich in die Sache zu vertiefen, abzusterben und dafür tritt eine eitle Freude an voreiligen Forschungen ein, die journalistische Einfälle zu neuentdeckten Gesetzmäßigkeiten aufzublähen versucht. Durch diese Beifall haschende und daher innerlich ungeduldige Großzügigkeit verderben begabte Männer wie Lamprecht, Sombart und Chamberlain sich nicht nur ihren eigenen Charakter, sondern untergraben auch das Fundament der deutschen Kultur. [. . .]« [Aus einem Gutachten Warburgs vom 5. 8. 1915, vgl. Bibliographie Abt. B, London, The Warburg Institute, Warburg-Zimmer Nr. 92.]

1918

13. »Das Buch ist von Schubring [. . .] abgedruckt mit meiner Einwilligung, aber ohne die gesetzte Bedingung zu erfüllen, 1. die Seiten noch einmal vorher in Florenz zu collationieren, 2. mir die Druckbogen vorher zu schicken; der Krieg mußte als Ausrede dienen.« [Notiz zu Paul Schubring: Cassoni, Leipzig 1915, Anhang II, S. 1–8, wo das Bottega-Buch des Marco del Buono und des Apollonio di Giovanni in der Abschrift Warburgs publiziert wurde. Vgl. Bibliographie Abt. A Nr. 167.]

14. »Der Vortrag Warburgs, der die ›Curiosa des Aberglaubens‹ in die Geistesgeschichte zum erstenmal wirklich einbezog, indem er sie im Vorstellungsleben bestimmter Haupttypen – des Politikers, Theologen und Künstlers – als überlebende Causalitäten des Vorstellungslebens in Wort und Bild in eingehender philologisch-historischer Exegese faßte, zeigte neue Wege für eine pragmatische Kulturgeschichte. Zur Ausnutzung werden Kunstgeschichte und Religionswissenschaft sich im Laboratorium einer Bildgeschichte zusammenfinden müssen.« [Paul Hildebrandt zu dem am 29. 4. 1918 in Berlin gehaltenen Vortrag Warburgs über »Luther in der heidnisch-antiken Weissagung seiner Zeit«, s. Bibliographie Abt. A Nr. 188 und Abt. B, London, The Warburg Institute, Warburg-Zimmer Nr. 89.]

1920

15. »Aus dem Kuriosum den geistesgeschichtlichen Erkenntniswert herauszuholen, liegt aber Religionswissenschaftlern von vornherein näher als den Kunsthistorikern. Und doch gehört die Einbeziehung dieser Gebilde aus der halbdunklen Region geistespolitischer Tendenzliteratur in gründliche historische Betrachtung zu den eigentlichen Aufgaben der Kunstgeschichte; denn eine der Hauptfragen der stilerforschenden Kulturwissenschaft – die Frage nach dem Einfluß der Antike auf die europäische Gesamtkultur der Renaissancezeit – kann nur so in ihrem ganzen Umfange begriffen und zu beantworten versucht werden.« [Aus Warburgs »Heidnisch-antike Weissagung in Wort und Bild zu Luthers Zeiten«, s. oben S. 201.]

16. »Die einfache Treue zum überlieferten Wort trug Boll wie sie seinen Freund und älteren Collegen Ludwig Traube getragen und gewählt hatte. Der unbestechliche Sinn für das echte Dokument ist angewandter Kant ohne Worte. [. . .]« [Aus Warburgs Einleitung zu Paul Lehmanns Hamburger Vortrag vom 29.11.1924 über »Pseudoantike Literatur des Mittelalters«, s. Bibliographie Abt. B, London, The Warburg Institute, Warburg-Zimmer Nr. 92.]

17. »Das dabei [von Franz Boll] beobachtete Verfahren ist technisch nicht neu: sehr viel Geduld vorausgesetzt, brauchen wir nur im guten alten Stil getreue philologische Auslegekunst – Hermeneutik More Majorum –, um einen Ausblick ins Weite zu gewinnen.« [Aus Warburgs Hamburger Vortrag vom 25.4.1925 »Franz Boll zum Gedächtnis«, s. Bibliographie Abt. B, London, The Warburg Institute, Warburg-Zimmer Nr. 94.]

18a. »I. 2 Wahlsprüche: 1. Wir suchen unsere Ignoranz auf und schlagen die, wo wir sie finden. 2. Der liebe Gott steckt im détail. II. Damit bewaffnet wollen wir die Stoßkraft unserer freiwilligen Kommandos zusammen an einem Objekt erproben, III. einer Hochzeitstruhe in der Jarves Collection in Newtown (Yale Univ.), die ein florentinisches Turnier darstellt. IV. Schlage Ihnen jetzt einen Arbeitsplan vor, der das Ziel und den Sinn unserer Unternehmung zeigen soll: Verhältnis z.[ur] eigenen Ignoranz entscheidend. – Schlagen unsere Ignoranz, wo wir sie finden. – Der liebe Gott steckt im Détail. Verbesserung d.[er] Methode 1902. – [. . .] – Große Linie durch Kleinarbeit. Respekt vor der Einzelheit.« [Notizen Warburgs zur Eröffnungssitzung vom 25.11.1925 des Hamburger Seminars über »Die Bedeutung der Antike für den stilistischen Wandel in der italienischen Kunst der Frührenaissance«, vgl. Bibliographie Abt. B, London, The Warburg Institute, Warburg-Zimmer Nr. 95.]

 b. »Zwei Wahlsprüche: 1. Wir suchen unsere Ignoranz auf und schlagen die, wo wir sie finden. 2. Der liebe Gott steckt im Detail. So soll *ein* Kunstwerk im Laufe des Semesters interpretiert werden, eine bemalte Truhenvorderseite aus der Mitte des 15. Jahrh.[underts], wahrscheinlich florentinisch, die eine ›Giostra‹ auf der Piazza S. Croce darstellt und sich zur Zeit in der Jarves Collection in Yale, Newhaven U.S.A. befindet. [. . .] Der Sinn der genosschaftlichen Exegese more majorum ist, daß den Studierenden die Bedeutung der sog. Hilfswissenschaften für eine Kunstwissenschaft klar wird, die von der Kunstwerkgeschichte zur Wissenschaft v.[om] bildlichen Ausdruck fortschreiten will. [. . .]« [Protokollnotiz Warburgs zur Eröffnungssitzung vom 25.11.1925, niedergeschrieben unmittelbar nach der Sitzung. Vgl. Bibliographie Abt. B, London, The Warburg Institute, Warburg – Zimmer Nr. 14. Vgl. Bibliographie Abt. A Nr. 800.]
 [Die Abbildung auf S. 619 gibt die Protokollnotiz vollständig wieder.]

 c. »Frln. Sudeck ›Die Pifferi der Signoria‹ (nach Zippel) wollte zuerst den B[rie]f Carlo Marsuppini an einen s.[einer] Pifferi nicht übersetzen. Thut es auf m.[eine] Anregung doch: Platons harmonitiale Doctrin muß herhalten z.[ur] Empfehlung eines Pfeifers! Sphaerenharmonie nach Plato (vgl. Tuccio in Rimini u.[nd] Mategna!) Also steckt der liebe Gott doch im Detail. (Ich wollte an das Studium von Zippel zuerst gar nicht ran, also entstand durch die Genossenschaft die Wiederbelebung des Detail.« [Protokollnotiz nach der Sitzung vom 17.2.1926. Quellenangabe wie zu 18 b.]

19. »Meine Damen und Herren, Jeder Wissenschaftler, der sich an ein kulturgeschichtliches Problem heranwagen muß, liest über dem Eingang seiner Werkstatt Goethes Wort: ›Was Ihr den Geist der Zeiten heißt, das ist im Grund der Herren eigner Geist, in dem die Zeiten sich bespiegeln‹, und die vernichtende Wahrheit dieses Urteilspruchs hat denn gewiß jeder Versuchende in seiner ganzen Wucht empfunden; wenn wir nun dennoch heute Abend gleichsam eine Teilrevision dieses Spruches befürworten wollen, so veranlaßt uns dazu die Einsicht, daß bisher methodologisch nicht alles versucht wurde, um den ›Geist der Zeiten‹ aus den eigenen Stimmen der Zeit selbst herzustellen. Solange nur ganz gelegentlich

Herwigstrasse 114.

25. Novb. 1925. 7½ Uhr.

Aby M. Warburg
Protokollnotiz zum Seminar Hamburg Wintersemester 1925/26
Photo: The Warburg Institute, London

Übereinstimmungen zwischen Wort und Bild sich nicht zu einer systematisch geordneten Reihe von Beleuchtungskörpern zusammenschließen und solange z. B. die Beziehungen stofflicher und formaler Natur zwischen Kunst und Drama – es sei nun kultische Handlung, stummes Schauspiel oder sprechendes und singendes Theater – in ihrer gegenseitigen Bedeutung überhaupt nicht erkannt, geschweige systematisch zusammengeschaut werden, muß man dem angeklagten Historismus das Recht zu dem Versuch lassen, ›den Geist der Zeiten‹ aus Stimme und Gestaltung des Zeitgeistes selbst zum Bilde beizubringen, um damit sich selbst aus der Region des Zusammenhangs von Wort, Handlung und Bild als größte Fehlerquelle auszuschalten. [. . .] [Am Schluß:] Bildvergleichender Historismus konnte nichts anderes, als die zeitgenössischen Hintergrundkulissen aufstellen, vor denen sich die Tragödie von Claudius Civilis abspielte; gewiß nur eine sekundäre Tätigkeit, aber getragen von dem festen Willen, nicht sich in dem Geist der Zeiten zu bespiegeln, sondern durch Zusammenfügung *aller* bildhaft gestalteten Äußerungen das zeitgenössische Element im Augenblick seiner stilbildenden einwirkenden Überpersönlichkeit zu erfassen.« [Aus Vortrag Warburgs über »Italienische Antike im Zeitalter Rembrandts«, Hamburg, Mai 1926. Vgl. Bibliographie Abt. B, London, The Warburg Institute, Warburg-Zimmer Nr. 97. Vgl. zur Stelle Gombrich, Bibliographie Abt. A Nr. 682, S. 313 f., und S. 237 Abdruck eines weiteren einschlägigen Zitats aus dem Vortrag.]

20. »Das Problem der italienischen Renaissance hat eine weit über die soziologische Begrenzung hinausgehende Bedeutung erlangt, weil sich jetzt die vergleichende Religionswissenschaft, das Studium der humanistischen Gelehrsamkeit und die Kunstwerk-Geschichte zusammenfinden, um das Phaenomen der Einversenkung altertümlicher Erbgüter als gemeinschaftliche Symptome im Gesamt-Kreislauf stilbildender Europäischer Kultur zu erfassen. Eben nach dieser Richtung versucht die Bibliothek, soweit ihre Kräfte reichen, hinzuwirken, indem sie auf dem festen Grund der philologisch und historisch controllierten Einzelheit die Sonderfrage nach dem Einfluß der Antike auf Europa stellt und im Verein mit akademischen Kollegen, die in der erfreulichsten Weise ihr ihre Mithilfe zu Teil werden lassen, zu beantworten versucht.« [Aus Brief Warburgs vom 27. 8. 1926 an den Sekretär der Göttinger Akademie Prof. Dr. Thiersch. Vgl. Bibliographie Abt. B, Göttingen.]

21. »Die Bibliothek Warburg ist der Anregung, sich an dem 4. Deutschen Orientalistentag zu beteiligen, deshalb gerne gefolgt, weil das gleichzeitige Erscheinen der durch Gundel besorgten 3. Auflage von »Sternglaube und Sterndeutung« von Franz Boll (+ 1924) willkommene Gelegenheit gab, die Orientalisten auf dessen Einbeziehung der Orientalistik in den Versuch einer auf solider philologisch-historischer Grundlage ruhenden Geschichte der europäischen Mentalität aufmerksam zu machen.« [Anfang aus Warburgs Einführung in seine Bibliothek für Teilnehmer des Hamburger Orientalistentages vom 28. 9. bis 2. 10. 1926, vgl. Bibliographie Abt. A Nr. 276.]

1927

22. »DER LIEBE GOTT
STECKT IM DETAIL
DER DUCE IST NICHT
AUS EMAIL.
[. . .]
WIR SCHLAGEN UNSRE
IGNORANZ
DER IDOLINO
HIESS EINST FRANZ.«
[Max Warburg: Sprüche-ABC zu Ehren Aby Warburgs, 1927. Vgl. Bibliographie Abt. B, London, The Warburg Institute, Warburg-Zimmer Nr. 18.]

23. »Interpretatio more majorum philologica« [Notiz vom 23. 8. 1927. Vgl. Bibliographie Abt. B, London, The Warburg Institute, Warburg-Zimmer Nr. 11.]

24. »Er würdigt die Kleinarbeit, weil sie im Strahlenkreis seines Instituts zur Großarbeit werden muß.« [Werner von der Schulenburg, Bibliographie Abt. A Nr. 299.]

25. »Lehrer und Studenten der philosophischen Fakultät, soweit sie vom kategorischen Imperativ des interesselosen Suchens nach der Wahrheit kommandiert werden, wissen, was dieser Philosoph für Hamburg bedeutet.« [Aus Warburg »Ernst Cassirer. Warum Hamburg den Philosophen Cassirer nicht verlieren darf«, Hamburger Fremdenblatt Nr. 173 vom 23. Juni 1928, vgl. Bibliographie Abt. A Nr. 290.]

26. »[. . .] Warburg selbst ist es gewesen, der das Wort geprägt hat: ›Der liebe Gott steckt im Detail‹. Und in der Andacht zum Kleinen, in der Liebe zum scheinbar Geringfügigsten kam ihm keiner gleich. Er schied nicht zwischen klein und groß; er umfaßte mit gleicher Intensität und mit gleicher Liebe die großen Meisterwerke der Kunst wie die letzten scheinbar unbedeutendsten Ausläufer geistigen und bildenden Strebens. Er konnte und durfte diese Liebe zum Kleinsten pflegen, weil er des lebendigen Zusammenhanges, weil er des Ganzen, in dem es stand, in jedem Augenblicke sicher war.« [Aus Ernst Cassirers Worten am Grabe Warburgs, Bibliographie Abt. A Nr. 337, S. 12–13.]

27. »Über das sinnlos Trennende hinweg wünschte er geweihte Brücken zu schlagen; so nannte er mit dem übermütigen und graziösen Witz, der ständig funkelnd aus ihm hervorbrach, gern sich und seine Genossen das Collegium der pontifices minimi. Auch in diesem Symbol mag etwas von seinem Wesen dauern.« [Schluß von Eduard Fraenkels Warburg-Nachruf des Jahres 1929, s. Bibliographie Abt. A Nr. 320.]

28. »So gelangt Warburg durch die positivistische Erforschung des Details, zu deren von einer mehr formalistisch gerichteten Ideengeschichte heute manchmal zu Unrecht verachteten Werkzeugen auch die Genealogie und Wappenkunde gehören, zu einer umfassenden Kulturwissenschaft.« [Aus einem Vortrag, den Gertrud Bing ca. 1930 vor der Gesellschaft für niedersächsische Wappen- und Familienkunde hielt, s. Bibliographie Abt. B, London, The Warburg Institute, Warburg-Zimmer Nr. 110.]

Aus den vorliegenden Zitaten ist klar ersichtlich, daß die philologisch-historische Methode für Warburg nicht Selbstzweck war. Er sah in ihr diejenige Methode, die seiner kunstgeschichtlichen Kulturwissenschaft die solide Grundlage geben sollte. Innerhalb der Mehrzahl der Methoden, zu denen er sich bekennt, kommt am meisten ihr und dem mit ihr verbundenen wissenschaftlichen Ethos eine Kontrollfunktion zu. Verlangt sie doch, daß die allgemeinen Ideen oder Theorien an Quellen verifiziert und daß die Quellen nach den spezifischen Erfordernissen der Gattung, denen sie angehören, erschlossen werden. Sie erzwingt somit jene Zurückhaltung, die Carl Justi einmal mit folgendem Satz aussprach: »Die Gelehrsamkeit soll nur eine Wiederentdeckung des Ansichtspunktes sein, für den das Werk einst gemacht worden war« (Michelangelo S. 45). Warburg hat sich zu diesem Satz ausdrücklich bekannt.[16] Die Einsicht in ihre Grundlegungsfunktion verhindert, Philologie und Kunstgeschichtswissenschaft in ein Rangverhältnis zueinander zu setzen oder innerhalb der Kunstgeschichtswissenschaft eine Rangfolge der Tätigkeiten festzulegen, wie es immer wieder geschehen ist. Die Zitatreihe mußte hier abgedruckt werden, weil

---

[16] Mit diesem Justi-Zitat schließt Warburg seinen am Kunsthistorischen Institut zu Florenz am 20. 4. 1914 gehaltenen Vortrag zum Thema »Der Eintritt des antikisierenden Idealstyls in die Malerei der Frührenaissance«. Vgl. Bibliographie Abt. B, London, The Warburg Institute, Warburg-Zimmer Nr. 88.

dringend zu wünschen ist, daß das in ihr angeschnittene Thema ›Kunstgeschichtswissenschaft und Philologie« sowohl im Rahmen der künftigen Warburg-Forschung als auch im Rahmen der allgemeinen methodologischen Untersuchungen des Faches die gebührende erneuerte Behandlung erfährt.[17] Es könnte sich dadurch z. B. vielleicht erweisen, daß Vorbehalte, die gelegentlich gegen die Ikonographie bzw. Ikonologie vorgetragen werden, diese Fachrichtung hat ja ihrer Natur nach eine besondere Nähe zur philologisch-historischen Methode, genau besehen methodische Fehler in der Detailanalyse betreffen, die auf mangelnder oder fehlender philologisch-historischer Umsicht beruhen. Somit wäre die Ikonographie bzw. Ikonologie als solche gar nicht betroffen.[18]

Natürlich würde sich im Rahmen einer umfassenderen Untersuchung auch die Frage nach Warburgs Stellung innerhalb der zeitgenössischen methodologischen Diskussion und nach seinen Quellen stellen. Die Benutzung der Büchersammlung Warburgs liefert hier wertvolle Fingerzeige. Z. B. erschien von Carl Neumann unter dem Titel »Zur Theorie der Geschichte und Kunstgeschichte« im Jahre 1916 ein Artikel, der scharf gegen das Werk von Hans Tietze »Die Methode der Kunstgeschichte« polemisiert, das bekanntlich bis zum heutigen Tage unübertroffen ist. Er wirft Tietze ausdrücklich »das Schielen nach der Exaktheit und Präzision der Methode« vor.[19] Im selben Jahr publizierte Robert Corwegh den Artikel »Ziel und Weg. Zur Methode in der Kunstgeschichte«, der in dieselbe Kerbe schlägt. Martin Wackernagel antwortet darauf: »Ganz allgemein aber muß man angesichts solcher Stellungnahme fragen, ob der Verf. denn wirklich den Eigenwert jener von ihm so verachteten wissenschaftlichen ›Treue im Kleinen‹ und ihren selbst-erzieherischen Wert völlig übersieht, und ob er sich vorstellen kann, daß ohne sorgsamstes Durchackern weiter, oft reizloser Gebiete, irgendeine der großen, geistvollen Entdeckungen und Einsichten hätte emporblühen können, die als Endziel und ruhmvoller Lohn der Wissenschaft beschert sind.«[20] Warburg hat den Streit um die kulturhistorische Methode Karl Lamprechts genau verfolgt,[21] zu dem er sich in dem obigen Zitat Nr. 12 sehr kritisch stellt. In den Schriften, die den Streit wiederspiegeln, spielt die philologisch-historische Methode, spielen das Einzelne, das Detail eine große Rolle. Die seine eigenen Anschauungen anregende Quelle könnte wahrscheinlich aber am ehesten in Hermann Usener liegen, der sein Bonner philologischer Lehrer gewesen war. Usener schreibt in der seit 1882 gedruckt vorliegenden Bonner Rektoratsrede »Philologie und Geschichtswissenschaft«: »Die philologische vertiefung in das detail führt an die kreuzpunkte, von wo neue ausblicke in das leben und weben der völker gewonnen werden. [. . .] Ein rechter philologe muß ein ritter ohne furcht sein: er darf keiner frage ausweichen, und müsste sie mit maasstab oder wage, mit rechnung oder

---

[17] In dieser Hinsicht ist bis heute wegweisend Hans Tietze: Die Methode der Kunstgeschichte, Leipzig 1913.

[18] Vgl. z. B. Bibliographie Abt. A Nr. 654, Dieter Wuttke: Erasmus und die Büchse der Pandora, in: Zeitschrift für Kunstgeschichte 37 (1974) S. 157–159 und Gerd Unverfehrt: [Rez.] Die Sprache der Bilder, in: Kunstchronik 31 (1978) S. 433–437, hier S. 435: »Nicht die Methode versagt, sondern mitunter der, der sie anwendet.«

[19] Carl Neumann: Zur Theorie der Geschichte und Kunstgeschichte, in: Historische Zeitschrift 116 (1916) S. 484–494, hier S. 489. Warburg hat die HZ von diesem Band ab abonniert.

[20] Robert Corwegh: Ziel und Weg. Zur Methode der Kunstgeschichte, in: Akademische Rundschau 4 (1916) S. 431–441; Martin Wackernagel: Ziel und Weg der Kunstgeschichte, in: ebd. 5 (1916) S. 130–132, hier S. 132. The Warburg Institute, Signatur CAC 250.

[21] Vgl. die im Warburg Institute unter der Signatur HAH 694–695 befindliche Literatur.

geometrischer construction gelöst werden. [. . .] Mit recht räth der dichter ›im kleinsten punkte die größte kraft‹ zu sammeln.«[22] Auch Alexander Cartellieris Schrift »Über Wesen und Gliederung der Geschichtswissenschaft« von 1905 hatte Warburg in seinem Besitz, in der zu lesen ist, daß sich »der Historiker zu den Ausführungen Hermann Useners« bekenne, »die darin gipfeln, die Philologie sei die grundlegende Methode der Geschichtswissenschaft.« Und er fährt fort: »Ohne gründliche philologische Schulung, die auch das anscheinend Nebensächliche scharf ins Auge faßt, wird der Historiker leicht Kleinigkeiten vernachlässigen, die später oft zu großen Irrtümern führen.«[23]

Es wäre denkbar, daß die eben zitierte Stelle seines Lehrers Hermann Usener Warburg zu den zwei »Wahlsprüchen« veranlaßt haben könnte, die er seinem Hamburger Seminar vom Wintersemester 1925/26 voranstellte: »Wir suchen unsere Ignoranz auf und schlagen die, wo wir sie finden« und »Der liebe Gott steckt im Detail« (Zitate 18a–c). Der erste Wahlspruch hat nicht jene stilistische Vollendung wie der zweite, und so ist es nicht verwunderlich, wenn nur der zweite sich ›durchgesetzt‹ hat. Da bei Warburg alles wissenschaftliche Tun aber an ein Ethos gebunden ist, muß in Bezug auf ihn der Zusammenhang beider gesehen und gegenwärtig gehalten werden. Die früheste Niederschrift erfolgte wahrscheinlich unmittelbar vor der ersten Seminarsitzung vom 25. 11. 1925. Die ist auszugsweise oben als Zitat 18a wiedergegeben. Hierin ist der Zusatz zum zweiten Wahlspruch »Verbesserung der Methode 1902« besonders bedeutungsvoll. 1902 erschienen von ihm die in unserem Bande abgedruckten Beiträge »Bildniskunst und florentinisches Bürgertum« sowie »Flandrische Kunst und florentinische Frührenaissance«. In ihnen geht es darum, unter Heranziehung aller dem Historiker zur Verfügung stehenden Dokumente, den Lebenszusammenhang von Kunstwerken zu rekonstruieren. Dies um einerseits deren stilistische Eigenart zu verstehen und andererseits, um vertieften Aufschluß über das Zeitalter zu gewinnen, dem sie angehören. Welche Möglichkeit Warburg 1925 sah, die den Arbeiten von 1902 innewohnende Methode zu verbessern, müßte noch erforscht werden.

Das Diktum »Der liebe Gott steckt im Detail« ist heute im deutschen Sprachgebrauch weitbekannt ebenso wie das zweifellos davon abgeleitete Diktum »Der Teufel steckt im Detail«, das von Warburg noch nicht gebraucht wurde. Die Prägung ist so gelungen, daß Wissenschaftler spontan annehmen, Warburg müsse es von irgendwoher übernommen haben. Doch ließ sich bis zum heutigen Tage keine Stelle finden, von der er es einfach hätte übernehmen können. Ernst Hans Gombrich glaubte einmal, daß das Diktum »Le bon Dieu est dans le détail« für Gustav Flaubert belegt sei.[24] Dann könnte Warburg es aus Flaubert übersetzt haben, falls er die Stelle gekannt haben sollte. Bisher sind aber alle Versuche, es bei Flaubert nachzuweisen, gescheitert;[25] dennoch hat dieses angebliche Flaubert-Diktum nun auch schon so etwas wie eine Geschichte.[26] Es lassen sich jedoch drei Quellenbereiche benennen, die Warburg

[22] Hermann Usener: Philologie und Geschichtswissenschaft, Bonn 1882, hier S. 30, 32, 33. The Warburg Institute, Signatur NAF 125.

[23] Alexander Cartellieri: Über Wesen und Gliederung der Geschichtswissenschaft. Akademische Antrittsrede gehalten am 12. November 1904, Leipzig 1905, hier S. 18. The Warburg Institute, Signatur HAF 20.

[24] Gombrich: Aby Warburg. An intellectual biography, London 1970, S. 13 Anm. 1.

[25] Gerhard Frey bestätigt mit Brief vom 15. Juni 1971, daß dies Diktum bei Flaubert nicht begegnen dürfte.

[26] Am 21. 11. 1949 schreibt Erwin Panofsky aus Princeton an Ernst Gombrich, der sich damals in New York aufhielt: »When you were here you mentioned that Warburg's famous phrase ›Der

vorrangig bei der Formulierung beeinflußt haben können: 1. Philologisch-historische Methodenlehren wie die zitierte von Usener, 2. Schriften und Romane der Realisten des 19. Jahrhunderts z. B. von Theodor Fontane oder Otto Ludwig, 3. der Philosoph Baruch de Spinoza. Darüber, daß Usener Warburgs Lehrer war, haben wir schon gesprochen und daß er die einschlägige Schrift seines Lehrers auch besessen hat. Spinoza gehörte zu seinen Spezialgebieten für das Straßburger Rigorosum vom März 1892,[27] aber offensichtlich hat er Spinoza auch später noch intensiv studiert, wie man an seinem Buchbesitz sieht. In den »Ethica« (Pars Quinta, Propositio XXIV) konnte er lesen: »Quo magis res singulares intelligimus eo magis deum intelligimus.«[28] Die auffälligsten parallelen Formulierungen begegnen bei Fontane. 1872 in der frühen Alexis-Studie heißt es: »Alles Interesse steckt im Detail« und 1893 in einem Brief an Georg Friedländer: »Der Zauber steckt immer im Detail«. Doch besteht hier weniger Gewißheit, daß Warburg diese Stellen kennen konnte.[29] Nach allem, was bis jetzt zu ermitteln war, muß die Prägung »Der liebe Gott steckt im Detail« als Warburgs Eigentum gelten. Das oben als Zitat Nr. 22 gegebene Beispiel Max Warburgs belegt, daß Abys Diktum in seiner engeren Umgebung die Runde machte und Anlaß zu ebenso humorvollen wie hintersinnigen Scherzen bot. Gedruckt erblickte es zuerst das Licht der Öffentlichkeit Ende 1929 mit Ernst Cassierers Worten zur Beisetzung Warburgs (s. Zitat Nr. 26). Cassirer betont übrigens »Warburg selbst ist es gewesen, der das Wort geprägt hat«. Danach zitiert es Alfred Doren in seiner schönen Würdigung von 1930 (s. Bibliographie Abt. A Nr. 346, S. 15 f.) in der abgewandelten Form »er [. . .] pflegte den Gott zu suchen, der im Detail steckt«. Dann geht es gleichsam verloren, um zusammen mit dem Werk von Ernst Robert Curtius über »Europäische Literatur und lateinisches Mittelalter«, das 1948 erstmals erschien, zu einem vorher nicht gekannten Leben zu erblühen. Curtius zitiert Warburgs Diktum zweimal, wobei er es in seine eigenen methodologischen Überlegungen einbezieht. Da an dem Werk von Curtius ganze Generationen von Geisteswissenschaftlern sich geschult haben, dürfte der Schluß wohl berechtigt sein, daß Curtius und die

liebe Gott steckt im Detail‹ was originally coined by Flaubert. Would you be kind enough, if it is not a secret, to tell me precisely where Flaubert has it? I promise not to make any public use of this information. I am asking merely in order to settle a point which came up in conversation with Ernst Robert Curtius, who, as you may know, is in Princeton for the time being«. Frau Prof. Dr. Gerda Panofsky, die den Text des Briefes freundlicherweise übermittelte, teilt mit, daß eine Antwort Gombrichs in Panofskys Korrespondenz nicht vorliege. Inzwischen weiß der Verfasser dieser Zeilen aus persönlichen Gesprächen mit Prof. Gombrich, daß dieser seine auf Flaubert verweisende Quelle nicht wiederfinden konnte. Panofsky zitiert Flaubert im Vorwort von »Meaning in the visual arts«, 1955, der Verfasser, angeregt durch Panofsky, je einmal 1964 und 1965 (Bibliographie Abt. A Nr. 596 und Zeitschrift für Deutsche Philologie 84, S. 267) und 1959 im Januarheft der Zeitschrift »Der Monat« (S. 80) Francois Bondy, der laut Brief vom 26. Januar 1971 in der Zuschreibung an Flaubert einem allgemeinen Usus folgt. – Im Gegensatz zu Gombrich führt der Archäologe Otto J. Brendel das Diktum »Der liebe Gott ist im Detail« auf Heinrich Brunn zurück, einen der Stammväter seines Faches im 19. Jahrhundert, vgl. O. J. Brendel: Erinnerungen an Ludwig Curtius, in: Torso. Verstreute und nachgelassene Schriften von Ludwig Curtius, Stuttgart 1957, S. 12–22, hier S. 14. Nähere Nachforschungen führten jedoch auch auf dieser Spur zu keinem Ergebnis. Für den Hinweis auf Brendel ist Rätus Luck, Bern, zu danken.

[27] Vgl. das Protokoll des Kolloquiums vom 5. 3. 1892, Bibliographie Abt. B, Strasbourg, Nr. 3.

[28] Auf Spinoza als mögliche Quelle hat zuerst Ulrich Middeldorf hingewiesen, s. Bibliographie Abt. A Nr. 558.

[29] Vgl. Heide Buscher: Die Funktion der Nebenfiguren in Fontanes Romanen, Diss. phil. Bonn 1969, S. 20.

Curtius-Leser die wesentliche Quelle sind, die das Diktum populär gemacht haben.[30] Mit diesem Diktum lebt Warburg buchstäblich im ›Volksmund‹ weiter, während die wenigsten Sprecher verständlicherweise die Quelle kennen.

In den Zitaten Nr. 9 und 10 begegnete uns bereits das Stichwort, dem wir uns nun zuwenden wollen: Ikonologie. Es ist notwendig, in diesem Zusammenhang ebenfalls den Begriff Ikonographie sowie die Beziehung zwischen Ikonographie und Ikonologie zu beachten. Als Basis der Verständigung mögen die Definitionen dienen, die Jan Białostocki in sorgfältiger Beachtung der wichtigen Ausführungen Panofskys in seinem umfassenden Artikel »Iconography and Iconology« 1963 in Band VII der »Encyclopedia of World Art« gibt« (s. Bibliographie Abt. A Nr. 574). Danach meint Ikonographie in der Kunstgeschichtswissenschaft die Beschreibung und Klassifikation von Bildinhalten mit dem Ziel, die Bedeutung der Inhalte zu verstehen. Sie geht analytisch vor. Die Grenzen zur Ikonologie sind fließend. Diese zielt auf Synthese. Sie ist diejenige Methode, die das Kunstwerk umfassend in seinen historischen Zusammenhang einordnet und es als Symptom einer bestimmten kultur- oder geistesgeschichtlichen Situation deutet. In idealer Vollendung ist die Ikonologie die einheitlichste, allgemeinste und umfassendste Methode zur historischen Interpretation von Kunst. Sie erstrebt ein möglichst umfassendes Verständnis der Kunstleistungen der Menschheit. Soweit Białostockis Definitionen. In anderen Lexika stehen andere, doch soll dies Problem uns nicht interessieren. Für uns geht es um Warburgs Verhältnis zur Ikonographie und Ikonologie.

Sehen wir zunächst, was maßgebliche Forscher dazu ausführen: Wilhelm Waetzoldt charakterisiert 1930 das wissenschaftliche Schaffen Warburgs als »eine vergeistigte Ikonologie« (Bibliographie Abt. A Nr. 367, S. 199). Er war damit, soweit bis heute sichtbar, der erste, der Warburgs wissenschaftliche Gesamtleistung in dieser Weise etikettierte. 1931 stellt G. J. Hoogewerff Warburg als denjenigen Historiker der Gegenwart heraus, der 1912 in seinem Vortrag über »Italienische Kunst und internationale Astrologie im Palazzo Schifanoja zu Ferrara« den Begriff Ikonologie als erster benutzt habe, und er sieht in Fritz Saxl denjenigen, der 1921 erstmals den methodischen Gehalt darlegt, den der Begriff für Warburg hat (Bibliographie Abt. A Nr. 377). 1934 meldet Gertrud Bing Bedenken an, Hoogewerff zu folgen (Bibliographie Abt. A Nr. 414). Sie macht geltend, daß der von Hoogewerff definierte Begriff für Warburg zu eng sei. Warburg beschränke sich nicht auf die Entzifferung von emblematischen Bildsymbolen, er suche vielmehr, »auf den dahinterliegenden Prozeß der Bildprägung und Bildverwandlung und damit auf die Funktion des Bildes innerhalb der Gesamtkultur« zurück zugehen. Ernst Hans Gombrich hat sich in seiner Warburg-Biographie von 1970 (S. 312 f.) diesen Bedenken angeschlossen.

In Erwin Panofskys folgenreichen Grundsatzerwägungen zu Ikonographie und

---

[30] Ernst Robert Curtius: Europäische Literatur und lateinisches Mittelalter, Bern 1948, S. 45 und 386 f. Eine interessante, in andere Richtung als Curtius gehende Erklärung des Diktums bietet William S. Heckscher in dem Aufsatz Bibliographie Abt. A Nr. 744. Vgl. ferner dazu Bibliographie Abt. A Nr. 631 und 800. Hinweise auf Vorformen und Zeugnisse für die Verbreitung des Diktums nimmt der Verfasser dankbar entgegen. Zur unverminderten Bedeutung der mit Warburgs Diktum verbundenen Wissenschaftsmoral vgl. Hermann Lübbe: Studium und Bürgerkompetenz. Wissenschaftliche Fachzuständigkeit und Verstandeskultur, in: Mitteilungen des Hochschulverbandes 26 (1978) S. 217–222, hier besonders S. 221 f.

Ikonologie, die ab 1930 publiziert werden, spielen Warburgs und Hoogewerffs Namen überhaupt keine Rolle.[31] Konsequenterweise wird Panofsky in der Kunstgeschichtswissenschaft als der eigentliche Begründer einer methodisch definierten Ikonologie angesehen. Dabei ist interessant festzustellen, daß er in seiner Methoden-Einleitung zu dem 1939 erstmals erscheinenden Band »Studies in Iconology« und in dessen zweiter Auflage von 1962 den Begriff ›Iconology‹ nicht verwendet (Bibliographie Abt. A Nr. 462) und in der französischen Übersetzung von 1967 ausführt, daß er den Begriff am liebsten aus dem Titel genommen und durch »iconographie« ersetzt hätte (Bibliographie Abt. A Nr. 649). ›Iconology‹ definiert er erstmals 1955 – man denke! –, als er das Einführungskapitel von »Studies in Iconology« in den Band »Meaning in the Visual Arts« unter dem Titel »Iconography and Iconology« übernimmt, ein Band, der seit 1975 in deutscher Übersetzung vorliegt (Bibliographie Abt. A Nr. 512). Erst William S. Heckscher hat mit seinem 1964 auf dem 21. Internationalen Kongreß für Kunstgeschichte vorgetragenen Vortrag »The genesis of iconology«, der 1967 erschien (Bibliographie Abt. A Nr. 643), erneut den Blick energisch auf Warburg zurückgelenkt. Nach Heckscher »Iconology was born in the month of October of the year 1912«. Im Oktober 1912 hielt Warburg auf dem 10. Internationalen Kongreß für Kunstgeschichte zu Rom den oben schon genannten berühmten Vortrag über »Italienische Kunst und internationale Astrologie im Palazzo Schifanoja zu Ferrara«. Heckscher bringt auch erstmals eine begriffsgeschichtliche Verfeinerung in die Diskussion, die durch Lubomir Konečný 1970 und durch Jan Białostocki 1975 weitere Bereicherungen und Differenzierungen erfährt (Bibliographie Abt. A Nr. 689 und 757).

Die von Białostocki mit Recht betonte zentrale Bedeutung der Ikonographie und Ikonologie für die Kunstgeschichtswissenschaft und die so unterschiedlichen Beurteilungen von Warburgs Verhältnis dazu lassen eine erneute Beschäftigung umso eher geraten erscheinen, als die Vorbereitungsarbeiten dem Herausgeber einiges bisher unbekanntes Belegmaterial in die Hand gespielt haben. Dabei soll zunächst auf die Bemühungen zur Begründung einer »Internationalen Gesellschaft für Ikonographische Studien« eingegangen werden, ein Vorgang, der sich von 1898 bis 1912 vor den Augen Warburgs abrollte. Hauptschauplatz waren die Internationalen Kunsthistorischen Kongresse und 1908 auch der Internationale Kongreß für Historische Wissenschaften. Daß diese Bemühungen bisher der Aufmerksamkeit entgehen konnten, liegt gewiß einmal daran, daß, mit Willibald Säuerländer zu sprechen, »eine Geschichte der Kunstgeschichte . . . noch nicht geschrieben« ist[32] und zum andern in diesem speziellen Falle an der schwierigen Quellenlage. Außer dem Warburg Institute scheint, worauf oben schon einmal hingewiesen wurde (s. S. 611), keine Bibliothek die vollständige Reihe der gedruckten »Offiziellen Berichte« zu besitzen. Die Erörterung der Vorgänge wird, abgesehen von ihrem Nützen für die Wissenschaftsgeschichte der Ikonographie/Ikonologie, nur scheinbar von Warburg wegführen; tatsächlich näm-

---

[31] 1930 in dem Vorwort zu »Hercules am Scheidewege« (Bibliographie Abt. A Nr. 354), 1932 in dem Aufsatz »Zum Problem der Beschreibung und Inhaltsdeutung von Werken der bildenden Kunst, in: Logos 21 (1932) S. 103–119, wiederabgedruckt in Erwin Panofsky: Aufsätze zu Grundfragen der Kunstwissenschaft, zusammengestellt und herausgegeben von Hariolf Oberer und Egon Verheyen, Berlin ²1974, S. 85–97.
[32] Willibald Sauerländer: Alois Riegl und die Entstehung der autonomen Kunstgeschichte am Fin de siècle, in: Fin de siècle. Zu Literatur und Kunst der Jahrhundertwende, Frankfurt/M. 1977, S. 125–139, hier S. 125. Einstweilen leistet das für einen größeren Leserkreis geschriebene Werk Udo Kultermanns wertvolle Hilfe, s. Bibliographie Abt. A Nr. 665.

lich dürfte sie Vorstellungen sichtbar machen helfen, die der Deutung von Warburgs Stellung dienlich sein können.

Der »Offizielle Bericht über die Verhandlungen des Kunsthistorischen Kongresses in Amsterdam 29. September bis 1. Oktober 1898« vermerkt zum Vormittag des 29. September u. a.: »An Stelle des nicht erschienenen Herrn Eugène Müntz-Paris verliest Herr Durand-Gréville aus Angers das genannte Manuskript zu dem Thema: ›La nécessité des études iconographiques‹, das besonders die Bedeutung der Tapisserien für die profangeschichtliche Darstellungsweise hervorhebt«. Der Vortrag ist in dem Bericht vollständig abgedruckt, der Anfang lautet: »Les études iconographiques tellement en faveur il y a un demi-siècle, sont aujourd' hui trop délaissées, surtout pour le domaine de l'art profane. [. . . Zwei Ausnahmen werden zitiert.] L'histoire de l'architecture en est réduite à n'être plus que l'histoire des procédés de construction. Dans les sculptures et les peintures, on ne voit plus que la question d'attribution, sans se préoccuper du sens des oeuvres, voire de leur mérite. D'historiens nous risquons de tomber au rang d'experts« (Bibliographie Abt. A Nr. 27, S. 9–13). Damit war der Anstoß zu Bemühungen gegeben, die sich über vierzehn Jahre hindurch bis zum Kongreß zu Rom im Jahre 1912 hinziehen, ohne überhaupt zu einem Ergebnis zu kommen. Auf dem Lübecker Kongreß des Jahres 1900 knüpft August Schmarsow an diese Worte an, schwächt sie etwas ab, um dann aber doch mit einem Zitat aus den gerade erschienenen »Beiträgen zur Kunstgeschichte« von Jacob Burckhardt[33] die volle Berechtigung der Klage des französischen Kollegen anzuerkennen. Er stellt deshalb den Antrag: »Der kunsthistorische Kongreß wolle die Einsetzung einer Kommission zur Förderung ikonographischer Studien auf dem Gebiete der Kunstwissenschaft beschließen. Diese Kommission soll alle für diesen Zweck geeigneten Maßnahmen treffen und das Recht haben, sich selbst zu organisieren, sowie durch Kooptation neue Mitglieder zu ergänzen. Zur Wahl durch den versammelten Kongreß schlage ich folgende Herren vor: Eugène Müntz, membre de l'Institut, Paris, als Vorsitzenden, Geh. Hofrat Prof. Dr. Franz Xaver Kraus, Freiburg i. Br., Prof. Dr. J. J. Tikkanen, Helsingfors, Dr. Julius v. Schlosser, Wien, C. de Mandach, Paris.« Dieser Vorschlag wird ohne Aussprache vom Kongreß einstimmig gebilligt. Nach ihrer Bildung kooptiert die Kommission einstimmig August Schmarsow, da er »die Seele dieses Unternehmens« sei (Bibliographie Abt. A Nr. 29, S. 13–15; Nr. 65, S. 23).

Auf dem Innsbrucker Kongreß des Jahres 1902 erstattet C. de Mandach für den Vorsitzenden Müntz den »Bericht des Vorstandes der Internationalen Gesellschaft für Ikonographische Studien«, in dem das »Programm« den wichtigsten Punkt darstellt. Es beginnt so (Bibliographie Abt. A Nr. 65, S. 22–26, hier S. 23): »Die Internationale Gesellschaft für Ikonographische Studien stellt sich die Aufgabe, für alle zur Pflege des Gesamtgebietes der Ikonographie im Sinne der Kunstwissenschaft geeigneten Maßnahmen Sorge zu tragen. Ihr Hauptabsehen ist auf das Studium der Darstellungsgegenstände und Vorstellungsinhalte aller Werke der bildenden Kunst gerichtet. Was in reichem Maße für das klassische Altertum vollbracht worden ist, will sie vornehmlich für das christliche Altertum, das Mittelalter und die Renaissance zu fördern suchen, ohne sich den angrenzenden Perioden früherer oder späterer Zeit zu verschließen. [. . .] Verständigen wir uns vorab über den Sinn, der dem Worte ›Ikonographie‹ beizulegen ist. Nach der letzten Ausgabe des Dictionaire de l'Academie Française 1879 bedeutet der Ausdruck folgendes: Beschreibung der Bildwerke, Gemälde usw. Er

---

[33] Jacob Burckhardt: Beiträge zur Kunstgeschichte von Italien, herausgegeben von H. Trog, Basel 1898. Auf diese bezieht sich auch Warburg 1902, siehe oben Zitat Nr. 4.

bezieht sich vorzugsweise auf die antiken Denkmäler wie die Büsten, die Reliefs, die Malereien. Er bezeichnet insbesondere auch die Sammlung von Bildnissen berühmter Männer aus dem klassischen Altertum wie z. B. Viscontis Iconographia. Darnach ist in erster Linie festzustellen, daß das Wort Ikonographie tatsächlich einen doppelten Sinn hat. Es kann einerseits, und zwar im engeren Sinne, auf das Studium der Porträte allein bezogen werden; andererseits, und zwar im weiteren Sinne, die Untersuchung der verschiedenen von der bildenden Kunst verarbeiteten Themata.« Der unmittelbar folgende Satz ist von größter Bedeutung, weil hier nach dem Stande unserer jetzigen Kenntnis zum erstenmal in einer modernen definitorischen Bemühung das Wort ›Ikonologie‹ fällt: »Der Ausdruck ›Ikonologie‹ für diese letztere hätte dazu dienen können, die Zweideutigkeit von vornherein fernzuhalten: Neuerungen zu versuchen, ist immer gefährlich; deshalb verzichten wir darauf, diesen Namen jetzt noch einzuführen. Da obige Erklärungen ohnehin kein Mißverständnis mehr zulassen, soll die herkömmliche Bezeichnung Ikonographie beibehalten werden, indem wir vornehmlich die Erforschung der Darstellungsgegenstände und Vorstellungsinhalte in allen Werken der bildenden Kunst darunter verstehen«. Als eine wesentliche Aufgabe der Ikonographie wird die »systematische Durchforschung des literarischen Quellenmaterials« hingestellt, weil nur auf diesem Wege der »Sinn einer jeden Darstellung herauszufinden« sei. Sodann soll die Erstellung ikonographischer Nachschlagebücher, ja sogar eines »Thesaurus iconographicus« in Angriff genommen werden. Den Sammlungen und Instituten sollen Empfehlungen zur Einrichtung ikonographischer Abteilungen gegeben werden. Als selbstverständlich wird erachtet, daß die ikonographische Arbeit »die anspruchslosen Äußerungen der volkstümlichen Kunst ebensowohl umfaßt, wie die großen Meisterwerke«. Auf die Handschriften- und Buchillustration wie auf die Ornamentik als Arbeitsgebiete wird besondere Aufmerksamkeit gelenkt. Man bringt schließlich die Überzeugung zum Ausdruck, daß solche Forschungen nicht nur der Kunstwissenschaft zugute kämen, sondern ebenso der Literaturgeschichte sowie der »Kulturgeschichte im weitesten Sinn«. So heißt es zum Schluß des Programms (S. 26): »Kurzum, im engen Anschluß an die Literatur- und Kulturgeschichte scheint uns die Ikonographie berufen, ihr Werk fruchtbar zu gestalten und der Kunstwissenschaft wie ihren Nachbargebieten hervorragende Dienste zu leisten«. Der Bericht Mandachs stieß auf lebhaftes Interesse und veranlaßte A. L. Jellinek, Wien, in einem längeren Diskussionsbeitrag ergänzende Wünsche vorzutragen (S. 49–51). Er sieht in der Ikonographie die Möglichkeit angelegt, diejenige bisher zu kurz gekommene Behandlung von Gegenständen der Kunstwissenschaft zu fördern, die er »vergleichende Darstellung einzelner Formen und Erscheinungen« nennt. Und er verspricht sich von einer durch ihn nahegelegten Ausdehnung des Begriffs der Ikonographie als Sonderdisziplin der Kunstwissenschaft die Anbahnung einer vergleichenden Kunstgeschichte im Sinne der schon bestehenden vergleichenden Literaturgeschichte.[34] Sodann schlägt er ausdrücklich die Einbezie-

---

[34] Damit fällt ein für die Wissenschaftsgeschichte des 19. Jahrhunderts sehr wichtiges Stichwort, an das auch Warburg anzuknüpfen scheint, wenn er 1912 »die Methode internationaler vergleichender Ikonologie« propagiert (s. unten Zitat Nr. 11). Siehe Erich Rothacker: Logik und Systematik der Geisteswissenschaften, Bonn 1948, S. 92–109: »Die vergleichende Methode«; Ders.: Die vergleichende Methode in den Geisteswissenschaften, in: Zeitschrift für vergleichende Rechtswissenschaft 60 (1957) S. 13–33. Im Hinblick auf Warburgs Mnemosyne-Atlas sieht es so aus, als hätte nicht nur Adolf Bastian, worauf Gombrich in seiner Biographie verweist, sondern etwa auch Gottfried Semper mit einigen Gedanken aus seinem »Entwurf einer vergleichenden Stillehre« (1853) anregend gewirkt.

hung der modernen Kunst vor. Den Thesaurus iconographicus, der nach dem Willen der Kommission »sich auf das gesamte Gebiet der christlichen Ikonographie erstrecken soll«, möchte er zu einem »allgemeinen Stofflexikon der Kunst« erweitert sehen. Und schließlich schlägt er der Gesellschaft vor, durch »ikonographische Ausstellungen« Volksbildungsarbeit zu leisten.

1907 beim Darmstädter Kongreß zeigt sich dann (Bibliographie Abt. A Nr. 104 S. 54, 103–106), daß die Begründung der »Internationalen Gesellschaft für Ikonographische Studien« noch nicht erfolgt ist. Die Krise, in der sich der Internationale Kongreß befindet, hat offensichtlich Folgen für diesen neugeplanten Zusammenschluß. Dabei spielt als Unsicherheitsfaktor auch die Begründung der Deutschen Gesellschaft für Kunstwissenschaft eine Rolle. Als Ausweg wird empfohlen, daß die interessierten Kunsthistoriker in ihren Ländern nationale Sektionen der ikonographischen Gesellschaft begründen sollten, um im eigenen Lande Unterstützung – vor allem auch finanzielle – zu gewinnen.

Ein Jahr später nimmt sich beim Internationalen Kongreß für Historische Wissenschaften in Berlin die Sektion »Mittlere und neuere Kunstgeschichte« unter dem Vorsitz von Heinrich Wölfflin der Sache an. Am Montag, dem 10. August 1908 hält C. de Mandach, Paris, dort einen Vortrag des Themas »L'association internationale de l'iconographie. Son but es ses moyens d'action«. Das Protokoll meldet: »In der Diskussion sprachen die Herren Professor Fr. [recte A.] Goldschmidt (Berlin), Professor Hulin de Loo (Gent), Dr. Warburg (Hamburg), Dr. O. Wulff (Berlin), Professor Dvořák (Wien) und der Vortragende«. Leider erfahren wir weder, was Mandach ausführte, noch was die Diskussionsredner im Einzelnen beigetragen haben (Bibliographie Abt. A Nr. 117, S. 292).

Auf dem Internationalen Kunsthistorischen Kongreß im Jahre 1909 in München teilt der Vorsitzende des Kongresses mit, daß im Hinblick auf die »ikonographische Gesellschaft« »es sich als unmöglich erwiesen hat, den Plan so, wie er einst gedacht war, zu verwirklichen.« Man müsse sich Gedanken über ein »bescheideneres Programm« machen und dazu solle eine kleine Kommission eingesetzt werden. Rudolf Kautzsch macht den folgenden Wahlvorschlag: »Es ist wohl selbstverständlich, daß wir dieser Kommission zunächst Herrn Dr. Goldschmidt selbst zum Vorsitzenden geben, der sich in Darmstadt bereit erklärt hat, die Angelegenheit in die Hand zu nehmen. Ebenso selbstverständlich, daß wir Herrn von Mandach, der die Angelegenheit in dankenswerter Weise wiederholt vertreten hat, in Lübeck schon, dann in Innsbruck und auf dem internationalen Historikerkongreß in Berlin, in die Kommission nehmen und ebenso Herrn Prof. Dvořák, der sich auch sehr lebhaft für diese Sache interessiert«. Diese Kommission, die unter dem Vorsitz von Goldschmidt arbeitet, kommt dann zu dem Schluß, »daß die Anbahnung einer ganz allgemeinen Ikonographie auf Grund der Bildung einer ikonographischen Gesellschaft eine ganz uferlose Sache ist, und daß sich der Kongreß eigentlich auf so unübersehbare Dinge nicht einlassen sollte«. Da das Interesse an dieser Gesellschaft vor allem aus Frankreich komme, wolle man den Franzosen es überlassen, die Sache in Gang zu bringen. Die Kommission habe jedoch den Plan gefaßt, »innerhalb engerer Grenzen und in einer etwas bestimmteren Form den ikonographischen Interessen nachzugehen, nämlich zunächst auf dem Gebiet der Kostümkunde und dessen [!], was dazu gehört«. In den verschiedenen Ländern sollen Vertreter benannt werden, »die in zwangloser Weise das Material für Kostümforschung sammeln und ein Depot von Verzeichnissen, Abbildungen, Nachweisen einrichten, das sich aus gelegentlichen Arbeiten zusammensetzt« (Bibliographie Abt. A Nr. 133, S. 51, 53 f., 114–116). Aus den Akten des

Kongresses, der 1912 in Rom stattfindet, erfahren wir schließlich vom Ende auch dieses bescheideneren Versuchs (Bibliographie Abt. A Nr. 213, S. 6).

Aby M. Warburg hat an allen eben erwähnten Kongressen teilgenommen. Es sollte uns zu denken geben, daß er anders als bei andern Themen auf den Kunsthistoriker-Kongressen nicht ein einziges Mal in die Diskussion um die ikonographische Gesellschaft eingegriffen hat. Uns ist lediglich ein Diskussionsbeitrag auf dem Berliner Historikerkongreß belegt, doch kennen wir dessen Wortlaut nicht. Vielleicht wird uns das noch nicht gesichtete Material des Warburg-Archivs (s. S. 596) einmal näheren Aufschluß über die Motive seines fast vollkommenen Schweigens in dieser Sache geben. Der Befund ist umso erstaunlicher, als man feststellen muß, daß er sich ja bereits mit seiner Botticelli-Dissertation als ein hochbegabter Ikonograph im Sinne der Vorstellungen von Eugène Müntz ausgewiesen hatte. Als Mitglied des Vorstandes der internationalen kunsthistorischen Kongresse, das er zwischen 1906 und 1912 war, hätte er auf jeden Fall die Möglichkeit gehabt, an der Begründung der ikonographischen Gesellschaft mitzuwirken, wenn er gewollt hätte. Wahrscheinlich erschien ihm trotz persönlicher Affinität der vorgelegte Plan ebenso wie Goldschmidt und Kautzsch zu gigantisch. Wenn dem so wäre, fiele von dieser Seite her ein neues Licht auf seine Entscheidung, seine Fragestellungen an dem *einen* Komplex des Fortwirkens der Antike mit starker örtlicher und zeitlicher Konzentration auf das Florenz des 15. Jahrhunderts zu entwickeln und zu verfolgen. Erstaunlich ist sein Schweigen auch, wenn man bedenkt, daß er zu der Zeit, als die Diskussion öffentlich geführt wurde, bereits im Besitz einer so bedeutenden kunsthistorischen, in hohem Maße auf ikonographische Untersuchungen abgestellten Bibliothek war, die jede andere private oder öffentliche Büchersammlung in den Schatten stellte. Hat er sich vielleicht auch deshalb zurückgehalten, weil sein Ziel nicht eigentlich die Ikonographie, sondern die Ikonologie war?

Diese Frage, die sich als eine Scheinfrage entpuppen wird, führt uns zu der weiteren Frage nach der Begriffsgeschichte von Ikonographie und Ikonologie bei Warburg. Wer das maschinenschriftliche Inventar zu fünfundsiebzig der über einhundert wissenschaftlichen Notizkästen durchschaut (Bibliographie Abt. B, London, The Warburg Institute, Warburg-Zimmer Nr. 2), findet insgesamt dreimal als Überschrift »Ikonographie« und vierundzwanzigmal »Ikonologie«, macht jedoch die Beobachtung, daß in allen Fällen Ikonologie durch Ikonographie ersetzbar wäre. Wenn er im Gegensatz zur Ikonographie in der Ikonologie eine wesentlich von der Synthese bestimmte Richtung gesehen hätte – man vergleiche die Definitionen von Panofsky und Białostocki –, dann müßte eine Aufschrift wie »Ikonologie-Synthese« als merkwürdig erscheinen.[35] Da Untersuchungen zur Datierung der Kästen nicht vorliegen, läßt sich zur Chronologie vorerst nichts sagen.

Wenden wir uns nun den datierbaren Belegen zu:

ca. 1889

1. »Ikonographische Einzelzusammenstellungen« [In den »Grundlegenden Bruchstücken zur pragmatischen Ausdruckskunde«, s. Bibliographie Abt. B, London, The Warburg Institute, Warburg-Zimmer Nr. 43.]

---

[35] Vgl. Heckscher, Bibliographie Abt. A Nr. 643, S. 260 Anm. 51.

2. »Florenz beantwortet *alle* kultur-historischen Fragen, wenn man nur des Fragens nicht müde wird, und sich in der Fragestellung auf einen engeren Umfang beschränkt. So erhält z. B. die abstrakte Frage nach der Einwirkung der Umwelt auf den Künstler eine konkrete Antwort durch die iconographische Vergleichung zweier Wandbilder«. [Vortrag vom 24.10.1901 über Francesco Sassetti und seine Familiengrabkapelle, s. ebd. Nr. 51.]

3. Zum Titel des Referates »Wappen, Stammbäume und Iventare als methodische Hilfsmittel der Kunstgeschichte« ist mit Bleistift von Warburg hinzugesetzt »im Dienste der kulturgeschichtlichen Iconographie«. [S. ebd. Nr. 57.]

4. »typologische Iconologie«. [Notiz zu »Die Richtungen der Kunstgeschichte«, s. ebd. Nr. 57.]

5. »Die iconologische Stellung dieser Grisaillefiguren ist nach den bisherigen Ausführungen klar«. [Aus »Francesco Sassettis letztwillige Verfügung«, s. oben S. 153.]

6. »Eine zweite, ganz konstante ikonographische Tradition zeigt sich sodann auf dem Gebiet der Astrologie.« [Aus dem Vortragsresümee »Die antike Götterwelt und die Frührenaissance im Süden und im Norden«, vgl. Bibliographie Abt. A Nr. 107.]

7. »W[arburg] versuchte, den ›Nyge Kalender‹, 1519 von Steffen Arndes in Lübeck gedruckt, in seiner doppelten ikonologischen Bedeutung als Bewahrer der spätantiken Tradition und zugleich als Importeur einer neuen Formensprache entwicklungsgeschichtlich zu charakterisieren«. [Aus dem von Warburg verfaßten Resümee seines Hamburger Vortrages über »Planetengötterbilder im niederdeutschen Kalender von 1519« (Bibliographie Abt. A Nr. 154), s. Bibliographie Abt. B, London, The Warburg Institute, Warburg-Zimmer Nr. 73.]

8. »Damit träfen die drei wesentlichen Merkmale der beiden Darstellungen [. . .] in der gleichen Richtung historisch und ikonologisch aufklärend zusammen«. [Aus »Zwei Szenen aus König Maximilians Brügger Gefangenschaft . . . «, s. Bibliographie Abt. A Nr. 138.]

9. »Ich will jetzt versuchen, durch vergleichendes ikonologisches Studium der oberen und der unteren Reihe der sieben Fresken im P.[alazzo] S.[chifanoja] die dort auftauchende antike Götterwelt als Übergangstypus von mittelalterlicher Sterndämonenregion zum Renaissanceolymp entwicklungsgeschichtlich zu charakterisieren«. [Aus dem Entwurf einer einleitenden Vorbemerkung vom 13. Mai 1911 zum Thema »Antike Kosmologie in den Monatsdarstellungen des Palazzo Schifanoja zu Ferrara«, S. 3, s. Bibliographie Abt. B, London, The Warburg Institute, Warburg-Zimmer Nr. 82.]

10. »Unterziehen wir uns so der Mühe, die internationale Wanderung der antiken Götterbilder als universalhistorisches Problem aufzufassen und zu verfolgen, so läßt sich die antikisierende Iconologie des Palazzo Schifanoja schließlich als ganz natürliche Entwicklungsstufe der heidnischen Götterwelt begreifen«. [Aus dem Beginn (S. 1) des *Hamburger* Vortrages vom 30. 9. 1912 über »Italienische Kunst und internationale Astrologie . . . «, s. ebd. Nr. 82.]

11. »In soweit dieses Resultat den Ehrgeiz eines antiquarischen Untersuchungsrichters befriedigen kann, wäre es freilich von rein philologischem Interesse; ich habe aber diesen ikonologischen Nachweis nur deshalb vor das Forum des internationalen K.[unsthistorischen] K.[ongresses] gebracht, um die Methode internationaler vergleichender Ikonologie als notwendig und fruchtbar zu erweisen für eines der Hauptprobleme der europäischen Stilgeschichte im XV. Jahrhundert: für das Problem der entwicklungsgeschichtlichen Ergründung jener Stilwandlung, die sich in Italien durch Auseinandersetzung mit der Antike vollzog«. [S. 48 des bei Nr. 10 genannten Vortrages.]

12. »Der folgende Vortrag gibt nur die vorläufige Skizze einer ausführlichen Abhandlung wieder, die demnächst erscheinen und eine ikonologische Quellenuntersuchung des Freskenzyklus im Palazzo Schifanoja enthalten soll«. [Zusatz zu dem Titel des römischen Vortrages, s. oben S. 173.]

13. »Schon seit längerer Zeit war es mir klar, daß eine eingehende ikonologische Analyse der Fresken des Palazzo Schifanoja die zweifache mittelalterliche Überlieferung der antiken Götterbildwelt aufdecken müßte«. [S. oben S. 174.]

14. »Da es unmöglich ist, in dem mir hier zugemessenen Zeitraum die ganze Freskenreihe durchzuinterpretieren, werde ich mich auf drei Monatsbilder beschränken und auch hier im Wesentlichen nur die beiden oberen Götterregionen ikonologisch analysieren«. [S. oben S. 175.]

15. »Ich hoffe, durch die Methode meines Erklärungsversuches der Fresken im Palazzo Schifanoja zu Ferrara gezeigt zu haben, daß eine ikonologische Analyse, die sich durch grenzpolizeiliche Befangenheit weder davon abschrecken läßt, Antike, Mittelalter und Neuzeit als zusammenhängende Epoche anzusehen, noch davon, die Werke freiester und angewandtester Kunst als gleichberechtigte Dokumente des Ausdrucks zu befragen, daß diese Methode, indem sie sorgfältig sich um die Aufhellung einer einzelnen Dunkelheit bemüht, die großen allgemeinen Entwicklungsvorgänge in ihrem Zusammenhange beleuchtet«. [S. oben S. 185.]

16. »Und schließlich ist Dürers Melancholie, wenn man den besonderen deutschen Charakter richtig herausfinden will, ohne Vergegenwärtigung des ikonologischen Zusammenhanges mit der antiken Götterwelt und deren Wiederherstellung durch die italienischen Humanisten ein entseelter Ateliereinfall«. [Aus der Diskussion mit Paul Schubring auf dem Kongreß in Rom, s. Bibliographie Abt. A Nr. 216.]

1915

17. »Durch [. . .] Vergleichende Ikonologie, die freie und angewandte, religiöse und weltliche, heidnische und christliche, antike und moderne [. . .] Kunstprodukte zusammensieht [. . .]«. [Fragmentarische Notiz über Methodisches zum Vortrag vom 23. 12. 1915 über »Institut für Ausdruckskunde« an dem u. a. Pauli, Heise, Kauffmann und Panofsky teilnahmen, vgl. Bibliographie Abt. B, London, The Warburg Institute, Warburg-Zimmer Nr. 88.]

1925

18. »Ikonologie d.[er] Cass.[oni]«. [Entwurf eines Referatthemas für das Hamburger Seminar WS 1925/26, s. ebd. Nr. 95.]

19. »Iconologie der Cassoni«. [Referatthema 27.1.1926, vgl. ebd. Nr. 95.]

20. »Ikonologie der Cassoni schwierig«. [Nachträgliche Protokollnotiz zu dem Referat vom 27.1. 1926, ebd. Nr. 14.]

21. »Ikonologische Psychologie – Superlative der Gebärdensprache«. [Vorbereitende Notiz zur Seminarsitzung vom 11.2.1926, vgl. ebd. Nr. 95.]

22. »Diese Darstellung benutzte der Vortragende (neben gleichartigen Motiven auf den anderen Teppichen, deren Herkunft und Gestaltung ikonologisch verfolgt wurden), um an ihrer ganz überraschenden Lebenskraft [. . .] zu zeigen, welche Bedeutung die sinnfällige Gestaltung der Antike im höfischen Festwesen für die ›soziale Mneme‹ hat [. . .]«. [Aus dem Vortragsresümee »Medicäische Feste am Hof der Valois auf flandrischen Teppichen«, 1927, s. Bibliographie Abt. A Nr. 291.]

23. »Sehr verehrter, lieber Herr Professor! Am Mittwoch abend wollen Mrs. Strong, Prof. Cumont, Prof. Curtius und Frau mir die Ehre machen, einer kleinen wissenschaftlichen Interpretation beizuwohnen, die sich zum Teil auch auf römische Kunstwerke bezieht. Es sind Kapitel-Skizzen zu dem in Arbeit befindlichen ikonologischen Atlas.« [Brief vom 1.12.1928 an Prof. Dr. Steinmann, Direktor der Biblioteca Hertziana in Rom, der zu dem privaten Vortrag ebenfalls eingeladen wird. Das hier »ikonologischer Atlas« genannte Werk ist der berühmte Mnemosyne-Atlas. Vgl. Bibliographie Abt. B, Rom.]

Wir beobachten hier ein ähnliches Zahlenverhältnis wie bei den wissenschaftlichen Notizkästen. Vier Belege für Ikonographie/ikonographisch stehen 19 Belegen für Ikonologie/ikonologisch gegenüber. Bei den Notizkästen lauteten die Zahlen drei zu vierundzwanzig. Kein anderer Kunsthistoriker dürfte zwischen 1903 und 1928 derart häufig Ikonologie und ikonologisch benutzt haben. Man muß in Warburg also den eigentlichen Propagator des Wortes erblicken. Der erste Beleg von 1903 liegt vier Jahre früher, als der früheste bis jetzt bekannte von 1907.[36] Wie im Falle der philologisch-historischen Methode macht die Vielzahl der Belege deutlich, daß Warburgs Verhältnis zu Ikonographie und Ikonologie der Aufmerksamkeit bedarf. Auffallend ist, daß Warburg Ikonologie/ikonologisch ganz selbstverständlich gebraucht, und zwar im selben Sinne wie er vorher Ikonographie/ikonographisch auch gebraucht hatte als ›Bildkunde‹ und ›bildkundlich‹. Die Belege »antikisierende Iconologie des Palazzo Schifanoja« (Nr. 10) und »Ikonologie der Cassoni« (Nr. 18–20) sind Sonderfälle, da hier das Wort aus dem Blickwinkel des Herstellers im Sinne von ›Bildprogramm‹ oder auch ›Bildsymbolik‹ benutzt ist. Daß Warburg weitgehend lediglich Ikonographie/ ikonographisch durch Ikonologie/ikonologisch ersetzt, sieht man daran, daß er für »ikonographische Vergleichung« (Nr. 2) nun »vergleichendes ikonologisches Studium« (Nr. 9) oder »Vergleichende Ikonologie« (Nr. 17) sagt, daß in seinem Wortgebrauch »konstante ikonographische Tradition« (Nr. 6) und »iconologische Stellung« in einer thematischen Reihe (Nr. 5), »typologische Iconologie« (Nr. 4), »ikonologischer Zusammenhang« (Nr. 16), »ikonologische Psychologie – Superlative der Gebärdensprache« (Nr. 21) sowie »ikonologisch verfolgen« (Nr. 22) gegenüber-

---

[36] Vgl. Heckscher wie Anm. 35.

stehen. Wenn Ikonographie der Analyse näher steht und Ikonologie der Synthese, dann fallen die mehrfachen Wendungen »ikonologische Analyse« (Nr. 13, 15), »ikonologisch analysieren« (Nr. 14) auf. Während in allen sonstigen Fällen die Ikonographie oder Ikonologie als Mittel zu weitergreifenden Zwecken erscheint, bezeichnet einmal ›Ikonographie‹ und einmal ›ikonologisch‹ das durch umfassende Synthese zu gewinnende Arbeitsziel: »Kulturgeschichtliche Iconographie« meint 1902 die durch Rekonstruktion der sozialen Antriebe und Verflechtungen zu gewinnende »künstlerische Kulturgeschichte«, von der Warburg an anderer Stelle spricht (s. S. 614 Zitat Nr. 2). Es darf in diesem Zusammenhang vielleicht einmal daran erinnert werden, daß Warburgs Fachgebiet an der Hamburger Universität mit »kunstgeschichtliche Kulturwissenschaft« bezeichnet war. Und »ikonologischer Atlas« meint 1928 dasjenige Werk, das die Zusammenfassung von Warburgs Lebensarbeit beinhalten sollte. Gertrud Bing zufolge (s. oben S. 625) hätte Warburg dies Werk nie so bezeichnen dürfen. Doch hat er es auch nur an dieser einen Briefstelle getan, in Entwurf-Manuskripten anscheinend nicht.

Zur Vorsicht gemahnen sollte noch eine weitere Beobachtung: Bei der Diskussion der Rahmensystematik der Kunstwissenschaften im Jahre 1909 ist Warburg mit dem Wort Ikonographie zufrieden (Bibliographie Abt. A Nr. 121, S. 93). Als Fritz Saxl 1915 unter Warburgs Augen den ersten Band seines »Verzeichnisses astrologischer und mythologischer illustrierter Handschriften« herausbringt und einleitend den Nutzen solches Werkes für die Ikonographie verdeutlicht, erhebt Warburg offenbar keinen Einspruch (Bibliographie Abt. A Nr. 174, S. V). Als Saxl, der engste Mitarbeiter Warburgs und intimste Kenner seiner Pläne, 1930 die eigenen »Vorschläge zu einer internationalen Bibliographie der Kunstgeschichte« vorlegt, gebraucht er ausschließlich das Wort Ikonographie (Bibliographie Abt. A Nr. 360). Dies Wort hatte ja auch, geht man allein auf das 1902 dem Kunsthistorischem Kongreß vorgelegte »Programm der Gesellschaft für ikonographische Studien« zurück, einen erheblichen Bedeutungsumfang. Es war damals von Eugène Müntz nur deshalb die Einführung des Begriffs ›Ikonologie‹ erwogen worden, um die Ikonographie der gerade entstehenden Kunstwissenschaft von jener geläufigen älteren Ikonographie begrifflich zu trennen, die lediglich die Bestimmung von Portraits zum Inhalt hatte und eine Hilfswissenschaft der Geschichte ist.

Auf Grund dieses Materials und der daran geknüpften Erwägungen scheint folgender Schluß sich nahezulegen: Warburg, seit seinen Studententagen – man vergleiche seine Referatthemen – in ikonographische Arbeit eingeübt und mit seiner Dissertation, ohne selbst den Begriff zu gebrauchen, eine erste ikonographische Meisterleistung publizierend, und danach weiterhin in ständigem engen Kontakt zu dem Komplex der Ikonographie stehend, hat, angeregt durch die Vorlage von Müntz, unmittelbar nach dem Innsbrucker Kongreß des Jahres 1902 bewußt den von Müntz aus Bedenklichkeit abgelehnten Begriff ›Ikonologie‹ in seinen Wortschatz übernommen. Er mochte ihm von der Wortbildung her als angemessener erscheinen als Ikonographie, zumal das Programm von Müntz und die ergänzenden Vorschläge von Jellinek nur zum Teil mit reiner Beschreibung und Klassifikation der Bildinhalte zu tun haben. Müntz wollte von Anfang an, daß die Ikonographie neben den »Darstellungsinhalten« auch die »Vorstellungsinhalte« studieren, d. h. also nach den mit bestimmten Darstellungen verbundenen Vorstellungen fragen sollte. Das zielt auf Deutungsarbeit, die – wie angegeben – im Rahmen von Literatur- und Kulturgeschichte vollzogen werden soll. Jellinek entwickelt darüber hinaus das Konzept einer »Vergleichenden Ikonographie«, die als »Sonderdisziplin« – nicht als Hilfswissenschaft – der Kunstwissenschaft eine »Vergleichende Kunstgeschichte« nach der Art der »Vergleichenden Literaturgeschichte« anbahnen sollte. Warburg war bereits 1901 der »ikonographischen Vergleichung« auf der Spur und spricht 1902, in dem Augenblick, als Müntz und Jellinek ihre Vorstellungen erläutern, von »kulturgeschichtlicher Iconographie«. Gleichzeitig stellt sein Referat vom Innsbrucker Kongreß mit dem Titel »Wappen, Stammbäume und Inventare als methodische Hilfsmittel der Kunstgeschichte« de facto den Vorschlag dar, die Ikonographie um eine weitere Dimension zu erweitern: Zur Literatur- und Kulturgeschichte tritt die Geschichte mit all ihren Quellen, die Personen-, die Wirtschafts-, die Institutionsgeschichte. Während das Programm der zu gründenden ikonographischen Gesellschaft diskutiert wird, ist Warburg 1902 in der praktischen Erprobung der Ikonographie als einer neuen Sonderdisziplin der Kunstwissenschaft weiter als alle Zeitgenossen. Er verzichtet jedoch auf eine Auseinandersetzung, lenkt von der Konkurrenzsituation durch Übernahme des Begriffes ›Ikonologie‹ ab und zeigt die ungeheure Leistungsfähigkeit der vergleichenden Ikonographie bzw. Ikonologie auf dem römischen Kongreß des Jahres 1912 (Zitate Nr. 9–15), genau in dem Zeitpunkt also, als die Bemühungen um die ikonographische Gesellschaft scheitern. Ebenso wie in dem Falle der Bibliographie wird nun er, wird seine Bibliothek zu einer Hauptsäule dieses Forschungszweiges. Weit entfernt, das von ihm geplante Institut als ein ikonologisches auszuweisen – er erwägt zwischen 1913 und 1915 die Bezeichnung »Institut für Ausdruckskunde« – hat er doch am 23. Dezember 1915 Berliner Studenten die »Vergleichende Ikonologie« als eine für sein Bemühen wesentliche Methode dargestellt (Zitat Nr. 17). Unter seinen Zuhörern befanden sich Georg Kauffmann, der in den zwanziger Jahren bekanntlich die ikonologische Erschließung der holländischen Genrekunst einleitete und Dr. Erwin Panofsky, der gleichzeitig mit Hoogewerff im Ausgang der zwanziger Jahre die theoretische Grundlegung betrieb. Während Hoogewerff energisch sich für den Begriff ›Ikonologie‹ einsetzte, ist Panofsky – wie schon erwähnt – in seinen Definitionen noch bis 1955 ohne ihn ausgekommen, um bereits 1967 wieder Zweifel anzumelden.

Als Warburg im WS 1925/26 erstmals die Gelegenheit hat, eigene Studenten in seine Arbeit einzuführen, spielt die ›Ikonologie‹ als Zielformulierung keine Rolle. Dennoch ist das Seminar, das sich auf die Erklärung des Bildprogrammes einer Truhenvorderseite konzentriert, eminent ikonologisch. Die Methode kann also anwesend sein, ohne daß ihr Name fällt. Dies führt uns zur Suche nach Quellen für den spezifischen Warburgischen Ansatz, die der Sache, nicht aber der Begrifflichkeit nach ihn beeinflußten. Einem eigenhändigen Vermerk auf dem Titelblatt können wir entnehmen, daß Warburg am 13. V. 1889 folgende Schrift gelesen hat: »Die Ziele und Wege der Neueren Kunstwissenschaft dargestellt von Dr. Wolfgang von Oettingen« (Marburg 1888). Oettingen trennt zwischen Kunstkennern und Kunsthistorikern und teilt letzteren die Aufgaben zu, die bildenden Künste »zur Vervollständigung der Universalgeschichte in Betracht« zu ziehen (S. 10/11). Der Kunsthistoriker hat die »Betrachtung der Kunst unter geschichtlichen Gesichtspunkten« zu betreiben (S. 12). Zu diesem Zweck sucht er außer den Kunstwerken selbst alle Dokumente auf, die Entstehung, Bedeutung und Funktion der Kunstwerke beleuchten. Wenn er sie gänzlich ausnutze, werde er »völlig zum Culturhistoriker, dem er ohnehin nahe genug« stehe (S. 17). Er hat sich mit »rätselhaften Darstellungen« zu befassen, die »ihn zu den ikonographischen Untersuchungen« führen, »welche vorzüglich geeignet sind, über noch dunkle Seiten der Kunst einiges Licht zu verbreiten« (S. 17). Kurz, er habe »zur Lösung aller dieser Aufgaben, welche ihn unmittelbar vor die Kunstwerke selbst führen, zahlreiche Quellen zusammenzuleiten« (S. 17). Um dem gewachsen zu sein, müsse er in den Archiven bewandert sein. Von der bisher nur zögernd begonnenen Archivarbeit seien »ganz wesentliche Sicherungen der Stylkritik zu erwarten« (S. 17). Neben Urkunden seien Inventare besonders hilfreich, aber auch Chroniken und Annalen und die Äußerungen der sogenannten Kunstliteratur. »Und was Florentiner Chroniken über die maßgebenden Kunstwerke ihrer Stadt alles enthalten, ist vollends nicht zu übersehen« (S. 18). Er wird die Entwicklung der verschiedenen Kunstzweige nach Form und Inhalt erforschen und darstellen und der Person des Künstlers seine Aufmerksamkeit widmen. Oettingen warnt ausdrücklich vor dem »halb- oder gar nicht wissenschaftlichen Aesthetisieren« (S. 22). Ähnlich wie der Kenner soll der Kunsthistoriker vielfältige praktische Studien treiben, die ihn in lebendige Beziehung mit Kunstwerken bringen. Darüberhinaus aber sind »verschiedenartige historische Vorstudien« für ihn wichtig: Kenntnis der Literaturgeschichte und ihrer Methode, Quellenkritik, Textkritik, Paläographie, Diplomatik. Neben Vorlesungen sind nach Oettingen Seminarübungen wichtig, »bei denen es sich um Anwendung jener philologisch-historischen, soliden Methode auf meist spröde, heikle, schwer zu fassende Stoffe handelt« (S. 27).

Angesichts dieser Äußerungen fällt es schwer, die Verbindungen zwischen Warburg und Oettingen zu übersehen und insbesondere den Bogen, der sich von dem zuletzt zitierten Satz zu Warburgs Hamburger Seminar vom Wintersemester 1925/26 spannt. Warburg hat seinen Studenten diese Schrift Oettingens, soweit sichtbar, nicht zur Lektüre empfohlen. Von Carl Georg Heise wissen wir, daß er ohnehin nicht dazu neigte, allgemeinere Darstellungen zur Einführung zu empfehlen. Aber zwei Spezialabhandlungen hat er ihnen, wie es für ihn typisch war, da es ihm immer um die Methode in der Anwendung ging, empfohlen und hat darüber Referate anfertigen lassen. Es waren der Aufsatz von Gottfried Kinkel über »Anfänge weltlicher Malerei auf Möbeln in Italien« und Jacob Burckhardts »Beiträge zur Kunstgeschichte von Italien«. Heinz Heydenreich sagt in seinem am 17. Februar 1926 gehaltenen »Gesamtreferat über die Seminarübungen und ihre Methode«, daß »sich Auffassung und Methode Kinkels und Burckhardts auffallend nahe der unsrigen erwiesen« hätten (Bibliographie Abt. B, London, The Warburg Institute, Warburg-Zimmer Nr. 95). Auf Burckhardts »Beiträge« und deren Bedeutung für ihn hat Warburg schon 1902 hingewiesen (s. oben S. 67), seine Nähe zu Kinkel wird klar, wenn man folgende programmatische Sätze aus Kinkels Bandvorwort liest:[37] »Drei dieser Aufsätze haben einen inneren Zusammenhang: sie weisen auf, wie durch die Gerechtigkeitsbilder auf den Rathäusern, durch die Möbelmalerei in Italien und durch die bemalten Tische Deutschlands zuerst weltliche Gegenstände massenweise in die Kunst eingeführt worden sind. Wer hier vollständig verfahren wollte, müßte freilich auch noch das Auftreten des Socialismus in den Genrebildern des Quinten Matsys, ferner die Tapeten des Mittelalters und die frühesten Glasgemälde, sofern sie zum Schmuck von weltlichen Gebäuden und Privatwohnungen bestimmt waren, durchmustern und zusammenstellen. Wenn man immer bloß meldet, wer gemalt hat und wie gemalt worden ist, so bleibt die Kunstgeschichte einseitig; ihr Zusammenhang mit dem Leben, ihr culturhistorischer Hintergrund kann nur dann aufgehellt werden, wenn wir

---

[37] Gottfried Kinkel: Mosaik zur Kunstgeschichte, Berlin 1876, S. VII. Hierin S. 368–401 die Abhandlung »Anfänge weltlicher Malerei auf Möbeln in Italien«.

auch zusehen, was gemalt worden ist, und zu welcher Zeit bestimmte neue Gegenstände in die Malerei eingedrungen sind.« D.h. Kinkel fordert diejenige kulturgeschichtliche Ikonographie, für die Warburg sich 1902 explizit einsetzt (s. Zitat Nr. 3 und oben S. 634).

Wenn, mit Panofsky gesagt, Ikonologie überall dort vorliegt, »wo Ikonographie aus ihrer Isolierung geholt und mit anderen Methoden – der historischen, der psychologischen, der kritischen, welcher auch immer – vereinigt wird«, wenn Ikonologie »mithin eine Interpretationsmethode« ist, »die aus der Synthese, nicht aus der Analyse hervorgeht«,[38] dann beobachten wir die Genese dieser Methode im 19. Jahrhundert bei Autoren wie Kinkel, von Oettingen und Burckhardt, ohne daß bei ihnen das Wort Ikonologie sich einstellte, dann sehen wir Ansätze einer Definition unter dem Stichwort Ikonographie 1902 bei Müntz und Jellinek, und wir stellen daneben die Vollendung der Methode durch Aby M. Warburg in dessen Publikationen zwischen 1892/3 und 1902 fest, ohne daß dieser den Begriff Ikonologie benutzte. Die Methode ist also da, bevor der Begriff sich einstellt. Diese Beobachtung wird von den Kunstgeschichtswissenschaftlern verlangen, daß sie auch in Zukunft auf Ansätze zur Ikonologie achten in Zusammenhängen, in denen der Begriff nicht benutzt ist. Als Warburg 1912 in Rom seinen berühmten Kongreßvortrag über die Fresken des Palazzo Schifanoja hält, benutzt er zwar die Wendung »ikonologische Analyse« und meint damit eine bestimmte Methode unter andern, bezeichnet aber die von ihm de facto vorgenommene Vereinigung mehrerer Methoden, seine Methodensynthese, nicht mit Ikonologie. Von den zeitgenössischen Kritikern wurde der Vortrag denn auch nicht als die Geburt der neuen Methode Ikonologie gefeiert, sondern als ein Triumph der erfolgreichen Anwendung der philologisch-historischen Methode in der Kunstgeschichtswissenschaft (vgl. Zitat Nr. 11 oben S. 617). Bis zu seinem Tode hat Warburg nicht eigentlich besonderen Wert darauf gelegt, sein gesamtes auf Methodensynthese gerichtetes Forschen unter dem Begriff Ikonologie vorzustellen. Er benutzt den Begriff, um die Ikonographie, die es bis in die zwanziger Jahre hinein schwer hatte, sich zu etablieren, um diese Ikonographie, die ihm als ein notwendiger Bestandteil der Kunstgeschichtswissenschaft erschien, begrifflich aufzuwerten.[39] Warburg als den Methodensynthetiker schlechthin können wir erst seit Panofskys Definition von 1955 als den Ikonologen schlechthin bezeichnen.[40] Wer die von Panofsky praktizierte Ikonologie mit der von Warburg praktizierten vergleicht, kann sich der Feststellung nicht entziehen, daß man in Warburg den eigentlichen Erfüller der von Panofsky definierten Ikonologie sehen darf, daß Warburg gleichsam begriffsbestimmend hinter Panofsky steht. Solche Feststellung rechtfertigt vielleicht einmal mehr den mit dem vorliegenden Band unternommenen Versuch, die etwas im Schatten stehende Gestalt

---

[38] Erwin Panofsky: Sinn und Deutung in der bildenden Kunst, Köln 1975, S. 42 f. Zu Panofskys Konzept der Ikonologie vgl. auch Ettlinger, Bibliographie Abt. A Nr. 568, S. 15 f.

[39] Zur beginnenden neuen Beurteilung der Ikonographie während der zwanziger Jahre vgl. Hans Tietze: Geisteswissenschaftliche Kunstgeschichte (Bibliographie Abt. A Nr. 244). Er sieht in Giehlow und Warburg die Vorbereiter einer »von Grund aus neue[n] ›Ikonographie‹«, der auch er sich verstärkt widmen wollte.

[40] Es wäre einmal zu prüfen, in welchem Verhältnis diese Definition zu »dem so oft postulierten Ideal einer ›totalen Kunstgeschichte‹« steht. Nach Panofsky kommt Wilhelm Vöges Werk über »Jörg Syrlin der Ältere und seine Bildwerke« diesem Ideal vielleicht am nächsten. Vgl. Bibliographie Abt. A Nr. 537, S. XXXI.

Warburgs in helleres Licht zu führen, und die Frage zu stellen, ob die von Warburg und seinen Nachfolgern betriebene Wissenschaft, obwohl niemals unter diesem Gesichtspunkt propagiert, nicht als das eigentlich fruchtbare Konzept einer ›wechselseitigen Erhellung der Künste‹ angesehen werden sollte.[41]

Göttingen/Friedland im Dezember 1978

---

[41] Vgl. die jüngsten Bemühungen, eine literaturwissenschaftliche Iconologie im Rückgriff auf Panofskys Definition zu begründen bei Theodore Ziolkowski: Disenchanted images. A literary iconology, Princeton 1977. Der Verfasser zeigt in seinen Untersuchungen, die den thematischen Interessen Warburgs recht nahe kommen, wie mit Hilfe seines Konzepts einer literaturwissenschaftlichen Iconologie die vielbenutzten Begriffe Bild, Thema, Motiv und Symbol präzisiert werden können.